Loth
Gebrauchsmustergesetz

Gebrauchsmustergesetz

Erläutert von

Dr. Hans-Friedrich Loth

Rechtsanwalt in München

Verlag C. H. Beck München 2001

Die Deutsche Bibliothek – CIP-Einheitsaufnahme

Loth, Hans-Friedrich:
Gebrauchsmustergesetz / erl. von Hans-Friedrich Loth. –
München : Beck, 2001
ISBN 3 406 47269 9

ISBN 3 406 47269 9

© 2001 Verlag C. H. Beck oHG
Wilhelmstraße 9, 80801 München

Satz und Druck: Druckerei C. H. Beck
(Adresse wie Verlag)

Gedruckt auf säurefreiem, alterungsbeständigem Papier
(hergestellt aus chlorfrei gebleichtem Zellstoff)

für
Sylvie und Alexandra

Vorwort

Das Gebrauchsmusterrecht befasst sich ebenso wie das Patentrecht mit dem Schutz von Erfindungen. Gebrauchsmuster sind eingetragene Rechte, die ihren Inhabern einen ausschließlichen Schutz für technische Erfindungen gewähren. Wie im Patentrecht müssen schutzfähige technische Erfindungen neu sein und ein gewisses Maß an Erfindungshöhe aufweisen. Gebrauchsmuster werden ohne Überprüfung der Neuheit und Erfindungshöhe eingetragen. Dadurch können diese Schutzrechte schneller und kostengünstiger erlangt werden als Patente. Aufgrund weiterer Vorzüge im Vergleich zum Patent stellt das Gebrauchsmusterrecht ein attraktives eigenständes Schutzrechtssystem zur Verfügung, das darüber hinaus einen hervorragenden flankierenden Schutz zum Patentrechtssystem bietet. Diese Vorzüge führen zu Recht zu einer zunehmenden Beliebtheit des Gebrauchsmusters im Kreise der Anmelder. Dessen ungeachtet führt das Gebrauchsmusterrecht im Vergleich zum Patentrecht insbesondere in der Literatur zu Unrecht ein gewisses Schattendasein.

Der Kommentar will deshalb das Gebrauchsmusterrecht für den Praktiker knapp und verständlich darstellen. Er beabsichtigt, die wesentlichen Fragestellungen praxisgerecht zu beantworten. Allerdings nimmt der Verfasser zu einigen Entwicklungen des Gebrauchsmusterrechts, soweit sie insbesondere einschränkende Tendenzen erkennen lassen, durchaus kritisch Stellung. Die Rechtsprechung insbesondere des Bundesgerichtshofs und des Bundespatentgerichts wird jeweils in ihren grundsätzlichen und für die Praxis bedeutsamen Entscheidungen angeführt. Das Schrifttum wird zu den einzelnen Bestimmungen herangezogen; diesen sind im allgemeinen Literaturübersichten vorangestellt. Die dort herangezogene Literatur befasst sich in der Regel mit den parallelen patentrechtlichen Fragestellungen; ihre Berücksichtigung erschien im Hinblick auf die Heranziehbarkeit patentrechtlicher Grundsätze geboten, um eine weiterführende und vertiefende Bearbeitung zu ermöglichen.

Im Jahre 1995 legte die EU-Kommission ein Grünbuch zum Gebrauchsmusterschutz im Binnenmarkt vor, das als Grundlage für eine Harmonisierung der divergierenden nationalen Rechtssysteme und für die Schaffung eines einheitlichen europäischen Gebrauchsmusterrechts dienen sollte. Diese Bemühungen sind in der jüngsten

Vorwort

Vergangenheit ins Stocken geraten, so dass das deutsche Gebrauchsmustergesetz mit seinen zweifellos vorhandenen Vorzügen durch die Anmelder und Inhaber auch zukünftig weiterhin aktiv genutzt werden kann.

Kritik und Vorschläge sind stets willkommen.

Frau Annemarie Schmalzl, die mit großer Geduld und Sorgfalt das Manuskript betreut hat, schulde ich meinen außerordentlichen und herzlichen Dank.

München, im August 2000   Hans-Friedrich Loth

Inhaltsverzeichnis

Literaturverzeichnis XI
Abkürzungsverzeichnis XIII

Vorbemerkungen 1
§ 1 [Schutz als Gebrauchsmuster] 16
§ 2 [Öffentliche Ordnung, gute Sitten, Pflanzen, Tiere, Verfahren] 82
§ 3 [Stand der Technik] 100
Einleitung vor § 4 135
§ 4 [Erfordernisse der Anmeldung] 151
§ 4a [Übersetzung; Anmeldetag] 189
§ 5 [Priorität der Patentanmeldung] 194
§ 6 [Frist] 207
§ 7 [Antragsberechtigte] 221
§ 8 [Rolle für Gebrauchsmuster] 227
§ 9 [Geheime Gebrauchsmuster] 252
§ 10 [Gebrauchsmusterstelle] 259
§ 11 [Wirkung der Eintragung] 267
§ 12 [Keine Wirkung des Gebrauchsmusters] 295
§ 12a [Inhalt der Schutzansprüche] 303
§ 13 [Kein Gebrauchsmusterschutz] 318
§ 14 [Später angemeldetes Patent] 343
Einleitung vor § 15 350
§ 15 [Löschungsanspruch] 358
§ 16 [Löschungsantrag] 378
§ 17 [Löschungsverfahren] 394
§ 18 [Beschwerde] 438
§ 19 [Wirkung auf einen Rechtsstreit] 466
§ 20 [Zwangslizenz] 477
§ 21 [Anwendung von Vorschriften des Patentgesetzes] 481
§ 22 [Übertragbarkeit des Rechts] 500
§ 23 [Schutzdauer] 524
§ 24 [Unterlassungs- und Schadensersatzanspruch] 535
§ 24a [Anspruch auf Vernichtung] 574
§ 24b [Anspruch auf Auskunft hinsichtlich Dritter] 583
§ 24c [Verjährung] 594
§ 25 [Strafvorschriften] 601
§ 25a [Maßnahmen der Zollbehörde: Beschlagnahme, Einziehung] ... 607
§ 26 Teilstreitwert 616
§ 27 [Zuständigkeit der Landgerichte] 622
§ 28 [Inlandsvertreter] 633

Inhalt

§ 29 [Durchführungsverordnung] 637
§ 30 [Gebrauchsmusterberühmung] 638

Anhang 647

Sachverzeichnis 737

Literaturverzeichnis

Kommentare

Benkard, Patentgesetz, Gebrauchsmustergesetz, bearbeitet von *Bruchhausen, Rogge, Schäfers, Ullmann,* 9. Aufl. 1993
Bühring, Gebrauchsmustergesetz, 5. Aufl. 1997
Busse, Patentgesetz und Gebrauchsmustergesetz, bearbeitet von *Baumgärtner, Keukenschrijver, Schwendy,* 5. Aufl. 1999
Hirsch/Hansen, Der Schutz von Chemieerfindungen (Chemie-Kommentar zur Rechtsprechung nach dem deutschen Patentgesetz und dem europäischen Übereinkommen), 1995
Schulte, Patentgesetz mit EPÜ, 5. Aufl. 1994

Lehrbücher, Handbücher

Bernhardt/Krasser, Lehrbuch des Patentrechts, 4. Aufl. 1986
Gaul/Bartenbach, Handbuch des gewerblichen Rechtsschutzes, 4. Aufl. 1993
Schramm, Der Patentverletzungsprozeß (Patent- und Prozeßrecht), bearbeitet von *Bohnenberger, Kaess, Popp, Schneider, Zwipf,* 4. Aufl. 1999

Europäisches Patentübereinkommen

Münchner Gemeinschaftskommentar, herausgegeben von Beier, Haertel und Schricker, im Erscheinen
Singer/Stauder, Europäisches Patentübereinkommen, Kommentar 2. Aufl. 2000
Beck'sches Prozeßformularbuch, herausgegeben von Locher/Mes, 8. Aufl. 1998
Formularsammlung zum gewerblichen Rechtsschutz, Bartenbach u. a. 1996
Taschenbuch des gewerblichen Rechtsschutzes (Tabu), herausgegeben vom Deutschen Patentamt

Abkürzungsverzeichnis

a.	auch
aA.	andere Ansicht
aaO.	am angegebenen Ort
abgedr.	abgedruckt
abl.	ablehnend
ABl.	Amtsblatt
Abs.	Absatz
Abschn.	Abschnitt
Abt.	Abteilung
abw.	abweichend
aE.	am Ende
Änd.	Änderung
ÄndG	Gesetz zur Änderung
aF.	alte Fassung
AG	Aktiengesellschaft; Amtsgericht; Ausführungsgesetz
AGB	Allgemeine Geschäftsbedingungen
AGBG	Gesetz zur Regelung des Rechts der Allgemeinen Geschäftsbedingungen
AktG	Aktiengesetz
AktO	Aktenordnung
allg.	allgemein
allgM.	allgemeine Meinung
Alt.	Alternative
AIPPI	Association Internationale pour la Protection de la Propriété Industrielle = Internationale Vereinigung für gewerblichen Rechtsschutz
aM.	anderer Meinung
amtl.	amtlich
AnfG	Anfechtungsgesetz
Anh.	Anhang
Anm.	Anmerkungen
AnwBl.	Anwaltsblatt (Jahr u. Seite)
Anz.	Anzeiger
AO	Anordnung
ArbEG	Gesetz über Arbeitnehmererfindungen vom 25. 7. 1957
ArbG	Arbeitgeber; Arbeitsgericht
ArbGG	Arbeitsgerichtsgesetz
ArbN	Arbeitnehmer
arg.	argumentum (siehe zum Beweis)

Abkürzungen

Art.	Artikel
Aufl.	Auflage
AusfG	Ausführungsgesetz
AWD	Außenwirtschaftsdienst des Betriebs-Beraters
Az.	Aktenzeichen
AZO	Arbeitszeitordnung
B.	Bundes-
Bad.-Württ.	Baden-Württemberg
BAG	Bundesarbeitsgericht, auch Entscheidungen des Bundesarbeitsgerichts
BAGGS	Bundesarbeitsgericht Großer Senat
BAnz.	Bundesanzeiger
Baumbach/Hefermehl	Wettbewerbsrecht. 22. Aufl. 2001
Baumbach/Lauterbach/Albers/Hartmann	Baumbach/Lauterbach/Albers/Hartmann, Zivilprozeßordnung, 59. Aufl. 2001
Bay	bayerisch, Bayern
BayObLG	Bayerisches Oberstes Landesgericht, auch Entscheidungssammlungen in Zivilsachen
BayVBl.	Bayerische Verwaltungsblätter
BB	Der Betriebs-Berater (Jahr u. Seite)
BBG	Bundesbeamtengesetz
Bd.	Band
begl.	beglaubigt
Begr.	Begriff, Begründung
Beil.	Beilage
BekM.	Bekanntmachung
Benkard/Bearbeiter	Benkard, Patentgesetz, Gebrauchsmustergesetz, 9. Aufl. 1993
Ber.	Berufung
bes.	besonders
Beschl.	Beschluß
Beschw.	Beschwerde
bestr.	bestritten
BestVerz.	Bestandsverzeichnis
Betr.	Der Betrieb (Jahr u. Seite)
BGB	Bürgerliches Gesetzbuch
BGBl.	Bundesgesetzblatt
BGH	Bundesgerichtshof
BGHZ	Entscheidungen des Bundesgerichtshofs in Zivilsachen
Bl.	Blatt
BMinJ	Bundesministerium der Justiz
BMWi	Bundesministerium für Wirtschaft

Abkürzungen

BRAO	Bundesrechtsanwaltsordnung
BRAGO	Bundesrechtsanwaltsgebührenordnung
BR-Drucks.	Bundesrat-Drucksache
BSHG	Bundessozialhilfegesetz
BSozG	Bundessozialgericht
Bsp.	Beispiel(e)
BT	Bundestag
BT-Drucks.	Bundestag-Drucksache
Buchst.	Buchstabe
Bülow/Böckstiegel/ Geimer/Schütze	Der Internationale Rechtsverkehr in Zivil- und Handelssachen, 3. Aufl. (Stand: 2000)
Büro	Das Juristische Büro (Jahr u. Seite)
BayVBl.	Bayerische Verwaltungsblätter (Jahr u. Seite)
BVerfG	Bundesverfassungsgericht
BVerfGE	Entscheidungen des Bundesverfassungsgerichts
BVerfGG	Bundesverfassungsgerichtsgesetz
BVerwG	Bundesverwaltungsgericht
BVerwGE	Bundesverwaltungsgerichtsentscheidungen
BVFG	Bundesvertriebenengesetz
BVG	Bundesversorgungsgesetz
bzgl.	bezüglich
bzw.	beziehungsweise
ca.	circa
Co.	Compagnie
DBG	Deutsches Beamtengesetz
DDR	Deutsche Demokratische Republik
DE-AS.	Deutsche Auslegeschrift
DE-BP	Deutsches Bundespatent
DE-GM	Deutsche Bundesgebrauchsmuster
DE-OS	Deutsche Offenlegungsschrift
DE-PS	Deutsche Patentschrift
dergl.	dergleichen
ders.	derselbe
DE-WZ	Deutsches Warenzeichen
DIN	Deutsche Industrienorm
dingl.	dinglich
Dipl.-Ing.	Diplom-Ingenieur
DJ	Deutsche Justiz (Jahr u. Seite)
DM	Deutsche Mark
DNotZ	Deutsche Notar-Zeitschrift (Jahr u. Seite)
DÖV	Die Öffentliche Verwaltung
DPMA	Deutsches Patent- und Markenamt
DRiG	Deutsches Richtergesetz
DVBl.	Deutsches Verwaltungsblatt
DVO	Durchführungsverordnung

Abkürzungen

e.	eines
EA	Einstweilige Anordnung
ebd.	ebenda
EDV	Elektronische Datenverarbeitung
EG	Einführungsgesetz; Europäische Gemeinschaft
EGBGB	Einführungsgesetz zum Bürgerlichen Gesetzbuch
EGGVG	Einführungsgesetz zum Gerichtsverfassungsgesetz
eGmbH	Eingetragene Genossenschaft mit beschränkter Haftung
EGV	Vertrag zur Gründung der Europäischen Gemeinschaft
Einf.	Einführung
Einl.	Einleitung
einschl.	einschließlich
einstw.	einstweilig
EntlG	Entlastungsgesetz
entspr.	entsprechend, entspricht
EP	Europäisches Patent
EPA	Europäisches Patentamt
E-PS	Europäische Patentschrift
EPÜ	Europäisches Patentübereinkommen
ER	Einzelrichter
etc.	etcetera
EU	Europäische Union
EuGH	Gerichtshof der Europäischen Gemeinschaften
EuGÜbk	Übereinkommen der Europäischen Gemeinschaft über die gerichtliche Zuständigkeit und die Vollstreckung gerichtlicher Entscheidungen in Zivil- und Handelssachen (BGBl. 1972 II S. 774)
eV.	eingetragener Verein
EV	Einigungsvertrag vom 31. 8. 1990 (BGBl. II S. 889)
evtl.	eventuell
EWG	Europäische Wirtschaftsgemeinschaft
f.	folgend
Fa.	Firma
ff.	folgende
FG	Finanzgericht
FGG	Gesetz über die Angelegenheiten der freiwilligen Gerichtsbarkeit
FGO	Finanzgerichtsordnung
Fn.	Fußnote
FR-PS	Französische Patentschrift
Form.	Formular
Fußn.	Fußnote
GebrM-AnmV	Gebrauchsmuster-Anmeldeverordnung
GebrMG	Gebrauchsmustergesetz

Abkürzungen

gem.	gemäß
GemSOGB	Gemeinsamer Senat der Obersten Gerichtshöfe des Bundes
GenG	Genossenschaftsgesetz
GerNov	Gerichtsstandsnovelle
Gerold/Schmidt BRAGO	Gerold/Schmidt, BRAGO, Kommentar, 12. Aufl. 1995
GerVollz.	Gerichtsvollzieher oder Der Gerichtsvollzieher (Jahrgang u. Seite)
Ges.	Gesetz
GesBl.	Gesetzblatt
GeschmMG	Geschmacksmustergesetz
GewO	Gewerbeordnung
gez.	gezeichnet
GG	Grundgesetz
ggfs.	gegebenenfalls
GKG	Gerichtskostengesetz
GmbH	Gesellschaft mit beschränkter Haftung
GmbHG	Gesetz betr. die Gesellschaften mit beschränkter Haftung
Grdz.	Grundzüge
GRUR (Int.)	Gewerblicher Rechtsschutz und Urheberrecht (Jahr u. Seite) – (Internationale Ausgabe)
GrZS	Großer Senat in Zivilsachen
GS	Großer Senat
GStW	Gebührenstreitwert
GVbl.	Gesetz- und Verordnungsblatt
GVG	Gerichtsverfassungsgesetz
GVGA	Geschäftsanweisung für Gerichtsvollzieher
GVKostG	Gerichtsvollzieherkostengesetz
GV NW	Gesetz- und Verordnungsblatt für das Land Nordrhein-Westfalen
GVO	Gerichtsvollzieherordnung
GWB	Gesetz gegen Wettbewerbsbeschränkungen
hA.	herrschende Auffassung
HaftPflG	Haftpflichtgesetz
Halbs.	Halbsatz
HandwO	Handwerksordnung
Hartmann	Kostengesetze, KurzKomm., 30. Aufl. 2000
Hdb.	Handbuch
HGB	Handelsgesetzbuch
Hillach/Rohs	Hillach/Rohs, Handbuch des Streitwertes in bürgerlichen Rechtsstreitigkeiten, 8. Aufl. 1992
hins.	hinsichtlich
hL.	herrschende Lehre

Abkürzungen

hM.	herrschende Meinung
HReg.	Handelsregister
HRR	Höchstrichterliche Rechtsprechung (Jahr u. Nr.)
HZPA (HZPrAbk)	Haager Zivilprozeßabkommen (1905)
HZPÜ	Haager Übereinkommen über den Zivilprozeß (1954)
idÄnd.	in der Änderung
idF.	in der Fassung
idR.	in der Regel
IHK	Industrie- und Handelskammer
iL.	In Liquidation
insbes.	insbesondere
IntPatÜG	Gesetz über internationale Patentübereinkommen
IPrax.	Praxis des Internationalen Privat- und Verfahrensrechts (Jahr u. Seite)
iRd.	im Rahmen des
iS.	im Sinne
iSd.	im Sinne des, der
iSv.	im Sinne von
iü.	im übrigen
iVm.	in Verbindung mit
iW.	in Worten
JBeitrO	Justizbeitreibungsordnung
jew.	jeweils
JMBl.	Justizministerialblatt
JR	Juristische Rundschau (Jahr u. Seite)
jur.	juristisch
JurA	Juristische Analysen (Jahr u. Seite)
JuS	Juristische Schulung (Jahr u. Seite)
Justiz	Die Justiz (Jahr u. Seite)
JVBl.	Justizverwaltungsblatt (Jahr u. Seite)
JW	Juristische Wochenschrift (Jahr u. Seite)
JZ	Juristen-Zeitung (Jahr u. Seite)
Kfb	Kostenfestsetzungsbeschluß
KfH	Kammer für Handelssachen
Kfv	Kostenfestsetzungsverfahren
Kfz	Kraftfahrzeug
KG	Kammergericht; Kommanditgesellschaft
KGaA	Kommanditgesellschaft auf Aktien
KGJ	Jahrbuch für Entscheidungen des Kammergerichts
kläger.	klägerisch(es)
KO	Konkursordnung
Komm.	Kommentar

Abkürzungen

KostO	Kostenordnung
KRsp.	Rechtsprechung zum Kostenrecht, Entscheidungssammlung
KSchG	Kündigungsschutzgesetz
KTS	Konkurs-, Treuhand- und Schiedsgerichtswesen (Jahr u. Seite)
KV	Kostenverzeichnis (Anlage zum GKG)
LAG	Landesarbeitsgericht
lfd.	laufend
LG	Landgericht
lit.	litera (= Buchstabe)
Lit.	Literatur
LJM	Landesjustizministerium
LJV	Landesjustizverwaltung
LKartB	Landeskartellbehörde
LM	Das Nachschlagewerk des Bundesgerichtshofs in Zivilsachen, herausgegeben von Lindenmaier und Möhring (Gesetzesstelle u. Entscheidungsnr.)
LPG	Landespressegesetz
LSG	Landessozialgericht
LufttfzRG	Gesetz über Rechte an Luftfahrzeugen
LuftVG	Luftverkehrsgesetz
m.	mit
MarkenG	Gesetz über den Schutz von Marken und sonstigen Kennzeichen (Markengesetz – MarkenG) vom 25. 10. 1994
MDR	Monatsschrift für Deutsches Recht (Jahr u. Seite)
ME	Miteigentum
Min	Ministerium
Mio.	Millionen
Mitt.	Mitteilungen der deutschen Patentanwälte (Jahr, Seite)
MittPräs-EPA	Mitteilungen des Präsidenten des Europäischen Patentamts
MittPräsPA	Mitteilung des Präsidenten des Deutschen Patentamts
MuW	Markenschutz und Wettbewerb (Jahr, Seite)
mwN	mit weiteren Nachweisen
MWSt	Mehrwertsteuer
Nachf.	Nachfolger
Nachw.	Nachweise
nF.	neue Fassung
NJW	Neue Juristische Wochenschrift
NJW-RR	Neue Juristische Wochenschrift – Rechtsprechungs-Report Zivilrecht (Jahr u. Seite)

Abkürzungen

Nr.	Nummer
NRW	Nordrhein-Westfalen
NZB	Nichtzulassungsbeschwerde
o.	oben
oa.	oben angegeben(en)
oä.	oder ähnlich
OGHbrZ	Oberster Gerichtshof für die britische Zone
OHG	Offene Handelsgesellschaft
OLG	Oberlandesgericht
OLGZ	Entscheidungen der Oberlandesgerichte in Zivilsachen
OVG	Oberverwaltungsgericht
PA	Patentamt (Kaiserliches Patentamt, Reichspatentamt, Deutsches Patentamt); Patentanwalt
Palandt/Bearbeiter	Palandt, Bürgerliches Gesetzbuch, 60. Aufl. 2001 (§§, Anm.)
PatÄndG	Gesetz zur Änderung des Patentgesetzes
PatAnm	Patentanmeldung
PatAnmVO	Verordnung über die Anmeldung von Patenten (Patentanmeldeverordnung)
PatAnwO	Patentanwaltsordnung vom 7. 9. 1966
PatBl.	Patentblatt (Jahr, Seite)
PatG	Patentgesetz
PCT	Patent Cooperation Treaty (Vertrag über die internationale Zusammenarbeit auf dem Gebiet des Patentwesens)
PIZ	Patentinformationszentrum
PMZ	Blätter für Patent-, Muster- und Zeichenwesen (herausgegeben vom Deutschen Patentamt, Jahr, Seite)
PräsPA	Präsident des Patentamts
PrPG	Produktpirateriegesetz vom 7. 3. 1990
PrüfRichtl	Richtlinien für das Prüfungsverfahren
PVÜ	Pariser Verbandsübereinkunft zum Schutz des gewerblichen Eigentums
RA	Rechtsanwalt
RabelsZ	Rabels Zeitschrift für ausländisches und internationales Privatrecht
RBerG	Rechtsberatungsgesetz
RdA	Recht der Arbeit (Jahr u. Seite)
Rdn.	Randnummer
Rdz.	Randziffer
RegEntw.	Regierungsentwurf

Abkürzungen

RegNr.	Registernummer
Rev.	Revision
RG	Reichsgericht
RGBl.	Reichsgesetzblatt
RGZ	Entscheidungen des Reichsgerichts in Zivilsachen
Riedel/Sußbauer BRAGO	Riedel/Sußbauer, Bundesgebührenordnung für Rechtsanwälte, 7. Aufl. 1995
Richtl.	Richtlinien
Richtl.EPA	Richtlinien für die Prüfung im Europäischen Patentamt (Loseblattausgabe)
RIW/AWD	Recht der internationalen Wirtschaft, Außenwirtschaftsdienst des „Betriebsberater" (Jahr u. Seite)
RMBeschrG	Rechtsmittelbeschränkungsgesetz
Rpfleger	Der Deutsche Rechtspfleger (Jahr u. Seite)
RPflG	Rechtspflegergesetz
Rspr.	Rechtsprechung
RsprEinhG	Gesetz zur Wahrung der Einheitlichkeit der Rechtsprechung der Obersten Gerichtshöfe des Bundes vom 19. Juni 1968 (BGBl. I 1968, 661)
RVO	Reichsversicherungsordnung
S.	Seite
s.	siehe
SchadErsAnspr.	Schadensersatzanspruch
Schulte	Schulte, Patentgesetz Mitt. Europäischem Patentübereinkommen, Kommentar auf der Grundlage der deutschen und europäischen Rechtsprechung, 5. Aufl. 1994
SGB	Sozialgesetzbuch
SGG	Sozialgerichtsgesetz
SGV NW	Sammlung des bereinigten Gesetz- und Verordnungsblattes für das Land Nordrhein-Westfalen
SJZ	Süddeutsche Juristenzeitung (Jahr u. Seite)
so	siehe oben
sog.	sogenannt
SortenSchG	Sortenschutzgesetz vom 11. 12. 1985
SozR	Sozialrecht, Rechtsprechung und Schrifttum, bearbeitet von den Richtern des Bundessozialgerichts
Sp.	Spalte
spät.	spätestens
städt.	städtisch(e)
StPO	Strafprozeßordnung
streitgen.	streitgenössisch
str.	strittig
stRspr.	ständige Rechtsprechung

Abkürzungen

StraÜ	Straßburger Übereinkommen zur Vereinheitlichung gewisser Begriffe des materiellen Rechts der Erfindungspatente vom 27. 11. 1996
TabuDPA	Taschenbuch des gewerblichen Rechtsschutzes, herausgegeben vom Deutschen Patentamt (Loseblatt)
teilw.	teilweise
Thomas/Putzo	Thomas/Putzo, Zivilprozeßordnung, 22. Aufl. 1999 (§§, Anm.)
TRIPS	Agreement on trade-related aspects of intellectual property rights = Übereinkommen über handelsbezogene Aspekte der Rechte des geistigen Eigentums, vom 15. 4. 1994 (BGBl. 1994 II Seite 1730)
Tz.	Textziffer
u.	unten; und
ua.	unter anderem
uä.	und ähnliche
Überbl.	Überblick
Übers.	Übersicht
Übk	Übereinkommen
unstr.	unstreitig
UPOV	Internationales Übereinkommen zum Schutz von Pflanzenzüchtungen, GRUR Int. 1991, 538
UrhG	Urheberrechtsgesetz
UR	Urkundenrolle
URNr.	Urkundenrollennummer
Urt.	Urteil
usw.	und so weiter
uU	unter Umständen
UWG	Gesetz gegen den unlauteren Wettbewerb
v.	von
VereinfNov	Gesetz zur Vereinfachung und Beschleunigung gerichtlicher Verfahren (Vereinfachungsnovelle)
VerfGH	Verfassungsgerichtshof
VerglO	Vergleichsordnung
VerlG	Verlagsgesetz
VersU	Versäumnisurteil
VG	Verwaltungsgericht
VGH	Verwaltungsgerichtshof
vgl.	vergleiche
vH	vom Hundert
VO	Verordnung
vollst.	vollständig
Vorbem.	Vorbemerkung
VU	Versäumnisurteil

Abkürzungen

VwGO	Verwaltungsgerichtsordnung
VwVfG	Verwaltungsverfahrensgesetz
VwVG	Verwaltungsvollstreckungsgesetz
VwZG	Verwaltungszustellungsgesetz
VZS	Vereinigte Zivilsenate
WIPO	Weltorganisation für geistiges Eigentum (auch: OMPI)
WM	Wertpapier-Mitteilungen (Jahr u. Seite)
WRP	Wettbewerb in Recht und Praxis (Jahr u. Seite)
WuW/E	Wirtschaft und Wettbewerb. Entscheidungssammlung zum Kartellrecht
WZG	Warenzeichengesetz (außer Kraft)
zB	zum Beispiel
Ziff.	Ziffer
ZIP	Zeitschrift für die gesamte Insolvenzpraxis
ZPO	Zivilprozeßordnung
ZRHO	Rechtshilfeordnung in Zivilsachen
ZSEG	Gesetz über die Entschädigung von Zeugen und Sachverständigen
zT	zum Teil
zus.	zusammen
ZVG	Zwangsversteigerungsgesetz
zwh	zweifelhaft
ZZP	Zeitschrift für Zivilprozeß (Band u. Seite)
zZt	zur Zeit

Gebrauchsmustergesetz

in der Fassung vom 28. August 1996 (BGBl I S. 15–55 ff)

geändert durch das Gesetz zur Stärkung des Schutzes des geistigen Eigentums und zur Bekämpfung der Produktpiraterie (Produktpirateriegesetz) vom 7. März 1990 (BGBl I S. 422), das Zweite Gesetz über das Gemeinschaftspatent vom 20. Dezember 1990, Art. 8 (BGBl II S. 1354, 1356), das Gesetz zur Änderung des Patentgesetzes und anderer Gesetze vom 23. März 1993, Art. 3 (BGBl I S. 366, 367), das Gesetz vom 2. September 1994 (BGBl I, S. 2278), das Zweite Gesetz zur Änderung des Patentgesetzes und anderer Gesetze vom 16. Juli 1998 (2. PatG ÄndG, BGBl. I, S. 1827 ff).

Vorbemerkungen zum Gebrauchsmustergesetz

Inhaltsübersicht

A. Entwicklung, Rechtsquellen und Schutzzweck des Gebrauchsmusterrechts:
  I. Entwicklung, Rechtsquellen
  II. Schutzzweck des Gebrauchsmusterrechts
B. Gebrauchsmusterrecht im nationalen Recht
  I. Gebrauchsmusterrecht und Grundgesetz
  II. Gebrauchsmusterrecht und Kartellrecht
  III. Gebrauchsmusterrecht und Immaterialgüterrecht
    1. Verhältnis zum Patentrecht
    2. Verhältnis zum Geschmacksmusterrecht
    3. Verhältnis zum Halbleiterschutzrecht
    4. Verhältnis zum materiellen Markenrecht
    5. Verhältnis zum Wettbewerbsrecht
  V. Bedeutung des Gebrauchsmusters
    1. Wirtschaftliche Bedeutung des Gebrauchsmusters
    2. Gebrauchsmuster und Patent – flankierender Schutz – Vorzüge des Gebrauchsmusterrechts
  VI. Europäische Entwicklung

A. Entwicklung, Rechtsquellen und Schutzzweck des Gebrauchsmusterrechts

I. Entwicklung, Rechtsquellen

> **Literatur:** *Kraßer,* Die Entwicklung des Gebrauchsmusterrechts, Festschrift „Gewerblicher Rechtsschutz und Urheberrecht in Deutschland", Bd. I, 1991, S. 617 ff; *Benkard/Bruchhausen,* Kommentar zum PatentG/GebrauchsmusterG, 9. Aufl., 1993, Vorbemerkung zum Gebrauchsmustergesetz.

1   Das Gebrauchsmusterrecht entwickelte sich im letzten Drittel des 19. Jahrhunderts. Vor dem Gebrauchsmustergesetz beruhte die Möglichkeit eines Schutzes für Neuerungen auf gewerblichem Gebiete auf dem Patentgesetz vom 25. Mai 1877 und dem Gesetz, betreffend das Urheberrecht an Mustern und Modellen, vom 11. Januar 1876. Der Ausdruck „Muster" für technische Modelle erklärt sich historisch, weil zunächst zweifelhaft war, ob unter das Gesetz vom 11. Januar 1876 auch technische Merkmale eines Musters fielen. Mit der Entscheidung des Reichs-Oberhandelsgerichts vom 3. September 1878 (ROHG 24, 109) wurde diese Frage verneint.

2   Diese Gerichtsentscheidung hatte weitreichende Konsequenzen. Unternehmen, die sich nicht mit einer im Zweifelsfalle unwirksamen Eintragung in das Geschmacksmusterregister begnügen wollten, blieb demzufolge nur die Erlangung eines Patentschutzes übrig. Das Patentamt sah sich seit dieser Zeit häufig mit „kleinen" Erfindungen konfrontiert, die den an die Patentfähigkeit gestellten Ansprüchen nicht völlig genügten. Dem Patentamt blieb häufig nichts anderes übrig, diesen „kleinen" Erfindungen den Schutz versagen zu müssen, obwohl ihre Schutzbedürftigkeit durchaus anerkannt wurde. Das Bedürfnis nach Schaffung eines besonderen Gesetzes für Gebrauchsmuster wurde schließlich durch das Erste deutsche Gebrauchsmustergesetz vom 1. 6. 1891 anerkannt.

3   Ursprünglich stellte das Gebrauchsmustergesetz „Modelle" unter Schutz. Hiermit wollte der Gesetzgeber zum Ausdruck bringen, dass mit diesem Schutzrecht Gegenstände kleineren handlichen Formats erfasst werden sollten. Aufgrund nachfolgender Gesetzesänderungen wurde die Begrenzung des gebrauchsmusterrechtlichen Schutzes auf „Modelle" aufgegeben und später Arbeitsgerätschaften und Gebrauchsgegenstände als schutzfähig angesehen. Damit war der Gebrauchsmusterschutz auch Maschinen zugänglich (vgl. RGZ 41, 74,

75 m. w. N.; BPatGE 15, 172, 174 – Demontierbares Gebäude). Das gegenwärtige Gebrauchsmustergesetz stellt – wie das Patentgesetz – allgemein „Erfindungen" unter Schutz.

Ein von Anfang an bestehender **Unterschied** zum **Patentrechts-** 4 **system** besteht darin, dass das Gebrauchsmustersystem ein sachliches Prüfungsverfahren nicht vorsah, sondern dem Anmeldesystem folgte, so dass die angemeldete Erfindung vom Patentamt einzutragen war, wenn bestimmte formale Erfordernisse erfüllt waren.

Mit der historischen Gesetzeslage, wonach Gebrauchsmuster- 5 schutz nur für eine neue Gestaltung, Anordnung oder Vorrichtung an einer Arbeitsgerätschaft oder einem Gebrauchsgegenstand zur Verfügung stand, eng verbunden ist das Erfordernis, dass sich der Erfindungsgedanke in einer **Raumform** verkörpern müsse (vgl. lediglich BGH GRUR 1965, 239, 242 – Verstärker; *Asendorf,* Herkunft und Entwicklung des „Raumformerfordernisses" im Gebrauchsmusterrecht, GRUR 1988, 83 ff). Eine weitere Voraussetzung im historischen GebrM-Recht war das Erfordernis der **gegenständlichen Einheit,** die insbesondere bei aus mehreren Teilen bestehenden Arbeitsgerätschaften und Gebrauchsgegenständen zu subtilen Abgrenzungskünsten führte (vgl. BPatGE 19, 139). Das frühere gesetzliche Erfordernis, dass sich die Gebrauchsmustererfindung auf einen **Gebrauchsgegenstand** oder eine **Arbeitsgerätschaft** beziehen musste, bedeutete ebenfalls einen erheblichen Abstand vom Schutzsystem des Patentgesetzes (vgl. hierzu *Tronser,* Auswirkungen des Produktpirateriegesetzes vom 7. März 1990 auf das Gebrauchsmusterrecht, GRUR 1991, 10, 13).

Eine bedeutende Annäherung an das Patentrecht erfuhr das Ge- 6 brauchsmusterrecht durch das Gesetz zur Änderung des Gebrauchsmustergesetzes vom 15. 8. 1986 (BGBl I 1446), durch das das GebrMG an die verschiedenen Neuregelungen des Patentgesetzes angeglichen worden war. Zuvor hatte der BGH eine generelle ergänzende Heranziehung der patentrechtlichen Vorschriften auf Lücken des Gebrauchsmustergesetzes abgelehnt (vgl. BGH GRUR 1983, 243 – Drucksensor). Das Gebrauchsmusteränderungsgesetz aus dem Jahre 1986 hat jedoch die jahrelangen Diskussionen über die Reform des Gebrauchsmusterrechts nicht beenden können. Eine Beendigung erfolgte in weiten Bereichen erst durch das Gesetz zur Bekämpfung der Produktpiraterie vom 7. März 1990 (PrPG), mit dem der Gesetzgeber das Raumformerfordernis für Gebrauchsmuster beseitigte; andererseits hat er Verfahren vom Gebrauchsmusterschutz ausgeschlossen. Wesentlich ist, dass für den Schutzbereich des Gebrauchsmusters der Inhalt der Schutzansprüche für maßgebend erklärt wurde; wirtschaftlich bedeutend war die Verlängerungsmöglichkeit der Laufzeit des Gebrauchsmusters auf insgesamt zehn Jahre. Hinzu kommen als wichtige Regelungen die Aufnahme eines Vernichtungs- und Auskunftsanspruchs sowie die Regelung über die Grenzbeschlagnahme.

II. Schutzzweck des Gebrauchsmusterrechts

7   Ebenso wie das Patentgesetz bezweckt das Gebrauchsmustergesetz den Schutz von Erfindungen (mit Ausnahme derjenigen, die ausdrücklich vom Gebrauchsmusterschutz ausgeschlossen sind, wie zum Beispiel Verfahrenserfindungen). Er erstreckt sich auf alle Erfindungen, die sich auf Erzeugnisse beziehen, mag es sich um „kleine" oder bedeutende Erfindungen handeln. Gebrauchsmuster sind eingetragene Rechte, die ihren Inhabern einen ausschließlichen Schutz für technische Erfindungen gewähren. Ebenso wie im Patentrecht müssen schutzfähige technische Erfindungen neu sein und ein gewisses Maß an Erfindungshöhe aufweisen. An die Erfindungshöhe werden allerdings geringere Anforderungen gestellt als im Patentrecht. Außerdem werden Gebrauchsmuster ohne Überprüfung der Neuheit und des erfinderischen Schrittes eingetragen. Dadurch können diese Schutzrechte schneller und kostengünstiger erlangt werden als Patente, bieten jedoch in gewisser Weise weniger Rechtssicherheit.

8   Der Gebrauchmusterschutz zielt darauf, ausreichenden Anreiz für technische Kreationen zu schaffen und diese über die Veröffentlichung der Eintragung durch das Patentamt der Allgemeinheit zu offenbaren. Den an der Erfindung Interessierten wird hierdurch die Weiterentwicklung der Technik ermöglicht; dem Erfinder wird ein zeitlich begrenztes Monopolrecht für seine schaffende Tätigkeit eingeräumt. Nach Ablauf dieses Monopols steht die technische Lehre der Allgemeinheit frei zur Verfügung.

B. Gebrauchsmusterrecht im nationalen Recht

I. Gebrauchsmusterrecht und Grundgesetz

9   Das Grundgesetz legt den Gesetzgeber nicht auf eine bestimmte Wirtschaftsordnung fest. Es ist wirtschaftspolitisch „neutral" und räumt dem Gesetzgeber eine weitgehende wirtschaftspolitische Ge-

Gebrauchsmustergesetz **Vorb**

staltungsfreiheit ein. Diese ist jedoch an die Grundrechte gebunden, die die Freiheit der wirtschaftlichen Betätigung des einzelnen schützen. Dies gilt insbesondere für Art. 2 Abs. 1, 3 Abs. 1, 5, 12 Abs. 1 und 14 Abs. 1 GG.

Ob es verfassungsrechtlich geboten ist, ein lückenloses Schutzrechtssystem zur Verfügung zu stellen, ist umstritten. Diese Frage kann nicht ohne Berücksichtigung der Sozialbindung des Eigentums und des verfassungsrechtlich gesicherten Grundsatzes der allgemeinen Handlungsfreiheit beantwortet werden. Das gebrauchsmusterrechtliche Schutzsystem stellt deshalb im Ergebnis – ebenso wie das Patentrechtssystem – den gesetzgeberischen Ausgleich zwischen den Interessen der Erfinder einerseits und der Wettbewerber sowie der Allgemeinheit andererseits dar. 10

Die Eigentumsgarantie des Art. 14 Abs. 1 GG umfasst nicht nur das Sacheigentum, sondern auch das geistige Eigentum, einschließlich Patente und Gebrauchsmuster (BVerfGE 36, 281, 290). Ungeachtet der Sozialbindung des Eigentums gemäß Art. 14 Abs. 1 GG hat der Gesetzgeber im Rahmen der ihm vorbehaltenen Inhalts- und Schrankenziehung der eigentumsrechtlichen Gewährleistung gemäß Art. 14 Abs. 1 Satz 2 GG einen vernünftigen Ausgleich zwischen dem Ausschließlichkeitsinteresse des Schutzrechtsinhabers einerseits und dem Interesse der Allgemeinheit sowie von Forschung und Lehre an der Weiterentwicklung geschützter Erfindungen andererseits zu berücksichtigen (vgl. BGHZ 107, 46, 57, 58). Dieses Spannungsfeld wird zum Beispiel deutlich bei der Frage, wie weit das patent- und gebrauchsmusterrechtlich geregelte Versuchsprivileg (vgl. §§ 11 Nr. 2 PatG, 12 Nr. 2 GebrMG) reicht, das unter anderem Ausdruck der Grundrechtsgarantie des Art. 5 Abs. 3 GG ist. 11

Da die gebrauchsmusterrechtlichen Vorschriften grundrechtsbeschränkend sind, müssen sie ihrerseits wieder unter Berücksichtigung des beschränkten Grundrechts ausgelegt werden, damit der Vorrang der Grundrechte auch auf der Rechtsanwendungsebene gewahrt bleibt (vgl. BVerfG GRUR 1993, 751 – Großmarkt-Werbung I m. w. N). 12

II. Gebrauchsmusterrecht und Kartellrecht

Das Kartellrecht (GWB) schützt die Freiheit des Wettbewerbsrechts. Es zielt damit auf die Verhinderung von Wettbewerbsbeschränkungen. Damit tritt ein nicht auflösbarer Zielkonflikt zum Gebrauchsmusterrecht ein, dessen Ziel die Begründung von Aus- 13 schließlichkeitsrechten zur Förderung der technischen Innovation ist. Beide Rechtssysteme sind daher auf ein jeweils „duldendes" Nebeneinander angewiesen. Das Kartellrecht erkennt die mit dem Patent- bzw. Gebrauchsmusterschutz entstehenden Ausschließlichkeitsrechte an und wendet sich gegen den Missbrauch dieser Monopolrechte zu Lasten der Wettbewerbsfreiheit.

III. Gebrauchsmusterrecht und Immaterialgüterrecht

14 Das Gebrauchsmusterrecht gehört – ebenso wie das Patentrecht – zum bürgerlichen Recht im weiteren Sinn. Es ist Teil des gewerblichen Rechtsschutzes und bildet zusammen mit diesem und dem Urheberrecht sowie den verwandten Schutzrechten das sog. Immaterialgüterrecht. Die Rechtsordnung gewährt dabei bestimmten schöpferischen Leistungen Schutz vor Nachahmung durch Zuerkennung von Ausschließlichkeitsrechten. Die gewerblichen Schutzrechte bilden einen Sonderrechtsschutz, der an bestimmte Voraussetzungen anknüpft und zeitlich befristet ist. Ihm liegt die Abwägung zwischen dem Interesse des Einzelnen, das von ihm Geschaffene ausschließlich und umfassend zu nutzen und zu verwerten, und dem Interesse der Allgemeinheit, auch andere an solchen Leistungen und damit am Fortschritt teilnehmen zu lassen, zugrunde.

1. Verhältnis zum Patentrecht

15 Das Gebrauchsmusterrecht stellt ein vom Patentrecht unabhängiges Schutzrechtssystem zur Verfügung, mit dem technische Erfindungen geschützt werden sollen. Es ist dem Patentrecht insoweit inhaltlich und gegenständlich ähnlich, als der Schutz von Erfindungen bezweckt wird. In vielen Einzelvorschriften stimmen beide Schutzrechtssysteme überein. Teilweise finden sich gesetzliche Verweisungen auf das Patentgesetz. Das Gebrauchsmuster unterscheidet sich vom Patent dadurch, dass es ohne Überprüfung der Neuheit und des erfinderischen Schrittes registriert wird. Darüber hinaus sind Verfahrenserfindungen gebrauchsmusterrechtlich nicht schützbar. Weiter unterscheidet es sich vom Patentschutz durch seine leichte und kostengünstige Erreichbarkeit. Strategisch stellt es ein hervorragendes ergänzendes Schutzrechtsinstrumentarium dar. Einzelheiten unter Anm. V. 2.

Gebrauchsmustergesetz **Vorb**

2. Verhältnis zum Geschmacksmusterrecht

Geschmacksmusterschutz und Gebrauchsmusterschutz können **16** parallel nebeneinander bestehen. Das Geschmacksmusterrecht erstreckt sich jedoch dabei auf die ästhetischen Formschöpfungen, die ausdrücklich vom Gebrauchsmusterschutz ausgeschlossen sind. Dabei sind objektiv ausschließlich technisch bedingte Formgestaltungen dem Geschmacksmusterrechtsschutz nicht zugänglich (vgl. BGH GRUR 1981, 269, 271 – Haushaltsschneidemaschine). Nicht objektiv bedingte oder nicht ausschließlich technisch notwendige Formgebungen, die das ästhetische Empfinden ansprechen, können geschmacksmusterfähig sein. Hieraus folgt, dass ein und derselbe Gegenstand sowohl durch ein Gebrauchsmuster als auch ein Geschmacksmuster geschützt werden kann.

3. Verhältnis zum Halbleiterschutzrecht

Die Leistungsfähigkeit eines Computers wird maßgeblich von **17** integrierten Schaltungen beeinflusst. Mit Hilfe der Halbleitertechnologie werden auf diesen Schaltungen logische Verknüpfungen mit nicht linearen Bauelementen realisiert. Ziel der Halbleitertechnologie ist es, diese Bauelemente so klein wie möglich auf (Silicium-)Chips zu integrieren, um immer leistungsfähigere integrierte Schaltungen produzieren zu können. Dem Schutz dieser Technologie dient das Gesetz über den Schutz der Topografien von elektronischen Halbleitererzeugnissen – Halbleiterschutzgesetz – vom 22. 10. 1987 i. d. F. des PrPG vom 7. 3. 1990 (BGBl I 422) sowie i. d. F. des 2. PatGÄndG vom 16. 7. 1998 (BGBl I 1827).

Hierdurch ist ein neues gewerbliches Schutzrecht **sui generis** **18** eingeführt worden, das Elemente urheberrechtlichen Schutzes mit solchen des gewerblichen Rechtsschutzes verbindet. Mit ihm ist die Wirkung eines Nachbildungs- und Verwertungsverbotes verbunden; das „reverse engineering" fällt nicht hierunter. Verfahrensrechtlich ist es an das Gebrauchsmusterrecht angelehnt; inhaltlich orientiert es sich am Geschmacksmusterrecht. Durch das Gesetz werden dreidimensionale Strukturen von mikroelektronischen Halbleitererzeugnissen (Topografien) nicht wegen ihrer erfinderischen Qualität, sondern wegen der Eigenart der dreidimensionalen Struktur geschützt, wenn und soweit sie Eigenart aufweisen. Eigenart liegt nach der Legaldefinition vor, wenn die Topografien ein Ergebnis geistiger Arbeit und nicht durch bloßes Nachbilden hergestellt und nicht alltäglich sind, § 1 Abs. 2 HalblG. Dies kann auch bei einer eigenartigen Gesamtheit alltäglicher Teile vorliegen, § 1 Abs. 3 HalblG. Schutzfähig ist die Topografie als solche, d. h. in ihrer dreidimensionalen Struktur, nicht wegen der in ihr verkörperten Lehre und nicht wegen des mit ihr erreichten technischen Erfolges. Erfinderische Qualität ist nicht Voraussetzung. Eigenart genügt. Halbleiterschutz schließt Gebrauchsmusterschutz nicht aus. Die Abgrenzung beider Schutzrechte erfolgt wie beim Geschmacksmuster. Einzelheiten bei *Busse/Keukenschrijver,* S. 1291 ff).

4. Verhältnis zum materiellen Markenrecht

19 Das Markenrecht ist ein Ausschlussrecht für die wörtliche, bildliche, gegenständliche Kennzeichnung für einen bestimmten Wettbewerber. Mit dem Markenrecht wird nicht eine technische, schöpferische und gestalterische Leistung geschützt, sondern es ist Unterscheidungskriterium des Wettbewerbers von anderen Wettbewerbern. Hinzu tritt die Vertrauensfunktion (Garantie- oder Qualitätsfunktion) sowie die Werbefunktion. Nach materiellem und registerrechtlichem Markenrecht können dreidimensionale Gestaltungen einschließlich der Form der Ware geschützt sein; die Abgrenzungsproblematik stellt sich dabei nicht nur im Verhältnis der dreidimensionalen Marke sondern auch im Verhältnis der zweidimensionalen Bildmarken zu Gebrauchsmustern. Beide Schutzrechtssysteme schließen sich aus. Eine durch den Gebrauchszweck der Ware technisch bedingte Gestaltung kann grundsätzlich nicht Gegenstand des materiellen oder registerrechtlichen Markenrechtes sein, da es hier um die Ware selbst und nicht um ihre Ausstattung, Kennzeichnung etc. geht. Mit dem Markenrecht kann jedoch kein die Ware selbst betreffendes Schutzrecht erworben werden.

5. Verhältnis zum Wettbewerbsrecht

20 Das Gebrauchsmusterrecht ist Sonderrechtsschutz, das in einem Spannungsverhältnis zum wettbewerbsrechtlichen Schutz steht, bei dem die Frage zu beantworten ist, inwieweit das Wettbewerbsrecht neben dem Sonderrechtsschutz gegen Nachahmung herangezogen werden kann. Das Wettbewerbsrecht ist kein Auffangbecken für den Schutz technischer Lehren. Vielmehr gilt der **Grundsatz der Nachahmungsfreiheit,** soweit der Sonderrechtsschutz nicht eingreift (BGH GRUR 1990, 528, 529 – Rollen-Clips). Die Nachahmung als solche ist nicht per se wettbewerbswidrig (BGH GRUR 1984, 597, 598 – vitra programm). WettbewerbsrechtlicheAnsprü-

Gebrauchsmustergesetz **Vorb**

che gegen Nachahmung kommen jedoch unter dem Gesichtspunkt des **ergänzenden Leistungsschutzes** in Betracht. Allerdings befasst sich das Wettbewerbsrecht nicht mit der Nachahmung als solcher sondern mit der Art und Weise, in der diese Verwendung erfolgt. Nicht die Nachahmung als solche ist daher auf der Grundlage von § 1 UWG angreifbar, sondern die Wettbewerbshandlung, die zu ihr führt oder sie begleitet.

Vor diesem Ausgangspunkt erklärt sich die ständige höchstrichterliche Rechtsprechung (BGH GRUR 1996, 211 – Vakuumpumpen; BGH GRUR 1999, 751 – Güllepumpen; BGH GRUR 1999, 1106 – Rollstuhlnachbau; BGH GRUR 2000, 521 – Modulgerüst), wonach die Nachahmung, selbst die sklavische, nur unlauter ist, wenn **besondere Umstände** hinzutreten, die spezifisch wettbewerbsrechtlicher Natur sind. Die Rechtsprechung hat diese besonderen Umstände insbesondere dann bejaht, wenn die Nachahmung zu einer vermeidbaren Herkunftstäuschung führt, den Ruf des nachgeahmten Produkts ausnutzt oder fremde Leistungen parasitär ausbeutet, z. B. dadurch, dass sich ein Nachahmer in eine fremde Serie einschiebt. Diese Aufzählung ist jedoch nicht abschließend. Der Verstoß gegen die „guten Sitten" in § 1 UWG erfordert vielmehr eine Gesamtschau, die das gesamte Verhalten des Nachahmers vor dem ganz konkreten Hintergrund würdigt. Bei der wettbewerbsrechtlichen Beurteilung sind deshalb auch Umstände heranzuziehen, die im Gebrauchsmusterverletzungsprozess außer Betracht bleiben müssen, z. B. die Etikettierung der Form, ihre Farbe, die Größe, die Verwendung ähnlicher oder abweichender Wortmarken, die Marktverhältnisse etc. (vgl. OLG Frankfurt, NJW WettbR 2000, 41 – Standbeutel). Letztlich entscheidet über die Frage der Unlauterkeit eine Interessenabwägung unter Berücksichtigung sämtlicher Umstände. 21

Ein ergänzender Leistungsschutz kommt nach ständiger Rechtsprechung, gleichgültig unter welchem Gesichtspunkt, nur dann in Betracht, wenn das nachgeahmte Produkt **wettbewerbliche Eigenart** aufweist. Die wettbewerbliche Eigenart kann sich auch aus technischen Merkmalen ergeben, solange diese nur Abweichungsmöglichkeiten zulassen. Zumindest einzelne Merkmale müssen also nicht technisch notwendig, sondern willkürlich und austauschbar sein (vgl. BGH GRUR 1996, 210, 211 – Vakuumpumpen). Die höchstrichterliche Rechtsprechung stellt jedoch an die wettbewerbliche Eigenart auch technisch bedingter Gestaltungen in aller Regel keine allzu hohen Anforderungen (vgl. nur BGH GRUR 2000, 521 – Modulgerüst: wettbewerbliche Eigenart eines Baugerüsts bejaht). 22

23 Als besonderer Umstand kann eine Unlauterkeit unter dem Gesichtspunkt der **Herkunftstäuschung** in Betracht kommen. Diese setzt voraus, dass für das maßgebliche Publikum der Eindruck entstehen könnte, die sich gegenüber stehenden Produkte seien gleichen betrieblichen Ursprungs. Darüber hinaus müssen Abweichungen dem Nachahmer zumutbar sein. Es sind alle Umstände der konkreten Vermarktung zu berücksichtigen. Zu berücksichtigen sind daher insbesondere auch Etiketten, Farben und die jeweiligen Marken (vgl. BGH GRUR 1999, 751 – Güllepumpen). Grundsätzlich ist der Nachahmende verpflichtet, die Gefahr einer Herkunftstäuschung durch ihm **zumutbare** Maßnahmen auszuschließen oder jedenfalls zu minimieren. Der BGH hat jedoch hiervon eine Ausnahme gemacht, wenn für die Kompatibilität des nachgebauten Produktes (im konkreten Fall eines Baugerüstes) unverzichtbare Gestaltungselemente die Gefahr einer betrieblichen Herkunftsverwechslung begründen; hier könne es zumutbar sein, dass der Nachahmer auf die Kompatibilität verzichtet, um jede Gefahr einer betrieblichen Herkunftstäuschung zu vermeiden. Dies gilt freilich nur, wenn es um die Frage einer Abweichung bei den für die Kompatibilität zwingend notwendigen Gestaltungselementen geht. Bezüglich aller anderen Gestaltungselemente gelangt demgegenüber der allgemeine Grundsatz zur Anwendung, dass es dem Nachahmenden zugemutet werden kann, durch Abweichungen die Gefahr der Herkunftstäuschung auszuschließen (BGH GRUR 2000, 521 – Modulgerüst).

24 Als weiteres Unlauterkeitsmoment kann das **Ausbeuten eines fremden Leistungserfolges** in Betracht kommen. Hier tritt häufig die Abgrenzung zwischen dem Ersatz- und Zubehörgeschäft einerseits und dem sog. Einschieben in die fremde Serie andererseits auf. Ersteres gilt nämlich grundsätzlich als wettbewerbskonform, während letzteres von der Rechtsprechung als parasitäre Ausbeutung fremder Leistung für sittenwidrig im Sinne von § 1 UWG angesehen worden ist. Die Befriedigung eines **Zubehör- und Ersatzteilbedarfs** für fremde Erzeugnisse ist grundsätzlich erlaubt (st. Rspr., vgl. etwa BGH GRUR 1990, 528 – Rollen-Clips; BGH GRUR 1996, 781 – Verbrauchsmaterialien). Der Grund liegt darin, dass den Herstellern von Zubehör und Ersatzteilen häufig ein Zugang zum Markt erst eröffnet wird, wenn sie mit den Original-Ersatzteilen identische oder zumindest mit einer Hauptware kompatible Erzeugnisse anbieten (vgl. BGH GRUR 2000, 521 – Modulgerüst). Des weiteren wird vom Hersteller der Hauptware eine größere Toleranz deshalb erwartet, weil er in der Regel bereits mit dem

erstmaligen Inverkehrbringen seinen Markterfolg verwirklicht hat. Auf eine exakte Abgrenzung zwischen dem, was Hauptware einerseits und Ersatz und Zubehörgeschäft einschließlich Verbrauchsmaterialien andererseits ist, muss stets geachtet werden (vgl. beispielsweise OLG Celle, Mitt. 1998, 477, für das Verhältnis von Disketten zu einem Computer). In Abgrenzung zum grundsätzlich zulässigen Ersatzteil- und Zubehörgeschäft würde es für unlauter angesehen, wenn ein Nachahmer sein Produkt **in eine fremde Produktserie,** die von vornherein auf den fortgesetzten Bedarf gleichartiger Erzeugnisse zugeschnitten ist, **einschiebt** (BGH GRUR 1992, 619 – Klemmbausteine II). Die diese Fallgruppe charakterisierende Besonderheit ist dadurch präzisiert worden, dass das fragliche Erzeugnis das Bedürfnis nach Ergänzung, Erweiterung oder Vervollständigung durch Erzeugnisse derselben Art in sich trage; seinem Wesen und der Zweckbestimmung nach müsse das zunächst gelieferte Ausgangserzeugnis, das den Anreiz für eine als fortlaufend gedachte Serie von Ergänzungen und Erweiterungen bilde, erst mit Hilfe dieser Ergänzungen den angestrebten vollkommenen Gebrauchszweck entfalten; der beabsichtigte wettbewerbliche Erfolg erschöpfe sich dann nicht schon in dem ersten Umsatzgeschäft, sondern umfasse auch den sich aus der Natur des Produktes ergebenden Ergänzungsbedarf; unter diesen Umständen sei es sittenwidrig, wenn ein Nachahmer ein Produkt gleichsam in die fremde Serie einschiebt und dadurch den Erfolg der fremden Leistung auf sich ableitet und für sich ausbeutet, obgleich ihm eine Fülle von Ausweichmöglichkeiten zur Verfügung stehen (BGH GRUR 2000, 521 – Modulgerüst).

V. Bedeutung des Gebrauchsmusters

1. Wirtschaftliche Bedeutung des Gebrauchsmusters

Dem Gebrauchsmuster kommt in der Praxis große Bedeutung zu. Anmeldestatistiken werden jährlich in PMZ veröffentlicht. In den letzten Jahren haben sich die Anmeldezahlen in einem Bereich von 23 000 Anmeldungen jährlich eingependelt. Von der EU durchgeführte Untersuchungen haben ergeben, dass in der EU vor allem bei bestimmten Wirtschaftszweigen (z. B. Spielzeugindustrie, Uhrenindustrie, Optik, Mikrotechnik und Mikromechanik) sowie bei kleinen und mittleren Unternehmen ein echter Bedarf an einem Gebrauchsmusterschutz besteht, da sich der Patentschutz für bestimmte Arten von Erfindungen wie beispielsweise technischen Erfindungen mit geringerer Erfindungshöhe nicht eignet. Darüber hinaus darf die Bedeutung des Gebrauchsmusterschutzes für „schnelllebige" Erfindungsbereiche mit rasantem Entwicklungstempo, wie z. B. in der Computerindustrie, nicht unterschätzt werden. Das Gebrauchsmuster ist einfach und mit niedrigen Gebühren zu erlangen und bietet einen wirksamen Schutz gegen unbefugte Benutzung durch Dritte. Hieraus ergibt sich, dass das Gebrauchsmuster nicht nur für die „kleinen Alltagserfindungen" eine bedeutende Rolle spielt, für die es ursprünglich konzipiert war. Auch bei hoch komplexen Erfindungen gewinnt das Gebrauchsmuster zunehmend Bedeutung, wobei der Komplementärschutz zum Patent besondere Beachtung verdient (vgl. Anm. V. 2).

2. Gebrauchmuster und Patent – flankierender Schutz – Vorzüge des Gebrauchsmusterrechts

26 Ein (schutzfähiges) GebrM wird in relativ kurzer Zeit eingetragen und entfaltet damit nach § 11 GebrMG die dem Patent entsprechenden Schutzwirkungen. Demgegenüber bedarf es beim Patentschutz erst der Erteilung des Patents nach einem unter Umständen langen Prüfungsverfahren. Der parallele GebrM-Schutz bewirkt infolgedessen eine Absicherung der faktisch schutzfreien Zeit zwischen Patentanmeldung und -erteilung. Wird überdies ein Rechercheantrag für die zum Patent angemeldete Erfindung gestellt (§ 43 PatG), kann der daraufhin ermittelte Stand der Technik bei einer nachfolgenden GebrM-Anmeldung abgrenzend berücksichtigt werden. Ungeachtet dessen kann die nach Eintragung eines entsprechenden GebrM verbleibende Zeit der Abklärung dienen, ob und inwieweit sich die zugrunde liegende Erfindung wirtschaftlich und/oder technisch bewährt. Mit der Einreichung eines Prüfungsantrages für die parallele Patentanmeldung kann bis zu dieser Abklärung demzufolge gewartet werden.

27 Bei der Prüfung, ob ein paralleles GebrM-Schutzrecht nachgesucht werden soll, ist ferner von Bedeutung, ob eine **unabhängige** oder **abgezweigte** GebrM-Anmeldung tunlich ist. Bei einer unabhängigen GebrM-Anmeldung wird der Erfindungsgegenstand in relativ kurzer Zeit veröffentlicht, so dass damit eine sog. Sperrveröffentlichung eintritt. Zum Zeitpunkt der Veröffentlichung sind nämlich dann nur noch erfinderische Weiterbildungen der veröffentlichten technischen Lehre schutzfähig (dies gilt auch für den Anmelder bzw. Rechtsvorgänger nach Ablauf der sogenannten Neu-

Gebrauchsmustergesetz **Vorb**

heitsschonfrist). Nichterfinderische Weiterentwicklungen können im Fall einer zunächst erfolgten GebrM-Anmeldung nur noch als Patentanmeldung unter **Inanspruchnahme der Priorität** des eingetragenen GebrM erreicht werden. Unabhängige GebrM-Anmeldungen lassen den Inhalt einer entsprechenden Patentanmeldung für den Zeitraum ihrer Nichtveröffentlichung nicht erkennen – was unter Wettbewerbsgesichtspunkten häufig erwünscht sein kann.

Die **Abzweigung** eines GebrM aus einer Patentanmeldung oder einem erteilten Patent ermöglicht die Anpassung der Schutzansprüche auf in der Zwischenzeit bekannt gewordene Tatsachen, zum Beispiel Stand der Technik, potenzielle Verletzungsformen, aktuelle Weiterentwicklungen etc. Die Möglichkeiten hierzu sind bei einer abgezweigten GebrM-Anmeldung größer als bei einem bereits eingetragenen GebrM. Die Abzweigung eines GebrM kommt insbesondere dann in Betracht, wenn der Anmelder gegen Schutzrechtsverletzungen vorgehen möchte, bevor ein paralleles Patent erteilt wurde. Das gegebenenfalls während des Verletzungsrechtsstreits erteilte Patent kann im Wege der Klageerweiterung ergänzend geltend gemacht werden. **28**

Die Abzweigung eines GebrM kann sich auch dann anbieten, wenn zwar bereits ein Patent erteilt ist, dieses aber zum Beispiel wegen der inzwischen eingetretenen technischen oder sonstigen Weiterentwicklung aufgrund der Jahresgebühren zu teuer erscheint. Möchte der Patentinhaber gleichwohl nicht auf einen gewissen Mindestschutz verzichten, bietet sich die Abzweigung an; in diesem Fall kann das Patent zum Beispiel durch Nichtzahlung der Jahresgebühren aufgegeben werden. Längere Schutzfristen des Patents und die für das jeweilige Schutzrecht anfallenden Kosten sind zu berücksichtigen. Bei großen wirtschaftlichen Erfindungen empfiehlt sich allemal ein zusätzlicher GebrM-Schutz, der nicht nur eine Verstärkung der Schutzrechtsposition gegenüber Verletzern, sondern auch eine Absicherung im Hinblick möglicher Einspruchs- oder Nichtigkeitsverfahren gegen das Patent und/oder paralleler Löschungsverfahren gegen das Gebrauchsmuster darstellt, da die Schutzvoraussetzungen eines GebrM geringer sind. **29**

Für GebrM-Anmeldungen innerhalb eines Prioritätsjahres ist folgendes zu berücksichtigen: Eine unabhängige Gebrauchsmuster-Nachanmeldung unter Inanspruchnahme der inneren Priorität ermöglicht Weiterentwicklungen des Nachanmeldegegenstandes. Ist für die Voranmeldung bereits eine Priorität für dieselbe Erfindung beansprucht, kommt die Inanspruchnahme der Priorität nicht mehr in Betracht. Mit einer abgezweigten GebrM-Anmeldung, die keinen **30**

Vorb Gebrauchsmustergesetz

Schutz für eine Weiterentwicklung ermöglicht, geht hingegen die für eine frühere Patentanmeldung beanspruchte Priorität nicht verloren.

VI. Europäische Entwicklung

31   Bislang ist das Gebrauchsmusterschutzrechtssystem auf die jeweilige nationale Ebene beschränkt. Unter den großen Industrienationen war Deutschland zunächst das einzige Land, das diesen Schutzrechtstypus einführte. Ihm sind in der Zwischenzeit zahlreiche Staaten des europäischen Auslands gefolgt. Gebrauchsmusterschutz besteht dabei zum Beispiel in Dänemark, Finnland, Frankreich, Griechenland, Irland, Italien, Polen, Portugal, Slowenien, Spanien, Ungarn. Das Vereinigte Königreich, Schweden, Luxemburg, die Schweiz sowie die EWR-Staaten verfügen über keinen Gebrauchsmusterschutz. Inhaltlich divergieren die Gebrauchsmustergesetze der verschiedenen Staaten ebenfalls, so dass der freie Warenverkehr zwischen den Mitgliedsstaaten der EU behindert werden kann.

32   Deshalb legte die EU-Kommission im Juni 1995 ein **Grünbuch** zum Gebrauchsmusterschutz im Binnenmarkt vor (KOM (95) 370 endg. vom 19. 7. 1995). Dieses Grünbuch sollte als Grundlage für eine umfassende Konsultation zu der Frage dienen, ob wegen der Auswirkungen der divergierenden nationalen Rechtssysteme auf die Funktionsfähigkeit des Binnenmarkts in diesem Bereich ein gemeinschaftlicher Handlungsbedarf besteht, und verschiedene Alternativen aufzeigen. Ein „europäisches Gebrauchsmuster" eröffnet die Möglichkeit, den freien Warenverkehr der auf diesen Schutzrechten basierenden Waren innerhalb der EU transparenter zu machen und Wettbewerbsverzerrungen zu vermeiden, die durch die unterschiedlichen oder nicht bestehenden innerstaatlichen Rechtsvorschriften hervorgerufen werden. Das Grünbuch versprach sich ferner eine Verbesserung der rechtlichen Rahmenbedingungen für Unternehmen aus der Gemeinschaft, die sich für den Weg der Innovation und Anpassung entschieden haben und ihre Wettbewerbsfähigkeit auf den Weltmärkten mit Hilfe des Gebrauchsmusterschutzes stärken wollen, wobei diese Hilfestellung besonders den kleinen und mittleren Unternehmen zugute kommen sollte. Die Initiative der Kommission war eingebettet in einen Aktionsplan für Innovation in Europa vom November 1996 „Innovation im Dienste von Wachstum und Beschäftigung" (KOM (96) 589 endg. vom 20. 11. 1996) zur Schaffung günstiger Rahmenbedingungen für Innovationen. Die

befragten Wirtschaftskreise haben sich auf die mit dem Grünbuch verbundene Initiative der Kommission mehrheitlich für eine Angleichung der diesbezüglichen nationalen Rechtsvorschriften und der Einführung eines Gebrauchsmusterschutzes in den Mitgliedsstaaten ausgesprochen, in denen es ein solches Recht bislang nicht gibt. Diese Tätigkeit der EU-Kommission hat dazu geführt, dass sie am 12. Dezember 1997 dem Parlament und dem Rat einen Vorschlag für eine Richtlinie über die Angleichung der Rechtsvorschriften betreffend den Schutz von Erfindungen durch Gebrauchsmuster vorgelegt hat (ABl. C 36 vom 3. 2. 1998, Seite 13 = GRUR Int. 1998, 245; zur Stellungnahme der deutschen Vereinigung für gewerblichen Rechtsschutz vgl. GRUR 1998, 554). Der Wirtschafts- und Sozialausschuss hat am 27. Mai 1998 eine Stellungnahme zu dem Vorschlag angenommen (ABl C 235 vom 27. 7. 1998, Seite 26).

In seiner auf der Plenarsitzung vom 8. bis 12. März 1999 verabschiedeten Stellungnahme hat das Europäische Parlament den Vorschlag der Kommission vorbehaltlich 34 Änderungen gebilligt. Daraufhin hat die Kommission unter dem Datum des 25. 6. 1999 einen „Geänderten Vorschlag für eine Richtlinie des Europäischen Parlaments und des Rates über die Angleichung der Rechtsvorschriften betreffend den Schutz von Erfindungen durch Gebrauchsmuster" vorgelegt (KOM (1999) 309 endg.; vgl. hierzu die Eingabe der Deutschen Vereinigung für gewerblichen Rechtsschutz an den Bundesjustizminister, GRUR 2000, 134). Auf europäischer Ebene ist die Entwicklung eines Gemeinschaftsgebrauchsmusters seitdem ins Stocken geraten, da die Mitgliedsstaaten sich unter anderem nicht zu der Frage verständigen konnten, ob an die Erfindungshöhe für den Gebrauchsmusterschutz geringere Anforderungen als beim Patentschutz zu stellen seien. **33**

Die internationale Harmonisierung des Gebrauchsmusterschutzes ist auch Gegenstand zahlreicher Erörterungen der Internationalen Vereinigung für gewerblichen Rechtsschutz (AIPPI) gewesen. Auf die AIPPI-Berichte zu Frage 117 wird verwiesen (GRUR Int. 1994, 1031; 1995, 214 und 1996, 1039). **34**

§ 1 [Schutz als Gebrauchsmuster]

(1) **Als Gebrauchsmuster werden Erfindungen geschützt, die neu sind, auf einem erfinderischen Schutz beruhen und gewerblich anwendbar sind.**

(2) **Als Gegenstand eines Gebrauchsmuster im Sinne des Absatzes 1 werden insbesondere nicht angesehen:**
1. **Entdeckungen sowie wissenschaftliche Theorien und mathematische Methoden;**
2. **ästhetische Formschöpfungen;**
3. **Pläne, Regeln und Verfahren für gedankliche Tätigkeiten, für Spiele oder geschäftliche Tätigkeiten sowie Programme für Datenverarbeitungsanlagen;**
4. **die Wiedergabe von Informationen.**

(3) **Absatz 2 steht dem Schutz als Gebrauchsmuster nur insoweit entgegen, als für die genannten Gegenstände oder Tätigkeiten als solche Schutz begehrt wird.**

Übersicht

	Rdn.
1. Vorbemerkung	1
2. Zweck der Vorschrift	2, 3
3. Erfindung	
3.1 Anforderungen/Technikbegriff	4–12
3.2 Aufgabe (technisches Problem) und Lösung	13–17
3.3 Fertige Erfindung	18, 19
3.4 Ausführbarkeit/Wiederholbarkeit	20–25
3.5 Offenbarung	26
3.6 Mikroorganismus	27, 28
3.7 (Technische) Brauchbarkeit	29
3.8 Soziale Nützlichkeit	30
3.9 Technischer Fortschritt	31
4. Beispiele schützbarer Erfindungen	32–40
5. Ausgeschlossene Erfindungen, § 1 Abs. 2 und 3	
5.1 Interpretation des § 1 Abs. 3: Bedeutung des Merkmals „als solche"	41
5.2 Entdeckungen	42, 43
5.3 Wissenschaftliche Theorien	44
5.4 Mathematische Methoden	45
5.5 Ästhetische Formschöpfungen	46

Schutz als Gebrauchsmuster § 1

Rdn.

5.6 Pläne, Regeln und Verfahren für gedankliche Tätigkeiten, für Spiele oder für geschäftliche Tätigkeiten 47
    5.6.1 Gedankliche Tätigkeiten 48
    5.6.2 Spiele 49
    5.6.3 Geschäftliche Tätigkeiten 50
5.7 Wiedergabe von Informationen 51
5.8 Kein Schutz für Erfindungen betreffend chemische oder pharmazeutische Stoffe oder Verfahren bzw. biologisches Material aufgrund europäischer Harmonisierungsbemühungen
    5.8.1 Chemische oder pharmazeutische Stoffe oder Verfahren 52
    5.8.2 Biotechnologische Erfindungen gemäß Ref. Entwurf vom 17. 4. 2000 53–55
6. Computer- und computerprogrammbezogene Erfindungen
  6.1 Allgemeines/Abgrenzung 56–60
  6.2 Programmbezogene Erfindungen/Software . 61–69
  6.3 Schaltungen und Anordnungen, Layouts 70, 71
  6.4 Hardware 72
  6.5 Beispiele 73–113
  6.6 Europäische Harmonisierungsbemühungen . 114
7. Gebrauchsmusterkategorien
  7.1 Erzeugnisgebrauchsmuster 115
    7.1.1 Sachgebrauchsmuster 116
    7.1.2 Vorrichtungsgebrauchsmuster 117, 118
    7.1.3 Stoffgebrauchsmuster 119–123
    7.1.4 Mittelgebrauchsmuster 124
    7.1.5 Arzneimittelgebrauchsmuster 125–133
    7.1.6 product-by-process-claim 134
  7.2 Verfahren (Verweis) 135
8. Neuheit (Verweis) 136–140
9. Erfinderischer Schritt
  9.1 Allgemeines/Zweck 141–143
  9.2 Reform- und Harmonisierungsbemühungen 144
  9.3 Zu berücksichtigender Stand der Technik .. 145–149
  9.4 Der Fachmann 150–155

	Rdn.
9.5 Erfinderischer Schritt – Abstand zum Stand der Technik	156–159
9.6 Beweisanzeichen und Einzelfälle	160–206
10. Gewerbliche Anwendbarkeit	207

Literatur (Auswahl): *Asendorf,* Gesetz zur Stärkung des Schutzes geistigen Eigentums und zur Bekämpfung der Produktpiraterie, NJW 1990, 1283, 1285; *Beyer,* Der Begriff der Information als Grundlage für die Beurteilung des technischen Charakters von programmbezogenen Erfindungen, GRUR 1990, 399; *Tronser,* Auswirkungen des Produktpirateriegesetzes vom 7. März 1990 auf das Gebrauchsmusterrecht, GRUR 1991, 10; *Ensthaler,* Produktpirateriegesetz, GRUR 1992, 273, 281; *U. Krieger,* Das deutsche Gebrauchsmusterrecht – eine Bestandsaufnahme, GRUR Int. 1996, 354; *Pietzcker,* Gebrauchsmusterrecht – Das technische Schutzrecht der Zukunft?, GRUR Int. 1996, 380; *Breuer,* Der erfinderische Schritt im Gebrauchsmusterrecht, GRUR 1997, 11; *Kraßer,* Neuere Entwicklungen des Gebrauchsmusterrechts in Europa, GRUR 1999, 527.

1. Vorbemerkung

1 § 1 Abs. 1 ist durch das Produktpirateriegesetz vom 7. März 1990 neu gefasst worden und gilt für alle seit dem 1. Juli 1990 beim Deutschen Patentamt eingereichten Gebrauchsmusteranmeldungen und für die darauf eingetragenen Gebrauchsmuster (Art. 12 Nr. 3 Produktpirateriegesetz). Diese Neuregelung hatte ferner Auswirkungen auf die Vorschriften der §§ 2; 4 Abs. 1 und 2 Nr. 4; 5 Abs. 1 Satz 1 und Satz 3; 6 Abs. 1 Satz 1; 12a und 23 Abs. 1 Satz 1, 3, 6. Das GebrMG 1987 bleibt hingegen nur noch für die vor dem 1. Juli 1990 eingereichten Gebrauchsmusteranmeldungen sowie die darauf eingetragenen Gebrauchsmuster anwendbar (wegen der 8-jährigen Schutzdauer maximal bis 30. Juni 1998). Es ist weiter nach Ablauf der Schutzdauer der hierunter fallenden Gebrauchsmuster maßgeblich für (nachträgliche) Feststellungsanträge (Nichtbestehen eines Gebrauchsmusters infolge Löschungsreife). Dennoch wird infolge des Zeitablaufes das GebrMG 1987 immer mehr an Bedeutung verlieren, so dass die nachfolgende Kommentierung hierauf nur noch Bezug nimmt, soweit dies zur Erläuterung des neuen Gebrauchsmusterrechts sachdienlich erscheint (vgl. zur Erläuterung des § 1 GebrMG 1987 *Bühring,* Rdnr. 8 ff, 79 ff zu § 1 GebrMG). Die Tatbestandsmerkmale der gebrauchsmusterrechtlichen Vorschriften

entsprechen in begrifflicher Hinsicht und in den Anforderungen vielfach denen des Patentgesetzes, so dass die Rechtsprechung hierzu auch für die Auslegung des GebrMG herangezogen werden kann. Aus diesem Grunde wird – ebenso zum Zwecke der besseren Lesbarkeit der Kommentierung – im allgemeinen davon abgesehen, diese patentrechtlichen Entscheidungen als solche zu kennzeichnen.

2. Zweck der Vorschrift

§ 1 umschreibt, was Gegenstand des Schutzes sein kann. Die Vorschrift stellt klar, dass der Gebrauchsmusterschutz ein **Schutz von Erfindungen** ist. Das Gebrauchsmuster stellt ein subjektives Sonderrecht für technische Erfindungen dar und gewährt dessen Inhaber ein befristetes, ausschließliches Benutzungs- und Ausschließungsrecht, weil dieser die Erfindung im Gegenzug der Allgemeinheit zugänglich und das technische Wissen in für die Allgemeinheit zugänglicher Weise bereichert. Geschützt können nur solche Erfindungen werden, die **neu** und **gewerblich anwendbar** sind. Weitere Schutzvoraussetzung ist, dass sie auf einem **erfinderischen Schritt** (im Gegensatz zum Patent: auf erfinderischer Tätigkeit) beruhen. Wenn keiner der Ausnahmetatbestände des § 1 Abs. 2 und des § 2 vorliegt und im übrigen die Anforderungen des § 1 Abs. 1 erfüllt sind, sind die Gebrauchsmuster geschützt. Dieser **Schutz** setzt zwar die **Anmeldung** der Erfindung beim Deutschen Patentamt voraus; jedoch setzt der Gebrauchsmusterschutz im Gegensatz zum Patentschutz keine Prüfung auf die Schutzfähigkeit der technischen Lehre und damit **keinen Erteilungsakt** voraus. Es bedarf insoweit nur der Eintragung (§ 4 Abs. 1 und 5). Der Schutz kann maximal 10 Jahre betragen.

Wie beim Patent liegt der Zweck des Gebrauchsmusters im wesentlichen darin, eine besondere Leistung des Erfinders im Bereich der Technik anzuerkennen und diesem für die Bereicherung des technischen Fortschritts und Wissens der Allgemeinheit eine **Belohnung** zukommen zu lassen. Diese Gegenleistung soll des weiteren als **Ansporn** für weitere erfinderische Leistungen dienen (BGH GRUR 1996, 109, 114 – Klinische Versuche I; BGH GRUR 1997, 892, 894 – Leiterplattennutzen).

3. Erfindung

3.1 Anforderungen/Technikbegriff

4 Der Begriff der Erfindung wird vom GebrMG ebenso wenig wie vom PatG definiert. Auch wenn die Formulierung in § 1 Abs. 1 insoweit anders lautet („als Gebrauchsmuster werden Erfindungen geschützt, ...") als im PatG („Patente werden für Erfindungen erteilt, ..."), besteht kein Grund zur Annahme, dass der Begriff der Erfindung im GebrMG nicht vollständig dem Erfindungsbegriff des PatG entspreche. Die unterschiedliche Formulierung bringt lediglich zum Ausdruck, dass das Gebrauchsmuster im Gegensatz zum Patent ein ungeprüftes Schutzrecht ist und keinen Erteilungsakt voraussetzt (s. Anm. 2). Zur Begriffsbestimmung und zu den Anforderungen an „Erfindungen" im Sinne des GebrMG kann deshalb insoweit uneingeschränkt auf die patentrechtliche Literatur und Rechtsprechung Rückgriff genommen werden (vgl. auch *Mes,* GebrMG, § 1, Rdnr. 2).

5 Das Vorliegen einer Erfindung ist die sachliche Grundlage für die Gewährung des Gebrauchsmusterschutzes. Auch wenn begrifflich für die Beurteilung des Vorliegens einer Erfindung nicht alle übrigen Schutzvoraussetzungen (Neuheit, erfinderischer Schritt und gewerbliche Anwendbarkeit) vorliegen müssen, ist dem Begriff der „Erfindung" ein **schöpferischer Charakter** immanent. Eine Erfindung setzt also die Schaffung von etwas Neuem voraus, wobei die schöpferische Leistung nicht als qualitatives Kriterium im Sinne einer besonders hohen Leistung oder eines großen Aufwandes an geistiger Arbeit zu verstehen ist. Insbesondere kann eine **Zufallserfindung** schöpferischen Charakter aufweisen. Das Zurverfügungstellen von etwas Neuem, bislang Unbekanntem, hat die Erfindung mit der **Entdeckung** gemein; sie unterscheidet sich von letzterer dadurch, dass die Entdeckung etwas an sich Vorhandenes, dem menschlichen Bewusstsein bis dahin Unbekanntes „neu" zugänglich macht, während eine **Erfindung** nicht ohne die **Schaffung** von etwas Neuem angenommen werden kann (zur Abgrenzung zur Entdeckung vgl. weiter unten Anm. 5.2).

6 Der Wortlaut des § 1 GebrMG enthält nicht die Voraussetzung, dass die beanspruchte Lehre **technischen Charakter** aufweisen muss. Andere Regelungen (insbesondere § 3 GebrMG, wonach der Gebrauchsmustergegenstand am dort definierten Stand der Technik

Schutz als Gebrauchsmuster 7–9 § 1

zu messen ist), lassen aber den Willen des Gesetzgebers erkennen, den Gebrauchsmusterschutz (ebenso wie den Patentrechtsschutz) auf das Gebiet der Technik zu beschränken. Das Gebrauchsmusterrecht hat ebenso wie das Patentrecht die Aufgabe, schöpferischen Leistungen auf dem Gebiet der Technik Schutz zu gewähren. Das Kriterium des technischen Charakters einer beanspruchten Lehre erscheint überdies als das einzig brauchbare Abgrenzungskriterium gegenüber andersartigen geistigen Leistungen des Menschen, für die ein Gebrauchsmusterschutz weder geeignet noch vorgesehen ist. Der **Begriff der Technik** dient damit insbesondere der Grenzziehung zu anderen Arten des Leistungsschutzes, insbesondere zu dem Urheberrechtsschutz (BGH GRUR 1992, 36, 38 – Chinesische Schriftzeichen; BGH GRUR 1977, 96, 99 – Dispositionsprogramm).

Dabei besteht spätestens seit der Entscheidung „Rote Taube" 7 (BGH GRUR 1969, 672, 673) weitgehend Einigkeit darüber, dass der Begriff des Technischen nicht auf die „klassischen" Gebiete der Physik oder der Chemie beschränkt ist, sondern auch andere Gebiete, z. B. der Biologie, der Biotechnologie, umfasst und insoweit umfassend zu verstehen ist. Der Begriff der Technik ist damit von der **menschlichen Verstandestätigkeit** abzugrenzen, deren Wesen und Begrenzung nicht zu erkennen und zu überschauen ist und damit nicht als Kriterium zur Bestimmung einer schützbaren Erfindung dienen kann (BGH GRUR 1977, 96, 98 – Dispositionsprogramm).

Infolgedessen muss eine Erfindung technischen Charakter aufweisen, d. h. einen technischen Beitrag zum Stand der Technik leisten. 8 Dieses Erfordernis ist insbesondere dann nicht erfüllt, wenn sich die zum Gebrauchsmusterschutz vorgesehene Erfindung auf mathematische Methoden, Regeln und Verfahren für gedankliche oder geschäftliche Tätigkeiten, auf die Wiedergabe von Informationen oder auf Programme für Datenverarbeitungsprogramme **als solche** bezieht (§ 1 Abs. 2, 3).

Da die bisherigen Gebrauchsmusteränderungsgesetze insoweit 9 keine Änderung der Rechtspraxis – auch im Vergleich zum Patentrecht – bewirkt haben, kann auch auf die zum „alten" Recht ergangenen höchstrichterlichen Begriffsbestimmungen zu dem Merkmal der Lehre zu technischem Handeln zurückgegriffen werden (vgl. BGH GRUR 1992, 36, 38 – Chinesische Schriftzeichen). Nach einer weitgehend gebräuchlichen **Definition** gehört eine Lehre zum planmäßigen Handeln dem Bereich der Technik nur dann an, wenn sie sich zur Erreichung eines kausal übersehbaren Erfolges des Einsatzes beherrschbarer Naturkräfte außerhalb der menschlichen Verstandestätigkeit bedient (vgl. lediglich BGH GRUR 1986, 531, 533 – Flugkostenminimierung; BGH GRUR 1992, 33, 35 – Seitenpuffer). Die Abgrenzung zur menschlichen Verstandestätigkeit, die nicht zu den beherrschbaren Naturkräften gehört, ist im Einzelfall, insbesondere bei der Beurteilung des technischen Charakters von „Programmerfindungen" (dazu im einzelnen unter Ziff. 6) schwierig. In Anbetracht des **unbestimmten Rechtsbegriffs** des Schutzes für „Erfindungen", der von der Rechtsprechung in einem umfassenden und infolge des Fortschreitens der technischen Entwicklung anpassungsfähigen Sinne verstanden wird (BGH GRUR 1969, 672 – Rote Taube), war die Rechtsprechung häufig zu restriktiv in der Bejahung des technischen Charakters einer Erfindung (vgl. hierzu auch BGH GRUR 1980, 849 – Antiblockiersystem; BGH GRUR 1992, 33 – Seitenpuffer). **Im Zweifel** ist deshalb von der Erfüllung des Kriteriums des technischen Charakters einer Erfindung auszugehen. Insbesondere bedarf es eindeutiger negativer Bestimmungen, wenn einzelne Erfindungsgegenstände von dem Gebrauchsmusterschutz ausgenommen werden sollen. Dies folgt auch aus dem Grundsatz – Ausnahmeverhältnis des Abs. 1 im Vergleich zu Abs. 2 des § 1 GebrMG, zumal die in Abs. 2 Nr. 1–4 beispielhaft aufgeführten Gegenstände und Tätigkeiten nur insoweit vom Gebrauchsmusterschutz ausgenommen sind, als für sie „als solche „Schutz begehrt wird".

10   Eine **Verknüpfung** einer **untechnischen menschlichen Verstandestätigkeit mit technischen Merkmalen** kann nur anhand der Umstände des Einzelfalls beurteilt werden (vgl. BGH GRUR 1978, 420, 422 – Fehlerortung). Eine isolierte Betrachtung der einzelnen Merkmale eines auf eine Kombination gerichteten Anspruchs ist dabei der Gefahr ausgesetzt, dass der gerade in der Kombination aller Merkmale liegende Erfindungsgedanke nicht erfasst wird (BGH GRUR 1978, 420, 421 – Fehlerortung). Hierbei entstand eine verästelte, zu restriktive Rspr., die sich wie folgt zusammenfassen lässt: Es wurde als nicht ausreichend angesehen, dass technische Mittel (lediglich) gelegentlich der Anwendung einer untechnischen Lehre verwendet werden. Vielmehr wurde verlangt, dass die Verwendung technischer Merkmale **Bestandteil der Problemlösung selbst** sein müsse, d. h. sie müsse die Erzielung des kausal übersehbaren Erfolgs bezwecken und dürfe nicht entfallen, ohne dass zugleich der angestrebte Erfolg entfiele (BGH GRUR 1978, 102 – Prüfverfahren; BGH GRUR 1978, 420, 421 – Fehlerortung; BGH GRUR 1986, 531, 533 – Flugkostenminimierung). Entscheidend sei auch nicht, dass für die Durchführung des erfindungsgemäßen Verfahrens technische Mittel sinnvoll seien oder gar allein in Betracht kämen (BGH GRUR 1981, 39, 40 – Walzstabteilung). Die **Mitursächlichkeit** der eingesetzten Naturkräfte soll – jedenfalls bei Mitteln **üblicher Art** bzw. **dienender Funktion** – nicht ausreichen, der Gesamtheit der Lehre einen technischen Charakter zu geben (BGH GRUR 1986, 531, 534 – Flugkostenminimierung). Das BPatG stellte darauf ab, ob die gegenständlichen Merkmale von untergeordneter Bedeutung seien (BPatG GRUR 1998, 35, 36 – CAD/CAM-Einrichtung). Die Rspr. der Beschwerdekammern des EPA war hier zu Recht großzügiger. Bediene sich eine Erfindung sowohl technischer als auch nichttechnischer Mittel, so könne die Verwendung nichttechnischer Mittel nicht der gesamten Lehre ihren technischen Charakter nehmen; die Schutzfähigkeit könne auch bei Erfindungen bestehen, die aus einer Mischung technischer und nichttechnischer Bestandteile bestünden (vgl. lediglich T 208/84; ABl. 1984, 14; T 38/86, ABl. 1990, 384; T 26/28, ABl 1988, 19; vgl. auch BPatG GRUR 1990, 261, 262/263 – Seismische Aufzeichnungen; BPatGE 36, 92, 95/96). Der BGH prüfte u. a., ob ein **unmittelbar** in Erscheinung tretendes Ergebnis ohne Zwischenschaltung der menschlichen Verstandestätigkeit erreicht werde (BGH GRUR 1980, 849, 850 – Antiblockiersystem; BGH GRUR 1986, 531, 533 – Flugkostenminimierung). Das bedeutete, dass der technische Charakter regelmäßig zu bejahen sein wird, wenn die technische Lehre die **Funktion** des Ergebnisses (z. B. der Datenverarbeitungsanlage) **unmittelbar** betrifft (BGH GRUR 1992, 33, 35 – Seitenpuffer). Tragen hingegen die im Anspruch angeführten gegenständlichen Merkmale nur **mittelbar** zum angestrebten Erfolg bei, so reicht das nach der Rechtsprechung für den technischen Charakter der beanspruchten Lehre nicht aus (BGH GRUR 1992, 36, 38 – Chinesische Schriftzeichen).

Bei allem darf aber nicht außer acht gelassen werden, dass der Bereich der Technik nicht erst dann erreicht werden darf, wenn die eigentliche Problemlösung bereits abgeschlossen ist (BGH GRUR 1981, 39, 41 – Walzstabteilung). Der Annahme einer Lehre zum technischen Handeln steht jedoch nicht entgegen, dass der **Erfolg der technischen Problemlösung** auf **nichttechnischem Gebiet** liegt, z. B. ein kaufmännisch organisatorisches Ergebnis zeitigt (BGH GRUR 1981, 39, 40 – Walzstabteilung; BGH GRUR 1986, 531, 532 – Flugkostenminimierung) oder sich z. B. in einem besonderen Geschmack äußert (BGH GRUR 1966, 249 – Suppenrezept). Infolgedessen steht auch nicht entgegen, wenn als Folge des unmittelbaren technischen Ergebnisses **zusätzlich** eine nichttechnische Wirkung erzielt wird, die zur vorteilhafteren weiteren Auswertung (z. B. einer gespeicherten Information für einen anderen Zweck) den Einsatz menschlicher Verstandestätigkeit erfordert (BPatG GRUR 1992, 681 – Herstellungsverfahren für ein elektronisches Gerät). Selbstverständlich entscheidet nicht die sprachliche Einkleidung einer Lehre im Gebrauchsmusteranspruch darüber, ob eine Lehre technischer Natur ist oder nicht, sondern ihr sachlicher Gehalt (BGH GRUR 1978, 102 – Prüfverfahren; BGH GRUR 1981, 39, 40 – Walzstabteilung; st. Rspr.).

12 Für die Beurteilung des technischen Charakters einer Lehre zum Handeln ist ohne Bedeutung, ob die Lehre neu, fortschrittlich und erfinderisch ist (BGH GRUR 1992, 33, 35 – Seitenpuffer; BGH GRUR 2000, 498, 500 – Logikverifikation; missverständlich zum Teil die frühere Rechtsprechung). Sie richtet sich allein nach dem Inhalt der **Ansprüche**, d. h. weder nach der angegebenen „Aufgabe" noch nach der angegebenen Wirkung. Eine Prüfung der **Unteransprüche** dahin, ob sie anders als der Hauptanspruch eine technische Lehre zum Inhalt haben, erfolgt (z. B. im Löschungsverfahren) nur dann, wenn sich der Anmelder hierauf beruft und die Gewährung eines Gebrauchsmusters für einen der Gegenstände der Unteransprüche zumindest hilfsweise beantragt (vgl. BGH GRUR 1992, 36, 38 – Chinesische Schriftzeichen).

13 Eine Abkehr von der bisherigen restriktiven Rspr. lässt der BGH – zu Recht – jedenfalls bei sog. programmbezogenen Erfindungen erkennen, wenn er wie die Praxis der Beschwerdekammern des EPA eine **ganzheitliche Sicht** anstellt und danach urteilt, ob die Erfindung als Ganzes betrachtet einen technischen Beitrag zum Stand der Technik leistet. Diese Gesamtbetrachtung bedeutet damit eine Bewertung des im angemeldeten Anspruch definierten Gegenstandes, was die Möglichkeit einschließt, bei Vorliegen sachgerechter Gründe einzelne Anspruchsmerkmale unter Berücksichtigung ihres nach fachmännischem Verständnis gegebenen Zusammenhangs unterschiedlich zu gewichten (BGH GRUR 2000, 498, 500 – Logikverifikation).

3.2 Aufgabe (technisches Problem) und Lösung

14 Ein weiteres Kriterium für das Vorliegen einer Erfindung ist, dass sie das schöpferische Neue der Allgemeinheit in Form einer **Lehre** zur Verfügung stellt, mit der eine praktische Anweisung gegeben

Schutz als Gebrauchsmuster 15 § 1

wird, ein bislang nicht überwundenes technisches Problem (sog. Aufgabe) mit bestimmten konkreten Mitteln einer Lösung zuzuführen. **Aufgabe** und **Lösung** sind mithin als Gegenstand einer Lehre zur praktischen Handlung Grundelemente der Erfindung. Gerade in der Wechselwirkung zwischen Aufgabe und Lösungsmitteln liegt der eigentliche Kern einer jeden Erfindung, nämlich der **Erfindungsgedanke** begründet. Trotzdem sind beide Begriffe – wie im Patentrecht – streng voneinander zu trennen, da andernfalls die Konturen des Erfindungsgedankens verwischt werden. *Benkard/Bruchhausen* (aaO, PatG, § 1, Rdnr. 56) beschreibt dies zutreffend dahingehend, dass ein technisches Problem ohne Lösung keinen Wert und eine Lösung ohne Problem kaum denkbar ist. Bereits hieraus folgt, dass der Problemlösung die wesentliche Bedeutung bei der Erfindung zukommt.

Aufgabe (technisches Problem):

Der Sinn der Ermittlung der sogenannten Aufgabe ist es zunächst, die das Wesen der Erfindung bestimmende Problemlösung zu erfassen (BGH GRUR 1991, 811, 814 – Falzmaschine). Dabei darf die Aufgabe nicht als die allgemeine Lehre missverstanden werden, ein Problem mit ungenannten Mitteln zu lösen, die dem Fachmann aufgrund seines Fachkönnens sowie aufgrund des Standes der Technik zur Verfügung stehen, wenn ihm das erstrebte Ziel bzw. die zu erreichende Wirkung genannt wird. Unter Aufgabe ist vielmehr eine auf Veränderung einer Ausgangslage gerichtete Zielvorstellung zu verstehen, die inhaltlich durch das im Verhältnis zur Ausgangslage Erreichte bestimmt wird; die Erfindung, nämlich die Lehre zum technischen Handeln, besteht in der Lösung der Aufgabe, so dass die Aufgabe das Problem ist, das durch die Erfindung tatsächlich, d. h. **objektiv** bewältigt wird (BGH GRUR 1991, 522, 523 – Feuerschutzabschluss; GRUR 1991, 811, 814 – Falzmaschine). Nicht entscheidend ist deshalb die subjektive Zielvorstellung des Erfinders. Das technische Problem allein, das dem Fachmann nicht die Mittel an die Hand gibt, es zu lösen, ist keine Lehre zum technischen Handeln, d. h. keine Erfindung. Folglich dürfen sich die im Gebrauchsmusteranspruch enthaltenen Angaben nicht in einer Umschreibung der der Erfindung zugrunde liegenden Aufgabe erschöpfen, sondern müssen die Lösung der Aufgabe umschreiben. Andernfalls erhielte die Erfindung durch das Gebrauchsmuster einen Schutz, der auch alle anderen Wege und Mittel erfassen würde, die zum selben Ziel führen und zum anderen wäre eine solche Art der Anspruchsformulierung mit einer erheblichen

25

Verminderung des Anreizes verbunden, neue und erfinderische Wege und Mittel zur Erreichung desselben Ziels zu suchen, was aber ein wesentlicher Sinn der Gewährung technischer Monopolschutzrechte ist (vgl. BGH GRUR 1985, 31, 32 – Acrylfasern). Die Frage, was nicht die zur Erfindung gehörende Aufgabenstellung und was die Erfindung darstellende Lösung ist, bedarf einer jeweils auf den konkreten Einzelfall abgestellten Prüfung. Die Formulierung der Aufgabe ist infolgedessen ebenso aus dem tatsächlich Erfundenen abzuleiten. Das nicht erreichte Ziel leistet keinen Beitrag zur Formulierung der Aufgabe. Die sog. Aufgabe darf nichts enthalten, was Teil der Lösung ist oder auf sie hindeutet, wie zum Beispiel Lösungsansätze, Lösungsprinzipien, Lösungsgedanken oder subjektive Vorstellungen des Erfinders, so dass ihr Einbeziehen in die Beurteilung der erfinderischen Leistung unzulässig ist (vgl. BGH GRUR 1991, 522, 523 – Feuerschutzabschluss; EPA ABl 1987, 349). Auf Schutzfähigkeit ist daher allein der Gegenstand des Gebrauchsmusteranspruchs zu prüfen, so dass es unrichtig ist, aus dem Unterschied zwischen dem, was die beanspruchte Erfindung tatsächlich leistet, und dem, was als Leistungsergebnis in der Beschreibung angegeben ist, auf eine nicht gebrauchsmusterfähige Erfindung zu schließen (vgl. BPatG GRUR 1997, 523 – Faksimile-Vorrichtung).

16 Der **Stand der Technik** ist für die Beurteilung der Aufgabe insoweit ohne Bedeutung, als für dieselbe Aufgabe mehrere schutzfähige Lösungen denkbar sind. Ein **nach** der Gebrauchsmustereintragung gefundener Stand der Technik hat auf die Aufgabe der geschützten Erfindung keinen Einfluss; das ihr zugrunde liegende technische Problem verändert er nicht (vgl. BGH GRUR 1991, 811, 813 – Falzmaschine). Er ist nur für die Prüfung der Neuheit und erfinderischen Tätigkeit des Schutzrechts von Belang.

17 Die **Relevanz der Aufgabe** kann insbesondere in ihrer klaren Trennung von der Problemlösung in der Beurteilung des Schutzbereichs des Gebrauchsmusters liegen, ebenso für die Auslegung der Offenbarung wichtig sein (BGH GRUR 1990, 33, 34 – Schüsselmühle) sowie in der Ausführbarkeit und Identität (BGH GRUR 1991, 811, 813/814 – Falzmaschine; GRUR 1988, 444, 445 – Betonstahlmattenwender) sowie als Beweisanzeichen für das Vorliegen eines erfinderischen Schrittes liegen.

Lösung:

18 Die Lösung ist die Angabe mit technischen Mitteln, mit denen das technische Problem zu dem angestrebten technischen Erfolg geführt wird. Es genügt dabei, die Lösung mit dem alle vorgeschlagenen Mitteln kennzeichnenden Prinzip im Anspruch zu umschreiben, wenn der Fachmann die Erfindung aufgrund des Gesamtinhalts der Anmeldungsunterlagen anhand seines Fachkönnens ohne weiteres verwirklichen kann (BGH GRUR 1980, 849, 851 – Antiblockiersystem). In diesem Fall kann die Lösung abstrakt gehalten werden, indem zum Beispiel nur das Lösungsprinzip angegeben wird oder die Lösung durch Wirkungsangaben bestimmt wird.

3.3 Fertige Erfindung

Es muss eine **fertige Erfindung** vorliegen, das heißt, sie muss technisch ausführbar sein und der Fachmann muss nach den Angaben des Erfinders mit Erfolg arbeiten können (BGH GRUR 1971, 210, 212 – Wildbissverhinderung). Es ist dabei ausreichend, aber auch erforderlich, wenn näher benötigte Anweisungen nicht im Gebrauchsmusteranspruch sondern in der Beschreibung enthalten sind. Vage Vorstellungen der technischen Lösung können keine fertige Erfindung begründen (vgl. BGH GRUR 1992, 430, 432 – Tauchcomputer). Nicht erforderlich ist, dass die Erfindung schon einmal in die Tat umgesetzt und eine verkaufsreife Konstruktion vorliegt (BGH, aaO). Für die Beurteilung des Vorliegens einer fertigen Erfindung ist auf den **Durchschnittsfachmann** und nicht auf die subjektive Vorstellung des Erfinders abzustellen. Denn der Schutzzweck des Gebrauchsmustergesetzes gebietet es, eine Erfindung vor der Gefährdung durch Dritte zu schützen, sobald sie derart verlautbart ist, dass sie dem Durchschnittsfachmann bei objektiver Betrachtung eine konkrete ausführbare Lehre zum technischen Handeln offenbart. Aus diesem Grunde muss die Entstehung des Rechts an der Erfindung an diesen Zeitpunkt festgelegt werden (vgl. BGH GRUR, aaO, S. 213).

Bei der Durchführung von **Versuchen** ist zu unterscheiden zwischen solchen,
– die erst im Auffinden einer Lösung der gestellten Aufgabe dienen, so dass noch keine fertige Erfindung vorliegt,
– die lediglich noch ein Ausprobieren der gegebenen Lehre (z. B. auf Fabrikationsreife) darstellen, so dass diese der Annahme einer fertigen Erfindung nicht entgegenstehen, wenn die Erfindung für den Durchschnittsfachmann ohne Aufwand weiterer erfinderischer Überlegungen ausführbar ist.

3.4 Ausführbarkeit/Wiederholbarkeit

21 Ungeachtet der unterschiedlichen Ansatzpunkte zur rechtlichen Einordnung der Ausführbarkeit (vgl. hierzu § 4 Anm. 4.4) und der mit ihr zusammenhängenden Fragen der fertigen Erfindung, der Wiederholbarkeit und der Brauchbarkeit (vgl. hierzu BPatG GRUR 1995, 394, 395 – Perfluorcarbon) ist dieses in § 1 GebrMG nicht genannte Merkmal notwendige Voraussetzung einer gebrauchsmusterfähigen Erfindung (vgl. lediglich BGH GRUR 1993, 651, 653 – tetraploide Kamille). Eine nicht ausführbare technische Lehre vermag nämlich einen technischen Erfolg nicht kausal herbeizuführen. Die fehlende Ausführbarkeit kann zum Beispiel in der Verkennung oder in der mangelnden Beherrschung naturgesetzlicher Grundlagen begründet liegen.

22 Eine fertige Erfindung wird grundsätzlich ausführbar sein. Wird das technische Ergebnis mit den angegebenen Mitteln nicht erzielt, so ist die Erfindung nicht ausführbar (BGH GRUR 1965, 298, 301 – Reaktions-Messgerät). Hingegen kommt es für die Frage der Ausführbarkeit nicht darauf an, ob die beanspruchte technische Lehre unter jeglichem Gesichtspunkt oder mit jeglichen Mitteln ausgeführt werden kann. Entscheidend ist vielmehr, dass sie von einem Fachmann überhaupt mit Erfolg angewendet werden kann (BGH GRUR 1989, 899, 900 – Sauerteig). Jedoch genügt es nicht, wenn der Erfolg lediglich möglicherweise unter günstigen Umständen eintritt *(Benkard/Bruchhausen, § 1 PatG, Rdnr. 70)*. Andererseits wird nicht verlangt, dass die technische Lehre in jedem Einzelfall zum Erfolg führt; es reicht aus, wenn dies in aller Regel der Fall ist und damit dem Fachmann ein Weg gezeigt wird, wie er bei zielgerichtetem Vorgehen das erfindungsgemäße Ergebnis hinreichend zuverlässig erreichen kann (BGH GRUR 1991, 518, 520 – Polyesterfäden). Nach der insoweit durchaus großzügigen Rechtsprechung ist es ausreichend, wenn dem Fachmann die entscheidende Richtung angegeben wird, in der er – ohne Aufwendung erfinderischer Tätigkeit, aber auch ohne am Wortlaut zu haften, allein aufgrund seines dem Durchschnitt entsprechenden Fachkönnens – mit Erfolg weiterarbeiten kann (BGH GRUR 1972, 704, 705 – Wasseraufbereitung). Selbst die Notwendigkeit von **Versuchen** zur Ermittlung der im konkreten Fall günstigsten Lösung steht der Ausführbarkeit nicht entgegen, sofern diese Versuche das übliche Maß nicht überschreiten und keine erfinderischen Überlegungen erfordern (vgl. BGH GRUR 1991, 518, 520 – Polyesterfäden). Ferner genügt es regelmäßig, wenn der erstrebte Erfolg nur bei einigen wenigen, aber vom Fachmann aufgrund seines Fachwissens und Fachkönnens nach den Angaben der Gebrauchsmusterschrift zuverlässig und auch ohne unzumutbaren Aufwand zu ermittelnden Arten der einzusetzenden Ausgangsstoffe eintritt (vgl. BGH GRUR 1976, 213, 214 – Brillengestelle).

Ausführbarkeit liegt auch vor, wenn die allgemein umschriebene technische Lehre auch **Ausführungsformen** umfasst, die bei ihrer Anmeldung der Fachwelt noch nicht zur Verfügung standen, sondern erst entwickelt oder erfunden werden müssen. Dadurch wird nur der Anwendungsbereich der sonst ausführbaren Lehre erweitert (BGH GRUR 1991, 518, 519 – Polyesterfäden). Enthält die technische Lehre **taugliche** und **untaugliche** Mittel oder Ausgangsbedingungen, kann von einer Ausführbarkeit nicht mehr ausgegangen werden, wenn das Verhältnis der tauglichen zu den untauglichen Mitteln derart ist, dass es für den nacharbeitenden Fachmann zu schwierig ist, die tauglichen Mittel herauszufinden; auch dies ist eine Frage des Einzelfalls (vgl. BGH GRUR 1991, 518, 520/521 – Polyesterfäden). 23

Auf die theoretische Begründung der technischen Lehre kommt es nicht an. Dementsprechend ist ein vom Anmelder geäußerter **Irrtum** in der Beurteilung der Ursachen für die Schutzfähigkeit der Lehre unschädlich (BGH GRUR 1994, 357, 358 – Muffelofen). Wenn jedoch eine „Irrlehre" gegeben ist, aufgrund derer der erstrebte technische Erfolg mit den angegebenen Mitteln nicht erreicht werden kann oder wenn eine irrige Vorstellung der technischen Lehre den Fachmann hindert, mit den vorgeschlagenen Lösungsmitteln den erstrebten Erfolg zu erreichen, fehlt es an der Ausführbarkeit der Lehre. 24

Zu **Beweisfragen** siehe unten Kommentierung zu § 15. 25

Das ebenfalls in § 1 nicht ausdrücklich erwähnte Merkmal der **Wiederholbarkeit** der Erfindung betrifft einen Teilaspekt zur Ausführbarkeit der Erfindung. Die Wiederholbarkeit ist die nur von zufälligen Ergebnissen freie und beliebige Ausführbarkeit (BGH GRUR 1987, 231, 232 – Tollwutvirus; BGH GRUR 1993, 651, 653 – tetraploide Kamille). Die Allgemeinheit soll nicht auf den Erfinder angewiesen sein. Wiederholbarkeit bei **Erzeugniserfindungen** ist gegeben, wenn für den Fachmann die Sache oder der Stoff herstellbar ist. Dafür genügt in der Regel die Beschreibung der neuen Beschaffenheit der Sache, sofern dem nacharbeitenden Fachmann nur irgendein beliebiger Weg zu ihrer Herstellung zur Verfügung steht; ist dies nicht der Fall, genügt für die Erlangung eines 26 umfassenden Sachschutzes die Angabe eines einzigen Herstellungsweges (BGH GRUR 1987, 231, 232 – Tollwutvirus). Bei Erfindungen im Bereich der **belebten Natur** bedarf es regelmäßig einer kritischen Hinterfragung der Reproduzierbarkeit.

3.5 Offenbarung

27 Eng mit den Merkmalen der Ausführbarkeit bzw. Wiederholbarkeit verbunden ist die sachlich rechtliche Bedeutung der Gebrauchsmusteranmeldung, die sich in der **Offenbarung** der unter Schutz zu stellenden Neuerung dokumentiert. Das Erfordernis, dass die Gebrauchsmusteranmeldung die Erfindung so deutlich und vollständig offenbart, dass ein Fachmann sie ausführen kann, wird aus § 4 abgeleitet; auf die Kommentierung hierzu wird verwiesen.

3.6 Mikroorganismus

28 Ungeachtet des Ausschlusses von Pflanzensorten und Tierarten von dem Gebrauchsmusterschutz (§ 2 Nr. 2) ist die Bereitstellung eines neuen **Mikroorganismus** per se nicht vom Gebrauchsmusterschutz ausgeschlossen (a. A. *Bühring,* § 2, Rdnr. 13). Denn die Wissenschaft betrachtet einen Mikroorganismus nicht als Pflanze oder als ein Tier, sondern als eine davon verschiedene Art von Lebewesen (vgl. *Benkard/Bruchhausen,* § 2 PatG, Rdnr. 19 ff). Auch der Gesetzgeber geht nunmehr von der Gebrauchsmusterschutzfähigkeit von Mikroorganismen aus, indem er durch das 2. PatG-ÄndG in Art. 3 in dem § 4 Abs. 7 angefügten Abs. 8 die Ermächtigung des BMJ aufgenommen hat, durch Rechtsverordnung Bestimmungen über die Hinterlegung, den Zugang einschließlich des zum Zugang berechtigten Personenkreises und die erneute Hinterlegung von biologischem Material zu erlassen (vgl. Begründung, PMZ 1998, 408). Das Gebrauchsmuster bietet damit einen Komplementärschutz zu einer entsprechenden Patentanmeldung, bei der trotz des mit der Anmeldung hinterlegten und damit Dritten zugänglichen Mikroorganismus ein vorläufiger Schutz erst nach Offenlegung eintritt.

29 Einzelheiten: Erläuterungen zu § 2 Nr. 2; zum de lege ferenda vorgesehenen Ausschluss des GebrM-Schutzes bei **„biotechnologischen Erfindungen"** vgl. Anm. 5.8.2.

3.7 (Technische) Brauchbarkeit

Die **technische Brauchbarkeit** als besonderer Gesichtspunkt 30
der Ausführbarkeit (vgl. BPatG GRUR 1997, 523, 524 – Faksimile-Vorrichtung) fehlt, wenn sich der patentgemäße Erfolg mit den angegebenen Mitteln nicht erreichen lässt (BGH PMZ 1985, 117, 118). Die technische Brauchbarkeit (Leistungsfähigkeit) ist von der „sozialen Nützlichkeit" zu unterscheiden (dazu Anmerkung 3.8).

3.8. Soziale Nützlichkeit

Literatur (Auswahl): *Beier,* Zukunftsprobleme des Patentrechts, GRUR 1972, 214; *Beyer,* Patent und Ethik im Spiegel der technischen Evolution, GRUR 1994, 551; *Preu,* Die patentierbare Erfindung und der Fortschritt, GRUR 1980, 444.

Unter diesem Begriff wird der Wert einer Erfindung für die 31
Allgemeinheit und damit ihre Brauchbarkeit im soziologischen Sinne bezeichnet. Obwohl dieses Merkmal als Voraussetzung für eine Schutzrechtsgewährung weder vom Patentgesetz noch vom Gebrauchsmustergesetz gefordert wird, nimmt ein Teil der Literatur an, dass die soziale Nützlichkeit dem Begriff der Erfindung immanent sei (z. B. *Schulte,* § 1 PatG, Rdnr. 4). Ungeachtet der Problematik, ob diese Auffassung mit dem – allerdings teilweise durchbrochenen – Grundsatz der Wertneutralität des Gebrauchsmustersystems in Einklang gebracht werden kann, kann ihr schon deshalb nicht gefolgt werden, weil als schutzfähige, technische Erfindung nicht das Ergebnis einer erstrebten Befriedigung eines allgemeinen sozialen, wirtschaftlichen Bedürfnisses in Betracht kommt, sondern nur die technische Lösung einer technischen Aufgabe, die erst ihrerseits einem derartigen Ziel zu dienen in der Lage sein kann (vgl. BGH GRUR 1955, 29, 32 – Nobelt-Bund). Infolge der gesonderten Regelung in § 2 über die Nichtschützbarkeit von Erfindungen, die gegen die öffentliche Ordnung oder die guten Sitten verstoßen würden (§ 2 Ziff. 1), bedarf es bei einer Prüfung der Schutzvoraussetzungen des § 1 dieses Merkmales im Ergebnis nicht. Erfindungen, die für die Gesellschaft nutzlos oder gar sozialschädlich sind, können durch eine flexible Auslegung dieses Schutzhindernisses gemäß § 2 Ziff. 1 gehandhabt werden (vgl. BPatGE 29, 39 – Scheintotenent-

§ 1 32, 33 Schutz als Gebrauchsmuster

larvungssystem: Verfahrenshindernis, fehlendes Rechtsschutzbedürfnis). Eine relevante soziale Nützlichkeit kann hingegen Bedeutung als **Beweisanzeichen** für das Vorliegen eines erfinderischen Schrittes haben (vgl. BPatG GRUR 1995, 397, 398/399 – Außenspiegel-Anordnung).

3.9 Technischer Fortschritt

32   Technischer Fortschritt ist ebenso wie im Patentrecht (vgl. BPatG, GRUR 1996, 866, 867 – Viterbi – Algorithmus; BPatG, GRUR 1997, 523, 524 – Faksimile-Vorrichtung) auch nach dem Gebrauchsmusterrecht keine eigenständige Schutzvoraussetzung, so dass ein Gebrauchsmuster nicht allein deshalb versagt werden kann, weil die Erfindung keinen technischen Fortschritt aufweist. Andererseits ist ein Grund für die Verleihung des Ausschließlichkeitsrechts „Gebrauchsmuster" die auch als Ansporn für weitere Leistungen zu verstehende Gewährung einer Gegenleistung dafür, dass der Erfinder den technischen Fortschritt und das technische Wissen der Allgemeinheit bereichert (vgl. BGH GRUR 1996, 109 – Klinische Versuche I). Wohl aus diesem Grunde spielt das Kriterium des technischen Fortschritts **faktisch** gleichwohl nicht selten eine Rolle bei der Beurteilung der **Erfindungshöhe** der technischen Lehre, jedenfalls in dem Sinn, dass bei seiner Bejahung das Vorliegen einer erfinderischen Tätigkeit nicht mehr mit der erforderlichen Sicherheit ausgeschlossen werden kann (vgl. BGH GRUR 1996, 757, 763 – Zahnkranzfräser; BPatG, GRUR 1995, 397 – Außenspiegel-Anordnung) – **Beweisanzeichen.** Dieses Merkmal wird von der Rechtsprechung des weiteren als ein von mehreren Faktoren im Rahmen einer Gesamtschau bei der Berechnung des **Schadenersatzes** nach der Lizenzanalogie im Falle einer Schutzrechtsverletzung berücksichtigt (vgl. OLG Düsseldorf, Mitt. 1998, 27, 30 – Schadenersatz nach der Lizenzanalogie).

4. Beispiele schützbarer Erfindungen

– **Unbewegliche Sachen:**
33   Unbewegliche Sachen, die auf einem gewerblichen Gebiet hergestellt oder benutzt werden können, werden nunmehr entgegen der früheren Rechtslage und Auslegung als gebrauchs-

musterfähig angesehen. Ihrer sachenrechtlichen Einordnung unter § 93 BGB steht die Schutzfähigkeit nicht entgegen. Denn das Gebrauchsmuster gibt kein Recht an einer Sache; Schutzgegenstand ist vielmehr ein Immaterialgüterrecht, das sich in der unter Schutz gestellten Sache verkörpert (vgl. BPatG, GRUR 1984, 39 – Durchsickerter Deich). Schutzfähig können deshalb beispielhaft sein: Gebäude (PA, GRUR 1939, 750), Deiche, Dämme, Kanäle (BPatG, GRUR 1984, 39), ein Unterbau für Straßendecken (BGH GRUR 1979, 48), Talsperren, Brücken, Tanks oder Silos (*Tronser,* GRUR 1991, 10, 11). Es wird in diesem Zusammenhang in der Literatur die Empfehlung ausgesprochen, den aufnehmenden Gegenstand mit dem neuen Merkmal des aufgenommenen Gegenstandes zu beanspruchen, wenn die Identität eines Bauteils bei einem Einbau in einen anderen Gegenstand untergeht *(Tronser, aaO; Benkard/Bruchhausen, § 1 GebrMG, Rdnr. 11).* Insoweit ist aber auch auf die Möglichkeit des Schutzes nach § 11 Abs. 2 hinzuweisen (mittelbare Verletzung).

– **Bestandteile unbeweglicher Sachen:**
Im Hinblick auf die grundsätzliche Schutzfähigkeit unbeweglicher 34 Sachen sind auch deren Bestandteile bei Vorliegen der übrigen Voraussetzungen ohne weiteres schutzfähig. Auf Differenzierungen in der früheren Rechtspraxis, ob zum Beispiel die Bestandteile sich von einer unbeweglichen Sache trennen und erneut verwenden lassen, ob sie selbständig marktfähig sind (vgl. hierzu etwa BPatGE 3, 179, 181; BPatGE 21, 8, 9) etc., kommt es nach neuem Recht nicht mehr an. Schutzfähig können deshalb zum Beispiel sein: ein demontierbares zwei- oder mehrgeschossiges Gebäude in Stahl-Holz-Verbundweise (BPatGE 15, 171, 173); Vorrichtungen innerhalb einer Stranggießanlage (BPatGE 3, 179).

– **Zusammengehörige Gegenstände:**
Da nach neuem Recht der Gebrauchsmusterschutz nicht mehr auf 35 Neuerungen an Arbeitsgerätschaften oder Gebrauchsgegenständen beschränkt ist, entfällt die nach früherem Recht bestehende, teilweise zu denkwürdigen Abgrenzungen zwingende, Schutzvoraussetzung der „gegenständlichen Einheit". Wenn auch nach früherem Recht eine Anmeldung eingetragen werden konnte, wenn der Gegenstand des Gebrauchsmusters aus mehreren zusammengehörigen Bestandteilen bestand, war dennoch Schutzvoraussetzung das Bestehen des sogenannten technischen Zusammenhangs (vgl. hierzu insgesamt *Bühring, § 1, Rdnr. 154 ff).* Damit sind zusammengehörige Gegenstände bei Vorliegen der übrigen Voraus-

setzungen gebrauchsmusterschutzfähig. Infolgedessen ist nicht nur der in der Literatur viel erörterte Dübel mit eingeschlagenem Drahtstück als Anker- und Haltemittel schutzfähig (vgl. BPatG, GRUR 1988, 201). Der Wegfall des Erfordernisses der gegenständlichen Einheit führt nunmehr zur eindeutigen Schutzfähigkeit von **mehrteiligen Gebilden** sowie **Verkaufseinheiten** und **Verpackungseinheiten**, ferner **Bausätzen** und sonstigen **komplizierten Vorrichtungen** etc. Ungeachtet dessen ist die **Einheitlichkeit** der Erfindung auch nach neuem Recht hinsichtlich einer Gebrauchsmusteranmeldung eine weiterbestehende, formelle (vgl. BGH GRUR 1965, 234 – Spannungsregler) Eintragungsvoraussetzung, vgl. § 4 Abs. 1 Satz 2.

– **Anlagen und Anordnungen:**

36 Gebrauchsmusterschutz kann für komplexe Gesamtanlagen, zum Beispiel Kernkraftwerke, Müllverbrennungs- und -verwertungsanlagen, Befestigungsvorrichtungen, Transferstraßen, Förderanlagen etc. in Anspruch genommen werden. Damit steht für den gesamten industriellen Bereich ein preiswertes, schnelles Schutzrechtsinstrumentarium zur Verfügung.

– **Schaltungen:**

37 Siehe hierzu unten Anm. 6.3, 7.1.2.

– **Nahrungs- und Genussmittel:**

38 Der gebrauchmusterrechtliche Schutz von Lebensmitteln ist nicht mehr auf vor dem Verzehr liegende Eigenschaften beschränkt, zum Beispiel auf eine Erleichterung der Handhabung durch eine neue Formgebung oder die Verbesserung der Eignung als Handelsware (vgl. z. B. BGH GRUR 1975, 367 – Schokoladentafel; BPatGE 1, 145, 148) beschränkt. Vielmehr sind Nahrungs-, Futter- und Genussmittel, Tiefkühlkost, Diät- und Sportlernahrung, Getränke als solche gebrauchsmusterfähig. Zwar kann der Erfolg auch in der geschmacklichen Wirkung begründet liegen (wie er sonst auch nicht notwendigerweise auf technischem Gebiet, sondern zum Beispiel auf wirtschaftlichem oder ästhetischem Gebiet liegen kann). Jedoch dürften bloße geschmackliche Nuancierungen nicht die materiell-rechtlichen Schutzvoraussetzungen erreichen, zumal Geschmacksnuancen nicht eindeutig und allgemein gültig bezeichnet werden können (vgl. BGH GRUR 1966, 249, 250/251 – Suppenrezept). Bei der Schutzbeanspruchung ist deshalb auf deutlich definierte Eigenschaften oder (Inhalts-)Stoffe zu achten; der Eintragung als Gebrauchsmuster steht nicht entgegen, dass ein durch technische Maßnahmen verändertes Lebensmittel außerdem geschmacklich verbessert

wird. Da nach § 2 Ziff. 3 **Verfahren** (und damit bei Nahrungs- und Genussmitteln insbesondere **Herstellungsverfahren,** z. B. Rezept) von der Eintragung ausgeschlossen sind, ist ein **Erzeugnisschutz** anzustreben. Ohne dass das Verfahren zu ihrer Herstellung als solches zum Schutzgegenstand erhoben wird, können Erzeugnisse gegebenenfalls durch eine sogenannte **product-by-process-Fassung** charakterisiert werden (vgl. zu den Voraussetzungen unten Anm. 7.1.6; vgl. ferner *Tronser* GRUR 1991, 10, 12). Soweit bei Nahrungs- und Genussmitteln „biotechnologische Erfindungen" zum Einsatz kommen, ist der de lege ferenda vorgesehene Ausschluss des GebrM-Schutzes hierfür zu beachten, vgl. Anm. 5.8.2.

- **Halbfabrikate:**
Halbfabrikate oder Zwischenprodukte sind Erzeugnisse, Stoffe, die dazu bestimmt sind, zu Endprodukten weiterverarbeitet zu werden, die ihrerseits besondere Eigenschaften aufweisen, die auf den Zwischenprodukten beruhen. Dabei ist es unerheblich, ob die Halbfabrikate auf chemischem oder nichtchemischem Wege hergestellt werden. Im Hinblick auf den allgemeinen Ausschluss von Verfahrenserfindungen bei Gebrauchsmustern (§ 2 Ziff. 3) können derartige Zwischenprodukte nicht in Form von Herstellungsansprüchen geschützt werden (z. B. bestimmte Gas-Plasma-Ätzung von Aluminium und Aluminumoxyd zur Herstellung von Platinen, die ihrerseits Bestandteil von Halbleiterbau-Elementen sind), es sei denn, es liegen die Voraussetzungen für sogenannte product-by-process-Ansprüche vor. Ungeachtet dessen sind Zwischenprodukte ohne Rücksicht auf das Ausmaß der verschiedenen Schritte bei ihrer Weiterverarbeitung als Gebrauchsmuster schutzfähig. Bei der Beurteilung der Schutzfähigkeit sind nicht nur der das Zwischenprodukt selbst betreffende relevante Stand der Technik sondern auch der das **Endprodukt** betreffende Stand der Technik zu berücksichtigen. Der Anmelder hat die Wahl, ob er den Schutz für das Zwischenprodukt oder für das Endprodukt beanspruchen möchte. Die **Offenbarung** in den ursprünglichen Unterlagen muss sich nicht nur auf das Erzeugnis, den Stoff des Zwischenprodukts, sondern auch auf die Weiterverarbeitung zum Endprodukt erstrecken, es sei denn, dass diese dem Fachmann geläufig ist (vgl. BGH GRUR 1972, 642 – Lactame). Die Eigenschaften des Zwischenprodukts müssen für die Eigenschaften des Endprodukts mindestens mitursächlich sein (vgl. BGH GRUR 1974, 718, 720 – Chinolizine). Auf Halbfabrikate eingetragene Erzeugnisgebrauchsmuster entfalten einen

umfassenden Schutz, der unabhängig davon ist, ob die geschützte Gestaltung als Halbfabrikat oder als Fertigerzeugnis Verwendung findet (OLG Karlsruhe, GRUR 1987, 892, 896 – Rohrleitungsverteileranlage).
– **Kombinationserfindungen:**
 – **Kombination von technischen Merkmalen:**

40 Eine technische Lehre, nach der mehrere Elemente zur Erreichung eines technischen Gesamterfolgs zusammenwirken sollen, ist gebrauchsmusterfähig, z. B. aus mehreren Elementen bestehende Vorrichtungen, Mischungen, Lösungen, Legierungen, Arzneikombinationsmittel (vgl. z. B. LG Hamburg, Mitt. 1996, 315 ff zur blutdrucksenkenden Substanz Captopril in Kombination mit den Diuretika Hydrochlorothiacid oder Furosemid), die aus verschiedenen Stoffen bestehen und Gegenstand von Schutzrechten sein können. Wegen des Ausschlusses von Verfahrenserfindungen kann die Kombination aber nicht in Verfahrensmaßnahmen liegen. Den kombinierten Elementen muss eine gewisse Selbständigkeit eigen sein, so dass das Zusammenfügen bloßer Einzelteile (z. B. Räder, Schrauben) nicht von dieser Fallgestaltung erfasst wird. Ausreichend, aber auch erforderlich ist das **funktionelle Zusammenwirken** der Einzelmerkmale zur Erreichung eines einheitlichen Gesamterfolges im Sinne einer gegenseitigen Unterstützung, Förderung oder Ergänzung der Erfindungsmerkmale in gleicher Richtung, dass ein einheitlicher technischer Erfolg, ein einheitlicher Endeffekt erreicht wird (vgl. lediglich BGH GRUR 1956, 317, 318 – Waschmittel). Die Erfindung spiegelt sich in der Kombination wider, die gebrauchsmusterrechtlich ein **selbständiges Ganzes** ist und den **Gegenstand des Gebrauchsmusters** darstellt (vgl. BGH GRUR 1981, 732, 734 – First- und Gratabdeckung). Die bloße „Summierung" der Wirkung der einzelnen angewandten Elemente ist deshalb nicht ausreichend. Aufgrund der Verknüpfung verschiedener Merkmale würde die Erfindung eine wesentliche Veränderung erfahren, wenn man einzelne Merkmale deswegen eliminieren würde, weil sie für sich genommen bereits bekannt waren oder Gegenstand einer anderen geschützten Erfindung sind (BGH GRUR 1992, 432, 433 – Steuereinrichtung). Die **Gesamtheit** der Merkmale der Kombinationserfindung ist auf **Neuheit** und **erfinderische Tätigkeit** zu prüfen (vgl. BGH GRUR 1997, 272, 274 – Schwenkhebelverschluss). Auch bei der **Offenbarung** muss der Kombinationsgedanke ersichtlich sein.

– **Kombination zwischen technischen und nichttechnischen Mitteln:**
Nach einer weit verbreiteten Meinung soll eine derartige Kombination nicht schutzfähig sein (*Benkard/Bruchhausen,* § 1, Rdnr. 8; *Bühring,* § 1, Rdnr. 30). Eine Kombination im rechtlichen Sinn könne zwischen technischen und nichttechnischen Merkmalen nicht vorliegen (BPatGE 1, 151, 153). Gegebenenfalls sei der Anmelder zu veranlassen, die Ansprüche auf die technischen Merkmale des Anmeldungsgegenstandes abzustellen (BGH GRUR 1977, 152, 153 – Kennungsscheibe). Dieser Auffassung kann aus den in Anm. 3.1 genannten Gründen allenfalls nur eingeschränkt gefolgt werden (vgl. im einzelnen dort).

5. Ausgeschlossene Erfindungen, § 1 Abs. 2 und 3

5.1 Interpretation des § 1 Abs. 3: Bedeutung des Merkmals „als solche"

Die in Abs. 2 Nr. 1–4 beispielhaft aufgeführten Gegenstände und Tätigkeiten sind nur insoweit vom Gebrauchsmusterschutz ausgeschlossen, als für sie „als solche" Schutz begehrt wird". Die Rechtsprechung des BGH, des BPatG und der Beschwerdekammern des EPA hatte sich bisher diesbezüglich überwiegend mit Erfindungen zu befassen, bei denen **Programme** einen Bestandteil der beanspruchten Lehre bildeten. Insoweit wird deshalb auf die Ausführungen in Anm. 3.1 und 6 verwiesen. Von diesem spezifischen technischen Bereich abgesehen, bedeutet die Regelung in § 1 Abs. 3, dass eine gebrauchsmusterschutzfähige Erfindung anzunehmen ist, wenn eine technische Lehre mit einem Tatbestand aus der Negativliste des § 1 Abs. 2 jedenfalls mit einer nicht völlig untergeordneten Bedeutung verbunden ist (z. B. auf einer an sich nicht schutzfähigen Entdeckung aufbaut, eine besondere Geschmacksrichtung zum Ziel hat, etc.). Aus der Einschränkung in § 1 Abs. 3 folgt auch, dass die Negativliste in § 1 Abs. 2 **Ausnahmecharakter** hat, auch wenn durch die Formulierung „insbesondere" klargestellt ist, dass die dort genannten Kategorien nicht abschließend aufgezählt sind mit der Folge, dass auch andere Lehren nicht zu einem schutzfähigen Gebrauchsmuster führen können, wenn diese keinen technischen Charakter haben (vgl. BPatGE 29, 24; EPA ABl. 1990, 379, 383).

5.2 Entdeckungen (§ 1 Abs. 2 Nr. 1)

43 Entdeckungen mangelt es an einer Lehre zum technischen Handeln, da sie sich auf das Auffinden von etwas Vorhandenem, das bisher nicht bekannt war, beschränken (vgl. BPatG GRUR 1978, 238, 239 – Naturstoffe). Entdeckung ist deshalb Erkenntnis; gleichgültig ist, welches Gebiet davon betroffen ist. Entdeckungen sind jedoch häufig Basis von Erfindungen, die aber eine Umsetzung der Erkenntnis in eine zweckgerichtete Anweisung zu einem bestimmten technischen Handeln voraussetzen. Nicht gebrauchsmusterfähig ist auch die sogenannte **Funktionsentdeckung,** nämlich das Auffinden einer neuen Brauchbarkeit eines an sich bekannten Erzeugnisses/Stoffes oder einer vorhandenen technischen Lehre (vgl. BGH GRUR 1996, 753, 756 – Informationssignal).

44 **Naturstoffe** sind vom Gebrauchsmusterschutz ausgeschlossen, wenn ihre Bereitstellung lediglich auf einer Entdeckung beruht; denn diese sollen jedermann frei verfügbar bleiben (vgl. BPatG GRUR 1978, 238, 239 – Naturstoffe). Bei Bereitstellung nicht bekannter Erscheinungsformen oder Isolierungen derartiger Naturstoffe können bei Vorliegen der übrigen Schutzvoraussetzungen schutzfähige Gebrauchsmuster gewährt werden. Dies gilt insbesondere für synthetisch hergestellte Naturstoffe. Das BPatG hat infolgedessen Sachansprüche sowohl für synthetisch hergestellte wie auch für durch selektive Züchtung gewonnene Naturstoffe, insbesondere Mikroorganismen gewährt (vgl. lediglich BPatG GRUR 1978, 238 – Naturstoffe; BPatG, GRUR 1978, 586 – Lactobacillus bavaricus; BPatG GRUR 1978, 702 – Menthonthiole). Die bloße Tatsache der Existenz des Naturstoffes stellt kein Schutzhindernis dar, sofern nicht die Kenntnis und Zugänglichkeit der Öffentlichkeit hinzukommen (vgl. BPatG, aaO, S. 587; aaO, S. 239). In bezug auf die Beurteilung des erfinderischen Schrittes gelten die allgemeinen Grundsätze; ebenso für die Herstellbarkeit des Naturstoffes in wiederholbarer Weise. Verfahren zur Herstellung (Synthese) oder zur Gewinnung (Isolierung) eines Naturstoffes sind wegen § 2 Ziff. 3 nicht als Gebrauchsmuster schützbar. Wie ein Vergleich von § 2 Abs. 2 Nr. 1 mit § 2 Nr. 2 PatG erkennen lässt, kommt jedoch Gebrauchsmusterschutz für unter Zuhilfenahme von Naturstoffen gewonnene Erzeugnisse in Betracht. Zum vorgesehenen Ausschluss des GebrM-Schutzes für „biotechnologische Erfindungen" de lege ferenda, vgl. Anm. 5.8.1.

5.3 Wissenschaftliche Theorien (§ 1 Abs. 2 Nr. 1)

Ebenso wie Entdeckungen beinhalten diese keine Lehre zum technischen Handeln, sondern beruhen auf reiner Erkenntnis. Auch sie können jedoch Grundlage für Erfindungen sein.

5.4 Mathematische Methoden (§ 1 Abs. 2 Nr. 1)

Diese betreffen Anweisungen an den menschlichen Geist und sind damit vom Gebrauchsmusterschutz ausgeschlossen. Eine mathematische Methode, die sich jedoch nicht in einem Algorithmus als solchem erschöpft, sondern einen Algorithmus mit technischem Inhalt betrifft (z. B. die Verarbeitung von Signalen, die über einen gestörten Kanal übertragen werden) soll die erforderliche Technizität aufweisen (BPatG GRUR 1996, 866, 867 – Viterbi-Algorithmus; vgl. auch BPatGE 36, 77, 81/92 – Computergestützte Einparkhilfe). Zu den Erklärungsversuchen, was „Mathematik" bedeutet, vgl. *Benkard/Bruchhausen,* § 1 PatG, Rdnr. 98).

5.5 Ästhetische Formschöpfungen (§ 1 Abs. 2 Nr. 2)

Diese Leistungen sollen den Formen- und Farbensinn ansprechen, nicht jedoch eine Lehre zum technischen Handeln vermitteln. Bei Vorliegen der entsprechenden Voraussetzungen kann Urheberrechtsschutz und/oder Geschmacksmusterrechtsschutz bestehen. Die zu diesem Normensystem nicht abgegrenzte Wortwahl der „ästhetischen Formschöpfung" lässt den Anwendungsbereich dieser Regelung als unklar erscheinen, zum Beispiel, ob von ihr auch klangliche Empfindungen erfasst werden (so *Benkhard/Bruchhausen,* § 1 PatG, Rdnr. 99). Unter Berücksichtigung allgemeiner Auslegungsgrundsätze sollte dieser Ausnahmetatbestand jedoch eng bemessen werden. Soll mit einer technischen Lehre eine Wirkung auf ästhetischem Gebiet erreicht werden, steht dies einem Gebrauchsmusterschutz nicht entgegen (vgl. BGH GRUR 1988, 290, 293 – Kehlrinne; vgl. auch EPA ABl. 1990, 395, 400: Das Merkmal einer bestimmten Farbgebung stelle als solches kein technisches Merkmal eines Gegenstands oder einer Vorrichtung dar, die ganz oder teilweise diese Farbe trage; ob es technischer Natur sei oder nicht, könne jedoch davon abhängen, welche Wirkung es entfaltet, wenn es einem Gegenstand hinzugefügt werde, der dieses Merkmal vorher nicht aufgewiesen habe). Die zu § 1 PatG weiter aufgestellte Forderung, dass nicht jede ästhetische Wirkung einen patentbegründenden Fortschritt darstelle, es sich vielmehr, wenn ein Fortschritt auf ästhetischem Gebiet die Patentfähigkeit begründen solle, um eine besondere, d. h. nennenswerte, in die Augen fallende ästhetische Wirkung handeln müsse (BGH GRUR 1967, 590, 591 – Garagentor), ist im Hinblick auf die geringeren Anforderungen der Schutzvoraussetzung des „erfinderischen Schritts" bei Gebrauchsmustern nicht unbesehen zu übernehmen.

5.6 Pläne, Regeln und Verfahren für gedankliche Tätigkeiten, für Spiele oder geschäftliche Tätigkeiten (§ 1 Abs. 2 Nr. 3)

48 Hierunter sind nur die rein gedanklichen, nicht-technischen Lehren zu verstehen. Der Ausschluss dieser Kategorie von „Erfindungen" vom Gebrauchsmusterschutz liegt darin begründet, dass diese keine Lehren zum technischen Handeln, sondern Anweisungen an den menschlichen Geist beinhalten. Ihre Abgrenzung zu technischen Erfindungen ist häufig schwierig. Soweit hierzu teilweise darauf abgestellt wird, dass es bei ihnen einer „Umsetzung" durch den Benutzer und Anwender bedürfe, bevor der erstrebte kausale Erfolg eintrete, dass der Benutzer sie begreife und befolge, ihren Bedeutungsgehalt richtig erkenne und erst durch diese geistige Tätigkeit der bezweckte Erfolg eintrete (vgl. hierzu *Bühring*, § 1, Rdnr. 35; *Mes*, § 1 PatG, Rdnr. 51), erscheinen diese Abgrenzungskriterien in den meisten Fällen kaum geeignet zu sein, weil derartige gedankliche Tätigkeiten des Benutzers auch bei technischen Erfindungen jedenfalls häufig „mittelbar" vorausgesetzt sein werden. Es ist letztlich kein überzeugender Grund ersichtlich, diese Abgrenzung bei den Merkmalen dieser Negativliste nicht in einer Weise vorzunehmen, wie sie bei computer- und computerprogrammbezogenen Erfindungen (dazu nachfolgend Anm. 6) sich zunehmend durchsetzt. Dies gilt um so mehr, als auch bei den „Erfindungen" dieser Negativliste elektronische Bereiche eine große Rolle spielen können (vgl. lediglich EPA ABl. 93, 669 – Elektronischer Kartenleser). Die veröffentlichte Rechtspraxis ist jedenfalls ein Beleg für das große Interesse an dem Schutz „kleiner" Erfindungen durch das Gebrauchsmusterrecht (vgl. die zahlreichen Beispiele bei *Bühring*, aaO, Rdnr. 36 ff).

Schutz als Gebrauchsmuster 49–51 § 1

5.6.1 Gedankliche Tätigkeiten

Hierzu gehören **Gebrauchsanweisungen/Bedienungsanleitungen,** die aufzeigen, wie eine Vorrichtung ihrer Bestimmung entsprechend benutzt werden soll. Auch wenn die Rechtsprechung diesen unter Umständen technischen Charakter zubilligt (vgl. BGH GRUR 1977, 96 – Dispositionsprogramm), so ist deren Gebrauchsmusterschutz jedenfalls wegen § 2 Nr. 3 ausgeschlossen (vgl. *Tronser,* GRUR 1991, 10, 14). Material und Form von **Skalen,** die Art der Anbringung, die Anzeigevorrichtung können gebrauchsmusterschutzfähig sein, nicht hingegen ihr Inhalt oder ihr Symbolgehalt (vgl. BPatGE 4, 3; 6, 145; 13, 101; 15, 175). **Farbige Markierungen** können eine technische Lehre beinhalten und damit schutzfähig sein, wenn sie ihrer Art und der Methode ihrer Anordnung nach geeignet sind, als Bedeutungsträger zu dienen (vgl. BGH GRUR 1977, 152 – Kennungsscheibe; BPatGE 2, 109). Symbole, Beschreibungen oder bildliche Darstellungen, Notenschriften, Preislisten, Rastereinteilungen auf Zeichenpapier, Farbgebungen mit bestimmter Bedeutung etc. beruhen hingegen nicht auf naturgesetzlicher technischer Lehre, sondern sprechen den menschlichen Geist an. Sogenannte **Flächenmuster,** die sich in einer bestimmten Anordnung von Linien, Schriftzeichen, Farbanordnungen beschränken, die ohne symbolischen Bedeutungsgehalt regelmäßig nicht zu nutzen sind (wie zum Beispiel bei Formularen, Brettspielen, Buchungsblättern, Aufdrücken auf Verpackungen) sind nicht gebrauchsmusterschutzfähig (vgl. z. B. BPatGE 1, 151; BPatGE 1, 156; BGH GRUR 1969, 184 – Lotterielos). 49

5.6.2 Spiele

Pläne, Regeln und Verfahren für Spiele sind vom Gebrauchsmusterschutz ausgeschlossen, weil sie keine technischen Erfindungen darstellen. Denn Spiele können regelmäßig ohne Kenntnis der betreffenden Spielregeln nicht durchgeführt werden (vgl. BPatGE 18, 170, 173; BGH GRUR 1975, 549 – Buchungsblatt). Technisches Spielzeug kann hingegen bei Erfüllung der übrigen Schutzvoraussetzungen gebrauchsmusterfähig sein. 50

5.6.3 Geschäftliche Tätigkeiten

Hierunter fallen insbesondere Neuerungen auf kaufmännischem oder wirtschaftlichem Gebiet, zum Beispiel Werbung, Buchhaltung, Finanzierung, Organisation, Geschäftsführung (vgl. z. B. BPatG 51

Mitt. 1964, 97, 98/99; BPatG GRUR 1990, 261, 262 – Seismische Aufzeichnungen; BGH GRUR 1975, 549 – Buchungsblatt).

5.7 Wiedergabe von Informationen

52 Lehren, die die Wiedergabe von Informationen zum Inhalt haben, vermitteln Kenntnisse, Tatsachen und Begebenheiten. Ihnen fehlt als eine Anweisung an die menschliche Verstandestätigkeit infolgedessen die Lehre zum technischen Handeln. Unter dieses Merkmal werden unter anderem Tabellen, Formulare, Schriftanordnungen etc. subsumiert. Sie überschneiden sich mit dem ebenfalls vom Gebrauchsmusterschutz ausgeschlossenen „gedanklichen Mitteilungen" im Sinne des § 1 Abs. 2 Nr. 3. Der Ausschluss vom Gebrauchsmusterschutz wird um so eher anzunehmen sein, je abstrakter der Sachverhalt ist, also je weniger er gegenständlich technische Merkmale beinhaltet (vgl. EPA ABl. 1990, 379, 383). Eine Information, zum Beispiel in Form eines Fernsehsignals, die inhärent die technischen Merkmale des Systems, zum Beispiel des Fernsehsystems, aufweist, in dem es vorkommt, fällt nicht unter den Ausschlusstatbestand (EPA, aaO). Auch etwa eine automatische optische Fehlermeldung eines Gerätes mit zugeordneten fehlerspezifischen Texten weist die erforderliche Technizität auf (EPA ABl. 1990, 30, 33). Dagegen dient die Nummerierung von Noten und Tasten zum leichteren Erlernen eines Instruments der Verbesserung einer Unterrichtsmethode und damit der Verbesserung eines Verfahrens für eine gedankliche Tätigkeit (EPA ABl. 1992, 230) und ist mithin dem Gebrauchsmusterschutz nicht zugänglich.

5.8 Kein Schutz für Erfindungen betreffend chemische oder pharmazeutische Stoffe oder Verfahren bzw. biologisches Material aufgrund europäischer Harmonisierungsbemühungen

5.8.1 Chemische oder pharmazeutische Stoffe oder Verfahren

53 In ihrem „Vorschlag für eine Richtlinie des Europäischen Parlaments und des Rates über die Angleichung der Rechtsvorschriften betreffend den Schutz von Erfindungen durch Gebrauchsmuster" vom 12. 12. 1997 (ABl v. 3. 2. 1998, C 36/13) sieht die Kommission der Europäischen Gemeinschaften einen Ausschluss von Erfindungen betreffend **chemische oder pharmazeutische Stoffe**

Schutz als Gebrauchsmuster 54, 55 § 1

oder Verfahren vom GebrM-Schutz vor. Mit „chemische Stoffe" sind wohl auf chemischen Wege hergestellte Stoffe gemeint. Trotz Kritik an diesem Richtlinienvorschlag (vgl. Stellungnahmen der Deutschen Vereinigung für gewerblichen Rechtsschutz und Urheberrecht, GRUR 1998, 554, 555 sowie GRUR 2000, 134; *Kraßer,* GRUR 1999, 527, 531) hat die Europäische Kommission auch bei ihrem geänderten Vorschlag vom 25. 6. 1999 für die Richtlinie den vorgesehenen Schutzausschließungsgrund beibehalten (KOM (1999) 309 endg. 97/0356 (COD); http://europa.eu.int/comm/dg15). Diese Entwicklung kann nur als bedauerlicher Rückschritt im Bemühen der Schaffung eines effektiven GebrM-Schutzes empfunden werden.

5.8.2 Biotechnologische Erfindungen gemäß Ref. Entwurf vom 17. 4. 2000

In dem in Anm. 5.8.1 erwähnten Richtlinienentwurf ist ferner 54 ein Schutzausschließungsgrund für Erfindungen betreffend **„biologisches Material"** vorgesehen. Auch der geänderte Vorschlag vom 25. 6. 1999 hält hieran fest. Parallel hierzu haben das Europäische Parlament und der Rat der Europäischen Union die auf das **Patentrecht** bezogene **Richtlinie 98/44 EG** vom 6. Juli 1998 über den rechtlichen Schutz biotechnologischer Erfindungen erlassen (ABl L 213 vom 30. 7. 1998, S. 13 = GRUR Int. 1998, 675 = PMZ 1998, 448), mit der gemeinschaftsweit harmonisierte Regelungen für die Patentierung von Innovationen auf dem Gebiet der belebten Natur festgeschrieben werden sollen. Ziel dieser Richtlinie ist es somit nicht, ein neues Patentrecht für biotechnologische Erfindungen zu schaffen, da sie vielmehr auf dem Patentrecht der Mitgliedsstaaten aufbaut, nach dem es auch bisher möglich war, biotechnologische Erfindungen zu patentieren. Daneben sollen eindeutige Vorschriften zu den Patentierungsverboten im Zusammenhang mit biotechnologischen Erfindungen geschaffen werden. Der zur Umsetzung dieser Richtlinie vorgesehene Gesetzesentwurf des BMJ (Referentenentwurf) vom 17. 4. 2000 sieht darüber hinaus eine Änderung des GebrMG durch Einfügung folgender Nr. 5 in § 1 II vor:

„5. biotechnologische Erfindungen (§ 1 Abs. 2 des Patentgesetzes)".

Die in bezug genommene Legaldefinition „biotechnologischer 55 Erfindungen" durch Einfügung eines neuen Abs. 2 in § 1 PatG besagt, dass Patente auch für Erfindungen erteilt werden können, wenn sie ein Erzeugnis, das aus biologischem Material besteht oder dieses enthält, oder wenn sie ein Verfahren, mit dem biologisches Material hergestellt oder bearbeitet wird oder bei dem es verwendet wird, zum Gegenstand haben; ferner können nach dieser Vorschrift Gegenstand einer Erfindung auch Stoffe einschließlich biologischem Material sein, die als solche in der Natur schon vorhanden waren, wenn sie mit Hilfe eines technischen Verfahrens aus ihrer natürlichen Umgebung isoliert oder hergestellt werden.

56 Zur Begründung des Ausschlusses biotechnologischer Erfindungen vom GebrM-Schutz führt der Gesetzesentwurf lediglich aus, dass sich biotechnologische Erfindungen nicht für den Schutz durch ein bloßes Registerrecht wie das GebrM eigneten und dass auch die vorgeschlagene GebrM-Richtlinie einen solchen Ausschluss vorsehe. Diese Kurzbegründung erfasst die sedes materiae nicht und bedeutet einen bedauerlichen Rückschritt auf dem Weg zu einem effektiven GebrM-Schutz. Vor allem wird verkannt, dass ein GebrM-Schutz für derartige Erfindungen in der Regel notwendiger Komplementärschutz für parallele Patentanmeldungen ist, so dass die Gesetzesbegründung auch nicht den wirtschaftlichen Hintergrund der Notwendigkeit eines solchen Schutzes erkennt. Die technischen Schwierigkeiten biologischer Erfindungen sind jedenfalls nicht prinzipiell anders zu bewerten als Schwierigkeiten von Erfindungen auf anderen Gebieten, für die ein GebrM-Schutz offen steht. Überdies sind Auslegungsschwierigkeiten und Abgrenzungsprobleme im Hinblick auf die vom Gesetzgeber des 2. PatGÄndG anerkannte GebrM-Schutzfähigkeit von Mikroorganismen (vgl. hierzu Anm. 3.6) vorprogrammiert.

6. Computer- und computerprogrammbezogene Erfindungen

Literatur (Auswahl): *Anders,* Die Patentierbarkeit von Programmen für Datenbearbeitungsanlagen: Rechtsprechung im Fluss? GRUR 1989, 861; *Betten,* Patentschutz von Computerprogrammen, CR 1986, 311; *ders.,* Patentschutz für software-bezogene Erfindungen, GRUR 1988, 248; *ders.,* Patentschutz von Computerprogrammen, GRUR 1995, 775; *Brandi-Dohrn,* Der Schutz von Computersoftware in Rechtsprechung und Praxis, GRUR 1987, 1; *Engel,* Über „Computerprogramme als solche", GRUR 1993, 194; *Jander,* Die derzeitige Situation in Sachen Technizität von Computersoftware, Mitt. 1993, 72; *Teufel,* Schutz von Software durch Patent- und Urheberrecht, Mitt. 1993, 73; *Ullmann,* Urheberrechtlicher und patentrechtlicher Schutz von Computerprogrammen, CR 1992, 641; *Kindermann,* Software-Patentierung, CR 1992, 577 und 658; *Hübner,* Zum Schutz für software-bezogene Erfindungen in Deutschland, GRUR 1994, 883; *Van Raden,* Die informatorische Taube/Überlegungen zur Patentfähigkeit informationsbezogener Erfindungen, GRUR 1995, 451; *Tauchert,* Zur Beurteilung des technischen Charakters von Patentanmeldungen aus dem Bereich der Datenverarbeitung unter Berücksichtigung der Rechtsprechung, GRUR 1997, 149; *ders.,* Elektronische Speicherelemente als Erzeugnisschutz für Computer-Programme?, Mitt. 1997, 207; *ders.,* Patentschutz für Computerprogramme – Sachstand und neue Entwicklungen, GRUR 1999, 829; *Melullis,* Zur Patentfähigkeit von Programmen für Datenverarbeitungsanlagen, GRUR 1998, 843; *Schmidtchen,* Zur Patentfähigkeit und zur Patentwürdigkeit von Computerprogrammen und von programmbezogenen Lehren, Mitt. 1999, 281.

6.1 Allgemeines/Abgrenzung

Außerhalb der technischen Schutzrechte Patentrecht und Gebrauchsmusterrecht ist der Schutz geistiger Leistungen im Zusammenhang mit Programmen für Datenverarbeitungsanlagen nach den Grundsätzen des **Urheberrechts** (§§ 69 a ff UrhG; RL 91/250/EWG i. V. m. RL 97/55/EG) möglich. Daneben kommt ein **ergänzender Leistungsschutz** nach wettbewerbsrechtlichen Grundsätzen in Betracht. Vorliegend wird nur der Schutz nach dem Gebrauchsmusterrecht behandelt, wobei insoweit ohne weiteres auf die patentrechtliche Entwicklung zurückgegriffen werden kann, da das Gebrauchsmusterrecht in diesem Bereich mit dem Patentrecht inhaltlich und gegenständlich identisch ist. Damit sind für die Beurteilung der Gebrauchsmusterschutzfähigkeit von Erfindungen im EDV-Bereich über die anerkannten Grundsätze des Gebotes einer harmonisierenden Auslegung auch die Entscheidungen der Beschwerdekammern des EPA von Bedeutung.

Computer- und computerprogrammbezogene Erfindungen sind u. a. an dem Regelungssystem in § 1 Abs. 2 Ziff. 2 und Abs. 3 zu messen, das – ebenso wie das entsprechende System gemäß § 1 Abs. 2 PatG und Art. 52 Abs. 2 EPÜ – zahlreiche Probleme insbesondere zu den softwarebezogenen Erfindungen aufwirft. Die nachfolgenden Ausführungen stehen unter dem Vorbehalt, dass insb. programmbezogene Erfindungen weiterhin an **§ 2 Nr. 3** zu messen sind. Soweit nach § 1 Abs. 2 Programme für Datenverarbeitungsanlagen (d. h. Computer-Programme bzw. Software-Programme) nicht gebrauchsmusterfähig sein sollen, wird dies in **§ 1 Abs. 3** dahingehend modifiziert, dass der Ausschluss vom Gebrauchsmusterschutz nicht schlechthin, sondern lediglich für Computer-Programme **als solche** gilt. In dieser Modifikation liegt die besondere Auslegungsschwierigkeit, da der Begriff des Programms näher zu definieren und in das System des Schutzes einer **technischen** Lehre einzuordnen ist. Schon der Begriff des Computerprogramms ist vielschichtig und wird in unterschiedlicher Bedeutung gebraucht. Erst recht lässt sich häufig faktisch nicht zwischen dem Programm und seinen Wirkungen scharf trennen, zumal Computer-Programme regelmäßig eine komplexe Einheit darstellen.

59 Auch wenn angesichts der enormen wirtschaftlichen Bedeutung von EDV und Software die h. M. zu Recht bestrebt ist, insbesondere auch der Software den Schutz der technischen Schutzrechte in dem größtmöglichen Umfang zukommen zu lassen, dürfen Wortlaut und Systematik des Ausschlusses von Computerprogrammen vom Gebrauchsmusterschutz nicht negiert werden. Deshalb sind Versuche in der Literatur, die Definition des Technikbegriffs (vgl. hierzu auch die Ausführungen zu Anm. 3.1) zu verändern und zu den Naturkräften auch die **Information** und ihre Verarbeitung zu zählen, wegen der faktisch damit verbundenen Schutzfähigkeit nahezu jeder Form von Software ebenso wenig gesetzeskonform wie die Beschränkung der Definition des Computerprogramms als solchem nur auf das sogenannte Programmlisting, d. h. die Abfolge der Befehle an den Computer vor ihrer Kompilierung. Demgegenüber ist der gedankliche Ansatzpunkt zwischen dem (außertechnischen) Konzept, d. h. die der Umsetzung in seine Handlungsanweisung an den Rechner vorausgehende Konzeption einerseits und der nachfolgenden (technischen) Umsetzung in eine Handlungsanweisung für den Computer und dessen Ansteuerung, wie sie ihren Niederschlag in dem fertigen Programm findet, andererseits zu unterscheiden (so *Melullis,* GRUR 1998, 843, 850–853), rechtssystematischer zutreffender. Es wird aber die Praxis zeigen müssen, ob auch diese Interpretation für die gesetzliche Grundregelung des Ausschlusses von Computer-Programmen als solchen überhaupt noch einen relevanten Anwendungsbereich belässt und ob sie angesichts der komplexen Einheit bei programmbezogenen Erfindungen genügend Differenzierungsspielraum ermöglicht.

60 In Anbetracht einer mangelnden, allgemein akzeptierten Abgrenzung der Regelungsinhalte in § 1 Abs. 2 Ziff. 2 und § 1 Abs. 3 ist eine pragmatische Auslegung geboten. Für die Bejahung des **technischen Charakters** einer programmbezogenen Entwicklung muss es genügen, dass sie jedenfalls **auch** eine Lehre zum technischen Handeln enthält (vgl. hierzu auch Anm. 3.1). Hierbei kann es nicht auf deren Umfang bzw. Bedeutung ankommen oder, ob sie sonst

wie im Vergleich zu der jeweiligen Gesamtentwicklung „im Vordergrund" steht. Die hiermit verbundenen Fragestellungen betreffen vielmehr die weiteren Kriterien der Neuheit bzw. – wohl primär – des erfinderischen Schrittes. Bei der Prüfung auf Technizität ist eine Beurteilung aller für die Erfindung wesentlichen Merkmale in ihrer **Gesamtheit** vorzunehmen (so schon BGH GRUR 1992, 430, 431, 432 – Tauchcomputer; BPatGE 36, 92, 95/96).

Soweit der BGH in seinen Entscheidungen auf die sog. **Kern-** 61 **theorie** bzw. darauf abgestellt hat, was bei der zu prüfenden Lehre **„im Vordergrund"** stand (vgl. hierzu im einzelnen Anm. 6.2), kann dieser Praxis nicht gefolgt werden (ebenso *Melullis,* GRUR 1998, 843, 851; a. A. BPatG GRUR 1998, 656, 658 – CAD/CAM – Verifikationsverfahren, aufgehoben durch BGH GRUR 2000, 498 – Logikverifikation). Denn diese Betrachtung lässt außer acht, dass die Beurteilung des Vorliegens einer Technizität nicht davon abhängen kann, ob der technische Beitrag zur Gesamtlehre den „Kern" ausmacht oder nicht; auch bei lediglich geringem Beitrag bleibt sie technisch (vgl. hierzu auch Anm. 3.1).

6.2 Programmbezogene Erfindungen/Software

Aus den vorstehenden Ausführungen folgt, dass die bisherige 62 höchstrichterliche Rechtsprechung darauf zu überprüfen ist, ob sie jeweils zu restriktiv bei der Bejahung der Schutzfähigkeit von computerbezogenen Erfindungen war. Dies gilt nicht zuletzt bei einem Vergleich mit der Entwicklung der Rechtsprechung der Beschwerdekammern des EPA. Insbesondere die zeitlich vor den Entscheidungen „Seitenpuffer" (GRUR 1992, 33) und „Tauch-Computer" (GRUR 1992, 430) ausgeübte Rechtspraxis ist kritisch zu hinterfragen, was bei der nachfolgenden zusammenfassenden Darstellung der Entwicklung der Rechtsprechung berücksichtigt werden muss.

Hierbei darf auch nicht das Ziel außer acht gelassen werden, dass 63 die Schnelllebigkeit insbesondere von Computerprogrammen für deren Zulassung zum Gebrauchsmusterschutz spricht, zumal für sie ein patentrechtlicher oder insbesondere urheberrechtlicher Schutz häufig nicht lohnend bzw. adäquat ist.

Bei der näheren Herausarbeitung der Kriterien der Begriffs- 64 bestimmung des technischen Charakters zu Entwicklungen nichttechnischen Gehalts sind vielfach Unsicherheiten aufgetreten, die häufig dem Anmelder zum Nachteil gereichten. Die jüngere Rechtsprechung hat dabei ihren Ausgangspunkt in der Entscheidung des

BGH (GRUR 1977, 96 – Dispositionsprogramm), in der es um die Frage ging, ob die Verknüpfung einer untechnischen Rechenregel mit technischen Merkmalen den technischen Charakter einer Erfindung begründen könne. In dieser Entscheidung wurde kein Zweifel daran gelassen, dass die Anweisung, wie mit einem technischen Gerät umzugehen sei, welches Verfahren bei dem zweckmäßigen Einsatz einer EDV zu befolgen sei, technischer Natur sein könne. Abzustellen sei dabei insbesondere, ob die Erfindung auf den nichttechnischen Teil der Lehre, nämlich auf den Algorithmus, beschränkt bleibe. Die Grundsätze dieser Entscheidung wirken in allen zu „Programmerfindungen" ergangenen nachfolgenden Entscheidungen des BGH fort, haben aber eine unterschiedliche Ausprägung erfahren. Diese Entwicklung lässt sich wie folgt zusammenfassen:

65 Es gibt keinen Rechtssatz des Inhalts, dass Computerprogramme schlechthin nicht schutzfähig seien (BGH GRUR 1978, 102, 103 – Prüfverfahren; GRUR 1980, 849, 851 – Antiblockiersystem). Vielmehr gibt es sowohl Computerprogramme, die technischer Natur sind, als auch Programme, die nichttechnischer Natur sind (BGH GRUR 1980, 849, 851 – Antiblockiersystem; BPatG GRUR 1996, 866 – Viterbi-Algorithmus; BPatG GRUR 1998, 35, 37 – CAD/CAM-Einrichtung).

66 Programmerfindungen und Technik stellen deshalb **keine Gegensatzpaare** dar, die einander ausschließen (BGH GRUR 1980, 849, 851 – Antiblockiersystem). Wesentlich ist vielmehr der Einsatz beherrschbarer Naturkräfte zur Erreichung des Erfolgs, womit solche Naturkräfte gemeint sind, die außerhalb der menschlichen Verstandestätigkeit liegen (BGH GRUR 1977, 96, 98, 99 – Dispositionsprogramm).

67 In allgemeinerer Formulierung stellte die Rechtsprechung darauf ab, worin der **Kern**, d. h. der sachliche Gehalt, der Lehre zu sehen ist (BGH GRUR 1981, 39, 41 – Walzstabteilung; BGH GRUR 1986, 531, 533 – Flugkostenminimierung). Ohne sachliche Änderung ist es, wenn die Rechtsprechung die Forderung aufstellt, dass die eingesetzten Naturkräfte **im Vordergrund** stehen müssen (BGH GRUR 1986, 531, 534 – Flugkostenminimierung; GRUR 1992, 430, 431 – Tauchcomputer). Dasselbe gilt für die Prüfung, ob mit den gedanklichen Maßnahmen (z. B. des Ordnens der verarbeiteten Daten) die Lehre **steht und fällt** bzw. ob die gegenständlichen Merkmale (z. B. der Datenverarbeitungsanlage) der Lehre das **entscheidende Gepräge** geben (BGH GRUR 1992, 36, 38 – Chinesische Schriftzeichen; BPatG GRUR 1998, 35, 36/37 CAD/CAM-Einrichtung).

Nach anderer Formulierung wird danach differenziert, ob z. B. **68** infolge einer in den Patentanspruch aufgenommenen Zweckangabe (z. B. zum Empfang von über einen gestörten Kanal übertragenen Signalen) ein Algorithmus in **so enger Beziehung** zu technischen Vorgängen stehen kann, dass er inhaltlich Bestandteil einer insgesamt technischen Lehre ist (BGH GRUR 1992, 430, 431 – Tauchcomputer; BPatG GRUR 1996, 866, 867 – Viterbi-Algorithmus; BPatGE 36, 92, 95/96). Ob diese Abgrenzung eine **Aufgabe** der „**Kerntheorie**" bedeutet, wie das BPatG gelegentlich meint (BPatG 36, 92, 95, 96; a. A. BPatG GRUR 1998, 656, 658 – CAD/CAM – Verifikationsverfahren, aufgehoben durch BGH GRUR 2000, 498 – Logikverifikation), erscheint schon deshalb **zweifelhaft,** weil der BGH auch in seiner Tauchcomputer-Entscheidung nach wie vor prüft, was bei der in Anspruch genommenen Erfindung „im Vordergrund" steht und was nicht. Die Formulierungen „im Vordergrund" und „im Kern" werden vom BGH aber durchaus synonym verwendet (GRUR 1986, 531, 533/534 – Flugkostenminimierung).

Bei Zugrundelegung eines systematischen Ansatzes lässt sich zu- **69** sammenfassend erkennen, dass Programme mit einem unmittelbar wirkenden technischen Effekt als prinzipiell schutzfähig angesehen werden. Hierzu gehören insbesondere Anwendungsprogramme, die den Ablauf von technischen Einrichtungen überwachen oder eine steuernde bzw. regelnde Funktion nach außen aufweisen oder die Messergebnisse aufarbeiten, bearbeiten etc. Als prinzipiell ebenso schutzfähig wird Software angesehen, die unmittelbar regelnd auf die Arbeitsweise eines technischen Gerätes Einfluss nimmt und dieses irgendwie steuert. Mit *Melullis* (aaO, S. 852) sollte aber auch die Schutzfähigkeit der Ansteuerung des Computers durch das fertige Programm möglich sein. Vgl. aber weiterhin **§ 2 Nr. 3** (s. o. Rdnr. 58).

Des weiteren ist mit der Rechtsprechung der Beschwerdekam- **70** mern des **EPA** von der grundsätzlichen Schutzfähigkeit eines Computerprogramms auszugehen, wenn es als **Ganzes** betrachtet einen technischen Beitrag zum Stand der Technik liefert, gleichgültig, ob es technische oder nichttechnische Bestandteile aufweist. Von einer Schutzfähigkeit ist ferner auszugehen, wenn die eingesetzten Naturkräfte und nichttechnischen Informationen (Kenndaten, Rechenregel etc.) in so enger Beziehung zueinander stehen, dass ohne Zwischenschaltung menschlicher Verstandestätigkeit ein technisches Ergebnis erzielt wird.

Dieser „ganzheitlichen" Betrachtungsweise des EPA hat sich nun- **71** mehr der BGH jedenfalls für den Bereich der Entwicklung von

integrierten Schaltungen angeschlossen. Ob ein Programm für Datenverarbeitungsanlagen die erforderliche Technizität aufweist, beurteilt sich aufgrund wertender Betrachtung des im Schutzanspruch definierten Gegenstandes, so dass bei Vorliegen sachgerechter Gründe einzelne Anspruchsmerkmale durchaus unterschiedlich gewichtet werden können; betrifft danach der Lösungsvorschlag einen Zwischenschnitt im Prozess, der mit der Herstellung von (Silizium-)Chips endet, kann er nicht lediglich deshalb vom Schutzsystem des GebrMG ausgenommen sein, weil er auf den unmittelbaren Einsatz von beherrschbaren Naturkräften verzichtet und die Möglichkeit der Fertigung tauglicher Erzeugnisse anderweitig durch auf technischen Überlegungen beruhende Erkenntnisse voranzubringen sucht (vgl. BGH GRUR 2000, 498, 500/501 – Logikverifikation).

72 Vom Gebrauchsmusterschutz ausgeschlossen ist hingegen der bloße **Algorithmus,** da er eine dem Programm zugrunde liegende Rechenregel darstellt und keinen technischen Charakter besitzt; er wendet sich nur an die menschliche Verstandestätigkeit. Ebenfalls nicht schutzfähig sind **Organisationsregeln,** sofern sie sich in einer Regel zur Auswahl, Gliederung und Zuordnung bestimmter Bedeutungsinhalte erschöpfen.

6.3 Schaltungen und Anordnungen, Layouts

73 Für **Schaltungen** und **Anordnungen** gelten bei computer- bzw. computerprogrammbezogenen Erfindungen keine rechtlichen Besonderheiten. Soweit infolgedessen keine feste Schaltungsanordnung betroffen ist, kommt ein Schutz unter dem Gesichtspunkt der programmbezogenen Erfindung (siehe hierzu oben Anm. 6.2) in Betracht.

74 Das sog. **Layout (Topographie)** betrifft in der Elektronik im allgemeinen Sinn die Anordnung von Bauelementen und ihre Verbindungen zu einer Schaltung. Beim Entwurf integrierter Schaltungen befasst es sich mit der geometrischen Anordnung von Strukturen in den verschiedenen Ebenen im Verlauf des Herstellungsprozesses solcher Schaltungen. Soweit das Layout den Aufbau eines auf einem Chip ausgebildeten integrierten Mikrocomputers, d.h. einer als Computer zu verwendenden integrierten Halbleiterschaltung und/oder das Verfahren zum Zusammenstellen der Topographie einer solchen integrierten Schaltung betrifft, steht ihm der Gebrauchsmusterschutz bei Vorliegen der übrigen Schutzvoraussetzungen prinzipiell offen (vgl. BPatG GRUR 1997, 619, 620 – Mikrocom-

Schutz als Gebrauchsmuster

puter; vgl. zur Abgrenzung des Schutzes nach dem Halbleiterschutzgesetz oben B IV 3). Das dem Layout vorgelagerte sogenannte **Logikdesign** bezieht sich hingegen regelmäßig auf das zugrunde liegende gedankliche Konzept; ihm fehlt in der Regel der technische Charakter.

6.4 Hardware

Die Hardware eines Computersystems repräsentiert alle sichtbaren Bestandteile. Dazu gehören Ein-/Ausgabegeräte, externe Speicher und Erweiterungskarten. Sie ist ohne weiteres dem Gebrauchsmusterschutz zugänglich. Die Schutzfähigkeit bemisst sich nach den allgemeinen Kriterien. 75

6.5 Beispiele

Ja: = gebrauchsmusterfähig (beachte aber zusätzlich **§ 2 Nr. 3!**) 76
Nein: = nicht gebrauchsmusterfähig
– Datenverarbeitungsanlage, die zum Betrieb eines bestimmten Rechenprogramms einen bestimmten Aufbau erfordert: ja (BGH GRUR 1977, 96, 98 – Dispositionsprogramm); 77
– Veränderung der Gestaltung von maschinellen Einrichtungen, deren Tätigkeit durch einen Rechner gesteuert oder ausgewertet wird oder der Einsatz neuer Steuerungsmittel (Rechner) bzw. deren Nutzung (Verwendung) zur Beeinflussung eines Produktionsvorgangs: ja (BGH GRUR 1981, 39, 41 – Walzstabteilung); 78
– Betreiben technischer Einrichtungen (Tiefenmesser, Zeitmesser, Datenspeicher, Wandler etc.) nach einer Rechenregel (Programm) zur Anzeige von Messgrößen ohne Einschaltung der menschlichen Verstandestätigkeit: ja (BGH GRUR 1992, 430, 431, 432 – Tauchcomputer); 79
– Programmbezogene Lehre, die die Funktionsfähigkeit der Datenverarbeitungsanlage als solche betrifft und damit das unmittelbare Zusammenwirken ihrer Elemente ermöglicht: ja (BGH GRUR 1992, 33, 35 – Seitenpuffer); 80
– Rechnerisches Programm im Bereich der Regeltechnik mit einer Aufeinanderfolge technischer Einzelmaßnahmen, die durch den planmäßigen Einsatz berechenbarer und beherrschbarer Naturkräfte unmittelbar ein bestimmtes Ergebnis erreichen: ja (BGH GRUR 1980, 849, 851 – Antiblockiersystem); 81

82 – Neue Art, mit einer elektronischen Datenverarbeitungsanlage umzugehen, um sie einem neuen Zweck dienstbar zu machen: ja (BGH GRUR 1977, 98/99 – Dispositionsprogramm);

83 – Computergestützte Vorrichtung, bei dem ein Computertomograph mit spezieller Auswerteschaltung verwendet wird: ja (BPatG CR 1987, 366);

84 – Steuerung elektrischer Verbraucher mit in einem Speicher eines Rechners abgelegten Programmen (speicherprogrammierte Steuerung), die Informationen erkennen, unterscheiden und Steuersignale erzeugen kann: ja (BPatG GRUR 1989, 42 – Rollladen-Steuerung);

85 – Ein elektronisches Stellwerk, das eine flexible Fahrstraßenbildung mit Hilfe eines Programms für einen Computer ermöglicht: ja (BPatG GRUR 1987, 799, 800 – Elektronisches Stellwerk);

86 – Eine Lehre zur Darstellung von (Erd-)Schichteneigenschaften unter Einsatz einer Messvorrichtung sowie einer Verfahrensschrittabfolge, mit der die Eingabe von aus beherrschbaren Naturkräften abgeleiteten Messgrößen und deren sinnvolle Verknüpfung ohne Zwischenschaltung der menschlichen Verstandestätigkeit ermöglicht, reale Amplitudenänderungen besser von ähnlich aussehenden Reflektionen anderer Strukturen zu unterscheiden, wodurch erstrebte Erkenntnisse zuverlässiger erkannt werden können: ja (BPatG GRUR 1990, 261, 262 – Seismische Aufzeichnungen);

87 – Programm für ein elektronisches Gerät, bei dem eine Information, die den jeweiligen Prüfungsschritt dokumentiert, in dem für die spätere Funktion des Gerätes vorgesehenen Speicherelement dauerhaft abgespeichert wird und zur Steuerung nachfolgender Herstellungs- und Prüfungsschritte dient: ja (BPatG GRUR 1992, 681, 682 – Herstellungsverfahren für ein elektronisches Gerät);

88 – Datenverarbeitungsbezogene Lehre, die sich nicht allein in programmiertechnischen Maßnahmen erschöpft, sondern bei der eine Auseinandersetzung mit dem strukturellen Aufbau und der Arbeitsweise der Datenverarbeitungsvorrichtung erforderlich ist: ja (BPatG GRUR 1997, 617, 618 – Vorbereitung von Musterdaten);

89 – Algorithmus mit technischem Inhalt, nämlich zum Empfang von über einen gestörten Kanal übertragenen Signalen: ja (BPatG GRUR 1996, 866, 867 – Viterbi-Algorithmus);

90 – Einparkhilfe für ein Kraftfahrzeug, umfassend einen Mikro-Computer zur Berechnung der für den ausgewählten Parkmodus erforderlichen Parameter, die insbesondere gemäß den angegebenen mathematischen Gleichungen zu ermitteln sind, sowie zur Erzeu-

gung der entsprechenden Anweisungssignale für den Fahrer: ja (BPatGE 36, 77, 81/82);
- Eine technische und nicht technische Merkmale enthaltende 91 Lehre zur Verdrahtung in einer integrierten Halbleiterschaltungsanordnung nach einem Algorithmus, bei der die Gesamtlehre eine so enge Beziehung der Rechenregel mit den beanspruchten technischen Merkmalen zur Lösung einer technischen Aufgabe bildet, dass durch die Verknüpfung der Rechenregel mit den technischen Mitteln ohne Zwischenschaltung menschlicher Verstandestätigkeit ein technisches Ergebnis erzielt wird: ja (BPatGE 36, 92, 95/96);
- Einrichtung zur Überwachung von Mikroprozessoren, durch Ver- 92 gleich der bei der Ausführung eines Prüfprogramms erzeugten Signale mit in einem nicht flüchtigen Speicher vorhandenen Muster: ja (EPA ABl 1995, 305);
- Röntgeneinrichtung mit einer nach einem Ablaufprogramm ar- 93 beitenden Datenverarbeitungseinheit, die die Steuerung so vornimmt, dass eine optimale Belichtung bei hinreichender Überlastungssicherheit der Röntgenröhren erzielt wird: ja (EPA ABl 1988, 19);
- Programm zur Aufnahme von Steuerzeichen in digitaler Form in 94 einem von einer Textverarbeitung erzeugten Text, mit denen das Verhalten eines angeschlossenen Druckers und die von diesem ausgegebenen Zeichen beeinflusst werden sollen: ja (EPA ABl 1994, 157);
- Eine Lehre zur optischen Darstellung einer aus mehreren Wörtern 95 bestehenden Meldung aus einem Satz vorgegebener Meldungen, wobei jede Meldung ein konkretes Ereignis betraf, das in einer Ein-/Ausgabevorrichtung einer Textverarbeitungsanlage vorkommen konnte, die außerdem eine Tastatur, eine Anzeige und einen Speicher umfasste: ja (EPA ABl 1990, 30);
- Programm für ein Verfahren zur Koordinierung und Steuerung 96 der internen Kommunikation zwischen Programmen und Dateien, die in einem Dateiverarbeitungssystem mit einer Vielzahl von in einem Telekommunikationsnetz miteinander verbundenen Prozessoren bei verschiedenen Prozessoren geführt werden, und deren Merkmale nicht auf die Art der Daten und die Art und Weise gerichtet sind, wie ein bestimmtes Anwendungsprogramm auf diese einwirkt: ja (EPA ABl 1990, 5);
- Eine Lehre zur digitalen Verarbeitung von Bildsignalen mit dem 97 Ziel einer vereinfachten Darstellung auf dem Bildschirm: ja (EPA ABl 1987, 14);

§ 1 98–104   Schutz als Gebrauchsmuster

98   – Mit Mitteln der Software gelöste Bereitstellung eines für verschiedene Teile eines Buchhaltungsprogramms benötigten Buchungsbeleges in der Form einer einheitlichen Bildschirmmaske: ja (EPA ABl 1995, 525);

99   – Eine Lehre, mit der eine mit einem im Stapelbetrieb arbeitenden Textverarbeitungssystem erstellte erste aufbereitungsfähige Dokumentenform in eine zweite aufbereitungsfähige Dokumentenform zur Verwendung in einem im Dialog- oder im Stapelbetrieb arbeitenden Textverarbeitungssystem umgewandelt wird: ja (EPA ABl 1994, 557);

100 – Organisations- und Rechenregel für die Lösung von Dispositions- und ähnlichen Aufgaben, die Aussagen darüber macht, in welcher Weise die zu verarbeitenden Daten zu ordnen und zu kennzeichnen sind, in welcher Reihenfolge sie zu verarbeiten sind und wie Zwischen- und Endergebnisse gesammelt werden: nein (BGH GRUR 1977, 96, 97/98 – Dispositionsprogramm);

101 – Rechenprogramme für elektronische Datenverarbeitungsanlagen, bei deren Anwendung lediglich von einer in Aufbau und Konstruktion bekannten Datenverarbeitungsanlage der bestimmungsgemäße Gebrauch gemacht wird, und bei denen das in Anwendung der Programme erzielte Ergebnis auf technischem Gebiet verwendbar ist: nein (BGH GRUR 1977, 657 – Straken);

102 – Rechenprogramme für elektronische Datenverarbeitungsanlagen, bei deren Anwendung lediglich von einer in Aufbau und Konstruktion bekannten Datenverarbeitungsanlage der bestimmungsgemäße Gebrauch gemacht wird, und bei denen mit Hilfe des Rechners ein Herstellungs- oder Bearbeitungsvorgang mit bekannten Steuerungsmitteln unmittelbar beeinflusst wird: nein (BGH GRUR 1981, 39, 41 – Walzstabteilung);

103 – Programm zur Eingabe chinesischer Zeichen in Textsysteme, das mit gedanklichen Maßnahmen des Ordnens der zu verarbeitenden Daten steht und fällt: nein (BGH GRUR 1992, 36, 36 – Chinesische Schriftzeichen);

104 – Programm (zur Minimierung von Flugkosten), bei dem sowohl von Naturkräften abgeleitete Messwerte als auch betriebswirtschaftliche Faktoren rechnerisch in der Weise miteinander verknüpft wird, dass das Ergebnis der Rechnung einen Steuervorgang auslöst (Änderung des Trübstoffdurchsatzes), und bei dem die markt- und betriebswirtschaftlichen Faktoren den entscheidenden Beitrag zur Erreichung des erstrebten Erfolgs liefern: nein (BGH GRUR 1986, 531, 533/534 – Flugkostenminimierung);

Schutz als Gebrauchsmuster

- Abwandlung eines Programms zur Fehlerkontrolle bei der Abwicklung des Programms einer programmgesteuerten EDV-Anlage: nein (BGH GRUR 1978, 102/103 – Prüfverfahren); **105**
- Einspeicherung von Daten in eine Datenverarbeitungsanlage und damit verbundene Änderung des Magnetisierungszustandes sowie durch den Programmablauf bewirkte Änderung von Schaltzuständen in Anlageteilen: nein (BPatGE 19, 102, 103; BPatGE 30, 85, 90); **106**
- Datenflussplan und Programmablaufplan, aus dem sich nicht zwangsläufig ein bestimmter hardwaremäßiger schaltungstechnischer Aufbau ergibt: nein (BPatGE 24, 187); **107**
- Betriebs- und Anwenderprogramm für ein elektronisches Übersetzungsgerät, die nur eine geschriebene Folge von Anweisungen darstellen: nein (BPatG CR 1987, 94); **108**
- Elektronisches Kurvenzeichengerät, bei dem die angegebenen Zahlenwerte nach bestimmten Kriterien auszuwählen, die ausgewählten Werte mit gespeicherten Werten zu vergleichen und entsprechend dem Vergleichsergebnis die für die jeweilige Skaleneinteilung maßgeblich gespeicherten Werte für die Einteilung der Skala zu verwenden sind: nein, BPatG GRUR 1987, 800, 801/802 – Kurvenzeichengerät); **109**
- Vorrichtung zur automatischen Ermittlung von Postgebühren mit Hilfe einer üblichen EDV-Anlage: nein (BPatG GRUR 1991, 816); **110**
- Erstellen von Programmen auf Rechnern im Wege eines in einem Flussdiagramm aufgezeigten Algorithmus, Umwandlung unterschiedlicher Programme unter Zuhilfenahme des Rechners aufgrund des Flussdiagramms in ein fertiges ablauffähiges Programm: nein (BPatG GRUR 1987, 354, 357); **111**
- CAD/CAM-Einrichtung, ausgestattet mit Eingabeeinrichtungen zur Eingabe der Darstellung von dreidimensionalen Körpern, einem Figuraufbereitungsmodul zum Erzeugen von Figurdaten aus den eingegebenen Darstellungen und einer Schichttabelle, insbesondere zur Erstellung von Datensätzen und Befehlen für eine NC-Maschine, bei der die Arbeitsweise des Dateiverwaltungssystems nur von den bei der Eingabe zugeordneten zusätzlichen Informationen und den für die hierarchische Datenverwaltung benutzten Ordnungs- und Suchalgorithmen abhängt: nein (BPatG GRUR 1998, 35, 36/37 – CAD/CAM-Einrichtung; vgl. aber jetzt BGH GRUR 2000, 498 – Logikverifikation); **112**
- Programm zur Ordnung und Darstellung von Schriftzeichen, die aus dem Speicher des Rechners abgerufen und gegebenenfalls **113**

durch andere Zeichen ersetzt werden können: nein (EPA ABl 1991, 566);

114 – Steuerung eines herkömmlichen Computers durch ein Programm mit dem Ziel, dass dieser Dokumente nach Vorgaben zusammenfasst, speichert und wiederfindet: nein (EPA ABl 1990, 12);

115 – Programm zur Textverarbeitung, bei dem alle Funktionen und Programmbestandteile sich auf die sprachliche Bedeutung von Worten und Texten beziehen, insbesondere Thesaurus-Programm, das sprachliche Ausdrücke erkennt und sprachliche Alternativen zur Auswahl bereitstellt: nein (EPA ABl 1990, 384; ABl 1994, 557);

116 – Programm zur Darstellung arabischer Schriftzeichen auf einem Datensichtgerät: nein (EPA ABl 1991, 566).

6.6 Europäische Harmonisierungsbemühungen

117 Nachdem die Kommission der Europäischen Gemeinschaften in ihrem ursprünglichen Richtlinienvorschlag betreffend den Schutz von Erfindungen durch Gebrauchsmuster vom 12. 12. 1997 (ABl v. 3. 2. 1998, C 36/13) Computerprogramme vom GebrM-Schutz ausgeschlossen sehen wollte, hat sie sich in ihrem geänderten Vorschlag zu dieser Richtlinie vom 25. 6. 1999 (KOM (1999) 309 endg. 97/0356 (COD)) insoweit den Änderungsvorschlägen des Europäischen Parlaments aufgrund dessen Plenarsitzung vom 8. – 12. 3. 1999 angeschlossen und Computerprogramme als schutzfähig angesehen.

7. Gebrauchsmusterkategorien

7.1 Erzeugnisgebrauchsmuster

118 Entgegen § 9 Satz 2 Nr. 1 und 2 PatG stellt § 11 bei den allein dem Inhaber des Gebrauchsmusters vorbehaltenen Handlungen auf **Erzeugnisgebrauchsmuster** ab. Bei diesen ist es jedem Dritten verboten, ohne Zustimmung des Gebrauchsmusterinhabers ein Erzeugnis, das Gegenstand des Gebrauchsmusters ist, herzustellen, anzubieten, in Verkehr zu bringen oder zu gebrauchen oder zu den genannten Zwecken entweder einzuführen oder zu besitzen. Der Begriff der Erzeugniserfindung deckt sich mit dem des Patentrechts. Bei dem Erzeugnisgebrauchsmuster werden die besonderen Merk-

Schutz als Gebrauchsmuster 119–121 § 1

male eines Erzeugnisses unter Schutz gestellt. Erzeugnisse können sein: Sachen, Vorrichtungen, Maschinen, Geräte, Stoffe, Gemische, Fertig- oder Halbfabrikate. Auch wenn das Erzeugnisgebrauchsmuster aus mehreren Bestandteilen, zum Beispiel den Elementen einer Kombination, bestehen kann, muss es zur Erfüllung der formellen Anmeldevoraussetzungen eine **technische Einheit** bilden (vgl. auch § 4 Abs. 1 und oben Rdnr. 35). Der Fachmann muss das unter Schutz gestellte Erzeugnis eindeutig identifizieren und vom Stand der Technik unterscheiden können. Bei Erzeugnisgebrauchsmustern werden die körperlichen Merkmale einer Sache, d. h. die äußere oder innere Beschaffenheit der Sache, geschützt (vgl. BGH GRUR 1985, 31, 32 – Acrylfasern). Ihr Gegenstand kann durch räumlich-körperliche Merkmale gekennzeichnet sein (vgl. BGH GRUR 1991, 436, 441 – Befestigungsvorrichtung II). **Zweck-, Wirkungs- und Funktionsangaben** sind im Gebrauchsmusteranspruch regelmäßig nicht erforderlich. Ihnen kommt in der Regel keine schutzbeschränkende Wirkung zu. Vielmehr dienen derartige Angaben meistens dem besseren Verständnis einer Erfindung und umschreiben die räumlich-körperliche Ausgestaltung der betreffenden Merkmale des Erzeugnisses (vgl. BGH GRUR 1991, 436, 441 – Befestigungsvorrichtung II; BPatG GRUR 1996, 866, 867 – Viterbi-Alogorithmus; vgl. im einzelnen *von Hellfeld,* GRUR 1998, 243 ff). Darstellung und Erläuterung der technischen Einzelheiten anhand ihrer Funktion sind im GebrM-Recht grundsätzlich zulässig (BGH GRUR 1997, 892, 893 – Leiterplattennutzen). Zur Problematik von Zweckangaben, die zur Wertung eines Erzeugnisanspruchs als Verwendungserfindung führen, vgl. Kommentierung zu § 2 unter „Verwendungserfindung".

Man kann folgende Arten von Erzeugnisgebrauchsmustern unterscheiden: 119

7.1.1 Sachgebrauchsmuster

Diese Kategorie bezieht sich auf bewegliche oder unbewegliche 120 körperliche Gegenstände.

7.1.2 Vorrichtungsgebrauchsmuster

Vorrichtungsgebrauchsmuster beziehen sich auf Arbeitsmittel 121 (Maschinen, Geräte) mit dem für sie in der Gebrauchsmusterschrift aufgezeigten bestimmten Funktionszweck und den entsprechenden körperlichen Merkmalen. Die Kategorie ändert sich nicht, wenn die Vorrichtung eine bestimmte Arbeitsweise voraussetzt oder diese anwendet. Vorrichtungen verfügen regelmäßig über bestimmte Arbeitsorgane, die in bestimmter Art und Reihenfolge in Wirkung treten (Funktionsablauf, Arbeitsweise). Maschinen und Geräte betreffende technische Lehren dienen in der Regel der Ausführung von Arbeiten oder der Bewältigung technischer Aufgaben; ihr Gegenstand ist gleichwohl die Vorrichtung und nicht die mit ihrer Hilfe vorgenommene Handlung (BGH GRUR 1997, 892, 893 – Leiterplattennutzen). Ein Abgrenzungskriterium ist, ob die Handlung lediglich das Ergebnis der beanspruchten Lehre ist oder ihr Gegenstand.

Anordnungs- oder Schaltungsgebrauchsmuster

122 Diese gehören ebenfalls in die Kategorie der Vorrichtungsgebrauchsmuster. Anordnungen sind regelmäßig körperlich und wirken unmittelbar, das heißt ohne Hinzutreten menschlicher Verstandestätigkeit, funktionell, um einen technischen Erfolg herbeizuführen. Schaltungen (elektrische, elektronische, mikrominiaturisierte integrierte Halbleiterschaltungen etc.) beinhalten Anordnungen von Schemata, wie bestimmte Elemente schaltungstechnisch miteinander verbunden sind; sie beinhalten damit zumindest mittelbar räumlich-körperliche Merkmale (vgl. z. B. BPatG GRUR 1997, 619, 620 – Microcomputer).

7.1.3 Stoffgebrauchsmuster

123 Gebrauchsmusterschutzfähig sind auch Stoffe **ohne feste Gestalt,** insbesondere pharmazeutische Produkte als solche, also Präparate, Arzneimittel, Diagnosemittel etc., ferner Stoffgemische sowie synthetisch hergestellte Stoffe (auch wenn diese an sich in der Natur vorkommen, vgl. BPatG GRUR 1978, 238, 239). Der Stoffschutz ist **absolut,** d. h. er ist nicht auf die offenbarte Verwendung begrenzt, sondern umfasst jedweden gewerbsmäßigen Gebrauch, unabhängig davon, ob der Gebrauchsmusterinhaber eine derartige Anwendung bereits erkannt hatte (vgl. BGH GRUR 1987, 231, 232 – Tollwutvirus). Bei einem Stoffanspruch mit einer Zweckbindung, die den Grund für die Schutzfähigkeit bildet, wird der Schutzbereich auf den beanspruchten Effekt begrenzt (vgl. BGH GRUR 1992, 305 – Heliumeinspeisung). Die Lösung des technischen Problems bei Stofferfindungen liegt darin, dass der neue Stoff, das heißt die neue chemische Verbindung oder neue Legierung geschaffen (bereitgestellt) wird.

Angaben über den technischen, zum Beispiel chemischen Effekt der beanspruchten Stoffe gehören nicht zum Gegenstand der Stofferfindung (vgl. BPatG GRUR 1978, 696, 697 – Aminobenzylpenicillin). Hieraus folgt, dass entweder für den neuen Stoff ein **Herstellungsweg** genannt oder die **Herstellbarkeit** für den Fachmann ohne weiteres erkennbar sein muss. Der beanspruchte Stoff muss „eindeutig identifiziert", d. h. von anderen nicht beanspruchten Stoffen unterschieden werden können (BGH GRUR 1985, 31/32 – Acrylfasern). Ausgehend von der Forderung der präzisesten Identifizierung ist der Stoff regelmäßig in folgender Reihenfolge zu kennzeichnen: durch Angabe der **chemischen Strukturformel**, seiner (allgemeingültigen) **wissenschaftlichen Bezeichnung** oder seiner **Summenformel**; bei Stoffen, bei denen diese Bezeichnungen nicht angegeben werden können, kann die Kennzeichnung auch durch die Angabe von **physikalischen und chemischen Eigenschaften** („Parameter") erfolgen, wenn und soweit diese Eigenschaften einzeln oder gemeinschaftlich eine eindeutige Identifizierung des Stoffes ermöglichen (BGH GRUR 1985, 31, 32 – Acrylfasern). Ein Stoff unbekannter Konstitution, der sich auch durch Parameter nicht zuverlässig beschreiben lässt, kann gegebenenfalls durch sein Herstellungsverfahren gekennzeichnet werden (**product-by-process-Anspruch**; vgl. hierzu unten Anm. 7.1.6; vgl. BGH GRUR 1985, 31, 33 – Acrylfasern). Auch im letztgenannten Fall ist der Schutz auf ein Erzeugnis gerichtet, nicht auf ein Herstellungsverfahren. Ein Stoffschutz ist auch für eine Gruppe von chemischen Stoffen, d. h. für einen **Stoffbereich** oder Stoffbereiche möglich (BPatG GRUR 1979, 697 – disclaimer). Dies setzt jedoch eine repräsentative Anzahl von Beispielen mit konkreten Angaben zu den geltend gemachten Eigenschaften voraus, um eine Verifizierung zu ermöglichen. Der Stoffschutz für chemische Stoffe setzt auch die Angabe des Anwendungsgebietes voraus, sofern dieses nicht aus sich heraus ersichtlich ist. Ebenso ist der Herstellungsweg anzugeben (was auch lediglich in der Beschreibung erfolgen kann).

Der Stoff ist **neu,** wenn er als solcher nicht bekannt war. Wirkung, Verwendung und Zweck sind angesichts des absoluten Stoffschutzes bei der Neuheit nicht zu prüfen. Eine neuheitsschädliche Vorveröffentlichung liegt nicht nur dann vor, wenn der Stoff als Individuum ausreichend beschrieben ist, sondern wenn ein Fachmann auch durch die Angaben in dem vorbekannten Dokument ohne weiteres in die Lage versetzt wird, die chemische Verbindung auszuführen, mithin den betreffenden Stoff zu erlangen; die bloße Tatsache, dass der Stoff unter eine veröffentlichte Formel fällt, ist für sich allein jedoch nicht neuheitsschädlich (vgl. BGH GRUR 1988, 447 − Fluoran). Eine Vorbenutzung eines chemischen Stoffes ist ebenfalls nur neuheitsschädlich, wenn die Benutzung den Stoff als solchen für den Fachmann zugänglich gemacht hat; hieran kann es fehlen, wenn der Stoff zum Beispiel Bestandteil einer Verbindung ist und für den Fachmann keine relevante Veranlassung zu einer Analyse gegeben war.

126 Das Vorliegen eines **erfinderischen Schritts** ist regelmäßig zu bejahen, wenn überraschende Eigenschaften und Wirkungen des neuen Stoffes im Vergleich zu bekannten Stoffen gegeben sind und der Fachmann diese Effekte nicht erwarten konnte (vgl. BGH GRUR 1970, 408 − Anthradipyrazol). Aus der (bloßen) Struktur eines Stoffes kann dies nicht ohne weiteres abgeleitet werden. Ein (gegenüber dem nächstkommenden Stand der Technik durchzuführender) **Vergleichstest** muss grundsätzlich die Überlegenheit gegenüber allen konstitutionell vergleichbaren Stoffen und allen bekannten Mitteln gleicher Wirkungsrichtung zeigen (vgl. BGH GRUR 1972, 541 − Imidazoline). Die Überlegenheit gegenüber allen bekannten Stoffen kann ausreichend glaubhaft sein, wenn der Vergleich nur mit einem anerkannt gut wirkenden bekannten Mittel gleicher Wirkung durchgeführt wird (vgl. BGH GRUR 1970, 408 − Anthradipyrazol).

127 Zum vorgesehenen Ausschluss von Erfindungen, die chemische oder pharmazeutische Stoffe betreffen, im zukünftigen Recht: Anm. 5.8.1.

7.1.4 Mittelgebrauchsmuster

128 Mittelansprüche werden definiert durch die Angabe des Verwendungszwecks des als zum Beispiel therapeutisch wirksam gefundenen Stoffes im Gebrauchsmusteranspruch. Dieses auch als „zweckgebundenen Sachanspruchs" bezeichneten Anspruchs bedarf es nicht, wenn der Erfinder Stoffschutz beanspruchen kann und diesen beansprucht (vgl. BGH GRUR 1982, 548, 549 − Sitoterylglykoside; Einzelheiten nachfolgend unter „Arzneimittelgebrauchsmuster").

7.1.5 Arzneimittelgebrauchsmuster

Literatur (Auswahl): *Hansen*, Zur Bedeutung der EPA-Entscheidung über die zweite Indikation für pharmazeutische Erfindungen, GRUR Int. 1985, 557; *ders.*, Neue Probleme der zweiten Indikation in der europäischen und nationalen Patentpraxis, GRUR Int. 1988, 379; *Hirsch/Hansen*, Der Schutz von Chemieerfindungen, 2. Aufl. 1995; *Utermann*, Verwendungsanspruch neben Stoffanspruch, GRUR 1981, 537; *ders.,* Der zweckgebundene Verfahrensanspruch für Arzneimittel, GRUR 1985, 813; *Vossius,* Die Patentierbarkeit der zweiten medizinischen Indikation nach deutschem und europäischem Patentrecht, GRUR 1983, 483; *Wolfrum,* Verfassungsrechtliche Fragen der Zweitanmeldung von Arzneimitteln, Pflanzenbehandlungsmitteln und Chemikalien – zugleich ein Beitrag zum Schutz technischer Innovationen, GRUR 1986, 512; *Spada,* Erzeugnis, Verfahren und Anwendung zwischen technologischer Realität und dem Patentrecht, GRUR Int. 1991, 416; *Beier/Ohly,* Was heißt „unmittelbares Verfahrenserzeugnis"?, GRUR Int. 1996, 973.

Wegen der häufig längere Zeit in Anspruch nehmenden (arznei- **129** mittelrechtlichen sowie patentrechtlichen) Prüfung und Zulassung kommt ein gebrauchsmusterrechtlicher Schutz vor allem als Komplementärschutz zum Patent in Betracht, der insbesondere in dem schutzrechtsfreien Zeitraum zwischen Patentanmeldung bzw. deren Offenlegung und deren Erteilung wirksam ist. Nach dem Vorschlag der Kommission der Europäischen Gemeinschaften für eine EU-Richtlinie über die Angleichung der Rechtsvorschriften betreffend den Schutz von Erfindungen durch GebrM sollen chemische sowie pharmazeutische Stoffe bzw. Verfahren vom GebrM-Schutz ausgeschlossen werden (vgl. Anm. 5.8.1).

Im Vergleich zum **Patentrecht**, wonach **Arzneimittel** Schutz in **130** Form von Erzeugnis- und Verfahrenspatenten erhalten können, wobei als Verfahrensansprüche sowohl Herstellungs- als auch Verwendungsansprüche möglich sind, müssen im **Gebrauchsmusterrecht** weitere Besonderheiten beachtet werden. Im GebrMG fehlt eine den §§ 3 Abs. 3, 5 Abs. 2 PatG entsprechende Regelung. Nach § 3 Abs. 3 PatG wird die Patentfähigkeit von Stoffen oder Stoffgemischen nicht dadurch ausgeschlossen, dass sie zum Stand der Technik gehören, sofern sie zur Anwendung in einem der in § 5 Abs. 2 genannten Verfahren bestimmt sind und ihre Anwendung zu einem dieser Verfahren nicht zum Stand der Technik gehört. Diese Vorschrift ergänzt mithin § 5 Abs. 2 PatG, der Verfahren zur chirurgischen oder therapeutischen Behandlung des menschlichen oder tierischen Körpers ausschließt, von diesem Verbot jedoch Erzeugnisse, insbesondere Stoffe oder Stoffgemische ausnimmt, wenn diese zur Anwendung in einem der genannten Verfahren angewandt werden. Diese Gesetzesregelung wird als „Einfallstor für den Erzeugnisschutz im pharmazeutischen Bereich" bezeichnet (*Benkard/Ullmann,* § 3 PatG, Rdnr. 88); sie ist Ausgangspunkt differenzierter Rechtsprechung insbesondere zum patentrechtlichen Schutz der sogenannten ersten medizinischen sowie der zweiten oder weiteren medizinischen Indikation. Dieser Regelungskomplex befasst sich im Grunde nicht mit einem **Erzeugnisschutz** mit absoluter Wirkung, sondern mit einem **zweckgebundenen Stoffschutz** im Sinne einer erfinderischen **Verwendung** (vgl. BGH GRUR 1987, 794, 795/796 – Antivirusmittel). Hieraus kann jedoch nicht deren Schutzunfähigkeit im Gebrauchsmusterrecht aufgrund des Ausschlusses der Kategorie der Verfahrenserfindung in § 2 Nr. 3 geschlossen werden, zumal bei Verwendungserfindungen regelmäßig auch kein „mittelbarer Schutz" in Betracht kommt; denn der Gegenstand der Erfindung verdankt seine Verwirklichung nicht einem Verfahrensvorgang, sondern der Erkenntnis einer anderen Verwendungsfähigkeit eines bekannten Stoffes. Für die grundsätzliche Schutzfähigkeit von unter diesen patentrechtlichen Regelungskomplex fallenden Erfindungen auch im Gebrauchsmusterrecht spricht vielmehr die Tatsache, dass die beiden in § 5 Abs. 2 PatG enthaltenen Regelungen als Verdeutlichungen und Klarstellungen des § 5 Abs. 1 PatG anzusehen sind, nicht aber als Einschränkung des darin enthaltenen Grundsatzes (vgl. BGH GRUR 1983, 729, 730 – Hydropyridin). Mit § 3 Abs. 2 enthält das GebrMG eine § 5 Abs. 1 PatG entsprechende Vorschrift. § 2 Nr. 3 schließt eine **analoge Anwendung des § 3 Abs. 3 PatG** nicht aus (a. A. *Bühring,* § 1, Rdnr. 77; § 2, Rdnr. 36). Denn zwischen sogenannten eingeschränkten Erzeugnisschutzansprüchen, die Schutz für bekannte Stoffe und bekannte Stoffgemische gewähren, sofern ihre Anwendung zur chirurgischen oder therapeutischen Behandlung des menschlichen Körpers oder bei Diagnostizierverfahren noch nicht zum Stand der Technik gehört (*Benkard/Bruchhausen,* § 5 PatG, Rdnr. 20) und den Verwendungsansprüchen (siehe dazu sogleich), die neue, als solche bekannte oder als Heil- oder Diagnosemittel bekannte Stoffe oder Stoffgemische zu einem neuen therapeutischen Zweck zum Inhalt haben (vgl. *Benkard/Bruchhausen,* aaO, Rdnr. 23), besteht kein qualitativ relevanter Unterschied. Bei Zugrundelegung eines praktisch vernünftigen Maßstabs (vgl. hierzu BGH GRUR 1987, 794, 795 – Antivirusmittel) stellt nämlich die Beschränkung des Schutzes auf eine bestimmte Verwendung letztlich nur die Reduzierung des Erzeugnisschutzes auf eine der in Betracht kommenden Verwendungen dar, die (inhaltlich) weder an der Patentkategorie noch an dem, von dem eingeschränkten Verwendungszweck abgesehen, vollen Schutzumfang etwas ändert (*U. Krieger,* GRUR Int. 1996, 353/355). Ungeachtet der vorerwähnten Auslegung scheint für diese Kategorie der Erfindungen eine „Reaktivierung" sogenannter **Mittelansprüche** geboten, die in der Rechtsprechung als Auffangtatbestand zugelassen wurden, sofern sich im nachhinein ergeben sollte, dass nicht der Stoff, sondern nur die bestimmte Verwendung des Stoffes oder der Stoff als Mittel zur Erreichung eines bestimmten Zwecks schutzfähig ist (BGH GRUR 1977, 212, 213 – Piperazinoalkylpyrazole). Im einzelnen:

(1) **Erzeugnisschutz/Stoffschutz.** Ein Stoffanspruch gewährt Schutz für den im Gebrauchsmusteranspruch jeweils näher definierten Stoff und darüber hinaus für alle Verwendungsmöglichkeiten des Stoffes, unabhängig davon, ob der Patentinhaber die einzelne Verwendungsmöglichkeit erkannt und in der Gebrauchsmusterschrift mitgeteilt hat – „**absoluter Stoffschutz**" (vgl. BGH GRUR 1996, 190 – Polyferon; LG Hamburg, Mitt. 1996, 315 – Patentverletzung durch ärztliche Verschreibung). Unter „Stoff" sind auch solche pharmazeutischen Produkte zu verstehen, bei denen verschiedene Stoffe, Stoffmischungen oder Stofflösungen in einer Verpackungs- bzw. Applikationseinheit räumlich getrennt konfektioniert sind (BPatG GRUR 1980, 169, 170 – Zweiphasenremineralisierung). Hilfsstoffen (Zusatzstoffen) kommt dabei sowohl im Hinblick auf die Schutzfähigkeit als auch den Schutzumfang grundsätzlich keine andere Bedeutung zu, als den beanspruchten Stoff (für den erstrebten Erfolg) gebrauchsfertig zu machen (BGH GRUR 1977, 212, 214 – Piperazinoalkylpyrazole). Absoluter Stoffschutz ist für bekannte Stoffe mangels Neuheit nicht erreichbar; eine neue Verwendungsweise begründet nicht die Neuheit eines bereits bekannten Stoffes (BGH GRUR 1982, 548, 549 – Sitosterylglykoside).

Ein sogenannter **zweckgebundener Stoffschutz** kommt entsprechend den einleitenden Ausführungen in dieser Anmerkung auch im Rahmen eines Gebrauchsmusterschutzes für Arzneimittel auf der Basis bekannter Stoffe in Betracht, wenn diese Stoffe oder Stoffgemische zwar allgemein, aber nicht zur Anwendung in chirurgischen, Therapie- oder Diagnostizierverfahren zum Stand der Technik gehören (§ 3 Abs. 3 PatG analog; vgl. zum Schutz der „ersten medizinischen Anwendung" im Patentrecht BGH GRUR 1983, 729, 731 – Hydropyridin; BGH GRUR 1987, 794, 795 – Antivirusmittel). Der „zweckgebundene Stoffschutz" ist durch eine bestimmte Zweckverwirklichung gekennzeichnet, die den wesentlichen Bestandteil der unter Schutz gestellten Erfindung bildet und die nur durch die Verwirklichung des ihr innewohnenden Zwecks in einem praktisch erheblichen Umfange realisiert wird; eine Benutzung des Schutzgegenstandes scheidet aus, wenn dieser Zweck weder angestrebt noch zielgerichtet erreicht, sondern ein anderer als der im

Anspruch genannte Zweck verwirklicht wird (vgl. BGH GRUR 1987, 794, 795 – Antivirusmittel, auch zu der Frage, inwieweit im Patentrecht für diese Art der Erfindungen die Formulierung eines Verwendungsanspruches gewählt werden soll, aaO, S. 796). Geschützt wird nur das Anbieten, Inverkehrbringen, Gebrauchen, Einführen und Besitzen zur Anwendung im therapeutischen Verfahren (kein „absoluter Stoffschutz"); ungeachtet dessen erstreckt sich der Schutz bereits auf die **sinnfällige Herrichtung,** was nicht nur durch eine besondere Gestaltung des Stoffes oder des Stoffgemisches, sondern auch durch eine ihm beim Vertrieb beigegebene Gebrauchsanleitung in Form eines Beipackzettels, die Konfektionierung, gebrauchsfertige Verpackung oder in sonstiger Weise geschehen kann (vgl. BGH GRUR 1990, 505, 506 – Geschlitzte Abdeckfolie).

133 **Kein** Stoffschutz, auch kein zweckgebundener Stoffschutz kommt für die neue, erfinderische Formulierung von Stoffen/Stoffgemischen in Betracht, deren „medizinische Anwendung" bereits zum Stand der Technik gehört (BGH GRUR 1982, 548, 549 – Sitosterylglykoside; BGH GRUR 1983, 729, 731 – Hydropyridin). Ein zweckgebundener Stoffschutz bei der sogenannten zweiten medizinischen Indikation scheidet infolgedessen aus; insoweit kommt (nach hier vertretener Auffassung) ein Verwendungs- bzw. Mittelanspruch in Betracht (vgl. dazu nachfolgend).

134 Zur Schutzrechtsverletzung durch ärztliche Verschreibung sowie zur mittelbaren Verletzung einer geschützten Kombination aus zwei Wirkstoffen, wenn der Anbieter einen der beiden Wirkstoffe mit einem Beipackzettel versieht, bei dem die Einnahme dieses Wirkstoffs zusammen mit dem anderen Wirkstoff empfohlen wird: LG Hamburg, Mitt. 1996, 315 – Patentverletzung durch ärztliche Verschreibung.

135 (2) **Mittelanspruch.** Mittelansprüche werden definiert durch die Angabe des Verwendungszwecks des als therapeutisch wirksam gefundenen Stoffes im Schutzanspruch (vgl. BGH GRUR 1977, 652, 653 – Benzolsulfonylharnstoff). Sie wurden insbesondere aufgrund ihrer Erleichterung der Rechtswahrung und -verfolgung durch die genauere Umschreibung des dem Anmelder zustehenden Schutzes ursprünglich zugelassen (BGH GRUR 1977, 212, 213 – Piperazinoalkylpyrazole) und als „zweckgebundene" Sachansprüche bezeichnet. Ferner wurden sie gewährt für Arzneimittel als solche, das heißt für Zubereitungen des Wirkstoffs im Sinne einer formulierten Spezialität (vgl. BGH GRUR 1982, 548, 549 – Sitosterylglykoside). Die Schutzfähigkeit dieses Gegenstands konnte in der Neuheit sowie

erfinderischen Leistung des Wirkstoffes selbst, der Gestaltung (Formulierung) des Wirkstoffs als Arzneimittel oder in der Verwendung des Wirkstoffs als Arzneimittel zur Behandlung einer bestimmten Krankheit liegen (BGH GRUR 1982, 548, 549 – Sitosterylglykoside). Nach Inkrafttreten des Patentgesetzes 1968, durch das ein absoluter Stoffschutz für Arzneimittel anerkannt wurde, bestand für Mittelansprüche im Patentrecht jedenfalls dann kein Rechtsschutzbedürfnis mehr, wenn der Erfinder auch Stoffschutz beanspruchen konnte und diesen beansprucht hat (BGH, aaO). Ebenso sollte im Patentrecht kein Mittelanspruch möglich sein, wenn ein **Verwendungsanspruch** in Betracht kam (BGH, aaO; BGH GRUR 1977, 652, 653 – Benzolsulfonylharnstoff). Jedenfalls im Hinblick auf die vorerwähnte Problematik der Zulassung von Verwendungsansprüchen im Rahmen des GebrM-Schutzes sollten Mittelansprüche zulässig sein, wenn die Voraussetzungen eines absoluten Stoffschutzes nicht vorliegen.

(3) **Verwendungsanspruch.** Er betrifft die Verwendung eines neuen, eines als solchen bekannten oder als Heil- oder Diagnosemittel bekannten Stoffes oder Stoffgemisches zu einem neuen therapeutischen Zweck. Verwendungsansprüche werden nach h. M. der Kategorie der Verfahrenserfindungen zugeordnet, so dass diese unter den Ausschlussfortbestand des § 2 Nr. 3 fallen. Nach der hier vertretenen Auffassung (vgl. die einleitenden Bemerkungen zu dieser Anmerkung) ist die Gewährung von Verwendungsansprüchen bei Gebrauchsmustern jedoch nicht ausgeschlossen. Insbesondere kommt analog zum Patentrecht (vgl. hierzu BGH GRUR 1983, 729, 731 – Hydropyridin) der Schutz der Verwendung einer bereits als Arzneimittel bekannten Substanz zur Behandlung einer mit dieser Substanz noch nicht behandelten Krankheit – sogenannte **zweite und weitere medizinische Indikation** – in Betracht (*U. Krieger*, GRUR Int. 1996, 354, 355). Gegenstand eines solchen Anspruchs ist allein die Verwendung des Mittels zum Zweck der Vorbeugung gegen und der Bekämpfung von bestimmten Krankheiten – kein absoluter Stoffschutz (vgl. BGH GRUR 1987, 794, 796 – Antivirusmittel). Eine Kumulierung mit einem Stoffanspruch ist zulässig (vgl. BGH GRUR 1977, 652, 653 – Benzolsulfonylharnstoff). Alle der ärztlichen Anwendung vorausgehenden Handlungen werden von dem Verwendungsanspruch erfasst (BGH GRUR 1987, 794, 796 – Antivirusmittel), insbesondere erstreckt sich analog zum Patentrecht der Gebrauchsmusterschutz sowohl auf die durch die Gebrauchsanleitung sinnfällig gewordene neue Anwendung als auch auf die

Formulierung, Konfektionierung des Medikaments, seine Dosierung und gebrauchsfertige Verpackung, die sämtlich bereits im gewerblichen Bereich liegen (vgl. lediglich BGH GRUR 1982, 548, 549 – Sitosterylglykoside; BGH GRUR 1983, 729, 731 – Hydropyridin). Dem Arzt ist es bei einem Verwendungsanspruch verboten, solche Erzeugnisse zu erwerben, zu verordnen oder zu verabreichen, die ohne Erlaubnis des Schutzrechtsinhabers konfektioniert und in den Verkehr gebracht worden sind (vgl. BGH GRUR 1977, 652, 654 – Benzolsulfonylharnstoff; LG Hamburg, Mitt. 1996, 315 – Patentverletzung durch ärztliche Verschreibung). Die Herstellung des vorbekannten Stoffes ist grundsätzlich frei. Der Verwendungsschutz beginnt erst, wenn der Stoff objektiv in einer Weise hergestellt wird, die ihn nur für die geschützte Verwendung geeignet macht, oder mit der sinnfälligen Herrichtung des bekannten Stoffs für den geschützten Zweck (BGH GRUR 1982, 548, 549 – Sitosterylglykoside).

137 (4) **Herstellungsverfahren.** Die Herstellung von Stoffen oder Stoffgemischen zur Anwendung in therapeutischen Verfahren sowie die Herstellung von Arzneimitteln sind im Hinblick auf den Regelungsgehalt des § 2 Nr. 3 nicht gebrauchsmusterschutzfähig.

7.1.6 Product-by-process-claim

138 Diese Art der Anspruchsfassung betrifft ein „Erzeugnis", das durch das Verfahren seiner Herstellung gekennzeichnet wird. Ein solcher Anspruch ist zulässig, wenn das Erzeugnis nicht durch spezifische Merkmale definiert werden kann oder eine Kennzeichnung des Erzeugnisses durch Parameter seiner Eigenschaften unmöglich oder gänzlich unpraktisch ist. Diese Kennzeichnungsmöglichkeit beschränkt sich nicht nur auf chemische Stoffe, sondern gilt auch für auf andere Weise hergestellte (z. B. auch biologische) Erzeugnisse (vgl. lediglich BGH GRUR 1979, 461 – Farbbildröhre; BGH GRUR 1985, 31, 32 – Acrylfasern; BGH GRUR 1993, 651, 655 – tetraploide Kamille. Trotz der Beschreibung durch das Herstellungsverfahren ist Gegenstand des Schutzrechtes das Erzeugnis als solches, das auch selbst die Schutzvoraussetzungen für ein Gebrauchsmuster erfüllen muss (BGH GRUR 1993, 651, 655 – tetraploide Kamille). Ein product-by-process-Anspruch beschränkt den Schutz für das Erzeugnis nicht auf solche Stoffe/Erzeugnisse, die auf dem angegebenen Verfahrensweg hergestellt worden sind; die Beschreibung des Herstellungsweges dient nur der eindeutigen Kennzeichnung des Erzeugnisses/Stoffes. Trotz unterschiedlicher Herstellung ist folglich ein in den Merkmalen übereinstimmendes Erzeugnis als Gebrauchsmusterverletzung anzusehen. Unter denselben Voraussetzungen kann ein Erzeugnis auch durch eine zu seiner Herstellung benutzte Vorrichtung (**product-by-apparatus-Anspruch**) gekennzeichnet werden (BGH GRUR 1985, 31, 32 – Acrylfasern). Diese Arten der Anspruchsfassung werden somit insgesamt nicht durch den Ausschluss von Verfahrenserfindungen tangiert. Die Entscheidung über die Zulässigkeit eines Gebrauchsmusterschutzbegehrens (hierzu gehört auch die Prüfung auf Technizität) fällt in den Zuständigkeitsbereich des nichttechnischen Dienstes des Patentamts. Die spätere Durchsetzung eines eingetragenen Gebrauchsmusters hängt deshalb insbesondere bei diesen Arten der Anspruchsfassung in weit größerem Maße als bei der Patentanmeldung von der Sorgfalt der eingereichten Anmeldungsunterlagen ab (vgl. *Tronser*, GRUR 1991, 10, 14).

7.2 Verfahren

Verfahren können nicht durch Gebrauchsmuster geschützt werden. Hinsichtlich der Einzelheiten vgl. die Kommentierung zu § 2 Nr. 3.

8. Neuheit

Die Legaldefinition des Neuheitsbegriffes findet sich in § 3 Abs. 1. Im Unterschied zum Neuheitsbegriff des § 3 PatG ist
– nur die im Geltungsbereich des Gebrauchsmustergesetzes erfolgte offenkundige Vorbenutzung neuheitsschädlich;
– eine (nur) mündliche Beschreibung nicht neuheitsschädlich;
– eine Generalklausel neuheitsschädlicher Vorbenutzung „in sonstiger Weise" nicht vorgesehen.
Zu den Einzelheiten vgl. die Kommentierung zu § 3 Abs. 1.

9. Erfinderischer Schritt

Literatur (Auswahl): *Bruchhausen*, Die Revisibilität der Begriffe „Persönlich geistige Schöpfungen", „Eigentümliche Erzeugnisse", „Auf einer erfinderischen Tätigkeit beruhen" und „Auf einem erfinderischen Schritt beruhen", Festschrift für *Frhr. von Gamm* 1990, S. 353; *Kraßer* – Berichte der deutschen Landesgruppe für den Kongress der AIPPI in Montreal 1995: Einführung neuer und Harmonisierung bestehender Systeme zum Schutz von Gebrauchsmustern (Q 117), GRUR Int. 1995, 214 ff; *Breuer,* Der erfinderische Schritt im Gebrauchsmusterrecht, GRUR 1997, 11.

9.1 Allgemeines/Zweck

145 Das GebrMG macht seit seiner Fassung vom 15. 8. 1986 den Gebrauchsmusterschutz vom Vorliegen eines „erfinderischen Schritts" abhängig. § 1 Abs. 1 enthält **keine Legaldefinition,** im Unterschied zu § 4 Satz 1 PatG. Damit wollte der Gesetzgeber u. a. der Gefahr entgegentreten, dass mit jeder von den in Art. 5 StrÜ und Art. 56 EPÜ sowie § 4 PatG abweichenden Formulierung im GebrMG, aus der sich das geringere Maß an „Erfindungshöhe" eindeutig ergäbe, die „Erfindungshöhe" als selbständige Schutzvoraussetzung vollständig aufgegeben würde. Das GebrMG, das Schutz für technische Erfindungen gewährt, setzt zwingend eine technische Lehre mit **Erfindungsqualität** voraus, da andernfalls rein handwerkliche oder konstruktive Verbesserungen des Standes der Technik mit einem Ausschließlichkeitsrecht bedacht würden. Die Beurteilung der erfinderischen Qualität einer technischen Lehre ist eine **wertende** Entscheidung. Sie liegt im wesentlichen auf tatsächlichem Gebiet und obliegt entsprechend dem **Tatrichter;** eine Rechtsbeschwerde kann infolgedessen nur eingeschränkt darauf überprüft werden, ob gegen prozessuale Vorschriften, die Lebenserfahrung oder die Denkgesetze verstoßen worden ist oder ob bei der Entscheidungsfindung wesentliche Umstände außer acht gelassen wurden (BGH NJW-RR 1998, 761, 762 – Induktionsofen). Es handelt sich nicht um eine Frage des Ermessens oder Beurteilungsspielraums, vielmehr um einen **unbestimmten Rechtsbegriff,** der seiner Natur nach weit gefasst ist und nach der Intention des Gesetzgebers auf eine Vielzahl verschiedener Einzelfälle angewandt werden soll.

146 Nach § 11 Abs. 1 hat die Eintragung eines Gebrauchsmusters die Wirkung, dass allein der Inhaber befugt ist, den Gegenstand des Gebrauchsmusters zu benutzen. Diese Wirkung tritt, wie § 13 Abs. 1 bestimmt, (nur) dann nicht ein, wenn und soweit gegen den als Inhaber Eingetragenen für jedermann ein Löschungsanspruch besteht, insbesondere weil der Gegenstand des Gebrauchsmusters die gesetzlichen Schutzvoraussetzungen nicht erfüllt, § 15 Abs. 1 Nr. 1. Aufgrund dieses **Regel-Ausnahme-Verhältnisses** ist die **Schutzfähigkeit** eines Gebrauchsmusters zunächst zu **vermuten.** Dies ist nicht eine Frage des geprüften bzw. ungeprüften Schutzrechts. Wenn

Zweifel daran bestehen oder wenn die mit einem Löschungsbegehren befassten Behörden bzw. Gerichte jedenfalls nicht davon überzeugt sind, dass eine Erfindung für den Fachmann in naheliegender Weise aus dem Stand der Technik folgt, ergibt sie sich ersichtlich nicht in naheliegender Weise aus dem Stand der Technik und hat damit als auf einem erfinderischen Schritt beruhend zu gelten (vgl. BGH GRUR 1997, 272, 274 – Schwenkhebelverschluss; BPatG GRUR 1997, 523, 524 – Faksimile-Vorrichtung; BGH GRUR 1996, 757, 761 – Zahnkranzfräser). Das Fehlen der Schutzvoraussetzungen und damit den Nichteintritt der gesetzlichen Wirkungen der Eintragung hat deshalb derjenige **darzulegen** und zu **beweisen,** der sich hierauf beruft.

Da für die Beurteilung des erfinderischen Schritts auf das Wissen und Können des Durchschnittsfachmanns abzustellen ist, können allein objektive Gesichtspunkte maßgeblich sein; subjektive Bewertungen nach der Person des Erfinders, nach den von ihm verübten Anstrengungen etc. haben hierbei auszuscheiden (vgl. z. B. BGH GRUR 1994, 357 – Muffelofen).

9.2 Reform- und Harmonisierungsbemühungen

Internationale Harmonisierungsbestrebungen lassen verstärkt den Wunsch nach einem „abgeschwächten Nichtnaheliegen" erkennen (vgl. *Kraßer,* GRUR Int. 1995, 214, 218; *Grünbuch,* S. 79 ff). Nach dem Diskussionsentwurf für ein europäisches Gebrauchsmuster soll die Beurteilung der erfinderischen Tätigkeit von einem Vorliegen eines im Vergleich zum Stand der Technik praktisch bedeutsamen Vorteils abhängen (vgl. *Kern,* GRUR Int. 1994, 549, 557/558). Die in Art. 6 des EU-Richtlinienvorschlags vorgesehene Regelung wird weitgehend abgelehnt (vgl. hierzu die Stellungnahme der Deutschen Vereinigung für gewerblichen Rechtsschutz und Urheberrecht, GRUR 1998, 554, 555).

9.3 Zu berücksichtigender Stand der Technik

Der Umfang des Standes der Technik, der bei der Prüfung auf Vorliegen des erfinderischen Schritts zu berücksichtigen ist, ergibt sich aus § 3 Abs. 1 (vgl. dort Anm. 2). Erfinderischer Schritt und Neuheit sind daher nach dem gleichen Stand der Technik zu beurteilen (vgl. BGH GRUR 1969, 271, 272 – Zugseilführung). Hieraus folgt, dass im Vergleich zur Prüfung der erfinderischen Tätigkeit nach dem Patentgesetz ein eingeschränkter Stand der Technik zu berücksichtigen ist. Vorgänge, die in der sogenannten **Neuheitsschonfrist** stattfinden, haben infolgedessen auch bei der Prüfung des erfinderischen Schritts außer Betracht zu bleiben.

150 Im Gegensatz zu der Neuheitsprüfung, bei der ein Einzelvergleich der Entgegenhaltungen mit dem Gegenstand der Erfindung stattfindet, ist bei der Beurteilung des erfinderischen Schritts zu bewerten, ob sich die Erfindung in naheliegender Weise aus dem Stand der Technik ergibt. Das erfordert die Betrachtung des Standes der Technik in seiner **Gesamtheit** (sog. **mosaiksteinartige** Betrachtungsweise, vgl. BGH GRUR 1953, 120, 123 – Rohrschelle; BGH GRUR 1962, 518, 519 – Blitzlichtgerät). Ein erfinderischer Schritt liegt vor, wenn ein Fachmann durchschnittlichen Könnens auf dem betreffenden Fachgebiet nicht in der Lage war, den Gebrauchsmustergegenstand aus der Gesamtheit der ihm vom Stand der Technik vermittelten Kenntnisse und Anregungen aufzufinden. Stand der Technik, der zu einem **entfernten** Fachgebiet gehört, dessen Entwicklung von dem relevanten Fachmann nicht mitverfolgt wird, hat bei der Prüfung dieser Schutzvoraussetzung (regelmäßig) außer Betracht zu bleiben (vgl. BPatG GRUR 1997, 619, 621 – Mikrocomputer).

151 Neben dem Stand der Technik ist das **allgemeine Fachwissen** des Fachmanns zu berücksichtigen, das sich als allgemeiner Wissensstand der Fachleute charakterisieren lässt; es umfasst die Summe der Fachkenntnisse und Fertigkeiten im Anmeldezeitpunkt. Dieses allgemeine Fachwissen findet zum Beispiel in der Fachliteratur oder den allgemeinen Erfahrungen des Fachmanns Niederschlag; es verkörpert allgemein die intellektuellen Kenntnisse und Fähigkeiten des Fachmanns und ist damit u. a. ein komplementärer Bestandteil jeglicher Offenbarung des Standes der Technik und mithin in diesem nicht notwendigerweise aufzudecken (vgl. BGH GRUR 1984, 272, 273 – Isolierglasscheibenrandfugenfüllvorrichtung). Was der Fachmann erst durch umfangreiche Recherchen auffindet, gehört nicht zu seinem allgemeinen Fachwissen. Ein Herumexperimentieren ist unschädlich, wenn die Beschreibung oder das Fachwissen den Fachmann mit einer gewissen Erwartungsquote zwangsläufig und ohne Umweg zum Erfolg führt. Bei der Beurteilung des erfinderischen Schritts ist ebenso das gleiche Niveau des allgemeinen Fachwissens anzuwenden wie bei der Frage der ausreichenden Offenbarung.

152 Maßgebender **Zeitpunkt** für die Beurteilung des Offenbarungsgehaltes des vorbekannten Standes der Technik ist der **Anmelde-**

bzw. Prioritätstag der Erfindung. Hingegen ist für die Beurteilung des Offenbarungsgehaltes einer Entgegenhaltung nicht auf den Zeitpunkt ihrer (erstmaligen) Veröffentlichung abzustellen; denn der Inhalt einer technischen Lehre wird nicht auf den Zeitpunkt ihrer erstmaligen Veröffentlichung eingefroren, er wird vielmehr durch den allgemeinen Wissensstand des Fachmanns aufgrund der sich entwickelnden Technik „belebt". Allerdings dürfen Kenntnisse, die erst aus der Gebrauchsmusteranmeldung gewonnen werden können, nicht zum Verständnis der Entgegenhaltung berücksichtigt werden – unzulässige rückschauende Betrachtungsweise (vgl. BGH GRUR 1989, 901 – Sauerteig). Eine ex post-Betrachtung (in Kenntnis der Erfindung) ist unzulässig (vgl. BGH GRUR 1980, 100, 103 – Bodenkehrmaschine).

Folgt aus der Gesamtschau des Standes der Technik, dass ein Fachmann ohne erfinderische Überlegung zu der angemeldeten Erfindung kommen kann, so beruht sie nicht auf einem erfinderischen Schritt. Insbesondere bei rückschauend einfach erscheinenden Lösungen darf nicht der erste Eindruck entscheiden, den man in Kenntnis der Erfindung gewonnen hat. Erfahrungsgemäß ist es weitaus schwieriger, statt einer komplizierten Lösung eine einfache zu entwickeln, mit der das gleiche Ergebnis erzielt wird (vgl. EPA GRUR Int. 1985, 580, 582). Trotz der gebotenen Gesamtschau wird aus Gründen der Verfahrensökonomie häufig die nächstliegende Entgegenhaltung (regelmäßig sog. **gattungsbildender** Stand der Technik) als erstes geprüft. Ergibt sich aus ihr schon das Naheliegen der Erfindung, bedarf es keiner weiteren Prüfung mehr. Ist dieser nächstliegende Stand der Technik jedoch nicht geeignet, das Naheliegen der Erfindung zu begründen, bedarf es der Prüfung auch des entfernteren Standes der Technik.

9.4 Der Fachmann

Ob dem Gebrauchsmuster die vom Gesetz erforderliche Erfindungsqualität zukommt, ist – trotz seiner Nichterwähnung im Gesetz – vom Standpunkt eines **Durchschnittsfachmanns** auf dem betreffenden technischen (d. h. einschlägigen) Fachgebiet zu beantworten (BGH NJW-RR 1998, 761, 762 – Induktionsofen). Zu dem relevanten Wissen des Fachmanns gehört
– der gesamte Stand der Technik seines **Fachgebietes** (auch einschließlich des sogenannten papierenen Standes der Technik);
– das fachmännische **Können,** mit dem er sich in seinem Fachgebiet weiterentwickeln kann;

157 – das **allgemeine Fachwissen,** über das jeder Techniker verfügt;
158 – das Wissen auf technischen **Nachbargebieten** und auf einem **übergeordneten allgemeinen technischen Gebiet,** auf dem sich in größerem Umfang gleiche oder ähnliche Probleme stellen (vgl. insgesamt BGH GRUR 1986, 372, 374 – Thrombozyten-Zählung; BGH PMZ 1989, 133 – Gurtumlenkung).

159 Auch wenn danach in der Grundkonzeption nicht auf den überragenden, hervorragenden bzw. gewieften Fachmann, also den **Experten,** abzustellen ist, wird sich eine derartige Unterscheidung auf manchen hochtechnologischen Gebieten (z.B. Biotechnologie) nicht stringent durchführen lassen; hier werden beide Beurteilungsmaßstäbe häufig zusammenfließen. Die Zuziehung eines **zweiten Fachmanns** hat zu erfolgen, wenn das zu lösende Problem ersichtlich ein zweites Fachgebiet berührt (vgl. BGH GRUR 1988, 290, 294 – Kehlrinnen für Dächer) oder wenn der zuständige Fachmann erkennen konnte, dass er eine Lösung auf einem anderen Gebiet finden kann (BGH PMZ 1989, 133 – Gurtumlenkung). Bei gebietsübergreifenden Entwicklungen kann der Durchschnittsfachmann auch aus einem **Team** von Fachleuten bestehen (vgl. BGH GRUR 1986, 372 – Thrombozyten-Zählung); dasselbe gilt bei hochtechnologischen Gebieten. Bei einfacheren technischen Gebieten kann Fachmann zum Beispiel auch ein qualifizierter Handwerker sein.

9.5 Erfinderischer Schritt – Abstand zum Stand der Technik

160 Bei der Frage des erfinderischen Schritts ist zu prüfen, wieweit bereits der Stand der Technik Vorbilder und Anregungen für die vorgeschlagene Gestaltung bot. Streitig ist, ob nach geltendem Recht an die erfinderische Qualität beim Gebrauchsmuster **geringere Anforderungen** als beim **Patent** zu stellen sind (vgl. *Bühring,* § 3 Rdnr. 43 ff). Diejenige Meinung, die eine faktische Differenzierbarkeit zwischen den Voraussetzungen des erfinderischen Schritts beim Gebrauchsmuster einerseits und der erfinderischen Tätigkeit beim Patent andererseits verneint, ist abzulehnen. Auch wenn der Erfindungsbegriff ein einheitlicher ist, können gleichwohl die Anforderungen an die erfinderische Leistung unterschiedlich sein. Prinzipiell sind hier vergleichbare Differenzierungskriterien wie bei den unterschiedlichen Anforderungen an die Gestaltungshöhe von Werken der angewandten bzw. der bildenden Kunst oder wie bei urheberrechtlichen im Vergleich zu geschmacksmusterrechtlichen

Schöpfungen (vgl. hierzu BGH GRUR 1995, 581, 582 – Silberdistel) anwendbar. Dementsprechend hatte die Rechtsprechung seit jeher für den Gebrauchsmusterschutz geringere Anforderungen an die erfinderische Tätigkeit als im Patentrecht gestellt (vgl. BGH GRUR 1957, 270 – Unfallverhütungsschuh; BGH GRUR 1962, 557, 576 – Standtank). Der Gesetzgeber von 1986 hat dieser Praxis dadurch Rechnung getragen, dass er die bis dahin im Gesetzeswortlaut fehlende Schutzvoraussetzung mit der Formulierung „erfinderischer Schritt" umschrieben hat, womit das im Verhältnis zum Patent geringere Maß an erfinderischer Leistung hervorgehoben werden sollte (vgl. amtl. Begründung zum GebrMÄndG 1986, PMZ 1986, 320, 322). Aus der Verlängerung der maximalen Schutzdauer des Gebrauchsmusters aufgrund des GebrMG in der Fassung des Produktpirateriegesetzes vom 7. 3. 1990 lässt sich allein ebenfalls keine Rechtfertigung entnehmen, die im Wortlaut unverändert gebliebene Schutzvoraussetzung nach strengeren Maßstäben zu beurteilen (BGH NJW-RR 1998, 761, 762 – Induktionsofen). Eine derartige Abstufung setzt jedoch zumindest faktisch voraus, dass im Patentrecht die Anforderungen für das Beruhen auf erfinderischer Tätigkeit nicht zu niedrig angesetzt werden.

Von diesen unterschiedlichen Anforderungen an die Schwelle der Schutzwürdigkeit abgesehen, können die zum Patentrecht diesbezüglich entwickelten Grundsätze prinzipiell auch für das Gebrauchsmusterrecht übernommen werden. Der für die Prüfung des erfinderischen Schritts maßgebliche Gegenstand bestimmt sich allein nach den **Schutzansprüchen**, §§ 4 Abs. 2 Nr. 2, 12 a, 5 Abs. 1 GebrMAnmV (BGH GRUR 1997, 360, 361 – Profilkrümmer; vgl. BPatG GRUR 1997, 275, 276 – Logikgatter). Dabei ist der **gesamte** Erfindungsgegenstand unter Einschluss auch der nichttechnischen Merkmale zu berücksichtigen, wenn die Erfindung technische und nichttechnische Merkmale enthält (vgl. BGH GRUR 1992, 430, 432 – Tauchcomputer; BPatG, aaO, 276). Eine zum Beispiel nach Oberbegriff und Kennzeichen oder nach einzelnen Merkmalen zergliedernde Betrachtungsweise ist grundsätzlich nicht angebracht (vgl. BGH GRUR 1981, 736, 738 – Kautschukrohlinge: für Kombinationserfindung). Die Betrachtung erfolgt nach qualitativen, nicht nach quantitativen Kriterien. Ferner ist zwischen dem technischen Problem (sog. Aufgabe) einerseits und den Lösungsmerkmalen andererseits zu unterscheiden. Das einem Gebrauchsmuster zugrunde liegende technische Problem ist aus der Gebrauchsmusterschrift zu ermitteln. Wie beim Patent ist es von allen Elementen der Lösung (Lösungsansätzen, Lösungsprinzipien oder

Lösungsgedanken) freizuhalten; insbesondere ist ein nach der Gebrauchsmustereintragung aufgefundener Stand der Technik ohne Einfluss auf das einer geschützten Erfindung zugrunde liegende technische Problem (vgl. BGH GRUR 1991, 811 – Falzmaschine; BGH GRUR 1991, 522 – Feuerschutzabschluss).

162 Die Erfindung darf sich nicht in naheliegender Weise aus dem Stand der Technik ergeben. Nicht naheliegend ist eine das normale Maß technischer Gestaltungskraft des Fachmanns übersteigende schöpferische Tätigkeit (vgl. *Bühring*, § 3 Rdnr. 42). Der Begriff des erfinderischen Schritts darf nicht mit „Inventive Step" des Art. 56 EPÜ gleichgesetzt werden (vgl. *Benkard/Bruchhausen*, § 1 GebrMG, Rdnr. 25). Rein handwerkliche bzw. Routinemaßnahmen reichen nicht aus (vgl. BPatG GRUR 1998, 37, 38 – Videowiedergabegerät).

163 Bei der Beurteilung können auch die Grundsätze der ständigen Rechtsprechung der Beschwerdekammern des EPA zur Beurteilung der Voraussetzungen des Art. 56 EPÜ herangezogen werden. Nach dem sogenannten **could-would-Test** ist nicht ausschlaggebend, ob ein Fachmann den Gegenstand des Streitpatents **hätte** ausführen **können,** sondern vielmehr, ob er es in der Hoffnung auf eine Lösung der zugrunde liegenden technischen Aufgabe auch **getan hätte.** Die technische Möglichkeit und das Fehlen von Hindernissen sind nur notwendige Voraussetzungen für die Ausführbarkeit, sind aber nicht hinreichend, um das für den Fachmann tatsächlich Realisierbare nahezulegen. Auch wenn die deutsche Rechtspraxis formal nicht auf diesen Ansatz abstellt, bedient sie sich seiner häufig faktisch. Zum Beispiel, wenn das BPatG die Frage stellt, welchen Anlass ein durchschnittlicher Fachmann haben könnte, ein bauliches Teilmerkmal aus dem Stand der Technik zu übernehmen und auf eine andere technische Lösung zu übertragen (vgl. GRUR 1998, 653, 566 – Regelbarer Schwingungsdämpfer für Kfz; GRUR 1998, 661, 662 – Näherungsschalter II). Auch der BGH zieht bei dieser Frage in Erwägung, ob das Naheliegen der Erfindung oder lediglich deren Realisierung in Frage gestellt ist (vgl. BGH GRUR 1996, 857, 860 – Rauchgasklappe). Stehen dem Fachmann im Rahmen seines Wissens mehrere Möglichkeiten zur Verfügung, so richtet sich nach den zu erwartenden Vor- und Nachteilen, welche von diesen er realisiert; das Fehlen einer ausdrücklichen Erwähnung im Stand der Technik stellt daher nicht das Naheliegen der beanspruchten Erfindung in Frage, sondern lediglich deren Realisierung (vgl. BPatG GRUR 1998, 37, 39 – Videowiedergabegerät; zu „Vorurteilen" siehe unten).

9.6 Beweisanzeichen und Einzelfälle

Infolge der Notwendigkeit einer wertenden Beurteilung zur Ausfüllung des unbestimmten Rechtsbegriffs des erfinderischen Schrittes haben sich bei der praktischen Prüfung sogenannte „Beweisanzeichen" (Indizien, Anhaltspunkte, Hilfstatsachen, Hilfserwägungen) als hilfreich herauskristallisiert, wenn in ihnen das zuverlässige Urteil der Fachwelt zum Ausdruck kommt. Diese Beweisanzeichen können jedoch die Abwägung aller Elemente des komplexen Sachverhalts für ein abschließendes Urteil nicht ersetzen; sie erleichtern jedoch die Entscheidung (vgl. BGH GRUR 1991, 120, 121 – Elastische Bandage; BPatG GRUR 1995, 397, 398 – Außenspiegelanordnung). **164**

Die folgenden Beweisanzeichen können für oder gegen das Naheliegen einer Erfindung sprechen und werden entsprechend mit „Ja" oder „Nein" gekennzeichnet; sie werden ebenso wie weitere **Einzelfälle** aus Gründen der Übersicht alphabetisch zusammengefasst: **165**

– **Abstand:** Ein großer Abstand von vorbekannten Lösungen im Sinne eines deutlichen Unterschiedes: Ja. **166**
– **Analoger Ersatz:** Siehe unter „Stoffaustausch". **167**
– **Andere Lösungen:** Die Tatsache, dass solche nähergelegen hätten oder erfolgversprechender gewesen wären: Nein (vgl. BGH GRUR 1996, 857, 858 – Rauchgasklappe). **168**
– **Arzneimittel:** Siehe oben unter Anm. 7.1.5 **169**
– **Aufgabenstellung:** Nein, da die Aufgabe selbst keine Erfindung und von allen Verknüpfungen mit Lösungsmerkmalen freizuhalten ist (vgl. BGH GRUR 1991, 811 – Falzmaschine); Maßnahmen, die schon aus der Problemstellung vorgegeben sind, begründen keinen erfinderischen Schritt (vgl. BPatG GRUR 1997, 617, 619 – Vorbereitung von Musterdaten). **170**
– **Auswahlerfindung:** Sie stellt eine Lehre dar, die aus einem größeren Bereich einen nicht ausdrücklich erwähnten Teilbereich gezielt auswählt, für den im Vergleich zum größeren Bereich besondere Wirkungen, Eigenschaften, Vorteile oder Effekte geltend gemacht werden. Das Vorhandensein anderer Lösungsalternativen allein vermag einen erfinderischen Schritt regelmäßig nicht zu begründen, auch wenn diese nähergelegen hätten oder erfolgversprechender gewesen wären; dies ist keine Frage des Übersteigens des Könnens und Fähigkeiten des Durchschnittsfachmanns (vgl. BGH GRUR 1996, 857, 860 – Rauchgasklappe); allenfalls **171**

dann erfinderischer Schritt, wenn eine vorhandene Alternativlösung den Fachmann von der gewählten Entwicklung hätte abhalten können.

172 – **Automatisierung:** Nein, da zum allgemeinen Bestreben eines Fachmanns gehörend.

173 – **Befriedigung** eines seit langem bestehenden, von der Fachwelt jedoch nicht gelösten Bedürfnisses: Ja (vgl. BGH GRUR 1970, 289, 294 – Dia-Rähmchen IV). Aus Veröffentlichungen *nach* dem Prioritätstag kann ein Bedürfnis vor der Anmeldung geschlossen werden (BGH PMZ 1973, 257, 259 – Herbicide). Bei Entstehen des Bedürfnisses erst kurz vor der Anmeldung: eher Nein (vgl. BGH GRUR 1978, 98 – Schaltungsanordnung). Bei Produktionsaufnahme kurz vor Anmeldung ohne Verwirklichung dieser Lehre: eher Ja (vgl. BGH GRUR 1953, 120 – Rohrschelle).

174 – **Bemessungen** allein: Nein (BPatG Mitt. 1984, 75); anders nur bei Hinzutreten anderer Beweisanzeichen (vgl. BPatGE 3, 153, 156).

175 – **Bemühungen der Fachwelt:** Ja, wenn sich die Fachwelt um die Lösung eines Problems bisher vergeblich bemüht hat (vgl. BGH GRUR 1953, 120 – Rohrschelle); dies gilt um so mehr, wenn es sich um ein viel bearbeitetes Gebiet handelt (vgl. BPatG GRUR 1998, 661, 662 – Näherungsschalter II) oder wenn die Lehre ein seit längerem drängendes Problem betrifft (vgl. BGH GRUR 1996, 757, 762/763 – Zahnkranzfräser).

176 – **Bereicherung** des Standes der Technik: Ja, jedenfalls wenn sprunghaft bzw. überraschend (vgl. BGH GRUR 1991, 120, 121 – Elastische Bandage).

177 – **Bonus-Effekt:** Erwartbare Vorteile, die sich aus der Befolgung einer Lehre ergeben, die selbst aufgrund des Standes der Technik naheliegend ist: Nein.

178 – **Chemische Stoffe:** Siehe hierzu oben Anm. 7.1.3.

179 – **Einfachheit:** Frage des Einzelfalls, da Vereinfachung grundsätzlich von jedem Fachmann erstrebt wird. Gerade einfache Erfindungen können ein hohes Maß an erfinderischer Leistung beinhalten und lediglich ex post naheliegend erscheinen (vgl. EPA GRUR Int. 1985, 580, 582; vgl. ferner BGH GRUR 1996, 757, 762, 763 – Zahnkranzfräser). Ferner Ja: wenn mit Robustheit, Sicherheit und erheblicher Aufwandsminderung verbunden (vgl. BGH Mitt. 1978, 136, 137 – Erdölröhre).

180 – **Entwicklung der Technik in andere Richtung:** Ja (vgl. BGH PMZ 1989, 215 – Gießpulver; BGH GRUR 1996, 757, 763 – Zahnkranzfräser). Vereinzelte Dokumente des Standes der Technik

begründen aber nicht notwendigerweise eine andere technische Richtung.

- **Erfolg:** Wirtschaftlicher Erfolg: Ja, wenn er auf technischen Ursachen beruht (vgl. BGH GRUR 1994, 36, 38 – Messventil). Beruht der Erfolg auf anderen Umständen wie Reklame, Marketing, besonders niedriger Preis, Marktmonopol des Schutzrechtsinhabers oder kluge kaufmännische Entscheidung: Nein (vgl. BGH GRUR 1991, 120, 121 – Elastische Bandage; BGH GRUR 1994, 36, 38 – Messventil). Die Kausalität zwischen wirtschaftlichem Erfolg und technischen Ursachen bedarf eingehender Substantiierung und Würdigung. 181
- **Forschung** oder sonstiges methodisches Vorgehen: Die Notwendigkeit einer Forschung deutet darauf hin, dass die Lösung nicht nahegelegt haben kann, insbesondere wenn erhebliche finanzielle Mittel eingesetzt wurden oder die Entwicklung längere Zeit benötigte; eine übliche große Zahl von Versuchen, insbesondere auf dem Gebiet der Chemie, reicht für sich allein nicht; die Forschung auf einem bisher wenig erforschten Gebiet kann Beweisanzeichen für erfinderischen Schritt sein. 182
- **Fortschritt:** Siehe unter Anm. 3.9; ferner unter „Vorteile". 183
- **Gang der technischen Entwicklung:** Die Tatsache, dass die gleiche oder eine ähnliche Erfindung mehrfach innerhalb kurzer Zeit gemacht wurde, spricht nicht gegen einen erfinderischen Schritt, da das „Race to the Patent Office" systemimmanent ist; ferner Ja, wenn die technische Entwicklung eine andere Richtung als mit der Erfindung verfolgt, eingeschlagen hat (BGH Mitt. 1972, 18, 19 – Elektrischer Rasierapparat), insbesondere bei zeitnahen Erfindungen (BGH GRUR 1960, 427, 428 – Fensterbeschläge). 184
- **Glücklicher Griff:** Kombination vorteilhafter Maßnahmen, die als glückliche Lösung des Problems erscheint: Ja (vgl. BGH GRUR 1996, 757, 762/763 – Zahnkranzfräser), insbesondere Ja bei einem kaum übersehbaren Stand der Technik (BGH GRUR 1965, 473, 478 – Dauerwellen I); Kombinationserfindungen: siehe dort; chemische Verbindung, die aus einer Vielzahl möglicher Verbindungen mit einer vorteilhaften Wirkung ermittelt wurde: Ja (vgl. BGH GRUR 1984, 580, 582 – Chlortoluron). 185
- **Handwerkliches Können:** siehe unter „Routine". 186
- **Imitation:** siehe unter „Nachahmung". 187
- **Kinematische Umkehrung:** Sie ist i. d. R. ein Unterfall der Äquivalenz (vgl. *Benkard/Ullmann*, § 14 PatG, Rdnr. 138). Der Fachmann ist in der Regel gewohnt, nach Bedarf eine kinemati- 188

sche Umkehr vorzunehmen, so dass regelmäßig kein erfinderischer Schritt vorliegt (anders, wenn zum Beispiel ganz andere Massenkräfte auftreten, vgl. BPatG GRUR 1998, 659, 660 – Kinematische Umkehrung).

189 – **Kombinationserfindungen:** vgl. hierzu oben Anm. 4; hierbei ist nicht danach zu fragen, ob der Fachmann die Einzelelemente zum Gegenstand der Erfindung in naheliegender Weise im Stand der Technik auffinden konnte; auch wenn die Einzelmaßnahmen jede für sich nahegelegen haben mögen, ist zu prüfen, ob die den Erfindungsgegenstand ausmachende Kombination der Einzelmerkmale ohne erfinderische Überlegungen aufgefunden werden konnte (vgl. BGH GRUR 1997, 272, 274 – Schwenkhebelverschluss); eine willkürliche, durch nichts angeregte Kombination der Merkmale zweier Entgegenhaltungen kann die Erfindung jedenfalls dann nicht nahe legen, wenn diese Kombination erst mit zusätzlichen grundlegenden Änderungen der bekannten Ausführungsform zu der Erfindung führt (vgl. BPatG GRUR 1998, 653, 655 – Regelbarer Schwingungsdämpfer für Kfz).

190 – **Konstruktive Maßnahmen:** i. d. R. Nein, da sie zum Durchschnittskönnen eines fachlich ausgebildeten Konstrukteurs gehören (vgl. BGH GRUR 1987, 351 – Mauerkasten II).

191 – **Lizenzeinräumung:** Ja, sofern sie entgeltlich erfolgt (und Entgelt nicht zu niedrig; vgl. *Mes,* § 1 PatG, Rdnr. 10).

192 – **Massenartikel:** Der Gebrauchsmusterschutz ist für derartige Erfindungen, bei denen ein erhöhtes Bedürfnis nach fortschrittlichen Lösungen regelmäßig unterstellt werden kann, geradezu prädestiniert. Bereits ein geringer Fortschritt in Form eines neuen, einfacheren Artikels kann einen erfinderischen Schritt begründen (vgl. BPatG GRUR 1998, 661, 662 – Näherungsschalter II). Ebenso kann die Verbesserung der Brauchbarkeit ein Beweisanzeichen für das Vorliegen dieser Voraussetzung sein (vgl. BGH GRUR 1974, 715, 717 – Spreizdübel.

193 – **Mehrfacherfindung:** siehe unter „Gang der technischen Entwicklung".

194 – **Mehrere Schritte:** Ja, wenn sich nach einer Analyse des Standes der Technik ergibt, dass mehrere Überlegungen erforderlich sind, um zur Erfindung zu gelangen (vgl. BGH GRUR 1985, 369, 370 – Körperstativ).

195 – **Molekülstruktur:** In der Fachwelt ist es gängig, Ausgangsverbindungen einzusetzen, deren Molekülstruktur derjenigen der gewünschten Endprodukte weitgehend angeglichen ist, weil dadurch

zum Beispiel Umlagerungs- und Isomerisierungsreaktionen vermieden werden (vgl. BPatG GRUR 1996, 44, 45 – Tetrafluorathan).

- **Nachahmung:** Eine umfangreiche Nachahmung durch Mitbewerber kann ein Indiz für das Vorliegen des erfinderischen Schritts sein, wenn sie darauf zurückzuführen ist, dass das neue Produkt dem bisher am Markt angebotenen technisch deutlich überlegen ist und zurückverfolgt werden kann, dass die einschlägigen Fachfirmen überkommenen technischen Vorstellungen verhaftet geblieben sind und einen etwa zeitlich weit zurückliegenden Stand der Technik nicht aufgegriffen haben (vgl. BGH GRUR 1991, 120, 121 – Elastische Bandage). Nicht ausreichend ist, wenn sich die Mitbewerber nur einem kaufmännischen Markterfolg anhängen wollen. 196

- **Nachteile:** Die Erfindung muss nicht in jeder Hinsicht im Vergleich zum Stand der Technik besser sein; Nachteile stehen der Annahme eines erfinderischen Schritts jedenfalls nicht entgegen, wenn die Vorteile überwiegen (vgl. BPatG GRUR 1983, 240, 241 – Technischer Fortschritt); eine technische Fehlvorstellung wird nicht überwunden, wenn gegenüber der vorgeschlagenen Lösung zu Recht bestehende Bedenken lediglich ignoriert und mit ihr tatsächlich und vorhersehbar verbundene Nachteile einfach in Kauf genommen werden, dann handelt es sich nicht um ein Vorurteil oder eine Fehlvorstellung, sondern um fortbestehende Bedenken, die lediglich unter Abwägung mit Vorteilen neu bewertet werden (vgl. BGH GRUR 1996, 857, 860 – Rauchgasklappe). 197

- **Naturstoffe:** Erfinderischer Schritt kann in den wertvollen und überlegenen Eigenschaften eines neuen Naturstoffes liegen (vgl. BGH GRUR 1969, 531 – Geflügelfutter). 198

- **Optimierung:** i. d. R. Nein, da zum Handwerkszeug eines Technikers gehörend. 199

- **Rechenregel:** Da es auf die Beurteilung des gesamten Anspruchsgegenstandes unter Einschluss einer etwaigen Rechenregel ankommt, kann der erfinderische Schritt bereits ausschließlich durch eine Rechenregel begründet sein (vgl. BPatG GRUR 1996, 866, 868 – Viterbi-Algorithmus). 200

- **Routine:** Nein, da ein Vorgehen, das sich im Rahmen des Üblichen bewegt, nicht erfinderisch sein kann (vgl. BPatG GRUR 1998, 37, 38 – Videowiedergabegerät). 201

- **Schwierigkeiten:** siehe unter „Bemühungen der Fachwelt". 202

- **Stoffaustausch:** Die Zurverfügungstellung eines weiteren Stoffes für ein bereits bestehendes oder für ein neues Bedürfnis ist ein 203

Anzeichen für technischen Fortschritt (vgl. BGH GRUR 1972, 541, 544/545 – Imidazoline) und kann folglich Beweisanzeichen für einen erfinderischen Schritt sein; der bloße Austausch eines neuen Stoffes gegen den bisher verwendeten ist nicht erfinderisch, wenn die Eigenschaften des neuen Stoffs bekannt sind (vgl. BGH GRUR 1970, 408 – Anthradipyrazol).

204 – **Verbilligung:** Das Bestreben, Kosten, Zeit, Material, Energie etc. zu reduzieren, stellt sich als übliche Aufgabe des Technikers dar; ein Beweisanzeichen für einen erfinderischen Schritt kann deshalb nur angenommen werden, wenn besondere (technische) Schwierigkeiten zu überwinden waren; insbesondere bei Massenartikeln kann jedoch die Verbilligung einen relevanten Umstand darstellen.

205 – **Versuche:** i. d. R. Nein, wenn sie nur der Ermittlung der günstigsten Lösung einer offenbarten Erfindung, der experimentiellen Feststellung der Eignung eines bekannten Mittels, der praktischen Erprobung etc. dienen (vgl. BGH GRUR 1968, 311, 313 – Garmachverfahren; BGH PMZ 1966, 234, 235 – Abtastverfahren).

206 – **Vorteile:** Eine vorteilhafte oder überraschende Wirkung kann eine Hilfserwägung sein, das Vorliegen des erfinderischen Schritts zu bejahen; ein Umkehrschluss aus dem Umstand, dass die dem Anspruchsgegenstand zugeschriebene Wirkung nicht erreicht wird, ist jedoch nicht zulässig (vgl. BPatG GRUR 1997, 523, 524 – Faksimile-Vorrichtung; a. A. BPatG GRUR 1996, 868, 870 – Knochenzellenpräparat).

207 – **Vorurteil:** Die Überwindung eines bestehenden technischen Vorurteils spricht regelmäßig für einen erfinderischen Schritt (vgl. BGH PMZ 1973, 257, 258 – Herbicide), jedenfalls, wenn das Vorurteil in der einschlägigen Fachwelt tatsächlich und allgemein bestand. Ebenso kann die Überwindung einer allgemeinen, fest eingewurzelten technischen Fehlvorstellung ein Beweisanzeichen sein (vgl. BPatG GRUR 1997, 521, 522 – Nährungsschalter I; BGH GRUR 1996, 857, 860 – Rauchgasklappe); gerechtfertigt ist dieser Schluss allerdings nur dann, wenn die Fehlvorstellung in dem Sinne technisch begründet gewesen ist, dass die geschützte Lehre aus der Sicht der Fachwelt im Prioritätszeitpunkt entweder für technisch nicht ausführbar oder der mit ihr erzielte technische Erfolg für nicht erreichbar gehalten und dieser Irrtum durch die Erfindung widerlegt worden ist (vgl. BGH GRUR 1996, 857, 860 – Rauchgasklappe); keine Überwindung einer technischen Fehlvorstellung, wenn bestehende Bedenken lediglich ignoriert und Nachteile einfach in Kauf genommen werden (BGH, aaO, S. 861). Die Überwindung rein wirtschaftlicher Vorurteile hat außer Betracht zu bleiben (vgl. BGH GRUR 1994, 36, 38 – Messventil); die Darlegungs- und Beweislast für das Bestehen eines Vorurteils liegt beim Anmelder; kein Vorurteil in der Regel auch bei bloßen unverbindlichen Fachregeln oder Industrienormen.

– **Zahl der Entgegenhaltungen:** Die Notwendigkeit der „Kombination" technischen Lehren aus einer Vielzahl von Entgegenhaltungen kann faktisch ein Beweisanzeichen für das Vorliegen des erfinderischen Schrittes sein. **208**

– **Zeit:** Ein insbesondere langer Zeitraum bis zur Erfindung kann Beweisanzeichen für einen erfinderischen Schritt sein (vgl. BGH GRUR 1996, 757, 762/763 – Zahnkranzfräser; BPatG GRUR 1998, 659, 660 – Kinematische Umkehrung), insbesondere wenn damit ein Abgehen von einer lange bestehenden begründeten technischen Vorstellung verbunden ist oder sich die Fachwelt bereits lange um die Lösung bemühte. Der Zeitfaktor dürfte aber weniger bedeutend sein bei langlebigen, teueren Wirtschaftsgütern (z. B. Einsatz und Weiterentwicklung der bereits in den 50er Jahren erfundenen berühmten Rossi-Kokille zum Gießen von Dünnbrammen, in den sogenannten Ministahlwerken zu Beginn der 80er Jahre, weil erst dann weitere gießtechnische Parameter, wie zum Beispiel Gießpulver etc. zur Verfügung standen); ebenso kein Indiz, wenn lange bekannte Maßnahmen im Rahmen einer jungen Technologie eingesetzt werden (vgl. BGH GRUR 1981, 42, 45 – Pfannendrehturm); ebenfalls kein Indiz, wenn der zeitliche Abstand für die spezielle technische Lehre zu gering ist (vgl. BGH GRUR 1986, 798, 800 – Abfördereinrichtung für Schüttgut; BGH GRUR 1982, 289, 290 – Massenausgleich). **209**

10. Gewerbliche Anwendbarkeit

Zu den Einzelheiten vergleiche die Kommentierung zu § 3 Abs. 2. **210**

§ 2 [Schutzausschließungsgründe]

Als Gebrauchsmuster werden nicht geschützt:
1. Erfindungen, deren Veröffentlichung oder Verwertung gegen die öffentliche Ordnung oder die guten Sitten verstoßen würde; ein solcher Verstoß kann nicht allein aus der Tatsache hergeleitet werden, daß die Verwertung der Erfindung durch Gesetz oder Verwaltungsvorschrift verboten ist. Satz 1 schließt den Schutz für eine unter § 9 fallende Erfindung nicht aus;
2. Pflanzensorten oder Tierarten;
3. Verfahren.

Übersicht

	Rdn.
1. Vorbemerkung	1
2. Allgemeines/Zweck der Vorschrift	2, 3
3. Verstoß gegen die öffentliche Ordnung oder die guten Sitten (§ 2 Nr. 1)	
3.1 Prüfungsgegenstand	4
3.2 Öffentliche Ordnung	5
3.3 Gute Sitten	6
3.4 Gentechnologische Erfindungen	7
3.5 Klarstellungen	8
4. Schutzausschlüsse für Pflanzensorten oder Tierarten (§ 2 Nr. 2)	
4.1 Regelungsgehalt	9–13
4.2 Pflanzensorten/Pflanzen	14, 15
4.3 Tierarten/Tiere	16
4.4 Biotechnologische Erfindungen und der Mensch	17
4.5 Züchtungsverfahren	18
4.6 Mikrobiologische Erfindungen	19–22
4.6.1 Grundsätze	23
4.6.2 Hinterlegung	24, 25
5. Verfahren (§ 2 Nr. 3)	
5.1 Herstellungsverfahren	26
5.2 Arbeitsverfahren	27
5.3 Verwendungserfindungen	28–31
5.4 Bestimmung der Gebrauchsmusterkategorie	32–34

1. Vorbemerkung

§ 2 ist durch das PrPG neu gefasst worden. Bei der Auslegung der **1**
Nr. 1 und Nr. 2 der Vorschrift sind insbesondere die Regelungen
des Übereinkommens über handelsbezogene Aspekte der Rechte
des geistigen Eigentums – TRIPS (das mit Gesetz vom 15. April
1994, BGBl 1994 II S. 1730, ratifiziert worden ist), die Richtlinie
98/44/EG des Europäischen Parlaments und des Rates vom 6. Juli
1998 über den rechtlichen Schutz biotechnologischer Erfindungen –
sogenannte Biotechnologie-Richtlinie (ABl. L 213 vom 30. 7. 1998,
S. 13 = GRUR Int. 1998, 675 = PMZ 1998, 448 ff; hierzu: Ref.-
Entwurf eines Gesetzes zur Umsetzung dieser Richtlinie vom 17. 4.
2000), das Gentechnikgesetz vom 20. 6. 1990 (BGBl I 1080), das
Embryonenschutzgesetz vom 13. 12. 1990 (BGBl I 2746) sowie das
Tierschutzgesetz vom 24. 7. 1972 in der Fassung der Bekanntmachung vom 25. 5. 1998 (BGBl I 1106) sowie der Vorschlag für
eine Richtlinie des Europäischen Parlaments und des Rates über die
Angleichung der Rechtsvorschriften betreffend den Schutz von Erfindungen durch Gebrauchsmuster (KOM (1999) 309 endg.
97/0356(COD)) zu berücksichtigen.

2. Allgemeines/Zweck der Vorschrift

Die Vorschrift enthält Regelungen für drei sachlich nicht zusam- **2**
mengehörige Regelungen, wobei jedoch insbesondere die Nr. 1
und Nr. 2 inhaltlich Überschneidungen aufweisen. § 2 ergänzt § 1
Abs. 2. Während § 1 Abs. 2 regelt, in welchen Fällen keine Erfindung vorliegt, setzt § 2 das Vorliegen einer Erfindung voraus, verneint aber deren Gebrauchsmusterfähigkeit. Nr. 1 entspricht § 2
Nr. 1 PatG, so dass in toto auf die diesbezügliche patentrechtliche
Praxis zurückgegriffen werden kann, zumal es zu § 2 Nr. 1 keine
geschlossene veröffentlichte Rechtspraxis gibt. § 2 Nr. 1 betrifft ein
Gebrauchsmusterverbot aus Gründen des Sittenverstoßes, zur Wahrung der öffentlichen Ordnung und beinhaltet damit letztlich ethische Wertvorstellungen. § 2 Nr. 2 befasst sich mit biotechnologischen Erfindungen und entspricht teilweise § 2 Nr. 2 PatG, der
darüber hinaus eine Regelung über Züchtungsverfahren für Pflanzen
und Tiere sowie für mikrobiologische Verfahren und die mit Hilfe

dieser Verfahren gewonnenen Erzeugnisse enthält. Nach dem Ref.-Entwurf zur Umsetzung der sog. Biotechnologie-Richtlinie sowie nach dem Richtlinienvorschlag der EU zur Angleichung der Vorschriften über den Schutz von Erfindungen durch GebrM sollen biotechnologische Erfindungen bzw. biologisches Material vom GebrM-Schutz ausgeschlossen werden, vgl. § 1, Anm. 5.8.1, 5.8.2.

3   Durch die Nr. 3 sollen Verfahren vom Schutz des Registerrechtes ausgeschlossen werden. Denn nach der Gesetzesbegründung können Verfahrenserfindungen von Dritten mangels konkreter Darstellbarkeit nicht zuverlässig auf Schutzfähigkeit und Schutzumfang geprüft werden (PMZ 1990, 199). Es dürfte aber ein offenes Geheimnis sein, dass zum Ausschluss der Verfahrenserfindungen von Gebrauchsmusterschutz in besonderem Maße die Sorge der chemischen Großindustrie beigetragen hat. Denn sie befürchtete, dass insbesondere kleine pharmazeutische Unternehmen schneller als die Großchemie weitere ungeschützte Indikationen herausfinden könnten, um sie infolge ersparter Entwicklungskosten billiger anbieten zu können. Der Ausschluss von Verfahrenserfindungen nach § 2 Nr. 3 begegnet Bedenken im Hinblick auf Art. 27 Abs. 1 TRIPS. Darin wird die Verpflichtung der Vertragsstaaten stipuliert, dass sowohl für Produkt- als auch Verfahrenserfindungen auf allen Gebieten der Technik, die neu sind, auf einer erfinderischen Tätigkeit beruhen und gewerblich anwendbar sind, Patente erhältlich sein müssen. Da die Schutzrechtskategorie „Patent" in TRIPS nicht als Gegensatz zu einem Gebrauchsmusterschutz sondern stellvertretend für technische Schutzrechte steht, muss die Grundentscheidung des TRIPS auch für Gebrauchsmuster gelten. Ungeachtet dessen stellt § 2 – ebenso wie § 2 PatG – eine **Ausnahmebestimmung** dar, so dass sie als solche eng auszulegen ist (vgl. auch *Mes*, § 2 PatG, Rdnr. 2). Nach dem vorerwähnten Vorschlag der EG-Kommission zu einer GebrM-Richtlinie steht der GebrM-Schutz auch für Verfahrenserfindungen zur Verfügung, mit Ausnahme chemischer oder pharmazeutischer Verfahren.

3. Verstoß gegen die öffentliche Ordnung oder die guten Sitten (§ 2 Nr. 1)

   Literatur (Auswahl): *Bayer,* Patent und Ethik im Spiegel technischer Evolution, GRUR 1994, 541; *Goebel,* Ist der Mensch patentierbar? Zur Frage der Patentfähigkeit von Humangenen, Mitt. 1995, 153; *Keil,* Umweltschutz als Patenthindernis, GRUR 1993, 705; *Straus,* Patentrechtliche Probleme der

Schutzausschließungsgründe 4 § 2

Gentherapie, GRUR 1996, 10; *Rogge,* Patente auf genetische Informationen im Lichte der öffentlichen Ordnung und der guten Sitten, GRUR 1998, 303; vgl. ferner die umfassende Literaturauswahl bei *Busse/Keukenschrijver* vor § 2 PatG.

3.1 Prüfungsgegenstand

§ 2 Nr. 1 setzt voraus, dass die Veröffentlichung bzw. Verwertung 4 von Erfindungen gegen die öffentliche Ordnung oder die guten Sitten verstoßen würde. Unter **Veröffentlichung** der Erfindung wird deren Bekanntmachung durch das Patentamt verstanden (vgl. *Benkard/Bruchhausen,* § 2 PatG, Rdnr. 3). Da jedoch Art. 27 Abs. 2 TRIPS das Veröffentlichungsverbot nicht als Ausschließungsgrund aufführt, bestehen Bedenken gegen die Vereinbarkeit dieser Regelung zu dem TRIPS-Abkommen (vgl. zu der entsprechenden Regelung des § 2 Nr. 1 PatG: *Straus,* Bedeutung des TRIPS für das Patentrecht, GRUR Int. 1996, 179, 189; nach dem Ref.-Entwurf vom 17. 4. 2000 eines Gesetzes zur Umsetzung der Richtlinie über den rechtlichen Schutz biotechnologischer Erfindungen sollen gemäß § 2 I PatG nur noch Erfindungen von der Patentierbarkeit ausgeschlossen werden, wenn ihre Verwertung – und nicht, wie bisher geregelt ist, auch schon ihre Veröffentlichung – gegen die öffentliche Ordnung oder gegen die guten Sitten verstoßen würde). Unter **Verwertung** ist jede Benutzungshandlung nach §§ 11 ff zu verstehen. Da die GebrM-Anmeldung als solche regelmäßig „wertneutral" sein dürfte, ergibt sich, dass eine Prognoseentscheidung in bezug auf die Gefahren für öffentliche Ordnung und gute Sitten durch die Verwertung der Erfindung in der Zukunft getroffen werden muss; dies folgt auch aus dem eindeutigen Wortlaut der Vorschrift („... verstoßen würde"). Ist die Verwertung einer Erfindung in einer gegen die öffentliche Ordnung bzw. gegen die guten Sitten verstoßenden, aber auch in ordnungsgemäßer Weise denkbar, kann der GebrM-Ausschließungsgrund des § 2 Nr. 1 nicht angenommen werden (vgl. BGH GRUR 1973 585 – IUP). Voraussetzung für die Anwendbarkeit dieser Regelung ist deshalb, dass praktisch jede bestimmungsgemäße oder vernünftigerweise in Betracht kommende Verwertung als Verstoß gegen die guten Sitten oder die öffentliche Ordnung gewertet werden müsste (*Rogge,* aaO, S. 306). Dies ist aber immer eine Frage des Einzelfalls und kann nicht generalisierend beantwortet werden (z. B. dürften synthetische „harte" Drogen, die in Fällen schwerster Sucht unter ärztlicher Aufsicht erlaubterweise verabreicht werden, dennoch nicht gebrauchsmusterschutzfähig sein; vgl. etwa auch zum Beispiel die Herstellung von Kriegswaffen oder Vorrichtungen der Atomkraft, deren Herstellung und Export unter bestimmten gesetzlichen Voraussetzungen erlaubt sein kann). Ein Verstoß gegen die guten Sitten kann dabei auch dann vorliegen, wenn kein Gesetzesverbot vorliegt. Zweckmäßigerweise ist deshalb zunächst zu prüfen, ob ein gesetzliches Verbot besteht; hierbei ist zunächst dessen Gewicht und danach die Frage eines etwaigen Verstoßes gegen die öffentliche Ordnung zu prüfen; der Feststellung eines Verstoßes gegen die guten Sitten bedarf es dann nicht mehr. Besteht ein solches gesetzliches Verbot nicht, bedarf es der weiteren Prüfung eines Verstoßes gegen die guten Sitten, der jedoch nur bei Vorliegen besonders schwerwiegender Gründe angenommen werden kann (*Rogge*, aaO, S. 305).

Bei der Prüfung auf Verstoß gegen die öffentliche Ordnung bzw. gegen die guten Sitten sind beispielsweise die in der Europäischen Menschenrechtskonvention, im TRIPS-Abkommen, in der sog. Biotechnologie-Richtlinie, im Gentechnikgesetz bzw. Embryonenschutzgesetz zum Ausdruck gekommenen gesetzlichen Wertungen zu berücksichtigen.

3.2 Öffentliche Ordnung

5   Die Verwertung von Erfindungen verstößt gegen die öffentliche Ordnung, wenn sie **tragenden Grundsätzen** der Rechtsordnung widerspricht. Ob der kollisionsrechtliche Begriff des ordre public ein geeignetes Abgrenzungskriterium bildet, erscheint fraglich (ablehnend *Busse/Keukenschrijver*, § 2 PatG, Rdnr. 13). Nicht jeder Verstoß gegen ein Gesetz oder eine Verwaltungsvorschrift stellt bereits einen Verstoß gegen die öffentliche Ordnung dar (§ 2 Nr. 1 Satz 1 2. HS). Tragende Grundsätze der Rechtsordnung werden verletzt insbesondere bei Verfassungsverstößen und Verletzungen von Grund- und Menschenrechten sowie bei wesentlichen Verstößen gegen Bestimmungen aus dem Bereich des Tierschutzes, des Natur- und Umweltschutzes (vgl. auch die Aufzählung in Art. 27 Abs. 2 TRIPS). Verstöße gegen das Embryonenschutzgesetz widersprechen per se der öffentlichen Ordnung; dasselbe dürfte für wesentliche Vorschriften des Gentechnikgesetzes gelten. Für den gesamten Gentechnik-Bereich ergeben sich auch jeweils wichtige Hinweise aus der sogenannten Biotechnologie-Richtlinie und anderen EU-Richtlinien. Bloße Vertriebs- und/oder Ordnungsvor-

Schutzausschließungsgründe 6, 7 § 2

schriften fallen hingegen nicht unter die tragenden Grundsätze der Rechtsordnung.

3.3 Gute Sitten

Ein Sittenverstoß ist gegeben, wenn die bestimmungsgemäße **6** Verwertung einer Erfindung objektiv dem Anstandsgefühl aller billig und gerecht Denkenden widerspricht. Die Verwirklichung dieses Tatbestandsmerkmals ist ebenfalls auf einen Verstoß gegen elementare Regelungen und Wertvorstellungen beschränkt. Da die Anschauungen fließend sind und sich insbesondere mit den Jahren und Jahrzehnten ändern und eine zunehmende Globalisierung eintritt, sind trotz der territorialen Beschränkung des Gebrauchsmusterschutzes Anschauungen außerhalb des Gebietes der Bundesrepublik Deutschland mit zu berücksichtigen; dies gilt jedenfalls für solche Anschauungen innerhalb (zumindest West-)Europas. (Zur Berücksichtigung eines europäischen bzw. nationalen Maßstabes im Rahmen der Prüfung des § 2 PatG: *Busse/Keukenschrijver*, § 2 PatG, Rdnr. 19).

3.4 Gentechnologische Erfindungen

Insbesondere im Zusammenhang mit gentechnologischen Erfin- **7** dungen ist die Frage der sittenwidrigen Verwertung bzw. des Verstoßes gegen die öffentliche Ordnung (beide Regelungsbereiche überschneiden sich) zu stellen. Eine Beantwortung kann nur durch eine Abwägung der mit der Genmanipulation verbundenen Risiken (z. B. grausame Behandlung von Tieren; nicht mehr kontrollierbare Verbreitung von Genen etc.) gegen die Vorteile für den Menschen (z. B. Verhinderung und Bekämpfung von Krankheiten, positive Auswirkungen auf die Ernährung etc.) erfolgen. Dasselbe hat für umwelttechnologische Erfindungen zu gelten. Die bloße Gefährlichkeit der Verwertung einer Erfindung ist für sich noch kein Schutzhindernis (vgl. EPA GRUR Int. 1993, 240, 241 – Krebsmaus HAVARD III), zumal es sicherheits- und ordnungsrechtliche Institutionen gibt, deren Funktion es unter anderem ist sicherzustellen, dass die Verwertung einer bestimmten Technologie nur im Einklang mit der Rechtsordnung besteht. Erfindungen etwa, die keinen Missbrauch oder zerstörerischen Gebrauch pflanzenbiotechnologischer Techniken beinhalten, sondern sich nur auf Erzeugnisse (z. B. Pflanzenzellen, Pflanzen, Samen etc.) beziehen, können im Lichte der allgemein akzeptierten Verhaltensstandards innerhalb der europäischen Kultur nicht als gegen tragende Grundsätze der Rechtsordnung oder gegen die guten Sitten verstoßend angesehen werden. Die sogenannte Biotechnologie-Richtlinie enthält eine nicht abschließende Aufzählung von Erfindungsbereichen, die gegen die öffentliche Ordnung oder gegen die guten Sitten verstoßen. Hierzu gehören (die gebrauchsmusterrechtliche Besonderheit des Ausschlusses von Verfahren sei hier unberücksichtigt): Verfahren zur Herstellung von hybriden Lebewesen, die aus Keimzellen oder totipotenten Zellen von Mensch und Tier entstehen; Keimbahnintervention am menschlichen Lebewesen sowie das Klonen von menschlichen Lebewesen, einschließlich der Verfahren zur Embryonenspaltung; die Verwendung von menschlichen Embryonen zu industriellen oder kommerziellen Zwecken; Verfahren zur Veränderung der genetischen Identität von Tieren, die geeignet sind, Leiden dieser Tiere ohne wesentlichen medizinischen Nutzen für den Menschen oder das Tier zu verursachen, sowie die mit Hilfe solcher Verfahren erzeugten Tiere (vgl. Erwägungsgründe 38–45). Diese Grundsätze der sich formell nur mit der Patentierung beschäftigenden Biotechnologie-Richtlinie gelten selbstverständlich uneingeschränkt auch für Gebrauchsmuster (dies ist allerdings keine Frage des geprüften bzw. nicht geprüften Schutzrechtes). Auf die weitergehende Literaturauswahl zu Anm. 4 ist zu verweisen.

3.5 Klarstellungen

8   Ein Verstoß gegen die öffentliche Ordnung oder gegen die guten Sitten ist nicht allein daraus herleitbar, dass die Verwertung der Erfindung durch Gesetz oder Verwaltungsvorschrift verboten ist; der Gebrauchsmusterschutz ist grundsätzlich in allen Bereichen der Technologie zu gewähren. Die Ausschlussvorschrift des § 2 Nr. 1 Satz 1 erfasst keine Erfindungen und Gegenstände, die ein Staatsgeheimnis nach § 93 StGB darstellen, vgl. § 9. Diese können also als Gebrauchsmuster eingetragen werden, auch wenn ihre Verwertung sittenwidrig sein sollte. Derartige Erfindungen werden jedoch nicht veröffentlicht.

4. Schutzausschlüsse für Pflanzensorten und Tierarten (§ 2 Nr. 2)

Literatur (Auswahl): *Beier,* Gewerblicher Rechtsschutz für moderne biotechnologische Verfahren und Produkte, GRUR Int. 1990, 219; *Di Cerbo,* Die Patentierbarkeit von Tieren, GRUR Int. 1993, 399; *Goebel,* Ist der Mensch patentierbar? Zur Frage der Patentfähigkeit von Humangenen, Mitt. 1995, 153; *Gorny,* Zum Schutz neuartiger Lebensmittel, GRUR 1995, 721; *Lange,* Patentierungsverbot für Pflanzensorten, GRUR Int. 1996, 586; *Kinkeldey,* Die Patentierung von Tieren, GRUR Int. 1993, 394; *Moufang,* Genetische Erfindungen im Gewerblichen Rechtsschutz, 1988; *Rogge,* Zur Anwendbarkeit der Grundsätze des Tollwutvirus-Beschlusses des Bundesgerichtshofs auf makrobiologische Erfindungen; insbesondere im Bereich der Pflanzenzüchtungen, GRUR 1988, 653; *Schatz,* Zur Patentierbarkeit gentechnischer Erfindungen in der Praxis des Europäischen Patentamts, GRUR Int. 1997, 588; *Straus,* Ethische, rechtliche und wirtschaftliche Probleme des Patent- und Sortenschutzes für die biotechnologische Tierzüchtung und Tierproduktion, GRUR Int. 1990, 913; *ders.* Biotechnologische Erfindungen – ihr Schutz und seine Grenzen, GRUR 1992, 252; *ders.* Patentrechtliche Probleme der Gentherapie, GRUR 1996, 10; *ders.* Völkerrechtliche Verträge und Gemeinschaftsrecht als Auslegungsfaktoren des europäischen Patentübereinkommens, GRUR Int. 1998, 1; *Goldbach/Vogelsang-Wenke/Zimmer,* Protection of Biotechnological Matter under European and German Law, 1997; *Oser,* Patentierung von (Teil-)Gensequenzen unter besonderer Berücksichtigung der EST-Problematik, GRUR Int. 1998, 648; *Busche,* Die Patentierung biologischer Erfindungen nach Patentgesetz und EPÜ, GRUR Int. 1999, 299.

4.1 Regelungsgehalt

Eine gebrauchsmusterspezifische Rechtsprechungspraxis hat sich zu dem Regelungskomplex des § 2 Nr. 2 bislang nicht gebildet; es können jedoch diesbezüglich ohne Einschränkung die Grundsätze der Rechtspraxis zu § 2 Nr. 2 PatG herangezogen werden, soweit sich diese Regelung mit biologischen Erfindungen befasst und einen Teil von ihnen vom Patentschutz ausschließt, nämlich Pflanzensorten oder Tierarten. Soweit in § 2 Nr. 2 PatG ein Ausschluss von im wesentlichen biologischen Verfahren zur Züchtung von Pflanzen oder Tieren stipuliert wurde (mit Ausnahme mikrobiologischer Verfahren und der mit ihrer Hilfe gewonnenen Erzeugnisse), bedurfte es im GebrMG im Hinblick auf den Ausschluss von Verfahren keiner gesonderten Regelung. Gerade im Bereich der Biotechnologie wer-

§ 2 10, 11 Schutzausschließungsgründe

den häufig **Verfahrenserfindungen** getätigt, die als solche nach § 2 Nr. 3 vom Gebrauchsmusterschutz ausgeschlossen sind. Dies schließt jedoch nicht den sog. **mittelbaren Verfahrensschutz** aus (*Tronser*, GRUR 1991, 10, 13; *Bühring*, § 2, Rdnr. 25 sowie oben § 1 Anm. 7.1.4, 7.1.5, 7.1.6 sowie unten Anm. 5).

10 Seit langem ist anerkannt, dass Neuerungen auf dem Gebiet der belebten Natur Lehren zum technischen Handeln beinhalten können (vgl. § 1 Anm. 3.1, 3.4, 3.6, 5.2). Die Neuerungen können sich auf Pflanzen, Tiere und Menschen beziehen. „Biologische" oder besser „biotechnologische Erfindungen" können aus der heutigen Zeit nicht mehr hinweggedacht werden; bahnbrechende Entwicklungen beruhen auf dem Einsatz von biologischen bzw. biotechnologischen Erfindungen. Dies gilt nicht zuletzt für die rasante Entwicklung der **Gentechnik** in den letzten Jahrzehnten. Alle gentechnischen Methoden dienen der gezielten Veränderung von Erbgut und dem Einbringen des neu kombinierten (rekombinierten) genetischen Materials in lebende Zellen, um es dort wirken zu lassen. Auf dem medizinischen Sektor gilt die Gentechnik mittlerweile als unverzichtbares „Werkzeug" sowohl bei der Produktion von neuen Medikamenten als auch bei der einfachen und schnellen Diagnose von Erb- und Infektionskrankheiten. Eine ganze Reihe von pharmazeutisch wirksamen Proteinen wird mit Hilfe gentechnisch veränderter Mikroorganismen in großen Anlagen produziert. Gentechnische Methoden werden ferner bei der Produktion von Lebensmittelhilfsstoffen eingesetzt (z. B. das Enzym Chymosin als Labferment) sowie bei Nutzpflanzen mit neuen Eigenschaften verwirklicht, die beispielsweise gegen Krankheiten und Herbizide resistent sind oder als nachwachsende Rohstoffe von der Industrie verwertet werden können (z. B. „Anti-Matsch-Tomate"). Die Bioverfahrenstechnik, die zum Beispiel im Bergbau, bei der Rohstoffaufbereitung, in der Chemieindustrie, Lebensmitteltechnik, Umwelt- und Entsorgungstechnologie eingesetzt wird, ist ohne die Prozesse der Biotechnologie nicht mehr denkbar; sie arbeitet mit Mikroorganismen (Bakterien, Hefen u. a., Pilzen), wobei es keine Rolle spielt, ob sie gentechnisch verändert sind oder ihre natürlichen Eigenschaften genutzt werden.

11 Gerade rasante Technologien erfordern ein schnell verfügbares Schutzrechtssystem, das das GebrMG zur Verfügung stellt. Bei § 2 Nr. 2 handelt es sich um eine Ausnahmevorschrift; diese ist infolgedessen eng auszulegen (vgl. auch EPA GRUR Int. 1993, 865, 870 – Patent für pflanzliche Lebensformen/GREENPEACE; Art. 27 Abs. 1 TRIPS).

Die **Wiederholbarkeit** ist für biologische Erfindungen wie für jede andere Erfindung erforderlich. Wenn sich die Erfindung beispielsweise auf einen Mikroorganismus bezieht, so muss dieser selbst wiederholbar sein (vgl. BGH GRUR 1987, 231, 232 – Tollwutvirus). Die Wiederholbarkeit kann dabei durch die **Hinterlegung** des Mikroorganismus und dessen Freigabe entsprechend den Grundsätzen des sog. Budapester Hinterlegungsvertrages erfolgen (weitere Einzelheiten unter Anm. 4.6.2).

Bei der Auslegung der Bereichsausnahmen der Pflanzensorten und Tierarten sind die Wertungen der sogenannten **Biotechnologie-Richtlinie** zu berücksichtigen. Diese definiert „**biologisches Material**" als ein Material, das genetische Informationen enthält und sich selbst reproduzieren oder in einem biologischen System reproduziert werden kann; „**mikrobiologisches Verfahren**" ist jedes Verfahren, bei dem mikrobiologisches Material verwendet, ein Eingriff in mikrobiologisches Material durchgeführt oder mikrobiologisches Material hervorgebracht wird (Art. 2 Abs. 1 RL). Ein „**Verfahren zur Züchtung von Pflanzen und Tieren**" ist danach **im Wesentlichen biologisch,** wenn es vollständig auf natürlichen Phänomenen wie Kreuzung oder Selektion beruht (Art. 2 Abs. 2 RL). Der Begriff der **Pflanzensorte** wird durch Art. 5 der Verordnung (EG) Nr. 2100/94 definiert (Art. 2 Abs. 3 RL). Entsprechend den Grundsätzen dieser Richtlinie ist ein Gebrauchsmusterschutz nicht für eine Erfindung ausgeschlossen, die einen isolierten Bestandteil des menschlichen Körpers oder einen auf andere Weise durch ein technisches Verfahren erzeugten Bestandteil betrifft und gewerblich anwendbar ist, selbst wenn der Aufbau dieses Bestandteils mit dem eines natürlichen Bestandteils identisch ist, wobei sich die Rechte aus dem Schutzrecht nicht auf den menschlichen Körper und dessen Bestandteile in seiner natürlichen Umgebung erstrecken können (Erwägungsgrund 20). Ein solcher isolierter oder auf andere Weise erzeugter Bestandteil des menschlichen Körpers ist von der Schutzgewährung nicht ausgeschlossen, da er – zum Beispiel – das Ergebnis technischer Verfahren zu seiner Identifizierung, Reinigung, Bestimmung und Vermehrung außerhalb des menschlichen Körpers ist, zu deren Anwendung nur der Mensch fähig ist und die die Natur selbst nicht vollbringen kann (Erwägungsgrund 20). Sequenzen oder Teilsequenzen von Genen können bei Vorliegen der übrigen Schutzvoraussetzungen gebrauchsmusterfähig sein (vgl. Erwägungsgrund 22). Ein einfacher DNA-Abschnitt ohne Angabe einer Funktion enthält keine Lehre zum technischen Handeln und ist deshalb nicht gebrauchsmusterfähig (vgl. Erwägungsgrund 23). Vgl. zu den Einzelheiten Art. 3, Art. 4, Art. 5

RL. Dies alles steht – selbstverständlich – unter dem Vorbehalt des Ausschlusses von Verfahrenserfindungen, § 2 Nr. 3; darüber hinaus sollen nach dem Willen des Gesetzgebers de lege ferenda biotechnologische Erfindungen vom GebrM-Schutz ausgeschlossen werden.

4.2 Pflanzensorten/Pflanzen

14 Unter Berücksichtigung des Art. 27 Abs. 1 TRIPS, wonach sich die Mitgliedsstaaten verpflichtet haben, Patente auf **alle** Erfindungen zu erteilen, die neu, gewerblich anwendbar und erfinderisch sind, sowie unter Berücksichtigung der Biotechnologie-Richtlinie, ergibt sich – de lege lata – in besonderem Maße der **Ausnahmecharakter** des § 2 Nr. 2. Dem Gebrauchsmusterschutz sind danach **nur Pflanzensorten** entzogen, **nicht einzelne Pflanzen** (Art. 2 Abs. 2 Biotechnologie-Richtlinie; a. A. *Bühring,* § 2, Rdnr. 9). Generell können Erfindungen, auch wenn sie ein Erzeugnis, das aus biologischem Material besteht oder dieses enthält, als Gebrauchsmuster geschützt werden. **Biologisches Material** ist ein Material, das genetische Informationen enthält und sich selbst reproduzieren oder in einem biologischen System reproduziert werden kann (Art. 3 Abs. 1, Art. 2 Abs. 1 lit. a Biotechnologie-Richtlinie). Der Begriff der **Pflanzensorte** wird durch das Sortenschutzrecht definiert. Danach wird eine Sorte durch ihr gesamtes Genom geprägt und besitzt deshalb Individualität. Sie ist von anderen Sorten deutlich unterscheidbar (vgl. Erwägungsgrund 30 der EU-Biotechnologie-Richtlinie; vgl. Art. 1 vi UPOV-Übereinkommen, GRUR Int. 1991, 538). Eine **Pflanzengesamtheit,** die durch ein bestimmtes Gen (und nicht durch ihr gesamtes Genom) gekennzeichnet ist, unterliegt nicht dem Sortenschutz. Sie ist deshalb von dem Gebrauchsmusterschutz nicht ausgeschlossen, auch wenn sie Pflanzensorten umfasst (vgl. Erwägungsgrund 31 EU-Biotechnologie-Richtlinie). Da nach Art. 4 Abs. 2 der EU-Richtlinie ein Schutz für Erfindungen vorgesehen sein soll, wenn die Ausführung der Erfindung technisch nicht auf eine bestimmte Pflanzensorte (oder Tierrasse) beschränkt ist, konnte sich hieraus eine Diskrepanz zu den Grundsätzen der Beschwerdekammern des EPA im Hinblick auf die Auslegung des Art. 53 (b) 1. Halbsatz EPÜ ergeben: Danach fielen unter das Patentierungsverbot für Pflanzensorten auch Ansprüche, die zwar allgemein auf Pflanzen gerichtet sind, aber auch Pflanzensorten erfassen (EPA GRUR Int. 1995, 978 – Pflanzenzellen/PLANT GENETIK SYSTEMS; jedoch aufgehoben durch Beschluss der Großen Beschwerdekammer

Schutzausschließungsgründe 15–17 § 2

des EPA vom 20. 12. 1999, GRUR Int. 2000, 431 – Transgene Pflanze/NOVARTIS II, die eine Entscheidung in Übereinstimmung mit Art. 4 Abs. der RL Nr. 98/44/EG getroffen hat). Im Hinblick auf den Ausschluss von **Verfahrenserfindungen** stellt sich im Gebrauchsmusterrecht die in § 2 Nr. 2 PatG erforderliche Abgrenzung zwischen dem wesentlichen biologischen Verfahren zur Züchtung von Pflanzen und mikrobiologischen Verfahren regelmäßig nicht. Ein **Erzeugnisschutz** mittels sogenannten **Product-by-Process-Anspruchs** ist allerdings nicht ausgeschlossen (vgl. hierzu § 1 Anm. 7.1.6). Der danach grundsätzlich denkbare mittelbare Verfahrensschutz darf aber nicht zu einer Umgehung des in § 2 Nr. 2 PatG sowie Art. 53 b) niedergelegten Grundsatzes des Ausschlusses von im Wesentlichen biologischen Verfahren zur Züchtung führen.

Zu den Unterschieden des **Sortenschutzes:** *Schulte,* 5. Aufl., **15** § 2, Rdnr. 30 b; *Busse/Keukenschrijver,* § 2 PatG, Rdnr. 34 ff).

4.3 Tierarten/Tiere

Der Ausschlusstatbestand entspricht demjenigen des § 2 Nr. 2 **16** PatG. **Tiere** als solche sind infolgedessen vom GebrM-Schutz nicht ausgeschlossen (unter der – selbstverständlichen – Einhaltung der Voraussetzungen nach § 2 Nr. 1; vgl. das Beispiel der transgenen Krebsmaus: EPA GRUR Int. 1993, 240, 241 – Krebsmaus/HARVARD III). Entsprechend Anm. 4.2) darf ein grundsätzlich denkbarer mittelbarer Verfahrensschutz nicht zu einer Umgehung der in § 2 Nr. 2 PatG und Art. 53 b) EPÜ getroffenen Grundentscheidung des Ausschlusses von im wesentlichen biologischen Verfahren zur Züchtung von Tieren führen. Anders als bei Pflanzensorten stehen für Tiere keine anderen gewerblichen Schutzrechte zur Verfügung, was bei der Auslegung dieser Ausnahmebestimmung berücksichtigt werden muss. Tiere sind von Tierarten dahingehend abzugrenzen, dass sie eine höherrangige Klassifikationseinheit darstellen (z. B. die taxonomische Klassifikationseinheit der Nager oder auch Säuger). Unter Tierart wird unter Berücksichtigung der RL Nr. 98/44/EG, Art. 4 Abs. 1, eine Beschränkung auf Tierrasse anzunehmen sein.

4.4 Biotechnologische Erfindungen und der Mensch

Prüfungsgegenstand bei der Beurteilung der Gewährbarkeit eines **17** Gebrauchsmusterschutzes nach § 2 Nr. 1, 2 ist häufig der medizinische Nutzen im Bereich der Forschung, der Vorbeugung, der Diagnose oder der Therapie für den Menschen (Biotechnologie-Richtlinie, Art. 6 Abs. 1 d) und Erwägungsgrund 45). Soweit der Mensch **Objekt** biotechnologischer (einschließlich gentechnologischer) Maßnahmen ist, wird auf die Anmerkungen 3.2, 3.3, 3.4 verwiesen. Aus den Grundsätzen des Art. 5 EU-Biotechnologie-Richtlinie folgt im Übrigen, dass der menschliche Körper in den einzelnen Phasen seiner Entstehung und Entwicklung sowie die bloße Entdeckung eines seiner Bestandteile einschließlich der Sequenz oder Teilsequenz eines Gens auch nicht Grundlage für einen Gebrauchsmusterschutz sein können. Unter Beachtung des Ausschlusses von Verfahrenserfindungen kann nach Art. 5 ein isolierter Bestandteil des menschlichen Körpers oder ein auf andere Weise durch ein technisches Verfahren gewonnener Bestandteil, einschließlich der Sequenz oder Teilsequenz eines Gens, eine gebrauchsmusterfähige Erfindung sein, selbst wenn der Aufbau dieses Bestandteils mit dem Aufbau seines natürlichen Bestandteils identisch ist. Selbstverständlich muss die gewerbliche Anwendbarkeit einer Sequenz oder Teilsequenz eines Gens konkret beschrieben werden.

4.5 Züchtungsverfahren

18 Diese sind als solche gemäß § 2 Nr. 3 vom Gebrauchsmusterschutz ausgeschlossen. Soweit ein mittelbarer Verfahrensschutz denkbar ist, darf sich dieser nicht in Widerspruch zur Grundregelung in § 2 Nr. 2 PatG setzen, wonach Züchtungsverfahren für Pflanzen und Tiere von der Patentierbarkeit ausgeschlossen sind, soweit sie im wesentlichen biologisch sind (der Ausschluss herkömmlicher biologischer Züchtungsverfahren nach dem PatG beruht im Wesentlichen darauf, dass ihnen das patentrechtliche Merkmal der Wiederholbarkeit fehlt, vgl. etwa EPA GRUR Int. 1993, 865, 870 – Patent für pflanzliche Lebensformen/GREENPEACE).

4.6 Mikrobiologische Erfindungen

Literatur (Auswahl): *Baumbach,* Mikroorganismusschutz per se – eine Brücke zwischen Patentschutz und Sortenschutz, Mitt. 1991, 13; *Marterer,* Die Patentierbarkeit von Mikroorganismen per se, GRUR Int. 1987, 490; *Straus,* Rechtsfragen der Anerkennung der Hinterlegung von Mikroorganismen nach dem Budapester Vertrag, GRUR Int. 1986, 601; *Goldbach/Vogelsang-Wenke/Zimmer,* Protection of Biotechnologicial Matter under European and German Law, 1997; Zur Hinterlegung von Mikroorganismen: DPA Prüfungsrichtlinien, PMZ 1995, 269, 280/282.

4.6.1 Grundsätze

Erzeugnisse, die aus **Mikroorganismen** gewonnen oder durch sie erzeugt sind, z. B. Antibiotika, können gebrauchsmusterrechtlich geschützt werden. Auch Mikroorganismen **per se** können als Gebrauchsmuster geschützt werden (vgl. § 1, Anm. 3.6). Die Nichterwähnung mikrobiologischer Erfindungen in § 2 im Gegensatz zu deren Erwähnung in § 2 Nr. 2 Satz 2 PatG führt also nicht zum Ausschluss dieser Schutzrechtskategorie. Verfahrenserfindungen sind ausgeschlossen, Nr. 3 (vgl. zum zweckgebundenen Stoffschutz und der hier vertretenen weitergehenden Auffassung § 1, 7.1.4, 7.1.5). 19

Unter „Mikroorganismen" werden **Bakterien, Hefen, Pilze, Algen, Protozoen** sowie menschliche, tierische und pflanzliche Zellen, also alle für das bloße Auge nicht sichtbaren, im allgemeinen einzelligen Organismen, die im Labor vermehrt und manipuliert werden können, verstanden. Dieser Definition werden auch **Plasmide** und **Viren** zugerechnet (vgl. EPA GRUR Int. 1995, 978, 983 – Pflanzenzellen/PLANT GENETIC SYSTEMS). Dementsprechend werden unter dem Begriff „mikrobiologisch" technische Tätigkeiten unter unmittelbarem Einsatz derartiger Mikroorganismen verstanden, wozu nicht nur traditionelle Fermentations- und Biotransformationsverfahren, sondern auch die Manipulation von Mikroorganismen durch gentechnische oder Fusionsverfahren, die Herstellung oder Veränderung von Erzeugnissen in rekombinanten Systemen gehören (EPA, aaO, S. 984). 20

Für die **Neuheit** sowie den **erfinderischen Schritt** gelten die allgemeinen Grundsätze. Der Mikroorganismus darf nicht mit einem anderen öffentlich zugänglichen Mikroorganismus identisch sein. Es gelten insoweit die allgemeinen Beweisregeln. Das Vorliegen eines erfinderischen Schritts kann sich vor allen Dingen aus den unvorhersehbaren Eigenschaften des Mikroorganismus, insbesondere seinen Stoffwechselprodukten ergeben. Ebenso muss **gewerbliche Anwendbarkeit** gegeben sein. 21

Zu den Einzelheiten des Schutzes von **niedermolekularen biotechnologischen Produkten, Nukleinsäuren** (DNA, RNA) sowie **Proteinen** vgl. grundsätzlich *Goldbach/Vogelsang-Wenke/Zimmer*, S. 63 ff, 77 ff, 134 ff, die jedoch entgegen der hier vertretenen Auffassung aufgrund des Fehlens von den §§ 3 Abs. 3, 5 Abs. 2 PatG entsprechenden Vorschriften im GebrMG insbeson- 22 dere bei zweckgebundenen Ansprüchen eine eingeschränkte Auslegung vertreten; aaO, S. 77, 133, 188). Ungeachtet dessen gelten auch für diese biotechnologischen Erfindungen die allgemeinen Grundsätze.

4.6.2 Hinterlegung

23   Hinsichtlich der Offenbarung des Mikroorganismus und seiner Wiederholbarkeit gelten die allgemeinen Grundsätze mit folgender Besonderheit: Grundsätzlich muss bei mikroorganismusbezogenen Erfindungen die technische Lehre durch Wort und Bild so deutlich beschrieben werden, dass ein Fachmann sie ausführen kann. Kann der Gegenstand der Erfindung jedoch weder durch unmittelbar wahrnehmbare Merkmale noch durch eindeutig feststellbare und unterscheidbare Parameter seiner Eigenschaften noch durch den Herstellungsweg (product-by-process) eindeutig beschrieben werden, so reicht für die Erlangung von Sachschutz die Hinterlegung einer Probe dieses Mikroorganismus aus. Vektoren, wie zum Beispiel Plasmide, müssen nicht hinterlegt werden, wenn entweder ein wiederholbares Herstellungsverfahren oder eine vollständige Sequenz angegeben wird. Es genügt auch für die Zwecke der Erlangung eines GebrM, wenn der Erfinder nach Maßgabe des Budapester Vertrages über die internationale Anerkennung über die Hinterlegung von Mikroorganismen für die Zwecke von Patentverfahren vom 28. April 1977 (in Kraft für die Bundesrepublik Deutschland seit 20. Januar 1991, Bekanntmachung vom 11. Dezember 1980, BGBl II, 1531) einen vermehrungsfähigen Mikroorganismus hinterlegt und dieser infolge einer Freigabeerklärung durch den Anmelder für die Fachwelt zugänglich geworden ist (vgl. BGH GRUR 1987, 231 – Tollwutvirus; DPA Prüfungsrichtlinien, PMZ 1995, 280 ff). Nach dem 2. PatÄndG soll dem Bundesministerium der Justiz bzw. dem Präsidenten des DPMA die Möglichkeit eingeräumt werden, die Voraussetzungen, unter denen die Hinterlegung von biologischem Material, der Zugang zu diesem, die Beschränkung des Zugangs und die erneute Hinterlegung zum Zwecke der Offenbarung möglich sind, zu regeln (2. PatÄndG, Art. 3 zu Nr. 2, Abs. 8). Eine Codifizierung der vom BGH und BPatG entwickelten Regeln für das Beschreibungssurrogat der Hinterlegung bei Erzeugnisansprüchen wie auch bei (nur für das PatG relevanten) Verfahrensansprüchen findet sich in der EU Biotechnologie-Richtlinie (Art. 13, 14; vgl. auch die Kommentierung bei *Schulte,* § 2 PatG, Rdnr. 53 ff).

5. Verfahren (§ 2 Nr. 3)

Zur Abgrenzung von Erzeugniserfindungen vgl. § 1 Anm. 7.1. **24**

Aus den in Anm. 2 dargelegten Gründen sind Verfahren vom **25** Gebrauchsmusterschutz ausgeschlossen. Die Vereinbarkeit dieser Regelung mit Art. 27 Abs. 1 TRIPS, wonach sich die Mitgliedsstaaten verpflichtet haben, Patente auf **alle** Erfindungen zu erteilen, die neu, gewerblich anwendbar und erfinderisch sind, erscheint fraglich. Nach wohl überwiegender Auffassung ist das TRIPS-Abkommen jedoch kein unmittelbar geltendes Recht dergestalt, dass sich die Parteien eines Rechtsstreits auf dieses Abkommen als unmittelbar geltende Rechtsnorm berufen könnten (vgl. hierzu *Schäfers*, GRUR Int. 1996, 763, 774). Jedoch zeitigt das Abkommen bereits Auswirkungen in der Rechtsprechung (vgl. lediglich BGH GRUR 1996, 190, 192 – Polyferon). Als Ausnahmevorschrift ist § 2 Nr. 3 überdies eng auszulegen. Der Ausschluss des Verfahrensschutzes im GebrMG bedeutet im Übrigen nicht, dass der GebrM-Inhaber in jedem Fall auf Verfahrensschutz verzichten muss. Denn er wird sich gegebenenfalls auf den sog. **mittelbaren Verfahrensschutz** berufen können (vgl. *Bühring*, § 2, Rdnr. 21; *Beier/Ohly*, GRUR Int. 1996, 973). Hierbei muss zwischen den verschiedenen Verfahren und Verwendungen unterschieden werden.

5.1 Herstellungsverfahren sind dadurch gekennzeichnet, dass **26** aus einem bestimmten Ausgangsstoff mit Hilfe von definierten Verfahrensschritten ein vom Ausgangsprodukt abweichendes, nicht notwendigerweise neues Endprodukt entsteht; dies gilt auch für chemische Analogieverfahren. In gebrauchsmusterrechtlicher Hinsicht ist aber erforderlich, den Schutz auf das Verfahrenserzeugnis auszurichten (bei dem die materiellen Schutzvoraussetzungen vorliegen müssen). Führt das Herstellungsverfahren wiederholbar immer wieder zu dem identischen Erzeugnis, kann der Schutzrechtsinhaber über ein Erzeugnisgebrauchsmuster auch mittelbar das Verfahren schützen. Der Schutz versagt, wenn die Erfindung darin besteht, das Verfahren als solches zu verbessern, also ohne dass das Erzeugnis eine Änderung erfährt (*Tronser*, GRUR 1991, 10, 13).

5.2 Arbeitsverfahren beziehen sich auf eine technische Betäti- **27** gung, durch die Arbeitsschritte vollzogen werden, die nicht auf die Schaffung eines Erzeugnisses gerichtet sind. Sie können im Einzelfall mittelbaren Schutz genießen, wenn für das betreffende Arbeitsmittel ein Gebrauchsmuster eingetragen wird. Regelmäßig sind Arbeitsverfahren jedoch nicht dazu bestimmt, unmittelbar ein Erzeugnis hervorzubringen (vgl. BPatG Mitt. 1976, 239) oder ein bereits bestehendes Erzeugnis zu verändern (vgl. EPA GRUR Int. 1988, 941, 942). In aller Regel wird derartigen Arbeitsverfahren, zum Beispiel Untersuchungsverfahren, Verfahren des Messens, Zählens, Reinigens etc., ein mittelbarer Schutz nicht zukommen können.

28 **5.3 Verwendungserfindungen** betreffen nicht die Herstellung eines – neuen oder bekannten – Erzeugnisses oder Verfahrens, sondern ihre Anwendung für einen bestimmten Verwendungszweck. Ist das Erzeugnis als solches bekannt, so kann dennoch die Anwendung einen Patentschutz begründen, wenn diese neu und erfinderisch ist (vgl. lediglich BGH GRUR 1990, 508, 510 – Spreizdübel). Nach der derzeitigen Rechtspraxis ist ein entsprechender Gebrauchsmusterschutz nicht möglich. Denn Verwendungserfindungen zählen nach der (patentrechtlichen) Rechtsprechung zur Kategorie der Verfahrenserfindungen, weil der Verwendungsanspruch auf den zweckgerichteten Einsatz einer Sache zu der geschützten Verwendung gerichtet sowie als abstrakter Handlungserfolg anzusehen sei (BGH GRUR 1990, 508, 510 – Spreizdübel). Folglich wird überwiegend die Auffassung vertreten, dass ein mittelbarer Schutz nicht in Betracht kommt, weil der Gegenstand der Erfindung nicht auf einem Verfahrensvorgang beruht, vielmehr seine Grundlage in der Erkenntnis einer ganz anderen Verwendungsfähigkeit eines bekannten Erzeugnisses oder Arbeitsmittels hat (vgl. *Bühring,* § 2, Rdnr. 30).

29 Mittelbarer Schutz kann jedoch entstehen, wenn noch eine entsprechende Maßnahme der Anpassung der bekannten an die neue Brauchbarkeit (Funktion) hinzu kommt, sog. „Anpassungserfindung" oder „Funktionserfindung" (vgl. *Bühring,* aaO, Rdnr. 31). Dabei kommt es nicht auf das Ausmaß der „Anpassung" für die GebrM-Fähigkeit an (vgl. z. B. BGH GRUR 1956, 77, 79 – Rödeldraht).

30 **Kritik:** Dem Ausschluss der Verwendungserfindungen vom Gebrauchsmusterschutz fehlt eine innere Rechtfertigung. Denn Verwendungserfindungen lassen sich auch unschwer als auf einen eingeschränkten Sachschutz gerichtet verstehen. Es kann beispielsweise keinen Unterschied machen, ob Arzneimittelansprüche als Verwendungsansprüche oder aber als zweckgebundene Sachansprüche definiert werden. Diese unterschiedlichen Definitionen bewirken jedenfalls keine wesentlichen Unterschiede im Schutzgegenstand (vgl. lediglich BGH GRUR 1982, 548, 549 – Sitosterylglykoside). Es besteht kein sachlich gerechtfertigter Grund, einer Verwendungserfindung den Gebrauchsmusterschutz in Form eines **Mittelanspruchs** zu versagen, jedenfalls dann, wenn der Schutzgegenstand des Mittelanspruchs in gleicher Weise wie der Schutzgegenstand des Verwendungsanspruchs definiert wird (vgl. hierzu eingehend § 1, Anm. 7.1.4; 7.1.5). Dementsprechend kann auch nicht der Auffassung des BPatG gefolgt werden, wonach ein Unteranspruch auf Verwendung des in übergeordneten Schutzansprüchen beanspruchten Erzeugnisses rechtsunwirksam sei (vgl. BPatGE 11, 96).

Verwendungsangaben in Erzeugnisgebrauchsmustern, die 31 auf den Schutz einer Sache gerichtet sind, aber Angaben über deren Verwendung beinhalten (vgl. BGH GRUR 1981, 259, 260 – Heuwerbungsmaschine II; BGH GRUR 1987, 794, 795 – Antivirusmittel), fallen ungeachtet der oben erwähnten Problematik nicht unter den Ausschluss des § 2 Nr. 3. Hier kann der Schutz im Einzelfall auf die Anwendung der Sache für den angegebenen Verwendungszweck beschränkt sein. Insbesondere werden von dem Ausschlusstatbestand des § 2 Nr. 3 nicht Ansprüche erfasst, die eine Zweckangabe für den Fachmann im Sinne einer mittelbaren Umschreibung der räumlich körperlichen Merkmale der beanspruchten Sache beinhalten (z. B. „Kokille zum Stranggießen von Stahlband ...", wobei sich aus dem Begriff „Stahlband" das rechteckförmige Profil der aus der Kokille austretenden dünnen Bramme erschließt; vgl. auch BGH GRUR 1981, 259, 260 – Heuwerbungsmaschine II). Im Einzelfall kann die Abgrenzung zu Verwendungserfindungen mit der Folge der Einordnung als Verfahrenserfindung (siehe oben) schwierig und von der eher zufälligen Wahl der Formulierung der Ansprüche und der Beschreibung abhängig sein.

5.4 Die **Bestimmung** der **Gebrauchsmusterkategorie** obliegt 32 dem Anmelder. Er wird zweckmäßigerweise gerade beim GebrM auf ein Erzeugnisgebrauchsmuster hinwirken. Maßgebend ist der nach objektiven Kriterien zu bestimmende Anmeldungsgegenstand und die hierauf angepasste Offenbarung der Erfindung in den Anmeldungsunterlagen. Strebt der Anmelder einen mittelbaren Verfahrensschutz an, muss sich in den Ansprüchen und der Beschreibung eindeutig entnehmen lassen, dass das Schutzbegehren nur auf das betreffende Erzeugnis gerichtet ist. Enthält ein Anspruch Zweck-, Wirkungs- oder Funktionsangaben, so sollen mit ihnen in der Regel nur ein besseres Verständnis der Erfindung vermittelt bzw. die räumlich körperlichen Merkmale des Erzeugnisses näher umschrieben werden (vgl. lediglich BGH GRUR 1991, 436, 441/442 – Befestigungsvorrichtung II). Gerade bei derartigen zusätzlichen Angaben ist aber der Anschein zu vermeiden, dass für ein Verfahren oder ein Verfahrensmerkmal Schutz begehrt wird. Angaben wie „einführbar, auseinandergedrückt, aufliegt, geschaltet, steuerbar, bewegbar, gekoppelt, gesteuert, ortsfest angebracht, einrastbar, zugeordnet" oder dergleichen (vgl. hierzu *Bühring,* § 2, Rdnr. 39) beinhalten gerade nicht derartige räumlich konstruktive Angaben.

33 Zum **Product-by-Process-Anspruch** vgl. § 1, Anm. 7.16:

34 Aufgrund des Ausschlusses von Verfahrenserfindungen ist beim GebrM ein **Wechsel der Gebrauchsmusterkategorie,** wie er im Patentrecht unter bestimmten Voraussetzungen für zulässig erachtet wird (vgl. BGH GRUR 1988, 287 – Abschlussblende; GRUR 1990, 508 – Spreizdübel) praktisch kaum denkbar. Bei einem offensichtlich irrtümlichen Vergreifen in der Bezeichnung des Gegenstandes der Erfindung kann gegebenenfalls eine Umdeutung in eine (zulässige) GebrM-Kategorie ausnahmsweise in Betracht kommen.

§ 3 [Neuheit; gewerbliche Anwendbarkeit]

(1) **Der Gegenstand eines Gebrauchsmusters gilt als neu, wenn er nicht zum Stand der Technik gehört. Der Stand der Technik umfaßt alle Kenntnisse, die vor dem für den Zeitraum der Anmeldung maßgeblichen Tag durch schriftliche Beschreibung oder durch eine im Geltungsbereich dieses Gesetzes erfolgte Benutzung der Öffentlichkeit zugänglich gemacht worden sind. Eine innerhalb von sechs Monaten vor dem für den Zeitrang der Anmeldung maßgeblichen Tag erfolgte Beschreibung oder Benutzung bleibt außer Betracht, wenn sie auf der Ausarbeitung des Anmelders oder seines Rechtsvorgängers beruht.**

(2) **Der Gegenstand eines Gebrauchsmusters gilt als gewerblich anwendbar, wenn er auf irgendeinem gewerblichen Gebiet einschließlich der Landwirtschaft hergestellt oder benutzt werden kann.**

Übersicht

	Rdn.
1. Allgemeines/Zweck der Vorschrift	1–11
2. Stand der Technik	12
2.1 Begriff	13, 14

Neuheit; gewerbliche Anwendbarkeit § 3

	Rdn.
2.2 Verhältnis der Neuheit zum erfinderischen Schritt	15–17
2.3 Maßgeblicher Zeitpunkt	18–19
2.4 Zugänglichmachung	20
2.4.1 Begriff der Öffentlichkeit	21
2.4.2 Begriff des Zugänglichmachens	22–28
2.4.3 Die einzelnen Entgegenhaltungen	
2.4.3.1 Schriftliche Beschreibungen	29–31
2.4.3.2 Mündliche Beschreibungen und Beschreibungen in sonstiger Weise	32, 33
2.4.3.3 „Offenkundige" Vorbenutzungen	34–40
2.4.4 Geheimhaltungsverpflichtung	41–57
2.4.5 Darlegungs- und Beweisfragen	58, 59
2.5 Kein fiktiver Stand der Technik	60
3. Neuheit	
3.1 Neuheitsbegriff/Einzelvergleich	61–67
3.2 Offenbarungsgehalt	68–73
3.3 Nacharbeitbarkeit	74
4. Die beanspruchte Lehre	
4.1 Allgemeines	75, 76
4.2 Erfindungskategorien (Beispiele)	77–80
4.3 Auswahlerfindungen	81, 82
5. Neuheitsschonfrist	83–89
6. Ausstellungsschutz	90, 91
7. Gewerbliche Anwendbarkeit	92–95

Literatur (Auswahl): *Bühring,* Der patentrechtliche Neuheitsbegriff im Wandel der jüngeren Rechtsprechung, GRUR 1984, 246; *Bossung,* „Das der Öffentlichkeit zugänglich Gemachte" als Stand der Technik, GRUR Int. 1990, 960; *Günzel,* Die Vorbenutzung als Stand der Technik im Sinne des Europäischen Patentübereinkommens, Amtspraxis und Rechtsprechung der Beschwerdekammern, FS für *Nirk,* 1992, 441; *Lederer,* Die offenkundige Vorbenutzung nach neuem Recht, FS für *Vieregge* 1995, 547; *Loth,* Neuheitsbegriff und Neuheitsschonfrist im Patentrecht, 1988; *Rogge,* Gedanken zum Neuheitsbegriff nach geltendem Patentrecht, GRUR 1996, 931; *Singer,* Der Neuheitsbegriff in der Rechtsprechung der Beschwerdekammern des Europäischen Patentamts, GRUR 1985, 789; *Vossius,* Der Beurteilungsmaßstab für die Neuheit einer Erfindung nach deutschem und europäischen Patentrecht, FS für *Nirk,* 1992, 1033; *Gramm,* Der Stand der Technik und das Fachwissen, GRUR 1998, 240; *Reimann,* Einige Überlegungen zur Offenkundigkeit im Rahmen des § 17 ff UWG und des § 3 PatG, GRUR 1998,

298; *Maiwald,* Rechtsprechung zur Neuheit im EPA und in Deutschland, Mitt. 1997, 272.

1. Allgemeines/Zweck der Vorschrift

1   Die geltende Bestimmung des § 3 ist durch das Gesetz zur Änderung des Gebrauchsmustergesetzes vom 15. August 1986 (PMZ 1986, 310) eingefügt worden und gilt für alle seit dem 1. Januar 1987 eingereichten Anmeldungen (Art. 4 Nr. 1 ÄndG). Dieses Gesetz bewirkte keine inhaltliche Angleichung an die neuheitsrechtliche Legaldefinition des § 3 PatG; insoweit fand lediglich eine Anpassung an den durch das IntPatÜG eingeführten Sprachgebrauch statt.

2   Auch in dieser Vorschrift kommt – wie in § 3 PatG – der Grundgedanke zum Ausdruck, dass das Gebrauchsmuster dazu dient, dem Erfinder den ihm gebührenden **Lohn** für seine **Erfindung** zukommen zu lassen, wenn er – im Gegenzug – seine Erfindung im Interesse des technischen Fortschritts der Allgemeinheit zur Verfügung stellt. Auch das Gebrauchsmuster schützt den Berechtigten vor dem Nachbau von aufgrund seiner Lehre hergestellten Produkten und gewährt ihm insoweit einen **weitergehenden Schutz,** als er ihn mit einer **bloßen Geheimhaltung** seiner Lehre erreichen könnte. Eine solche Privilegierung ist jedoch nur dann gerechtfertigt, wenn er der Allgemeinheit mit der beanspruchten Lehre bisher nicht Vorhandenes zur Verfügung stellt, die Allgemeinheit also mit etwas bereichert, was bislang noch nicht Allgemeingut geworden ist (BGH GRUR 1997, 892, 894 – Leiterplattennutzen).

3   Der im Vergleich zum Patentgesetz **eingeschränkte Neuheitsbegriff** stellt einen rechtlichen und wirtschaftlichen **Vorzug** gegenüber dem **Patentrecht** dar, was rechtspolitisch letzten Endes nur mit der im Vergleich zum Patent kürzeren Laufzeit des Gebrauchsmusters erklärt werden kann. Die **Unterschiede** zum Neuheitsbegriff des § 3 PatG sind wie folgt zusammengefasst:

4   – nur schriftliche Beschreibungen gehören zum Stand der Technik
5   – ebenso nur inländische Benutzungshandlungen
6   – keine Vorbenutzung „in sonstiger Weise"
7   – kein fiktiver Stand der Technik in Form nachveröffentlichter älterer Anmeldungen
8   – keine Schutzmöglichkeit für vorbekannte Erzeugnisse, Stoffe und Vorrichtungen
9   – echte „Neuheitsschonfrist", d. h. keine Ausgestaltung als bloßer Missbrauchstatbestand

– weiterhin Ausstellungsschutz nach dem Ausstellungsgesetz aus 10
dem Jahre 1904.

Ferner wurde durch das Gebrauchsmusteränderungsgesetz die 11
Schutzvoraussetzung der „gewerblichen Anwendbarkeit" eingeführt.
Die die Legaldefinition enthaltene Neuregelung in § 3 Abs. 2 entspricht der Regelung in § 5 Abs. 2 PatG.

2. Stand der Technik

Während §§ 1 Abs. 2, 2 die absoluten Eintragungsvoraussetzun- 12
gen bzw. Schutzausschließungsgründe regeln und damit die Gebrauchsmusterfähigkeit zum Inhalt haben, betrifft § 3 die fehlende
Schutzfähigkeit und damit relative Schutzvoraussetzungen, zu denen
auch das Erfordernis des erfinderischen Schritts gehört. Ein Gebrauchsmusterschutz tritt erst dann ein, wenn auch die relativen
Schutzvoraussetzungen gegeben sind. Erst dann ist das Registerrecht
auch materiell beständiges Recht (vgl. § 15 Abs. 1 Nr. 1). Das
Vorliegen der Schutzvoraussetzungen der Neuheit, des erfinderischen Schritts sowie der gewerblichen Anwendbarkeit wird nicht
im Eintragungsverfahren überprüft (vgl. § 8 Abs. 1 Satz 2). Diese
Voraussetzungen sind erst im Löschungsverfahren (§ 15 Abs. 1
Nr. 1) und/oder im Verletzungsprozess von Bedeutung (§§ 13
Abs. 1, 19).

2.1 Begriff

Eine Erfindung ist gebrauchsmusterrechtlich neu, wenn sie nicht 13
zum Stand der Technik gehört. Die **Legaldefinition** des **Standes
der Technik** weist diesem Kenntnisse zu, die der Öffentlichkeit
durch eine vor dem für den Zeitrang der Anmeldung maßgeblichen
Tag durch eine schriftliche Beschreibung oder eine im Geltungsbereich des Gesetzes erfolgte Benutzung zugänglich gemacht wurden. Entgegen § 3 Abs. 1 PatG sind danach nur schriftliche Vorbenutzungen (weltweit) und Vorbenutzungen im Inland neuheitsschädlich. Mündliche Beschreibungen der beanspruchten Lehre
schaden der Neuheit ebenso wenig wie Benutzungen im Ausland
(BGH GRUR 1997, 892, 894 – Leiterplattennutzen). § 3 liegt
danach ein **relativer Neuheitsbegriff** zugrunde (anders der sog.
absolute Neuheitsbegriff des § 3 Abs. 1 PatG). Ebenso wie § 3

§ 3   14–17   Neuheit; gewerbliche Anwendbarkeit

Abs. 1 PatG fordert das GebrMG für die Neuheit, dass die betreffende Kenntnis nicht der **Öffentlichkeit zugänglich** gemacht worden ist. Aufgrund dieser übereinstimmenden Wortwahl ist insoweit ein sachlich übereinstimmendes Verständnis mit der Interpretation dieser Voraussetzung gemäß § 3 Abs. 1 PatG geboten (BGH, aaO), so dass diesbezüglich die Rechtspraxis zum PatG ohne Einschränkungen übernommen werden kann.

14   Die Formulierung, wonach der Gegenstand eines Gebrauchsmusters als neu gilt, wenn er nicht zum relevanten Stand der Technik gehört, enthält nach einer Auffassung eine **Fiktion** und nach einer anderen Meinung eine unwiderlegliche Vermutung (ebenso wie die Formulierung in § 3 Abs. 1 Satz 1 PatG). Hieraus folgt, dass ein Gegenbeweis nicht statthaft ist; die Fiktion dessen, was nicht neu ist, ist unwiderleglich (BGH GRUR 1962, 642 – Drahtseilverbindung).

2.2 Verhältnis der Neuheit zum erfinderischen Schritt

15   Die Neuheitsprüfung erfolgt nach der objektiven Sachlage. Der Gebrauchsmusterschutz setzt eine objektive Bereicherung der Technik voraus. Die Erfordernisse der Neuheit und des erfinderischen Schritts sind deshalb komplementäre Voraussetzungen. Sie bewerten sich jeweils nach demselben relevanten Stand der Technik (vgl. Anm. 2.1).

16   § 3 schließt das, was objektiv im Stand der Technik bereits vorhanden ist, vom Gebrauchsmusterschutz aus. Die Voraussetzung des erfinderischen Schritts bezweckt komplementär, dass nicht jeder noch so geringfügige Unterschied zum Stand der Technik zu dem zeitlich befristeten Monopol eines Einzelnen führen soll. Die Prüfung auf **Neuheit** ist deshalb primär ein **reiner Erkenntnisakt**, wohingegen die Prüfung des **erfinderischen Schritts** im Wesentlichen eine **wertende Entscheidung** darstellt.

17   Neuheitsschädlich ist eine Erfindung nach dem Wortlaut des § 3 Abs. 1 nur vorweggenommen, wenn sie zum Stand der Technik **gehört**. Da der „Gegenstand eines Gebrauchsmusters" auf Neuheit zu prüfen ist, folgt aus dem Wortlaut der Vorschrift, dass das zum Stand der Technik gehörende Material, d. h. die jeweilige Entgegenhaltung, jeweils **einzeln** mit dem Gegenstand des Gebrauchsmusters (vgl. hierzu Anm. 4) zu vergleichen ist (vgl. im Einzelnen unten Anm. 3.1 und 3.2). Nur wenn also eine einzige Entgegenhaltung sämtliche Merkmale des Gegenstands des Gebrauchsmusters offenbart (zum Umfang der Offenbarung vgl. weiter unten Anm. 3.2), ist eine neuheitsschädliche Vorwegnahme gegeben. Anders als bei der Schutzvoraussetzung des erfinderischen Schritts findet also bei der Neuheitsprüfung keine mosaiksteinartige Zusammensetzung des Standes der Technik aus zwei oder mehr Entgegenhaltungen statt.

2.3 Maßgeblicher Zeitpunkt

Als neuheitsschädlich gilt nur der Stand der Technik, der **vor** dem für den Zeitrang der Anmeldung maßgeblichen Tag der Öffentlichkeit zugänglich gemacht worden ist. Der Tag ist – wie im PatG – auch im GebrMG die kleinste Zeiteinheit. Eine an diesem Tag eingetretene neuheitsschädliche Tatsache gehört damit nicht zum Stand der Technik. Anmeldungen mit gleichem Zeitrang stehen infolgedessen nicht einander entgegen (vgl. zum Doppelschutz aufgrund einer früheren Patent- oder Gebrauchsmusteranmeldung: §§ 13 Anm. 2.3; 15 Anm. 5.2).

Bei einer **Inanspruchnahme** einer **Priorität** wird der Zeitrang vor denjenigen des Anmeldetages vorverlagert. Welcher Tag insoweit maßgeblich ist, bemisst sich nicht nach § 3, sondern nach den jeweiligen Prioritätsregelungen. Die Priorität kann zum Beispiel in Anspruch genommen werden aufgrund der Regelungen nach Art. 4 PVÜ, dem Ausstellungsgesetz sowie nach § 6. Bei einer Anmeldung nach § 5 – Abzweigung – ist der Tag der früheren Patentanmeldung, gegebenenfalls deren Prioritätstag maßgebend, § 5 Abs. 1 Satz 1 und 2 (vgl. BPatG GRUR 1991, 42, 43). Aus § 13 Abs. 3 folgt, dass eine Priorität nach § 7 Abs. 2 PatG nicht in Betracht kommt. Aus dem Umstand, dass die relativen Schutzvoraussetzungen im Löschungsverfahren und im Verletzungsrechtsstreit zu überprüfen sind (s. Anm. 2), folgt, dass insbesondere das **Verletzungsgericht** auch eine **Prüfungskompetenz** zur Frage der **Wirksamkeit** der Inanspruchnahme der **Priorität** zu **überprüfen** hat (vgl. BGH GRUR 1963, 563, 566 – Aufhängevorrichtung). Bei deren Unwirksamkeit (z. B. weil die frühere und die Nachanmeldung nicht dieselbe Erfindung betreffen) sind Tatsachen im Prioritätsintervall zu berücksichtigen (vgl. EPA G 3/93, GRUR Int. 1995, 336 – Prioritätsintervall). Tatsachen, die zwischen einer älteren und einer jüngeren Priorität liegen, sind zu berücksichtigen, wenn eine mehrfache Priorität in Anspruch genommen und der Gegenstand nur durch die jüngere gedeckt wird. Näheres hierzu bei § 6.

2.4 Zugänglichmachung

20 Relevanter Stand der Technik ist nur dasjenige, was der Öffentlichkeit zugänglich gemacht worden ist.

2.4.1 Begriff der Öffentlichkeit

21 Unter Öffentlichkeit ist ein nicht überschaubarer, unbegrenzter Personenkreis, darunter auch Fachleute, zu verstehen, der die Möglichkeit zur Kenntnisnahme in einer Weise hat, dass ein Fachmann die technische Lehre unter Zuhilfenahme seines Fachwissens ausführen kann (vgl. BPatG GRUR 1994, 107 – Tauchcomputer II). In rechtlicher Hinsicht umfasst die Öffentlichkeit den **(Durchschnitts-)Fachmann** auf dem einschlägigen, nämlich betroffenen Gebiet der Technik (vgl. BGH GRUR 1995, 330, 331 – Elektrische Steckverbindung; BPatG GRUR 1994, 107 – Tauchcomputer II). Trotz seiner Nichterwähnung im GebrMG – wie im PatG – fokussiert sich der Begriff der Öffentlichkeit in qualitativer Hinsicht auf denjenigen des Fachmanns. Denn über das rein quantitative Moment hinaus wohnt dem Begriff der öffentlichen Zugänglichkeit auch ein qualitativer Aspekt inne, der auf den Informationsinhalt, d. h. die „Offenbarung" der im Stand der Technik vorhandenen Entgegenhaltung abstellt („Kenntnisse"). Erforderlich ist also, dass der Durchschnittsfachmann die objektive Möglichkeit hat, von der neuheitsschädlichen Tatsache in der Weise Kenntnis zu nehmen, dass er das Wesen der Erfindung erkennt und mit seinem Fachwissen die technische Lehre ausführen kann. Denn jede auf Neuheitsschädlichkeit zu prüfende Offenbarung richtet sich an einen bestimmten Empfängerkreis, an seine Kenntnisse und sein Fachverständnis. Für diesen Kreis muss die Offenbarung der technischen Lehre verständlich sein. Andernfalls zählt sie nicht zum relevanten Stand der Technik (vgl. BGH GRUR 1995, 330, 331 – Elektrische Steckverbindung). Gemeint ist immer der (fiktive) Durchschnittsfachmann auf dem maßgeblichen Gebiet.

2.4.2 Begriff des Zugänglichmachens

22 Nach dem Gesetzeswortlaut ist lediglich erforderlich, dass alle Kenntnisse aus dem Stand der Technik der Öffentlichkeit „zugänglich gemacht worden sind". Es wird nicht gefordert, dass diese Kenntnisse der Öffentlichkeit „zugegangen" sind, die objektive Zugänglichkeit im Sinne möglicher Kenntnis reicht aus (BGH GRUR 1997, 892, 894 – Leiterplattennutzen). Auf eine tatsächliche Kenntnisnahme kommt es mithin nicht an. Hieraus erhellt, dass eine technische Lehre z. B. auch dann der Öffentlichkeit zugänglich gemacht worden sein kann, wenn lediglich **eine** Person Kenntnis von dem Inhalt der Entgegenhaltung erlangt hat und wenn eine anhand der Einzelumstände festzustellende Möglichkeit und/oder Wahrscheinlichkeit der Weitergabe dieser Information an Dritte gegeben ist, so dass ein Durchschnittsfachmann die technische Lehre ausführen kann. Umgekehrt folgt hieraus, dass die bloße Existenz der Kenntnisse diese noch nicht zum Stand der Technik macht; erforderlich ist weiterhin, dass die Öffentlichkeit von ihnen Kenntnis nehmen kann. Aus dem Gesetzeswortlaut folgt ferner, dass es auch nicht auf die Person des Kundgebenden, z. b. auf seinen Kundgebungswillen oder seine Geschäftsfähigkeit, ankommt, vielmehr lediglich darauf abzustellen ist, ob eine Vorverlautbarung als Realakt **objektiv** der Öffentlichkeit zugänglich gemacht worden ist. Mithin wird auch die durch den Erfinder selbst erfolgende Vorverlautbarung, d. h. sogenannte **Selbstkollision** nicht von dem Stand der Technik ausgenommen (zur sog. Neuheitsschonfrist s. Anm. 5).

Zur Frage der öffentlichen Zugänglichkeit hat sich eine umfangreiche patentrechtliche, auch für das GebrMG relevante (vgl. Anm. 2.1) Kasuistik in nationaler und europäischer Rechtsprechung gebildet, die zwar von denselben Grundsätzen ausgeht, aber im Einzelfall durchaus zu unterschiedlichen Ergebnissen kommt. So soll nach dem EPA beispielsweise die Zugänglichmachung ausreichend sein, wenn die bloße Möglichkeit besteht, von einer Information Kenntnis zu nehmen, unabhängig davon, auf welche Weise die Erfindung zugänglich gemacht worden ist (EPA G 1/92, ABl. 1993, 277, 279). Hingegen soll nach dem BPatG die Übermittlung an einen Hochschullehrer ohne Geheimhaltungsverpflichtung noch keine öffentliche Zugänglichkeit begründen (BPatGE 34, 145, 147). Auch wenn generalisierende Betrachtungen mit Zurückhaltung anzustellen sind, gebietet der funktionell zu verstehende Neuheitsbegriff (siehe hierzu Anm. 2.2) – auch im Interesse der **Rechtssicherheit** –, lediglich darauf abzustellen, ob eine **tatsächliche Möglichkeit** der Kenntnisnahme der beanspruchten Lehre durch die Öffentlichkeit besteht. Nach Auffassung des BGH soll jedoch eine bloße theoretische Möglichkeit der Kenntniserlangung nicht ausreichen, vielmehr müsse die Weitergabe an beliebige Dritte mit einer „gewissen Wahrscheinlichkeit" erwartet werden können (BGH GRUR 1997, 892, 984 – Leiterplattennutzen). Hieran fehle es,

§ 3 24 Neuheit; gewerbliche Anwendbarkeit

wenn die Information ausschließlich an zur Verschwiegenheit verpflichtete Dritte (vgl. hierzu Anm. 2.4.4) gelange und keine Anhaltspunkte für einen Bruch der Geheimhaltungsvereinbarung bestünden (BGH, aaO). Diese Auffassung begegnet Bedenken, weil das Erfordernis der „gewissen Wahrscheinlichkeit" der Weitergabe der Information nicht dem Wortlaut der Vorschrift, aber auch nicht der Funktion des Neuheitsbegriffs entnommen werden kann. Überdies kommen mit diesem Merkmal weitere subjektive Momente ins Spiel, die insbesondere bei der Beurteilung von Geheimhaltungsvereinbarungen zu einer Rechtsunsicherheit beitragen. Deshalb sollte die bloße Möglichkeit eines unmittelbaren eindeutigen Zugangs zu bestimmten Informationen genügen.

24 Da zwischen der Zugänglichkeit als solcher und der Zugänglichkeit der Information selbst (Erkennen und Verstehen der technischen Lehre) streng zu unterscheiden ist, kann es zu Abgrenzungsschwierigkeiten kommen, ob eine öffentliche Zugänglichkeit vorliegt, wenn die in einem Gegenstand verkörperte technische Lehre **durch bloßen Augenschein nicht zu erkennen** ist (weitere Einzelheiten unter Anm. 2.4.3.3). Nach der hier vertretenen Auffassung gehört die in einem Gegenstand verkörperte technische Lehre jedenfalls dann zum Stand der Technik, wenn der Fachmann **ohne unzumutbaren Aufwand** den Gegenstand, seine Zusammensetzung, seinen Aufbau etc. feststellen und reproduzierbar ausführen kann. Gerade unter Berücksichtigung des Zweckes der Vorschrift, Bekanntes nicht noch einmal monopolisieren zu dürfen, kommt es nicht darauf an, ob der Fachmann Veranlassung hat, nach diesen „verborgenen" Merkmalen zu suchen. Dies muss jedenfalls bei **frei verfügbaren,** insbesondere im Handel befindlichen Gegenständen gelten. Entgegen der hier vertretenen Auffassung fordert der BGH im Übrigen, dass eine „nicht zu fern liegende Möglichkeit" bestand, dass andere Fachkundige eine die technische Lehre enthüllende nähere Untersuchung des Gegenstandes vornehmen (BGH GRUR 1998, 382, 385 – Schere). Aber auch hier können generalisierende Betrachtungen nicht ohne weiteres vorgenommen werden. Deshalb muss es weitgehend der Beurteilung des Einzelfalls vorbehalten bleiben, ob zum Beispiel die Notwendigkeit einer **Schädigung** oder gar **Zerstörung** eines Gegenstandes zur Verneinung der Neuheit führt. Als Grundregel wird man hierbei sicherlich davon ausgehen können, dass diese Möglichkeit bei einfacheren oder billigeren Geräten ohne weiteres besteht, während diese Möglichkeit bei hoch komplextechnologischen Gegenständen eingehenderer Feststellungen bedarf. Generell lässt sich beobachten, dass in der Industrie allgemein gute

Kenntnis über die Produkte und Neuerungen der jeweiligen Wettbewerber herrscht. Deshalb darf das vom BGH gefundene Ergebnis, dass eine Geschmacksmusterhinterlegung jedenfalls das nicht offenbart, was erst durch solche Untersuchungen am hinterlegten Gegenstand erkannt werden kann, bei denen die Gefahr einer Veränderung dieses Gegenstandes besteht, die aber nicht erforderlich sind, um einen ausreichenden ästhetischen Eindruck von dem Gegenstand zu gewinnen (BGH GRUR 1998, 382, 385 – Schere) nicht verallgemeinert werden.

Beispielsfälle

- Spezifische DNA-Sequenz in einer genomischen Genbank ist nicht zugänglich, wenn es erheblicher Nachforschungen zu ihrer Identifizierung bedarf (EPA ABl. 1990, 335, 349 – Alphainterferone/BIOGEN); 25
- ein in einem Mikrochip inkorporiertes Steuerprogramm ist nicht zugänglich, wenn dessen Rekonstruktion durch reverse engineering einen unverhältnismäßigen Aufwand (= mehrere Mannjahre) erfordert (EPA GRUR Int. 1993, 689, 691 ff – Mikrochip/HEIDELBERGER DRUCKMASCHINEN); 26
- Zugänglichkeit ist zu bejahen bei einem als solchem nicht beschriebenen Stoff, der sich beim Nacharbeiten eines beschriebenen Verfahrens ergibt; der Stoff ist implizit offenbart (EPA ABl. 1984, 401 – Spiroverbindungen/CIBA GEIGY; vgl. EPA ABl 1982, 296, 302 – Diastereomere/BAYER; vgl. auch BGH GRUR 1980, 285 – Terephtalsäure). 27

Diese Grundsätze gelten für alle Arten von Erfindungen. Die Tatbestandsvoraussetzung der öffentlichen Zugänglichkeit erstreckt sich nicht nur auf das Offenbarungsmittel sondern auf den Inhalt der Offenbarung. Die durch die Offenbarung vermittelte Information muss so ausgestaltet sein, dass dritte Sachverständige die objektive Möglichkeit haben, die bekannte Information nicht nur zur Kenntnis zu nehmen, sondern sie ihrem Wesen nach zu erkennen und mit Hilfe ihres allgemeinen Fachwissens die darin enthaltene technische Lehre ausführen zu können (Einzelheiten unter Anm. 3.2). 28

2.4.3. Die einzelnen Entgegenhaltungen

2.4.3.1 Schriftliche Beschreibungen, § 3 Abs. 1. Nach § 3 Abs. 1 Satz 2 rechnet eine „Beschreibung" nur dann zum Stand der Technik, wenn zusätzlich die Voraussetzung ihrer schriftlichen Fixierung erfüllt ist (vgl. auch BGH GRUR 1997, 360, 362 – Profil- 29 krümmer). Ein Vergleich mit der Regelung in § 3 Abs. 1 PatG, der auch mündliche Beschreibungen und eine Kundbarmachung „in sonstiger Weise" regelt, lässt den Schluss zu, dass die in § 3 Abs. 1 genannten Offenbarungsmittel in ihrer Aufzählung nicht lediglich beispielhaften Charakter aufweisen. Schriftliche Beschreibungen können jede Art schriftlicher Äußerungen sein. Hierzu zählen beispielsweise Offenlegungsschriften, Auslegeschriften, Patent- oder Gebrauchsmusterschriften, sonstige schriftliche Veröffentlichungen wie z. B. Bücher, Zeitschriften, Magazine, Manuskripte, Werbeunterlagen. Dabei ist es unerheblich, in welcher Sprache diese Offenbarungsmittel gehalten sind. Ohne Bedeutung ist ferner, wo diese Beschreibungen erschienen sind, ob im Inland oder im Ausland.

30   Schriftliche Beschreibungen sind nicht auf Druckschriften und Schriftdokumente begrenzt. Hieraus folgt beispielsweise, dass auch (schriftliche) Rechnungen ein relevantes Kundgebungsmittel darstellen. Dann kann es aber wiederum keinen Unterschied machen, ob zum Beispiel binäre Codes (zunächst) in „Papierform" aufgezeichnet werden oder in ihrem eigentlichen Medium der Computertechnologie implementiert sind. Auch Ton- oder Datenträgeraufzeichnungen müssen unter Berücksichtigung des Gesetzeszwecks als schriftliche Beschreibungen charakterisiert werden (a. A. *Busse/Keukenschrijver*, § 3 Rdnr. 5); dies gilt für Datenträgeraufzeichnungen ohne weiteres, da diese ohne Schwierigkeiten regelmäßig in „schriftlicher" Form ausdruckbar sind; angesichts der heutigen Sprachcomputer-Technologie kann dann aber auch nichts anderes für Tonträgeraufzeichnungen gelten, die heutzutage mittels „Schreibcomputern" ohne weiteres in eine schriftliche Form überführt werden können. Bei diesen Entscheidungen darf jedoch nicht die Grundentscheidung des Gesetzgebers umgangen werden, wonach neben der „Benutzung" nur die „Beschreibung" in schriftlicher Form als relevanter neuheitsschädlicher Offenbarungstatbestand geregelt wird (vgl. hierzu auch BGH GRUR 1997, 360, 362 – Profilkrümmer). Im einzelnen ist hier vieles ungeklärt und streitig. Ein wichtiges Abgrenzungskriterium wird die Art der Fixierung sein (dauerhaft und reproduzierbar). Im Einzelfall können sich erhebliche Abgrenzungsschwierigkeiten ergeben, zum Beispiel wenn die Information sich erst durch das gleichzeitige Zusammenwirken mehrerer Informationsträger (z. B. Vortrag mit schriftlichen Unterlagen, Schaubildern und mündlichen Erläuterungen) ergibt. Hier wird gegebenenfalls danach zu differenzieren sein, ob sich etwa der Kreis der Zuhörer aus einem bedeutenden Teil einer hoch spezialisierten, internationalen wissenschaftlichen Gemeinschaft zusammensetzt, so

dass diese ergänzenden Erläuterungen als in das allgemeine Fachwissen eingegangen angesehen werden können; in diesem Fall würde das nicht explizit Beschriebene von dem Fachmann erfasst, sozusagen als sich zwangsläufig einstellendes Ergebnis. Auf die Art des Informationsträgers (Papier, Film, CD-ROM etc.), die Art der Wiedergabe und Vervielfältigung (fotografisch, mechanisch, chemisch), des Inhalts (Text, Bild, Zeichnung) kommt es ungeachtet der vorerwähnten Besonderheiten prinzipiell nicht an. Ebenso, ob das jeweilige Dokument noch existent ist.

Die Beurteilung der öffentlichen Zugänglichkeit von schriftlichen Beschreibungen hängt von den Einzelfallumständen ab. Veröffentlichte Druckwerke werden mit dem Zeitpunkt ihrer Veröffentlichung relevanter Stand der Technik. Die Einsendung von Manuskripten bei einem Verlag, einer Redaktion usw. wird regelmäßig nicht als Tag des Zugangs dort gelten, weil die Adressaten nicht beliebige Dritte sind (vgl. *Mes,* § 3 PatG, Rdnr. 12). Das Einstellen einer Dissertation in eine öffentliche Bibliothek wird regelmäßig ausreichen (vgl. BPatG GRUR 1989, 189), ebenso die Kundbarmachung in einem Schriftsatz mit Zustellung an den Prozessgegner (vgl. BPatG GRUR 1986, 604, 605). Eine Diplomarbeit, die nur kurze Zeit vor dem Anmeldetag bei einem Hochschulinstitut abgegeben wird, soll nach der Lebenserfahrung nicht vor dem Anmeldetag der Öffentlichkeit zugänglich gemacht worden sein, wenn es Gepflogenheit war, eingereichte Arbeiten erst in späteren Institutsberichten mitzuteilen und Zugang zur Lehrstuhlbibliothek nur auf Antrag zu gewähren (BPatG GRUR 1996, 866, 868 – Viterbi-Algorithmus). Maßgebend für den **Offenbarungsgehalt** ist, was der Durchschnittsfachmann dem Inhalt der schriftlichen Beschreibung unmittelbar entnehmen kann. In dieser ist alles das unmittelbar offenbart, was sie dem Durchschnittsfachmann an Kenntnissen vermittelt, ohne dass er sich nähere Gedanken machen muss. Bei der Ermittlung des Offenbarungsgehaltes einer Druckschrift dürfen deshalb einzelne Aussagen einer Druckschrift nicht aus dem Zusammenhang gerissen werden, in dem sie nach dem Gesamtinhalt der Druckschrift stehen (vgl. BGH GRUR 1979, 148, 149 – Stromversorgungseinrichtung; Einzelheiten unter Anm. 3.2).

2.4.3.2 Mündliche Beschreibung und Beschreibung in sonstiger Weise. Im Gegensatz zu § 3 Abs. 1 Satz 2 PatG umfasst der Stand der Technik im gebrauchsmusterrechtlichen Sinn keine mündlichen „Beschreibungen". Vorträge oder zum Beispiel in Unkenntnis der erfinderischen Qualität erfolgte mündliche Mitteilungen etc. stehen damit der Neuheit des Anmeldungsgegenstandes jedenfalls nicht entgegen, solange der Gegenstand der Erfindung gleichzeitig offenkundig vorbenutzt wurde (vgl. zu einer solchen Fallgestaltung etwa BGH GRUR 1997, 360, 361 – Profilkrümmer). Allerdings soll es nach der Rechtsprechung nicht ausgeschlossen erscheinen, Handlungen als relevant anzusehen, die einer schriftlichen Beschreibung „derart nahe stehen", dass eine Ungleichbehandlung gegenüber einer schriftlichen Beschreibung nicht zu rechtfertigen wäre (BGH GRUR 1997, 360, 362 – Profilkrümmer). Was hiermit letztlich gemeint ist, lässt sich aus dieser Entscheidung nicht entnehmen. Regelmäßig dürfte es sich jedoch hierbei um Fallgestaltungen handeln, die unter Berücksichtigung der technischen Entwicklung auch als „schriftliche Beschreibungen" verstanden werden können (vgl. zu derartigen Fallgestaltungen oben Anm. 2.4.3.1). Allerdings darf hierbei nicht – wie der BGH zutreffend betont – die Grundentscheidung des Gesetzgebers außer acht gelassen werden, die eine Privilegierung des Anmelders bei mündlichen Beschreibungen oder Beschreibungen in „sonstiger Weise" im Vergleich zur patentrechtlichen Regelung bezweckt. Insbesondere in prozessualer Hinsicht stellt diese Regelung für den Anmelder einen erheblichen Vorteil im Vergleich zum Patent dar, zumal es insbesondere nach der Offenbarung brauchbarer Erfindungen nicht selten vorkommt, dass andere Personen behaupten, schon Ähnliches mitgeteilt oder mitgeteilt bekommen zu haben; mühsame und langwierige Beweisaufnahmen im Löschungsverfahren oder im Verletzungsstreit erübrigen sich infolgedessen.

33 Entgegen § 3 Abs. 1 PatG fehlt in § 3 Abs. 1 Satz 2 eine generalklauselartige Formulierung, dass eine Offenbarung gegenüber der Öffentlichkeit „in sonstiger Weise" relevanten neuheitsschädlichen Stand der Technik begründen kann.

34 **2.4.3.3 „Offenkundige" Vorbenutzungen.** Diese Vorverlautbarungsart begründet gemäß § 3 Abs. 1 Satz 2 neuheitsschädlichen Stand der Technik, jedoch nur dann, wenn sie im Geltungsbereich des Gebrauchsmustergesetzes erfolgt ist.

35 Die Rechtsprechung knüpft bei der Auslegung des Merkmals der „Benutzung" an die frühere Praxis an (BGH GRUR 1997, 360, 362 – Profilkrümmer), die durch den Begriff der „offenkundigen Vorbenutzung" geprägt war. Der Begriff der Offenkundigkeit entspricht dabei im wesentlichen dem des „der Öffentlichkeit zugänglich gemachten" nach geltendem Recht, worauf *Busse/Keukenschrijver,* § 3 PatG, Rdnr. 56, zutreffend hinweist. Es kommt deshalb im Wesentlichen auf die **Kundbarmachung** der in einer Benutzungshandlung liegenden Offenbarung an, wobei aber die Gesetzesfassung zu berücksichtigen ist, nach der neben der „Benutzung" nur die „Beschreibung" in schriftlicher Form als relevanter neuheitsschädlicher Offenbarungstatbestand bezeichnet wird. Diese enger gewählte Gesetzesfassung darf nicht dadurch umgangen werden, dass jede öffentlich zugängliche Kundmachung eine rechtlich relevante Benutzung darstellt (BGH, aaO).

Daraus folgt, dass jedenfalls als Benutzung solche Handlungen angesehen werden können, die auch die Voraussetzungen einer Benutzung im Sinne der Verletzungstatbestände der §§ 9 PatG bzw. 11 GebrMG erfüllen oder die eine Vorbenutzung im Sinne des § 12 PatG darstellen (BGH, aaO). Die Kundmachung einer technischen Lehre durch eine Benutzungshandlung ist anzunehmen, wenn die (nach BGH: nicht zu entfernte) Möglichkeit vor dem Anmelde- bzw. Prioritätstag bestand, dass beliebige Dritte und damit auch Fachkundige zuverlässige Kenntnis von der Erfindung erhalten (BGH Mitt. 1996, 160, 164 – Lichtbogen-Plasma-Beschichtungssystem).

Als relevante Benutzungshandlung kann die auch einmalige, vorbehaltlose **Lieferung** einer Vorrichtung anzusehen sein. Die Lieferung eines Gegenstandes an einen einzelnen weiterverarbeitenden Betrieb ohne Geheimhaltungsvorkehrungen begründet jedenfalls dann öffentliche Zugänglichkeit der in ihm verkörperten technischen Lehre, wenn der Gegenstand zur Weiterverarbeitung in dessen für Dritte bestimmter Produktion bestimmt ist (BGH Mitt. 1999, 369, 370 – Anschraubscharnier). Selbst das **Anbieten** eines körperlich noch nicht hergestellten Gegenstandes kann jedenfalls dann relevant sein, wenn das Angebot in eindeutiger Weise alle Einzelheiten enthält, die für die Herstellung durch andere Fachleute notwendig sind. Die Übersendung von **Zeichnungen** an nicht zur Geheimhaltung verpflichtete Empfänger stellt ein weiteres Beispiel für eine Vorbenutzungshandlung dar (vgl. BGH GRUR 1962, 86 – Fischereifahrzeug). Weitere Beispiele für die Vorbenutzung sind: **Ausstellung** auf Messen, Leistungsschauen (vgl. BGH GRUR 1970, 358, 359 – Heißläuferdetektor); **Vorführung** zu Demonstrationszwecken; ungehinderte **Augenscheinseinnahme.** Die offenkundige Vorbenutzung kann auch **mittelbar** erfolgen, wenn nur einzelne Personen von der Benutzung Kenntnis erlangen, sofern die Möglichkeit besteht, dass sie die Kenntnis an Dritte weitergeben (BGH GRUR 1953, 384 – Zwischenstecker I). Deshalb muss die offenkundige Vorbenutzung nicht denknotwendigerweise in der Öffentlichkeit erfolgen (a. A. *Mes,* § 3 PatG, Rdnr. 19), sondern kann auch zum Beispiel durch Gebrauch in einer Privatwohnung eintreten (BGH GRUR 1953, 384 – Zwischenstecker I).

38 Inwieweit **mündliche Verlautbarungen** als „offenkundige Vorbenutzungen" angesehen werden können, sofern sie geeignet sind, das Wesen der Erfindung kundbar zu machen, hat der BGH unentschieden gelassen (BGH GRUR 1997, 360, 362 – Profilkrümmer; ablehnend BPatG PMZ 1996, 467 Ls; zur Rechtslage nach dem alten PatG vgl. *Busse/Keukenschrijver,* § 3 PatG, Rdnr. 52). Eine generalisierende Antwort wird sich kaum finden lassen, da es immer auf die Umstände des Einzelfalles ankommt; aus den unter Anm. 2.4.3.1 dargelegten Gründen dürfte diese Fragestellung aber nicht mehr so virulent wie zum früheren Recht sein.

39 Eine Vorbenutzung ist nur dann **„offenkundig"**, also „der **Öffentlichkeit zugänglich gemacht**", wenn durch sie das Wesen der Erfindung kundbar gemacht wird. Die Beurteilung dieser Frage richtet sich nach den konkreten Umständen des Einzelfalles. Der Durchschnittsfachmann muss zuverlässige, ausreichende Kenntnis vom Gegenstand der Vorbenutzung erhalten können (BGH Mitt. 1996, 160, 164/165 – Lichtbogen-Plasma-Beschichtungssystem). Ein relevanter Faktor kann sein, ob eine die Erfindung verkörpernde Vorrichtung einfach oder kompliziert aufgebaut ist, ob die erfindungswesentlichen Merkmale klar zu erkennen sind und ob der Betrachter Verständnis für das Vorgezeigte aufweist (BGH, aaO). Abhängig von den Einzelfallumständen ist die Voraussetzung, dass der Durchschnittsfachmann zu jeder Zeit in der Lage ist, Einzelheiten der technischen Lehre zu erkennen, z. B. bei einer präsentierten Maschine die erfinderischen Merkmale wahrzunehmen (BGH GRUR 1963, 311, 313 – Stapelpresse). Kann die vorbenutzte technische Lehre durch **bloßen Augenschein** nicht erkannt werden, so ist sie nur dann der Öffentlichkeit zugänglich gemacht, wenn eine (nach der Terminologie des BGH: nicht zu fern liegende) Möglichkeit besteht, dass andere Fachkundige eine die technische Lehre enthüllende nähere Untersuchung des vorbenutzten Gegenstands vornehmen, gegebenenfalls die Sache also auseinandernehmen oder sogar zerstören (vgl. BGH, aaO; BGH GRUR 1966, 484, 486 – Pfennigabsatz; vgl. hierzu ferner Anm. 2.4.2). Ein ausreichendes Zugänglichmachen liegt vor, wenn zum Beispiel interessierte Fachkreise (insbesondere Mitbewerber) Gelegenheit und Anlass haben, ein Erzeugnis auf seine Zusammensetzung und seine Eigenschaften zu untersuchen (vgl. BGH GRUR 1986, 372, 373 – Thrombozyten-Zählung; vgl. auch EPA GRUR

Int. 1996, 244 – Vorbenutzung/PACKARD). Kein Zugänglichmachen wird angenommen werden können, wenn die Erfindung so versteckt gehalten ist, dass niemand auf die Idee kommt, sie in dem benutzten Gegenstand zu vermuten oder auch nicht in der Lage ist, sie dort zu erkennen; vgl. BPatG GRUR 1993, 808, 811 – Abschlussblende II; BGH Mitt. 1996, 160, 164/165 betreffend das Beispiel einer komplexen, nicht ohne weiteres durchschaubaren Lichtbogen-Plasma-Beschichtungsanlage). Nichtoffenkundigkeit wird zum Beispiel auch anzunehmen sein, wenn sich die technische Lehre lediglich in vereinzelten „Ausreißern" verkörpert (vgl. hierzu BPatGE 40, 104, 113). Ebenso kann der Offenkundigkeit entgegenstehen, dass ein Gegenstand nur aus der Ferne betrachtet werden kann.

Neuheitsschädlich sind Vorbenutzungshandlungen nur, wenn sie **im Geltungsbereich des GebrMG** erfolgt sind. Diese vom Patentrecht abweichende Voraussetzung bewahrt den Gebrauchsmusterinhaber vor allen im Ausland erfolgten Benutzungshandlungen mit ihrer häufig schwierigen Beweislage. Durch die Gesetzesformulierung wird ferner deutlich, dass es nicht auf die völker- und staatsrechtliche Zugehörigkeit der jeweiligen Gebiets alleine ankommen kann. Mit *Busse/Keukenschrijver* (§ 3, Rdnr. 6) ist davon auszugehen, dass das Gebiet der DDR vor dem 3. 10. 1990 nicht als „Inland" angesehen werden kann (a. A. BGH GRUR 1969, 38 – Schwenkverschraubung zu dem damals im Gebrauchsmusterrecht wie im Patentgesetz gleichlautenden Inlandsbegriff; das LG Düsseldorf (GRUR Int. 1988, 594, 595) stellt insoweit auf die Ratifizierung des Grundlagenvertrags ab; *Bühring*, § 3, Rdnr. 2, 8, 22, nimmt die DDR nur für die Zeit seit Inkrafttreten des GebrMÄndG 1986 vom Inlandsbegriff aus). Ungeachtet dessen ist nicht der zollrechtliche Begriff maßgebend, d. h. Zollausschlüsse zählen zum Geltungsbereich des GebrMG; Zolleinschlüsse gehören jedoch nicht hierzu. Auch Konsulate und Botschaften etc. gehören zum Geltungsbereich des GebrMG; hier ist aber jeweils in besonderem Maße die Frage der „Offenkundigkeit" zu prüfen.

2.4.4 Geheimhaltungsverpflichtung

Da das Gesetz auf die für die Öffentlichkeit bestehende **Zugänglichkeit** und nicht auf den tatsächlichen Zugang der technischen Lehre vor dem jeweiligen Anmelde- oder Prioritätstag abstellt, bedarf es diesbezüglich einer retrospektiven Prognoseentscheidung, die aufgrund **widerlegbarer Anhaltspunkte** zu treffen ist. Ein wichtiger Anhaltspunkt bei der Beurteilung, ob die Weiterverbreitung der vor dem Anmelde- oder Prioritätstag an Dritte vermittelten Kenntnisse möglich erschien, ist, ob für den betreffenden Mitteilungsempfänger die Pflicht zur Geheimhaltung der erlangten Kenntnis bestand oder wenigstens zu erwarten war, dass er sie geheim halten werde. Hat der Verfügungsberechtigte die Kenntnis vom Gegenstand der Erfindung in einer Weise weitergegeben, die den Empfänger weder zur Geheimhaltung ausdrücklich verpflichtete, noch eine solche erwarten ließ, ist die Information öffentlich zugänglich gemacht worden. Ohne Geheimhaltungspflicht oder -erwartung ist regelmäßig davon auszugehen, dass der Berechtigte durch ein Angebot oder eine Lieferung die Kenntnis von der Erfindung der Öffentlichkeit preisgab und die Möglichkeit eröffnete, dass jeder beliebige Dritte von ihr Kenntnis nehmen konnte (BGH Mitt. 1996, 164/165 – Lichtbogen-Plasma-Beschichtungssystem). Es gelten dieselben Regeln für alle Fälle der Offenbarung der Erfindung. Allerdings stellt sich das Problem öfter bei „offenkundigen Vorbenutzungen" als bei anderen Arten der Vorveröffentlichung.

42   Ergibt sich die Geheimhaltungsverpflichtung aus einer **ausdrücklichen Vereinbarung** und wurde die Geheimhaltungsverpflichtung beachtet, dann ist die Information nicht öffentlich zugänglich gemacht worden. Der **Vertrauensbruch** oder Geheimnisverrat macht die Kenntnis jedoch öffentlich (BGH, aaO). Problematisch sind in der Regel die Fälle der **stillschweigenden Geheimhaltungsvereinbarung** oder die Fälle, in denen sich die Geheimhaltungsverpflichtung nach **Treu und Glauben** aus den Umständen ergibt. Hierzu existiert eine reiche Kasuistik, insbesondere zu den patentrechtlichen Vorschriften, die im Gegensatz zum GebrMG dadurch gekennzeichnet sind, dass eine Regelung über eine angemessene Neuheitsschonfrist fehlt. Soweit diese Kasuistik **erfindereigene Vorverlautbarungen** betrifft, ist aufgrund des Fehlens einer geeigneten Neuheitsschonfristregelung vielfach das unausgesprochene Bestreben erkennbar, den Erfinder oder seinen Rechtsnachfolger vor an sich patentschädlichen Vorverlautbarungen durch Annahme eines nach den Umständen bestehenden Geheimhaltungsinteresses zu schützen. Die diesbezügliche patentrechtliche Praxis kann deshalb infolge des Bestehens einer gebrauchsmusterrechtlichen Neuheitsschonfristregelung nicht unbesehen übernommen werden, zumal auch das im Interesse der Allgemeinheit bestehende Gebot der Rechtssicherheit hinreichend zu beachten ist. Die nachfolgenden Beispiele aus der Rechtspraxis sollten daraufhin überprüft werden.

Nach der Rechtsprechung scheidet öffentliche Zugänglichkeit 43 aus, wenn zwar keine Geheimhaltungsverpflichtung begründet wurde, aber nach der Lebenserfahrung zu erwarten war, dass der nicht zur Geheimhaltung verpflichtete Dritte trotzdem, zum Beispiel wegen eines eigenen geschäftlichen **Geheimhaltungsinteresses,** die Benutzungshandlung tatsächlich geheim halten werde (BGH Mitt. 1996, 160, 164 – Lichtbogen-Plasma-Beschichtungssystem).

Selbst wenn man eine sich aus den Umständen ergebende Ge- 44 heimhaltungsverpflichtung annimmt, bedarf es weitergehender Feststellungen, wie lange eine solche „wirkt". Hier wird man nur der allgemeinen Erfahrung ausgehen können, dass eine solche (stillschweigende oder nach den Umständen bestehende) Vereinbarung zumindest solange eingehalten wird, als ein gemeinsames Interesse der beteiligten Personen an einer Geheimhaltung besteht. Hinsichtlich des Zeitraums wird man gegebenenfalls zwischen der Phase der Zusammenarbeit, der sich unter Umständen daran anschließenden Phase des Nichtbestehens eines gesetzlichen Schutzes oder des Zeitraums der gemeinsamen Weiterentwicklung nach den Einzelfallumständen differenzieren müssen.

Geschäfts- und Betriebsgeheimnisse entsprechend den Re- 45 geln der §§ **17, 18 UWG** begründen schon wegen der damit verbundenen möglichen Strafandrohungen regelmäßig ein ausreichendes Geheimhaltungsinteresse. Häufig wird aber die Prüfung, ob und inwieweit Geschäfts- und Betriebsgeheimnisse bestehen, mit der Prüfung eines nach Treu und Glauben anzunehmenden Geheimhaltungsinteresses zusammenfallen.

Die **Verteilung von Prospekten, technischen Beschreibun-** 46 **gen** etc. an Kunden oder sonstige Dritte wird regelmäßig die öffentliche Zugänglichkeit begründen.

Die **vorbehaltlose Lieferung von Vorrichtungen** an Kunden 47 oder sonstige Dritte eröffnet regelmäßig die Möglichkeit zur ausreichenden Kenntnisnahme durch Fachkundige, so dass ohne Hinzutreten weiterer besonderer Umstände von einer Neuheitsschädlichkeit ausgegangen werden muss (vgl. BPatG GRUR 1998, 659, 660 – Kinematische Umkehrung; vgl. auch BGH GRUR 1997, 892, 894 – Leiterplattennutzen). Die Lieferung von Vorrichtungen im Rahmen von **Auftrags- und Entwicklungsverhältnissen** wird hingegen regelmäßig unter stillschweigender Vereinbarung einer Geheimhaltungsverpflichtung erfolgen. Denn bei gewerblicher Entwicklungs- oder Erprobungstätigkeit besteht ein betriebliches Interesse daran, die dabei entstehenden Kenntnisse nicht nach außen dringen zu lassen; besteht ein solches Interesse, ändert sich hieran grundsätzlich auch nichts, wenn die Herstellung aller oder einzelner Teile auf Dritte übertragen wird (BGH Mitt. 1999, 362, 364 – Herzklappenprothese).

48 Bei **gemeinsamer Entwicklungstätigkeit** mit mehreren Beteiligten ist auch ohne Geheimhaltungsabrede regelmäßig davon auszugehen, dass die Beteiligten ein gemeinsames Interesse an der Geheimhaltung der Neuentwicklung haben; dieser gegenseitige Vertrauensschutz reicht unter Umständen bis zum Beginn der Serienanlieferung, zumindest aber so lange ein vertragliche Absicherung oder ein gesetzlicher Schutz zum Beispiel durch eine Gebrauchsmusteranmeldung noch fehlt (BPatG GRUR 1998, 653, 654 – Regelbarer Schwingungsdämpfer für Kfz). Deshalb fehlt der Lieferung von **wenigen Versuchsmustern** in dieser Phase regelmäßig die Offenkundigkeit (BPatG, aaO). Die Offenkundigkeit soll nach Auffassung des BPatG (aaO) selbst dann fehlen, wenn die belieferte Beteiligte die Entwicklungstätigkeit zu einem späteren Zeitpunkt ausschließlich mit einer anderen Beteiligten fortsetzt, da auch hierdurch die Ergebnisse der ursprünglichen Entwicklungstätigkeit nicht an beliebige Dritte weitergegeben würden, vielmehr der Personenkreis eng begrenzt bleibe und das selbstverständliche Interesse an der Geheimhaltung der Neuentwicklung bei den Beteiligten fortbestehe (sehr weitgehend).

49 Geschäftsbeziehungen mit **Kunden, Lieferanten und Mitarbeitern von Drittfirmen,** denen keine ausdrückliche Vereinbarungen über eine Geheimhaltungsverpflichtung zugrunde liegen, sind in Bezug auf die Neuheitsschädlichkeit kritisch zu bewerten. Es bedarf eindeutiger Feststellungen dahingehend, dass stillschweigende Geheimhaltungsvereinbarungen getroffen wurden oder eine sonstige Fallkonstellation vorliegt, aus der sich die Geheimhaltungsverpflichtung aus den Umständen ergibt (vgl. auch BGH GRUR 1997, 892, 895 – Leiterplattennutzen). Generell gilt, dass von derartigen, die Neuheitsschädlichkeit ausschließenden Umständen nicht ausgegangen werden kann, je mehr Personen mit der technischen Lehre befasst sind. Allein aus der Erlaubnis, dass diese Personen zum Beispiel das Gelände des Berechtigten betreten, lässt sich eine solche stillschweigende Pflicht zur Geheimhaltung nicht ableiten (BGH, aaO). Soweit vorhandene Einrichtungen an die besonderen Bedürfnisse des Unternehmens angepasst sind und darin ein Know-how enthalten ist, an dessen Vertraulichkeit dem Geschäftsinhaber aus der Sicht des mit der Überarbeitung betrauten Unternehmens selbst dann gelegen sein muss, wenn es sich ursprünglich um ein Gerät aus einer laufenden Serie handelt (BGH, aaO), bedarf es aber gesonderter Feststellungen, welche Personen mit diesen Aufgaben betraut waren und ob nur solche Personen Zugang zu der betreffenden Erfindung hatten. Die etwa durch Zeugenaussage bestätigte Einschätzung, dass man selbstverständlich davon ausgegangen sei, dass eine Geheimhaltungsverpflichtung bestanden habe, ist als solche nicht ausreichend, um eine Neuheitsschädlichkeit zu verneinen; insoweit bedarf es weiterer Feststellungen anhand konkreter Umstände.

In Bezug auf **Mitarbeiter** des Erfinders oder seines Rechtsnachfolgers bedarf es ebenfalls besonderer Feststellung, ob und inwieweit diesen in den Arbeitsverträgen oder auf andere Weise generell die Pflicht auferlegt wurde, aufgrund ihrer Betriebszugehörigkeit erlangte Kenntnisse vertraulich zu behandeln. Gegebenenfalls bedarf es der Feststellung einer Geheimhaltungsvereinbarung in Bezug auf die konkrete Erfindung. Hier spricht viel dafür, dass die Mitwirkung an einer Erfindung die Beteiligten regelmäßig zur Geheimhaltung verpflichten wird. Jedoch lässt sich dieser Grundsatz nicht ohne weiteres auf jedes Arbeitsverhältnis übertragen; vielmehr wird eine Abwägung jeweils nach den Umständen des Einzelfalls erforderlich sein (BGH GRUR 1997, 892, 895 – Leiterplattennutzen.

Bei **Besuchergruppen,** die eine Besichtigung des Werksgeländes vornehmen, ist gesondert festzustellen, ob und inwieweit diese Zugang zur Informationsquelle selbst hatten und inwieweit sich eine Zugänglichkeit der Information selbst, d. h. das für ihr Erkennen und Verstehen erforderliche Wissen, hieraus ergab (BGH GRUR 1997, 892, 895/896 – Leiterplattennutzen). Dies ist anhand der Einzelfallumstände zu beurteilen, zum Beispiel danach, ob die Erfindung bloß aus größerer Entfernung betrachtet werden konnte, wie intensiv die Betrachtung vorgenommen werden konnte, ob es sich um eine einfache oder komplexe Erfindung handelte etc.

Bei **Markttests** ist in der Regel davon auszugehen, dass mit der Lieferung der Muster die Kenntnis von der Erfindung der Öffentlichkeit preisgegeben und die Möglichkeit geschaffen worden ist, dass beliebige Dritte von ihr Kenntnis nehmen können.

Bei der **Durchführung von Versuchen,** an denen zum Beispiel der Erfinder und Mitarbeiter eines anderen Unternehmens beteiligt sind, wird zu differenzieren sein: Eine stillschweigend vereinbarte Geheimhaltungsverpflichtung wird regelmäßig dann nicht angenommen werden können, wenn zwischen den Unternehmen weder ein Entwicklungs- noch ein Auftragsverhältnis bestand, aufgrund dessen ein besonderes Interesse an der Geheimhaltung angenommen werden könnte. Die Zusammenarbeit zwischen einem Produzenten und einem potenziellen Anwender des Produkts genügt für sich genommen regelmäßig ebenfalls nicht, eine stillschweigende Geheimhaltungsvereinbarung anzunehmen, zumal es nicht außerhalb jeder Wahrscheinlichkeit liegt, dass ein potenzieller Anwender sogar ein finanzielles oder technisches Interesse daran hat, die Erfindung gegenüber Konkurrenten des Erfinders zu offenbaren.

54 Der Abschluss eines **Joint-Venture-Vertrages** stellt einen Anhaltspunkt für das Bestehen einer Geheimhaltungsverpflichtung auch ohne ausdrückliche Vereinbarung dar.

55 Die **Zurschaustellung** oder **Vorführung** der (hierdurch offenbarten) Erfindung dürfte im Rahmen normaler Kundenbeziehungen, denen keine besondere Beziehung etwa aufgrund eines Auftrags- und Entwicklungsverhältnisses zugrunde liegt, regelmäßig die Möglichkeit schaffen, dass beliebige Dritte von ihr Kenntnis nehmen können. Die Möglichkeit des potenziellen Kunden, die Erfindung mit Mitbewerbern des Erfinders zu besprechen und sich eventuell Alternativangebote einzuholen, ist evident. Erst recht gilt dies bei einer der Öffentlichkeit gegenüber erfolgenden Offenbarung, der keinerlei Sonderbeziehungen zugrunde liegen.

56 **Konstruktionszeichnungen** führen zur öffentlichen Zugänglichkeit der technischen Lehre, wenn sie keinen Geheimhaltungsvermerk beinhalten (BPatG GRUR 1998, 659, 660 – Kinematische Umkehrung). Der Geheimhaltungsvermerk kann auch mittelbar durch Hinweis auf die die Pflicht zur Verschwiegenheit regelnden DIN- bzw. EN-Normen oder etwa auf die Vorschriften der §§ 17, 18 UWG erfolgen. Ob in einem bloßen Copyright-Vermerk ein entsprechender Geheimhaltungswille zum Ausdruck kommt, erscheint hingegen zweifelhaft. Der Austausch von Konstruktionszeichnungen oder sonstigen schriftlichen Darstellungen ohne derartige Geheimhaltungsvermerke dürfte deshalb lediglich in besonderen Fällen wie zum Beispiel denen eines Auftrags- und Entwicklungsverhältnisses nicht gebrauchsmusterschädlich sein.

57 Die **Kundbarmachung** der technischen Lehre auf **Tagungen** etc. wird üblicherweise die öffentliche Zugänglichkeit begründen, da Konferenzteilnehmer in der Regel keinen Geheimhaltungsverpflichtungen unterliegen.

2.4.5 Darlegungs- und Beweisfragen

58 Ungeachtet des im Löschungsverfahren geltenden Amtsermittlungsgrundsatzes (§ 18 Abs. 3 Satz 1 i. V. m. § 87 Abs. 1 Satz 1 PatG) trifft im Löschungs- und im Verletzungsverfahren grundsätz-

lich den Antragsteller bzw. Verletzungsbeklagten die (materielle) Beweislast für das Fehlen der Gebrauchsmusterfähigkeit (*Bühring*, § 3, Rdnr. 21). Da die **Schutzfähigkeit** eines Gebrauchsmusters aufgrund seiner Eintragung zu vermuten ist (vgl. das Regel-Ausnahme-Verhältnis der §§ 11, 13 GebrMG) gehen Zweifel bei der Beurteilung der Schutzunfähigkeit zu Lasten des Darlegungs- und Beweisverpflichteten. Beruft sich der Gebrauchsmusterinhaber im Löschungsverfahren auf die **Vertraulichkeit** von Benutzungshandlungen, so trägt er die Beweislast hierfür. Der Darlegungsverpflichtete hat für die von ihm behaupteten Tatsachen ordnungsgemäß Beweis im Sinne der Vorschriften der ZPO anzutreten; eine eidesstattliche Versicherung genügt regelmäßig nicht (BPatGE 22, 63, 64). Zur Berücksichtigung von Zweifeln an der Schutzfähigkeit eines Gebrauchsmusters in einem einstweiligen Verfügungsverfahren bei der vorzunehmenden Gesamtabwägung im Rahmen des Verfügungsgrundes siehe Anm. 2 zu § 7 und Anm. 11 zu § 24.

Bei der Vorverlautbarungsart der **schriftlichen Beschreibungen** dürften hinsichtlich des Offenbarungsgehaltes, des Zugänglichkeitszeitpunktes und der Zugänglichkeit regelmäßig keine besonderen Schwierigkeiten auftreten. Druckschriften werden nach der Lebenserfahrung in der Regel in unmittelbarem Anschluss an die Herstellung verteilt (BPatG GRUR 1991, 821). Bei Prospekten oder dergleichen ist auch von deren Verteilung an einen unbestimmten Personenkreis auszugehen. Ob die Erfindung durch **Benutzung** der Öffentlichkeit zugänglich gemacht worden ist, bedarf regelmäßig sorgfältiger Prüfung. Nach der Offenbarung brauchbarer Erfindungen wird erfahrungsgemäß nicht selten von anderen Personen behauptet, schon Ähnliches gemacht zu haben (BGH GRUR 1963, 311, 312 – Stapelpresse). Zur **Substantiierung** der Behauptung einer „offenkundigen" Vorbenutzung gehören daher ganz konkrete Angaben über die näheren Umstände, aus denen sich nicht nur im Einzelnen die Vorbenutzung, sondern auch die Offenkundigkeit mit der Möglichkeit der Nachbenutzung durch andere Sachverständige ergibt. Es sind daher bestimmte Angaben in dreierlei Hinsicht erforderlich: Es muss ein bestimmter Gegenstand bezeichnet werden, damit überprüft und festgestellt werden kann, ob und gegebenenfalls inwieweit er den Gegenstand des Gebrauchsmusters vorwegnimmt. Ferner ist die Angabe bestimmter Umstände der Benutzung dieses Gegenstandes erforderlich, damit überprüft und festgestellt werden kann, ob er der Öffentlichkeit zugänglich gemacht worden ist. Schließlich bedarf es einer nachprüfbaren Angabe dazu, wann der Gegenstand in dieser Weise benutzt worden ist, weil nur dann ermittelt werden kann, ob er zum Stand der Technik gehört (vgl. BGH GRUR 1997, 740 – Tabakdose; BPatG Mitt. 1999, 374, 376). Für den Nachweis der „Offenkundigkeit" kommt es hingegen nicht auf die Feststellung an, ob tatsächlich die Allgemeinheit von der Vorbenutzung Kenntnis erlangt oder gar von der vorbenutzten Lehre Gebrauch gemacht hat. Es genügt die Feststellung einer (BGH: nicht zu entfernten) Möglichkeit, dass beliebige Dritte und damit auch andere Sachverständige zuverlässige, ausreichende Kenntnis vom Gegenstand der Vorbenutzung erhalten haben (vgl. BGH GRUR 1963, 311, 312 – Stapelpresse).

2.5 Kein fiktiver Stand der Technik

60 Entgegen § 3 Abs. 2 PatG sind ältere, aber nachveröffentlichte Anmeldungen nicht neuheitsschädlich (vgl. auch *Bühring,* § 3 Rdnr. 10). Führt die ältere Anmeldung zu einem Schutzrecht, kann Identität geltend gemacht werden (§§ 13 Abs. 1, 15 Abs. 1 Nr. 2).

3. Neuheit

3.1 Neuheitsbegriff/Einzelvergleich

61 Eine Offenbarung ist nur dann als Stand der Technik neuheitsschädlich, wenn die beanspruchte Erfindung in einer **einzelnen** Vorveröffentlichung vorweggenommen wird, in der die Erfindung als solche beschrieben wird. Aufgrund der Eintragung des GebrM besteht eine **widerlegliche Vermutung,** dass dieses auch schutzfähig ist. Auf mangelnde Neuheit kann deshalb nur dann erkannt werden, wenn der Gegenstand der jüngeren Erfindung für den Fachmann eindeutig in der Vorverlautbarung offenbart ist. In Zweifelsfällen muss das GebrM also als rechtsbeständig behandelt werden.

62 Neu ist eine Erfindung, wenn die beanspruchte Lehre bereits in **einem** Merkmal von den Merkmalen einer Entgegenhaltung abweicht; es bedarf dann keiner Feststellung aller weiteren Unterschiede (vgl. BGH GRUR 1984, 797 – Zinkenkreisel). Die Beurteilung der Neuheit bemisst sich dabei bei allen Erfindungen nach denselben Grundsätzen; insbesondere gelten auf dem Gebiet der **Chemieerfindungen** keine anderen Beurteilungsgrundsätze als in anderen Bereichen (vgl. BGH GRUR 1988, 447, 449 – Fluoran).

Neuheit; gewerbliche Anwendbarkeit 63, 64 § 3

Zum nationalen und europäischen **Patentrecht** hat sich eine 63
lebhafte Kontroverse dazu gebildet, ob in der Beurteilung eines
Standes der Technik ein „**enger**" oder „**weiter**" Neuheitsbegriff
zugrunde zu legen ist. Der sogenannte enge Neuheitsbegriff erfasst
nur das ausdrücklich Vorbeschriebene als neuheitsschädlich, während
der weite Neuheitsbegriff den gesamten Äquivalenzbereich
einer Vorverlautbarung bei der Neuheitsprüfung mit berücksichtigt.
Zwischen diesen Positionen sind vermittelnde Auffassungen angesiedelt,
die entweder nur sog. glatte Äquivalente in die Prüfung
einbeziehen oder dasjenige mit erfassen, was sich dem Fachmann
mühelos aus einer Entgegenhaltung erschließt (vgl. die Nachweise
bei *Busse/Keukenschrijver,* § 3 PatG, Rdnr. 98, 99). Dabei ist die
Praxis des EPA in der Beurteilung eines Standes der Technik als
neuheitsschädlich im Vergleich zum deutschen Rechtsverständnis
wesentlich zurückhaltender. Das EPA folgt grundsätzlich dem „engen"
Neuheitsbegriff (auch als sog. fotografischer Neuheitsbegriff
bezeichnet). Nur das, was identisch vorbeschrieben ist, soll neuheitsschädlich
sein (vgl. EPA Abl. 1984, 401 – Spiroverbindungen/CIBA-Geigy;
vgl. *Busse/Keukenschrijver,* aaO, Rdnr. 102 m. w. N.).
Handelt es sich bei der Offenbarung zum Beispiel um eine Patentschrift,
lehnt der BGH die Einbeziehung des gesamten Schutzbereichs
des älteren Schutzrechts als neuheitsschädlich ab; für den
Fachmann soll alles als offenbart und damit als neuheitsschädlich
vorweggenommen anzusehen sein, was für ihn als selbstverständlich
oder nahezu unerlässlich zu ergänzen ist oder was er bei deren
aufmerksamer Lektüre ohne weiteres erkennt und in Gedanken
gleich mitliest (vgl. BGH GRUR 1995, 330, 332 – Elektrische
Steckverbindung). Die Auslegungsgrundsätze zu § 3 Abs. 1 Satz 2
PatG sind wesentlich durch das Ziel der Vermeidung von Doppelpatentierungen geprägt.

Für das **GebrMG** hat sich bislang noch keine höchstrichterliche 64
Rechtsprechung sowie herrschende Literaturmeinung dazu gebildet,
inwieweit die Auslegungsgrundsätze zum PatG zu übernehmen sind.
Aus der Zulassung der zum PatG begründeten sogenannten „Formstein"-Einrede
auch im Gebrauchsmusterverletzungsverfahren, bei
der eine Prüfung erfolgt, ob der Fachmann die das Schutzrecht
(lediglich) mit Abwandlungen verwirklichende angegriffene Ausführungsform
ohne erfinderische Tätigkeit dem Stand der Technik
entnehmen kann (vgl. BGH GRUR 1997, 454, 457 – Kabeldurchführung;
GRUR 1986, 803 – Formstein), lässt sich diese Frage nicht
beantworten. Eine Übernahme der patentrechtlichen Grundsätze ist
jedoch trotz des im GebrMG weniger „brisanten" Themas der Ver-

meidung eines Doppelschutzes angesichts des normativen Charakters des Neuheitsbegriffes geboten.

65 Da sich die jeweilige Entgegenhaltung insbesondere an den Fachmann wendet, kann der Offenbarungsgehalt einer einzigen Entgegenhaltung durchaus Erkenntnisse umfassen, die über die Entgegenhaltung selbst hinausgehen. In einer Entgegenhaltung ist alles das offenbart und damit neuheitsschädlich vorweggenommen, was für den Fachmann als selbstverständlich oder nahezu unerlässlich zu ergänzen ist oder was er bei deren aufmerksamer Lektüre ohne weiteres erkennt und in Gedanken gleich **mitliest** (vgl. BGH GRUR 1995, 330, 332 – Elektrische Steckverbindung). Zum Offenbarungsgehalt einer Vorverlautbarung gehört mithin **nicht**, was sich erst aufgrund von **Äquivalenzüberlegungen** ergibt, zumal andernfalls der der Schutzvoraussetzung des erfinderischen Schritts vom Gesetzgeber zugedachte Anwendungsbereich zu gering wäre. Die Grenzen zwischen dem, was der Fachmann aus einer Vorverlautbarung noch mitliest und dem, was des Einsatzes äquivalenter Überlegungen bedarf, sind jedoch nicht starr sondern fließend, so dass eine flexible Beurteilung notwendig ist. Mit *Rogge* (GRUR 1996, 931, 936) wird deshalb die Auffassung vertreten, dass sich der Umfang der neuheitsschädlichen Offenbarung in den Äquivalenzbereich hinein erstreckt, ohne diesen voll zu erfassen. Diese Auffassung dürfte etwas weiter als die vom BPatG vertretene Meinung sein, nach der sich der Offenbarungsgehalt auch auf die sog. **„fachnotorisch austauschbaren"** Mittel erstreckt (vgl. BPatGE 30, 6; BPatGE 35, 172, 176).

66 Besonderer Sorgfalt bedarf es bei der Entscheidung, ob sog. **allgemeines Fachwissen** (uneingeschränkt) bei der Neuheitsprüfung mit zu berücksichtigen ist. Denn das allgemeine Fachwissen ergibt sich erst aus einer Zusammenschau des Standes der Technik; eine mosaikartige Betrachtung dieses Standes der Technik ist jedoch bei der Neuheitsprüfung nicht zulässig. Zum allgemeinen Fachwissen gehört all das, was dem Fachmann im Anmeldezeitpunkt an Fachkenntnissen und Fertigkeiten bereits zur Verfügung stand. Das allgemeine Fachwissen als solches sollte deshalb nicht bei der Beurteilung des Standes der Technik sondern erst dann herangezogen werden, wenn dieser vollständig ermittelt ist und es darauf ankommt zu bewerten, was diese Kenntnisse offenbaren und ob die beanspruchte technische Lehre gegenüber diesem Offenbarungsgehalt neu ist. Danach darf also das allgemeine Fachwissen zum Verständnis des offenbarten Inhalts der einzelnen Entgegenhaltung herangezogen werden. Dementsprechend ist auch in einer Entscheidung des BGH

Neuheit; gewerbliche Anwendbarkeit 67 § 3

zum alten PatG festgehalten worden, dass das Fehlen von Angaben über die Herstellung eines kristallinen Cholinsalicylats in einer Entgegenhaltung die Neuheit der Lehre des Streitpatents nicht begründen könne, da in der Entgegenhaltung die Erfindung in einem Maße beschrieben worden sei, dass der mit dem allgemeinen Fachwissen zur Zeit der Anmeldung ausgestattete Fachmann aus ihr allein ohne eigenes Zutun, d. h. ohne weiteres und ohne Nachdenken die Lehre des Streitpatents habe entnehmen können (vgl. BGH GRUR 1974, 332, 334 – Cholinsalicylat). Besonderer Aufmerksamkeit bedarf die Abgrenzung insbesondere in Fällen, in denen sich die Entgegenhaltung auf die Darstellung eines **Konstruktionsprinzips** beschränkt, das der Fachmann aufgrund seines Fachkönnens zur Erreichung des erstrebten Erfolges praktisch verwirklichen kann. Die Heranziehung des auch im GebrMG geltenden einheitlichen Offenbarungsbegriffs, der bei der Ausführbarkeit einer technischen Lehre nicht verlangt, dass das zu wiederholen ist, was dem Fachmann geläufig und mithin ihm zuzurechnen ist (vgl. hierzu BGH GRUR 1984, 272, 273 – Isolierglasscheibenrandfugenfüllvorrichtung; zur dennoch unterschiedlichen Funktion der Offenbarung bei der Prüfung der Neuheit und der Ausführbarkeit, vgl. *Busse/Keukenschrijver*, § 3 PatG Rdnr. 91), könnte zu einer zu weiten Berücksichtigung des allgemeinen Fachwissens führen. Dem ist schon wegen der Abgrenzungsschwierigkeiten entgegenzutreten. Eine der Grenzen ist sicherlich, dass dasjenige, was der Fachmann nur nach Überlegung als Weiterbildung der vorbeschriebenen Lehre aus einer Entgegenhaltung ableiten kann, bei der Neuheitsprüfung auszuscheiden hat. Ebenso können Angaben nicht neuheitsschädlich sein, die nur eine bloße Anregung zur Erlangung bestimmter Erkenntnisse, nicht aber selbst die Erkenntnis vermitteln.

Für die Beurteilung der Neuheit sind objektive Gegebenheiten 67 am Anmeldetag oder Prioritätstag maßgebend, nicht die subjektiven Vorstellungen des Anmelders (vgl. lediglich BGH GRUR 1994, 357 – Muffelofen). Geäußerte Fehlvorstellungen des Anmelders sind deshalb für diesen nicht unbedingt bindend; es bedarf insoweit jedoch dann einer besonders kritischen Verifizierung und Würdigung. Da eine Erfindung nur dann neuheitsschädlich vorweggenommen ist, wenn durch eine **einzige** Entgegenhaltung sämtliche Merkmale bekannt sind, bedeutet dies, dass ein Anmelder zum Beispiel im Löschungsverfahren häufig die Neuheit „retten" kann, indem er ein in der relevanten Entgegenhaltung nicht erwähntes Merkmal, in der beanspruchten Erfindung jedoch offenbartes Merkmal seiner im Anspruch niedergelegten technischen Lehre hinzufügt (häufig bleibt dann allerdings die Schutzvoraussetzung des erfinderischen Schritts zweifelhaft). Muss eine technische Lehre aus mehreren Druckschriften „kombiniert" werden, ist diese nicht neuheitsschädlich vorweggenommen; dies muss aus Gründen der Rechtssicherheit auch dann gelten, wenn diese Druckschriften jeweils denselben Gegenstand betreffen (zweifelnd *Busse/Keukenschrijver,* § 3 PatG Rdnr. 110). Ein Einzelvergleich liegt jedoch dann noch vor, wenn in einer vorveröffentlichten Druckschrift der Inhalt einer anderen Druckschrift ausreichend deutlich in Bezug genommen wird (vgl. BGH GRUR 1980, 283 – Terephthalsäure).

3.2 Offenbarungsgehalt

68 Für den Offenbarungsgehalt einer Vorverlautbarung kommt es nicht darauf an, wie ein Fachmann diese vor dem **Zeitpunkt** der Gebrauchsmusteranmeldung, insbesondere im Zeitpunkt der (erstmaligen) Veröffentlichung der Entgegenhaltung verstanden hat. Maßgebend ist das Verständnis zum Prioritätszeitpunkt der Anmeldung, da zum einen der Anmeldetag bzw. Prioritätstag der Stichtag für die Beurteilung der Bereicherung des Standes der Technik ist. Zum anderen ist das Verständnis einer Vorverlautbarung nicht auf den Zeitpunkt ihrer erstmaligen Veröffentlichung fixiert, sondern kann vielmehr mit der Entwicklung der Technik im allgemeinen fortschreiten. Nur so lässt sich auch eine Kongruenz mit dem Prioritätsgrundsatz herstellen (vgl. *Held/Loth,* GRUR Int. 1995, 220, 224).

69 Entgegenhaltungen sind mit ihrem **Gesamtoffenbarungsgehalt** zu berücksichtigen; dieser sog. **„Whole Contents Approach"** beansprucht auch im GebrMG Geltung. Dabei können bei der Neuheitsprüfung unterschiedliche Passagen eines Dokuments miteinander kombiniert werden, sofern der Fachmann eine solche Kombination nicht aus irgendwelchen Gründen unterlassen würde. Die bloße Tatsache, dass sämtliche Merkmale in einer einzigen Entgegenhaltung offenbart sind, besagt für sich genommen nichts, wenn diese Merkmale zum Beispiel zwei spezifische Gebilde betreffen, die zwei voneinander unabhängige Vergleichsgrundlagen darstellen (vgl. das Beispiel in EPA ABl. 1991, 429: Zwei verschiedene Scheren, die in einem Katalog beschrieben sind, ohne dass dieser deren Verbindung nahegelegt hätte). Die Merkmale müssen in einem gewissen inneren technischen Zusammenhang in einem einzigen Dokument enthalten sein. Hieraus folgt auch, dass eine Vorverlautbarung nur diejenigen Merkmale umfasst, die ein Fachmann des betreffenden

technischen Gebietes dem Gesamtdokument **widerspruchsfrei** entnimmt (vgl. auch *Rogge,* GRUR 1996, 931, 936/937).

Ohne Belang für die Neuheitsschädlichkeit ist, ob der Erfindungsgedanke in der Entgegenhaltung nur **beiläufig** enthalten ist; ebenso unwesentlich ist die „Erfindungswesentlichkeit", d. h. die Offenbarung als zur Erfindung gehörend (vgl. BGH GRUR 1981, 812 – Etikettiermaschine). Unerheblich ist auch, ob neben der Vorverlautbarung in derselben Entgegenhaltung noch andere technische Möglichkeiten angesprochen sind. Bei einer zufälligen Vorwegnahme der Offenbarung ist der Offenbarungsgehalt besonders sorgfältig zu verifizieren. Auch der sogenannte **„papierene"** Stand der Technik, also die in der Zwischenzeit vergessene technische Lehre, ist bei der Neuheitsprüfung zu berücksichtigen. 70

Entgegenhaltungen sind der **Auslegung** zugänglich (z. B. bei einem vorverlautbarten Patentdokument im Wege der Erläuterung des Hauptanspruchs durch die Beschreibung und die Zeichnungen). Auch eine **implizite** Offenbarung ist zu berücksichtigen. Ebenso wie bei der Berücksichtigung des allgemeinen Fachwissens (vgl. Anm. 3.2) ist bei diesen Punkten eine sorgfältige Abgrenzung zur Überprüfung des erfinderischen Schritts im Auge zu behalten. Ein **fehlerhaftes** Dokument gehört mit seinem Fehler zum Stand der Technik, sofern der Fachmann den Fehler nicht erkennt und richtig stellt; **Lücken wird er in der Regel ergänzen** (vgl. BGH GRUR 1974, 148 – Stromversorgungseinrichtung). Ein **Irrtum** über den Stand der Technik ist unerheblich; infolge der objektiven Beurteilung wird ein in den Anmeldeunterlagen irrtümlich als vorbekannt bezeichnetes, in Wirklichkeit aber neues Merkmal nicht zum Stand der Technik (vgl. BGH GRUR 1994, 357, 358 – Muffelofen) gezählt. 71

Bezeichnet der Anmelder Merkmale als bekannt, so kann das dafür sprechen, dass ihm ein entsprechender Stand der Technik vorlag. Auch wenn sich der Anmelder an seinen Angaben nicht festzuhalten lassen braucht (vgl. BGH GRUR 1971, 115, 117 – Lenkradbezug), wird man ihn wohl dafür als darlegungspflichtig ansehen müssen, dass er einem Irrtum unterlegen ist. Denkbar ist auch, dass sich das Schutzbegehren nicht auf das als bekannt bezeichnete Merkmal erstrecken soll (vgl. zum „Verzicht" BGH Mitt. 1998, 98 – Scherbeneis und Anm. 3.3.2 zu § 17). Zum vorbekannten Stand der Technik infolge Offenbarung gehört auch das, was sich dem Fachmann als **Austauschmittel** aufdrängt (vgl. BGH GRUR 1995, 330, 332 – Elektrische Steckverbindung). Ferner gehört hierzu alles das, was dem Fachmann beim Nacharbeiten einer gege- 72 benen Lehre unmittelbar und zwangsläufig offenbar wird (vgl. BGH GRUR 1988, 447, 450 – Fluoran). Ebenso zählen zum Offenbarungsgehalt des Standes der Technik **Zahlenwerte** und **engere Bereichsangaben** gegenüber bekannten weiteren Bereichsangaben, ohne dass eine Abstufung in der Wertigkeit der Offenbarungsmittel Platz greift, etwa in der Art, dass bestimmte Teilbereiche als vorteilhaft, zweckmäßig oder bevorzugt offenbart sein müssen (vgl. BGH GRUR 1990, 510 – Crackkatalysator I; BGH GRUR 1992, 842, 844 – Chrom-Nickel-Legierung; GRUR 1993, 651, 654 – tetraploide Kamille).

73 Nicht zum Offenbarungsgehalt einer einzigen Entgegenhaltung gehört dasjenige, was sich dem Fachmann erst als Folge aufeinander aufbauender Gedankenschritte erschließt, wobei dieser sogar noch wertend zu entscheiden hat (vgl. BPatG GRUR 1998, 661/662 – Näherungsschalter II).

3.3 Nacharbeitbarkeit

74 Eine Entgegenhaltung ist nur dann neuheitsschädlich, wenn sie eine **nacharbeitbare Offenbarung** enthält (vgl. BGH GRUR 1980, 283 – Terephtalsäure). Bei dem Nacharbeiten einer bekannten Lehre muss sich ein bestimmtes Ergebnis unmittelbar und zwangsläufig einstellen. Wissenschaftliche Diskussionen müssen sich zu einer technischen Lehre verdichtet haben. Bei der Offenbarung einer Vorbenutzung ist darauf abzustellen, welche Information diese dem sachverständigen Betrachter vermitteln kann (BGH GRUR 1997, 892, 896 – Leiterplattennutzen). Ist eine Betrachtung beispielsweise nur aus Abstand möglich, wird dasjenige nicht offenbart, was nicht augenfällig wird (BGH, aaO). Zu Untersuchungsmöglichkeiten siehe Anm. 2.4.3.3).

4. Die beanspruchte Lehre

4.1 Allgemeines

75 Der für die Prüfung der Neuheit maßgebliche Gegenstand des GebrM bestimmt sich allein nach den **Schutzansprüchen** (§§ 4 Abs. 2 Nr. 2, 12a GebrMG, 5 Abs. 1 Satz 1 GebrAnmV; BGH GRUR 1997, 360, 361 – Profilkrümmer). Für die Auslegung der

Schutzansprüche kommt es auf die Vorstellung des Fachmanns unter Heranziehung der Beschreibung, der Zeichnung, des allgemeinen Fachwissens und des als bekannt geltenden Standes der Technik an; die Ansprüche bleiben jedoch die allein maßgebliche Grundlage für die Bestimmung der Tragweite der geschützten Erfindung (vgl. BGH GRUR 1998, 1003, 1004 – Leuchtstoff).

Breite Ansprüche und sehr allgemein gefasste Lehren können dabei nicht etwa mit Hilfe der Beschreibung enger interpretiert werden (vgl. etwa den Sachverhalt zu § 4 PatG in BGH GRUR 1998, 895, 896 ff – Regenbecken).

Ist Gegenstand des angemeldeten Gebrauchsmusters eine **Kombinationserfindung,** so ist diese im Stand der Technik nur vorweggenommen, wenn sämtliche Kombinationsmerkmale durch eine einzige Entgegenhaltung bereits offenbart waren. Das Bekanntsein der Einzelmerkmale für sich genommen, bewirkt infolgedessen keine Neuheitsschädlichkeit (st. Rspr. vgl. BGH GRUR 1992, 599 – Teleskopzylinder).

4.2 Erfindungskategorien (Beispiele)

- Bei einem **Sachanspruch** ist zu prüfen, ob der betreffende Gegenstand im Stand der Technik vorbekannt ist; auf die Art seiner Herstellung kommt es nicht an, so dass jede Herstellung, die im Zeitpunkt der Anmeldung des Gebrauchsmusters ohne erfinderische Überlegung auf der Hand lag, neuheitsschädlich getroffen ist. Ein bekannter Gegenstand wird nicht dadurch neu, dass er besondere Eigenschaften aufweist, die man bisher nicht festgestellt hat oder nicht feststellen konnte (vgl. BGH GRUR 1998, 899, 900 – Alpinski).
- Ein **chemischer Stoff** kann nicht geschützt werden, wenn er bereits bekannt war. Ein bekannter Stoff wird nicht dadurch zu einem neuen Stoff, dass ein neuer Weg zu seiner Herstellung oder Auswahl aufgezeigt wird (vgl. BGH GRUR 1998, 1003, 1004 – Leuchtstoff). Die Neuheit ist zu bejahen, wenn sich der Stoff von solchen gleicher chemischer Zusammensetzung in einem zuverlässig feststellbaren Parameter unterscheidet (vgl. BGH GRUR 1972, 80 – Trioxan). Solche technischen Lehren sind neuheitsschädlich, die den Stoff als zwangsläufiges Ergebnis eines vorbeschriebenen Verfahrens oder in spezifischer, d. h. individualisierter Form offenbaren. Wird ein Stoff durch ein Herstellungsverfahren gekennzeichnet, reicht die Änderung des Herstellungs-

verfahrens allein nicht zur Begründung der Neuheit, wenn damit keine Änderungen des Ergebnisses verbunden sind. Dementsprechend wird ein Stoff auch nicht dadurch neu, dass er erstmals mittels eines product-by-process-Anspruches formuliert wird. Weitere Einzelheiten siehe § 1 Anm. 7.1.3.

79 – Die bloße Existenz des beanspruchten **Naturstoffs** ist für sich allein nicht neuheitsschädlich. Die Existenz muss vielmehr dem Fachmann am Anmeldetag bekannt gewesen sein. Die Verwendung eines Naturproduktes, das unter anderem einen bisher unbekannten chemischen Stoff enthält, stellt keine neuheitsschädliche Benutzung dar (vgl. BPatG GRUR 1978, 702 – Menthonthiole).

80 – Die Neuheit von **Legierungen** ist zu bejahen, wenn der Stand der Technik zwar allgemein Legierungsgruppen nennt, die Stoffanteile der einzelnen Legierungen aber nicht offenbart (BGH PMZ 1973, 170 – Schmelzrinne). Die Legierung wird durch bestimmte Mengenbereiche ihrer Komponenten definiert. Die große Zahl der Einzellegierungen innerhalb der angegebenen Grenzwerte erfordert einen strengen Maßstab an die Offenbarung. Alle innerhalb der Bereiche liegenden Variationen gelten als offenbart und damit als nicht mehr neu, sofern die charakteristischen Eigenschaften der Legierung gewahrt bleiben. Grenzwertangaben eines Mengenbereichs von Komponenten einer Legierung haben für einen Techniker häufig die Bedeutung eines kritischen Werts in dem Sinne, dass bestimmte technische Eigenschaften außerhalb des Bereichs nicht mehr gegeben sind; im Patentrecht haben sie nur die Bedeutung, den beanspruchten Schutzbereich abzugrenzen (vgl. BGH GRUR 1992, 842 – Chrom-Nickel-Legierung). Ungeachtet dessen ist bei Legierungserfindungen der Ausschluss eines Verfahrensschutzes zu beachten.

4.3 Auswahlerfindungen

81 Hierunter ist eine Lehre zu verstehen, die aus einem größeren Bereich einen nicht ausdrücklich erwähnten Teilbereich oder ein Individuum gezielt auswählt, für den/das im Vergleich zum größeren Bereich besondere Wirkungen, Vorteile, Effekte oder Eigenschaften geltend gemacht werden. Sie kommt insbesondere bei Chemieerfindungen in Betracht.

82 Für die Neuheit sagt es noch nichts aus, dass eine chemische Verbindung unter eine bekannte Formel fällt. Maßgebend ist danach allein, ob ein Fachmann durch die Angaben einer vorveröffentlichten Druckschrift über eine chemische Verbindung ohne weiteres in die Lage versetzt wird, die diese chemische Verbindung betreffende Erfindung auszuführen, d. h. den betreffenden Stoff in die Hand zu bekommen (vgl. BGH GRUR 1988, 447, 449 – Fluoran).

5. Neuheitsschonfrist

Literatur (Auswahl): *Loth,* Neuheit und Neuheitsschonfrist im Patentrecht, 1988; *Eisenführ,* Die Schonfrist-Falle des Art. 55 (1) a) EPÜ, Mitt. 1997, 268, *Bardehle,* Der WIPO-Harmonisierungsvertrag und die Neuheitsschonfrist, Mitt. 1991, 146 ff; *Pagenberg,* Zur Harmonisierung des Patentrechts im Rahmen der WIPO, GRUR 1990, 267; *Götting,* Die Neuheitsschonfrist im Patentrecht, Mitt. 1999, 81.

Nach § 3 Abs. 1 Satz 3 bleibt eine innerhalb von sechs Monaten 83 vor dem für den Zeitrang der Anmeldung maßgeblichen Tag erfolgte Beschreibung oder Benutzung außer Betracht, wenn sie auf der Ausarbeitung des Anmelders oder seines Rechtsvorgängers beruht. Durch diese sogenannte **Neuheitsschonfrist** soll die Erfindung gegen beabsichtigte oder unbeabsichtigte Vorveröffentlichungen oder Vorbenutzungshandlungen geschützt werden, die im Rahmen der Entwicklung der Erfindung erfolgen. Der Gesetzgeber hat damit die aus dem früheren deutschen Patent- und Gebrauchsmusterrecht bekannte Neuheitsschonfrist, die aufgrund des Straßburger Übereinkommens gestrichen und in § 3 Abs. 4 PatG eine völlig unzulängliche Regelung erfahren hat (vgl. hierzu im einzelnen *Loth,* Neuheitsbegriff und Neuheitsschonfrist im Patentrecht, 1988) aufrechterhalten und damit im Vergleich zum Patentrecht eine sachlich gebotene Bevorzugung des Anmelders oder seines Rechtsvorgängers bewirkt, der innerhalb des 6-monatigen Zeitraums zum Beispiel nur in der Öffentlichkeit vorzunehmende Tests der Erfindungen oder Prüfungen ihrer Ausführbarkeit vornehmen kann, ohne deswegen mit dem Verlust eines Schutzrechts rechnen zu müssen.

Solche Handlungen dürfen, wenn sie innerhalb der Neuheits- 84 schonfrist stattfinden, auch nicht bei der Beurteilung des **erfinderischen Schritts** berücksichtigt werden (*Bühring,* § 3 Rdnr. 30; *Benkard/Ullmann,* § 3 GebrMG, Rdnr. 10).

Die Neuheitsschonfrist begründet **kein Prioritätsrecht**. Die 85 6-Monatsfrist beginnt mit dem Tage der Neuheitsschädlichkeit einer Druckschrift oder einer Vorbenutzung (vgl. §§ 187, 188 BGB). Da § 3 Abs. 1 Satz 3 auf den **Zeitrang** der Anmeldung abstellt, berechnet sich die 6-Monatsfrist bei Anmeldungen seit dem 1. 1. 1987 vom Prioritätszeitpunkt und nicht vom (späteren) Anmeldezeitpunkt (vgl. auch *Mes,* § 3 GebrMG, Rdnr. 13). Damit kommt eine etwaige Nachanmeldung in den Genus der Neuheitsschonfrist der Voranmeldung. Insoweit wird von einer **Kumulierung** von Priorität und Neuheitsschonfrist gesprochen (vgl. *Benkard/Ullmann,* aaO; a. A. *Eisenführ,* Mitt. 1997, 268, 270).

86 Bei einer **Abzweigungsanmeldung,** bei der der Anmeldetag einer früheren Patentanmeldung in Anspruch genommen wird, kann sich die Schonfrist – ohne weiteres – sogar noch weiter vorverlegen, wenn für die Patentanmeldung ihrerseits eine Priorität beansprucht wird, die auch für die Abzweigung maßgeblich ist (§ 5 Abs. 1 Satz 2; vgl. BPatGE 31, 217, 219; BPatGE 37, 23). Die Neuheitsschonfrist des § 3 Abs. 1 Satz 3 bemisst sich auch dann gemäß § 5 GebrMG nach der beanspruchten Priorität einer wirksamen Patentanmeldung, wenn die Patentanmeldung wegen einer nicht den Voraussetzungen des § 3 Abs. 4 PatG entsprechenden vorzeitigen Offenbarung der Erfindung nicht zu einem wirksamen Patent führen kann; erforderlich, aber auch genügend zur Inanspruchnahme der Priorität ist eine wirksame frühere Anmeldung eines Patents (BGH Mitt. 1996, 118, 120 – Flammenüberwachung). Das Gesetz verlangt keine Patentanmeldung, die später zu einem wirksamen Patent führt. Lediglich die Anmeldung als solche muss ordnungsgemäß erfolgt sein und zur Festlegung eines vor dem Anmeldetag der Gebrauchsmusteranmeldung liegenden Zeitpunkts ausgereicht haben (vgl. BGH, aaO).

87 Die **materielle Berechtigung** ist keine Voraussetzung für die Inanspruchnahme der Neuheitsschonfrist, d. h. Dritte können nicht geltend machen, der Anmelder habe die zugrunde liegende Erfindung widerrechtlich entnommen (vgl. BGH GRUR 1992, 157 – Frachtcontainer).

88 Die Neuheitsschonfrist bewahrt den GebrM-Inhaber jedoch nicht vor **eigenen älteren Rechten,** die im Neuheitsschonfrist-Intervall angemeldet oder erteilt worden sind. Dem steht der Löschungsgrund gemäß § 15 Abs. 1 Satz 1 Nr. 2 entgegen, mit dem auch eine Mehrfachbeanspruchung desselben Gegenstandes durch den Berechtigten, mithin eine Verlängerung der Gebrauchsmusterdauer vermieden werden soll.

89 Zwischen der Ausarbeitung des Anmelders und seines Rechtsvorgängers und der Vorveröffentlichung muss eine **ununterbrochene Kette** tatsächlicher Wissensvermittlung bestehen (vgl. BPatG GRUR 1978, 637 – Lückenlose Kette). Beweispflichtig hierfür ist der GebrM-Inhaber. Die Erfindung braucht im Zeitpunkt der Vorbeschreibung oder Vorbenutzung noch nicht fertig zu sein (vgl. BGH GRUR 1969, 271, 272 – Zugseilführung). Eine Wiedereinsetzung in den vorigen Stand kommt bei versäumter GebrM-Anmeldung innerhalb des Schonfrist-Intervalls nicht in Betracht.

6. Ausstellungsschutz

Der Ausstellungsschutz gilt für Gebrauchsmusteranmeldungen 90 nach dem Gesetz betreffend den Schutz von Mustern auf Ausstellungen vom 18. März 1904 (geändert durch das MarkenRRefG vom 25. 10. 1994). Das AusstellungsG sieht einen zeitweiligen Schutz von Erfindungen vor, die auf bestimmten inländischen und ausländischen Ausstellungen zur Schau gestellt werden. Es muss sich dabei um eine durch Bekanntmachung des BMJ im Bundesgesetzblatt bestimmte Ausstellung handeln (diese werden regelmäßig in PMZ veröffentlicht). Voraussetzung ist, dass die Erfindung durch die Ausstellung der Allgemeinheit zugänglich gemacht wurde (vgl. BGH GRUR 1983, 31 – Klarsichtbecher). Die Rechtsvorteile kommen auch Ausländern zugute, ohne dass deren Heimatstaaten PVÜ-Mitglied sein müssten oder sogenannte Gegenseitigkeit gewähren (vgl. BGH GRUR 1985, 34 – Ausstellungspriorität).

Nach Nr. 1 Satz 1 AusstellungsG hat der zeitweilige Schutz die 91 **Wirkung**, dass die Schaustellung des Gegenstandes auf einer der betreffenden Ausstellungen durch den Anmelder oder dessen Rechtsvorgänger dem Gebrauchsmusterschutz nicht neuheitsschädlich entgegensteht, sofern die Anmeldung binnen einer Frist von sechs Monaten nach der Eröffnung der Ausstellung eingereicht ist. Nr. 2 Satz 2 AusstellungsG gewährt zudem eine Schaustellungs**priorität**; d. h. eine dem Tag der Schaustellung nachfolgende Anmeldung eines Dritten vermag den Schutz des Gebrauchsmusters mit Ausstellungspriorität nicht zu beschränken. Die Priorität muss nicht bei der Anmeldung in Anspruch genommen werden. Der Schutz entfaltet seine Wirkung auch hinsichtlich vor der Eröffnung der Ausstellung erfolgter Benutzungshandlungen (Vorbereitungshandlungen der Ausstellung) des Anmelders, sofern sie in einem unmittelbaren zeitlichen und örtlichen Zusammenhang mit der Schaustellung standen (vgl. BGH GRUR 1975, 254 – Ladegerät). Schaustellungspriorität und Neuheitsschonfrist können kumuliert werden (*Busse/Keukenschrijver*, § 4 Rdnr. 11). Die Kumulierung der

Ausstellungspriorität und Prioritätsfrist nach § 6 ist nicht möglich (vgl. BPatG GRUR 1988, 911, 912).

7. Gewerbliche Anwendbarkeit

92 Der Gegenstand eines Gebrauchsmusters gilt als gewerblich anwendbar, wenn er auf **irgendeinem gewerblichen Gebiet** einschließlich der Landwirtschaft **hergestellt** oder **benutzt** werden kann, § 3 Abs. 2. Dieses Merkmal ist ausdrückliche Tatbestandsvoraussetzung für den GebrM-Schutz, § 1 I 1. Die **Legaldefinition** der gewerblichen Anwendbarkeit in § 3 Abs. 2 entspricht derjenigen in § 5 Abs. 1 PatG. Wegen des gebrauchsmusterrechtlichen Ausschlusses des Verfahrensschutzes entfällt eine dem § 5 Abs. 2 PatG entsprechende Vorschrift (§ 5 Abs. 2 PatG ist als Verdeutlichung und Klarstellung des § 5 Abs. 1 PatG anzusehen, nicht aber als Einschränkung des darin enthaltenen Grundsatzes: BGH GRUR 1983, 729, 730 – Hydropyridin).

93 Die Erfindung muss ihrer Art nach geeignet sein, auf irgendeinem gewerblichen Gebiet hergestellt oder benutzt zu werden (vgl. BGH PMZ 1985, 117 – Anzeigevorrichtung). Dieser weite Begriff der gewerblichen Anwendbarkeit erfasst dementsprechend auch private Verwendungsmöglichkeiten, wenn gewerbliche Herstellbarkeit gegeben ist (z. B. Sportgeräte). Auch unbewegliche Sachen, die nunmehr dem Gebrauchsmusterschutz zugänglich sind (vgl. § 1 Anm. 4), können gewerblich anwendbar sein. Dasselbe gilt für medizinische Apparate, Instrumente, Arzneimittel. Bei wissenschaftlichen Erkenntnissen ist die gewerbliche Anwendbarkeit genau zu prüfen.

94 Der Begriff der **Landwirtschaft** hat lediglich klarstellende Bedeutung. Infolge des umfassenden Begriffs des Gewerbes ist die gesamte Urproduktion mit Land- und Forstwirtschaft, Fischerei, Jagd, Gartenbau, Bergbau eingeschlossen. Auch auf dem Gebiet der freien Berufe können gewerblich anwendbare Erfindungen getätigt werden, soweit sie sich nicht in verfahrensrechtlichen Regeln erschöpfen (a. A. *Bühring,* § 3 Rdnr. 57). Nicht gewerbliche Anwendungsmöglichkeiten, die neben einer gewerblichen Anwendungsart bestehen, schließen GebrM-Schutz nicht aus (BGH GRUR 1977, 652).

95 Die gewerbliche Anwendbarkeit wird im Eintragungsverfahren **nicht geprüft**, § 8 Abs. 1 Satz 2. Auch diese Schutzvoraussetzung

Einleitung vor § 4

ist erst im Löschungsverfahren (§ 15 Abs. 1 Nr. 1) und/oder im Verletzungsrechtsstreit von Bedeutung (§§ 13 Abs. 1, 19).

Einleitung vor § 4

Übersicht

	Rdn.
Grundsätze des Anmeldungs- und Eintragungsverfahren vor dem DPMA	
1. DPMA zuständig für Eintragung und Löschung	1–8
2. Wege zum Gebrauchsmusterschutz	9–12
3. Recht auf das Gebrauchsmuster	13
4. Gebrauchsmuster und Patent – flankierender Schutz (Verweis)	14
5. Anmeldeverfahren	
5.1 Grundsätze	15, 16
5.2 Gang des Anmeldeverfahrens	17–21
5.3 Rechtsnatur der Anmeldung	22, 23
5.4 Voraussetzungen der Verfahrensbeteiligung	24
5.4.1 Parteifähigkeit	25
5.4.2 Prozessfähigkeit	26
5.4.3 Mängel der Parteifähigkeit bzw. Prozessfähigkeit	27
5.4.4 Mehrere Beteiligte	28
5.5 Vertretung	29, 30
6. Verfahrensprinzipien	
6.1 Rechtsschutzbedürfnis, rechtliches Interesse	31
6.2 Dispositionsmaxime/Offizialmaxime	32
6.3 Schriftlichkeit des Verfahrens	33, 34
6.4 Rechtliches Gehör	35
6.5 Aufklärungs- und Hinweispflicht	36
6.6 Parteiöffentlichkeit	37
6.7 Intertemporales Verfahrensrecht	38
7. Gebrauchsmuster und Insolvenz	39, 40

Literatur (Auswahl): *Witte/Vollrath,* Praxis der Patent- und Gebrauchsmusteranmeldung, 4. Aufl., 1997

1. DPMA zuständig für Eintragung und Löschung

1   Das GebrMG enthält im Gegensatz zum PatG keinen zusammenhängenden Abschnitt über das Eintragungs- sowie Löschungsverfahren (vgl. §§ 34–62 PatG). Ebenso wie das Patenterteilungs- und Einspruchsverfahren ist auch das gebrauchsmusterrechtliche Anmelde- und Löschungsverfahren als behördliches Verfahren ausgestaltet, dessen Regelungen in den §§ 4, 4 a, 6, 7, 8, 9, 15 ff in weiten Bereichen den patentrechtlichen Vorschriften nachgebildet sind, unter Berücksichtigung der Besonderheit, dass es sich beim GebrM um ein ungeprüftes Registerrecht handelt, bezogen auf die sog. relativen Schutzvoraussetzungen.

2   Die §§ 4 ff regeln zunächst das Verfahren zur Erlangung des Gebrauchsmusters, das **Gebrauchsmustereintragungsverfahren** vor dem DPMA. Es wird durch die Gebrauchsmusteranmeldung (§§ 4, 4 a), mit der eine Anmeldegebühr zu zahlen ist, in Gang gesetzt. Das DPMA überprüft dabei die **formellen** Voraussetzungen der Anmeldung, ferner die sog. **absoluten materiellen** Schutzvoraussetzungen, nämlich

3   – Einheitlichkeit der Erfindung
4   – Technizität des Anmeldungsgegenstands
5   – ausreichende Offenbarung der technischen Lehre (vgl. jedoch Anm. 5.2)
6   – kein Schutz für Verfahrenserfindungen
7   – Abwesenheit von Schutzausschließungsgründen
8   (Einzelheiten bei § 8). Sind diese Voraussetzungen insgesamt gegeben, erfolgt die Eintragung.

2. Wege zum Gebrauchsmusterschutz

9   Gebrauchsmusterschutz kann für die Bundesrepublik Deutschland auf drei Wegen erlangt werden:
10 – aufgrund einer **nationalen** Anmeldung nach §§ 4, 4 a beim DPMA;
11 – im Wege einer **Abzweigung** (§ 5) einer Gebrauchsmusteranmeldung aus einer **deutschen** oder **europäischen** Patentanmeldung. Aufgrund dieser einfacheren Möglichkeit kann dahinstehen, ob Gebrauchsmusterschutz auch durch **Umwandlung** einer europäi-

schen Patentanmeldung nach Art. 135, 140 EPÜ entstehen kann (befürwortend: *Bühring,* § 6 Rdnr. 12; vgl. ferner *Schennen* in *Singer/Stauder,* Art. 140, Rdnr. 6). Dies würde eine analoge Anwendung des Art. II, § 9 IntPatÜG voraussetzen. Hierbei ist zu berücksichtigen, dass insbesondere von der nach Art. 135 Abs. 1 lit. b EPÜ eröffneten Umwandlungsmöglichkeit unter anderem bei Zurückweisung oder Widerruf der europäischen Anmeldung seitens des Gesetzgebers bewusst kein Gebrauch gemacht wurde, da die nationalen Schutzrechte keinen Auffangtatbestand für fehlgeschlagene europäische Anmeldungen darstellen sollten (Begr. PMZ 1976, 322, 328).

– Aufgrund einer **internationalen** Anmeldung nach dem **PCT:** Nach Art. 43 PCT kann der Anmelder bei der Bestimmung oder Auswahl eines Staates, dessen Recht – wie in der Bundesrepublik Deutschland – die Eintragung von Gebrauchsmustern vorsieht, mit seiner internationalen Anmeldung in diesem Staat – neben oder anstelle einer Patentanmeldung – die Eintragung eines Gebrauchsmusters beantragen, Art. 4 (3), R 4.1 b), iii) PCT. Ist das DPMA Anmeldeamt für die PCT-Anmeldung, entsteht neben der Übermittlungsgebühr keine weitere Anmeldegebühr. Die Antragserfordernisse bemessen sich nach Art. 3 ff PCT i. V. m. Regel 4 ff AO-PCT. Zum Fall der Inanspruchnahme des Anmeldetags einer früheren PCT-Anmeldung im Wege einer Abzweigung gemäß § 5: vgl. BGH GRUR 1998, 913, 914 – Induktionsofen –, die Frage offen lassend, ob die förmlichen Voraussetzungen der Abzweigung und der Zuerkennung des Anmeldetages der PCT-Anmeldung zu prüfen sind, wie dies vom BPatG für erforderlich gehalten wurde.

3. Recht auf das Gebrauchsmuster

Wie beim Patent entsteht das **Recht auf das GebrM** mit der Vollendung der Erfindung. Die Geltendmachung dieses Anspruches erfolgt durch die Anmeldung der Erfindung zur Eintragung beim DPMA. Das mit der Vollendung der Erfindung entstehende Recht auf das GebrM ist ein sog. absolutes Immaterialgüterrecht, das sich gegen jeden Dritten (mit Ausnahme eines zweiten Erfinders) richtet, und das ohne entsprechende Eintragung kein ausschließliches Benutzungs- und Verbietungsrecht gegenüber dritten Benutzern gewährt. Wenngleich es ein echtes Vermögensrecht darstellt, das zum einen dem Schutz des Art. 14 GG unterstellt ist, und das zum anderen als sonstiges Recht im Sinne des § 823 Abs. 1 BGB anzusehen ist (vgl. BPatG Mitt. 1970, 47, 55; OLG Frankfurt, GRUR 1987, 886), begründet es keine unentziehbare Anwartschaft auf eine – bei Vorliegen der sachlichen Schutzvoraussetzungen – Eintragung eines GebrM (Einzelheiten bei § 13).

4. Gebrauchsmuster und Patent – flankierender Schutz (Verweis):

14   Bei Erfindungen, die kein Verfahren betreffen, kommt ein paralleler Schutz von Patent und GebrM in Betracht. Die zusätzlichen Kosten des GebrM-Schutzes können unter wirtschaftlichen Gesichtspunkten wegen des damit gesteigerten Schutzpotenzials in vielfacher Hinsicht gerechtfertigt sein. Einzelheiten unter B V 2.

5. Anmeldeverfahren

5.1 Grundsätze

15   Das GebrMG regelt lediglich einige Grundsätze zu den Anmeldeerfordernissen. Näheres regelt die **Gebrauchsmusteranmeldeverordnung** (GebrMAnmV) vom 12. 11. 1986 (BGBl I 1739 = PMZ 1986, 351), zuletzt geändert durch das 2. PatÄndG vom 16. 7. 1998 (BGBl I 1827). Die GebrMAnmV ist eine RechtsVO, also materielles Gesetz (vgl. BPatGE 18, 177, 182). Die Gesetzesgrundlage ist § 4 Abs. 4, wonach der Bundesminister der Justiz ermächtigt ist, durch Rechtsverordnung über die sonstigen Erfordernisse der Anmeldung entweder selbst oder durch den Präsidenten des Patentamts – nach entsprechender Rechtsverordnung – Bestimmungen zu erlassen. Zur gleichmäßigen Handhabung der Anmeldeerfordernisse und Einhaltung gleicher Grundsätze bei der Behandlung von Rechercheanträgen sind „Richtlinien für die Eintragung von Gebrauchsmustern **(Gebrauchsmuster-Eintragungsrichtlinien)**" vom 25. 4. 1990 (PMZ 1990, 211), mit Änderungen vom 12. 5. 1992 (PMZ 1992, 261) und vom 12. 8. 1996 (PMZ 1996, 389) sowie „Richtlinien für die Durchführung der Druckschriften Ermittlungen nach § 7 GebrMG **(Gebrauchsmuster-Recherchen-**

richtlinien)" vom 25. 3. 1996 (PMZ 1996, 193) erlassen worden. Lediglich der Information dient das vom DPMA herausgegebene „Merkblatt für GebrM-Anmelder" (Tabu 156). Zur Vergabe des Aktenzeichens vgl.: *Cohausz,* Neue Kurzbezeichnungen für Patente, Gebrauchsmuster und Geschmacksmuster, GRUR 1992, 296.

Die Grundsätze des Patenterteilungsverfahrens betreffend die Verfahrensbeteiligung (Parteifähigkeit sowie Prozessfähigkeit und deren Mängel), die Schriftlichkeit des Verfahrens, etwaig zu gewährendes rechtliches Gehör, Aufklärungs- und Hinweispflichten, Parteiöffentlichkeit des Verfahrens, intertemporales Verfahrensrecht und Dispositionsmaxime gelten auch im GebrM-Anmeldeverfahren entsprechend (*Mes,* § 4 GebrMG, Rdnr. 3; Einzelheiten unter Anm. 6). **16**

5.2 Gang des Anmeldeverfahrens

Das Eintragungsverfahren beginnt mit dem schriftlichen **Antrag** des Anmelders. Nach Einreichung durchläuft die Anmeldung Vorstufen im behördlichen Ablauf. Diese beginnen mit dem Versehen des Eingangsdatums, der Überprüfung der Anlagen anhand des Antrags durch die Annahmestelle und setzen sich mit der Vergabe des Aktenzeichens, Erfassung, Speicherung der Daten, bibliografische Erfassung, Rücksendung des Empfangsbekenntnisses, Dokumentierung nach der Internationalen Patentklassifikation (IPCl) fort. Die Prüfung der Anmeldung beginnt erst nach Entrichtung der Anmeldegebühr. Dabei wird die Anmeldung zunächst auf formelle Mängel geprüft. Ferner wird geprüft, ob die angemeldete Erfindung als GebrM eingetragen werden kann, d. h. ob „absolute" Schutzausschließungsgründe vorliegen (§ 4 i. V. m. §§ 1, 2; BGH GRUR 1965, 234, 235/236 – Spannungsregler, insoweit auch zur rechtshistorischen Entwicklung). Eine Beurteilung einer ausreichenden Offenbarung ist im Anmeldeverfahren nicht vorgesehen (*Benkard/Schäfers,* § 4 GebrMG, Rdnr. 11), obwohl dies gesetzlich nicht geregelt ist. Eine derartige Prüfung scheitert aber i. d. R. schon an der Art der Organisation der Gebrauchsmusterstelle (a. A., d. h. für eine derartige Prüfung jedenfalls bei offensichtlich erkennbaren Mängeln: *Bühring,* § 4, Rdnr. 80; *Busse/Keukenschrijver,* § 8 GebrMG, Rdnr. 4). Weist die Anmeldung Mängel auf, so teilt die GebrM-Stelle dies dem Anmelder in einem **Mängelbescheid** mit (Ziff. II 2 EintragungsRL). Dieser muss die zu rügenden Mängel nach Art und Umfang konkret angeben. Bloße allgemeine Hinweise genügen unter keinen Umständen, §§ 42, 45 PatG sind analog **17**

Einl 18, 19   Einleitung vor § 4

anwendbar (*Bühring,* § 8, Rdnr. 8). Enthält die Anmeldung **nicht behebbare Mängel,** so wird dem Anmelder anheimgestellt, innerhalb einer von der Gebrauchsmusterstelle zu bestimmenden, angemessenen Frist die Anmeldung zurückzunehmen. Der Anmelder ist zugleich darauf hinzuweisen, dass im Falle der Nichtbeseitigung des Mangels die Zurückweisung der Anmeldung durch Beschluss droht. Erfolgt die Zurücknahme nicht, erfolgt die Zurückweisung der Anmeldung durch Beschluss. Weist die Anmeldung **behebbare Mängel** auf, werden diese unter Angabe der Gründe gerügt. Die Gebrauchsmusterstelle gibt dem Anmelder Gelegenheit, die beanstandeten Mängel innerhalb einer bestimmten Frist zu beseitigen. Ein Zustellungsnachweis des Bescheides ist erforderlich. Erfolgt eine Beseitigung der Mängel nicht, wird die Anmeldung durch Beschluss zurückgewiesen. Sämtliche erkennbaren Mängel sollen in einem Bescheid gerügt werden. Widerspricht der Anmelder der Beanstandung, so wird die Anmeldung durch Beschluss (vgl. ferner zur Zurückweisung Anm. 2.6 zu § 8) zurückgewiesen, falls der Mangel fortbesteht. Unter Widerspruch ist jegliche Kundmachung des Nichteinverstandenseins zu werten, z. B. auch eine abweichende technische Stellungnahme. Widerspricht der Anmelder einem ordnungsgemäßen und richtigen Bescheid nicht, erfolgt ebenfalls eine Zurückweisung durch Beschluss. Bestehen Anhaltspunkte, dass die Äußerung versehentlich unterblieben ist, kann bei behebbaren Mängeln an die Erledigung erinnert werden (Ziff. II 2 EintragungsRL).

18   Eine **Anhörung** des Anmelders hat gemäß § 46 PatG analog zu erfolgen, wenn dieser eine solche beantragt. Von der Sachdienlichkeit ist grundsätzlich auszugehen (Ziff. II 8 EintragungsRL). Dem Antrag des Anmelders ist dadurch zu entsprechen, dass Termin zur Anhörung bestimmt und der Anmelder schriftlich geladen wird. Die Ladung ist zuzustellen (BPatG GRUR 1979, 704, 705 – Ordnungsgemäße Zeichnung).

19   Der Anmelder hat insbesondere die Möglichkeit der Inanspruchnahme des Anmeldetages einer früher mit Wirkung für die Bundesrepublik Deutschland eingereichten Patentanmeldung, die dieselbe Erfindung betrifft **(Abzweigung),** § 5. Der Zeitrang der Anmeldung wird durch den Tag ihres Eingangs beim DPMA bestimmt. Der Zeitrang einer früheren Anmeldung kann für eine spätere Anmeldung als inländische, ausländische oder Ausstellungspriorität in Anspruch genommen werden (vgl. § 6). Bei uneinheitlichen Anmeldungen ist die Einheitlichkeit herzustellen, was durch Teilung der Anmeldung **(Ausscheidung)** oder **Verzicht** auf einen Anmeldungsteil geschehen kann. Andernfalls ist die Anmeldung zurück-

Einleitung vor § 4 20–23 **Einl**

zuweisen. Wird die Anmeldung geteilt, so entsteht die neue Anmeldung mit dem Eingang der Teilungserklärung beim DPMA.

Weist die Anmeldung keine Mängel auf oder sind ihre Mängel behoben, so wird die **Eintragung** wegen der Erklärungsfristen für den Zeitrang (Abzweigung, Priorität) jedoch nicht vor Ablauf von zwei Monaten nach Eingang der Anmeldung beim DPMA vorgenommen. Die Eintragung ist **konstitutiv**. Mit der rechtsbegründenden Eintragung „entsteht" das GebrM (zur Eintragung sowie zur Differenzierung zwischen dem Entstehen als formales bzw. materielles Recht vgl. Anm. 2.5 zu § 8). 20

Weitere Einzelheiten zum Verfahrensablauf: vgl. Ziff. II 1, 2 EintragungsRL; weitere Einzelheiten zu den Anmeldeerfordernissen vgl. Anmerkungen zu § 4. 21

5.3 Rechtsnatur der Anmeldung sowie der Eintragung

Die Anmeldung zur Eintragung weist verfahrensrechtliche und materiell-rechtliche Aspekte auf. Die **materiell-rechtliche** Wirkung besteht darin, dass der Anmelder gegen das Patentamt einen (veräußerlichen, übertragbaren und pfändbaren) **Anspruch** (vgl. die ausdrückliche Regelung in § 33 Abs. 2 MarkenG) auf Eintragung des GebrM bei Vorliegen der Eintragungsvoraussetzungen erwirbt. Darüber hinaus bestimmt der Eingang der Anmeldung den **Altersrang** (Priorität) des Gebrauchsmusters, der seinerseits für den Stand der Technik und für das Verhältnis des GebrM zu anderen Schutzrechten maßgebend ist. Die Anmeldung stellt eine Sicherung des Rechts auf das GebrM dar (vgl. BPatGE 24, 194, 200). Insoweit äußert der erst durch die Eintragung begründete Schutz Rückwirkungen für die Zeit zwischen Anmeldung und Eintragung. 22

In **verfahrensrechtlicher** Hinsicht bringt die Anmeldung das Rechtsschutzinteresse des Anmelders auf Eintragung des GebrM zum Ausdruck. Die Anmeldung verleiht ausschließlich ihrem Anmelder oder dessen Rechtsnachfolger jegliche Legitimation (zur Insolvenz: Anm. 7). Im Erbfall und in Fällen gesellschaftsrechtlicher Gesamtrechtsnachfolge sind auch ohne Umschreibung in der Rolle die Erben bzw. der Gesamtrechtsnachfolger für alle die Anmeldung betreffenden Verfahrenshandlungen legitimiert. In der (patentrechtlichen) Literatur besteht Uneinigkeit, ob die Differenzierung zwischen materiell-rechtlicher und verfahrensrechtlicher Wirkung als weitgehend „gekünstelt" angesehen werden muss (so z. B.: *Mes*, § 35 PatG, Rdnr. 4; a. A. *Busse/Keukenschrijver*, vor § 34 PatG, Rdnr. 81). 23

Der Streit entzündet sich insbesondere daran, wie versehentliche oder sonst wie ungewollte Erklärungen mit nachteiligen Folgen ungeschehen gemacht werden können. Entsprechend der zum PatG ergangenen Rechtspraxis ist die **vollständige Rücknahme** der Anmeldung möglich. Die herrschende Meinung bejaht die **Anfechtbarkeit** der Rücknahme einer Patentanmeldung (BGH PMZ 1992, 352, 355 – Akustische Wand); entsprechendes muss auch für das GebrM gelten. Hingegen kann der Anmelder eine einmal getätigte Anmeldung nicht mehr (teilweise) zurücknehmen. Ihm steht insoweit nur frei, auf den Gegenstand seiner Anmeldung (teilweise) **zu verzichten** (BPatGE 24, 194, 202). Bei einem (materiell-rechtlichen) Verzicht auf eine Anmeldung oder einen Anmeldungsteil kann der Anmelder insoweit keine neue Anmeldung mehr einreichen. Diesbezügliche Erklärungen des Anmelders sind auslegungsfähig und oft auslegungsbedürftig. Die Erklärung, einen Schutzanspruch nicht weiterzuverfolgen, vielmehr die Eintragung der Anmeldung unter Zugrundelegung der übrigen Schutzansprüche zu beantragen, bedeutet regelmäßig keinen Verzicht auf den nicht weiterverfolgten Schutzanspruch, jedenfalls wenn der Anmelder nicht außerdem eine ausschließlich den übrigen Schutzansprüchen angepasste neue Beschreibung und gegebenenfalls Zeichnung vorlegt (BPatGE 23, 113, 116/117). Der Anmelder kann deshalb auch nach antragsgemäßer Eintragung des GebrM den zunächst nicht weiterverfolgten, in der Stammanmeldung verbliebenen Schutzanspruch abtrennen und selbständig weiterverfolgen (BPatGE 23, 113, 117). Denn ein Verzicht wurde nicht erklärt, eine Zurückweisung liegt nicht vor und die Anmeldung ist in Bezug auf diesen Schutzanspruch noch anhängig. In derartigen Fällen hat das DPMA auf eindeutige Erklärungen des Anmelders hinzuwirken (im Beispielsfall: entweder eindeutige Erklärung des Teilverzichts oder Vornahme einer Trennanmeldung). Kommt der Anmelder einer entsprechenden Aufforderung nicht nach, ist die gesamte Anmeldung ggfs wegen Verstoßes gegen die GebrMAnmV zurückzuweisen (BPatGE, aaO). Als **Rücknahme** ist zum Beispiel die Erklärung zu werten, die Anmeldung nicht weiterzuverfolgen oder nicht aufrechtzuerhalten. Bei unbestimmten Erklärungen ist im Zweifel zugunsten des Anmelders nur von einer Rücknahme und nicht von einem Verzicht auszugehen, da bei ersterer eine Neuanmeldung mit neuem Zeitrang möglich ist, bei letzterem nicht. Mit der Rücknahme entfällt die Anmeldung; eine dennoch erfolgte Eintragung begründet kein Schutzrecht. Streitig ist, ob die trotz Rücknahme erfolgte Eintragung von Amts wegen zu löschen und die Bekanntmachung zu

Einleitung vor § 4

widerrufen ist (so BPatGE 8, 188, 189). Soll die Rücknahme **widerrufen** werden, so muss der Widerruf vor oder mit der Rücknahmeerklärung eingehen (vgl. BGH GRUR 1977, 485 – Rücknahme). Zur Rücknahme befugt ist der Anmelder, dessen Erklärung auch ohne materielle Berechtigung wirksam ist (BPatGE 3, 38). Eine Rücknahmeerklärung wird mit Zugang beim DPMA oder beim BPatG wirksam (BPatGE 8, 188, 189). Hinsichtlich des **Verzichts** gelten grundsätzlich dieselben Voraussetzungen wie bei der Rücknahme der Anmeldung. Zur Annahme eines Verzichts bedarf es einer klaren und eindeutig objektiv feststellbaren Erklärung, z. B. dass die Rechte aus der Anmeldung sofort und endgültig aufgegeben werden sollen (vgl. BPatGE 23, 113, 116). Ein Wiederaufgreifen verzichteter Teile ist nicht nur wegen seiner materiell-rechtlichen Wirkungen des Verzichts nicht mehr möglich, sondern auch weil dies eine unzulässige Erweiterung bedeutete.

5.4 Voraussetzungen der Verfahrensbeteiligung

Das Anmeldeverfahren vor dem DPMA ist Verwaltungsverfahren (vgl. BGH GRUR 1997, 615 – Vornapf, zum Patentanmeldeverfahren), nicht Gerichtsverfahren (zu den Besonderheiten beim GebrM-Löschungsverfahren vgl. Anm. 2 zu Einleitung vor § 15). Dennoch bestimmt § 2 Abs. 2 Nr. 3 des Verwaltungsverfahrensgesetzes (VerwVerfG), dass dieses Gesetz nicht für Verfahren vor dem DPMA und den bei diesen errichteten Schiedsstellen gilt. Für das Patenterteilungsverfahren ist weitgehende Uneinigkeit in Literatur und Rechtsprechung festzustellen, ob trotzdem die im Verwaltungsverfahrensrecht enthaltenen allgemeinen Grundsätze heranzuziehen sind bzw. ob von einer allgemeinen Heranziehung zivilprozessualer Grundsätze auszugehen ist (vgl. eingehend zum Meinungsstand: *Busse/Keukenschrijver*, vor § 34 PatG, Rdnr. 26); nach einem Teil der Literatur und Rechtsprechung soll das Patenterteilungsverfahren weitgehend justizförmig ausgestaltet sein (*Mes,* vor § 35 PatG, Rdnr. 3 mit Hinweisen auf die Rspr. des BPatG). Die aktuelle gebrauchsmusterrechtliche Literatur übergeht diese parallele Frage beim Gebrauchsmusteranmeldeverfahren im wesentlichen bzw. wendet auf einzelne Teilbereiche ohne weiteres zivilprozessuale Vorschriften an (vgl. z. B. *Bühring,* § 4 Rdnr. 10). Der Sachzusammenhang zwischen Eintragungs-, Löschungs- und Beschwerdeverfahren lässt die Anwendung jedenfalls folgender zivilprozessualer Regelungsbereiche für sinnvoll erscheinen:

5.4.1 Parteifähigkeit

25 Anmelder kann nur sein, wer parteifähig ist, § 50 Abs. 1 ZPO. Die Regelung der Parteifähigkeit folgt derjenigen der Rechtsfähigkeit. Rechtsfähig sind alle natürlichen Personen, ferner juristische Personen der öffentlichen Hand und privaten Rechts, Gesellschaften, die nicht juristische Personen sind, z. B. oHG (§ 124 Abs. 1 HGB), KG (§ 161 Abs. 2 HGB), die Reederei (§ 493 Abs. 3 HGB), die Partnerschaft (§ 7 Abs. 2 PartnerschaftsG) sowie die politischen Parteien und ihre Gebietsverbände der höchsten Stufe (§ 3 PartG). Eine Gesellschaft bürgerlichen Rechts wird nunmehr als solche als parteifähig angesehen (BGH NZG 2001, 311). Bei ausländischen Anmeldern bestimmt sich die Beteiligtenfähigkeit nach ihrem Heimatrecht.

5.4.2 Prozessfähigkeit

26 Das Anmeldeverfahren betreiben kann nur derjenige, der prozessfähig ist. Gemäß § 52 ZPO ist eine Person insoweit prozessfähig, als sie sich durch Verträge verpflichten kann (weitere Einzelheiten: §§ 52 ff ZPO). Prozessfähig ist nur der Vollgeschäftsfähige. Juristische Personen und Gesellschaften handeln durch ihre Vertreter bzw. Organe; deren Prozessfähigkeit ist maßgebend.

5.4.3 Mängel der Parteifähigkeit bzw. Prozessfähigkeit

27 Entsprechend § 56 Abs. 1 ZPO sind Mängel der Partei- bzw. Prozessfähigkeit von Amts wegen zu beachten. Ist mit dem Verzug Gefahr verbunden, können nicht oder beschränkt Geschäftsfähige einstweilen zugelassen werden (entsprechend § 56 Abs. 2 Satz 1 ZPO); hiervon wird man bei Anmeldungen grundsätzlich ausgehen müssen. Die Wirksamkeit der Verfahrenshandlung hängt von der Genehmigung des gesetzlichen Vertreters ab. Bei Verweigerung der Genehmigung ist die Verfahrenshandlung von Anfang an unwirksam. Bereits gezahlte Gebühren sind zurückzuerstatten (*Bühring*, § 4 Rdnr. 10).

5.4.4 Mehrere Beteiligte

28 Personenmehrheiten können eine Anmeldung gemeinsam tätigen, z. B. wenn sie Miterfinder sind und in dieser Eigenschaft eine Bruchteilsgemeinschaft oder Gesellschaft bürgerlichen Rechts bilden. Ihr Antragsbegehren muss identisch sein; Abweichungen führen andernfalls zur Zurückweisung der Anmeldung. Über die aus der Anmeldung fließenden Rechte können sie nur gemeinschaftlich

Einleitung vor § 4   29, 30 **Einl**

verfügen; Rücknahme der Anmeldung sowie Verzicht können ebenfalls nur gemeinschaftlich erklärt werden. Sind mehrere Anmelder vorhanden, sind diese **notwendige Streitgenossen,** § 62 ZPO analog. Die Entscheidung über die Eintragung kann ihnen gegenüber nur einheitlich erfolgen. Säumige Mitanmelder gelten als durch die nicht Säumigen vertreten (*Bühring,* § 4, Rdnr. 11).

5.5 Vertretung

Der inländische Anmelder kann, der ausländische Anmelder 29 muss sich im Eintragungsverfahren durch einen Patentanwalt (ggf. Patentassessor, Erlaubnisscheininhaber, §§ 155 Abs. 2, 178 PatAnwO) oder Rechtsanwalt vertreten lassen. Erfolgt eine gewillkürte Vertretung, bedarf es der Vorlage einer schriftlichen Vollmacht bzw. des Nachweises der Vollmacht (Verfahrenshandlungsvoraussetzung; vgl. BGH GRUR 1995, 333, 334 – Aluminium-Trihydroxid). Die Vollmachtsvorlage wird durch § 18 DPMAV geregelt (zu den Einzelheiten vgl. die Anm. zu § 28). Ein Nachweis der Vollmacht erfolgt durch Vorlage einer Vollmachtsurkunde (zur Hinterlegung allgemeiner Vollmachten und sogenannter Angestellten-Vollmachten vgl. MittPräsDPA Nr. 9/94, PMZ 1994, 301). Das DPMA muss den Mangel der Vollmacht von Amts wegen berücksichtigen. Ausnahme: Als Bevollmächtigter tritt ein Rechts- oder Patentanwalt auf, § 18 Abs. 3 Satz 2 DPMAV. Die Vollmacht **erlischt** bei der Anzeige der Bestellung eines neuen Bevollmächtigten; zum Insolvenzverfahren vgl. Anm. 7. Die Vollmacht erlischt nicht mit der Auflösung der vollmachtgebenden Handelsgesellschaft (vgl. BPatGE 31, 146).

Durch einen **vollmachtlosen Vertreter** vorgenommene Verfah- 30 rensshandlungen führen grundsätzlich zu deren Unwirksamkeit. Ein vollmachtloser Vertreter kann entsprechend § 89 ZPO einstweilen zugelassen werden (BGH GRUR 1995, 333, 334 – Aluminium-Trihydroxid zum Patenterteilungsverfahren). Von einem vollmachtlosen Vertreter vorgenommene Verfahrenshandlungen können nachträglich genehmigt und somit geheilt werden (BGH, aaO). Wegen der Rückwirkung braucht die Genehmigung nicht innerhalb der Frist erklärt zu werden, die für die genehmigte Verfahrenshandlung gilt (BGH, aaO). Die Genehmigung kann nur für die Verfahrenshandlungen des vollmachtlosen Vertreters insgesamt erteilt oder versagt werden (vgl. BGH GRUR 1984, 870 – Schweißpistolenstromdüse).

6. Verfahrensprinzipien

6.1 Rechtsschutzbedürfnis; rechtliches Interesse

31 Zu den zu berücksichtigenden Verfahrensprinzipien zählt auch das (verfahrensrechtliche) **Rechtsschutzbedürfnis** sowie das (materiellrechtliche) **rechtliche Interesse** (vgl. lediglich BPatG GRUR 1996, 873; BGH GRUR 1997, 615 – Vornapf; BGH GRUR 1995, 342 – Tafelförmige Elemente). Das Bestehen eines Rechtsschutzbedürfnisses oder eines rechtlichen Interesses ist jeweils großzügig auszulegen; von einem Fehlen kann nur bei offensichtlich nicht schutzwürdiger Rechtsverfolgung ausgegangen werden (BPatG, aaO, S. 875; zum Rechtsschutzinteresse im Löschungsverfahren bei abgelaufenen Schutzrechten vgl. Anm. 8.3 zu § 16). Das Rechtsschutzbedürfnis für die Anmeldung der technischen Lehre zur Eintragung folgt aus dem dargestellten Anspruch auf das Schutzrecht, sofern die materiellen und formellen Voraussetzungen hierfür vorliegen (vgl. auch BGH GRUR 1998, 130, 131 – Handhabungsgerät). Ob die Frage des Rechtsschutzbedürfnisses tangiert ist, wenn für eine weitere, mit der ersten inhalts- und prioritätsgleichen GebrM-Anmeldung des Anmelders eine Eintragung begehrt wird oder ob in diesen Fällen dogmatisch das Bestehen eines öffentlich-rechtlichen Anspruchs auf Entstehung eines weiteren inhalts- und prioritätsgleichen Schutzrechts für denselben Anmelder zu verneinen ist (vgl. zum patentrechtlichen Meinungsstand: *Busse/Keukenschrijver*, vor § 34, Rdnr. 44), kann wegen derselben Rechtsfolgen letztlich dahinstehen.

6.2 Dispositions-/Offizialmaxime

32 Das GebrM-Eintragungsverfahren wird nicht von Amts wegen eingeleitet, sondern nur auf schriftlichen Antrag, § 4 Abs. 3 Nr. 2. Der Anmelder formuliert die Ansprüche (§ 4 Abs. 3 Nr. 3) sowie die Beschreibung des Gegenstands des GebrM einschließlich der Zeichnungen, auf die sich die Schutzansprüche oder die Beschreibung beziehen, § 4 Abs. 3 Nr. 3, 4. Das DPMA und nachfolgend das Bundespatentgericht sowie der Bundesgerichtshof sind hieran gebunden (vgl. BGH GRUR 1997, 120, 122 – Elektrisches Speicherheizgerät). Sofern die formellen und materiellen Voraussetzungen für die Eintragung des GebrM gegeben sind, hat der Anmelder

Einleitung vor § 4

darauf einen öffentlich rechtlichen Anspruch. Die **Dispositionsmaxime** wird durch den durch die Antragstellung in Gang gesetzten **Amtsbetrieb** eingeschränkt, was insbesondere in der Prüfung der Anmeldung auf formelle Mängel und Schutzausschließungsgründe zum Ausdruck kommt (vgl. hierzu oben Anm. 1; 5.2; zum Löschungsverfahren siehe § 15 und Anm. dort). In diesem Rahmen muss das DPMA von Amts wegen, soweit dies geboten erscheint, die zur Aufklärung der Sache erforderlichen Ermittlungen anstellen (BPatG GRUR 1980, 997 – Haupt- und Hilfsantrag). Zu diesem Zweck kann das DPMA auch eine Anhörung durchführen, bei der die GebrM-Anmeldung mündlich erörtert wird. Die Anhörung dient der Aufklärung des Sachverhalts und der Erörterung aufgetretener Sach- und Rechtsfragen. Mit ihr sollen auftauchende Probleme ohne zeitraubenden Schriftwechsel erkannt und behoben werden. Fernmündliche Rücksprachen können ebenfalls ein tunliches Mittel seitens des DPMA sein, um Unklarheiten zu beseitigen. Sie können jedoch kein Ersatz für Bescheide sein, mit denen formelle oder sachliche Beanstandungen von erheblicher Tragweite ausgesprochen werden. Sie bieten sich vornehmlich bei der Behebung und Klärung von sprachlichen Unstimmigkeiten bei der Fassung der Schutzansprüche vor der Eintragung an; ebenso bei Zweifelsfragen, die durch neue Unterlagen auftauchen oder etwa bei der Anforderung fehlender Unterlagen etc.

6.3 Schriftlichkeit des Verfahrens

Eine der wesentlichen Änderungen des 2. PatGÄndG vom 16. Juli 1998 betrifft das bisherige Erfordernis der Schriftform von GebrM-Anmeldungen. Das Schriftlichkeitserfordernis für GebrM-Anmeldungen als einzige zulässige Anmeldeform hat der Gesetzgeber durch Streichung des Wortes „schriftlich" in § 4 Abs. 1 Satz 1 a. F. aufgegeben, um Anmeldern die Möglichkeit zu eröffnen, sich zur Übermittlung der Anmeldung sowie der dazugehörigen Anmeldungsunterlagen auch **moderner Kommunikationsmittel** bedienen zu können. Die Anmeldung soll zukünftig auch auf elektronischem Wege, z. B. Online, möglich sein (amtliche Begründung, PMZ 1998, 408 zu Art. 3, § 4 GebrMG Abs. 1). Die Einzelheiten der künftigen Regelung sind der GebrMAnmV überlassen. Faktisch scheitert die Umsetzung dieser Neuregelung derzeit an den beim DPMA noch nicht gewährleisteten technischen und administrativen Voraussetzungen für die Einreichung der Anmeldung auf elektronischen Medien.

Hierzu heißt es in der amtlichen Begründung, aaO, dass in der GebrMAnmV zunächst unverändert vorgeschrieben sein werde, dass die Anmeldung (weiterhin) schriftlich einzureichen sei. Die Neuregelung legt für diesen Übergangszeitraum jedenfalls bereits eine großzügige Auslegung des Schriftlichkeitserfordernisses nahe, so dass es lediglich darauf ankommen könnte, dass die Unterlagen in einer manifestierten Form an das DPMA gelangen. Mündliche oder fernmündliche Anmeldungen sind deshalb ausgeschlossen. Bedenken gegen die Übermittlung per Telefaxgeräten bestehen hingegen nicht mehr (vgl. auch bereits MittPräsDPMA Nr. 1/97, PMZ 1997, 69).

34 Alle wesentlichen Teile des weiteren Eintragungsverfahrens unterliegen dem Grundsatz der Schriftlichkeit, wie beim Patenterteilungsverfahren (vgl. hierzu BGH GRUR 1994, 724, 725 – Spinnmaschine). Sofern Anhörungen und Vernehmungen durchgeführt werden, ist eine Niederschrift zu fertigen, die den wesentlichen Gang der Verhandlung wiedergibt und die rechtserheblichen Erklärungen der Beteiligten enthalten soll (vgl. § 46 Abs. 2 PatG). Hinsichtlich des Schriftformerfordernisses ist zwischen sogenannten **bestimmenden Schriftsätzen** und **rechtsgeschäftlichen Erklärungen,** die nicht bloße Verfahrenshandlungen sind, zu unterscheiden. Letztere bedürfen überall dort, wo ausdrücklich gesetzliche Schriftform im Sinne des § 126 BGB angeordnet ist, der eigenhändigen Unterschrift. Die Übersendung per Telex oder Telekopie reicht infolgedessen nicht aus, z. B. bei einem Verzicht oder einer Lizenzbereitschaftserklärung (vgl. BPatG GRUR 1996, 477). Die Schriftform erfordert danach grundsätzlich **eigenhändige Unterschrift** des Handelnden oder seines Vertreters (vgl. BGH GRUR 1989, 506 – Widerspruchsunterzeichnung). Hierzu ist erforderlich, dass der Schriftzug individuell und einmalig ist, also eine die Identität des Unterzeichnenden hinreichend erkennbare Wiedergabe seines Namens darstellt. Auch wenn eine übertriebene Kleinigkeit nicht angezeigt ist, reicht eine erkennbar abgekürzte Form des Namenszuges (Paraphe) nicht. Geht es lediglich um eine (ggf. fristgebundene) Verfahrenshandlung, kann von der Eigenhändigkeit der Unterschrift abgesehen werden. Bestimmende Schriftsätze (z. B. Löschungsantrag, Beschwerde) können infolgedessen mit Telefax eingereicht werden, sofern sie nur eine Unterschrift (nicht eigenhändig) aufweisen (BVerfG Mitt 1996, 281). Zum Problem des unvollständigen Telefaxeinganges vgl. BGH NJW 1994, 1881; 1994, 2097). Im Einzelnen ist hier vieles gerade in Bezug auf die neuen Informations-Übermittlungsformen streitig. Anwaltliche Vorsorge wird im Zweifelsfall immer eine eigenhändige Unterschrift bedeuten.

6.4 Rechtliches Gehör

In den gerichtlichen Verfahren vor dem PatG und dem BGH gilt 35
dieses in Art. 103 Abs. 1 GG verankerte Prinzip uneingeschränkt.
Im Verfahren vor dem DPMA ist terminologisch korrekter von
einem Recht auf Äußerung zu sprechen. Eine ausreichende Berücksichtigung dieses Prinzips findet letztlich im Rechtsstaatsprinzip
gem. Art. 20 GG seine Grundlage (vgl. auch §§ 45, 46 PatG, § 59
Abs. 1 MarkenG). Im schriftlichen Verfahren ist das rechtliche Gehör in schriftlicher Weise, bei mündlicher Anhörung mündlich zu
gewähren. Das GebrMG enthält ebenso wenig wie das PatG Einzelheiten zur Ausgestaltung des rechtlichen Gehörs. Den Verfahrensbeteiligten ist aufgrund des Rechts auf das GebrM in umfassender
Weise die Möglichkeit zu eröffnen, ihre jeweiligen Argumente und
Behauptungen vorzutragen. Diese Äußerungen sind zu berücksichtigen, nicht notwendigerweise jedoch sämtlich zu verbescheiden.
Auch insoweit ist hinreichend zu berücksichtigen, dass der Antragsteller gegenüber dem DPMA nicht Bittsteller ist, sondern bei Vorliegen der formellen und materiellen Voraussetzungen einen öffentlich-rechtlichen Anspruch auf Eintragung des GebrM hat (so auch
ausdrücklich für das Patentrecht: *Mes*, vor § 35 PatG Rdnr. 4). Der
Grundsatz erfordert auch, den Beteiligten ausreichend Zeit zur Stellungnahme zu lassen (BPatG GRUR 1965, 601).

6.5 Aufklärungs- und Hinweispflicht

Das DPMA ist verpflichtet, durch Aufklärungsmaßnahmen und 36
Hinweise die am Verfahren Beteiligten zur Beibringung aller erheblichen **Tatsachen** anzuhalten (vgl. lediglich BPatGE 24, 241,
245/246). Eine derartige Verpflichtung in Bezug auf rechtliche
Umstände besteht nicht (vgl. BPatG GRUR 1987, 286, unvollständige Anmeldung). Der Verpflichtung des DPMA entspricht spiegelbildlich die Wahrheitspflicht des Anmelders.

6.6 Parteiöffentlichkeit

Das Verfahren ist für Dritte bis zur Eintragung geheim. Erst 37
danach ergibt sich ein Akteneinsichtsrecht (§ 8 Abs. 5 S. 1; Einzelheiten bei § 8).

6.7 Intertemporales Verfahrensrecht

38 Das Verfahrensrecht findet regelmäßig in der Form Anwendung, wie es zum Zeitpunkt der Entscheidung gilt (BPatG GRUR 1983, 737). Es besteht keine einheitliche Rechtsprechung, ob Lücken in entsprechender Anwendung der ZPO oder des VerwVerfG zu schließen sind (vgl. hierzu Anm. 5.4).

7. Gebrauchsmuster und Insolvenz

39 Das durch die Eintragung oder das durch die Anmeldung begründete Recht fällt in der Insolvenz des Inhabers oder Anmelders in die Insolvenzmasse, § 35 InsO. Der Inhaber bzw. Anmelder verliert mit der Eröffnung des Insolvenzverfahrens über sein Vermögen nicht die Gebrauchsmusterrechtsfähigkeit, jedoch verliert er hinsichtlich der zur Insolvenzmasse gehörenden Rechte die **Verfügungs-** und die **Verwaltungsbefugnis;** diese Rechte stehen dem Insolvenzverwalter nach § 80 Abs. 1 InsO zu. Der Gebrauchsmusterinhaber bzw. -anmelder bleibt Inhaber an den durch die Eintragung bzw. Anmeldung begründeten Rechten. Nach der Eröffnung des Insolvenzverfahrens vorgenommene Rechtshandlungen des Schuldners hinsichtlich des Gebrauchsmusterrechts sind gegenüber Jedermann unwirksam, § 81 InsO. Der Insolvenzverwalter wird Beteiligter des Anmeldeverfahrens und hat ggf. einem bestellten Bevollmächtigten eine neue Vollmacht zu erteilen. Das Recht zur Benutzung des zur Insolvenzmasse gehörenden Gebrauchsmusters steht als Teil des Gebrauchsmusterverwaltungsrechts dem Insolvenzverwalter zu. Insbesondere kann dieser Ansprüche aus einer Gebrauchsmusterverletzung nach §§ 11 ff geltend machen. Diese Rechte stehen dem Insolvenzverwalter unabhängig von einem Untergang des zur Insolvenzmasse gehörenden Unternehmens zu.

40 Nach der Eröffnung des Insolvenzverfahrens nimmt der Insolvenzverwalter die Verwaltung der Insolvenzmasse auf, § 148 InsO. Ferner hat er die Masse nach Entscheidung über die Verwertung durch die Gläubigerversammlung zu verwerten, § 159 InsO. Die durch die Gebrauchsmusteranmeldung bzw. -eintragung entstandenen Rechte sind nach ihrem voraussichtlichen Liquidationserlös zu bewerten. Über die Art der Verwertung entscheidet der Insolvenz-

Anmeldung; Änderungen; Teilung § 4

verwalter nach pflichtgemäßem Ermessen. Insbesondere können die Gebrauchsmusterrechte veräußert werden.

§ 4 [Anmeldung; Änderungen; Teilung]

(1) Erfindungen, für die der Schutz als Gebrauchsmuster verlangt wird, sind beim Patentamt anzumelden. Für jede Erfindung ist eine besondere Anmeldung erforderlich.

(2) Die Anmeldung kann auch über ein Patentinformationszentrum eingereicht werden, wenn diese Stelle durch Bekanntmachung des Bundesministeriums der Justiz im Bundesgesetzblatt dazu bestimmt ist, Gebrauchsmusteranmeldungen entgegenzunehmen. Eine Anmeldung, die ein Staatsgeheimnis (§ 93 StGB) enthalten kann, darf bei einem Patentinformationszentrum nicht eingereicht werden.

(3) Die Anmeldung muß enthalten:
1. den Namen des Anmelders;
2. einen Antrag auf Eintragung des Gebrauchsmusters, in dem der Gegenstand des Gebrauchsmusters kurz und genau bezeichnet ist;
3. einen oder mehrere Schutzansprüche, in denen angegeben ist, was als schutzfähig unter Schutz gestellt werden soll;
4. eine Beschreibung des Gegenstands des Gebrauchsmusters;
5. die Zeichnungen, auf die sich die Schutzansprüche oder die Beschreibung beziehen.

(4) Das Bundesministerium der Justiz wird ermächtigt, durch Rechtsverordnung Bestimmungen über die Form und die sonstigen Erfordernisse der Anmeldung zu erlassen. Es kann diese Ermächtigung durch Rechtsverordnung auf den Präsidenten des Patentamts übertragen.

(5) Mit der Anmeldung ist für jedes angemeldete Gebrauchsmuster eine Gebühr nach dem Tarif zu zahlen. Unterbleibt die Zahlung, so gibt das Patentamt dem Anmelder Nachricht, daß die Anmeldung als zurückgenommen gilt, wenn die Gebühr nicht bis zum Ablauf eines Monats nach Zustellung der Nachricht entrichtet wird.

(6) Bis zur Verfügung über die Eintragung des Gebrauchsmusters sind Änderungen der Anmeldung zulässig, soweit sie den Gegenstand der Anmeldung nicht erweitern. Aus Änderun-

gen, die den Gegenstand der Anmeldung erweitern, können Rechte nicht hergeleitet werden.

(7) **Der Anmelder kann die Anmeldung jederzeit teilen.** Die Teilung ist schriftlich zu erklären. Für jede Teilanmeldung bleibt der Zeitpunkt der ursprünglichen Anmeldung und eine dafür in Anspruch genommene Priorität erhalten. Für die abgetrennte Anmeldung sind für die Zeit bis zur Teilung die gleichen Gebühren zu entrichten, die für die ursprüngliche Anmeldung zu entrichten waren.

(8) **Das Bundesministerium der Justiz wird ermächtigt, durch Rechtsverordnung Bestimmungen über die Hinterlegung von biologischem Material, den Zugang hierzu einschließlich des zum Zugang berechtigten Personenkreises und die erneute Hinterlegung von biologischem Material zu erlassen, sofern die Erfindung die Verwendung biologischen Materials beinhaltet oder sie solches Material betrifft, das der Öffentlichkeit nicht zugänglich ist und das in der Anmeldung nicht so beschrieben werden kann, daß ein Fachmann die Erfindung danach ausführen kann (Abs. 4). Es kann diese Ermächtigung durch Rechtsverordnung auf den Präsidenten des Patentamts übertragen.**

Übersicht

	Rdn.
1. Allgemeines/Zweck der Vorschrift	1–4
2. Gebrauchsmusteranmeldeverordnung	5
3. Anmeldeerfordernisse	
3.1 Allgemeines, Form	6–13
3.2 Einreichungsort	14
3.3 Antrag	15
3.4 Name des Anmelders	16
3.5 Bezeichnung	17
3.6 Erklärungen zur Teilung, Ausscheidung oder Abzweigung	18
3.7 Schutzansprüche	19–29
3.8 Beschreibung	30–34
3.9 Zeichnungen	35
3.10 Einheitlichkeit	36–39
3.11 Anmeldegebühr	40–47
4. Offenbarung	
4.1 Allgemeines	48–51

Anmeldung; Änderungen; Teilung 1–3 **§ 4**

Rdn.
4.2 Offenbarung als zur angemeldeten Erfindung gehörend 52
4.3 Grenzwerte, Bereichsangaben, allgemeine Formeln 53
4.4 Offenbarung und Ausführbarkeit 54–56
5. Änderungen der Anmeldung 57
   5.1 Änderungen vor Eintragungsverfügung 58–68
   5.2 Änderungen nach Eintragungsverfügung ... 69–73
   5.3 Änderungen zwischen Eintragungsverfügung und Eintragung 74
6. Teilung
   6.1 Allgemeines/Zweck der Vorschrift 75–78
   6.2 Ausscheidungsanmeldung 79–81
   6.3 Teilung 82–85
   6.4 Gebühren 86
7. Hinterlegung biologischen Materials 87–92

Literatur (Auswahl): *Goebel,* Schutzansprüche und Ursprungsoffenbarung – Der Gegenstand des Gebrauchsmusters im Löschungsverfahren, GRUR 2000, 477.

1. Allgemeines/Zweck der Vorschrift

Die durch das Gebrauchsmusteränderungsgesetz vom 15. August 1986 (PMZ 1986, 310) und das Produktpirateriegesetz vom 7. März 1990 (PMZ 1990, 161) im Wesentlichen neu gestaltete Fassung des § 4 ist wiederum durch das 2. PatGÄndG (1. 11. 1998) wesentlich geändert worden. Das 2. PatGÄndG hat eine weitere Annäherung des GebrMG an das PatG bewirkt. Die Neuregelung ist im Zusammenhang mit dem neu eingefügten § 4 a) zu sehen, dessen korrespondierende Vorschrift im PatG § 35 n. F. ist. Der Verweis in § 4 Abs. 8 auf Abs. 4 stellt ein Redaktionsversehen dar; insoweit wurde der Gesetzestext des § 34 n. F. identisch übernommen mit dem dort zutreffenden Verweis auf Abs. 4.

Die Neufassung gilt jedenfalls für alle seit dem 1. 11. 1998 angemeldeten Gebrauchsmuster (weitergehend anscheinend *Busse/Keukenschrijver,* § 4 GebrMG, Rdnr. 3). 2

Die Neuregelung in § 4 entspricht in weiten Bereichen den Vorschriften der §§ 34 n. F., 35 a. F., 38, 39 PatG. Die Vorschrift des 3

§ 4 a) korrespondiert darüber hinaus mit der Vorschrift des § 35 PatG n. F. Die patentrechtlichen Regelungen über die Zusammenfassung (§ 36 PatG) und die Erfinderbenennung (§ 37 PatG) fehlen hingegen. Ein wesentlicher Unterschied zum Patentanmeldungsverfahren besteht ferner darin, dass im Gebrauchsmusterrecht eine Prüfung der sachlichen (relativen) Schutzvoraussetzungen der angemeldeten Erfindung nicht stattfindet.

4 Abs. 1 Satz 1 statuiert die selbstverständliche Voraussetzung, dass die Erfindung beim Patentamt anzumelden ist. Satz 2 beinhaltet den Grundsatz der Einheitlichkeit. Abs. 2 regelt die Möglichkeit der Einreichung von Gebrauchsmusteranmeldungen über Patentinformationszentren. Abs. 3 nennt die inhaltlichen Anforderungen der Anmeldung. Abs. 4 ermächtigt den Bundesminister der Justiz, durch Rechtsverordnung über die sonstigen Erfordernisse der Anmeldung entweder selbst oder durch den Präsidenten des Patentamts – nach entsprechender Rechtsverordnung – Bestimmungen zu erlassen. Hiervon ist durch die GebrMAnmV Gebrauch gemacht worden. Abs. 5 regelt die Gebührenpflicht sowie die Konsequenzen deren Nichtbefolgung. Abs. 6 regelt die Zulässigkeit und Schlussfolgerung der Vornahme von Änderungen. In Abs. 7 sind die Möglichkeit von Teilungen und ihre Gebührenfolgen geregelt. Abs. 8 enthält eine Regelung über die Hinterlegung biologischen Materials.

2. Gebrauchsmusteranmeldeverordnung

5 Die in Ermächtigung des § 4 Abs. 4 am 1. 1. 1987 in Kraft getretene GebrauchsmusteranmeldeVO (GebrMAnmV), die mehrfach in der Zwischenzeit geändert wurde (vgl. hierzu *Busse/Keukenschrijver*, § 4, Rdnr. 9), ist materielles Gesetz, mithin nicht lediglich bloße verwaltungsinterne Vorschrift. Ihr Anwendungsbereich ist in § 1 geregelt. Einzelheiten der GebrMAnmV werden bei den einzelnen Tatbestandsmerkmalen erörtert.

3. Anmeldeerfordernisse

3.1 Allgemeines, Form

6 Die diesbezüglichen Regelungen entsprechen weitgehend denjenigen der PatAnmV. Des Weiteren wird auf die Einleitung zu § 4,

Anm. 5. verwiesen. Das Zusammenspiel der Regelungen in §§ 4 und 4 a) lässt eine Differenzierung zwischen Anmeldeerfordernissen als Mindestvoraussetzung zur Begründung eines **Anmeldetages** und denjenigen, die als **zusätzliche Eintragungsvoraussetzungen** bezeichnet werden können, erkennen.

Damit von einer anmeldetagsbegründenden Schutzrechtsanmeldung ausgegangen werden kann, muss diese mindestens enthalten: 7
– den Namen des Anmelders (§ 4 Abs. 3 Nr. 1) 8
– einen Antrag auf Eintragung, in dem der Gegenstand des Gebrauchsmusters kurz und genau bezeichnet ist (§ 4 Abs. 3 Nr. 2) und 9
– eine Beschreibung des Gegenstandes des Gebrauchsmusters (§ 4 Abs. 3 Nr. 4), wobei jedenfalls Angaben enthalten sein müssen, die eine Beschreibung erkennen lassen (§ 4 a Abs. 2 Satz 1). 10

Die Erfüllung der Mindesterfordernisse für die Zuerkennung eines Anmeldetages bedeutet jedoch noch nicht, dass die Anmeldung den **Eintragungsvoraussetzungen** entspricht. Die Anmeldung muss vielmehr neben den vorerwähnten Mindesterfordernissen enthalten: 11
– einen oder mehrere Schutzansprüche, in denen angegeben ist, was als schutzfähig unter Schutz gestellt werden soll (§ 4 Abs. 3 Nr. 3, § 5 GebrMAnmV); 12
– Zeichnungen, sofern darauf in der Beschreibung und/oder in den Schutzansprüchen Bezug genommen ist (§ 4 Abs. 3 Nr. 5, § 6 GebrMAnmV). 13

3.2 Einreichungsort

Nach § 4 Abs. 1 Satz 1 sind GebrM-Anmeldungen (grundsätzlich) beim **Patentamt** (München, Jena oder Berlin) einzureichen. Um den Zugang zu Anmeldungen zu erleichtern, hat das 2. PatÄndG in dem nunmehr neu eingefügten Abs. 2 daneben die Möglichkeit eröffnet, unter Wahrung des Anmeldetages Anmeldungen über ein **Patentinformationszentrum (PIZ)** einzureichen. Das BMJ gibt die zur Entgegennahme und Weiterleitung von Anmeldungen autorisierten Patentinformationszentren im BGBl bekannt (vgl. auch die jährlichen Informationen des DPMA in PMZ). Die Patentinformationszentren sind jedoch nur zur Entgegennahme, Dokumentation der Anmeldungen sowie ihrer Weiterleitung an das DPMA befugt. Sie sind weder Zahlstellen des DPMA oder deren Dienststellen im Sinne des § 3 PatentgebührenzahlungsVO, noch 14

§ 4 15, 16 Anmeldung; Änderungen; Teilung

findet bei ihnen irgendeine Prüfung statt. Ausgeschlossen sind nach § 4 Abs. 2 Satz 2 Anmeldungen, deren Gegenstand ein Staatsgeheimnis im Sinne des § 93 StGB enthalten kann. Ob eine entgegen § 4 Abs. 2 Satz 2 bei einem PIZ eingereichte Anmeldung nicht zum Verlust des Anmeldetages führt, ist dem Wortlaut der Vorschriften nicht entnehmbar. Nach der durch das 2. PatGÄndG vorgenommenen Änderung des IntPatÜG und hierzu getroffenen Regelung zur Einreichung von internationalen Patentanmeldungen (Gesetzesbegründung, PMZ 1998, 409 re Sp) soll dies nicht der Fall sein (zweifelhaft).

3.3 Antrag

15 Das für den Umfang und Inhalt maßgebende Begehren des Anmelders wird durch den Antrag und die mit ihm eingereichten Unterlagen bestimmt (BPatG GRUR 1980, 997). Die nach § 4 Abs. 2 Nr. 6 GebrAnmV vorgesehene Erklärung, dass für die Erfindung die Eintragung eines Gebrauchsmusters beantragt wird, muss nicht wörtlich wiederholt werden, wenn sich aus den Umständen die Tatsache eines Antrages eindeutig ergibt. Der Antrag ist **bedingungsfeindlich**. Zur Schriftform und zu den Vertretungsbefugnissen vgl. die Anmerkungen zur Einleitung zu § 4, Anm. 5.5, 6.3. Zweifel hinsichtlich des Vorliegens eines Antrages sind zugunsten des Einreichenden zu berücksichtigen (*Bühring*, § 4, Rdnr. 15). Der Antrag soll auf vorgeschriebenen Formblättern (G 6003, PMZ 1990, 218) erfolgen. Eine zwingende Voraussetzung ist dies jedoch nicht.

3.4 Name des Anmelders

16 Nach § 4 Abs. 2 Nr. 1 – 4 GebrMAnmV sind anzugeben: Vor- und Zuname, Firma oder sonstige Bezeichnung des Anmelders, Anschrift des Wohnsitzes oder Sitzes des Geschäftsbetriebes (zu ausländischen Orten: § 2 Abs. 1 Nr. 2 Satz 2 GebrMAnmV). Es muss ersichtlich sein, ob das GebrM für ein oder mehrere Personen oder Gesellschaften, für den Anmelder unter seiner Firma oder unter seinem bürgerlichen Namen beantragt wird. Handelsregistereintragungen sind zu berücksichtigen. Ebenso sind der Name und die Anschrift des Vertreters bekannt zu geben. Falls mehrere Personen über einen gemeinsamen Vertreter anmelden oder mehrere Vertreter mit verschiedenen Anschriften bestellt sind, ist die Angabe erforder-

Anmeldung; Änderungen; Teilung 17–19 § 4

lich, wer als Zustellungsbevollmächtigter zum Empfang amtlicher Schriftstücke befugt ist.

3.5 Bezeichnung

Nach § 4 Abs. 2 Nr. 5 GebrMAnmV ist eine kurze und genaue 17 Bezeichnung des Gegenstands des Gebrauchsmusters vorzunehmen, die einen Überblick über den Gegenstand der Anmeldung geben soll. Diese Angabe dient insbesondere der Erleichterung von Recherchen. Marken oder sonstige Phantasiebezeichnungen sind unzulässig. Die Bezeichnung nach § 4 Abs. 2 Nr. 5 GebrMAnmV ist auch am Anfang der Beschreibung (§ 4 Abs. 3 Nr. 4) als Titel anzugeben, § 6 Abs. 1 GebrMAnmV. Die Bezeichnung braucht nicht dem Oberbegriff zu entsprechen (*Bühring*, § 4, Rdnr. 16). Angaben, die die Erfindung selbst betreffen, sind nicht in die Bezeichnung aufzunehmen (*Benkard/Schäfers*, § 4 GebrMG, Rdnr. 18). Die Anmeldung kann wegen mangelhafter Bezeichnung nur zurückgewiesen werden, wenn diese den Gegenstand der Anmeldung nicht trifft (BPatGE 18, 15, 19). Im Übrigen kann eine fehlende Bezeichnung zwar einen Zurückweisungs-, nicht aber einen Löschungsgrund bilden (*Bühring*, aaO).

3.6 Erklärungen zur Teilung, Ausscheidung oder Abzweigung

Falls die Anmeldung eine Teilung (§ 4 Abs. 7) oder eine Ausscheidung aus einer Gebrauchsmusteranmeldung betrifft, muss der Antrag die Angabe des Aktenzeichens und des Anmeldetages der Stammanmeldung enthalten, § 4 Abs. 2 Nr. 7 GebrMAnmV. Falls der Anmelder für dieselbe Erfindung mit Wirkung für die Bundesrepublik Deutschland bereits früher ein Patent beantragt hat und dessen Anmeldetag in Anspruch nehmen will, bedarf es einer entsprechenden Abzweigungserklärung mit der Gebrauchsmusteranmeldung, § 4 Abs. 2 Nr. 8 GebrMAnmV. 18

3.7 Schutzansprüche

Die Anmeldung muss einen oder mehrere Schutzansprüche enthalten, in denen angegeben ist, was als schutzfähig unter Schutz 19 gestellt werden soll. Die formale Gestaltung der Schutzansprüche regelt § 5 GebrMAnmV.

20 Die Schutzansprüche haben **Bedeutung** sowohl für die **Gebrauchsmusterfähigkeit** im Sinne der §§ 1–3 als auch für den **Schutzumfang** gemäß § 12 a). Der Prüfung eines Gebrauchsmusters auf Schutzfähigkeit ist der im Schutzanspruch umschriebene Gegenstand zugrunde zu legen. Dass die Beschreibung eine bestimmte Anwendung dieses Gegenstands offenbart, hat außer Betracht zu bleiben, §§ 4 Abs. 2 Nr. 3 GebrMG, 5 Abs. 1 Satz 1 GebrMAnmV; BGH GRUR 1997, 360, 361/362 – Profilkrümmer). Wie beim Patent (vgl. hierzu lediglich BGH GRUR 1995, 330, 331 – Elektrische Steckverbindung; BGH GRUR 1998, 1003, 1004 – Leuchtstoff) sind auch beim Gebrauchsmuster die Ansprüche nicht mehr nur der Ausgangspunkt, sondern die maßgebliche Grundlage für die Bestimmung dessen, was vom Schutzbereich des Gebrauchsmusters umfasst ist. Auch wenn – ebenso wie im Patentgesetz – nach geltendem Recht zur Auslegung der Schutzansprüche die Beschreibung und die Zeichnungen heranzuziehen sind, so bleiben doch allein die Ansprüche die maßgebliche Grundlage für die Bestimmung der Tragweite der geschützten Erfindung (Einzelheiten bei § 12a und Anm. dort). Der exakten Formulierung der Schutzansprüche kommt daher in jeder Hinsicht eine entscheidende Bedeutung zu. Die Schutzansprüche enthalten mithin die offenbarte und beanspruchte Erfindung, d. h. den unmittelbaren Gegenstand des Schutzrechts (vgl. BGH GRUR 1993, 651, 653 – tetraploide Kamille).

21 Die **Anspruchskategorien** werden herkömmlich in abhängige und unabhängige Ansprüche bzw. in Hauptansprüche, Nebenansprüche sowie (sog. echte oder unechte) Unteransprüche unterteilt.

22 **Hauptanspruch** ist der erste Schutzanspruch, in dem die wesentlichen Merkmale der Erfindung anzugeben sind (§ 5 Abs. 4 GebrMAnmV). Dieser Hauptanspruch ist (soweit eine Prüfung des GebrM im Löschungs- oder Verletzungsverfahren erfolgt) immer selbständig auf Schutzfähigkeit zu überprüfen.

23 Eine Anmeldung kann mehrere unabhängige Schutzansprüche **(Nebenansprüche)** enthalten, soweit der Grundsatz der Einheitlichkeit gewahrt ist (§ 5 Abs. 5 GebrMAnmV). Ansprüche, die nicht auf einen anderen Schutzanspruch rückbezogen sind, sind Nebenansprüche. Soweit nach der patentrechtlichen Praxis auch der auf einen Patentanspruch einer anderen Erfindungskategorie rückbezogene Patentanspruch als Nebenanspruch eingeordnet wird (vgl.

Anmeldung; Änderungen; Teilung　　　　24, 25　§ 4

hierzu *Busse/Keukenschrijver,* § 34 PatG, Rdnr. 36), dürfte diese Fallgestaltung im Gebrauchsmusterrecht im Hinblick auf den Ausschluss von Verfahrenserfindungen kaum praktisch werden, es sei denn, es wird der hier vertretenen Auffassung der Zulässigkeit eines Verwendungsanspruches gefolgt (nach BPatG GRUR 1981, 122 ist ein Verwendungsanspruch ein Nebenanspruch neben einem Stoffanspruch). Hauptanspruch und Nebenanspruch zählen damit zu den sog. „unabhängigen" Ansprüchen. Inhaltlich sind Nebenansprüche dahingehend zu charakterisieren, dass sie nicht lediglich eine besondere Ausgestaltung, sondern eine demselben technischen Problem dienende, gegenüber der im Hauptanspruch niedergelegten Erfindung selbständige Lösung enthalten (vgl. lediglich BGH GRUR 1979, 461 – Farbbildröhre). Ebenso wie der Hauptanspruch sind auch Nebenansprüche im Falle der Prüfung des Gebrauchsmusters auf Schutzfähigkeit gesondert auf die Schutzfähigkeit zu überprüfen (BPatG GRUR 1981, 122).

Gemäß § 5 Abs. 6 GebrMAnmV können zu jedem Haupt- bzw. **24** Nebenanspruch ein oder mehrere Schutzansprüche (**Unteransprüche**) aufgestellt werden, die sich auf besondere Ausführungsarten der Erfindung beziehen. Sie müssen eine Bezugnahme auf mindestens einen der vorangehenden Schutzansprüche enthalten. Der Inhalt der in Bezug genommenen Gebrauchsmusteransprüche gilt als Oberbegriff. Sie können den Erfindungsgedanken nicht einschränken, sondern wiederholen ihn lediglich in einer besonders zweckmäßigen Ausgestaltung. Dabei ist es unerheblich, ob Merkmale aus dem Oberbegriff oder dem kennzeichnenden Teil durch Unteransprüche besonders ausgestaltet werden (vgl. BPatGE 28, 24, 25). Ist ein Unteranspruch selbständig schutzfähig, bezeichnet man ihn als **„unechten"** Unteranspruch; andernfalls als **„echten"** Unteranspruch. „Echte" Unteransprüche rechtfertigen sich, wenn sie eine zweckmäßige Maßnahme, die nicht ohne einiges Nachdenken gefunden werden kann, enthalten, mithin nicht „platt" selbstverständlich sind. Unteransprüche sind soweit wie möglich und auf die zweckmäßigste Weise zusammenzufassen; sie dürfen, wenn dies nicht unbedingt erforderlich ist, im Hinblick auf die technischen Merkmale der Erfindung keine Bezugnahmen auf die Beschreibung oder die Zeichnungen enthalten, z. B. „wie beschrieben in Teil ... der Beschreibung" oder „wie in Abbildung ... der Zeichnung dargestellt", § 5 Abs. 6, 8 GebrMAnmV.

Gemäß § 4 Abs. 3 Nr. 3 muss die Anmeldung einen oder meh- **25** rere Schutzansprüche enthalten, in dem/denen angegeben ist, was **als schutzfähig unter Schutz gestellt** werden soll. Trotz des

Wortlautes ist es keine unabdingbare, nicht nachholbare Voraussetzung zur Begründung des Anmeldetags, dass die Ansprüche zugleich mit der Anmeldung eingereicht werden (vgl. BPatGE 29, 117, 118). Sie können – ebenso wie die übrigen Anmeldungsunterlagen – bis zur Verfügung über die Eintragung des GebrM inhaltlich geändert werden, vorausgesetzt, dass sie nicht zu einer unzulässigen Erweiterung des Gegenstands der Anmeldung führen (§ 4 Abs. 6). Eine Verschiebung der Priorität ist damit nicht verbunden. Der im Schutzanspruch umschriebene Gegenstand ist für die Prüfung auf Schutzfähigkeit maßgeblich (BGH GRUR 1997, 360, 362 – Profilkrümmer). Die Funktion des Schutzanspruchs ist es, den **wesentlichen Kern** der Erfindung zu offenbaren. Hingegen braucht der Anspruch keine lückenlose Konstruktionsanweisung zu beinhalten.

26 Regelungen über die formale Gestaltung der Schutzansprüche beinhaltet § 5 GebrMAnmV, dessen Absatz 1 sowohl die **ein-** als auch die **zweiteilige** Formulierung erlaubt (vgl. auch *Flad*, GRUR 1994, 478). Weitgehend üblich ist die sog. zweiteilige Fassung mit **Oberbegriff** und **kennzeichnendem Teil**, wobei diese Aufteilung für die Beurteilung des Gegenstands des GebrM ohne Bedeutung ist. Nach § 5 Abs. 2 GebrMAnmV sind bei einer zweiteiligen Anspruchsfassung in den Oberbegriff die Merkmale der Erfindung aufzunehmen, von denen die Erfindung als Stand der Technik ausgeht; in dem kennzeichnenden Teil sind die Merkmale der Erfindung aufzunehmen, für die in Verbindung mit den Merkmalen des Oberbegriffs Schutz begehrt wird. Der kennzeichnende Teil ist mit den Worten „dadurch gekennzeichnet, dass" oder „gekennzeichnet durch" oder einer sinngemäßen Wendung einzuleiten. Diese Unterteilung folgt Zweckmäßigkeitserwägungen. Nach dem Wortlaut des § 5 Abs. 2 GebrMAnmV kann die Aufnahme des „nächstliegenden" oder eines „besonders geeigneten" Standes der Technik in den Oberbegriff nicht verlangt werden; regelmäßig dürfte sich dies aber empfehlen. Werden Schutzansprüche nach Merkmalen oder Merkmalsgruppen gegliedert, so ist die Gliederung dadurch äußerlich hervorzuheben, dass jedes Merkmal oder jede Merkmalsgruppe mit einer neuen Zeile beginnt. Den Merkmalen oder Merkmalsgruppen sind deutlich vom Text abzusetzende Gliederungszeichen voranzustellen, § 5 Abs. 3 GebrMAnmV.

27 Die **einteilige** Fassung kann sich anbieten, wenn die zweiteilige zu allzu komplexen Formulierungen führt.

28 Auch wenn – wie im PatG – keine ausdrückliche gesetzliche Regelung im GebrMG oder in der GebrMAnmV enthalten ist, folgt mindestens aus § 5 Abs. 4 GebrMAnmV („die wesentlichen Merk-

male"), dass die Schutzansprüche **deutlich, klar** und **knapp** gefasst sein müssen. Der Anmelder ist gehalten, präzise das zu formulieren, was er unter Schutz gestellt haben möchte. Widersprüche zwischen den Gebrauchsmusteransprüchen sowie den übrigen Unterlagen sind zu vermeiden; auf die Verwendung einheitlicher Terminologie und Zeichen ist zu achten. Weitergehend als unter dem PatG ist bei einer Gebrauchsmusteranmeldung im Hinblick auf den Ausschluss von Verfahrenserfindungen darauf zu achten, dass **kategoriefremde Merkmale** in den Schutzansprüchen vermieden werden.

Disclaimer, mit denen bestimmte Bereiche ausgenommen werden, sind zulässig, wenn sie sachdienlich sind, insbesondere wenn sie zur Abgrenzung gegenüber dem Stand der Technik dienen. Im übrigen wird der Anmelder bestrebt sein, Ansprüche auf Eintragung eines GebrM in der **allgemeinsten Form** zu formulieren, die die Erfindung noch in erfinderischer Weise vom Stand der Technik abhebt. Dabei ist jedoch darauf zu achten, dass die angegebene technische Lehre mindestens in aller Regel zum Erfolg führt und damit dem Fachmann einen Weg zeigt, wie er bei zielgerichtetem Vorgehen das erfindungsgemäße Ergebnis hinreichend zuverlässig erreichen kann; Versuche, die im Rahmen des Angemessenen liegen, sind zumutbar. Allgemein gefasste Gebrauchsmusteransprüche dürfen nur Bereiche umfassen, die durch eine entsprechende Anzahl von Beispielen gedeckt sind (vgl. BGH GRUR 1992, 842 – Chrom-Nickel-Legierung). In dem durch das GebrMG gesetzten Rahmen infolge des Ausschlusses von Verfahrenserfindungen ist es zulässig, Schutzansprüche verschiedener Erfindungskategorien in eine einzige Anmeldung aufzunehmen; Grenze ist insoweit die Einheitlichkeit der Anmeldung. Der Anmelder hat dabei nicht das Bestehen eines Rechtsschutzinteresses nachzuweisen; von diesem ist vielmehr grundsätzlich auszugehen; das Fehlen des Rechtsschutzbedürfnisses, nicht sein Bestehen, muss festgestellt werden (zu den einzelnen Erfindungskategorien vgl. oben § 1 Anm. 7).

3.8 Beschreibung

Nach § 4 Abs. 3 Nr. 4 ist eine Beschreibung des Gegenstands des GebrM notwendig. Die formalen Voraussetzungen ergeben sich aus § 6 GebrMAnmV, der weitgehend der entsprechenden Vorschrift des § 5 PatAnmV entspricht. Er wird ergänzt durch die Vorschrift in § 4 a) Abs. 2 Satz 1, wonach eine anmeldetagsbegründende Anmeldung nur dann vorliegt, wenn sie Angaben über den Anmeldungsgegenstand enthält, die jedenfalls dem Anschein nach als Beschreibung anzusehen sind (vgl. hierzu Anm. 4 zu § 4 a). Die Beschreibung ist der Teil der Anmeldeunterlagen, in dem in der Regel die Erfindung detaillierter offenbart wird. Sie bestimmt den materiellen Altersrang (vgl. Einzelheiten unter Anm. 4).

31 Am Anfang der Beschreibung ist als Titel die im Antrag angegebene Bezeichnung des Gegenstands des Gebrauchsmusters anzugehen (§ 6 Abs. 1 GebrMAnmV). Gemäß § 6 Abs. 2 Nr. 1 GebrMAnmV ist das technische Gebiet, zu dem die Erfindung gehört, soweit es sich nicht aus den Schutzansprüchen oder den Angaben zum Stand der Technik ergibt, anzugeben. Des weiteren hat die Beschreibung Angaben über den dem Anmelder bekannten Stand der Technik zu enthalten, der für das Verständnis der Erfindung und deren Schutzfähigkeit in Betracht kommen kann, und zwar unter Angabe der dem Anmelder bekannten Fundstellen, § 6 Abs. 2 Nr. 2 GebrMAnmV. Diese Regelung postuliert die Pflicht zu vollständigen und wahrheitsgemäßen Angaben des (relevanten) Standes der Technik, nicht aber zu seiner Würdigung. Diese Verpflichtung dient dazu, das Wesen der Erfindung klar darzustellen.

32 Des Weiteren enthält die Beschreibung das der Erfindung zugrunde liegende **technische Problem** (sog. **Aufgabe**) und dessen (deren) **Lösung,** nämlich die Lehre zum technischen Handeln = Erfindung, § 6 Abs. 2 Nr. 3, 4 GebrMAnmV. Bloße Angaben zur sog. Aufgabe genügen nicht (vgl. BGH GRUR 1991, 522, 523 – Feuerschutzabschluss). Diese mögen zwar dem Verständnis der Erfindungslehre dienen, haben jedoch keine von den Merkmalen der Schutzansprüche losgelöste selbständige Bedeutung (vgl. BGH, aaO; BGH GRUR 1990, 33, 34 – Schüsselmühle). Die Angaben zur Lösung des technischen Problems genügen für die Offenbarung der Erfindung, wenn die objektiven kausalen Voraussetzungen des technischen Erfolgs angegeben werden. Ein vom Anmelder geäußerter Irrtum in der Beurteilung der Ursachen der Erfindung ist unschädlich (vgl. BGH GRUR 1994, 357 – Muffelofen).

33 Dem Fachmann muss dabei nicht in allen Einzelheiten angegeben werden, welche Schritte er im einzelnen vornehmen muss, um den technischen Erfolg zu erreichen (vgl. BGH GRUR 1966, 201, 205 – ferromagnetischer Körper). Die Angabe der chemischen Formel (Strukturformel) kann zum Beispiel zur Kennzeichnung des Stoffes ausreichend sein. Die vollständige und exakte Aufklärung zum Beispiel der Struktur eines erstmals hergestellten Stoffs ist nicht notwendig, wenn dieser auf andere Weise eindeutig identifiziert werden kann (vgl. BGH GRUR 1972, 80 – Trioxan). Notwendig, aber auch ausreichend ist, dass der durch die Beschreibung erläuterte Schutzanspruch soviel Angaben zur Kennzeichnung enthält, wie erforderlich sind, um seine Eigenart durch zuverlässig feststellbare Parameter von zuverlässig feststellbaren Charakteristiken anderer Stoffe zu unterscheiden (vgl. EPA, ABl. 1984, 75, 79 – Zahnradgekräuseltes Garn). Die Angabe bestimmter physikalischer und chemischer Eigenschaften kann ausreichen (vgl. BGH GRUR 1985, 31 – Acrylfasern). Bei einem unter Schutz zu stellenden chemischen Zwischenprodukt ist etwa zu offenbaren, wie es zum Endprodukt weiterzuverarbeiten ist, falls dies dem Fachmann nicht geläufig ist (vgl. BGH GRUR 1972, 642, 644 – Lactame). Die Beschreibung durch Messwerte und Messwertrelationen ist ebenfalls für ausreichend erklärt worden (vgl. BGH GRUR 1998, 899, 900 – Alpinski). In den Fällen, in denen ein Erzeugnis (z. B. ein Stoff) nicht durch innere oder äußere unmittelbar wahrnehmbare Merkmale zu kennzeichnen ist oder sich eine derartige Kennzeichnung als unpraktikabel erweist, kann das Erzeugnis durch das **Herstellungsverfahren (product-by-process)** oder durch die zu seiner Herstellung benutzte Vorrichtung gekennzeichnet werden (vgl. BGH GRUR 1985, 31, 32 – Acrylfasern). Dies gilt auch für **biologische Erzeugnisse** (vgl. lediglich BGH GRUR 1993, 651 – tetraploide Kamille).

In der Beschreibung ist ferner anzugeben, in welcher Weise die Erfindung gewerblich anwendbar ist, wenn es sich aus der Beschreibung oder der Art der Erfindung nicht offensichtlich ergibt, § 6 Abs. 2 Nr. 5 GebrMAnmV. Die Beschreibung kann ferner vorteilhafte Wirkungen der Erfindung unter Bezugnahme auf den in der Anmeldung genannten Stand der Technik beinhalten, § 6 Abs. 2 Nr. 6 GebrMAnmV. Schutzrechtsbegründende Vorteile müssen ursprünglich offenbart sein; solche, die die Erfindung nicht verändern, können auch nachträglich geltend gemacht werden. Schließlich muss die Beschreibung wenigstens einen Weg zum Ausführen der beanspruchten Erfindung im einzelnen, gegebenenfalls erläutert durch Beispiele und anhand der Zeichnungen unter Verwendung der entsprechenden Bezugszeichen, beinhalten, § 6 Abs. 2 Nr. 7 GebrMAnmV. Durch dieses Erfordernis soll die Ausführbarkeit sichergestellt werden.

3.9 Zeichnungen

Zeichnungen gehören nicht zu den notwendigen Bestandteilen der Anmeldung. Sie sind nur dann vorgeschrieben, wenn die Anmeldung eine Bezugnahme auf die Zeichnung enthält, § 4 Abs. 3 Nr. 5. Die formal einzuhaltenden Voraussetzungen sind in § 7 GebrMAnmV eingehend dargelegt, die im Wesentlichen der Vorschrift des § 6 PatAnmV nachgebildet ist. Zur Nachreichung von Zeichnungen und damit verbundene Auswirkungen auf den Anmeldetag sowie den Prioritätstag: vgl. § 4a) und die Anmerkungen dort. Zeichnungen, die den Stand der Technik wiedergeben, sind zulässig, müssen jedoch deutlich mit dem Vermerk „Stand der Technik" gekennzeichnet sein. Neben Ansichten und Schnittzeichnungen können auch perspektivische Ansichten oder Explosionsdarstellungen verwendet werden. Die Zeichnungen sollen mit Bezugzeichen versehen werden, die in der Beschreibung und/oder in den Schutzansprüchen erläutert worden sind. Die Zeichnungen dürfen keine Erläuterungen erhalten, ausgenommen sind kurze unentbehrliche Angaben wie z.B. „Schnitt nach A – B" sowie in elektrischen Schaltplänen und Blockschaltbildern kurze Stichworte, die für das Verständnis notwendig sind, § 7 GebrMAnmV.

3.10 Einheitlichkeit

36   § 4 Abs. 1 Satz 2 bestimmt, dass für jede Erfindung eine besondere Anmeldung erforderlich ist. Das hierin zum Ausdruck kommende Erfordernis der Einheitlichkeit dient der Übersichtlichkeit der Anmeldung und der Patent-/Gebrauchsmusterdokumentation. Darüber hinaus wird auch das staatliche Gebühreninteresse tangiert, da sich das Gebührenaufkommen bei mehrfachen Anmeldungen erhöht. Durch dieses Erfordernis soll verhindert werden, dass in einer Anmeldung mehrere Erfindungen aufgenommen werden, die offensichtlich nichts miteinander zu tun haben. Einheitlichkeit ist anzunehmen, wenn zwischen einer Gruppe von Erfindungen, die eine einzelne, allgemeine erfinderische Idee verwirklichen, ein technischer Zusammenhang besteht, der in gleichen oder gleichwirkenden, besonderen technischen Merkmalen zum Ausdruck kommt. Für die Feststellung einer Uneinheitlichkeit ist darauf abzustellen, ob nach dem technologischen Zusammenhang unter Berücksichtigung der Praktikabilität des Anmeldeverfahrens und der Übersichtlichkeit des Erfindungskomplexes eine Behandlung in verschiedenen Verfahren geboten erscheint (vgl. BGH GRUR 1979, 461 – Farbbildröhre). Dient etwa ein Komplex von Erfindungen der Lösung eines **Gesamtproblems** oder ist er auch nur geeignet, dessen Lösung zu fördern, kann dennoch eine einheitliche Erfindung bestehen (vgl.

lediglich BGH GRUR 1971, 512, 514 – Isomerisierung). Die Einteilung eines solchen Komplexes etwa in unterschiedliche Klassen des Schutzrechtsklassifizierungssystems steht der Bejahung dieser Voraussetzung nicht notwendigerweise entgegen. Das Erfordernis gilt auch für abhängige Schutzrechtsansprüche. Die Aufnahme eines sog. Disclaimers gegenüber dem Stand der Technik ist zulässig, wenn hierdurch dieses Erfordernis nicht in Frage gestellt wird.

Maßgeblich für die Beurteilung der Frage der Einheitlichkeit ist 37 der **Inhalt der Gebrauchsmusteransprüche.** Soweit gebrauchsmusterrechtlich Schutzansprüche verschiedener Kategorien überhaupt zulässig sind, stehen diese nicht notwendig dem Gebot der Einheitlichkeit entgegen. Wenn eine Anmeldung mehrere Ausführungsformen desselben Erfindungsgedankens unter Schutz stellt, steht dies dem Gebot der Einheitlichkeit nicht entgegen (BPatGE 7, 125, 128/129). Dasselbe gilt auch bei Alternativmerkmalen (BPatGE 6, 203, 206). Bei chemischen Verbindungen wird es etwa darauf ankommen, inwieweit ein gemeinsames Strukturprinzip den Schutzansprüchen entnehmbar ist. Zwischenprodukte und Endprodukte werden im Regelfall ebenfalls das Gebot der Einheitlichkeit erfüllen. Entscheidend sind aber jeweils die Umstände des Einzelfalles.

Die Einhaltung des Gebots der Einheitlichkeit gehört zu den 38 Prüfungskriterien der Gebrauchsmusterstelle des DPMA. Die Einheitlichkeit der Erfindung ist dabei keine Schutzvoraussetzung, sondern lediglich eine ordnungsrechtliche Eintragungsvoraussetzung, deren Fehlen **keinen Löschungsanspruch** begründet (vgl. lediglich *Bühring*, § 4, Rdnr. 51; vgl. insoweit auch den abschließenden Katalog der Löschungsgründe in § 15 sowie Anm. 3 zu § 15).

Bei beanstandetem Fehlen der Einheitlichkeit kann der Anmelder 39 entweder auf den Gegenstand des uneinheitlichen Anspruchs oder Anspruchsteils **verzichten** oder eine **Ausscheidungsanmeldung,** jeweils unter Anpassung der Unterlagen, vornehmen. Unterbleibt dies, so ist die Anmeldung mangelhaft und insgesamt von Amts wegen zurückzuweisen (BGH GRUR 1962, 398 – Atomschutzvorrichtung). Ferner bestehen keine Bedenken, dem Anmelder – wie im Patentrecht (vgl. hierzu *Busse/Keukenschrijver,* § 34 PatG, Rdnr. 131) – die Möglichkeit zur Formulierung eines einheitlichen, eingeschränkten Gebrauchsmusterbegehrens einzuräumen, anstatt ihn auf die Notwendigkeit eines Verzichts oder einer Ausscheidungsanmeldung zu verweisen; hierdurch wird häufig eine flexiblere Handhabung insbesondere mit Blickrichtung auf den Schutzumfang ermöglicht.

3.11 Anmeldegebühr

40 Für jedes angemeldete Gebrauchsmuster ist **mit der Anmeldung** eine Gebühr nach dem Tarif zu zahlen, § 4 Abs. 5 Satz 1. Unterbleibt die Zahlung, so gibt das Patentamt dem Anmelder Nachricht, dass die Anmeldung als zurückgenommen gilt, wenn die Gebühr nicht bis zum Ablauf eines Monats nach Zustellung der Nachricht entrichtet wird (§ 4 Abs. 5 Satz 2).

41 Die Anmeldegebühr beträgt zur Zeit nach der Anlage zu § 1 des Patentgebührengesetzes (PatGebG) vom 18. 8. 1976, geändert durch das PatGebÄndG 1994, zuletzt geändert durch das HaushaltssanierungsG vom 22. 12. 1999 (PMZ 2000, 1) Kostenverzeichnis 121 100, DM 60,00. Hinsichtlich der Zahlungsmodalitäten wird auf die „Verordnung über die Zahlung der Gebühren des Deutschen Patent- und Markenamts und des Bundespatentgerichts" (PatGebZV) vom 15. 10. 1991 (BGBl I 2012 = PMZ 1991, 362), zuletzt geändert durch die 2. ÄnderungsVO vom 14. 9. 1998 (BGBl I 2875 = PMZ 1998, 434), verwiesen. Das GebrMG regelt (wie das PatG) für das Verfahren vor dem DPMA und dem BPatG die Gebührenpflicht dem Grunde nach. Die Höhe der Gebühren bei DPMA und BPatG bestimmt sich nach dem PatGebG. Hinzu kommen im Verfahren vor dem DPMA die Erstattung von Kosten (Gebühren und Auslagen), die nach der „Verordnung über Verwaltungskosten beim Deutschen Patent- und Markenamt" (DPMAVwKostV) vom 15. 10. 1991 (BGBl I 2013 = PMZ 1991, 363), zuletzt geändert durch die 6. ÄnderungsVO vom 13. 11. 1998 (BGBl I 3426) für Amtshandlungen des DPMA in Gebrauchsmustersachen (Gebühren für Beglaubigungen, Bescheinigungen, Akteneinsicht, Auskünfte, Auslagen für Register- und Rollenauszüge etc.) zu erstatten sind; diese im Verfahren vor dem BPatG anfallenden Kosten bemessen sich nach dem GKG. Zu dem allgemeinen Kostenrecht wird verwiesen auf die Kommentierung bei *Busse/Keukenschrijver*, vor § 17 PatG).

42 Die **Fälligkeit** der Anmeldegebühr nach dem GebrMG i. V. m. PatGebG entsteht mit Einreichung des Antrages (Wortlaut: „Mit der Anmeldung ist ... eine Gebühr ... zu zahlen"). Die Anmeldegebühr verfällt darüber hinaus mit dem Fälligwerden, das heißt, sie kann mit Rücknahme der Anmeldung weder ganz noch teilweise erstattet werden. Geht die Rücknahmeerklärung vor oder gleichzeitig mit der Anmeldung ein, ist eine Rückzahlung möglich. Dasselbe gilt bei Vornahme einer unwirksamen Anmeldung, zum Beispiel durch einen Geschäftsunfähigen (*Bühring,* § 4, Rdnr. 52). Bei einer **Ausscheidungs- oder Teilungsanmeldung** wird die Gebühr mit Eingang der Teilungserklärung fällig (vgl. BPatGE 13, 47, 52).

Hinsichtlich der Zahlungsarten ist auf § 1 PatGebZV zu verweisen. Zahlungsempfänger ist gemäß § 2 PatGebG das DPMA, wobei Leistungsort im Sinne des § 193 BGB München bzw. Berlin oder Jena ist. Die Frist zur Zahlung der Gebühr ist gewahrt, wenn der Betrag bei der Kasse des DPMA bzw. die Gutschrift auf dessen Bankkonten eingeht. Erfolgt die Zahlung durch Scheck oder Abbuchungsermächtigung, so genügt deren Eingang beim DPMA, sofern eine Einlösung erfolgt (VO vom 17. 3. 1994, BGBl I 612 = PMZ 1994, 165). Mit BPatGE 21, 106, 108 hat auch ein Sonn- oder gesetzlicher Feiertag, der nur am Zahlungsort gilt, die Wirkung des § 193 BGB. Diese Frage wird virulent, wenn ein solcher Sonn- oder Feiertag nicht am Leistungsort des DPMA gilt (nur diesen will offenbar das DPMA laut MittPräsDPA Nr. 18/95 = PMZ 1995, 377 gelten lassen). 43

Eine Stundung ist nicht möglich. Bei Nichtzahlung verfährt das DPMA nach Abs. 5 Satz 2. Die Nachricht ist förmlich zuzustellen. Sie muss die Nachfrist angeben sowie auf den drohenden Rechtsverlust hinweisen. Ferner muss die Höhe der Gebühr angegeben werden. Die Angaben müssen zutreffend sein (BPatGE 11, 76, 79). Wird die Anmeldegebühr nicht innerhalb eines Monats nach Zustellung der Nachricht entrichtet, gilt die Anmeldung als zurückgenommen. Der fristgerechte Eingang der Zahlung ist in jeder Lage des Verfahrens von Amts wegen zu prüfen (BPatGE 23, 248, 251). § 20 Abs. 2 PatG ist unanwendbar (BPatGE, aaO). **Teilzahlungen** sind Nichtzahlungen, vgl. § 366 BGB. 44

Nach Versäumung der Frist kommt gegebenenfalls **Wiedereinsetzung** gemäß § 21 i. V. m. § 123 PatG in Betracht. Die Rechtsgrundsätze der **Verfahrenskostenhilfe** sind anwendbar, § 21 Abs. 2 i. V. m. §§ 129 bis 138 PatG. Verfahrenskostenhilfe kann folglich nicht von der Anmeldegebühr befreien, § 130 PatG. 45

Für **PCT-GebrM-Anmeldungen** ist ebenfalls eine Anmeldegebühr nach § 4 Abs. 5 Satz 1 innerhalb der Frist des Art. 22 Abs. 1 PCT von 20 Monaten seit dem Prioritätsdatum einzubezahlen. Dies ergibt sich nunmehr ausdrücklich aus Art. III § 4 Abs. 2 IntPatÜG infolge der Änderung durch das 2. GPatG (vgl. Begründung PMZ 1992, 45, 53). Dies entspricht der bereits vor dieser Gesetzesänderung durch die Rechtsprechung erfolgten Auslegung des Art. III § 4 Abs. 2 IntPatÜG a. F. (vgl. lediglich BPatG GRUR 1984, 108, 110). 46

Eine Benachrichtigung nach § 4 Abs. 5 Satz 2 ist für eine internationale GebrM-Anmeldung ausgeschlossen (BPatG, aaO, S. 110), zumal eine Gebührenbenachrichtigung sinnlos wäre, da diese eine Anmeldung beträfe, deren Wirkung bereits geendet hat. Die Versäumung der Frist nach Art. 22 Abs. 1 PCT führt gemäß Art. 24 Abs. 1 iii) PCT zur Beendigung der Wirkung gemäß Art. 11 Abs. 3 PCT (Beendigung der Wirkung einer vorschriftsmäßigen nationalen Anmeldung mit dem internationalen Anmeldedatum und damit Eintritt der gleichen Folgen wie die Zurücknahme einer nationalen Anmeldung). Die Pflicht zur Zahlung der Anmeldegebühr entfällt, wenn das DPMA bereits **Anmeldeamt** war; die Gebühr ist dann durch die Übermittlungsgebühr abgegolten, Art. III § 4 Abs. 2 Satz 2 IntPatÜG. In diesem Fall ist gemäß Art. III § 1 Abs. 3 IntPatÜG mit der Anmeldung außer den nach dem PCT durch das DPMA als Anmeldeamt einzuziehenden Gebühren eine Übermittlungsgebühr nach dem Tarif zu zahlen. Nach Satz 2 dieser Vorschrift kann die Übermittlungsgebühr noch innerhalb eines Monats nach dem Eingang der Anmeldung beim DPMA entrichtet werden.

47 Gegen die Versäumung der Frist zur Zahlung der nationalen Gebühr für die internationale GebrM-Anmeldung besteht die Möglichkeit der **Wiedereinsetzung** in den vorigen Stand, Art. 48 Abs. 2 lit. a PCT i. V. m. § 123 PatG (vgl. BPatG GRUR 1984, 108, 111). Über einen solchen Antrag auf Wiedereinsetzung in die Frist nach Art. 22 Abs. 1 PCT hat im Fall einer internationalen GebrM-Anmeldung die Gebrauchsmusterstelle des DPMA durch ihren rechtskundigen Leiter zu entscheiden (BPatG GRUR 1984, 108).

4. Offenbarung

4.1 Allgemeines

48 Eine ausdrückliche Bestimmung entsprechend § 34 Abs. 4 PatG n. F. (§ 35 Abs. 2 PatG a. F.) fehlt im GebrMG. Dennoch ist auch für das GebrMG anerkannt, dass die Erfindung in der Anmeldung so deutlich und vollständig zu offenbaren ist, dass ein Fachmann sie ausführen kann. Die „Belohnung" mit einem Schutzrecht setzt voraus, dass der Anmelder die Öffentlichkeit im Gegenzug in einer Weise informiert, dass ein Fachmann die technische Lehre praktisch verwirklichen kann.

Anmeldung; Änderungen; Teilung 49–51 § 4

Maßgeblich für die Beurteilung sind die gesamten Gebrauchsmus- **49** ter-Unterlagen (Gebrauchsmusteransprüche, Beschreibung, Zeichnung, Bezeichnung der Erfindung). Entsprechend der nunmehr im Patentrecht zugrunde gelegten Praxis muss auch bei der Frage des Offenbarungsgehalts einer GebrM-Anmeldung auf all dasjenige abgestellt werden, was in der **Gesamtheit** der **ursprünglichen Unterlagen** schriftlich niedergelegt ist und sich dem Fachmann ohne weiteres aus dem Gesamtinhalt der Unterlagen am Anmeldetag erschließt. Es spielt für die Frage der Offenbarung der Erfindung deshalb weder eine Rolle, ob etwas in der Beschreibung gegenüber gleichzeitig offenbarten anderen Lösungen als vorteilhaft, zweckmäßig oder bevorzugt bezeichnet ist, noch gibt es eine Abstufung in der Wertigkeit der für die Beschreibung der Erfindung benutzten Offenbarungsmittel. Die besondere Hervorhebung einer Ausführungsform oder eines Beispiels oder die Kennzeichnung als vorteilhaft, zweckmäßig oder bevorzugt, erleichtern lediglich die Erkenntnis, dass das betreffende Merkmal oder die engere Lehre zu der beanspruchten Erfindung gehörend offenbart ist (vgl. lediglich BGH GRUR 1990, 510, 511/512 – Crackkatalysator I).

Soweit in der Literatur für das Gebrauchsmusterrecht eine andere **50** Auffassung vertreten wird mit dem Hinweis, dass Merkmale, die nur der **Zeichnung** entnehmbar sind, zwar neuheitsschädlich wirken, jedoch keine prioritätsbegründende Offenbarung beinhalten könnten, es sei denn, dass ein ausdrücklicher wörtlicher, sich auf die Merkmale der Zeichnung erstreckender Hinweis in den Unterlagen befinde (so *Bühring*, § 4, Rdnr. 72), kann dem nicht gefolgt werden. Denn die GebrM-Anmeldung richtet sich an den Fachmann, der für die Beurteilung des Offenbarungsgehaltes auf den Gesamtinhalt der Unterlagen abstellen wird und nicht einzelne Teile bevorzugen bzw. aus seiner Betrachtung ausnehmen wird. Die nach objektiven Kriterien erfolgende Betrachtung wird sich dabei nicht zuletzt an dem mit der Erfindung im Hinblick auf die Nachteile des Standes der Technik verfolgten Zweck und den Lösungsvorschlag mit seinen einzelnen Elementen orientieren (BGH, aaO, S. 512). Überdies ist eine Aufspaltung des Gesamtinhalts einer Anmeldung in einzelne Offenbarungsgehalte mit dem anzustrebenden einheitlichen Offenbarungsbegriff nicht in Einklang zu bringen. Entscheidungen, wie etwa in BPatG GRUR 1979, 316; GRUR 1979, 704, wonach Zeichnungen früher als nicht gleichwertiges Offenbarungsmittel angesehen wurden, müssen deshalb als überholt angesehen werden.

Einen **Widerspruch** zwischen einzelnen Offenbarungsteilen **51** wird der Fachmann unter Ermittlung des Gesamtinhalts der Offenbarung in der Regel auflösen können. Zum Gesamtinhalt einer Offenbarung gehören auch **Verweisungen, Bezugnahmen** auf weitere Unterlagen. Nach BGH (GRUR 1998, 901, 903/904 – Polymermasse) soll der bloße Hinweis auf eine unveröffentlichte ausländische Patentanmeldung unter Nennung ihrer Nummer genügen, wenn die Unterlagen dem DPMA und interessierten Dritten zugänglich sind. Bei der Beurteilung des Offenbarungsgehaltes ist das am Prioritätstag vorhandene **allgemeine Fachwissen** zu berücksichtigen. Ein mosaikartiges Zusammensuchen von in den Unterlagen verstreuten Angaben, kommt jedoch nicht in Betracht, insbesondere, wenn deren Einbeziehung in die Anmeldungsunterlage für den Fachmann eher zufälligen Charakter aufweist.

4.2 Offenbarung als zur angemeldeten Erfindung gehörend

52   Materiell-rechtlicher Gebrauchsmusterschutz kann ferner nur entstehen, wenn der in den Anmeldungsunterlagen enthaltene Lösungsgedanke **als zur angemeldeten Erfindung gehörend** („Gegenstand der Anmeldung", vgl. § 4 Abs. 6 Satz 2) offenbart ist (BGH GRUR 1968, 86, 89 – Ladegerät I; BGH GRUR 1990, 510 – Crackkatalysator I). Die Forderung, dass nur solche Merkmale und Ausführungsformen als zur Erfindung gehörig entnehmbar sind, die „als eine in Betracht kommende Lösung, also differenziert, beschrieben worden sind", mithin eher zufällig wirkende Merkmale nicht umfasst werden sollen (so *Bühring*, § 4, Rdnr. 76), erscheint hingegen zu sehr an der äußeren Gestaltung sowie am Wortlaut der Unterlagen verhaftet.

4.3 Grenzwerte, Bereichsangaben, allgemeine Formeln

53   **Besondere Fallgestaltungen,** die sich durch eine Offenbarung mittels **Grenzwerten, Bereichsangaben** oder **allgemeinen Formeln** ergeben können, sind nach den o. a. Grundsätzen zu beurteilen. Dementsprechend wird ein Fachmann regelmäßig durch Grenzwerte definierte Bereiche dahingehend verstehen, dass alle innerhalb der angegebenen Grenzen liegende Werte erfasst sind, so dass die Grenzwertnennung in der Regel nur eine vereinfachte Schreibweise auch für die Zwischenwerte darstellt (vgl. BGH GRUR 1990, 510 – Crackkatalysator I; BGH GRUR 1992, 842,

844 – Chrom-Nickel-Legierung). Andernfalls müsste der Anmelder bereits bei seiner Anmeldung alle nur denkbaren Bereiche zahlenmäßig abgrenzen, die möglicherweise in Zukunft eine Rolle spielen könnten, was letzten Endes nur spekulativ sein kann (BGH, aaO). Zur ursprünglichen Offenbarung einer allgemeinen chemischen Strukturform vgl. etwa BPatG GRUR 1983, 735; zu biologischen Erfindungen mit Angaben von Wirkstoffmengenbereichen vgl. etwa BGH GRUR 1993, 651 – tetraploide Kamille; zur Offenbarung einer Aminosäuresequenz eines Proteins als echtes technisches Merkmal vgl. etwa EPA GRUR Int. 1997, 258; zur Offenbarung eines Elements in einfacher oder mehrfacher Anordnung vgl. etwa BGH GRUR 1995, 113 – Datenträger.

4.4 Offenbarung und Ausführbarkeit

Die Offenbarung muss **so deutlich** und **vollständig** sein, dass ein Fachmann die angemeldete technische Lehre **ausführen** kann. Mangelnde Ausführbarkeit bedeutet mangelnde Schutzfähigkeit (BGH Mitt. 1999, 372 373 – Flächenschleifmaschine; vgl. ferner bei § 15). Diese Voraussetzung ist gegeben, wenn der in dem Gebrauchsmusterdokument anvisierte Erfolg unter Einhaltung des dort angegebenen Lösungswegs in einem praktisch ausreichenden Maß erreicht werden kann. Die Anmeldung muss diejenigen Angaben enthalten, die der Fachmann benötigt, um die Lehre auszuführen. Eine für die Ausführbarkeit ausreichende Offenbarung ist nicht gegeben, wenn die technische Lehre nur mit großen Schwierigkeiten oder nur durch Zufall gelingt (vgl. BGH GRUR 1980, 166, 168 – Doppelachsaggregat). Dass es gelegentlich zu „Ausreißern" kommt oder die technische Lehre in Einzelfällen nicht verwirklichbar ist, steht einer ausreichenden Offenbarung nicht entgegen (vgl. BGH GRUR 1989, 899 – Sauerteig). Allerdings muss mindestens ein Weg zum Ausführen eindeutig aufgezeigt werden, wobei für den Fachmann nur diejenigen Maßnahmen aufzuzeigen sind, die ihn in den Stand versetzen, die Lehre praktisch auszuführen. Was er aufgrund seines Fachwissens an **Fachkenntnissen** und **Fertigkeiten** bereits zur Verfügung hat, bedarf keiner Wiederholung (vgl. BGH GRUR 1984, 272, 273 – Isolierglasscheibenrandfugenfüllvorrichtung). Eine konkrete „Bau- und Betriebsanleitung" ist nicht erforderlich; jedoch muss dem Fachmann die entscheidende Richtung angegeben werden, in der er – ohne Anwendung eigener erfinderischer Tätigkeit, aber auch ohne am Wortlaut des Gebrauchsmusterdokuments zu haften – mit Erfolg weiterarbeiten und jeweils die günstigste Lösung auffinden kann (vgl. BGH GRUR 1998, 1003, 1005 – Leuchtstoff). Dies impliziert auch, dass dem Fachmann durchaus die Vornahme von **Versuchen** zugemutet werden kann, vorausgesetzt, dass diese nicht das übliche Maß übersteigen und keine erfinderischen Überlegungen erfordern (vgl. BGH GRUR 1980, 166 – Doppelachsaggregat). Auf die theoretisch zutreffende Begründung des Anmeldegegenstandes kommt es nicht an (vgl. BGH GRUR 1994, 357 – Muffelofen). Weitere Einzelheiten: Anm. 3.3, 3.4, 3.5 zu § 1.

55 Als besonderer Aspekt der Ausführbarkeit stellt sich die **technische Brauchbarkeit** dar, die fehlt, wenn die mit dem Gebrauchsmuster angestrebten Wirkungen nicht erreicht werden bzw. das zugrunde liegende technische Problem mit den vorgeschlagenen Mitteln unter Einbeziehung des allgemeinen Fachwissens nicht gelöst werden kann (vgl. BGH PMZ 1985, 117 – Energiegewinnungsgerät). Für die Prüfung der Ausführbarkeit ist auf den **Anmelde- oder Prioritätszeitpunkt** abzustellen; ob dies auch im Falle eines Löschungsverfahrens gilt, ist zweifelhaft, aber zu bejahen (BGH Mitt. 1999, 372, 373 – Flächenschleifmaschine; vgl. zu der parallelen patentrechtlichen Fragestellung bei einem Einspruchs- oder Nichtigkeitsverfahren: *Busse/Keukenschrijver,* § 34 PatG, Rdnr. 299).

56 Für das Gebrauchsmusterrecht kann die Frage unentschieden bleiben, ob die weitere Voraussetzung, dass eine **fertige Erfindung** vorliegen muss, unter den Aspekt der Ausführbarkeit oder der Gebrauchsmusterfähigkeit einzuordnen ist, da – wie oben dargelegt – auch die Ausführbarkeit rechtsdogmatisch unter den Komplex der Schutzfähigkeit fällt (vgl. zu den Voraussetzungen des Vorliegens einer fertigen Erfindung § 1 Anm. 3.3).

5. Änderung der Anmeldung

57 Der Frage der Änderungsmöglichkeiten für Gebrauchsmusterunterlagen kommt sowohl für den Zeitraum **vor** als auch **nach** der Eintragungsverfügung eine große praktische Rolle zu. Es kommt häufig vor, dass der Anmelder vor oder nach Eintragung des Gebrauchsmusters erfährt, dass Teile desselben in schutzrechtshindernder Weise vorweggenommen sind. In diesen Fällen hat der Anmelder das Interesse, beschränkte Schutzansprüche, die auf den als schutzfähig übrig bleibenden Teil bezogen sind, weiterzuverfolgen.

Ferner ist es nicht selten, dass die Gebrauchsmusterunterlagen im Hinblick auf bestimmte Verletzungsformen, die von Dritten herausgebracht werden, einer Präzision bedürfen. § 4 Abs. 6 regelt in Anlehnung an § 38 PatG die Möglichkeit von Änderungen der Anmeldung bis zur Verfügung über die Eintragung; für Änderungen nach der Eintragungsverfügung enthält § 4 keine Regelung.

5.1 Änderungen vor Eintragungsverfügung

Sie sind zulässig, soweit sie den Gegenstand der Anmeldung nicht 58 erweitern. Die gesetzliche Einführung dieses Regelungstatbestandes erfolgte zum Zwecke der Rechtsklarheit (amtl. Begr., PMZ 1986, 310, 324). Soweit Änderungen den Anmeldegegenstand erweitern, können Rechte hieraus nicht hergeleitet werden, § 4 Abs. 6 S. 2. Es dient der Rechtssicherheit, die Eintragung einer Anmeldung zu versagen, aus deren Gegenstand keine Rechte hergeleitet werden können (*Bühring,* § 4, Rdnr. 90 m. w. N.).

Was unter **„Gegenstand der Anmeldung"** zu verstehen ist, 59 lässt sich weder dem GebrMG noch dem PatG unmittelbar entnehmen. Vielmehr löst die in § 4 Abs. 6 enthaltene Formulierung in Zusammenschau mit anderen Vorschriften offene Fragen aus, die von der Rechtsprechung noch nicht vollständig beantwortet worden sind. Das Problem kann etwa auftauchen, wenn ein Merkmal neu in den GebrM-Anspruch aufgenommen wird, das in den ursprünglichen Anmeldungsunterlagen zum Beispiel lediglich in der Beschreibung enthalten war. Die Aufnahme eines neuen Merkmals in den GebrM-Anspruch bedeutet nicht automatisch eine (zulässige) Beschränkung; hiermit kann auch eine (unzulässige) Erweiterung verbunden sein (vgl. lediglich BGH GRUR 1977, 598, 599 – Autoskooter-Halle). Hinzu kommt eine nicht einheitliche Gesetzesterminologie, wenn z. B. in Abs. 3 Nr. 2, 4 vom „Gegenstand des Gebrauchsmusters" gesprochen wird; in Abs. 3 Nr. 3 wiederum wird auf Schutzansprüche abgestellt, in denen angegeben ist, was als schutzfähig unter Schutz gestellt werden soll. Als „Gegenstand der Anmeldung" sollte nicht der in § 12a geregelte Schutzbereich des Gebrauchsmusters angesehen werden, da die Anmeldung als solche keinen Schutzbereich festlegen kann und darüber hinaus zum Beispiel eingereichte Unterlagen nicht anwaltlich vertretener (Einzel-)Erfinder vielfach nur als Formulierungsversuch angesehen werden können. Auch die in § 8 Abs. 1 enthaltene Regelung führt nicht zu einer Klärung, was unter dem „Gegenstand der Anmeldung" zu verstehen ist. Während Satz 1 lediglich statuiert, dass eine den Anforderungen der §§ 4, 4 a entsprechende Anmeldung in die Rolle für Gebrauchsmuster einzutragen ist, regelt Satz 2, dass eine Prüfung des „Gegenstandes der Anmeldung" auf die relativen Schutzvoraussetzungen nicht stattfindet. Jedenfalls bedeutet dies nach der höchstrichterlichen Rechtsprechung, dass der Prüfung auf Schutzfähigkeit (nur) der im Schutzanspruch umschriebene Gegenstand zugrunde zu legen ist (BGH GRUR 1997, 360, 361/362 – Profilkrümmer unter Bezugnahme auf § 4 Abs. 2 Nr. 2 a. F. = § 4 Abs. 3 Nr. 2 n. F.). Im Kontext der Prüfung einer unzulässigen Erweiterung stellt der BGH ebenfalls auf die Überprüfung des Gegenstandes des Gebrauchsmusters anhand der eingetragenen Schutzansprüche ab (BGH Mitt. 1998, 98, 101 – Scherbeneis: ob sich diese Entscheidung aufgrund der speziellen Sachverhaltskonstellation verallgemeinern lässt, bleibt jedoch fraglich). Für das Löschungsverfahren hat das BPatG festgehalten, dass ein „Erfindungsbereich", der nur in der GebrM-Schrift dargestellt, nicht aber hinreichend in die Schutzansprüche einbezogen sei, in dem GebrM nicht unter Schutz gestellt sei und auch nicht nachträglich durch eine einschränkende Verteidigung im Löschungsverfahren unter Schutz gestellt werden könne; auch das Gebot der Rechtssicherheit, das Ziel einer angemessenen Belohnung des Erfinders sowie die Homogenität von Löschungs- und Verletzungsverfahren würden es verbieten, für die Offenbarung der gesamten Erfindung auch den vom Schutzanspruch nicht erfassten „Erfindungsbereich" als mit offenbart anzusehen (BPatG Mitt. 1999, 271, 273). Auch wenn eine Aufspaltung eines einheitlich verwendeten Gesetzesbegriffs vermieden werden sollte, darf die unterschiedliche Funktion der Prüfung der relativen Schutzvoraussetzungen nicht außer acht gelassen werden. Während es bei der Zurechnung einer Offenbarung zum Stand der Technik nicht darauf ankommt, ob sie eher beiläufig oder als „zur Erfindung gehörig" erfolgte, stellt sich bei der Beurteilung des „Gegenstandes der Anmeldung" nach § 4 Abs. 6 die Frage, ob der Fachmann der ursprünglichen Anmeldung entnehmen kann, dass der geänderte Lösungsvorschlag von vornherein von dem Schutzbegehren umfasst sein sollte. Des Weiteren lässt der Wortlaut des § 4 Abs. 6 den Schluss zu, dass mit „Gegenstand der Anmeldung" die „in der Anmeldung enthaltenen Angaben" gemäß Abs. 3 gemeint sind (vgl. auch die ausdrückliche Regelung in § 38 PatG mit dort erfolgter Bezugnahme auf § 34 Abs. 3 PatG), die nicht auf die Schutzansprüche beschränkt sind. Zudem lässt sich das ungeprüfte Gebrauchsmuster durchaus mit einer offengelegten Patentanmeldung verglei-

Anmeldung; Änderungen; Teilung   60–62 § 4

chen (BGH GRUR 1977, 598, 601 – Autoskooter-Halle). Dementsprechend werden für das Gebrauchsmustereintragungsverfahren auch die für das Patent-Prüfungsverfahren geltenden Grundsätze insoweit angewendet (BPatG GRUR 1984, 112, 114 – Palettenloser Kolli). Hier ist aber in herkömmlicher Rechtsprechung anerkannt, dass im Prüfungsverfahren die in der Anmeldung enthaltenen Angaben bis zum Patenterteilungsbeschluss geändert werden können, soweit dadurch der Gegenstand der Anmeldung nicht erweitert wird. Bis dahin kann alles, was ursprünglich offenbart war, zum Gegenstand des Schutzbegehrens gemacht werden, wobei sich die ursprüngliche Offenbarung nicht allein nach der ursprünglichen Anspruchsfassung sondern nach dem **Gesamtinhalt** der ursprünglichen Unterlagen (Bezeichnung der Erfindung, Beschreibung, Zeichnung und Ansprüche) richtet (BGH GRUR 1988, 197 – Runderneuern; ebenso *Busse/Keukenschrijver*, § 38 PatG, Rdnr. 8 m. w. N.). Einzelheiten:

Ob Änderungen der Anmeldung deren Gegenstand erweitern, ist **60** anhand der ursprünglichen Gebrauchsmusterunterlagen in ihrer Gesamtheit (s. o.) zu beurteilen. Findet das neu gefasste Schutzbegehren in den ursprünglichen Unterlagen bereits eine Grundlage, dann liegt keine Änderung oder Erweiterung des Anmeldungsgegenstandes vor. Maßgebend ist das Verständnis des Durchschnittsfachmanns. Dass das neue Schutzbegehren aus lediglich beiläufigen Bemerkungen und aus einer für den Durchschnittsfachmann nicht erkennbaren Bedeutung genannter Merkmale „herausgelesen" werden kann, genügt nicht (vgl. hierzu BGH GRUR 1968, 68 – Ladegerät I m. w. N.). Ein Gebrauchsmusteranmelder, der ursprünglich für eine für zwei Verwendungsarten geeignete Erfindung Schutz begehrt hat, kann dieses Schutzbegehren vor der Eintragung auf eine Ausführungsform, die für beide Verwendungsarten geeignet ist, richten, wenn diese Ausführungsform in den ursprünglichen Unterlagen als im Sinne der Erfindung in Betracht kommend offenbart wird (BGH GRUR 1968, 86, 89 – Ladegerät I).

Die Änderungen können sich – soweit sie zulässig sind – sowohl **61** auf Ansprüche, Beschreibung, als auch Zeichnungen der Anmeldung beziehen.

Ob eine Änderung eine (unzulässige) Erweiterung darstellt, ist **62** durch **Vergleich** des als geschützt Beanspruchten mit der Gesamtheit der Anmeldungsunterlagen, als deren Inhalt alles anzusehen ist, was der Fachmann ihnen (ohne weiteres Nachdenken und ohne nähere Überlegungen) als zur Erfindung gehörend entnehmen kann, vorzunehmen (vgl. lediglich BGH GRUR 1995, 113, 114/115 –

Datenträger; BPatGE 23, 59, 60; vgl. aber BGH GRUR 1997, 360, 361/362 – Profilkrümmer; BPatG Mitt. 1999, 271, 273). Hierzu gehört die Prüfung, ob die ursprüngliche Offenbarung für den Fachmann erkennen ließ, dass der geänderte Lösungsvorschlag von vornherein von dem Schutzbegehren umfasst werden solle. Eine implizite Offenbarung reicht aus, wenn sie den Gegenstand klar und eindeutig erkennen lässt. Eine unzulässige Erweiterung kann vorliegen, auch wenn der Anspruchswortlaut selbst nicht geändert wird, weil zum Beispiel der sonstige Inhalt der Anmeldung so geändert wird, dass der Schutzanspruch in einem weiteren Sinn zu verstehen ist. Andererseits kann sich eine Änderung dahingehend als zulässig erweisen, bei der etwas zum Gegenstand eines Gebrauchsmusteranspruchs gemacht wird, worauf in den ursprünglichen Unterlagen kein Gebrauchsmusteranspruch gerichtet war, da sich die ursprüngliche Offenbarung eben nicht allein nach der ursprünglichen Anspruchsfassung sondern nach dem Gesamtinhalt der ursprünglichen Unterlagen ergibt (vgl. BGH GRUR 1988, 197/198 – Runderneuern, zum PatG; a. A. BPatG Mitt. 1999, 271, 273, s. o).

63 **Zulässige Änderungen** (immer vorausgesetzt, dass damit keine Erweiterung verbunden ist) sind danach insbesondere die **Berichtigung offensichtlicher Unrichtigkeiten** (z. B. Schreibfehler, Flüchtigkeitsfehler, Verstöße gegen die Regeln des technischen Zeichnens etc.). Der Austausch der gesamten Gebrauchsmusteranmeldungs-Unterlagen kann nicht als „Berichtigung" angesehen werden. Ferner sind zulässig Änderungen, die lediglich eine **Klarstellung** oder **Beschränkung** enthalten. Eine Klarstellung wird beispielsweise angenommen werden können, wenn die offenbarte Definition eines Stoffes durch eine andere, präzisere (z. B. exakte chemische Bezeichnung oder Formel) ersetzt wird (vgl. BPatG GRUR 1973, 463). Die Präzisierung des Schutzanspruchs zum Beispiel durch Vertauschen eines Merkmals vom Oberbegriff in den kennzeichnenden Teil – oder – erst recht umgekehrt – wird je nach Sachlage ebenfalls in der Regel zulässig sein (vgl. BGH GRUR 1971, 115, 117 – Lenkradbezug). Die präzisere Beschreibung der offenbarten technischen Lehre ohne Änderung des Inhalts wird ebenfalls in der Regel zulässig sein. Keine Erweiterung wird grundsätzlich bei einer Beschränkung auf den kleineren, aus einem ursprünglich größeren beanspruchten Bereich (vgl. BGH GRUR 1990, 510 – Crackkatalysator I) oder auf ein Ausführungsbeispiel (BGH GRUR 1990, 432 – Spleißkammer) oder auf eine von mehreren Möglichkeiten (BGH GRUR 1968, 86, 89 – Ladegerät I) anzunehmen sein. Dasselbe gilt grundsätzlich bei der Aufnahme

Anmeldung; Änderungen; Teilung 64–66 § 4

eines weiteren Merkmals aus der Beschreibung in den Anspruch (vgl. BGH GRUR 1991, 307 – Bodenwalze). Nicht erweiternd ist ferner grundsätzlich die Zusammenfassung von Merkmalen aus den Schutzansprüchen. So bedeutet die Streichung einer einem Merkmal innewohnenden Angabe oder einer Wirkungsangabe in der Regel keine unzulässige Erweiterung. Die Einfügung eines weiteren Merkmals aus der Beschreibung in den Anspruch ist nicht zulässig, wenn es dort zwar erwähnt, in seiner Bedeutung für die im Anspruch umschriebene Erfindung jedoch nicht zu erkennen ist (vgl. BGH GRUR 1990, 432, 433 – Spleißkammer). Ferner wird es als unzulässig angesehen, aus der Beschreibung einen Ausschnitt in den Schutzanspruch zu übernehmen, der sich nur unter Aufbietung schöpferischer Tätigkeit der Beschreibung entnehmen lässt (vgl. BGH GRUR 1990, 432, 433 – Spleißkammer).

Zum Gegenstand der ursprünglichen Anmeldung zählt hingegen **64** nicht allein das dort ausdrücklich Beschriebene, sondern auch das, was der Fachmann **quasi mitliest** oder was als **fachnotorisch austauschbares Mittel** bezeichnet werden könnte; inhaltlich dürften diese (aus dem Bereich der Neuheitsprüfung herrührenden) Begriffe das wiedergeben, was der BGH als (zulässige) Berücksichtigung „glatter Äquivalente" der in den ursprünglichen Unterlagen beschriebenen Erfindung (BGH GRUR 1978, 699, 700 – Windschutzblech) gemeint hat. In diesem Zusammenhang weist der BGH zutreffend darauf hin, dass das **Gebot der Rechtssicherheit** klare Verhältnisse verlangt, die bei der Zulassung der Nachreichung von – unter Verwendung der damals gebräuchlichen Terminologie – nicht glatten Äquivalenten oder Unterkombinationen nicht mehr gewährleistet sind (BGH, aaO, S. 701).

Werden Ansprüche zulässigerweise geändert, so bedarf es der **65** Anpassung der Beschreibung (BPatG GRUR 1981, 350, 351 – Bohrstange); andernfalls droht die Zurückweisung der Anmeldung.

Unzulässige Änderungen sind solche, die eine Erweiterung über **66** die ursprüngliche Offenbarung hinaus beinhalten. Diese Situation ist dann anzunehmen, wenn der ursprüngliche Anmeldungsgegenstand die Änderungen nicht umfasst, weil sie vom Durchschnittsfachmann nicht ohne Weiteres aus den ursprünglichen Unterlagen zu entnehmen sind. Eine Erweiterung liegt vor, wenn das Schutzbegehren nachträglich auf etwas gerichtet ist, das nicht ursprünglich offenbart bzw. in den Unterlagen nicht als „erfindungswesentlich" erkennbar war (BGH GRUR 1968, 86 – Ladegerät I). Eine Zurückweisung der Anmeldung ist sogar dann möglich, wenn eine Erweiterung lediglich nicht ausgeschlossen werden kann (vgl. BPatGE 18, 56, 62). Grundsätzlich erweiternd sind ferner Verallgemeinerungen (vgl. BPatG GRUR 1982, 364). Ist zum Beispiel in der ursprünglichen Offenbarung die Kombination zweier Merkmale gelehrt, so stellt es eine unzulässige Erweiterung des Gegenstands der Anmeldung dar, wenn später eine Merkmalskombination zum Gegenstand der Anmeldung gemacht wird, die zwar das eine Merkmal, aber nicht das zweite Merkmal enthält (vgl. BPatGE 36, 192). Dasselbe gilt, wenn ein in einer ursprünglichen Offenbarung zwingend vorgesehenes Merkmal nunmehr als fakultativ, z. B. vorzugsweise, bezeichnet wird (vgl. BGH GRUR 1970, 289, 293 – Dia-Rähmchen IV).

67 **Veränderungen** (die nicht notwendigerweise Erweiterungen darstellen müssen) haben in § 4 Abs. 6 (ebenso in § 38 PatG) keine Regelung gefunden. Dennoch wird davon ausgegangen, dass auch solche Änderungen unzulässig sind. Dies gilt insbesondere für die Fallgestaltung, dass eine offenbarte Lehre gegen eine andere ausgetauscht wird (sog. **aliud**). Andernfalls würde sich der Schutz nicht mehr auf die ursprünglich beanspruchte Erfindung beziehen; dies ist mit dem Gesichtspunkt der Rechtssicherheit nicht mehr vereinbar (vgl. BGH GRUR 1990, 432, 433 – Spleißkammer).

68 Zu den **gesetzlichen Folgen** gehört, dass aus einer unzulässigen Änderungen Rechte nicht hergeleitet werden können. Eine Überprüfung, ob ein geändertes Schutzbegehren in den Unterlagen seine Stütze findet, erfolgt im Löschungsverfahren gemäß § 15 Abs. 1 Nr. 3, der eine Folgeregelung zu § 4 Abs. 6 darstellt. Die im Patentrecht aufgrund der Existenz eines entsprechenden Widerrufs- bzw. Nichtigkeitsgrundes umstrittene, in der Literatur überwiegend (vgl. lediglich beispielhaft *Mes,* § 38 PatG, Rdnr. 14) verneinte Frage, ob im Verletzungsrechtsstreit die unzulässige Erweiterung geltend gemacht werden kann, muss im Gebrauchsmusterrecht trotz eines entsprechenden Löschungsgrundes in § 15 Abs. 1 Nr. 3 bejaht werden. Denn dem Verletzungsgericht kommt im Verletzungsrechtsstreit aufgrund des nicht geprüften Gebrauchsmuster-Schutzrechts ohnehin eine andere Funktion als im Verletzungsstreit aufgrund eines geprüften Patents zu. Dies gilt jedenfalls, solange zwischen den Parteien des Verletzungsrechtsstreits kein zugunsten des Schutzrechtsinhabers und Verletzungsklägers ergangener Bescheid in einem parallelen Löschungsverfahren ergangen ist (Bindungswirkung). Bei erfolgter unzulässiger Erweiterung ist die Anmeldung zurückzuweisen, wenn die Erweiterung nicht beseitigt wird. Das DPMA kann von sich aus Erweiterungen von der Eintragung ausschließen, auch wenn aus dieser Rechtsmöglichkeit keine Pflicht des DPMA zum Ausschluss von Erweiterungen hergeleitet werden kann (*Bühring,*

§ 4, Rdnr. 100). Eine Prüfung auf Erweiterungen findet im Eintragungsverfahren praktisch aber nicht statt (vgl. BPatG GRUR 1966, 208). Sollte ein unzulässig erweitertes Gebrauchsmuster dennoch eingetragen werden, so soll dies nach früherer Rechtsprechung (BGH GRUR 1968, 86 – Ladegerät I) der Wirksamkeit der GebrM-Eintragung als solcher nicht entgegenstehen (so auch *Busse/Keukenschrijver*, § 4, Rdnr. 26; derselbe aber ablehnend in § 8, Rdnr. 11). Dieser Auffassung kann angesichts des nunmehrigen Wortlauts in § 4 Abs. 6 nicht gefolgt werden. Ein derart eingetragenes GebrM ist eine inhaltsleere Hülse; hier kann prinzipiell nichts anderes gelten als bei dem Fehlen der materiell-rechtlichen Schutzvoraussetzungen. Die nach früherem Recht hinzunehmende Eintragung einer erweiterten Anmeldung, die nach § 7 GebrMG a. F. keinen Löschungsgrund darstellte, mit der Möglichkeit einer Prioritätsverschiebung (vgl. hierzu BGH GRUR 1968, 86, 88 – Ladegerät I; BGH GRUR 1968, 360 – Umluftsichter) besteht nach geltendem Recht nicht mehr. Auch die Ausscheidung einer Erweiterung mit dem Anmeldetag der erstmaligen Offenbarung ist nicht zulässig. Dem Anmelder bleibt insoweit nur die Neuanmeldung mit einem neuen Anmeldetag (*Bühring,* § 4, Rdnr. 102).

5.2 Änderungen nach Eintragungsverfügung

Derartige Änderungen sind gesetzlich nicht geregelt. Der Gesetzgeber hat im Hinblick auf die diesbezüglich gefestigte Rechtsprechung von einer Normierung abgesehen (amtl. Begr., PMZ 1986, 320, 324/325). Auch bei den nachfolgenden Gesetzesänderungen wurde diesbezüglich keine Regelung aufgenommen. Insbesondere fehlt im GebrMG ein der Vorschrift des § 64 PatG vergleichbares Beschränkungsverfahren – trotz paralleler Interessenlage. Bei zum Beispiel nachträglich aufgefundenem Stand der Technik besteht ein legitimes Interesse des Gebrauchsmusterinhabers, sein Schutzrecht diesem Stand der Technik „anzupassen". Der Inhaber hat dabei die Möglichkeit des **Verzichts.** Ein Verzicht kann sich aber nur auf das Schutzrecht insgesamt oder auf volle Ansprüche beziehen. Auf Anspruchsteile kann ebenso wenig verzichtet werden wie bestehende Ansprüche durch Verzicht geändert oder durch andere ersetzt werden können; ferner ist ein Verzicht auf eine weitergehende Fassung eines Anspruchs nicht möglich (BGH Mitt. 1998, 98, 101 – Scherbeneis). Diese engen gesetzlichen Gestaltungsmöglichkeiten haben deshalb seit langem zu der anerkannten Praxis geführt, dass der

Gebrauchsmusterinhaber nachträglich eingeschränkte Schutzansprüche zur Gebrauchsmusterakte reicht und erklärt, dass sich das Schutzbegehren auf die neuen Ansprüche beschränke. Die nachgereichten Schutzansprüche sind Bestandteil der Gebrauchsmusterakte und können durch jedermann infolge Einsicht in die Akte festgestellt werden.

70 Sollten diese neu eingereichten Schutzansprüche ihrerseits eine unzulässige Erweiterung beinhalten, so erweist sich die Anpassung der Schutzansprüche als insgesamt unwirksam (BGH, aaO). Derartig unzulässig erweiterte oder geänderte Ansprüche können weder Grundlage von Ansprüchen gegen Dritte sein noch die Rechtsbeständigkeit des GebrM begründen. Im Falle eines Löschungsverfahrens können derart erweiterte Ansprüche nicht berücksichtigt werden (BPatGE 20, 133, 134).

71 In der Praxis lässt das BPatG eine Beseitigung der unzulässigen Erweiterung durch ein Zurückgehen auf die Eintragungsfassung zu, jedenfalls solange dies ohne sprachliche Schwierigkeiten und ohne die Gefahr inhaltlicher Änderungen möglich ist. Die Beseitigung einer derartigen Erweiterung kann zum Beispiel durch Wiederaufnahme eines aus dem Anspruch weggelassenen Merkmals erfolgen (weitere Einzelheiten siehe Anm. zu § 17). Auch im Feststellungsverfahren über ein zwischenzeitlich abgelaufenes Gebrauchsmuster können noch derartige neue Ansprüche vorgelegt werden (BPatG, PMZ 1988, 20), auch wenn sie nur noch für die Vergangenheit Auswirkungen haben.

72 Die GebrM-Stelle prüft die nachgereichten Schutzansprüche inhaltlich nicht, sondern diese werden lediglich zu den Akten genommen. In der GebrM-Rolle wird lediglich die Tatsache der Nachreichung und das Datum eingetragen (Mitt. Präs DPA, PMZ 85, 277). Ist ein Löschungsverfahren anhängig, ist gleichwohl die Einreichung der neuen Schutzansprüche zu den Gebrauchsmusterakten und nicht etwa zu den Akten des Löschungsverfahrens notwendig.

73 Da der durch die Eintragung festgelegte und durch die eingetragenen Schutzansprüche umrissene Gegenstand des Gebrauchsmusters nur durch Hoheitsakt und nicht durch die Vorlagen neuer, geänderter Schutzansprüche durch den Gebrauchsmusterinhaber inhaltlich verändert werden kann, sieht die Rechtsprechung hierin eine lediglich schuldrechtlich bindende Erklärung des GebrM-Inhabers an die Allgemeinheit, Schutz gegenüber jedermann nur noch im Umfang der neu gefassten Ansprüche geltend zu machen (BGH, aaO). Die rechtliche Konstruktion einer schuldrechtlichen Verpflichtung gegenüber der Allgemeinheit durch einseitige Erklärung wird in der neueren Literatur kritisiert (*Busse/Keukenschrijver,* § 4, Rdnr. 29). Praktische Auswirkungen hat dieser dogmatische Streit aber nicht (vgl. im übrigen zur Frage des Verzichts und der Rücknahme auch Anm. 3). Im Löschungsverfahren wird die Erklärung regelmäßig als bindender, vorweggenommener Verzicht auf Widerspruch im Sinne von § 17 Abs. 1 gegen einen Löschungsantrag verstanden, soweit sich dieser auf einen Gegenstand bezieht, der über die eingeschränkten neuen Schutzansprüche hinausgeht (vgl. hierzu BGH, aaO, sowie die Anm. zu § 17).

5.3 Änderungen zwischen Eintragungsverfügung und Eintragung

74 Beschreibungen und Ansprüche, die zwischen Erlass der Eintragungsverfügung und der Eintragung beim DPMA eingehen, sind als Änderung der Anmeldung nicht zulässig. Dies folgt aus dem eindeutigen Wortlaut des § 4 Abs. 6. Eine Regelung entsprechend § 38 Satz 1 zweiter Halbsatz PatG fehlt im GebrMG. Da sie bei der Eintragungsverfügung nicht berücksichtigt werden können, werden sie auch nicht eingetragen und nicht bekannt gemacht; eine Schutzwirkung tritt für sie nicht ein (BPatGE 6, 207, 210). Ein dahingehender Vertrauensschutz besteht nicht. Der Anmelder ist hierüber zu informieren. Zur formal zulässigen Beschwerde aufgrund der Eintragung des Gebrauchsmusters in einem zuletzt nicht mehr weiterverfolgten Umfang vgl. *Bühring,* § 4, Rdnr. 117.

6. Teilung

6.1 Allgemeines/Zweck der Vorschrift

75 Die Regelung in Abs. 7 n. F. wurde erstmals durch das GebrMÄndG mit Wirkung zum 1. 1. 1987 eingeführt. Die Regelung ist der Vorschrift des § 39 PatG angepasst. Die Trennung der Anmeldung kann aus verschiedenen Gründen veranlasst sein (vgl. auch § 7 GebrM-Eintragungsrichtlinie):

76 – Im Falle **mangelnder Einheitlichkeit** (siehe hierzu Anm. 3.10) ist die Einheitlichkeit wieder herzustellen. Die Frage der Einheitlichkeit gehört zum Prüfungskatalog der Gebrauchsmusterstelle des DPMA. Die Einheitlichkeit kann dadurch hergestellt werden,

dass einer der verschiedenartigen Gegenstände in einer abgetrennten Anmeldung weiterverfolgt wird (sog. **Ausscheidungsanmeldung**) oder auf diesen **verzichtet** wird. Dabei ist darauf zu achten, dass entsprechende Erklärungen des Anmelders eindeutig sind. Erfolgt weder ein Verzicht noch eine Ausscheidung, so ist die Anmeldung zurückzuweisen. Ein Beschluss der Gebrauchsmusterstelle kann seitens des Anmelders im Wege einer Beschwerde zum BPatG angegriffen werden.

77 – Dem Anmelder steht es aber nach § 4 Abs. 7 frei, auch eine **einheitliche** Anmeldung zu **teilen**, z. B. um hierdurch einen breiteren Schutz zu erlangen oder weil diese selbständigen Schutzrechte für die Gebrauchsmusterverwertung besser geeignet sind.

78 Trotz der in der Begründung (PMZ 1986, 320, 325) zum Ausdruck gebrachten Auffassung, dass auch im Falle der Uneinheitlichkeit die in Anlehnung an § 39 PatG formulierte Vorschrift des § 4 Abs. 7 n. F. sowohl für die Teilung wegen Uneinheitlichkeit (Ausscheidung) wie auch in Ausübung des freien Teilungsrechts bei Einheitlichkeit eingreifen soll, wird in der Lit. als im Widerspruch zur Rechtsprechung des BGH stehend abgelehnt (vgl. BGH GRUR 1986, 877 – Kraftfahrzeuggetriebe; zur Begründung vgl. *Benkard/Schäfers*, § 4 GebrMG, Rdnr. 58). Soweit für das GebrMG die Auffassung vertreten wird, dass eine Unterscheidung zwischen Ausscheidung und freier Teilung wegen der hier andersartigen Regelung des Teilungsverfahrens im Vergleich zum Patentgesetz nicht geboten sei (so *Busse/Keukenschrijver*, § 4 GebrMG, Rdnr. 31), kann dieser Auffassung nicht gefolgt werden. Denn die mangelnde Einheitlichkeit gehört zum Prüfungskatalog der Gebrauchsmusterstelle des DPMA, die auf dessen Beseitigung hinzuwirken hat. Hieraus ergeben sich in der Praxis durchaus auch unterschiedliche Verfahrensabläufe im Vergleich zur freiwilligen Teilung bei gegebener Einheitlichkeit (vgl. auch *Bühring*, § 4, Rdnr. 120).

6.2 Ausscheidungsanmeldung

79 Die Ausscheidungsanmeldung dient der Beseitigung der ursprünglichen oder nachträglichen **Uneinheitlichkeit** der Anmeldung (§ 4 Abs. 1 Satz 2), die der Weiterverfolgung der Anmeldung entgegensteht. Sie setzt aus diesem Grunde denknotwendigerweise mindestens gegeneinander abgrenzbare Teile der Anmeldung voraus. Die rechtliche Möglichkeit der Ausscheidung beruht auf analoger Anwendung des Art. 4 G Abs. 2 PVÜ; das Verfahren der Ausschei-

Anmeldung; Änderungen; Teilung 80, 81 § 4

dung findet letztlich seine gedankliche Grundlage in der die Prozesstrennung betreffenden Vorschrift des § 145 ZPO (vgl. *Busse/Keukenschrijver*, § 39 PatG, Rdnr. 36, 39).

Eine Ausscheidungsanmeldung kommt erst **nach** der Beanstandung der mangelnden Einheitlichkeit durch das DPMA in Betracht (vgl. BGH GRUR 1972, 474 – Ausscheidungsanmeldung). Eine „Ausscheidungsanmeldung" **vor** einer Beanstandung wird regelmäßig als Teilungserklärung umgedeutet werden müssen. Weitere Voraussetzung ist, dass das Anmeldeverfahren noch **anhängig** ist, also insoweit noch nicht in irgendeiner Weise erledigt (durch Verzicht, Eintragung, Zurückweisung oder Rücknahme der Stammanmeldung) ist (BPatG, GRUR 1981, 350 – Bohrstange), da in diesem Fall das Anmeldeverfahren abgeschlossen ist. Soweit die Anmeldung Gegenstand eines Beschwerdeverfahrens ist, muss die Ausscheidung gegenüber dem BPatG erklärt werden. Für die Erklärung gelten die allgemeinen Grundsätze über Verfahrenshandlungen (Einleitung vor § 4, Anm. 5, 6).

Ob der Anmelder eine **Ausscheidung** oder einen **Verzicht** 81 erklärt, ist häufig nicht eindeutig zu beantworten; deshalb hat das DPMA auf die Eindeutigkeit der Äußerung hinzuwirken. Erklärungen etwa, dass ein Anspruch „nicht weiterverfolgt und die Eintragung der Anmeldung unter Zugrundlegung der übrigen Schutzansprüche beantragt", „fallen gelassen" oder dergleichen, werde, lassen in der Regel nicht mit der erforderlichen Klarheit und Eindeutigkeit den Willen des Anmelders erkennen, vorbehaltlos und endgültig auf die Weiterverfolgung eines Anspruchs zu verzichten. Das Gebot der Rechtssicherheit wird in der Regel als weiteres wesentliches Indiz für einen endgültigen und vorbehaltlosen Verzicht auf einen Schutzanspruch verlangen, dass der Anmelder eine den verbleibenden Schutzansprüchen angepasste neue Beschreibung sowie Zeichnung vorlegt, in denen alle Beschreibungsteile bzw. Figuren eliminiert sind, die auf den gestrichenen Schutzanspruch Bezug nehmen (BPatG GRUR 1981, 350, 351 – Bohrstange). Kommt der Anmelder einer entsprechenden Aufforderung des DPMA zur Anpassung von Beschreibung und Zeichnung nicht nach, so ist die Anmeldung in toto zurückzuweisen, § 7 Abs. 1 Satz 3 GebrM-Eintragungsrichtlinie. Hat die Gebrauchsmusterstelle des DPMA unter Verstoß durch die Eintragung der Stammanmeldung unter Zugrundelegung der übrigen Ansprüche nur eine Teileintragung vorgenommen, so bleibt der „fallen gelassene" Schutzanspruch als unerledigter Teil der Stammanmeldung anhängig, so dass er von dem Anmelder selbst nach antragsgemäßer Eintragung des Gebrauchsmusters abgetrennt und weiterverfolgt werden kann (BPatG, aaO, S. 352). Die Ausscheidungserklärung wird als rein verfahrensrechtliche Erklärung ohne materiell-rechtliche Bedeutung angesehen (*Bühring*, § 4, Rdnr. 120). Aus diesem Grund wird eine hilfsweise erfolgte Ausscheidung als zulässig angesehen, wenn über die gesamte Anmeldung im Rahmen eines Hauptantrages ablehnend entschieden wird (BPatG GRUR 1981, 350 – Bohrstange; a. A. BGH GRUR 1980, 716, 718 – Schlackenbad). Auch wenn der auszuscheidende Gegenstand in der Stammanmeldung nicht enthalten ist, wird verfahrensrechtlich eine selbständige Anmeldung begründet; die Ausscheidungsanmeldung genießt materiell-rechtlich den Prioritäts- und Anmeldetag der Stammanmeldung (BPatG GRUR 1981, 350, 352 – Bohrstange). Über die ausgeschiedene Anmeldung wird in einem gesonderten Eintragungsverfahren befunden. Zur Frage der Auswirkung einer unzulässigen Erweiterung der ausgeschiedenen Patentanmeldung auf die aus ihr abgezweigte GerbrM-Anmeldung vgl. BPatG Mitt. 1996, 211 – Plattenaufnahmeteil.

6.3 Teilung

82   Auch die Teilung setzt **Anhängigkeit** der Anmeldung voraus (BPatG GRUR 1981, 350 – Bohrstange). Sie setzt eine eindeutige schriftliche Erklärung durch den Anmelder voraus, in der unzweideutig zum Ausdruck gebracht wird, welcher Gegenstand in dem einen Verfahren bleibt und was Gegenstand der getrennten Anmeldung ist. Neben dem verfahrensrechtlichen Charakter der Teilungsanmeldung, der diese bedingungsfeindlich, nicht anfechtbar, jedoch hilfsweise erklärbar macht, wird ihr materiell-rechtlicher Charakter beigemessen. Entsprechend der Rspr. zum PatG wird auch für das Gebrauchsmuster zu fordern sein, dass der Gegenstand der Anmeldung in mindestens zwei Teile getrennt werden kann (vgl. BGH GRUR 1998, 458, 459 – Textdatenwiedergabe). Dieses im Wesentlichen aus dem Begriff der Teilung hergeleitete Erfordernis der Unterschiedlichkeit des Erfindungsgegenstandes der Stammanmeldung und der Teilungsanmeldung bewirkt, dass eine Teilung begrifflich schon dann nicht vorliegt, wenn in dem einen Verfahren kein Rest verbleibt oder nichts abgetrennt wird (BPatG GRUR 1992, 377, 379 – Kabelbaum; vgl. BGH GRUR 1996, 753, 754/755 – Informationssignal). Bleibt der Anmeldungsgegenstand unangetastet, weil der Inhalt der Teilungsanmeldung nicht Bestandteil der Stammanmeldung ist, kommt eine Teilung nicht in Betracht (BGH GRUR

Anmeldung; Änderungen; Teilung 83, 84 § 4

1996, 753, 754/755 – Informationssignal). Dies ist allerdings nicht schon dann der Fall, wenn der abgetrennte Teil nicht vollständig in der geteilten Anmeldung enthalten ist; er darf nur nicht vollständig außerhalb liegen (vgl. BGH GRUR 1998, 458, 459 – Textwiedergabe). Fehlt es an der wirksamen Teilung einer Gebrauchsmusteranmeldung, kommt der Teilanmeldung nicht die Priorität oder der Anmeldetag der ursprünglichen Anmeldung zu (BPatG GRUR 1992, 377, 379 – Kabelbaum); ein anderer Zeitrang als derjenige des Tags der Einreichung der Teilungserklärung kommt nicht in Betracht. Diese Rechtspraxis schließt die Rechtswirksamkeit einer Teilungserklärung bei Überschneidungen nicht aus (vgl. BGH GRUR 1998, 458, 459 – Textdatenwiedergabe). Ebenso kann eine Teilanmeldung ihrerseits geteilt werden (vgl. BGH, aaO). Zur Wirksamkeit der Teilungserklärung bedarf es einer eindeutigen Aussage über den Teil, der abgetrennt werden soll; diese ist im Hinblick auf die Rechtssicherheit zur Stammanmeldung zu erklären, da Dritte nur dann zuverlässig den Umfang des in ihr noch beanspruchten Gegenstands feststellen können. Es muss eindeutig klargestellt werden, was abgetrennt wird und was Inhalt der Stammanmeldung bleibt (vgl. BGH GRUR 1996, 747 – Lichtbogen-Plasma-Beschichtungssystem); dies schließt nicht aus, den Offenbarungsgehalt der Stammanmeldung auszuschöpfen. Die Teilung setzt weiter voraus, dass der abzutrennende Teil ursprünglich als zur Erfindung gehörend offenbart war (BPatGE 20, 1, 5). Mithin kann eine unzulässige Erweiterung nicht im Wege einer Teilungsanmeldung weiterverfolgt werden. Entsprechend der Rspr. zum PatG, bei der die Erweiterung schon im Rahmen der Wirksamkeit der Teilungserklärung geprüft wird (vgl. BGH GRUR 1999, 41, 43 – Rutschkupplung; BPatG GRUR 1998, 370, 373 – Schwungrad) ist die GbrM-Stelle an einer entsprechenden Prüfung jedenfalls nicht gehindert (vgl. lediglich BPatGE 18, 56, 62), auch wenn im Eintragungsverfahren eine Prüfung auf Erweiterungen tatsächlich regelmäßig nicht stattfindet (vgl. BPatGE 6, 207, 211).

Wie bei der patentrechtlichen Praxis kann über die Wirksamkeit 83 der Teilungserklärung im Verfahren über die Stammanmeldung entschieden werden (vgl. BPatG GRUR 1992, 684). Die Zulässigkeit der Teilung ist auch im Verfahren über die Teilanmeldung zu prüfen (vgl. BGH GRUR 1999, 41, 43 – Rutschkupplung).

Die vorerwähnte, auch im GebrMG heranzuziehende patent- 84 rechtliche Rechtsprechung, wonach die Teilung einen anderen Erfindungsgegenstand voraussetzt, ist in der Literatur auf Kritik gestoßen (vgl. lediglich *Busse/Keukenschrijver,* § 39 PatG, Rdnr. 16, 17;

im Einzelnen ist hier Vieles streitig). Die Kritik fußt darauf, dass der Wortlaut der die historische Basis bildenden Vorschrift des Art. 4 G PVÜ lediglich auf eine rein verfahrensrechtliche Aufspaltung des bisher einheitlichen Anmeldeverfahrens in mehrere Verfahren abstellt. Die h. M. müsse ferner dazu führen, dass der Anmelder seine Möglichkeiten vorsorglich bis zum letzten ausschöpfe und versuche, möglichst nahe zu den gesamten oder sogar den gesamten Inhalt der Anmeldung in die Teilanmeldung zu retten. Die Teilung solle deshalb nicht mehr und nicht weniger als die Aufspaltung des ursprünglich einheitlichen Eintragungsverfahrens in mehrere selbständige Verfahren bedeuten, in denen jeweils für sich die Frage zu prüfen sei, ob den in ihnen enthaltenen Anträgen entsprochen werden könne; durch die Teilung werde also nach dieser Auffassung lediglich das Verfahren, nicht hingegen der Gegenstand der Anmeldung geteilt (*Busse/Keukenschrijver*, aaO, Rdnr. 16). Auch wenn für diese Auffassung Gründe der Einfachheit sprechen mögen, lässt sie sich jedenfalls nicht mit dem Wortlaut der Vorschrift des § 4 Abs. 7 in Einklang bringen, wonach die „Anmeldung" geteilt werden kann. Durch diesen Begriff wird – wie auch im übrigen Gesetzeskontext – der Anmeldungsgegenstand, jedoch nicht das Anmeldeverfahren angesprochen.

85 Nach h. M. kommt der Teilungserklärung mithin Gestaltungswirkung dahingehend zu, dass zumindest klargestellt wird, was aus der Stammanmeldung als herausgelöst anzusehen ist. Verfahrensrechtlich entsteht mit der formell wirksamen Teilungserklärung einer Stammanmeldung die Teilanmeldung. Der Altersrang der ursprünglichen Anmeldung bleibt erhalten. Dies gilt nicht, wenn die Teilung unwirksam ist (BGH GRUR 1992, 377, 379 – Kabelbaum).

6.4 Gebühren

86 Für die Teilanmeldung sind für die Zeit bis zur Teilung die gleichen Gebühren zu entrichten, die für die ursprüngliche Anmeldung zu entrichten waren, § 4 VII 4. Dies gilt für jede (weitere) Teilanmeldung. Sofern die Gebühren nicht fristgerecht eingezahlt werden, wird die Teilung ex tunc unwirksam (vgl. BGH GRUR 1993, 890, 891 – Teilungsgebühren). Eventuell nachträglich gezahlte Teilungsgebühren sind zurückzuerstatten, weil die Teilungsgebühren wegen rückwirkend entfallenden Rechtsgrundes nicht angefallen sind. Bei der Ausscheidungsanmeldung entsteht die Gebührenpflicht hinsichtlich Anmeldegebühr und Jahresgebühr mit der Ausschei-

dungserklärung. Die Gebührenpflicht kann nicht rückwirkend entfallen, weil bei der Ausscheidung ein Mangel der Anmeldung behoben wird, im Gegensatz zur Teilung (vgl. BGH GRUR 1993, 890 – Teilungsgebühren).

7. Hinterlegung biologischen Materials

§ 4 Abs. 8 enthält keine Regelung über die Hinterlegung biologischen Materials; vielmehr ist nur eine Verordnungsermächtigung (wie in § 34 PatG) vorgesehen. In der Gesetzesbegründung soll dem Bundesministerium der Justiz bzw. dem Präsidenten des DPMA die Möglichkeit eingeräumt werden, die Voraussetzungen, unter denen die Hinterlegung von biologischem Material, der Zugang zu diesen, die Beschränkung des Zugangs und die erneute Hinterlegung zum Zwecke der Offenbarung möglich sind, auch gebrauchsmusterrechtlich zu regeln, da Erfindungen, die mikrobiologisches Material beinhalten, gelegentlich als Gebrauchsmuster angemeldet würden (PMZ 1998, 393, 408). Es wird weiter Bezug genommen auf die nähere Begründung zur entsprechenden Neuregelung in § 34 Abs. 9 PatG (PMZ 1998, 393, 403). Die Ermächtigungsregelung soll eine Anpassung der nationalen Rechtsgrundsätze an die sich ändernden Gegebenheiten sowie die Übernahme der Regelungen im EPÜ (Regeln 28, 28a AO EPÜ) und der EG-Biotechnologie-Richtlinie (Art. 13, 14 EG-BiotRL) ermöglichen (Begr. aaO).

Nach nationalem Recht wurde zwischen zwei Arten der Hinterlegung unterschieden. Diese basieren auf der Leitentscheidung des BGH vom 11. März 1975 (GRUR 1975, 430 – Bäckerhefe) sowie den Regelungen des Budapester Vertrages vom 28. April 1977 über die Internationale Anerkennung der Hinterlegung von Mikroorganismen für die Zwecke von Patentverfahren (Zustimmungsgesetz vom 25. 8. 1980, BGBl 1980 II 1104 = PMZ 1981, 350).

Die Hinterlegung biologischen Materials gewinnt vor allen Dingen dann an Bedeutung, wenn eine Beschreibung durch Wort und Bild, auch mittels sogenannter process-by-process-Ansprüche nicht (oder nicht vollständig) möglich ist. In diesem Fall ist die Möglichkeit der Hinterlegung des nicht beschreibbaren Teils eröffnet. Die Hinterlegung eines Gegenstandes, nämlich biologischen Materials, insbesondere eines Mikroorganismus, sichert im Zusammenhang mit seiner Freigabe die freie Verfügbarkeit und damit die Wiederholbar-

§ 4 90, 91 Anmeldung; Änderungen; Teilung

keit der Erfindung. Die Hinterlegung ergänzt danach die Anmeldeunterlagen als besondere Form eines Offenbarungsmittels (ob eine ausreichende Offenbarung tatsächlich durch eine Hinterlegung ermöglicht ist, bedarf aber immer einer eingehenden Prüfung). Die Hinterlegung als solche reicht danach jedoch nicht aus; vielmehr muss sie eine Stütze in der Beschreibung haben. Darüber hinaus hat die Hinterlegung Bedeutung für die Ausführbarkeit der Erfindung, indem sie zugleich vermehrungsfähiges Material zur Verfügung stellt. Einzelheiten der Hinterlegung und der Freigabe regeln der Budapester Vertrag sowie die EG-BiotRL.

90 Die Hinterlegung einer mikrobiologischen Erfindung bei einer anerkannten Hinterlegungsstelle bewirkt damit nicht nur eine Erleichterung der Beschreibung, sondern dient gleichzeitig dem Nachweis der Wiederholbarkeit durch Reproduktion (vgl. lediglich BGH GRUR 1993, 651 – tetraploide Kamille). Zur Erfüllung ihrer Funktion muss jedes für eine Hinterlegung geeignete, durch Beschreibung nicht ausreichend zu offenbarende Material als hinterlegungsfähig angesehen werden. Im Hinblick auf den Ausschluss von Verfahrenserfindungen nach dem GebrMG gewinnt die Hinterlegung vor allen Dingen Bedeutung für den Sachschutz, also für den Gebrauchsmusterschutz z. B. eines neuen Mikroorganismus oder Virus als solchen, wenn durch die Hinterlegung und Freigabe einer vermehrbaren Probe die Offenbarung und Reproduzierbarkeit gesichert sind (vgl. BGH GRUR 1987, 231 – Tollwutvirus). Identität zwischen Anmelder und Hinterleger ist nicht erforderlich; ausschlaggebend ist die Sicherung der Zugänglichkeit. Ausreichend ist die Hinterlegung bei einer „wissenschaftlich anerkannten Stelle", die jedoch nicht eine solche im Sinne des Budapester Vertrages sein muss. Die Hinterlegung muss zum Anmelde- oder Prioritätszeitpunkt erfolgt sein (vgl. lediglich BGH GRUR 1978, 162, 164–7-Chlor-6-demethyltetracyclin). Die Anmeldeunterlagen müssen Nachweise über die Hinterlegung beinhalten.

91 Der Anmelder muss durch unwiderrufliche Erklärung gegenüber der Hinterlegungsstelle die Zugänglichkeit des Materials gegenüber dem DPMA gewährleisten. Die Zugänglichkeit gegenüber Dritten wurde beim Patentschutz dahingehend geregelt, dass der Anmelder bei der Hinterlegung durch unwiderrufliche Erklärung gegenüber der Hinterlegungsstelle sicherzustellen hat, dass der Mikroorganismus spätestens im Zeitpunkt der Offenlegung der Patentanmeldung von der Hinterlegungsstelle an Interessenten ausgehändigt wird, damit diese den Gegenstand der angemeldeten Erfindung ermitteln können. Zum Gebrauchsmusterrecht ist – soweit ersichtlich – keine

Fremdsprachige Unterlagen §4a

veröffentlichte Entscheidung hierzu ergangen. Aufgrund der damit verbundenen Funktion wird man die Zugänglichkeit bereits mit der Anmeldung gewährleisten müssen. Das biologische Material muss der Fachwelt noch angemessene Zeit nach Ablauf des GebrM-Schutzes zur Verfügung stehen.

Zu den internationalen Hinterlegungsstellen vgl. Art. 7 des Budapester Vertrages. 92

§ 4a [Fremdsprachige Unterlagen; Nachreichung von Unterlagen; Anmeldetag]

(1) **Ist die Anmeldung ganz oder teilweise nicht in deutscher Sprache abgefaßt, so fordert das Patentamt den Anmelder auf, eine deutsche Übersetzung innerhalb einer Frist von drei Monaten nach Zustellung der Aufforderung nachzureichen. Enthält die Anmeldung eine Bezugnahme auf Zeichnungen und sind der Anmeldung keine Zeichnungen beigefügt, so fordert das Patentamt den Anmelder auf, innerhalb einer Frist von einem Monat nach Zustellung der Aufforderung entweder die Zeichnungen nachzureichen oder zu erklären, daß jede Bezugnahme auf die Zeichnungen als nicht erfolgt gelten soll.**

(2) **Der Anmeldetag der Gebrauchsmusteranmeldung ist der Tag, an dem die Unterlagen nach § 4 Abs. 3 Nr. 1 und 2 und, soweit sie jedenfalls Angaben enthalten, die dem Anschein nach als Beschreibung anzusehen sind, nach § 4 Abs. 3 Nr. 4**

1. **beim Patentamt,**
2. **oder, wenn diese Stelle durch Bekanntmachung des Bundesministeriums der Justiz im Bundesgesetzblatt dazu bestimmt ist, bei einem Patentinformationszentrum**

eingegangen sind. Sind die Unterlagen nicht in deutscher Sprache abgefaßt, so gilt dies nur, wenn die deutsche Übersetzung innerhalb der Frist nach Abs. 1 Satz 1 beim Patentamt eingegangen ist; andernfalls gilt die Anmeldung als nicht erfolgt. Reicht der Anmelder auf eine Aufforderung nach § 1 Abs. 2 die fehlenden Zeichnungen nach, so wird der Tag des Eingangs der Zeichnungen beim Patentamt Anmeldetag; andernfalls gilt eine Bezugnahme auf die Zeichnungen als nicht erfolgt.

§ 4 a 1–4   Fremdsprachige Unterlagen

Übersicht

	Rdn.
1. Allgemeines/Zweck der Vorschrift	1
2. Fremdsprachige Anmeldeunterlagen	2–5
3. Zeichnungen	6–8
4. Anmeldetag	9–17

1. Allgemeines/Zweck der Vorschrift

1 Die Vorschrift enthält Regelungen über die Einreichung fremdsprachiger Anmeldungsunterlagen, die Nachreichung von Zeichnungen und regelt – erstmals – die Voraussetzungen für die Zuerkennung eines Anmeldetages. Sie ist inhaltsgleich mit § 35 n. F. PatG und ebenso wie dieser durch das 2. PatGÄndG eingefügt worden (vgl. Gesetzesbegründung PMZ 1998, 393, 403/404, 408).

2. Fremdsprachige Anmeldeunterlagen

2 Mit der Neuregelung ist beabsichtigt, ausländischen Anmeldern die Nachanmeldung einer Erfindung während der Prioritätsfrist zu erleichtern. Hierdurch hat der Anmelder ferner den Vorteil, dass keine Bestandteile der Offenbarung durch die Übersetzung verloren gehen, da sich der Offenbarungsgehalt nach der Anmeldung in der Originalsprache und nicht nach der Übersetzung richtet (Begr. PMZ 1998, 393, 403). Die Gesetzesregelung ist nach dem Wortlaut aber nicht auf Nachanmeldungen beschränkt; sie gilt auch für Erstanmeldungen – ganz oder teilweise – in fremder Sprache. Auch für die fremdsprachige Anmeldung gelten die Voraussetzungen des § 4 a Abs. 2 zur Begründung des Anmeldetages.

3 Die Einreichung der fremdsprachigen GebrM-Anmeldung reicht in einfacher Ausfertigung aus; die übersetzte GebrM-Anmeldung ist in zweifacher Ausfertigung einzureichen, § 3 I GebrMAnmV.

4 Die Nachreichung einer deutschen Übersetzung ist innerhalb einer **Frist** von drei Monaten nach Einreichung der Anmeldung vorzunehmen. Dieser Zeitraum soll dem Anmelder ausreichend Zeit zur Verfügung stellen, die Übersetzung anzufertigen und einzureichen (Begr. PMZ 1998, 393, 403). Die Frist kann nicht verlängert

Fremdsprachige Unterlagen 5, 6 § 4a

werden; bei ihrer Versäumung kommt aber eine **Wiedereinsetzung** in Betracht (Begr., aaO, S. 403).

Rechtsfolgen: Bei Einhaltung der Voraussetzungen des Abs. 2 ist die fremdsprachige Anmeldung bis zum Ablauf der 3-Monatsfrist zur Nachreichung der Übersetzung in einem Schwebezustand, jedoch wirksam. Die Wirksamkeit entfällt rückwirkend, falls die Übersetzung nicht fristgerecht (maßgebend ist der rechtzeitige Eingang, nicht die Absendung) beim DPMA (der Eingang bei einem PIZ oder bei anderen Stellen ist nicht ausreichend) eingeht. Erst im Zeitpunkt des fristgerechten Eingangs bzw. nach Ablauf der Frist steht im Ergebnis fest, ob es sich um eine vorschriftsmäßige nationale Anmeldung handelt, die zur Bestimmung des Anmeldetages ausreicht. Bei fremdsprachigen Anmeldungen stellt das Erfordernis der fristgerechten Übersetzung mithin eine weitere Voraussetzung für die Bestimmung des Anmeldetages nach § 4a Abs. 2 dar. Bei nicht fristgerechter Einreichung einer deutschen Übersetzung „gilt die Anmeldung nicht erfolgt". Dies bedeutet, dass die Anmeldung von Anfang an keinerlei Wirkungen gehabt hat, so dass der Anmelder aus dieser Hinterlegung auch **kein Prioritätsrecht** herleiten kann. Dasselbe gilt für eine **Abzweigung** nach § 5 Abs. 1 Satz 1 aus einer fremdsprachigen Patentanmeldung entsprechend § 35 PatG. Erfolgt die Abzweigung innerhalb des 3-Monatszeitraums, kann sie bis zur definitiven Klärung der fristgerechten Einreichung der Übersetzung nicht mit dem für sie in Anspruch genommenen Anmeldetag eingetragen werden. Das DPMA muss in diesem Falle die Einhaltung der Voraussetzungen des § 4a überprüfen (Amtsermittlungsgrundsatz).

3. Zeichnungen

Nach § 4a Abs. 1 Satz 2 und Abs. 2 Satz 3 hat das Patentamt den Anmelder, der es versäumt hat, Zeichnungen einzureichen, die in den übrigen Anmeldungsunterlagen in Bezug genommen sind, aufzufordern, innerhalb einer Frist von einem Monat nach Zustellung der Aufforderung entweder die Zeichnungen nachzureichen oder zu erklären, dass jede Bezugnahme auf die Bezeichnungen als nicht erfolgt gelten soll. Die Nachreichung der Zeichnungen bedeutet eine Altersrangverschiebung auf den Zeitpunkt ihres Eingangs beim DPMA (Eingang bei anderen Stellen ist nicht fristwahrend). Dies kann Vorteile für den Anmelder haben, wenn der Offenbarungsgehalt der Zeichnungen weitergehend ist als derjenige der ursprünglichen Anmeldungen; hierdurch wird verhindert, dass die Nachreichung der Zeichnungen eine unzulässige Erweiterung der Anmeldung bedeutet. Der Anmelder kann sich aber auch entscheiden, auf die Nachreichung von Zeichnungen zu verzichten und damit den ursprünglichen Anmeldetag mit den ursprünglichen Unterlagen ohne Zeichnungen beizubehalten. In diesem Fall verzichtet er jedoch auf ein wichtiges Mittel zur Auslegung der Schutzansprüche, § 12 a.

7   Die Nachreichung von Zeichnungen führt auch dann zu einem Altersrangnachteil, wenn deren Inhalt im Vergleich zu den ursprünglichen Unterlagen keinen weitergehenden Offenbarungsgehalt aufweist. Die Verschiebung des Altersrangs hat Auswirkungen unter anderem auf den Prioritätszeitpunkt, die Laufzeit des Gebrauchsmusters, die Frist zur Inanspruchnahme einer früheren Schutzrechtsanmeldung, die Frist zur Inanspruchnahme des Anmeldetages einer früheren Patentanmeldung (§ 5 I 1), sowie auf den Beginn als „älteres Recht".

8   Die wiedereinsetzungsfähige Monatsfrist beginnt erst mit der förmlichen Zustellung der Aufforderung zu laufen. Fristberechnung nach §§ 186 ff BGB.

4. Anmeldetag

9   Nach § 4 a Abs. 2 Satz 1 sind die Mindestvoraussetzungen für den Anmeldetag:
10 – Namen des Anmelders, § 4 Abs. 3 Nr. 1 (siehe § 4 Anm. 3.4);
11 – Antrag auf Eintragung, in dem der Gegenstand des Gebrauchsmusters kurz und genau bezeichnet ist, § 4 Abs. 3 Nr. 2 (siehe § 4 Anm. 3.5);
12 – Beschreibung des Gegenstands des Gebrauchsmusters, § 4 Abs. 3 Nr. 4 (siehe § 4 Anm. 3.8), wobei jedenfalls Angaben enthalten sein müssen, die den Anschein einer Beschreibung rechtfertigen;
13 – Einreichung einer fristgerechten Übersetzung im Falle einer fremdsprachigen Anmeldung.
14 Die Bestimmung des Anmeldetages, der die Wirkung einer nationalen Hinterlegung im Sinne des Art. 4 A Abs. 2, 3 PVÜ hat, ist von essentieller Bedeutung. Nach dem Anmeldetag bemessen sich nicht nur die Rechtsstellung des Anmelders sondern auch die Rechte der am Eintragungsverfahren nicht beteiligten Dritten, welcher Stand der Technik zu berücksichtigen ist, das Recht auf das

Gebrauchsmuster durch den Erstanmelder, die Schutzdauer etc. Seine eindeutige Bestimmbarkeit ist deshalb auch ein Gebot der **Rechtssicherheit**. Infolgedessen ist auch auf die objektive Lage abzustellen. Der Anmeldetag ist der Verfügungsbefugnis des Anmelders bzw. des DPMA entzogen (BPatGE 9, 57, 61). Die Voraussetzungen für die Bestimmung des Anmeldetages gelten auch für den Tag der Hinterlegung einer früheren Patentanmeldung im Falle einer wirksam erfolgten Abzweigung. Da der **Eingang** der Anmeldungsunterlagen beim DPMA oder einem dazu bestimmten PIZ (§ 4a II; nicht Datum des Absendens, vgl. hierzu BVerfG, PMZ 1990, 247) maßgebend ist, liegt das Zugangsrisiko beim Absender.

Erfüllt die Anmeldung diese Anforderungen nicht, hat die Gebrauchsmusterstelle des DPMA deren Rechtsunwirksamkeit durch **Beschluss** festzustellen. Ob das DPMA dem Anmelder die vorherige Möglichkeit einräumen muss, die Mängel zu beseitigen, lässt sich nicht einheitlich beantworten. Diese Frage wird bei eher formalen Mängeln zu bejahen sein, wie zum Beispiel solchen in Bezug auf den Namen des Anmelders. Auch dann kommt aber als Anmeldetag nur derjenige in Betracht, an dem die beseitigten Mängel beim DPMA oder bei einem PIZ eingehen. Eine „Mängelbeseitigung" zum Beispiel in Bezug auf die Beschreibung des Gegenstandes ist nicht möglich (wie sich auch aus einem Umkehrschluss der Ausnahmeregelung der Zulässigkeit der Nachreichung von Zeichnungen ergibt). Die vor Inkrafttreten des 2. PatGÄndG zu diesem Problemkreis ergangenen Entscheidungen des BPatG, in denen eine wirksame (Patent-)Anmeldung auch dann angenommen wird, wenn deren Mindesterfordernisse nicht gleichzeitig, sondern nacheinander erfüllt worden sind (BPatG GRUR 1986, 50 – Flusswasserkraftwerk; vgl. auch BPatGE 19, 96) können nach dem nunmehr eindeutigen Wortlaut des § 4a Abs. 2 insbesondere im Hinblick auf das Gebot der Rechtssicherheit keine Gültigkeit mehr beanspruchen. Dies gilt auch für die in der Gesetzesbegründung (PMZ 1990, 393, 403) in Bezug genommene Entscheidung des BPatG (BPatGE 31, 19 = GRUR 1989, 906), die entgegen der Einschätzung in der Gesetzesbegründung vereinzelt geblieben ist. Insbesondere das Gebot der Rechtssicherheit lässt eine derartige sukzessive Nachreichung der einzelnen Unterlagen nicht zu.

Die Anmeldung ist zurückzuweisen, wenn ein unzutreffender Anmeldetag beansprucht wird; eine fehlerhafte Angabe in der GebrM-Rolle ist nicht bindend (BPatGE 22, 248, 249/250).

Die Wirksamkeit des Anmeldetages kann sowohl im Löschungs- wie im Verletzungsverfahren überprüft werden.

§ 5 [Abzweigung]

(1) Hat der Anmelder mit Wirkung für die Bundesrepublik Deutschland für dieselbe Erfindung bereits früher ein Patent nachgesucht, so kann er mit der Gebrauchsmusteranmeldung die Erklärung in Anspruch nehmen, daß der für die Patentanmeldung maßgebende Anmeldetag in Anspruch genommen wird. Ein für die Patentanmeldung beanspruchtes Prioritätsrecht bleibt für die Gebrauchsmusteranmeldung erhalten. Das Recht nach Satz 1 kann bis zum Ablauf von zwei Monaten nach dem Ende des Monats, in dem die Patentanmeldung erledigt oder ein etwaiges Einspruchsverfahren abgeschlossen ist, jedoch längstens bis zum Ablauf des zehnten Jahres nach dem Anmeldetag der Patentanmeldung ausgeübt werden.

(2) Hat der Anmelder eine Erklärung nach Abs. 1 Satz 1 abgegeben, so fordert ihn das Patentamt auf, innerhalb von zwei Monaten nach Zustellung der Aufforderung das Aktenzeichen und den Anmeldetag anzugeben und eine Abschrift der Patentanmeldung einzureichen. Werden diese Angaben nicht rechtzeitig gemacht, so wird das Recht nach Abs. 1 Satz 1 verwirkt.

Übersicht

	Rdn.
1. Allgemeines/Zweck der Vorschrift:	1–3
2. Voraussetzungen der Abzweigung	
2.1 Frühere Patentanmeldung	4
2.2 Wirkung für die Bundesrepublik Deutschland	5
2.3 Identität der Erfindung	6–11
2.4 Personenidentität	12, 13
2.5 Erklärung/Frist	14–22
3. Verfahren	
3.1 Generelles	23, 24
3.2 Prüfung der Wirksamkeit	25–28
3.3 Gebühren	29
4. Wirkung	
4.1 Priorität	30
4.2 Schutzdauer	31

Literatur (Auswahl): *Schennen,* Innere Gebrauchsmusterpriorität und Abzweigung, GRUR 1987, 222; *Vollrath,* Abgezweigte Gebrauchsmuster-

Abzweigung 1, 2 § 5

anmeldung nach Patenterteilung, Mitt. 1989, 28; *Rentzsch,* Frist für eine Gebrauchsmusterabzweigungserklärung, GRUR 1993, 23; *Kraßer,* Wirksamkeitsvoraussetzungen der Inanspruchnahme des Anmeldetags einer Patentanmeldung für eine spätere Gebrauchsmusteranmeldung („Abzweigung"), GRUR 1993, 223; *Brandt,* Die Gebrauchsmusterabzweigung – gelöste und ungelöste Probleme, Mitt. 1995, 212.

1. Allgemeines/Zweck der Vorschrift

Die durch das Gesetz zur Änderung des Gebrauchsmustergesetzes **1** vom 15. 8. 1986 mit Wirkung zum 1. 1. 1987 aufgenommene und durch das PrPG vom 7. 3. 1990 geänderte Vorschrift des § 5 ersetzt die frühere Gebrauchsmusterhilfsanmeldung. Ein Anmelder, der mit Wirkung für die Bundesrepublik Deutschland für seine Erfindung ein Patent angemeldet oder ein solches bereits erhalten hat, kann bis zum Ablauf einer bestimmten Frist nach Abschluss des Patenterteilungs- oder Einspruchsverfahrens eine GebrM-Anmeldung einreichen und den im Patentverfahren beanspruchten Anmeldetag auch für die GebrM-Anmeldung in Anspruch nehmen. Hierfür wurde der Begriff „Abzweigung" gewählt. Diese ist eine selbständige GebrM-Anmeldung unter Inanspruchnahme des Anmelde- oder Prioritätstages der Patentanmeldung. Sie ist in gewisser Weise mit der **inneren Priorität** vergleichbar, wobei sie im Vergleich zu dieser den Vorteil hat, dass der Anmelder nicht an die Frist für die Inanspruchnahme der Priorität gebunden ist.

Das Rechtsinstitut der Abzweigung ist ein wesentliches Element **2** der **Attraktivität** des **GebrM-Schutzes.** Es begründet einen flankierenden Schutz zum Patent und kann darüber hinaus in vielen Fällen als schutzrechtsrettende Maßnahme eingesetzt werden, z. B. in der Fallgestaltung, dass eine Patentanmeldung bzw. ein erteiltes Patent wegen des weiterreichenden Standes der Technik (z. B. Vorverlautbarung in Form einer Benutzung im Ausland durch den Erfinder) patentschädlich vorverlautbart ist. Ist die Patentanmeldung durch Offenlegung oder Veröffentlichung der Öffentlichkeit zugänglich gemacht und kommt beispielsweise eine Gebrauchsmusteranmeldung unter Inanspruchnahme der Priorität wegen Überschreitens der 12-Monatsfrist nicht mehr in Betracht, bleibt dem Erfinder/Anmelder der Ausweg, durch die Abzweigung ein Gebrauchsmuster anzumelden und dafür den Anmeldetag der Patentanmeldung in Anspruch zu nehmen. Die Abzweigung bietet darüber hinaus im Falle des nur eingeschränkten patentrechtlichen Schutzes nach **Of-**

fenlegung einer Patentanmeldung (vgl. § 33 PatG) komplementären Schutz, der neben einem Unterlassungsanspruch einen vollen Schadenersatzanspruch zum Inhalt hat, im Gegensatz zum betragsmäßig regelmäßig geringer ausfallenden Entschädigungsanspruch nach § 33 PatG.

3 Weitere **Einzelheiten** sind in § 8 GebrMAnmV sowie Ziff. II 4 der GebrM-Eintragungsrichtlinie geregelt.

2. Voraussetzungen der Abzweigung

2.1 Frühere Patentanmeldung

4 Die Abzweigung setzt eine frühere Patentanmeldung voraus, wobei es sich sowohl um eine **nationale, europäische,** wie auch **internationale** Patentanmeldung handeln kann (vgl. zu letzterer: BGH GRUR 1998, 913, 914 – Induktionsofen). Ob die Patentanmeldung bereits **zurückgewiesen** oder noch **anhängig** ist, spielt keine Rolle (BGH Mitt. 1996, 118, 120 – Flammenüberwachung). Aus dem Wortlaut folgt ferner, dass die Abzweigung nicht gleichzeitig mit einer Patentanmeldung vorgenommen werden kann („... bereits früher ein Patent nachgesucht ..."). Ebenso kann eine vorangegangene Gebrauchsmusteranmeldung keine Basis für eine Abzweigung darstellen. Darüber hinaus hat § 15 Abs. 1 ErstrG die Möglichkeit eröffnet, seit dem 1. 5. 1992 aus einer Patentanmeldung oder einem Patent mit DDR-Ursprung eine GebrM-Anmeldung gemäß § 5 Abs. 1 abzuzweigen (mit Ausnahme der Patente, die vom ehemaligen DDR-Patentamt nach Sachprüfung erteilt oder bestätigt wurden). Wegen der aufgrund des Zeitablaufs sinkenden Bedeutung dieser Möglichkeit wird auf die Anmerkungen bei *Bühring,* § 5, Rdnr. 8ff verwiesen. Eine nach Art. 135 Abs. 1 EPÜ, Art. II § 9 IntPatÜG in eine nationale Patentanmeldung umgewandelte europäische Anmeldung kann ebenfalls Basis für eine Abzweigung nach § 5 Abs. 1 sein.

2.2 Wirkung für die Bundesrepublik Deutschland

5 Die Patentanmeldung muss mit Wirkung für die Bundesrepublik Deutschland erfolgt sein. Damit können auch europäische oder internationale oder Euro-PCT-Trennanmeldungen Grundlage für

eine Abzweigung sein, wenn sich aus ihnen ergibt, dass die Bundesrepublik als Bestimmungsland wirksam benannt ist (vgl. z. B. Art. 3, 79 EPÜ; Art. 43, 44 PCT; Art. III § 4 IntPatÜG). Ob die Bundesrepublik Deutschland in der internationalen Anmeldung bestimmt ist, ist in jedem Einzelfall durch Auslegung des Erteilungsantrages zu ermitteln; fehlerhafte Angaben auf dem PCT-Formblatt stehen dem nicht entgegen (vgl. BGH GRUR 1998, 913, 914 – Induktionsofen). Wird die Bundesrepublik Deutschland in europäischen oder internationalen Anmeldungen nicht benannt, gewähren diese keinen Abzweigungsanspruch. Die Fremdsprachigkeit derartiger Anmeldungen steht der Abzweigung grundsätzlich nicht entgegen (zur Wahrung des Erfindungsidentitäts-Erfordernisses siehe Anm. 2.3).

2.3 Identität der Erfindung

Durch das PrPG vom 7. März 1990 wurde anstelle der Formulierung „denselben Gegenstand" das Merkmal „dieselbe Erfindung" mit Wirkung zum 1. Juli 1990 und alle danach erfolgenden Anmeldungen aufgenommen (Begr. PMZ 1990, 361).

Bei der Auslegung des Begriffs „dieselbe Erfindung" kommt es auf den **Zeitpunkt** der Einreichung der Gebrauchsmusteranmeldung an, mit der die Abzweigung erklärt wird. Hierfür spricht bereits der Wortlaut, wonach „dieselbe Erfindung" nur am (tatsächlichen) Anmeldetag des Gebrauchsmusters vorhanden sein muss, da der Anmelder gleichzeitig mit der Gebrauchsmusteranmeldung die Abzweigung aus einer früheren Patentanmeldung erklären muss. Entscheidend sind deshalb die mit der Anmeldung eingereichten ursprünglichen Unterlagen; spätere Änderungen der GebrM-Anmeldung sind unbeachtlich (BPatG GRUR 1991, 44, 45 – Abschlussvorrichtung II).

In Lit. und Rspr. ist umstritten, was unter **„dieselbe Erfindung"** zu verstehen ist. Nach einer Meinung in der Lit. muss es sich um eine wörtliche Übereinstimmung und damit um eine Unterlagenidentität handeln (*Bühring,* § 5, Rdnr. 17). Dies wird im Wesentlichen mit Praktikabilitätserwägungen begründet, insbesondere damit, dass schwierige tatsächliche Fragen nicht durch Beamte des gehobenen Dienstes in der Gebrauchsmusterstelle des DPMA entschieden werden dürften. Nach einer weiten Auffassung (*Benkhard/Schäfers,* § 5 GebrMG, Rdnr. 4) sollen die zur Identitätsprüfung bei der Inanspruchnahme einer Priorität entwickelten Grundsätze gelten.

§ 5 8 Abzweigung

Diese Streitfrage hat eine erhebliche praktische Relevanz, weil sich bei der Unwirksamkeit der Inanspruchnahme des Anmeldetags der früheren Patentanmeldung der für die Beurteilung der Gebrauchsmusteranmeldung maßgebende Stand der Technik nach dem Einreichungstag dieser Anmeldung richtet, was häufig dazu führen kann, dass die Erfindung mangels Neuheit oder erfinderischen Schritts, insbesondere wegen der Vorveröffentlichung der zugrunde liegenden Patentanmeldung, nicht mehr schutzfähig ist. Der engeren Auffassung der Lit. kann nicht gefolgt werden. Bei dem Erfordernis einer wörtlichen Übereinstimmung würden fremdsprachige europäische oder PCT-Anmeldungen als Grundlage für eine Abzweigung entfallen, was spätestens der durch die Erleichterung fremdsprachiger Unterlagen zum Ausdruck gebrachten Intention des Gesetzgebers zuwider liefe. Darüber hinaus erfordert das System des einheitlichen Offenbarungsbegriffs eine Beurteilung unter inhaltlichen Gesichtspunkten. Wegen des Ausschlusses von Verfahrenserfindungen (§ 2 Nr. 3) wäre es nicht möglich, auf der Grundlage eines auch Verfahrensansprüche enthaltenen Patents eine Gebrauchsmusteranmeldung abzuzweigen. Das BPatG vertritt dementsprechend eine vermittelnde Auffassung, wenn es überprüft, ob der Gegenstand in der früheren Anmeldung, wenn zwar nicht wörtlich, so jedoch **ohne weiteres erkennbar offenbart** ist (BPatG GRUR 1995, 486 – Scheibenzusammenbau). Danach reicht es allerdings nicht aus, wenn sich der Gegenstand der GebrM-Anmeldung im Gesamtinhalt der Unterlagen der zugrunde liegenden Patentanmeldung lediglich wieder finden lässt. Eine wirksame Abzweigung könne nur im Umfang dessen erfolgen, was bei Einreichung der Patentanmeldung mit dem erkennbaren Willen, dafür ein Patent zu beantragen, offenbart worden sei. Nach dieser Auffassung ist für die Bestimmung des Gegenstands der Patentanmeldung die **Gesamtheit der Anmeldeunterlagen** heranzuziehen, so dass ein zum Beispiel lediglich in der Beschreibung enthaltener Erfindungsbestandteil mit einzubeziehen ist. **Abwandlungen** sind danach eingeschlossen, wenn sie sich dem Fachmann bei aufmerksamer, an ihrem Sinn orientierten Betrachtung ohne weiteres erschließen, so dass er sie gewissermaßen in Gedanken gleich als zur Erfindung gehörend und daher mit beansprucht mitliest (so insgesamt *Busse/Keukenschrijver*, § 5 GebrMG, Rdnr. 11). Danach stehen also einer wirksamen Abzweigung solche Abwandlungen in der GebrM-Anmeldung nicht entgegen, die im Patentprüfungsverfahren in zulässiger Weise vorgenommen werden könnten (vgl. BGH GRUR 1988, 197 – Runderneuern; vgl. insoweit auch Anm. 5.1 zu § 4).

Dieser vermittelnden Auslegung ist zu folgen. Auch wenn sich 9
aufgrund des inhaltlich übereinstimmenden Wortlauts „dieselbe Erfindung" eine Übernahme der Grundsätze zum Identitätsbegriff bei
der inneren und ausländischen Priorität anzubieten scheint, muss der
Begriff „dieselbe Erfindung" in § 5 **eigenständig** bestimmt werden.
Gemessen an dem Schutzzweck des Prioritätsrechts verlangt dieser
Begriff dort, wo die Gegenstände der zu vergleichenden Erfindungen auf dem gleichen Gedanken beruhen, dass die spätere Ausbildung der Erfindung die Aufgabe und Lösung der Voranmeldung
zwar weiterentwickeln, aber den Erfindungsgedanken selbst nicht in
seiner Substanz verändern darf. Auch bietet das Prioritätsrecht Differenzierungen in Bezug auf Mehrfach- und Teilprioritäten sowie den
Umfang der Priorität. All dies ist aber nicht Gegenstand der Regelung des § 5.

Erfolgt eine Abzweigung aus einer **Ausscheidungsanmeldung** 10
einer Patentanmeldung, so ist das Vorliegen der Voraussetzung „derselben Erfindung" durch Vergleich der Gebrauchsmusteranmeldung
mit der ausgeschiedenen Patentanmeldung zu beantworten (BPatG
Mitt. 1996, 211, 212 – Plattenaufnahmeteil). Ist die Ausscheidungsanmeldung ihrerseits **unzulässig erweitert,** kann keine wirksame
Abzweigung erfolgen, da dies eine Umgehung der Zurückweisungs-, Widerrufs- und Nichtigkeitsfolgen infolge unzulässiger Erweiterung bedeuten würde (unentschieden gelassen in BPatG, aaO).
Die vorerwähnte Problematik kann entstehen, wenn eine Abzweigung aus der Stammanmeldung zum Beispiel wegen Verfristung
nicht mehr möglich ist.

Einem abgezweigten Gebrauchsmuster kommt der für die frühere 11
Patentanmeldung maßgebende Anmeldetag dann nicht zu, wenn der
Gegenstand der Gebrauchsmusteranmeldung über den der Patentanmeldung hinausgeht. Die Inanspruchnahme des Anmeldetags der
Patentanmeldung ist auch insoweit unwirksam, soweit beide Anmeldungen sich hinsichtlich des Gegenstandes decken (BPatG GRUR
1993, 963, 967 – Werkzeugmaschine). Da nicht die (erstmalige)
durch Abzweigung entstehende Gebrauchsmusteranmeldung erweitert wird, kommt auch keine analoge Anwendung der Vorschrift des
§ 15 Abs. 1 Nr. 3, Abs. 3 dergestalt in Betracht, dass das GebrM
teilweise gelöscht wird, soweit dieses über den inhaltlichen Offenbarungsgehalt der in Bezug genommenen Patentanmeldung hinausgeht, während für den nicht erweiterten Teil des GebrM der in
Anspruch genommene Anmeldetag der Patentanmeldung gelten
würde (BPatG, aaO; a. A. *Busse/Keukenschrijver,* § 5 GebrMG,
Rdnr. 11).

2.4 Personenidentität

12 Anmelder des GebrM und Inhaber der Patentanmeldung (des Patents) müssen personenidentisch sein. Die Identität muss bis zur Eintragung des GebrM bestehen. Bei Umschreibung der Patentanmeldung auf einen Dritten kann nur der in der Rolle eingetragene Berechtigte die Abzweigung vornehmen. Bei einer Gesamtrechtsnachfolge kommt es hingegen lediglich auf die materielle Berechtigung an.

13 Ist eine Patentanmeldung zum Beispiel durch den Berechtigten in an sich patentschädlicher, aber nicht gebrauchsmusterschädlicher Weise neuheitsschädlich vorverlautbart (z. B. durch eine Vorverlautbarung, für die die gebrauchsmusterrechtliche Neuheitsschonfrist in Anspruch genommen werden kann) und wurde diese Erfindung im Wege einer **widerrechtlichen Entnahme** durch einen Nichtberechtigten zum Patent angemeldet, das in der Zwischenzeit veröffentlicht wurde, so ist der Berechtigte in einem Dilemma: Der bei einer widerrechtlichen Entnahme vorgesehene Vindikationsanspruch (§§ 8 PatG, 13 III GebrMG) scheitert formal an der eigenen neuheitsschädlichen Vorverlautbarung, d. h. eine neuheitsschädlich vorweggenommene Erfindung kann nicht widerrechtlich entnommen werden. Dem Berechtigten nützt es also nichts, dass es für die Wirksamkeit einer Gebrauchsmusterabzweigung nicht auf das weitere Schicksal der Patentanmeldung ankommt. Er kann andererseits mangels Personenidentität nicht selbst ein Gebrauchsmuster abzweigen, obwohl dieses im Gegensatz zum Patent materiell-rechtlich schutzfähig wäre. Er kann in diesem Fall wohl nur eine zivilrechtliche Klage gegen den Entnehmenden auf Einwilligung in die Abzweigung eines Gebrauchsmusters entsprechend dem Gesamtoffenbarungsinhalt der Patentanmeldung erheben, §§ 988 BGB analog, 894 ZPO.

2.5 Erklärung/Frist

14 Die Abzweigung muss gegenüber dem DPMA **erklärt** werden. Inhalt der Erklärung ist, dass der für die in Bezug genommene Patentanmeldung geltende Anmeldetag für die Gebrauchsmusteranmeldung in Anspruch genommen wird, § 5 Abs. 1 Satz 1. Die Erklärung muss **mit** der Gebrauchsmusteranmeldung erfolgen, d. h. **gleichzeitig** mit den Unterlagen der Gebrauchsmusteranmeldung eingereicht werden. Eine andere Auslegung der Präposition „mit" wäre systemwidrig, weil der der GebrM-Anmeldung zukommende Anmeldetag angesichts der Intention des Gesetzgebers, Gebrauchsmuster möglichst frühzeitig in die Rolle einzutragen, von vornherein bestimmt sein muss (BPatG GRUR 1990, 434, 436/437 – Zuführvorrichtung für Extruder). Bei verspäteter Abzweigungsanmeldung ist **keine Wiedereinsetzung** möglich, da § 5 Abs. 1 Satz 1 dem Anmelder **keine Frist** im Sinne von § 21 Abs. 1 GebrMG i. V. m. § 123 Abs. 1 Satz 1 PatG gewährt. Insoweit ist lediglich ein Termin versäumt worden (BPatG GRUR 1991, 833, 834 – Betonpflasterstein mit Splitteinlage).

Eine **mehrfache Abzweigung** ist nach dem Wortlaut des Gesetzes nicht ausgeschlossen. Sie kann im Hinblick auf die vorerwähnte unterschiedliche Auslegung des Merkmals der „derselben Erfindung" auch geboten sein. Dies gilt insbesondere, wenn der Anmelder GebrM-Unterlagen einreicht, die mit denjenigen der Patentanmeldung darstellungsidentisch sind. Anschließend ist der Anmelder nicht gehindert, im Rahmen des § 4 Abs. 6 die Anmeldung an den zwischenzeitlich zum Beispiel im Patentprüfungsverfahren aufgefundenen Stand der Technik anzupassen oder das zu entfernen, was nicht gebrauchsmusterschutzfähig ist. Es ist kein Grund ersichtlich, dem Anmelder die gegenüber dem Patentrecht bestehenden Vorteile des Gebrauchsmusterschutzes zu nehmen und ihn von vornherein zu einer gegenüber der Patentanmeldung eingeschränkten Abzweigung zu zwingen. Ob eine mehrfache identische Abzweigung unter dem Gesichtspunkt des Verbrauchs des Eintragungsanspruchs unzulässig ist (so *Busse/Keukenschrijver*, § 5 GebrMG, Rdnr. 17), erscheint mangels entgegenstehenden Wortlauts zweifelhaft, aber in den seltensten Fällen relevant.

Eine **Umdeutung** einer **Prioritätserklärung** in eine Abzweigungserklärung ist selbst dann **nicht** möglich, wenn die Prioritäts-Inanspruchnahme wegen Fristablaufs nicht mehr möglich ist. Für eine Umdeutung fehlt es an der wirtschaftlichen Vergleichbarkeit der Abzweigung mit der Inanspruchnahme einer Priorität im Hinblick auf die unterschiedlichen Auswirkungen dieser beiden Rechtsinstitute auf die Laufzeit des Schutzrechtes. Darüber hinaus muss die Prioritätserklärung als **Verfahrenshandlung** eindeutig und bestimmt sein (BPatG GRUR 1990, 435, 437/438 – Zuführvorrichtung für Extruder).

Die Abzweigungserklärung ist als Verfahrenshandlung nicht frei widerruflich (BPatG GRUR 1995, 486, 487 – Scheibenzusammenbau.

§ 5 18 Abzweigung

18   Die Abzweigungsmöglichkeit besteht längstens bis zum **Ablauf des 10. Jahres** nach dem Anmeldetag der Patentanmeldung (nicht deren Prioritätstag), § 5 Abs. 1 Satz 3. Die Fristberechnung bemisst sich nach den §§ 186 ff BGB. Vor Ablauf dieser 10-Jahresfrist muss die Abzweigungserklärung innerhalb von **zwei Monaten** nach dem Ende des Monats, in dem die Patentanmeldung **erledigt** oder ein etwaiges **Einspruchsverfahren abgeschlossen ist,** vorgenommen werden. Die Art der Erledigung der Patentanmeldung oder des Abschlusses des Einspruchsverfahrens sind gleichgültig. In Betracht kommen insbesondere die **Erteilung** des Patents, die **Zurückweisung** der Patentanmeldung, die **Rücknahme** oder **fiktive Zurücknahme** gemäß § 40 Abs. 5 PatG (BPatG GRUR 1991, 46 – Ausscheidungsvorrichtung). Das Verhältnis der beiden Tatbestandsvoraussetzungen „Erledigung der Patentanmeldung" einerseits und „Abschluss eines etwaigen Einspruchsverfahrens" andererseits ist nach der gegenwärtigen patentrechtlichen Praxis unklar. Das Problem wird bei der Frage virulent, wie lange das Abzweigungsrecht ausgeübt werden kann, wenn die Patentanmeldung durch Erteilung erledigt ist und ein Einspruchsverfahren nicht stattgefunden hat, ob also das Abzweigungsrecht nur bis zum Ablauf von zwei Monaten nach dem Ende des Monats, in dem der Erteilungsbeschluss rechtskräftig geworden ist, besteht. Das Problem hängt damit zusammen, dass der BGH bisher die Frage nach dem Wesen des der Patenterteilung nachgeschalteten Einspruchsverfahrens noch nicht eindeutig und abschließend geklärt hat. Einerseits soll nach dem BGH das Erteilungsverfahren mit der Veröffentlichung des Erteilungsbeschlusses noch nicht abgeschlossen sein; vielmehr endet das Erteilungsverfahren danach erst mit der Bestandskraft des Erteilungsbeschlusses nach Ablauf der Einspruchsfrist oder rechtskräftiger Entscheidung über den Einspruch (BGH GRUR 1994, 439, 441 – Sulfonsäurechlorid). Andererseits hat der BGH die Auffassung vertreten, dass es beim Einspruchsverfahren nicht mehr um die Erteilung des Patents, sondern nach der Patenterteilung nur um dessen Widerruf oder dessen Aufrechterhaltung gehe (BGH GRUR 1993, 466, 467 – Preprint-Versendung). Die letztgenannte Auffassung verdient den Vorzug, da das Einspruchsverfahren ein eigenständiges, der Patenterteilung nachgeschaltetes Verfahren ist, das nur die Entscheidung über das Vorliegen bestimmter Widerrufsgründe zum Gegenstand hat (§ 59 Abs. 1 PatG; Art. 99 EPÜ). Hieraus folgt, dass für den Zeitpunkt der Erledigung einer Patentanmeldung durch Patenterteilung auf den **Zeitpunkt** der **Bestandskraft des Erteilungsbeschlusses** abzustellen ist. Mit der Bestandskraft wird der Erteilungsbeschluss

unanfechtbar und allgemein verbindlich; die Anmeldung ist nicht mehr anhängig. Berücksichtigt man, dass eine Gebrauchsmusterabzweigung auch aus einer europäischen Patentanmeldung mit der Bundesrepublik Deutschland als Benennungsstaat möglich ist, würde sich andernfalls die Frist zur Anmeldung eines abgezweigten GebrM auf mindestens neun Monate nach Bekanntmachung des Hinweises auf die Patenterteilung belaufen. Dementsprechend stellt auch das BPatG auf den Zeitpunkt der Bestandskraft des Erteilungsbeschlusses ab (BPatG GRUR 1992, 380, 381 – Sammeltasche; GRUR 1993, 739, 740 – Überlastungsschutzeinrichtung für Drucksensoren). Diese Auffassung kann im Einzelfall zu dem Nachteil führen, dass sich eine vorsorglich abgezweigte Gebrauchsmusteranmeldung im Hinblick auf einen später eingelegten Einspruch als verfrüht erweist und durch eine neue ersetzt werden muss (BPatG, aaO, S 740, in einem obiter dictum für zulässig erachtet).

Gilt die Patentanmeldung infolge der **Inanspruchnahme** einer **inneren Priorität** für eine Patentanmeldung als erledigt, § 40 Abs. 5 PatG, so ist maßgeblicher Zeitpunkt für den Beginn der Abzweigungsfrist der Eingang der Prioritätserklärung beim DPMA. **19**

Was den Zeitpunkt der Erledigung der früheren Patentanmeldung im Falle der **Rücknahmefiktion** gemäß Art. III § 4 Abs. 3 IntPatÜG anbelangt, ist auf Art. 6 Nr. 6 Buchst. d des 2. PatGÄndG vom 16. Juli 1998 (Begr. PMZ 1998, 393, 409) zu verweisen. Danach wurde Art. III, § 4 Abs. 3 IntPatÜG dahin ergänzt, dass die Zurücknahmefiktion gemäß § 40 Abs. 5 PatG erst eintritt, wenn die in Art. 22, 39 PCT vorgesehenen Fristen abgelaufen sind. Es soll nach der Gesetzesbegründung sichergestellt werden, dass der Anmelder bis zum Eintritt der internationalen Anmeldung in die nationale Phase auf der Grundlage des inzwischen erstellten internationalen Rechercheberichts die Möglichkeit habe zu entscheiden, ob es sich lohnt, die internationale Anmeldung oder die nationale Anmeldung weiterzuverfolgen (vgl. zur Rücknahmefiktion des Art. III § 4 Abs. 3 IntPatÜG auch BPatG GRUR 1998, 566, 567 – Rücknahmefiktion). **20**

Bei den Fristen gemäß § 5 Abs. 1 Satz 3 und Abs. 2 handelt es sich um solche, deren Versäumung den Verlust des Abzweigungsrechts bzw. dessen Verwirkung zur Folge hat. Mithin ist bei Vorliegen der entsprechenden Voraussetzungen eine **Wiedereinsetzung** möglich. **21**

Zur Bemessung der **Neuheitsschonfrist** im Rahmen einer Abzweigung vgl. § 3 Anm. 5. **22**

3. Verfahren

3.1 Generelles

23 Hat der Anmelder mit der Gebrauchsmusteranmeldung gleichzeitig die Abzweigung erklärt, so folgt das weitere Verfahren der Regelung in Abs. 2, die § 41 Abs. 1 Satz 3, 4 PatG nachgebildet ist. Vgl. auch §§ 8, 9 GebrMAnmV. Danach wird der Anmelder vom DPMA aufgefordert, innerhalb von zwei Monaten nach Zustellung der Aufforderung das Aktenzeichen und den Anmeldetag der Patentanmeldung anzugeben sowie eine Abschrift einzureichen.

24 Str. ist, ob das DPMA nach Eingang dieser Unterlagen die **formellen** und/oder **materiellen** Erfordernisse der Abzweigungserklärung überprüfen darf bzw. überprüfen zu hat. Dies ist höchstrichterlich bislang nicht entschieden. Das BPatG hat in mehreren Entscheidungen dem Patentamt die Befugnis zugesprochen, vor der Eintragung **alle** Erfordernisse der Inanspruchnahme des Anmeldetags einer früheren Patentanmeldung zu prüfen (BPatGE 34, 87; BPatG GRUR 1994, 111, 113 – Vorrichtung zur Kathodenzerstäubung; GRUR 1994, 274, 276 – Haarwickler, unter Aufgabe von BPatG GRUR 1990, 435 – Zuführvorrichtung für Extruder). Wie bei allen Gebr-Anmeldungen habe das Patentamt den der Anmeldung zukommenden Anmeldetag festzustellen und zum Gegenstand der Eintragungsverfügung zu machen, was sich auch aus § 8 Abs. 2 ergebe; danach müsse die Eintragung die Zeit der Anmeldung angeben. Bei der Feststellung des Anmeldetages komme es nicht nur auf die zeitrangwahrende Wirkung an, also diejenige des Prioritätsschutzes. Vielmehr diene sie auch dazu, den Beginn der Schutzdauer des GebrM zu bestimmen. Diese Funktion sei gerade auch im Fall einer Abzweigungsanmeldung maßgeblich. Darüber hinaus seien sowohl die Verletzungsgerichte als auch die Löschungsinstanzen an den in der Rolle eingetragenen Anmeldetag gebunden, wenn es um die Frage gehe, ob der Schutz des GebrM noch bestehe oder ob das GebrM infolge Ablaufs der Schutzdauer erloschen sei. In der Entscheidung „Scheibenzusammenbau" (GRUR 1995, 486, 487) heißt es demgegenüber zu diesem Komplex, die GebrM-Stelle sei befugt, die Abzweigung „nur beschränkt auf die formellen Erfordernisse zu prüfen". Danach ist die Löschungsinstanz an den eingetragenen Anmeldetag nicht gebunden. Das BPatG ist folglich zur Prüfung der Wirksamkeit der Beschwerde im Löschungsbeschwerdeverfahren be-

Abzweigung

fugt (BPatG GRUR 1995, 486 – Scheibenzusammenbau); Entsprechendes muss auch für das Verletzungsgericht gelten. In der Praxis bedeutet dies, dass seit Mai 1995 eine Prüfung der materiellen Voraussetzungen für die Bestimmung des Anmeldetages nicht mehr stattfindet (*Brandt,* Mitt. 1995, 212, 218). Damit ist aber nicht geklärt, welche Voraussetzungen formeller oder materieller Art sind. Die Prüfung auf Identität ist unzweifelhaft materiell-rechtlicher Natur. Problematisch kann dies aber bereits bei der Beurteilung der Frist nach § 5 Abs. 1 Satz 3 sein. Im Hinblick auf die Rechtssicherheit bietet sich an, die Abgrenzung analog den Voraussetzungen der PVÜ (insbesondere Art. 4 A, Art. 4 C und Art. D) zu treffen: Alles, was in Art. 4 D PVÜ geregelt ist, ist „formeller" Natur; alles andere ist „materieller" Art.

3.2 Prüfung der Wirksamkeit

25 Nach den vorstehenden Ausführungen prüft das DPMA nicht (mehr) die materiell-rechtlichen Voraussetzungen. Die Verletzungsgerichte und Löschungsinstanzen sind mithin nicht an den gemäß § 8 Abs. 2 zuerkannten Anmeldetag gebunden. Das BPatG hält sich dementsprechend auch für befugt, die förmlichen Voraussetzungen der Abzweigung und der Zuerkennung des Anmeldetags (auch einer PCT-Anmeldung) zu prüfen: (Offen gelassen in BGH GRUR 1998, 913, 914 – Induktionsofen). Die Überprüfbarkeit gilt im Eintragungsbeschwerdeverfahren (BPatGE 39, 10), im Löschungsbeschwerdeverfahren (BPatG GRUR 1995, 486 – Scheibenzusammenarbeit). Für das Löschungsverfahren vor der GebrM-Abteilung kann nichts anderes gelten (ebenso *Busse/Keukenschrijver,* § 5 GebrMG, Rdnr. 21).

26 Nach der Rechtspraxis des BPatG erfolgt auch **keine Vorabentscheidung** über die Wirksamkeit der Inanspruchnahme des Anmeldetags einer früheren Patentanmeldung (BPatGE 34, 87). Denn bei einem Streit hierüber muss es zu einer Zurückweisung der Anmeldung kommen (ebenso BPatG GRUR 1994, 111, 113 – Vorrichtung zur Kathodenzerstäubung; GRUR 1994, 274, 276 – Haarwickler).

27 Werden die gemäß § 5 Abs. 2 Satz 1 erforderlichen Angaben gegenüber dem DPMA nicht rechtzeitig gemacht, so ist das Recht der Abzweigung **verwirkt,** § 5 Abs. 2 Satz 2. Dies gilt nicht nur für den Fall der Nichtangabe, sondern auch der unrichtigen oder unvollständigen Angabe. Sind die Angaben bereits gemacht, bedarf es

gleichwohl einer entsprechenden Aufforderung durch das DPMA, um die Frist für Änderungen in Lauf zu setzen.

28   Bei einer fremdsprachigen früheren Patentanmeldung muss die Abzweigungsanmeldung in deutscher Sprache eingereicht werden, § 8 Abs. 2 GebrMAnmV. Zudem ist neben der Abschrift gemäß § 5 Abs. 2 Satz 1 eine deutsche Übersetzung der Patentanmeldung einzureichen, § 8 Abs. 3 GebrMAnmV.

3.3 Gebühren

29   Da es sich bei der Abzweigung um eine selbständige Gebrauchsmusteranmeldung handelt, ist sie auch gebührenrechtlich eigenständig zu behandeln. Insoweit gelten also die allgemeinen Voraussetzungen.

4. Wirkung

30   **4.1** Der für die Patentanmeldung maßgebende Anmeldetag ist der Prioritätstag der abgezweigten Gebrauchsmusteranmeldung. Ist für die Patentanmeldung ein Prioritätsrecht beansprucht, so gilt dies auch für die abgezweigte Gebrauchsmusteranmeldung. Die ungenaue Formulierung „beanspruchtes Prioritätsrecht" (beim Prioritätsrecht handelt es sich um ein mit der Ersthinterlegung einer Anmeldung ohne weiteres Zutun entstehendes Recht) ist zwanglos dahin zu verstehen, dass damit eine „beanspruchte Priorität" oder eine „in Anspruch genommene Priorität" gemeint ist. Die für die Patentanmeldung wirksam in Anspruch genommene Priorität geht durch die Erklärung der Abzweigung ohne weiteres auf die Gebrauchsmusteranmeldung über (BPatG GRUR 1991, 42, 43 – Abschlussvorrichtung I).

4.2 Schutzdauer

31   Da die GebrM-Anmeldung so behandelt wird, als wäre sie am Hinterlegungstag der Patentanmeldung eingereicht worden, ist die Schutzfrist des GebrM vom Anmeldetag der früheren Patentanmeldung zu berechnen (Beginn mit dem Tag, der auf die Anmeldung folgt, § 23 Abs. 1, 2. Halbsatz). Mithin wird die Schutzdauer verkürzt (BPatG GRUR 1990, 435, 438 – Zuführvorrichtung für

Extruder), wodurch sie sich von der Inanspruchnahme einer Priorität unterscheidet. Der abzweigende Anmelder wird aus diesem Grunde gegebenenfalls eine Recherche nach dem Stand der Technik in dem zwischen dem in Anspruch zu nehmenden Anmeldetag und dem Eingangstag der Gebrauchsmusteranmeldung durchführen.

§ 6 [Priorität]

(1) **Dem Anmelder steht innerhalb einer Frist von zwölf Monaten nach dem Anmeldetag einer beim Patentamt eingereichten früheren Patent- oder Gebrauchsmusteranmeldung für die Anmeldung derselben Erfindung zum Gebrauchsmuster ein Prioritätsrecht zu, es sei denn, daß für die frühere Anmeldung schon eine inländische oder ausländische Priorität in Anspruch genommen worden ist. § 40 Abs. 2 bis 4, Abs. 5 Satz 1, Abs. 6 des Patentgesetzes ist entsprechend anzuwenden, § 40 Abs. 5 Satz 1 mit der Maßgabe, daß eine frühere Patentanmeldung nicht als zurückgenommen gilt.**

(2) **Die Vorschriften des Patentgesetzes über die ausländische Priorität (§ 41) sind entsprechend anzuwenden.**

Übersicht

	Rdn.
1. Allgemeines/Zweck der Vorschrift	1–7
2. Innere Priorität	
2.1 Personenidentität	8
2.2 Dieselbe Erfindung	9–11
2.3 Frühere Anmeldung	12–14
2.4 Keine Kettenpriorität	15
2.5 Nachanmeldung: Fristen und weitere tatbestandliche Erfordernisse	16, 17
2.6 Wirkungen der Priorität	18
2.6.1 Prioritätsintervall	19
2.6.2 Rücknahmefiktion	20
3. Ausländische (äußere) Priorität	21
3.1 Priorität aufgrund Staatsvertrags	
3.1.1 Hinterlegung in einem Verbandsland	22–25
3.1.2 Personenidentität	26, 27
3.1.3 Dieselbe Erfindung	28–31

	Rdn.
3.1.4 Keine Kettenpriorität	32
3.1.5 Fristen und weitere tatbestandliche Erfordernisse	33, 34
3.1.6 Prioritätsverwirkung	35
3.1.7 Prüfung der förmlichen Voraussetzungen und der materiellen Berechtigung	36, 37
3.1.8 Wirkungen der Priorität	38
3.2 Priorität aufgrund Bekanntmachung	39
4. Ausstellungspriorität	40

Literatur (Auswahl): *Schennen,* Innere Gebrauchsmusterpriorität und Abzweigung, GRUR1987, 222; *Goebel,* Die innere Priorität, GRUR 1988, 243; *ders.,* Der Schutz der Weitentwicklung einer bereits zum Schutz angemeldeten Erfindung, Mitt. 1989, 185, *Tönnies,* Ist die Identität der Erfindung Voraussetzung für die Wirkung des Prioritätsrechts? GRUR Int. 1998, 451.

1. Allgemeines/Zweck der Vorschrift

1   Die durch das Gebrauchsmusteränderungsgesetz vom 15. August 1986 aufgenommene und mit Wirkung zum 1. Januar 1987 (PMZ 1986, 310) geltende Vorschrift des § 6 Abs. 1 enthält zusammen mit dem in Bezug genommenen § 40 PatG Regelungen über die sog. innere Priorität. § 6 Abs. 2 ist an die Stelle des früheren § 2 Abs. 1 Satz 2 GebrMG 1968 getreten und betrifft die sog. ausländische (äußere) Priorität.

2   Abs. 2 verweist auf § 41 PatG, der die entsprechende patentrechtliche Regelung zur ausländischen Priorität enthält.

3   Der Grundgedanke der Prioritätsregelung ist, einer Anmeldung einen bestimmten **Altersrang** einer früheren Patent- oder Gebrauchsmusteranmeldung für eine spätere Gebrauchsmusteranmeldung zu sichern. Dem Anmelder soll damit eine angemessene Behandlung von Weiterentwicklungen schon angemeldeter Erfindungen ermöglicht werden.

4   § 6 Abs. 1 bedeutet ebenso wie § 40 PatG eine Angleichung nationaler Anmeldungssachverhalte an die seit langem gemäß Art. 4 A und Art. 4 C PVÜ bestehende Unionspriorität, die § 41 PatG in nationales Recht umsetzt. Vor der Schaffung des § 40 PatG konnte ein Anmelder – anders als bei einer ausländischen früheren Anmeldung – nicht seine Anmeldung beim DPMA einreichen, die Erfin-

Priorität 5–8 § 6

dung weiterentwickeln und diese Weiterentwicklung ihrerseits innerhalb der Prioritätsfrist in eine weitere Anmeldung einbeziehen (Begr. zum GPatG, PMZ 1979, 276, 284/285). Dies hatte insbesondere Nachteile für kleine und mittlere Unternehmen, deren Interessen gerade das GebrMG dienen soll. Die Aufnahme des § 6 Abs. 1 in das GebrMG war deshalb eine logische Folge.

Auch wenn sich § 40 PatG (und damit mittelbar § 6 Abs. 1) an die Prioritätsregelungen in Art. 87–89 EPÜ anlehnt (vgl. lediglich BPatG Mitt. 1998, 430, 431 – Luftverteiler) und diese ihrerseits PVÜ-konform auszulegen sind (Große Beschwerdekammer des EPA, ABl. EPA 1995, 18, 22/23 – Prioritätsintervall) gibt es dennoch in zahlreichen Detailfragen unterschiedliche Ansatzpunkte und Regelungen zu diesen Rechtsordnungen (vgl. lediglich *Joos*, GRUR Int. 1998, 456 ff), deren eingehende Darstellung den Rahmen dieses Werkes sprengen würde (vgl. deshalb auch die Erläuterungen bei *Benkard/Schäfers*, §§ 40, 41 PatG; *Busse/Keukenschrijver*, §§ 40, 41 PatG). 5

§ 41 PatG (und damit § 6 Abs. 2) regelt die ausländische (äußere) Priorität und enthält eine Rechtsgrundverweisung, d. h. Tatbestand und Wirkungen der Priorität sind in Art. 4 PVÜ geregelt. Den Verbandsländern steht es frei, Fristen und formelle Voraussetzungen für die Prioritätserklärung zu bestimmen, Art. 4 D PVÜ. Dies ist durch § 41 Abs. 1 PatG geschehen. § 41 Abs. 2 PatG erfasst Anmeldungen in Staaten, die nicht der PVÜ angehören oder Vertragspartei eines anderen Staatsvertrags mit Prioritätsregelungen sind; auch solche Anmeldungen sollen ein Prioritätsrecht begründen können, wenn nach einer Bekanntmachung des BMJ Gegenseitigkeit gegeben ist. Dies wird in PMZ veröffentlicht. 6

Für europäische Anmeldungen gelten Art. 87, 88 EPÜ. Vgl. ferner II 5 GebrM-Eintragungsrichtlinien. 7

2. Innere Priorität

2.1 Personenidentität

Zwischen dem Anmelder der früheren und der nachfolgenden Anmeldung muss Identität bestehen, § 6 Abs. 1 Satz 1 GebrMG, § 40 Abs. 1 PatG. Einzel- oder Gesamtrechtsnachfolge in Bezug auf die frühere Anmeldung genügt. 8

2.2 Dieselbe Erfindung

9   Ältere und jüngere Anmeldung müssen „dieselbe Erfindung" zum Gegenstand haben, § 6 Abs. 1 GebrMG i. V. m. § 40 Abs. 1 Satz 1 PatG. Ob eine Hinterlegung unter dem Gesichtspunkt der Erfindungsidentität als (prioritätsbegründende) erste Hinterlegung anzusehen ist, kann sich sinnvollerweise nur nach dem Offenbarungsgehalt der Gesamtheit der früheren Anmeldeunterlagen, der sich als eine nacharbeitbare Lehre zum technischen Handeln darstellen muss (BPatG GRUR Int. 1995, 338, 340 – Erythropoietin), beurteilen. Insoweit können die Grundsätze herangezogen werden, inwieweit ein Merkmal als zur Erfindung gehörend offenbart ist (vgl. Anm. 4 zu § 4). Es kommt auf die Kenntnisse und Fähigkeit des Fachmanns durchschnittlichen Könnens an. Kann der Durchschnittsfachmann den Vorschlag nur mit großen Schwierigkeiten verwirklichen, ist die technische Lehre nicht ausreichend offenbart (BGH GRUR 1980, 166, 186 – Doppelachsaggregat). Dies setzt ferner voraus, dass der erstrebte Erfolg sich in zumutbarem Aufwand realisieren lassen muss (BPatG GRUR Int. 1995, 338 – Erythropoietin).

10 Die Interpretation des Bedeutungsgehalts des Merkmals „dieselbe Erfindung" ist nicht einheitlich. Während beispielsweise das EPA das Maß der Offenbarung nach dem „Neuheitstest" bestimmt (vgl. EPA ABl. 1993, 318 – Priorität/AIR PRODUCTS AND CHEMICALS) und insoweit Äquivalente nicht mit einbezieht, liegt nach der (bisherigen) höchstrichterlichen deutschen Rechtsprechung zu Art. 4 PVÜ derselbe Gegenstand auch dann vor, wenn in der Nachanmeldung äquivalente Ausführungsformen beansprucht werden (BGH GRUR 1975, 131 – Allopurinol). Im Hinblick hierauf wird in der Literatur dementsprechend auch teilweise von einer „Art" Neuheitsprüfung gesprochen (*Mes*, § 40 PatG, Rdnr. 4). Im Hinblick auf die durch die §§ 6 GebrMG, 40 PatG angestrebte Angleichung der rechtlichen Bewertung nationaler Anmeldungssachverhalte an das Unions-Prioritätsrecht gemäß Art. 4 A und C PVÜ ist der Begriff „derselben Erfindung" **autonom** zu interpretieren (so auch BPatG Mitt. 1998, 430, 432 – Luftverteiler). Danach kann eine „wortwörtliche" Übereinstimmung zwischen erster Anmeldung und Nachanmeldung nicht verlangt werden, da damit der Zweck der Prioritätsregelungen, Weiterentwicklungen zu ermöglichen, vereitelt würde. Letztlich wird die Frage unter Berücksichtigung der Einzelfallumstände danach zu beurteilen sein, ob die

Gegenstände beider Anmeldungen auf dem gleichen Gedanken beruhen. Die spätere Ausbildung der Erfindung darf die Aufgabe und Lösung der Voranmeldung weiterentwickeln, den Erfindungsgedanken selbst aber nicht in seiner Substanz verändern (BPatG, aaO, S. 432). Ist danach Identität zu bejahen, kommt der Neuanmeldung die Priorität der Erstanmeldung zu; für neue Merkmale gilt deshalb die Priorität der Neuanmeldung; insoweit können verschiedene Teilprioritäten entstehen (vgl. hierzu BPatG GRUR 1995, 667 – Hakennagel; BPatG Mitt. 1998, 430, 432/433 – Luftverteiler).

Ungeachtet dessen kann die Priorität mehrerer beim Patentamt eingereichter Patent- und/oder Gebrauchsmusteranmeldungen in Anspruch genommen werden, § 6 Abs. 1 Satz 2 GebrMG i. V. m. § 40 Abs. 2 PatG (vgl. auch Art. 4 F PVÜ, Art. 88 Abs. 2 EPÜ).

2.3 Frühere Anmeldung

Frühere Anmeldung kann nur eine Patent- oder GebrM-Anmeldung sein, die beim DPMA eingereicht wurde, § 6 Abs. 1 Satz 1 GebrMG i. V. m. § 40 Abs. 1 Satz 1 PatG. Hierunter fällt auch eine gemäß Art. 135 EPÜ i. V. m. Art. II § 9 IntPatÜG in eine deutsche Anmeldung umgewandelte europäische Patentanmeldung (vgl. BGH GRUR 1982, 31 – Roll- und Wippbrett). Aus der Wortwahl „frühere Patent- oder Gebrauchsmuster**anmeldung**" ist nicht herzuleiten, dass nur Anmeldungen und nicht erteilte Schutzrechte Grundlage für das Entstehen des Gebrauchsmusterrechts sein können. Denn gerade GebrM werden oftmals vor Ablauf der Inanspruchnahmefrist von § 40 Abs. 4 eingetragen. Hierdurch soll der Anmelder aber nicht das Prioritätsrecht verlieren. Die gesetzlich gewährte Inanspruchnahmefrist geht insoweit organisatorischen Belangen des DPMA vor (BPatG GRUR 1991, 752/753 – Kochstellen-Kindersicherung; BPatG GRUR 1993, 31 – Imprägnierverfahren). Zur Rücknahmefiktion als Institut zur Vermeidung von Doppelschutz: vgl. Anm. 2.6.2. Dementsprechend ist es für das Prioritätsrecht ohne Einfluss, was aus der ersten Anmeldung geworden ist. Deshalb ist es auch gleichgültig, ob zum Beispiel die Rücknahmefiktion aufgrund der Nichtzahlung der Anmeldegebühren bei der Erstanmeldung eingetreten ist.

Zur Frage, ob auch das Patentamt der ehemaligen DDR als „Patentamt" im Sinne des § 6 Abs. 1 anzusehen ist: vgl. *Bühring*, § 6, Rdnr. 4.

§ 6 14–17 Priorität

14 Unter einer inländischen Priorität im Sinne des § 6 Abs. 1 Satz 1 wird nicht nur die für eine Gebrauchsmustervoranmeldung geregelte innere Priorität, sondern jede für die jeweilige Schutzrechtsart gesetzlich vorgesehene nationale Priorität verstanden, wozu auch die **Ausstellungspriorität** und die **Entnahmepriorität** gehören (BPatG GRUR 1988, 911, 912 – Farbkasten). Hingegen kann aus einer **Geschmacksmusteranmeldung** kein Prioritätsrecht abgeleitet werden; insoweit kommt auch eine analoge Vorschrift des § 6 Abs. 1 nicht in Betracht (BPatG GRUR 1991, 47, 48 – Dekorations- und Bewässerungsset).

2.4 Keine Kettenpriorität

15 Nach dem eindeutigen Wortlaut (Abs. 1 Satz 1, 2. Halbsatz) kann nur eine Patent- oder GebrM-Anmeldung Grundlage eines Prioritätsrechts sein, die selbst keine Priorität in Anspruch nimmt. Deshalb sind Kettenprioritäten ausgeschlossen. Dies gilt auch, wenn für die frühere Anmeldung bereits eine Ausstellungspriorität in Anspruch genommen worden war (BPatG GRUR 1988, 911, 912 – Farbkasten). Innere Priorität, Ausstellungs- sowie Unionspriorität können infolge dessen **nicht kumuliert** werden.

2.5 Nachanmeldung – Fristen und weitere tatbestandliche Erfordernisse

16 Das Gesetz unterscheidet zwischen zwei Fristen: Zum einen die **Prioritätsfrist** (§ 6 Abs. 1 Satz 1; § 40 Abs. 1 PatG), die 12 Monate seit Anmeldetag der früheren Anmeldung beträgt. Die Berechnung folgt den §§ 187 II, 188 II BGB. Wiedereinsetzung ist ausgeschlossen (§ 123 I 2 PatG). Zum anderen die **Erklärungsfrist**, die gemäß § 6 Abs. 1 Satz 2 i. V. m. § 40 Abs. 4 PatG zwei Monate nach dem Anmeldetag der späteren Anmeldung beträgt. Aufgrund der Bedeutung der Erklärung muss diese inhaltlich eindeutig gegenüber dem DPMA schriftlich abgegeben werden. Fristberechnung gemäß §§ 187 I, 188 II, 193 BGB. Wiedereinsetzung ist möglich (*Benkard/Schäfers*, § 40, Rdnr. 14).

17 Darüber hinaus enthält § 40 Abs. 4 2. HS weitere Voraussetzungen: Die Abgabe der Prioritätserklärung wird erst für den Zeitpunkt fingiert, zu dem das **Aktenzeichen** der früheren Anmeldung angegeben ist. Eine Abschrift der früheren Anmeldung braucht nach

dem 2. PatGÄndG nicht mehr eingereicht zu werden. Die Wirkung der Prioritätserklärung tritt auch dann nicht ein, wenn das Patentamt es versäumt hat, den Anmelder auf die Unrichtigkeit des angegebenen Aktenzeichens hinzuweisen (vgl. BPatG GRUR 1987, 286 – Unvollständige Anmeldung). Um zu gewährleisten, dass für Dritte, die den materiellen Umfang der Offenbarung der Erstanmeldung überprüfen wollen, auch eine Akteneinsicht in die Anmeldungsunterlagen der Erstanmeldung möglich ist, bestimmt § 6 Abs. 1 Satz 2 i. V. m. § 40 Abs. 6 PatG, dass das DPMA eine Abschrift der früheren Patent- oder Gebrauchsmusteranmeldung zu den Akten der späteren Anmeldung zu nehmen hat (vgl. auch Ausschussbericht PMZ 1998, 416, 418).

2.6 Wirkungen der Priorität

Die Berechtigung, eine innere Priorität in Anspruch zu nehmen, ist eine Frage der **materiellen Wirksamkeit** des Prioritätsanspruchs. Die materielle Berechtigung der Inanspruchnahme der Priorität ist im Löschungsverfahren sowie Verletzungsverfahren selbständig nachprüfbar (vgl. BPatG Mitt. 1998, 430 – Luftverteiler, zum Patentnichtigkeitsverfahren; BGH GRUR 1963, 563, 566 – Aufhängevorrichtung, zum Verletzungsverfahren). Ungeachtet dessen ist die materielle Berechtigung der Prioritätsinanspruchnahme erst zu prüfen, wenn hierzu Anlass besteht (z. B. bei der Frage über die Rechtsnachfolge). Regelmäßig wird die Prüfung im Rahmen einer Sachentscheidung möglich sein, so dass separate Vorabentscheidungen nicht angezeigt sind.

2.6.1 Prioritätsintervall

Die Priorität bedeutet eine Sicherung des **Altersrangs** der Voranmeldung für die Nachanmeldung. Im **Prioritätsintervall** eintretende Entgegenhaltungen bleiben als Stand der Technik sowohl für die Prüfung der Neuheit als auch des erfinderischen Schritts unberücksichtigt. Die Nachanmeldung gilt auch im Verhältnis zu anderen Anmeldungen, § 15 II 3, zur Neuheitsschonfrist und zum Beginn der Aussetzungsfrist, § 49 II PatG, als im Prioritätszeitpunkt eingereicht. Nach dem Prioritätstag eintretende Tatsachen können auch **keine Rechte Dritter,** insbesondere keine persönlichen Benutzungsrechte begründen.

2.6.2 Rücknahmefiktion

20 § 6 Abs. 1 Satz 2 verweist auf § 40 Abs. 5 PatG (Rücknahmefiktion), jedoch mit komplementärem Inhalt. Die Rücknahmefiktion dient dem **Ausschluss** eines **Doppelschutzes**. Durch die Einschränkung der Verweisung in § 6 I 2 wird aber klargestellt, dass die Fiktion der Rücknahme **nur** für jeweils **dieselbe Schutzrechtsform** gelten soll (Begr. PMZ 1986, 320, 326). Die Rücknahmefiktion soll deshalb lediglich verhindern, dass zwei Anmeldungen derselben Schutzrechtsart nebeneinander geprüft werden müssen. Durch das 2. GPatG ist ferner die Frage geklärt worden, ob eine GebrM-Nachanmeldung zur Fiktion der Rücknahme der früheren Patentanmeldung führt. Die Rücknahmewirkung für die frühere Patentanmeldung tritt nicht ein, wenn die Nachanmeldung eine GebrM-Anmeldung ist. § 40 Abs. 5 Satz 2 PatG regelt den umgekehrten Fall der GebrM-Voranmeldung im Vergleich zur Patent-Nachanmeldung. Die Rücknahmefiktion gilt nicht für eine frühere GebrM-Anmeldung, die für eine spätere Patentanmeldung in Anspruch genommen wird, § 40 Abs. 5 Satz 2 PatG. Dagegen gilt die Rücknahmefiktion bei einer früheren GebrM-Anmeldung im Verhältnis zur GebrM-Nachanmeldung (*Bühring*, § 6, Rdnr. 9). Die Fiktion der Rücknahme tritt auch nicht bei einem Gebrauchsmuster ein, das im Zeitpunkt der Inanspruchnahme der Priorität für eine Gebrauchsmusternachanmeldung bereits eingetragen ist (*Busse/Keukenschrijver*, § 40 PatG, Rdnr. 24).

3. Ausländische (äußere) Priorität

21 § 6 Abs. 2 GebrMG i. V. m. § 41 Abs. 1 PatG regelt die Rechtsgrundverweisung für die Voraussetzungen der Inanspruchnahme einer sich aus einem Staatsvertrag ergebenden Prioritätsregelung. Dies betrifft vor allen Dingen die Unionspriorität nach dem PVÜ-Regelungskomplex. Zum anderen bezieht sich diese Regelung auf Art. 66 EPÜ, der ein von der Unionspriorität unabhängiges Prioritätsrecht für die Nachanmeldung in den EPÜ-Vertragsstaaten unabhängig von der Benennung eines bestimmten Vertragsstaats in der europäischen Erstanmeldung regelt (vgl. auch Art. 11 PCT). Nach Art. 4 A II PVÜ und Art. 87 V EPÜ kann Voranmeldung auch eine europäische oder internationale Patentanmeldung sein. Ungeachtet der Frage seiner unmittelbaren Anwendbarkeit ist das TRIPS-Über-

Priorität 22, 23 § 6

einkommen als Staatsvertrag im Sinne des § 41 Abs. 1 PatG anzusehen, d. h. den PVÜ-Verbandsländern stehen solche Staaten gleich, auf die über Art. 2 Abs. 2 TRIPS-Übk die Grundsätze der internationalen Priorität anwendbar sind. Die in § 6 Abs. 2 GebrMG i. V. m. § 41 Abs. 2 PatG geregelte Priorität aufgrund sogenannter Bekanntmachung ist durch Art. 13 Abs. 1 Markenrechtsreformgesetz (PMZ 1994, Sonderheft, S. 36) in das PatG eingefügt worden (vgl. auch § 34 Abs. 2 MarkenG). An die Stelle des fehlenden Staatsvertrages tritt die Bekanntmachung des Bundesministeriums der Justiz im Bundesgesetzblatt, dass der Staat der Erstanmeldung ein Prioritätsrecht gewährt, das nach Voraussetzungen und Inhalt dem Prioritätsrecht der PVÜ vergleichbar ist; diese Mitteilungen werden in PMZ veröffentlicht.

3.1 Priorität aufgrund Staatsvertrages

3.1.1 Hinterlegung in einem Verbandsland

Nur aus einer ersten Hinterlegung in einem Verbandsland (Liste siehe Tabu DPA Nr. 600) kann ein Prioritätsrecht begründet werden, Art. 4 C Abs. 2 PVÜ. Erste Hinterlegung ist grundsätzlich die zeitlich früheste, sofern nicht die Ausnahmeregelung in Art. 4 C Abs. 4 PVÜ, Art. 87 Abs. 4 EPÜ, Art. 8 Abs. 2 PCT eingreift. Durch diese Vorschriften soll insbesondere der Fall erfasst werden, dass sich eine ältere (übereilte) Anmeldung als so mangelhaft erweist, dass sie vor der Veröffentlichung zurückgenommen wird; der Anmelder soll nach Rücknahme nicht an die ältere, mangelhafte Anmeldung gebunden sein, vielmehr dann eine jüngere (verbesserte) Anmeldung als prioritätsbegründende „erste Anmeldung" in Anspruch nehmen können, auch wenn diese denselben Gegenstand betrifft wie die ältere. Diese Erweiterung des Begriffs der ersten Anmeldung gilt nur, wenn die ältere Anmeldung vor ihrer Veröffentlichung zurückgenommen oder zurückgewiesen wurde und keine Rechte aus ihr bestehen geblieben sind. Zu europäischen oder internationalen Anmeldungen als Voranmeldung siehe Anm. 3. 22

Im Gegensatz zur Regelung in der PVÜ setzen Art. 8 II b PCT und Art. 87 EPÜ nicht eine Anmeldung in einem anderen Verbandsland voraus. Vor dem PCT-Anmeldeamt und EPA können somit die Priorität einer Anmeldung auch des Landes beansprucht werden, das als Vertragsstaat benannt ist (BGH GRUR 1982, 31 – Roll- und Wippbrett), sog. **Selbstbenennungsrecht.** 23

§ 6 24–29   Priorität

24 Die Voranmeldung kann betreffen: Ein Patent, GebrM (Art. 4 E II PVÜ), Erfinderschein (vgl. Art. 4 I PVÜ, Art. 87 I EPÜ); jedoch kein Geschmacksmuster (str. a. A. BPatGE 9, 211; wie hier: BPatG GRUR 1991, 47/48 – Dekorations- und Bewässerungsset; EPA ABl. 1981, 213).

25 Eine Übereinstimmung in der Schutzrechtskategorie ist – wie bei § 40 PatG – nicht erforderlich (BPatG GRUR 1981, 816 – Thermoschalter). Die Erstanmeldung muss lediglich die Anforderungen erfüllen, die nach dem Recht des **Anmeldestaates** erforderlich sind, um einen Anmeldetag zu begründen. Das weitere Schicksal der Anmeldung ist ohne Bedeutung. Eine spätere Erweiterung der ausländischen Anmeldung kann unter deren Datum eine prioritätsbegründende Anmeldung darstellen (vgl. BGH GRUR 1977, 483, 485 – Gardinenrollenaufreiher).

3.1.2 Personenidentität

26 Zwischen Anmelder der Vor- und Nachanmeldung muss Personenidentität bestehen; das Prioritätsrecht ist als verselbständigtes Teilrecht des Erfinderrechts auch ohne die Grundanmeldung auf einen Dritten übertragbar durch Abtretung gemäß §§ 413, 398 BGB (BPatG GRUR Int. 1982, 452, 453 – Metallschmelzvorrichtung).

27 Weitere Voraussetzung ist, dass die Anmeldung von **Verbandsangehörigen** vorgenommen wird (Verbandszugehörigkeit bereits zur Zeit der ersten Anmeldung erforderlich; bei Mehrheit von Anmeldern muss diese bei allen vorliegen).

3.1.3 Dieselbe Erfindung

28 Das Prioritätsrecht kann nur für „dieselbe Erfindung" in Anspruch genommen werden. Das bedeutet, dass die Voranmeldung ausreichend ausführbar in der Gesamtheit der Unterlagen offenbart sein muss. Die Frage der **Ausführbarkeit** bemisst sich nach dem Recht des Nachmeldestaates (BGH GRUR 1975, 131 – Allopurinol; BPatG GRUR Int. 1995, 338, 340 – Erythropoietin). Dasselbe gilt auch für die Frage der **Offenbarung,** Art. 4 H PVÜ (BGH GRUR Int. 1960, 506, 508 – Schiffslukenverschluss), deren Umfang von den Behörden und Gerichten zu bestimmen ist, die mit der Nachanmeldung befasst sind. Es gelten insoweit die allgemeinen Grundsätze; auf die Erläuterung in Anm. 4 zu § 4 wird verwiesen.

29 Die Nachanmeldung muss innerhalb der **Prioritätsfrist** vorgenommen werden, die für alle Verbandsländer einheitlich zwölf

Monate beträgt, Art. 4 C Abs. 1 PVÜ. Die Einhaltung der Vorschriften über die Prioritätsfrist gehört nicht zu den formellen Erfordernissen der Prioritätsinanspruchnahme, sondern ist ein materiell-rechtliches Erfordernis (BPatG Mitt. 1997, 86, 87 – Inanspruchnahme einer Priorität). Wiedereinsetzung ist ausgeschlossen, vgl. § 123 Abs. 1 Satz 2 PatG. Eine mehrfache Inanspruchnahme der Priorität ist möglich, z. B. für eine Patent- und GebrM-Anmeldung oder für eine nationale oder europäische Anmeldung etc..

Erfindungsidentität, d. h. die Übereinstimmung der Nachanmeldung mit der früheren Anmeldung wird nach Art. 4 C Abs. 4 PVÜ vorausgesetzt; ebenso Art. 87 I EPÜ; Art. 8 II a PCT. Auf eine wortlautidentische Ausgestaltung kommt es nicht an. Die rechtliche Behandlung von **Abweichungen,** insbesondere **Weiterentwicklungen,** die in der Nachanmeldung über die frühere Anmeldung hinausgehen, ist umstritten. Die unterschiedlichen Auswirkungen der hierzu vertretenen Meinungen sind erheblich. Geht die Nachanmeldung über die frühere Anmeldung hinaus, versagt nach der Praxis des EPA das Prioritätsrecht ganz mit der Folge, dass auch das Prioritätsdokument als Stand der Technik zu berücksichtigen sein kann (EPA G 3/93, ABl. EPA 1995, 18): Danach ist es prioritätsschädlich, wenn in der späteren Anmeldung Gegenstände beansprucht werden, die in der ersten Hinterlegung nicht offenbart waren. Nach der Rspr. des BGH würde das Prioritätsrecht in diesem Fall lediglich nicht den weiterentwickelten Überschuss erfassen (BGH GRUR 1963, 563, 566 – Aufhängevorrichtung). Nach BPatG Mitt. 1998, 430, 432 – Luftverteiler – ist darauf abzustellen, ob der Gegenstand der Erstanmeldung weiterentwickelt wird, ohne dass sein Wesen verändert wird. Dementsprechend ist auch streitig, ob die Einbeziehung von Äquivalenten in die Nachanmeldung prioritätsschädlich ist. Nach der Praxis des EPA ist eine Prioritätsbeanspruchung bei unterschiedlichen Lösungswegen in der Vor- und Nachanmeldung nicht möglich (EPA GRUR Int. 1993, 425 – Avalanche-Photodioden/FUJITSU). Das EPA folgt dabei dem sog. Neuheitstest (EPA ABl. 1993, 318, 321 – Priorität/AIR PRODUCTS AND CHEMICALS). Darüber hinaus ist danach wesentlich, ob in der Voranmeldung alle **wesentlichen** Merkmale des Anspruchs der Nachanmeldung offenbart sind (EPA, ABl. 1990, 20 – Prä-Pro-Rennin/COLLABORATIVE). Ein wesentliches Merkmal liegt nicht vor, wenn es nicht mit der Funktion und Wirkung und damit nicht mit dem Wesen und der Art der Erfindung in Zusammenhang stehe; sein Fehlen in der Voranmeldung sei daher unschädlich, sofern sich der Anspruch der Nachanmeldung im Wesentlichen auf dieselbe Erfindung wie in der Voranmeldung offenbart richte (EPA ABl. 1992, 557 – Snack-Product/HOWARD). Werde in den Anspruch der Nachanmeldung ein schutzumfangbeschränkendes Merkmal aufgenommen, das in der Voranmeldung nicht offenbart sei, so liege dennoch dieselbe Erfindung vor, wenn das Merkmal Wesen und Art der Erfindung nicht berühre (EPA, aaO, ABl. 1992, 557; ABl. 1993, 318). Werden hingegen wesentliche Bestandteile der Erfindung, die in der früheren Anmeldung nicht erwähnt sind, erst später als wesentlich erkannt, so sind sie danach nicht Bestandteil der Offenbarung der Voranmeldung, so dass kein Prioritätsanspruch besteht (EPA ABl. 1990, 250; ABl. 1990, 335). Toleranzbereiche können danach unter Umständen in der Nachanmeldung beansprucht werden, ohne dass sich das Wesen der Erfindung gegenüber der Voranmeldung ändere (vgl. EPA ABl. 1992, 28). Bei der Angabe unterschiedlicher Grenzwerte in der Vor- und Nachanmeldung sei in besonderem Maße eine einzelfallbezogene Betrachtungsweise geboten.

31 Zu **Teil- und Mehrfachprioritäten** nach Art. 4 F PVÜ, Art. 88 II, III EPÜ vgl. lediglich beispielhaft BPatG Mitt. 1998, 340, 432/433 – Luftverteiler; *Benkard/Ullmann*, Einl. Intern. Teil, Rdnr. 57; *Busse/Keukenschrijver*, § 41, Rdnr. 60, 61. Der deutsche Gesetzgeber hat die Regelung des Art. 88 II EPÜ in § 40 PatG über die innere Priorität nicht aufgenommen (Begr. PMZ 1979, 285; BPatG, GRUR Int. 1982, 452, 453 – Metallschmelzvorrichtung).

3.1.4 Keine Kettenpriorität

32 Ebenso wie bei der inneren Priorität muss die Voranmeldung eine sogenannte „erste Anmeldung" im Sinne des Art. 4 C Abs. 4 PVÜ sein. Eine nachfolgende Anmeldung kann nur dann eine Prioritätsgrundlage sein, wenn eine Voranmeldung zurückgenommen, fallen gelassen oder zurückgewiesen ist, und zwar bevor sie öffentlich ausgelegt worden ist und ohne dass Rechte bestehen geblieben sind. Insbesondere darf für die ältere Anmeldung eine Priorität nicht schon in Anspruch genommen worden sein.

3.1.5 Fristen und weitere tatbestandliche Erfordernisse

33 Die formellen Voraussetzungen des § 6 Abs. 1 GebrMG i. V. m. § 41 PatG gelten sowohl für Abs. 1 als auch für Abs. 2 des § 41 PatG. Von der 12-monatigen, nicht wiedereinsetzungsfähigen **Prioritätsfrist** (zur Fristenberechnung vgl. Art. 4 C II, III PVÜ i. V. m. §§ 187 I, 188 II BGB) zu unterscheiden ist die **Frist** zur **Priori-**

Priorität 34–36 § 6

tätserklärung. Durch das 2. PatGÄndG ist insoweit eine Erleichterung geschaffen worden, dass alle erforderlichen Angaben einheitlich (aber auch nacheinander) bis zum **Ablauf** des **16. Monats** nach dem Prioritätstag eingereicht werden können; die Fristberechnung folgt den allgemeinen Regeln der §§ 187 II, 188 II, 193 BGB. Wiedereinsetzung ist möglich, vgl. § 123 I 1 PatG.

Die erforderliche **Inanspruchnahmeerklärung** muss wegen ihrer Bedeutung schriftlich und eindeutig sein. Des Weiteren sind in deutscher Sprache Zeit und Land der früheren Anmeldung anzugeben; ferner ist das **Aktenzeichen** der früheren Anmeldung anzugeben, Art. 4 D Abs. 5 PVÜ. Weiter ist eine vollständige Abschrift der früheren Anmeldung einzureichen, Art. 4 D Abs. 3 PVÜ, damit geprüft werden kann, ob die Priorität zu Recht in Anspruch genommen wurde. Die Abschrift muss mit der früheren Anmeldung vollständig übereinstimmen (vgl. BGH GRUR 1979, 626, 627 – Elektrostatisches Ladungsbild, zur Miteinreichung von Zeichnungen). Bezugnahmen auf zu anderen Anmeldungen eingereichte Unterlagen sind nicht ausreichend (BGH, aaO). 34

3.1.6 Prioritätsverwirkung

Die Nichteinhaltung der Fristerfordernisse führt zur Verwirkung des Prioritätsrechts für die Anmeldung, § 6 Abs. 2 GebrMG i. V. m. § 41 Abs. 1 Satz 3 PatG. Die Anmeldung ist in diesem Fall nur mit ihrem Nachanmeldetag zu prüfen. Weitergehende Rechtsfolgen treten nicht ein (BPatG Mitt 1997, 86, 87 – Inanspruchnahme einer Priorität). Der Prioritätsanspruch wird des weiteren bei Nichteinreichung der Abschrift der Voranmeldung innerhalb der Frist verwirkt (vgl. BGH GRUR 1973, 139 – Prioritätsverlust). Die Verwirkung des Prioritätsanspruchs tritt auch dann ein, wenn das DPMA es versäumt hat, den Anmelder auf die Unrichtigkeit/Unvollständigkeit von Angaben hinzuweisen (BPatG GRUR 1987, 286 – Unvollständige Anmeldung). 35

3.1.7 Prüfung der förmlichen Voraussetzungen und der materiellen Berechtigung

Die Prüfung der **formellen** Voraussetzungen der Priorität für eine Gebrauchsmusteranmeldung soll durch das DPMA im GebrM-Eintragungsverfahren erfolgen können; dies soll im Wege eines Vorab- bzw. Zwischenbescheids möglich sein (BPatG Mitt. 1997, 86, 87 – Inanspruchnahme einer Priorität). Eine derartige Entscheidung sei für das Gebrauchsmusterlöschungsverfahren und für den Verlet- 36 zungsstreit bindend, da in diesen Verfahren nur die materiellen Erfordernisse einer Prioritätsbeanspruchung nachgeprüft werden könnten (BPatG, aaO; vgl. auch BGH GRUR 1979, 621, 622/623 – Magnetbohrständer). Es sei demgemäss im Patenterteilungs- wie im Gebrauchsmustereintragungsverfahren grundsätzlich nur zu prüfen, ob die Beanspruchung einer ausländischen Priorität den durch Art. 4 D PVÜ der besonderen innerstaatlichen Regelung zugewiesenen Vorschriften entspricht (BPatG, aaO). Dieser Auffassung kann jedenfalls im Hinblick auf die daraus abgeleitete Bindungswirkung für den Verletzungsrechtsstreit oder das Gebrauchsmusterlöschungsverfahren nicht gefolgt werden. Gerade die Abgrenzung, was formelle und materielle Voraussetzungen sind, kann im Einzelfall schwierig sein, so dass eine Bindung der vorerwähnten Organe schon deshalb nicht angezeigt ist. Darüber hinaus können auch Fragen der förmlichen Voraussetzungen schwierige Rechtsfragen aufwerfen, die vom DPMA nicht in einer höhere Instanzen bindenden Weise entschieden werden können (zweifelnd auch *Busse/Keukenschrijver,* § 41 PatG, Rdnr. 50).

37 Unzweifelhaft können die **materiell-rechtlichen** Regelungen nicht seitens des DPMA im Eintragungsverfahren in bindender Weise geprüft werden. Die Vorschriften über den Prioritätszeitraum gehören zu den materiell-rechtlichen Problemstellungen, deren Prüfung die nachfolgenden Instanzen (Löschungsabteilung, Beschwerdegericht, Verletzungsgericht) vorbehalten ist (BPatG, aaO.). Die materielle Berechtigung wird darüber hinaus nur bei Anlass geprüft (vgl. BGH GRUR 1985, 34 – Ausstellungspriorität; BPatG GRUR 1986, 607 – Schallsonde). Zu den materiell-rechtlichen Fragen gehört auch die Übereinstimmung von Vor- und Nachanmeldung, sowie die Rechtsnachfolge. Ebenso die Frage, zu welchem Zeitpunkt die Prioritätsanmeldung erfolgt ist (BPatG GRUR 1986, 607 – Schallsonde). Anlass zur Prüfung besteht jeweils bei begründeten Zweifeln sowie bei Fragen der Priorität, insbesondere wenn im Prioritätsintervall relevanter Stand der Technik vorliegt (BGH, aaO; BPatG, aaO; BPatG GRUR 1992, 377, 378 – Kabelbaum). Die materielle Berechtigung ist im Löschungsverfahren (BPatG GRUR Int. 1995, 338, 340 – Erythropoietin, zum Patent-Nichtigkeitsverfahren) selbständig nachprüfbar. Dasselbe gilt für die Nachprüfbarkeit im Verletzungsrechtsstreit (vgl. BGH GRUR 1963, 563, 566 – Aufhängevorrichtung).

Recherche § 7

3.1.8 Wirkungen der Priorität

Diese ergeben sich aus Art. 4 B PVÜ. Hierzu gehören insbesondere die Sicherung des Altersrangs der Voranmeldung für die Nachanmeldung. Nach dem Prioritätstag eingetretene Tatsachen können keine Rechte Dritter und kein persönliches Benutzungsrecht begründen. Der Zeitrang der Anmeldung ist einerseits von Bedeutung für den Stand der Technik. Der Anmelder kann durch sachgerechte Handhabung der Prioritätsregelung eine sog. **Selbstkollision** infolge einer eigenen früheren inländischen oder ausländischen Anmeldung vermeiden. Entsprechendes gilt auch für jeglichen sonstigen, zwischenzeitlich eingetretenen Stand der Technik. Der Priorität kommt damit auch eine Defensivwirkung dahingehend zu, dass im Prioritätszeitpunkt erfolgte Anmeldungen Dritter gegenüber dem Anmelder keinen Erfolg haben können, §§ 13 Abs. 1, 15 Abs. 1 Nr. 2. 38

3.2 Priorität aufgrund Bekanntmachung

Vgl. hierzu Anm. 1. Die förmlichen und tatbestandlichen Voraussetzungen der Prioritätsinanspruchnahme gemäß § 41 Abs. 2 richten sich nach § 41 Abs. 1. Auf diese Erläuterungen wird verwiesen. 39

4. Ausstellungspriorität

Vgl. hierzu Anm. 6 zu § 3. 40

§ 7 [Recherche]

(1) Das Patentamt ermittelt auf Antrag die öffentlichen Druckschriften, die für die Beurteilung der Schutzfähigkeit des Gegenstands der Gebrauchsmusteranmeldung oder des Gebrauchsmusters in Betracht zu ziehen sind.

(2) Der Antrag kann von dem Anmelder oder dem als Inhaber eingetragenen und jedem Dritten gestellt werden. Er ist schriftlich einzureichen. § 28 ist entsprechend anzuwenden. Mit dem Antrag ist eine Gebühr nach dem Tarif zu zahlen; wird sie nicht gezahlt, so gilt der Antrag als nicht gestellt. § 43 Abs. 3, 5, 6 und 7 Satz 1 des Patentgesetzes ist entsprechend anzuwenden.

Übersicht

	Rdn.
1. Allgemeines/Zweck der Vorschrift	1, 2
2. Recherche und Verletzungsrechtsstreit	3
3. Tatbestandsvoraussetzungen	
3.1 Antrag	4
3.2 Frist	5
3.3 Gebühr	6
3.4 Analoge Anwendung von § 43 III, V, VI, VII 1 PatG	7
3.5 Umfang der Recherche; Recherchenbericht	8, 9

1. Allgemeines/Zweck der Vorschrift

1   Rechtspolitisch ist als Nachteil des reinen Registrierverfahrens bei Gebrauchsmustern häufig darauf hingewiesen worden, dass dieses Schutzrechtssystem von vornherein für den Inhaber hohe finanzielle Risiken berge, weil es ohne Prüfung auf Neuheit, erfinderischen Schritt und gewerbliche Anwendbarkeit eingetragen werde und sich die Schutzbeständigkeit in der Regel erst im Löschungsverfahren oder im Verletzungsstreit herausstelle. Die in § 7 vorgesehene Recherchemöglichkeit ermöglicht es dem GebrM-Inhaber, das einem ungeprüften Schutzrecht innewohnende Risiko zu reduzieren. Die Recherche kann für die GebrM-Anmeldung und für das eingetragene GebrM durchgeführt werden. Auf diese Weise können die Erfolgsaussichten eines Angriffs bzw. der Rechtsverteidigung im Verletzungs- oder Löschungsverfahren besser eingeschätzt werden. Die Vorschrift des § 7 ist durch das Gesetz zur Änderung des Gebrauchsmustergesetzes vom 15. August 1986 mit Wirkung zum 1. 1. 1987 eingeführt worden (PMZ 1986, 310, 326). Die Regelung des § 43 Abs. 1 und 2 PatG wird in § 7 übernommen; § 43 Abs. 3, 5, 6 und 7 Satz 1 PatG wird für entsprechend anwendbar erklärt.

2   Einzelheiten des Verfahrensablaufes der Recherche sind in den „Richtlinien für die Durchführung der Druckschriftenermittlung nach § 7 GebrMG vom 31. 3. 1999", PMZ 1999, 203 (GebrM-RechercheRl) festgeschrieben. Die Recherchenrichtlinien sollen eine gleichmäßige Behandlung der Recherchenanträge beim Patentamt

unter Beachtung gleicher Grundsätze sicherstellen. Auf die Ausführungen dort wird ergänzend verwiesen. Die Richtlinien sind an die Stelle der Richtlinien vom 29. 3. 1996 (PMZ 1996, 193 ff) getreten.

2. Recherche und Verletzungsrechtsstreit

Ungeachtet der Vermutung der Schutzfähigkeit des Gebrauchsmusters aufgrund seiner Eintragung, §§ 11, 13, ist vor Einleitung einer Gebrauchsmusterverletzungsklage dringend die Durchführung einer Recherche zu empfehlen, da dies für den GebrM-Inhaber eine geeignete Möglichkeit ist, Hinweise auf die Schutzfähigkeit seines Gebrauchsmusters zu erhalten (vgl. auch § 19). Diese (sicherlich zur anwaltlichen Beratungspflicht gehörende) Empfehlung gilt erst recht für ein **einstweiliges Verfügungsverfahren.** Dabei kann dahinstehen, ob bei einem solchen Verfahren die Darlegungs- und Glaubhaftmachungslast zur Schutzfähigkeit dem Antragsteller obliegt (so OLG Düsseldorf, GRUR 1958, 183, 184 – Verkaufshilfe; Mitt. 1982, 230, 231 – Warmhaltekanne) oder ob sie im Hinblick auf § 13 Abs. 1 bei dem Antragsgegner liegt (vgl. LG Düsseldorf, Mitt. 1988, 14, 15 – Polohemd, zu Geschmacksmusterverletzung). Denn nur durch eine derartige ergänzende Recherche wird der Antragsteller in die Lage versetzt, die Schutzfähigkeit seines Schutzrechtes zu begründen, den relevanten Stand der Technik vorzulegen und zu erörtern und damit das Gericht in die Lage zu versetzen, eine ausreichend tragfähige Grundlage für seine Entscheidung zu erhalten. Legt erstmals der Antragsgegner (z. B. in der mündlichen Verhandlung) Material vor, das die Schutzfähigkeit des Verfügungsgebrauchsmusters zweifelhaft erscheinen lässt, so wird der Erlass einer einstweiligen Verfügung in der Regel von vornherein immer fraglicher. Die Einholung der Recherche wird sinnvollerweise Auswirkungen auf die Handhabung der Dringlichkeitsvoraussetzung durch die Verletzungsgerichte haben müssen. Allerdings sollte der Antragsteller auf eine Beschleunigung der Recherche dringen.

3. Tatbestandsvoraussetzungen

3.1 Für die Durchführung einer Recherche bedarf es eines **Antrages.** Dieser kann von dem Anmelder oder dem als Inhaber des

§ 7 5 Recherche

Gebrauchsmusters eingetragenen sowie von jedem Dritten gestellt werden, § 7 Abs. 2 Satz 1. Er kann zurückgenommen werden. Liegt ein früherer, wirksam gestellter Rechercheantrag vor, kann ein neuerlicher Antrag nicht mehr gestellt werden, § 7 Abs. 2 Satz 5 i. V. m. § 43 Abs. 5 Satz 1 PatG. Der Antrag ist schriftlich beim Patentamt einzureichen, was Unterschriftform voraussetzt, § 7 Abs. 2 Satz 2. Wer im Inland weder Wohnsitz noch Niederlassung hat, kann den Rechercheantrag nur stellen, wenn er im Inland einen Rechtsanwalt oder einen Patentanwalt als Vertreter bestellt hat, § 7 Abs. 2 Satz 3 i. V. m. § 28. Diese Verpflichtung gilt unabhängig davon, ob für die Anmeldung des Gebrauchsmusters selbst ebenfalls eine Vertreterpflicht nach § 28 besteht. Der Antrag ist nicht anfechtbar. Erfolgt die Antragstellung durch einen Dritten, wird dieser nicht Verfahrensbeteiligter (kein Umkehrschluss aufgrund ausdrücklicher Erwähnung in § 43 Abs. 2 Satz 1 PatG).

3.2 Frist

5   Die Recherche setzt nach dem Wortlaut des § 7 eine anhängige Gebrauchsmusteranmeldung oder ein eingetragenes Gebrauchsmuster voraus; eine darüber hinausgehende zeitliche Begrenzung enthält § 7 nicht. Nach BPatG GRUR 1990, 513, 514/515 – Recherchenantrag – soll eine wirksam beantragte Recherche weiter durchgeführt werden, wenn die den Rechercheantrag zugrunde liegende Gebrauchsmusteranmeldung nach § 6 Abs. 1 Satz 1, 2 i. V. m. § 40 Abs. 5 PatG vor Beginn der Recherche als zurückgenommen gilt. Zumindest im Fall der Rücknahmefiktion wegen Inanspruchnahme der Priorität soll die Verpflichtung der weiteren Durchführung der Recherche gelten, weil diese für die Nachanmeldung, die „dieselbe Erfindung" betreffe, weiter Bedeutung habe (vgl. auch GebrM-RechercheRl Ziff. 2). Ist ein Gebrauchsmuster durch Schutzablauf erloschen, wird die Recherche trotz des Wortlauts des § 7 jedenfalls dann durchzuführen sein, wenn der betreffende Antragsteller ein Rechtsschutzbedürfnis hierfür geltend machen kann (ebenso *Bühring,* § 7, Rdnr. 3; *Mes,* § 7 GebrMG, Rdnr. 3). Ein solches Rechtsschutzbedürfnis wird beispielsweise bestehen, wenn das Rechercheergebnis Eingang in ein Löschungsverfahren (Antrag auf Feststellung der Unwirksamkeit des Gebrauchsmusters nach dessen Löschung) finden soll.

3.3 Gebühr

Der Antrag ist gebührenpflichtig (Abs. 2 Satz 4). Es handelt sich hierbei eher um eine Benutzungsgebühr als um eine reine Verwaltungsgebühr (vgl. hierzu BPatG GRUR 1990, 513, 515 – Rechercheantrag). Da das Kostenrecht keine Rückerstattung der Recherchegebühr im Falle der Rücknahme der Anmeldung vor Beginn der Recherche vorsehe, sei diese weiterhin durchzuführen (BPatG, aaO, allerdings zu dem Sonderfall des Eintritts der Rücknahmefiktion gemäß § 6 Abs. 1 Satz 1 GebrMG i. V. m. § 40 Abs. 5 PatG). Wird die Antragsgebühr nicht gezahlt, gilt der Antrag als nicht gestellt. Zur Nachentrichtung bei Änderung der Gebührensätze, vgl. § 6 Abs. 1 PatGebG. Die Antragsgebühr wird mit dem Rechercheantrag fällig (zur Verfahrenskostenhilfe für den Antragsteller oder Dritte vgl. § 130 Abs. 2 Satz 1, Abs. 6 PatG). Ist die Recherchegebühr fällig geworden und gezahlt, ist sie verfallen und kann grundsätzlich nicht zurückgefordert werden, auch wenn es nicht zur Durchführung der Recherche kommt. Eine Ermäßigung der Gebühr entsprechend Art. III § 7 IntPatÜG kommt nicht in Betracht, da es sich nicht um eine Prüfungsgebühr handelt (*Bühring*, § 7, Rdnr. 4).

3.4 Analoge Anwendung von § 43 III, V, VI, VII 1 PatG

Der Antrag gilt als nicht gestellt, wenn bereits ein früherer, wirksam gestellter Rechercheantrag vorliegt, § 7 Abs. 2 Satz 5 i. V. m. § 43 Abs. 5 PatG. Zuständig ist die GebrM-Stelle, die den Rechercheantrag zur tatsächlichen Durchführung an die Prüfungsstelle weiterleitet, in deren Aufgabenbereich die gem. IPC angegebene Hauptklasse fällt (GebrM-RechercheRl, Ziff. 3). Zur Zurückweisung des Rechercheantrags vgl. § 7 Abs. 2 Satz 5 i. V. m. § 43 Abs. 6 PatG. Ist der Rechercheantrag zurückgenommen worden, kann ein neuer Antrag gestellt werden. Die Gebühr für den Antrag auf Ermittlung der in Betracht zu ziehenden Druckschriften (Recherchegebühr) beträgt für die GebrM-Recherche zur Zeit DM 450,00 (Anlage zu § 1 PatGebG, GebVerz. Nr. 121 200). Ermittelte Druckschriften können dem GebrM-Inhaber/Anmelder und dem Recherche-Antragsteller gebührenpflichtig geliefert werden (z. B. DM 30,00 gemäß Nr. 102 010 der Anlage zu § 2 Abs. 1 DPMA-VwKostV). Die Mitteilung der öffentlichen Druckschriften, die das Patentamt nach § 7 ermittelt hat (Auskunft gegenüber Dritten, denen die Druckschriften auf Antrag genannt, aber nicht in Kopien geliefert werden) beträgt zur Zeit DM 20,00 (Nr. 101 400 DPMA-VwKostV). Die Öffentlichkeit wird über den Rechercheantrag durch die Veröffentlichung im Patentblatt informiert, § 43 Abs. 3 PatG. Hat ein Dritter den Antrag gestellt, so wird dies dem Anmelder bzw. GebrM-Inhaber mitgeteilt, § 43 Abs. 3 Satz 2 PatG. Eine ebensolche Unterrichtung erfolgt, wenn sich der Antrag des Dritten als unwirksam erweist, § 43 Abs. 6 PatG. Jedermann steht es frei, dem Patentamt Druckschriften anzugeben, die der Schutzfähigkeit eines Gebrauchsmusters entgegenstehen könnten, § 43 Abs. 3 Satz 3 PatG. Das DPMA könnte ohnehin keinen Dritten hindern, derartige Angaben zu machen. Hierdurch erhält dieser Dritte allerdings keine Beteiligtenstellung, mithin keinen Anspruch auf Auskunft oder Bescheidung. Akteneinsicht ist möglich.

3.5 Umfang der Recherche; Rechercheenbericht

8 Der Umfang der Recherche ergibt sich nicht unmittelbar aus dem Gesetz. Die Prüfungsstelle ermittelt nach den GebrM-RechercheRl den einschlägigen Stand der Technik **umfassend, vollständig** und **abschließend**, so dass sich die Behandlung der GebrM-Recherche und derjenigen nach §§ 43, 44 PatG nicht mehr unterscheiden (MittPräsDPMA, PMZ 1999, 49) Einzelheiten finden sich in den Rechercherichtlinien, auf die verwiesen wird. Auf ausdrücklichen Wunsch des Antragstellers, der in dem Antrag zum Ausdruck kommen muss, ist die Recherche unverzüglich – also gegebenenfalls bereits vor dem Zeitpunkt, zu dem die erst kurz vor dem Anmeldetag erschienenen Druckschriften dem Prüfstoff zugeführt werden konnten – durchzuführen. In der Mitteilung über die ermittelten Druckschriften wird dann deutlich darauf hingewiesen, dass sich die Recherche auf die zum Zeitpunkt der Recherche im Prüfstoff vorhandene Schriften beschränkt. Eine Nachrecherche zu einem späteren Zeitpunkt aufgrund des vervollständigten Prüfstoffs findet nicht statt, Ziff. 2 RecherchenRl. **Gegenstand** der Recherche ist die in den Schutzansprüchen angegebene Erfindung; Beschreibung und Zeichnungen sind soweit heranzuziehen, wie es zum Verständnis und zur Auslegung der Schutzansprüche erforderlich ist, Ziff. 3 RecherchenRl. Der **Umfang** der Recherche erstreckt sich auf den in den öffentlichen Druckschriften enthaltenen einschlägigen Stand

der Technik, der so ermittelt werden soll, dass damit die Neuheit und das Vorliegen eines erfinderischen Schritts beurteilt werden können. Für jeden Schutzanspruch sind innerhalb vernünftiger Grenzen die ermittelten öffentlichen Druckschriften anzugeben. Regelmäßig braucht jeweils nur ein Mitglied einer Patentfamilie berücksichtigt zu werden. Die Recherche hat ihre Grenzen dort, wo sie in Beziehung auf den Aufwand und auf den Umfang der technischen Gebiete, die für den Gegenstand der Anmeldung oder des Gebrauchsmusters in Betracht gezogen werden, vom Standpunkt der Wirtschaftlichkeit her nicht weiter zu vertreten ist. Es gilt der Grundsatz der gründlichen, aber nicht übertriebenen Recherche (GebrM-RechercheRl, Ziff. 5). Sie kann jedoch auch auf den der Erfindung zugrunde liegenden allgemeinen Stand der Technik ausgedehnt werden (technologischer Hintergrund). Als Bezugszeitpunkt für die Recherche wird der Anmeldetag, nicht der gegebenenfalls beanspruchte Prioritätstag gewählt, vgl. insgesamt Ziff. 5 RecherchenRl.

Im Anschluss hieran erstellt das DPMA den Recherchenbericht, für den keine Gewähr für die Vollständigkeit übernommen wird, § 7 Abs. 2 Satz 5 i. V. m. § 43 Abs. 7 Satz 1 PatG. Die Tatsache der Mitteilung der Druckschriften wird im Patentblatt veröffentlicht, § 7 Abs. 2 Satz 2 i. V. m. § 43 Abs. 7 Satz 1 PatG. Die Kosten des Recherchenberichts sind in der Antragsgebühr enthalten. Der Recherchenbericht beschränkt sich auf eine reine Materialzusammenstellung und enthält keine rechtliche Würdigung. Im Recherchenbericht sind anzugeben die ermittelten **Druckschriften,** gegebenenfalls mit Erläuterungen und Hinweisen auf relevante Textstellen, die bei der Recherche herangezogenen **Klassifikationseinheiten,** die **Referatsblätter** oder **Spezialkarteien,** die bei der Recherche, insbesondere auf chemischem Gebiet, benutzt worden sind, die Kategorie, d. h. Relevanz der ermittelten Druckschriften in Buchstaben: Einzelheiten Ziff. 6 RecherchenRl.

§ 8 [Eintragung; Rolle]

(1) **Entspricht die Anmeldung den Anforderungen der §§ 4, 4 a, so verfügt das Patentamt die Eintragung in die Rolle für Gebrauchsmuster. Eine Prüfung des Gegenstands der Anmeldung auf Neuheit, erfinderischen Schritt und gewerbliche Anwendbarkeit findet nicht statt. § 49 Abs. 2 des Patentgesetzes ist entsprechend anzuwenden.**

§ 8 Eintragung; Rolle

(2) Die Eintragung muß Namen und Wohnsitz des Anmelders und seines etwa bestellten Vertreters (§ 28) sowie die Zeit der Anmeldung angeben.

(3) Die Eintragungen sind im Patentblatt in regelmäßig erscheinenden Übersichten bekannt zu machen.

(4) Das Patentamt vermerkt in der Rolle eine Änderung in der Person des Inhabers des Gebrauchsmusters oder seines Vertreters, wenn sie ihm nachgewiesen wird. Mit dem Antrag auf Eintragung der Änderung in der Person des Rechtsinhabers ist eine Gebühr nach dem Tarif zu entrichten; wird sie nicht entrichtet, so gilt der Antrag als nicht gestellt. Solange die Änderung nicht eingetragen ist, bleiben der frühere Rechtsinhaber und sein früherer Vertreter nach Maßgabe dieses Gesetzes berechtigt und verpflichtet.

(5) Die Einsicht in die Rolle sowie in die Akten eingetragener Gebrauchsmuster einschließlich der Akten von Löschungsverfahren steht jedermann frei. Im übrigen gewährt das Patentamt jedermann auf Antrag Einsicht in die Akten, wenn und soweit ein berechtigtes Interesse glaubhaft gemacht wird.

Übersicht

	Rdn.
1. Allgemeines/Zweck der Vorschrift	1, 2
2. Eintragung/Zurückweisung der Anmeldung	
2.1 Gang des Anmeldeverfahrens (Verweis)	3
2.2 Prüfung der formellen und materiellen Schutzvoraussetzungen	4–6
2.3 Aussetzung des Eintragungsverfahrens	7
2.4 Zuständigkeit innerhalb des DPMA	8
2.5 Eintragung	9
2.5.1 Eintragung und Antrag; Hilfsantrag	10–12
2.5.2 Form; Rechtscharakter	13–19
2.5.3 Legitimationswirkung	20–31
2.6 Zurückweisung der Anmeldung	32
2.6.1 Inhalt	33
2.6.2 Formelle Aspekte	34
3. Gebrauchsmusterrolle; Patentblatt	35–53
4. Änderungen der Rolle	
4.1 Umschreibung	54–72
4.2 Berichtigung; sonstige Änderungen	73–80
5. Änderung der Unterlagen (Verweis)	81

	Rdn.
6. Akten- und Rolleneinsicht	
6.1 Freie Akteneinsicht	82–87
6.2 Eingeschränkte Akteneinsicht	88–95
7. Lizenzinteresseerklärung	96

Literatur (Auswahl): *Repenn,* Umschreibung von gewerblichen Schutzrechten, 1994; *Rogge,* Die Legitimation des scheinbaren Patentinhabers nach § 30 Abs. 3 Satz 3 PatG, GRUR 1985, 734; *Werner,* Prüfungsbescheide im Verfahren vor dem Deutschen Patentamt, Mitt. 1988, 6.

1. Allgemeines/Zweck der Vorschrift

§ 8 regelt in unsystematischer Weise Aspekte der Eintragung und 1 Teilaspekte des Anmeldeverfahrens, Abs. 1. Abs. 2 bestimmt die zwingenden Bestandteile der Eintragung. Abs. 3 schreibt die Unterrichtung der Öffentlichkeit durch regelmäßig erscheinende Übersichten vor. Abs. 4 befasst sich mit Änderungen, die in der Gebrauchsmusterrolle einzutragen sind. Abs. 5 regelt die Akteneinsicht.

Abs. 1 Satz 2 wurde durch das GebrMGÄndG (PMZ 1986, 310) 2 eingefügt (klarstellend im Sinne der ständigen Rechtspraxis). Ferner wurde die Verweisung auf den jetzigen § 49 Abs. 2 PatG geregelt. Die Gebührenpflicht für die Eintragung von Änderungen in der Person des Vertreters in die Rolle ist entfallen (Art. 10 Nr. 1 GPatG). Das 2. PatGÄndG hat eine Änderung der Verweisung in Abs. 1 Satz 1 mit sich gebracht.

2. Eintragung/Zurückweisung der Anmeldung:

2.1 Gang des Anmeldeverfahrens

Hinsichtlich des Verfahrensablaufs, der der Anmeldung folgt, wird 3 auf Einleitung vor § 4, Anm. 5.2 verwiesen.

2.2 Prüfung der formellen und materiellen Schutzvoraussetzungen

Die GebrM-Stelle prüft zunächst die Einhaltung der **formellen** 4 Voraussetzungen der Anmeldung. Des weiteren übernimmt sie die

§ 8 5   Eintragung; Rolle

Prüfung der sog. **absoluten materiellen** Schutzvoraussetzungen (gebrauchsmusterfähige Erfindung und keine Schutzausschließungsgründe nach § 1 Abs. 2 oder § 2). Zur historischen Entwicklung wird auf die eingehenden Ausführungen des BGH in GRUR 1965, 234, 235 ff – Spannungsregler – verwiesen.

5   **Neuheit, erfinderischer Schritt** und **gewerbliche Anwendbarkeit** werden nicht geprüft, § 8 Abs. 1 Satz 2. Dieser Ausschluss der materiell-rechtlichen Prüfung wird seit jeher damit begründet, dass eine Prüfung der Anmeldungen in dieser Richtung zum einen nicht mit der für die Bearbeitung von Gebrauchsmustersachen vorgesehenen Behördenorganisation des Patentamts zu bewältigen sei. Zum anderen solle der Industrie ein schnell und einfach zu erlangender Schutz zur Verfügung gestellt werden. Dass das Patentamt gleichwohl seit jeher die Voraussetzungen der **Gebrauchsmusterfähigkeit** zu überprüfen hatte, steht zu dem in Abs. 1 Satz 2 nunmehr geregelten Ausschluss der Prüfungsbefugnis nicht in Widerspruch. Historisch war diese Prüfung der Musterfähigkeit besonders einfach, da nach dem Gesetz vom 1. Juni 1891 die Einreichung des Modells, dessen Schutz begehrt wurde, zwingend vorgeschrieben war, so dass die Prüfung der „Modellfähigkeit" besonders einfach war. Jedenfalls nach jetziger Rechtslage ist die Überprüfung des Vorliegens der absoluten Schutzvoraussetzungen in der Regel einfach gelagert, da der Gebrauchsmusterschutz faktisch mit Ausnahme der Verfahrenserfindungen dem wesentlichen Schutzrechtskategorien offen steht und die Überprüfung der Schutzausschlüsse nach § 1 Abs. 2 und § 2 in der Regel keine übermäßigen Schwierigkeiten aufwerfen dürfte. Ungeachtet dessen ist die Regelung in § 8 Abs. 1 Satz 2 eindeutig; ihr erkennbarer Sinngehalt verbietet es auch, die Prüfung dieser Voraussetzungen in „offensichtlichen" Fällen vorzunehmen (a. A. *Bühring*, § 8, Rdnr. 4; wie hier *Busse/Keukenschrijver*, § 8 GebrMG, Rdnr. 5). Abgesehen davon, dass derartige „offensichtliche" Fallgestaltungen angesichts der damit verbundenen Fragen der Erkenntnisse und der Wertungen kaum vorkommen dürften, hat der Gesetzgeber die Möglichkeit, dass nicht schutzfähige Gegenstände eingetragen werden, bewusst hingenommen, und diese Problematik dem geeigneteren Löschungs- bzw. Verletzungsverfahren überlassen. Von den Abgrenzungsschwierigkeiten zwischen offensichtlichen und nicht offensichtlichen Fallgestaltungen abgesehen, würde eine Prüfungsbefugnis des DPMA zu Zeitverzögerungen führen, die gerade in der heutigen Zeit eines schnellen technologischen Wandels dem Schutzrechtsinstitut des Gebrauchsmusters abträglich wären. Deshalb hat das DPMA auch keine Rechtskom-

petenz zur Überprüfung einer „offensichtlichen" Identität des Gebrauchsmusters mit einem älteren Recht (a. A. *Bühring*, § 13, Rdnr. 13; wie hier: *Busse/Keukenschrijver*, aaO).

Vgl. im Übrigen zum Prüfungsumfang des DPMA §§ 4, 4a und 6 Anm. dort.

2.3 Aussetzung des Eintragungsverfahrens

Gemäß § 8 Abs. 1 Satz 3 GebrMG i. V. m. § 49 Abs. 2 PatG wird 7 auf Antrag des Anmelders die Eintragung (nicht notwendigerweise das Eintragungsverfahren) bis zum Ablauf einer Frist von 15 Monaten ab dem Anmelde- oder Prioritätstag ausgesetzt (vgl. EintragungsRL II 3). Der Antrag muss nicht begründet werden. Die Regelung ermöglicht es dem Anmelder, Auslandsanmeldungen in Nicht-PVÜ-Staaten vorzubereiten, ohne die Neuheitsschädlichkeit einer inländischen Vorveröffentlichung befürchten zu müssen. Diese Vorschrift dient dem Ausgleich widerstreitender Interessen: Der die Aussetzung begehrende Anmelder möchte die Eintragung und Bekanntmachung seiner zum Gebrauchsmusterschutz angemeldeten Erfindung hinauszögern; demgegenüber ist die Allgemeinheit daran interessiert, dass die technische Lehre in Gebrauchsmusteranmeldungen innerhalb möglichst kurzer Zeit veröffentlicht wird (BPatG GRUR 1980, 786 – Unzulässige Vorabentscheidung). Als Ausnahmevorschrift ist sie deshalb eng auszulegen, so dass eine über diesen Zeitraum hinausgehende Verzögerung der Eintragung nicht möglich ist. Dem Anmelder ist es deshalb verwehrt, einen (weiteren oder über den Zeitrahmen hinausgehenden) Aussetzungsantrag zu stellen und lediglich hierüber einen selbständig anfechtbaren Beschluss der Gebrauchsmusterstelle herbeizuführen (BPatG, aaO). Deshalb hat die GebrM-Stelle auch in einem solchen Fall in der Sache selbst eine Entscheidung zu treffen, d. h. die Anmeldung unter gleichzeitiger Zurückweisung des Aussetzungsantrags entweder einzutragen oder zurückzuweisen; ungeachtet dessen hat die GebrM-Stelle den Anmelder in diesem Fall auf die Unzulässigkeit des Antrags hinzuweisen und diesem rechtliches Gehör zu gewähren (BPatG, aaO). Dieser Zwischenbescheid muss deshalb rechtzeitig vor einer gegebenenfalls verfügten Eintragung erfolgen. Hinsichtlich des weiteren formalen Ablaufs wird auf die EintragungsRL verwiesen. Da der Aussetzungsantrag kein Ruhen des Eintragungsverfahrens selbst bewirkt, ist eine Zurückweisung der Anmeldung durch Beschluss auch vor Ablauf der Aussetzungsfrist möglich. Der Anmelder wird sich frühzeitig Gedanken über einen

§ 8 8, 9   Eintragung; Rolle

solchen Aussetzungsantrag machen müssen, da der Zeitpunkt der Eintragung eines Gebrauchsmusters nicht eindeutig vorhersehbar ist, die Gebrauchsmusterstelle aber bereits aus technischen Gründen einen Zeitvorlauf des Aussetzungsantrages von drei Wochen bis zur Eintragung benötigt (PMZ 1991, 146).

2.4 Zuständigkeit innerhalb des DPMA

8   Für die Eintragung oder Zurückweisung der GebrM-Anmeldung ist die **Gebrauchsmusterstelle** zuständig. Durch die Verordnungsermächtigung gemäß § 10 Abs. 2 sind einzelne, der Gebrauchmusterstelle obliegende Aufgaben, die nach der Neuregelung durch das 2. PatGÄndG ihrer Art nach keine besonderen technischen und rechtlichen Schwierigkeiten bieten, auf Beamte des gehobenen Dienstes und vergleichbare Angestellte übertragen worden (siehe zu Einzelheiten Erläuterungen bei § 10; vgl. Ausschussbericht zum 2. PatGÄndG, PMZ 1998, 416, 418). Die Übertragung ist geregelt in der „Verordnung über die Wahrnehmung einzelner den Prüfungsstellen, der Gebrauchsmusterstelle, den Markenstellen und den Abteilungen des Patentamts obliegender Geschäfte (Wahrnehmungsverordnung, WahrnV)" vom 14. 12. 1994 (BGBl. I 3812 = PMZ 1995, 51; vgl. **Anhang 3**). Danach ist Beamten des gehobenen Dienstes und vergleichbaren Angestellten die Zurückweisung der Anmeldung aus formellen Gründen, denen der Anmelder nicht widersprochen hat und die Zurückweisung der Anmeldung aus sachlichen Gründen, denen der Anmelder nicht widersprochen hat, sofern der Leiter der Gebrauchsmusterstelle der Zurückweisung zugestimmt hat, sowie die Verfügung der Eintragung des Gebrauchsmusters übertragen worden (§ 2 I 1 f, g, h WahrnV). Rechtfertigt eine Anmeldung die Zurückweisung aus formellen und sachlichen Gründen, kann der Beamte des gehobenen Dienstes die Zurückweisung allein aus formellen Gründen veranlassen; er hat dies in seinem Bescheid jedoch klarzustellen (*Bühring*, § 8, Rdnr. 12). Ebenso ist die erforderliche Zustimmung des Leiters der GebrM-Stelle oder seines Vertreters kundzumachen.

2.5 Eintragung

9   Weist die Anmeldung keine Mängel auf oder sind ihre Mängel behoben, so wird die Eintragung unverzüglich, wegen der Erklärungsfristen für den Zeitrang (Abzweigung, Priorität) jedoch nicht

vor Ablauf von zwei Monaten nach dem Eingang der Anmeldung beim DPMA, verfügt (EintragungsRL II 10).

2.5.1 Eintragung und Antrag; Hilfsantrag

Die Anmeldung ist ein (abgesehen etwa von der Trennung) **unteilbares Ganzes** (BPatG GRUR 1992, 555, 558 – Sensoranordnung). Die aus Antrag mit Anlagen bestehende Anmeldung bildet ein Ganzes, das nicht von Amts wegen geteilt werden kann. Maßgebend ist der auf die Eintragung des Gebrauchsmusters schlechthin gerichtete Antrag nebst Anlagen (BPatG GRUR 1980, 997, 998 – Haupt- und Hilfsantrag). Mithin hat die GebrM-Stelle über die gesamte Anmeldung mit ihren verschiedenen geltend gemachten Schutzbegehren in einer **einzigen** Entscheidung zu befinden (BPatG GRUR 1982, 367, 368 – Hilfsantrag). Über die Eintragung kann nur in Übereinstimmung mit dem Eintragungsantrag und nicht abweichend von diesem entschieden werden. Das hindert den Anmelder nicht, sein Eintragungsbegehren in Form eines **Haupt-** und eines (oder mehrerer) **Hilfsanträge** zu verfolgen. Auch dann ist es aber aus den vorerwähnten Gründen nicht zulässig, etwa nur zunächst über den Hauptantrag zu entscheiden; eine Teilentscheidung ist nicht möglich (BPatG GRUR 1980, 997, 998 – Haupt- und Hilfsantrag). Nach der Rechtsprechung des BPatG liegt in der Zurückweisung des Hauptantrags auch nicht eine Zurückweisung der Gebrauchsmusteranmeldung, da der Hauptantrag nicht (die oder eine) Anmeldung, sondern ein im Rahmen der (einen) Anmeldung gestellter, zu ihr gehörender Antrag ist. Das hauptsächlich und das hilfsweise geltend gemachte Schutzbegehren sind danach nicht zwei Anmeldungen, sondern bilden zusammen nur eine Anmeldung. Wird der Hauptantrag zurückgewiesen bei gleichzeitiger Verfügung der Eintragung gemäß Hilfsantrag, liegt danach eine teilweise Zurückweisung der Anmeldung nicht vor. Ebenso kann danach nicht von einer lediglich den „Überschuss" des Hauptantrages betreffenden Zurückweisung der Anmeldung gesprochen werden, zumal eine vom Schutzbegehren abweichende Gebrauchsmusteranmeldung nicht eingetragen werden kann. Vielmehr sind danach die verschiedenen Schutzbegehren in der sich aus den „Anträgen" ergebenden Reihenfolge jeweils für sich zu prüfen, was bedeutet, dass der eine Anmeldungsgegenstand nach dem sich aus den „Anträgen" jeweils ergebenden Umfang auf Eintragungsfähigkeit zu untersuchen ist (so insgesamt BPatG GRUR 1982, 555, 557 – Sensoranordnung). Das Eintragungsbegehren unter Zugrundelegung eines Hilfsantrages setzt voraus, dass die Unterlagen an die vorgenommene Beschränkung angepasst werden; dies betrifft sowohl die neue Anspruchsfassung als auch die neue Beschreibung (BPatG GRUR 1982, 555, 558 ff – Sensoranordnung). Auch im Falle eines Eintragungsantrags in Form eines Haupt- und Hilfsantrages ist es der GebrM-Stelle verwehrt, zunächst lediglich (negativ) über den Hauptantrag zu entscheiden; vielmehr muss gleichzeitig aus den vorerwähnten Gründen über die Eintragungsfähigkeit entsprechend dem Hilfsantrag entschieden werden. Dies gebietet nicht nur das Interesse der Öffentlichkeit, von der Anmeldung möglichst frühzeitig Kenntnis zu erlangen, sondern dient auch dem Schutz des Anmelders, der andernfalls entsprechend der Zahl der geltend gemachten Anspruchsfassungen mehrmals und mit entsprechendem Zeitverlust zur Einlegung eines gebührenpflichtigen Rechtsmittels genötigt wäre (BPatG GRUR 1980, 997, 998 – Haupt- und Hilfsantrag).

12 Die Eintragung wirkt (nur) bei Vorliegen der nicht geprüften relativen materiellen Schutzvoraussetzungen **rechtsbegründend**; andernfalls entsteht nur ein **Scheinrecht** (ebenso *Busse/Keukenschrijver*, § 8 GebrMG, Rdnr. 11, der auch zutreffend darauf hinweist, dass die frühere Rechtsprechung (z. B. BGH GRUR 1968, 86 – Ladegerät I), nach der die Eintragung auch dann wirksam sei, wenn sie auf Änderungen der ursprünglichen Anmeldeunterlagen beruht, die den Gegenstand der Anmeldung erweitern oder verändern, wohl keine Gültigkeit mehr beanspruchen kann). Der **Gegenstand** des Gebrauchsmusters wird durch die Eintragung in der Gebrauchsmusterrolle bestimmt. Folglich kann er nicht nachträglich durch einen anderen ersetzt werden.

2.5.2 Form; Rechtscharakter

13 Eintragungen werden nach dem Wortlaut des § 8 Abs. 1 Satz 1 **„verfügt"**. Die parallele Vorschrift des § 49 PatG spricht hingegen von der Erteilung eines Patents in Beschlussform. Die gesetzgeberische Diktion ist sowohl im GebrMG als auch im PatG ungenau. Ungeachtet des eigentlich ausschließlich für gerichtliche Verfahren vorbehaltenen Terminus „Beschluss" erscheint im patentrechtlichen Verfahren einigermaßen gesichert zu sein, dass der Erteilungsbeschluss Verwaltungsakt ist (vgl. BGH GRUR 1968, 447, 449 – Flaschenkasten). Dementsprechend lässt sich auch der Begriff „verfügt" als Hinweis auf den Erlass eines **Verwaltungsaktes** verstehen, zumal die Regelung des § 8 Abs. 1 nicht eine (verwaltungsinterne)

die Eintragung des Gebrauchsmusters erst vorbereitende Verfügung im Auge haben kann (unklar *Benkard/Schäfers,* § 8 GebrMG, Rdnr. 7). Die Frage ist, ob die Eintragungsverfügung in **Form** einer (bloßen) Verfügung oder in Form eines Beschlusses zu ergehen hat (zu trennen hiervon ist das Problem, dass es für den Eintritt der Schutzwirkungen im Sinne des § 11 auch eines Vollzuges der wie immer zu charakterisierenden „Verfügung" bedarf, der erst durch die Eintragung bewirkt wird). Die GebrM-Stelle prüft darüber hinaus zum Beispiel auch das Vorliegen der sog. absoluten materiellen Schutzvoraussetzungen, wie dies ebenfalls im Patenterteilungsverfahren der Fall ist. Darüber hinaus regelt § 18, dass gegen die Beschlüsse der GebrM-Stelle die Beschwerde an das Patentgericht stattfindet. Eine solche Beschwerde muss auch gegen eine „Eintragungsverfügung" möglich sein, durch die der Anmelder beschwert ist, etwa weil sie seinem Antrag nicht voll entspricht, insbesondere wenn sie unvollständig ist (vgl. zu dem entsprechenden Beschwerderecht gegen einen solchen Patenterteilungsbeschluss: *Benkard/Schäfers,* § 49 PatG, Rdnr. 7 m. w. N.). Bereits hieraus folgt, dass die „Verfügung" der Eintragung in Form eines „Beschlusses" zu ergehen hat (anders die Praxis der GebrM-Stelle). Dieser Bewertung steht auch nicht entgegen, dass ein Beschlussverfahren möglicherweise das Eintragungsverfahren verlängern und damit im Widerspruch dazu stehen könnte, dass das GebrM ein schnell zu erwirkendes Schutzrecht sein soll (zu diesem Argument BPatG GRUR 1982, 367, 368 – Hilfsantrag). Denn es ist kein Grund ersichtlich, den Verwaltungsverfahrensablauf beim DPMA nicht so zu gestalten, dass auch ein Erteilungsbeschluss in der Zeit der Verfügungsanordnung der Eintragung möglich wäre. Kritisch auch zum gegenwärtigen Eintragungsverfahren: *Bühring,* § 8, Rdnr. 22.

Die Eintragungsverfügung beinhaltet die in der GebrM-Rolle **14** einzutragenden Angaben gemäß § 8 Abs. 2 sowie die der Eintragung zugrunde zu legenden Unterlagen. Nur solche Unterlagen dürfen zugrunde gelegt werden, mit denen der Anmelder einverstanden ist (BPatGE 9, 57, 58).

Die Eintragung eines Gebrauchsmusters kann auch noch später **15** als zum Beispiel 6 Jahre, nachdem die Anmeldung eingereicht worden ist, erfolgen (z. B. infolge Schutzrechtsablaufs nach Abschluss eines langjährigen Beschwerdeverfahrens nach erfolgter Zurückweisung der Anmeldung). Denn der Anmelder hat zum Beispiel ein erhebliches Interesse daran, dass er in der Benutzung seiner Erfindung nicht durch den Inhaber eines jüngeren, eingetragenen Gebrauchsmusters behindert wird. Ferner gebietet dies das Interesse der

Allgemeinheit, da ein jüngerer Anmelder sonst zu deren Nachteil einen zeitlich über das zuerst angemeldete Gebrauchsmuster hinausgehenden Schutz erlangen könnte (BGH GRUR 1967, 477, 480/481 – UHF-Empfänger II). Eine solche Eintragung ist im Beschlusswege vorzunehmen. In diesem Fall darf – im Übrigen – die Eintragung nicht von der Zahlung einer Verlängerungsgebühr abhängig gemacht werden (vgl. BPatG GRUR 1962, 91).

16 Aus der Bekanntmachung des Zeitpunkts der Anmeldung ergibt sich, welche Schutzwirkung den Gebrauchsmustern zugrunde liegt (BGH GRUR 1967, 477, 481 – UHF-Empfänger II). Ohne Bekanntmachung des Anmeldedatums ist die Eintragung in die Gebrauchsmusterrolle unzulässig (BPatGE 9, 211, 213).

17 Ungeachtet der vorstehend erörterten Zweifelsfragen besteht Einigkeit darüber, dass eine Eintragungsverfügung als förmlicher, d. h. begründeter, schriftlich ausgefertigter, mit Rechtsmittelbelehrung versehener und zugestellter Beschluss ausgestaltet sein muss, wenn mit der Eintragung gleichzeitig ein Antrag zurückgewiesen wird, wie dies bei einer Eintragung nach Hilfsantrag unter Zurückweisung des Hauptantrages der Fall ist (BPatG GRUR 1982, 367, 368 – Hilfsantrag). Denn mit der Eintragung gemäß Hilfsantrag wird gleichzeitig negativ über den Hauptantrag mit entschieden. Die Ablehnung des Hauptantrages ist in demselben Beschluss zu bescheiden und zu begründen (BPatG, aaO).

18 In der **Gebrauchsmusterrolle** wird der Inhalt der Eintragung dahingehend bestimmt, dass Name und Wohnsitz des Anmelders und seines etwa bestellten Vertreters sowie die Zeit der Anmeldung angegeben werden müssen. § 8 DPMAV bestimmt, dass über die Eintragung des Gebrauchsmusters in die Rolle für den Inhaber eine **Urkunde** ausgefertigt werden muss. Die Angaben in der Urkunde und in der Rolle müssen übereinstimmen (BPatGE 19, 136). Zu den Kosten einer sog. Schmuckurkunde: vgl. Nr. 101 130 VerwKostVO.

19 Aus **PCT-Anmeldungen** herrührende Gebrauchsmuster, bei denen das DPMA zwar nicht Anmeldeamt, aber Bestimmungsamt ist, trägt es auf Antrag ein, ohne die Mitteilung des internationalen Büros der WIPO über die Existenz der internationalen Anmeldung abzuwarten (MittPräsDPMA Nr. 12/91, PMZ 1991, 173).

2.5.3 Legitimationswirkung

20 Während Eintragungen in der Patentrolle keine konstitutive, sondern lediglich deklaratorische Wirkung haben (das Patent entsteht nicht durch den Rolleneintrag, sondern unabhängig davon durch den Erteilungsbeschluss), ist die Eintragung eines Gebrauchsmusters nach Maßgabe der vorstehenden Ausführungen rechtsbegründend. Nach **§ 8 Abs. 4** werden entsprechend § 30 Abs. 3 PatG **Änderungen** in der **Person** des Inhabers des Gebrauchsmusters oder seines Vertreters in der Rolle vermerkt (vgl. ferner Anm. 4). Gemäß Satz 3 dieser Bestimmung bleiben der frühere Rechtsinhaber und sein früherer Vertreter nach Maßgabe dieses Gesetzes berechtigt und verpflichtet, solange die Änderung nicht eingetragen ist. Die Grundsätze der zu der parallelen Vorschrift des § 30 Abs. 3 Satz 3 PatG ergangenen Rechtspraxis können für das Gebrauchsmusterrecht vollinhaltlich übernommen werden (*Rogge,* GRUR 1985, 734). Dies bedeutet, dass auch der Gebrauchsmusterrolle keine Gewähr für ihre inhaltliche Richtigkeit zukommt (vergleichbar etwa dem Grundbuch oder dem Handelsregister). Dementsprechend gibt es auch keinen gutgläubigen Erwerb von einem eingetragenen Nichtberechtigten. Aus Abs. 4 Satz 3 folgt vielmehr, dass der **Eingetragene** bzw. dessen eingetragener Vertreter gegenüber Dritten **formell legitimiert** ist, und zwar als der an dem Schutzrecht Berechtigte bzw. Vertretungsberechtigte. Unabhängig vom Rolleneintrag kann das GebrM Gegenstand von Rechtsgeschäften sein, etwa auf einen Dritten übertragen werden. Die **Umschreibung** ist für den materiellen Rechtserwerb infolge dessen ohne Bedeutung; sie hat lediglich **Bekanntmachungs- und Legitimationsfunktion** (BPatG PMZ 1999, 370, 371 – Umschreibung/rechtliches Gehör). Das bedeutet, dass die sachliche und die formelle Berechtigung auseinanderfallen können. § 8 Abs. 3 Satz 4 dient damit einer einfachen und eindeutigen Zuordnung, wer im Außenverhältnis zu Dritten auf Seiten des Gebrauchsmusterinhabers zuständig sein soll (*Rogge,* aaO, S. 735). Auch wenn der Regelungsbereich des § 8 Abs. 4 Satz 3 auf das Verhältnis des Eingetragenen zu dem DPMA ausgerichtet ist, wurde sein Anwendungsbereich auch auf andere Fälle der formellen Legitimationswirkung erstreckt. Die Eintragung legitimiert den Eingetragenen für

– die **Antragstellung beim DPMA** (BGH GRUR 1979, 145, 146 – Aufwärmvorrichtung);

– den **Verzicht** auf das Schutzrecht (BGH, aaO);

– die **Vindikationsklage** (BGH, aaO); der frühere GebrM-Inhaber bleibt trotz einer zwischenzeitlich erfolgten Übertragung des GebrM, die in der Rolle aber noch nicht eingetragen wurde, auch in Ansehung etwaiger Vindikationsansprüche nach Maßgabe des GebrMG berechtigt und verpflichtet (OLG Karlsruhe Mitt 1998, 101, 102).

§ 8 24–31   Eintragung; Rolle

24 – die **Zustellung** von Bescheiden des DPMA (BPatGE 17, 14, 16);
25 – die Verfahrensbeteiligung an Löschungsverfahren sowie Beschwerdeverfahren;
26 – die Erhebung einer negativen Feststellungsklage;
27 – Ansprüche gemäß §§ 24, 11 aus **Gebrauchsmusterverletzung** (BGH GRUR 1979, 145, 146 – Aufwärmvorrichtung); hierzu werden auch die sog. Folgeansprüche (auf Rechnungslegung oder Auskunft, gegebenenfalls Abgabe der eidesstattlichen Versicherung, Schadenersatzleistung, Bereicherungsanspruch sowie auf Beseitigung) gezählt (*Rogge,* GRUR 1985, 735, 737); hierbei ist aber zu differenzieren – worauf in der Praxis häufig nicht geachtet wird: Soweit derartige Ansprüche in einem Gerichtsverfahren geltend gemacht werden, handelt es sich um einen Fall gesetzlicher Prozessstandschaft (*Rogge,* aaO, 738), d. h. der noch Eingetragene, nicht mehr materiell berechtigte Kläger muss den Klageantrag der auf seiner Seite eingetretenen Rechtsnachfolge anpassen: Die Auskunft, Rechnungslegung sowie Schadenersatzleistung muss an den Rechtsnachfolger geleistet werden, da § 8 Abs. 4 Satz 3 zwar eine einfache und eindeutige Regelung schaffen, nicht aber zu einem sachlich unrichtigen Urteil führen soll;
28 – Geltendmachung der in seiner Person vorliegenden Umstände für eine **Wiedereinsetzung** (BPatGE 1, 126);
29 – Strafantrag, Grenzbeschlagnahme etc.
30   Welche Rechtsfolgen die Änderung der legitimierenden Eintragung nach Eintritt der Rechtshängigkeit hat, ergibt sich aus der Vorschrift des § 265 Abs. 2 ZPO, wonach die Veräußerung oder Abtretung des streitbefangenen Gegenstands auf den Prozess keinen Einfluss hat. Im Hinblick auf die besonderen Auswirkungen des § 8 Abs. 4 Satz 3 ist die Anwendung des § 265 Abs. 2 ZPO auf die Fälle der **Legitimationsänderung nach Eintritt der Rechtshängigkeit** geboten (BGH GRUR 1979, 145, 147 – Aufwärmvorrichtung; OLG Karlsruhe Mitt 1998, 101, 102). Ein Urteil wirkt dann gemäß § 325 Abs. 1 ZPO für und gegen den nunmehr in der Rolle eingetragenen Rechtsnachfolger.
31   **Keine Legitimationswirkung** tritt jedoch ein, wenn der in der Rolle zunächst Eingetragene GebrM-Inhaber zu keinem Zeitpunkt materiell Berechtigter gewesen ist (z. B. wenn kurz vor der Eintragung des GebrM die Rechte an der Anmeldung an einen Dritten veräußert werden, der Anmelder aber infolge der kurzfristigen Rechtsänderung als Inhaber eingetragen wird; oder wenn das Erfordernis der Personenidentität bei einer Abzweigungsanmeldung im Sinne des § 5 nicht strikt eingehalten wird). Dann kann die Ein-

tragung keinen Beweis für die materielle Rechtslage liefern; sie ist für die Entstehung von Rechten ohne Bedeutung (*Rogge,* aaO, 735; BGH GRUR 1952, 564, 566/567 – Wäschepresse). Der Rollenstand ist insoweit lediglich als ein (widerlegbares) Beweisanzeichen neben anderen zu bewerten. Die Rechtsinhaberschaft ist beispielsweise in einem solchen Fall vom Verletzungsgericht zu prüfen.

2.6 Zurückweisung der Anmeldung

Entspricht die Anmeldung den an sie zu stellenden Anforderungen nicht und wird dieser Mangel vom Anmeldenden trotz einer Aufforderung nicht beseitigt, weist die GebrM-Stelle die Anmeldung zurück, § 48 PatG analog. **32**

2.6.1 Inhalt

Die **Anmeldung** als solche, **nicht** lediglich der **Eintragungsantrag,** ist Gegenstand der Zurückweisung. Liegt eine wirksame Anmeldung nicht vor, ist jedoch nur der Eintragungsantrag, nicht die Anmeldung zurückzuweisen (BPatG GRUR 1987, 114, 115 – Fremdsprachige Patentanmeldung). Der Eintragungsantrag ist neben Beschreibung, Schutzansprüchen und Zeichnungen nur ein Bestandteil der Anmeldung. Die Anmeldung kann nur zurückgewiesen werden, wenn sie den formellen Anmeldeerfordernissen und den sogenannten absoluten materiellen Schutzvoraussetzungen nicht genügt (Einzelheiten siehe Anm. 2.2). Sowohl bei behebbaren wie nicht behebbaren Mängeln ist der Anmelder aber zuvor zu hören. Der Anmelder kann sich nicht darauf berufen, dass andere ähnliche Anmeldungen von der GebrM-Stelle eingetragen worden sind (BPatGE 8, 168, 171). Ein Anspruch auf „Gleichbehandlung im Unrecht" besteht nicht. **33**

2.6.2 Formelle Aspekte

Die Zurückweisung der Anmeldung hat durch förmlichen, begründeten, schriftlich ausgefertigten, mit Rechtsmittelbelehrung versehenen **Beschluss** zu erfolgen. Die Gründe, die zur Zurückweisung führen, sind nach Art und Umfang genau und konkret anzugeben. Hat der Anmelder einem Mängelbescheid nicht widersprochen, so kann in dem Zurückweisungsbeschluss auf die Gründe des Bescheids Bezug genommen werden (*Bühring,* § 8, Rdnr. 12). Der Zurückweisungsbeschluss bedarf der förmlichen **Zustellung** **34**

(BPatG Mitt. 1979, 178). Erst durch die Zustellung wird er gegenüber dem Anmelder wirksam. Mit Zustellung wird der Beschluss auch im Verhältnis zum DPMA bindend, d. h. es kann den Beschluss ohne zulässige Beschwerde und im dafür vorgesehenen Verfahren nicht mehr eigenständig abändern. Der Beschluss ist **erlassen** mit Abgabe der zuzustellenden Beschlussausfertigung an die Postabfertigungsstelle, wodurch er die tatsächliche Verfügungsgewalt der GebrM-Stelle verlässt. Danach beim DPMA eingehendes Vorbringen braucht nicht mehr berücksichtigt zu werden (vgl. BGH GRUR 1967, 435, 436 – Isoharnstoffäther; BGH GRUR 1982, 406 – Treibladung). Vor dem Zeitpunkt des Erlasses des Beschlusses ist dieser rechtlich nicht existent, selbst wenn er unterschrieben ist, und kann deshalb jederzeit geändert werden. Kann die Zustellung eines Zurückweisungsbeschlusses nicht nachgewiesen werden und erfüllt der Anmelder vor der erneuten Zustellung die an ihn gestellten Anforderungen, so ist das Anmeldeverfahren entsprechend der neuen Lage fortzusetzen (DPMA Mitt. 1958, 55). Durch einen Zurückweisungsbeschluss ist der Anmelder nicht gehindert, die zurückgewiesene Anmeldung (mit neuer Priorität) zu wiederholen.

3. Gebrauchsmusterrolle; Patentblatt

35 Aus § 8 ergeben sich zwei gesetzliche Bekanntmachungsmittel, nämlich die Rolle für Gebrauchsmuster (Abs. 1, 2, 4, 5) sowie das Patentblatt (Abs. 3). Bereits der nur noch historisch zu vermittelnde Begriff der „Rolle für Gebrauchsmuster" lässt erkennen, dass die Regelung über die Bekanntmachung der eingetragenen Gebrauchsmuster einem dem Schutz technischer Neuerungen dienenden Gesetz nicht angemessen ist. Insbesondere die Handhabung der Veröffentlichung der der Eintragung zugrunde liegenden Unterlagen in der Vergangenheit lässt archaische Züge erkennen (vgl. die Darstellung bei *Bühring,* § 8, Rdnr. 31 ff, 35, 36).

36 Die **Gebrauchsmusterrolle** ist ein vom DPMA geführtes **öffentliches Register,** in das die Eintragung des Gebrauchsmusters erfolgt. Die Rolle wird nunmehr in Form einer elektronischen Datei geführt. Die Rolle dient unter anderem der Informationsfunktion nach dem System der technischen Schutzrechte und bietet die Möglichkeit für jedermann, sich Kenntnis vom Schutzrechtsbestand zu verschaffen und damit die Fortentwicklung der Technik anzuregen.

Daneben werden die der Eintragung zugrunde zu legenden Unterlagen in Form von Mikrofilmkarten am Tage der Eintragung der Öffentlichkeit zugänglich gemacht (vgl. zu den Bezugsbedingungen PMZ 1980, 298; MittPräsDPA PMZ 1991, 361). Die Herausgabe einer **„Gebrauchsmusterschrift"** ist trotz ihrer Erwähnung in den EintragungsRL gesetzlich nicht vorgesehen. Auf deren Titelseite wird (seit dem 7. 10. 1999) der Hauptanspruch und ggfs. die Hauptzeichnung wiedergegeben (MittPräsDPMA, PMZ 1999, 269). Mit der Veröffentlichung der Daten der Eintragung gehören diese zum Stand der Technik. Zwingend vorgeschrieben für die Eintragung sind die Angaben gemäß § 8 Abs. 2, nämlich

– Namen und Wohnsitz des Anmelders, 37
– Namen und Wohnsitz des etwa bestellten Vertreters des Anmelders, 38
– Zeit der Anmeldung; die Voraussetzungen für die Bestimmung des Anmeldetags ergeben sich nunmehr aus § 4 a (vgl. § 4 a, Anm. 4). 39
Ohne Bekanntmachung des Anmeldedatums ist die Eintragung in die Gebrauchsmusterrolle unzulässig (BPatGE 9, 211, 213).

Darüber hinaus enthält die Rolle für Gebrauchsmuster folgende Angaben: 40
– Rollennummer (GebrM-Nummer); Aktenzeichen der Anmeldung unter Fortlassung der nach dem Punkt folgenden Prüfziffer (vgl. MittPräsDPA, PMZ 1990, 3), 41
– Klassifizierungsangaben nach Klasse, Gruppe, Untergruppe und etwaigen Nebenklassen (nach EPC), 42
– Prioritätsangaben, d. h. Unionspriorität, Ausstellungspriorität sowie innere Priorität, nach Land, Zeit, Aktenzeichen, 43
– Bezeichnung gemäß § 4 Abs. 3 Nr. 2, 44
– Angaben über Löschung und Erlöschen mit Angabe des Löschungsgrundes, 45
– Eintragungsdatum, 46
– nachgereichte Schutzansprüche (MittPräsDPA, PMZ 1986, 349), 47
– Umschreibungen, 48
– Vertreterwechsel, 49
– Lizenzinteresseerklärung, 50
– Verlängerungsvermerk. 51

Nicht eingetragen wird hingegen eine Generallizenz sowie die Lizenzbereitschaftserklärung. 52

Nach Abs. 3 werden die Eintragungen im **Patentblatt** in regelmäßig erscheinenden Übersichten bekannt gemacht. Das Patentblatt dient ebenfalls der Information der Öffentlichkeit und damit der Fortentwicklung der Technik. Das Patentblatt gliedert sich in sechs 53

Teile, Teil IV betrifft die Gebrauchsmuster. Die Angaben beschränken sich auf die formalen Angaben; die Gebrauchsmusterunterlagen selbst werden nicht veröffentlicht. Ohne Bekanntmachung soll die Eintragung unzulässig sein – rechtsbegründende Wirkung (BPatGE 9, 211, 213; kritisch: *Bühring*, § 8, Rdnr. 41). Anmelde- und Prioritätstag müssen in der Bekanntmachung enthalten sein. Aus der Bekanntmachung des Zeitpunkts der Anmeldung ergibt sich, welche Schutzwirkung das Gebrauchsmuster noch zeitigt (BGH GRUR 1967, 477, 481 – UHF-Empfänger II).

4. Änderungen der Rolle

4.1 Umschreibung

54 § 8 Abs. 4 regelt in inhaltlicher Übereinstimmung mit der Vorschrift des § 30 Abs. 3 PatG das Verfahren zur Änderung der Rolle bei einer nachträglichen **Divergenz** zwischen **materieller Rechtsinhaberschaft** und **formeller Registerposition** (Abs. 4 Satz 1, 2) sowie die Rechtsfolgen dieser Divergenz (Satz 3). Zum Übergang des Gebrauchsmusterrechts ist die Umschreibung in der Rolle nicht Voraussetzung; jedoch fehlt dem Erwerber die formelle Legitimation (vgl. BPatG PMZ 1999, 370, 371 – Umschreibung/rechtliches Gehör) und mithin die Klagebefugnis in Rechtsstreitigkeiten nach dem GebrMG, solange das GebrM nicht auf ihn umgeschrieben ist. Auch bleibt bis zur Umschreibung der als Inhaber des GebrM Eingetragene in gerichtlichen Verfahren nach dem GebrMG aktiv- und passivlegitimiert. Dem DPMA gegenüber gilt bis zur Umschreibung der in der Rolle Eingetragene als berechtigt und verpflichtet (Einzelheiten Anm. 2.5.3). Durch dieses Auseinanderfallen von materieller und formeller Rechtsposition können sowohl dem materiell Berechtigten und dem eingetragenen Nichtberechtigten erhebliche rechtliche Probleme entstehen, so dass ein zeitnahes Nachführen der Registerlage an die materielle Rechtsposition von nicht zu unterschätzender Bedeutung ist.

55 Ohne eine derartige Umschreibung kann der noch Eingetragene beispielsweise auf das eingetragene Gebrauchsmuster verzichten (BGH GRUR 1979, 145, 146 – Aufwärmvorrichtung; a. A. *Bühring*, § 8, Rdnr. 55). Um derart unberechtigte Verfügungen des früheren Gebrauchsmusterinhabers zu verhindern, kann der neue Rechtsinhaber gegebenenfalls eine einstweilige Verfügung erwirken (regel-

mäßig dürfte aber wegen Vorwegnahme der Hauptsache nur eine Sequestrierung in Betracht kommen). Hiergegen erfolgende Verfügungen sind relativ unwirksam, §§ 135, 136 BGB. Um die Umschreibung zu erreichen, muss der Erwerber gegebenenfalls im ordentlichen Rechtsweg die Verurteilung des Veräußerers zur Erwilligung in die Umschreibung einklagen (vgl. § 894 ZPO).

Umschreibungstatbestände sind nach Abs. 4 Satz 1 Änderungen **56** in der Person des Inhabers des Gebrauchsmusters oder seines Vertreters. Unter **„Änderung in der Person"** ist jeder Wechsel der Rechtsinhaberschaft, mithin jeder Übergang des Rechts auf eine andere Rechtsperson zu verstehen. Hierunter fallen in **materiellrechtlicher Hinsicht** folgende Tatbestände:
– rechtsgeschäftliche Übertragung, § 22 GebrMG i. V. m. §§ 413, **57** 398 BGB (vgl. DPA PMZ 1954, 262);
– Übertragung auf einen Treuhänder oder Sequester (auch im Wege **58** einer einstweiligen Verfügung, vgl. DPA PMZ 1961, 82);
– Versteigerung; **59**
– Umwandlung (also Änderung der Rechtspersönlichkeit), z. B. ei- **60** ner Einzelfirma in eine oHG (BPatGE 5, 71) oder einer Kapitalgesellschaft in eine Personalgesellschaft (AG, GmbH in KG oder oHG) oder umgekehrt (BPatGE 32, 153);
– Verschmelzung durch Neubildung nach § 393 Abs. 1 Nr. 2 (nicht **61** durch Aufnahme nach Nr. 1) AktG (BPatGE 7, 91);
– Vermögensübergang nach §§ 359–361 AktG; **62**
– Umwandlung nach §§ 362 ff AktG oder dem UmwandlungsG, **63** wenn das GebrM im Wege der Gesamtrechtsnachfolge von einer GmbH auf eine andere (BPatGE 25, 126) oder von einer GmbH auf eine KG übergeht (BPatGE 32, 153);
– Erbfolge; **64**
– Verzicht eines Mitinhabers zugunsten der übrigen (DPA PMZ **65** 1954, 262).

In **formeller Hinsicht** regelt § 8 Abs. 4, dass die Umschreibung **66** einen **Antrag** voraussetzt. Zum Zwecke der Verfahrensvereinheitlichung hat das DPMA „Richtlinien für die Umschreibung von Schutzrechten und Schutzrechtsanmeldungen in der Patentrolle, der Gebrauchsmusterrolle, dem Markenregister, dem Musterregister und der Topografierolle" (im Folgenden: UmschreibungsRL) erlassen, die in PMZ 1996, 426 ff = Tabu DPA 313 abgedruckt sind. Der Antrag kann von dem eingetragenen Inhaber oder von dem Rechtsnachfolger gestellt werden. Da Umschreibungsantrag und Umschreibungsbewilligung verfahrensbestimmende Erklärungen darstellen, sind diese zuzustellen (vgl. BPatG PMZ 1999, 370, 371 – Umschreibung/rechtliches Gehör) und stets in deutscher Sprache einzureichen.

67 Nach dem Wortlaut des § 8 Abs. 4 Satz 1 erfolgt die Änderung in der Rolle, wenn der Änderungstatbestand dem DPMA „**nachgewiesen**" ist. Dieser erhält eine nur eingeschränkte Anwendbarkeit der **beweis**rechtlichen Vorschriften der § 284 ff ZPO. Die mit der Prüfung von Umschreibungsanträgen befassten Beamten müssen nicht die Befähigung zum Richteramt besitzen. Die Wirksamkeit der GebrM-Übertragung kann aber von schwierigen Tat- und Rechtsfragen abhängen. Es wäre unangebracht, in einem Registerverfahren eine Behörde mit den damit verbundenen materiell-rechtlichen Fragestellungen zu belasten und dieser auch das vollständige Beweisinstrumentarium der ZPO (einschließlich Zeugenbeweis) aufzubürden (vgl. hierzu BGH GRUR 1969, 43, 45 – Marpin, zum WZG). In Übereinstimmung hiermit fordert die Praxis deshalb zum Nachweis der Rechtsänderung in der Regel **urkundliche** Nachweise. Die UmschreibungsRL führen im einzelnen auf, bei welcher Änderung welche Urkunden im Regelfall für den Nachweis ausreichen. Sofern dort nicht gesondert vermerkt (z. B. bei besonderen öffentlichen Urkunden wie Erbschein, Urteil, Vergleich, Insolvenzverwalterbestellung) genügt grundsätzlich die Einreichung von unbeglaubigten Kopien. Telefaxübermittlung reicht aus. Ergeben sich im Einzelfall begründete Zweifel, bleibt die Anforderung weiterer Nachweise einschließlich beglaubigter Abschriften vorbehalten. Bei zu Nachweiszwecken eingereichten fremdsprachigen Urkunden, die in englischer, französischer, italienischer oder spanischer Sprache abgefasst sind, kann das DPMA verlangen, dass eine Übersetzung der Urkunde oder von Auszügen aus der Urkunde vorgelegt wird. Im Einzelfall kann Beglaubigung der Übersetzung von einem Rechtsanwalt oder Patentanwalt oder einem öffentlich bestellten Übersetzer verlangt werden. Über die Richtigkeit der geltend gemachten Änderungen entscheidet das DPMA in freier Beweiswürdigung. **Gewillkürte Vertreter** haben ihre Bevollmächtigung schriftlich nachzuweisen, vgl. § 18 DPMAV. Bei **gesetzlichen Vertretern** genügt die schlüssige Darlegung der Zeichnungsbefugnis durch Angabe von Stellung/Funktion des Unterzeichners unter Hinzufügung seines Namens in Druck- oder Maschinenschrift. Bei der Übertragung des Anteils eines **Mitinhabers** hat das DPMA dessen Berechtigung zu überprüfen. Ergibt sich aus den Gesamtumständen nichts Gegenteiliges, ist von einer Bruchteilsgemeinschaft gemäß § 747 BGB auszugehen, wonach jeder Mitinhaber über seinen Anteil verfügen kann. Bei Änderungen der **Gemeinschaft zur gesamten Hand**

Eintragung; Rolle   68–71 § 8

(z. B. BGB-Gesellschaft oder Erbengemeinschaft) bedarf es der Zustimmung der anderen Gemeinschafter für die Umschreibung.

Im **Ausland** eintretende „Änderungen in der Person der Inhabers **68** des Gebrauchsmusters oder seines Vertreters" richten sich nach dem jeweils betroffenen ausländischen Recht. Ausländische Urkunden bedürfen gegebenenfalls der Legalisation.

Die **Prüfungskompetenz** des DPMA zur Wirksamkeit der **69** Rechtsübertragung ist im Hinblick auf das Wesen des Registerverfahrens nicht zu weit zu ziehen. Rechtsfragen sind zu prüfen, soweit das aufgrund der vorgelegten Urkunden möglich ist. Führt diese Prüfung zu Zweifeln an der Rechtswirksamkeit der Übertragung und lassen sich diese Zweifel nicht durch registerverfahrenstaugliche Beweismittel (z. B. durch gemeinsame Umschreibungserklärungen) beheben, so muss das DPMA die Umschreibung versagen, da dann der Rechtsübergang nicht „nachgewiesen" ist (BGH GRUR 1969, 43, 46 – Marpin; BPatG PMZ 1999, 370, 371 – Umschreibung/ rechtliches Gehör).

Eine **Gebühr** ist (nur) für den Antrag auf Eintragung der Ände- **70** rung in der Person des Rechtsinhabers zu zahlen (Abs. 4 Satz 2). Dementsprechend sind Anträge auf Eintragung einer bloßen Änderung des Namens oder des Wohnorts des Rechtsinhabers sowie alle Änderungen der Eintragung des Inlandsvertreters gebührenfrei. Änderungen in der Person eines Anmelders sind ebenfalls gebührenfrei. Die mit dem Antrag zu zahlende Gebühr beträgt DM 70,00 (Anlage zu § 1 PatGebG (GebVerz) Nr. 113 300). Nur eine Gebühr fällt bei Eintragung mehrerer zeitlich nachfolgender Erwerber aufgrund eines einheitlichen Umschreibungsantrages an, jedenfalls, wenn ein Zwischenerwerber nicht eingetragen wird (*Bühring*, § 8, Rdnr. 52).

Zur **Legitimationsfunktion** bereits Anm. 2.5.3. Der Rechts- **71** nachfolger rückt in die formelle Rechtsstellung des Gebrauchsmusterinhabers erst mit dem Vollzug der Umschreibung in der Rolle ein; der Eingang eines mit den notwendigen Nachweisen versehenen Umschreibungsantrages reicht hierfür nicht aus (vgl. BPatG GRUR 1984, 40/41 – Umschreibung auf den Rechtsnachfolger; vgl. BPatGE 26, 126 für das Gebrauchsmusterlöschungsverfahren). Eine Ausnahme gilt insoweit bei Gesamtrechtsnachfolgern. § 8 Abs. 4 Satz 3 ist auf den **Erben** nicht anwendbar, da die Vorschrift den früheren Rechtsinhaber als noch existierendes Rechtssubjekt voraussetzt (BPatG GRUR 1988, 906, 907 – Erbenstellung). Da im übrigen die Wahrnehmung der Rechte an dem eingetragenen Gebrauchsmuster gewährleistet sein muss, bedarf es zum Übergang der Legitimation des Eingetragenen auf den Erben keiner vorherigen

Umschreibung (BPatG, aaO). Gleiches gilt für Fälle der Gesamtrechtsnachfolge im allgemeinen (vgl. BPatGE 32, 153, 157).

72 Unter welchen Umständen eine **Umschreibung rückgängig** gemacht werden kann, regelt das Gesetz (auch in § 30 PatG) nicht. Die inhaltliche Unrichtigkeit der Umschreibung allein kann keine Grundlage für ein Rückgängigmachen sein, da der wahre Rechtsinhaber lediglich seine formelle Legitimation einbringt; er kann jederzeit durch Klage vor den ordentlichen Gerichten die formelle Legitimation wiedererlangen. Ein Rückgängigmachen kann aber ausnahmsweise in Betracht kommen, wenn die Voraussetzungen vorliegen, unter denen die Rechtskraft einer gerichtlichen Entscheidung im Wege der Wiederaufnahme beseitigt werden kann, oder – auf Antrag des zu Unrecht nicht Gehörten –, wenn das rechtliche Gehör nicht in ausreichender Weise gehört wurde und die Umschreibung auf diesem Verfahrensmangel beruht (BGH GRUR 1969, 43 – Marpin; BPatG PMZ 1999, 370, 371 – Umschreibung/rechtliches Gehör). Dies ist z. B. der Fall, wenn der die Umschreibung Beantragende eine Vereinbarung mit dem Eingetragenen vorlegt, aus der sich der Rechtsübergang nicht ergibt und daraufhin die Umschreibung vorgenommen wird, ohne den Eingetragenen gehört zu haben (BPatG, aaO).

4.2 Berichtigung; sonstige Änderungen

73 § 8 Abs. 4 regelt nicht den Fall eines von Anfang an oder aufgrund Änderung fehlerhaften Rolleneintrags. Ungeachtet der Frage, ob für das Eintragungsverfahren verwaltungsverfahrensrechtliche und/oder zivilprozessuale Grundsätze anzunehmen sind, erscheint die **Berichtigung** offenbarer Unrichtigkeiten analog § 319 ZPO zulässig (ebenso *Busse/Keukenschrijver*, § 30 PatG, Rdnr. 39, der eine solche offenbare Unrichtigkeit zutreffend auch im Falle der nicht eingetragenen Gesamtrechtsnachfolge annimmt).

74 **Keine Änderung in der Person** liegt bei folgenden Tatbeständen vor:

75 – Änderung des Namens oder Firmennamens (die Person des Rechtsinhabers bleibt dieselbe, es ändert sich nur die Bezeichnung);

76 – Umwandlung in eine andere Rechtsform oder Änderung der Rechtspersönlichkeit (BPatGE 5, 71);

77 – Verschmelzung einer GmbH mit der eingetragenen AG gemäß § 249 AktG, selbst wenn zugleich die Firma der AG geändert wurde (BPatGE 7, 91, 93);

- Liquidation einer GmbH (BPatGE 31, 146); 78
- Insolvenz (die Rechtsinhaberschaft wird hierdurch nicht tangiert). 79

Eingetragen in die Rolle wird auch die Änderung des **Wohn-** 80
sitzes (nur Änderung des Wohnortes; keine Berücksichtigung der Änderung innerhalb des Wohnortes). Falls sich insoweit die Identität des eingetragenen Inhabers nicht ändert, gilt für die vorerwähnten Tatbestandsgruppen § 8 Abs. 4 Satz 3 nicht. Infolge dessen kann ein Löschungsantrag auch ohne vorherige Änderungseintragung gegen den Inhaber unter dem neuen Namen gestellt werden (BPatG GRUR 1979, 634, 635 – Kfz-Rüttelprüfstand).

5. Änderung der Unterlagen

Zu den Möglichkeiten der Änderungen vor Eintragung, nach 81
Eintragung sowie zwischen Eintragungsverfügung und Eintragung wird verwiesen auf Anm. 5 zu § 4.

6. Akten- und Rolleneinsicht

6.1 Freie Akteneinsicht

Abs. 5 Satz 1 regelt die **freie** Einsicht in die Gebrauchsmuster- 82
rolle, die Akten eingetragener Gebrauchsmuster und die Akten des Löschungsverfahrens.

Die Einsicht in die **GebrM-Rolle** ist auch über Online möglich 83
(PMZ 1990, 409).

Die Einsicht in die **Akten eingetragener Gebrauchsmuster** 84
erstreckt sich auf alle diesbezüglichen Unterlagen (vgl. BPatGE 13, 33, 35). Die Akteneinsicht ist umfassend. Ob das betreffende GebrM durch Zeitablauf erloschen oder im Löschungsverfahren gelöscht worden ist, ist ohne Relevanz. Für die Akteneinsicht bedarf es keines förmlichen Antrages (*Bühring*, § 8, Rdnr. 79). Der Gebrauchsmusterinhaber muss vorher auch nicht gehört werden, was sich aus dem klaren Wortlaut der Vorschrift ergibt (BPatGE 6, 216). Die Frage, ob das Patentamt dann, wenn die Akten außer der Anmeldung weitere Unterlagen enthalten – z. B. Unterlagen, die das formelle Anmeldeverfahren betreffen – wegen dieser weiteren Unterlagen ein formelles Akteneinsichtsverfahren durchführen muss, in dem der Ge-

brauchsmusterinhaber gehört werden und der Antragsteller ein berechtigtes Interesse an einer Einsichtnahme glaubhaft machen muss, lässt das Bundespatentgericht offen (BPatGE 6, 216, 219/220). Nach dem in der Zwischenzeit geänderten Wortlaut der Vorschrift des Abs. 5 ist auch insoweit von einer freien Akteneinsicht auszugehen. Soweit die Akteneinsicht nach Abs. 5 Satz 1 jedermann freisteht, bedarf es nicht der Benennung eines etwaigen Auftraggebers des Antragstellers (BGH GRUR 1999, 226).

85 Ebenso ist das Einsichtsrecht in die **Akten aller Löschungsverfahren** unabhängig von deren Inhalt und Instanz (vgl. BPatGE 11, 242) umfassend. Die Akteneinsicht soll sich jedoch nicht auf die Akten eines sich an ein Löschungsverfahren anschließendes Kostenfestsetzungsverfahren erstrecken (BPatGE 25, 124; zwh., da das Kostenfestsetzungsverfahren Bestandteil der jeweiligen Instanz ist).

86 Eine **freie Akteneinsicht** in die Akten eingetragener GebrM sowie in die Akten aller Löschungsverfahren besteht **nicht**, wenn es sich um rechtlich selbständige Verfahrensvorgänge handelt. Hierzu gehören etwa Angaben des Anmelders dazu, in welchem anderen Land er die gleiche Erfindung angemeldet hat (BPatGE 13, 33, 41). Bestandteil der Akten sind ebenfalls nicht Anträge auf Akteneinsicht (BPatGE 13, 33, 35) über Armenrechtsgesuche, Vermerke über ausschließliche Lizenzen, die Ausstellung von Prioritätsbelegen, die Mitteilung an Euratom. Ferner erfolgt eine Einschränkung der Akteneinsicht bei Geheimgebrauchsmustern (vgl. § 9). Die Akteneinsicht kann ferner aus übergeordneten Grundsätzen (ausnahmsweise) eingeschränkt sein, wenn besonders wichtige, übergeordnete Interessen dem Bekanntwerden von bestimmten Teilen des Akteninhalts entgegenstehen. Hierzu kann der Schutz der Menschenwürde und der persönlichen Intimsphäre u. U. Anlass geben (vgl. BPatGE 17, 18, 21 ff). Hierzu können auch ferner **Betriebs- oder Geschäftsgeheimnisse** gehören, die z. B. unbewusst oder versehentlich mit Anmeldungsunterlagen eingereicht worden sind, aber für sich genommen für die technische Lehre des Gebrauchsmusters ohne Bedeutung sind; in diesem Fall ist der betreffende Teil von der Akteneinsicht auszunehmen (vgl. BPatG GRUR 1979, 679, 678 – Schaltskizze).

87 Die Einsicht ist gebührenfrei (Anlage § 1 PatGebG (GebVerz) Nr. 101 210). Ebenso gebührenfrei ist die Erteilung von Abschriften (Ablichtungen) und Auszügen aus frei einsehbaren Akten und aus der Rolle durch das DPMA, die eine besondere Art der freien Akteneinsicht darstellt. Hierzu sind jedoch **Auslagen** und **Gebühren** zu entrichten (Nr. 102 000). Zu den Auslagen für die im Wege

der Gebrauchsmusterrecherche ermittelten Druckschriften vgl. GebVerz Nr. 101 400, 102 010. Für schriftliche Auskünfte vgl. Nr. 101 120.

6.2 Eingeschränkte Akteneinsicht

Die Einsicht in **andere Akten** als die eingetragenen Gebrauchsmuster, also z. B. in die Akten von Gebrauchsmusteranmeldungen, die noch nicht zur Eintragung geführt haben, wird nach **Abs. 5 Satz 2** gewährt, wenn und soweit ein **berechtigtes Interesse** glaubhaft gemacht wird. An den Nachweis des berechtigten Interesses sind strenge Anforderungen zu stellen, da bei der Gewährung der Einsicht in Akten noch nicht erledigter Gebrauchsmusteranmeldungen davon auszugehen ist, dass grundsätzlich jede Anmeldung vor Eintritt des Gebrauchsmusterschutzes im Interesse des Anmelders geheimzuhalten ist (vgl. zu den Anforderungen BGH GRUR 1966, 698, 700 – Akteneinsicht IV; BGH GRUR 1970, 623 – Akteneinsicht VII; BGH GRUR 1973, 154 – Akteneinsicht XII; BPatGE 6, 220, 221; BPatGE 20, 15, 16). 88

Die von der Akteneinsicht Betroffenen müssen über den Einsichtsantrag informiert werden. Erklären Sie sich mit der Akteneinsicht ausdrücklich einverstanden, kann diese ohne weiteres gewährt werden (BPatGE 3, 20). Widersprechen sie oder äußern sie sich zu dem Antrag nicht, hat das DPMA das Interesse des Antragstellers auf Akteneinsicht zu überprüfen. Die Tatsachen, aus denen das berechtigte Interesse folgen soll, sind darzulegen und **glaubhaft** zu machen (insbesondere mittels Urkunden und eidesstattlicher Versicherung, § 294 ZPO). Die an dem Akteneinsichtsverfahren Beteiligten sind über den Antrag und seine Begründung zu informieren (§ 14 DPMAV; a. A. für die Herausgabe „neutralisierter" Beschlüsse des BPatG: BPatG GRUR 1992, 54 – Neutralisierte Beschlussabschrift II). Die Entscheidung über die Akteneinsicht ergeht in schriftlich auszufertigender, mit Rechtsmittelbelehrung zu versehender, zuzustellender Beschlussform; sie ist beschwerdefähig, d. h. die Durchführung der Akteneinsicht setzt den Ablauf der Beschwerdefrist voraus. Wird der Einsichtsantrag von einem Patent- oder Rechtsanwalt (gegebenenfalls von einem Patentrechercheur) im eigenen Namen gestellt, so ist er nur zulässig, wenn der Auftraggeber genannt oder ein eigenes persönliches Interesse an der Akteneinsicht dargelegt wird (BPatGE 26, 53). Ein allgemeiner „Strohmann-Einwand" besteht für das Akteneinsichtsverfahren jedoch nicht (BPatGE 33, 101). 89

90 Das **berechtigte Interesse** folgt aus einer Abwägung des Geheimhaltungsinteresses des (der) Betroffenen gegen das Akteneinsichtsinteresse des Antragstellers (BGH GRUR 1994, 104 – Akteneinsicht XIII). Der Begriff des „berechtigten Interesses" ist danach weitergehend als der des „rechtlichen Interesses" in § 299 Abs. 2 ZPO. Es braucht sich nicht auf ein vorhandenes Recht zu stützen und ist auch nicht durch den Gegenstand desjenigen Verfahrens begrenzt, in dessen Akteneinsicht begehrt wird. Insbesondere kann es anzunehmen sein, wenn ein künftiges Verhalten des Antragstellers durch die Kenntnis der Akteneinsicht beeinflusst werden kann (BGH, aaO, 105). Das berechtigte Interesse kann auch bestehen, wenn es auf andere Weise befriedigt werden könnte und deshalb die Einsichtnahmen in die Akten nicht notwendig ist (BGH, aaO, 105). Ferner ist das berechtigte Interesse nicht durch den Gegenstand desjenigen Verfahrens begrenzt, in dessen Akteneinsicht begehrt wird (BGH, aaO, a. A. *Bühring*, § 8, Rdnr. 85).

91 Das berechtigte Interesse wurde beispielsweise **bejaht:** wenn der Antragsteller aus einer Gebrauchsmusteranmeldung verwarnt wurde (BPatG GRUR 1986, 57/58: Eine auf Untersagung der Verwarnung aus oder der Berühmung mit dieser Anmeldung lautende gerichtliche Entscheidung schließt die Gewährung der Akteneinsicht wegen der erfolgten Berühmung nicht aus). Ferner bei Verwarnung aus einem Gebrauchsmuster (BGH GRUR 1972, 725 – Akteneinsicht XI; BPatGE 12, 98, jetzt bereits durch Abs. 5 Satz 1 abgedeckt); bei einem Löschungsantrag (BPatG GRUR 1965, 81; BPatGE 9, 181); bei Prüfung der Stammanmeldung zur Feststellung des Umfangs der Ausscheidungsanmeldung (BPatG GRUR 1976, 721); bei Behinderung des Antragstellers durch ausländisches Schutzrecht, für das die Priorität der betreffenden deutschen Anmeldung in Anspruch genommen ist (BPatG GRUR 1973, 196); wenn Akteneinsicht der Verteidigung gegen den Vorwurf der widerrechtlichen Entnahme dient (DPA PMZ 1955, 359; a. A. BPatGE 8, 4); bei wissenschaftlichem Interesse (BPatG GRUR 1978, 531, 532 – Raterteilung).

92 Das berechtigte Interesse wurde **verneint:** bei behaupteter widerrechtlicher Entnahme (BPatGE 8, 4); bei rein abstraktem beruflichem Interesse ohne konkreten Sachbezug (BPatG 32, 268, 269); bei Tätigkeit auf demselben Fachgebiet (BPatGE 13, 167); bei Pfändungspfandrecht; bei Akteneinsichtsantrag des Pfändungspfandgläubigers ist das Patentamt im Rahmen des Akteneinsichtsverfahrens nicht für die Prüfung zuständig, ob und inwieweit der Pfändungspfandgläubiger der Gebrauchsmusteranmeldung einen Anspruch auf Einsicht in die Anmeldeakten hat, einen dahingehenden Anspruch kann der Pfändungspfandgläubiger vielmehr nur durch Klage gegen den Anmelder vor den ordentlichen Gerichten durchsetzen (BPatGE 6, 220, 222); ungeachtet dessen ist streitig, ob und inwieweit das Bestehen eines materiell-rechtlichen Anspruchs auf Bewilligung der Akteneinsicht (z. B. aufgrund §§ 1, 3, 13 UWG, §§ 823, 1004 BGB), der vor den ordentlichen Gerichten geltend zu machen ist, nicht gleichzeitig im Wege des Akteneinsichtsverfahrens vor dem DPMA geltend gemacht werden kann (vgl. hierzu BPatG GRUR 1976, 721). Eine Gesetzeskonkurrenz in dem Sinn, dass ein materiell-rechtlicher Akteneinsichtsanspruch den patentamtlichen Akteneinsichtsanspruch gemäß § 8 Abs. 5 ausschließt, kann dem GebrMG, ebenso wie § 31 PatG, nicht entnommen werden; darüber hinaus würde in einem solchen Fall ein bestehender Akteneinsichtsanspruch schon aus Zeitgründen häufig „totlaufen".

Bei einer Ausscheidungsanmeldung, für die noch keine Unterlagen vorliegen, kann Akteneinsicht in die Stammanmeldung notwendig sein. Einsicht in Rechtsbeschwerdeakten wird gemäß § 99 III 1 PatG gewährt (BGH GRUR 1983, 365 – Akteneinsicht-Rechtsbeschwerdeakten).

Über den Akteneinsichtsantrag in die Akten gemäß § 8 Abs. 5 Satz 2 entscheidet die Stelle des Patentamts, die für die Bearbeitung der Akte zuständig ist. In diesen Fällen und jenen, in denen die Akteneinsicht jedermann freisteht, wird, soweit der Inhalt von Akten des Patentamts auf Mikrofilm aufgenommen ist, Einsicht in die Akten dadurch gewährt, dass der Mikrofilm zur Verfügung gestellt wird (§ 15 DPMAV). Diese Unterlagen werden in der Auslegehalle des DPMA zur Verfügung gestellt (MittPräsDPA PMZ 1980, 297; zu Aktenkopien oder Kopien von Aktenauszügen vgl. MittPräsDPA PMZ 1992, 62).

Akteneinsicht gemäß § 8 Abs. 5 Satz 2 ist **gebührenpflichtig:** Die Gebühr beträgt DM 50,00 (§ 2 DPMAVw KostV i. V. m. KostVerz Nr. 101 200). Ist der Antrag auf Gewährung der Akteneinsicht in Form von Aktenabschriften gerichtet, beträgt die Gebühr ebenfalls DM 50,00 (KostVerz Nr. 101 210). Daneben werden Auslagen gesondert berechnet (KostVerz Nr. 102 100).

7. Lizenzinteresseerklärung

Inhaber oder Anmelder von Gebrauchsmustern können durch sog. unverbindliche Lizenzinteresseerklärungen ihr Interesse an einer Lizenzvergabe mitteilen. Diese Erklärung wird in die GebrM-Rolle eingetragen sowie im Patentblatt veröffentlicht (vgl. *Reinelt,* Die unverbindliche Lizenzerklärung, GRUR 1986, 504).

§ 9 [Geheimgebrauchsmuster]

(1) Wird ein Gebrauchsmuster angemeldet, dessen Gegenstand ein Staatsgeheimnis (§ 93 des Strafgesetzbuches) ist, so ordnet die für die Anordnung gemäß § 50 des Patentgesetzes zuständige Prüfungsstelle von Amts wegen an, daß die Offenlegung (§ 8 Abs. 5) und die Bekanntmachung im Patentblatt (§ 8 Abs. 3) unterbleiben. Die zuständige oberste Bundesbehörde ist vor der Anordnung zu hören. Sie kann den Erlaß einer Anordnung beantragen. Das Gebrauchsmuster ist in eine besondere Rolle einzutragen.

(2) Im übrigen sind die Vorschriften des § 31 Abs. 5, des § 50 Abs. 2 bis 4 und der §§ 51 bis 56 des Patentgesetzes entsprechend anzuwenden. Die nach Abs. 1 zuständige Prüfungsstelle ist auch für die in entsprechender Anwendung zum § 50 Abs. 2 des Patentgesetzes zu treffenden Entscheidungen und für die in entsprechender Anwendung von § 50 Abs. 3 und § 53 Abs. 2 des Patentgesetzes vorzunehmenden Handlungen zuständig.

Literatur (Auswahl): *Kumm,* Probleme der Geheimhaltung von technischen Erfindungen im Interesse der Staatssicherheit, GRUR 1979, 672; *Trüstedt,* Der Schutz von Staatsgeheimnissen im Patent- und Gebrauchsmusterrecht, BB 1960, 1141; *Kelbel,* Die Geheimerfindung, GRUR 1969, 155.

Übersicht

	Rdn.
1. Allgemeines/Zweck der Vorschrift	1
2. Verfahren	
2.1 Zuständigkeit der Prüfungsstelle	2
2.2 Anordnung der Geheimhaltung	3
2.3 Keine Anordnung der Geheimhaltung, § 53 PatG	4
3. Wirkung der Anordnung	5–7
4. Aufhebung der Anordnung	8
5. Rechtsmittel	9, 10
6. Akteneinsicht, § 31 V PatG	11

Geheimgebrauchsmuster § 9

	Rdn.
7. Anmeldung außerhalb der Bundesrepublik, § 52 PatG	12
8. Eintragung des Geheimgebrauchsmusters, § 54 PatG	13
9. Entschädigung für Unterlassung der Verwertung, § 55 PatG	14–24
10. Bestimmung der zuständigen Obersten Behörde, § 56 PatG	25

1. Allgemeines/Zweck der Vorschrift

Die Regelung über Geheimgebrauchsmuster gemäß § 9 GebrMG entspricht im wesentlichen den Regelungen der §§ 50–56 PatG. § 9 Abs. 1 korrespondiert mit § 50 Abs. 1 PatG. § 9 Abs. 2 erklärt die Vorschriften der §§ 31 Abs. 5, 50 Abs. 2–4, 51–56 PatG für entsprechend anwendbar. Die Vorschriften über Geheimerfindungen stellen Ausnahmetatbestände zu dem Grundsatz der Veröffentlichung der technischen Lehre und damit Bereicherung der Allgemeinheit durch Weiterentwicklung technischen Wissens dar. § 9 Abs. 1 durchbricht diesen Publizitätsgrundsatz für Erfindungen, die ein Staatsgeheimnis sind bzw. der Bundesregierung von einer fremden Regierung als Geheimnis zu Verteidigungszwecken anvertraut sind. Die Vorschriften gewähren damit einen Schutz der Erfindungen gegen Ausspähung. Erfindungen, die Staatsgeheimnis sind, dürfen nicht veröffentlicht werden. § 93 Abs. 1 StGB definiert **Staatsgeheimnisse** als „Tatsachen, Gegenstände oder Erkenntnisse, die nur einem begrenzten Personenkreis zugänglich sind und vor einer fremden Macht geheimgehalten werden müssen, um die Gefahr eines schweren Nachteils für die äußere Sicherheit der Bundesrepublik Deutschland abzuwenden". § 93 Abs. 2 StGB enthält eine Ausnahmeregelung, wonach „Tatsachen, die gegen die freiheitliche demokratische Grundordnung oder unter Geheimhaltung gegenüber den Vertragspartnern der Bundesrepublik Deutschland gegen zwischenstaatliche vereinbarte Rüstungsbeschränkungen verstoßen" keine Staatsgeheimnisse darstellen (vgl. BPatGE 22, 136, 137). Der materielle Geheimnisbegriff erfasst mithin alles dasjenige nicht, was offenkundig, nämlich einem nicht begrenzten Personenkreis zugänglich ist (vgl. BPatGE 21, 112, 115).

2. Verfahren

2.1 Zuständigkeit der Prüfungsstelle

2 Seit Inkrafttreten des GebrMGÄndG 1986 ist nicht mehr die GebrM-Stelle sondern die nach § 50 PatG zuständige Prüfungsstelle zuständig, damit die technische Sachkunde sichergestellt wird (vgl. Begr. PMZ 1986, 320, 325). Die Patentprüfungsstelle ist auch zuständig für die Überprüfungen und Entscheidungen nach §§ 50 Abs. 2, 3, 53 Abs. 2 PatG i. V. m. § 9 Abs. 2 Satz 2 GebrMG. Die Prüfung erfolgt von Amts wegen unverzüglich nach Eingang der Anmeldung. Die Anmeldung wird im Falle der Bejahung dem Sachverständigen des Bundesministers der Verteidigung (BMV) als zuständiger Behörde vorgelegt. Übt der BMV das ihm zustehende Antragsrecht aus, wird er Verfahrensbeteiligter. Die Prüfungsstelle beschließt nach Anhörung des BMV und des Anmelders in eigener Zuständigkeit und Verantwortlichkeit darüber, ob ein Staatsgeheimnis vorliegt (vgl. auch BPatGE 21, 112).

2.2 Anordnung der Geheimhaltung

3 Die Geheimhaltungsanordnung ergeht durch zu begründenden, schriftlichen, mit einer Rechtsmittelbelehrung zu versehenden und an die Beteiligten zuzustellenden formellen **Beschluss.** Wegen § 53 Abs. 1 PatG analog sollte die Entscheidung über die Anordnung innerhalb einer Frist von vier Monaten seit der Anmeldung der Erfindung beim DPMA erfolgen. Der BMV erhält eine formlose Mitteilung der Anordnung, wenn er nicht beteiligt ist. Liegen die Voraussetzungen für eine Geheimhaltungsanordnung und auch ein Antrag nicht vor, so wird lediglich eine entsprechende interne Feststellung getroffen.

2.3 Keine Anordnung der Geheimhaltung, § 53 PatG

4 Die Beurteilung der Geheimhaltungsbedürftigkeit kann für den Anmelder im Einzelfall mit Schwierigkeiten verbunden sein. § 53 PatG i. V. m. § 9 Abs. 2 Satz 1 GebrMG ergänzt deshalb § 50 PatG i. V. m. § 9 GebrMG: Der Anmelder und jeder Dritte können davon ausgehen, dass die Erfindung nicht geheimhaltungsbedürftig ist, wenn dem Anmelder nicht innerhalb der in § 53 PatG genannten Fristen die vorerwähnte Anordnung zugestellt wird. § 53 PatG begünstigt nicht denjenigen, der den Geheimnischarakter kennt oder als sicher davon ausgeht, dass es sich um ein Staatsgeheimnis im Sinne des § 93 StGB handelt. War die Geheimhaltungspflicht positiv bekannt, so verbleibt es bei der Strafbarkeit. Dies gilt insbesondere vom Zeitpunkt der Kenntnisnahme einer Anordnung nach § 50 PatG an, die auch nach dem viermonatigen und um zwei Monate verlängerbaren Fristablauf ergehen kann.

3. Wirkung der Anordnung

Die Wirkung der Anordnung nach § 9 Abs. 1 ist **deklaratorisch.** Durch die Anordnung wird die Erfindung nicht zum Staatsgeheimnis (dies bemisst sich allein nach den §§ 93 ff StGB). Die Anordnung gibt dem betroffenen Erfinder lediglich Kenntnis davon, dass es sich bei seiner Erfindung um ein Staatsgeheimnis im Sinne des § 93 StGB handelt. Sie nimmt dem Anmelder insbesondere nichts von seinem (eingetragenen) Schutzrecht. Er erhält ein **vollwirksames Schutzrecht.** Die Anordnung begründet auch kein Verwertungsverbot. Dieses ergibt sich allein aus den allgemeinen Gesetzen, nämlich §§ 93 ff StGB, 52 PatG (vgl. BGH GRUR 1973, 141, 142 – Kernenergie). Damit stellt die Anordnung auch keine Enteignung oder einen enteignungsgleichen staatlichen Eingriff dar (BGH, aaO).

Die Anordnung hat das Unterbleiben jeder **Veröffentlichung** (§ 9 Abs. 1 Satz 1), die Beschränkung der **Akteneinsicht** für Dritte (§ 9 Abs. 2 Satz 1 GebrMG i. V. m. § 31 Abs. 5 PatG, § 51 PatG), die Eintragung des Gebrauchsmusters in eine **besondere Rolle** für Geheimgebrauchsmuster (§ 9 Abs. 2 Satz 1 GebrMG i. V. m. § 54 PatG) sowie einen eventuellen **Entschädigungsanspruch** gemäß § 9 Abs. 2 Satz 1 GebrMG i. V. m. § 55 PatG zur Folge.

Ungeachtet dessen entfaltet das eingetragene Gebrauchsmuster Rechtswirkungen wie jedes andere Gebrauchsmuster. Insbesondere gewährt es Ansprüche bei Verletzung (wegen der Nichtveröffentlichung ist das Verschulden eingehend zu prüfen; deshalb unter Umständen keine Auskunfts- bzw. Rechnungslegungs- und Schadenersatzansprüche). Aufgrund der öffentlichen Belange zum Schutz von Geheimnissen steht dem Anmelder kein Antragsrecht auf Geheimhaltung und auch kein Anspruch zu, sich gegen die

Maßnahme der Aufhebung einer Geheimhaltung zu beschweren (vgl. BGH GRUR 1972, 535, 536 – Aufhebung der Geheimhaltung).

4. Aufhebung der Anordnung

8 Die Prüfungsstelle hat die nach § 9 Abs. 1 Satz 1 ergangene Anordnung von Amts wegen oder auf Antrag eines Antragsberechtigten (BMV, Anmelder oder Gebrauchsmusterinhaber) wieder aufzuheben, wenn deren Voraussetzungen entfallen sind (§ 9 Abs. 2 Satz 1, 2 GebrMG i. V. m. § 50 Abs. 2 PatG). Dies gilt auch, wenn die Anordnung zu Unrecht angenommen wurde (vgl. BPatGE 21, 112; vgl. zu den Einzelheiten § 50 Abs. 2, 3 PatG). Die Aufhebung der Anordnung oder die Ablehnung der Aufhebung ist durch Beschluss auszusprechen. Nach Aufhebung der Anordnung wird die Anmeldung/das Gebrauchsmuster wie üblich behandelt; die entsprechenden Eintragungen in die Rolle, Bekanntmachung etc. sind nachzuholen.

5. Rechtsmittel

9 Beschwerdemöglichkeit des Anmelders/Gebrauchsmusterinhabers bei Anordnung der Geheimhaltung nach § 9 Abs. 1 (vgl. BGH GRUR 1972, 535, 536 – Aufhebung der Geheimhaltung). Die gebührenfreie Beschwerde hat jedoch keine aufhebende Wirkung (§ 75 Abs. 2 PatG analog; *Bühring*, § 9, Rdnr. 8). Das Gleiche, wenn ein Antrag auf Aufhebung der Anordnung zurückgewiesen wird. Die Beschwerdemöglichkeit des BMV ergibt sich aus § 74 Abs. 2 PatG analog.

10 Durch die Ablehnung oder Aufhebung einer Anordnung gemäß § 9 Abs. 1 kann nur der BMV beschwert sein, auch dann, wenn er vorher am Verfahren nicht beteiligt war (§ 74 Abs. 2 PatG analog; vgl. BGH GRUR 1972, 535, 536 – Aufhebung der Geheimhaltung). Der Anmelder/Gebrauchsmusterinhaber ist hierdurch nicht beschwert (vgl. Anm. 3, 4). Nach Ablauf der Beschwerdefrist werden die Verfahrensbeteiligten darüber informiert, dass ggfs. gegen die Ablehnung der Geheimhaltungsanordnung oder ihre Aufhebung kein Rechtsmittel eingelegt wurde. Erledigt sich während eines anhängigen Rechtsmittelverfahrens die Geheimhaltungsanordnung z. B. durch Aufhebung, kann der Rechtsmittelantrag umgestellt werden auf Feststellung der Rechtswidrigkeit der Anordnung; das Bestehen des Feststellungsinteresses wird sich regelmäßig aus der Erwägung der Geltendmachung eines Staatshaftungsanspruches ergeben, der neben der Entschädigungsregelung des § 55 PatG geltend gemacht werden kann (vgl. BPatGE 21, 112). Ein derartiger Feststellungsanspruch wird auch ohne Anhängigkeit eines Rechtsmittelverfahrens zulässig sein.

6. Akteneinsicht, § 31 V PatG

§ 9 Abs. 2 Satz 1 GebrMG erklärt die Vorschriften der §§ 31 Abs. 5 PatG sowie 51 PatG für entsprechend anwendbar. § 51 PatG ergänzt § 31 PatG und gibt dem BMV das Recht der Akteneinsicht. Der Zustimmung des Anmelders bzw. Gebrauchsmusterinhabers hierzu bedarf es nicht. Das Akteneinsichtsrecht beschränkt sich auf diejenigen Akteneile, die sich auf den Inhalt der Anmeldung beziehen, nicht auf sonstige Akteneile, die auch bei einer Akteneinsicht gemäß § 31 PatG auszunehmen wären. § 31 Abs. 5 PatG sichert das Geheimhaltungsinteresse gegen Umgehung durch Akteneinsichtsnahme. Geheimgestellte Anmeldungen und Gebrauchsmuster unterliegen der Akteneinsicht nur unter den besonderen Voraussetzungen, dass nach Anhörung der zuständigen obersten Bundesbehörde ein besonderes schutzwürdiges Interesse des Antragstellers die Akteneinsicht geboten erscheinen lässt und die Gefahr eines schweren Nachteils für die äußere Sicherheit der Bundesrepublik nicht zu erwarten ist.

7. Anmeldung außerhalb der Bundesrepublik, § 52 PatG

Gemäß § 9 Abs. 2 Satz 1 darf keine ein Staatsgeheimnis enthaltende Erfindung außerhalb der Bundesrepublik Deutschland zum GebrM angemeldet werden. Der BMV kann jedoch schriftlich eine Genehmigung (auch unter Auflagen) aussprechen: Verbot mit Erlaubnisvorbehalt. § 52 Abs. 2 PatG regelt den Straftatbestand.

8. Eintragung des Geheimgebrauchsmusters, § 54 PatG

13 Geheimgebrauchsmuster werden in eine besondere Rolle eingetragen, § 9 Abs. 1 Satz 4, Abs. 2 Satz 1 i. V. m. § 54 PatG. Diese „Geheimrolle" stellt eine Unterabteilung der allgemeinen GebrM-Rolle dar und wird wie diese geführt. Die Eintragung in diese Rolle wird nicht veröffentlicht. Einsicht wird nur gewährt, wenn die Voraussetzungen des § 30 Abs. 5 Satz 1 für die Einsichtnahme in Akten von Geheimgebrauchsmustern erfüllt sind. Mangels Veröffentlichung wird ein rechtlich an sich zulässiges Löschungsverfahren faktisch nicht in Betracht kommen. Das Geheimgebrauchsmuster hat dieselben Wirkungen wie ein normales Gebrauchsmuster. In Verletzungsverfahren, Löschungsverfahren bedingt die Geheimhaltung den Ausschluss der Öffentlichkeit gemäß § 172 Nr. 1 GVG. Bei Verwertung durch Veräußerung oder Lizenzvergabe muss die Geheimhaltung gewahrt bleiben (Geheimhaltungsverpflichtung).

9. Entschädigung für Unterlassung der Verwertung, § 55 PatG

14 Die Vorschrift des § 55 PatG ist über § 9 Abs. 2 Satz 1 GebrMG entsprechend anwendbar. Derjenige, der eine als Staatsgeheimnis eingestufte Erfindung wirtschaftlich nicht verwerten kann (insbesondere wenn sie militärisch und zugleich zivil nutzbar ist), soll aus Billigkeitsgründen bei Vorliegen bestimmter Voraussetzungen einen Ausgleich hierfür erhalten; dadurch soll der Anreiz für Erfinder erhalten bleiben, die Technik fortzuentwickeln (BGH GRUR 1973, 141, 142 – Kernenergie). Das Entstehen des Anspruchs setzt voraus:

15 – Erstanmeldung beim DPMA;
16 – die Erfindung war nicht schon vor dem Erlass einer Anordnung nach § 9 Abs. 1 von einem fremden Staat aus Verteidigungsgründen geheimgehalten worden (vgl. die in § 50 Abs. 4 PatG erwähnten Erfindungen: Es besteht kein Anlass, nicht verwertete Staatsgeheimnisse fremder Länder zu entschädigen);
17 – Anordnung nach § 9 Abs. 1 Satz 1 GebrMG;
18 – Gebrauchsmusterfähigkeit der Erfindung;

- Unterlassung der Verwertung für friedliche Zwecke (Verwertbarkeit lediglich im militärischen Bereich nicht ausreichend); 19
- Kausalität zwischen Anordnung nach § 9 Abs. 1 GebrMG und Verwertungsverzicht: Mitursächlichkeit muss nach dem Sinnzusammenhang ausreichen; dasselbe gilt für die Unterlassung der Verwertung bereits aufgrund der Geheimhaltungsbedürftigkeit und nicht lediglich erst aufgrund einer Anordnung nach § 9 Abs. 1 GebrMG, da diese ohnehin nur deklaratorischen Charakter hat; 20
- Eintritt eines Vermögensschadens: Schadensermittlung und -berechnung erfolgen nach allgemeinen zivilrechtlichen und zivilprozessualen Grundsätzen; 21
- Unzumutbarkeit der Schadenstragung: Eine Gesamtbetrachtung aller zu berücksichtigenden Umstände und ihre Abwägung ist vorzunehmen. Abwägungskriterien in § 55 Abs. 1 Satz 2 sind nicht abschließend; Rechtsfolge: Entschädigungsanspruch, kein Schadenersatzanspruch; 22
- Zeitgrenzen und Zeiträume: § 55 Abs. 1 Satz 3, 4 PatG. 23

Der Anspruchsinhaber (Anmelder, GebrM-Inhaber oder sein Rechtsnachfolger) hat den Anspruch gegen die Bundesrepublik Deutschland, vertreten durch den BMV, geltend zu machen. Vorherige Geltendmachung bei der zuständigen Obersten Bundesbehörde (BMV) ist keine Klagevoraussetzung. Das gerichtliche Verfahren ist GebrM-Streitsache im Sinne des § 27. Örtlich zuständig ist in I. Instanz das Landgericht Düsseldorf, solange der Bundesminister für Verteidigung seinen Sitz in Bonn hat. 24

10. Bestimmung der zuständigen Obersten Behörde, § 56 PatG

Zuständig ist der Bundesminister für Verteidigung (VO vom 24. 5. 1961, BGBl I 595 = PMZ 1961, 210). 25

§ 10 [Gebrauchsmusterstelle; Gebrauchsmusterabteilungen; Verordnungsermächtigung]

(1) **Für Anträge in Gebrauchsmustersachen mit Ausnahme der Löschungsanträge (§§ 15 bis 17) wird im Patentamt eine Gebrauchsmusterstelle errichtet, die von einem vom Präsidenten**

des Patentamts bestimmten rechtskundigen Mitglied geleitet wird.

(2) Das Bundesministerium der Justiz wird ermächtigt, durch Rechtsverordnung Beamte des gehobenen und des mittleren Dienstes sowie vergleichbare Angestellte mit der Wahrnehmung von Geschäften zu betrauen, die den Gebrauchsmusterstellen oder Gebrauchsmusterabteilungen obliegen und die ihrer Art nach keine besonderen technischen oder rechtlichen Schwierigkeiten bieten; ausgeschlossen davon sind jedoch Zurückweisungen von Anmeldungen aus Gründen, denen der Anmelder widersprochen hat. Das Bundesministerium der Justiz kann diese Ermächtigung durch Rechtsverordnung auf den Präsidenten des Patentamts übertragen.

(3) Über Löschungsanträge (§§ 15 bis 17) beschließt eine der im Patentamt zu bildenden Gebrauchsmusterabteilungen, die mit zwei technischen Mitgliedern und einem rechtskundigen Mitglied zu besetzen sind. Die Bestimmungen des § 27 Abs. 7 des Patentgesetzes gelten entsprechend. Innerhalb ihres Geschäftskreises obliegt jeder Gebrauchsmusterabteilung auch die Abgabe von Gutachten.

(4) Für die Ausschließung und Ablehnung der Mitglieder der Gebrauchsmusterstelle und der Gebrauchsmusterabteilungen gelten die §§ 41 bis 44, 45 Abs. 2 Satz 2, §§ 47 bis 49 der Zivilprozeßordnung über die Ausschließung und Ablehnung der Gerichtspersonen sinngemäß. Das gleiche gilt für die Beamten des gehobenen und mittleren Dienstes und Angestellten, soweit sie nach Abs. 2 mit der Wahrnehmung einzelner der Gebrauchsmusterstelle oder den Gebrauchsmusterabteilungen obliegender Geschäfte betraut worden sind. § 27 Abs. 6 Satz 3 des Patentgesetzes gilt entsprechend.

Literatur (Auswahl): *Bernatz,* Ausschließung und Ablehnung von Beamten des Deutschen Patentamts und von Richtern des Bundespatentgerichts, Mitt. 1968, 30; *Reinländer,* „Befangenheitsablehnung", Mitt. 1982, 139.

Übersicht

	Rdn.
1. Allgemeines/Zweck der Vorschrift	1–3
2. Gebrauchsmusterstelle	
2.1 Zuständigkeit	4
2.2 Besetzung	5

	Rdn.
3. Gebrauchsmusterabteilung	
3.1 Zuständigkeit	6
3.2 Besetzung	7
4. Wahrnehmungsverordnung	8, 9
5. Ausschließung und Ablehnung	10–13

I. Allgemeines/Zweck der Vorschrift

§ 10 regelt die Organisation des DPMA in Gebrauchsmustersa- 1
chen. Die Hauptabteilung II des in fünf Hauptabteilungen gegliederten DPMA umfasst die GebrM-Stelle sowie die beiden Gebrauchsmusterabteilungen 3.4 und 3.5. Seit dem GebrMG vom 1. 7. 1891 ist das DPMA auch auf dem Gebiet des Gebrauchsmusterrechts zuständig. Sein Sitz ist München. Das DPMA gehört dem Geschäftsbereich des BMJ als selbständige Bundesoberbehörde an. Es ist Verwaltungsbehörde, kein Gericht; seine Mitglieder üben öffentliche Gewalt im Sinn von Art. 19 Abs. 4 GG aus. Sein Verfahren ist jedoch justizförmig ausgebildet (siehe Anm. 5.4 zu Einleitung vor § 4). § 10 regelt – wie andere Bestimmungen des GebrMG oder des PatG – teilweise die Organisation des DPMA. Soweit eine gesetzliche Regelung nicht erfolgt ist, wird die Organisation des DPMA durch seinen Präsidenten bestimmt (§ 12 DPMAV). Auch wenn der Präsident des DPMA keine originäre Rechtssetzungsbefugnis hat, sind ihm nach § 20 DPMAV und anderen Bestimmungen Verordnungsermächtigungen übertragen worden. Hierzu gehört die Ermächtigung zur Übertragung der Wahrnehmung einzelner Geschäfte im Sinne des § 10 Abs. 1 auf Beamte des gehobenen und des mittleren Dienstes bzw. vergleichbare Angestellte (§ 10 Abs. 2; WahrnV vom 14. 12. 1994, BGBl. I 3812 = PMZ 1995, 51). Zur Verordnungsermächtigung in Bezug auf die Hinterlegung biologischen Materials vgl. Anm. 7 zu § 4.

Ebenso wie das PatG verwendet auch das GebrMG für die in den 2
Gebrauchsmusterstellen und Gebrauchsmusterabteilungen tätigen Beamten die Bezeichnung „Mitglied", die vorwiegend bei Behörden mit Kollegialverfassung gebräuchlich ist (*Benkard/Schäfers,* vor § 26 PatG, Rdnr. 12). § 26 PatG regelt die Besetzung des Patentamts, das danach aus dem Präsidenten und weiteren Mitgliedern besteht. Weitere Mitglieder sind nicht nur der Vizepräsident, die Abteilungsleiter, sondern auch der Leiter der Gebrauchsmusterstelle, § 10 Abs. 1.

§ 10 3 Gebrauchsmusterstelle

Dieser ist sog. rechtskundiges Mitglied. Die rechtskundigen Mitglieder müssen die Befähigung zum Richteramt nach §§ 5–7 DRiG besitzen (§ 26 Abs. 1 Satz 2 PatG). Die technischen Mitglieder müssen in einem Zweig der Technik sachverständig sein (vgl. § 26 Abs. 2 PatG, geändert durch das 2. PatGÄndG).

3 § 10 (zuletzt geändert durch das PatGÄndG vom 23. 3. 1993, PMZ 1993, 171, sowie durch das 2. PatGÄndG vom 16. Juli 1998, PMZ 1998, 382 ff) entspricht sachlich § 27 PatG. § 10 Abs. 1 und 3 enthalten die Regelungen über die GebrM-Stelle und die GebrM-Abteilungen. Abs. 4 entspricht § 27 Abs. 6 PatG. Das 2. PatGÄndG hat Abs. 2 entsprechend der gleichzeitigen Änderung des § 27 Abs. 5 PatG neu gefasst. Der Neuregelung zur Übertragung von Aufgaben der GebrM-Stelle und der GebrM-Abteilung auf Nichtmitglieder gemäß § 10 Abs. 2 liegen dieselben gesetzgeberischen Erwägungen der Neuregelung des § 27 Abs. 5 PatG zugrunde (Beschlussempfehlung und Bericht des Rechtsausschusses, PMZ 1998, 416, 418 Nr. 4 a). Nach dem Ausschussbericht ist es dem DPMA aufgrund stetig steigender Anmeldezahlen nicht mehr möglich, die beim höheren Dienst anfallenden Arbeitslasten ohne eine Umstrukturierung der Aufgabenverteilung zu bewältigen. Die bisherige Ermächtigungsgrundlage in § 27 Abs. 5 PatG bzw. § 10 Abs. 2 GebrMG, von der durch die sog. Wahrnehmungsverordnung (WahrnV) vom 14. 12. 1994 Gebrauch gemacht worden ist, habe dem DPMA zu wenig Spielraum für die organisatorisch notwendigen Entscheidungen zur Entlastung des höheren Dienstes eingeräumt. Nach der Gesetzesänderung soll der für die Zulässigkeit der Übertragung der Aufgaben relevante Maßstab, ob eine zu übertragende Aufgabe rechtliche oder technische Schwierigkeiten aufweist, nicht mehr anhand des konkreten Einzelfalls berücksichtigt werden. Vielmehr soll lediglich zu prüfen sein, ob die zu übertragende Aufgabe „ihrer Art nach" häufig (besondere) rechtliche oder technische Schwierigkeiten beinhaltet. Die Grenze zur Übertragbarkeit der Aufgaben wird erst dort gezogen, wo generell „besondere" rechtliche oder technische Schwierigkeiten gegeben sind. Das bedeutet zugleich, dass selbst dann, wenn der Einzelfall durch eine besondere rechtliche Schwierigkeit gekennzeichnet sein sollte, die Aufgabe von einem Beamten des gehobenen oder mittleren Dienstes wirksam wahrgenommen werden kann (Beschlussempfehlung und Bericht des Rechtsausschusses, PMZ, aaO, S. 417). Diese rechtliche Möglichkeit ist durch die WahrnV im Zeitpunkt der Drucklegung noch nicht umgesetzt worden.

2. Gebrauchsmusterstelle

2.1 Zuständigkeit

Die GebrM-Stelle ist für sämtliche Anträge in GebrM-Sachen 4 zuständig, ausgenommen Löschungsanträge (§§ 15–17), Geheimanmeldungen (§ 9 Abs. 1) sowie die Abgabe von Gutachten (§ 10 Abs. 3 Satz 3). Die Zuständigkeit umfasst mithin die Prüfung von Anmeldungen, die Vornahme der Eintragungen in die Rolle, Ausstellung der GebrM-Urkunden, Zurückweisung nicht eintragungsfähiger Anmeldungen, Überwachung der Schutzfristen und Gebührenzahlung, Verlängerungsverfahren und Führung der GebrM-Rolle. Zu den GebrM-Sachen gehören auch die internationalen (PCT-) Gebrauchsmusteranmeldungen, Art. 43, 44, 2 PCT.

2.2 Besetzung

Die GebrM-Stelle wird von einem rechtskundigen Mitglied des 5 Patentamts geleitet. Vertreter ist ebenfalls ein rechtskundiges Mitglied. Daneben können seitens des Präsidenten des DPMA weitere Mitglieder der GebrM-Stelle zugewiesen werden (*Benkard/Schäfers,* § 10 GebrMG, Rdnr. 2). Technische Mitglieder können aber nicht die dem rechtskundigen Mitglied vorbehaltenen Geschäfte wahrnehmen, da an die Befähigung zum Richteramt besondere rechtliche Anforderungen gestellt werden (ebenso *Bühring,* § 10, Rdnr. 5). Das Verfahren der GebrM-Stelle entspricht dem der Prüfungsstelle, § 6 DPMAV.

3. Gebrauchsmusterabteilung

3.1 Zuständigkeit

Die (beiden) GebrM-Abteilungen sind zur Entscheidung über 6 Löschungsanträge, §§ 15–17 sowie das Löschungsverfahren betreffende Anträge zuständig; ebenso für die Erstellung von Gutachten auf Antrag eines Dritten (§ 10 Abs. 3 Satz 2).

3.2 Besetzung

7   Die GebrM-Abteilungen sind mit einem rechtskundigen und zwei technischen Mitgliedern besetzt. Das rechtskundige Mitglied führt in der Regel den Vorsitz, da sich das Löschungsverfahren an das Nichtigkeitsverfahren anlehnt. Die technischen Mitglieder wechseln je nach betroffenem technischem Fachgebiet (*Bühring*, § 10, Rdnr. 11). Die Besetzung der GebrM-Abteilung bezieht sich auf die konkrete Angelegenheit; die einzelnen GebrM-Abteilungen können allgemein aus mehr Mitgliedern bestehen. § 27 Abs. 7 PatG gilt entsprechend: Sachverständige können zu den Beratungen der GebrM-Abteilung ohne Recht zur Teilnahme an Abstimmungen hinzugezogen werden. § 6 DPMAV bestimmt, dass für die GebrM-Abteilungen im Wesentlichen die gleichen Vorschriften wie für die Prüfungsstellen gelten. Der Vorsitzende leitet danach die Geschäfte der GebrM-Abteilung. Im Regelfall übernimmt das für die Sache zuständige Mitglied vor der Abteilung die Berichterstattung; es hält den Vortrag in der Sitzung und entwirft die Beschlüsse und Gutachten. Der Vorsitzende prüft die Entwürfe und stellt sie fest. Über sachliche Meinungsverschiedenheiten entscheidet die GebrM-Abteilung. Die GebrM-Abteilung entscheidet nach der Mehrheit der Stimmen der mitwirkenden Abteilungsmitglieder. Wegen des justizförmig ausgestalteten Verfahrens sind die zivilprozessualen Vorschriften ergänzend heranziehbar (vgl. BGH GRUR 1994, 724 – Spinnmaschine, zum Einspruchsverfahren). In allen übrigen Fällen, in denen eine Sitzung nicht vorgeschrieben ist, können förmliche Beratungen und Abstimmung im Umlaufverfahren erfolgen. Eine Entscheidung ist in Beschlussform zu treffen. Die GebrM-Abteilung hat das Beratungsgeheimnis zu beachten (vgl. *Busse/Keukenschrijver*, § 27 PatG, Rdnr. 43).

4. Wahrnehmungsverordnung

8   § 10 Abs. 2 GebrMG entspricht § 27 Abs. 5 PatG. Der Bundesminister der Justiz hat die ihm eingeräumte Ermächtigung durch § 20 DPMAV auf den Präsidenten des DPMA übertragen. Dieser hat von der Ermächtigung durch die sog. Wahrnehmungsverordnung (WahrnV) vom 14. 12. 1994 (BGBl. I 3812 = PMZ 1995, 51) Gebrauch gemacht (Anhang 3).

Die nach § 10 Abs. 2 vorgesehene Delegationsmöglichkeit, Auf- 9
gaben der GebrM-Stellen sowie der GebrM-Abteilungen auf Nichtmitglieder, nämlich Beamte des gehobenen und des mittleren Dienstes oder vergleichbare Angestellte zu übertragen, stellt durch ihre, durch das 2. PatGÄndG getroffene Formulierung klar, dass die zu übertragende Aufgabe **ihrer Art nach,** also im allgemeinen frei von rechtlichen oder technischen Schwierigkeiten ist. Die Beurteilung des Einzelfalls ist nicht entscheidend. Nach der Gesetzesformulierung können Geschäfte, die ihrer Art nach rechtlich oder tatsächlich schwierig sind, an derartige Nichtmitglieder übertragen werden, wenn nur diese Schwierigkeit keine besondere ist. Im Einzelfall kann durchaus eine besondere rechtliche oder technische Schwierigkeit gegeben sein. Die zu diesem Gesamtkomplex ergangene frühere Rechtsprechung (beispielhaft wiedergegeben bei *Bühring,* § 10, Rdnr. 7) kann deshalb nach der Neuregelung des Gesetzes nicht mehr ohne weiteres herangezogen werden. Bei Überschreiten der einem Beamten oder einem Angestellten danach zustehenden Entscheidungsbefugnis ist die Handlung (nur) anfechtbar und auf entsprechende Beschwerde ohne Sachprüfung aufzuheben. Das BPatG kann die Sache zur erneuten Verhandlung und Entscheidung an das DPMA zurückverweisen oder bei Entscheidungsreife eine abschließende Sachentscheidung treffen (vgl. BPatG GRUR 1964, 256; BPatG GRUR 1987, 354).

5. Ausschließung und Ablehnung

§ 10 Abs. 4 entspricht § 27 Abs. 6 PatG. Die Ausschließung und 10
Ablehnung von Mitgliedern der GebrM-Stelle und GebrM-Abteilung richten sich nach den §§ 41–44, 45 Abs. 2 Satz 2, 47–49 ZPO. Dieser Verweis gilt nach § 10 Abs. 4 Satz 2 auch für die Beamten des gehobenen und des mittleren Dienstes und Angestellte, soweit ihnen einzelne Geschäfte, die der GebrM-Stelle oder GebrM-Abteilung obliegen, zur Wahrnehmung übertragen worden sind.

Die Anwendbarkeit der zivilprozessualen Vorschriften rechtfertigt 11
sich daraus, dass insbesondere das Verfahren vor den GebrM-Abteilungen justizförmigen Charakter aufweist. Zum Anwendungsbereich dieser zivilprozessualen Vorschriften muss auf die allgemeine ZPO-Kommentarliteratur verwiesen werden.

Die **Ausschließungsgründe** sind in § 41 Nr. 1–6 ZPO abschlie- 12
ßend geregelt. Den Ausschließungsgründen des § 41 ZPO liegt der

Grundgedanke der fehlenden Neutralität und Distanz des Amtsträgers aufgrund einer Beziehung zu Parteien oder zur Sache selbst zugrunde. Mit dieser Grundvorstellung unvereinbar ist die Parteistellung des Amtsträgers, seines Ehegatten oder bestimmter naher Verwandter und Verschwägerter (§ 41 Nr. 1–3). Unvereinbar mit seiner „Neutralität" ist die Stellung des Beamten als Interessenvertreter einer Partei (§ 41 Nr. 4 ZPO). Aus beweiswürdigenden Gründen unvereinbar sind die Funktionen von Amtsträger und Beweismittel (wenn der Beamte in der von ihm mit bearbeiteten Sache als Zeuge oder Sachverständigen einvernommen wurde, § 41 Nr. 5 ZPO). Der Ausschlussgrund der Vorbefassung des Richters in einem vorangegangenen Verfahren gemäß § 41 Nr. 6 ZPO passt für die Verfahren vor der GebrM-Stelle nicht, wohl aber bei der Mitwirkung eines Beamten in der GebrM-Abteilung bei nachinstanzlichen Verfahren (vgl. BPatG GRUR 1983, 503 – Vorangegangene Prüfertätigkeit, zur Ablehnung eines Mitglieds der Patentabteilung im Einspruchsverfahren im Zusammenhang mit seiner vorangegangener Prüfertätigkeit). Nach BPatGE 9, 3, 5 soll § 41 Nr. 6 ZPO im patentamtlichen Verfahren praktisch unanwendbar sein (zwh.). Für ein Mitglied der GebrM-Abteilung stelle es keinen Ausschließungsgrund dar, wenn es als Prüfer über die dem Gebrauchsmuster entsprechende Patentanmeldung entschieden habe (DPA Mitt. 1958, 242).

13   Eine **Ablehnung** ist bei Vorliegen eines Ausschließungsgrundes i. S. d. § 41 ZPO oder im Falle der **Besorgnis der Befangenheit** möglich. Letztere ist anzunehmen, wenn ein Grund vorliegt, der geeignet ist, Misstrauen gegen die Unparteilichkeit zu rechtfertigen (§ 42 Abs. 2 ZPO). Dies ist vom Standpunkt des Betroffenen aus bei vernünftiger Würdigung aller Umstände zu entscheiden. Die Besorgnis der Befangenheit muss mindestens glaubhaft sein (vgl. § 294 ZPO). Die Gründe der Besorgnis der Befangenheit können im Verhältnis zur Partei (z. B. persönliche Freundschaft, entferntere Verwandtschaft, Feindschaft etc.), im Verhältnis zu dem anwaltlichen Vertreter des Verfahrensbeteiligten (z. B. Verwandtschaft, persönliche Spannungen etc.), im Verhalten des Beamten (Häufung von Verfahrensfehlern mit dem Anschein unsachgemäßer Verfahrensleitung; unsachliche, auf Voreingenommenheit deutende Äußerungen; offensichtlich abwegige Argumentation; Häufung vertrauensschädigender Handlungen und Äußerungen; in wesentlichen Punkten falsche Tatsachendarstellung in dienstlicher Äußerung etc.) liegen. **Kein** Ablehnungsgrund ist in der Regel bei einer irrigen Rechtsauffassung für sich allein, bei fehlender Sachkenntnis, bei Hinweisen im Rahmen von § 139 ZPO (insbesondere Vorschlag eintragungs-

fähiger Schutzansprüche) gegeben; allerdings können derartige Äußerungen sehr schnell in Richtung der Besorgnis der Befangenheit ausfallen, so dass die Beurteilung immer nur eine Frage des Einzelfalls sein kann. Im übrigen ist Ablehnung durch den betroffenen Beamten selbst möglich, § 48 ZPO, oder auf Antrag einer der Parteien, § 42 ZPO. Das Ablehnungsrecht geht jedoch verloren, wenn sich die Parteien rügelos in eine mündliche Verhandlung eingelassen oder Anträge gestellt haben, obgleich sie den Ablehnungsgrund kannten, § 43 ZPO. Das Ablehnungsgesuch ist im jeweiligen Verfahren (vor der GebrM-Stelle, vor der GebrM Abteilung) geltend zu machen, § 44 Abs. 1 ZPO. Der betroffene Beamte oder Angestellte muss sich dienstlich äußern, § 44 Abs. 3 ZPO. In jedem Fall entscheidet über das Ablehnungsgesuch die GebrM-Abteilung, § 10 Abs. 4 Satz 3 GebrMG i. V. m. § 27 Abs. 6 Satz 3 PatG.

§ 11 [Wirkung der Eintragung]

(1) **Die Eintragung eines Gebrauchsmusters hat die Wirkung, daß allein der Inhaber befugt ist, den Gegenstand des Gebrauchsmusters zu benutzen. Jedem Dritten ist verboten, ohne seine Zustimmung ein Erzeugnis, das Gegenstand des Gebrauchsmusters ist, herzustellen, anzubieten, in Verkehr zu bringen oder zu gebrauchen oder zu den genannten Zwecken entweder einzuführen oder zu besitzen.**

(2) **Die Eintragung hat ferner die Wirkung, daß es jedem Dritten verboten ist, ohne Zustimmung des Inhabers im Geltungsbereich dieses Gesetzes anderen als zur Benutzung des Gegenstands des Gebrauchsmusters berechtigten Personen, die sich auf ein wesentliches Element des Gegenstands des Gebrauchsmusters beziehen, zu dessen Benutzung im Geltungsbereich dieses Gesetzes anzubieten oder zu liefern, wenn der Dritte weiß oder es aufgrund der Umstände offensichtlich ist, daß diese Mittel dazu geeignet und bestimmt sind, für die Benutzung des Gegenstands des Gebrauchsmusters verwendet zu werden. Satz 1 ist nicht anzuwenden, wenn es sich bei den Mitteln um allgemein im Handel erhältliche Erzeugnisse handelt, es sei denn, daß der Dritte den Belieferten bewußt veranlaßt, in einer nach Absatz 1 Satz 2 verbotenen Weise zu handeln. Personen, die die in § 12 Nr. 1 und 2 genannten Handlungen vornehmen, gelten im Sinne des Satzes 1 nicht als Personen, die zur Benutzung des Gegenstands des Gebrauchsmusters berechtigt sind.**

§ 11 Wirkung der Eintragung

Übersicht

	Rdn.
1. Allgemeines/Zweck der Vorschrift	1
2. Benutzungsrecht	
2.1 Allgemeines	2–6
2.2 Kollision von Schutzrechten (Verweis)	7
2.3 Abhängigkeit (Verweis)	8
3. Unmittelbare Benutzung gemäß § 11 Abs. 1	
3.1 Vorbehaltene Benutzungshandlungen/Allgemeines	9–13
3.2 Herstellen	14–16
3.3 Anbieten	17
3.4 Inverkehrbringen	18
3.5 Gebrauchen	19
3.6 Einführen	20
3.7 Besitzen	21
3.8 Territorialer Schutzbereich	22–25
3.9 Schutzumfang (Verweis)	26
4. Mittelbare Benutzung gemäß § 11 Abs. 2	
4.1 Vorbehaltene Benutzungshandlungen/Allgemeines	27
4.2 Gegenstand des Gebrauchsmusters	28
4.3 Normadressat; notwendiger Teilnehmer	29
4.4 Mittel, die sich auf ein wesentliches Element des Gegenstands des Gebrauchsmusters beziehen	30, 31
4.5 Territorialer Schutzbereich	32
4.6 Subjektive Voraussetzungen	33–35
4.7 Allgemein im Handel erhältliche Erzeugnisse	36
4.8 Fallgestaltungen des § 12 Nr. 1 und 2	37
5. Einwendungen	38
5.1 Fehlender Rechtsbestand	39
5.2 Erlöschen	40
5.3 Zustimmung des Gebrauchsmusterinhabers	41
5.4 Erschöpfung des Gebrauchsmusterrechts	42–44
5.5 Privilegierungstatbestände des § 12 (Verweis)	45
5.6 Vorbenutzungsrecht (Verweis)	46
5.7 Weiterbenutzungsrecht	47
5.8 Behördliche Benutzungsanordnung (Verweis)	48
5.9 Inanspruchnahme	49

Wirkung der Eintragung § 11

	Rdn.
5.10 Freier Stand der Technik	50
5.11 Widerrechtliche Entnahme (Verweis)	51
5.12 Unzulässige Erweiterung	52
5.13 Verwirkung	53
5.14 Unzulässige Rechtsausübung	54
5.15 Älteres Recht (Verweis)	55
6. Täterschaft/Teilnahme	56
7. Werbung mit Gebrauchsmusterschutz (Verweis)	57

Literatur (Auswahl): *U. Krieger,* Die Benutzungsarten, GRUR 1980, 687; *Preu,* Die unmittelbare und die mittelbare Benutzung, GRUR 1980, 697; *Sefzig,* Feilhalten und Anbieten als selbständige Patentverletzung, GRUR 1992, 413; *Kowal-Wolk/Schuster,* Patentverletzung im Reparatur-, Ersatzteil- und Altteilgeschäft – eine Bestandsaufnahme, FS F.-K. Beier (1996) 87; *Pagenberg,* Ausstellung und Anbieten auf internationalen Messen – eine Verletzung gewerblicher Schutzrechte?, GRUR Int. 1983, 560; *Stauder,* Patentverletzung im grenzüberschreitenden Wirtschaftsverkehr, 1975; *Bucher,* Gebrauchsmuster und abhängiges Patent nach § 6 GMG, GRUR 1940, 73; *Schnabel,* Gebrauchsmuster und abhängiges Patent nach § 6 GMG, GRUR 1939, 455; *König,* Patentverletzung durch erfinderische Abwandlung, Mitt. 1996, 75; *Loth,* Aspekte zur sogenannten abhängigen Erfindung bzw. zur erfinderischen Weiterentwicklung im Patentverletzungsprozess, FS F.-K. Beier (1996), 113; *Villinger,* Anmerkungen zu den §§ 9, 10 und 11 des neuen deutschen Patentgesetzes über die Verbietungs- und Benutzungsrechte des Patentinhabers und die mittelbare Patentverletzung, GRUR 1981, 541; *Zeller,* Älteres Gebrauchsmuster, jüngeres Patent und Weiterbenutzung, GRUR 1953, 235; *Baeumer,* Anmerkungen zum Territorialitätsprinzip im internationalen Patent- und Markenrecht, FS W. Fikentscher (1998), 803; *Beier/Stauder,* Weltraumstationen und das Recht des geistigen Eigentums, GRUR Int. 1985, 6; *Beier,* Zur Zulässigkeit von Parallelimporten patentierter Erzeugnisse, GRUR Int. 1996, 1; *Ebenroth,* Gewerblicher Rechtsschutz und europäische Warenverkehrsfreiheit. Ein Beitrag zur Erschöpfung gewerblicher Schutzrechte, 1992; *Heath,* Zur Paralleleinfuhr patentierter Erzeugnisse RIW 1997, 541; *Loewenhein,* Nationale und internationale Erschöpfung von Schutzrechten im Wandel der Zeit, GRUR Int. 1996, 207; *Mes,* Die mittelbare Patentverletzung, GRUR 1998, 281; *Nieder,* Zur Antrags- und Verbotsfassung bei mittelbarer Patentverletzung, GRUR 2000, 272.

1. Allgemeines/Zweck der Vorschrift

1 Die Vorschrift ist durch das GebrMGÄndG 1986 neu gefasst worden (PMZ 1986, 310). Sie entspricht § 9 Abs. 1 PatG sowie § 10 PatG und gilt seit dem 1. 1. 1987. Das Gebrauchsmuster ist ein **Ausschließlichkeitsrecht.** Die §§ 11, 12, 12a, 13 Abs. 3 regeln die sog. **absoluten Wirkungen** und **Grenzen** gegenüber jedermann; sie lassen rein schuldrechtliche Vereinbarungen (vorbehaltlich ihrer kartellrechtlichen Zulässigkeit) unberührt. Die **Rechtsfolge** der GebrM-Verletzung wird hingegen allein durch die §§ 24, 24a, 24b, 24 c, 25, 25a geregelt. (Zusätzlich können hierzu deliktsrechtliche, wettbewerbsrechtliche Ansprüche bestehen.)

2. Benutzungsrecht

2.1 Allgemeines

2 Nach Satz 1 wird dem GebrM-Inhaber ein **alleiniges** Benutzungsrecht hinsichtlich des „Gegenstandes" des Gebrauchsmusters zugewiesen. Satz 2 zählt abschließend (vgl. *U. Krieger,* GRUR 1980, 687, 688 zu § 9 PatG) die Verbietungstatbestände auf. Ebenso wie § 9 PatG erkennt § 11 GebrMG das Bestehen eines **positiven Benutzungsrechts** an (BGH GRUR 1963, 563, 565 – Aufhängevorrichtung; BGH GRUR 1964, 606, 610 – Förderband). Das Gebrauchsmuster positiv zu benutzen bedeutet, seinen Gegenstand herzustellen, anzubieten, in Verkehr zu bringen, zu gebrauchen oder zu diesen Zwecken entweder einzuführen oder zu besitzen. Neben dem positiven Benutzungsrecht besteht spiegelbildlich ein **negatives Verbietungsrecht,** mit dem die Benutzung des Gegenstands des Gebrauchsmusters durch andere untersagt wird. Das positive Benutzungsrecht gilt aber nicht uneingeschränkt, sondern kann z. B. durch gewerbe- und polizeirechtliche oder sonstige, im öffentlichen Interesse erlassene Gesetze eingeschränkt werden.

3 Das Benutzungsrecht erfasst den **Gegenstand** des Gebrauchsmusters. Was unter „Gegenstand" zu verstehen ist, definiert das GebrMG nicht (zu den unterschiedlichen Bedeutungsgehalten dieses Begriffs vgl. lediglich Anm. 5.1 zu § 4). Hierunter ist – nach der Rechtsprechung zu § 14 PatG bzw. § 12a GebrMG – die durch die

Wirkung der Eintragung 4 § 11

Ansprüche definierte technische Lehre zu verstehen, wobei Beschreibung und Zeichnungen ergänzend heranzuziehen sind. Das Benutzungsrecht erstreckt sich aber jedoch nur auf denjenigen Bereich, der im Falle einer Verletzungshandlung durch einen Dritten als unmittelbar gegenständlich beschrieben werden kann; es erstreckt sich **nicht** auf den **Schutzumfang** des GebrM. (Der Begriff „Schutzumfang" wird streng genommen erst bei der Prüfung eines Verletzungstatbestandes relevant und betrifft damit das Verbietungsrecht). Der Schutzumfang kann inhaltlich weitergehen als das Benutzungsrecht. Das positive (alleinige) Benutzungsrecht **endet** mit Erlöschen des GebrM (anders jedoch bei noch bestehendem parallelen Patent). Ein GebrM, das erst nach Ablauf der ersten Schutzdauer in die Rolle eingetragen und für das die Verlängerungsgebühr noch nicht gezahlt ist, begründet kein Verbietungsrecht, sondern lässt durch seine Eintragung nur Prioritätsschutz entstehen (BPatG GRUR 1993, 113, 114 – Thermostat).

Nach dem Wortlaut des § 11 ist allein der **Inhaber** des GebrM 4 berechtigt, dessen Gegenstand zu benutzen. Auf dessen materiellrechtliche Berechtigung kommt es nicht an (vgl. jedoch § 8 Anm. 2.5.3). Neben dem Inhaber sind auch dessen **Rechtsnachfolger** sowie der (ausschließliche oder nicht ausschließliche) **Lizenznehmer** berechtigt. Der Inanspruchnahme eines positiven Benutzungsrechts steht die (z. B. Form-)Unwirksamkeit eines Lizenzvertrages nicht entgegen. Entscheidend ist allein das Vorliegen einer **tatsächlichen** Zustimmung des Rechtsinhabers. Die Einräumung einer Lizenz bedeutet die Zustimmung des Rechtsinhabers zu den jeweiligen Benutzungshandlungen des Lizenznehmers. Dieser handelt bei der Benutzung des Schutzrechts rechtmäßig, soweit er sich an die Grenzen der Benutzungserlaubnis hält. Dies gilt nicht nur im Verhältnis zum Lizenzgeber (vgl. hierzu *Benkard/Rogge*, § 139 PatG, Rdnr. 10), sondern auch zwischen Inhaber oder Lizenznehmer eines älteren Schutzrechts im Verhältnis zum Verbietungsrecht des Inhabers eines jüngeren Schutzrechtes. Die **Pfändung** des Rechts aus dem GebrM nimmt dem GebrM-Inhaber und Schuldner zwar die Berechtigung zu allen gegen die Verstrickung gerichteten Verfügungen, soweit diese zu einer Beeinträchtigung des Pfandrechts führen. Der Pfandgläubiger erlangt durch die Pfändung auch die Stellung eines dinglichen Berechtigten, jedoch kein eigenes ausschließliches Benutzungsrecht an der Erfindung oder an dem GebrM. Das Recht zur Eigennutzung des GebrM durch den GebrM-Inhaber wird bis zu einer etwaigen Pfandverwertung des gepfändeten GebrM-Rechts ebenso wenig eingeschränkt wie der Fortbestand der bereits vor der

§ 11 5, 6   Wirkung der Eintragung

Pfändung begründeten Lizenzrechte (vgl. BGH GRUR 1994, 602, 604 – Rotationsbürstenwerkzeug).

5   Die in § 11 aufgeführten Benutzungsarten sind – ebenso wie diejenigen in § 9 PatG – voneinander unabhängig, so dass hinsichtlich der einzelnen Benutzungsarten eine durchaus unterschiedliche Rechtslage gegeben sein kann. **Mehrere** GebrM-Inhaber können das GebrM-Recht gleichzeitig gesamthaft oder nach den einzelnen Benutzungsarten differenziert ausüben. Die Eigentums- oder Besitzverhältnisse sind für die Frage des Bestehens eines Benutzungsrechts ohne Bedeutung; ebenso die Frage, ob zum Beispiel eine Arzneimittel-Zulassung besteht. Gutgläubiger Erwerb des Benutzungsrechts ist nicht möglich. Die Lieferung eines GebrM-verletzenden Gegenstandes kann eine Verletzung der **Rechtsverschaffungspflicht** gemäß **§ 434 BGB** darstellen; u. U. Schadenersatzansprüche wegen Nichterfüllung, §§ 440 Abs. 1, 325 BGB (Streitverkündung gegenüber dem Lieferanten im Rechtsstreit des GebrM-Inhabers gegen den Käufer beachten; bei Dauerschuldverhältnissen ferner u. U. Kündigungsrecht). Zur Darlegungs- und Beweislast: § 442 BGB. Die rechtliche Einordnung von **vertraglichen Beschränkungen** entweder des Rechtsinhabers oder des Erwerbers/Lizenznehmers wird nicht einheitlich beurteilt. Nach BGH (GRUR 1959, 232, 234 – Förderrinne) können Einschränkungen des Rechtsinhabers im Einzelfall nur rein schuldrechtliche Bedeutung haben. Nach OLG Karlsruhe (GRUR 1980, 784, 785, zum Patentrecht) kann die Zuwiderhandlung des Rechtsinhabers gegen eine Beschränkung in einem ausschließlichen Lizenzvertrag nicht nur eine Vertragsverletzung sondern darüber hinaus eine Patent- oder Gebrauchsmusterverletzung darstellen. Beschränkungen der Abnehmer geschützter Erzeugnisse sollen, sofern sie kartellrechtlich zulässig sind, hingegen nur schuldrechtliche Auswirkungen haben und mithin keine Patent- oder Gebrauchsmusterverletzung darstellen (vgl. *Busse/Keukenschrijver*, § 9 PatG, Rdnr. 20; zwh.).

6   Auch **hoheitlich** handelnde öffentliche Stellen sind nicht befugt, den Gegenstand der geschützten Erfindung ohne Zustimmung des GebrM-Inhabers zu gebrauchen, auch wenn dies in Verfolgung öffentlich-rechtlicher Interessen zum Wohle der Allgemeinheit geschieht (vgl. BGH GRUR 1990, 997, 999 – Ethofumesat).

2.2 Kollision von Schutzrechten (Verweis)

Zum Verhältnis des eingetragenen GebrM zu prioritätsälteren oder prioritätsjüngeren Patenten oder Gebrauchsmustern vgl. § 14 und Anm. dort.

2.3 Abhängigkeit (Verweis)

Das positive Benutzungsrecht erstreckt sich nur auf den Gegenstand des GebrM (Anm. 2.1). Kann eine technische Lehre nach einem jüngeren GebrM nur benutzt werden, wenn gleichzeitig von einem älteren GebrM Gebrauch gemacht wird, so ist das jüngere GebrM vom älteren Schutzrecht abhängig, d. h. der jüngere GebrM-Inhaber kann sein Schutzrecht nur mit Zustimmung des älteren Rechtsinhabers ausüben, da dieser gegenüber dem jüngeren GebrM-Inhaber das bessere Recht hat. Einzelheiten unter Anm. 4.5 zu § 12a.

3. Unmittelbare Benutzung gemäß § 11 Abs. 1

3.1 Vorbehaltene Benutzungshandlungen/Allgemeines

§ 11 regelt das **Verbietungsrecht** durch abschließende Auflistung der **Benutzungsarten** des Herstellens, Anbietens, Inverkehrbringens, Gebrauchens, Einführens oder Besitzens. Jede Verwirklichung dieser Benutzungsarten unter Einsatz der geschützten technischen Lehre stellt jeweils für sich eine Benutzung des GebrM dar, die der GebrM-Inhaber verbieten kann. Es steht danach in seiner Rechtsmacht, seine Ansprüche differenzierend nach den verschiedenen Herstellungs- und Vertriebswegen geltend zu machen. Aufgrund des Ausschlusses von Verfahrenserfindungen im GebrM-Recht regelt § 11 – entgegen § 9 PatG – nur den Schutz von Erzeugnissen. Insoweit ist dem GebrM-Inhaber jedoch ein umfassendes Verwertungsrecht vorbehalten, das sich freilich mit dem Inverkehrbringen erschöpft.

Keine Benutzung im Sinne des § 11 Abs. 1 Satz 2 sind solche Handlungen, die unter keine der aufgezählten Benutzungsarten fallen. Hierzu gehören **Vorbereitungshandlungen,** die insbesondere

§ 11 **11, 12** Wirkung der Eintragung

aus Gründen der Rechtssicherheit vom GebrM-Schutz ausgeschlossen sind. Der Anmelder hat es in der Hand, durch entsprechende Fassung der GebrM-Ansprüche dafür zu sorgen, dass gegebenenfalls ein schon in die Vorbereitungsphase hinein verlegter GebrM-Schutz entsteht, sofern das nach dem Gegenstand der jeweiligen Erfindung gerechtfertigt ist; versäumt er es, muss er sich mit einem entsprechend eingeschränkten Schutz zufrieden geben (vgl. BGH GRUR 1992, 305, 307/308 – Heliumeinspeisung). Vorbereitende Maßnahmen, z. B. zur Markteinführung eines Produktes können aber bereits ein z. B. relevantes „Gebrauchen" im Sinne des § 11 sein (vgl. BGH GRUR 1990, 997, 999/1000 – Ethofumesat). Nicht erfasste Vorbereitungshandlungen sind z. B. der Entwurf und die Herstellung von Modellen des geschützten Erzeugnisses; der Abschluss von Lieferverträgen, solange damit noch kein Anbieten verbunden ist; der Bau oder die Beschaffung von Werkzeugen, mit denen das geschützte Produkt hergestellt werden soll. Zulassungsanträge (z. B. nach dem AMG oder PflSchG) können je nach den Umständen vorbereitende Handlungen sein oder aber bereits eine Benutzungsart, z. B. des Gebrauchens, verwirklichen.

11 Das Verbietungsrecht **beginnt** mit der Eintragung des GebrM, § 8. Es **endet** mit Ablauf des GebrM-Schutzes. Ein vor Ablauf des GebrM erfolgendes Anbieten der Herstellung oder Lieferung nach Beendigung des GebrM-Schutzes gehört jedoch zu dem dem Inhaber vorbehaltenen Benutzungsrecht.

12 Der **Erzeugnisschutz** des GebrM ist umfassend. Es gilt der Grundsatz, dass das Erzeugnisschutzrecht **sämtliche Verwendungsmöglichkeiten** der erfindungsgemäß gestalteten Sache dem Rechtsinhaber vorbehält, und zwar unabhängig davon, ob dieser die einzelnen Möglichkeiten bereits erkannt hat (vgl. BGH GRUR 1996, 109, 115 – Klinische Versuche I). Erfasst wird grundsätzlich jeder Gegenstand, der die gleichen Eigenschaften besitzt und damit alle Funktionen, Wirkungen, Zwecke, Brauchbarkeiten und Vorteile der Vorrichtung ohne Rücksicht darauf, ob der die Schutzfähigkeit gegebenenfalls allein begründende neue Verwendungszweck genutzt wird, selbst wenn der Verletzer die Verwendungsmöglichkeit nicht in seine Überlegungen einbezogen hat (vgl. BGH GRUR 1996, 190, 193 – Polyferon; BGH Mitt. 1996, 160, 163 – Lichtbogen-Plasma-Beschichtungssystem; BGH GRUR 1998, 1003, 1004 – Leuchtstoff). Etwas anderes kann nur dann gelten, wenn eine Zweckangabe in dem GebrM-Anspruch den Fachmann anweist, wie die einzelnen Merkmale der Vorrichtung räumlich-körperlich ausgestaltet sind (vgl. BGH GRUR 1981, 259, 260 – Heuwerbungs-

Wirkung der Eintragung 13 § 11

maschine). Der umfassende Schutz gilt auch für die **Stoff**-Gebrauchsmuster (vgl. BGH GRUR 1996, 109 – Klinische Versuche I). Trotz Angaben des Herstellungsweges oder -verfahrens ist der Schutz nicht auf die danach hergestellten Erzeugnisse begrenzt; Gegenstand des GebrM ist das Erzeugnis als solches, das unabhängig von seinem Herstellungsweg auch die materiell-rechtlichen Schutzvoraussetzungen erfüllen muss. Diese Grundsätze gelten auch, wenn der Schutzanspruch als **„product-by-process"**-Anspruch formuliert ist, da die Beschreibung des Herstellungsweges nur der eindeutigen Kennzeichnung des Erzeugnisses dient. Durch Auslegung ist zu ermitteln, ob im GebrM-Anspruch enthaltene Worte, wie zum Beispiel „erhältlich durch" oder „erhalten durch" nur ein Beispiel für einen möglichen Herstellungsweg geben, so dass allein die Anwendung eines abweichenden Herstellungsverfahrens nicht aus dem Schutz des GebrM herausführt. Das Gebot der Rechtssicherheit (vgl. hierzu BGH GRUR 1989, 903, 905 – Batteriekastenschnur) ist zu beachten, so dass insbesondere bei der letztgenannten Formulierung Vorsicht geboten ist (vgl. aber BGH GRUR 1993, 651, 655 – tetraploide Kamille).

Die vorerwähnten Grundsätze gelten für alle Arten von Erzeugnisgebrauchsmustern, also zum Beispiel auch für Schaltmittel etc. Bei der **Weiterverarbeitung** eines Erzeugnisses ist zu differenzieren: Ist das geschützte Erzeugnis in einem durch Weiterverarbeitung gewonnenen Endprodukt unverändert enthalten, so verletzt auch das Inverkehrbringen des Endproduktes das Erzeugnis-GebrM (vgl. *Benkard/Ullmann,* § 14 PatG, Rdnr. 50). Die Frage ist, ob der Schutz eines Erzeugnisses mit jeder Weiterverarbeitung endet, bei der der geschützte Gegenstand nicht unverändert erhalten bleibt. Die Gefahr, dass der Schutz wegen **allzu leichter Umgehungsmöglichkeit** ausgehöhlt wird, gebietet auf der einen Seite eine weite Auffassung, so dass bei geschützten Zwischenprodukten und Halbfabrikaten der Schutz auch die Endprodukte erfasst, deren Eigenschaften wesentlich durch die Zwischenprodukte oder Halbfabrikate beeinflusst sind. Die Grenze wird dort zu ziehen sein, wo das Erzeugnis, insbesondere ein chemischer Stoff, in seiner bestimmten Konstitution verwirklicht wird. An einer solchen Verwirklichung dürfte es regelmäßig fehlen, wenn das Erzeugnis/der Stoff als solches(r) nicht mehr vorhanden ist, sondern in ein Produkt, neuen Stoff umgewandelt ist, dessen (z. B. physikalischen oder chemischen) Eigenschaften und dessen technische Verwendbarkeit andere als denjenigen des Ausgangserzeugnisses/Stoffes sind.

3.2 Herstellen

14 Dieser Benutzungstatbestand erstreckt sich auf die **gesamte** Tätigkeit des Herstellens von ihrem Beginn an und beschränkt sich nicht auf den letzten, die Vollendung unmittelbar herbeiführenden Teilakt; er beginnt schon mit der Herstellung wesentlicher Einzelteile für das geschützte Erzeugnis (vgl. BGH GRUR 1995, 338, 341 – Kleiderbügel).

15 Dabei ist es gleichgültig, ob die Gebrauchsmusterbenutzung durch eigene Handlungen oder durch die eines Dritten bewirkt wird, der für den Auftraggeber handelt (BGH GRUR 1990, 997, 999 – Ethofumesat). Herstellen kann auch die Montage einer komplexen Gesamtanlage sein. Die sukzessive Lieferung aller Teile zum Zusammenbau genügt (vgl. OLG Düsseldorf, GRUR 1984, 651). Ebenso die Herstellung eines unfertigen Erzeugnisses, wenn dessen fehlende Teile überall erhältlich sind und hinzugefügt werden können. Dessen ungeachtet liegt eine Benutzungshandlung jedoch grundsätzlich nur vor, wenn von der Gesamtheit aller Merkmale Gebrauch gemacht wird. Allgemein verwendbare und ersetzbare **neutrale Teile** reichen damit in der Regel nicht aus. Die zum vormaligen Patentrecht ergangene Rechtsprechung, wonach in der Herstellung angepasster, d. h. sog. **erfindungsfunktionell individualisierter Teile** ein Herstellen des geschützten Erzeugnisses liegen kann, kann für das geltende Recht grundsätzlich nicht mehr herangezogen werden (vgl. bereits die zurückhaltende Bewertung in BGH GRUR 1982, 165, 166 – Rigg). Denn die Benutzungstatbestände sind abschließend geregelt und Teilschutz kommt regelmäßig nicht in Betracht. Darüber hinaus wird eine derartige Vorverlagerung des Schutzes von § 11 Abs. 2 (mittelbare Gebrauchsmusterverletzung) erfasst (vgl. auch *Busse/Keukenschrijver*, § 9 PatG, Rdnr. 68). Es ist jedoch zu beachten, dass bei dieser Konstellation eine Schutzlücke auftreten kann, wenn derart erfindungsfunktionell individualisierte Teile im Geltungsbereich dieses Gesetzes hergestellt werden und im schutzrechtsfreien Ausland zu der vom inländischen Schutzrecht geschützten Gesamtvorrichtung zusammengefügt werden: In diesem Fall muss auf die hergebrachten Rechtsprechungsgrundsätze zurückgegriffen werden können, da andernfalls wegen Nichteingreifen des § 11 Abs. 2 eine allzu leichte Umgehungsmöglichkeit bestünde. Der **Umbau** eines vom Gebrauchsmusterinhaber oder mit seiner Zustimmung in Verkehr gebrachten Erzeugnisses ist aufgrund des damit verbundenen Erschöpfungsgrundsatzes (vgl.

Wirkung der Eintragung 16, 17 § 11

hierzu Anm. 5.3, 5.4) allenfalls dann unzulässig, wenn er einer Neuherstellung gleich kommt.

Ob **Ausbesserungen** den Tatbestand des Herstellens erfüllen, 16
muss ebenfalls unter Berücksichtigung des Erschöpfungsgrundsatzes beurteilt werden. Der Erwerber eines gemeinfrei gewordenen Erzeugnisses muss über dieses in jeder Hinsicht frei verfügen und es demgemäss auch ungehindert gebrauchen dürfen. Hierzu gehören alle üblichen Maßnahmen zur Inbetriebnahme, zum Inbetriebhalten und zur Pflege des Erzeugnisses. Ausbesserungen sind damit zulässig, soweit sie nicht wirtschaftlich einer Neuherstellung gleich kommen. Unter Berücksichtigung der o. g. Grundsätze zur Herstellung von erfindungsfunktionell individualisierten Teilen können die Wiederherstellung oder der Austausch eines erfindungswesentlichen Teils in der Regel kein gebrauchsmusterverletzendes Herstellen sein (zu weitgehend LG Düsseldorf-E 1997, 25, 29/39 – Klemmhalter). Die Entscheidung dieser Fragen kann nur einzelfallabhängig erfolgen unter Berücksichtigung des angemessenen Interesses des Schutzrechtsinhabers und des Interesses der Allgemeinheit an einer uneingeschränkten Nutzung. Diese Grundsätze haben auch für den **Austausch** von Teilen zu gelten; ob es sich dabei um Verschleißteile handelt, ist allerdings gebrauchsmusterrechtlich unerheblich (vgl. LG Düsseldorf, aaO). **Recycling** ist ein dem Schutzrechtsinhaber vorbehaltenes Herstellen, wenn zuvor die Eigenschaften des Produktes verlorengegangen sind.

3.3 Anbieten

Das Anbieten ist eine selbständige Benutzungshandlung, nicht 17
lediglich eine dem Inverkehrbringen vorausgehende Vorbereitungshandlung. Das Anbieten erfasst sämtliche Handlungen, durch die das geschützte Erzeugnis in die Verfügungsgewalt einer anderen Person übergeht oder übergehen soll. Gleichgültig ist, ob dies zum Erwerb oder lediglich zur Benutzung erfolgen soll, ob die Überlassung im Wege der Eigentumsübertragung oder miet-, leih- oder pachtweise erfolgen soll (vgl. BGH GRUR 1970, 358, 360 – Heißläuferdetektor). Ein Einzelangebot ist ausreichend (vgl. BGH GRUR 1991, 316 – Einzelangebot). Es kann schriftlich, mündlich, telefonisch, durch Ausstellen, Vorführen oder auf andere Art und Weise verwirklicht werden. Die Übergabe von Zeichnungen, Angebotsbeschreibungen, Mustern, Modellen, Fotografien stellt ebenso ein Anbieten dar, wie die Werbung oder das Ausstellen in einem Verkaufsraum (bloßes

Ausstellen auf einer Leistungsschau soll jedoch nicht ausreichend sein, vgl. BGH GRUR 1970, 358, 360 – Heißläuferdetektor). Bedeutungslos ist, ob der Anbieter das Erzeugnis selbst herstellt oder von einem Dritten bezieht (OLG Karlsruhe, GRUR 1986, 892, 895), oder ob das Erzeugnis schon vorrätig ist oder erst hergestellt werden muss (*Busse/Keukenschrijver,* § 9 PatG, Rdnr. 75). Auch das erfolglose Angebot begründet eine Gebrauchsmusterverletzung.

3.4 Inverkehrbringen

18 Hierunter ist jede Handlung zu verstehen, die einem Dritten die **tatsächliche Verfügungsmacht** zur Benutzung des Erzeugnisses verschafft. Die Einräumung einer rechtlichen Verfügungsmacht ist nicht erforderlich, so dass ein Eigentumsübergang nicht erforderlich ist. Besitzverschaffung ist notwendig. Nur der Veräußerer, nicht der Erwerber bringt in Verkehr (vgl. BGH GRUR 1987, 626, 627 – Rundfunkübertragungssystem). Die Übergabe an den Spediteur oder Lagerhalter genügt. Die Durchfuhr einer Ware aus dem Ausland in das Ausland über das Gebiet der Bundesrepublik Deutschland ist kein Inverkehrbringen im Inland, jedoch hingegen der Import mit sogleich anschließendem Export (vgl. OLG Karlsruhe, GRUR 1982, 295, 300 – Rollwagen).

3.5 Gebrauchen

19 Dies ist die **bestimmungsgemäße Verwendung** des Gegenstands des GebrM, wobei der Erzeugnisschutz grundsätzlich alle möglichen Verwendungen umfasst. Beispiele sind der Betrieb einer Vorrichtung, die Verwendung einer Sache, die Verarbeitung eines chemischen Stoffes, der Verbrauch etc. Die Vorführung einer Maschine auf einer allgemeinen Leistungsschau stellt ein Gebrauchen dar (a. A. BGH GRUR 1970, 358, 360 – Heißläuferdetektor); die bloße Schaustellung dort wird jedoch nicht erfasst. Für den Gebrauch von Teilen ist entsprechend auf die Grundsätze zur Herstellung von Teilen zu verweisen (vgl. Anm. 3.2).

3.6 Einführen

20 Das Einführen geschützter Erzeugnisse ist ihr **Verbringen ins Inland;** eine Durchfuhr bzw. ein Verbleiben des Erzeugnisses im

Freihafen reicht nicht aus. Das Einführen muss zu einem der unter 3.3 bis 3.5 genannten Zwecke erfolgen. Die Einfuhr zu einem der in § 12 genannten Zwecke reicht infolgedessen nicht aus; jedoch ein Import zum Zwecke des Exports.

3.7 Besitzen

Wie die Einfuhr ist auch hier das finale Element des Anbietens, **21** Inverkehrbringens oder Gebrauchs erforderlich. Das Tatbestandsmerkmal des Besitzens ist rechtlich nicht notwendigerweise gleichbedeutend mit den bürgerlich-rechtlichen Besitzarten des unmittelbaren, mittelbaren Besitzes und der Besitzdienerschaft, jedoch faktisch im Wesentlichen deckungsgleich.

3.8 Territorialer Schutzbereich

Die Wirkungen der Eintragung des GebrM beschränken sich auf **22** den Schutz im Geltungsbereich des GebrMG; der räumliche Schutzbereich entspricht mithin dem des § 9 PatG. Die Anknüpfung des Benutzungs- wie des Verbietungsrechts an das GebrM enthält eine implizite Beschränkung auf das Gebiet der Bundesrepublik Deutschland, da das GebrM nur hier in Kraft steht, sog. **territoriale Beschränkung.** Für Handlungen vor dem 1. Mai 1992 ist das Bundesgebiet in den territorialen Grenzen vor dem 3. Oktober 1990 maßgeblich, §§ 1, 55 ErstrG (Einzelheiten bei *Bühring*, § 11, Rdnr. 19/20). Die Veröffentlichung der **internationalen Gebrauchsmusteranmeldung** nach Art. 21 PCT enthält keine schutzbegründende Wirkung (trotz Art. III § 8 Abs. 1 IntPatÜG), da das GebrMG anders als § 33 PatG keinen einstweiligen Schutz begründet (ebenso *Busse/Keukenschrijver*, § 11 GebrMG, Rdnr. 9).

Auszugehen ist von dem **staatsrechtlichen Inlandsbegriff,** der **23** auch Zollausschluss- und Freihafengebiete sowie Grundstücke ausländischer Botschaften, jedoch nicht Zolleinschlussgebiete (Jungholz und Kleines Walsertal) umfasst. Infolge des Gebots eines effektiven Rechtsschutzes werden auch Handlungen auf deutschen Schiffen in fremden Gewässern und auf hoher See, in deutschen Flugzeugen, Satelliten und Weltraumstationen erfasst (*Busse/Keukenschrijver*, § 9 PatG, Rdnr. 128).

Benutzungshandlungen, die nur im Ausland erfolgen, werden **24** von dem GebrM-Schutz nicht erfasst. Da die Benutzungshandlungen untereinander selbständige Verbietungsrechte begründen, kann der **Auslandsbezug** unterschiedliche Resultate nach sich ziehen. Der (frühen) Rechtsprechung zum Patentgesetz, wonach die **Herstellung** von **Teilen** einer geschützten Vorrichtung im Inland zum Zwecke des **Zusammenbaus im Ausland** patentverletzend sein soll, kann nach Maßgabe der Erläuterungen zum Schutz von erfindungsfunktionell individualisierten Teilen (Anm. 3.2) nur noch im Ergebnis, nicht in der Begründung gefolgt werden (Anm. 3.2). Die Herstellung einer Vorrichtung mit anschließendem Export ins Ausland ist dessenungeachtet gebrauchsmusterverletzendes Herstellen. Bei einem **Anbieten im Inland** ist es gleichgültig, ob dies zum Zwecke einer Benutzungshandlung im Ausland erfolgt; die Vornahme eines Teils einer Gesamtangebotshandlung im Inland ist ausreichend. Das Angebot **aus dem Ausland** an einen Empfänger im Inland zu einer Benutzungshandlung im Inland ist gebrauchsmusterverletzend. Das Anbieten zum Beispiel auf einer Verkaufsmesse im Inland zur Lieferung des gebrauchsmustergeschützten Gegenstandes vom Ausland ins Ausland stellt ebenso eine Rechtsverletzung dar.

25 Der **Export** ins Ausland stellt ein dem Gebrauchsmusterinhaber vorbehaltenes Inverkehrbringen im Inland dar (zur Übergabe an den Spediteur etc. vgl. Anm. 3.4). Der **Import** ins Inland begründet ein unzulässiges Inverkehrbringen, sobald dem Dritten die Verfügungsmöglichkeit im Inland verschafft wird. Die Verbringung ins Freihafenlager ist auch dann ausreichend, wenn das Erzeugnis im Ausland gekauft und im Ausland weiterverkauft werden soll. Die **Durchfuhr** eines Erzeugnisses aus dem Ausland ins Ausland durch die Bundesrepublik Deutschland ist hingegen kein Inverkehrbringen (vgl. Anm. 3.4).

3.9 Schutzumfang (Verweis)

26 Die dem alleinigen Benutzungsrecht des GebrM-Inhabers unterliegenden Benutzungshandlungen im Sinne des § 11 erstrecken sich auf dasjenige, was **Gegenstand** des GebrM ist. Was hierunter zu verstehen ist, definiert das GebrMG nicht. Die Rechtsprechung subsumiert hierunter die durch die Gebrauchsmusteransprüche definierte Lehre unter Heranziehung der Beschreibung und Zeichnungen zur Auslegung (Einzelheiten unter § 12 a). Das Verbietungsrecht wird hingegen durch den (weitergehenden) **Schutzumfang** beeinflusst, der gerade mit Blickrichtung auf den Verletzungsgegenstand zu bestimmen ist (vgl. Anm. 2.1). Ob und inwieweit die geringeren

Anforderungen an die erfinderische Leistung bei einem GebrM im Vergleich zum Patent Auswirkungen auf den Schutzumfang bzw. auf die Beurteilung der Äquivalenz haben, ist dogmatisch ungeklärt; in der Praxis wird hierauf jedenfalls in der Regel nicht ausdrücklich abgestellt.

4. Mittelbare Benutzung gemäß § 11 II 1, 2

4.1 Vorbehaltene Benutzungshandlungen/Allgemeines

§ 11 Abs. 2 regelt den Tatbestand der mittelbaren Gebrauchsmusterbenutzung entsprechend § 10 PatG. Er entspricht vollinhaltlich dem Schutz eines Erzeugnispatentes gegen mittelbare Benutzung. Die mittelbare Gebrauchsmusterverletzung hat mit den Begehungsformen der Täterschaft bzw. Teilnahme an fremder Gebrauchsmusterverletzung nichts zu tun (vgl. hierzu Anm. 6). Bereits frühzeitig hat die Rechtsprechung des Reichsgerichts (im Wesentlichen zum Patentrecht), der der Bundesgerichtshof gefolgt ist, die Beteiligungsform der mittelbaren Patent- bzw. Gebrauchsmusterverletzung entwickelt. Der Schutzrechtsinhaber sollte nicht nur auf die Inanspruchnahme der unmittelbaren Verletzer angewiesen sein, sondern er sollte auch gegenüber dem Lieferanten von Erzeugnissen, die von Abnehmern in schutzrechtsverletzender Weise benutzt werden, in bestimmter Weise geschützt werden. Häufig können unmittelbare Schutzrechtsverletzungen nicht festgestellt werden; die Zugriffsmöglichkeit gegen den Lieferanten ermöglicht es, bereits die Quelle der Rechtsverletzungen zu schließen. Dadurch wird es dem Schutzrechtsinhaber auch ermöglicht, statt eine unter Umständen Vielzahl von Rechtsstreitigkeiten gegen (kleinere) Abnehmer führen zu müssen, den „eigentlichen" Rechtsverletzer anzugreifen (vgl. *Meier-Beck,* GRUR 1993, 1). Im Gegensatz zum früheren Recht (vgl. hierzu z. B. *Busse/Keukenschrijver,* § 10 PatG, Rdnr. 4) ist § 11 Abs. 2 eine **selbständige** verbotene Benutzungsart; sie setzt also nicht mehr eine durch einen Dritten verübte unmittelbare (akzessorische) Rechtsverletzung voraus. § 11 Abs. 2 begründet deshalb einen **einstufigen Gefährdungstatbestand** (vgl. BGH GRUR 1992, 40, 42 – beheizbarer Atemluftschlauch), der auch dann verwirklicht sein kann, wenn keine unmittelbare Gebrauchsmusterverletzung nachfolgt. § 11 Abs. 2 beinhaltet infolgedessen eine Vorverlagerung des Schutzes, so dass schon das Anbieten oder

Liefern von Mitteln, die den Belieferten in die Lage versetzen, die geschützte Erfindung unberechtigt zu benutzen, verboten ist. Jedoch hat der Gesetzgeber davon abgesehen, die mittelbare Gebrauchsmusterverletzung in Anlehnung an die unmittelbare Gebrauchsmusterverletzung als Straftatbestand auszugestalten, vgl. § 25 Abs. 1. Eine mittelbare Gebrauchsmusterverletzung vor Eintragung des Gebrauchsmusters scheidet mangels Verbietungsrechts aus.

4.2 Gegenstand des Gebrauchsmusters

28 Während § 10 PatG es jedem Dritten verbietet, ohne Zustimmung des Patentinhabers im Geltungsbereich des PatG Mittel, die sich auf ein wesentliches Element der „Erfindung" beziehen, anderen als zur Benutzung der patentierten Erfindung berechtigten Personen anzubieten oder zu liefern, müssen sich nach § 11 Abs. 2 die Mittel auf ein wesentliches Element des „Gegenstands" des Gebrauchsmusters beziehen. Der Begriff „Gegenstand" wird von dem Gesetzgeber leider nicht einheitlich gebraucht (vgl. z. B. § 4, Anm. 5.1). Aus dem Kontext der Regelung, insbesondere ihrer Stellung im Gesetz, folgt jedoch, dass damit – entsprechend § 10 PatG (vgl. hierzu BGH GRUR 1992, 40, 42 – Beheizbarer Atemluftschlauch) – der Schutzumfang des GebrM gemäß § 12 a) umfasst ist.

4.3 Normadressat; notwendiger Teilnehmer

29 § 11 Abs. 2 erfasst **jeden Dritten,** der die Tathandlungen des § 11 Abs. 2 ohne Rechtfertigungsgrund vornimmt. Derjenige, an den die in § 11 Abs. 2 umschriebenen Mittel geliefert werden, und der nicht zur Benutzung der als Gebrauchsmuster geschützten Erfindung berechtigt ist, ist als **notwendiger Teilnehmer** der mittelbaren Gebrauchsmusterverletzung anzusehen. Da es sich bei § 11 Abs. 2 jedoch um einen Gefährdungstatbestand handelt, kommt es auf die tatsächliche Durchführung dieser Tathandlung nicht an. Jedoch ist von Bedeutung, ob diese Person zur Benutzung der geschützten Erfindung berechtigt ist; in diesem Fall ist eine mittelbare Gebrauchsmusterverletzung abzulehnen. Eine Berechtigung der Benutzung ergibt sich z. B. aufgrund eines eigenen Nutzungsrechts (z. B. Lizenz, Vor- oder Weiterbenutzungsrecht etc.). Hierzu gehören ferner diejenigen Personen, denen gegenüber das GebrM erschöpft ist, weil z. B. der im Gebrauchsmuster unter Schutz gestellte

Gegenstand durch den GebrM-Inhaber oder mit dessen Willen durch einen Dritten in den Verkehr gebracht wurde (vgl. BGH GRUR 1997, 116 – Prospekthalter). Wer ein gemeinfreies Erzeugnis erwirbt, kann insbesondere die erforderlichen Ausbesserungs- und Erhaltungsmaßnahmen durchführen, jedenfalls solange wirtschaftlich keine „Neuherstellung" damit verbunden ist (vgl. im einzelnen zur Abgrenzung Anm. 3.2). Personen, die die in § 12 Nr. 1 und 2 genannten Handlungen vornehmen, gelten als nicht privilegiert; dies schließt freilich nicht aus, dass diese Personen aus den vorerwähnten Gründen zur Benutzung des Gegenstands des Gebrauchsmusters berechtigt sein können (vgl. *Mes,* § 10 PatG, Rdnr. 5).

4.4 Mittel, die sich auf ein wesentliches Element des Gegenstands des Gebrauchsmusters beziehen

Mittel im Sinne dieser Vorschrift sind körperliche Gegenstände. Der Aggregatzustand ist gleichgültig, so dass auch flüssige oder gasförmige Stoffe hierunter fallen. Ferner fallen hierunter auch Vorrichtungen, Ersatzteile, Stoffe, Beschreibungen, schriftliche Ausarbeitungen, Modelle, Zeichnungen (*Mes,* § 10 PatG, Rdn. 7). Die objektive Eignung zur Benutzung der Erfindung reicht aus. Die Mittel müssen sich auf ein **wesentliches Element** des Gegenstands des Gebrauchsmusters beziehen. Auf die zum früheren PatG vorgenommene Abgrenzung zu den sog. erfindungswesentlich individualisierten Teilen (vgl. hierzu Anm. 3.2) kommt es nicht mehr an, auch wenn solche Teile faktisch als wesentliches Element eingestuft werden können. Aus der ansonsten nicht notwendigen Abgrenzung in § 11 Abs. 2 Satz 2 („allgemein im Handel erhältliche Erzeugnisse") folgt, dass sogar solche Teile sich auf ein wesentliches Element der Erfindung beziehen können (einschränkender: *Bühring,* § 11, Rdnr. 14). Dennoch werden Mittel von ganz untergeordneter Bedeutung außer Betracht zu bleiben haben (vgl. *Busse/Keukenschrijver,* § 10 PatG, Rdnr. 19). Jedes Mittel, das einen objektiv technischen Bezug zu dem (wesentlichen) Element des Gegenstands des GebrM aufweist, kann ein derartiges „Mittel" im Sinne des § 11 Abs. 2 Satz 1 sein. Ein solches Mittel kann dabei sogar dem Stand der Technik angehören, insbesondere wenn es speziell nach Angaben des Kunden gefertigt wird. Eine äquivalente Benutzung des Gegenstands der Erfindung kann grundsätzlich ausreichen (*Busse/Keukenschrijver,* aaO).

Die Benutzungsformen sind das **Anbieten** oder **Liefern.** Die Aufzählung ist abschließend. Der Begriff des Anbietens deckt sich mit demjenigen in § 11 Abs. 1. Das Anbieten muss jedoch zur Benutzung der Erfindung erfolgen. Bloße Mitteilungen oder Beschreibungen sind nicht ausreichend. Der Begriff des Lieferns setzt die körperliche Übergabe des Mittels an einen anderen, der nicht notwendigerweise der Benutzer zu sein braucht, voraus (vgl. *Benkard/Bruchhausen,* § 10 PatG, Rdnr. 11).

4.5 Territorialer Schutzbereich

32 § 11 Abs. 2 enthält eine doppelte Beschränkung auf Handlungen im Inland. Zum einen müssen sich die Tathandlungen des Anbietens bzw. Lieferns auf das Inland beziehen. Zum anderen müssen sie zur Benutzung der gelieferten Mittel im Geltungsbereich des GebrMG erfolgen (zum Inlandsbegriff vgl. Anm. 3.8 sowie *Bühring,* § 11, Rdnr. 18 ff). Bei Lieferung von wesentlichen Teilen, die im schutzrechtsfreien Ausland zu einer Gesamtvorrichtung zusammengebaut werden, kann eine Schutzrechtslücke entstehen (vgl. hierzu Anm. 3.2).

4.6 Subjektive Voraussetzungen

33 Neben der Erfüllung der objektiven Tatbestandsmerkmale müssen nach § 11 Abs. 2 auch subjektive Voraussetzungen erfüllt sein, deren Feststellung in der Praxis Schwierigkeiten bereiten kann. Denn die Regelung der mittelbaren Gebrauchsmusterverletzung stellt einen Gefährdungstatbestand dar, an den sich nicht notwendigerweise eine unmittelbare Gebrauchsmusterverletzung anschließen muss. Das Anbieten oder Liefern muss „zur Benutzung" des Gegenstands des GebrM erfolgen. Erste Tatbestandsvoraussetzung ist das Vorhandensein des Wissens des Dritten, dass die von ihm angebotenen bzw. gelieferten Mittel dazu geeignet und bestimmt sind, für die Benutzung des Gegenstands des GebrM verwendet zu werden. Diese positive Kenntnis des Dritten wird häufig nur schwer nachzuweisen sein; insgesamt ist auf eine Würdigung der Gesamtumstände des Einzelfalls abzustellen. Der Gesetzgeber hat zur Vermeidung ungerechtfertigter Schutzrechtslücken deshalb eine **Beweiserleichterung** dahingehend aufgenommen, dass es ausreichend ist, wenn Eignung und Bestimmung der Mittel für die Benutzung aufgrund der Umstände offensichtlich sind. Der Vorsatz bzw. die Beweiserleichterung müssen sich sowohl darauf erstrecken, dass die Mittel nicht nur objektiv geeignet, sondern auch bestimmt sind, zur Benutzung der Erfindung verwendet werden zu können. Ferner müssen sich diese subjektiven Voraussetzungen auch auf die Benutzung im Inland beziehen. Handelt es sich beispielsweise um speziell nach Kundenvorgaben gefertigte Teile, liegen diese subjektiven Voraussetzungen vor. Ungeachtet dessen muss der Angebots- bzw. Lieferempfänger die Bestimmung zur Benutzung treffen. Der Liefernde bzw. Anbietende muss infolgedessen wissen oder es muss aufgrund der Umstände offensichtlich sein, dass die angebotenen/gelieferten Mittel für die Benutzung der Erfindung bestimmt sind. Liegen diese subjektiven Voraussetzungen nicht vor, ist der Tatbestand der mittelbaren GebrM-Verletzung nicht erfüllt.

Kann ein Mittel sowohl in das Gebrauchsmuster verletzender Weise als auch nicht verletzender Weise verwendet werden, so ist ein gerichtliches Verbot dahingehend, dass Angebot und Lieferung beanstandeter Mittel unbedingt zu unterlassen sind, nicht gerechtfertigt; eine Einschränkung ist vielmehr dahingehend vorzunehmen, dass der Anbieter/Lieferant nicht durch geeignete Maßnahmen dafür in ausreichendem Umfang sorgt, dass seine Abnehmer die angebotenen/gelieferten Mittel nicht in gebrauchsmusterverletzender Weise benutzen. Dies ist letztlich eine Folge der als Tatbestandsmerkmale des § 11 Abs. 2 aufgenommenen subjektiven Voraussetzungen. Dem Anbieter/Lieferanten muss es deshalb möglich sein, durch geeignete **Maßnahmen** dafür Sorge zu tragen, dass die betreffenden Mittel nicht zu einer Gebrauchsmusterverletzung führen können. Ob sich derartige Vorkehrungen auf bloße Hinweispflichten beschränken können oder (unter Umständen strafbewehrte) Unterlassungsvereinbarungen notwendig sind, lässt sich nicht generalisierend beantworten; dies ist vielmehr eine Frage der Umstände des Einzelfalls. Auf die Stellung sachgerechter Klageanträge ist zu achten.

Zu den subjektiven Voraussetzungen im Rahmen des **§ 11 Abs. 2 Satz 2** vgl. Anm. 4.7.

4.7 Allgemein im Handel erhältliche Erzeugnisse

§ 11 Abs. 2 Satz 1 ist nicht anzuwenden, wenn es sich bei den Mitteln um allgemein im Handel erhältliche Erzeugnisse handelt, es sei denn, dass der Dritte den Belieferten bewusst veranlasst, in einer nach § 11 Abs. 1 Satz 2 verbotenen Weise zu handeln. Hierunter fällt nur Ware, die nicht durch den Verwendungszweck des geschützten Erzeugnisses geprägt ist. Es wird sich hierbei letztlich entsprechend der Gesetzesbegründung zum EPÜ (PMZ 1979, 325, 333) nur um Produkte handeln, die in Großmengen hergestellt werden, also als Massenware oder alltägliche Artikel qualifiziert werden können (vgl. auch *Benkard/Bruchhausen*, § 10 PatG, Rdnr. 15). Derartige Erzeugnisse sollen im Interesse eines möglichst unbeeinflussten und unbeschränkten Warenverkehrs nicht dem Verbotstatbestand der mittelbaren Gebrauchsmusterverletzung unterfallen. Eine Ausnahme gilt, wenn der Dritte den Belieferten bewusst veranlasst, in einer nach § 11 Abs. 1 Satz 2 verbotenen Weise zu handeln, mithin den Tatbestand der unmittelbaren Gebrauchsmusterverletzung zu begehen. Vorausgesetzt ist ein bewusstes Veranlassen, was faktisch mit einer Täterschaft, Mittäterschaft oder Anstiftung gleichgesetzt werden kann. Bloßes Wissen oder gar bloßes Damit-Rechnen-Müssen, dass diese Mittel für eine Gebrauchsmusterverletzung verwendet werden, reicht nicht aus. Zwischen der Veranlassung und der Gebrauchsmusterverletzung des Belieferten muss ein Kausalzusammenhang bestehen, d. h. die Vorschrift ist ebenfalls nicht erfüllt, wenn dieser Belieferte bereits seinerseits die Absicht hatte, die Verletzung zu begehen. Ferner setzt § 11 Abs. 2 Satz 2 das Begehen einer Gebrauchsmusterverletzung voraus (Akzessorietät).

4.8 Fallgestaltungen des § 12 Nr. 1 und 2

37 Eine mittelbare Gebrauchsmusterverletzung kommt auch in Betracht, wenn der unmittelbare Benutzer nach § 12 Nr. 1 und 2 Handlungen im privaten Bereich zu nicht gewerblichen Zwecken oder zu Versuchszwecken vornimmt, die ihrerseits privilegiert und damit nicht tatbestandsmäßig sind. Für den privaten Bereich bzw. Erprobungszweck soll nicht seitens des Dritten geliefert oder angeboten werden dürfen. Nach dem klaren Wortlaut erfasst § 11 Abs. 2 Satz 3 nicht Handlungen nach § 11 Abs. 2 Satz 2, so dass ein Anbieten bzw. eine Lieferung von allgemein erhältlichen Erzeugnissen an die nach § 12 Nr. 1, 2 privilegierten Personen keine mittelbare Gebrauchsmusterverletzung darstellt, auch wenn die weiteren subjektiven und objektiven Voraussetzungen vorliegen.

5. Einwendungen

38 Das Verletzungsgericht hat in tatrichterlicher Bewertung festzustellen, ob eine Gebrauchsmusterverletzung vorliegt. Der in Anspruch Genommene kann dabei prinzipiell dieselben Einwendungen wie bei einer Patentverletzung erheben; Unterschiede ergeben sich daraus, dass das GebrM ein ungeprüftes Schutzrecht ist. Prozessrechtlich handelt es sich hierbei in der Regel um **Einreden.**

5.1 Fehlender Rechtsbestand

Die Verletzungsgerichte sind grundsätzlich befugt, dem Einwand der **Schutzunfähigkeit** nachzugehen und dem GebrM den Schutz zu versagen, wenn sich seine Rechtsunwirksamkeit herausstellt (vgl. § 13 und Anm. dort). Wegen des engen inneren Zusammenhangs aller Schutzvoraussetzungen ist die **Prüfungsbefugnis** des Verletzungsrichters **umfassend**. Somit tritt **keine Bindung des Verletzungsrichters** ein; dies gilt nicht nur hinsichtlich der Erfordernisse der Neuheit und des erfinderischen Schritts, die im Eintragungsverfahren nicht überprüft werden, und deshalb ohnehin im Verletzungsprozess (bei entsprechender Einrede) nachzuholen sind, sondern auch für die im Eintragungsverfahren überprüften absoluten Schutzvoraussetzungen (vgl. insgesamt BGH GRUR 1969, 184, 185 – Lotterielos). Dies ergibt sich auch aus einem Vergleich mit § 19, dessen Regelung über die Bindung des Gerichts des Verletzungsprozesses an im Löschungsverfahren ergangene Entscheidungen nur dann verständlich ist, wenn das Verletzungsgericht im Übrigen in der Beurteilung der Wirksamkeit des Schutzrechtes frei ist; der Einwand der fehlenden Schutzfähigkeit wird also nicht dadurch ausgeschlossen, dass der Beklagte auch ein Löschungsverfahren in die Wege leiten könnte. Der Einwand kann – anders als im Patentverletzungsverfahren – mithin nicht nur zur Begründung einer Aussetzung des Verletzungsverfahrens mit Rücksicht auf ein selbständiges Verfahren zur Prüfung der Schutzfähigkeit erhoben werden (BGH GRUR 1997, 892, 893 – Leiterplattennutzen). Jedoch ist die **Schutzfähigkeit** eines Gebrauchsmusters aufgrund seiner Eintragung zunächst zu **vermuten** (– widerlegbare Vermutung: vgl. das Regel-Ausnahme-Verhältnis der §§ 11, 13; wie hier: ÖOGH GRUR Int. 1997, 164, 165 – Spielautomat; a.A. *Busse/Keukenschrijver,* § 27 GebrMG, Rdn. 11 sowie vor § 15 GebrMG, Rdn. 2). Aus diesem Grunde wird man in der Geltendmachung der Rechte aus einem Gebrauchsmuster regelmäßig die konkludente Behauptung der Schutzfähigkeit entnehmen können, auch wenn grundsätzlich den Kläger die Darlegungslast für diese anspruchsbegründende Tatsache trifft. Äußert der Beklagte in diese Richtung keine

Bedenken, wird das Verletzungsgericht im Regelfall keine Veranlassung haben, sich mit dieser Frage ausdrücklich auseinander zu setzen (vgl. BGH GRUR 1964, 221, 223 – Rolladen). Im allgemeinen bedarf es deshalb einer besonderen Substantiierung der Schutzfähigkeit als anspruchsbegründende Tatsache schon deshalb nicht, weil der Schutzrechtsinhaber das Fehlen von Schutzhindernissen nicht positiv darlegen kann; die Schutzfähigkeit folgt für das Verletzungsverfahren vielmehr aus dem Fehlen schutzhindernden Standes der Technik. Die Darlegungs- und materielle Beweislast für die mangelnde Schutzfähigkeit muss deshalb entsprechend den allgemeinen Regeln der Verletzer tragen (vgl. hierzu kritisch *Busse/Keukenschrijver*, § 24 GebrMG, Rdn. 4; weitere Einzelheiten bei § 24 Anm. 2.5). Im Zweifel ist von der Schutzfähigkeit auszugehen. Zu der Darlegungs- und insbesondere Glaubhaftmachungslast bei einstweiligen Verfügungsverfahren: *Meier-Beck*, GRUR 1988, 861, 864/865, sowie § 24 Anm. 2.5. Die Schutzfähigkeit ist soweit zu prüfen und festzustellen, wie die Einrede reicht. Ihre Prüfung hat der Ermittlung des Schutzumfangs vorauszugehen, weil bei mangelnder Schutzfähigkeit des Schutzgegenstandes für eine Auslegung kein Raum ist (BGH GRUR 1957, 270, 271 – Unfall-Verhütungsschuh). Die Feststellung der Schutzfähigkeit bzw. Schutzunfähigkeit im Verletzungsverfahren wirkt nur **inter partes.** Eine Entscheidung über die Rechtswirksamkeit des GebrM **inter omnes** kann nur im Wege eines Löschungsverfahrens erzielt werden (zur Wechselwirkung zwischen Verletzungsverfahren und Löschungsverfahren vgl. § 19 und Anm. dort).

5.2 Erlöschen

40 Das „Erlöschen" des GebrM betreffende Einwendungen sind erheblich. Die einzelnen Erlöschungsgründe sind die Löschung (§§ 15 – 17, vgl. Anm. dort), Ablauf der Schutzdauer (§ 23 Abs. 1 und 2, vgl. Anm. dort) sowie der Verzicht (§ 23 Abs. 6, vgl. Anm. dort). Die Erlöschungsgründe des Verzichts und des Ablaufs der Schutzdauer wirken nur für die Zukunft; die Löschung gemäß § 15 wirkt ex tunc. Die Erlöschungsgründe können sich auf das gesamte GebrM oder einen Teil davon erstrecken. Sie stellen im Verletzungsverfahren von Amts wegen zu berücksichtigende **Einwendungen** dar, die Unterlassungsansprüchen in jedem Fall die Basis nehmen, den sog. Folgeansprüchen jedoch nur, wenn der Erlöschungsgrund auch rückwirkend ist.

5.3 Zustimmung des Gebrauchsmuster-Inhabers

Die Zustimmung begründet ein **Benutzungsrecht** (ob sie bereits 41
zum Tatbestandsausschluss oder lediglich zum Fortfall der Rechtswidrigkeit führt, ist dogmatisch ungeklärt). Die Zustimmung kann zum Beispiel aufgrund eines Lizenzvertrages erfolgen. Bei tatsächlicher Zustimmung steht die (z. B. Form-)Nichtigkeit des Lizenzvertrages nicht entgegen (vgl. Anm. 2.1). Rechtmäßige Benutzung kann auch aufgrund der Zustimmung eines ausschließlichen Lizenznehmers gegeben sein. Im Falle einer Zwangslizenz wird die Zustimmung des GebrM-Inhabers durch die gerichtliche Entscheidung ersetzt, die die Rechtswidrigkeit der Benutzungshandlungen beseitigt (§ 24 Abs. 1 PatG i. V. m. § 20).

5.4 Erschöpfung des Gebrauchsmusterrechts

Nach dem Grundsatz der **Erschöpfung** des Gebrauchsmuster- 42
rechts wird jedes gebrauchsmustergeschützte Erzeugnis, das einmal berechtigterweise in den Verkehr gelangt ist, gemeinfrei benutzbar. Das Inverkehrbringen kann dabei durch den Rechtsinhaber oder mit seiner Zustimmung durch einen Dritten erfolgen. Ist das geschützte Erzeugnis auf diese Weise in den Verkehr gelangt, besteht nach Sinn und Zweck des Gebrauchsmusterrechts kein Anlass mehr, dem Schutzrechtsinhaber über diese erste Veräußerung hinaus eine Einflussnahme auf das weitere Schicksal des geschützten Gegenstands vorzubehalten. Der Gebrauchsmusterinhaber soll die Rechte aus seinem Schutzrecht nur einmal geltend machen können. Der Erwerber einer **gemeinfrei** gewordenen Vorrichtung kann über sie in jeder Hinsicht frei verfügen und sie demgemäß auch ungehindert gebrauchen. Das Recht zum bestimmungsgemäßen Gebrauch und zur ungehinderten Nutzung der mit Zustimmung des Schutzrechtsinhabers in den Verkehr gelangten geschützten Erzeugnisse umfasst dabei alle „üblichen Maßnahmen" zur Inbetriebnahme, zum Inbetriebhalten sowie zur Pflege der geschützten Vorrichtung (vgl. BGH GRUR 1997, 116, 117 – Prospekthalter; BGH GRUR 1998, 130, 132 – Handhabungsgerät). Zur Abgrenzung zwischen Ausbesserung, Austausch und Neuherstellung vgl. Anm. 3.2. Die Grundsätze der Erschöpfung haben gewohnheitsrechtlichen Rang. Die Gemeinfreiheit tritt bereits infolge der ersten Veräußerung ein; erfolgt das Inverkehrbringen durch einen Dritten mit Zustimmung des Schutzrechtsinha-

bers, so kommt es auf die Art der Berechtigung nicht an (z. B. einfache oder ausschließliche Lizenz, Herstellungs- oder Vertriebslizenz etc.). Die Berechtigung kann auch durch eine wirksame Annahme einer Lizenzbereitschaftserklärung erfolgen (vgl. OLG Nürnberg, GRUR 1996, 48, 49). Rein konzerninterne Warenbewegungen oder innerbetriebliche Vorgänge führen hingegen nicht zu einer Erschöpfung.

43   Der unter dem Stichwort **internationale Erschöpfung** erörterte Sachverhalt des **Inverkehrbringens in Drittstaaten** bewirkt keine Erschöpfung, wobei dies unabhängig davon ist, ob der Schutzrechtsinhaber im Ausland über ein Parallelschutzrecht verfügt oder nicht (vgl. BGH GRUR 1976, 579, 582 – Tylosin). Gegebenenfalls führen die Vertriebshandlungen in diesem jeweiligen Vertriebsstaat zur Erschöpfung, nicht aber zur Erschöpfung der inhaltsgleichen, parallelen Schutzrechte in allen anderen Ländern. Ist die geschützte Sache im Ausland vom Schutzrechtsinhaber in Verkehr gebracht worden, so berechtigt dies nicht zur Einfuhr in ein Land, in dem der Schutzrechtsinhaber über parallele Schutzrechte verfügt. Die Einfuhr oder der Reimport bedarf daher der Zustimmung des Schutzrechtsinhabers (vgl. BGH, aaO). Die Frage der Erschöpfung hat nichts mit dem Territorialitätsgrundsatz zu tun; sie ist eine dem Schutzrecht immanente Inhaltsbeschränkung.

44   Bei Vertriebshandlungen des Schutzrechtsinhabers oder solcher, die mit seiner Zustimmung in einem **Vertragsstaat der EU** erfolgten, tritt Erschöpfung ein. Dasselbe gilt, wenn der Vertrieb durch ein mit dem Schutzrechtsinhaber verbundenes Unternehmen erfolgt. Gleichgültig ist, ob in dem Vertragsstaat der EU ein Parallelschutzrecht bestand oder nicht (vgl. *Busse/Keukenschrijver,* § 9 PatG, Rdnr. 164, 165 m. w. N.). Die Zustimmung ist durch den zu beweisen, der sich auf sie beruft.

5.5 Privilegierungstatbestände des § 12 (Verweis)

45   Kraft Gesetzes sind gemäß § 12 i. V. m. § 11 PatG die dort beschriebenen Nutzungshandlungen keine tatbestandsmäßigen Gebrauchsmusterverletzungen (vgl. § 12 und Anm. dort).

5.6 Vorbenutzungsrecht (Verweis)

46   Ein Vorbenutzungsrecht gemäß § 13 Abs. 3 i. V. m. § 12 PatG schließt die Rechtswidrigkeit aus (vgl. § 13 Abs. 3 und Anm. dort).

Zur Frage des Rechts an einem älteren Patent oder Gebrauchsmuster: vgl. § 14 und Anm. dort.

5.7 Weiterbenutzungsrecht

§ 21 Abs. 1 GebrMG i. V. m. § 123 Abs. 5 und 6 PatG schützt den gutgläubigen Benutzer des Gegenstands eines erloschenen Gebrauchsmusters, das infolge einer späteren Wiedereinsetzung wieder in Kraft getreten ist, durch die Gewährung eines **Weiterbenutzungsrechts.** Das ErstrG kennt ebenfalls Weiterbenutzungsrechte desjenigen, der vor der territorialen Erstreckung eines Schutzrechts die geschützte Erfindung in Benutzung genommen hat, § 28 ErstrG. Habe der wegen Gebrauchsmusterverletzung in Anspruch Genommene den Gegenstand des Klagegebrauchsmusters bereits vor dessen Abzweigung aus dem Stammpatent in Benutzung genommen und habe er zum Zeitpunkt der Benutzungsaufnahme nicht damit rechnen können, ein Schutzrecht zu verletzen, handle er gutgläubig, so dass ihm in analoger Anwendung von § 123 Abs. 5 PatG ein Weiterbenutzungsrecht zustehe (vgl. LG München, Mitt. 1998, 33; zwh.).

5.8 Behördliche Benutzungsanordnung (Verweis)

Behördliche Anordnung gemäß § 13 Abs. 3 i. V. m. § 13 PatG beseitigt die Rechtswidrigkeit (vgl. § 13 Abs. 3 und Anm. dort).

5.9 Inanspruchnahme

Die beschränkte Inanspruchnahme einer gebrauchsmustergeschützten Arbeitnehmererfindung beseitigt die Rechtswidrigkeit der Benutzung (§ 7 Abs. 2 ArbErfG). Bei unbeschränkter Inanspruchnahme tritt Rechtserwerb ein (§ 7 Abs. 1 ArbErfG).

5.10 Freier Stand der Technik

Mit dem Einwand des **freien Stands der Technik** beruft sich der Verletzer darauf, dass sein Verhalten schon vor der Anmeldung des Schutzrechts zum Allgemeingut der Technik gehört habe und nicht mehr monopolisiert werden könne. Bei **wortsinngemäßer** Benutzung durch die angegriffene Ausführungsform kommt nach den Grundsätzen der **patentrechtlichen** Praxis die Verteidigung, die angegriffene Ausführungsform stelle mit Rücksicht auf den Stand der Technik keine patentfähige Erfindung dar, nicht in Betracht. Eine solche Verteidigung liefe auf eine inzidente Feststellung der Nichtigkeit des Klagepatents im Rahmen des Patentverletzungsverfahrens hinaus, was mit der Kompetenzverteilung zwischen Nichtigkeits- und Patentverletzungsverfahren nicht vereinbar sei; die Patenterteilung könne nur mit der Nichtigkeitsklage angefochten werden (vgl. BGH GRUR 1999, 914, 916 – Kontaktfederblock). Mit dieser Begründung jedenfalls kann der Einwand des freien Standes der Technik im **Gebrauchsmusterverletzungsverfahren** nicht zurückgewiesen werden, weil die Schutzvoraussetzungen im Verletzungsrechtsstreit ohnehin nachgeprüft werden können bzw. müssen (vgl. Anm. 5.1). Mangels Bindungswirkung des Verletzungsrichters an die Eintragung des Gebrauchsmusters ist die Zulässigkeit dieses Einwands auch bei **wortsinngemäßer** Verletzung grundsätzlich zu bejahen; sie darf sich jedoch nicht mit der Bindungswirkung der Entscheidung in einem GebrM-Löschungsverfahren nach § 19 Satz 3 GebrMG in Widerspruch setzen. Wird gleichzeitig aus einem parallelen Patent geklagt, können gegebenenfalls unterschiedliche Ergebnisse eintreten. Allerdings hat der BGH einem Beklagten, dessen angegriffene Ausführungsform sämtliche Merkmale des GebrM verwirklicht, den Einwand auf den freien Stand der Technik abgeschnitten (BGH GRUR 1997, 454, 456 – Kabeldurchführung). Soweit sich der BGH zum Beleg seiner Ansicht auf sein Urteil „Schienenschalter II" (GRUR 1972, 597, 599) beruft, erscheint dies zumindest fragwürdig, weil jene Entscheidung die Bindung des ordentlichen Gerichts an die teilweise Aufrechterhaltung des GebrM im Löschungsverfahren zwischen denselben Parteien des Verletzungsrechtsstreits betraf, so dass damit ein nicht verallgemeinerungsfähiger Sachverhalt betroffen war. Der Einwand, die als **äquivalent** angegriffene Ausführungsform stelle mit Rücksicht auf den Stand der Technik keine patentfähige Erfindung dar (sog. Formstein-Einwand), wird im Gebrauchsmusterverletzungsprozess ebenfalls zugelassen (BGH GRUR 1997, 454, 456 – Kabeldurchführung). Denn der Erfinder kann nur für eine erfinderische Weiterentwicklung des Standes der Technik eine Belohnung durch ein Gebrauchsmuster beanspruchen. Der Allgemeinheit muss es möglich sein, eine sich in naheliegender Weise aus dem Stand der Technik ergebende Lehre zu benutzen, die zwar nicht wortsinngemäß die geschützte Lehre einsetzt, ohne einschränkende Berücksichtigung des Standes der Technik in deren Schutzbereich aber einbezogen werden könnte. Der interessierte Dritte kann auch nicht auf die Durchführung eines Löschungsverfahrens verwiesen werden, da dort nur die Schutzwürdigkeit der wortsinngemäßen Lehre der Schutzansprüche geprüft würde (BGH, aaO; vgl. zur Parallelproblematik des positiven Benutzungsrechts Anm. 2.1). Der Einwand ist auch nicht ausgeschlossen, wenn ein Löschungsverfahren zwischen **denselben Parteien** zur (vollständigen oder teilweisen) Aufrechterhaltung des Klagegebrauchsmusters geführt hat (der Einwand wäre bei unterschiedlichen Parteien ohnehin nicht ausgeschlossen). Ist ein Löschungsantrag des Beklagten zurückgewiesen worden, darf sich die Prüfung, ob die als äquivalent angegriffene Ausführungsform mit Rücksicht auf den vorbekannten Stand der Technik keine gebrauchsmusterfähige Erfindung darstellt, aber nicht in Widerspruch zu der im Löschungsverfahren ergangenen Entscheidung setzen (BGH GRUR 1997, 454, 457/458 – Kabeldurchführung). Dieser Stand-der-Technik-Einwand ist nur zu berücksichtigen, wenn der entgegengehaltene Stand der Technik überhaupt die äquivalente Abwandlung und nicht ausschließlich solche Merkmale des Gebrauchsmusteranspruchs betrifft, die bei der angegriffenen Ausführungsform wortsinngemäß verwirklicht sind (vgl. LG Düsseldorf, GRUR 1994, 509, 511 – Rollstuhlfahrrad). Die Darlegungs- und Beweislast liegt bei dem Verletzungsbeklagten. Weitere Einzelheiten bei § 12a Anm. 4.3; § 19 Anm. 3.2.

5.11 Widerrechtliche Entnahme (Verweis)

Sie begründet einen Einwand gegen die Inanspruchnahme wegen vermeintlicher Gebrauchsmusterverletzung dahingehend, dass die Rechte aus dem Gebrauchsmuster gegenüber dem Beklagten unberechtigt erlangt seien (§ 13 Abs. 2 und Anm. dort).

5.12 Unzulässige Erweiterung

Bei einer unzulässigen Erweiterung tritt ebenfalls keine Schutzwirkung ein (vgl. § 15 I Nr. 3 und Anm. dort). Aus einer unzulässigen Erweiterung können Rechte nicht hergeleitet werden, § 4 Abs. 6 Satz 2. Dies gilt auch im Falle der Einreichung neuer (beschränkter) Schutzansprüche zu den Gebrauchsmusterakten; nur diese können Grundlage der Ermittlung des Schutzumfangs sein (BPatGE 29, 8). Dies gilt auch für den Fall von nach dem Erlöschen des GebrM zu den Akten gereichten eingeschränkten Schutzansprüchen.

5.13 Verwirkung

53 Der Einwand der Verwirkung ist zwar gegenüber Ansprüchen wegen Gebrauchsmusterverletzung möglich, jedoch nur in ganz besonderen Ausnahmefällen durchgreifend (vgl. BGH GRUR 1953, 29, 31 – Plattenspieler), was damit zusammenhängt, dass das Gebrauchsmuster seinem Inhaber ohnehin nur ein zeitlich begrenztes Ausschließlichkeitsrecht gewährt und sich die Verletzung des Gebrauchsmusters als fortlaufende unberechtigte Nutzung geistiger Leistungen des Schutzrechtsinhabers darstellt.

5.14 Unzulässige Rechtsausübung

54 Auch der Einwand der unzulässigen Rechtsausübung ist grundsätzlich möglich (vgl. BGH Mitt. 1997, 364 – Weichvorrichtung II). Hierbei ist aber nicht schon jeder Widerspruch der Erklärungen des Gebrauchsmusterinhabers zum Beispiel in einem Löschungsverfahren und im Verletzungsverfahren relevant. Es bedarf der Schaffung eines Vertrauenstatbestandes oder eines treuwidrigen Verhaltens. Ein Vorgehen gegen Abnehmer stellt für sich genommen keine unzulässige Rechtsausübung dar. Angestellte und Arbeiter eines Unternehmens haften regelmäßig für von ihnen verübte Gebrauchsmusterverletzungen auf Unterlassung; die Inanspruchnahme kann im Einzelfall jedoch rechtsmissbräuchlich sein (vgl. LG Düsseldorf, GRUR Int. 1986, 807, 808 – Feldversuche).

5.15 Älteres Recht (Verweis)

55 Ein derartiger Einwand kann sich aufgrund der Kollision von Schutzrechten ergeben und deren zeitliche Rangordnung zueinander, die sich grundsätzlich entsprechend dem Prioritätsprinzip regelt (vgl. Einzelheiten unter § 14 und Anm. dort).

6. Täterschaft/Teilnahme

§ 11 Abs. 1 Satz 2 untersagt es jedem Dritten, die dort genannten **56** Benutzungshandlungen vorzunehmen. Hiervon wird jede natürliche und juristische Person erfasst. Gebrauchsmusterverletzungshandlungen sind ferner unerlaubte sowie gegebenenfalls strafbare Handlungen, § 25. Als Täter kommt deshalb nur eine natürliche Person in Betracht. Bei Unternehmen, Handelsgesellschaften und juristischen Personen richtet sich die Täterschaft nach § 14 StGB. Anstiftungs- und Beihilfehandlungen sind möglich; ebenso Mittäterschaft. Juristische Personen handeln nicht selbst, sondern durch ihre Organe. Folglich sind diese täterschaftlich handelnden Organe der Gesellschaft ebenso wie diese selbst für den gebrauchsmusterrechtlichen Unterlassungsanspruch passivlegitimiert (vgl. BGH GRUR 1986, 248, 250 – Sporthosen).

7. Werbung mit Gebrauchsmusterschutz (Verweis)

Vgl. hierzu § 30 und Anm. dort. **57**

§ 12 [Beschränkung der Wirkung]

Die Wirkung des Gebrauchsmusters erstreckt sich nicht auf
1. **Handlungen, die im privaten Bereich zu nicht gewerblichen Zwecken vorgenommen werden;**
2. **Handlungen zu Versuchszwecken, die sich auf den Gegenstand des Gebrauchsmusters beziehen;**
3. **Handlungen der in § 11 Nr. 4 bis 6 des Patentgesetzes bezeichneten Art.**

Übersicht

	Rdn.
1. Allgemeines/Zweck der Vorschrift	1
2. § 12 Nr. 1: Handlungen im privaten Bereich zu nicht gewerblichen Zwecken	2–4

	Rdn.
3. § 12 Nr. 2: Handlungen zu Versuchszwecken ..	5–7
4. § 11 Nr. 3 PatG analog: Einzelzubereitung von Arzneimitteln	8, 9
5. § 12 Nr. 3 i. V. m. § 11 Nr. 4 PatG: Handlungen an Bord von Schiffen	10
6. § 12 Nr. 3 i. V. m. § 11 Nr. 5 PatG: Handlungen im Zusammenhang mit Luft- und Landfahrzeugen	11
7. § 12 Nr. 3 i. V. m. § 11 Nr. 6 PatG: Privater Luftverkehr	12
8. Allgemeine Rechtfertigungsgründe	13

Literatur (Auswahl): *Chrocziel,* Die Benutzung patentierter Erfindungen zu Versuchs- und Forschungszwecken, 1996; *Pagenberg,* Das Versuchsprivileg des § 11 Nr. 2 PatG, GRUR 1996, 736; *Scheil,* Klinische Versuche, Mitt. 1996, 345; *Stauder,* Die Freiheit des internationalen Verkehrs im Patentrecht, GRUR 1993, 305; *Thums,* Patentschutz für Heilverfahren? GRUR 1995, 277; *von Meibom/Pitz,* Klinische Versuche – eine transatlantische Betrachtung vor dem Hintergrund der Entscheidung des BGH „Klinische Versuche II", Mitt. 1998, 244.

1. Allgemeines/Zweck der Vorschrift

1   Mit der durch das GebrMGÄndG 1986 aufgenommenen Regelung soll eine weitgehende Übereinstimmung mit derjenigen in § 11 PatG hergestellt werden (Begr. PMZ 1986, 320, 327). Die Regelung soll einen Ausgleich zwischen den Interessen des Schutzrechtsinhabers und denjenigen der Allgemeinheit schaffen. Aus § 11 ergibt sich der Grundsatz, dass sich die **Wirkung** des GebrM auf **alle Benutzungshandlungen** erstreckt. § 12 nimmt hiervon bestimmte Benutzungshandlungen tatbestandsausschließend aus. **§ 12 Nr. 1** entzieht Handlungen in der **privaten Sphäre** dem Gebrauchsmusterschutz. **§ 12 Nr. 2** ist Ausdruck eines Ausgleiches zwischen der Anerkennung einer besonderen Leistung im Bereich der Technik und der als Ansporn für weitere Leistungen zu verstehenden Gewährung eines zeitlich beschränkten Ausschließlichkeitsrechts einerseits und den Auswirkungen der Grundsätze der Freiheit, der Forschung und der Sozialbindung des Eigentums andererseits. Der uneingeschränkte Schutz eines Ausschließlichkeitsrechts ist dort nicht gerechtfertigt, wo die Weiterentwicklung der Technik gehindert wird;

deshalb sind Handlungen zu **Versuchszwecken** freigestellt (vgl. BGH Mitt. 1997, 253, 256 – Klinische Versuche II). **§ 12 Nr. 3 i. V. m. § 11 Nr. 4–6 PatG** begrenzt die Schutzwirkungen des Gebrauchsmusters bei bestimmten Handlungen des **internationalen Verkehrs.** Interessanterweise nimmt § 12 Nr. 3 **nicht** Bezug auf **§ 11 Nr. 3 PatG,** der die Rezepturfreiheit des Arztes im Interesse der Gesundheitsförderung gewährleisten will. Darüber hinaus begrenzen – im Gesetz nicht geregelte – **allgemeine Rechtfertigungsgründe** die Schutzwirkungen des Gebrauchsmusters.

2. § 12 Nr. 1: Handlungen im privaten Bereich zu nicht gewerblichen Zwecken

Die Wirkung des Gebrauchsmusters greift nicht ein, wenn eine **doppelte** Voraussetzung erfüllt ist: Die Handlungen müssen sowohl im privaten Bereich als auch zu nicht gewerblichen Zwecken vorgenommen sein. Ist eine der beiden Voraussetzungen nicht erfüllt, greift die Ausnahmeregelung des § 12 Nr. 1 nicht ein (vgl. BGH GRUR 1990, 997 – Ethofumesat).

Der **private Bereich** betrifft die rein persönliche oder private Sphäre des Menschen, zu der auch bloße Studienzwecke gerechnet werden können (BGH GRUR 1990, 997, 999 – Ethofumesat). Erfasst werden sollen insbesondere Handlungen des Menschen im Bereich seiner Familie, seines Haushalts, bei Sport, Spiel und Unterhaltung (*Mes,* § 11 PatG, Rdnr. 3). Über eine Privatsphäre können in der Regel nur persönliche Personen verfügen, so dass die Benutzung in juristischen Personen, Vereinen, Schulen, Kirchen etc. nicht von dem Privilegierungstatbestand erfasst werden.

Weitere Voraussetzung ist, dass die Handlung im privaten Bereich **nicht zu gewerblichen Zwecken** vorgenommen worden sein darf. Der nicht gewerbliche Zweck ist nicht gleichzusetzen mit der gewerblichen Anwendbarkeit (§§ 1 I, 3 II); ebenfalls nicht mit dem handels- und gewerberechtlichen Gewerbebegriff. Freiberufliche Tätigkeiten sind gewerblich im Sinne dieser Vorschrift (OLG München, Mitt. 1996, 312, 314 – Patentverletzung durch ärztliche Verschreibung). Gewerblich ist jede Benutzungshandlung außerhalb der privilegierten Zwecke und Sphären, auch wenn dies nicht für die Zwecke eines Gewerbes geschieht. Zu Feldversuchen mit dem Ziel, eine Zulassung für ein Mittel zu erlangen: vgl. BGH GRUR 1990, 997, 999 – Ethofumesat; Zurschaustellung zu bloßen Lehrzwecken oder zu wissenschaftlichen Zwecken: vgl. BGH GRUR 1970, 358, 360 – Heißläuferdetektor.

3. § 12 Nr. 2: Handlungen zu Versuchszwecken

5   Die Regelung erstreckt sich allgemein auf Handlungen zu Versuchszwecken, die sich auf den „Gegenstand des Gebrauchsmusters" beziehen; soweit in der vergleichbaren Vorschrift des § 11 Nr. 2 PatG von Versuchshandlungen gesprochen wird, die sich auf den „Gegenstand der patentierten Erfindung" beziehen, kann aus dieser unterschiedlichen Formulierung, die wohl aus rein sprachlichen Gründen erfolgte, keine unterschiedliche Interpretation hergeleitet werden. Auf die Grundsätze der Rechtsprechung zu § 11 Nr. 2 PatG kann deshalb uneingeschränkt zurückgegriffen werden.

6   Diese Vorschrift hat in der jüngeren Vergangenheit vor allen Dingen bei der Behandlung **klinischer, pharmazeutischer** oder **agrotechnologischer Versuche** Bedeutung erlangt – die hierzu entwickelten Grundsätze sind aber auf alle Arten von Erfindungen zu übertragen. Die Zulassung zum Beispiel pharmazeutischer Produkte erfordert grundsätzlich klinische Versuche. Unabhängig davon verbindet sich häufig auch mit Marketingfragen das Erfordernis, ein Produkt vor Einführung im betroffenen Markt testen zu lassen. Diese Erfordernisse kollidieren häufig mit bestehenden Schutzrechten. Dies gilt umso mehr, wenn es sich um Basisschutzrechte oder um solche mit weitem Schutzumfang handelt, wie sie zunehmend im biotechnologischen Bereich vorkommen. Zunächst hat der BGH lediglich Maßnahmen zum Auffinden einer unterschiedlichen Indikation dem Versuchsprivileg unterstellt. Zweck der klinischen Versuche durften auch allein die Erlangung neuer Informationen und wissenschaftlicher Versuchsergebnisse sein, wobei die Verwendung derartiger Versuchsergebnisse für wirtschaftliche Zwecke zugelassen wurde (vgl. BGH GRUR 1996, 109 – Klinische Versuche I).

7   Diese Rspr. hat der BGH weiterentwickelt und zulässige Handlungen zu Versuchszwecken angenommen, wenn durch planmäßiges Vorgehen Erkenntnisse gewonnen werden sollen, um eine bestehende Unsicherheit über die Wirkungen und die Verträglichkeit eines Arzneimittel-Wirkstoffes zu beseitigen. Klinische Versuche, bei denen die Wirksamkeit und die Verträglichkeit eines den geschützten Wirkstoff enthaltenden Arzneimittels an Menschen geprüft wird, sind danach auch zulässig, wenn die Erprobungen mit

Beschränkung der Wirkung 7 § 12

dem Ziel vorgenommen werden, Daten für die arzneimittelrechtliche Zulassung einer pharmazeutischen Zusammensetzung zu gewinnen. Die gewerbliche Ausrichtung von Versuchen und die Intention, die gewonnenen Ergebnisse zu gewerblichen Zwecken zu verwerten, machen die Versuchshandlungen selbst nicht zu unzulässigen Handlungen (vgl. BGH Mitt. 1997, 253, 256/257 – Klinische Versuche II). Zulässig ist danach jedes planmäßige Vorgehen zur Gewinnung von Erkenntnissen über den Gegenstand der geschützten Erfindung. Nicht entscheidend ist der finale Zweck der Versuchshandlungen. Versuche, die mit dem letztendlichen Ziel durchgeführt werden, eine arzneimittelrechtliche Zulassung zu erhalten, sind danach zulässig. Es ist eine Einzelfallbetrachtung vorzunehmen, bei der nicht nur die Art des geprüften Wirkstoffs und die Gegebenheiten im klinischen Umfeld, sondern vor allem die Intentionen der beteiligten Personen und Unternehmen zu berücksichtigen sind. Lediglich vorgeschobene Forschungsziele bzw. bloße Willensäußerungen werden kein maßgebliches Abgrenzungskriterium im Einzelfall sein können. Zulässig sind infolgedessen Versuche, die sich auf die Gestaltung des geschützten Stoffes beziehen, etwa um seine Zusammensetzung, Herstellbarkeit, technische Brauchbarkeit und Wirkungsweise zu untersuchen. Einbezogen sind mithin „Verwendungsversuche" sowie „Indikationsversuche". Versuche zum Auffinden von Indikationen und Kontraindikationen innerhalb und außerhalb bekannter Anwendungsbereiche von geschützten Arzneimittelwirkstoffen sind danach zulässig. Zulässig ist insofern auch der Einsatz des geschützten Wirkstoffs mit dem Ziel zu erfahren, ob und gegebenenfalls mit welcher Darreichungsform und Dosierung der Stoff in der Lage ist, bestimmte Krankheiten zu heilen oder zu lindern. Erlaubt sind ferner Versuche, die dem Nachweis dienen, dass ein Konkurrenzprodukt gegenüber dem geschützten Produkt Vorteile, z. B. bessere Eigenschaften, habe, sofern dabei planmäßig vorgegangen wird und es um das Auffinden klinisch relevanter Unterschiede zu anderen Produkten, insbesondere deren Wirksamkeit und Verträglichkeit geht. Unzulässig sind nach wie vor Versuche mit dem geschützten Erzeugnis, die nicht auf technische Erkenntnisse gerichtet sind, sondern ausschließlich kaufmännische bzw. unternehmerische Entscheidungen betreffen. Wenn es nur noch um die Klärung wirtschaftlicher Fakten wie Marktbedürfnis, Preisakzeptanz und Vertriebsmöglichkeiten geht, ist das Versuchsprivileg ausgeschlossen. Nichts anderes gilt, wenn die Erlangung weiterer technisch-wissenschaftlicher Erkenntnisse nur Nebenzweck der Versuchshandlung darstellt und primär unternehmerische Marktstrategien verwirklicht werden sollen. Werden Versuchsreihen in einem vom Versuchszweck nicht mehr zu rechtfertigenden großen Umfang vorgenommen, liegt ebenfalls keine zulässige Versuchshandlung mehr vor (BGH, aaO). Damit wird verhindert, dass durch groß angelegte Versuchsreihen verschiedener Indikationsbereiche der Markt mit geschützten Stoffen überschwemmt und für die identisch geschützten Original-Produkte des Schutzrechtsinhabers verstopft wird. Verhindert werden soll darüber hinaus die missbräuchliche Berufung auf das Versuchsprivileg, sofern Versuche mit der Absicht durchgeführt werden, den Absatz des Erfinders mit seinem Produkt nachhaltig zu stören.

4. § 11 Nr. 3 PatG analog: Einzelzubereitung von Arzneimitteln

8 § 11 Nr. 3 PatG ist nicht in den Verweisungskatalog des § 12 Nr. 3 GebrMG aufgenommen. Durch § 11 Nr. 3 PatG soll die Ausübung der ärztlichen Tätigkeit erleichtert und die mit der Herstellung und Verabreichung von Arzneimitteln in Einzelfällen befassten Personen von der Wirkung des PatG freigestellt werden. Danach darf der Arzt im Einzelfall im Interesse seines Patienten unabhängig von der jeweiligen Schutzrechtslage Arzneimittel verschreiben, die in Apotheken hergestellt werden dürfen. Als Grund für die Nichtübernahme dieser patentrechtlichen Regelung führt der Gesetzgeber des GebrMÄndG 1986 an, dass Stoff- und Verfahrenserfindungen ohnehin nicht als GebrM geschützt werden könnten (PMZ 1986, 320, 327). Diese Begründung trifft für stoffbezogene Erfindungen nicht mehr zu, so dass sich die Frage der **analogen Anwendbarkeit** des § 11 Nr. 3 PatG insoweit stellt. Streng genommen müsste die Analogie nach den Grundsätzen der juristischen Methodenlehre verneint werden, da es sich nicht um eine unbewusste Gesetzeslücke handelt und überdies nachfolgende Gesetzesänderungen zum GebrMG die Möglichkeit der Regelung dieses Punktes hatten. Andererseits dürfen die diesbezüglichen Maßstäbe an den heutigen Gesetzgeber nicht mehr zu hoch angesetzt werden; vor allem aber erfordert der Normzweck des § 11 Nr. 3 PatG eine analoge Anwendung im Rahmen des § 12 Nr. 3 GebrMG, soweit Stofferfindungen und damit Arzneimittel betroffen sind (ebenso *Busse/Keukenschrijver*, § 12 GebrMG, Rdn. 4). Danach gilt Folgendes:

Beschränkung der Wirkung 9, 10 § 12

Der Begriff des Arzneimittels ist eigenständig auszulegen. An- 9
haltspunkte hierfür sind jedoch der Arzneimittelbegriff des § 2
AMG, wonach es sich um Stoffe und Zubereitungen aus Stoffen
handelt, die dazu bestimmt sind, durch Anwendung am oder im
menschlichen oder tierischen Körper Krankheiten, Leiden, Körperschäden oder krankhafte Beschwerden zu heilen, zu lindern, zu
verhüten oder zu erkennen. Nur solche Arzneimittel sind freigestellt,
die unmittelbar in **Apotheken** im Wege der **Einzelzubereitung**
hergestellt werden. Aus § 11 Nr. 3 PatG lässt sich kein allgemeiner
Rechtsgedanke betreffend die Rezepturfreiheit des Arztes herleiten;
die Vorschrift betrifft einen **eng umgrenzten Ausnahmefall** und
privilegiert allein die Herstellung eines Arzneimittels in der Apotheke aufgrund eines ärztlichen Rezepts. Keine Privilegierung läge
danach vor, wenn die Zubereitung nicht durch den Apotheker in
der Apotheke, sondern beispielsweise durch den Arzt oder in einem
Labor erfolgte. **Vorratszubereitungen** sind ebenfalls unzulässig.
Die Zubereitung muss aufgrund konkreter, auf den Einzelpatienten
bezogener Verordnung seitens des Arztes erfolgen (vgl. LG Hamburg, Mitt. 1996, 315 – Patentverschreibung durch ärztliche Verschreibung). Privilegiert unter den Voraussetzungen des § 11 Nr. 3
sind auch die damit im Zusammenhang stehenden Handlungen des
Verschreibens, Herstellens und der Anwendung, soweit sie nicht
ohnehin wegen des Ausschlusses von Verfahrenserfindungen frei
ausführbar sind.

5. § 12 Nr. 3 i. V. m. § 11 Nr. 4 PatG: Handlungen an Bord von Schiffen

Von der Wirkung des Gebrauchsmusters ausgenommen sind fer- 10
ner der Gebrauch seines Gegenstands an Bord des Schiffes eines
anderen Mitgliedstaats der Pariser Verbandsübereinkunft (vgl. Art. 5
ter PVÜ), wenn das Schiff vorübergehend oder zufällig in die
nationalen Gewässer der Bundesrepublik Deutschland gelangt. Der
Gegenstand muss ausschließlich für die Bedürfnisse des Schiffs, seiner
Besatzung und seiner Passagiere verwendet werden. Nicht privilegiert ist infolge dessen die Herstellung von Erzeugnissen an Bord des
Schiffes oder das Inverkehrbringen solcher Erzeugnisse.

6. § 12 Nr. 3 i. V. m. § 11 Nr. 5 PatG: Handlungen im Zusammenhang mit Luft- und Landfahrzeugen

11 Auch diese Vorschrift dient der Freiheit des internationalen Verkehrs (vgl. Art. 5 ter PVÜ). Danach ist eine Gebrauchsmusterverletzung durch Gebrauch des Gegenstands des Gebrauchsmusters in der Bauausführung (z. B. Kupplung) oder für den Betrieb von Luft- und Landfahrzeugen ausgeschlossen; erfasst werden alle Fahrzeuge, z. B. ausländische Eisenbahnen, Flugzeuge, Kraftfahrzeuge, Rolltrailer, etc. (vgl. LG Hamburg, GRUR Int. 1973, 703, 704 – Rolltrailer). Fahrzeuge der in § 11 Nr. 5 PatG beschriebenen Art dürfen vorübergehend (z. B. ein Jahr seit Grenzübertritt) ins Inland gebracht werden. Diese Voraussetzung ist z. B. erfüllt, wenn sich die Fahrzeuge bestimmungsgemäß nur für einige Tage – ggf. wiederholt – auf einer Messe im Inland befinden (vgl. OLG Düsseldorf, GRUR 1994, 105, 107 – Stapelbarer Transportwagen).

7. § 12 Nr. 3 i. V. m. § 11 Nr. 6 PatG: Privater Luftverkehr

12 Art. 27 des in § 11 Nr. 6 PatG genannten Abkommens sieht eine Befreiung von der Beschlagnahme wegen einer Schutzrechtsverletzung vor, wenn bei einem genehmigten Einflug oder Durchflug Bauart, Mechanismus, Teile, Zubehör oder der Betrieb des Luftfahrzeuges das Schutzrecht verletzen; die Befreiung gilt auch für die Lagerung von Ersatzteilen und die Ersatzausrüstung.

8. Allgemeine Rechtfertigungsgründe

13 Die Benutzung des geschützten Gebrauchsmusters im Notstandsfall unter den Voraussetzungen des § 904 BGB ist rechtmäßig (vgl. BGH GRUR 1992, 305, 309 – Heliumeinspeisung). Die Notwendigkeit der Einhaltung öffentlich-rechtlicher Vorschriften (z. B. des AMG) bedeutet hingegen keinen patent- oder gebrauchsmusterrechtlichen Rechtfertigungsgrund; denn im Patent- und Gebrauchs-

Schutzbereich § 12 a

musterrecht geht es allein darum, den Schutzrechtsinhaber für die Bereicherung der Technik zu belohnen und entsprechend vor einer unerlaubten Ausnutzung durch Dritte zu schützen; dieser Schutz ist sehr weitgehend (vgl. OLG München, Mitt. 1996, 312, 314/315 – Patentverletzung durch ärztliche Verschreibung). Ebenso kann die bloße Tatsache der Mitwirkung des Schutzrechtsinhabers an der Aufstellung von Normen (z. B. **DIN-Normen**) allein niemals die Annahme rechtfertigen, er sei mit einer bei Beachtung der Normvorschrift unumgänglichen Benutzung der ihm geschützten Erfindung einverstanden (so bereits RG GRUR 1939, 910, 914 – Schmiergeräte; BGH GRUR 1953, 175, 177 – Kabel-Kennzeichnung, WZ-Angelegenheit).

§ 12 a [Schutzbereich]

Der Schutzbereich des Gebrauchsmusters wird durch den Inhalt der Schutzansprüche bestimmt. Die Beschreibung und die Zeichnungen sind jedoch zur Auslegung der Schutzansprüche heranzuziehen.

Übersicht

	Rdn.
1. Allgemeines/Zweck der Vorschrift	1–3
2. Auslegungsziele	4, 5
3. Inhalt der Gebrauchsmusteransprüche	6
3.1 Arten und Formulierungen der Gebrauchsmusteransprüche	7
3.2 Bedeutung und Tragweite der Gebrauchsmusteransprüche	8, 9
3.3 Offenbarungsgehalt und Fachwissen	10
3.4 Beschreibung/Zeichnungen	11
3.5 Eintragungsakten/Heranziehung des Standes der Technik	12–15
4. Verletzungsform	16
4.1 Wortsinngemäße Benutzung	17
4.2 Äquivalenz	18
4.3 Einrede des Standes der Technik	19
4.4 Verschlechterte/verbesserte Ausführungsform	20

§ 12 a 1 Schutzbereich

	Rdn.
4.5 Abhängige Erfindung	21
4.6 Teilschutz	22

Literatur (Auswahl): *Fürniss,* Stoffschutz und Äquivalenz, FS R. Nirk 1992, 305, *König,* Der patentrechtliche Teilschutz – Schutz der Teil-/Unterkombination, Mitt. 1993, 32; *ders.,* Zum Schutzbereich und der BGH-Entscheidung „Zerlegvorrichtung für Baumstämme", Mitt. 1994, 178; *ders.,* Patentverletzung durch erfinderische Abwandlung, Mitt. 1996, 75, *U. Krieger,* Der Äquivalenzbereich – wesentliche und unwesentliche Merkmale des Patentanspruchs, GRUR 1980, 683; *Kühnen,* Äquivalenzschutz und patentierte Verletzungsform, GRUR 1996, 729, *Lederer,* Zur Äquivalenz beim chemischen Stoffpatent, GRUR 1998, 272; *Osterloh,* Das „störende" Merkmal des Streitpatents im Verletzungsprozess, GRUR 1993, 260; *Rogge,* Berücksichtigung beschränkender Erklärungen bei der Bestimmung des Schutzbereichs eines Patents (§ 14 PatG, Art. 69 EPÜ), Mitt. 1998, 201; *Nieder,* Anspruchsbeschränkung im Gebrauchsmusterverletzungsprozess, GRUR 1999, 222; *Scharen,* Der Schutzbereich des Patents im Falle verschiedener Einwände des Beklagten eines Verletzungsprozesses, GRUR 1999, 285; *Busche,* Die Reichweite des Patentschutzes – zur Auslegung von Patentansprüchen im Spannungsfeld von Patentinhaberschutz und Rechtssicherheit, Mitt. 1999, 161.

1. Allgemeines/Zweck der Vorschrift

1 Die Vorschrift ist durch das Produktpirateriegesetz vom 7. 3. 1990 eingefügt worden. Nach der Ausdehnung des Anwendungsbereichs der als Gebrauchsmuster schützbaren Erfindungen sollte auf eine nähere Umschreibung des Schutzbereichs nicht verzichtet werden (Begr. PrPG, PMZ 1990, 173, 200). Die Regelung entspricht § 14 PatG und rückt das Gebrauchsmusterrecht auch insoweit näher an das Patentrecht. In Befolgung der sich aus dem Protokoll über die Auslegung des Art. 69 EPÜ folgenden Regel folgt das GebrMG einer „vermittelnden" Auslegung. Diese schließt eine Auslegung danach aus, dass unter dem Schutzbereich des Gebrauchsmusters nur dasjenige zu verstehen ist, was sich aus dem genauen Wortlaut der Ansprüche ergibt; die Beschreibung sowie die Zeichnungen wären danach nur zur Behebung etwaiger Unklarheiten in den Ansprüchen heranzuziehen. Auch das andere Extrem einer Auslegung scheidet aus: Danach dienen die Ansprüche lediglich als Richtlinien; der Schutzbereich erstreckt sich auf dasjenige, was sich dem Fachmann nach Prüfung der Beschreibung und der Zeichnungen als Schutz-

Schutzbereich 2–4 § 12a

begehren des Rechtsinhabers darstellt. Nach der durch § 12a festgelegten Regel soll die Auslegung zwischen diesen extremen Auffassungen liegen. Die Begriffe „Schutzumfang" und „Schutzbereich" werden in Rspr. und Lit. weitgehend synonym verwendet (vgl. hierzu auch *Schramm,* Der Patentverletzungsprozess, 4. Aufl. 1999, S. 3). Zum zeitlichen Anwendungsbereich dieser Vorschrift: BGH GRUR 1997, 454, 457 – Kabeldurchführung.

Die zu § 14 PatG entwickelten Grundsätze sind auch auf § 12a 2 prinzipiell anwendbar, so dass die zum Patentrecht ergangene Praxis für die Auslegung des § 12a herangezogen werden kann. Jedoch darf die Tatsache nicht unbeachtet bleiben, dass es sich beim GebrM um ein ungeprüftes Schutzrecht handelt, dessen Wirkungen nur eintreten, wenn es auch schutzfähig ist. Zur Bindungswirkung nach § 19 Satz 3: siehe Anm. dort.

Bei der Prüfung einer Gebrauchsmusterverletzung ist eine erschöpfende Erörterung darüber erforderlich, welche Lehre zum technischen Handeln der Durchschnittsfachmann dem Schutzanspruch entnimmt (BGH GRUR 1997, 454, 455 – Kabeldurchführung). Da eine ausreichende Beurteilung eines Klagegebrauchsmusters nach rechtlichen Maßstäben erst dann einsetzen kann, wenn hierfür die erforderlichen (technischen) Grundlagen ermittelt sind, muss das Verletzungsgericht bei der Erörterung dieser Grundlagen entweder seine eigene Sachkunde dartun oder gegebenenfalls die Einholung eines Sachverständigengutachtens veranlassen (BGH, aaO, S. 456). Die Auslegung des Klagegebrauchsmusters unterliegt einer uneingeschränkten Prüfung im Revisionsverfahren (vgl. BGH GRUR 1997, 116, 117 – Prospekthalter). Die Grundlagen der Auslegung gehören jedoch dem Bereich der Tatsachenfeststellung durch das erstinstanzliche oder zweitinstanzliche Verletzungsgericht an. Sie sind für das Revisionsgericht bindend, soweit keine zulässigen und begründeten Revisionsangriffe hiergegen erhoben worden sind. In den Bereich der Tatsachenfeststellung gehört auch die Ermittlung des in der Gebrauchsmusterschrift offenbarten Erfindungsgegenstandes (vgl. BGH GRUR 1999, 909, 911 – Spannschraube).

2. Auslegungsziele

Angemessener Schutz für den Gebrauchsmusterinhaber einer- 4 seits und ausreichende **Rechtssicherheit** für Dritte andererseits sind gegeneinander abzuwägen und miteinander zu verbinden (vgl. BGH

GRUR 1992, 305, 307 – Heliumeinspeisung). Mit dem Gebot der Rechtssicherheit soll erreicht werden, dass der Schutzbereich eines Gebrauchsmusters für Außenstehende hinreichend vorhersehbar ist. Der Anmelder muss – genauso wie beim Patent – dafür sorgen, dass das, wofür er Schutz begehrt, sorgfältig und vollständig in den Merkmalen des Gebrauchsmusters niedergelegt ist; der Schutzbereich darf sich nicht durch Weglassen von Merkmalen des Anspruchs ergeben (vgl. BGH GRUR 1989, 903, 905 – Batteriekastenschnur; BGH GRUR 1991, 444 – Autowaschvorrichtung). Diese Grundsätze bedingen eine objektive Beurteilung unabhängig von dem subjektiven Willen des Erfinders.

5   **Methodisch** ist in einer ersten Stufe der Prüfung der Inhalt der Gebrauchsmusteransprüche zu bestimmen, in denen der Anmelder anzugeben hat, was als gebrauchsmusterfähig unter Schutz gestellt werden soll (vgl. § 4 Abs. 3 Nr. 3). Die Gebrauchsmusteransprüche enthalten die offenbarte und beanspruchte Erfindung, mithin den **unmittelbaren Gegenstand** des Gebrauchsmusters (vgl. BGH GRUR 1993, 651, 653 – tetraploide Kamille; vgl. auch § 11 Anm. 2.1). Nach Ermittlung dieses unmittelbaren Gegenstands des Gebrauchsmusters erfolgt auf der zweiten Stufe die Ermittlung des **Schutzumfanges des Gebrauchsmusters.** Hier ist der unmittelbare Gegenstand des Gebrauchsmusters mit der angegriffenen Ausführungsform (Verletzungsform) zu vergleichen (Einzelheiten: Anm. 4). In der Praxis folgt dieser Vergleich anhand einer **Merkmalsanalyse,** die eine Gliederung des zu beurteilenden Gebrauchsmusteranspruchs in einzelne Merkmalsunterteilungen darstellt (vgl. beispielhaft BGH GRUR 1997, 454, 456 – Kabeldurchführung; ferner *Busse/Keukenschrijver,* § 14 PatG, Rdnr. 51).

3. Inhalt der Gebrauchsmusteransprüche

6   Gegenstand des Gebrauchsmusters ist die **gesamte** technische Lehre, die Eingang in den Gebrauchsmusteranspruch gefunden hat; der Schutz ist also nicht mit der Neuerung gegenüber dem Stand der Technik gleichzusetzen. Für den Schutz ist es gleichgültig, ob eine „einteilige" oder „zweiteilige" Fassung des Hauptanspruchs gewählt wurde (vgl. zu den Schutzansprüchen insgesamt: § 4 Anm. 3.7).

3.1 Arten und Formulierungen der Gebrauchsmusteransprüche

Der Hauptanspruch stellt in der Regel die Grundlage für die Ermittlung des Schutzbereichs in seinem weitesten Umfang dar. Der Schutzbereich eines **Nebenanspruchs** ist nach denselben Regeln wie bei einem Hauptanspruch zu ermitteln. Der Schutzbereich eines **Unteranspruchs** wird durch dessen Inhalt in Verbindung mit dem Inhalt des oder der in Bezug genommenen übergeordneten Gebrauchsmusteransprüche bestimmt. Die Einbeziehung eines Unteranspruchs in ein Schutzbegehren kann von Bedeutung sein, wenn die sog. Verletzungsform nicht wortsinngemäß ausfällt und der Beklagte die Einrede des freien Standes der Technik erhebt.

3.2 Bedeutung und Tragweite der Gebrauchsmusteransprüche

Die Praxis geht zu Recht davon aus, dass die im Laufe der Gesetzesentwicklung vorgenommene Annäherung des Gebrauchsmusters an die Regelung des Patentgesetzes – wie sie nicht zuletzt auch durch Aufnahme der mit § 14 PatG inhaltlich übereinstimmenden Bestimmung in § 12 a GebrMG dokumentiert ist – erkennen lässt, dass der Gesetzgeber einen sachlichen Unterschied zwischen der Bedeutung von Schutzansprüchen des Gebrauchsmusters und Patentansprüchen nicht für gerechtfertigt erachtet (vgl. BPatG Mitt. 1999, 271, 273). Die Folge ist ein Verständnis des Gebrauchsmustergesetzes, wonach den der Eintragung zugrunde gelegten Schutzansprüchen der Vorrang bei der Bestimmung des Schutzbereichs gebührt (BGH GRUR 1997, 454, 457 – Kabeldurchführung).

Die Gebrauchsmusteransprüche sind damit nicht nur Ausgangspunkt sondern **maßgebliche Grundlage** für die Bestimmung des Schutzbereichs, auch wenn nach geltendem Recht zur Auslegung der Gebrauchsmusteransprüche selbstverständlich die Beschreibung und die Zeichnungen heranzuziehen sind (§ 12 a Satz 2, vgl. BGH GRUR 1998, 1003, 1004 – Leuchtstoff). Inhalt des Gebrauchsmusteranspruchs bedeutet nicht Wortlaut, sondern **Wortsinn** (vgl. BGH GRUR 1998, 1003, 1004 – Leuchtstoff) bzw. **Sinngehalt** (vgl. BGH GRUR 1989, 903, 905 – Batteriekastenschnur; BGH GRUR 1999, 909, 911 – Spannschraube). Maßgebend ist der Offenbarungsgehalt der Gebrauchsmusteransprüche und ergänzend – im Sinne einer Auslegungshilfe – der Offenbarungsgehalt der Gebrauchsmusterschrift, soweit dieser Niederschlag in den Ansprüchen gefunden hat (BGH GRUR 1997, 360 – Profilkrümmer). Das Gebot der Auslegung gilt nicht nur für die Behebung etwaiger Unklarheiten, sondern auch schon zur **Klarstellung** der in den Gebrauchsmusteransprüchen verwendeten technischen Begriffe sowie zur Klärung der Bedeutung und der Tragweite der dort beschriebenen Erfindung (vgl. lediglich BGH GRUR 1994, 597, 599 – Zerlegvorrichtung für Baumstämme). Der Schutzanspruch muss hinreichend deutlich machen, welche technische Lehre geschützt ist. Der Anmelder hat es in der Hand, durch eine entsprechende Fassung der Schutzansprüche dafür zu sorgen, dass er einen umfassenden Schutz für die von ihm offenbarte Erfindung erhält. Versäumt er es, einen Bereich, der ihm nachträglich als wichtig erscheint, zum Gegenstand eines Schutzanspruchs zu machen, so kann aus **Gründen der Rechtssicherheit** der Schutzbereich nicht durch eine die angemessene Belohnung des Erfinders verfolgende Auslegung „erweitert" werden.

3.3 Offenbarungsgehalt und Fachwissen

10   Bei der Ermittlung des Inhalts der Gebrauchsmusteransprüche ist die Sicht des in dem jeweiligen Fachgebiet tätigen Fachmanns maßgeblich (vgl. BGH GRUR 1997, 116, 117/118 – Prospekthalter). Begriffe in den Gebrauchsmusteransprüchen und in der Gebrauchsmusterbeschreibung sind so zu deuten, wie sie der angesprochene Durchschnittsfachmann nach dem **Gesamtinhalt** der Gebrauchsmusterschrift unter Berücksichtigung von Aufgabe und Lösung der Erfindung versteht. Maßgebend ist, was ein unbefangener, technisch geschulter Leser der Gebrauchsmusterschrift entnimmt (vgl. BGH GRUR 1998, 133, 134 – Kunststoffaufbereitung). Sehr instruktiv: BGH GRUR 1999, 909, 911/912 – Spannschraube: Um den Sinngehalt und die Bedeutung eines Merkmals zu verstehen, wird der Fachmann ermitteln, was mit dem streitigen Merkmal im Hinblick auf die Erfindung erreicht werden soll. Er wird sich entscheidend an dem in der Gebrauchsmusterschrift zum Ausdruck kommenden Zweck des einzelnen Merkmals orientieren und dabei nicht nur den Wortlaut aller Schutzansprüche, sondern den gesamten Inhalt der Gebrauchsmusterschrift zu Rate ziehen. Belehrt der Stand der Technik den Fachmann darüber, dass eine Auslegung in dieser oder jener Richtung nicht in Betracht kommt, so wird der Fachmann diese

Schutzbereich **11 § 12 a**

Auslegungsmöglichkeit verwerfen, auch wenn sie nach dem Wortlaut an sich in Betracht käme. Bei solcher Sachlage ist die durch das Gebrauchsmuster gekennzeichnete Lehre auf die verbleibende Ausführung beschränkt, die der Stand der Technik als ausführbar erkennen lässt und die der Fachmann allein in Betracht zieht. Deshalb kann der Inhalt einer Gebrauchsmusterschrift den Offenbarungsgehalt eines Gebrauchsmusters begrenzen, wenn der Fachmann der Gesamtheit des Dokuments eine engere Lehre entnimmt, als diejenige, die der Wortlaut eines Merkmals zu vermitteln scheint. Dabei ist überhaupt die rein philologische Deutung eines Begriffs zu vermeiden, sondern auf den technischen Sinn der in der Gebrauchsmusterschrift benutzten Worte und Begriffe abzustellen. Besonders plastisch wird dabei davon gesprochen, dass Patentschriften, mithin auch Gebrauchsmusterschriften, im Hinblick auf die dort gebrauchten Begriffe gleichsam ihr **eigenes Lexikon** darstellen (so insgesamt BGH, aaO – zum Patentrecht). Grundlage für die Beurteilung sind das Wissen und das Können eines durchschnittlichen, nicht eines überragenden Fachmannes.

3.4 Beschreibung/Zeichnungen

Nach § 4 Abs. 3 Nr. 4 ist eine Beschreibung des Gegenstands des **11** GebrM notwendig. Zeichnungen sind dann vorgeschrieben, wenn die Anmeldung eine Bezugnahme auf die Zeichnung enthält, § 4 Abs. 3 Nr. 5. Einzelheiten zur Beschreibung und zu den Zeichnungen, § 4 Anm. 3.8 und 3.9. Der Beschreibung und den Zeichnungen wird (im Vergleich zu den Ansprüchen) eine „dienende" Funktion zugeschrieben (vgl. *Busse/Keukenschrijver*, § 14 PatG, Rdnr. 45; *Mes*, § 14 PatG, Rdnr. 10). Diese Umschreibung ist insofern verkürzend, als sich aus der Gesamtoffenbarung ein Schutzumfang eines Gebrauchsmusters ergeben kann, der geringer ist als der Wortlaut der Merkmale des Anspruchs zu vermitteln scheint (BGH GRUR 1999, 909, 912 – Spannschraube). Auf der anderen Seite können Beschreibung und Zeichnungen den Schutzumfang der Gebrauchsmusteransprüche nicht erweitern, zum Beispiel wenn in der Gebrauchsmusterschrift Merkmale enthalten sind, die nicht in die Gebrauchsmusteransprüche eingeflossen sind (vgl. OLG München GRUR 1995, 806 – Surfbretter; BPatG Mitt. 1999, 271, 272/273). Angaben zu **Zweck, Wirkung und Funktion** einer Vorrichtung im Anspruch sowie in der Beschreibung können grundsätzlich nicht zu einer Einschränkung des Schutzbereiches der Vorrichtung auf deren Verwendung zu dem genannten Zweck, mit der angegebenen Wirkung oder der bestimmten Funktion führen (vgl. BGH GRUR 1991, 436, 441/442 – Befestigungsvorrichtung II). Etwas anderes kann nur gelten, wenn sich aus diesen Angaben eine mittelbare Umschreibung der räumlich-körperlichen Merkmale der Vorrichtung ergibt (vgl. BGH GRUR 1981, 259, 260 – Heuwerbungsmaschine II). **Zahl- und Maßangaben,** die nach ihrer Auslegung eine allgemeine Erläuterung einer vorteilhaften Anwendung der technischen Lehre darstellen, werden in der Regel nicht zu einer Beschränkung des GebrM führen, wenn trotz Abweichungen die Wirkung der geschützten Lehre ganz oder zum Teil eintritt. Etwas anderes wird nur dann anzunehmen sein, wenn diese Zahl- und Maßangaben gerade das erfinderische Neue bewirken. **Zeichnungen** sind nicht maßstäblich zu interpretieren, da es sich bei ihnen nicht um Konstruktionszeichnungen handelt. **Begriffe** sind nach ihrem technischen Sinngehalt aus der Gebrauchsmusterschrift heraus auszulegen.

3.5 Eintragungsakten/Heranziehung des Standes der Technik

12 Die **patentrechtliche** Praxis geht davon aus, dass die Erteilungsakten kein in § 14 Satz 2 PatG genanntes Auslegungsmittel sind. Denn nur die Patentschrift unterrichte die Öffentlichkeit über den Inhalt der Ansprüche; der Schutzbereich eines Patents könne aufgrund von Inhalten der Erteilungsakten, die in der Patentschrift keinen für den Fachmann erkennbaren Niederschlag gefunden hätten, nicht tangiert werden; dies wäre mit dem Gebot der Rechtssicherheit nicht zu vereinbaren (BGH GRUR 1992, 40, 42 – Beheizbarer Atemluftschlauch: Beachtet werden muss aber, dass diese Entscheidung nur die Fallgestaltung einer erweiternden Auslegung zu Lasten Dritter im Auge hatte). **Beschränkungen** und **Verzichte** sind danach jedenfalls dann zu beachten, wenn sie in der Patentschrift ihren Niederschlag gefunden haben (*Benkard/Ullmann*, § 14, Rdnr. 80). Ungeachtet dessen ist die Problematik der Berücksichtigung der Erteilungsakten durch zwei Entscheidungen des BGH in Gang gekommen, aber noch nicht abschließend entschieden (BGH GRUR 1993, 886 – Weichvorrichtung I; BGH Mitt. 1997, 363 – Weichvorrichtung II). Die letztgenannte Entscheidung betrifft einen Sachverhalt, in dem der Patentanmelder im Einspruchsverfahren erklärt hatte, für eine bestimmte Ausführungsform keinen Pa-

Schutzbereich 13 § 12 a

tentschutz zu begehren, jedoch im Verletzungsstreitverfahren gleichwohl gegenüber einem am Einspruchsverfahren Beteiligten Ansprüche aus dem Patent wegen dieser Ausführungsform geltend machte: Hier hat der BGH es als gegen die Grundsätze von **Treu und Glauben** unter dem Gesichtspunkt der **unzulässigen Rechtsausübung** angesehen, wenn die Erklärung des Patentanmelders Grundlage für die Erteilung des Patents oder dessen Fassung war und wenn der in Anspruch Genommene auf die Redlichkeit und Zuverlässigkeit des Patentanmelders vertrauen durfte; zu beachten ist, dass es hierbei nicht um den durch Auslegung des Patentanspruchs gemäß § 14 PatG zu bestimmenden objektiven Schutzbereich des Patents gegenüber jedermann ging, sondern ausschließlich um das Verhältnis der am Einspruchsverfahren und am Verletzungsstreit beteiligten Parteien zueinander (BGH Mitt. 1997, 363, 367 – Weichvorrichtung II).

Im **Gebrauchsmusterrecht** werden vergleichbare Erklärungen 13 im Eintragungsverfahren eher eine untergeordnete Rolle spielen, da es sich um ein nicht geprüftes Schutzrecht handelt; denkbar sind solche Erklärungen jedoch, wenn sie zum Beispiel aus einem parallelen Patenterteilungsverfahren übernommen werden, um einen deckungsgleichen gebrauchsmusterrechtlichen Schutz zu bewirken. Beschränkende Erklärungen können vor allen Dingen aber im **Löschungsverfahren** oder im **Gebrauchsmusterverletzungsprozess** erfolgen (zur Rechtsnatur derartiger Erklärungen im Löschungsverfahren: vgl. § 17 und Anm. dort). **Verzichte** und **Beschränkungen,** die Eingang in den Gebrauchsmusteranspruch gefunden haben, sind zu berücksichtigen, können also nicht mehr zur Erweiterung des Schutzumfangs herangezogen werden. Die Verzichts- und Beschränkungserklärungen müssen eindeutig sein, können aber auch konkludent erfolgen. Die Beweggründe hierfür sind in der Regel unbeachtlich. Sind Ansprüche im Wege der **Teillöschung** neu gefasst worden, so ist für den Schutzumfang von der neuen Fassung auszugehen; an diese Ansprüche ist das Verletzungsgericht in einem zwischen denselben Beteiligten anhängigen Rechtsstreit gebunden (BGH GRUR 1962, 299, 305 – form-strip). Hat der Gebrauchsmusterinhaber in einem Löschungsverfahren nachträglich neu formulierte Schutzansprüche zur Gebrauchsmusterakte eingereicht und erklärt, er wolle für Vergangenheit und Zukunft keine über diese Schutzansprüche hinausgehenden Rechte aus dem Gebrauchsmuster geltend machen, so wird hierin eine schuldrechtliche Erklärung an die Allgemeinheit gesehen, dass das Gebrauchsmuster in einem **Verletzungsprozess** nur mehr nach

Maßgabe der neu gefassten Ansprüche Dritten gegenüber geltend gemacht werden kann; die Frage einer etwaigen unzulässigen Erweiterung ist darauf ohne Einfluss, da die Rechte des Gebrauchsmusterinhabers unter der selbstverständlichen Voraussetzung stehen, dass sie durch die geltende Fassung des Gebrauchsmusters und dessen Schutzbereich gedeckt sind (BGH Mitt. 1998, 98, 101 – Scherbeneis). Die nachgereichten Ansprüche gewähren Rechte nur, wenn sie durch die eingetragene Fassung des Gebrauchsmusters und dessen Schutzumfang gedeckt sind (BGH, aaO). Eine mit der Erklärung im Löschungsverfahren verbundene **unzulässige Erweiterung** kann im Verletzungsverfahren nicht durch entsprechende Erklärungen des Gebrauchsmusterinhabers „ungeschehen" gemacht werden (in diesem Sinne wohl auch: BGH Mitt. 1998, 98, 101 – Scherbeneis). Denn der Gebrauchsmusterinhaber wird an seine an die Allgemeinheit gerichtete schuldrechtliche Erklärung gebunden, so dass er nicht auf die ursprüngliche Fassung der Ansprüche rekurrieren kann. Die Einbeziehung weiterer, einschränkender Merkmale in einen Klageantrag eines Verletzungsrechtsstreits (z. B. unter Berücksichtigung von Rechercheergebnissen im Rahmen einer parallelen Patentanmeldung) ist andererseits nur dann wirksam, wenn diese eingeschränkten Ansprüche zur Gebrauchsmusterakte nachgereicht werden (Beschlüsse des LG München I vom 24. 11. 1994, Az.: 7 028 823/93, und 12. 11. 1997, Az.: 21 011 093/96, zitiert nach *Nieder*, GRUR 1999, 222; ders. mit dogmatischen Gründen dagegen), da die Schutzwirkung des Gebrauchsmusters von dessen Eintragung abhängt, es aber in der eingeschränkten Form nicht eingetragen ist. Das Verletzungsgericht kann nicht selbst Schutzansprüche formulieren (vgl. § 13 Anm. 2). Ungeachtet dessen sollten aufgrund des Gebots der Rechtssicherheit jedenfalls solche Erklärungen des Gebrauchsmusterinhabers im Eintragungs- oder Löschungsverfahren berücksichtigt werden, aus denen sich eine Ausklammerung bestimmter Konstellationen aus dem Gebrauchsmusterschutz ergibt, auch wenn diese Erklärungen nicht mit der wünschenswerten Deutlichkeit Eingang in die Gebrauchsmusterschrift gefunden haben; vgl. ergänzend § 17 Anm. 3.3.2.

14   Bei der Auslegung spielt die **Heranziehung des Standes der Technik** für die Bestimmung des Schutzumfangs insofern eine Rolle, als sich aus ihm eine Auslegung in dieser oder jener technischen Richtung ergeben kann (vgl. BGH GRUR 1999, 909, 911/912 – Spannschraube).

15   Zur Berücksichtigung von Entscheidungen im Löschungsverfahren: § 19 und Anm. dort.

Schutzbereich 16–18 § 12 a

4. Verletzungsform

Ist nach den vorstehenden Erläuterungen der Inhalt der Ge- 16
brauchsmusteransprüche unter Zugrundelegung des Verständnisses
des Durchschnittsfachmanns festgestellt, erfolgt eine Beurteilung des
Verletzungstatbestands durch die angegriffene Ausführungsform
(Verletzungsform) nach objektiven Gesichtspunkten. Dabei wird die
Verletzungsform praktischerweise mit der Merkmalsanalyse des Gebrauchsmusteranspruchs Merkmal für Merkmal verglichen. Zur
Frage des Schutzumfangs vgl. bereits § 11 Anm. 2.1, 3.9.

4.1 Wortsinngemäße Benutzung

Macht die angegriffene Ausführungsform vom **Sinngehalt** bzw. 17
Wortsinn der einzelnen Merkmale des Gebrauchsmusteranspruchs
Gebrauch, so wird die unter Schutz stehende Erfindung wortsinngemäß/identisch benutzt (vgl. BGH GRUR 1994, 597, 599/600 –
Zerlegvorrichtung für Baumstämme). Eine identische Verwirklichung der Merkmale liegt auch dann noch vor, wenn die Verletzungsform Mittel einsetzt, die man als **fachnotorisch austauschbar**
bezeichnen könnte (vgl. BGH GRUR 1995, 330, 332 – Elektrische
Steckverbindung). In der Regel ist es gleichgültig, ob mit der
angegriffenen Ausführungsform dieselbe Wirkung und Funktion
sowie derselbe Zweck verwirklicht werden. Fehlt (auch nur) ein
Lösungsmerkmal bei der angegriffenen Ausführungsform gänzlich,
so scheidet eine Verletzung aus (vgl. OLG Düsseldorf, Mitt. 1996,
310, 312 – Vorrichtung zum Befüllen von Säcken). Zum sog. Teilschutz: Anm. 4.6.

4.2 Äquivalenz

Nach geltendem Recht können in begrenztem Umfang über den 18
Anspruchswortlaut hinaus Abwandlungen der in den Gebrauchsmusteransprüchen umschriebenen Erfindung in den Schutzbereich
des Gebrauchsmusters einbezogen werden. Das ist aus § 12 a Satz 2
i. V. m. § 14 Satz 2 PatG und hierbei mittelbar aus Art. 69 EPÜ in
Verbindung mit dem auch bei der Auslegung nationaler Schutzrechte zu beachtenden Auslegungsprotokoll zu Art. 69 EPÜ abzuleiten. Dies erfordert auch der gebotene Ausgleich zwischen dem

Belohnungsinteresse des Erfinders und den Interessen der Allgemeinheit. Tatsächlich wird in Gebrauchsmuster- wie in Patentverletzungsstreitigkeiten mehrheitlich eine Verletzungsform angegriffen, die nicht sämtliche Merkmale des Klageschutzrechts wortsinngemäß verwirklicht, sondern bei der ein oder mehrere Merkmale in abgewandelter Form vorliegen. Hier setzt nun die in ständiger Rechtsprechung vorgenommene Ausdehnung des Schutzbereichs über den Anspruchswortlaut hinaus auf sog. **Äquivalente** ein, die auch in Gebrauchsmusterverletzungsverfahren uneingeschränkt Geltung beansprucht (vgl. BGH GRUR 1997, 454 – Kabeldurchführung). Eine äquivalente Benutzung der unter Schutz gestellten Erfindung liegt vor, wenn der Fachmann aufgrund von Überlegungen, die am **Sinngehalt** der **Ansprüche,** d. h. an der darin beschriebenen Erfindung, anknüpfen, die bei der angegriffenen Ausführungsform eingesetzten abgewandelten Mittel mit Hilfe seiner Fachkenntnisse zur Lösung des der Erfindung zugrunde liegenden Problems als gleichwirkend auffinden konnte (st. Rspr., vgl. lediglich BGH GRUR 1994, 597, 600 – Zerlegvorrichtung vor Baumstämme). Äquivalenz im gebrauchsmusterrechtlichen Sinn liegt nur vor, wenn bei den sich gegenüberstehenden Ausführungsformen Aufgabe und technischer Erfolg gleich, die zur Lösung der Aufgabe und damit zur Erzielung des gleichen Erfolgs verwendeten Mittel aber verschieden sind. Voraussetzung ist also zunächst eine **technische Gleichwirkung** dahingehend, dass das in der Verletzungsform eingesetzte Ersatzmittel anstelle des im Gebrauchsmuster ausdrücklich empfohlenen Mittels zur Erfüllung der im Gebrauchsmuster gestellten konkreten Aufgabe dient und den dort angestrebten Erfolg zumindest im Wesentlichen erreicht. Abwandlungen liegen außerhalb des Schutzbereichs eines Gebrauchsmusters, wenn sie wesentliche Auswirkungen auf die Funktionsweise einer Erfindung haben, infolge dessen völlig oder bis zu einem praktisch nicht mehr erheblichen Umfang auf den mit dem Schutzrecht erstrebten Erfolg verzichten (vgl. BGH GRUR 1999, 909, 914 – Spannschraube). Andererseits reicht die bloße Übereinstimmung im Leistungsergebnis nicht aus. Maßgeblich ist die weitere Frage, ob der Fachmann anhand des Klagegebrauchsmusters ohne erfinderisches Bemühen dahin gelangen kann, die Vorrichtung der angegriffenen Ausführungsform aufzufinden (vgl. BGH GRUR 1994, 597, 600 – Zerlegvorrichtung vor Baumstämme). Diese Frage ist unter Berücksichtigung seines **Fachwissens** zu beantworten. Zum Fachwissen zählt bei der Ermittlung des Schutzumfangs und damit bei der Beurteilung der Äquivalenz – anders als bei der Ermittlung des Inhalts der

Schutzbereich **19 § 12a**

Gebrauchsmusteransprüche – der gesamte Stand der Technik, der nicht auf denjenigen beschränkt ist, der in der Gebrauchsmusterschrift genannt ist oder zum allgemeinen Fachwissen gehört (vgl. BGH GRUR 1987, 280, 283 – Befestigungsvorrichtung I). Die Beurteilung der Auffindbarkeit der ausgetauschten Mittel darf **nie abstrakt,** d. h. losgelöst von Überlegungen, die am **Sinngehalt** der **Ansprüche** anknüpfen, erfolgen. Lösungen, die den im Gebrauchsmusteranspruch beschriebenen Sinngehalt verlassen, können nicht als äquivalente Verletzungen angesehen werden. Dies ist beispielsweise bejaht worden bei einem in Kauf genommenen zusätzlichen baulichen Aufwand, der nach der Lehre des Patents entbehrlich ist und gerade vermieden werden sollte (vgl. BGH GRUR 1993, 886, 889 – Weichvorrichtung I) oder bei dem Verzicht der Verletzungsform auf einen entscheidenden Vorteil des Schutzrechtes und bei einem statt dessen erfolgten Einsatz eines Mittels aus dem Stand der Technik (BGH GRUR 1991, 444, 447 – Autowaschvorrichtung).

4.3 Einrede des Standes der Technik

Der Verletzungsbeklagte kann sich bei dem Vorwurf einer nicht **19** wortsinngemäßen, vielmehr äquivalenten Gebrauchsmusterverletzung dahingehend verteidigen, die angegriffene Ausführungsform stelle mit Rücksicht auf den Stand der Technik keine patentfähige Erfindung dar, d. h. sie liege im Stand der Technik bzw. sei diesem näher als der gebrauchsmusterrechtlich geschützten Erfindung: BGH GRUR 1997, 454, 456/457 – Kabeldurchführung. Grundlage dieser Prüfung ist nicht der Gegenstand des Schutzrechts, sondern die davon abweichende angegriffene Ausführungsform und ihre Vorwegnahme durch den Stand der Technik. Die zu beurteilende Frage ist damit grundsätzlich verschieden von der Prüfung des Bestandes eines Schutzrechts. Die im Verhältnis der Parteien des Löschungsverfahrens bindende Entscheidung hindert daher nicht ohne weiteres, mit einer Entgegenhaltung gerade im Hinblick auf die angegriffene Ausführungsform den Schutzumfang in Zweifel zu ziehen, den der Kläger aufgrund des Gebrauchsmusters für sich in Anspruch nimmt (BGH, aaO, S. 457). Andererseits muss das Verletzungsgericht auch die Kompetenzverteilung beachten, wenn zwischen den Parteien des Verletzungsprozesses bereits ein Löschungsverfahren durchgeführt worden ist, soweit der Löschungsantrag zurückgewiesen worden ist. Die Prüfung, ob die angegriffene Ausführungsform mit Rücksicht auf den Stand der Technik keine schutzfähige Erfindung darstelle, darf sich zu der Entscheidung im Löschungsverfahren nicht in Widerspruch setzen. Der sog. Formsteineinwand kann deshalb nicht durchgreifen, wenn er sich in seinem sachlichen Gehalt nur gegen die Schutzwürdigkeit der als schutzwürdig hinzunehmenden Lehre richtet (BGH, aaO, S. 457). Der Schutzbereich darf dabei insbesondere nicht so weit eingeschränkt werden, dass ein interessierter Benutzer schon mit denkbar geringen, ohne weiteres naheliegenden, im Ergebnis jedoch völlig belanglosen Abwandlungen aus dem Schutzbereich heraus käme; ein effektiver Ausschließlichkeitsschutz wäre damit nicht mehr gewährleistet (BGH, aaO). Ein effektiver Rechtsschutz gebietet es auch, dass die im Rechtsstreit als äquivalente Benutzung in Anspruch genommene Ausführungsform auf den sog. Formsteineinwand hin nur dann auf ihren erfinderischen Schritt untersucht wird, wenn der entgegengehaltene Stand der Technik überhaupt die äquivalente Abwandlung und nicht ausschließlich solche Merkmale des Gebrauchsmusteranspruchs betrifft, die bei der angegriffenen Ausführungsform wortsinngemäß verwirklicht sind (vgl. LG Düsseldorf, GRUR 1994, 509 – Rollstuhlfahrrad). Weitere Einzelheiten bei § 11 Anm. 5.10; § 19 Anm. 3.2.

4.4 Verschlechterte/verbesserte Ausführungsform

20 Die Annahme einer Gebrauchsmusterverletzung in **verschlechterter Ausführung** setzt die Feststellung voraus, dass von der Erfindung entweder wortlautgemäß, äquivalent oder im Rahmen des Teilschutzes Gebrauch gemacht wird; liegt eine Verletzung nicht vor, so stellt sich die Frage, ob die angegriffene Vorrichtung als verbesserte oder verschlechterte Ausführung des Schutzrechts anzusehen ist, nicht (BGH GRUR 1998, 133, 134 – Kunststoffaufbereitung). Eine verschlechterte Ausführungsform kann dann nur unter den Gebrauchsmusterschutz fallen, wenn von dessen Lehre in einem praktisch erheblichen Maß Gebrauch gemacht wird (vgl. die Beispielsfälle in Anm. 4.2). Eine **verbesserte Ausführungsform** fällt in den Schutzbereich des Klagegebrauchsmusters, solange sie von dessen Merkmalen (eben in verbesserter Form) Gebrauch macht. Gebrauchsmusterrechtlich ist es für die Feststellung einer Verletzung unerheblich, ob der Verletzer zusätzlich zu den erfindungsgemäßen Merkmalen noch weitere Maßnahmen vorsieht, die zur Verwirklichung des gebrauchsmustergemäßen Erfolges beitragen. Zur verbesserten Ausführungsform gehört auch die sog. abhängige Erfindung (vgl. hierzu Anm. 4.5).

4.5 Abhängige Erfindung

Ständiger patentrechtlicher Rechtsprechung, die auch für das Gebrauchsmusterrecht übernommen werden kann, entspricht es, dass in den Schutzumfang eines Patents auch solche Ausführungsformen fallen können, die von der geschützten Lehre Gebrauch machen und zugleich eine erfinderische weitere Ausgestaltung verwirklichen. Es handelt sich dann um eine **abhängige Erfindung.** Eine Schutzrechtsverletzung mit wortsinngemäßen oder mit äquivalenten Mitteln ist deshalb auch dann gegeben, wenn die konkrete Ausführungsform in einem oder mehreren Merkmalen als Ausgestaltung einer allgemeinen Aussage zu verstehen ist, die der Fachmann der im Anspruch umschriebenen und in der Beschreibung erläuterten Ausbildung als gleichwirkend entnehmen kann (vgl. BGH GRUR 1994, 597, 600/601 – Zerlegvorrichtung vor Baumstämme; BGH GRUR 1999, 977, 981 – Räumschild). Unter diesen Voraussetzungen kommt es nicht darauf an, ob der Fachmann anhand des Schutzrechtes zu der **konkreten** Ausgestaltung der angegriffenen Ausführungsform gelangen konnte. Allein der Umstand, dass für die angegriffene Ausführungsform ein Schutzrecht erteilt worden ist, schließt deshalb Äquivalenzüberlegungen keineswegs aus. Für die Einbeziehung in den Schutzbereich des Klagepatents reicht es vielmehr aus, dass sich der Verletzungstatbestand im Wege der Abstraktion auf eine allgemeine technische Lehre zurückführen lässt, die als zur Erfindung gleichwirkende Abwandlung auffindbar war (OLG Düsseldorf GRUR 1999, 702, 705/706 – Schließfolgeregler). Die Weiterentwicklung kann sowohl in der Hinzufügung selbständiger weiterer Merkmale als auch in der Konkretisierung eines Merkmals bestehen, das entweder wortlautgemäß oder in äquivalenter Form für den Fachmann erkennbar in der älteren Lehre enthalten ist.

4.6 Teilschutz

In der (patentrechtlichen – insoweit aber zum Gebrauchsmusterschutz keinen Unterschied begründenden) Literatur wird die Meinung vertreten, dass der Schutz einer **Unterkombination** zugelassen ist, bei der eines oder mehrere der im Anspruch aufgeführten Merkmale fehlen, sofern diese Merkmale nach dem Gesamtinhalt der Gebrauchsmusterschrift für die geschützte Lehre und ihre Schutzwürdigkeit erkennbar ohne Bedeutung sind (vgl. lediglich

§ 13   Nichteintritt des Schutzes; Entnahme; Verweisungen

Benkard/Ullmann, § 14 PatG, Rdnr. 141 ff). Die höchstrichterliche Rechtsprechung hat diese Argumentation im Ergebnis offen gelassen, jedoch Skepsis gezeigt (vgl. lediglich BGH GRUR 1992, 594, 596 – Mechanische Betätigungsvorrichtung). Ein derartiger **Teilschutz** kommt aus Gründen der **Rechtssicherheit** dann nicht in Betracht, wenn der Gegenstand des Gebrauchsmusters zuvor durch Aufnahme gerade des Merkmals in den Anspruch beschränkt worden ist, auf dessen Verwirklichung es nun im Hinblick auf die angegriffene Ausführungsform nicht mehr ankommen soll (vgl. LG Düsseldorf-E 1997, 101, 103 – Türschließer) oder wenn die Unterkombination aus einer Trennanmeldung resultiert und dem ursprünglichen Wesen des Gegenstands des Gebrauchsmusters nicht mehr entspricht (vgl. BPatG PMZ 1997, 436, 438 – Reflektoranordnung).

§ 13 [Nichteintritt des Schutzes; Entnahme; Verweisungen]

(1) **Der Gebrauchsmusterschutz wird durch die Eintragung nicht begründet, soweit gegen den als Inhaber Eingetragenen für jedermann ein Anspruch auf Löschung besteht (§ 15 Abs. 1 und 3).**

(2) **Wenn der wesentliche Inhalt der Eintragung den Beschreibungen, Zeichnungen, Modellen, Gerätschaften oder Einrichtungen eines anderen ohne dessen Einwilligung entnommen ist, tritt dem Verletzten gegenüber der Schutz des Gesetzes nicht ein.**

(3) **Die Vorschriften des Patentgesetzes über das Recht auf den Schutz (§ 6), über den Anspruch auf Erteilung des Schutzrechts (§ 7 Abs. 1), über den Anspruch auf Übertragung (§ 8), über das Vorbenutzungsrecht (§ 12) und über die staatliche Benutzungsanordnung (§ 13) sind entsprechend anzuwenden.**

Übersicht

	Rdn.
1. Allgemeines/Zweck der Vorschrift	1, 2
2. Löschungsanspruch gemäß § 15 Abs. 1 und 3 als Schutzhindernis	3–5
2.1 Mangelnde Schutzfähigkeit/Schutzwürdigkeit	6

	Rdn.
2.2 Unzulässige Erweiterung	7
2.3 Älteres Recht	8
3. Widerrechtliche Entnahme	
3.1 Relatives Schutzhindernis	9
3.2 Tatbestandliche Voraussetzungen	10, 11
3.3 Subjektiver Tatbestand; Widerrechtlichkeit	12, 13
3.4 Rechtsfolgen	14–19
4. Vorbenutzungsrecht	
4.1 Allgemeines	20
4.2 Tatbestandliche Voraussetzungen	21–27
4.3 Umfang des Vorbenutzungsrechts	28, 29
4.4 Übertragung; Zwangsvollstreckung; Insolvenz	30
4.5 Weiterbenutzungsrecht	31, 32
5. Staatliche Benutzungsanordnung	33
6. Weitere Beschränkungen der Schutzwirkung (Verweis)	34
7. Erfinderrecht	35
7.1 Recht auf das Gebrauchsmuster	36–41
7.2 Recht des Anmelders	42
7.3 Vindikation	43–45

Literatur (Auswahl): *Schade,* Der Erfinder, GRUR 1977, 390; *Sefzig,* Das Verwertungsrecht des einzelnen Miterfinders, GRUR 1995, 302; *Ullrich,* Auslegung und Ergänzung der Schutzrechtsregeln gemeinsamer Forschung und Entwicklung, GRUR 1993, 338; *Villinger,* Rechte des Erfinders/Patentinhabers und daraus ableitbare Rechte von Mitinhabern von Patenten, CR 1996, 331, 393; *Kraßer,* „Vindikation" im Patentrecht und „rei vindicatio", Festschrift von Gamm, 1990, 405; *Lichti,* Die Vindikationsklage nach § 8 des neuen Patentgesetzes, Mitt. 1982, 107; *Ohl,* Die Patentvindikation im deutschen und europäischen Recht, 1987; *Zimmermann,* Das Erfinderrecht in der Zwangsvollstreckung, GRUR 1999, 121; *Busche,* Das Vorbenutzungsrecht im Rahmen des deutschen und europäischen Patentrechts, GRUR 1999, 645.

1. Allgemeines/Zweck der Vorschrift

Die Vorschrift ist durch das GebrMGÄndG vom 15. 8. 1986 neu **1** gefasst (vgl. Begr. PMZ 1986, 310, 316, 327).

Absatz 1 bestätigt, dass nur ein Scheinrecht bestanden hat, soweit **2** ein Löschungsanspruch nach § 15 Abs. 1 und 3 besteht. § 13 Abs. 2

§ 13 3–5 Nichteintritt des Schutzes; Entnahme; Verweisungen

betrifft ein relatives Schutzhindernis in Form der widerrechtlichen Entnahme. § 13 Abs. 3 bestimmt, dass eine Reihe von Regelungen des PatG entsprechend anwendbar sind und enthält damit weitere Einschränkungen der Schutzwirkungen.

2. Löschungsanspruch gemäß § 15 Abs. 1 und 3 als Schutzhindernis

3   Während ein erteiltes Patent, das materiell-rechtlich nicht hätte erteilt werden dürfen, wirksam ist und erst in einem gesonderten Einspruchs- und Nichtigkeitsverfahren mit rückwirkender Kraft beseitigt werden kann, wird nach dem Normenkomplex der §§ 13 Abs. 1, 15 Abs. 1, 3 ein GebrM-Schutz von vornherein nicht begründet, soweit jedermann gegen den als Inhaber Eingetragenen einen Anspruch auf Löschung hat. Das GebrM wird dementsprechend nicht durch rechtsgestaltenden Akt erteilt, sondern es entsteht aufgrund der Eintragung als Registerrecht, wenn die formellen und materiellen Schutzvoraussetzungen vorliegen. Die Eintragung kann deshalb nur als Aussage dazu verstanden werden, dass der Anmelder in wirksamer Weise einen Anspruch auf das Schutzrecht geltend gemacht hat, nicht aber, dass ein Schutz tatsächlich auch besteht (allerdings kann ohne Eintragung ein Schutz ebenfalls nicht eintreten).

4   Soweit gegen den als Inhaber des GebrM Eingetragenen für jedermann ein Anspruch auf Löschung besteht, wird der GebrM-Schutz **entgegen § 11 nicht begründet, trotz Eintragung.**

5   Die Regelungen der **§§ 13 Abs. 1, 15 Abs. 1, 3** sowie **§ 19** stehen in einer **Wechselbeziehung** zueinander. § 15 ist in dem Verfahren über den Antrag auf Löschung als Gegenmaßnahme zur Eintragung anzuwenden; hingegen greift § 13 Abs. 1 im Fall der Geltendmachung der Rechte aus dem eingetragenen GebrM dergestalt ein, dass die in Bezug genommenen Löschungsgründe des § 15 Abs. 1, 3 einem GebrM-Schutz gemäß § 13 Abs. 1 entgegenstehen, auch wenn ein **Löschungsverfahren** nicht eingeleitet ist. Die Aussetzungsregelung des § 19 stellt bei gleichzeitiger Anhängigkeit eines Verletzungsrechtsstreits und eines Löschungsverfahrens insoweit ein Bindeglied zwischen § 13 Abs. 1 und § 15 Abs. 1, 3 dar, als divergierende Entscheidungen über das Bestehen oder Nichtbestehen eines Gebrauchsmusterschutzes weitgehend vermieden werden sollen: Die Entscheidung im Löschungsverfahren über die Löschung des betreffenden GebrM wirkt inter omnes. Ein den

Antrag auf Löschung zurückweisender Beschluss hat nur insoweit bindende Wirkung, als er zwischen den Parteien des Verletzungsrechtsstreits oder deren Rechtsvorgängern ergangen ist. Der Beklagte des Gebrauchsmusterverletzungsprozesses kann deshalb die Schutzfähigkeit des Gegenstands des Klagegebrauchsmusters deshalb nicht mehr mit einer Entgegenhaltung bestreiten, die im Löschungsverfahren nicht zum Erfolg geführt hat; dabei ist unerheblich, aus welchen Gründen auch immer die Entgegenhaltung im Löschungsverfahren nicht berücksichtigt worden ist (BGH GRUR 1997, 454, 457 – Kabeldurchführung; weitere Fallgestaltungen bei § 19 und Anm. dort). Die Feststellungen des Zivilgerichts im **Verletzungsrechtsstreit** – ohne paralleles Löschungsverfahren – zur Bestandskraft des Klagegebrauchsmusters zeitigen nur zwischen den Parteien des Rechtsstreits Wirkung. Ein in einem Verfahren unterliegender GebrM-Inhaber kann deshalb durchaus einen neuen Verletzungsrechtsstreit gegen einen Dritten erheben, ebenso wie dieser seinerseits Einwendungen zur Schutzfähigkeit mit demselben und/oder neuen Material erheben kann. Aus diesem Grunde sind divergierende Entscheidungen desselben Verletzungsgerichts, erst recht verschiedener Verletzungsgerichte, denkbar. Das Verletzungsgericht ist an die eingetragenen Schutzansprüche gebunden, d. h. es kann nicht selbst Schutzansprüche formulieren, die nach seiner Auffassung schutzfähig sind (vgl. ferner Anm. 2.1 und § 12 a Anm. 3.5). § 13 Abs. 1 i. V. m. § 15 Abs. 1, 3 regelt mithin **absolute Schutzhindernisse,** die dem Rechtsbestand des GebrM entgegenstehen.

2.1 Mangelnde Schutzfähigkeit/Schutzwürdigkeit

Bei fehlender Gebrauchsmusterschutzfähigkeit gemäß §§ 1–3 treten die Schutzwirkungen des § 15 nicht ein. Die Verletzungsgerichte können im Verletzungsprozess auch die sog. absoluten materiellen Schutzvoraussetzungen eines GebrM nachprüfen, die im Eintragungsverfahren geprüft werden; sie sind also nicht auf die Nachprüfung derjenigen (relativen) Schutzvoraussetzungen eines GebrM beschränkt, die im Eintragungsverfahren nicht geprüft werden (BGH GRUR 1969, 184/185 – Lotterielos). Einzelheiten vgl. Anm. zu § 15. Die Prüfung der Schutzfähigkeit hat der Ermittlung des Schutzumfangs vorauszugehen (BGH GRUR 1957, 270, 271 – Unfall-Verhütungsschuh). Betreffen die Löschungsgründe des § 15 nur einen Teil des Schutzrechts, bleibt der GebrM-Schutz für den

§ 13 7, 8 Nichteintritt des Schutzes; Entnahme; Verweisungen

verbleibenden Rest bestehen, §§ 13 Abs. 1, 15 Abs. 3. Ist das Verletzungsgericht der Auffassung, dass das Klage-GebrM nur bei Hinzunahme einzelner, ursprünglich in der Anmeldung offenbarter Merkmale in den Anspruch schutzfähig ist, so kann es derart hinter der Eintragung zurückbleibende Ansprüche nur berücksichtigen, sofern diese zur GebrM-Akte nachgereicht werden (vgl. Anm. 2 und § 12 a Anm. 3.5; a. A. *Nieder,* GRUR 1999, 222). Ungeachtet dessen kann ein Verletzungskläger bei Verletzung des Hauptanspruchs sowie eines oder mehrerer Unteransprüche diese Ansprüche in der Verletzungsklage kombinieren; auf diese Weise kann er zum Beispiel neu aufgefundenen Stand der Technik berücksichtigen und die Abweisung einer z. B. nur auf den Hauptanspruch gestützten Verletzungsklage vermeiden, wenn sich der Hauptanspruch nur mit den zusätzlichen Merkmalen des Unteranspruchs als schutzfähig herausstellt.

2.2 Unzulässige Erweiterung

7 Aus einer unzulässigen Erweiterung können keine Rechte hergeleitet werden, § 4 Abs. 6 Satz 2. Dies wird in § 15 Abs. 1 Nr. 3 i. V. m. § 13 Abs. 1 aufgegriffen, so dass sie auch keine Schutzwirkung begründet. Der Verletzungsrichter hat den Gegenstand des GebrM zu bestimmen und in diesem Rahmen von Amts wegen die Frage einer unzulässigen Erweiterung zu berücksichtigen. Einzelheiten bei § 15 und Anm. dort.

2.3 Älteres Recht

8 Die Schutzwirkungen des § 11 treten ferner nicht ein, wenn der Gegenstand des GebrM schon durch ein früher angemeldetes Patent oder ein GebrM geschützt ist, § 15 Abs. 1 Nr. 2. Es kann sich auch um ein europäisches Patent mit Wirkung für die Bundesrepublik, Art. 140, 139 Abs. 1 EPÜ, oder um ein „erstrecktes" Patent, § 4 ErstrG, handeln. Eine frühere, nicht vorveröffentlichte Anmeldung wirkt nur dann schutzhindernd, wenn sie zu einem Schutzrecht geführt hat (BGH GRUR 1967, 477, 479 – UHF-Empfänger II). Vorveröffentlichte Anmeldungen bzw. Eintragungen bilden Stand der Technik, so dass der dennoch rechtlich fortbestehende Prioritätsschutz des „älteren Rechts" des § 15 Abs. 1 Nr. 2 insoweit praktisch an Bedeutung verloren hat (BGH, aaO, S. 480). Gemäß § 15 Abs. 1

Nr. 2 i. V. m. § 13 Abs. 1 wird die Entstehung eines **doppelten** Gebrauchsmusterschutzes für dieselbe Erfindung ausgeschlossen. Derartige doppelte Eintragungen lassen sich gerade bei einem reinen Registrierverfahren nicht vermeiden. Die jüngere Eintragung eines wesensgleichen Anmeldungsgegenstandes gewährt infolgedessen nur ein **Scheinrecht** (BGH, aaO, S. 479). Dieses „ältere Recht" steht auch dann noch schutzhindernd dem „jüngeren Recht" entgegen, wenn es bereits durch Ablauf der Schutzdauer erloschen ist (BGH, aaO, S. 480). Mit der Vorschrift des § 15 Abs. 1 Nr. 2 wird bezweckt, den Inhaber des älteren Schutzrechts auch nach dessen Ablauf gegen Behinderungen in der Ausübung des erloschenen Rechts durch ein jüngeres, noch eingetragenes GebrM zu schützen. Dieser Zweck kann auch als Einrede im **Verletzungsprozess** erhoben werden. Das Interesse der Öffentlichkeit ist auf die Verhinderung einer Verlängerung des Schutzes mittels eines jüngeren Gebrauchsmusters (durch den ursprünglichen Anmelder oder auch durch einen Dritten) gerichtet (vgl. hierzu insgesamt BGH, aaO, S. 480). Einzelheiten vgl. § 15 und Anm. dort.

3. Widerrechtliche Entnahme

3.1 Relatives Schutzhindernis

Widerrechtliche Entnahme liegt vor, wenn der wesentliche Inhalt der GebrM-Eintragung den Beschreibungen, Zeichnungen, Modellen, Gerätschaften oder Einrichtungen eines anderen ohne dessen Einwilligung entnommen ist. Damit entspricht **§ 13 Abs. 2** der Legaldefinition des § 21 Abs. 1 Nr. 3 PatG. Hierdurch wird ein **relatives Schutzhindernis** begründet, das lediglich gegenüber dem Verletzten wirkt; hingegen ist das dem Anmelder objektiv zu Unrecht erteilte Schutzrecht gegenüber Dritten wirksam.

3.2 Tatbestandliche Voraussetzungen

Für die Beurteilung der tatbestandlichen Voraussetzungen des § 13 Abs. 2 kann auf die zur widerrechtlichen Entnahme entstandene patentrechtliche Praxis zurückgegriffen werden. Das materielle Recht auf das GebrM steht dem Erfinder bzw. dessen Rechtsnachfolger zu, § 13 Abs. 3 i. V. m. § 6 PatG. Im patentamtlichen Ein-

§ 13 11 Nichteintritt des Schutzes; Entnahme; Verweisungen

tragungsverfahren gilt jedoch der Anmelder als berechtigt, die Eintragung zu verlangen; seine Berechtigung wird im Eintragungsverfahren nicht überprüft, § 13 Abs. 3 i. V. m. § 7 Abs. 1 PatG. Hierdurch können materielles Recht auf das GebrM und die GebrM-Inhaberschaft auseinander fallen. **Berechtigter** im Sinne des § 13 Abs. 2 kann entweder der **Erfinder** (oder sein Rechtsnachfolger) oder auch der bloße **Erfindungsbesitzer** („anderer") sein (abweichend bei der Übertragungsklage gemäß § 13 Abs. 3 i. V. m. § 8 PatG, siehe Anm. 7). Der Verletzer kann infolgedessen nicht mit dem Gegeneinwand gehört werden, dass der Erfindungsbesitzer seinerseits nicht materiell berechtigt sei, es sei denn, dass der Einwand dahin geht, dass der angegriffene GebrM-Inhaber seinerseits der besser Berechtigte, z. B. der Erfinder, ist. Der **Erfindungsbesitz** muss in irgendeiner Weise **kundgetan** sein; die Aufzählung der Verlautbarungsarten in § 13 Abs. 2 ist beispielhaft. Kein Erfindungsbesitz liegt vor, wenn die „entnommene" technische Lehre bereits zum **Stand der Technik** gehört. Fehlende Neuheit (z. B. infolge eigener Vorverlautbarung) zum Zeitpunkt der Anmeldung schließt eine widerrechtliche Entnahme aus. Zu beachten ist jedoch, dass der Einwand, widerrechtliche Entnahme setze begrifflich Entnehmbarkeit und damit Schutzfähigkeit des Entnommenen voraus, in Löschungsverfahren oder Klagen auf Feststellung einer widerrechtlichen Entnahme erhoben werden kann, nicht aber aufgrund anderer Zielsetzung in Verfahren der erfinderrechtlichen Vindikation (BGH GRUR 1962, 140, 141/142 – Stangenführungsrohre). Nichts anderes kann prinzipiell für die Einrede im Verletzungsprozess gemäß § 13 Abs. 2 gelten (ebenso *Benkard/Ullmann*, § 13 GebrMG, Rdnr. 9; *Bühring*, § 13, Rdnr. 17; allerdings wird die Frage an dieser Stelle kaum relevant werden, da dieser Einwand sich in der Regel gegen den Verletzungskläger richtet und die Frage der Schutzfähigkeit auf entsprechenden Einwand durch das Verletzungsgericht ohnehin zu überprüfen ist). Im Übrigen ist streitig, ob der Einwand der Schutzunfähigkeit auch noch ausgeschlossen ist, wenn ein Übertragungsanspruch gemäß § 13 Abs. 3 i. V. m. § 8 PatG nicht mehr geltend gemacht werden kann. Im Verhältnis zwischen **Miterfindern** oder sonstigen mitberechtigten Erfindungsbesitzern kann der Einwand der widerrechtlichen Entnahme nicht geltend gemacht werden. Insoweit kommt ein Anspruch auf anteilige Abtretung des Schutzrechts in Betracht, § 13 Abs. 3 i. V. m. §§ 6 Satz 2, 8 PatG.

11 Der Gegenstand der Eintragung muss mit der in den Unterlagen enthaltenen Erfindung in seinem **wesentlichen Inhalt** übereinstimmen. Ist ein Teil des Inhalts z. B. durch eine Ausscheidung weggefal-

len, ist dies nicht mehr zu berücksichtigen. Für die Bejahung der **Wesensgleichheit** müssen der entnommene Gegenstand und der Gegenstand der Eintragung nach Aufgabe und Lösung objektiv übereinstimmen. Auch wenn eine bloße Abhängigkeit nicht genügt, reicht die Übernahme des wesentlichen Inhalts der erfinderischen Lehre eines anderen durch den Entnehmer aus. Dies ist danach zu überprüfen, ob dasjenige, was das Erfinderische der Anmeldung ausmacht, mit der entnommenen technischen Lehre übereinstimmt (vgl. BGH GRUR 1977, 594, 595 – Geneigte Nadeln). Unwesentliche Änderungen und Ergänzungen können bei Vorliegen der übrigen Voraussetzungen nicht zur Verneinung der widerrechtlichen Entnahme führen. Begründet nur die **Kombination** die Schutzfähigkeit des GebrM, so stellt die Entnahme eines Elements keine widerrechtliche Entnahme der Kombination dar. Bei **Hinzufügung** erfinderischer Gedanken kommt der Einwand des § 13 Abs. 2 nur für den entnommenen Teil in Betracht, vorausgesetzt, dass der Gegenstand der Eintragung teilbar ist (vgl. BGH GRUR 1979, 692 – Spinnturbine II).

3.3 Subjektiver Tatbestand; Widerrechtlichkeit

Der Entnehmer muss **Kenntnis** vom Gegenstand der Eintragung vor der Anmeldung aus den Unterlagen des Verletzten erlangt haben; auf die Berechtigung oder Nichtberechtigung der Kenntniserlangung kommt es nicht an. Mittelbare, kausale Kenntniserlangung reicht aus. Keine widerrechtliche Entnahme liegt bei einer (unabhängigen) **Doppelerfindung** vor. Auch der wahre Erfinder kann eine widerrechtliche Entnahme begehen, z. B. wenn er seine diesbezüglichen Rechte auf einen Dritten übertragen hat oder z. B. ein Arbeitgeber die Erfindung wirksam im Sinne des ArbEG in Anspruch genommen hat.

Die **Widerrechtlichkeit** der Entnahme ist gegeben, wenn der Entnehmer kein Recht zur Anmeldung hat und auch **keine Einwilligung** des Berechtigten vorliegt. Eine **stillschweigende** Einwilligung ist zwar möglich; jedoch dürfen nicht zu geringe Anforderungen an die Eindeutigkeit gestellt werden. In der bloßen Mitteilung der Erfindung kann eine Einwilligung zur Anmeldung nicht erblickt werden (vgl. OLG Düsseldorf, BB 1970, 1110). Die Einwilligung muss im Übrigen wirksam sein. Eine (rückwirkende, § 184 BGB) **Genehmigung** ist möglich, vgl. aber § 184 Abs. 2 BGB.

§ 13 14–18 Nichteintritt des Schutzes; Entnahme; Verweisungen

3.4 Rechtsfolgen

14 Für den durch die widerrechtliche Entnahme Verletzten bestehen folgende **nebeneinander** bestehende Rechtsbehelfe:

15 – Im Verletzungsrechtsstreit kann der Verletzte die **Einrede** der widerrechtlichen Entnahme gemäß § 13 Abs. 2 erheben. Dadurch entfaltet das eingetragene GebrM ihm gegenüber nicht die Wirkungen des § 11 sowie insbesondere der §§ 24 ff. Der Einwand kann nicht ohne das entnommene Recht abgetreten werden.

16 – Der Berechtigte kann gemäß § 13 Abs. 3 i. V. m. § 8 PatG von dem Entnehmer verlangen, dass ihm der Anspruch auf bzw. aus der Eintragung des GebrM abgetreten wird. Dieser Anspruch kann im Wege einer selbständigen **Vindikationsklage** oder einer **Entnahme-Widerklage** geltend gemacht werden. Der Anspruch auf Übertragung ist verschuldensunabhängig. Die Fristen des § 8 Satz 3–5 PatG sind zu beachten. Ist das GebrM in einem Löschungsverfahren rechtskräftig gelöscht worden, so erledigt sich hierdurch die Übertragungsklage, weil der Kläger sein Rechtsschutzziel, die Übertragung des GebrM nicht mehr erreichen kann (vgl. BGH GRUR 1996, 42, 43 – Lichtfleck). Zu Besonderheiten der Vindikationsklage siehe Anm. 7.

17 – Weiter kann der Verletzte gemäß § 15 Abs. 2 i. V. m. § 13 Abs. 2 die **Löschung** des GebrM beantragen. Im Löschungsverfahren ist der Einwand der Schutzunfähigkeit statthaft. Ob der Erfolg einer parallel erhobenen Vindikationsklage nach § 13 Abs. 3 i. V. m. § 8 PatG das auf widerrechtliche Entnahme gestützte Löschungsverfahren erledigt, ist zweifelhaft (bejahend *Bühring*, § 13, Rdnr. 18); offen gelassen bei BGH (GRUR 1996, 42, 43 – Lichtfleck zum patentrechtlichen Einspruchsverfahren, der bei bloßer Übertragung des Patents das Einspruchsverfahren als nicht erledigt ansieht, unter anderem hierbei abstellend auf die Möglichkeit des Berechtigten zur Nachanmeldung unter Inanspruchnahme der Priorität der Entnahme-Anmeldung, § 7 Abs. 2 PatG; diese Möglichkeit besteht für das GebrM gerade nicht). Weitere Einzelheiten bei § 15 und Anm. dort.

18 – Der Verletzte kann ferner – da das Recht an der Erfindung vermögenswerten Charakter hat und insbesondere als sonstiges Recht im Sinne des § 823 Abs. 1 BGB anzusehen ist – weitere Ansprüche, z. B. aus **§§ 823 ff BGB** auf Unterlassung und Schadenersatz, aus **§§ 812 ff BGB** auf Bereicherungsausgleich, aus **§ 1004 BGB** auf Störungsbeseitigung, aus **§§ 17 ff UWG** auf Unterlassung und

Schadensersatz wegen Geheimnisverrats, geltend machen. Diesen Ansprüchen liegen jedoch andere Schutzziele zugrunde; die Fristen des § 8 Satz 3 – 5 PatG gelten für diese Ansprüche nicht (a. A. *Busse/Keukenschrijver,* § 8 PatG, Rdnr. 24 für Bereicherungsansprüche nach §§ 812 ff BGB). Diese Ansprüche können insbesondere nach Ablauf der in § 8 PatG genannten Fristen relevant werden. Die Ausschlussfristen nach § 8 PatG bezwecken, insbesondere im Falle der Gutgläubigkeit des Anmelders/Inhabers nach Fristablauf eine Auseinandersetzung über die materielle Zuordnung des Schutzrechts zu vermeiden (vgl. BGH GRUR 1979, 540, 542 – Biedermeier-Manschetten). Dennoch bleibt der gutgläubige Anmelder/Inhaber im Verhältnis zu dem Erfinder oder seinem Rechtsnachfolger Nichtberechtigter; dieser Zuordnungsgehalt gebietet es insbesondere, den (auch gutgläubigen) GebrM-Inhaber zur Herausgabe der aus dem Schutzrecht gezogenen Nutzungen **analog § 988 BGB** nach den Regeln über die Herausgabe ungerechtfertigter Bereicherung zu verpflichten (streitig: vgl. *Busse/Keukenschrijver,* aaO).

– Für den Berechtigten kommt gegen den Nichtberechtigten zur Durchsetzung einer Verfügungsbeschränkung gegebenenfalls eine **Sequestration** in Betracht, die bei Vorliegen der übrigen Voraussetzungen, insbesondere bei Einhaltung der Dringlichkeit, auch im Wege einer einstweiligen Verfügung durchgesetzt werden kann. Einzelheiten bei: *Schramm,* Der Patentverletzungsprozess, S. 339 ff.

4. Vorbenutzungsrecht

4.1 Allgemeines

Eine weitere Einschränkung der Schutzwirkung kann sich durch Vorbenutzungs- und Zwischenbenutzungsrechte ergeben. Hinsichtlich des Vorbenutzungsrechts gelten dieselben Grundsätze wie zu § 12 PatG, der in § 13 Abs. 3 für entsprechend anwendbar erklärt wird. Die zu § 12 PatG ergangene Rechtspraxis kann deshalb auch für das GebrM-Recht herangezogen werden. Das Vorbenutzungsrecht, das **inhaltlich** ein **Weiterbenutzungsrecht** ist, knüpft nicht an den bloßen **Vorbesitz** der Erfindung an, sondern verlangt, dass der Begünstigte die Erfindung vor ihrer Anmeldung durch einen Dritten bereits in Benutzung genommen oder jedenfalls Veranstaltungen dazu getroffen hat. Hauptzweck des Vorbenutzungsrechts ist

§ 13   21   Nichteintritt des Schutzes; Entnahme; Verweisungen

auch noch heute, im Fall von **Doppelerfindungen** den Erfinder zu schützen, dem ein anderer mit der Anmeldung der Erfindung zuvor kam. Der Konflikt wird in der Weise gelöst, dass der Erstanmeldende Erfinder das Recht auf das Schutzrecht erhält und dem anderen Erfinder, der seine Erfindung nicht oder zu spät anmeldet, ein Recht auf Weiterbenutzung zugestanden wird, falls er die Erfindung vor dem Prioritätstag in seinem Betrieb benutzt oder Veranstaltungen dazu getroffen hat. Das ausschließliche Recht des GebrM-Inhabers ist insoweit durch das persönliche Weiterbenutzungsrecht des Vorbenutzers eingeschränkt. Die gesetzliche Regelung ist jedoch nicht auf diesen Hauptfall der Doppelerfindungen beschränkt. Das Gesetz verlangt nicht unbedingt eine eigene erfinderische Aktivität des Vorbenutzers, sondern lässt es genügen, wenn dieser rechtmäßig in den **Erfindungsbesitz** gelangt ist, auch wenn dieser vom späteren Schutzrechtsinhaber abgeleitet ist. Wesentlich für die Entstehung des Vorbenutzungsrechts ist die Benutzung der Erfindung oder jedenfalls die ernsthafte Vorbereitung dazu. Diese Investitionen des Vorbenutzers sind es, die nach Auffassung von Rechtsprechung und Lehre aus Billigkeitsgründen geschützt werden. Daneben hat dieses Erfordernis auch beweisrechtliche Aspekte. Denn es ist nicht selten so, dass nach der Offenbarung brauchbarer Erfindungen von Dritten behauptet wird, schon ähnliches vor der Anmeldung der Erfindung gemacht zu haben (vgl. BGH GRUR 1963, 311, 312 – Stapelpresse).

4.2 Tatbestandliche Voraussetzungen

21   Auch wenn das Tatbestandsmerkmal des **Erfindungsbesitzes** nicht expressis verbis aufgeführt ist, wird seit jeher ein Vorbenutzungsrecht nur anerkannt, wenn der Vorbenutzer bei der Vorbenutzung den Erfindungsbesitz, d. h. eine für das Nacharbeiten ausreichende Kenntnis der später geschützten Erfindung inne hatte. Erfindungsbesitz ist gegeben, wenn der Erfindungsgedanke, d. h. die Lösung des Problems subjektiv erkannt und die Erfindung damit **objektiv fertig** ist. Der Vorbenutzer muss den äußeren Kausalzusammenhang erkannt haben; die Ausführung der Erfindung muss möglich gewesen sein (vgl. BGH GRUR 1960, 546, 548 – Bierhahn; BGH GRUR 1964, 673, 674 – Kasten für Fußabtrittsroste; BGH GRUR 1969, 35, 36 – Europareise). Die Erfassung der wissenschaftlichen Grundlagen der technischen Lehre ist nicht erforderlich. Bei **Versuchen,** die das Ausprobieren der bereits gefundenen Lösung bezwecken, mit denen also lediglich noch die für den praktischen Gebrauch beste konstruktive Ausgestaltung der bereits gefundenen Lösung ermittelt werden soll, kann der Erfindungsbesitz vorhanden sein (vgl. BGH GRUR 1960, 546, 549 – Bierhahn). Die Möglichkeit eines Vorbenutzungsrechts wird auch für den nur **mittelbaren Benutzer** einer geschützten Erfindung anerkannt. Auch insoweit besteht jedoch die Voraussetzung, dass der mittelbare Benutzer im Erfindungsbesitz war (vgl. BGH GRUR 1964, 496, 497 – Formsand II).

Erforderlich ist weiter der durch **Benutzung** oder **Veranstaltung** hierzu betätigte Erfindungsbesitz. Das Vorbenutzungsrecht entsteht zugunsten desjenigen, der diese Handlungen selbständig und im eigenen Interesse ausführt. Die im Auftrag und im Interesse eines anderen ausgeführten Handlungen begründen nur für diesen ein Vorbenutzungsrecht. Die **Benutzung** kann jede der nach erfolgter Schutzerteilung dem GebrM-Inhaber vorbehaltenen Handlungen sein. Auch wenn nach dem GebrM-Recht Verfahrenserfindungen ausgeschlossen sind, muss die Anwendung eines Verfahrens, das zu einem geschützten Erzeugnis führt, für die Begründung eines Vorbenutzungsrechts ausreichend sein. Auch das Anbieten oder Inverkehrbringen schutzrechtsgemäß hergestellter Erzeugnisse kann ein Vorbenutzungsrecht begründen. Die Benutzungshandlungen sind untereinander **gleichwertig** (vgl. BGH GRUR 1964, 491, 493 – Chloramphenicol; BGH GRUR 1969, 35, 36 – Europareise). Erfolgt die Vorbenutzung durch Anbieten oder Inverkehrbringen einer Vorrichtung, ist es für die Entstehung des Vorbenutzungsrechts unschädlich, wenn die Vorbenutzungshandlung einem Dritten die Erfindung nicht offenbart (vgl. BGH GRUR 1969, 35, 36 – Europareise). Der Umstand, dass die Benutzung öffentlich zugänglich erfolgt, ist oder die Erfindung sonst neuheitsschädlich vorweggenommen ist, schließt die Berufung auf ein Vorbenutzungsrecht nicht aus (vgl. BGH GRUR 1965, 411, 415 – Lacktränkeinrichtung). Nach diesen Grundsätzen ist beispielsweise die Benutzung im Rahmen von Laborversuchen, die lediglich der Prüfung der Ausführbarkeit der Erfindung dienten, nicht als ausreichend angesehen worden. Damit die Bekräftigung des Erfindungsbesitzes durch **Veranstaltungen** zur alsbaldigen Aufnahme der Benutzung ausreichend ist, müssen Handlungen vorliegen, die objektiv auf die Erfindung bezogen, also geeignet sind, deren Benutzung zu ermöglichen. Weitere Voraussetzung ist jedoch das Vorliegen eines ernstlichen Willens des Handelnden zur alsbaldigen Aufnahme der Benutzung (vgl. BGH GRUR 1964, 20, 23 – Taxilan; BGH GRUR 1960, 546, 549 – Bierhahn; BGH GRUR 1969, 34, 36 – Europareise).

§ 13   23–25   Nichteintritt des Schutzes; Entnahme; Verweisungen

23   Gerade bei dem Merkmal der „Veranstaltungen" kommt es entscheidend auf die Umstände des Einzelfalls an, ob sie die Absicht erkennen lassen, die Erfindung alsbald zu benutzen. Unter Umständen können die Anschaffung oder der Bau der benötigten Maschinen oder Anlagen, die Anfertigung von fertigungsreifen Werkstattzeichnungen für das Vorliegen des Merkmals sprechen. Die bloße Anfertigung eines Modells hingegen wurde ebenso nicht als ausreichend angesehen, um den Tatbestand der Veranstaltung zu erfüllen, wie die Anmeldung eines Schutzrechts, da daraus nicht zwingend auf die Absicht der alsbaldigen Benutzung geschlossen werden kann. Nicht genügend sind ferner Erkundungen über Marktverhältnisse und voraussichtlichen Bedarf sowie die Herstellung verschiedener Muster, mit denen erst die Rechtslage geklärt werden soll. Versuche, die sich auf die Erfindung beziehen, können gegebenenfalls als Veranstaltung anerkannt werden, wenn sie nur noch dazu dienen, für die gefundene Lösung die praktisch zweckmäßigste Ausführungsform zu ermitteln.

24   Die Frage, ob ein Vorbenutzungsrecht nur dann entstehen kann, wenn die Benutzungshandlungen im **gewerblichen Bereich** erfolgt sind, ist von der Rechtsprechung bislang nicht entschieden worden und in der Literatur umstritten. Die Frage ist insofern von eher eingeschränkter Relevanz, als der private, nicht gewerbliche Gebrauch a priori durch die Ausnahmevorschrift des § 12 Nr. 1 der Wirkung des GebrM entzogen ist. Wer sich auf private, nicht gewerbliche Handlungen beschränkt, bedarf keines Vorbenutzungsrechts. Die Frage wird jedoch dann relevant, wenn von Handlungen im privaten Bereich zu nicht gewerblichen Zwecken ohne Erlaubnis des GebrM-Inhabers zu Handlungen mit einem gewerblichen Zweck übergegangen wird. Eine Beantwortung dieser Frage kann nur unter Berücksichtigung des Zwecks des § 13 beantwortet werden. Dies spricht für das Erfordernis der Vornahme von Handlungen zu gewerblichen Zwecken (a. A. *Benkard/Bruchhausen*, § 12 PatG, Rdnr. 10; *Mes*, § 12 PatG, Rdnr. 13).

25   Es wird nicht verlangt, dass der Vorbenutzer sich in einem von dem späteren GebrM-Berechtigten unabhängigen und selbst erlangten Erfindungsbesitz befunden haben muss (siehe oben). Der Erfindungsbesitz kann sich durchaus aus dem Erfindungsakt ergeben, der aus der späteren GebrM-Anmeldung resultiert. § 12 Abs. 1 Satz 4 PatG enthält insoweit eine Spezialregelung, die das Gegenstück zu § 3 Abs. 4 PatG bildet, der die eingeschränkte Regelung über die sog. Neuheitsschonfrist enthält (der uneingeschränkte Verweis in § 13 Abs. 3 auf § 12 PatG ist deshalb insoweit nicht passend, weil

Nichteintritt des Schutzes; Entnahme; Verweisungen 26 § 13

das GebrMG eine weitergehende Neuheitsschonfrist zur Verfügung stellt). § 12 Abs. 1 Satz 4 PatG ergänzt die Vorschrift über die Neuheitsunschädlichkeit gewisser Vorverlautbarungen gemäß § 3 Abs. 4 PatG durch einen Schutz gegen nachteilige Folgen von Mitteilungen, durch die Erfindung vor dem Prioritätstag Dritten, aber nicht der Öffentlichkeit zugänglich gemacht worden ist. Der unter dem Vorbehalt Mitteilende kann vor der Entstehung eines Vorbenutzungsrechts sicher sein, wenn er innerhalb von sechs Monaten nach der Mitteilung die Anmeldung vornimmt. Eine spätere Anmeldung lässt das Vorbenutzungsrecht nur insoweit entstehen, als sie nach der 6-Monatsfrist erfolgt ist. Der Vorbehalt kann insbesondere stillschweigend erfolgen. Trotz dieser Ausnahmeregelung ist der Erwerb eines Vorbenutzungsrechts in jedem Fall dann ausgeschlossen, wenn der Vorbenutzer dem späteren GebrM-Inhaber oder dessen Rechtsvorgänger gegenüber **widerrechtlich** gehandelt hat. Es muss sich um **redlichen** Erfindungsbesitz handeln; die Vorbenutzung muss redliche Besitzausübung sein (BGH GRUR 1964, 673, 675 – Kasten für Fußabtrittsroste; OLG Düsseldorf GRUR 1980, 170, 171 – LAX). Eine widerrechtliche, unredliche Entlehnung des benutzten Erfindungsgedankens vom Anmelder oder dessen Rechtsvorgänger ist insbesondere anzunehmen, wenn der Vorbenutzer bei Erlangung der von ihm verwerteten Kenntnisse erkannt oder grob fahrlässig nicht erkannt hat, dass diese von einem anderen stammen, der mit der Weitergabe an den Vorbenutzer oder mit dessen Verwertung durch diesen nicht einverstanden ist.

Die gesetzliche Regelung setzt weiterhin eine Benutzung **im** 26 **Inland** voraus. Die Benutzung der Erfindung im Ausland führt nicht zur Entstehung eines Vorbenutzungsrechts. Ferner müssen die Handlungen entweder vor dem **Anmeldetag** bzw. im Fall gültiger Inanspruchnahme einer Priorität vor dem **Prioritätstag** vorgenommen worden sein. Gemäß § 12 Abs. 2 Satz 2 PatG kann sich ein **Ausländer** auf die von ihm in Anspruch genommene Priorität einer ausländischen Anmeldung gegenüber einem Vorbenutzungsrecht nur dann berufen, wenn sein Heimatstaat hierin Gegenseitigkeit verbürgt (vgl. für Angehörige von Verbandländern der PVÜ: Art. 4 B Satz 1, Halbsatz 2 PVÜ). Durch Handlungen nach der prioritätsbegründenden Anmeldung kann kein Weiterbenutzungsrecht erworben werden. Ein Vorbenutzungsrecht kann infolge Benutzung auch dann entstehen, wenn die Benutzung nicht bis zur Anmeldung des GebrM oder bis zum Prioritätszeitpunkt fortgesetzt wird, es sei denn in diesem Verhalten sei die freiwillige endgültige Einstellung der Benutzung aus technischen oder sonstigen Gründen

§ 13 **27, 28** Nichteintritt des Schutzes; Entnahme; Verweisungen

zu erblicken (vgl. BGH GRUR 1965, 411, 413 – Lacktränkeinrichtung; BGH GRUR 1969, 35, 36 – Europareise). Veranstaltungen müssen hingegen bis zur Anmeldung des GebrM fortdauern, und zwar ohne Unterbrechung, da es andernfalls an der Absicht der alsbaldigen Benutzung der Erfindung fehlt. Der Wille zur alsbaldigen Aufnahme der Benutzung muss aufrecht erhalten und fortgesetzt betätigt sein (vgl. BGH GRUR 1969, 35, 37 – Europareise).

27 Die **Beweislast** für die das Vorbenutzungsrecht begründenden Tatsachen und dessen Umfang treffen denjenigen, der sich auf ein Vorbenutzungsrecht beruft (*Benkard/Bruchhausen,* § 12 PatG, Rdnr. 27). Die Beweislast schwenkt jedoch auf den GebrM-Inhaber über, sofern dieser sich auf Umstände beruft, die das Vorbenutzungsrecht ausschließen, z. B. auf das unredliche Erlangen des Erfindungsbesitzes (OLG Düsseldorf Mitt. 1987, 239, 240).

4.3 Umfang des Vorbenutzungsrechts

28 Der **sachliche Umfang** des Vorbenutzungsrechts muss sich einerseits nach dem Besitzstand bemessen, an den es anknüpft. Da das Vorbenutzungsrecht verhindern soll, dass die Geltendmachung des GebrM vor seiner Anmeldung geschaffene wirtschaftliche Werte zerstört, muss dem Vorbenutzer die Befugnis eingeräumt werden, die Erfindung für die Bedürfnisses seines eigenen Betriebes auszunutzen. Das Vorbenutzungsrecht ist also andererseits auch betriebsgebunden. Das Recht, die Erfindung für den **eigenen Betrieb** des Benutzers zu verwenden, muss dem Betrieb auch in seiner Weiterentwicklung zugute kommen; eine Betriebsentwicklung, die zu einer völligen Umgestaltung seiner Eigenart führt, kann freilich hierunter nicht fallen. Unter Betrieb ist die rechtliche Einheit, der die Betriebsstätte angehört, zu verstehen, was namentlich bei Benutzungshandlungen innerhalb eines Konzerns zu Abgrenzungsschwierigkeiten führen kann. Der Umfang des erworbenen Besitzstandes, der in Billigkeitserwägungen seine Rechtfertigung findet, ist auch maßgebend für die Frage des **Wechsels der Benutzungsarten.** Dem Hersteller wird dabei das alle Benutzungsarten umfassende Vorbenutzungsrecht eingeräumt, auch wenn er nur eine von ihnen vor der Anmeldung ausgeübt hat. Dagegen darf ein Händler nicht zur Herstellung übergehen; ebenso wenig jemand, der den Gegenstand lediglich gebraucht hat, ohne ihn selbst hergestellt zu haben. Hierin wird eine unzulässige Ausdehnung des Vorbenutzungsrechts über den erworbenen Besitzstand hinaus gesehen. Umstritten ist

aber beispielsweise, ob derjenige, der vor der Anmeldung lediglich für die eigene Benutzung hergestellt hat, zur Herstellung für andere, zum Anbieten und Inverkehrbringen übergehen darf. Für die Bedürfnisse seines eigenen Betriebs darf der Vorbenutzer die Erfindungsbenutzung auch in fremden Werkstätten durchführen lassen, vorausgesetzt, dass er einen bestimmenden Einfluss auf Art und Umfang von Herstellung und Vertrieb behält. Eine unzulässige Erweiterung des Besitzstandes wäre anzunehmen, wenn der Betreiber einer solchen Werkstätte die Erfindung auf eigene Rechnung und Gefahr benutzt (RGZ 153, 321, 327/328 – Gleichrichterröhren). Der berechtigte Vorbenutzer kann einem Dritten grundsätzlich keine von dem Betrieb losgelösten Rechte auf eine Benutzung der Erfindung einräumen (vgl. BGH GRUR 1979, 48, 50 – Straßendecke I).

Das Vorbenutzungsrecht erstreckt sich auf die technische Lehre, auf die sich der Erfindungsbesitz und die betätigte Benutzung bezogen haben. **Naheliegende Ausführungsformen** werden von dem Vorbenutzungsrecht erfasst: Was der Vorbenutzer jedoch nicht als Erfindungsgedanken erkannt hat, kann er nicht nachträglich im Wege des Vorbenutzungsrechts für sich beanspruchen. Ihm wird ferner nicht das Recht eingeräumt, diejenige Ausführungsform zu benutzen, die gerade der GebrM-Inhaber gezeigt hat, wobei es nicht darauf ankommt, ob diese Ausführungsform gegenüber dem vorbenutzten Erfindungsgedanken erfinderisch ist oder nicht (vgl. die Zusammenstellung der Rechtsprechung bei *Benkard/Bruchhausen*, § 12 PatG, Rdn. 22).

4.4 Übertragung; Zwangsvollstreckung; Insolvenz

Die **Übertragung des Vorbenutzungsrechts** im Wege des Erbfalls oder der Veräußerung an Dritte ist nur zusammen mit dem Betrieb zulässig, § 12 Abs. 1 Satz 3 PatG. Hierdurch soll eine Vervielfältigung des Vorbenutzungsrechts verhindert werden. Wird der Betrieb übertragen, so ist damit im Zweifel auch eine Übertragung des Vorbenutzungsrechts verbunden. Es ist nicht erforderlich, dass stets das gesamte Unternehmen, dem der Betrieb dient, mit dem Vorbenutzungsrecht veräußert werden muss. Die Veräußerung des Rechts mit einem abgesonderten Teil des Betriebs ist zulässig, wenn das Recht gerade für diesen Teilbetrieb entstanden ist (RGZ 153, 321, 327/328 – Gleichrichterröhren). Diese grundsätzliche rechtliche Beschränkung der Verkehrsfähigkeit kann jedoch nicht durch eine willkürliche Aufteilung des Unternehmens in einzelne mit Vorbenutzungsrechten ausgestattete Abteilungen umgangen werden. Hat der Vorbenutzer – etwa wie der Arbeitnehmer einer freien oder freigegebenen Arbeitnehmererfindung – keinen eigenen Betrieb, muss er das Vorbenutzungsrecht auch ohne diesen Betrieb veräußern können. Eine Weitergabe an Lizenznehmer ist ausgeschlossen (vgl. BGH GRUR 1992, 432 – Steuereinrichtung I; BGH GRUR 1992, 599 – Teleskopzylinder). Rechtssystematisch mit der Zession des Vorbenutzungsrechts hängen auch die Befugnisse des **mittelbaren Vorbenutzers** zusammen. Da der mittelbare Vorbenutzer Abnehmern kein eigenes Benutzungsrecht an der geschützten Erfindung einräumen kann, ist es ihm auch versagt, die zur Benutzung der Erfindung geeigneten und bestimmten erfindungswesentlichen Mittel anderen Personen anzubieten, als denjenigen, denen er diese Mittel vor dem Prioritätszeitpunkt zur Benutzung der Erfindung angeboten hatte. Die Rechtsmöglichkeiten des mittelbaren Vorbenutzers sind damit auf Lizenznehmer oder unmittelbare Vorbenutzer beschränkt, die ihrerseits ein Vorbenutzungsrecht haben. Da das Vorbenutzungsrecht nicht selbständig verkehrsfähig ist, unterliegt es nicht der **Zwangsvollstreckung.** Im Falle der **Insolvenz** fällt es in die Masse und kann grundsätzlich mit dem Betrieb aus dieser veräußert werden (vgl. BGH GRUR 1966, 270 – Dauerwellen II). Das Vorbenutzungsrecht **erlischt** noch nicht schlechthin dadurch, dass der Vorbenutzer nach der Anmeldung seinen Erfindungsbesitz nicht mehr ausübt oder die Benutzung der Erfindung einstellt (BGH GRUR 1965, 411, 413 – Lacktränkeinrichtung). Im Hinblick auf die Betriebsgebundenheit erlischt es jedoch mit der endgültigen Einstellung des Betriebes, zu dem es gehört; ebenso durch erkennbaren Verzicht.

4.5 Weiterbenutzungsrecht

31 **Zwischenbenutzungsrechte** können im Fall der Wiedereinsetzung in den vorigen Stand nach Erlöschen und Wieder-Inkrafttreten des GebrM entstehen, **§ 21 Abs. 1** i. V. m. **§ 123 Abs. 5, 6 PatG.** § 123 Abs. 5 PatG räumt dem gutgläubigen Zwischenbenutzer, d. h. dem, der den Gegenstand des GebrM in der Zeit von dem Erlöschen desselben bis zum Wieder-Inkrafttreten in Benutzung genommen hat oder die dazu erforderlichen Veranstaltungen traf, ein **Weiterbenutzungsrecht** ein. Ein Weiterbenutzungsrecht kann nur entstehen, wenn es **nach** dem Erlöschen des Schutzrechts beginnt. Eine Benutzung **vor** dem Zeitpunkt des Erlöschens oder nachfolgende Weiterbenutzung begründet kein Weiterbenutzungsrecht (vgl. BGH GRUR 1993, 460, 462 – Wandabstreifer). Benutzungshandlungen sind wie bei § 12 PatG alle die in § 11 beschriebenen Formen. Die Benutzung bzw. die erforderlichen Veranstaltungen dazu müssen im eigenen Interesse getätigt bzw. in Angriff genommen worden sein; Handlungen leitender Betriebsangehöriger sind dem Geschäftsbetrieb zuzurechnen (BGH, aaO, S. 462). Es muss sich um Handlungen im Inland handeln. Sie müssen ferner in gutem Glauben vorgenommen worden sein. Die Vorschrift über das Weiterbenutzungsrecht des Zwischenbenutzers ist eine der Vorschrift über das Vorbenutzungsrecht nachgebildete Billigkeitsvorschrift (BGH GRUR 1993, 460, 463 – Wandabstreifer). Der Inhalt des Weiterbenutzungsrechts entspricht dem des Vorbenutzungsrechts gemäß § 12 Abs. 1 Satz 2 und Satz 3 PatG. Hat der wegen Gebrauchsmusterverletzung in Anspruch Genommene den Gegenstand des Klagegebrauchsmusters bereits vor dessen Abzweigung aus dem Stammpatent in Benutzung genommen und konnte er zum Zeitpunkt der Benutzungsaufnahme nicht damit rechnen, ein Schutzrecht der Klägerin zu verletzen, handelte er gutgläubig, so dass ihm in analoger Anwendung von § 123 Abs. 5 PatG ein Weiterbenutzungsrecht zustehe (LG München Mitt. 1998, 33; zweifelhaft, weil damit die Rechtswirkungen des Abzweigungsrechts ausgehöhlt werden).

Ein Weiterbenutzungsrecht kann sich aus § 28 ErstrG ergeben **32** (vgl. allgemein hierzu *Bühring,* § 13, Rdnr. 26). Der nach § 28 ErstrG zur Weiterbenutzung eines Schutzrechts Berechtigte kann sich dabei eines Vertriebspartners bedienen, falls er bestimmenden, wirtschaftlich wirksamen Einfluss auf Art und Umfang des Vertriebs hat. Dies gilt insbesondere dann, wenn ihm ausschließlich Konzeption, Vorbereitung und Durchführung aller Marketing-Maßnahmen obliegen, er ausschließlich Bestellungen entgegennimmt und bearbeitet, die Lieferkonditionen festlegt, Kunden beliefert und die Rechnungen ausstellt. In diesem Fall tritt keine – an sich unzulässige – Vervielfältigung des Rechts aus § 28 Abs. 1 ErstrG ein (vgl. OLG München GRUR 1996, 47, 48 – Mitoxantron AWD).

5. Staatliche Benutzungsanordnung

Das Schutzhindernis der Staatlichen Benutzungsanordnung **33** gemäß § 13 Abs. 3 i. V. m. § 13 PatG hat bislang keine praktische

§ 13 34–36 Nichteintritt des Schutzes; Entnahme; Verweisungen

Relevanz erfahren. Das Ausschließlichkeitsrecht des § 11 gilt gegenüber jedem Dritten und mithin gegenüber der öffentlichen Gewalt, sei sie hoheitlich oder im Bereich der Daseinsvorsorge tätig. § 13 PatG stellt die Ermächtigungsgrundlage für eine Enteignung im Sinne des Art. 14 Abs. 3 GG dar, die die Ausschließungsbefugnis des Schutzrechtsinhabers beschränkt. Auf die Einzelheiten der Kommentierung bei *Mes*, § 13 PatG sowie bei *Benkard/Bruchhausen*, § 13 PatG wird verwiesen.

6. Weitere Beschränkungen der Schutzwirkung (Verweis)

34 Zu den weiteren Beschränkungen der Schutzwirkungen sowie zu diesbezüglichen Einwendungen wird auf die Erläuterungen zu § 11 verwiesen.

7. Erfinderrecht

35 § 13 Abs. 3 verweist auf §§ 6, 7 Abs. 1 und 8 PatG, in denen die erfinderrechtlichen Grundsätze geregelt sind. Die Rechtsprechungspraxis und Literatur zu diesen patentrechtlichen Bestimmungen können deshalb auch für das GebrM-Recht herangezogen werden, soweit sich aus den Unterschieden der Eintragungsverfahren, der Wirkung der Eintragung und dem Fehlen von Vorschriften über die Erfindernennung keine Änderungen ergeben.

7.1 Recht auf das Gebrauchsmuster

36 § 6 PatG regelt die materielle Berechtigung an der Erfindung zugunsten des wahren Erfinders oder seines Rechtsnachfolgers. Das Recht auf das GebrM steht dem Erfinder oder seinem Rechtsnachfolger zu, §§ 13 Abs. 3 GebrMG, 6 Satz 1 PatG. Haben mehrere gemeinsam eine Erfindung getätigt, so steht ihnen das Recht auf das GebrM gemeinschaftlich zu, § 6 Satz 2 PatG. Bei einer (unabhängigen) Doppelerfindung steht das Recht auf das GebrM demjenigen zu, der die Erfindung zuerst beim Patentamt anmeldet, §§ 13 Abs. 3 GebrMG, 6 Satz 3 PatG. Das Recht auf das GebrM entsteht mit der

Schöpfung der Erfindung, die Realakt ist, so dass es auf die Geschäftsfähigkeit nicht ankommt. Das Recht an der Erfindung entsteht, wenn die Erfindung so fertig und verlautbart ist, dass sie für Dritte ausreichend konkret erkennbar ist; mithin muss der Fachmann die ihr zugrunde liegende technische Lehre nach den Angaben des Erfinders ausführen können (vgl. BGH GRUR 1971, 210 – Wildbissverhinderung). Sind Versuche erforderlich, die erst dem Auffinden einer Lösung der gestellten Aufgabe dienen, so liegt noch keine fertige Erfindung vor. Versuche, die nur einem Ausprobieren der technischen Lehre dienen, sind unschädlich (BGH GRUR 1971, 210, 213 – Wildbissverhinderung). Das mit der Erfindung entstehende Recht auf das GebrM ist ein unvollkommen absolutes Immaterialgüterrecht. Die absolute Wirkung zeigt sich darin, dass es sich gegen jeden richtet, ausgenommen einen zweiten Erfinder. Unvollkommen ist das Recht, weil es kein ausschließliches Benutzungsrecht und kein Verbietungsrecht gegenüber dritten Benutzern gewährt; diese Rechte entstehen erst mit der Eintragung der Erfindung als GebrM.

Die Erfindung begründet kein unentziehbares Anwartschaftsrecht auf Eintragung des GebrM. Damit ist das Recht auf das GebrM materiell-rechtliche Berechtigung des Erfinders bzw. seines Rechtsnachfolgers an der Erfindung und hat damit den Charakter eines **Vermögensrechtes,** das Gegenstand des Rechtsverkehrs sein kann, z. B. im Wege der Lizenzvergabe (vgl. BPatG GRUR 1987, 234). In dieser Ausgestaltung unterliegt es dem Schutz des Art. 14 GG und ist sonstiges Recht im Sinne des § 823 Abs. 1 BGB (OLG Frankfurt GRUR 1987, 886). Dem tatsächlichen Erfinder und nicht demjenigen, der die Erfindung zuerst anmeldet, gebührt das Gebrauchsmuster (Durchbrechung dieses Grundsatzes in § 6 Satz 3 PatG). Das Recht auf das GebrM hat jedoch eine **Doppelnatur.** Es beinhaltet auch das **Erfinderpersönlichkeitsrecht,** das höchst persönlich, nicht übertragbar, unpfändbar und unverzichtbar ist (vgl. BGH GRUR 1978, 583, 585 – Motorkettensäge). Es entsteht mit der Erfindung und ist Teil des allgemeinen Persönlichkeitsrechts, das als „sonstiges Recht" nach § 823 Abs. 1 BGB geschützt ist. Verletzungen begründen Ansprüche auf Unterlassung, Beseitigung, Feststellung und Schadenersatz (ggf. auch Ersatz des immateriellen Schadens bei schwerer Beeinträchtigung) (vgl. OLG Frankfurt GRUR 1987, 886, 887 – Gasanalysator; BGH GRUR 1979, 145, 148 – Aufwärmvorrichtung). Das Erfinderpersönlichkeitsrecht verbleibt bei dem Erfinder, auch nach der Übertragung der Erfindung und nach Ablauf der Schutzdauer. Der Erfinder kann Dritte nicht zur Geltendma-

§ 13 38, 39 Nichteintritt des Schutzes; Entnahme; Verweisungen

chung des Erfinderpersönlichkeitsrechts ermächtigen (BGH GRUR 1978, 583, 585 – Motorkettensäge). Ein Recht zur Benennung und Nennung des Erfinders kennt das GebrMG nicht. Die diesbezüglichen Regelungen des PatG sind nicht analog anwendbar (*Bühring*, § 13, Rdnr. 32).

38 Zu dem Erfinderrecht gehört auch der **Anspruch auf Eintragung des GebrM**. Nach Anmeldung des Gebrauchsmusters gewährt das Recht auf das Gebrauchsmuster einen öffentlich-rechtlichen Anspruch auf Eintragung des Gebrauchsmusters in derjenigen Ausgestaltung, die der gegebenen neuen technischen Lehre und dem Willen des Anmelders entspricht, und soweit dies rechtlich zulässig ist (vgl. BGH GRUR 1982, 95, 96 – Pneumatische Einrichtung; BGH GRUR 1991, 127, 128 – Objektträger). Dieser Anspruch ist übertragbar und pfändbar (vgl. BGH GRUR 1994, 602, 603/604 – Rotationsbürstenwerkzeug). Der Anspruch auf Eintragung des GebrM entsteht dabei nicht notwendigerweise für den Erfinder, sondern für den Anmelder. § 7 Abs. 1 PatG regelt dies im Sinne einer Fiktion dahingehend, dass im Verfahren vor dem Patentamt der Anmelder als berechtigt **gilt,** die Eintragung des Schutzrechts zu verlangen, und zwar auch dann, wenn er materiell-rechtlich nicht berechtigt ist **(Anmeldergrundsatz).** Das **Recht aus dem Gebrauchsmuster** ist die sich aus dem eingetragenen Gebrauchsmuster ergebende Rechtsposition, §§ 11, 12; hierzu gehören auch die Rechte zur Lizenzierung sowie die Verbietungsrechte gegenüber Dritten, einschließlich der Verletzungsansprüche.

39 **Erfinder** können nur **natürliche** Personen, also nicht juristische Personen, Handelsgesellschaften, Körperschaften etc. sein. Diese können Rechte an der Erfindung nur in abgeleiteter Weise erwerben. Natürliche Personen können ebenfalls abgeleitete Rechte erwerben. Vorausverfügungen über künftige Erfindungen sind möglich; die allgemeinen zivilrechtlichen Anforderungen, insbesondere an die Bestimmtheit und Bestimmbarkeit dieser künftigen Rechte sind zu beachten. § 13 Abs. 3 i. V. m. § 6 Satz 2 PatG regelt die Folgen einer gemeinsamen Erfindung nur in unvollkommener Weise. **Miterfinder** ist nur derjenige, der durch selbständige, geistige Mitarbeit selbst einen schöpferischen Anteil zu der Erfindung geleistet hat (vgl. BGH GRUR 1969, 133, 135 – Luftfilter). Rein konstruktive Maßnahmen reichen hierzu regelmäßig nicht. Miterfinder ist nicht derjenige, der lediglich die finanziellen oder sonstigen sachlichen Voraussetzungen hierfür geschaffen hat (z. B. Arbeitgeber oder Auftraggeber). In welchem Verhältnis jeder der Miterfinder an dem GebrM zu beteiligen ist, hängt davon ab, welche Leistung der

einzelne Miterfinder zu der Erfindung beigesteuert hat. Hierzu ist die Erfindung, d. h. der Inhalt der technischen Lehre, zu ermitteln; anschließend sind die Einzelbeiträge der Miterfinder festzustellen und schließlich deren Gewicht im Verhältnis zueinander und zur erfinderischen Gesamtleistung abzuwägen (vgl. BGH GRUR 1979, 540, 541 – Biedermeier-Manschetten). Die vermögensrechtlichen Beziehungen der Miterfinder untereinander richten sich nach ihren (häufig stillschweigenden) Vereinbarungen, ergänzend nach dem Recht der **Bruchteilsgemeinschaft** gemäß §§ 741 ff BGB. Verfolgen die Miterfinder einen gemeinsamen Zweck, z. B. die gemeinsame wirtschaftliche Verwertung der Erfindung, so sind die Regelungen der **Gesellschaft** gemäß §§ 705 ff BGB anzuwenden. Hinsichtlich der Verwaltung und Benutzung der Erfindung können sich in Ermangelung getroffener Vereinbarung folgende Unterschiede ergeben:
– Bruchteilsgemeinschaft: Die **Verwaltung** steht den Teilhabern nach § 744 Abs. 1 BGB gemeinschaftlich zu, also gemeinschaftliche Schutzrechtsanmeldung und -aufrechterhaltung, Vergabe von Lizenzen, Rechtsverfolgung von Verletzern. Jeder Teilhaber ist gemäß § 744 Abs. 2 BGB berechtigt, die zur Erhaltung des Gegenstands notwendigen Maßregeln ohne Zustimmung der anderen Teilhaber zu treffen, z. B. Gebührenzahlungen. Hierunter fällt auch die Möglichkeit jedes Teilhabers, im eigenen Namen auf Unterlassung zu klagen; Rechnungslegung und Schadenersatzleistung können aber nur für alle Teilhaber gefordert werden. Regelmäßig wird auch die Vornahme der Anmeldung durch den einzelnen Teilhaber als notwendige Maßnahme im Sinne des § 744 Abs. 2 anzusehen sein, da andernfalls die Gefahr durch Drittanmeldungen droht. Ob die Benutzung der gemeinschaftlichen Erfindung durch einen einzelnen Teilhaber im Hinblick auf § 743 Abs. 2 BGB erlaubt und damit keine GebrM-Verletzung darstellt, ist streitig, aber zu bejahen, weil das Mitbenutzungsrecht durch die übrigen Teilhaber nicht beeinträchtigt wird; ein in der Praxis häufig zu beobachtender Streit zwischen den Miterfindern würde darüber hinaus die Nutzung der Erfindung blockieren können, was mit dem Grundgedanken des Patent- und Gebrauchsmusterrechts nicht vereinbar wäre (a. A. insgesamt *Sefzig,* GRUR 1995, 302, 304). Die Benutzungsbefugnis würde hingegen bei einer Übertragung oder Lizenzeinräumung des Rechtes überschritten werden, dies ist mithin nur gemeinschaftlich möglich; jeder Teilhaber kann aber nach § 747 Satz 1 BGB über seinen Anteil an der Erfindung verfügen (BGH GRUR 1979, 540, 541 – Biedermeier-

§ 13 41–43 Nichteintritt des Schutzes; Entnahme; Verweisungen

Manschetten), jedoch nicht über seinen Beitrag zum Ganzen. Jeder Teilhaber kann die gemeinsame Erfindung gegen widerrechtliche Entnahme durch einen Dritten verteidigen und das gemeinsame GebrM im Löschungsverfahren allein verteidigen, § 744 Abs. 2 BGB. Im Einzelnen ist hier vieles streitig.

41 – Das Recht an der Erfindung und das Recht an dem GebrM steht den Gesellschaftern zur gesamten Hand zu. Sie können infolge dessen über das Recht nur gemeinsam verfügen. Auch eine Verfügung über den Anteil des Einzelnen an der Gesellschaft ist nur mit Zustimmung aller Beteiligten möglich, §§ 717, 719 BGB.

7.2 Recht des Anmelders

42 Gemäß **§ 13 Abs. 3 GebrMG** i. V. m. **§ 7 Abs. 1 PatG** wird das Erfinderprinzip durch das sog. **Anmelderprinzip** durchbrochen. Der Anspruch auf Eintragung des GebrM steht dem Anmelder zu. Dabei wird nicht geprüft, ob der Anmelder tatsächlich zur Anmeldung berechtigt ist. Seine Berechtigung wird **fingiert** (a. A. BPatGE 24, 54, 56: Unwiderlegliche Vermutung). Diese Fiktion betrifft nur den formalen Anspruch auf Eintragung des GebrM. An der materiellen Rechtsinhaberschaft ändert sie nichts. Mit dieser Regelung soll das patentamtliche Verfahren von ansonsten notwendigen Ermittlungen über die materielle Rechtsinhaberschaft entlastet werden (BGH GRUR 1997, 890/891 – Drahtbiegemaschine). Hat der Anmelder zu Unrecht die Rechtsposition erlangt, steht dem materiell Berechtigten der Rechtsbehelf des § 13 Abs. 3 GebrMG i. V. m. § 8 PatG auf Übertragung der GebrM-Anmeldung oder des eingetragenen Gebrauchsmusters zu. Des Weiteren kann er Löschung gemäß § 15 Abs. 2 wegen widerrechtlicher Entnahme beantragen. Einzelheiten: Anm. 3. Eine Nachanmeldung mit Priorität des entnommenen GebrM entsprechend § 7 Abs. 2 PatG ist angesichts des eindeutigen Wortlauts in § 13 Abs. 3 nicht möglich. Eine Analogie des § 7 Abs. 2 PatG kommt angesichts des mit dieser Vorschrift eher eingeschränkten Grundgedankens (vgl. hierzu BGH GRUR 1997, 890 – Drahtbiegemaschine) ebenfalls nicht in Betracht.

7.3 Vindikation

43 Der wahre Erfinder hat einen Anspruch auf **Übertragung** des GebrM oder auf Abtretung der Anmeldung gegen den nichtberech-

tigten Inhaber oder Anmelder, **§ 13 Abs. 3 GebrMG** i. V. m. **§ 8 Satz 1 PatG**. Durch diese Vorschriften werden die Folgen des Anmelderprinzips gemildert. Der Anspruch ähnelt demjenigen des Eigentümers gegen den unrechtmäßigen Besitzer der §§ 985 ff BGB und wird deshalb als erfinderrechtliche Vindikation bezeichnet (BGH GRUR 1982, 95, 96 – Pneumatische Einrichtung). Zu den weiter bestehenden Möglichkeiten im Falle der widerrechtlichen Entnahme vgl. Anm. 3. Die Übertragungsklage wegen widerrechtlicher Entnahme soll den **Zwiespalt** zugunsten des sachlich Berechtigten beseitigen, der sich aus der formalen Rechtsinhaberschaft eines sachlich nichtberechtigten Schutzrechtsinhabers gegenüber dem sachlich berechtigten Inhaber ergibt (vgl. BGH GRUR 1996, 42, 43 – Lichtfleck). Das Auseinanderfallen von sachlichem und formellem Recht soll vermieden werden. Ein Erfindungsbesitzer nach § 13 GebrMG i. V. m. § 8 PatG soll aber nur dann einen Anspruch auf Übertragung des Rechts geltend machen können, wenn er sachlich berechtigt ist. § 8 PatG gewährt bei nichtberechtigter Anmeldung und bei widerrechtlicher Entnahme sowohl dem sachlich Berechtigten, d. h. dem Erfinder oder dessen Rechtsnachfolger, als auch dem Erfindungsbesitzer, der sein Recht zum Erfindungsbesitz befugt vom sachlich Berechtigten herleitet, den Abtretungs- bzw. Übertragungsanspruch. Dem auf Übertragung klagenden Erfindungsbesitzer kann jedoch entgegengehalten werden, er habe kein sachliches Recht an der Erfindung und deshalb auch kein Recht auf das Schutzrecht (BGH GRUR 1991, 127, 128 – Objektträger). Das Gesetz billigt dem Erfindungsbesitzer einen Anspruch lediglich aus Gründen der Beweiserleichterung zu, schließt aber den Einwand fehlender Rechtsinhaberschaft nicht aus. Ein nichtberechtigter Erfindungsbesitzer wird durch eine unberechtigte Anmeldung des Schutzrechts seitens eines Dritten nicht in seinen Rechten verletzt. Die Nichtberechtigung der Anmeldung muss im Zeitpunkt der letzten mündlichen Verhandlung noch vorliegen (vgl. BGH GRUR 1982, 95 – Pneumatische Einrichtung). Der durch widerrechtliche Entnahme Verletzte ist ebenfalls aktivlegitimiert. Zur widerrechtlichen Entnahme vgl. Anm. 3. Passivlegitimiert ist gemäß §§ 13 Abs. 3 GebrMG i. V. m. § 8 Satz 1, 2 PatG entweder der GebrM-Anmelder oder GebrM-Inhaber. Gutgläubiger Rechtserwerb ist nicht möglich, §§ 413, 404 BGB. Nichtberechtigt ist derjenige, der kein sachliches Recht an der Erfindung hat, also weder Erfinder noch dessen Rechtsnachfolger ist, selbst wenn die Anmeldung mit Einwilligung des Erfinders erfolgte (vgl. BGH GRUR 1982, 95, 96/97 – Pneumatische Einrichtung). Die während

§ 13 44, 45 Nichteintritt des Schutzes; Entnahme; Verweisungen

eines Vindikationsrechtsstreits erfolgte Umschreibung des Streitgebrauchsmusters vom Beklagten auf einen Dritten ist auf das Prozessrechtsverhältnis ohne Einfluss (OLG Karlsruhe Mitt. 1998, 101; vgl. auch § 8 Anm. 2.5.3, 4.4.1). Zu den Anspruchsvoraussetzungen vgl. Anm. 3. Bei der Vindikationsklage werden Neuheit sowie erfinderischer Schritt des vindizierten GebrM/GebrM-Anmeldung vermutet. Der Einwand der Schutzunfähigkeit ist nicht zulässig (vgl. BGH GRUR 1962, 140 – Stangenführungsrohre). Dies soll jedenfalls bei Identität zwischen dem Gegenstand der Anmeldung oder des Schutzrechts und dem der widerrechtlichen Entnahme gelten (vgl. BGH Mitt. 1996, 16 – Gummielastische Masse). Die Schutzfähigkeit ist aber als Vorfrage im Rahmen einer Schadenersatzklage dann zu prüfen, wenn die Patentbehörden und -gerichte mit dieser Frage nicht mehr befasst werden können (BGH, aaO).

44 Die **Ausschlussfristen** gemäß § 8 Satz 3–5 PatG sind zu beachten. Zwei Jahre nach Veröffentlichung der Eintragung (§ 8 Satz 3 PatG). Gemäß § 8 Satz 4 PatG kann die Geltendmachung des Anspruchs noch innerhalb eines Jahres nach rechtskräftigem Abschluss des Löschungsverfahrens erhoben werden. Nach § 8 Satz 5 PatG gelten die Ausschlussfristen der Sätze 3 und 4 nicht, wenn der GebrM-Inhaber beim Erwerb des GebrM nicht in gutem Glauben war (Kenntnis bzw. grob fahrlässige Unkenntnis, § 932 Abs. 2 BGB). Da die Fristen der Sätze 3 und 4 Ausschlussfristen sind, sind sie nicht wiedereinsetzungsfähig, § 21 i. V. m. § 123 PatG.

45 Die **Darlegungs- und Beweislast** obliegt dem Vindikationskläger für die für ihn günstigen tatbestandlichen Voraussetzungen. Er muss seine Erfinderschaft darlegen bzw. beweisen. Macht der Beklagte eine Doppelerfindung geltend, muss der Kläger diese Möglichkeit ausscheiden, auch wenn eine derartige „Verteidigung" nicht selten prozesstaktisch bedingt sein dürfte. Deshalb reicht die mehr oder weniger theoretische Möglichkeit einer Doppelerfindung nicht aus (BGH GRUR 1979, 145, 147 – Aufwärmvorrichtung). Folglich ist von dem Beklagten substantiierter Sachvortrag und gegebenenfalls Beweis dazu zu verlangen, auf welche konkreten Tatsachen und Umstände er seine Erfindereigenschaft im Einzelnen fundiert (BGH, aaO). Eine Aussetzung des Vindikationsrechtsstreits wegen parallelen Löschungsverfahrens gemäß § 15 Abs. 2 kommt nicht in Betracht (ebenso *Mes,* § 8 PatG, Rdnr. 24).

§ 14 [Gebrauchsmuster und jüngeres Patent]

Soweit ein später angemeldetes Patent in ein nach § 11 begründetes Recht eingreift, darf das Recht aus diesem Patent ohne Erlaubnis des Inhabers des Gebrauchsmusters nicht ausgeübt werden.

Übersicht

	Rdn.
1. Allgemeines/Zweck der Vorschrift	1–3
2. Positives Benutzungsrecht und Kollision von Schutzrechten – Grundsätze der patentrechtlichen Praxis	4–9
3. Verhältnis des Gebrauchsmusters zu jüngerem Recht	10–14
4. Verhältnis des Gebrauchsmusters zu älterem Recht	15–18
5. Verhältnis des Gebrauchsmusters zu prioritätsgleichem Recht	19

Literatur (Auswahl): *Bossung,* Innere Priorität und Gebrauchsmuster, GRUR 1979, 661; *Schnabel,* Gebrauchsmuster und abhängiges Patent nach § 6 GebrMG, GRUR 1940, 73; *Zeller,* Älteres Gebrauchsmuster, jüngeres Patent und Weiterbenutzung, GRUR 1953, 235.

1. Allgemeines/Zweck der Vorschrift:

§ 14 enthält abschließend, jedoch unvollständig eine Kollisions- **1** regelung eines älteren GebrM zu einem jüngeren, hinsichtlich der geschützten Erfindung identischen oder abhängigen Patent. Diese Regelung ist vor dem Hintergrund des § 3 Abs. 2 PatG zu sehen. Dort sind GebrM-Anmeldungen mit älterem Zeitrang als fiktiver Stand der Technik nicht erwähnt. Trotz früherer, nicht vorveröffentlichter GebrM-Anmeldung kann mithin auf eine spätere Anmeldung ein inhaltsgleiches Patent erteilt werden.

Eine andere Fragestellung betrifft die Kollision zwischen einem **2** GebrM und einem im Schutzumfang zumindest teilweise übereinstimmenden **europäischen Patent**. Art. II § 8 IntPatÜG macht dabei von der dem nationalen Gesetzgeber in Art. 139 Abs. 3 EPÜ

§ 14 3, 4 Gebrauchsmuster und jüngeres Patent

eingeräumten Möglichkeit Gebrauch, **Doppelschutz** auszuschließen, soweit das nationale Recht ein **Patent** ist. Auch wenn Art. 140 EPÜ die Einbeziehung eines GebrM in das Doppelschutzverbot ermöglicht hätte, so hat der nationale Gesetzgeber das GebrM jedoch nicht in die Regelung des Art. II § 8 IntPatÜG aufgenommen, so dass ein ursprungsgleiches GebrM und europäisches Patent **nebeneinander** bestehen können (so auch *Nieder,* Mitt. 1987, 205, 209; a. A. *Benkard/Bruchhausen,* Intern. Teil, Rdnr. 145). Damit entspricht die „europäische Ebene" dem nationalen Recht, wonach ein Doppelschutz durch ein nationales Patent und ein Gebrauchsmuster möglich ist.

3   Zur Kollision eines GebrM mit einem **erstreckten DDR-Patent,** vgl. § 26 ErstrG sowie hierzu *Benkard/Ullmann,* § 14 GebrMG, Rdnr. 4, 6; *Bühring,* § 14, Rdnr. 1.

2. Positives Benutzungsrecht und Kollision von Schutzrechten – Grundsätze der patentrechtlichen Praxis

4   Die insbesondere patentrechtliche Rechtspraxis hatte sich bereits frühzeitig mit der **Kollision von Schutzrechten** und sich daraus ergebenden Fragen des **positiven Benutzungsrechts** (vgl. hierzu § 11 und Anm. dort) sowie des **negativen Verbietungsrechts** (vgl. hierzu § 11 und Anm. dort) zu befassen. Die Rangordnung zwischen kollidierenden Schutzrechten folgt dabei dem **Prioritätsprinzip.** Gemäß § 9 Satz 1 PatG bzw. § 11 Abs. 1 GebrMG hat allein der Schutzrechtsinhaber die Befugnis, die in seinem Patent/GebrM geschützte Erfindung zu benutzen und zu verwerten. Hieraus ergibt sich ein positives Benutzungsrecht (allgemeine Meinung, vgl. § 11 und Anm. dort). Dieses steht neben dem Schutzrechtsinhaber auch dem (ausschließlichen oder einfachen) Lizenznehmer zu. Darüber hinaus kann sich auch der Abnehmer einer vom Patentinhaber/GebrM-Inhaber bzw. vom Lizenznehmer bezogenen Vorrichtung auf das positive Benutzungsrecht berufen (*Benkard/Bruchhausen,* § 9, Rdnr. 6), wobei es nicht darauf ankommen kann, ob der Bezug unmittelbar oder nur mittelbar vom Schutzrechtsinhaber bzw. Lizenznehmer erfolgt. Ausschlaggebend ist nur, ob die Vorrichtung aufgrund des prioritätsälteren Schutzrechtes erlaubt in den Verkehr gebracht wurde. Zugleich steht dem Berechtigten aus dem

älteren Patent ein **Abwehrrecht** gegen die Rechte aus einem **jüngeren** Patent zu, da er mit dem älteren Patent nach dem Prioritätsprinzip die besseren Rechte inne hat (*Benkard/Bruchhausen*, § 9 PatG, Rdnr. 5).

Bei der Frage der **Reichweite** des positiven Benutzungsrechts stellt sich bei der Abgrenzung der Rechte des älteren Patentinhabers gegenüber dem jüngeren Patent jedenfalls theoretisch im Hinblick auf § 3 Abs. 2, § 4 Satz 2 PatG (Art. 54 Abs. 3, Art. 56 Satz 2 EPÜ) nicht die Problematik der identischen Doppelpatentierung, denn im Hinblick auf die anzustellende Neuheitsprüfung kann ein identisches jüngeres Patent nicht erteilt werden (*Benkard/Ullmann*, § 3, Rdnr. 109). Bei der Abgrenzung der Rechte des älteren GebrM-Inhabers im Vergleich zum jüngeren Patentinhaber stellt sich die Problematik des Doppelschutzes durchaus (Anm. 1).

Werden dennoch für die gleiche Lehre zum technischen Handeln zwei Patente mit verschiedenem Zeitrang erteilt, so kann nach herrschender Meinung der Inhaber des älteren demjenigen des jüngeren die Erfindungsbenutzung verbieten, ohne dass der Inhaber des älteren Patents darauf angewiesen wäre, zunächst die Nichtigerklärung des jüngeren Patents herbeizuführen, um die Erfindung benutzen zu dürfen. Wird der Begriff der neuheitsschädlichen Offenbarung im Rahmen des § 3 Abs. 2 PatG so verstanden, dass er keine naheliegenden Abwandlungen erfasst, kann auf die jüngere Anmeldung ein Patent erteilt werden, dessen Gegenstand vom Schutzbereich des auf die Erstanmeldung erteilten Patents erfasst wird. Es bestehen sich überschneidende Schutzbereiche (*Benkard/Ullmann*, § 3 PatG, Rdnr. 110). Stellt sich das jüngere Patent als (gegebenenfalls auch abhängige) erfinderische Weiterentwicklung gegenüber dem prioritätsälteren Patent dar, so ist der Inhaber des prioritätsälteren Rechts nicht befugt, den Gegenstand des jüngeren Patents zu benutzen, auch wenn er im Falle des abhängigen jüngeren Patents Verbietungsansprüche geltend machen kann (RG GRUR 1940, 23, 25). Verbietungsrecht und positives Benutzungsrecht fallen hier auseinander. Das RG hat in dieser Entscheidung (unter Bezugnahme auf die vorangegangene Entscheidung in GRUR 1939, 178 – Dauerwellenflachwicklung) ausgeführt, ein zum Stand der Technik gehörendes älteres Patent müsse unter der dem Beklagten hieran erteilten Lizenz unter dem Gesichtspunkt des Benutzungsrechts berücksichtigt werden. Es hat sodann dieses Benutzungsrecht vom Verbietungsrecht abgegrenzt und das Benutzungsrecht auf diejenige technische Lehre beschränkt, die in der älteren Patentschrift dem Fachmann offenbart ist. Eine Lehre, die in ihm nicht enthalten sei, werde von dem

Benutzungsrecht nicht erfasst, auch dann nicht, wenn ihre Verwirklichung von dem Inhaber aus dem Grund verboten werden könne, weil sie ohne Benutzung seines eigenen Erfindungsgedankens nicht stattfinden könnte (ebenso RG GRUR 1942, 548, 549 – Muffenrohre).

7 Der BGH (GRUR 1963, 563, 565 – Aufhängevorrichtung) hat auf diese Rechtsprechung des RG Bezug genommen, wonach das dem Lizenznehmer zustehende Benutzungsrecht durch das jüngere Patent der Klägerin nicht „verkümmert" werden dürfe. In einer weiteren Entscheidung hat der BGH (GRUR 1964, 606, 610 – Förderband) die Einrede des Benutzungsrechts aus tatsächlichen Gründen nicht für durchgreifend erachtet, da sich die angegriffene Ausführungsform nicht im Rahmen der Lehre des älteren Patents hielt, sondern von dem besonderen Erfindungsgedanken des Klagepatents Gebrauch machte, der gegenüber der Lehre des älteren Patents sowohl neu als auch erfinderisch war.

8 Nach der letztgenannten Entscheidung wird ein etwaiges positives Benutzungsrecht durch die in dem älteren Schutzrecht offenbarte Lehre bestimmt. Offenbart dieses ältere Schutzrecht eine bestimmte (z. B. vorteilhafte) Ausgestaltung des jüngeren Schutzrechts nicht, erstreckt sich das positive Benutzungsrecht auf diese Weiterentwicklung nicht, so dass dem Inhaber/Lizenznehmer des älteren Schutzrechts hieran kein positives Benutzungsrecht zusteht und umgekehrt das Verbietungsrecht des jüngeren Schutzrechtsinhabers eingreift. Dabei kommt es nicht entscheidend darauf an, ob das jüngere Schutzrecht sich als vom älteren Schutzrecht abhängige Erfindung oder im Verhältnis zu diesem als nicht erfinderische Weiterentwicklung darstellt.

9 Bei der Beurteilung des Offenbarungsgehaltes des älteren Schutzrechtes sind gegebenenfalls vorhandene Äußerungen der Einspruchsabteilungen, Beschwerdekammern oder Nichtigkeitsgerichte zu beachten. Auch wenn deren Beurteilung nicht verbindlich ist (vgl. BGH GRUR 1998, 895 – Regenbecken und BGH GRUR 1996, 757 – Zahnkranzfräser, betreffend das Verhältnis von Einspruchs- zum Nichtigkeits- und Verletzungsverfahren), ist die Würdigung dieser Behörden/Gerichte als gewichtige sachverständige Stellungnahme zu berücksichtigen.

3. Verhältnis des Gebrauchsmusters zu jüngerem Recht:

Diese Fallkonstellation wird durch § 14 abschließend geregelt: **10** Das ältere GebrM geht dem später angemeldeten Patent insoweit vor, als das später angemeldete Patent in ein nach § 11 begründetes Recht eingreift. Die Vorschrift umfasst neben dem **identischen** auch das **abhängige** jüngere Patent. Ebenso findet § 14 auch gegenüber einem jüngeren **europäischen** Patent, das in der Bundesrepublik Deutschland Geltung beansprucht, Anwendung, Art. 140, 139 Abs. 2 EPÜ (*Benkard/Ullmann,* § 14 GebrM, Rdnr. 3).

Auch wenn § 14 seinem Wortlaut nach nur auf den Anmeldetag **11** abstellt, sind sowohl bei der Beurteilung des Zeitrangs des GebrM als auch des Patents frühere Prioritäten zu berücksichtigen. Dies gilt auch, soweit ein europäischen Patent betroffen ist (BGH GRUR 1992, 692, 694 – Magazinbildwerfer; *Busse/Keukenschrijver,* § 14 GebrM, Rdnr. 6). § 14 GebrM kommt auch dann zur Anwendung, wenn das GebrM und das später angemeldete Patent denselben Anmelder haben. In diesem Fall wird § 14 dann praktisch, wenn das GebrM, nicht aber das Patent auf einen anderen übergegangen ist.

Rechtsfolgen:

Soweit ein jüngeres Patent in ein **rechtsbeständiges** GebrM **12** eingreift, darf es ohne Erlaubnis des GebrM-Inhabers nicht ausgeübt werden. Die Rechte des GebrM-Inhabers bei Nichtbeachtung des Erlaubnisvorbehalts des § 14 durch den Patentberechtigten ergeben sich aus §§ 24 ff. Anders als im Verhältnis zweier prioritätsunterschiedlicher Patente (hierzu § 3 Abs. 2 PatG) berührt der Schutz des älteren GebrM nicht den Bestand des jüngeren Patents, sondern schränkt für seine Schutzdauer **nur** dessen **Ausübung** ein. GebrM und jüngeres Patent bestehen während der Laufzeit des GebrM auch bei inhaltlicher Übereinstimmung nebeneinander (*Benkard/Ullmann,* § 14 GebrMG, Rdnr. 5; *Busse/Keukenschrijver,* § 14 GebrMG, Rdnr. 7). Die Rechtslage ist vergleichbar mit derjenigen von abhängigen Patenten. Dieses Nebeneinanderbestehen kommt freilich nur dann in Betracht, solange die technische Lehre des GebrM nicht (gebrauchsmusterschädlich) vorverlautbart wurde. Während des Bestands des älteren GebrM ruht das identische oder abhängige jüngere Patent. Es kann nur **mit Erlaubnis** (z. B. infolge einer Lizenz) ausgeübt werden. Die zu Lasten des Patentinhabers geregelte Beschränkung des § 14 gilt nur im Verhältnis zu dem GebrM-Inhaber, nicht jedoch zu Dritten (*Mes,* § 14 GebrMG, Rdnr. 3; *Benkard/Ullmann,* § 14 GebrMG, Rdnr. 5; a. A. *Busse/Keukenschrijver,* § 14 GebrMG, Rdnr. 8).

13 **Inhaltlich** reicht das **Verbietungsrecht** nur **soweit** in das nach § 11 begründete Recht eingegriffen wird. Weist das jüngere Patent einen **Überschuss** im Vergleich zu dem prioritätsälteren GebrM auf, so kann der Patentinhaber seinerseits dessen Inhaber untersagen, ein Erzeugnis mit diesen überschießenden Merkmalen in einer der § 11 entsprechenden Benutzungsarten zu verwenden. Ob der GebrM-Inhaber oder dessen Lizenznehmer oder Abnehmer seinerseits diesem patentrechtlichen Untersagungsanspruch sein **positives Benutzungsrecht** einredeweise entgegensetzen kann (vgl. BGH GRUR 1963, 563, 565 – Aufhängevorrichtung; BGH GRUR 1964, 606, 610 – Förderband; RG GRUR 1939, 178 – Dauerwellflachwicklung; RG GRUR 1942, 548, 549 – Muffenrohre), hängt entsprechend den Ausführungen zu Anm. 2 davon ab, wie weit die in dem GebrM offenbarte Lehre reicht. Das bedeutet, dass negatives Verbietungsrecht und positives Benutzungsrecht (des GebrM-Inhabers) inhaltlich auseinanderfallen können. Ein Rechtssatz dahingehend, dass sich Verbietungsrecht und Benutzungsrecht decken müssen, existiert nicht.

14 Ebenso wie das Verbietungsrecht endet das durch § 14 verliehene positive Benutzungsrecht mit dem Erlöschen dieses Schutzrechtes (BGH GRUR 1992, 692, 694 – Magazinbildwerfer). Ein Recht kann nur für den Zeitraum Wirkungen entfalten, in dem es in Kraft ist. Danach kann das GebrM frei ausgeübt werden. Dem GebrM-Inhaber kann nach dem Erlöschen seinerseits ein **Vorbenutzungsrecht** gegenüber dem prioritätsjüngeren Patent eingeräumt sein (BGH GRUR 1967, 477, 482 – UHF-Empfänger II). Voraussetzung ist jedoch, dass während des Bestehens des GebrM eine Nutzung im Inland erfolgte oder wenigstens Veranstaltungen hierzu getroffen wurden (RG GRUR 1942, 548, 549 – Muffenrohre). Dies soll auch der Fall sein, wenn der GebrM-Inhaber erst nach Anmeldung des jüngeren Patents während der Laufzeit des GebrM mit der Benutzung oder mit Veranstaltungen zur Benutzung begonnen hat (BGH, aaO). Werden derartige Aktivitäten erst nach Ablauf des GebrM begonnen, so steht ihm weder ein Vorbenutzungs- noch ein Weiterbenutzungsrecht zu.

4. Verhältnis des Gebrauchsmusters zu älterem Recht:

Ein jüngeres Gebrauchsmuster kann im Vergleich zu einem älteren Patent oder Gebrauchsmuster keinen Schutz entfalten, § 13 Abs. 1 i. V. m. § 15 Abs. 1 Nr. 2, soweit es mit diesen älteren Schutzrechten übereinstimmt. Es ist auf Antrag zu löschen. Sind das ältere Gebrauchsmuster oder Patent bei Eingang der jüngeren Anmeldung bereits eingetragen und damit veröffentlicht, stehen deren Unterlagen der jüngeren (übereinstimmenden) Anmeldung nach § 3 Abs. 1 neuheitsschädlich entgegen, §§ 13 Abs. 1, 15 Abs. 1 Nr. 1. 15

Ein jüngeres GebrM kann von einem **älteren** GebrM **abhängig** sein (OLG Düsseldorf GRUR 1952, 192, 193). Dies gilt auch im Verhältnis zu einem älteren Patent. Hierzu gelten die allgemeinen Grundsätze (vgl. § 12a und Anm. dort). Dies bedeutet, dass der Schutz des abhängigen Rechts gegenüber Dritten unbeschränkt wird. Im Verhältnis der Schutzrechtsinhaber kann der Inhaber des älteren Schutzrechts gegenüber dem jüngeren Schutzrechtsinhaber Verbots- und Ausschließungsrechte geltend machen, soweit der Schutzbereich des älteren Rechts reicht. Der Inhaber des jüngeren Schutzrechts kann dem des älteren die Ausübung insoweit untersagen, als gerade die erfindungsgemäße Weiterentwicklung betroffen ist. 16

Ein prioritätsjüngeres GebrM kann auch dann nicht gegenüber einem prioritätsälteren Patent ein Benutzungsrecht begründen, wenn eine hierauf gestützte Löschungsklage gegen das GebrM keinen Erfolg zeigte (*Busse/Keukenschrijver,* § 14 GebrMG, Rdnr. 15). 17

Wird ein älteres Recht (ex tunc) gelöscht oder für nichtig erklärt, vermag dieses ein Benutzungsrecht gegenüber dem jüngeren GebrM nicht zu begründen. Ein **Vorbenutzungsrecht/Weiterbenutzungsrecht** kann nur bei Vorliegen der hierfür geltenden allgemeinen Voraussetzungen angenommen werden. 18

5. Verhältnis des Gebrauchsmusters zu prioritätsgleichem Recht:

Prioritätsgleiche Patente und Gebrauchsmuster stehen **nebeneinander,** unabhängig davon, ob sie von demselben Erfinder oder Rechtsnachfolger oder einem Dritten angemeldet wurden, vgl. auch 19

Anm. 1. Die Schutzrechte stehen sich nicht schutzhindernd entgegen. Sobald sie demselben Rechtsinhaber gehören, kann er in einem Verletzungsstreit entweder aus beiden oder nur aus einem gegen einen Verletzer vorgehen, § 145 PatG greift nicht ein. Das Nebeneinanderbestehen eines Patents und GebrM kommt insbesondere im Fall der **Abzweigung** gemäß § 5 Abs. 1 vor, wodurch zwei Schutzrechte mit gleichem Zeitrang entstehen. Fällt diese Rechtsposition zum Beispiel durch Abtretung eines der Schutzrechte an einen Dritten auseinander, so kann der wegen Patentverletzung in Anspruch genommene GebrM-Inhaber sein Benutzungsrecht (nur) so lange einredeweise entgegenhalten, als das GebrM in Kraft ist (BGH GRUR 1992, 692, 694 – Magazinbildwerfer). Gegebenenfalls kommt nach den allgemeinen Grundsätzen ein Vorbenutzungsrecht oder Weiterbenutzungsrecht in Betracht.

Einleitung vor § 15

Übersicht

	Rdn.
1. Allgemeines	1–3
2. Begriff und Wesen des Gebrauchsmusterlöschungsverfahrens	4–7
3. Abgrenzung zum Einspruchsverfahren	8, 9
4. Abgrenzung zum Nichtigkeitsverfahren	10, 11
5. Abgrenzung zum Verletzungsverfahren	12, 13

Literatur (Auswahl): *Schlitzberger,* Gegenstand des Antrags und Sachprüfungsgegenstand im Gebrauchsmusterlöschungsverfahren, FS 25 Jahre BPatG 1986, S. 249; *Werner,* Unzulässige Anspruchsänderung bei eingetragenem Gebrauchsmuster als Löschungsgrund, GRUR 1980, 1045; *Bender,* Eingeschränkte Schutzansprüche und die entsprechende Anwendung von zivilprozessualen Grundsätzen im Gebrauchsmusterlöschungsverfahren, GRUR 1997, 785; *Bender,* Die Überbesetzung des Gebrauchsmuster-Beschwerdesenats des Bundespatentgerichts mit technischen Richtern, GRUR 1998, 969; *Osenberg,* Das Gebrauchsmuster-Löschungsverfahren in der Amtspraxis, GRUR 1999, 838; *Goebel,* Gebrauchsmuster – beschränkte Schutzansprüche und Kostenrisiko im Löschungsverfahren, GRUR 1999, 833; *ders.,* Schutzansprüche und Ursprungsoffenbarung – Der Gegenstand des Gebrauchsmusters im Löschungsverfahren, GRUR 2000, 477.

Einleitung vor § 15 1–3 **Einl**

1. Allgemeines

Die Schutzrechtsart des Gebrauchsmusters ist von Anfang an durch **1** das praktische Bedürfnis bestimmt gewesen, ein gewerbliches Schutzrecht für die „kleinen Erfindungen" zu erhalten, für die sich ein Patent nicht lohnte oder eignete. Es ist dementsprechend auch häufig als „kleines Patent" bezeichnet worden. Das Gebrauchsmuster sollte kostengünstig, einfach und schnell durch Registrierung ohne Überprüfung der relativen Schutzvoraussetzungen eingetragen werden. Diese Prüfung sollte in einem Löschungsverfahren nachgeholt werden können (das ursprünglich den Verletzungsgerichten vorbehalten war) und seit 1936 in einem gesonderten patentamtlichen Verfahren durchgeführt wird. Von diesem gesetzgeberischen Leitbild hat sich jedoch in den letzten Jahren die tatsächliche Praxis abgekoppelt, so dass die mit Löschungsanträgen angegriffenen Gebrauchsmuster häufig komplizierte technische Lehren auf den Gebieten des Maschinenbaus, der Elektronik, der Chemie etc. betreffen (*Osenberg,* GRUR 1999, 838). Dies hängt sicherlich auch mit der Tatsache zusammen, dass Gebrauchsmuster häufig als flankierender Schutz zu seinem „großen Bruder", dem Patent, registriert werden. Mit der zunehmenden Zahl der Gebrauchsmuster-Registrierungen steigen auch die Gebrauchsmuster-Löschungsverfahren; die statistischen Fakten werden regelmäßig in PMZ veröffentlicht. Nach den publizierten Erfahrungen wird in den Löschungsverfahren am häufigsten eine Teillöschung des Gebrauchsmusters ausgesprochen; die vollständige Löschung oder die Zurückweisung des gesamten Löschungsantrages sind hingegen seltener (*Osenberg,* GRUR 1999, 838, 841).

Die Beseitigung eines zu Unrecht eingetragenen Gebrauchsmus- **2** ters im Wege des Gebrauchsmuster-Löschungsverfahrens besteht im Interesse der Allgemeinheit (BGH GRUR 1995, 342 – tafelförmige Elemente). Trotz der mit der Eintragung verbundenen Vermutung der Rechtsbeständigkeit (vgl. das Ausnahme-/Regel-Verhältnis gemäß §§ 11, 13; und eingehend hierzu § 11 Anm. 5.1) bedeutet die Eintragung lediglich eine Registerposition, der mangels Vorliegens der absoluten oder relativen materiellen Schutzvoraussetzungen lediglich ein Scheinrecht zugrunde liegen kann. Die Beseitigung eines solchen Scheinrechts ist Zweck des GebrM-Löschungsverfahrens (BGH GRUR 1962, 140, 141 – Stangenführungsrohre; BGH GRUR 1997, 213, 214 – Trennwand).

Die Löschungsgründe für ein GebrM sind in § 15 Abs. 1 auf- **3** geführt. Es sind dies die fehlende Schutzfähigkeit gemäß §§ 1–3, die

Wesensgleichheit mit einem früheren Patent oder GebrM, § 15 Abs. 1 Nr. 2, die unzulässige Erweiterung, § 15 Abs. 1 Nr. 3 und die widerrechtliche Entnahme, § 15 Abs. 2 i. V. m. § 13 Abs. 2. § 16 regelt den Löschungsantrag und § 17, der an die §§ 82–84 PatG angelehnt ist, das Verfahren. Gegen die Entscheidung des DPMA über den Löschungsantrag ist die Beschwerde an das BPatG statthaft, § 18. § 19 regelt das Verhältnis des Löschungsverfahrens zu einem Gebrauchsmuster-Verletzungsrechtsstreit.

2. Begriff und Wesen des Gebrauchsmuster-Löschungsverfahrens

4   **Gegenstand** des Löschungsverfahrens ist die Frage des Bestandes des Schutzrechtes; Grundlage der Beurteilung sind die in § 15 genannten Löschungsgründe (BGH GRUR 1997, 454, 457 – Kabeldurchführung). Verfahrensgegenstand ist dabei der (verfahrensrechtliche) Anspruch auf Löschung, der gegen den in der Rolle eingetragenen Inhaber geltend zu machen ist. Es ist ein **verwaltungsbehördliches** Verfahren mit nachgeschaltetem gerichtlichen (Beschwerde-)Verfahren (vgl. hierzu BGH GRUR 1968, 447, 449 – Flaschenkasten). Hiervon erwartete sich der Gesetzgeber Vorteile im Vergleich zu einem gerichtlichen Verfahren, weil nunmehr alle Löschungsanträge nur an einer Stelle, dem Patentamt, behandelt werden. Überdies sind – von der Rechtsbeschwerde abgesehen – nur zwei Instanzen gegeben, so dass sich ein solches Löschungsverfahren auch nicht über drei Instanzen des Zivilrechtswegs erstrecken muss. Über die Löschungsanträge entscheidet die GebrM-Abteilung des DPMA, die mit einem Juristen, der traditionell den Vorsitz führt, und technischen Mitgliedern besetzt ist. Die technischen Mitglieder sind häufig erfahrene Patentprüfer, denen der Gegenstand des zu löschenden GebrM aufgrund paralleler Patenterteilungsverfahren bekannt ist (vgl. § 10 Anm. 3; *Osenberg*, GRUR 1999, 838); diese Handhabung mag zwar rechtlich zulässig sein, lässt jedoch einen unangenehmen Beigeschmack in Bezug auf die auch in einem Amtsverfahren zu Recht zu erwartende Unvoreingenommenheit aufkeimen. Ungeachtet dessen handelt es sich nicht um ein „reines" verwaltungsbehördliches Verfahren, sondern um ein **kontradiktorisches** Verfahren zwischen dem Antragsteller, der durch einen Löschungsantrag den Löschungsanspruch geltend macht, und dem eingetragenen Inhaber des GebrM (BGH GRUR 1997, 625/626 –

Einkaufswagen). Das Löschungsverfahren weist daher Grundzüge des Zivilprozesses zwischen zwei Parteien auf. Zu beachten ist jedoch: Das Gebrauchsmuster-Löschungsverfahren vor dem DPMA unterliegt dem **Amtsermittlungsgrundsatz** (BGH Mitt. 1999, 372, 374 – Flächenschleifmaschine), ebenso wie das sich anschließende Beschwerdeverfahren (BGH GRUR 1997, 360, 362 – Profilkrümmer). Bei ihm tritt infolge dessen keine Beweisführungslast, sondern eine **materielle Beweislast** ein, so dass nicht ohne weiteres eine Entscheidung aufgrund der Verteilung der materiellen Beweislast getroffen werden kann. Die Frage nach der Beweislast stellt sich erst, wenn der entscheidenden Stelle entscheidungserhebliche tatsächliche Gesichtspunkte bekannt werden, die sich als nicht eindeutig feststellbar erweisen (BGH Mitt. 1999, 372, 374 – Flächenschleifmaschine).

Der Amtsermittlungsgrundsatz gilt nicht uneingeschränkt; er 5 wird durch den Umfang der Prüfung des Löschungsverfahrens begrenzt, der seinerseits durch den Antrag der Beteiligten bestimmt wird, sog. **Verfügungsgrundsatz.** Solange sich der Antragsteller also nicht auf einen bestimmten Löschungsgrund beruft, sind sowohl das DPMA als auch das BPatG gehindert, ihm nachzugehen; im übrigen würde dies auch an der Verfügungsbefugnis des Antragstellers nichts ändern, so dass das Beschwerdegericht nicht befugt wäre, seine Prüfung auf einen Löschungsgrund zu erweitern, der vom Antragsteller nicht geltend gemacht, vom DPMA jedoch fälschlicherweise zum Gegenstand seiner Entscheidung erhoben wurde (BPatG Mitt. 1996, 395, 396 – Helikoptermodell).

Aufgrund der kontradiktorischen Ausgestaltung des Verfahrens 6 ergibt sich auch eine weitgehende **ergänzende Anwendung** der Vorschriften der **ZPO.** Anerkannt ist etwa die Anwendbarkeit der für die Erledigung der Hauptsache im zivilprozessualen Verfahren entwickelten Grundsätze, auch soweit das Verfahren vor dem DPMA betroffen ist (BGH GRUR 1997, 625 – Einkaufswagen). Die Regelungen über die Kostenentscheidung (vgl. § 17 Abs. 4 Satz 2 GebrMG i. V. m. § 84 Abs. 2 Satz 2 PatG) verweisen sogar ausdrücklich auf die Anwendbarkeit der Vorschriften der ZPO. Die Anwendbarkeit der ZPO-Vorschriften über die Prozesskosten setzt ihrerseits die entsprechende Anwendbarkeit der die Prozesskosten mitbestimmenden Regelungen über die Antragsänderung (z. B. §§ 263, 264, 269 ZPO) voraus (BGH GRUR 1997, 625/626 – Einkaufswagen). Dasselbe gilt auch z. B. für die mit einem Parteiwechsel verbundenen Fragestellungen (vgl. BGH GRUR 1979, 145, 147 – Aufwärmvorrichtung; BGH GRUR 1992, 430/431 – Tauchcomputer). Dies wird man auch für die Anwendbarkeit des § 296 ZPO bejahen müssen (a. A. *Schulte,* PatG, 5. Aufl. vor § 35, Rdnr. 70), da auch insoweit das Verfahren nicht allein durch den Amtsermittlungsgrundsatz bestimmt wird, sondern in besonderem Maße kontradiktorische Verfahrenshandlungen beinhaltet (z. B. bei der Frage einer gebrauchsmusterschädlichen Vorverlautbarung).

7 **Gegenstand** des Löschungs**anspruchs** ist das GebrM in seiner eingetragenen Form (genauer: in den der Eintragung zugrunde liegenden, für die Eintragungsverfügung maßgebenden Unterlagen – Schutzansprüche, Beschreibung, Zeichnung). Die Eintragung selbst stellt lediglich einen Hinweis auf diese Unterlagen dar. Nur aufgrund dieser Unterlagen ist eine Prüfung möglich, ob der geltend gemachte Löschungsgrund gegeben ist. Verweist die Rolle auf andere Unterlagen als die in der Eintragungsverfügung genannten, sind für den Inhalt des GebrM allein die Unterlagen maßgeblich, die der Eintragungsverfügung zugrunde liegen (BGH GRUR 1998, 913, 914 – Induktionsofen). **Gegenstand** des Schutzrechts ist grundsätzlich diejenige technische Lehre, die der Durchschnittsfachmann mit seinem Fachwissen am Prioritätstag den **Schutzansprüchen,** die unter Heranziehung der Beschreibung und der Zeichnungen auszulegen ist, entnimmt, wonach den Schutzansprüchen der Vorrang bei der Bestimmung des Schutzbereichs gebührt (BGH GRUR 1997, 454, 456 – Kabeldurchführung). Hiervon geht das BPatG nunmehr auch bei der Beurteilung des Löschungsgrunds der **unzulässigen Erweiterung** gemäß § 15 Abs. 1 Nr. 3 aus (BPatG Mitt. 1999, 271, 272 – Bindungswirkung der Schutzansprüche im Löschungsverfahren); ohne Hinterfragung der damit verbundenen Problematik (vgl. Anm. 5 zu § 4 sowie § 15 und Anm. dort).

3. Abgrenzung zum Einspruchsverfahren

8 Da das GebrM nur das Ergebnis einer Prüfung auf die formellen und absoluten materiellen Eintragungsvoraussetzungen ist, während sich das Patent als Ergebnis einer materiell-rechtlichen Prüfung darstellt, verfolgen das patentrechtliche Einspruchsverfahren und das gebrauchsmusterrechtliche Löschungsverfahren unterschiedliche Intentionen. Das Einspruchsverfahren dient insbesondere dazu, dem DPMA bei der Prüfung auf Schutzfähigkeit nicht bekannte Entgegenhaltungen oder eine offenkundige Vorbenutzung zur Kenntnis zu bringen; das DPMA **widerruft** gegebenenfalls das zunächst wirksame Patent. Das Löschungsverfahren richtet sich gegen den in der Rolle eingetragenen Inhaber; das DPMA **löscht** das gegebenenfalls von Anfang an nur als Scheinrecht vorhandene Gebrauchsmuster aufgrund eines kontradiktorischen Verfahrens.

Demgemäss haben die Widerrufsgründe im Unterschied zu den Löschungsgründen nicht die Bedeutung von selbständigen Teilstreitgegenständen, d. h. dem DPMA wird im Einspruchsverfahren gegen ein Patent die Befugnis zugesprochen, unabhängig von den Gründen des Einsprechenden alle sonstigen Widerrufsgründe zu prüfen (diese Befugnis hat die Beschwerdeinstanz jedoch nicht, vgl. BGH GRUR 1995, 333 – Aluminium-Trihydroxid; BPatG GRUR 1998, 40, 41 – Pressformmaschine). Dies ist im Löschungsverfahren nicht der Fall (BPatG Mitt. 1996, 395, 396 – Helikoptermodell). Des Weiteren kann das Löschungsverfahren durch eine Verfahrenserklärung (Zurücknahme) beendet werden; das Einspruchsverfahren wird hingegen trotz Zurücknahme des Einspruchs ohne den Einsprechenden von Amts wegen fortgesetzt (§ 61 Abs. 1 Satz 2 PatG).

4. Abgrenzung zum Nichtigkeitsverfahren

Ziel des Patentnichtigkeitsverfahrens ist es, ein wirksam erteiltes Patent, das materiell-rechtlich nicht hätte erteilt werden dürfen, mit rückwirkender Kraft (u. U. teilweise) wieder zu beseitigen. Demgegenüber ist es Ziel des Löschungsverfahrens, mit sich (lediglich) „deklaratorischer" Wirkung „festzustellen", dass dieses von Anfang an nicht bestanden hat und ein Gebrauchsmusterschutz nicht begründet worden ist, soweit jedermann gegen den als Inhaber eingetragenen einen Anspruch auf Löschung hat, §§ 13 Abs. 1, 15 Abs. 1, 3. Das Gebrauchsmuster wird aufgrund einer Eintragungsverfügung in der Rolle registriert, wenn die formellen und die absoluten materiellen Schutzvoraussetzungen dafür erfüllt sind. Die Eintragung beweist also eigentlich nur, dass der Anmelder (wirksam) ein Schutzrecht beansprucht hat, nicht aber, dass ein Schutz tatsächlich auch besteht.

Unterschiede zwischen beiden Verfahren ergeben sich daraus, dass der GebrM-Inhaber im Löschungsverfahren „Einfluss" auf den Ausgang dergestalt nehmen kann, dass er dem Löschungsantrag nicht widerspricht. Die Löschung kann zum Beispiel im Wege des Säumnisverfahrens herbeigeführt worden sein, in dem eine Prüfung der Rechtsbeständigkeit des GebrM nicht stattfindet (so BGH GRUR

1963, 519, 521 – Klebemax). Demgegenüber eröffnet im Nichtigkeitsverfahren die Säumnis des Nichtigkeitsbeklagten nicht eine Entscheidung im Wege des Versäumnisurteils, da dies mit dem das Patentnichtigkeitsverfahren beherrschenden Untersuchungsgrundsatz nur schwer zu vereinbaren wäre; bei Ausbleiben einer Partei kann vielmehr durch streitiges Endurteil entschieden werden (BGH GRUR 1996, 757 – Tracheotomiegerät). Das Löschungsverfahren kennt auch kein Beschränkungsverfahren gemäß § 64 PatG, mit dem der Patentinhaber mittelbar seinen Rechtsstand freiwillig rückwirkend einschränken kann, um z.B. einem Nichtigkeitsverfahren zuvor zu kommen. Das Löschungsverfahren räumt darüber hinaus im Unterschied zum Nichtigkeitsverfahren die Möglichkeit eines Anerkenntnisses mit der Wirkung von § 307 ZPO ein (BGH GRUR 1995, 577 – Drahtelektrode). Im Nichtigkeitsrechtsstreit muss das Gericht auch in einem solchen Fall eine Sachprüfung des Klagebegehrens auf Schlüssigkeit hin vornehmen (vgl. § 82 Abs. 2 PatG). Das Berufungsgericht kann die Entscheidung des BPatG in der Sache überprüfen. Im GebrM-Löschungsverfahren stellt hingegen der Nichtwiderspruch ein Anerkenntnis des Löschungsanspruchs im geltend gemachten Umfang entsprechend § 307 ZPO dar, so dass das GebrM kraft Gesetzes erlöscht, § 17 Abs. 1 Satz 2; das DPMA ist in diesem Fall nicht berechtigt, eine Überprüfung in der Sache vorzunehmen. Im Nichtigkeitsrechtsstreit wird die Klage durch Einreichung beim Gericht rechtshängig, § 81 Abs. 1 PatG, ohne dass es hierzu einer Zustellung des Schriftsatzes bedürfte. Im Löschungsverfahren bedeutet die Einreichung des Löschungsantrages entsprechend § 253 Abs. 1 ZPO lediglich die Anhängigmachung; „rechtshängig" wird das Verfahren erst mit der Zustellung der Antragsschrift an den in der Rolle als Inhaber Eingetragenen.

5. Abgrenzung zum Verletzungsverfahren

12 Das Verletzungsgericht hat bei Einrede des Verletzungsbeklagten die Frage der Schutzfähigkeit des Klagegebrauchsmusters als Vorfrage selbständig zu prüfen (falls es an sich von einer Verletzung des GebrM ausgeht). Hierdurch ergibt sich ein Unterschied zum Patentverletzungsverfahren. Das GebrM entsteht durch Eintragung nur, wenn sowohl die formellen als auch die relativen und absoluten materiellen Schutzvoraussetzungen gegeben sind. Das Verletzungsgericht hat die Kompetenz, die relativen und absoluten materiellen

Einleitung vor § 15 13 **Einl**

Schutzvoraussetzungen zu überprüfen (BGH GRUR 1969, 184 – Lotterielos); die formellen Schutzvoraussetzungen, wie sie in der GebrMAnmV statuiert sind, prüft das Verletzungsgericht jedoch nicht, weil diese keinen Einfluss auf das (materiell-rechtliche) Entstehen des GebrM haben.

Da die Entscheidung im Verletzungsverfahren nur zwischen diesen Parteien wirkt, kann der GebrM-Inhaber auch bei einer (z. B. wegen angenommener Schutzunfähigkeit) abgewiesenen Verletzungsklage weiterhin gegen Dritte, z. B. Abnehmer des obsiegenden Beklagten vorgehen. Eine inter omnes-Wirkung einer Entscheidung über die Schutzfähigkeit des GebrM kann der Verletzungsbeklagte deshalb nur bei Einleitung eines Löschungsverfahrens erwirken. Ist ein Löschungsverfahren während eines Verletzungsrechtsstreits anhängig, kann das Verletzungsgericht gemäß § 19 die Aussetzung des Rechtsstreits beschließen, wenn es die GebrM-Eintragung aufgrund des Beklagtenvortrags für unwirksam hält. Andernfalls steht die Aussetzung der Verhandlung bis zur Erledigung des Löschungsverfahrens im Ermessen des Verletzungsgerichts. § 19 stellt die Verknüpfung zwischen beiden Verfahrensarten dar (Einzelheiten bei § 19). Die Löschung und Feststellung der Unwirksamkeit „beseitigen" das GebrM mit rückwirkender Kraft (BGH GRUR 1963, 519, 521 – Klebemax). Eine gleichzeitig rechtshängige Verletzungsklage ist deshalb als unbegründet abzuweisen (BGH GRUR 1963, 494 – Rückstrahlerdreieck; kein Fall der Erledigung der Hauptsache). War der Verletzungsklage stattgegeben worden, bevor die Löschung erfolgte, kann auf der Grundlage der Löschungsentscheidung nach h. M. Restitutionsklage nach § 580 Nr. 6 ZPO erhoben werden (BPatG GRUR 1980, 852; BPatG GRUR 1993, 732; LG Düsseldorf GRUR 1987, 628, 629 jeweils zum PatG); nach a. M. wird die Vollstreckungsgegenklage nach § 767 ZPO begründet (RG GRUR 1938, 43, 45 – Maßbecher). Aufgrund des Verletzungsurteils geleistete Zahlungen können wegen Wegfalls des Rechtsgrunds der Zahlung gemäß § 812 BGB zurückgefordert werden (*Benkard/Rogge*, § 15 GebrMG, Rdn. 32). Daneben bestehen die prozessualen Schadenersatzansprüche nach §§ 717, 945 ZPO. Ein Erstattungsanspruch hinsichtlich bezahlter Verfahrenskosten besteht nicht. Zum Einfluss auf geleistete Lizenzzahlungen: vgl. § 22 und Anm. dort.

§ 15 [Löschungsgründe; Antragsberechtigung; Teillöschung]

(1) Jedermann hat gegen den als Inhaber Eingetragenen Anspruch auf Löschung des Gebrauchsmusters, wenn

1. der Gegenstand des Gebrauchsmusters nach den §§ 1 bis 3 nicht schutzfähig ist,
2. der Gegenstand des Gebrauchsmusters bereits aufgrund einer früheren Patent- oder Gebrauchsmusteranmeldung geschützt worden ist oder
3. der Gegenstand des Gebrauchsmusters über den Inhalt der Anmeldung in der Fassung hinausgeht, in der sie ursprünglich eingereicht worden ist.

(2) Im Falle des § 13 Abs. 2 steht nur dem Verletzten ein Anspruch auf Löschung zu.

(3) Betreffen die Löschungsgründe nur einen Teil des Gebrauchsmusters, so erfolgt die Löschung nur in diesem Umfang. Die Beschränkung kann in Form einer Änderung der Schutzansprüche vorgenommen werden.

Übersicht

	Rdn.
1. Allgemeines/Zweck der Vorschrift	1, 2
2. Verfahrensbeteiligte und Antragsbefugnis	
2.1 Antragsteller	3–9
2.2 Antragsgegner	10–12
2.3 Dritte	13, 14
2.4 Antragsbefugnis	15–22
3. Abschließende Regelung – keine Löschungsgründe	23–34
4. Bindung an den Löschungsgrund	35, 36
5. Löschungsgründe	37
5.1 Fehlende Gebrauchsmusterschutzfähigkeit gemäß §§ 1 bis 3 (§ 15 Abs. 1 Nr. 1)	38–47
5.2 Älteres Recht (§ 15 Abs. 1 Nr. 2)	48–51
5.3 Unzulässige Erweiterung (§ 15 Abs. 1 Nr. 3)	52–58
5.4 Widerrechtliche Entnahme (§ 15 Abs. 2)	59–62
6. Entscheidung	63–65
7. Feststellung der Unwirksamkeit	66

1. Allgemeines/Zweck der Vorschrift

§ 15 ist durch das GebrMGÄndG vom 15. 8. 1986 (PMZ 1986, **1** 310, 320, 327) neu gefasst. Die Regelung ist an § 21 PatG angelehnt, entspricht diesem aber nicht vollständig. Im Gegensatz zu den §§ 21, 22 PatG fehlt eine Regelung über die Erweiterung des Schutzbereichs. Durch das PrPG hat die Regelung mittelbar infolge der damit verbundenen Neuregelung der Voraussetzungen der Schutzfähigkeit eine Änderung des Löschungsgrunds des Abs. 1 Nr. 1 erfahren. Die Vorschrift ist insbesondere im Zusammenhang mit § 13 zu sehen (vgl. Anm. dort).

2. Verfahrensbeteiligte und Antragsbefugnis

Bei Fehlen der Schutzvoraussetzungen der §§ 1–3 sowie bei vor- **2** handenen Wesensgleichheit mit einem älteren Recht ist das Löschungsverfahren als **Popularverfahren** ausgestaltet, so dass **jedermann** gegen den als Inhaber Eingetragenen Anspruch auf Löschung des GebrM hat. Dies ist durch das Interesse der Allgemeinheit an der Beseitigung eines zu Unrecht eingetragenen, nicht schutzfähigen GebrM gerechtfertigt (BGH GRUR 1995, 342 – tafelförmige Elemente).

2.1 Antragsteller

Der Löschungsantrag kann grundsätzlich von jedermann gestellt **3** werden, § 15 Abs. 1. Der Antragsteller nimmt dabei das öffentliche Interesse an der Löschung eines zu Unrecht eingetragenen GebrM wahr. Ein besonderes rechtliches eigenes oder öffentliches Interesse ist nicht erforderlich (BGH GRUR 1963, 253 – Bürovorsteher). Die förmliche Löschung eines GebrM, dem keine Schutzwürdigkeit zukommt, liegt für sich schon im öffentlichen Interesse und macht damit das Löschungsverfahren statthaft (vgl. BGH GRUR 1998, 904 – Bürstenstromabnehmer). Zu damit verbundenen Fragen der Antragsbefugnis vgl. Anm. 2.4.

Im Fall der **widerrechtlichen Entnahme** ist nur der Verletzte **4** oder sein Rechtsnachfolger antragsberechtigt, § 13 Abs. 2 i. V. m. § 15 Abs. 2 (vgl. auch BGH GRUR 1992, 157 – Frachtcontainer).

Der Anspruch aus § 13 Abs. 3 i. V. m. § 8 PatG besteht gleichermaßen neben dem Löschungsantragsverfahren (BGH GRUR 1962, 140 – Stangenführungsrohre). Der Verletzte kann seine Antragsbefugnis an einen anderen abtreten, wenn gleichzeitig die Rechte an der Erfindung mit übertragen werden; die persönlichkeitsrechtlichen Positionen sind jedoch nicht übertragbar. Der Löschungsanspruch nach § 15 Abs. 2 kann nur durch eigenen Antrag, nicht durch Nebenintervention verfolgt werden (*Benkard/Rogge,* § 15 GebrMG, Rdnr. 15 a). Zur Nebenintervention im Übrigen vgl. Anm. 2.3.

5 Bei einer **Mehrheit von Klägern** sind diese Streitgenossen gemäß §§ 59 ff ZPO. Ein gemeinsamer Antrag ist jedenfalls dann möglich, wenn jeweils derselbe Löschungsgrund geltend gemacht wird (BPatGE 20, 94). Ein weiterer Antragsteller kann dem Verfahren unter den Voraussetzungen der §§ 59, 60 ZPO beitreten, wenn die bisherigen Antragsteller zustimmen (vgl. BPatGE 32, 204, 205). Andernfalls kann er einen eigenen Antrag auf Löschung stellen, wobei die Verfahren dann gemäß § 147 ZPO analog verbunden werden können.

6 Ein **gewillkürter Parteiwechsel** auf Seiten des Antragstellers ist in entsprechender Anwendung des § 263 ZPO zulässig. Für eine gewillkürte Parteiänderung auf Seiten des Antragstellers sind Parteiwechselerklärungen des alten und des neuen Antragstellers erforderlich. Auch die Zustimmung des Antragsgegners ist nötig. Letztere kann entfallen, wenn das DPMA den Parteiwechsel für sachdienlich erachtet (vgl. BGH GRUR 1996, 865/866 – Parteiwechsel, zum Nichtigkeitsverfahren). Sachdienlichkeit ist anzunehmen, wenn die Erledigung des Löschungsverfahrens nicht verzögert wird und in dem Verfahren mit dem Antragsteller unter Verwertung des bisherigen Streitstoffs geklärt werden kann, ob der geltend gemachte Löschungsgrund gegeben ist. Eine Einwilligung in den Beteiligtenwechsel ist entsprechend § 267 ZPO anzunehmen, wenn sich der Antragsgegner in einem Löschungsverfahren auf einen Wechsel in der Person des Antragstellers in der Weise einlässt, dass er in der mündlichen Verhandlung Sachanträge stellt, ohne dem Beteiligtenwechsel zu widersprechen.

7 **Parteiwechsel kraft Gesetzes:** Bei Tod des Antragstellers gehen seine Verfahrensrechte auf die Erben über. Das Verfahren wird bis zur Aufnahme durch die Erben unterbrochen, § 239 ZPO. Eine Unterbrechung tritt nicht ein, wenn eine Verfahrensbevollmächtigung entsprechend § 246 ZPO gegeben ist. Auch andere Fälle der **Gesamtrechtsnachfolge** bewirken, dass der Rechtsnachfolger in das Verfahren eintritt (BPatGE 19, 53, 54). Bei einer **Insolvenz** tritt der Insolvenzverwalter als Partei kraft Amtes an die Stelle des Antragstellers; zur Unterbrechung vgl. § 240 ZPO analog.

Der **GebrM-Inhaber** selbst kann keinen Löschungsantrag stellen; er kann nur auf das GebrM und damit in Zusammenhang stehende Ansprüche gegen Dritte verzichten (*Benkard/Rogge*, § 15 GebrMG, Rdnr. 15 a). Nichts anderes kann auch im Falle einer Antragstellung durch einen **Strohmann** (vgl. hierzu weiter Anm. 2.1, 2.4) gelten, selbst wenn diese dazu dienen soll, das GebrM als älteres Recht gegenüber einem eigenen jüngeren Gebrauchsmuster zu beseitigen (offen gelassen in BGH GRUR 1963, 519, 522 – Klebemax). Ein in Verkennung der Strohmann-Eigenschaft gelöschtes GebrM ist jedoch nicht existent; für eine Arglisteinrede ist damit kein Raum mehr (a. A. *Busse/Keukenschrijver*, § 15 GebrMG, Rdnr. 16). 8

Keine Antragsteller können Mitinhaber eines GebrM untereinander sein (RGZ 117, 47, 51; *Benkard/Rogge*, § 15 GebrMG, Rdnr. 15 a). 9

2.2 Antragsgegner

Grundsätzlich ist nur der in der Rolle als Inhaber Eingetragene passivlegitimiert, § 15 Abs. 1 (vgl. BGH GRUR 1966, 107 – Patentrolleneintrag). An ihn ist der Löschungsantrag zuzustellen. Durch eine Zustellung des Löschungsantrages an einen an sich nicht beteiligten Dritten wird dieser nicht Löschungsantragsgegner; denn der Löschungsantrag, nicht aber seine Zustellung, bestimmt den Antragsgegner und damit die Verfahrensbeteiligung (BPatG GRUR 1997, 525/526 – Zahlendreher). In einem solchen Fall ist es jedoch gerechtfertigt, den Zustellungsempfänger zur Geltendmachung seiner Nichtbeteiligung zum Verfahren zuzulassen. Insoweit handelt es sich um einen selbständigen Streit des Antragstellers mit einem „Dritten", der „außerhalb" des eigentlichen Löschungsrechtsverhältnisses bleibt. Seine Entlassung aus dem Verfahren ist gegebenenfalls durch Beschluss auszusprechen (BPatG, aaO). 10

Im Falle einer **vor** Anhängigkeit erfolgten **Gesamtrechtsnachfolge** (z. B. Erbschaft gemäß § 22 Abs. 1) ist der Antrag unmittelbar gegen den Gesamtrechtsnachfolger zu richten. Ergeht dennoch ein Beschluss gegen den noch als Inhaber Eingetragenen, führt dies nicht nach § 727 ZPO zur Erteilung einer vollstreckbaren Ausfertigung für oder gegen den Rechtsnachfolger; das DPMA (bzw. das BPatG als Beschwerdeinstanz) kann einen Berichtigungsbeschluss entsprechend § 319 ZPO erlassen. Im Falle eines durch gesellschaftsrecht- 11 liche Gesamtrechtsnachfolge bedingten Wechsels des Inhabers des GebrM bedarf es keiner Eintragung in die Rolle zur Erlangung der Legitimation des Rechtsnachfolgers; der Löschungsantrag ist folglich gegen den Rechtsnachfolger zu richten (BPatGE 32, 153).

12 Ein **nach** Rechtshängigkeit (Zeitpunkt des Zustellung des Löschungsantrages ist maßgebend) erfolgter Rechtsübergang des GebrM hat entsprechend den zum patentrechtlichen Nichtigkeitsverfahren ergangenen Grundsätzen (hierzu: BGH GRUR 1992, 430/431 – Tauchcomputer) folgende Auswirkungen: Zweck des entsprechend anzuwendenden § 265 Abs. 2 ZPO ist es, dass der Antragsteller aus einem öffentlichen Register ersehen kann, gegen wen er seinen Antrag zu richten hat und ihm der Antragsgegner als Verfahrensgegner erhalten bleibt, wenn das GebrM im Laufe des Verfahrens veräußert wird, weil allgemein die Durchführung eines Rechtsstreits nicht aufgrund der Veräußerung des Schutzrechts durch einen Parteiwechsel belastet werden soll. Mit Zustimmung des Antragstellers kann der neue Schutzrechtsinhaber deshalb das Verfahren anstelle des bisherigen übernehmen, § 265 Abs. 2 Satz 2 ZPO. Ohne Zustimmung des Antragstellers bleibt der Löschungsantrag entsprechend § 265 Abs. 2 gegen den bisherigen GebrM-Inhaber gerichtet (BGH GRUR 1979, 145 – Aufwärmvorrichtung). Gemäß § 325 Abs. 1 ZPO wirkt die gegen ihn ergangene Entscheidung für und gegen den nach der Zustellung des Löschungsantrags in der Rolle Eingetragenen. Der obsiegende Antragsteller kann entsprechend § 727 Abs. 1 ZPO einen Anspruch auf eine vollstreckbare Ausfertigung gegen den Rechtsnachfolger erheben. Der Widerspruch des nach Rechtshängigkeit, aber vor Ablauf der Widerspruchsfrist in die Rolle eingetragenen Rechtsnachfolgers des ursprünglichen GebrM-Inhabers ist unwirksam; hat der ursprünglich Eingetragene nicht seinerseits widersprochen, ist das GebrM antragsgemäß zu löschen. Vgl. auch OLG Karlsruhe, Mitt. 1998, 101, 102: Die während eines Vindikationsrechtsstreits erfolgte Umschreibung des Streitgebrauchsmusters vom Beklagten auf einen Dritten ist auf das Prozessrechtsverhältnis ohne Einfluss. Die (analoge) Anwendbarkeit der §§ 265, 325 ZPO ist auch im Löschungsverfahren vor dem DPMA zu bejahen.

2.3 Dritte

13 **Nebenintervention** ist entsprechend den §§ 66 ff ZPO bei Vorliegen der entsprechenden Voraussetzungen möglich (vgl. BGH GRUR 1968, 86 – Ladegerät I). Dritte können infolgedessen im

Löschungsverfahren Beteiligte sein, wenn sie ein **rechtliches Interesse** daran haben, dass in einem zwischen dem Antragsteller und dem Antragsgegner anhängigen Löschungsverfahren der eine Teil obsiege und wenn sie erklären, welchem Beteiligten sie zum Zwecke seiner Unterstützung als Streithelfer beitreten. Ein bloß tatsächliches oder wirtschaftliches Interesse ist nicht ausreichend. Ein rechtliches Interesse des Nebenintervenienten ist z. B. zu bejahen, wenn zwischen ihm und entweder dem Löschungsantragsteller oder dem GebrM-Inhaber eine Rechtsbeziehung hinsichtlich des Streitgebrauchsmusters besteht; unabhängig davon, ob der Nebenintervenient dieses verletzt oder nicht. Hat der GebrM-Inhaber den Nebenintervenienten aus dem GebrM abgemahnt oder Verletzungsklage erhoben, ist das rechtliche Interesse zu bejahen. Wer im Löschungsverfahren dem Verfahren auf Seiten des Antragstellers beitritt, weil er vom GebrM-Inhaber als GebrM-Verletzer in Anspruch genommen wird, ist einfacher, nicht streitgenössischer Nebenintervenient. Dies folgt daraus, dass gegen ihn nur die Nebeninterventionswirkung des § 68 ZPO, nicht aber auch die Rechtskraftwirkung des § 325 Abs. 1 ZPO eintritt (BGH GRUR 1998, 382, 387 – Schere, unter Aufgabe der bisherigen Auffassung gemäß GRUR 1968, 86, 91 – Ladegerät I).

Ist das GebrM vor oder während des rechtshängigen Löschungsverfahrens veräußert worden, der Erwerber aber erst nach Rechtshängigkeit in die Rolle als GebrM-Inhaber eingetragen worden, so kommt eine Nebenintervention des durch den Rolleneintrag als GebrM-Inhaber neu Legitimierten in Betracht, falls der Antragsteller seine Zustimmung zu dem Parteiwechsel verweigert. Dies ist ebenfalls kein Fall der streitgenössischen Nebenintervention. Er muss entsprechend § 67 ZPO das Verfahren in der Lage annehmen, in der es sich zur Zeit seines Beitritts befindet. Ungeachtet dessen kann er alle Angriffs- und Verteidigungsmittel geltend machen und alle Verfahrenshandlungen wirksam vornehmen; seine Erklärungen und Handlungen dürfen sich jedoch nicht zu denjenigen des GebrM-Inhabers in Widerspruch setzen. Deshalb kann der Nebenintervenient auch ein Rechtsmittel einlegen, obwohl der GebrM-Inhaber hiervon abgesehen hat. Lediglich im Falle des Rechtsmittelverzichts seitens des GebrM-Inhabers wäre eine Einlegung eines Rechtsmittels durch den Nebenintervenienten nicht mehr möglich, § 67 ZPO analog. Da es sich beim Widerspruch um die Ausübung eines Gestaltungsrechts handelt, kann der Nebenintervenient dem nicht widersprechenden GebrM-Inhaber zum Zwecke des Widerspruchs nicht beitreten (offen gelassen in BPatGE 22, 285, 288; wie hier *Busse/Keukenschrijver,* § 16 GebrMG, Rdnr. 3). Bei Streit über die Zulässigkeit der Nebenintervention ist seitens der GebrM-Abteilung des DPMA durch Beschluss zu entscheiden (vgl. BGH GRUR 1965, 297 – Nebenintervention).

2.4 Antragsbefugnis

15 Das Löschungsverfahren gemäß §§ 15 ff dient der Beseitigung von Scheinrechten und liegt damit im öffentlichen Interesse. Infolge dessen bedarf es in der Regel keiner gesonderten Darlegung des Rechtsschutzbedürfnisses (vgl. lediglich BGH GRUR 1995, 342, 343 – tafelförmige Elemente.

16 Das bedeutet, dass grundsätzlich auch ein **Lizenznehmer** antragsbefugt ist; maßgeblich sind jedoch insoweit die Umstände des Einzelfalls (vgl. BGH GRUR 1957, 482, 483 – Chenillefäden; BGH GRUR 1961, 572, 574 – Metallfenster).

17 Bei **rechtskräftiger Zurückweisung** des Löschungsantrages aus sachlichen Gründen kann der Antragsteller nicht erneut unter Geltendmachung desselben Löschungsgrunds Antrag auf Löschung stellen, selbst wenn neues Material genannt wird; RG GRUR 1937, 1082 – Umdruckpapier; vgl. BGH GRUR 1964, 18 – Konditioniereinrichtung).

18 Die Zulässigkeit zur Antragstellung hat jedoch ihre Grenzen, wo besondere Umstände vorliegen, welche die Durchführung des Löschungsverfahrens gerade zwischen den beteiligten Parteien als anstößig oder jedenfalls dem auch im Verfahrensrecht zu beachtenden Grundsatz von **Treu und Glauben** widersprechend erscheinen lassen. Dies ist der Fall bei rechtskräftiger Zurückweisung des Löschungsantrages, der unterlegene Antragsteller das GebrM gleichwohl weiter bekämpfen will und deshalb in Anbetracht der nach allgemeinen prozessualen Regeln zu beachtenden Wirkungen der Rechtskraft der ersten Entscheidung einen Dritten als **Strohmann** für einen neuen Löschungsantrag vorschiebt. Von einem solchen Sachverhalt kann ausgegangen werden, wenn der Dritte ausschließlich im Auftrag und Interesse des früheren Antragstellers sowie auf dessen Weisung und Kosten ohne jedes eigene ins Gewicht fallende gewerbliche Interesse an der Löschung des GebrM mit dem Löschungsverfahren gegen dieses vorgeht (vgl. BGH GRUR 1998, 904/905 – Bürstenstromabnehmer). Von der Zulässigkeit des Antrags ist jedoch auszugehen, wenn aufgrund der gewerblichen Tätigkeit des (neuen) Löschungsantragstellers die

Möglichkeit einer Beeinträchtigung seiner Betätigung für den Fall zu besorgen ist, dass das GebrM bestehen bleibt (BGH, aaO). Es genügt auch, wenn der Antragsteller als mit haftender Gesellschafter, Geschäftsführer oder Vorstandsmitglied nach rechtskräftiger Abweisung des Löschungsantrags der Gesellschaft mit persönlicher Inanspruchnahme rechnen muss (vgl. jedoch BGH GRUR 1976, 30, 31 – Lampenschirm).

Zum Antrag auf **Feststellung der Unwirksamkeit** und zu dem damit verbundenen Erfordernis eines **besonderen Rechtsschutzinteresses** vgl. Anm. 7.

Verfahrenshindernde Einreden aufgrund der Beziehungen der Parteien können ebenfalls der Antragsbefugnis entgegenstehen. Von besonderer Bedeutung ist hierbei die ausdrückliche oder konkludente **Nichtangriffsverpflichtung/-abrede.** Derartige Abreden können z. B. in Kaufverträgen, Gesellschaftsverträgen, Lizenzverträgen, gesellschaftsähnlichen Verträgen oder Kooperationsverträgen enthalten sein. Die Antragstellung kann durch eine Nichtangriffsabrede – Verpflichtung, das GebrM überhaupt (BGH GRUR 1965, 135 – Vanal-Patent; BGH GRUR 1988, 900 – Entwässerungsanlage) oder nicht mit einer bestimmten Begründung (BPatGE 6, 191) anzugreifen – ausgeschlossen sein. Eine derartige Bindung setzt die Wirksamkeit der Abrede voraus, die insbesondere unter kartellrechtlichen Aspekten (nationalrechtlich und europarechtlich) problematisch sein kann (vgl. lediglich BGH GRUR 1971, 243 – Gewindeschneidevorrichtung; BGH GRUR 1956, 264 – Wendemanschette I; BGH GRUR 1989, 39, 41 – Flächenentlüftung; EuGH GRUR Int. 1989, 56, 57 – Nichtangriffsklausel; vgl. ferner die zusammenfassenden Abhandlungen in BPatGE 36, 177, 181 ff sowie BPatG GRUR 1996, 480 sowie *Pitz*, Mitt. 1994, 239). Nach deutschem Wettbewerbsrecht sind Nichtangriffsabreden zulässig; sie können insbesondere Lizenznehmern auferlegt werden. Sie ist grundsätzlich zulässig, wenn die Nichtangriffsverpflichtung vom Erwerber oder Lizenznehmer in Bezug auf das erworbene bzw. lizenzierte Schutzrecht übernommen wird, § 17 Abs. 2 Nr. 3 GWB. Unzulässig ist eine Nichtangriffsabrede bei einem Schutzrecht, bei dem zweifelsfrei ein Löschungsgrund vorliegt (vgl. BGH GRUR 1969, 409 – Metallrahmen) und der auch von der Vertragspartei geltend gemacht werden kann. Vertragliche Nichtangriffsverpflichtungen wirken grundsätzlich nur für die Vertragsdauer (vgl. BGH GRUR 1989, 39 – Flächenentlüftung). In europarechtlicher Hinsicht kann eine Nichtangriffsabrede in einem Lizenzvertrag je nach den rechtlichen und wirtschaftlichen Gegebenheiten den

Wettbewerb im Sinne von Art. 81, 82 EU-Vertrag beschränken (BPatG GRUR 1996, 480 – Nichtangriffsabrede). Steht die Nichtangriffsabrede mit einer kostenlosen Lizenz im Zusammenhang, ist dies nicht der Fall. Der EuGH hat eine wettbewerbsbeschränkende Wirkung einer Nichtangriffsabrede, die im Zusammenhang mit einer kostenlosen Lizenz getroffen war, mit der Begründung verneint, hier habe der Lizenzgeber nicht die mit einer Lizenzgebührenzahlung zusammenhängenden Wettbewerbsnachteile zu tragen (EuGH GRUR Int. 1989, 56, 57 – Nichtangriffsklausel; vgl. auch BGH GRUR 1991, 588). In der GruppenfreistellungsVO für die Technologie-Transfervereinbarungen (VO (EG) Nr. 240/96 der Kommission vom 31. 1. 1996, ABl. EG 1961 L 31/2) ist die Nichtangriffsvereinbarung unter bestimmten Voraussetzungen rechtlich zulässig. Die Technologie-Transfer-Gruppenfreistellungs-VO unterstellt Nichtangriffsklauseln als sog. „graue Klauseln" dem Widerspruchsverfahren nach Art. 4 der VO. Einzelheiten bei *Ullrich,* Lizenzverträge im europäischen Wettbewerbsrecht: Einordnung und Einzelfragen, Mitt. 1998, 50 ff. Ein Löschungsantrag kann nicht wegen eines zwischen den Beteiligten abgeschlossenen Lizenzvertrages als unzulässig zurückgewiesen werden, wenn der Antragsgegner seinerseits den Antragsteller wegen Verletzung des StreitGebrM in Anspruch nimmt (vgl. BPatG GRUR 1996, 480 – Nichtangriffsabrede).

21 Dem Löschungsantrag kann ferner der Einwand der **Arglist** entgegnet werden (auch außerhalb einer vertraglichen Bindung). Ein Verstoß gegen **Treu und Glauben** kommt in Betracht, wenn ein Löschungsantrag einer vertraglichen Vereinbarung widerspricht oder lediglich den Zweck hat, einen rechtswidrig erlangten Besitzstand zu sichern; in diesem Fall ist der Antrag als unzulässig zurückzuweisen (*Bühring,* § 16, Rdn. 35).

22 Ein abweisender Beschluss erwächst zwischen den Parteien in Rechtskraft. Ein Dritter ist – vorbehaltlich der vorerwähnten Sonderfälle – nicht gehindert, einen inhaltlich gleichen Löschungsantrag von neuem zu stellen.

3. Abschließende Regelung – keine Löschungsgründe

23 Die Löschungsgründe sind in § 15 Abs. 1 und 2 abschließend aufgeführt. Keine Löschungsgründe sind also insbesondere:

Löschungsgründe; Antragsberechtigung 24–33 § 15

- formelle Mängel der Anmeldung, z. B. das Fehlen einer Zeichnung; es besteht aber die Gefahr, dass die Erfindung ohne Zeichnung oder bei inhaltlich mangelhafter Zeichnung nicht ausreichend offenbart ist (vgl. BGH GRUR 1968, 86, 89 – Ladegerät I); 24
- mangelnde Einheitlichkeit des Erfindungsgedankens (vgl. RG GRUR 1932, 72 – Befestigungslappen; BPatG GRUR 1981, 350, 351 – Bohrstange); die mangelnde Einheitlichkeit ist lediglich im Anmeldeverfahren zu berücksichtigen, § 4 Anm. 3.10.; 25
- Verfahrensmängel (OLG Zweibrücken, GRUR 1937, 140); 26
- Mängel der Anmeldung (RG GRUR 1938, 47 – Strumpf); 27
- Abhängigkeit des eingetragenen GebrM von einem anderen Schutzrecht, RG JW 1912, 308; 28
- Unzulässigkeit der Ausscheidung/Teilung (*Bühring*, § 15, Rdnr. 26, BGH GRUR 1965, 473, 478 – Dauerwellen); 29
- unrichtiges Anmelde- oder Prioritätsdatum (RG GRUR 1940, 543, 545); 30
- fehlende oder unvollständige Angaben zum Stand der Technik (RG M. u. W. 1930, 187); 31
- Wettbewerbsverstöße (RG GRUR 1930, 805, 806 – Schuhspanner). 32

Die **mangelnde Ausführbarkeit** stellt – im Gegensatz zum PatG – im GebrM-Recht **keinen eigenständigen Löschungsgrund** dar. Die Prüfung, ob die Erfindung **so deutlich und vollständig offenbart** ist, dass ein Fachmann sie ausführen kann, hat jedoch bei entsprechendem Anlass zu erfolgen, wenn der Löschungsgrund der **mangelnden Schutzfähigkeit** geltend gemacht ist, **§ 15 Abs. 1 Nr. 1.** Die Ausführbarkeit ist deshalb ein Teilaspekt der Schutzfähigkeit (BGH Mitt. 1999, 372, 373 – Flächenschleifmaschine). Für die Prüfung ist auf die Verhältnisse am Anmelde- oder Prioritätstag abzustellen (BGH, aaO). Hierbei kommt es auf die Möglichkeiten und Kenntnisse von außenstehenden Dritten an, so dass interne Entwicklungen bei dem GebrM-Inhaber für die Beurteilung der Ausführbarkeit keine Rolle spielen. Die Ausführbarkeit der Erfindung ist dabei anzunehmen, wenn die Lehre von einem Fachmann überhaupt ausgeführt werden kann; dass es gelegentlich zu „Ausreissern" kommt oder die Lehre in einzelnen Fällen versagt, ist unerheblich; ebenso ist die Frage der Marktreife nicht ausschlaggebend. Ausführbarkeit ist gegeben, wenn sie im Bereich des durchschnittlichen fachlichen Könnens liegt, möge auch das Festlegen einer verkaufsreifen Konstruktion noch ein Probieren von mehr oder minder langer Dauer erforderlich machen (insgesamt 33

BGH Mitt. 1999, 372, 374 – Flächenschleifmaschine. Weitere Einzelheiten bei § 4 Anm. 4).

34 Anders als nach § 22 Abs. 1 PatG gibt es auch nicht den Löschungsgrund der **Erweiterung des Schutzbereichs.** Mangels einer Erteilung stellt sich die Problematik einer Erweiterung des Schutzbereichs ohnehin nicht dergestalt, wie dies bei einem Patent der Fall sein kann. Nach der Eintragungsverfügung eingereichte Schutzansprüche können den Gegenstand des GebrM ohnehin nicht mehr verändern (vgl. § 4 Anm. 5). Durch nachträglich eingereichte Schutzansprüche kann der GebrM-Inhaber daran gehindert sein, das GebrM in der eingetragenen Form zu verteidigen. Gegenstand der Überprüfung ist die Fassung der Unterlagen, die der Eintragung zugrunde gelegt worden sind; dies gilt auch dann, wenn im Eintragungsverfahren mehrere voneinander abweichende Unterlagen nacheinander eingereicht worden sind (BGH GRUR 1968, 86, 88 – Ladegerät I). Deshalb kommt auch eine selbständige Löschung der nach der Eintragung des GebrM nachgereichten Schutzansprüche nicht in Betracht (BPatGE 11, 96, 101). Im Löschungsverfahren ist darauf zu achten, dass nicht durch Aufnahme offenbarter, aber nicht zum Gegenstand des GebrM gewordener Merkmale eine Erweiterung des Schutzbereichs eintreten würde (*Bühring*, § 15, Rdn. 23). Aus § 4 Abs. 5 Satz 2 folgt der allgemeine Grundsatz, dass aus einer Erweiterung keine Rechte hergeleitet werden können; dies gilt auch für „Erweiterungen", die im Löschungsverfahren Eingang in das GebrM gefunden haben. Dies gilt selbstredend auch für Verletzungsverfahren. Auch in einem nachfolgenden Löschungsverfahren kann sich der GebrM-Inhaber nicht auf eine derartige „Erweiterung" berufen.

4. Bindung an den Löschungsgrund

35 Die Prüfung im Löschungsverfahren erfolgt auf entsprechenden Antrag des Antragstellers. Sie entspricht weitgehend derjenigen Prüfung im Patentnichtigkeitsverfahren. Dem Antragsteller steht es frei, sich auf einen oder mehrere der in § 15 genannten Löschungsgründe zu stützen. Er legt durch Antrag und Begründung Richtung und Umfang der Prüfung des GebrM fest, so dass es dem DPMA wie dem Beschwerdegericht verwehrt ist, bei der Entscheidung einen anderen als den vom Antragsteller geltend gemachten Löschungsgrund zu berücksichtigen; über die Sachanträge der Beteiligten darf grundsätzlich nicht hinausgegangen werden (BPatG GRUR 1981, 908, 909 – Brustprothese; BPatG GRUR 1991, 313, 315 – Verpackungsbehälter mit Diebstahlssicherung; BPatG Mitt. 1996, 395, 396 – Helikoptermodell). Entscheidung und Verteidigung haben sich im Rahmen des Löschungsantrags zu halten. (Einzelheiten unter § 16 Anm. 4.2). Dabei reicht eine bloße Erörterung eines Löschungsgrundes nicht aus, da sie nicht notwendigerweise bedeutet, dass der Antragsteller sich auch auf diesen Löschungsgrund gestützt hat; DPMA und Beschwerdegericht ist es in diesem Fall versagt, diesen Löschungsgrund aufzugreifen (BPatG Mitt. 1996, 395, 396 – Helikoptermodell). Das DPMA darf zur Vermeidung des Anscheins der Parteilichkeit nicht von sich auf einen nicht geltend gemachten Löschungsgrund hinweisen und eine entsprechende Antragsänderung anregen (BPatG GRUR 1981, 908, 909 – Brustprothese).

Die in § 15 Abs. 1 und 2 genannten Löschungsgründe stellen je einen selbständigen Antragsgrund (Klagegrund im Sinne des § 263 ZPO) dar. Änderungen und Erweiterungen des Löschungsantrages sind deshalb analog § 263 ZPO zulässig, wenn der Antragsgegner zustimmt oder die Änderung für sachdienlich gehalten wird, § 264 ZPO (BPatG GRUR 1981, 908, 909 – Brustprothese). Der die Antragsänderung beinhaltende Schriftsatz ist dem GebrM-Inhaber grundsätzlich unter Fristsetzung nach § 17 Abs. 1 Satz 1 mit der Aufforderung zuzustellen, sich innerhalb der Monatsfrist dazu zu erklären (BPatGE 25, 85, 87). Die nachträgliche Geltendmachung eines weiteren Löschungsgrundes wird in der Regel als sachdienlich anzusehen sein, da durch die Einbeziehung dieses Streitpunktes ein weiteres Löschungsverfahren vermieden wird (BPatG Mitt. 1996, 211, 212 – Plattenaufnahmeteil). Dies wird auch dann anzunehmen sein, wenn dieser weitere Antragsgrund erst im Beschwerdeverfahren erstmals eingeführt wird (auch wenn dem Antragsgegner dadurch eine „Instanz" genommen wird, vorausgesetzt, dass dies nicht erstmals in der mündlichen Verhandlung vor dem BPatG erfolgt). Der Antragsgrund (Streitgegenstand) wird von den Tatsachen gebildet, die der Antragsteller zur Rechtfertigung seines Antrages vorträgt. Innerhalb eines geltend gemachten Antragsgrundes können verschiedene Begründungen zur Stützung des Antrages herangezogen werden (z. B. fehlende Neuheit oder fehlender erfinderischer Schritt). Das DPMA bzw. das Beschwerdegericht sind auch innerhalb eines solchen selbständigen Löschungsgrundes frei, eine Entscheidung unabhängig davon zu treffen, welche der Voraussetzungen fehlt, die für die Schutzfähigkeit des GebrM notwendig sind. Die

Entscheidung kann auch unabhängig davon ergehen, welche dieser Voraussetzungen zur Rechtfertigung des Antrags zunächst herangezogen worden sind. Die Antragstellung kann Löschungsgründe kumulativ oder alternativ heranziehen.

5. Löschungsgründe

37 § 15 nennt vier selbständige Kategorien von Löschungsgründen:

5.1 Fehlende Gebrauchsmusterschutzfähigkeit gemäß §§ 1–3 (§ 15 Abs. 1 Nr. 1)

38 Dieser Löschungsgrund entspricht im wesentlichen § 21 Abs. 1 Nr. 1 PatG i. V. m. § 22 PatG. Gebrauchsmusterschutzfähigkeit fehlt, wenn

39 – keine Lehre zum technischen Handeln gegeben ist; hierunter fällt auch die fehlende Ausführbarkeit (Anm. 3), Wiederholbarkeit oder das Vorliegen einer ausgeschlossenen Erfindung, § 1 Abs. 2 und Anm. dort;

40 – ein Gebrauchsmusterverbot gemäß § 2 Nr. 1 besteht: Gesetz- oder Sittenwidrigkeit, vgl. Anm. zu § 2;

41 – eine Pflanzensorte oder Tierart betroffen ist, § 2 Nr. 2 und Anm. dort;

42 – ein Verfahren zugrunde liegt, § 2 Nr. 3 und Anm. dort;

43 – die Neuheit fehlt, § 3 und Anm. dort;

44 – der erfinderische Schritt fehlt, § 1 und Anm. dort;

45 – es der gewerblichen Anwendbarkeit ermangelt, § 3 Abs. 2 und Anm. dort.

46 Für die Prüfung ist das zum Zeitpunkt der Anmeldung geltende Recht anzuwenden. Der **Prüfung auf Schutzfähigkeit** ist der im **Schutzanspruch** umschriebene **Gegenstand** zugrunde zu legen; dass (lediglich) die Beschreibung eine bestimmte Anwendung dieses Gegenstands offenbart, hat außer Betracht zu bleiben (BGH GRUR 1997, 360, 361 – Profilkrümmer). Ein von dem Antragsteller bislang allein angegriffener (unmittelbar auf den Hauptanspruch zurückbezogener) Unteranspruch wird zum Haupt- oder Nebenanspruch und ist als solcher auf Schutzfähigkeit zu prüfen, wenn auf den bisherigen Hauptanspruch (auch im Löschungsverfahren) verzichtet wird (BGH GRUR 1997, 213, 214 – Trennwand).

Die Darlegung des Löschungsgrunds fehlender Schutzfähigkeit 47
setzt substantiierten Sachvortrag dazu voraus, dass die in dem GebrM
geschützte Lehre von Kenntnissen Gebrauch macht, die ihn vor dem
für den Zeitrang der Anmeldung maßgeblichen Tag der Öffentlichkeit zugänglich machen. Im Fall einer Benutzung setzt dies also
grundsätzlich die Angabe des Zeitpunktes, des Ortes, der Beschaffenheit und der allgemeinen Zugänglichkeit des Gegenstands der
offenkundigen Vorbenutzung für den Durchschnittsfachmann voraus
(BPatG Mitt. 1999, 374, 376). Dies ist allerdings keine Frage der
Zulässigkeit des Löschungsantrages sondern seiner Begründetheit
(BPatG, aaO).

5.2 Älteres Recht (§ 15 Abs. 1 Nr. 2)

Die Bestimmung dient der Vermeidung der Entstehung eines 48
Doppelschutzes für dieselbe Erfindung (BGH GRUR 1967, 477,
479 – UHF-Empfänger II; vgl. eingehend § 13 und Anm. dort).
Soweit die Übereinstimmung mit dem älteren Recht reicht, ist das
jüngere GebrM nicht rechtsbeständig. Dies kann auch im **Verletzungsrechtsstreit einredeweise** geltend gemacht werden. Der Löschungsgrund setzt die Entstehung und den **Bestand** des älteren
Rechts voraus, d. h. bei einem Patent die Veröffentlichung der Eintragung im Patentblatt, § 58 I 3 PatG (es genügt auch ein europäisches Patent mit der Bundesrepublik Deutschland als Bestimmungsland, Art. 140, 139 EPÜ sowie ein erstrecktes Patent gemäß § 4
ErstrG; weiter § 13 und Anm. dort). Ein Gebrauchsmuster entsteht
mit der Eintragung, § 11. Vorläufiger Schutz reicht nicht aus. Eine
noch ausstehende Erteilung/Eintragung führt nicht zur Aussetzung
des GebrM-Löschungsverfahrens. Maßgeblich ist der Anmelde- bzw.
der Prioritätstag der Voranmeldung, nicht, wann das Recht zur
Entstehung gelangt ist (BGH GRUR 1967, 477 – UHF-Empfänger
II). Fällt das ältere Recht rückwirkend **(ex tunc)** weg, z. B. weil es
gelöscht wurde, entfällt auch der Löschungsgrund. Bei Wegfall des
älteren Schutzrechts lediglich mit **ex nunc**-Wirkung (also bei Verzicht oder Ablauf der Schutzdauer), steht das ältere Recht weiterhin
schutzhindernd entgegen. Steht dem Inhaber eines jüngeren GebrM
sein eigenes älteres GebrM schutzhindernd entgegen, ist es nicht
allgemein und in jedem Fall als arglistig anzusehen, wenn er von der
Möglichkeit Gebrauch macht, mit Hilfe eines Dritten im Löschungsverfahren eine rückwirkende Beseitigung des älteren Schutzrechts zu erreichen und sich so auf die erzielte Rechtslage zu berufen

(BGH GRUR 1963, 519, 521 – Klebemax). Dies gilt auch für eine Löschung des GebrM auf Nichtwiderspruch ohne Sachprüfung (BGH, aaO).

49 Der Gegenstand eines GebrM ist auch dann aufgrund einer früheren GebrM-Anmeldung im Sinne des § 15 Abs. 1 Nr. 2 bzw. § 11 geschützt, wenn das GebrM **nach Ablauf** der ersten oder einer weiteren **Schutzdauer eingetragen** worden ist (BGH GRUR 1967, 477 – UHF-Empfänger II). Ein GebrM, das erst nach Ablauf der ersten Schutzdauer in die Rolle eingetragen und für das die Verlängerungsgebühr noch nicht gezahlt ist, erlischt mit Ablauf der Schutzdauer; hieran ändert auch nichts, dass die Verlängerungsgebühr nebst Zuschlag noch bezahlt hätte werden können; damit bewirkte die Eintragung des GebrM lediglich das Entstehen eines Prioritätsschutzes (keines Verbietungsrechts). Dieser richtet sich gegen solche Personen, die später als dessen Anmelder ein jüngeres GebrM angemeldet haben und versetzt jedermann in die Lage, gegen den Inhaber des jüngeren GebrM den Löschungsgrund des älteren Rechts geltend zu machen. Dies ist jedoch nicht mit einem in die Zukunft gerichteten Löschungsantrag sondern nur mit einem Antrag auf Feststellung der Unwirksamkeit des GebrM mit dem Ergebnis der rückwirkenden Beseitigung des durch dessen Eintragung entstandenen Prioritätsschutzes möglich; dies bedingt ein ausreichendes Feststellungsinteresse (BPatG GRUR 1993, 113, 114/115 – Thermostat). Die Allgemeinheit hat an der Beseitigung eines GebrM, dessen Eintragung lediglich Prioritätsschutz hat entstehen lassen, kein Interesse, sie ist vielmehr an der Eintragung und damit dem Bestand solcher Gebrauchsmuster interessiert (BGH GRUR 1967, 477, 481 – UHF-Empfänger II; BPatG, aaO und Anm. 7).

50 Ein älteres Recht im Sinne der Ziff. 2 liegt nur dann vor, wenn der **Gegenstand** aufgrund des früheren Rechts **geschützt** worden ist. Dazu sind die technischen Lehren beider Schutzrechte zu vergleichen. Nach früherer Praxis wurden hierzu auf das Kriterium der Wesensgleichheit abgestellt und für den Vergleich die zu § 4 Abs. 2 PatG 1968 aufgestellten Regeln angewendet. Dieser Auslegungshilfen bedarf es jedoch nicht. Die Formulierung der Ziff. 2 legt nahe, den „Gegenstand" des jüngeren Rechts nach denselben Grundsätzen zu bestimmen, wie sie auch für die Auslegung von § 15 Abs. 1 Nr. 1 herangezogen werden. Deshalb ist der im **Schutzanspruch** umschriebene Gegenstand zugrunde zu legen (vgl. BGH GRUR 1997, 360, 361/362 – Profilkrümmer). Ein Abstellen auf den Schutzanspruch gewährleistet nicht nur die Homogenität von Gebrauchsmusterlöschungs- und Verletzungsverfahren und damit die

Rechtssicherheit auch im Gebrauchsmustereintragungsverfahren, sondern berücksichtigt auch die im Laufe der Gesetzesentwicklung vorgenommenen Annäherungen des GebrM an die Regelungen des Patentgesetzes, wie sie gerade in Bezug auf die Schutzansprüche und deren Vorrang vor Beschreibung und Zeichnungen zum Ausdruck kommen (vgl. hierzu BPatG Mitt. 1999, 271, 273 – Bindungswirkung der Schutzansprüche im Löschungsverfahren). Ob dieser Gegenstand des jüngeren GebrM bereits aufgrund eines erteilten bzw. eingetragenen Patents oder Gebrauchsmusters „geschützt" worden ist, ist wiederum anhand des betreffenden **Schutzanspruchs** zu prüfen. Das ältere Recht steht also mit seinem Schutzbereich schutzhindernd entgegen, sog. **prior claims approach**. Maßgebend ist also nicht der Inhalt einer Patent- oder GebrM-Anmeldung mit ihrem sog. whole contents approach, wie dies bei § 3 Abs. 2 PatG der Fall ist (ebenso: BPatG GRUR 1981, 126 – Längsnuten). Auf eine unterschiedliche Wort- und Begriffswahl kommt es dabei nicht an (BPatG GRUR 1981, 908, 909 – Brustprothese; OLG Düsseldorf GRUR 1952, 192, 193). Ferner reicht es aus, wenn die beanspruchten Merkmale **äquivalent** dem älteren Schutzrecht zu entnehmen sind. Die Behandlung eines im Verhältnis zum älteren Recht verbleibenden **Überschusses** des jüngeren Rechts ist ungeklärt. Nach einem Teil der Literatur entstehe im Hinblick auf § 15 Abs. 3 von vornherein kein wirksames (jüngeres) GebrM-Recht, soweit eine Übereinstimmung mit dem älteren Recht bestehe, mit der Folge, dass für jeden Dritten das Recht bestehe, die Löschung des zu Unrecht eingetragenen und nur scheinbar wirksamen GebrM zu begehren und durchzusetzen (so *Benkard/Ullmann,* § 13 GebrMG, Rdnr. 8; *Bühring,* § 13, Rdn. 11, 14, § 15, Rdn. 13: Abhängigkeit zwischen jüngerem GebrM und älterem identischen Recht bilde im Umfang der Teilidentität ein Schutzhindernis und begründe einen Löschungsanspruch unter Hinweis auf BPatG GRUR 1981, 126 – Längsnuten). Dieser Auffassung kann in ihrer Allgemeinheit nicht zugestimmt werden. Maßgebend ist ein Vergleich der jeweiligen Schutzansprüche; erfasst ein Schutzanspruch des älteren Rechts nicht mehr den Gegenstand des jüngeren Rechts, so liegt eine Übereinstimmung nicht vor, so dass der Löschungsgrund des älteren Rechts nicht gegeben ist. Dies ist kein Fall des § 15 Abs. 3. Deshalb schließt auch ein gebrauchsmusterfähiger Überschuss über das ältere Recht eine Übereinstimmung im Sinne des § 15 Abs. 1 Nr. 2 aus. Die jüngere Anmeldung nimmt also im Verhältnis zum älteren Recht bei der Identitätsprüfung die gleiche Stellung ein wie im Verletzungsstreit die angegriffene Verletzungsform zum Klageschutzrecht

(*Benkard/Ullmann*, § 3 PatG, Rdn. 149). Macht der Löschungsantragsteller darüber hinaus den Löschungsgrund des § 15 Abs. 1 Nr. 1 geltend, so ist der verbleibende „Überschuss" des jüngeren GebrM im Vergleich zum übrigen Stand der Technik auf Neuheit und erfinderischen Schritt zu prüfen. Auf die Schutzfähigkeit des älteren Rechts kommt es nicht an; ebenso ist kein Raum für die Heranziehung eines allgemeinen Erfindungsgedankens bei der Beurteilung des älteren Rechts (a. A. *Bühring*, § 13, Rdnr. 11).

51 Der Antragsteller kann anstelle der fehlenden Schutzfähigkeit im Sinne des § 15 Abs. 1 Nr. 1 den Löschungsgrund des älteren Rechts geltend machen, wenn der Gegenstand des älteren Rechts bereits zum Stand der Technik gehört, weil das Schutzrecht bereits vor der jüngeren GebrM-Anmeldung veröffentlicht worden ist. Er kann beide Löschungsgründe auch kumulativ geltend machen. Beide Löschungsgründe stehen nebeneinander (BGH GRUR 1967, 477, 480 – UHF-Empfänger II).

5.3 Unzulässige Erweiterung (§ 15 Abs. 1 Nr. 3)

52 Der Löschungsgrund entspricht § 21 Abs. 1 Nr. 4 PatG und ist eine Folgeregelung zu § 4 Abs. 6 (BPatG Mitt. 1996, 211, 212 – Plattenaufnahmeteil). Die Regelung beinhaltet keinen Löschungsgrund wegen unzulässiger Erweiterung des Schutzbereichs entsprechend § 22 Abs. 1 PatG. Der Löschungsantrag nach § 15 Abs. 1 Nr. 3 (keine Berücksichtigung von Amts wegen) dient der Beseitigung einer (unzulässigen) Erweiterung. Prüfungsgrundlage ist die den Anmeldetag begründende Anmeldung, §§ 4, 4a. Es kann sich hierbei um die ursprüngliche GebrM-Anmeldung oder um eine Patentanmeldung im Falle einer Abzweigung handeln. Beurteilungsgrundlage kann auch die Anmeldung einer europäischen Patentanmeldung im Falle der Abzweigung hieraus sein oder die beim DPMA vorgenommene Abzweigung aus einer PCT-Anmeldung. Prüfungsgrundlage kann ferner die Stammanmeldung sein, aus der eine Teilungsanmeldung abgetrennt worden ist. Wegen der Unanwendbarkeit des § 7 Abs. 2 PatG (§ 13 Abs. 3 GebrMG) kann die entnommene Anmeldung nicht als Prüfungsgrundlage für die Frage der unzulässigen Erweiterung herangezogen werden.

53 **Vergleichsmaßstab** sind die ursprünglich eingereichten Unterlagen. Sie sind mit dem Gegenstand des GebrM zu vergleichen, das dieses durch die Eintragungsverfügung erhalten hat. Bei einer Teilanmeldung sind die ursprünglichen Unterlagen der ursprünglichen

Anmeldung alleiniger Maßstab (*Busse/Keukenschrijver*, § 15 GebrMG, Rdn. 13).

Der **inhaltliche** Vergleichsmaßstab des § 15 Abs. 1 Nr. 3 ist in **54** Rspr. und Lit. noch weitgehend ungeklärt. Dies hängt mit der ungenauen Formulierung im Gesetz zusammen. Nach § 15 Abs. 1 Nr. 3 ist der „**Gegenstand** des GebrM" mit dem „**Inhalt** der Anmeldung" in der Fassung der ursprünglichen Einreichung zu vergleichen. Die Änderungen im Anmeldeverfahren regelnde Vorschrift des § 4 Abs. 6 spricht jedoch nicht vom „Inhalt" der Anmeldung, sondern vom „Gegenstand der Anmeldung" (vgl. eingehend hierzu § 4 Anm. 5). „Gegenstand" und „Inhalt" der Anmeldung im Sinne der §§ 4 Abs. 6, 15 Abs. 1 Nr. 3 sollten nach dem Regelungsgehalt nur dasselbe meinen. Dies ist jedoch nicht eindeutig, solange nicht geklärt ist, in welchem Rahmen Änderungen nach § 4 Abs. 6 zulässig sind, insbesondere inwieweit dort das Postulat des „Vorrangs der Schutzansprüche" gilt (vgl. auch Anm. dort). In § 4 Abs. 6 Satz 2 heisst es lediglich, dass aus Änderungen, die Erweiterungen des Gegenstands der Anmeldung bewirken, keine Rechte hergeleitet werden können; nach bisheriger Praxis ist es gleichgültig, ob diese Änderungen den durch die Schutzansprüche umschriebenen Gegenstand des (einzutragenden) GebrM betreffen oder nicht von den Schutzansprüchen erfasst sind. Die Regelung des § 4 Abs. 6 Satz 2 ist deshalb nicht notwendigerweise deckungsgleich mit § 15 Abs. 1 Nr. 3, der (nur) Änderungen erfasst, soweit sie sich im Gegenstand des GebrM niedergeschlagen haben. Der Kontext mit den Regelungen in § 15 Abs. 1 Nr. 1, Nr. 2 erfordere es demgegenüber, den Gegenstand des GebrM nach dem Inhalt seiner Schutzansprüche zu bemessen (ebenso BPatG Mitt. 1999, 271, 272 – Bindungswirkung der Schutzansprüche im Löschungsverfahren: ein Erfindungsbereich, der nur in der GebrM-Schrift dargestellt, aber nicht hinreichend deutlich in die Schutzansprüche einbezogen ist, ist in dem GebrM nicht unter Schutz gestellt und kann auch nicht nachträglich durch eine einschränkende Verteidigung im Löschungsverfahren unter Schutz gestellt werden, d. h. die Einbeziehung eines sich lediglich aus der Beschreibung ergebenden Merkmals in den Schutzanspruch im Löschungsverfahren kann in Wahrheit eine unzulässige Erweiterung des Gebrauchsmustergegenstandes sein und nicht lediglich eine Einschränkung darstellen).

Keine Regelung enthält § 15 Abs. 1 Nr. 3 dazu, inwieweit im **55** Löschungsverfahren zu prüfen ist, ob der Gegenstand des GebrM in den ursprünglichen Anmeldeunterlagen **als zur beanspruchten Lehre gehörend offenbart** entnommen werden kann. Lediglich

§ 4 Abs. 6 Satz 2 bestimmt, dass aus Änderungen, die den Gegenstand der Anmeldung erweitern, Rechte nicht hergeleitet werden können. Hieraus folgt jedenfalls eine **Prüfungskompetenz** der **Verletzungsgerichte**. Aus der abschließenden Regelung der Löschungsgründe in § 15 folgt, dass dieser Komplex im Löschungsverfahren nur insoweit Berücksichtigung finden kann, als einer der in § 15 genannten Löschungsgründe tangiert ist.

56 Wann eine **Erweiterung** vorliegt, ist eine Frage des Einzelfalls. Kann der Fachmann eine Veränderung des GebrM im Vergleich zu den ursprünglichen Angaben der Anmeldung nicht mehr mit seinem allgemeinen Fachwissen entnehmen, liegt eine Erweiterung vor, wenn der Gegenstand des GebrM nicht geringer als die ursprüngliche Offenbarung ist oder sich mit dieser deckt.

57 § 15 Abs. 1 Nr. 3 dient der Beseitigung der Erweiterung. Eine bloße **Streichung** eines Merkmals ist nur dann unproblematisch, wenn ausgeschlossen werden kann, dass mit ihr keine Erweiterung verbunden ist (vgl. BGH GRUR 1977, 598, 601 – Autoskooter-Halle).

58 Trotz des Wortlauts in Abs. 1 („Anspruch auf Löschung des Gebrauchsmusters") kommt im Falle der unzulässigen Erweiterung regelmäßig nur eine **Teillöschung** in Betracht. Weist der Gegenstand eines eingetragenen Gebrauchsmusters ein bei dessen Anmeldung nicht offenbartes, an sich beschränkendes Merkmal auf, kann das Merkmal im Löschungsverfahren jedoch nicht entfallen, wenn dadurch der Gegenstand des GebrM erweitert wird. Das GebrM kann in einem solchen Fall mit der in seinem Schutzanspruch (vgl. § 15 Abs. 3 Satz 2) aufzunehmenden Erklärung, dass das Merkmal eine unzulässige Änderung darstellt, aus der Rechte nicht hergeleitet werden können, die der Inhaber des GebrM aber gegen sich gelten lassen muss, Bestand haben – „Vermerk nach Art eines **Disclaimers**" (BPatG GRUR 1991, 834, 836/837 – Gestellmagazin; vgl. andererseits aber BPatG GRUR 1998, 810, 811 – Zerkleinerungsanlage: Beseitigung des unzulässig eingefügten Merkmals, gleichgültig ob es sich um eine Erweiterung oder um ein „aliud" handelt, zum PatG; ebenso BPatG GRUR 1998, 667, 669 – Steuerbare Filterschaltung).

5.4 Widerrechtliche Entnahme (§ 15 Abs. 2)

59 Der Löschungsgrund der widerrechtlichen Entnahme steht selbständig neben dem Übertragungsanspruch gemäß § 13 Abs. 3

GebrMG i. V. m. § 8 PatG und kann kumulativ zu diesem geltend gemacht werden (vgl. BGH GRUR 1962, 140, 141 – Stangenführungsrohre; sowie § 13 Abs. 3 und Anm. dort). Rechtskräftige Verurteilung im Vindikationsrechtsstreit zur Übertragung beendet das Löschungsverfahren, da der nunmehrige GebrM-Inhaber selbst keinen Löschungsantrag stellen kann. Dies ist verfahrensrechtlich kein Fall der Erledigung der Hauptsache; insoweit kommt eine Antragsrücknahme durch den Antragsteller in Betracht.

Die widerrechtliche Entnahme begründet kein absolutes Schutz- 60 hindernis; im Falle des Vorliegens der Voraussetzungen tritt die Wirkung nur gegenüber dem Verletzten ein. Das GebrM ist Dritten gegenüber wirksam. Der dem Verletzten zustehende Löschungsgrund kann von Dritten (z. B. in Verletzungsrechtsstreitigkeiten) nicht geltend gemacht werden.

Im Löschungsverfahren setzt die Geltendmachung des Lö- 61 schungsgrundes der widerrechtlichen Entnahme voraus, dass das streitgegenständliche GebrM schutzfähig ist (anders bei der Geltendmachung gemäß § 13, siehe dort Anm. 3.2). Ist die Schutzfähigkeit zu verneinen, kommt eine Entnahme bereits begrifflich nicht in Betracht; ein allein aus diesem Grunde gestellter Löschungsantrag ist infolgedessen zurückzuweisen. Eine Antragsänderung wäre sachdienlich (*Bühring*, § 15, Rdnr. 14).

Im Übrigen kann zu diesem Löschungsgrund auf die Grundsätze 62 zu § 13 Abs. 2 verwiesen werden (vgl. Anm. dort).

6. Entscheidung

Die Entscheidung kann auf Löschung oder Feststellung der Un- 63 wirksamkeit, Zurückweisung des Löschungsantrages oder auf teilweise Löschung oder Feststellung der Unwirksamkeit, gegebenenfalls verbunden mit der Zurückweisung des Antrags im übrigen, lauten. In der Praxis erfolgen auch immer wieder Klarstellungen. Einzelheiten: § 17 und Anm. dort.

§ 15 Abs. 3 sieht die Möglichkeit einer **Teillöschung** vor. Sind 64 die Löschungsgründe nur auf einen Teil des GebrM gerichtet, so erfolgt die Löschung nur in diesem Umfang, § 15 Abs. 3 Satz 1. Die Beschränkung kann dabei (nur) in Form einer Änderung der Schutzansprüche vorgenommen werden, § 15 Abs. 3 Satz 2: Einzelheiten bei § 17 und Anm. dort. Eine Teillöschung kommt auch in Betracht, wenn das GebrM nur beschränkt angegriffen ist (BPatG

GRUR 1986, 609 – Raclette-Gerät). Einzelheiten zu dem beschränkten Angriff: § 16 und Anm. dort.

65 Zum Gegenstand der Sachprüfung und zur Verteidigung des GebrM-Inhabers vgl. § 17 und Anm. dort.

7. Feststellung der Unwirksamkeit

66 Bei Erlöschen des GebrM treten keine Ausschließlichkeitswirkungen gemäß § 11 für die Zukunft ein. Für die Vergangenheit können jedoch Wirkungen bestehen bleiben, die insbesondere Grundlage für Schadenersatzansprüche sein können. An der Beseitigung dieses Rechts kann kein allgemeines, jedoch ein Individualinteresse bestehen. Bei ausreichendem Feststellungsinteresse kann deshalb beantragt werden, die Unwirksamkeit eines GebrM festzustellen (BGH GRUR 1995, 342 – tafelförmige Elemente). Einzelheiten bei § 16 und Anm. dort.

§ 16 [Löschungsantrag]

Die Löschung des Gebrauchsmusters nach § 15 ist beim Patentamt schriftlich zu beantragen. Der Antrag muß die Tatsachen angeben, auf die er gestützt wird. Mit dem Antrag ist eine Gebühr nach dem Tarif zu zahlen; wird sie nicht gezahlt, so gilt der Antrag als nicht gestellt. Die Vorschriften des § 81 Abs. 7 und des § 125 des PatG gelten entsprechend.

Übersicht

	Rdn.
1. Allgemeines/Zweck der Vorschrift	1, 2
2. Außeramtliche Löschungsaufforderung	3
3. Zuständigkeit	4
4. Antragserfordernis	5
4.1 Schriftform	6–8
4.2 Antragsbindung	9–14
4.3 Inhalt des Antrags	15–19
4.4 Gebühr	20, 21
5. Verfahrensbeteiligte	
5.1 Aktiv- und Passivlegitimation (Verweis)	22

Löschungsantrag 1–3 § 16

	Rdn.
5.2 Parteifähigkeit, Prozessfähigkeit, Postulationsfähigkeit	23
5.3 Rechtsschutzbedürfnis	24
6. Verfahrenshindernde Einreden (Verweis)	25
7. Antragsänderung, Erweiterung	26, 27
8. Löschungsantrag und Feststellungsantrag	
8.1 Allgemeines	28
8.2 Verfahrensrechtliche Aspekte	29, 30
8.3 Rechtsschutzbedürfnis	31–52
9. Auslandssicherheitsleistung	53

1. Allgemeines/Zweck der Vorschrift

§ 16 stellt die verfahrensmäßige Ergänzung des die materiell- **1** rechtlichen Löschungsgründe regelnden § 15 dar. § 16 regelt die Zuständigkeiten für das Löschungsverfahren sowie die Notwendigkeit und Voraussetzungen eines Löschungsantrages. Die Regelung des Löschungsverfahrens selbst erfolgte durch § 17. Zuständig ist in I. Instanz das Patentamt. Die zweite Tatsacheninstanz wird durch das BPatG gebildet; schließlich ist der BGH für Rechtsbeschwerden zuständig. Parallel zu diesem besonderen Verfahren kann die mangelnde Rechtsbeständigkeit des GebrM auch im Verletzungsrechtsstreit vor den ordentlichen Gerichten als Einrede erhoben werden. § 19 regelt das Verfahren des Verletzungsgerichts, wenn ein Löschungsverfahren anhängig ist.

Das Löschungsverfahren der §§ 16, 17 folgt im Wesentlichen den **2** Vorschriften des Nichtigkeitsverfahrens gemäß §§ 81 ff PatG, die entsprechend herangezogen werden können, soweit nicht Besonderheiten des GebrM-Schutzes in Frage stehen.

2. Außeramtliche Löschungsaufforderung

Für die Einleitung eines Löschungsverfahrens bedarf es keiner **3** vorherigen außeramtlichen Löschungsaufforderung. Die Vorschaltung einer solchen Löschungsaufforderung kann sich jedoch aus verschiedenen Gründen empfehlen. Der Löschungs-Antragsteller kann hierdurch eine **Kostentragungspflicht** analog § 93 ZPO vermeiden, wenn er ohne vorherige Aufforderung einen Löschungsantrag beim DPMA einreicht und der GebrM-Inhaber das Löschungsbegehren sofort „anerkennt" (BPatG GRUR 1989, 587 – Ausklinkvorrichtung; Einzelheiten zur Verteidigung des GebrM-Inhabers unter § 17 und Anm. dort). Hat der GebrM-Inhaber keine Veranlassung zum Löschungsantrag gegeben und erkennt er sofort an, treffen die Kosten den Antragsteller (BGH GRUR 1982, 364 – Gebrauchsmusterlöschungsverfahren; BPatG GRUR 1981, 819; st. Rspr.; Einzelheiten bei § 17 und Anm. dort). Dieses vorgeschaltete Aufforderungsschreiben dient damit auch der Entlastung des DPMA vor unnötigen Löschungsanträgen. Ein weiterer Vorteil besteht darin, dass der potentielle Antragsteller auf diese Weise auch die **Verteidigung** des GebrM-Inhabers frühzeitig **in Erfahrung bringen** kann.

3. Zuständigkeit

4   Der Löschungsantrag ist beim DPMA einzureichen, das für die Entscheidung des Löschungsantrags zuständig ist, § 16 Satz 1. Innerhalb des DPMA ist eine der Gebrauchsmusterabteilungen hierfür zuständig, § 10 Abs. 3 Satz 1 (Einzelheiten hierzu: siehe Anm. 3.1, 3.2 zu § 10).

4. Antragserfordernis

5   Gegenstand des Löschungsantrages ist der gegen den eingetragenen Inhaber gerichtete Anspruch des Antragstellers auf vollständige oder teilweise Löschung des GebrM. Die Einleitung des Löschungsverfahrens setzt mithin einen **Antrag** voraus; die Löschung kann nicht von Amts wegen erfolgen (*Benkard/Rogge,* § 15 GebrMG, Rdnr. 9). Bei Fehlen einer wirksamen Anmeldung, z. B. weil ein wirksamer Eintragungsantrag fehlt (BPatGE 8, 188, 189), ist das GebrM jedoch von Amts wegen zu löschen; hierbei handelt es sich jedoch nicht um ein Löschungsverfahren nach § 15 ff. Der Antrag, das GebrM vollständig zu löschen, beinhaltet in der Regel einen Antrag, das GebrM auch nicht mit hilfsweise verteidigten Fassungen bestehen zu lassen (*Bühring,* § 16, Rdnr. 4). Bei einer Mehrheit von Antragstellern oder einer Mehrzahl von ein GebrMG betreffende

Löschungsverfahren können gleichlautende, aber auch unterschiedliche Anträge gestellt werden. Eine Verbindung mehrerer Verfahren bei mehreren Antragstellern entsprechend § 147 ZPO wird wegen der damit verbundenen Komplexität eher die Ausnahme sein. Greift ein Antragsteller mehrere Schutzrechte eines Inhabers an, so wird regelmäßig eine Trennung der Verfahren analog § 145 ZPO in Betracht kommen.

4.1 Schriftform

Der Löschungsantrag ist beim DPMA **schriftlich** zu stellen, § 16 Satz 1. Dies bedeutet Unterschriftsform, d. h. eine eigenhändige Unterschrift ist erforderlich (vgl. BPatG GRUR 1982, 364, 365 – Kofferraumstrebe). Die Schriftform soll durch Fotokopie, Telekopie, Telefax nicht eingehalten sein (vgl. *Bühring,* § 16, Rdn. 5 – Dämpferelement), weil es sich nicht um eine fristgebundene Verfahrenserklärung handelt, zwh. (vgl. BFH, NJW 1996, 1432). Nach der Rspr. soll bei fehlender eigenhändiger Unterschrift (z. B. auch bei einer Paraffe) der Antrag unwirksam sein (BPatG, aaO). Der Mangel kann jedoch durch Nachholung der Unterschrift geheilt werden. Dies hat jedoch nur Wirkung für die Zukunft (BPatG, aaO). In der Zwischenzeit erfolgte Erklärungen des GebrM-Inhabers sind zu beachten (z. B. Verzicht vor Anhängigkeit).

Der Antrag wird mit seinem Eingang und mit der Zahlung der Gebühr (vgl. Anm. 4.4) anhängig und bereits „rechtshängig", nicht erst mit der Zustellung der Antragsschrift an den GebrM-Inhaber.

Fehlender Vollmachtsnachweis macht den Antrag nicht unwirksam. Einstweilige Zulassung gemäß § 89 ZPO analog ist möglich. Infolge § 18 Abs. 3 DPMAV ist der Mangel der Vollmacht nicht mehr von Amts wegen zu berücksichtigen, wenn als Bevollmächtigter ein Rechts- oder Patentanwalt auftritt.

4.2 Antragsbindung

Prüfung und Entscheidung erfolgen (nur) im Rahmen der Sachanträge des Antragstellers. Über den Antrag des Antragstellers hinaus kann das GebrM weder verteidigt noch gelöscht bzw. seine Unwirksamkeit festgestellt werden, **§ 308 Abs. 1 ZPO analog** (st. Rspr., z. B. BPatG GRUR 1991, 313, 315 – Verpackungsbehälter mit Diebstahlsicherung). Über die Sachanträge des Antragstellers darf

§ 16 10, 11   Löschungsantrag

grundsätzlich nicht hinausgegangen werden. Jedoch darf hinter dem Antrag inhaltlich zurückgeblieben werden, z. B. eine teilweise Zurückweisung eines Löschungs- oder Feststellungsantrages (auch ohne einen hierauf gerichteten Antrag des GebrM-Inhabers) erfolgen. Voraussetzung ist, dass sich die Einschränkung des GebrM immer im Rahmen des Löschungs- oder Feststellungsantrags hält, also gegenüber seinem unbeschränkten Antrag ein Weniger darstellt (BPatG, aaO).

10 Dem DPMA bzw. BPatG (in der Beschwerdeinstanz) ist es **verwehrt**, bei seiner Entscheidung einen **anderen** als den geltend gemachten Löschungsgrund aufzugreifen (BPatG GRUR 1981, 908, 909 – Brustprothese). Hieran ändert sich auch nichts durch den im Löschungsverfahren herrschenden Amtsermittlungs-(Untersuchungs-)Grundsatz, der nur soweit reicht, wie er vom Antragsteller geltend gemacht wird (BPatG Mitt. 1996, 395 – Helikoptermodell). Geht die Löschungsbehörde trotzdem einem bestimmten Löschungsgrund nach, obwohl sich der Antragsteller hierauf nicht beruft, wird hierdurch die Verfügungsbefugnis des Antragstellers nicht aufgehoben. Insbesondere kann in der Beschwerdeinstanz nicht von einer bloßen Erörterung des von der GebrM-Abteilung aufgegriffenen Löschungsgrundes auf seine Geltendmachung durch den Antragsteller geschlossen werden (BPatG, aaO, S. 396). Auch das öffentliche Interesse an der Beseitigung von Scheinrechten erweitert nicht die Prüfungskompetenz der Löschungsbehörde, da es in der Rechtsmacht des Antragstellers steht, mit welchem Löschungsgrund er das GebrM angreifen will.

11 Bei **Teillöschungsanträgen** ist deren Inhalt genau zu erfassen. Die Möglichkeit des Antrags auf Teillöschung ergibt sich unmittelbar aus § 15 Abs. 3. Der Antrag auf Teillöschung eines GebrM kann sich sowohl auf einzelne (vollständige) Schutzansprüche (Haupt-, Unter- bzw. Nebenansprüche) beziehen als auch auf eine Beschränkung von Schutzansprüchen, insbesondere durch Zusammenziehung der Merkmale mehrerer Ansprüche zu einem neuen Anspruch gerichtet sein; im letztgenannten Fall muss der Löschungsantrag erkennen lassen, auf welche Schutzbegehren der jeweilige Anspruch beschränkt werden soll (BPatG GRUR 1980, 43 – Joghurt-Steige; BPatG GRUR 1980, 225, 227 – Hammerbohrereinrichtung). Da es möglich ist, dass das Teillöschungsbegehren so abgefasst ist, dass es nicht nur auf eine Beschränkung, sondern versehentlich (auch) auf eine unzulässige gegenständliche Erweiterung oder unzulässige inhaltliche Änderung (Aliud) gerichtet ist, bedarf es einer vorausgehenden Prüfung, ob die begehrte Neufassung des Anspruchs eine

Löschungsantrag **12, 13 § 16**

unzulässige Änderung enthält, auch wenn der GebrM-Inhaber einem derartigen Teillöschungsantrag nicht widerspricht (BPatG, aaO). Da der Umfang des Löschungsanspruchs das Verfahren begrenzt (Verfügungsmaxime), bleiben nicht angegriffene Ansprüche bestehen, auch wenn der Inhalt der Ansprüche schutzunfähig ist (BPatG GRUR 1991, 313, 315 – Verpackungsbehälter mit Diebstahlsicherung). Rückbeziehungen in nicht angegriffenen Ansprüchen auf gelöschte Ansprüche behalten ihre Bedeutung. Es unterliegt keinen Bedenken, dass ein GebrM im Umfang von einzelnen, nicht angegriffenen Schutzansprüchen bestehen bleibt, obwohl diese jeweils auf einen oder – kumulativ oder alternativ – auf mehrere durch Löschung in Fortfall gekommene Schutzansprüche zurückbezogen sind. Die Bezugnahme bleibt erhalten; trotz des Fortfalls des oder der in Bezug genommenen Ansprüche behalten diese ihre Bedeutung für den Oberbegriff des bestehen bleibenden Anspruchs (BPatG GRUR 1986, 609, 610 – Raclette-Gerät). Es bedeutet mithin einen Verstoß gegen den Grundsatz der entsprechend anwendbaren Vorschrift des § 308 ZPO, wenn bei einem auf einzelne vollständige Schutzansprüche gerichteten Teillöschungsantrag das GebrM weitergehend im Umfang nicht angegriffener Schutzansprüche gelöscht wird, nämlich soweit diese auf die angegriffenen Schutzansprüche rückbezogen sind. Denn hierbei kann es zu geänderten Rückbeziehungen nicht angegriffener Unteransprüche kommen, so dass eine Einschränkung ihres Schutzumfangs eintreten kann. Hierdurch ist der GebrM-Inhaber beschwert; er kann mit Erfolg hiergegen vorgehen (vgl. BPatGE 26, 191).

Hat der GebrM-Inhaber auf den Hauptanspruch **verzichtet,** ist **12** ein gegenüber einem bestehen gebliebenen ehemaligen **Unteranspruch** geltend gemachter Löschungsgrund unabhängig davon zu prüfen, ob zugleich auch die Löschung des ursprünglichen Hauptanspruchs Streitgegenstand des Verfahrens ist. Infolge des Wegfalls des Hauptanspruchs kann ein vom Verzicht nicht umfasster Schutzanspruch nicht mehr Unteranspruch des bisherigen Hauptanspruchs sein, sondern nur entweder als selbständiger Schutzanspruch (ggf. auch als Nebenanspruch) oder als Unteranspruch eines anderen, vom Verzicht nicht umfassten selbständigen Schutzanspruchs bestehen bleiben; die bisherigen Unteransprüche teilen nicht mehr das Schicksal des bisherigen Hauptanspruchs. Es erlangt deshalb die Frage Bedeutung, ob die bisherigen Unteransprüche selbst schutzfähigen Gehalt haben (BGH GRUR 1997, 213, 215 – Trennwand).

Die Verfügungsmaxime des Antragstellers kommt weiterhin darin **13** zum Ausdruck, dass er jederzeit seinen **Antrag** ganz oder teilweise

zurücknehmen kann, und zwar auch nach Beginn der mündlichen Verhandlung (auch ohne Zustimmung des GebrM-Inhabers, sogar bis zur Rechtskraft der Entscheidung). Analog § 269 Abs. 3 ZPO bewirkt die Rücknahme des Löschungsantrags, dass das Löschungsverfahren als nicht anhängig geworden anzusehen ist, eine bereits ergangene, noch nicht rechtskräftig gewordene Löschungsentscheidung wirkungslos wird, der Nichtwiderspruch als nicht erfolgt anzusehen ist und der Antragsteller die Kosten des Verfahrens zu tragen hat.

14 Auf **Hilfsanträge** des Inhabers ist nur im Rahmen der Begründungspflicht einzugehen. Diese sind nicht Gegenstand des Löschungsantrages.

4.3 Inhalt des Antrags

15 § 16 Satz 2 regelt den notwendigen Inhalt nur unvollständig. In **formeller** Hinsicht hat der Antrag Angaben zum Antragsteller sowie zum Antragsgegner (des eingetragenen Gebrauchsmusterinhabers) zu enthalten. Gegebenenfalls bedarf es Angaben zu den gesetzlichen Vertretern der Parteien oder zu dem Inlandsvertreter gemäß § 28. Ferner ist das angegriffene GebrM zu bezeichnen.

16 **Inhaltlich** ist der Umfang des Angriffs (Gesamtlöschung oder Teillöschung) sowie insbesondere der geltend gemachte Löschungsgrund gemäß § 15 Abs. 1 und 2 anzugeben. Werden nur einzelne Ansprüche im Löschungsantrg genannt, so bedeutet dies lediglich – wenn sich aus der Antragsschrift nichts anderes ergibt – dass das GebrM im Umfang jedes dieser Ansprüche gelöscht werden soll. Nicht genannte Ansprüche werden also nicht erfasst (BPatG GRUR 1986, 609, 610 – Raclette-Gerät). Trotz Löschung behalten die Rückbeziehungen auf sie in den nicht angegriffenen Ansprüchen Bedeutung. Die in § 15 GebrMG genannten Löschungsgründe stellen je einen selbständigen Antragsgrund dar (vgl. auch § 264 ZPO; BPatG GRUR 1981, 908 – Brustprothese). Die Antragsbegründung hat des weiteren die Angabe der zur Begründung dienenden Tatsachen und Beweismittel zu enthalten, § 16 Satz 2. Der Antrag hat also insbesondere das Material anzugeben, aufgrund dessen das GebrM angegriffen wird. Gegebenenfalls sind Hinweise des DPMA oder des BPatG in der Beschwerdeinstanz gemäß § 139 ZPO analog zu geben. Fehlende Angaben führen zwar nicht zur Unzulässigkeit des Antrags (der dem GebrM-Inhaber gemäß § 17 Abs. 1 Satz 1 zuzustellen ist). Da der Antragsteller durch den Antrag und seine

Begründung jedoch Sichtung und Umfang der Prüfung des GebrM festlegt (analog § 264 ZPO), ist es dem DPMA bzw. dem BPatG in der Beschwerdeinstanz verwehrt, bei seiner Entscheidung einen anderen als den geltend gemachten Löschungsgrund zu berücksichtigen (BPatG GRUR 1981, 908, 909 – Brustprothese).

Der im Rahmen des jeweils geltend gemachten Löschungsgrundes bestehende Amtsermittlungsgrundsatz verbietet es zwar, einen z. B. erst in der mündlichen Verhandlung für die Beurteilung des geltend gemachten Löschungsgrundes relevanten Sachvortrag als **verspätet** zurückzuweisen. Insoweit kommt jedoch die Anberaumung eines neuen Termins zur mündlichen Verhandlung in Betracht mit entsprechender **Kostenfolge** nach § 95 ZPO analog. Bei nachträglicher Berufung auf einen weiteren Löschungsgrund erstmals in der II. Instanz ist die Obliegenheit des Antragstellers zu berücksichtigen, das gesamte in Betracht kommende Löschungsbegehren so zeitig vorzubringen, wie es nach der Verfahrenslage einer sorgfältigen und auf Förderung des Verfahrens bedachten Verfahrensführung entspricht; bei Verstoß hiergegen ist eine negative Kostenfolge auszusprechen, §§ 18 Abs. 3 Satz 2 i. V. m. §§ 84 Abs. 2 PatG, 97 Abs. 2 ZPO analog (BPatG Mitt. 1996, 395, 396 – Helikoptermodell).

Infolge des Amtsermittlungsgrundsatzes besteht im Gebrauchsmuster-Löschungsverfahren keine Beweisführungslast, sondern **nur** eine **materielle Beweislast** für das Vorliegen des geltend gemachten Löschungsgrundes (BGH Mitt. 1999, 372, 374 – Flächenschleifmaschine).

Ist die Darlegung des geltend gemachten Löschungsgrundes nicht substantiiert genug, so mangelt es dem Löschungsantrag nicht an der Zulässigkeit; dies ist eine Frage seiner Begründetheit (BPatG Mitt. 1999, 374, 376 – Widerspruchsrücknahme als sofortiges Anerkenntnis).

4.4 Gebühr

Gemäß § 16 Abs. 3 ist mit dem Antrag eine Gebühr nach dem Tarif zu bezahlen. Die Höhe der Gebühr ist der Nr. 123 600 der Anlage zu § 1 PatGebG – GebVerz – zu entnehmen. Die Zahlung mit dem Antrag ist **Wirksamkeitsvoraussetzung,** nicht Zulässigkeitsvoraussetzung für den Antrag. Solange die Gebühr nicht oder nicht vollständig bezahlt ist, gilt der Antrag als nicht gestellt. Die Gebühr ist für jeden Antrag und für jedes zu löschende GebrM zu zahlen. Reichen mehrere Streitgenossen einen einheitlichen Antrag ein, so fällt die Gebühr nur einmal an (BPatGE 20, 94, 95). Für verbundene Anträge gegen mehrere GebrM müssen mehrfache Gebühren bezahlt werden.

21 Als Antragsgebühr verfällt sie mit der Stellung eines wirksamen Antrags (*Bühring,* § 16, Rdnr. 8). Ist das GebrM bei Eingang des Antrags bereits erloschen und wird der Antrag daraufhin zurückgezogen, bevor er dem GebrM-Inhaber zugestellt wird, ist die Gebühr zurückzuerstatten.

5. Verfahrensbeteiligte

5.1 Aktiv- und Passivlegitimation (Verweis)

22 Die Aktivlegitimation ergibt sich aus den Löschungsgründen des § 15 (vgl. zu § 15 Anm. 2.1). Passivlegitimiert ist der in der Rolle als GebrM-Inhaber Eingetragene (Einzelheiten unter § 15, Anm. 2.2).

5.2 Parteifähigkeit, Prozessfähigkeit, Postulationsfähigkeit

23 Die Parteien des Löschungsverfahrens müssen partei- und prozessfähig sein. Diese Voraussetzungen sind vom DPMA von Amts wegen zu prüfen. Sowohl vor dem Patentamt als auch dem BPatG ist jede Partei, die partei- und prozessfähig ist, zugleich auch postulationsfähig. Eines anwaltlichen Vertreters bedarf es nicht. Zu Einzelheiten vgl. Einl. vor § 4, Anm. 5.4.

5.3 Rechtsschutzbedürfnis

24 Das Löschungsverfahren dient der Beseitigung von Scheinrechten und liegt mithin im öffentlichen Interesse. Deshalb bedarf es keiner gesonderten Darlegung eines Rechtsschutzbedürfnisses (BGH GRUR 1995, 342, 343 – tafelförmige Elemente). Ist das GebrM erloschen, ist jedoch ein besonderes, in der Person des Antragstellers liegendes Rechtsschutzinteresse notwendig (Einzelheiten unter Anm. 8.3). Zur Antragsbefugnis im Rahmen der einzelnen Löschungsgründe, vgl. § 15 und Anm. dort.

6. Verfahrenshindernde Einreden (Verweis)

Derartige Einreden können sich insbesondere aus einer Nichtangriffsabrede, dem Grundsatz der unzulässigen Rechtsausübung oder der Arglist ergeben, vgl. § 15 Anm. 2.4.

7. Antragsänderung, Erweiterung

Die Zulässigkeit von Antragsänderungen und Erweiterungen ergibt sich analog §§ 263, 264 ZPO. Eine Änderung des Antragsgrundes (Löschungsgrundes) oder die nachträgliche Einbeziehung eines weiteren Löschungsgrundes ist deshalb nur zulässig, wenn der GebrM-Inhaber entweder zustimmt oder das DPMA die Änderungen für sachdienlich erachtet (BPatG GRUR 1981, 908, 909 – Brustprothese). Von einer Sachdienlichkeit ist regelmäßig auszugehen, zumal die Beseitigung von Scheinrechten im öffentlichen Interesse liegt. Eine Änderung des Antrags liegt auch vor, wenn zunächst nur Unteransprüche angegriffen und später Haupt- und/oder Nebenanspruch mit einbezogen werden, BPatGE 25, 85.

Von der Zulässigkeit einer Antragserweiterung ist im Regelfall auszugehen, § 264 ZPO analog. Diese liegt nicht nur vor, wenn ein ergänzender Löschungsgrund herangezogen wird, sondern bei seiner Erstreckung auf bisher nicht angegriffene Ansprüche. Das patentamtliche Verfahren ist **kontradiktorisch** ausgebildet. Das Recht auf Antragstellung nach § 16 umfasst wegen der Dispositionsmaxime der Parteien auch das Recht auf dessen Änderung, insbesondere Beschränkung (BGH GRUR 1997, 625/626 – Einkaufswagen). Ein Änderungen enthaltender Schriftsatz ist zuzustellen, § 261 Abs. 2 ZPO analog. Ein Wechsel in der Person des Antragstellers beurteilt sich nicht nach § 265 ZPO analog, da der Löschungsgrund kein Anspruch im Sinne dieser Vorschrift ist (BPatGE 19, 53, 54/55). Vgl. ferner zur Änderung des Löschungsantrags: § 17 Anm. 2.1.

8. Löschungsantrag und Feststellungsantrag

8.1 Allgemeines

28 Löschung setzt voraus, dass das GebrM nicht schon aus anderem Grund, z. B. mit ex nunc-Wirkung wegen Verzichts oder Ablaufs der Schutzdauer, erloschen ist. Die Registrierung des GebrM muss jedenfalls (als verbliebenes Teilschutzrecht) fortbestehen. Ein gelöschtes GebrM kann nicht nochmals gelöscht werden (BGH GRUR 1976, 30, 31 – Lampenschirm; BPatGE 22, 140, 141). Ebenso BPatG GRUR 1993, 113, 115 für ein GebrM, das erst nach Ablauf der Schutzdauer eingetragen und für das eine Verlängerungsgebühr noch nicht gezahlt ist. Ein vorsorglicher Löschungsantrag für den Fall der Verlängerung kann nicht gestellt werden (BGH GRUR 1997, 213 – Trennwand). Auf die Eintragung des Löschungsvermerks in der Rolle kommt es dabei nicht an. Da das Erlöschen aus den genannten Gründen nur für die Zukunft wirkt, kann unter der Voraussetzung eines entsprechenden Rechtsschutzbedürfnisses (vgl. hierzu Anm. 8.3) die **Feststellung** beantragt werden, dass die Eintragung des GebrM **von Anfang an unwirksam** war (BGH GRUR 1963, 519, 521 – Klebemax; BGH GRUR 1967, 351, 352 – Korrosionsschutzbinde; BGH GRUR 1976, 30, 31 – Lampenschirm; BGH GRUR 1995, 342, 343 – tafelförmige Elemente). Ist das GebrM teilweise erloschen (z. B. durch Verzicht auf den Hauptanspruch) und wird der verbleibende Teil des GebrM (z. B. bei aufrechterhaltenen Unteransprüchen) angegriffen, können Antrag und Entscheidung über Löschung und Feststellung bei gegebenem Feststellungsinteresse verbunden werden.

8.2 Verfahrensrechtliche Aspekte

29 Die Regelungen über das Löschungsverfahren sind auch auf das Feststellungsverfahren anzuwenden (BGH GRUR 1967, 351, 352 – Korrosionsschutzbinde). Dies gilt zunächst in **sachlichrechtlicher** Hinsicht für die Schutzfähigkeit des GebrM, aber auch in **verfahrensrechtlicher** Weise, nämlich bezüglich der Vorschriften über die Stellung eines Antrags, über die Ermittlungen und Beschlussfassung des DPMA, über die Besetzung des Spruchkörpers, über die Rechtsmitteleinlegung, über das Verhältnis dieses Verfahrens zum Verletzungsrechtsstreit sowie über die Folgen eines nicht rechtzeitigen Widerspruchs (BGH, aaO). Ebenso ist die **Wirkung** der eine **Sachentscheidung** darstellenden Feststellung die gleiche wie bei der Löschung (BGH GRUR 1967, 351, 352 – Korrosionsschutzbinde; BGH GRUR 1997, 213, 214 – Trennwand), d. h. die Feststellung der Unwirksamkeit wirkt ebenso auf den Zeitpunkt der Anmeldung des GebrM zurück; ferner wirkt sie für und gegen alle.

Verfahrensrechtlich ist ein **Übergang** vom Löschungsantrag auf den Feststellungsantrag und umgekehrt möglich. Löschung oder Erlöschen des GebrM während der Anhängigkeit des Löschungsverfahrens steht der Weiterverfolgung des Löschungsantrags als solchem entgegen, jedoch kann auf einen Feststellungsantrag umgestellt werden (*Mes,* § 15 GebrMG, Rdnr. 10). Hat der GebrM-Inhaber während des Löschungsverfahrens zum Beispiel auf die Rechte des GebrM für die Zukunft verzichtet, wird der Antragsteller ferner seinen ursprünglichen Löschungsantrag – was den Zeitraum zwischen Verzicht und Ende der Schutzdauer anbelangt – gegebenenfalls (teilweise) für in der Hauptsache erledigt erklären müssen. Die Anträge sollten schriftsätzlich eindeutig dargelegt werden. Spätestens in der mündlichen Verhandlung über den Löschungsantrag ist der Antrag umzustellen. Im Falle des Wechsels zu einem Feststellungsantrag müssen die strengeren Voraussetzungen hierfür erfüllt werden (BGH GRUR 1967, 351, 352 – Korrosionsschutzbinde; BPatG GRUR 1981, 124, 125 – Feststellungsinteresse). Der Löschungsantrag gegen ein erloschenes GebrM wird in der Regel in einen Feststellungsantrag umgedeutet werden können (BPatGE 26, 135), jedenfalls wenn der Antragsteller ihn „umwandelt" (*Benkard/Rogge,* § 15 GebrMG, Rdnr. 7). Wird die Antragsgebühr erst nach Erlöschen gezahlt, liegt von Anfang an ein Feststellungsantrag vor (BPatGE 29, 237, 238). Das Erlöschen des GebrM entzieht dem Löschungsantrag das Rechtsschutzbedürfnis (BGH GRUR 1983, 725 – Ziegelsteinformling I; BPatG GRUR 1993, 113, 114 – Thermostat). Ein Feststellungsantrag kommt auch in Betracht, wenn das GebrM zwar wegen Ablaufs einer Schutzdauer erloschen ist, aber wieder aufleben kann (z. B. durch nachträgliche Erfüllung der Voraussetzungen des § 23). Eine ähnliche Situation ist im Falle einer Wiedereinsetzung gegeben. Werden die Voraussetzungen (z. B. durch Zahlung der Verlängerungsgebühr) erfüllt, kann ohne weiteres vom Feststellungsverfahren in das Löschungsverfahren übergegangen werden; eines besonderen Rechtsschutzbedürfnisses bedarf es nicht (BGH GRUR 1976, 30, 31 – Lampenschirm). Fehlt dem Antragsteller das Feststellungsinteresse bei einem für die Zukunft erloschenen GebrM, muss er zuwarten, ob der GebrM-Inhaber die Verlängerungsgebühr zahlt. Wegen der Aushöhlung des Erfordernisses eines Feststellungsinteresses wird man eine Zahlung der Verlängerungsgebühr durch den Antragsteller als nicht ausreichend ansehen können, § 242 BGB. Verteidigt der GebrM-Inhaber das (bereits erloschene) GebrM nur in beschränktem Umfang, so ist in einem Feststellungsverfahren die Feststellung der Unwirksamkeit des GebrM in dem nicht (mehr) verteidigten Umfang ohne weiteres auszusprechen, ohne dass der Antragsteller ein besonderes eigenes Rechtsschutzinteresse an der Feststellung der Unwirksamkeit insoweit nachweisen muss (BPatG GRUR 1980, 1070, 1071 – Beschränkte Schutzrechtsverteidigung).

8.3 Rechtsschutzbedürfnis

31 Der Feststellungsantrag setzt ein besonderes **eigenes** (BGH GRUR 1995, 342, 343 – tafelförmige Elemente) **Rechtsschutzbedürfnis** des Antragstellers für die nachträgliche Feststellung der Rechtsunwirksamkeit des GebrM voraus (BGH GRUR 1967, 351, 352 – Korrosionsschutzbinde; BGH GRUR 1976, 30, 31 – Lampenschirm; BGH GRUR 1981, 515 – Anzeigegerät; BPatG GRUR 1980, 1070 – Beschränkte Schutzrechtsverteidigung; BPatG GRUR 1993, 961, 962 – Armaturengruppe), das nicht dem rechtlichen Interesse im Sinne des § 256 ZPO entspricht (*Bühring,* § 15, Rdnr. 32). Fehlt das Rechtsschutzbedürfnis, so ist der Antrag **unzulässig** (vgl. auch BPatG GRUR 1993, 961, 962 – Armaturengruppe; kein Fall der Erledigung der Hauptsache, a. A. offenbar *Bühring,* § 15, Rdnr. 40). Der Antragsteller ist für das Bestehen dieser Voraussetzungen **darlegungs-** und **beweispflichtig** (BGH GRUR 1995, 342, 343 – tafelförmige Elemente; BGH GRUR 1997, 213, 215 – Trennwand). An die Zulässigkeit des Feststellungsantrags sind keine anderen Anforderungen zu stellen als bei der Nichtigkeitsklage gegen ein erloschenes Patent (BGH GRUR 1985, 871 – Ziegelsteinformling II). Das Erlöschen des GebrM während eines anhängigen Löschungsverfahrens setzt die Anforderungen zwar nicht herab (vgl. BPatGE 19, 58, 61). Gleichwohl ist von einer großzügigen Gewährung von Rechtsschutz auszugehen (BGH GRUR 1985, 871, 872 – Ziegelsteinformling II). Das Rechtsschutzbedürfnis kann grundsätzlich nur bei einer offensichtlich nicht schutzwürdigen Rechtsverfolgung abgesprochen werden, nicht jedoch schon dann,

Löschungsantrag **32–37 § 16**

wenn diese mutwillig oder aussichtslos erscheint (BGH GRUR 1995, 342, 343 – tafelförmige Elemente).

Das **Rechtsschutzbedürfnis** ist zu **bejahen:**
- bei einer vorbeugenden Abwehr von Ansprüchen; dabei ist nicht entscheidend, ob diese bereits geltend gemacht oder auch nur angekündigt sind; vielmehr reicht aus, wenn der Antragsteller Grund zur Besorgnis hat, er könne derartigen Ansprüchen ausgesetzt sein (BGH GRUR 1995, 342, 343 – tafelförmige Elemente); 32
- bei einer Verletzungsklage des GebrM-Inhabers gegen den Antragsteller (BGH GRUR 1976, 30, 31 – Lampenschirm) oder bei außergerichtlicher Geltendmachung von Unterlassungs-, Schadenersatz- oder Entschädigungsansprüchen (BPatG Mitt. 1999, 271, 272; *Benkard/Rogge,* § 15 GebrMG, Rdnr. 5); 33
- bei einer Besorgnis der Inanspruchnahme; sie ist grundsätzlich bereits dann gegeben, wenn der Antragsteller während der Laufzeit des GebrM von dessen Gegenstand Gebrauch gemacht hat und keine Anhaltspunkte gegen die Inanspruchnahme sprechen (BGH GRUR 1981, 515, 516 – Anzeigegerät); 34
- wenn zwar nicht der Antragsteller, aber sein Abnehmer wegen GebrM-Verletzung in Anspruch genommen wird und jedenfalls ein besonderes Interesse des Antragstellers besteht, seinen Abnehmer zu schützen (vgl. BGH GRUR 1966, 141 – Stahlveredelung); 35
- bei Berühmung des GebrM-Inhabers und erfolgloser Verzichtsaufforderung durch Antragsteller; nach BGH soll dies sogar dann gelten, wenn der GebrM-Inhaber zwar Ansprüche aus dem GebrM nicht geltend gemacht und sich solcher auch nicht berühmt hat, er es jedoch auf entsprechende Aufforderung abgelehnt hat, auf Ansprüche aus dem GebrM zu verzichten (BGH GRUR 1985, 871, 872 – Ziegelsteinformling II); zweifelhaft erscheint dies jedoch, wenn der GebrM-Inhaber schlichtweg nicht auf derartige Anfragen reagiert, da andernfalls der Betrieb des Schutzrechtsinhabers durch eine Vielzahl derartiger Anfragen von Konkurrenten (kostenintensiv) behindert würde, so dass folglich aus einem bloßen Nichtreagieren keine Schlussfolgerung gezogen werden kann (a. A. BGH GRUR 1985, 871, 872: Eine solche Nichtreaktion begründe die ernsthafte Besorgung, der GebrM-Inhaber behalte sich rechtliche Schritte vor); 36
- bei Absicht des Antragstellers, Schadenersatzansprüche nach § 717 ZPO oder § 945 ZPO geltend zu machen, Restitutions- oder Vollstreckungsgegenklage zu erheben (BPatG GRUR 1981, 124, 125 – Feststellungsinteresse zu § 945 ZPO; BPatG GRUR 1980, 37

852 — rotationssymmetrische Behälter, zur Restitutionsklage; BPatG Mitt. 1984, 34, 35; *Benkard/Rogge,* § 15 GebrMG, Rdnr. 5 a); auf die Erfolgsaussichten derartiger Ansprüche kommt es nicht an;

38 — bei Absicht, Schadenersatzansprüche wegen unberechtigter Verwarnung geltend zu machen (*Benkard/Rogge,* § 15 GebrMG, Rdnr. 5 a);

39 — bei Ankündigung oder Geltendmachung des Löschungsgrundes des älteren Rechts gegenüber Inhaber eines jüngeren GebrM (BPatG GRUR 1993, 113, 115 — Thermostat).

Das **Rechtsschutzbedürfnis** ist zu **verneinen:**

40 — bei Anerkenntnis der fehlenden Rechtsbeständigkeit von Anfang an (BPatG GRUR 1981, 124, 125 — Feststellungsinteresse);

41 — bei schriftlicher Erklärung, keine Ansprüche erheben zu wollen;

42 — wenn eine Inanspruchnahme des Antragstellers durch den GebrM-Inhaber ernstlich nicht in Betracht kommt (BGH GRUR 1995, 342, 343 — tafelförmige Elemente);

43 — wenn der Antragsteller einen anderen Einwand als den mangelnder Schutzfähigkeit im Verletzungsprozess ohne Zweifel erfolgreich geltend machen kann, z. B. Verzicht oder Verjährung (vgl. *Benkard/Rogge,* § 15 GebrMG, Rdnr. 5 a);

44 — bei bloßer Eintragung eines GebrM nach Ablauf der ersten Schutzdauer, für das die Verlängerungsgebühr noch nicht gezahlt ist und ohne Geltendmachung des Löschungsgrundes des älteren Rechts und einer entsprechenden Besorgnis, und zwar selbst dann, wenn der GebrM-Inhaber einer Aufforderung zur freiwilligen Aufgabe seines GebrM oder zum Verzicht auf Ansprüche hieraus nicht folgt, da keine dieser Erklärungen zu einer rückwirkenden Beseitigung des GebrM führen könnte (BPatG GRUR 1993, 113, 115 — Thermostat);

45 — bei Einwendungen, die dem Antragsteller im Verletzungsstreit abgeschnitten sind (BGH GRUR 1976, 30, 31 — Lampenschirm), z. B. bei einem Feststellungsantrag eines Gesellschafters einer oHG, der schon bei dem von der oHG betriebenen, rechtskräftig abgewiesenen Löschungsbegehren Gelegenheit hatte, seine Bedenken gegen die Schutzfähigkeit vorzubringen;

46 — wenn gegen den Gesellschafter keine über die Haftung aus § 128 HGB hinausreichenden Schadenersatzansprüche geltend gemacht werden (BGH, aaO);

47 — wenn lediglich ein Sachverhalt zur Entscheidung steht, wonach der Antragsteller Mehrheitsgesellschafter einer GmbH ist, die wegen Verletzung des Schutzrechts in Anspruch genommen wird,

und darüber hinaus keine weiteren Gründe für die Annahme eines Rechtsschutzbedürfnisses vorliegen (BGH GRUR 1995, 342, 343/344 – tafelförmige Elemente);
- bei bloßem Kosteninteresse bei Erlöschen des GebrM während des Löschungsverfahrens, weil nach Erledigung der Hauptsache analog § 91a ZPO noch über die Kosten entschieden werden kann (*Benkard/Rogge*, § 15 GebrMG, Rdnr. 7); **48**
- bei befürchteten Einkommenseinbußen wegen Liquiditätsmangels eines Unternehmens bei Erfüllung noch unbestimmter Schadenersatzansprüche des GebrM-Inhabers (BPatG GRUR 1993, 961, 962 – Armaturengruppe); **49**
- bei Gründen, die außerhalb des Interesses des Antragstellers an der Verteidigung gegen eine Inanspruchnahme aus dem GebrM liegen, insbesondere bei Anhängigkeit einer parallelen Patentanmeldung (BPatG Mitt. 1980, 97, 99; DPA Mitt. 1957, 36: Interesse des GebrM-Inhabers an der Klärung der Rechtsbeständigkeit; *Benkard/Rogge*, § 15 GebrMG, Rdnr. 7); **50**
- bei jedenfalls nicht ausreichendem Sachvortrag hinsichtlich einer Beunruhigung des Marktes und Schädigung des Rufes (BPatG GRUR 1993, 961, 962 – Armaturengruppe); ebenso bei Schutzberühmung gegenüber unbeteiligten Dritten (BPatG, aaO, S. 963). **51**

Der GebrM-Inhaber kann bei Bestehen eines Feststellungsinteresses nach § 256 ZPO auch eine (nur inter partes wirkende) positive **Feststellungsklage** auf Feststellung der Rechtswirksamkeit des GebrM zu den **ordentlichen Gerichten** erheben; dasselbe gilt reziprok für eine negative Feststellungsklage auf Feststellung der Unwirksamkeit durch einen Dritten. **52**

9. Auslandssicherheitsleistung

Auf Antrag des Antragsgegners ist vom Antragsteller eine Sicherheitsleistung zu erbringen, § 16 Satz 4 i. V. m. § 81 Abs. 7 PatG. Der GebrM-Inhaber kann eine entsprechende **Einrede** der fehlenden Sicherheitsleistung erheben. Entscheidend ist, dass der Antragsteller im Ausland wohnt; seine Staatsangehörigkeit ist unerheblich. Die Verpflichtung des Antragstellers zur Sicherheitsleistung erfasst die Kosten des GebrM-Inhabers (Rechtsanwalts- und Patentanwaltskosten einschließlich notwendiger Auslagen, und zwar unter Einbeziehung der etwaigen Kosten in der Beschwerdeinstanz). Die Ein- **53** rede kann in jeder Lage des Verfahrens erhoben werden. Die Höhe der Sicherheit wird durch das DPMA bzw. in der Beschwerdeinstanz durch das BPatG nach billigem Ermessen festgesetzt. Dabei wird eine Frist bestimmt, innerhalb der die Sicherheit zu leisten ist. Diese kann auf rechtzeitigen Antrag hin verlängert werden. Wird die Zahlung versäumt, ist der Antrag nicht als unzulässig abzuweisen, sondern gilt als zurückgenommen (§ 81 Abs. 7 Satz 3 PatG). Die Rechtsfolgen entsprechen denjenigen der gewillkürten Klagerücknahme. Die Sicherheitsleistung kann durch eine selbstschuldnerische, unwiderrufliche, unbedingte und unbefristete Bürgschaft einer als Zoll- und Steuerbürgin anerkannten Bank oder Sparkasse erbracht werden. Die Sicherheitsleistung erfolgt im Übrigen durch Hinterlegung beim Amtsgericht. Zur Befreiung von der Verpflichtung zur Sicherheitsleistung vgl. Art. 17 Haager ZPÜ (dazu Tabu DPA Nr. 600). Wiedereinsetzung ist möglich.

§ 17 [Löschungsverfahren]

(1) **Das Patentamt teilt dem Inhaber des Gebrauchsmusters den Antrag mit und fordert ihn auf, sich dazu innerhalb eines Monats zu erklären. Widerspricht er nicht rechtzeitig, so erfolgt die Löschung.**

(2) **Andernfalls teilt das Patentamt den Widerspruch dem Antragsteller mit und trifft die zur Aufklärung der Sache erforderliche Verfügungen. Es kann die Vernehmung von Zeugen und Sachverständigen anordnen. Für sie gelten die Vorschriften der Zivilprozeßordnung entsprechend. Die Beweisverhandlungen sind unter Zuziehung eines beeidigten Protokollführers aufzunehmen.**

(3) **Über den Antrag wird aufgrund mündlicher Verhandlung beschlossen. Der Beschluß ist in dem Termin, in dem die mündliche Verhandlung geschlossen wird, oder in einem sofort anzuberaumenden Termin zu verkünden. Der Beschluß ist zu begründen, schriftlich auszufertigen und den Beteiligten von Amts wegen zuzustellen. § 47 Abs. 2 des Patentgesetzes ist entsprechend anzuwenden. Statt der Verkündung ist die Zustellung des Beschlusses zulässig.**

(4) **Das Patentamt hat zu bestimmen, zu welchem Anteil die Kosten des Verfahrens den Beteiligten zur Last fallen. § 62 Abs. 2 und § 84 Abs. 2 Satz 2 und 3 des Patentgesetzes sind entsprechend anzuwenden.**

Löschungsverfahren § 17

Übersicht

	Rdn.
1. Allgemeines/Zweck der Vorschrift	1
2. Mitteilung des Löschungsantrages	2, 3
2.1 Änderungen des Löschungsantrages	4
3. Erklärung und Verteidigung des Gebrauchsmusterinhabers	
3.1 Erklärungsfrist, Schriftform	5, 6
3.2 Erklärung des Gebrauchsmusterinhabers/Auslegung	7, 8
3.3 Reaktion des Gebrauchsmusterinhabers	
3.3.1 Widerspruch	9
3.3.2 Rücknahme des Widerspruchs und Einschränkung des Widerspruchsrechts	10–14
3.3.3 Teilwiderspruch	15–17
3.3.4 Kein Widerspruch	18
4. Verfahren nach Widerspruch	19
4.1 Mitteilung des Widerspruchs	20
4.2 Aussetzung	21, 22
4.3 Vorbereitende Anordnungen	23, 24
4.4 Mündliche Verhandlung	25, 26
4.5 Beweisaufnahme	27
4.6 Beteiligte	28
5. Sachprüfung	
5.1 Verfahrensrechtliche Aspekte	29–32
5.2 Gegenstand der Prüfung	33–37
6. Sachentscheidung	
6.1 Allgemeines	38–41
6.2 Löschung, Feststellung der Unwirksamkeit	42–50
6.2.1 Wirkung	51, 52
6.3 Zurückweisung des Antrags	53
6.4 Klarstellungen	54
7. Rechtsmittel	55
8. Kostenentscheidung	
8.1 Allgemeines	56–58
8.2 Sofortiges Anerkenntnis	59–63
8.3 Rücknahme des Löschungs- bzw. Feststellungsantrags	64
8.4 Erledigung der Hauptsache	65
8.5 Umfang der zu erstattenden Kosten (Gegenstandswert, Kostenfestsetzung)	66, 67

§ 17 1, 2 Löschungsverfahren

	Rdn.
8.5.1 Kosten des Patentanwalts	68–70
8.5.2 Kosten des Rechtsanwalts	71
8.5.3 Doppelvertretungskosten	72
8.6.4 Kosten des ausländischen Anwalts	73
8.5.5 Gegenstandswert	74
8.5.6 Sonstige Gebühren und Auslagen	75–97
9. Kostenerstattung und Zwangsvollstreckung	98

1. Allgemeines/Zweck der Vorschrift

1 § 17 regelt das Löschungsverfahren, insbesondere nach Widerspruch, die Notwendigkeit der mündlichen Verhandlung sowie die Kostenentscheidung. Das patentamtliche Verfahren ist **kontradiktorisch** ausgebildet (BGH GRUR 1997, 625 – Einkaufswagen). Durch die Zahlung der Gebühr wird es anhängig und mit Zustellung der Antragsschrift an den Gegner „rechtshängig", § 253 Abs. 1 ZPO analog. Der Antragsgegner (Gebrauchsmusterinhaber) hat im Löschungsverfahren verfahrensrechtlich entweder nur die Möglichkeit, den Löschungsantrag vollständig oder teilweise anzuerkennen, oder er muss – falls und soweit er das GebrM verteidigen will – fristgemäß dem Löschungsantrag widersprechen, andernfalls wird das GebrM gelöscht. In dieser Säumnisfolge zeigt sich ein wesentlicher Unterschied zum patentgesetzlichen Nichtigkeitsverfahren. Im übrigen ist § 17 ähnlich wie die §§ 82 bis 84 PatG.

2. Mitteilung des Löschungsantrages

2 Nach wirksamem Löschungsantrag bzw. wirksamem Antrag auf Feststellung der Unwirksamkeit des GebrM und Zahlung der erforderlichen Gebühr teilt das DPMA den Antrag dem GebrM-Inhaber mit und fordert ihn auf, sich dazu zu erklären. Für diese Maßnahme ist es unerheblich, ob die Begründung den gesetzlichen Anforderungen des § 16 Abs. 2 entspricht; dies folgt aus der ergänzend heran zuziehenden Vorschrift des § 81 PatG (vgl. BPatG GRUR 1982, 364, 365 – Kofferraumstrebe). Eine „Schlüssigkeitsprüfung" ist vom DPMA nicht durchzuführen (a. A. *Bühring*, § 17, Rdnr. 3). Jedoch setzt ein den Anforderungen des § 16 nicht entsprechender Antrag

die Erklärungsfrist nicht in Lauf. Der Mangel kann jedoch geheilt werden, auch im Wege einer erneuten Vornahme einer wirksamen Verfahrenshandlung. Die Heilung des Mangels wirkt ex nunc (BPatG, aaO).

Adressat der Mitteilung des Antrags und der Aufforderung zur **3** Erklärung ist der **eingetragene** GebrM-Inhaber, § 17 Abs. 1 Satz 1. Unerheblich ist, ob dieser zugleich materiell-rechtlich Berechtigter ist. Ist in dem Antrag ein anderer als der eingetragene Inhaber benannt, so hat – wenn nicht ein Fall der Gesamtrechtsnachfolge vorliegt – das DPMA den Antragsteller hierauf hinzuweisen. Lehnt der Antragsteller eine Änderung ab, so ist der Beschluss dem in der Antragsschrift Genannten zuzustellen; jedoch ist der Antrag in diesem Fall abweisungsreif. Eine Löschung kann in diesem Fall trotz Nichtwiderspruchs nicht angeordnet werden, da die Widerspruchsfrist nicht wirksam in Lauf gesetzt wurde; eine gleichwohl ergangene Löschungsanordnung des DPMA ist materiell-rechtlich wirkungslos (*Bühring*, § 17 Rdnr. 3, 4). Wird im Löschungsantrag das angegriffene Gebrauchsmuster wegen eines Schreibversehens mit der falschen Nummer genannt, ist aber aus dem Löschungsantrag im übrigen das richtige Gebrauchsmuster zweifelsfrei zu identifizieren, wird der Inhaber des GebrM mit der falschen Nummer, dem der Löschungsantrag zugestellt wird, nicht Verfahrensbeteiligter des Löschungsverfahrens; denn der Löschungsantrag, nicht aber seine Zustellung bestimmt den Löschungsantragsgegner und damit den Löschungsverfahrensbeteiligten; in diesem Fall ist es jedoch gerechtfertigt, den Zustellungsempfänger zur Geltendmachung seiner Nichtbeteiligung zum Verfahren zuzulassen. Hierbei handelt es sich um einen selbständigen Streit des Löschungsantragstellers mit einem Dritten, der jedoch außerhalb des Löschungsrechtsverhältnisses ausgetragen wird. Der Dritte ist bei weiterer Anhängigkeit des Löschungsantrags durch Beschluss aus dem Verfahren zu entlassen; innerhalb dieses selbständigen Streites ist auch über die durch die Klarstellung der Nichtbeteiligung entstandenen Kosten auf Antrag zu entscheiden (vgl. zum Ganzen BPatG, GRUR 1997, 525/526 – Zahlendreher).

2.1 Änderungen des Löschungsantrags

Änderungen und Erweiterungen des Löschungsantrags sind unter **4** den Anm. 7 zu § 16 genannten Voraussetzungen möglich, vgl. lediglich BPatG GRUR 1981, 908, 909 – Brustprothese; BPatGE

25, 85; BPatG Mitt. 1996, 211, 212 – Plattenaufnahmeteil; BPatG GRUR 1997, 622, 623 – Bildverarbeitungssystem). Die spätere Änderung ist dem GebrM-Inhaber ebenfalls unter Fristsetzung nach Abs. 1 Satz 1 mit der Aufforderung zuzustellen, sich innerhalb der Monatsfrist dazu zu erklären (BPatGE 25, 85, 87/88). Ein **Wechsel** des **Antragstellers** wird nach den Grundsätzen zur Klageänderung behandelt (BPatGE 19, 53, 56). Sachdienlichkeit ist insbesondere anzunehmen, wenn die Erledigung des Verfahrens nicht verzögert wird und das Verfahren unter Verwertung des bisherigen Verfahrensstoffs fortgeführt werden kann, insbesondere also ein neues Verfahren vermieden werden kann (vgl. BGH GRUR 1996, 865/866 – Parteiwechsel). Für eine großzügige Betrachtung spricht der **Grundsatz der Verfahrensökonomie.** Sachdienlichkeit fehlt, wenn das Verfahren der neuen Partei unzulässig wäre, z. B. weil ihr das besondere Rechtsschutzinteresse für das Feststellungsverfahren fehlt (BPatGE 19, 53, 56).

3. Erklärung des Gebrauchsmusterinhabers

3.1 Erklärungsfrist, Schriftform

5   Die **Erklärungsfrist** (Widerspruchsfrist) beträgt einen Monat nach Zustellung der Aufforderung (BPatG GRUR 1982, 364, 365 – Kofferraumstrebe; *Benkard/Rogge,* § 17, Rdn. 3; Ausnahmen: Anm. 2). Sie ist als gesetzliche Frist nicht verlängerbar. Eine Verlängerung entfaltet keine Rechtswirkungen; entsprechend § 231 ZPO treten die gesetzlichen Folgen einer Fristversäumnis von selbst ein, ohne dass es einer Androhung bedarf (BGH GRUR 1967, 351, 354 – Korrosionsschutzbinde). Fehlt es jedoch (mit der Zustellung) an der Aufforderung, sich (fristgemäß) zu dem Antrag zu erklären, so beginnt die Widerspruchsfrist erst mit der Nachholung der Aufforderung zu laufen; eine Löschung vor Ablauf dieser Frist ist ausgeschlossen (BPatG GRUR 1982, 364, 366 – Kofferraumstrebe). Wiedereinsetzung ist möglich (§ 21 i. V. m. § 123 Abs. 1 PatG; vgl. *Benkard/Rogge,* § 17 GebrMG, Rdn. 3).

6   Die Erklärung ist beachtlich, wenn sie **schriftlich,** d. h. mit Unterschrift versehen, abgegeben wird (*Benkard/Rogge,* § 17 GebrMG, Rdn. 5). Eine Telekopie ist fristwahrend. Eine Online-Übermittlung reicht nicht aus. Fehlt die Unterschrift, so liegt ein rechtswirksamer Widerspruch erst mit ordnungsgemäßer Nach-

holung vor. Sind mehrere Personen GebrM-Inhaber, wirkt ein fristwahrender Widerspruch durch einen von ihnen auch zugunsten der übrigen, § 62 ZPO analog. Jeder Teilhaber kann das gemeinsame GebrM im Löschungsverfahren alleine verteidigen; jedoch kann er nicht alleine mit Wirkung zu Lasten der anderen Mitinhaber einen Widerspruch zurücknehmen, da bei einer Gesellschaft oder Gemeinschaft im Sinne der §§ 705 ff, 741 ff BGB über das GebrM nur gemeinschaftlich verfügt werden kann. Eine **Begründung** des Widerspruchs ist **nicht** notwendig; jedoch die Regel. Für die Begründung des Widerspruchs kann eine Frist eingeräumt werden (*Benkard/Rogge*, § 17 GebrMG, Rdn. 3).

3.2 Erklärung des GebrM-Inhabers/Auslegung

Die Erklärung ist als **Verfahrenshandlung auslegungsfähig** (BGH GRUR 1995, 210, 211 – Lüfterkappe). Auf die **Wortwahl** kommt es nicht an. Trotz Verzichts auf das GebrM mit ex nunc-Wirkung kann ein Widerspruch anzunehmen sein, wenn sich aus dem Gesamtverhalten ergibt, dass eine Verteidigung des Schutzrechts für die Vergangenheit erfolgt. Andererseits kann zum Beispiel in dem ohnehin sinnlosen Antrag der Verlängerung der Erklärungsfrist kein implizierter Widerspruch erkannt werden (BGH GRUR 1967, 351, 354 – Korrosionsschutzbinde).

Der GebrM-Inhaber kann dem Löschungsantrag **in vollem Umfang** oder **teilweise** widersprechen. Ferner kann er erklären, gänzlich oder teilweise nicht widersprechen zu wollen. Der BGH spricht bei einem beschränkten Widerspruch von einem unwiderruflichen Anerkenntnis hinsichtlich des weitergehenden Inhalts des Schutzrechts (BGH GRUR 1995, 210, 212 – Lüfterkappe; ebenso *Benkard/Rogge*, § 17 GebrMG, Rdn. 4; *Mes*, § 17 GebrMG, Rdn. 6: Anerkenntnis im Sinne des § 307 ZPO analog). Dabei kann allein aus der **Einreichung neuer** (eingeschränkter) **Ansprüche,** die zum Beispiel unverbindliche Formulierungsvorschläge darstellen können, weder ein (Teil-)Verzicht auf das GebrM noch eine verfahrensrechtliche Beschränkung des Gegenstands der Prüfung hergeleitet werden (BGH, aaO, S. 211; vgl. ferner Anm. 3.3.2). Hiervon zu unterscheiden ist die dem GebrM-Inhaber mögliche Rücknahme oder Beschränkung des Widerspruchs, im Gegensatz zum unumkehrbaren Fakt eines Nichtwiderspruchs (innerhalb der Erklärungsfrist). Zu den Abgrenzungsproblemen zwischen beschränkter Verteidigung und Nichtwiderspruch vgl. Anm. 3.3.2. **Inhaltlich** stehen dem

GebrM-Inhaber grundsätzlich dieselben Möglichkeiten wie dem Patentinhaber im Beschränkungsverfahren gemäß § 64 PatG und bei beschränkter Verteidigung im Nichtigkeitsverfahren, § 83 PatG, zu.

3.3 Reaktion des GebrM-Inhabers

3.3.1 Widerspruch

9   Ein bestimmter Wortlaut ist nicht vorgeschrieben, auch wenn sich die Wahl des Begriffs „Widerspruch" empfiehlt. Es muss deutlich gemacht werden, dass das GebrM verteidigt werden soll (*Bühring*, § 17, Rdnr. 7). Das Gesetz verlangt eine **„Erklärung"**, so dass sich eine Interpretation lediglich aus dem „Gesamtzusammenhang" eines zwischen den Parteien anhängigen Verfahrens in der Regel verbietet. Ein **Verzicht** auf das GebrM für die Zukunft kann als Nichtwiderspruch auszulegen sein, es sei denn, dass der GebrM-Inhaber eindeutig zum Ausdruck bringt, das Schutzrecht für die Vergangenheit verteidigen zu wollen (BPatGE 11, 106, 108; BPatGE 14, 58, 61). Eine Erweiterung des Widerspruchs ist nach Ablauf der Widerspruchsfrist nicht zulässig. **Wirkung:** Ein wirksamer Widerspruch wird dem Antragsteller mitgeteilt. Das Löschungsverfahren geht mit dem Widerspruch in die streitige Phase über und wird inhaltlich im wesentlichen vom Umfang des Widerspruchs bestimmt.

3.3.2 Rücknahme des Widerspruchs und Einschränkung des Widerspruchsrechts

10   Als Verfahrenshandlung ist der Widerspruch der Disposition des GebrM-Inhabers unterworfen, d. h. dieser kann seinen zunächst **erhobenen** Widerspruch **zurücknehmen** oder nachträglich **einschränken** (BGH GRUR 1995, 210, 211 – Lüfterkappe). Im Umfang dieser Rücknahme oder Einschränkung ist das GebrM **ohne Sachprüfung zu löschen** (BGH GRUR 1995, 210, 211 – Lüfterkappe; BPatG GRUR 1980, 1070, 1071 – Beschränkte Schutzrechtsverteidigung). Diese Rechtsfolge wird dogmatisch unterschiedlich aus einer „rechtsähnlichen" Anwendung von § 17 Abs. 1 Satz 2 (so BPatG GRUR 1994, 278, 279 – Gargerät) oder aus einem Anerkenntnis analog § 307 ZPO hergeleitet (BGH GRUR 1995, 210, 212 – Lüfterkappe). Dasselbe Ergebnis gilt auch im Verfahren auf Feststellung der Unwirksamkeit nach Ablauf des Schutzrechts (BPatGE 23, 41). Eine „Rücknahme" der Rücknahme kommt nicht mehr in Betracht, d. h. eine Beseitigung der Wirkung eines zurück-

Löschungsverfahren **11 § 17**

genommenen Widerspruchs ist also auch nicht mehr mit Hilfe eines Rechtsmittels möglich (BGH, aaO, S. 211/212). An die Rücknahmeerklärung sind hinsichtlich ihrer **Klarheit** und **Bestimmtheit** strenge Anforderungen zu stellen (BGH GRUR 1997, 625, 626 – Einkaufswagen), denn eine (teilweise) Widerspruchsrücknahme ist **unwiderruflich** sowie **unanfechtbar** und führt damit zum rückwirkenden (teilweisen) Verlust des Schutzrechts (BGH GRUR 1995, 210, 211 – Lüfterkappe; BGH GRUR 1997, 625, 626 – Einkaufswagen; BPatG GRUR 1994, 278, 279 – Gargerät; zur Rückgängigmachung einer bloßen beschränkten Verteidigung vgl. Anm. 3.3.3).

In folgenden Fallgestaltungen kann deshalb zweifelhaft sein, ob **11** eine Rücknahme des Widerspruchs angenommen werden kann: Die **Einreichung neu gefasster Schutzansprüche** kann verschiedenen Zwecken dienen (z. B. Hilfsantrag oder Diskussionsgrundlage sein, vgl. Anm. 3.2). Durch sie kommt ein bestimmter Wille noch nicht zum Ausdruck, so dass sie allein keine Einschränkung des Widerspruchs darstellt (BGH GRUR 1995, 210, 211 – Lüfterkappe; BGH GRUR 1997, 625, 626 – Einkaufswagen; BPatG GRUR 1987, 359, 360 – Abfallbehälter; *Bender,* GRUR 1997, 785, 789; vgl. aber BPatG GRUR 1994, 278 – Gargerät). Dies gilt erst recht, wenn der GebrM-Inhaber den – zu empfehlenden – Hinweis gibt, dass die neu eingereichten Ansprüche als Diskussionsgrundlage bzw. Formulierungsvorschlag anzusehen sind, oder wenn er gleichzeitig beantragt, den Löschungsantrag zurückzuweisen. Hieran fehlt es auch, wenn die eingeschränkten Ansprüche gleichzeitig eine Erweiterung beinhalten (BGH Mitt. 1998, 98, 101 – Scherbeneis). Hingegen wird die Vorlage eingeschränkter Ansprüche zusammen mit der (ggfs. auszulegenden) Erklärung, der Widerspruch solle beschränkt werden, die Annahme einer teilweisen Rücknahme des Widerspruchs begründen. Dies wird insbesondere angenommen werden können, wenn der **Antrag** (in der mündlichen Verhandlung) gestellt wird, den Löschungsantrag (nur noch) im Umfang der einschränkten Ansprüche zurückzuweisen," beschränkte Aufrechterhaltung" (vgl. hierzu BGH GRUR 1995, 210, 211 – Lüfterkappe; BGH GRUR 1997, 625, 626 – Einkaufswagen). Wegen der justizförmigen Ausgestaltung des Verfahrens werden Anträge in Schriftsätzen als bloße Ankündigungen von Anträgen ohne definitive Bindung anzusehen sein. Sind die Voraussetzungen erfüllt, ist die Zulässigkeit der verteidigten Schutzansprüche zu prüfen (BPatG GRUR 1988, 530, 532 – Schalung für Betonbehälterwände). Die Einreichung von **Haupt- und Hilfsantrag,** mit denen das GebrM aufrechterhalten werden soll, und in denen die Schutzansprüche jeweils in andersartiger, alternativer, einander aus-

§ 17 12, 13 Löschungsverfahren

schließender Weise formuliert sind, sprechen gegen die erforderliche Eindeutigkeit (BGH GRUR 1997, 625, 626 – Einkaufswagen).

12   Ein **Ausschluss des Widerspruchsrechts** kann sich vornehmlich aus zwei Gründen ergeben: Das Widerspruchsrecht ist insoweit ausgeschlossen, als ein wirksamer **Verzicht** auf das Schutzrecht (oder Teile) hiervon vorliegt. Die Möglichkeit eines Verzichts ergibt sich aus § 23 VI. Dieser liegt bei einer einseitigen Erklärung des GebrM-Inhabers an das DPMA vor, auf das Schutzrecht verzichten zu wollen. Zu beachten ist jedoch, dass sich ein Verzicht nur auf das Schutzrecht insgesamt oder volle Ansprüche beziehen kann. Er erfasst also nicht Anspruchsteile oder eine Änderung oder Ersetzung der bestehenden Ansprüche (BGH Mitt. 1998, 98, 101 – Scherbeneis). Beim Verzicht handelt es sich um eine dinglich wirkende Selbstbeschränkung. Gegenstand des Löschungsverfahrens ist danach nur das GebrM mit dem Umfang, mit dem es noch besteht. Ein solcher Verzicht kann nur gegenüber dem DPMA wirksam erklärt werden, nicht gegenüber dem BPatG in einem Beschwerdeverfahren (BPatG GRUR 1988, 761 – Rollengelagertes Krankenbett).

13   Ein Beschränkungsverfahren analog § 64 PatG, mit dem ein Patentinhaber sein Schutzrecht rückwirkend einschränken kann, um z. B. einer drohenden Nichtigkeitsklage zuvor zu kommen, kennt das GebrMG nicht. Seit langer Zeit ist jedoch weit überwiegend anerkannt, dass der GebrM-Inhaber **eingeschränkte Schutzansprüche zur Akte** des eingetragenen GebrM nachreichen kann. Jedenfalls in Verbindung mit der Erklärung des GebrM-Inhabers, für die Vergangenheit und Zukunft keine über diese nachgereichten Schutzansprüche hinausgehenden Rechte aus dem GebrM geltend machen zu wollen, liegt hierin eine **schuldrechtlich bindende Erklärung an die Allgemeinheit,** Ansprüche nur noch im Umfang der Neufassung zu haben (deshalb bedarf es der Einreichung zur GebrM-Akte, eine bloße Abgabe dieser Erklärung im Löschungsverfahren soll diese Wirkung nicht entfalten, BPatG GRUR 1988, 761 – Rollengelagertes Krankenbett). Dieser in Rspr. und Lit. vorherrschenden Auffassung hat sich der BGH angeschlossen (BGH Mitt. 1998, 98, 101 – Scherbeneis m. z. w. N.). Diese Rspr. wird als gewohnheitsrechtlich verfestigt bezeichnet (BGH aaO). Das BPatG hat sich diese Auffassung bereits frühzeitig zueigen gemacht, wobei hierbei teilweise unterschiedliche Formulierungen gewählt wurden (BPatGE 11, 88, 90/91, 93: Möglichkeit der Selbstbeschränkung; BPatGE 11, 96, 100/101: Schuldrechtliche Verpflichtung gegenüber jedermann; BPatGE 19, 161, 162/163: Auch im Falle einer ohne weiteres zu beseitigenden unzulässigen Erweiterung; vgl. ferner BPatGE 25, 85,

Löschungsverfahren 14 § 17

86; BPatGE 26, 191, 192; BPatG GRUR 1987, 810: Nach Erlöschen des GebrM eingereichte Schutzansprüche; BPatG GRUR 1989, 587; *Benkard/Rogge,* § 17 GebrMG, Rdn. 5 und § 15 GebrMG, Rdnr. 20; *Bühring,* § 15, Rdn. 48, 51, 62, 63). Das BPatG ist der Meinung, dass eine Erklärung zu den Akten den Widerspruch grundsätzlich nicht unbeachtlich macht, soweit nicht ein Prozessvertrag mit dem Antragsteller, in dem sich der GebrM-Inhaber verpflichtet, dem Antrag nicht zu widersprechen, gegenüber dem Widerspruch die Arglist-Einrede begründet (BPatGE 34, 58, 63). **Gegenstand der Prüfung** bleibt also das **GebrM in der eingetragenen Fassung.** Denn als „Gegenstand des Löschungsverfahrens" wird gemäß § 15 nur das eingetragene GebrM, nicht aber der Gegenstand nachgereichter Schutzansprüche bezeichnet (BPatGE 25, 85, 86). Infolge dessen hat sich das Löschungsbegehren (weiterhin) nur gegen die der Eintragung zugrunde liegende Fassung zu richten (BPatGE 19, 161, 162; vgl. auch BGH Mitt. 1998, 98, 101 – Scherbeneis); ein Löschungsantrag (nur) gegen das GebrM im Umfang der neuen Schutzansprüche ist unzulässig; zur Kostenfolge: vgl. Anm. 8.2). Im **Löschungsverfahren** (vgl. hierzu BPatG GRUR 1988, 761 – Rollengelagertes Krankenbett) bedeutet die Einreichung neuer Schutzansprüche jedenfalls in Verbindung mit der Erklärung, keine über diese nachgereichten Schutzansprüche hinausgehende Rechte aus dem GebrM geltend zu machen (andernfalls vgl. Rdnr. 11) einen **bindenden vorweggenommenen Verzicht auf den Widerspruch.** Auf Antrag ist das GebrM infolge dessen ohne weitere Sachprüfung zu löschen, soweit die eingetragenen Schutzansprüche über die zur GebrM-Akte nachgereichten hinausgehen (BGH Mitt. 1998, 98, 101 – Scherbeneis). Dies gilt jedoch nicht, wenn Schutzansprüche eingereicht werden, die eine **unzulässige Erweiterung** enthalten und deshalb nicht Gegenstand des GebrM werden können (BGH Mitt. 1998, 98, 101 – Scherbeneis; vgl. auch BPatGE 20, 133, 134). Die Anpassung der Schutzansprüche ist also insgesamt unwirksam; ein vorweggenommener Verzicht auf Widerspruch kommt infolge Fehlens der für einen Rechtsmittelverzicht zu fordernden Eindeutigkeit und Unbedingtheit nicht in Betracht.

Die **Schlussfolgerungen,** die sich aus dieser Rechtspraxis ergeben, sind bislang nicht vollständig in der wünschenswerten Einheitlichkeit gezogen worden. Zwar dürfte einerseits klar sein, dass der GebrM-Inhaber bei zulässiger Einschränkungserklärung die hierin liegende Verpflichtungserklärung gegenüber der Allgemeinheit grundsätzlich nicht mehr rückgängig machen kann, da diese mit Einreichung der neuen Ansprüche hiervon Kenntnis nehmen kann.

Im Falle der Nachreichung von Schutzansprüchen mit unzulässiger Erweiterung bleibt nach der Entscheidung des BGH (aaO) offen, ob insbesondere im Rahmen eines Löschungsverfahrens auf die ursprünglichen Schutzansprüche zurückgegriffen werden darf. Das BPatG hat die Beseitigung der unzulässigen Erweiterung jedenfalls dann zugelassen, wenn dies ohne weiteres, d. h. ohne sprachliche Schwierigkeiten und ohne Gefahr erneuter inhaltlicher Änderungen möglich ist (BPatGE 19, 161, 162/163; BPatGE 23, 41; BPatGE 24, 132. Allerdings stellt nicht jede Eliminierung eines Merkmals lediglich eine bloße Rückgängigmachung einer Erweiterung dar (so kann zum Beispiel ein ursprünglich nicht offenbartes Merkmal nicht wieder weggelassen werden, weil dies wiederum eine Erweiterung bedeutet). In allen anderen Fällen einer nicht wieder rückgängig zu machenden Erweiterung kann mithin auf das ursprüngliche Schutzbegehren nicht mehr zurückgegriffen werden. Ebenso wenig sind die Auswirkungen auf das **Verletzungsverfahren** geklärt: Insoweit lässt sich der BGH-Entscheidung (Mitt. 1998, 98, 101 – Scherbeneis) lediglich entnehmen, dass der GebrM-Inhaber an seine in der Nachreichung liegende schuldrechtliche Erklärung gebunden ist, d. h. er kann dann nicht mehr auf die ursprünglichen Ansprüche zurückgreifen. Die Frage bleibt – da aus einer unzulässigen Erweiterung keine Rechte hergeleitet werden können –, ob im Verletzungsrechtsstreit die unzulässige Erweiterung beseitigt werden kann, so dass der GebrM-Inhaber Ansprüche aus der um die Erweiterung bereinigten (und an sich beschränkten) Neufassung geltend machen kann. Dies wird man jedenfalls dann bejahen können, wenn die bereinigte Fassung der Ansprüche auch zu den GebrM-Akten gereicht wird und damit die Allgemeinheit hinreichend informiert ist; aus dem Grundgedanken des § 4 VI 2 folgt, dass geänderte Unterlagen (nur) dann nicht an die Stelle der bisherigen treten können, soweit sie eine Erweiterung enthalten; vgl. hierzu auch § 12 a, Anm 3.5.

3.3.3 Teilwiderspruch

15   Ein **ursprünglich** nur beschränkt erklärter, d. h. ein **Teilwiderspruch** (u. U. aus Kostengründen) kommt in Betracht, wenn der Löschungsantrag teilweise berechtigt ist und der GebrM-Inhaber den Löschungsantrag teilweise „anerkennen", darüber hinaus aber verteidigen möchte. Der Teilwiderspruch kann sich auf einzelne Ansprüche beziehen oder eine Verteidigung aus neuen, beschränkten bzw. zusammengefassten Ansprüchen stützen. Er führt zur Teillöschung – soweit die Verteidigung nicht reicht – ohne Sachprüfung,

§ 17 I 2 (BGH GRUR 1995, 210, 211 – Lüfterkappe). Bei der Verteidigung kann der GebrM-Inhaber des weiteren gegenüber einem Teillöschungsantrag nicht sein GebrM insgesamt, sondern nur im angegriffenen Umfang zugrunde legen (BPatG GRUR 1986, 609, 610 – Raclette-Gerät). Werden nur einzelne Schutzansprüche angegriffen, so bedeutet dies nicht, das GebrM soll auch für die nicht genannten Schutzansprüche eine Änderung dahingehend erfahren, dass in ihnen die unmittelbaren oder mittelbaren Beziehungen auf die angegriffenen Schutzansprüche fortfallen; andernfalls muss dies klar beantragt werden (vgl. BPatG aaO). Der GebrM-Inhaber muss also zu jedem angegriffenen Anspruch zu erkennen geben, ob er ihn vollständig, teilweise oder nicht verteidigen will.

Abzugrenzen von derartigen rechtsverbindlichen Erklärungen (sowie denjenigen in Anm. 3.3.2) ist insbesondere die **Einreichung beschränkter Ansprüche**, die seitens des GebrM-Inhabers lediglich als „**Diskussionsgrundlage**" verstanden werden soll, und die zusammen mit anderen Fallgestaltungen in der Lit. ebenfalls unter dem Stichwort „**beschränkte Verteidigung**" erörtert wird (vgl. *Busse/Keukenschrijver*, § 17 GebrMR, Rdn. 16). Hierzu gehört z. B., dass gegenüber einem auf einen Hauptanspruch beschränkten Löschungsantrag dieser mit dem Gegenstand eines (nicht angegriffenen) Unteranspruchs zu ihm verteidigt wird; dies ist jedoch unzulässig. Der Schutz eines nicht angegriffenen Unteranspruchs bleibt nämlich bestehen, so dass eine derartige Verteidigung das Entstehen zweier identischer Schutzansprüche zur Folge hätte (BPatG GRUR 1991, 313, 315 – Verpackungsbehälter mit Diebstahlsicherung). Die Prüfung ist auf den verteidigten Bereich zu beschränken (BGH GRUR 1995, 210, 211 – Lüfterkappe). Beschränkte Verteidigung durch Vorlage einer geänderten Beschreibung ist nicht möglich, weil § 15 Abs. 3 Satz 2 eine derartige Beschränkung nicht zulässt; dasselbe Ergebnis folgt aus der Unzulässigkeit der Nachreichung einer geänderten Beschreibung (BPatGE 11, 88; BPatGE 29, 252). Der GebrM-Inhaber muss neue Ansprüche vorlegen, wenn dem Löschungsantrag nur teilweise widersprochen werden soll. Die Verteidigung mit einem Gegenstand, der von den Schutzansprüchen nicht umfasst war, ist auch dann unzulässig, wenn dieser in der Beschreibung offenbart ist (BPatG GRUR 1988, 530 – Schalung für Betonbehälterwände). Geänderte Schutzansprüche sind häufig nur „Diskussionsgrundlage"; es bedarf also regelmäßig eines klaren Antrags, aus dem sich ergibt, in welchem Umfang das Schutzrecht verteidigt werden soll (BGH GRUR 1997, 625, 626 – Einkaufswagen). Solange die Vorlage geänderter Schutzansprüche lediglich als „Diskussionsgrundlage" anzusehen ist, kann sie im Gegensatz zu einem teilweisen Nichtwiderspruch oder zur Einschränkung des Widerspruchs wieder **rückgängig** gemacht werden.

17 Verteidigt sich der GebrM-Inhaber im Umfang neu gefasster Ansprüche, bedarf es vor einer entsprechenden Löschung der Prüfung durch das DPMA, ob die Neufassung eine unzulässige Änderung beinhaltet (BPatG GRUR 1988, 530, 533 – Schalung für Betonbehälterwände). Soweit der Gegenstand der verteidigten Schutzansprüche **auch** über den der Schutzansprüche nach dem GebrM hinausgeht und ihn damit **erweitert,** können derartige unzulässige Erweiterungen im Löschungsverfahren nicht berücksichtigt werden (BPatG GRUR 1988, 530, 533 – Schalung für Betonbehälterwände). Soweit dies möglich ist, sind demgemäss die neu gefassten Ansprüche von der Erweiterung zu befreien. Der GebrM-Inhaber kann sein Schutzrecht nur im Umfang der neuen Ansprüche unter Ausschluss der Erweiterung verteidigen (BPatGE 19, 161, 163). Sollten diese neuen Schutzansprüche ein **aliud** darstellen, wird der Widerspruch als (im Ergebnis) zurückgenommen zu gelten haben (BPatGE 20, 133: geänderte Aufgabe). Insoweit hat der Widerspruch keine Bedeutung (vgl. zur Problematik ferner Anm. 3.3.2).

3.3.4 Kein Widerspruch

18 Die beschränkte Verteidigung bringt in der Regel keine Kostenvorteile, wenn zuvor ein umfänglicher Widerspruch erhoben wurde. Sie sollte gut überlegt und nicht vorschnell ins Auge gefasst werden, da nach ihrer wirksamen Vornahme eine spätere Erweiterung ausgeschlossen ist (*Bühring,* § 15, Rdn. 64). Hat der GebrM-Inhaber zuvor bereits eingeschränkte Ansprüche zu den GebrM-Akten gereicht (vgl. auch Anm. 3.3.2), so darf er das GebrM nur noch in beschränktem Umfang verteidigen; andernfalls trifft ihn bei vollem Widerspruch eine Kostenlast entsprechend dem Anteil der Einschränkung, auch wenn er an sich keine Veranlassung für den Löschungsantrag gegeben hat. **Nichtwiderspruch** innerhalb der Frist führt ohne weiteres zur Löschung ohne Sachprüfung, § 17 Abs. 1 Satz 2 (*Benkard/Rogge,* § 17 GebrMG, Rdn. 6). Das Verfahren wird beendet (*Bühring,* § 17, Rdn. 10). Auch die Rücknahme des Löschungsantrag nach Ablauf der Widerspruchsfrist ändert hieran nichts. Der Nichtwiderspruch geht in seinen Wirkungen (ex tunc-Löschung) einem während der Widerspruchsfrist erklärten Verzicht (ex nunc-Löschung) vor (BPatGE 11, 106, 108; st. Rspr.). Zuständig für die Löschung ist in diesem Fall der Beamte des gehobenen Dienstes. Ein beschränkter Widerspruch führt zur Teillöschung grundsätzlich ohne weitere Sachprüfung, § 17 Abs. 1 Satz 2 (BGH GRUR 1995, 210, 211 – Lüfterkappe). Bei nicht eindeutigen Erklärungen ist die Reichweite des Nichtwiderspruchs zu prüfen. Die Regelung ist im Feststellungsverfahren mit der Maßgabe anzuwenden, dass bei Nichtwiderspruch die beantragte Feststellung erfolgt (BGH GRUR 1967, 351 – Korrosionsschutzbinde), ohne dass es in diesem Fall noch einer weiteren Prüfung des rechtlichen Interesses am Feststellungsantrag bedürfte (BPatG GRUR 1980, 1070 – Beschränkte Schutzrechtsverteidigung). Ein gegenüber dem Beschwerdegericht erklärter „Verzicht" ist wegen § 23 VI unwirksam, kann jedoch als Rücknahme des Widerspruchs zu interpretieren sein (BPatG GRUR 1988, 761 – Rollengelagertes Krankenbett), was zu einer entsprechenden (ggfs. teilweisen) Löschung führt.

4. Verfahren nach Widerspruch

Der rechtzeitige Widerspruch führt zu einem prozessähnlichen, kontradiktorischen Verfahren, das an das patentrechtliche Nichtigkeitsverfahren angelehnt ist und auf das grundsätzlich die Regeln der ZPO entsprechend anwendbar sind. Dennoch bleibt es ein behördliches Verfahren.

4.1 Mitteilung des Widerspruchs

Durch die nach § 17 Abs. 2 Satz 1 (zwingend) vorgesehene **Mitteilung des Widerspruchs** wird dem Antragsteller ermöglicht, zu diesem Stellung zu nehmen.

4.2 Aussetzung

Eine **Aussetzung** des Verfahrens kommt analog §§ 148, 149 ZPO in Betracht (*Bühring,* § 16, Rdn. 17). Sie ist in der Regel nicht gerechtfertigt bei einer gegen ein paralleles Patent gerichteten Nichtigkeitsklage, da das Bestehen eines GebrM unabhängig von dem eines Patents ist (*Benkard/Rogge,* § 17 GebrMG, Rdn. 9). Gleiches gilt, wenn ein weiterer Löschungsantrag gegen das GebrM anhängig ist (*Bühring,* § 16, Rdn. 17). Ebenso kommt eine Aussetzung regelmäßig nicht bis zum Abschluss des Erteilungsverfahrens für eine frühere, aber nicht vorveröffentlichte, inhaltsgleiche Patentanmeldung in Betracht, um dadurch die Einführung des weiteren Löschungsgrundes der älteren geschützten Patentanmeldung in das anhängige Verfahren zu ermöglichen (vgl. BGH GRUR 1954, 317, 322); auch nicht bei Klage auf Abtretung des Eintragungsanspruchs (BPatGE 24, 54). Hingegen ist eine Aussetzung gerechtfertigt, wenn das entgegengehaltene ältere Recht seinerseits angegriffen ist (*Bühring,* § 16, Rdn. 17). Eine Verbindung der Verfahren ist in der Regel wenig praktikabel.

22 Ein **Ruhen des Verfahrens** kommt jedenfalls bei einem angegriffenen GebrM, das noch nicht durch Zeitablauf erloschen ist, wegen des Allgemeininteresses an der Löschung nicht rechtsbeständiger Gebrauchsmusterrechte nicht in Betracht (a. A. offenbar *Busse/Keukenschrijver,* § 17 GebrMG, Rdn. 20). Das Insolvenzverfahren über das Vermögen des Antragstellers unterbricht das Verfahren nach § 240 ZPO analog.

4.3 Vorbereitende Anordnungen

23 Das Verfahren ist analog §§ 273 ZPO, 87 Abs. 2 PatG so vorzubereiten, dass es in möglichst einem Verhandlungstermin erledigt werden kann (*Benkard/Rogge,* § 17 GebrMG, Rdn. 10).

24 Dabei kann das DPMA schon die **Vernehmung** von **Zeugen** und **Sachverständigen** anordnen, §§ 17 II 2 GebrMG, 284, 355 ff, 402 ff ZPO analog – insbesondere, wenn die Beweisaufnahme in dem einen Termin zur mündlichen Verhandlung durchgeführt werden soll. Die Anordnung ergeht durch einen (nicht anfechtbaren) Beweisbeschluss. Die vorbereitenden Anordnungen umfassen in der Regel auch den Erlass eines **Zwischenbescheids** zum Löschungsantrag, der jedenfalls dann von allen Mitgliedern des Spruchkörpers unterschrieben sein soll (jedoch nicht zwingend), wenn er eine sachliche Stellungnahme enthält. In ihm sind diejenigen Aspekte angesprochen, auf die es nach Auffassung der GebrM-Abteilung bei der Entscheidung über den Löschungsantrag ankommt; eventuell neu aufgefundenes Material wird hierbei ebenfalls genannt. Ferner ergeht – häufig in Verbindung mit dem Zwischenbescheid – eine **Ladung** zur mündlichen Verhandlung, §§ 216 ZPO, 89 PatG analog. Ladungsfrist: zwei Wochen; Anberaumung durch den Vorsitzenden. Terminsänderungen nur analog § 227 ZPO.

4.4 Mündliche Verhandlung

Über den Löschungsantrag (und den Feststellungsantrag) ist aufgrund mündlicher Verhandlung zu entscheiden, § 17 Abs. 3 Satz 1. Dies gilt auch bei Streit über die Erledigung der Hauptsache (einseitige Erledigungserklärung). Entsprechend § 83 Abs. 2 PatG soll aber bei Zustimmung aller Beteiligten die mündliche Verhandlung entbehrlich sein (*Mes*, § 17 GebrMG, Rdn. 11). Auch ein späterer Übergang in das schriftliche Verfahren ist möglich (vgl. BPatGE 24, 190, 191). Einer mündlichen Verhandlung bedarf es weder bei einer isolierten Kostenentscheidung nach Zurücknahme des Löschungsantrages noch nach übereinstimmender Erledigungserklärung (*Benkard/Rogge*, § 17 GebrMG, Rdn. 12). Nach überwiegender Meinung soll die mündliche Verhandlung nicht öffentlich sein, was aus der Stellung des DPMA als Verwaltungsbehörde abgeleitet wird (*Benkard/Rogge*, § 17 GebrMG, Rdn. 12; *Mes*, § 17 GebrMG, Rdn. 11). Dieser Auffassung ist nicht zu folgen: Wegen des justizähnlich ausgebildeten Verfahrens ist eine analoge Anwendung des § 169 GVG geboten (ebenso *Busse/Keukenschrijver*, § 17 GebrMG, Rdn. 23). Wenn die Löschung eines nicht schutzfähigen GebrM im öffentlichen Interesse liegen soll, muss die Allgemeinheit Zugang zur Verhandlung haben dürfen. Der Grundsatz der Öffentlichkeit gehört zu den Prinzipien eines demokratischen Rechtswesens.

Der **Verfahrensgang** richtet sich nach den allgemeinen Vorschriften. Der Vorsitzende eröffnet und leitet die Verhandlung (§§ 136 Abs. 1 ZPO analog, 90 PatG). Die Sache wird aufgerufen. Die Präsenz der Beteiligten wird festgestellt. Die Parteien haben die Anträge zu stellen. Sie erhalten Gelegenheit zum Vortrag und die Sache wird mit ihnen erörtert, §§ 136, 137 ZPO analog, 90 Abs. 3, 91 PatG. Die mündliche Verhandlung wird durch den Vorsitzenden geschlossen, §§ 136 Abs. 4 ZPO analog, 91 Abs. 3 PatG. Zur (kostenfreien) Sitzungsniederschrift, vgl. § 92 PatG i. V. m. §§ 160–165 ZPO analog (vgl. hierzu *Mes*, § 92 PatG, Rdn. 1, 2). Der Untersuchungsgrundsatz (vgl. hierzu Anm. 5.1) steht einer Nichtberücksichtigung von **verspätetem Vorbringen** entgegen (vgl. BPatG GRUR 1981, 651). Ein verspätetes Vorbringen kann in der Regel (vgl. aber § 16 Rdnr. 17) auch nicht mit einem Kostennachteil verbunden werden. Die Vorlage neuer Druckschriften in der mündlichen Verhandlung gibt insbesondere keinen Anspruch auf Vertagung (vgl. *Bühring*, § 16, Rdn. 16; § 17, Rdnr. 18).

4.5 Beweisaufnahme

27 Eine **Beweisaufnahme** ist in dem durch die ZPO-Vorschriften vorgegebenen Rahmen möglich; die in § 17 Abs. 2 Satz 2 genannten Beweismittel sind nur exemplarisch. Die GebrM-Abteilung ist an das Vorbringen und die Beweisanträge der Beteiligten nicht gebunden. Die Beweisaufnahme wird in der Regel mit der mündlichen Verhandlung verbunden werden, kann aber auch schon vorab oder in einem besonderen Termin erfolgen. Bei präsenten Beweismitteln, insbesondere Zeugen, können diese im Termin zur mündlichen Verhandlung aufgenommen werden; auch in diesem Fall ist ein (zu protokollierender) Beweisbeschluss zu formulieren (dies gebieten schon kostenrechtliche Erwägungen, z. B. Abgrenzung einer Inaugenscheinnahme von einer bloßen „Betrachtung"). Die Beweisaufnahme ist unter Zuziehung eines Protokollführers im Protokoll festzuhalten, § 17 Abs. 2 Satz 4. Ob von der Hinzuziehung eines Protokollführers ausnahmsweise abgesehen wird und die Niederschrift durch ein Mitglied der GebrM-Abteilung erfolgen kann, ist streitig (bejahend: *Busse/Keukenschrijver,* § 17 GebrMG, Rdn. 21; a. A. *Benkard/Rogge,* § 17 GebrMG, Rdn. 11; *Bühring,* § 17, Rdn. 15). Eine Beeidigung von Zeugen und Sachverständigen ist entsprechend den zivilprozessualen Vorschriften möglich, vgl. auch § 46 Abs. 1 PatG; *Benkard/Rogge,* § 17 GebrMG, Rdn. 11). Das Protokoll über die Vernehmung ist dem Zeugen nach seiner Aussage vorzulesen (oder zur Durchsicht vorzulegen) und von diesem zu genehmigen, was ebenfalls im Protokoll zu vermerken ist. Die Beweisaufnahme folgt insgesamt den §§ 355 ff ZPO analog.

4.6 Beteiligte

28 Dies sind der Antragsteller sowie der GebrM-Inhaber. Dritte können entweder dem Antragsteller oder GebrM-Inhaber als Streitgehilfen beitreten, wenn sie ein rechtliches Interesse an dem Ausgang des Verfahrens bei einer Partei haben. Einzelheiten: § 15 Anm. 2.

5. Sachprüfung

5.1 Verfahrensrechtliche Aspekte

Eine Sachprüfung erfolgt nur, soweit das GebrM nicht schon **29** wegen Nichtwiderspruchs zu löschen ist. Die GebrM-Abteilung ist an den geltend gemachten Löschungsgrund gebunden (Einzelheiten: § 15 Anm. 4; § 16 Anm. 4.2, 4.3). Der sachliche Umfang der Überprüfung wird durch den geltend gemachten Löschungsgrund und die Reichweite des Löschungsantrags bestimmt. Im Verhältnis der Parteien darf der Gegenstand nicht schon bindend entschieden sein.

Es gilt der **Amtsermittlungs- bzw. Untersuchungsgrundsatz** **30** (*Benkard/Rogge*, § 15 GebrMG, Rdn. 25; *Mes*, § 16 GebrMG, Rdn. 16). Dies allerdings nur im Rahmen der Anträge der Beteiligten; insoweit gilt der **Verfügungsgrundsatz** (BPatG Mitt. 1996, 395, 396 – Helikopter-Modell). Der Untersuchungsgrundsatz ermöglicht es innerhalb des geltend gemachten Antrags und Löschungsgrunds auch, auf Sachverhalte zu rekurrieren, die zwar vom Antragsteller nicht geltend gemacht sind, aber unter den jeweiligen Löschungsgrund fallen; dies ist jedoch in der Praxis die Ausnahme. Ungeachtet dessen erlaubt der Grundsatz nicht, Vortrag der Parteien unberücksichtigt zu lassen, auch wenn dieser möglicherweise gewisse Widersprüche enthält, erforderlichenfalls ist der Sachverhalt aufzuklären (BGH GRUR 1997, 360, 362 – Profilkrümmer, zum Beschwerdeverfahren). Da der Antrag den Umfang der Prüfung und Sachentscheidung bestimmt, ist die GebrM-Abteilung nicht befugt, ihre Untersuchungen auf andere als den geltend gemachten Löschungsgrund auszudehnen. Die Parteien, insbesondere den Antragsteller, trifft eine Mitwirkungspflicht. Das DPMA ist zwar nicht an das Vorbringen der Parteien gebunden, unstreitige Tatsachen bedürfen jedoch keiner Beweiserhebung. Tatsachen, die nicht ausdrücklich oder konkludent bestritten werden, können als zugestanden angesehen werden, § 138 Abs. 3 ZPO analog (a. A. *Bühring*, § 16 GebrMG, Rdn. 13). Zur Frage des verspäteten Vorbringens: vgl. Anm. 4.4).

Eine **formelle Beweislast** (Beweisführungslast) besteht wegen **31** des Untersuchungsgrundsatzes nicht (*Bühring*, § 15 GebrMG, Rdn. 55). Die **materielle Beweislast** für das Fehlen der Schutzvoraussetzungen sowie für eine widerrechtliche Entnahme bleibt hiervon unberührt und trifft den Antragsteller (*Benkard/Rogge*, § 15 GebrMG, Rdn. 26; *Mes*, § 16 GebrMG, Rdn. 24). Ungeachtet dessen stellt sich diese Frage, wenn dem DPMA/BPatG entscheidungserhebliche Umstände im Tatsachenbereich bekannt werden, die nicht eindeutig feststellbar sind; spekulative Momente lassen sich damit nicht klären (BGH Mitt. 1999, 372, 374 – Flächenschleifmaschine). Auch für das GebrM gilt, dass aufgrund seiner Eintragung und aufgrund des in §§ 11, 13 GebrMG zum Ausdruck kommenden Regel-Ausnahme-Verhältnisses dessen Schutzfähigkeit zu vermuten ist (eingehend hierzu § 11 Anm. 5.1).

32 Das **Eintragungsverfahren** wird im Löschungsverfahren nicht nachgeprüft. Das Vorliegen einer wirksamen Eintragung ist jedoch inzident zu prüfen.

5.2 Gegenstand der Prüfung

33 Gegenstand des Löschungsverfahrens ist die Frage des Bestandes des GebrM; Beurteilungsgrundlage ist sein Gegenstand, § 15 Abs. 1 (BGH GRUR 1997, 454, 457 – Kabeldurchführung). Hieraus ergibt sich eine Interdependenz zum **Gegenstand der Sachprüfung.** Dieser ist grundsätzlich das Gebrauchsmuster mit den Unterlagen, die der Eintragungsverfügung zugrunde liegen (BGH Mitt. 1998, 98, 101 – Scherbeneis; BPatGE 11, 96, 100; BPatGE 19, 161, 162; BPatGE 25, 85, 86; BPatG Mitt. 1996, 211, 212 – Plattenaufnahmeteil), und zwar in ihrer Gesamtheit; er braucht mit dem Gegenstand des Antrags nicht identisch zu sein. Hieran ändert sich nichts, wenn der GebrM-Inhaber nachträglich neu formulierte Schutzansprüche zur GebrM-Akte mit der Erklärung einreicht, weder für die Vergangenheit noch für die Zukunft über diese neuen Ansprüche hinausgehende Rechte aus dem GebrM geltend machen zu wollen (BGH, aaO, was als bindender vorweggenommener Verzicht auf Widerspruch mit der Folge der Löschung des GebrM ohne weitere Sachprüfung anzusehen ist, soweit die eingetragenen über die nachgereichten Schutzansprüche hinausgehen. Einzelheiten: Anm. 3.3.2). Mithin wird der Gegenstand der Sachprüfung auch nicht geändert, wenn für den Gegenstand der Anmeldung erweiternde Unterlagen eingereicht (vgl. BGH GRUR 1968, 86, 88 – Ladegerät I; BGH GRUR 1968, 360, 363 – Umluftsichter; BPatGE 20, 133, 134/135) oder nachgereicht (BPatGE 19, 161, 163; vgl. BPatG GRUR 1982, 364, 367 – Kofferraumstrebe; diese ältere Praxis mit teilweise anderer Begründung) worden sind. Bei der

Sachprüfung haben derartige unzulässige Änderungen außer Betracht zu bleiben.

Die Nichtberücksichtigung nachgereichter Unterlagen folgt insgesamt daraus, dass die der Eintragung zugrunde liegenden Unterlagen den Gegenstand der Sachprüfung festlegen (BGH Mitt. 1998, 98, 101 – Scherbeneis), soweit nicht bereits eine Teillöschung erfolgt ist. Beim Löschungsgrund der unzulässigen Erweiterung ist ungeachtet des Vorstehenden der Gegenstand des GebrM nach den der Eintragungsverfügung zugrunde liegenden Unterlagen mit denen der ursprünglichen Anmeldung zu vergleichen (*Benkard/Rogge,* § 15 GebrMG, Rdn. 19). **34**

Unterlagen, die nicht Bestandteil der Eintragung geworden sind, haben deshalb bei der Sachprüfung außer Betracht zu bleiben. Infolgedessen können insbesondere **nach** Eintragung des GebrM **eingereichte Unterlagen** den Gegenstand des GebrM und damit der Sachprüfung nicht mehr verändern (BGH Mitt. 1998, 98, 101 – Scherbeneis; *Benkard/Rogge,* § 15, Rdn. 20). Eine selbständige Löschung dieser nachgereichten Schutzansprüche scheidet aus (BPatGE 11, 96, 101; BPatGE 19, 161, 162; BPatGE 22, 126, 127; BPatGE 25, 85, 86; BPatGE 26, 196, 197; ebenso für solche Unterlagen, die zwar eingereicht waren, der GebrM-Stelle bei Erlass der Eintragungsverfügung aber noch nicht vorgelegen haben: BPatG GRUR 1966, 208). Zur damit verbundenen Bedeutung der „eingeschränkten Verteidigung" vgl. Anm. 3.3.2 und 3.3.3. **35**

Ist das GebrM in einem früheren Löschungsverfahren zwischen anderen Beteiligten geändert, insbesondere teilweise gelöscht worden, ist die geänderte Fassung des GebrM zugrunde zu legen. Die neuen Schutzansprüche treten an die Stelle der alten, § 15 Abs. 3 Satz 2. **36**

Ist damit der Gegenstand der Sachprüfung als Prüfungsstoff insgesamt umrissen, so findet die Prüfung des **Gegenstands des GebrM** „innerhalb" dieses festgelegten Rahmens statt. Gegenstand ist die in den **Schutzansprüchen** umschriebene technische Lehre (BGH GRUR 1997, 360, 362 – Profilkrümmer; BGH GRUR 1997, 454, 457 – Kabeldurchführung; BGH Mitt. 1998, 98, 101 – Scherbeneis; BPatG Mitt. 1999, 271, 272/273 – Bindungswirkung der Schutzansprüche im Löschungsverfahren; vgl. Einzelheiten bei § 12a und Anm. dort). Geprüft werden GebrM-Fähigkeit sowie Schutzfähigkeit, nicht jedoch der Schutzumfang (BGH GRUR 1997, 454, 457 – Kabeldurchführung; BPatG GRUR 1988, 530, 532/533 – Schalung für Betonbehälterwände). **37**

6. Sachentscheidung

6.1 Allgemeines

38 Nach Schluss der mündlichen Verhandlung berät die GebrM-Abteilung über die Sache. Die Entscheidung erfolgt durch zu verkündenden Beschluss, § 17 Abs. 3 Satz 2, und zwar entweder im Termin, in dem die mündliche Verhandlung geschlossen wurde, oder in einem sofort anzuberaumenden Termin. Die Verkündung des (schriftlich abgefassten) Beschlusses erfolgt durch Verlesung. Der Beschluss ist den Beteiligten von Amts wegen zuzustellen, § 17 Abs. 3 Satz 3. Die Verkündung kann bei amtsweiger Zustellung unterbleiben, § 17 Abs. 3 Satz 5; der „an Verkündungs Statt" zuzustellende Beschluss kann nur von den Mitgliedern der GebrM-Abteilung erlassen werden, die an der mündlichen Verhandlung mitgewirkt haben (BPatGE 24, 190); bei Verhinderung eines Mitglieds am Erlass der Entscheidung ist mit Zustimmung der Beteiligten ins schriftliche Verfahren überzugehen oder die Verhandlung wieder zu eröffnen (BPatG, aaO). Schlussformel und Verkündung sind zu protokollieren, § 160 Abs. 2 ZPO analog. Ist der Beschluss einmal verkündet, darf er selbst bei Vorliegen der Zustimmung der Beteiligten und bei Wiedereintritt in die mündliche Verhandlung nicht mehr geändert werden (BPatG Mitt. 1994, 39). Änderungen der Entscheidung sind bis zur Ende der Verkündung möglich (in diesem Fall Unterbrechung der Verkündung und anschließende Neuverkündung).

39 Die in **Beschlussform** ergehende Entscheidung ist schriftlich zu begründen und auszufertigen; dies bedingt eine Unterschrift der an der Beschlussfassung mitwirkenden Mitglieder der GebrM-Abteilung (BPatGE 24, 125, 126). Bei Verhinderung der Unterschrift gilt § 315 Abs. 1 Satz 2 ZPO analog. Hiernach ist auch zu verfahren, wenn der Beschluss ohne mündliche Verhandlung gefasst wurde (vgl. BGH GRUR 1994, 274 – Spinnmaschine). Bis zur Unterschriftsleistung liegt nur ein Beschlussentwurf vor. Die Entscheidung der GebrM-Abteilung ist zu begründen. An den Anfang des Beschlusses gehört die von der Begründung äußerlich getrennte Beschlussformel (Tenor). Die Begründung selbst soll sich auf alle für die Entscheidung maßgeblichen Streitpunkte erstrecken und alle tatsächlichen und rechtlichen Überlegungen, die zu der getroffenen Entscheidung geführt haben, näher darlegen. Keine Begründung ist

eine bloße lapidare Feststellung oder eine nicht nachprüfbare Behauptung; die in der Begründung enthaltenen Behauptungen müssen nachprüfbar sein (vgl. BPatG GRUR 1990, 111 – Transportsicherung). Ein Beschluss ist auch dann nicht ausreichend begründet, wenn er wesentliches Vorbringen, das bis zur Herausgabe der Ausfertigung des Beschlusses an die Poststelle eingeht, nicht berücksichtigt (BGH GRUR 1982, 406 – Treibladung). Form und Inhalt des Beschlusses richten sich im übrigen nach § 47 PatG. Berichtigungen und Ergänzungen von Beschlüssen können trotz Bindungswirkung entsprechend §§ 95, 96 sowie §§ 319 – 321 ZPO erfolgen. Fristen: zwei Wochen analog §§ 96 PatG, 321 ZPO.

Aus dem Zweck des Löschungsverfahrens folgt, dass ein **Prozess-** **40** **vergleich** über Bestand und Umfang des GebrM nicht zulässig ist (ebenso *Bühring*, § 17, Rdn. 23). Unbenommen bleibt den Parteien, sich über die Ausübung bestimmter Prozessbefugnisse oder bestimmter Prozesserklärungen zu einigen, z. B. das Verfahren zu beenden. Diese Erklärungen sind ins Protokoll aufzunehmen. Vor dem BPatG abgeschlossene und protokollierte Vergleiche sind gerichtliche Vergleiche im Sinne von § 794 Abs. 1 Nr. 1 ZPO und damit grundsätzlich für die Zwangsvollstreckung geeignete Titel. Dies gilt auch für solche im Gesamtvergleich geregelte Gegenstände, die normalerweise nicht in die Zuständigkeit des BPatG fallen (BPatG GRUR 1996, 402 – Vergleich).

Inhaltlich kann der Beschluss auf Löschung oder Feststellung der **41** Unwirksamkeit, Zurückweisung des Löschungsantrags oder teilweise Löschung oder Feststellung der Unwirksamkeit mit Zurückweisung des Antrags im übrigen lauten. Der Beschluss hat ferner eine Entscheidung über die Kosten zu enthalten.

6.2 Löschung, Feststellung der Unwirksamkeit

Löschung erfolgt bei zulässigem, begründetem sowie auf voll- **42** ständige Löschung gerichteten Löschungsantrag. Dies setzt voraus, dass mindestens ein vom Antragsteller herangezogener Löschungsgrund (insgesamt) bei noch laufender Schutzdauer des GebrM gegeben ist. Entsprechendes gilt für den Feststellungsantrag bei erloschenem GebrM. Eine Entscheidung ergeht immer nur über den Antrag des Antragstellers, nicht über denjenigen des GebrM-Inhabers. Dasselbe gilt für Hilfsanträge des GebrM-Inhabers. Diese führen lediglich dazu, im Falle einer antragsgemäßen Löschung darüber zu befinden, ob das GebrM auf der Grundlage der hilfsweisen Verteidigung aufrechterhalten werden kann. Hierüber ist ohnehin von Amts wegen zu befinden; häufig finden sich hierzu eher pauschale Hinweise in den Entscheidungsgründen. Bei Hilfsanträgen ist das DPMA/BPatG zu einer Auseinandersetzung mit dem Gegenstand des GebrM in dieser Fassung gezwungen, da andernfalls ein Verstoß gegen die Begründungspflicht gegeben ist. Der Antragsteller braucht auf Hilfsanträge nicht mit Gegenanträgen zu reagieren, da sein Löschungsantrag jede zulässig eingeschränkte Fassung umfasst. Die Wirksamkeit der Löschung/Teillöschung tritt mit Bestandskraft des Löschungsbeschlusses (vgl. BGH GRUR 1997, 625, 626/627 – Einkaufswagen) bzw. mit Rechtskraft der Beschwerdeentscheidung des BPatG ein. Die Löschung/Teillöschung wird in der Rolle vermerkt.

43 Eine **Teil-Löschung** ist auszusprechen, wenn das GebrM nur beschränkt angegriffen ist (BPatG GRUR 1986, 609, 610 – Raclette-Gerät; *Mes,* § 17 GebrMG, Rdn. 8) und wenn der Angriff nur teilweise begründet ist. Dies kann nur in Form einer Änderung der Schutzansprüche vorgenommen werden. Entsprechendes gilt für die Feststellung der Unwirksamkeit. Der weitergehende Löschungs-/Feststellungsantrag wird zurückgewiesen. Die Änderung der Ansprüche erfolgt von Amts wegen; die Zustimmung des GebrM-Inhabers ist nicht erforderlich; seine erklärte Nichtzustimmung berechtigt nicht zur vollständigen Löschung. Bei unzulässigen Erweiterungen wird regelmäßig eine Teillöschung in Betracht kommen. Formen einer Teillöschung können zum Beispiel sein:

44 – die Aufnahme eines **Disclaimers:** Dieser kommt insbesondere dann in Betracht, wenn der Gegenstand des GebrM ein bei dessen Anmeldung nicht offenbartes, an sich beschränkendes Merkmal aufweist, dessen nachträgliche Streichung zu einer Erweiterung führen würde, folglich kann das GebrM mit der in den Anspruch aufzunehmenden Erklärung, dass das Merkmal eine unzulässige Änderung darstelle, aus der keine Rechte hergeleitet werden können, Bestand haben (BPatG GRUR 1991, 834, 836/837 – Gestellmagazin);

45 – die **Aufnahme weiterer** ursprünglich offenbarter **Anspruchsmerkmale** in den Hauptanspruch (BPatGE 22, 114);

46 – die **Zusammenfassung** von **Schutzansprüchen** bzw. Streichung von Unteransprüchen (RPA MuW. 38, 138);

47 – die Zusammenfassung von Merkmalen zu einer **Kombination** (RPA MuW. 39, 205);

48 – die **Streichung** alternativer Ausführungsformen (RG GRUR 1932, 72 – Befestigungslappen);

– die Streichung von Angaben wie „insbesondere", „vorzugsweise" **49**
oder dergleichen.
Eine Teillöschung durch Änderung der Beschreibung oder der **50**
Zeichnungen ist nicht möglich (vgl. Begr. GebrMGÄndG 1986,
PMZ 1986, 320, 327; kritisch *Benkard/Rogge*, § 15 GebrMG,
Rdn. 29). Auch im übrigen erfolgt eine Änderung der Beschreibung
bei der Teillöschung nicht (*Bühring*, § 15, Rdn. 77). Bei der Teillöschung
treten die Entscheidungsgründe neben die Beschreibung
oder an deren Stelle.

6.2.1 Wirkung

Die Löschung/Teillöschung hat absolute, allgemein verbindliche **51**
Wirkung und beseitigt das GebrM vollständig oder teilweise **gegenüber jedermann**. Dasselbe gilt für die Feststellung der Unwirksamkeit sowie für das **Verletzungsverfahren** (BGH GRUR 1967, 351,
352 – Korrosionsschutzbinde; BGH GRUR 1968, 86, 91 – Ladegerät
I). Die Löschung oder Teillöschung **wirkt** auf den Zeitpunkt der
Eintragung **zurück** und beseitigt damit das Schutzrecht vollständig
oder teilweise von Anfang an (ex tunc), als ob es nie bestanden hätte
(BGH GRUR 1963, 519, 521 – Klebemax; BGH GRUR 1997, 213,
214 – Trennwand). Hieran ändert sich nichts, wenn die Löschung
wegen Nichtwiderspruchs und damit möglicherweise entgegen der
materiellen Rechtslage erfolgt; eine Überprüfung in einem (anderen)
Verfahren ist deshalb nicht möglich (vgl. BGH GRUR 1963, 519,
521 – Klebemax; BGH GRUR 1967, 351, 352 – Korrosionsschutzbinde;
BPatGE 11, 106, 108). Ein rückwirkend gelöschtes GebrM
kann damit von Anfang an kein identisches älteres Schutzrecht darstellen
(BGH GRUR 1963, 519, 520 – Klebemax). Bei fehlenden
Schutzvoraussetzungen kommt der Löschung nur **deklaratorische**
Bedeutung zu. **Konstitutive** Wirkung hat sie, soweit die Schutzvoraussetzungen
bestanden oder nur dem Verletzten gegenüber nicht
(vgl. § 13 Abs. 2 sowie § 23 Anm. 4) bestanden; dann hat die Löschung
rechtsvernichtende Wirkung. Sie entzieht Ansprüchen aus
dem GebrM die Grundlage; die Verletzungsklage ist unbegründet –
kein Fall der Erledigung der Hauptsache (BGH GRUR 1963, 494 –
Rückstrahlerdreieck). Bei einer Teillöschung sind im Verletzungsstreit
die neu gefassten Schutzansprüche zugrunde zu legen (BGH GRUR
1962, 299, 305 – formstrip; BGH GRUR 1977, 250, 251 – Kunststoffhohlprofil).
Die Löschung ist vom Revisionsgericht zu beachten.

Bei einer Verurteilung aufgrund des Gebrauchsmusters eröffnet **52**
die Löschung unter Umständen die **Vollstreckungsgegenklage**

nach § 767 ZPO analog (RG GRUR 1938, 43, 45 – Maßbecher), bzw. die **Restitutionsklage** nach § 580 ZPO analog (BPatG GRUR 1980, 852; BPatG GRUR 1993, 732). Bei Leistungen, die aufgrund eines Urteils erbracht wurden, kommen **Bereicherungsansprüche** nach §§ 812 ff BGB in Betracht (*Benkard/Rogge*, § 15, Rdn. 32); ebenso die prozessualen **Schadenersatzansprüche** nach §§ 717, 945 ZPO (vgl. BGH GRUR 1979, 869 – Oberarmschwimmringe; BPatG GRUR 1981, 124, 125 – Feststellungsinteresse). Weitere Schadenersatzansprüche bestehen nicht, insbesondere nicht auf Ersatz der Kosten des Verletzungsurteils oder des aufgrund der Beachtung des Urteils entstandenen Schadens (*Bühring*, § 15, Rdn. 85). **Lizenzverträge** werden bei Löschung kündbar. Bereits gezahlte Lizenzgebühren sind jedoch nicht rückforderbar. Es gelten dieselben Grundsätze wie zum Patentrecht. Bei Teillöschung gelten diese Grundsätze entsprechend eingeschränkt; verallgemeinerungsfähige Rechtsfolgen lassen sich insoweit nicht ziehen. Maßgebend sind die Einzelfallumstände. **Gerichtliche Vergleiche** bleiben in der Regel verbindlich, da bei ihrem Abschluss kaum von einer Schutzfähigkeit des zugrunde gelegten GebrM ausgegangen werden kann (ebenso *Bühring*, § 15, Rdn. 85). Weitergehende Wirkungen kommen der Löschung und dem Löschungsverfahren nicht zu.

6.3 Zurückweisung des Antrags

53 Der Antrag ist zurückzuweisen, wenn er unzulässig oder unbegründet ist. Auch bei der Zurückweisung des Antrags als unzulässig handelt es sich um eine Sachentscheidung (BGH PMZ 1985, 339 – Besetzungsrüge); insoweit verbraucht sie den geltend gemachten Löschungsgrund anders als die Zurückweisung wegen Unbegründetheit für den Antragsteller nicht (BGH GRUR 1962, 299, 304 – formstrip). Die Zurückweisung als unzulässig oder unbegründet wirkt nur zwischen den Verfahrensbeteiligten, nicht gegenüber Dritten (OLG Düsseldorf GRUR 1995, 487, 488 – Gummifüße). Die Rechtskraft der Zurückweisung wegen Unbegründetheit des Antrags erfasst den gesamten Löschungsgrund, d. h. eine neue Klage kann nur auf einen neuen gestützt werden, selbst wenn hinsichtlich des bisherigen Löschungsantrages neues Material aufgefunden worden sein sollte. Auch eine erneute (ergänzende) Geltendmachung neben einem neuen Löschungsgrund ist unzulässig. Soweit der Löschungsgrund reicht, stellt der Zurückweisungsbeschluss die Schutz-

fähigkeit des GebrM im Verhältnis zwischen den Verfahrensbeteiligten fest. Sind die Schutzansprüche zu weit, ist das GebrM aber in eingeschränktem Umfang schutzfähig, kommt nur eine **teilweise Löschung** in Betracht; soweit Schutzfähigkeit vorliegt, muss der Löschungsantrag grundsätzlich abgewiesen werden (BGH GRUR 1968, 86, 89 – Ladegerät I). Die Rechtsbeständigkeit des GebrM wird im Umfang des aufrecht erhaltenen Teils zwischen den Beteiligten festgestellt. Im Umfang der Abweisung des Antrags tritt zwischen den Parteien des Löschungsverfahrens die Bindungswirkung nach § 19 Satz 3 ein.

6.4 Klarstellungen

Klarstellungen wurden nach früherer Praxis als zulässig angesehen (vgl. BPatG PMZ 1973, 259, 260 – Lenkradbezug). Nach neuerer Praxis begegnen ihnen dieselben Bedenken wie im Patentrecht (vgl. hierzu BGH GRUR 1988, 757, 760 – Düngerstreuer; BPatG GRUR 1986, 808: Grundsätzlich keine den Schutzbereich betreffende Klarstellung). „Klarstellungen" in den Beschlussgründen sind Auslegungshilfen für die Verletzungsgerichte. Sollten Klarstellungen ausnahmsweise als zulässig angesehen werden, können sie keine vollständige Klageabweisung bedeuten (*Benkard/Rogge,* § 15 GebrMG, Rdn. 31). **54**

7. Rechtsmittel

Der Beschluss im Löschungsverfahren ist für denjenigen Verfahrensbeteiligten, der durch ihn beschwert ist, mit der Beschwerde nach § 18 anfechtbar. Dasselbe gilt für die isolierte Kostenentscheidung (keine analoge Anwendung von § 99 I ZPO) und für den nach §§ 91 a, 269 III ZPO analog ergangenen Kostenbeschluss (a. A. offenbar *Busse/Keukenschrijver,* § 17 GebrMG, Rdn. 54). Auch die mit einer Sachentscheidung verbundene Kostenentscheidung kann isoliert angegriffen werden (BPatGE 12, 193, 195). Die Löschung aufgrund Nichtwiderspruchs kann nicht in einem anderen Verfahren auf ihre materielle Richtigkeit überprüft werden (BGH GRUR 1963, 519, 521 – Klebemax); Einzelheiten bei § 18 und Anm. dort. **55**

8. Kostenentscheidung

8.1 Allgemeines

56 Über die Kostenlast ist vom DPMA **von Amts wegen** zu entscheiden, § 17 Abs. 4 Satz 1. Bei Antragsrücknahme bedarf es entsprechend § 269 Abs. 3 ZPO eines Antrags. Nach § 17 Abs. 4 Satz 2 sind die Regelungen in § 84 Abs. 2 Satz 2, 3 PatG und § 62 Abs. 2 PatG analog heranzuziehen. Über § 84 II PatG finden die Vorschriften über die Prozesskosten, §§ 91 ff ZPO, entsprechende Anwendung, soweit nicht die Billigkeit eine andere Entscheidung erfordert. Die für entsprechend anwendbar erklärte Vorschrift des § 62 II PatG betrifft nicht die Kostengrundentscheidung, sondern das Betragsverfahren. Die Kostenentscheidung umfasst nicht nur die Kosten des DPMA (Gebühren und Auslagen) sondern auch die den Beteiligten erwachsenden Kosten (BGH GRUR 1965, 621 – Patentanwaltskosten). Wird im Löschungsantrag das angegriffene GebrM aus Versehen mit einer falschen Nummer genannt, ist über die Erstattung der dem falschen Antragsgegner entstandenen Verfahrenskosten nach dem Veranlassungsprinzip und Billigkeit zu entscheiden, d. h. sie sind vom Antragsteller zu erstatten, soweit der falsche Antragsgegner sie nicht durch ein Hineindrängen in das Verfahren mit verursacht hat (BPatG GRUR 1997, 525, 526 – Zahlendreher); ein etwaiges Mitverschulden der GebrM-Abteilung ist nicht zu berücksichtigen; der Verweis des Antragstellers wegen eines Rückgriffs an die GebrM-Abteilung (so BPatG GRUR 1997, 525, 527 – Zahlendreher) dürfte im Ergebnis freilich fruchtlos sein.

57 Für die Kostentragung gilt grundsätzlich das **Unterliegensprinzip**, § 17 Abs. 4 i. V. m. § 84 II PatG, §§ 91 ff ZPO (st. Rspr. z. B. BPatGE 18, 185, 186; BPatGE 20, 64, 65; BPatGE 21, 38, 39; BPatGE 22, 126, 127). Dessen Ausmaß bestimmt sich im Verhältnis des Sachantrags (nicht: Sachprüfung) zum Umfang des Löschungsanspruchs. Bei teilweisem Obsiegen/Unterliegen werden die Kosten im Verhältnis des Obsiegens/Unterliegens geteilt. Eine beschränkte Verteidigung bedeutet für sich kein volles Unterliegen (vgl. BPatGE 22, 114). Bei Verzicht hat der GebrM-Inhaber die Kosten zu tragen (BPatGE 24, 190). Dasselbe gilt auch für den Nichtwiderspruch und die Rücknahme des Widerspruchs, weil sich der GebrM-Inhaber in die Rolle des Unterliegenden begibt, **§ 91 Abs. 1 ZPO** (BPatG GRUR 1989, 587, 588 – Ausklinkvorrichtung). **§ 91a ZPO** ist insoweit **nicht** anwendbar, jedoch **§ 93 ZPO** (BPatGE 11, 106, 109; BPatGE 14, 55; BPatGE 15, 68, 72; BPatGE 21, 38, 39; BPatG GRUR 1980, 43, 44 – Joghurtsteige; BPatGE 22, 131, 132; BPatG GRUR 1984, 654, 655 – Abdeckleiste). Denn § 91a ZPO betrifft die Kostenentscheidung bei übereinstimmender Erledigungserklärung der Beteiligten in einem in der Hauptsache anhängigen Verfahren, während hier die Verfahrensbeendigung durch Rücknahme des Widerspruchs im Raum steht (BPatG Mitt. 1999, 374, 375).

Ausnahmetatbestände von dem vorerwähnten Grundsatz sind **58** von demjenigen darzulegen und zu beweisen, der sich hierauf beruft. Mehrere Inhaber eines GebrM haften für die ihnen auferlegten Kosten in der Regel nach Kopfteilen, § 17 Abs. 4 Satz 2 i. V. m. § 84 Abs. 2 PatG; eine gesamtschuldnerische Haftung kommt grundsätzlich nur in Betracht, wenn die Streitgenossen in der Sache als Gesamtschuldner verurteilt werden, § 100 Abs. 4 ZPO (vgl. BGH GRUR 1998, 138, 139 – Staubfiltereinrichtung). Kosten wegen Säumnis und Verschulden müssen von derjenigen Partei trotz Obsiegens getragen werden, die sie verursacht, **§ 95 ZPO** (vgl. DPA PMZ 1956, 44; *Benkard/Rogge,* § 17 GebrMG, Rdn. 25). Kosten infolge erfolgloser Angriffs- und Verteidigungsmittel können demjenigen auferlegt werden, der diese geltend gemacht hat, **§ 96 ZPO** (vgl. RPA MuW. 38, 267; *Benkard/Rogge,* § 17 GebrMG, Rdn. 26), auch wenn er obsiegt. Gemäß § 18 Abs. 3 S. 2 i. V. m. §§ 84 Abs. 2 PatG, **97 Abs. 2 ZPO** können dem Obsiegenden ausnahmsweise die Kosten ganz oder teilweise auferlegt werden, wenn er aufgrund neuen Vorbringens obsiegt, das vorzubringen er in der ersten „Instanz" imstande war; Löschungsgründe im Sinne des § 15 gehören zu dem Vorbringen im Sinne des § 97 Abs. 2 ZPO (BPatG Mitt. 1996, 395, 396 – Helikopter-Modell). Ebenso ist **§ 98 ZPO** betreffend die Kosten eines Vergleichs (auch vor einem Verletzungsgericht) entsprechend anwendbar (BPatG GRUR 1982, 483, 485 – Vollstreckungsgegenklage).

8.2 Sofortiges Anerkenntnis

Besonderheiten ergeben sich für das „sofortige Anerkenntnis" **59** analog **§ 93 ZPO** (*Bühring,* § 17, Rdn. 32; *Mes,* § 16 GebrMG, Rdn. 2: auch zur Notwendigkeit einer vorangehenden Löschungsaufforderung). Im Falle des Nichtwiderspruchs ist das GebrM ohne Sachprüfung zu löschen. Deshalb ergeht über die Kosten eine isolierte Kostenentscheidung. § 93 ZPO trägt in besonderem Maße

Billigkeitserwägungen Rechnung und sein Zweck, überflüssige Verfahren zu vermeiden, gilt auch im GebrM-Löschungsverfahren (BGH GRUR 1982, 364 – Figur 3). Auch die Tatsache des Löschungsverfahrens als Popularverfahren steht dem nicht entgegen (BGH, aaO). Deshalb fallen dem Antragsteller die Verfahrenskosten zur Last, wenn der GebrM-Inhaber nicht durch sein Verhalten Anlass für das Löschungsverfahren gegeben hat und er den Anspruch sofort anerkennt, also vor allem auf einen Widerspruch verzichtet. Veranlassung gibt der GebrM-Inhaber durch ein Verhalten, das vernünftigerweise den Schluss auf die Notwendigkeit eines Löschungsverfahrens rechtfertigt (BPatGE 21, 38, 39; BPatGE 22, 285, 289; BPatG Mitt. 1999, 374, 375). Die bloße Inhaberschaft eines GebrM als ungeprüftem Schutzrecht kann nicht ausreichen (BPatGE 24, 11).

60 Veranlassung zur Einreichung des Löschungsantrags ist anzunehmen, wenn der GebrM-Inhaber einer angemessenen, befristeten und mit Gründen versehenen **Aufforderung zum Verzicht** auf das GebrM oder zu einem wesensgleichen Tun nicht entspricht (BPatGE 21, 38, 39). Die **Aufforderung zur Löschung** ist dem gleichzusetzen; dasselbe gilt für die Aufforderung zur Einräumung eines kostenlosen Mitbenutzungsrechts (BPatG GRUR 1989, 587, 588 – Ausklinkvorrichtung). Ein dem Verzicht entsprechendes Begehren ist auch die Aufforderung an den GebrM-Inhaber, auf Ansprüche aus dem GebrM für die Vergangenheit und/oder die Zukunft zu verzichten (BPatGE 29, 237, 239). Wird Verzicht gefordert, muss nicht gleichzeitig die Löschung angedroht werden oder umgekehrt. Auch Formulierungen, bei Unterlassungen müsse dem Mandanten Löschungsantrag empfohlen werden, stellen ein ernsthaftes Begehren dar. Ungeachtet dessen muss die Aufforderung aber bestimmten Kriterien der **Nachprüfbarkeit** und **Ernsthaftigkeit** genügen. Dazu gehören die Schriftlichkeit, die Angaben des Löschungsgrundes sowie der Fakten, auf die sich das Begehren stützt. Ernsthaftigkeit und Nachprüfbarkeit erfordern nicht einen schlüssigen Vortrag; Nachprüfbarkeit setzt keine Beweisführung voraus. Deshalb kann ein Verweis auf einen in einem parallelen Patenteinspruchsverfahren genannten Stand der Technik genügen. Der GebrM-Inhaber muss lediglich aus den Angaben entnehmen können, weshalb der Antragsteller das GebrM für löschungsreif hält; eine abschließende und extensive Mitteilung des entgegenstehenden Standes der Technik ist nicht notwendig, da sich der GebrM-Inhaber **selbst** wegen des Amtsermittlungsgrundsatzes mit dem Löschungsgrund in seinem gesamten Ausmaß auseinandersetzen muss (BPatG

GRUR 1989, 587, 588 – Ausklinkvorrichtung, auch zur Beschaffung von Übersetzungen fremdsprachiger Druckschriften). Eine „offenkundige Vorbenutzung" muss jedoch hinreichend spezifiziert sein, da andernfalls eine Überprüfbarkeit nicht möglich ist (eine nicht fristgerechte Reaktion auf eine Löschungsandrohung/Verzichtsaufforderung rechtfertigt deshalb nicht die Annahme eines notwendigen Löschungsverfahrens, vgl. BPatG Mitt. 1999, 374, 376 – Widerspruchsrücknahme als sofortiges Anerkenntnis). Die dem GebrM-Inhaber zur Verfügung stehende **Frist** muss angemessen sein (in der Regel 3 bis 4 Wochen). Dabei kommt es auf die Zeit bis zur Einreichung des Löschungsantrags an (BPatGE 8, 47, 53; vgl. auch BPatG GRUR 1989, 587, 588 – Ausklinkvorrichtung).

Eine Löschungsandrohung bzw. eine Aufforderung zum Verzicht sind **entbehrlich,** wenn der GebrM-Inhaber gegen den Dritten eine (noch rechtshängige) Verletzungsklage erhoben hat (BPatGE 22, 285, 289) oder eine einstweilige Verfügung erwirkt, beantragt oder angedroht hat (BPatG, aaO). Die Notwendigkeit entfällt jedoch nicht bei bloßer Verwarnung (BPatGE 21, 17, 18) oder Androhung einer Verletzungsklage, weil insoweit keine unmittelbare Gefahr einer für den GebrM-Inhaber negativen Entscheidung droht. Entbehrlichkeit ist ferner (ausnahmsweise) gegeben, wenn sich aus dem Gesamtverhalten des GebrM-Inhabers ergibt, dass eine Löschungsandrohung von vornherein zwecklos erscheint; hier können ergebnisorientiert die Grundsätze der (insbesondere wettbewerbsrechtlichen) Rechtsprechung zur Entbehrlichkeit einer Abmahnung herangezogen werden. Die einem Dritten durch das Aufforderungsschreiben entstandenen Kosten sind nicht erstattungsfähig, da das (bloße) Innehaben des GebrM kein rechtswidriges Verhalten darstellt (BPatG GRUR 1993, 113, 115 – Thermostat).

Im Nichtwiderspruch liegt in jedem Fall ein **sofortiges Anerkenntnis** im Sinne des § 93 ZPO (BPatGE 8, 47), so dass eine isolierte Kostenentscheidung ergeht (*Bühring,* § 17, Rdn. 24). Die Einreichung eingeschränkter Schutzansprüche stellt kein sofortiges Anerkenntnis dar, da sie eben keinen Verzicht oder die Einräumung eines Mitbenutzungsrechts darstellt und im übrigen ohnehin nur schuldrechtlichen Charakter aufweist (a. A. *Benkard/Rogge,* § 17, Rdnr. 22; wie hier: BPatG GRUR 1989, 587, 588/589 – Ausklinkvorrichtung; nach BPatG GRUR 1980, 43 – Joghurtsteige und BPatG GRUR 1980, 225, 227 – Hammerbohrereinrichtung: Teilanerkenntnis für den über die neu gefassten Schutzansprüche hinausgehenden Teil, so dass § 93 ZPO analog anwendbar sei). Hinsichtlich der Einreichung neuer Schutzansprüche liegt des weiteren ein

Teilwiderspruch vor, deshalb kommt ggfs. insoweit eine Anwendbarkeit des § 92 ZPO analog in Betracht (ähnlich *Goebel,* GRUR 1999, 833, 837). Widerspruch vor Verzicht schließt die Anwendung des § 93 ZPO regelmäßig aus (BGH GRUR 1997, 625, 627 – Einkaufswagen; BPatGE 11, 235). Zum Veranlassunggeben bei Ablehnung der Verzichtsaufforderung und gleichzeitigem Vorschlag, einen Lizenzvertrag abzuschließen, BPatGE 14, 55.

63 Ebenso ist für den **Feststellungsantrag** eine eigene Aufforderung (Verzicht auf Ansprüche für die Vergangenheit) erforderlich (BPatGE 29, 237, 239). Keinen Anlass (mit der Folge der Kostenregelung gemäß § 93 ZPO analog) hat der Inhaber des nach Ablauf der Schutzdauer gelöschten Gebrauchsmusters gegeben, wenn er gegenüber dem Inhaber eines jüngeren Gebrauchsmusters weder den Löschungsgrund des älteren Rechts geltend gemacht noch zu erkennen gegeben hat, dass er ihn geltend machen werde (BPatG GRUR 1993, 116).

8.3 Rücknahme des Löschungs- oder Feststellungsantrags

64 Hier ist **§ 269 Abs. 3 Satz 2 ZPO** analog anzuwenden, das heißt eine Kostenentscheidung zu Lasten des Antragstellers erfolgt hier auf entsprechenden Antrag (BPatGE 20, 64, 65). Dies gilt für alle Instanzen. Ein teilweises Unterliegen mit entsprechender Kostenlast ist anzunehmen, wenn der Antragsteller einen ursprünglichen Antrag auf vollumfängliches Löschen auf einen Antrag auf teilweises Löschen umstellt, selbst wenn er mit seinem zuletzt gestellten Antrag vollen Erfolg hat. Dies gilt auch, wenn eine unzulässige Erweiterung Anlass für den Antrag war (BPatGE 12, 193).

8.4 Erledigung der Hauptsache

65 Bei ihr gelten nach **übereinstimmender** Erledigungserklärung die Grundsätze des **§ 91 a ZPO** analog (BGH GRUR 1997, 625 – Einkaufswagen). Derjenige hat die Kosten zu tragen, der ohne das erledigende Ereignis voraussichtlich unterlegen wäre. Es ergeht eine isolierte Kostenentscheidung. Eine übereinstimmende Erledigungserklärung kann auch konkludent erfolgen, z. B. wenn beide Parteien nur noch eine Kostenentscheidung erbitten (BPatGE 24, 11, 12). Das DPMA/BPatG hat im Fall übereinstimmender Erledigungserklärung nicht zu prüfen, ob tatsächlich ein erledigendes Ereignis eingetreten ist. Kein erledigendes Ereignis ist anzunehmen, wenn die Hauptsache bereits beendet war, z. B. durch Nichtwiderspruch. Erledigung tritt durch Verzicht auf das GebrM nach Widerspruch ein, wenn nicht der Antragsteller auf einen Feststellungsantrag übergeht (BPatGE 14, 64). Sie bedeutet regelmäßig eine Kostenlast des GebrM-Inhabers (BPatGE 14, 58; BPatGE 14, 64). Dies gilt auch, soweit durch den Verzicht das Löschungsverfahren nicht beendet worden ist, nämlich im Hinblick auf die geltend gemachte Unwirksamkeit für die Vergangenheit. Will sich der GebrM-Inhaber insoweit nicht in die Position des Unterliegenden begeben, muss er seinen Antrag auf Zurückweisung des Löschungsantrags aufrecht erhalten; es bedarf dann einer Sachentscheidung über den Löschungsantrag, soweit die Vergangenheit betroffen ist (BPatGE 24, 190, 193). Bei Verzicht auf das GebrM nach Einreichung des Löschungsantrags entfällt nicht die Widerspruchsfrist; der GebrM-Inhaber kann eine Entscheidung darüber, ob der Löschungsantrag ursprünglich zulässig und begründet war, nur durch Widerspruch und Entgegentreten gegen die Erledigungserklärung erreichen; andernfalls hat er (wegen Nichtwiderspruchs und vorbehaltlich § 93 ZPO analog) die Kosten zu tragen. Fehlt das besondere rechtliche Interesse an der Feststellung, treffen die Kosten den Antragsteller (BPatGE 22, 17); dies gilt auch bei Löschungsantrag gegen ein abgelaufenes, aber noch verlängerungsfähiges Gebrauchsmuster, § 23 Abs. 2, wenn es nicht zur Verlängerung kommt (BPatGE 22, 140); ebenso bei Rücknahme des Widerspruchs (BPatGE 12, 131, 132). In diesen Fällen bedarf es keiner besonderen Prüfung der eigentlichen Erfolgsaussichten des Antrags. Das bloße Verfallenlassen des Schutzrechts mit Ablauf seiner Schutzdauer während des Löschungsverfahrens begründet nicht allein die Kostentragungspflicht; das gleiche gilt, wenn der Antragsteller die Hauptsache für erledigt erklärt, nachdem das GebrM nach Teillöschung erloschen ist (BPatGE 10, 256, 259; BPatG GRUR 1981, 908 – Brustprothese). Bei übereinstimmender Erledigungserklärung nach Einreichung eingeschränkter Schutzansprüche kennzeichnen diese den mutmaßlichen Verfahrensausgang, d. h. die Kosten sind so zu teilen, als ob in diesem Umfang eine Teillöschung erfolgt wäre. Im Rahmen des § 91a ZPO ist ebenfalls der Rechtsgedanke des § 93 ZPO heranzuziehen (vgl. hierzu Anm. 8.2).

8.5 Umfang der zu erstattenden Kosten (Gegenstandswert, Kostenfestsetzung)

66 Ist nach Maßgabe der vorstehenden Ausführungen die **Kostengrundentscheidung** ergangen, so stellt sich die Frage der **Höhe der Kosten,** insbesondere hinsichtlich der Erstattung der Gebühren und Auslagen. Die hierzu entwickelte Praxis des für GebrM-Angelegenheiten zuständigen 5. Senats des BPatG bedarf insgesamt einer Revision; sie ist nicht praxisgerecht und steht auch mit der Praxis der Senate des BPatG in Patentnichtigkeitssachen nicht in Einklang, obwohl das Löschungsverfahren als justizähnliches, kontradiktorisches Verfahren ausgestaltet ist. Die Besonderheiten der Praxis des 5. Zivilsenats des BPatG lassen sich wie folgt zusammenfassen:

67 Zu den nach § 17 Abs. 4 Satz 2 i. V. m. § 62 PatG als erstattungsfähig bezeichneten Kosten gehören außer den Gebühren etc. des Patentamts die den Beteiligten erwachsenen Kosten, soweit sie zur zweckentsprechenden Wahrung der Ansprüche und Rechte notwendig waren. § 62 Abs. 2 PatG hat durch das 2. PatGÄndG 1998 eine Änderung erfahren (vgl. zur Gesetzesbegründung PMZ 1998, 393, 405). Des weiteren wird die Regelung des § 84 Abs. 2 PatG für anwendbar erklärt. Der 5. Senat des BPatG geht dabei hinsichtlich der Anwaltskosten im Löschungsverfahren vor dem Patentamt von dem Vorrang der Regelung in § 62 Abs. 2 Satz 1 PatG aus (Beschluss vom 24. 11. 1998, 5 W (pat) 18/98). Ungeachtet dieser Regelung sind danach – anders als in § 62 PatG – nach der insoweit analog angewendeten Vorschrift des § 91 Abs. 2 Satz 1 ZPO die gesetzlichen Gebühren und Auslagen eines Anwalts stets zu erstatten, also ohne die Glaubhaftmachung, dass die Zuziehung eines Anwalts zur Wahrung der Ansprüche und Rechte notwendig war (BPatG GRUR 1992, 503 – Mehrwertsteuer; BPatG GRUR 1993, 385/386 – Umsatzsteuer).

8.5.1 Kosten des Patentsanwalts

68 Bei der Beurteilung der Kosten der Vertretung durch einen beauftragten Anwalt differenziert das BPatG zwischen der Vergütung eines Patentanwalts unter dem Gesichtspunkt der Angemessenheit und der Vergütung eines Rechtsanwalts. Die Kosten eines Vertreters (Rechtsanwalt, Patentanwalt) sind grundsätzlich erstattungsfähig (vgl. BGH GRUR 1965, 621 – Patentanwaltskosten). Die Angemessenheit der Vergütung eines **Patentanwaltes** wird nach den §§ 612,

Löschungsverfahren

614, 675 BGB beurteilt. Bei Fehlen einer Gebührenvereinbarung steht nach der Praxis des BPatG dem Patentanwalt ein Leistungsbestimmungsrecht nach §§ 315, 316 BGB zu, dessen Ausübung der nachträglichen Berechnung einer höheren Gebühr entgegensteht. Das BPatG bestimmt dabei die Angemessenheit anhand des Systems der **Gebührenordnung für Patentanwälte** (Ausgabe vom 1. 10. 1968). Bei dieser „Gebührenordnung", die von der Patentanwaltskammer herausgegeben wurde, handelt es sich um keine Rechtsnorm und auch um keine Taxe im Sinne des § 612 Abs. 2 BGB. Da die „Gebührenordnung" betragsmäßig weit überholt ist, rechnet der 5. Senat des BPatG Teuerungszuschläge hinzu. Nachfolgend wird insoweit nur auf die Rechtssituation eingegangen, die sich nach der Rechtsprechung des 5. Senats des BPatG aufgrund der Änderung der Gebührensätze der BRAGO nach dem 1. 7. 1994 ergibt: Zu erstatten (zur Erstattungsfähigkeit einer nach der Gebührenordnung für Patentanwälte bemessenen Vergütung eines Patentanwalts: BGH GRUR 1968, 447 – Flaschenkasten) ist danach eine von einem Patentanwalt geltend gemachte Verfahrensgebühr, deren Bemessung nach dem System der Festbetragsgebühren ausgeht, wie sie in der Gebührenordnung für Patentanwälte niedergelegt ist. Das BPatG hat dabei den **Teuerungszuschlag** voll berechnet und auf ca. 218% angehoben (BPatG GRUR 1997, 821 – PA-Kosten im Löschungsverfahren II). Danach beträgt die Verfahrensgebühr für ein GebrM-Löschungsverfahren vor dem Patentamt einschließlich des Teuerungszuschlags DM 1900,00 (rechnerisch korrigiert und aufgerundet: DM 1970,00). Die entsprechende Gebühr beträgt im GebrM-Löschungsbeschwerdeverfahren vor dem BPatG DM 2545,00 (rechnerisch korrigiert: DM 2624,00). In dieser Höhe decken die genannten Gebühren die Vergütung eines Patentanwalts im GebrM-Löschungsverfahren normalen Schwierigkeitsgrades und Umfangs bis zu einem Gegenstandswert von DM 250 000,00 nach der BRAGO. Bereits insoweit fließen also auch nach dem BPatG Grundsätze der BRAGO in die Berechnung der erstattungsfähigen Patentanwaltskosten mit ein. In umfangreichen, schwierigen, eiligen oder bedeutungsvollen, insbesondere wirtschaftlich bedeutungsvollen Fällen, kann die Gebühr nach der Gebührenordnung, Abschnitt A Nr. 9, erhöht werden. Dies wird im Kostenfestsetzungsverfahren jedoch nur geprüft, wenn sich Anhaltspunkte aus den darzulegenden und vor allen Dingen glaubhaft zu machenden Angaben der Beteiligten ergeben. Bloße Bezugnahmen auf den Streitwert eines etwaigen parallelen Verletzungsrechtsstreits reichen nicht aus. Nur eine halbe Verfahrensgebühr ist erstattungsfähig, wenn der Patentanwalt im GebrM-Löschungsverfahren seinen Mandanten zwar beraten hat, jedoch bis zum Ablauf der Widerspruchsfrist keine nach außen sichtbare Tätigkeit entfaltet hat. Fehlen in der Patentanwaltsgebührenordnung nähere Angaben über gebührenrechtliche Begriffe, so werden vom 5. Senat des BPatG zur Sinnermittlung die Bestimmungen der BRAGO herangezogen (vgl. BPatGE 32, 162), was für sich genommen bereits die Fragwürdigkeit des Zurückgreifens auf die Patentanwaltsgebührenordnung erkennen lässt. Die Zweifel werden noch verstärkt, wenn berücksichtigt wird, dass der Patentanwalt im Löschungsbeschwerdeverfahren vor dem BPatG nach den Gebührensätzen der BRAGO abzurechnen hat, wenn ein Rechtsanwalt in diesem Verfahrensabschnitt mitwirkt (vgl. BPatG Mitt. 1967, 54; BPatGE 3, 58; 5, 144).

69 Der Heranziehung der Grundsätze der Patentanwaltsgebührenordnung für die Berechnung der (erstattungsfähigen) Gebühren des Patentanwalts im GebrM-Löschungsverfahren vor dem DPMA und dem BPatG ist zu widersprechen. Es liegt auf der Hand, dass die Gebührenordnung der Patentanwälte kartellrechtlich bedenklich ist. Darüber hinaus kann in der Praxis nicht davon gesprochen werden, dass die Gebührenordnung für Patentanwälte von den Patentanwälten weiterhin als übliche Vergütung behandelt wird. Sie erscheint in der Praxis vielmehr als nur noch in seltenen Fällen angewandtes Relikt. Bereits die komplizierte Berechnung (vgl. die Entscheidungsgründe des BPatG GRUR 1997, 821, 822 – PA-Kosten im Löschungsverfahren II) des Teuerungszuschlags und die ohnehin empirisch kaum gerechtfertigte Annahme, dass ein auf diese Weise ermittelter angemessener Betrag „dem der Masse der Durchschnittsfälle zugrunde liegenden Gegenstandswert" von DM 250 000,00 entspreche, führen faktisch zur Nichtanwendbarkeit der Patentanwaltsgebührenordnung. Hinzu kommt, dass derartige „Berechnungen" inländischen, erst recht ausländischen Verfahrensbeteiligten schwerlich vermittelbar sind. Faktisch werden deshalb von Patentanwälten weit überwiegend Honorarvereinbarungen nach Zeitaufwand oder unter Zugrundelegung von Gegenstandswerten nach der BRAGO getroffen.

70 Die schon allein aus praktischen Gründen erforderliche Abkehr von der Patentanwaltsgebührenrechnung verlangt mithin, dass entgegen der bisherigen Praxis des BPatG eine selbständige Festsetzung des Gegenstandswerts für das erstinstanzliche Löschungsverfahren nach den Grundsätzen der BRAGO zulässig sein muss (zur abweichenden Praxis: vgl. lediglich BPatG Mitt. 1966, 121; BPatG Mitt. 1979, 176, 177; BPatG GRUR 1979, 702). Da es sich beim GebrM-

Löschungsverfahren um ein justizähnlich ausgestaltetes Verfahren handelt, stehen dem keine rechtlichen Gründe entgegen. Die Berechnung nach den Gebühren der BRAGO entspricht damit dem Leistungsbestimmungsrecht gemäß §§ 315, 316 BGB. Erstattungsfähig, d. h. vom Kostenschuldner zu übernehmen, sind dabei maximal diejenigen Kosten, die sich unter Zugrundelegung eines angemessenen Gegenstandswertes ergeben, § 91 ZPO analog. Das heißt, höhere Gebühren, die sich aufgrund der Berechnung einer Vereinbarung nach Zeitaufwand oder Pauschalhonorar ergeben, sind von dem Kostenschuldner nicht zu erstatten; insoweit fehlt es an der Erforderlichkeit im Sinne des § 91 ZPO analog. Als Gebühren kommen insbesondere in Betracht: Geschäftsgebühr, Besprechungsgebühr, Beweisaufnahmegebühr, vgl. auch Rdnr. 71.

8.5.2 Kosten des Rechtsanwalts

Für die Vertretung des Antragstellers oder GebrM-Inhabers durch einen **Rechtsanwalt** im GebrM-Löschungsverfahren entstehen Gebühren nach dem 12. Abschnitt der BRAGO, also immer die Geschäftsgebühr (§ 118 I Nr. 1), möglicherweise auch die Besprechungs- und Beweisaufnahmegebühr (§ 118 I Nr. 2 und 3). § 66 BRAGO enthält eine Sonderregelung für Beschwerden in GebrM-Sachen (10/10, nicht 13/10 Gebühr), und zwar jeweils als Prozessgebühr (§ 31 I Nr. 1 BRAGO), als Verhandlungsgebühr (§ 31 I Nr. 2 BRAGO), als Beweisgebühr (§ 31 I Nr. 3 BRAGO) sowie als Erörterungsgebühr, § 31 I Nr. 4 BRAGO die Erörterung der Sache, auch im Rahmen eines Versuchs zur gütlichen Einigung. Dabei werden Erörterungsgebühren und Verhandlungsgebühren, die denselben Gegenstand betreffen und in demselben Rechtszug entstehen, gegeneinander aufgerechnet, § 31 Abs. 2 BRAGO. Im Verfahren über alle übrigen Beschwerden und im Verfahren über die Erinnerung gegen die Kostenfestsetzung und den Kostenansatz fällt eine 5/10 Gebühr an, § 61 Abs. 1 Nr. 1, 2 BRAGO.

Dabei sollen für einen Rechtsanwalt im Regelfall nur Gebühren in Höhe einer 8/10 der vollen Gebühr anfallen (BPatG GRUR 1989, 343, 344 – Patentanwaltsgebühren). Angesichts der in GebrM-Löschungsverfahren auftauchenden Rechtsprobleme erscheint hingegen eine 10/10 Gebühr als angemessen.

8.5.3 Doppelvertretungskosten

Bei **Doppelvertretungskosten** ist zu unterscheiden: Doppelvertretungskosten, die durch eine gleichzeitige Einschaltung von Patentanwalt und Rechtsanwalt entstehen, sollten nach denselben Grundsätzen erstattungsfähig sein, die auch für das Nichtigkeitsverfahren gelten. Da GebrM häufig dieselben Anmeldungen wie Patente betreffen, ist eine nach Gebrauchsmusterrecht und Patentrecht unterschiedliche Handhabung nicht gerechtfertigt. Nach der früheren Rechtsprechung (BGH GRUR 1965, 621 – Patentanwaltskosten) waren in der Regel nur die Kosten eines Vertreters als erstattungsfähig anerkannt worden, es sei denn, dass erhebliche rechtliche Schwierigkeiten zu lösen waren. Für das Nichtigkeitsverfahren ist nunmehr anerkannt, dass bei einer Doppelvertretung zusätzlich für den mitwirkenden Anwalt (sei es ein Patent- oder Rechtsanwalt) **eine** volle Gebühr zuzüglich der notwendigen Auslagen und der Erhöhungsbeträge für die Rechtsmittelinstanz und bei Vertretung mehrerer Auftraggeber zu erstatten ist (BPatG GRUR 1990, 351 – Doppelvertretung). Nichts anderes kann im GebrM-Löschungsverfahren vor dem DPMA gelten, da auch hier gleichermaßen die Materie in aller Regel sowohl von technisch-naturwissenschaftlichen als auch von den juristischen Problemstellungen durchdrungen ist. Die Vergütung hat dabei im Verfahren vor dem DPMA nach § 118, nicht nach § 31 BRAGO zu erfolgen (und zwar in Höhe einer 5/10–10/10 Gebühr nach einem anzunehmenden Gegenstandswert). Ist in dem Löschungs- oder Feststellungsverfahren vor dem DPMA ein Patentanwalt zum Verfahrensbevollmächtigten bestellt worden und ist nach den vorerwähnten Grundsätzen auch die Mitwirkung eines Rechtsanwalts angezeigt, so bedarf es in der Regel nicht der Bestellung des Rechtsanwalts zum weiteren Verfahrensbevollmächtigten, sondern nur der nach § 118 Abs. 1 BRAGO zu vergütenden Mitwirkung des Rechtsanwalts im Sinne der Bearbeitung der rechtlichen Fragestellungen. Im Beschwerdeverfahren vor dem BPatG richtet sich hingegen die zu erstattende Gebühr nach § 31 BRAGO, s. o. Die Erstattungsfähigkeit einer weiteren Gebühr im Sinne einer Doppelvertretung ist jedoch dann nicht anzuerkennen, wenn auf seiten des Antragstellers oder GebrM-Inhabers ein Vertreter mitwirkt, der sowohl die Funktion eines Patentanwalts als auch eines Rechtsanwalts inne hat, da insoweit eine gedankliche „Spaltung der Person" zur Beantwortung der verschiedenen technischen und/oder rechtlichen Schwierigkeiten eher theoretisch ist (str.).

8.5.4 Kosten des ausländischen Anwalts

73 Ist beispielsweise im Löschungsverfahren ein Rechtsanwalt der Vertreter, so gelten für die Erstattungsfähigkeit eines mitwirkendenden **ausländischen Patentanwalts** jedenfalls dann keine Besonderheiten, wenn dieser seinen Sitz im EU-Ausland hat (andernfalls Verstoß gegen EU-Recht). Ob bei Vertretung einer – insbesondere ausländischen – Partei durch einen inländischen Patentanwalt die Kosten eines **ausländischen Rechtsanwalts** erstattungsfähig sind, wird sich nach den allgemeinen Grundsätzen über die Erstattungsfähigkeit der Kosten eines **Verkehrsanwalts** bemessen. Hierbei ist zwar zu berücksichtigen, dass es sich beim GebrM-Recht um ein nationales Schutzrecht handelt; andererseits sind die hier angesprochenen Fragen häufig gleichartig mit denjenigen ausländischer Patentrechtssysteme, so dass insbesondere im Bereich der EU eine großzügige Handhabung angezeigt erscheint. Von besonderen Fallgestaltungen abgesehen, werden grundsätzlich nur die durch die Zuziehung **eines** ausländischen Rechts- oder Patentanwalts entstandenen Kosten erstattungsfähig sein. Die Ausländereigenschaft eines der Beteiligten rechtfertigt in höherem Maße die Einschaltung eines (ausländischen) Verkehrsanwalts (Patent- oder Rechtsanwalts). Für einen im Ausland ansässigen Beteiligten wird es in aller Regel notwendig sein, zur Aufnahme und Weiterleitung der für die Verfahrensführung notwendigen Informationen sowie zum Verständnis und zur Förderung der ihm durch den inländischen Verfahrensbevollmächtigten übermittelten tatsächlichen und rechtlichen Fragestellungen einen ausländischen Anwalt einzuschalten, der nicht nur sprachliche Barrieren überwinden kann, sondern der auch aufgrund der Vergleichbarkeit der jeweiligen nationalen Rechtsgebiete verfahrensfördernde Funktionen übernehmen kann. Zur Geltendmachung der Kosten für einen Verkehrsanwalt bedarf es auf jeden Fall einer umfassenden Darstellung der für die Erstattungsfähigkeit maßgeblichen tatsächlichen Umstände.

8.5.5 Gegenstandswert

Nach der bisherigen Praxis wird im erstinstanzlichen Löschungsverfahren vor dem **DPMA** bei Vertretung der Parteien durch Patentanwälte im Hinblick auf die Gebührenordnung für Patentanwälte **kein Gegenstandswert** festgesetzt. Dies gilt auch im Falle der Mitwirkung eines Rechtsanwalts im GebrM-Löschungsverfahren vor dem DPMA. Lediglich als reiner Berechnungsmaßstab wird von dem Kostenbeamten ein Gegenstandswert nach den Grundsätzen der BRAGO (fiktiv) zugrunde gelegt. Im **GebrM-Löschungsbeschwerdeverfahren** setzt hingegen das BPatG bei Mitwirkung eines Rechtsanwalts auf Antrag einen **Gegenstandswert** fest, und

§ 17   74   Löschungsverfahren

zwar nach Maßgabe der nachfolgenden allgemeinen Grundsätze, die die Rechtsprechung hier aufgestellt hat (BPatG GRUR 1966, 222; BPatGE 15, 165). Die Festsetzung im Beschwerdeverfahren erfolgt nach § 10 BRAGO und im Rechtsbeschwerdeverfahren nach § 3 ZPO (a. A. BGH PMZ 1991, 190: Anwendung des § 3 ZPO auch im Beschwerdeverfahren). Nach der Praxis des BPatG soll auch im Beschwerdeverfahren ein Festsetzungsantrag unzulässig sein, wenn zwar der Gegner, nicht aber der Antragsteller durch einen Rechtsanwalt vertreten ist. Ob bei der Wertfestsetzung im Rechtsbeschwerdeverfahren auch der Wert für die Vorinstanz von Amts wegen geändert werden kann (so BGH PMZ 1991, 190), ist streitig (a. A. *Busse/Keukenschrijver,* § 17 GebrMG, Rdnr. 58). Soweit eine Bestimmung des Gegenstandswerts (auch als bloße Berechnungsgrundlage) erfolgt, gelten dieselben Grundsätze wie für das Patentnichtigkeitsverfahren. Der Gegenstandswert ist nach dem Interesse der Allgemeinheit an der Löschung des angegriffenen GebrM zu bestimmen. Grundlage für die Berechnung ist der Wert des GebrM bei Einleitung des Löschungsverfahrens bzw. bei Beginn des Beschwerdeverfahrens zuzüglich der bis dahin entstandenen Schadenersatzansprüche (vgl. BGH GRUR 1985, 511 – Stückgutverladeanlage; BPatG Mitt. 1982, 77). Nach BPatG (GRUR 1986, 240/241 – GebM-Streitwert) soll der Streitwert im Verletzungsstreit regelmäßig keinen zuverlässigen Aufschluss über den Wert des Gegenstands und damit die wirtschaftliche Bedeutung eines zwischen denselben Parteien anhängig gewesenen Verfahrens zur Löschung dieses GebrM geben; jedoch kann ein solcher Streitwert für die untere Grenze von Bedeutung sein (*Benkard/Rogge,* § 17 GebrMG, Rdn. 28). Gewinne und Umsätze des GebrM-Inhabers stellen einen bedeutenden Anhaltspunkt für die Wertbemessung dar. Der Gewinn eines Lizenznehmers hat bei der Ermittlung des gemeinen Werts eines lizenzierten Gebrauchsmusters und damit des Gegenstandswerts außer Betracht zu bleiben (BPatG GRUR 1985, 524, 526/527 – UV-Bestrahlungsgerät); die Erträge des Lizenzgebers aus derartigen Lizenzeinnahmen sind freilich zu berücksichtigen. Auch im Verfahren zur nachträglichen Feststellung der Unwirksamkeit eines (infolge Verzichts) gelöschten oder (durch Ablauf der Schutzdauer) erloschenen Gebrauchsmusters bestimmt sich der Gegenstandswert nach dem Interesse der Allgemeinheit; dieses kann sich durch die Summe der entstandenen Schadenersatzforderungen aus Verletzungshandlungen (nicht nur gegen den Antragsteller) ergeben (BPatG GRUR 1985, 524, 526 – UV-Bestrahlungsgerät; BGH PMZ 1991, 190). Entsprechendes gilt auch bezüglich eines GebrM-Löschungsverfahrens wegen widerrechtlicher Entnahme (BPatG, aaO, S. 526). Der Gegenstandswert einer durchgeführten Nebenintervention ist nach dem wirtschaftlichen Interesse der Allgemeinheit an der Löschung des angegriffenen GebrM zu bestimmen; dieses wird wiederum von zwei Faktoren bestimmt, nämlich von dem gemeinen Wert des als rechtsbeständig zu unterstellenden Gebrauchsmusters zu Beginn des Beitritts zu den Löschungsverfahren und zum anderen von den in der Vergangenheit aus Verletzungshandlungen entstanden Schadenersatzforderungen (BPatG GRUR 1985, 524, 526 – UV-Bestrahlungsgerät). Die Festsetzung setzt einen Antrag voraus. Die für die Ermittlung der Kostenfestsetzung zu erfolgenden Angaben hat der die Kostenerstattung geltend machende Beteiligte gemäß § 17 Abs. 4 Satz 2 i. V. m. §§ 62 Abs. 2 Satz 3, 84 Abs. 2 Satz 2 PatG, 103 104 ZPO analog darzulegen und glaubhaft zu machen. Eine Amtsermittlung erfolgt nicht, weil dieser Grundsatz nur im Erkenntnisverfahren, nicht jedoch im Kostenfestsetzungsverfahren gilt.

8.5.6 Sonstige Gebühren und Auslagen

Sonstige Gebühren und Auslagen (alphabetische Reihenfolge): **75**
- **Ablichtungen, Abschriften:** Siehe unter Fotokopien **76**
- **Abwesenheitsgeld (Tagegeld):** Die Erstattungsfähigkeit regelt sich nach § 28 Abs. 2 BRAGO (vgl. BPatG Mitt. 1972, 31) **77**
- **Akteneinsichtsgebühren:** Diese sind nicht erstattungsfähig, wenn sie lediglich als Entscheidungshilfe dazu dienen, ob ein Löschungsverfahren aufgenommen werden soll; es fehlt dann an der Verfahrensbezogenheit; erstattungsfähig sind sie, wenn sie im Rahmen des Verfahrens selbst entstehen (vgl. BPatGE 11, 109). **78**
- **Allgemeine Geschäftskosten:** Es gilt das Gebot kostensparender Verfahrensführung; diese sind in der Regel nicht erstattungsfähig. **79**
- **Aufforderungsschreiben zum Verzicht bzw. zur Löschung des angegriffenen GebrM:** Dies sind keine Kosten des Löschungsverfahrens; sie können nur in zivilgerichtlichen Verfahren nach allgemeinen Rechtsgrundsätzen (§§ 683, 823 BGB) geltend gemacht werden. **80**
- **Ausländischer Anwalt:** Zur Erstattungsfähigkeit siehe oben. **81**
- **Besprechungsgebühr:** Anwaltskosten, die durch prozessbegleitende Tätigkeit entstehen (§§ 20, 118 BRAGO) sind, wenn sie verfahrensbezogen sind, erstattungsfähig; vgl. BPatGE 10, 64; 32, 162). **82**
- **Beweisgebühr:** Diese fällt im gerichtlichen Verfahren an, § 31 Abs. 1 Ziff. 3 BRAGO (mit Beweisbeschluss oder mit Beweis- **83**

anordnung gemäß § 273 Abs. 2 ZPO); kein Entfallen der Beweisgebühr, wenn Beweisaufnahme zum Beispiel danach nicht durchgeführt wurde. Nach der bisherigen Praxis fällt die Beweisgebühr für die vom DPMA angeordneten Beweisaufnahmen nur für das Mitwirken von Rechtsanwälten bei Beweisaufnahmen an, § 118 Abs. 1 Nr. 3 BRAGO.

84 – **Datenbankkosten:** Für Telekommunikationsdienstleistungen zu zahlende Entgelte kann der Rechtsanwalt dem Mandanten in Rechnung stellen, § 26 Satz 1 BRAGO. Diese sind im Löschungsverfahren erstattungsfähig, wenn die Recherche notwendig war.

85 – **Detektivkosten:** Diese müssen auch im Löschungsverfahren als erstattungsfähig angesehen werden können, jedenfalls soweit sie erfolgreich sind und für das Verfahrensergebnis ursächlich waren oder die Tatsache durch Zeugen nicht beweisbar ist (zu denken z. B. an Fälle des Nachweises offenkundiger Vorbenutzungen). Ferner müssen sie, auch im Umfang, geboten gewesen und angemessen sein in Bezug auf die Bedeutung des Verfahrens. Auch soweit sie vorprozessual entstanden sind, müssen sie als erstattungsfähig angesehen werden, wenn sie im unmittelbaren Zusammenhang mit dem bestimmten Verfahren stehen.

86 – **Druckschriften:** Die Kosten der Druckschriften sind erstattungsfähig; jedoch jeweils nur ein Exemplar pro Beteiligter. Für die Frage der Erstattungsfähigkeit ist es in der Regel gleichgültig, von wo die Druckschriften besorgt werden (z. B. vom DPMA, Patentinformationszentren etc.). Die Druckschriften müssen ferner in einem inneren Zusammenhang mit dem Verfahren gestanden haben (Glaubhaftmachung gemäß § 104 Abs. 2 Satz 1 ZPO).

87 – **Erörterungsgebühren** in Höhe einer Verhandlungsgebühr können im Löschungsbeschwerdeverfahren erstattungsfähig sein, wenn die Erörterung von dem Mandanten gefordert wird (BPatGE 32, 162, 164: § 31 Abs. 1 Nr. 4 BRAGO unanwendbar).
 – **Fotokosten:** Fotos, die der Vermittlung des Streitstoffs und des Nachweises einer Behauptung dienen, können erstattungsfähig sein.

88 – **Honorarvereinbarung:** Kosten gemäß einer Honorarvereinbarung (vgl. § 3 BRAGO) des Anwalts sind nur erstattungsfähig, wenn der Gegner sie vertraglich übernommen hat. Bei einem ausländischen Patentanwalt/Korrespondenzanwalt, für den keine gesetzlichen Gebühren gelten, sind sie im Rahmen der Erstattungsfähigkeit zu übernehmen, wenn die mit ihm vereinbarten Stundensätze ortsüblich sind.

- **Mehrwertsteuer:** Der Rechtsanwalt/Patentanwalt kann grund- 89
sätzlich die auf seine Gebühren entfallende Mehrwertsteuer gegenüber seinem (inländischen) Mandanten erstattet verlangen. Soweit eine Vorsteuerabzugsberechtigung besteht, ist keine Erstattungsfähigkeit gegeben (nach BPatG GRUR 1992, 503 soll diese materiell-rechtliche Einwendung vom Kostenfestsetzungsbeamten nur dann zu berücksichtigen sein, wenn sie unstreitig ist; dazu genüge nicht fehlendes Bestreiten seitens des Kostengläubigers, weil § 138 Abs. 3 nur im Erkenntnisverfahren, nicht dagegen im Verfahren der Kostenfestsetzung gelte; um als unstreitig angesehen werden zu können, bedürfe es daher grundsätzlich eines prozessualen Geständnisses im Sinne von § 288 Abs. 1 ZPO; diese Auffassung ist nicht praxisorientiert). Bei einer Kostenausgleichung infolge einer Quotelung der Kosten ist die auf die Vergütung des Anwalts entfallende Umsatzsteuer von der Verrechnung auszunehmen und gemäß der Kostenquote gesondert festzusetzen, wenn und soweit der insoweit Erstattungspflichtige die Vorsteuerabzugsberechtigung einwendet und wenn die Verrechnung zu seinen Lasten zu einem geringeren Ausgleichsbetrag führen würde (BPatG PMZ 1993, 346). Zur Mehrwertsteuer auf Fotokopien: BPatGE 23, 108.
- **Privatgutachten:** Als Parteikosten sind sie nur ausnahmsweise 90
erstattbar; das Gutachten muss mindestens in das Verfahren eingeführt worden sein, es nicht notwendig gefördert oder die Entscheidung erkennbar beeinflusst haben. Die Entscheidungspraxis des BPatG (zu Patentnichtigkeitsverfahren) ist uneinheitlich (vgl. BPatGE 30, 263; BPatG GRUR 1993, 548; BPatG GRUR 1981, 815; BPatG GRUR 1976, 608).
- **Recherchekosten:** Die Erstattungsfähigkeit dem Grunde nach 91
von Kosten für Nachforschungen nach gebrauchsmusterhinderndem Material hängt regelmäßig davon ab, ob die Nachforschung in der seinerzeitigen Lage bei sorgfältiger Abwägung aller Umstände für notwendig gehalten werden durfte (vgl. BPatG Mitt. 1994, 54). Ein Recherchieren auf bloßen Verdacht hin führt nicht zur Erstattungsfähigkeit. Für die Frage der Notwendigkeit der Erstattung ist auf den Zeitpunkt der Einleitung der Recherchen abzustellen. Ob die ermittelten Entgegenhaltungen vom DPMA bzw. Beschwerdegericht verwertet worden sind oder die Recherche Erfolg gehabt hat, ist nicht entscheidend; in diesen Fällen ist aber regelmäßig von einer Erstattungsfähigkeit auszugehen. Eine Recherche zum Stand der Technik ist gerade unter dem Gesichtspunkt des Gebots der kostenschonenden Verfahrensführung

grundsätzlich eine unverzichtbare Maßnahme zur Vorbereitung eines Löschungsantrags, weil nur in der Regel über sie zuverlässig Aufschluss darüber gewonnen werden kann, ob ein auf den Löschungsgrund des § 15 Abs. 1 Nr. 1 gestützter Löschungsantrag hinreichende Aussicht auf Erfolg hat. Der Antragsteller muss sich nicht darauf verweisen lassen, sich vorab zu erkundigen, ob gegen den Inhaber des GebrM bereits ein Löschungsverfahren anhängig ist oder war und welcher Stand der Technik gegebenenfalls ermittelt wurde. Die Erstattungsfähigkeit der Recherchekosten eines **Nebenintervenienten** kann eingeschränkt sein, wenn bereits zahlreiche vom Hauptbeteiligten entgegengehaltene Literaturstellen keinen hinreichenden Anlass für die Durchführung einer eigenen Recherche ergeben (BPatG Mitt. 1972, 37). Bei **Mehrfachrecherchen** bedarf es zur Begründung der Erstattungsfähigkeit einer eingehenden Begründung zur Notwendigkeit aus Sicht des Antragstellers. Dies gilt auch für Recherchen im Ausland. Die Recherche nach Geschmacksmustern kann unter Umständen notwendig sein, da zum Stand der Technik auch technische Gegenstände gehören können, die wegen ihrer ästhetischen Wirkung als Geschmacksmuster hinterlegt werden (vgl. BPatG Mitt. 1994, 54). Wird eine Recherche zugleich für ein weiteres Verfahren, z. B. **Verletzungsstreit oder Patenteinspruchsverfahren** verwandt, sind die Kosten entsprechend zu teilen. Recherchekosten, die in einem GebrM-Verletzungsstreit nicht geltend gemacht werden konnten, können vom DPMA oder BPatG nicht mehr festgesetzt werden (BPatGE 25, 59).

92 Allgemeine Voraussetzung ist, dass die Recherchekosten durch das Verfahren ausgelöst worden sein müssen, in dem sie geltend gemacht werden. Dient die Recherche der Vorbereitung einer Beschwerde gegen einen Beschluss des DPMA im Löschungsverfahren, sind dies Kosten des Beschwerdeverfahrens (BPatGE 33, 98). Die Festsetzung kann auch beim Verletzungsgericht erfolgen (*Benkard/Rogge,* § 17 GebrMG, Rdn. 35). Ist die Recherche von einem Anwalt durchgeführt worden, richtet sich die Angemessenheit seines Vergütungsanspruchs nach dem Stundensatz entsprechend den Bestimmungen des Zeugen- und Sachverständigengesetzes (BPatGE 16, 24). Zeitaufwand und Aspekte eines besonderen Schwierigkeitsgrades sind glaubhaft zu machen. Jedoch können das Sichten und Prüfen von Rechercheergebnissen seitens des Anwalts nicht gesondert in Rechnung gestellt werden, da diese Tätigkeiten durch die Verfahrensgebühr abgegolten sind (BPatGE 34, 122).

Löschungsverfahren 93, 94 § 17

– **Reisekosten:** Zu unterscheiden ist zwischen Reisekosten des (pa- 93
tent-)anwaltlichen Vertreters und denjenigen der Partei. Reisekosten eines **Anwalts** im Löschungs-Beschwerdeverfahren sind gesetzliche Auslagen im Sinne des § 91 Abs. 2 Satz 1 ZPO i. V. m. § 84 Abs. 2 PatG und unterliegen mithin nicht der Notwendigkeitskontrolle durch den Rechtspfleger (vgl. § 18 Abs. 3 Satz 2; BPatG GRUR 1992, 503). Der Anwalt ist in der Wahl des Verkehrsmittels grundsätzlich frei. Taxikosten eines Patentanwalts vom Flughafen zum Hotel in die Innenstadt München und zurück werden nunmehr im Löschungsverfahren als erstattungsfähig angesehen, § 28 Abs. 1 BRAGO analog. Dagegen verstoße der Anwalt gegen Treu und Glauben, wenn er die Kosten in einer Höhe aufwende, deren Anerkennung zu einem schlechthin untragbaren Ergebnis führen würde. Die Übernachtung in einem Luxushotel zum Zwecke der Wahrnehmung der mündlichen Verhandlung in einer durchschnittlichen Löschungssache sei deshalb nicht gerechtfertigt. Grenzen für die Übernachtung bei ca. DM 200,00 (Stand: 1999). Zur Geltendmachung von Kraftfahrzeugkosten: BPatG GRUR 1992, 503. Die Erstattungsfähigkeit der Reisekosten der **Partei** richtet sich analog § 91 Abs. 1 Satz 2 ZPO. Erstattungsfähig sind Fahrtkosten, Reiseaufwand und Zeitversäumnis (a. A. *Bühring,* § 17, Rdn. 98). Maßgebend sind die Bestimmungen des ZSEG. Pkw-Kosten sind erstattungsfähig, wenn die Benutzung der Bundesbahn (2. Klasse) nicht viel billiger gewesen wäre. Der Begriff der Reise setzt voraus, dass die Partei die Grenzen der politischen Gemeinde überschreitet, in der sie wohnt. Reisekosten zur Teilnahme am Verhandlungstermin auch bei anwaltlicher Vertretung sind grundsätzlich erstattungsfähig; hier ist keine kleinliche Handhabung angesagt (a. A. *Bühring,* § 17, Rdn. 91). Die Anwesenheit der Partei im Verhandlungstermin fördert erfahrungsgemäß die rasche Erledigung des Verfahrens und entspricht damit der Gesetzestendenz zur Verfahrensbeschleunigung. Ebenso müssen die Reisekosten der Partei zur einmaligen ersten Information ihres nicht an ihrem Wohnort befindlichen Anwalts als erstattungsfähig angesehen werden.
– **Übersetzungskosten:** Werden wesentliche, insbesondere um- 94
fangreiche Schriftstücke oder solche, auf deren genauen Wortlaut es ankommen kann, zur Unterrichtung einer die deutsche Sprache nicht ausreichend beherrschenden ausländischen Partei übersetzt, so sind die Kosten hierfür grundsätzlich erstattungsfähig, auch wenn ein Verkehrsanwalt eingeschaltet war (BPatGE 25, 4, 5). Nach dem 5. Senat des BPatG sollen jedoch Übersetzungskosten von Verfahrensunterlagen nicht erstattungsfähig sein, wenn die

§ 18 Beschwerde; Rechtsbeschwerde

Rechtfertigung eines Verkehrsanwalts gerade mit Sprachhindernissen begründet wird. Die Übersetzung von Dokumenten in die deutsche Sprache zur Erleichterung des Verfahrensablaufs sollte großzügig behandelt werden; auch hier ist jedoch das Gebot kostensparender Maßnahmen zu beachten, so dass insbesondere bei umfangreichen Dokumenten häufig die Teilübersetzung von Ausschnitten von Dokumenten genügt. Ungeachtet dessen zeigt der Gesetzgeber (z. B. in § 184 GKG oder Art. II § 3 IntPatÜG) die Anerkennung der Notwendigkeit von Übersetzungen. Entschädigt wird nach § 17 ZSEG.

95 – **Zeugengebühren und -auslagen:** Diese sind erstattungsfähig. Die Höhe richtet sich nach dem ZSEG.

96 – **Zeitversäumnis der Partei:** Siehe unter Reisekosten.

97 Im Löschungsverfahren vor dem DPMA ist der Beamte des gehobenen Dienstes des DPMA für das Kostenfestsetzungsverfahren zuständig (nicht der Rechtspfleger). Ein Beteiligtenwechsel im Kostenfestsetzungsverfahren durch Umschreibung des Gebrauchsmusters findet nicht statt (BPatGE 20, 130).

9. Kostenerstattung und Zwangsvollstreckung

98 Das DPMA erlässt einen Kostenfestsetzungsbeschluss. Aus einer vollstreckbaren Ausfertigung dieses Kostenfestsetzungsbeschlusses ist die Zwangsvollstreckung möglich, §§ 724, 795a ZPO. Diese ist vom Urkundsbeamten der Geschäftsstelle des DPMA zu erteilen. Die **Vollstreckungsgegenklage** gegen einen Kostenfestsetzungsbeschluss des DPMA ist möglich, § 17 Abs. 4 GebrMG i. V. m. § 62 Abs. 2 Satz 3 PatG. Für eine solche Klage ist das BPatG als Prozessgericht des ersten Rechtszuges ausschließlich zuständig.

§ 18 [Beschwerde; Rechtsbeschwerde]

(1) **Gegen die Beschlüsse der Gebrauchsmusterstelle und der Gebrauchsmusterabteilungen findet die Beschwerde an das Patentgericht statt.**

(2) **Richtet sich die Beschwerde gegen einen Beschluß der Gebrauchsmusterstelle, durch den die Anmeldung eines Gebrauchsmusters zurückgewiesen wird, oder gegen einen Beschluß der Gebrauchsmusterabteilung, durch den über den**

Löschungsantrag entschieden wird, so ist innerhalb der Beschwerdefrist eine Gebühr nach dem Tarif zu zahlen; wird sie nicht gezahlt, so gilt die Beschwerde als nicht erhoben.

(3) Im übrigen sind die Vorschriften des Patentgesetzes über das Beschwerdeverfahren entsprechend anzuwenden. Betrifft die Beschwerde einen Beschluß der in einem Löschungsverfahren ergangen ist, so ist für die Entscheidung über die Kosten des Verfahrens § 84 Abs. 2 des Patentgesetzes entsprechend anzuwenden.

(4) Über Beschwerden gegen Beschlüsse der Gebrauchsmusterstelle sowie gegen Beschlüsse der Gebrauchsmusterabteilungen entscheidet ein Beschwerdesenat des Patentgerichts. Über Beschwerden gegen die Zurückweisung der Anmeldung eines Gebrauchsmusters entscheidet der Senat in der Sitzung mit zwei rechtskundigen Mitgliedern und einem technischen Mitglied, über Beschwerden gegen Beschlüsse der Gebrauchsmusterabteilungen über Löschungsanträge in der Besetzung mit einem rechtskundigen Mitglied und zwei technischen Mitgliedern. Der Vorsitzende muß ein rechtskundiges Mitglied sein. Auf die Verteilung der Geschäfte innerhalb des Beschwerdesenats ist § 21 g des Gerichtsverfassungsgesetzes anzuwenden. Für die Verhandlung über Beschwerden gegen die Beschlüsse der Gebrauchsmusterstelle gilt § 69 Abs. 1 des Patentgesetzes, für die Verhandlung über Beschwerden gegen die Beschlüsse der Gebrauchsmusterabteilungen § 69 Abs. 2 des Patentgesetzes entsprechend.

(5) Gegen den Beschluß des Beschwerdesenats des Patentgerichts, durch den über eine Beschwerde nach Abs. 1 entschieden wird, findet die Rechtsbeschwerde an den Bundesgerichtshof statt, wenn der Beschwerdesenat in dem Beschluß die Rechtsbeschwerde zugelassen hat. § 100 Abs. 2 und 3 sowie die §§ 101 bis 109 des Patentgesetzes sind anzuwenden.

Literatur (Auswahl): *Bender,* Die Überbesetzung des Gebrauchsmusterbeschwerdesenats des Bundespatentgerichts mit technischen Richtern, GRUR 1998, 969.

Übersicht

	Rdn.
1. Allgemeines/Zweck der Vorschrift	1
2. Zulässigkeit der Beschwerde	2
2.1 Statthaftigkeit	3–13

	Rdn.
2.2 Beschwerdeberechtigung	14, 15
2.3 Einlegung, Form, Frist	16–18
2.4 Inhaltliche Anforderungen	19
2.5 Anschlussbeschwerde	20
2.6 Abhilfe	21
3. Beschwerdegebühr	22–25
4. Wirkung der Beschwerde	26
5. Beschwerdeverfahren	
5.1 Anwendbare Vorschriften	27
5.2 Beschwerdesenate, Besetzung	28–30
5.3 Verfahren nach Einlegung der Beschwerde	31–38
5.4 Zurücknahme der Beschwerde	39
5.5 Entscheidung	40–44
5.6 Kosten, Kostenfestsetzung	45
5.6.1 Einseitige, mehrseitige Beschwerdeverfahren	46–48
5.6.2 Löschungsbeschwerdeverfahren	49, 50
5.6.3 Kostenfestsetzung	51
5.7 Rechtsmittel	52
6. Rechtsbeschwerde	53
6.1 Statthaftigkeit	54–57
6.2 Umfang der Überprüfung	58–63

1. Allgemeines/Zweck der Vorschrift

1 Entscheidungen der GebrM-Stelle bzw. der GebrM-Abteilungen des DPMA können mit der Beschwerde angefochten werden. § 18 erfüllt das grundgesetzliche Gebot der Rechtsweggarantie, Art. 19 Abs. 4 GG, gegen Entscheidungen des DPMA, durch die jemand in seinen Rechten verletzt ist. Die Regelung ist verschiedentlich gesetzlichen Änderungen unterworfen gewesen (vgl. hierzu *Benkard/ Schäfers,* § 18, Rdnr. 1). Dennoch regelt sie die Beschwerde und das Beschwerdeverfahren nur unvollständig. Sie ist §§ 73 ff PatG ähnlich und verweist auf diese in Abs. 3 ausdrücklich. § 18 Abs. 1 entspricht § 73 Abs. 1 PatG; die Regelung in Abs. 2 entspricht § 73 Abs. 3 PatG. § 18 Abs. 3 erklärt die Vorschriften der §§ 73–80 PatG für anwendbar; für die Kostenentscheidung im Löschungsbeschwerdeverfahren verweist er auf § 84 Abs. 2 PatG. Abs. 4 regelt Aspekte der Gerichtsverfassung und bestimmt den „gesetzlichen Richter" im

Sinne des Art. 100 Abs. 1 GG durch zwingende Regelung der Besetzung des Beschwerdesenats. Abs. 4 Satz 4 enthält eine Verweisung auf § 21 g Abs. 1 und 2 GVG, Satz 5 verweist auf § 69 PatG. Abs. 5 bedeutet eine Anpassung an § 100 Abs. 1 PatG, wonach nur zweitinstanzliche Beschlüsse des Patentgerichts mit der Rechtsbeschwerde angefochten werden können. Nicht geregelt ist der Rechtsbehelf der Erinnerung, der gegen Kostenfestsetzungsbeschlüsse im Löschungsbeschwerdeverfahren in Betracht kommt.

2. Zulässigkeit der Beschwerde

Der Sache nach führt von der „ersten Instanz" des DPMA ein „Instanzenzug" zum Beschwerdesenat des BPatG. Das Verfahren vor dem Beschwerdesenat ist als ein **echtes Rechtsmittelverfahren** ausgestaltet (BGH GRUR 1969, 562, 563 – Appreturmittel; BGH GRUR 1995, 333, 337 – Aluminium-Trihydroxid), an dem das DPMA als die Behörde, die den mit der Beschwerde angefochtenen Beschluss erlassen hat, grundsätzlich nicht beteiligt ist. Alle Verfahrenshandlungen, die im Verfahren vor dem DPMA möglich waren, können auch noch im Beschwerdeverfahren gegenüber dem BPatG vorgenommen werden. Die Beschwerde setzt nicht ein erstinstanzliches Verfahren in Gang, sondern eröffnet vielmehr eine zweite (gerichtliche) Tatsacheninstanz (BGH GRUR 1969, 562, 563 – Appreturmittel). Auf das Beschwerdeverfahren sind ergänzend die Vorschriften der ZPO über das Beschwerdeverfahren anzuwenden. Das Beschwerdegericht kann in der Sache jede denkbare Entscheidung treffen, die vom DPMA getroffen werden kann (BGH GRUR 1969, 562, 563 – Appreturmittel), also z.B. Anordnung der Eintragung oder Löschung des GebrM. Mit Ausnahme des Verzichts können auch alle vor dem DPMA abzugebenden Erklärungen oder Handlungen vor dem BPatG erfolgen. Verfahrensanträge sind in derjenigen Instanz zu stellen, bei der das Verfahren anhängig ist; derartige Erklärungen werden erst wirksam, wenn sie in der betreffenden Instanz eingehen.

2.1 Statthaftigkeit

Die Beschwerde ist nur gegen Beschlüsse der GebrM-Stelle und der GebrM-Abteilung statthaft, nicht gegen bloße Untätigkeit oder

Äußerungen, die keinen Beschlusscharakter haben. **Beschlüsse** im Sinne dieser Vorschrift sind unabhängig von der äußeren Form und der Bezeichnung als Beschluss alle Entscheidungen des DPMA mit **Entscheidungscharakter,** durch die eine abschließende Regelung ergeht, die die Rechte der Beteiligten berührt (BPatG GRUR 1982, 367 – Hilfsantrag). Keine Beschwerde findet statt, wenn dies ausdrücklich geregelt ist (z. B. bei der Bewilligung der Wiedereinsetzung, § 21 i. V. m. § 123 Abs. 4 PatG). Der Begriff „Beschluss" ist materiell-rechtlich zu verstehen (vgl. BPatG GRUR 1996, 873, 874 – Rechtsschutzbedürfnis). Auch Entscheidungen, die an sich keinen Beschlusscharakter aufweisen, aber in Beschlussform ergangen sind, sind mit der Beschwerde angreifbar. Bei Fehlen einer Entscheidung ist das Rechtsmittel der Beschwerde unstatthaft, z. B. formlose, bloße Mitteilung oder versehentliche Nichtentscheidung über einen Teil der Kosten. Wird jedoch der äußere Schein eines Beschlusses hervorgerufen, z. B. durch Ausfertigungsstempel, formelle Zustellung etc., ist dieser Akt mit der Beschwerde angreifbar. Auch Zwischenentscheidungen können angefochten werden. Die Kostenentscheidung der GebrM-Abteilung ist isoliert anfechtbar (BPatGE 22, 114, 115). Für die Statthaftigkeit ist es auch nicht entscheidend, ob die gesetzlichen Zuständigkeiten der GebrM-Stelle bzw. der GebrM-Abteilung eingehalten sind. Mit der Beschwerde angegriffen werden können z. B.

4 – die Zurückweisung der Eintragung; zur Frage, ob die Eintragungsverfügung materiell-rechtlich als Beschluss charakterisiert werden kann, vgl. BPatG GRUR 1982, 367, 368 – Hilfsantrag;

5 – die Eintragungsverfügung unter Zugrundelegung des hilfsweise geltend gemachten Schutzbegehrens, weil dadurch zugleich das vom Anmelder in erster Linie geltend gemachte Schutzbegehren abgelehnt wird (BPatG GRUR 1982, 367, 368 – Hilfsantrag);

6 – Zurückweisung des Löschungs- oder Feststellungsantrags;

7 – Ablehnung einer beanspruchten Priorität oder Feststellung der Verwirkung einer Priorität;

8 – Anordnung oder Ablehnung der Umschreibung (BGH GRUR 1969, 43 – Marpin – Markensache);

9 – Anordnung, Ablehnung, Aufhebung einer Geheimhaltungsanordnung (vgl. BGH GRUR 1972, 535 – Geheimhaltungsanordnung);

10 – Entscheidung über Eintritt oder Nichteintritt bestimmter Rechtsfolgen, z. B. zur Inanspruchnahme und Verwirkung einer Priorität, Wirksamkeit der Abzweigung oder Teilung, Nichtzahlung einer Gebühr, etc.;

- Anordnung oder Ablehnung der Aussetzung (BPatGE 10, 131, **11**
135);
- Ablehnung eines Berichtigungsantrags etc. **12**

Die **Beschwerde** ist aufgrund gesetzlicher Regelung **aus-** **13**
geschlossen in den Fällen des § 46 Abs. 1 Satz 5 PatG (Zurückweisung eines Antrags auf Anordnung einer mündlichen Verhandlung, Beweisaufnahme, Zeugeneinvernahme), § 123 Abs. 4 PatG (Bewilligung der Wiedereinsetzung), § 135 Abs. 1 Satz 1 PatG (Gewährung von Verfahrenskostenhilfe). Ferner ist eine Beschwerde nicht gegen gesetzlich vorgeschriebene **Benachrichtigungen** möglich, z. B. Gebührenbenachrichtigungen oder Aufforderung zur Nennung des Aktenzeichens (BPatGE 24, 218). Des weiteren nicht angreifbar sind verfahrensleitende Verfügungen oder die Ablehnung verfahrensleitender Maßnahmen, auf die kein Anspruch besteht, wie die Verbindung mehrerer Verfahren (BPatGE 27, 82), Zwischen- oder Prüfungsbescheide (BPatGE 3, 8), Beweisbeschlüsse etc.

2.2 Beschwerdeberechtigung

Weitere Voraussetzung ist, dass der Beschwerdeführer durch die **14**
angefochtene Entscheidung beschwert ist (BGH GRUR 1972, 535, 536 – Geheimhaltungsanordnung; BPatGE 11, 227, 228). Die **Beschwer** ist Rechtsmittelvoraussetzung. Sie kann formeller Art sein (Abweichen gegenüber dem Antrag, vgl. BPatG GRUR 1983, 369 – Beschwer) oder materieller Art sein (inhaltlich nachteiliges Abweichen der Entscheidung, vgl. BGH GRUR 1982, 291 – Polyesterimide). Eine schlüssige Behauptung der Beschwer reicht aus (BPatGE 11, 227). Die Beschwer muss grundsätzlich noch zum Zeitpunkt der Einlegung der Beschwerde gegeben sein. Ob ihr Wegfall während des Beschwerdeverfahrens die Beschwerde unzulässig oder lediglich unbegründet macht (so BPatGE 9, 263), ist streitig. Beschwer ist gegeben, wenn einem Begehren eines Beteiligten nicht in vollem Umfange stattgegeben wird. Dies lässt sich durch einen Vergleich von beantragten und durch die Beschlussformel gewährtem entnehmen; ausnahmsweise soll sich eine Beschwer auch aus den Gründen der Entscheidung selbst ergeben können (BPatGE 11, 227, 229). Dies wird jedoch eine weitgehende Ausnahme sein, da die Begründung der Entscheidung allein nicht in Bestandskraft erwächst. Im Regelfall wird infolgedessen z. B. keine Beschwer des Antragstellers anzunehmen sein, wenn das GebrM wegen druckschriftlichen Standes der Technik, nicht aber wegen gleichzeitig geltend gemachter

offenkundiger Vorbenutzung gelöscht wird. In diesem Fall entspricht der Beschluss in vollem Umfang dem Antrag des Antragstellers. **Beispiele** für Beschwer: Änderung des angegriffenen Anspruchs im Wege der Teillöschung bei uneingeschränktem Löschungsantrag (BPatG GRUR 1992, 694, 695 – Betätigungswerkzeug); jede Änderung des GebrM im Löschungsverfahren ohne Einwilligung des GebrM-Inhabers beschwert diesen (vgl. BGH GRUR 1997, 120, 122 – Elektrisches Speicherheizgerät); Einschränkung des Schutzbereichs in den Gründen der Löschungsentscheidung (vgl. BPatG GRUR 1987, 113 – Digitalrechner). Der Löschungsantragsteller ist durch jede die Aufrechterhaltung (auch nur teilweise bei vollständigem Antrag auf Löschung) des GebrM aussprechende Entscheidung beschwert.

15 **Beschwerdeberechtigter** kann jeder sein, der am Verfahren vor dem Patentamt beteiligt war, § 18 Abs. 3 GebrMG i. V. m. § 74 Abs. 1 PatG, z. B. der Anmelder, der GebrM-Inhaber oder der Antragsteller im Löschungsverfahren. Mehrere Anmelder sind notwendige Streitgenossen, § 62 ZPO. Der Beschwerdeberechtigte muss sich aus den Unterlagen innerhalb der Beschwerdefrist (nicht notwendig allein aus der Beschwerdeschrift) eindeutig entnehmen lassen (BPatG GRUR 1993, 549/550 – Beschwerderecht). Erfolgt während des Löschungsverfahrens ein Inhaberwechsel einschließlich Umschreibung in der Rolle, so stehen sowohl dem neuen Inhaber als auch dem früheren Inhaber das Beschwerderecht zu, wenn das DPMA den früheren Inhaber weiterhin als Verfahrensbeteiligten behandelt (vgl. BPatG, aaO). Wird im Löschungsantrag das angegriffene Gebrauchsmuster wegen eines Schreibversehens mit der falschen Nummer genannt, ist aber aus dem Löschungsantrag im übrigen das richtige GebrM zweifelsfrei zu identifizieren, so wird der Inhaber des GebrM mit der Falschnummer, dem der Löschungsantrag zugestellt wird, nicht Verfahrensbeteiligter des vom Antragsteller eingeleiteten Löschungsverfahrens (BPatG GRUR 1997, 525 – Zahlendreher); er wird damit für dieses Verfahren auch nicht Beschwerdeberechtigter, dies ist nur soweit möglich, als seine Beteiligung in dem Verfahren auf seine förmliche Entlassung hieraus betroffen ist (vgl. aber BPatGE 22, 108; BPatGE 37, 135). Beschwerdeberechtigter kann auch ein Nebenintervenient sein. Der Löschungsantragsteller ist ebenfalls möglicher Beschwerdeführer in einem Verfahren des GebrM-Inhabers auf Wiedereinsetzung wegen Versäumung der Widerspruchsfrist oder der Zahlungsfrist für die Verlängerungsgebühr (BGH GRUR 1971, 246 – Hopfenextrakt).

2.3 Einlegung, Form, Frist

Die Verweisung in Abs. 3 auf die Vorschriften des PatG über die Einlegung der Beschwerde ist umfassend. Die Beschwerde ist **beim DPMA** einzulegen, § 18 Abs. 3 Satz 1 GebrMG i. V. m. § 73 Abs. 2 Satz 1 PatG, was seinen Grund in der Abhilfemöglichkeit gemäß § 73 Abs. 4 PatG hat. Die Einreichung der Beschwerde beim BPatG zur Fristwahrung reicht nicht aus. Zuständig ist die Stelle, deren Beschluss angefochten wird, § 73 Abs. 4 Satz 1 PatG.

Die Einhaltung der **Schriftform** ist notwendig. Dies bedeutet Unterschriftsform. Sie ist in deutscher Sprache zu hinterlegen. Schriftform ist auch bei Fernschreiben und Telekopie gewahrt. Zur fehlenden Unterschrift bei Beschwerdeschriften per Fernschreiben (vgl. BPatG GRUR 1989, 908 – Beschwerde per Fernschreiben). Ist die Person des Beschwerdeführers nicht zweifelsfrei erkennbar, ist die Beschwerde unzulässig (BPatG GRUR 1993, 549/550 – Beschwerderecht).

Die **Beschwerdefrist** beträgt **einen Monat** nach Zustellung der angefochtenen Entscheidung, § 18 Abs. 3 GebrMG i. V. m. § 73 Abs. 2 Satz 1 PatG. Der Zulässigkeit steht nicht entgegen, wenn die Beschwerde vor Fristbeginn, aber nach Erlass der angefochtenen Entscheidung eingelegt wird, da die Frist nur den spätestmöglichen Zeitpunkt der Beschwerdeeinlegung festlegt (BPatGE 20, 27, 28); z. B. wenn die Zustellung nicht ordnungsgemäß ist, der Empfänger den Beschluss aber erhalten hat. Die Monatsfrist läuft ab **Zustellung** der Entscheidung (Ausnahme: Kostenfestsetzungsbeschlüsse des DPMA, § 62 Abs. 2 Satz 4 PatG: zwei Wochen, d. h. keine Erinnerung). Die Frist beginnt nur zu laufen, wenn die angefochtene Entscheidung ordnungsgemäß zugestellt ist, § 127 PatG; danach keine Heilung von Zustellungsmängeln. Weist die zugestellte Entscheidung **Mängel** auf (z. B. fehlende Unterschrift des Vorsitzenden), so wird die Frist gehemmt (BPatGE 24, 125). Für den Fristbeginn ist ferner eine ordnungsgemäße **Beschwerdebelehrung** erforderlich (vgl. § 47 Abs. 2 PatG). Ist diese fehlerhaft oder fehlt sie, so beträgt die Beschwerdefrist ein Jahr seit Zustellung des Beschlusses (§ 47 Abs. 2 Satz 3 PatG). Eine Fristverlängerung kommt nicht in Betracht. Wiedereinsetzung ist möglich. Für die Fristberechnung gelten die allgemeinen Regeln, §§ 187 ff BGB. Bei mehreren Beteiligten beginnt für jeden die Beschwerdefrist mit der an ihn erfolgten Zustellung (BPatG GRUR 1996, 872 – Beschwerdefrist).

2.4 Inhaltliche Anforderungen

19 Anforderungen an die Beschwerde werden nur insofern gestellt, als die Person des Beschwerdeführers eindeutig und zweifelsfrei erkennbar sein muss (BPatG GRUR 1993, 549 – Beschwerderecht). Hierzu gehört auch die ladungsfähige Anschrift des Beschwerdeführers. Bleiben Zweifel an der Person des Beschwerdeführers bestehen, so ist die Beschwerde unzulässig. Ferner muss in ihr deutlich zum Ausdruck kommen, dass eine bestimmte Entscheidung des DPMA angefochten werden soll. Die Wahl des Wortes „Beschwerde" ist hierfür nicht unbedingt erforderlich, aber zu empfehlen. Falsche Bezeichnungen wie zum Beispiel „Einspruch" oder dergleichen schaden nicht. Nicht ausreichend ist hingegen lediglich die (fristgerechte) Zahlung der Beschwerdegebühr, selbst wenn dies unter Angabe des Verwendungszweck erfolgt (BGH GRUR 1966, 50 – Hinterachse). Hierbei ist allgemein zu berücksichtigen, dass Formvorschriften im Rahmen gesetzlicher Regelungen zu Rechtsmitteln aus Gründen der Rechtssicherheit eng auszulegen sind. Die bedingungsfeindliche Beschwerdeschrift bedarf keines bestimmten Antrages. Wird kein bestimmter Antrag gestellt, wird der angefochtene Beschluss in toto angegriffen. Antrag und Begründung sind gleichwohl zu empfehlen, um negative Kostenfolgen zu vermeiden (§ 80 PatG). Hiervon abgesehen bedarf es keiner Beschwerdebegründung. Werden Anträge gestellt, so ist die Nachprüfungsbefugnis des BPatG auf deren Umfang beschränkt. Ein **Verzicht** auf das Beschwerderecht (z. B. durch die Mitteilung, keine Beschwerde einlegen zu wollen) ist analog § 514 ZPO möglich und führt zur Unzulässigkeit einer gleichwohl eingelegten Beschwerde. Im Kostenfestsetzungsbeschwerdeverfahren ist die Überprüfung auf einzelne Positionen zu beschränken, wenn dies im Antrag eindeutig zum Ausdruck kommt. Andernfalls erfolgt eine vollumfängliche Überprüfung mit eventuellen Kostennachteilen (vgl. BPatGE 30, 69).

2.5 Anschlussbeschwerde

20 Die (gesetzlich nicht geregelte) Anschlussbeschwerde liegt vor, wenn der Beschwerdegegner seinerseits Beschwerde einlegt. Dies kann vor und nach Ablauf der Frist geschehen. Je nachdem liegt eine **selbständige** oder **unselbständige** Anschlussbeschwerde vor. Gegner kann – je nach Fallgestaltung – der GebrM-Inhaber, der Antragsteller oder der Beitretende sein. Die Statthaftigkeit beider Ausgestaltungen der Anschlussbeschwerde ist gemäß § 99 Abs. 1 PatG i. V. m. § 577 a ZPO zu bejahen. Die unselbständige Anschlussbeschwerde kann noch nach Verzicht auf das Beschwerderecht, Rücknahme der eigenen früheren Beschwerde oder nach Fristablauf erhoben werden und erfordert keine Beschwer. Sie ist jedoch auf den Gegenstand der angefochtenen Entscheidung zu beschränken und verliert ihre Wirkung, wenn die frühere Beschwerde zurückgenommen oder als unzulässig verworfen wird oder sich erledigt.

2.6 Abhilfe

In **einseitigen Verfahren** kann diejenige Stelle des DPMA, deren Beschluss angefochten wird, der Beschwerde abhelfen. In **zweiseitigen Verfahren** ist eine Abhilfemöglichkeit nicht gegeben. Das DPMA muss der Beschwerde abhelfen, wenn sie diese für zulässig und begründet hält (BPatG GRUR 1991, 828 – Synchroton). Das Abhilfeverfahren ist damit in der Regel nur im Eintragungsverfahren vor der GebrM-Stelle zulässig. Die Abhilfe kann die Sache selbst entscheiden oder auch nur die Aufhebung der angefochtenen Entscheidung bei gleichzeitigem Wiedereintritt in die Sachprüfung bedeuten. Im einzelnen streitig (vgl. BPatG GRUR 1989, 105 – Überwachung von Taktsignalen, einerseits und BPatGE 27, 157, andererseits). Sie erfolgt in Beschlussform; eine Begründung ist grundsätzlich nicht erforderlich. Teilweise Abhilfe ist bei einem teilbaren Beschwerdegegenstand möglich (z. B. Haupt- und Hilfsantrag bzw. Teilung der Anmeldung). Bei einer Abhilfeentscheidung kann gemäß § 73 Abs. 4 Satz 2 PatG die Zurückzahlung der Beschwerdegebühr angeordnet werden. Ein Ausspruch hierüber ist in der Abhilfeentscheidung nur erforderlich, wenn diese angeordnet oder ein entsprechender Antrag zurückgewiesen wird. Im letztgenannten Fall muss die Entscheidung (ausnahmsweise) begründet werden. In allen mehrseitigen Verfahren sowie dann, wenn das DPMA die Beschwerde für unzulässig oder unbegründet erachtet, muss es ohne sachliche Stellungnahme innerhalb eines Zeitraums von drei Monaten **dem BPatG vorlegen,** § 73 Abs. 4 Satz 3, Abs. 5 PatG. Der Zeitrahmen von drei Monaten hat allenfalls dienstaufsichtsrechtlichen Charakter (BPatG GRUR 1985, 373 – Abhilfe VI). Zur Wiedereinsetzung im Zusammenhang mit Abhilfeverfahren: vgl. BPatGE 9, 25, 29; 16, 222; 29, 112).

3. Beschwerdegebühr

22 Nur in den in § 18 Abs. 2 genannten Fallgestaltungen ist eine Beschwerdegebühr zu bezahlen. Die dort nicht genannten Beschlüsse, die einen anderen Inhalt haben, sind gebührenfrei (vgl. BPatGE 16, 57, 62 zur Beschwerde gegen die Feststellung der Verwirkung des Prioritätsanspruchs).

23 Die Höhe der Beschwerdegebühr nach Abs. 2 richtet sich nach dem Tarif (Anlage 1 zu § 1 PatGebG – GebVerz-Nr. 22 410 = z. Zt. DM 345,00 für eine Beschwerde gegen einen Beschluss der Gebrauchsmusterstelle; GebVerz-Nr. 224 120 = z. Zt. DM 600,00 für eine Beschwerde gegen einen Beschluss der Gebrauchsmusterabteilung). Bei Nichtzahlung gilt die Beschwerde als nicht erhoben. Die (gebührenfreie) Beschwerde gegen die Zurückweisung des Eintragungsantrags (vgl. BPatG GRUR 1987, 114, 115; BPatG GRUR 1965, 33) ist von der (kostenpflichtigen) Beschwerde gegen die Zurückweisung der Anmeldung zu unterscheiden. Richtet sich die Beschwerde gegen einen Beschluss der GebrM-Stelle des DPMA, durch den unter Ablehnung des in erster Linie geltend gemachten Schutzbegehrens die Eintragung der Anmeldung unter Zugrundelegung des hilfsweisen Schutzbegehrens verfügt worden ist, so ist die Beschwerde gebührenpflichtig (BPatG GRUR 1982, 555, 557 – Sensoranordnung). Bei einer Entscheidung über den Löschungsantrag entsteht die Gebührenpflicht nur, wenn die Sachentscheidung selbst der GebrM-Abteilung angefochten ist (BPatGE 7, 134, 135). Eine Sachentscheidung ist auch die Zurückweisung des Löschungsantrags als unzulässig.

24 Bei **mehreren** selbständigen **Beschwerden** ist für jede eine gesonderte Gebühr zu entrichten (vgl. BGH GRUR 1982, 414 – Einsteckschloss). Dasselbe gilt, wenn mehrere Beschwerdeführer in einem gemeinsamen Schriftsatz Beschwerde einlegen (BGH GRUR 1984, 36, 37 – Transportfahrzeug). Bei einmaliger Zahlung und nicht eindeutiger Zuordnung zu einem der Beschwerdeführer, gilt die Beschwerde als nicht erhoben (BGH, aaO). Bilden die Beschwerdeführer eine Rechtsgemeinschaft (z. B. BGB-Gesellschaft), so ist die Beschwerdegebühr nur einmal geschuldet; die Tatsache der Rechtsgemeinschaft muss im Beschwerdeschriftsatz deutlich gemacht werden (BGH, aaO). Bei Beitritt eines Dritten zum Beschwerdeverfahren ist für diesen keine Beschwerdegebühr zu bezahlen (BPatG GRUR 1988, 903 – thermostatisch gesteuertes Regulierventil). Die **Zahlungsfrist** entspricht der Beschwerdefrist (innerhalb eines Monats nach Zustellung der Entscheidung). Rechtzeitige Verrechnungserklärung mit Guthaben ist möglich (BPatG GRUR 1994, 362 – Gebührenverrechnung). Neben der Rechtzeitigkeit der Zahlung ist auch die Identifizierbarkeit der Angelegenheit erforderlich (vgl. BPatGE 2, 196; 12, 163). Zur Frage der Rechtzeitigkeit des Zahlungseingangs vgl. ferner §§ 1, 3 der VO über die Zahlung der Gebühren des DPMA und des BPatG (PatGebZV). **Wiedereinsetzung** in die Versäumung der Zahlungsfrist ist möglich.

Wird die Beschwerdegebühr nicht, nicht rechtzeitig oder nicht vollständig gezahlt, gilt die Beschwerde als nicht erhoben, selbst wenn die Beschwerdeerklärung selbst rechtzeitig war (BPatGE 1, 102, 107 – auch zur Frage verspätet oder unvollständig gezahlter Gebühren). Bei rechtzeitiger Zahlung der Beschwerdegebühr, aber verspäteter oder unzulässiger Beschwerde, verfällt die Gebühr; eine Erstattung kommt nur aus Billigkeitserwägungen in Betracht (BPatGE 2, 61, 67).

4. Wirkung der Beschwerde

Durch die Beschwerde wird die formelle Bestandskraft des angefochtenen Beschlusses gehemmt (**Suspensiveffekt**). Dies gilt für den Löschungsbeschluss in seiner Gesamtheit, auch wenn eine teilweise Rücknahme des Widerspruchs durch den GebrM-Inhaber erklärt wird. Damit verbunden ist eine **aufschiebende Wirkung**, so dass die Rechtswirkungen der angefochtenen Entscheidung vorläufig nicht eintreten. Eine offensichtlich unzulässige Beschwerde oder eine solche, die als nicht erhoben gilt, hat keine aufschiebende Wirkung (vgl. BPatGE 3, 119; BPatGE 6, 186, 188). Die Beschwerde gegen den Löschungsbeschluss bewirkt, dass das GebrM bis zur Entscheidung im Beschwerdeverfahren als existent gilt. Bei Nichteintragung des GebrM bzw. Nichtgewährung einer in Anspruch genommenen Priorität bedeutet dies, dass die Entscheidung der Rechtskraft abgewartet werden muss. Ein Zwischenbeschluss gemäß § 318 ZPO über die Zulässigkeit der Beschwerde ist möglich. Der **Devolutiveffekt** besagt, dass die Beschwerde die (funktionelle) Zuständigkeit der höheren Instanz begründet, wenn die Instanz, bei der die Beschwerde eingelegt wird, dieser nicht abhilft.

5. Beschwerdeverfahren

5.1 Anwendbare Vorschriften

27 Für das Beschwerdeverfahren gelten die Vorschriften der §§ 73 bis 80, 86 bis 99 PatG entsprechend. Die gerichtsverfassungsrechtlichen Vorschriften (§§ 65 ff PatG) sind unmittelbar anzuwenden, soweit sich aus § 18 Abs. 4 nichts anderes ergibt (BGH GRUR 1964, 310, 311 – Kondenswasserableiter). Das Beschwerdeverfahren in Gebrauchsmustersachen entspricht damit dem des Patentgesetzes. Für die Befugnisse des Präsidenten des DPMA zur Beteiligung am Beschwerdeverfahren gelten die §§ 76, 77 PatG.

5.2 Beschwerdesenate, Besetzung

28 Der **Beschwerdesenat** (5. Senat) des BPatG ist funktional zuständig über die Beschwerden gegen Beschlüsse der GebrM-Stelle sowie gegen Beschlüsse der GebrM-Abteilungen (soweit nicht funktional der Rechtspfleger oder der Urkundsbeamte zuständig ist). Über die Erteilung einer GebrM-Zwangslizenz entscheiden die Nichtigkeitssenate. Zu weiteren Zuständigkeiten des Beschwerdesenats nach dem Halbleiterschutzgesetz und nach dem PatG: *Busse/Keukenschrijver*, § 18 GebrMG, Rdn. 21, 22.

29 Die **Besetzung** des GebrM-Beschwerdesenats besteht aus drei Richtern. Der **Vorsitzende** ist immer ein rechtskundiges Mitglied, § 18 Abs. 4 Satz 3. Die Zusammensetzung im übrigen richtet sich nach dem Gegenstand des angefochtenen Beschlusses und der Stelle, die ihn erlassen hat. Die Besetzung mit zwei technischen Mitgliedern bzw. einem rechtskundigen und einem technischen Mitglied ist in § 18 Abs. 4 Satz 2 geregelt; die Besetzung mit zwei rechtskundigen Mitgliedern folgt aus § 67 Abs. 1 PatG (BGH GRUR 1964, 310, 311 – Kondenswasserableiter; BGH GRUR 1998, 373, 374 – Fersensporn). Bei Beschwerden gegen Beschlüsse der GebrM-Abteilungen über Löschungsanträge entscheidet der Beschwerdesenat in der Zusammensetzung mit einem rechtskundigen Mitglied und **zwei technischen Mitgliedern**, § 18 Abs. 4 Satz 2 a. E. Dies gilt auch, wenn das DPMA einen Löschungsantrag als unzulässig verworfen hat (BGH PMZ 1985, 339, 340). Haben Antragsteller und GebrM-Inhaber selbständige Beschwerden eingelegt, von denen eine die Hauptsache und die andere die Kostenentscheidung betrifft, findet ein einheitliches Beschwerdeverfahren statt (BPatGE 13, 216). In diesem Beschwerdeverfahren hat die Besetzungsvorschrift des § 18 Abs. 4 Satz 2 für die die Hauptsache betreffende Beschwerde Vorrang (BPatGE 13, 216, 218). Bei dieser Besetzung bleibt es auch, wenn die Sachbeschwerde von den Beteiligten für erledigt erklärt wird (BPatGE 10, 256). Wird hingegen die Sachbeschwerde zurückgenommen, so ist über die Kostenbeschwerde in der Besetzung mit drei rechtskundigen Mitgliedern zu entscheiden (BPatGE 22, 114). Für alle übrigen Fälle verbleibt es ferner bei der Regelung des § 67 Abs. 1 PatG. Das heißt, der Beschwerdesenat entscheidet in der Besetzung mit drei rechtskundigen Mitgliedern. Über gebührenfreie Beschwerden entscheidet der Senat mit drei rechtskundigen Mitgliedern. Beschwerden gegen die Zurückweisung einer GebrM-Anmeldung werden von dem Beschwerdesenat in seiner Besetzung mit einem rechtskundigen Mitglied und einem weiteren rechtskundigen Mitglied und einem technischen Mitglied entscheiden.

Der **Geschäftsverteilungsplan** ist entsprechend § 21 g Abs. 1 und 2 GVG i. V. m. § 18 Abs. 4 Satz 4 GebrMG geregelt. In **Verfahrenskostenhilfesachen** ist der Senat wie in der Hauptsache besetzt. Der Antrag auf Rückzahlung der Beschwerdegebühr wird in der Regel mit der Hauptsacheentscheidung entschieden (BPatGE 35, 102). Die sich aus der Praxis ergebende Überbesetzung des GebrM-Beschwerdesenats beim BPatG, die sich aus der Heranziehung aller technischen Beisitzer der Technischen Beschwerdesenate dieses Gerichts ergibt, begegnet wegen der Besonderheiten des Verfahrens vor dem BPatG keinen durchgreifenden rechtlichen Bedenken (BGH GRUR 1998, 373, 375/376 – Fersensporn; vgl. hierzu *Bender,* GRUR 1998, 969). Seit 1998 nimmt das Präsidium die Zuweisung technischer Mitglieder nach bestimmten technischen Fachgebieten vor. Zu weiteren senatsinternen Mitwirkungsgrundsätzen vgl. *Busse/Keukenschrijver,* § 18 GebrMG, Rdn. 34.

5.3 Verfahren nach Einlegung der Beschwerde

Der Beschwerde und allen Schriftsätzen sollen Abschriften für die übrigen Beteiligten beigefügt werden. Die Beschwerde und alle Schriftsätze, die Sachanträge oder die Erklärung der Rücknahme der Beschwerde oder eines Antrags enthalten, sind den übrigen Beteiligten von Amts wegen zuzustellen; andere Schriftsätze sind ihnen formlos mitzuteilen, sofern nicht die Zustellung angeordnet

§ 18 32–34   Beschwerde; Rechtsbeschwerde

ist, § 73 Abs. 2 Satz 2, 3 PatG. Dies geschieht zunächst durch das DPMA, anschließend durch das BPatG. Zur weiteren Verfahrensweise und Entscheidung des DPMA vgl. Anm. 2.6.

32   Auch im Beschwerdeverfahren gilt der **Amtsermittlungsgrundsatz**, § 18 Abs. 3 Satz 1 GebrMG i. V. m. § 87 Abs. 1 Satz 1 PatG. Der Vortrag darf nicht deshalb übergangen werden, weil er möglicherweise gewisse Widersprüche enthält. Späterer Vortrag darf auch nicht deshalb übergangen werden, weil er mit früherem nicht übereinstimmte (BGH GRUR 1997, 360, 362 – Profilkrümmer). Ebenso wie im Löschungsverfahren vor dem DPMA wird der Umfang der Prüfung durch den Antrag der Beteiligten bestimmt; nur in diesem Rahmen erfolgt die Amtsermittlung. Das BPatG ist dabei nicht an das Vorbringen und an Beweisanträge der Beteiligten gebunden, so dass keine Begrenzung der Sachaufklärung anzunehmen ist. Jedoch sind die Beteiligten nicht von der notwendigen Mitwirkung am Verfahren durch Sachvortrag und Anträge entbunden. Hierzu gehört auch die Verpflichtung der Beteiligten zu vollständigem Vorbringen. Hieran ist das BPatG jedoch nicht gebunden, d. h. es hat die Rechtsmacht zu weiterer Aufklärung und zur Erhebung von Beweisen. Beweiserhebungen „ins Blaue hinein" sind jedoch nicht erforderlich. Die Zurückweisung eines Beweisantrages mit der Begründung, bei Erhebung des Beweises ließe sich keine ausreichende Aufklärung erzielen, ist nicht statthaft (BGH GRUR 1981, 185, 186 – Pökelvorrichtung). Wegen des Untersuchungsgrundsatzes ist verspätetes Vorbringen nicht zurückzuweisen (vgl. auch § 17 und Anm. dort).

33   Gemäß § 18 Abs. 3 GebrMG i. V. m. § 87 Abs. 2 PatG kann der Vorsitzende des Beschwerdesenats oder ein von ihm zu bestimmendes Mitglied schon vor der mündlichen Verhandlung (oder wenn eine solche nicht stattfindet, vor Entscheidung des Senats) alle Anordnungen treffen, die notwendig sind, um die Sache möglichst in einer mündlichen Verhandlung oder in einer Beratungssitzung zu erledigen. Dies ist Ausdruck der **Konzentrationsmaxime**. § 87 Abs. 2 Satz 2 PatG verweist insoweit beispielhaft auf § 273 Abs. 2, 3 Satz 1 und Abs. 4 Satz 1 ZPO.

34   Eine **mündliche Verhandlung** findet im Beschwerdeverfahren nur statt, wenn einer der Beteiligten sie beantragt, vor dem Patentgericht Beweis erhoben wird oder das BPatG sie für sachdienlich erachtet (§ 18 Abs. 3 Satz 1 GebrMG i. V. m. § 78 PatG; BGH Mitt. 1996, 118, 119 – Flammenüberwachung). Es muss sich um einen Antrag eines Verfahrensbeteiligten handeln. Der Antrag kann auch hilfsweise gestellt sein, z. B. für den Fall, dass der Beschwerde nicht schon aufgrund des schriftsätzlichen Vorbringens stattgegeben wird. Seine Rücknahme ist jederzeit möglich. Ist ein Antrag gestellt worden, so muss die Verhandlung stattfinden. Ausnahme: § 79 Abs. 2 PatG. Im Kostenfestsetzungsbeschwerdeverfahren ist die mündliche Verhandlung trotz Antrags fakultativ. Eine weitere mündliche Verhandlung ist nicht erforderlich (BPatGE 10, 296). Die Verhandlung ist nicht öffentlich, wenn die Beschwerde Angelegenheiten nicht eingetragener GebrM-Anmeldungen betrifft, § 69 Abs. 1 PatG. In Angelegenheiten eingetragener GebrM ist die Sitzung öffentlich, § 69 Abs. 2 PatG. Zum Ausschluss der Öffentlichkeit in öffentlichen Verhandlungen, vgl. § 69 Abs. 1 PatG, §§ 172 ff GVG; insoweit auch zu den sitzungspolizeilichen Befugnissen. Zur zulassungsfreien Rechtsbeschwerde, vgl. § 100 Abs. 3 Nr. 4 PatG.

Eine **Beweisaufnahme** gemäß §§ 18 Abs. 3 Satz 1 GebrMG i. V. m. 88 Abs. 1 PatG führt zur mündlichen Verhandlung, § 78 Nr. 2 PatG. Ausnahme: Beweisaufnahme gemäß § 88 Abs. 2 PatG. § 88 Abs. 1 PatG bekundet den Grundsatz der Unmittelbarkeit der Beweisaufnahme, so dass es nicht vereinbar ist, wenn dem Vorsitzenden und dem Berichterstatter die Beweisaufnahme gemeinsam übertragen wird. Die Beweisaufnahme im Rahmen der mündlichen Verhandlung bedeutet, dass diese öffentlich ist, § 69 PatG. Die der Beweiserhebung zugrunde liegende Beweisanordnung kann durch formellen Beweisbeschluss oder durch formlosen Beschluss erfolgen. Ein formeller Beweisbeschluss (vgl. § 99 Abs. 1 PatG i. V. m. § 359 ZPO) ist zu erlassen, wenn ein Beteiligter einvernommen werden soll (§ 99 Abs. 1 PatG i. V. m. § 450 Abs. 1 ZPO); ferner wenn die Beweise nicht sofort erhoben werden können und die mündliche Verhandlung vertagt werden muss und schließlich in den Fällen des § 88 Abs. 2 PatG (i. V. m. §§ 99 Abs. 1 PatG, 358 a ZPO). Ein formloser Beschluss genügt in den übrigen Fällen; hier kommt vor allen Dingen die sofortige Beweiserhebung in der mündlichen Verhandlung in Betracht. Die Beweismittel sind in § 88 Abs. 1 Satz 2 PatG nicht abschließend aufgezählt. Beweismittel sind die Inaugenscheinnahme (§§ 371 ff ZPO), die Zeugeneinvernahme (§§ 373 ff, 414 ZPO), der Sachverständigenbeweis (§§ 402 ff ZPO), Urkunden (§§ 415 ff ZPO), Einvernahme von Beteiligten (§§ 448, 450 ZPO), sonstige Beweismittel, z. B. amtliche Auskünfte.

Die **Ladung** mit einer Ladungsfrist von mindestens zwei Wochen (in dringenden Fällen kann die Frist abgekürzt werden) erfolgt, sobald der Termin zur mündlichen Verhandlung durch den Vorsitzenden bestimmt ist (§§ 99 Abs. 1, 89 Abs. 1 PatG i. V. m. §§ 216 ff ZPO). Änderung eines anberaumten Termins nur nach § 227 ZPO. Die

Ladung ist den Beteiligten zuzustellen, § 127 ZPO. Auch bei Ausbleiben eines oder aller Beteiligter kann verhandelt und entschieden werden; hierauf ist in der Ladung hinzuweisen, § 89 Abs. 2 PatG. Eine – auch analoge – Anwendbarkeit der Vorschriften über den Erlass eines Versäumnisurteils, §§ 330 ff ZPO, kommt nicht in Betracht.

37 Der **Gang der Verhandlung** richtet sich nach § 18 Abs. 3 Satz 1 GebrMG i. V. m. § 90 PatG. Die Aufgabe der Erörterung der Sache in tatsächlicher und rechtlicher Hinsicht ergibt sich aus § 91 PatG, der § 90 PatG ergänzt. Zu den Fragepflichten und Fragerechten des Gerichts vgl. § 91 PatG. Nach Erörterung der Sache erklärt der Vorsitzende die mündliche Verhandlung für geschlossen. Sind nach Auffassung des Gerichts nicht alle Fragen geklärt, darf die Verhandlung nicht geschlossen werden, ggfs. ist sie zu vertagen (§ 99 PatG i. V. m. § 136 ZPO). Der **Schluss der mündlichen Verhandlung** bewirkt, dass weiteres, nicht ausdrücklich schriftsätzlich nachgelassenes Vorbringen der Beteiligten nicht mehr zu berücksichtigen ist. Gegebenenfalls muss das Gericht im Falle neuen Sachvortrags prüfen, ob die mündliche Verhandlung wieder eröffnet werden muss (vgl. §§ 99 Abs. 1 PatG, 156 ZPO). Sie muss wieder eröffnet werden, wenn ein entscheidungserheblicher Verfahrensfehler nachträglich festgestellt wird oder die Sache bei Schluss der Verhandlung noch nicht vollständig erörtert war oder ein notwendiger Hinweis unterlassen worden war. Zur Wiedereröffnung der mündlichen Verhandlung wegen Verhinderung oder Wegfallens eines Richters nach Schluss der mündlichen Verhandlung, vgl. §§ 192 ff GVG. Die mündliche Verhandlung kann wieder eröffnet werden, wenn nach ihrem Schluss ein erledigendes Ereignis eingetreten ist, z. B. Vergleich der Beteiligten. Unanfechtbarkeit der Entscheidung der Ablehnung oder Anordnung der mündlichen Verhandlung, § 99 Abs. 2 PatG.

38 Aus § 18 Abs. 3 Satz 1 GebrMG i. V. m. § 92 PatG ergibt sich, dass ein **Protokoll** über die mündliche Verhandlung und jede Beweisaufnahme zu fertigen ist. Zu den personellen Voraussetzungen: § 92 Abs. 1 PatG. Zu Form, Inhalt, Berichtigung und Beweiskraft des Protokolls: § 92 Abs. 2 Satz 2 PatG i. V. m. §§ 160 bis 165 ZPO. § 160 ZPO: Protokollierung der wesentlichen Vorgänge der Verhandlung (insbesondere Anträge, Aussagen von Zeugen, Sachverständigen, Entscheidungen und deren Verkündung, Anträge der Beteiligten etc.) § 162 ZPO: Erforderlichkeit der Genehmigung des Protokolls bei Anerkenntnis, Anspruchsverzicht, Vergleich, Geständnis, Feststellen des Ergebnisses der Inaugenscheinnahme, Zurücknahme des Löschungsantrags oder eines Rechtsmittels sowie Verzicht auf ein Rechtsmittel; § 164 ZPO: Berichtigung der Unrichtigkeiten des Protokolls; § 165 ZPO: Beweiskraft des Protokolls. Erfahrungsgemäß wird von den Beteiligten der Bedeutung des Protokolls häufig zu wenig Beachtung beigemessen. § 165 ZPO betrifft den Beweis für die Förmlichkeiten der Verhandlung, d. h. für ihren äußeren Hergang im Gegensatz zum Inhalt. Hierunter fallen insbesondere Angaben nach § 160 I, II, III Nr. 2, Nr. 7 ZPO. Nicht darunter fallen der Inhalt von Parteierklärungen (§ 160 III Nr. 1, 3, 8, 9 ZPO), Erledigungserklärung und Zustimmung dazu, Inhalt von Partei-, Zeugen- und Sachverständigenaussagen, Feststellungen zum Augenschein. Ist eine derartige „Förmlichkeit" im Protokoll festgehalten, so gilt die Beweiskraft dahingehend, dass die „Förmlichkeit" auch eingetreten ist (z. B. ein Antrag gestellt wurde). Ist beispielsweise ein Antrag nicht festgehalten worden, so ist er nach § 165 ZPO auch nicht gestellt worden. Für den Inhalt von Parteierklärungen, die im Tatbestand des Urteils festgestellt sind, gilt § 314 ZPO. Für sonstige Vorgänge gelten die §§ 415, 417 ff ZPO.

5.4 Zurücknahme der Beschwerde

Sie ist bis zur Verkündung der Beschwerdeentscheidung des BPatG zulässig. Eine nach Verkündung erfolgte Rücknahme der Beschwerde ist wirkungslos. Denn die Zurücknahme einer Beschwerde ist nach den Grundsätzen der ZPO und des FGG nur so lange zulässig, wie die Entscheidung über die Beschwerde noch nicht „ergangen" ist (vgl. BGH GRUR 1988, 364, 365 – Epoxidations-Verfahren). Eine Rücknahme nach Verkündung lässt die Beschwerdeentscheidung mithin bestehen. Bei wirksamer Rücknahme wird der angefochtene Beschluss des DPMA bestandskräftig. Den Zurücknehmenden trifft die Kostenlast, §§ 18 Abs. 3 Satz 1 GebrMG, 80 Abs. 1, 4 PatG, 515 Abs. 3, 566 ZPO; dies bezieht sich auch auf die Kosten einer unselbständigen Anschlussbeschwerde. Die Rücknahme kann nicht wegen Irrtums angefochten werden. Die Zustimmung der weiteren Verfahrensbeteiligten ist nicht erforderlich.

5.5 Entscheidung

Die Entscheidung über die Beschwerde ergeht nach § 18 Abs. 3 Satz 1 GebrMG i. V. m. § 79 Abs. 1 PatG durch **Beschluss.** Wie im Löschungsverfahren vor dem DPMA ist das BPatG im Beschwerdeverfahren an den Antrag des Beschwerdeführers gebunden, mit dem dieser den Beschwerdegegenstand bestimmt. Das Gericht darf auf nichts anderes und nicht mehr erkennen, als beantragt (BGH GRUR 1993, 655, 656/657 – Rohrausformer). Bei einer **Anschlussbeschwerde** ist der Beschwerdegegenstand entsprechend erweitert. Aus dem Verbot der **reformatio in peius** folgt, dass eine Abänderung durch das Beschwerdegericht inhaltlich nur soweit gehen kann, wie eine Beschwerde eingelegt und Abänderung beantragt wurde. Ist das GebrM im Löschungsverfahren mit einem Hilfsantrag aufrecht erhalten worden und wendet sich die Beschwerde gegen die Nichtgewährung gemäß Hauptantrag, so kann das Beschwerdegericht nicht die Aufhebung gemäß Hilfsantrag beschließen. Das Fehlen der von Amts wegen zu prüfenden Verfahrensvoraussetzungen kann hingegen zur Verschlechterung der angefochtenen Entscheidung führen. Auch hinsichtlich der Verfahrenkosten ist eine Schlechterstellung möglich, da es hier nicht auf die Anträge der Beteiligten ankommt (BGH GRUR 1984, 870 – Schweißpistolenstromdüse).

41 Der **Inhalt** der Beschwerdeentscheidung folgt aus § 79 Abs. 2 und 3 PatG. Ist die Beschwerde nicht statthaft oder nicht in der gesetzlichen Form und Frist eingelegt, so wird die Beschwerde als **unzulässig** verworfen (§ 79 Abs. 2 Satz 1 PatG), wobei der Beschluss auch ohne mündliche Verhandlung ergehen kann. Eine Überprüfung der Frage, ob die Beschwerde in der Sache begründet wäre, erfolgt nicht; diese Frage kann jedoch bei der Rückzahlung der Beschwerdegebühr eine Rolle spielen.

42 Bei zulässiger Beschwerde kann eine Aufhebung der Entscheidung des DPMA und eine **eigene Sachentscheidung** des BPatG getroffen werden, vgl. § 99 Abs. 1 PatG i. V. m. §§ 536, 540, 565 Abs. 3 ZPO. Voraussetzung ist, dass die Beschwerde ganz oder teilweise begründet ist. Das BPatG wird in der Regel in der Sache selbst entscheiden, wenn keine der in § 79 Abs. 3 Nr. 1 bis 3 PatG genannten Voraussetzungen gegeben sind. Mithin erfolgt eine eigene Sachentscheidung, wenn das Patentamt selbst in der Sache (wenngleich unzutreffend) entschieden hat, das Verfahren vor dem DPMA nicht an einem wesentlichen Mangel leidet und schließlich die Sache zur Entscheidung reif ist, weil keine neuen Tatsachen und Beweismittel bekannt geworden sind, die für die Entscheidung relevant sind.

43 Der **Zurückverweisungstatbestand** des § 18 Abs. 3 Satz 1 GebrMG i. V. m. § 79 Abs. 3 PatG stellt faktisch die Ausnahme dar. Es wird als zulässig angesehen, dass das BPatG dem DPMA

Beschwerde; Rechtsbeschwerde **44 § 18**

die erforderlichen Anordnungen überträgt, d. h. über die kassatorische Entscheidung hinaus das weitere Verfahren festlegt, § 565 Abs. 2 ZPO analog. Im übrigen ist der Katalog in § 79 Abs. 3 PatG abschließend. Nach Abs. 3 Nr. 1 kommt die Zurückverweisung in Betracht, wenn das DPMA in der Sache selbst noch nicht entschieden hat (z. B. weil es irrtümlich davon ausgegangen ist, dass die Anmeldung oder ein Antrag als zurückgenommen gilt). Kein Fall der fehlenden Sachentscheidung, wenn das DPMA aufgrund abweichender materieller Beurteilung entscheidungserhebliche Fragen nicht geprüft hat; insoweit liegt nur eine unzutreffende Sachentscheidung vor; ggfs. Zurückverweisung nach Nr. 3. Eine Zurückverweisung nach Abs. 3 Nr. 2 wegen eines **wesentlichen Verfahrensmangels** setzt das Bestehen eines solchen Mangels voraus, der das Verfahren als nicht mehr ordnungsgemäße Entscheidungsgrundlage erscheinen lässt, z. B. fehlende Begründung, Verletzung des Rechts auf Äußerung, Entscheidung der unzuständigen Stelle. Sachliche Fehler stellen für sich genommen keinen Verfahrensmangel dar. Der Zurückverweisungsgrund gemäß Abs. 3 Nr. 3 der **neuen Tatsachen oder Beweismittel** setzt voraus, dass diese für die Entscheidung wesentlich sind. Die Zurückverweisung steht im Ermessen des BPatG. In Betracht kommt zum Beispiel eine erhebliche Änderung der Gebrauchsmusteransprüche; ebenso neuer Stand der Technik. Das BPatG ist jedoch in diesen Fällen nicht zur Zurückweisung verpflichtet; es kann erforderliche Recherchen etc. selbst vornehmen und hat bei Entscheidungsreife durchzuentscheiden. Das BPatG ist im Beschwerdeverfahren gegenüber dem DPMA **Tatsachen-** und **Rechtsinstanz.** An die Rechtsauffassung des BPatG ist das Patentamt gebunden, § 79 Abs. 3 Satz 2 PatG. Die Bindung des DPMA tritt jedoch nur für die „tragenden" Erwägungen der Entscheidung ein (BGH PMZ 1969, 311 – Waschmittel). Dies sind also diejenigen Erwägungen, die zur Abänderung oder Aufhebung geführt haben. Im übrigen ist das DPMA bei der von ihm neu zu formulierenden Entscheidung frei.

Die Bestandteile der Entscheidung des BPatG bestehen aus Rubrum (Bezeichnung der Beteiligten, ihrer gesetzlichen Vertreter und der Prozessbevollmächtigten, Bezeichnung des Gerichts und der mitwirkenden Richter), Beschlussformel (§ 313 Abs. 1 Nr. 4 ZPO; die Formel besteht aus der Sachentscheidung und erforderlichenfalls den Nebenentscheidungen wie der Zulassung der Rechtsbeschwerde, Kostenausspruch, Rückzahlung der Beschwerdegebühr), sowie den Gründen (die Begründungspflicht folgt für die Beschwerdeent- **44**

5.6 Kosten, Kostenfestsetzung

45 § 18 Abs. 3 enthält in Satz 2 hinsichtlich der Kosten nur insoweit eine Regelung, als eine Beschwerde in einem Gebrauchsmusterlöschungsverfahren in Rede steht. Ansonsten enthält § 18 keine Kostenregelung. Hieraus folgt, dass über die Kosten im übrigen gemäß § 18 Abs. 3 Satz 1 GebrMG i. V. m. § 80 PatG zu entscheiden ist.

5.6.1 Einseitige, mehrseitige Beschwerdeverfahren

46 Bei **einseitigen** und **mehrseitigen** Verfahren (mit Ausnahme des Löschungsbeschwerdeverfahrens) gilt der Grundsatz, dass jeder Verfahrensbeteiligte entgegen §§ 91 ff ZPO die ihm entstandenen Kosten grundsätzlich selbst zu tragen hat. Nach § 80 Abs. 1 Satz 1 PatG kann das BPatG aber in einem Beschwerdeverfahren mit mehreren Beteiligten die Kosten des Verfahrens einem von ihnen ganz oder teilweise auferlegen, wenn dies der **Billigkeit** entspricht. Maßgeblich dafür, ob eine Kostenentscheidung zu treffen ist und wie über die Kosten zu entscheiden ist, ist – anders als im Nichtigkeitsverfahren gemäß § 84 Abs. 2 PatG oder im zivilprozessualen Verfahren gemäß §§ 91 ff ZPO – nicht der Verfahrensausgang, sondern der Gesichtspunkt der Billigkeit (BGH GRUR 1996, 399, 401 – Schutzverkleidung). Anknüpfungspunkt für diese Billigkeitserwägungen sind solche Umstände, die sich aus dem Verhalten oder den Verhältnissen der Beteiligten ergeben. Eine Kostenentscheidung ist danach vor allem dann zu treffen, wenn die Kosten ganz oder teilweise durch das Verhalten eines Beteiligten veranlasst sind, das mit der bei der Wahrnehmung von Rechten zu fordernden Sorgfalt nicht in Einklang steht. Ein Verstoß gegen die jedem Beteiligten obliegende allgemeine prozessuale Sorgfaltspflicht lässt es als unbillig erscheinen, die anderen Beteiligten die vermeidbar gewesenen Kosten tragen zu lassen (BGH, aaO). Hierzu kann zum Beispiel der Antrag eines Beteiligten auf Anberaumung einer weiteren mündlichen Verhandlung gehören, dem zu entsprechen ist, wenn sich die Verfahrenslage wesentlich geändert hat und wenn dies aus der Sicht einer vernünftigen, rechtskundigen Partei nach der Verfahrenslage nicht einer sorgfältigen und auf Verfahrensförderung bedachten Vorgehensweise beruht (BGH, aaO). Das bloße Unterliegen eines Beteiligten ist in der Regel kein ausreichender Grund, ihm aus Billigkeitsgründen die Kosten aufzuerlegen. Dies muss prinzipiell auch für das erneute Unterliegen des Beschwerdeführers im Beschwerdeverfahren gelten; im einzelnen ist aber keine einheitliche Praxis diesbezüglich festzustellen. In echten Streitverfahren soll die Anwendung der Grundsätze der §§ 91 ff ZPO billig sein; dies sollen insbesondere isolierte Kostenentscheidungen des DPMA, Kostenfestsetzungsverfahren und auch Akteneinsichtsverfahren betreffen. Die Billigkeit kann die Auferlegung von Kosten im Falle des Verschweigens relevanter Tatsachen oder gar der Arglist rechtfertigen; ebenfalls bei Obliegenheitsverletzungen, wenn diese vermeidbare Kosten verursacht haben, insbesondere bei einem Verstoß gegen die jedem Beteiligten obliegenden allgemeine prozessuale Sorgfaltspflicht (BGH, aaO). Hierzu können auch die Einlegung aussichtsloser Beschwerden, schuldhaft verspätete Vorlage von Beweismitteln gehören. Ferner wurde hierunter auch die ungerechtfertigte Aufrechterhaltung eines Antrags auf mündliche Verhandlung gesehen, ebenso etwa die so kurzfristige Rücknahme der Beschwerde vor der mündlichen Verhandlung, dass der andere Beteiligte in Unkenntnis (nutzlos) zur mündlichen Verhandlung angereist ist. Der Grundsatz der Billigkeit kann auch dazu führen, dass die Kosten bzw. die Kostenentscheidung auf einen **Teil** der Kosten beschränkt werden kann (z. B. die durch die sinnlose Wahrnehmung des Termins der mündlichen Verhandlung entstanden sind).

Gemäß § 80 Abs. 1 Satz 2 PatG kann die Kostenerstattung angeordnet werden. Ein Erstattungsanspruch besteht jedoch nur insoweit, als die aufzuerlegenden Kosten nach billigem Ermessen zur zweckentsprechenden Wahrung der Ansprüche und Rechte notwendig waren; im Ergebnis kann hier als Anhaltspunkt die umfassende Judikatur zum Ersatz notwendiger Kosten gemäß § 91 ZPO herangezogen werden. Notwendig sind in der Regel deshalb die Kosten einer anwaltlichen/patentanwaltlichen Vertretung. Dies muss auch für das Beschwerdeverfahren gelten.

Die **Rückzahlung der Beschwerdegebühr** gemäß § 80 Abs. 3 PatG kann z. B. angeordnet werden, wenn das DPMA fehlerhaft gehandelt hat und ohne den Fehler die Beschwerde nicht eingelegt worden wäre. Hierbei kann es sich um Verfahrensfehler wie auch Fehler in der Anwendung materiellen Rechts handeln. Die Rückzahlung erfolgt nur ausnahmsweise, wenn es unbillig wäre, die Gebühr einzubehalten. Die Rückzahlung der Beschwerdegebühr ist in das „billige" Ermessen des BPatG gestellt. Eine teilweise Rückerstattung ist nicht vorgesehen. Zu berücksichtigen sind dabei alle Umstände des Einzelfalls, insbesondere das Verhalten der Beteiligten und die Ordnungsgemäßheit und Angemessenheit der Sachbehandlung durch das DPMA. Der sachliche Erfolg der Beschwerde rechtfertigt die Rückzahlung nicht ohne weiteres (BPatG GRUR 1965, 62). In allen Fällen muss der betreffende Fehler für die Beschwerdeeinlegung **kausal** gewesen sein. Eine Rückzahlung ist infolgedessen nicht gerechtfertigt, wenn die Gebühr auch bei ordnungsgemäßer Sachbehandlung angefallen wäre (vgl. BPatGE 23, 110, 112). Relevante und zur Rückzahlung führende Verfahrensfehler können sein: Nichtberücksichtigung erheblichen Vorbringens (vgl. BPatG 13, 65, 69), fehlende Begründung der Entscheidung (BPatGE 1, 76), Verletzung des Rechts auf Äußerung (BPatGE 29, 84, 89), Nichtbewilligung einer Nachfrist, wenn die Bewilligung aus sachlichen Gründen geboten wäre (BPatGE 9, 208, 210), Entscheidung einer unzuständigen Stelle (BPatGE 19, 39, 44), unangemessene Sachbehandlung, insbesondere Verstöße gegen die Verfahrensökonomie (vgl. BPatGE 24, 210, 211; BPatGE 28, 24, BPatGE 30, 32, 34), materielle Fehler, wenn sie von einigem „Gewicht" sind, z. B. wenn die Gründe unklar, widersprüchlich oder gar falsch wiedergegeben sind. Keine Rückzahlung der Beschwerdegebühr bei Unzulässigkeit der Beschwerde.

5.6.2 Löschungsbeschwerdeverfahren

49 Für das **Löschungsbeschwerdeverfahren** ist auf **§ 84 Abs. 2 PatG** verwiesen. Hier gilt – wie im Patentnichtigkeitsverfahren – grundsätzlich das **Unterliegensprinzip**. Insoweit besteht die Notwendigkeit einer Kostenentscheidung in analoger Anwendung der Vorschriften der ZPO. Kosten sind die Gerichtskosten (Auslagen und Gebühren, Auslagen für Zeugen, Sachverständige und dergleichen) und die außergerichtlichen Kosten, insbesondere die Anwaltskosten, d. h. Gebühren und Auslagen nach der BRAGO, soweit die Tätigkeit von **Rechtsanwälten** betroffen ist. § 84 Abs. 2 PatG bestimmt die analoge Anwendung der Vorschriften der ZPO hinsichtlich der Kostentragungspflicht, des Kostenfestsetzungsverfahrens und der Zwangsvollstreckung aus Kostenfestsetzungsbeschlüssen. Die Entscheidung über die Kostentragungspflicht ergeht demnach nach Maßgabe der §§ 91 ff ZPO (vgl. hierzu die Fallbeispiele bei § 17 und Anm. dort). Die Kostenentscheidung ist nicht isoliert angreifbar. Für die Festlegung des **Gegenstandswerts** sind die Grundsätze für das Patentnichtigkeitsverfahren heranzuziehen. Maß-

gebend ist insbesondere das Interesse der Allgemeinheit an der Löschung des angegriffenen GebrM. Es entspricht dem gemeinen Wert des GebrM bei Antragsstellung auf Löschung oder – in der Beschwerdeinstanz – bei Einlegung der Beschwerde zuzüglich des Betrags der bis dahin entstandenen Schadenersatzansprüche (vgl. BGH GRUR 1985, 511 – Stückgutverladeanlage; BPatGE 8, 176, 177; BPatG Mitt. 1982, 77). Auf die Ausführungen in § 17 und Anm. dort wird verwiesen. Die Gebühren der anwaltlichen Vertreter erhöhen sich in der Rechtsmittelinstanz um 3/10 (BRAGO).

Auch im Verfahren vor dem Beschwerderechtszug sieht sich der 5. Senat des BPatG nach wie vor nicht in der Lage, sich hinsichtlich der Verfahrensgebühr eines **Patentanwalts** für ein Gebrauchsmusterlöschungsverfahren der Praxis der Nichtigkeitssenate des BPatG anzuschließen. Obwohl Wertgebühren nach der BRAGO viel einfacher zu handhaben sind und dementsprechend auch in Nichtigkeitsverfahren für Patentanwaltskosten als übliche Vergütung herangezogen werden (BPatG GRUR 1987, 286, 287 – Patentanwaltskosten im Nichtigkeitsverfahren), folgt der 5. Senat für das Gebrauchsmusterlöschungsverfahren nach wie vor der Patentanwaltsvergütung nach dem Festbetragssystem der Gebührenordnung für Patentanwälte vom 1. Oktober 1968 unter Berücksichtigung angemessener Teuerungszuschläge (BPatG Mitt. 1997, 188, 189/190 – Patentanwaltskosten im Löschungsverfahren I). Insoweit wird auf die Ausführungen zu § 17, Anm. 8.6.1 verwiesen.

5.6.3 Kostenfestsetzung

In § 80 Abs. 5 PatG ist das **Kostenfestsetzungsverfahren** geregelt. Die Kostenentscheidung im Beschluss des BPatG betrifft nur die Verpflichtung des Kostenschuldners dem Grunde nach. Die Höhe der Kosten wird im Kostenfestsetzungsverfahren analog §§ 103 ff ZPO auf Antrag des Kostengläubigers festgesetzt. Es sind nur diejenigen Kosten zu berücksichtigen, die im Verfahren entstanden und notwendig sind. Bei Kosten mehrerer Beteiligter findet Kostenausgleichung gemäß § 106 ZPO statt. Der Kostenfestsetzungsbeschluss erfolgt durch den Rechtspfleger. Gegen seine Entscheidung ist die Erinnerung innerhalb von zwei Wochen gegeben. Keine Rechtsbeschwerde. Zuständig ist der Senat, dessen Rechtspfleger den Kostenfestsetzungsbeschluss erlassen hat. Der Kostenfestsetzungsbeschluss stellt einen **vollstreckbaren Titel** gemäß §§ 704 ff, 794 Abs. 1 Nr. 2, 795 a ZPO dar. Vollstreckungsgegenklage gemäß § 767 ZPO zur Geltendmachung von Einwendungen, die nachträglich entstanden sind, ist möglich. Die vorläufige Einstellung der Zwangsvollstreckung richtet sich nach § 769 ZPO. Hinsichtlich der Höhe der Kosten gelten die zu § 17 und Anm. dort erfolgten Ausführungen.

5.7 Rechtsmittel

52 Aus § 18 Abs. 5 ergeben sich lediglich eingeschränkte Rechtsmittelinstrumentarien. Gegen einen Beschluss des Beschwerdesenats, durch den über eine Beschwerde nach § 18 Abs. 1 entschieden wird, findet nur die Rechtsbeschwerde an den Bundesgerichtshof statt, § 18 Abs. 5 Satz 1. Die Rechtsbeschwerde ist an zwei Voraussetzungen geknüpft: Entweder muss der Beschwerdesenat die Rechtsbeschwerde in dem Beschluss **zugelassen** haben, § 18 Abs. 5 Satz 1, oder es muss ein Fall der **zulassungsfreien Rechtsbeschwerde** gegeben sein, § 18 Abs. 5 Satz 2 GebrMG i. V. m. § 100 Abs. 3 PatG. Eine isolierte Anfechtung der Kostenentscheidung ist nicht möglich (BGH GRUR 1995, 577 – Drahtelektrode). Dies gilt auch für einen Kostenbeschluss. Gegen den Kostenfestsetzungsbeschluss bzw. den die Festsetzung ablehnenden Beschluss des Rechtspflegers ist die sofortige Erinnerung innerhalb von zwei Wochen gemäß § 23 Abs. 1 Nr. 12 und Abs. 2 RPflegerG zugelassen.

6. Rechtsbeschwerde

53 Für die Rechtsbeschwerde gelten die §§ 100 Abs. 2, 3, sowie 101 bis 109 PatG, § 18 Abs. 5 Satz 2 GebrMG.

6.1 Statthaftigkeit

54 Die Rechtsbeschwerde ist **zuzulassen,** wenn entweder eine Rechtsfrage von grundsätzlicher Bedeutung zu entscheiden ist oder die Fortbildung des Rechts oder die Sicherung einer einheitlichen Rechtsprechung eine Entscheidung des BGH erfordert. Die Zulassungsgründe sind in § 100 Abs. 2 PatG abschließend geregelt. Maßgebend ist, ob die im Zusammenhang mit der Entscheidung stehende verfahrensmäßige oder materiell-rechtliche Rechtsfrage von grundsätzlicher Bedeutung ist. Sie muss also zum einen klärungsbedürftig sein und zum anderen allgemeine Bedeutung aufweisen.

Nicht hierunter fallen Tatfragen (z. B. die wertende Entscheidung über die Vorliegen eines erfinderischen Schritts). Die Rechtsfrage muss ferner entscheidungserheblich sein. Die weitere Voraussetzung der Sicherung einer einheitlichen Rechtsprechung setzt eine Rechtsprechungsdivergenz voraus. Die Fortbildung des Rechts kann eine Entscheidung erforderlich machen, wenn sehr grundsätzliche Rechtsfragen betroffen sind. Die Entscheidung über die Zulassung erfolgt von Amts wegen. Liegen die Voraussetzungen vor, so muss die Rechtsbeschwerde zugelassen werden. Die Entscheidung des BPatG, die Rechtsbeschwerde nicht zuzulassen, ist für den BGH bindend. Dasselbe gilt grundsätzlich für die Zulassung der Rechtsbeschwerde. Eine unselbständige **Anschlussrechtsbeschwerde** ist statthaft. Ist die Rechtsbeschwerde kraft Zulassung statthaft, eröffnet sie die Überprüfung der angefochtenen Entscheidung nach **Art** einer **Revision** (BGH GRUR 1997, 360, 361 – Profilkrümmer). Die Beschränkung der Zulassung auf eine bestimmte Rechtsfrage ist dabei ohne Wirkung (BGH aaO). Hiervon ist der Sonderfall zulässiger Beschränkung auf einen bestimmten abgrenzbaren Teil des Verfahrensgegenstandes zu unterscheiden.

§ 100 Abs. 3 PatG regelt die **zulassungsfreie Rechtsbeschwerde** im Sinne einer abschließenden Aufzählung. Nr. 1 betrifft die nicht vorschriftsmäßige Besetzung, Nr. 2 den ausgeschlossenen oder abgelehnten Richter, Nr. 3 die nicht vorschriftsmäßige Vertretung, Nr. 4 die Verletzung der Vorschriften über die Öffentlichkeit und Nr. 5 den Begründungsmangel.

§ 101 PatG regelt die Beschwerdeberechtigung dahingehend, dass die Rechtsbeschwerde den am Beschwerdeverfahren Beteiligten zusteht. Die Rechtsbeschwerde kann ferner nur darauf gestützt werden, dass der Beschluss auf einer Verletzung des Gesetzes beruht. Die §§ 550, 551 Nr. 1 bis 3, 5 bis 7 ZPO gelten entsprechend. § 102 PatG regelt die Voraussetzungen hinsichtlich Frist (1 Monat nach Zustellung des Beschlusses), Form, Gebühren und Begründung. Die Rechtsbeschwerde ist beim BGH durch einen dort zugelassenen Anwalt einzulegen. Die Einreichung durch den Beteiligten selbst oder einen anderen Vertreter oder beim BPatG reicht nicht. Die aufschiebende Wirkung der Rechtsbeschwerde ist in § 103 PatG geregelt. Der Bundesgerichtshof hat zunächst von Amts wegen zu prüfen, ob die Rechtsbeschwerde an sich statthaft und ob sie in der gesetzlichen Form und Frist eingelegt und begründet ist. Fehlt es an einer dieser Voraussetzungen, ist die Rechtsbeschwerde als unzulässig zu verwerfen, § 104 PatG. § 105 PatG enthält Regelungen über mehrere am Verfahren über die Rechtsbeschwerde beteiligte Personen, die Zustellung von Schriftsätzen und Gegenerklärungen. Gemäß § 106 PatG werden bestimmte Vorschriften der ZPO für entsprechend anwendbar erklärt; ebenfalls erfolgt eine Regelung über Wiedereinsetzung und die Frage der Öffentlichkeit. Die Entscheidung über die Rechtsbeschwerde ergeht gemäß § 107 durch Beschluss; dies kann auch ohne mündliche Verhandlung geschehen. Die Vorschrift regelt auch die Bindungen des Bundesgerichtshofs und den Umfang der Prüfung sowie die Begründung der Entscheidung und Zustellung. Aus § 108 PatG ergibt sich die Möglichkeit der Zurückverweisung an das BPatG sowie die Bindung der zurückverweisenden Entscheidung gegenüber dem BPatG. § 109 PatG betrifft die Kostenentscheidung.

57 Eine Erledigung der Hauptsache gemäß § 91 a ZPO kann auch im Rechtsbeschwerdeverfahren eintreten (BGH GRUR 1994, 104 – Akteneinsicht XIII). Erlischt das GebrM während des Rechtsbeschwerdeverfahrens, so entfällt damit das Rechtsschutzbedürfnis für die Weiterverfolgung des Löschungsantrags, nicht des Rechtsmittels (BGH GRUR 1983, 725 – Ziegelsteinformling I). Hat sich ein für den Gegner zugelassener Anwalt beim BGH noch nicht bestellt und wird die Rechtsbeschwerde zurückgenommen, so kann der Kostenantrag auch durch einen beim BGH nicht postulationsfähigen Anwalt gestellt werden; dies kann auch ein Patentanwalt sein (BGH GRUR 1995, 338 – Rechtsmittelrücknahme).

6.2 Umfang der Überprüfung

58 Zum Prüfungsumfang ist zahlreiche Judikatur, insbesondere in patentrechtlichen Streitigkeiten ergangen. Insoweit wird auf die umfassende Kommentierung bei *Benkard/Rogge*, §§ 100 ff PatG sowie *Busse/Keukenschrijver*, §§ 100 ff PatG verwiesen. In gebrauchsmusterrechtlichen Streitigkeiten haben sich folgende Entscheidungen aus jüngerer Zeit mit dem Umfang der Überprüfung befasst:

59 – Die Überprüfung des Vorliegens eines **erfinderischen Schritts** liegt im wesentlichen auf tatsächlichem Gebiet und ist infolgedessen einer Nachprüfung in der Rechtsbeschwerdeinstanz verschlossen, § 107 Abs. 2 PatG. Die Entscheidung des Beschwerdegerichts kann daher lediglich daraufhin überprüft werden, ob sie auf einem Verkennen des Rechtsbegriffs des „erfinderischen Schritts" und damit auf einer Verletzung materiellen Rechts beruht oder – bei einer entsprechenden Verfahrensrüge (§ 102 Abs. 4 Nr. 3 PatG) – ob gegen prozessuale Vorschriften, die

Lebenserfahrung oder die Denkgesetze verstoßen worden ist oder bei der Entscheidungsfindung wesentliche Umstände außer acht gelassen worden sind (BGH GRUR 1998, 913, 915 – Induktionsofen; BGH Mitt. 1999, 372, 373 – Flächenschleifmaschine). Die Rechtsbeschwerde ist deshalb erfolglos, wenn sie vom BPatG berücksichtigten Prüfungsstoff lediglich anders gewichtet und bewertet wissen möchte (BGH Mitt. 1999, 372, 373 – Flächenschleifmaschine).

– Zur Rüge einer Verletzung der **Aufklärungspflicht/Mitwir-** 60 **kungspflicht:** BGH Mitt. 1999, 372, 373/374 – Flächenschleifmaschine.

– Die Rüge **nicht ordnungsgemäßer Besetzung** gemäß § 100 61 Abs. 3 Nr. 1 PatG erfordert die Angabe der Einzeltatsachen, aus denen sich der Fehler ergibt; die Angabe einer bloßen Vermutung genügt nicht. Soweit es sich um gerichtsinterne Vorgänge handelt, muss die Rechtsbeschwerde zumindest darlegen, dass eine zweckentsprechende Aufklärung versucht worden ist. Die Rüge darf nicht auf bloßen Verdacht erhoben werden. Diese Grundsätze gelten auch im Rahmen der nicht zugelassenen Rechtsbeschwerde, §§ 18 Abs. 5 GebrMG, 101 Abs. 2 PatG, 551, 554 Abs. 3 Nr. 3 b ZPO (BGH Mitt. 1996, 118 – Flammenüberwachung).

– Zur Rüge der nicht ordnungsgemäßen Besetzung des Beschwer- 62 degerichts im Hinblick auf die **Überbesetzung** des Gebrauchsmusterbeschwerdesenats mit **technischen Beisitzern** der Technischen Beschwerdesenate des BPatG: BGH GRUR 1998, 373 ff – Fersensporn.

– Zur Rüge, dass der angegriffene Beschluss **nicht mit Gründen** 63 **versehen** ist, §§ 18 Abs. 5 GebrMG, 100 Abs. 3 Nr. 5 PatG: Diese Rüge greift durch, wenn aus der angegriffenen Entscheidung nicht zu erkennen ist, welche tatsächlichen Feststellungen und welche rechtlichen Erwägungen für die getroffene Entscheidung maßgebend waren; dies ist bereits dann der Fall, wenn einzelne „selbständige Angriffs- und Verteidigungsmittel" im Sinne der §§ 146, 303 ZPO in den Gründen völlig übergangen sind; dagegen liegt kein Begründungsfehler vor, wenn ein Argument, das zur Begründung eines „selbständigen Angriffs- oder Verteidigungsmittels" vorgetragen wurde oder vorgetragen werden konnte, nicht erörtert wird. Selbständige Angriffsmittel im Sinne dieser Vorschriften ist jedes sachliche oder prozessuale Vorbringen, das für sich allein rechtsvernichtend wirkt (also z. B. Vortrag, die innere Priorität sei nicht wirksam in Anspruch genommen, nicht hingegen die Begründung dieses Vortrags; vgl.

BGH Mitt. 1996, 118, 119/120 – Flammenüberwachung). Betreffen hingegen die Rügen lediglich Inhalt und Ergebnis einer Auslegung, genügt dies zur Darlegung eines Verstoßes gegen den Begründungszwang nicht. Ein solcher Mangel ist nicht schon dann gegeben, wenn sich die gegebene Begründung mit einem beanspruchten Gegenstand nicht befasst, weil dieser nach Auffassung des GebrM-Anmelders verkannt sein soll. Dieser Gesichtspunkt betrifft allein die Frage, ob die angefochtene Entscheidung sachlich richtig ist. Dies ist jedoch im Verfahren der nicht zugelassenen Rechtsbeschwerde nicht zu prüfen (BGH GRUR 1998, 373, 376 – Fersensporn).

§ 19 [Aussetzung des Verletzungsstreits]

Ist während des Löschungsverfahrens ein Rechtsstreit anhängig, dessen Entscheidung von dem Bestehen des Gebrauchsmusterschutzes abhängt, so kann das Gericht anordnen, daß die Verhandlung bis zur Erledigung des Löschungsverfahrens auszusetzen ist. Es hat die Aussetzung anzuordnen, wenn es die Gebrauchsmustereintragung für unwirksam hält. Ist der Löschungsantrag zurückgewiesen worden, so ist das Gericht an diese Entscheidung nur dann gebunden, wenn sie zwischen denselben Parteien ergangen ist.

Übersicht

	Rdn.
1. Allgemeines/Zweck der Vorschrift	1
2. Aussetzung des Verletzungsrechtsstreits	2, 3
2.1 Voraussetzungen	4–6
2.2 Fakultative Aussetzung	7
2.3 Zwingende Aussetzung	8
2.4 Verfahren/Rechtsbehelf	9–12
3. Bindungswirkung der Entscheidung im Löschungsverfahren	
3.1 Löschung	13
3.2 Abweisung des Löschungsantrags	14–17
3.3 Teillöschung	18
4. Löschung nach rechtskräftigem Verletzungsurteil	19

1. Allgemeines/Zweck der Vorschrift

Im Patentverletzungsprozess ist dem Verletzungsgericht die Nachprüfung des Klagepatents versagt. Das Patent ist erst nach der Prüfung der Schutzvoraussetzungen durch das DPMA erteilt worden. Der Grundsatz der Kompetenzverteilung zwischen Patentamt und Gericht verbietet deshalb eine Überprüfung durch das Verletzungsgericht; mangelnde Patentfähigkeit kann nur im Wege der Nichtigkeitsklage geltend gemacht werden (BGH GRUR 1999, 914, 916 – Kontaktfederblock). Das Gebrauchsmuster ist jedoch ein Schutzrecht, das ohne Prüfung auf Schutzwürdigkeit gegenüber dem Stand der Technik registriert wurde. Konsequenterweise ist deshalb die Nachprüfung durch die Verletzungsgerichte nicht nur zulässig, sondern auch notwendig. Der Verletzungsbeklagte kann sich deshalb auch im Zivilprozess jederzeit auf die mangelnde Schutzfähigkeit des GebrM berufen. Das Verletzungsgericht kann dabei auch die sogenannten absoluten Schutzvoraussetzungen des GebrM prüfen, ist also nicht auf eine Nachprüfung der relativen Schutzvoraussetzungen beschränkt, die im Eintragungsverfahren nicht geprüft werden (BGH GRUR 1969, 184, 185 – Lotterielos; vgl. ferner § 24 Anm. 2.5). Jedoch kann der Verletzungsrichter nur **inter partes** den Schutz verneinen oder diesen bejahen. Er kann aber nicht das GebrM mit Wirkung für die Allgemeinheit ganz oder teilweise löschen. Das GebrM als ungeprüftes Schutzrecht entbindet deshalb das Verletzungsgericht auch nicht der Nachprüfung der Schutzwürdigkeit des betreffenden GebrM, wenn parallel durch den Verletzungsbeklagten oder einen Dritten ein Löschungsverfahren gegen dieses Schutzrecht eingeleitet wurde. Die Aussetzungsvorschrift des § 19 verfolgt deshalb den Zweck, **widersprechende Entscheidungen** des Patentamts und des ordentlichen Gerichts zu **vermeiden,** wenn die Frage der Schutzwürdigkeit des betreffenden GebrM sowohl im Verletzungsrechtsstreit als auch in einem Löschungsverfahren untersucht wird (OLG Düsseldorf GRUR 1952, 192, 193). § 19 gibt deshalb dem Verletzungsrichter die Möglichkeit, den Verletzungsstreit bis zur Erledigung des Löschungsverfahrens auszusetzen und macht ihm diese Aussetzung sogar zur Pflicht, wenn er das GebrM für unwirksam hält. Solche widersprechenden Entscheidungen können aber auch dann ergehen, wenn das Löschungsverfahren nicht zwischen den Parteien des Verletzungsrechtsstreits schwebt. Gibt das Patentamt dem Antrag auf Löschung des GebrM statt, so wirkt diese Entscheidung **inter omnes** mit ex tunc-Wirkung. Hat in einem solchen Fall das ordentliche Gericht den Verletzungsrechtsstreit nicht ausgesetzt, sondern das GebrM für bestandskräftig gehalten und der Verletzungsklage stattgegeben, so ergeben sich nicht unerhebliche Schwierigkeiten, wenn das GebrM auf den während des Rechtsstreits schwebenden Löschungsantrag gelöscht wird. Auch derartig widersprechende Entscheidungen zwischen Patentamt und Verletzungsgericht sollen nach § 19 vermieden werden (OLG Braunschweig, GRUR 1961, 84 – Markierungszaun). Darüber hinaus soll die Regelung des § 19 Satz 3 dem **Rechtsfrieden** der Parteien dienen (OLG Düsseldorf GRUR 1995, 487, 488 – Gummifüße).

2. Aussetzung des Verletzungsrechtsstreits

2   § 19 regelt lediglich die Aussetzung des zivilrechtlichen Rechtsstreits. Die **Aussetzung** des **Löschungsverfahrens** folgt nicht den Regelungen des § 19, sondern bemisst sich nach den allgemeinen Grundsätzen, nämlich § 148 ZPO. Das Löschungsverfahren kann jedoch nicht aufgrund des parallelen Verletzungsrechtsstreits ausgesetzt werden, da dieser nicht vorgreiflich ist. Dem Regelungszweck entsprechend ist der Begriff „Rechtsstreit" in Satz 1 nur auf GebrM-Streitsachen im Sinne des § 27 zu beziehen, so dass bei allen übrigen Rechtsstreitigkeiten die allgemeinen Regelungen gelten (ebenso *Busse/Keukenschrijver*, § 19 GebrMG, Rdn. 2).

3   Der Einwand mangelnder Schutzfähigkeit des Klageschutzrechts im Verletzungsrechtsstreit kann nicht nur zur Begründung einer Aussetzung des Verletzungsverfahrens mit Rücksicht auf ein selbständiges Verfahren zur **Prüfung** der **Schutzfähigkeit** erhoben werden, so dass die Wirksamkeit des Klagegebrauchsmusters auch im **Verletzungsrechtsstreit** (selbständig) zu prüfen ist. Dies entspricht ständiger Rechtsprechung und wird durch die Regelung in § 19 Satz 3 bestätigt, die nur dann verständlich ist, wenn das Verletzungsgericht im übrigen selbständig über die Schutzfähigkeit urteilen kann (BGH GRUR 1997, 892, 893 – Leiterplattennutzen).

2.1 Voraussetzungen

4   Die Aussetzung nach § 19 Satz 1, 2 setzt die **Rechtshängigkeit** einer Gebrauchsmusterstreitsache bei einem Zivilgericht voraus. Dies kann nur eine **Hauptsacheklage** sein; in einem **einstweiligen**

Verfügungsverfahren ist eine Aussetzung aus doppeltem Grund nicht möglich: Zum einen ermangelte es dann an der Dringlichkeit und zum anderen an dem Verfügungsanspruch, wenn in einer Hauptsacheklage der Rechtsstreit auszusetzen wäre (OLG Düsseldorf Mitt. 1996, 87, 88). Es muss sich des weiteren (lediglich) um eine GebrM-Streitsache handeln; um welchen Streitgegenstand es sich hierbei im einzelnen handelt, ist gleichgültig, vorausgesetzt, dass die Entscheidung von dem Bestehen des GebrM-Schutzes abhängt. Hierunter fallen also insbesondere Unterlassungsklagen, Vertragsstrafeklagen, Ansprüche aus ungerechtfertigter Bereicherung, Auskunfts-, Rechnungslegungs- sowie Schadenersatzklagen etc. Für die Frage der Aussetzung ist es gleichgültig, in welcher Instanz das Verfahren rechtshängig ist. Die Aussetzung kann auch in der Revisionsinstanz erfolgen (RGZ 155, 321, 322).

Das **Löschungsverfahren** muss spätestens am Ende der mündlichen Verhandlung des zivilrechtlichen Rechtsstreits **anhängig** sein. Die Ankündigung in der mündlichen Verhandlung des Zivilrechtsstreits, ein Löschungsverfahren anzustrengen, reicht selbst unter Vorlage eines vorbereiteten Löschungsantragsentwurfes nicht aus. Das Zivilgericht hat über die Wirksamkeit des Streitgebrauchsmusters selbst zu entscheiden; die Eintragung des GebrM bleibt von dem Ausgang dieser Entscheidung unberührt. Für die Aussetzung nach § 19 gelten die allgemeinen verfahrensrechtlichen Grundsätze, insbesondere § 148 ZPO. Deshalb ist es unerheblich, wer das Löschungsverfahren betreibt (OLG Braunschweig GRUR 1961, 84, 85 – Markierungszaun). Eine Aussetzung des Zivilrechtsstreits kommt nicht in Betracht, wenn das Löschungsverfahren nicht betrieben wird, etwa weil es unterbrochen ist oder ruht (OLG Braunschweig, aaO).

Weitere Voraussetzung ist die **Vorgreiflichkeit,** d. h. der Ausgang des Zivilrechtsstreits muss vom Bestehen des GebrM-Schutzes **abhängig** sein. Diese Voraussetzung hat insbesondere im Verletzungsprozess Bedeutung. Vorgreiflichkeit ist ferner gegeben bei Streitigkeiten wegen Vergütung für Arbeitnehmererfindungen. Inhaltlich liegt sie vor, wenn alle anderen Klagevoraussetzungen vorliegen, so dass die Entscheidung (nur) noch von der Rechtswirksamkeit des streitgegenständlichen Gebrauchsmusters abhängt. An der Vorgreiflichkeit fehlt es folglich, wenn es auf die Schutzfähigkeit des GebrM nicht ankommt, z.B. weil die zivilrechtliche Klage unzulässig ist oder weil ohnehin kein Verletzungstatbestand gegeben wäre. An einer Abhängigkeit im Sinne des § 19 mangelt es im Falle der Gebrauchsmustervindikationsklage, die lediglich die Klärung der

Rechtsinhaberschaft zum Ziel hat, und bei der es nicht um die dem Streitstoff fremde Auseinandersetzung geht, ob das von beiden Parteien in Anspruch Genommene ein schutzfähiges Recht darstellt oder nicht; hierdurch würde auch der Prozess um die Berechtigung des Abtretungsverlangens durch Belastung mit einem ihm wesensfremden zusätzlichen Streitstoff einige Verzögerung erfahren, die schon mit dem Wesen und Zweck der erfinderrechtlichen Vindikation unvereinbar ist (BGH GRUR 1962, 140, 141/142 – Stangenführungsrohre). Bei Lizenzstreitigkeiten wird in der Regel ebenfalls keine Vorgreiflichkeit bestehen, da das GebrM jedenfalls bis zu seiner Löschung ein faktisches Ausschließlichkeitsrecht und damit eine Vorzugsstellung des Inhabers bewirkt hat. Vorgreiflichkeit ist ferner dann zu verneinen, wenn sich das Löschungsverfahren nicht auf dasjenige GebrM bezieht, das Gegenstand in dem Zivilrechtsstreit ist (z. B. dessen Verletzung in dem Verletzungsstreit geltend gemacht wird). Denn die Entscheidung des Verletzungsstreits ist lediglich von dem Bestehen dieses Gebrauchsmusters abhängig. Wird in dem Löschungsverfahren ein anderes Gebrauchsmuster angegriffen, dessen Wirksamkeit für das Zivilrechtsverfahren unerheblich ist, so sind einander widersprechende Entscheidungen des DPMA und des Zivilgerichts nicht zu befürchten, so dass für die Anwendung des § 19 kein Raum ist (OLG Düsseldorf GRUR 1952, 192, 193). Dabei kommt es auch nicht darauf an, ob dieses andere GebrM mit dem im Verletzungsrechtsstreit geltend gemachten Klagegebrauchsmuster identisch ist und deswegen gelöscht werden muss oder ob eine Abhängigkeit zwischen beiden Gebrauchsmustern besteht, da das DPMA keine Prüfungskompetenz z. B. über die Abhängigkeit hat. Hierüber muss vielmehr ausschließlich im Verletzungsrechtsstreit befunden werden, der insoweit nicht von dem Ausgang des Löschungsverfahrens abhängig ist (OLG Düsseldorf, aaO).

2.2 Fakultative Aussetzung

7   Bei Vorliegen der Voraussetzungen ist die Aussetzung **grundsätzlich fakultativ** und dem pflichtgemäßen Ermessen des Gerichts überlassen (RGZ 155, 321, 322). Dabei darf sich das Gericht aber nicht allein von Zweckmäßigkeitsgesichtspunkten leiten lassen, ebenso nicht von der Besonderheit, dass das GebrM ohne Prüfung der Schutzvoraussetzungen eingetragen ist, da sich aus dem Regel-/Ausnahmeverhältnis der §§ 11, 13 eine Vermutung der Wirksamkeit ergibt (vgl. § 11 Anm. 5.1). Zutreffend wird deshalb in einem Teil der

Literatur (*Mes*, § 19 GebrMG, Rdn. 5) Zurückhaltung bei der Aussetzung angemahnt, weil der GebrM-Inhaber (angesichts der ohnehin nur verkürzten Laufzeit eines GebrM) für einen wesentlichen Zeitraum sein Ausschließungsrecht nicht durchsetzen kann. Allgemein kann auf die Grundsätze zur Aussetzung des Patentverletzungsrechtsstreits bei Einspruch bzw. Nichtigkeitsklage zurückgegriffen werden (ebenso *Busse/Keukenschrijver*, § 19 GebrMG, Rdn. 7). Danach kommt eine Aussetzung aufgrund eines Einspruchs oder anhängigen Nichtigkeitsverfahrens in aller Regel nur in Betracht, wenn das Klagepatent mit (sehr) hoher Wahrscheinlichkeit nicht rechtsbeständig ist. Dies kommt im wesentlichen (nur) bei neuheitsschädlicher Vorwegnahme in Betracht oder wenn die Erfindungshöhe angesichts des vorliegenden Standes der Technik so fragwürdig geworden ist, dass sich ein vernünftiges Argument für die Zuerkennung der erfinderischen Tätigkeit nicht finden lässt (BGH GRUR 1987, 284 – Transportfahrzeug; OLG Düsseldorf Mitt. 1997, 257, 258 – Steinknacker). Insbesondere sollten im Regelfall Zweifel an dem Vorliegen eines erfinderischen Schritts nicht zur Aussetzung führen. Denn ob ein erfinderischer Schritt zu bejahen oder zu verneinen ist, ist letzten Endes allein infolge einer wertenden Entscheidung zu bestimmen. Insoweit lassen sich aber regelmäßig gute Gründe dafür anführen, dass ein Löschungsverfahren keinen Erfolg haben wird. (Nach OLG München, GRUR 1957, 272, sollen Zweifel an der Schutzfähigkeit bereits eine Aussetzung rechtfertigen, dort allerdings zu der speziellen Sachverhaltskonstellation, dass neben dem Löschungsverfahren eine Patentnichtigkeitsklage gegen das übereinstimmende Patent anhängig war und dort eine Beweisaufnahme angeordnet wurde. Vgl. auch BGH GRUR 1997, 454, 458 – Kabeldurchführung: „Die Möglichkeit, dass das . . . Gebrauchsmuster aus diesem Grund teilweise gelöscht wird, liegt jedoch fern, so dass auch eine Aussetzung seinetwegen nicht in Betracht kommt"). Im Rahmen seiner Ermessensentscheidung kommt dem Zivilgericht dabei auch Flexibilität zu, wenn es zum Beispiel dem Anspruch 1 die Schutzfähigkeit versagen möchte, jedoch in der Kombination der Merkmale der Ansprüche 1 und 2 eine schutzfähige Erfindung sieht und zum Beispiel die angegriffene Verletzungsform auch unter diese Kombination fiele.

2.3 Zwingende Aussetzung

Das Zivilgericht muss den Zivilrechtsstreit aussetzen, wenn es das GebrM für **unwirksam** hält und die übrigen Voraussetzungen vorliegen, § 19 Satz 2. Voraussetzung ist, dass ein gesetzlich vorgesehener und geltend gemachter Löschungsgrund in Betracht kommt. Sonstige, im Löschungsverfahren nicht überprüfbare Verfahrensmängel haben außer Betracht zu bleiben. Keine Aussetzung kommt in Betracht, wenn eine Bindungswirkung infolge abgewiesenen Löschungsantrages zwischen den Parteien besteht (Einzelheiten unter Anm. 3.2). Werden im Löschungsverfahren lediglich Vorfragen mit überprüft, so kommt derentwegen eine Aussetzung ebenfalls nicht in Betracht. Auch in der Revisionsinstanz besteht kein Zwang zur Aussetzung (*Busse/Keukenschrijver*, § 19 GebrMG, Rdn. 8).

2.4 Verfahren, Rechtsbehelf

9   Die Frage der Aussetzung ist summarisch zu beurteilen; eine förmliche Beweisaufnahme hierüber kommt nicht in Betracht. Nach dem Wortlaut des § 19 kommt eine Aussetzung bis zur Erledigung des Löschungsverfahrens in Betracht; vielfach erscheint eine Aussetzung lediglich bis zur erstinstanzlichen Entscheidung des DPMA angebrachter. Dies kann auch zwischen den Parteien vereinbart werden.

10   Ein Aussetzungsbeschluss durch das erstinstanzliche Gericht ist nach §§ 252, 567 ff ZPO mit der einfachen (unbefristeten) **Beschwerde** angreifbar. Er bedarf infolgedessen der Begründung. Das Beschwerdegericht darf dabei die zur Begründung der Vorgreiflichkeit vorgenommene Würdigung der Verletzungsfrage durch das Landgericht nicht im einzelnen überprüfen; die Aussetzung kann vielmehr nur auf Ermessensfehler überprüft werden (OLG Düsseldorf GRUR 1994, 507, 508). Denn ebenso wie in Patentstreitsachen hängt auch in Gebrauchsmusterstreitsachen die Entscheidung, ob Vorgreiflichkeit gegeben ist oder fehlt, regelmäßig eng mit der Beantwortung der Verletzungsfrage zusammen. Eine Befassung des Beschwerdegerichts mit dem eigentlichen Streitgegenstand würde aber eine Vorwegnahme der eigentlichen Streitfrage bedeuten (OLG Düsseldorf, aaO). Lehnt das erstinstanzliche Gericht die Aussetzung ab, so geschieht dies in der Regel in den Gründen des über die Klage entscheidenden Urteils, gegen das Berufung möglich ist. Entscheidet das erstinstanzliche Gericht ausnahmsweise über die Frage der Aussetzung durch verneinenden Beschluss, so ist hiergegen die sofortige Beschwerde gemäß §§ 252, 577 ZPO gegeben.

11   Wird die Aussetzung in II. Instanz beschlossen, so findet hiergegen eine Anfechtung nicht statt (vgl. *von Maltzahn,* GRUR 1985,

163, 173). Eine Aussetzung kann auch im Revisionsverfahren erfolgen.

Hat das erstinstanzliche Gericht eine Aussetzung bis zur rechtskräftigen Erledigung des Löschungsverfahrens beschlossen, kann es nach Erlass der Entscheidung im Verfahren vor dem DPMA die Frage der Aussetzung neu prüfen und ggfs. das zivilgerichtliche Verfahren fortsetzen.

3. Bindungswirkung der Entscheidung im Löschungsverfahren

3.1 Löschung

Wurde das GebrM in einem GebrM-Löschungsverfahren vor dem DPMA bzw. vor dem BPatG überprüft, so ist das ordentliche Gericht an diese Entscheidung nur gebunden, soweit das GebrM ganz oder teilweise (vgl. hierzu Anm. 3.3) gelöscht wurde. Die Bindungswirkung tritt auch ein, wenn die Entscheidung im Löschungsverfahren nicht zwischen den Parteien des Zivilrechtsstreits erging (BGH GRUR 1967, 351, 352 – Korrionsschutzbinde). Entsprechendes gilt auch für die Feststellung der (vollständigen oder teilweisen) Unwirksamkeit (BGH, aaO). Ansprüche aus dem GebrM können in diesen Fällen nicht mehr geltend gemacht werden (Einzelheiten: § 17 und Anm. dort). Ergeht die Löschungsentscheidung nach der letzten mündlichen Verhandlung in der Berufungsinstanz, ist sie auch noch in der Revisionsinstanz zu berücksichtigen; die auf ein solches „Scheinrecht" gestützten Ansprüche haben von Anfang an nicht bestanden und sind daher als unbegründet abzuweisen (kein Fall der „Erledigung der Hauptsache", BGH GRUR 1963, 494 – Rückstrahlerdreieck).

3.2 Abweisung des Löschungsantrags

Soweit der Löschungsantrag/Antrag auf Feststellung der Unwirksamkeit abgewiesen wurde, wirkt die Entscheidung **nur zwischen den Beteiligten** gemäß § 19 Satz 3 GebrMG (BGH GRUR 1997, 454, 457/458 – Kabeldurchführung; OLG Düsseldorf GRUR 1995, 487, 488 – Gummifüße). Das Zivilgericht ist folglich an die Löschungsentscheidung des DPMA/BPatG gebunden, wenn die Parteien/Beteiligten dieselben sind (BGH, aaO, BGH GRUR 1962, 299, 304 – formstrip). Durch § 19 Satz 3 ist der Verletzungsrichter der ansonsten nötigen Prüfung enthoben, ob das Schutzrecht die geprüften Schutzvoraussetzungen erfüllt. Das Löschungsverfahren beurteilt nur den Bestand des Schutzrechts und damit seinen Gegenstand, § 15 Abs. 1; dementsprechend kann sich § 19 Satz 3 auch nur hierauf beziehen (BGH GRUR 1997, 454, 457 – Kabeldurchführung). Im Löschungsverfahren erfolgt keine Überprüfung des Schutzumfangs. Der Verletzungsbeklagte kann im Hinblick auf die in § 19 Satz 3 ausgesprochene Bindung an die abweisende Entscheidung im Löschungsverfahren im Verletzungsrechtsstreit die Schutzfähigkeit des Gegenstands des Klagegebrauchsmusters nicht mehr mit einer Entgegenhaltung bestreiten, die im Löschungsverfahren – gleich aus welchen Gründen – nicht zum Erfolg geführt hat bzw. nicht berücksichtigt worden ist (BGH, aaO). Hieraus folgt, dass dem Verletzungsbeklagten einer als äquivalent angegriffenen Ausführungsform nicht der **Einwand des freien Standes der Technik** (sog. Formsteineinwand) abgeschnitten ist, da Grundlage dieser Prüfung nicht der Gegenstand des Schutzrechts gemäß § 15 Abs. 1 sondern eine davon abweichende angegriffene Ausführungsform und ihre Vorwegnahme durch den Stand der Technik ist (BGH, aaO; Einzelheiten bei §§ 11 Anm. 5.10 u. 12a Anm. 4.3). Soweit eine **Bindungswirkung** gemäß § 19 Satz 3 eintritt, gilt diese im Hinblick auf die Kompetenzverteilung im Verletzungsrechtsstreit der Parteien des Löschungsverfahrens **einschränkungslos** (BGH, aaO).

15 Diese führt sogar zu einer gewissen Drittwirkung dahingehend, dass es dem Verletzungsgericht auch untersagt ist, die Schutzvoraussetzungen des Klagegebrauchsmusters (wiederum) zu prüfen, um die Möglichkeit bzw. Notwendigkeit einer Aussetzung nach § 19 Satz 1 und 2 zu ermitteln, wenn ein erneutes **Löschungsverfahren** von **dritter Seite** in die Wege geleitet wird. Dieses von dritter Seite erneut in die Wege geleitete Löschungsverfahren hat für die Parteien des Verletzungsrechtsstreits und das Gericht erst dann Bedeutung, wenn und soweit in dem neuen Verfahren das GebrM mit rückwirkender Kraft vollständig oder teilweise gelöscht wird (BGH GRUR 1997, 454, 458 – Kabeldurchführung). In diesem Fall wird man dem Verletzungsgericht eine Aussetzungsbefugnis bereits dann zusprechen können, wenn in dem neuen Löschungsverfahren des Dritten eine erstinstanzliche (noch nicht rechtskräftige) Löschungsentscheidung ergangen ist (offen gelassen in BGH, aaO). Die Bindungswirkung kann dabei nur im Rahmen der **Rechtskraftwirkung** der Entscheidung im Löschungsverfahren, insbesondere im

Rahmen der geltend gemachten Löschungsgründe entstehen. Wird in dem neuen Löschungsverfahren des Dritten ein neuer Löschungsgrund geltend gemacht, so erstreckt sich die Bindungswirkung des § 19 Satz 3 hierauf (selbstverständlich) nicht, so dass das Verletzungsgericht in Bezug auf den nunmehr neuen anhängigen Löschungsgrund in eine Prüfung der Schutzvoraussetzungen des Klagegebrauchsmusters eintreten muss (BGH, aaO, S. 458).

Ist im Verfahren der Parteien/Beteiligten die Schutzfähigkeit des GebrM rechtskräftig entschieden, so bleibt es bei der **Bindungswirkung,** wenn nach der Rechtskraft der Entscheidung im Löschungsverfahren eine **weitere Entgegenhaltung** bekannt wird (so BGH GRUR 1972, 597, 599 – Schienenschalter II im Falle der Teillöschung), da der Gesetzgeber mit der Erstreckung der Rechtskraftbindung einer im Löschungsverfahren ergangenen Entscheidung auf den Verletzungsprozess dem dadurch zwischen den Parteien herbeigeführten Rechtsfrieden den Vorrang vor Billigkeitserwägungen eingeräumt hat (BGH GRUR 1972, 597, 599 – Schienenschalter II). Dieses gesetzgeberische Ziel ist in gleicher Weise tangiert, wenn der Löschungsantrag im Löschungsverfahren zwischen den Parteien/Beteiligten als **unzulässig** verworfen wurde, so dass auch dann die Bindungswirkung des § 19 Satz 3 eintritt (OLG Düsseldorf GRUR 1995, 487, 488 – Gummifüße). 16

Für die **Identität** der Parteien/Beteiligten („denselben Parteien") ist im Hinblick auf den Zweck der Vermeidung einander widersprechender Entscheidungen wesentlich die Identität des Antragstellers im Löschungsverfahren mit dem Verletzungsbeklagten. Eine Bindung tritt deshalb auch ein, wenn der **Rechtsnachfolger** des im Löschungsverfahren beteiligten GebrM-Inhabers Verletzungsklage gegen den abgewiesenen Löschungsantragsteller erhebt (BGH GRUR 1969, 681 – Hopfenpflückvorrichtung). Da sich § 19 Satz 3 auch als eine Schutzvorschrift zugunsten des GebrM-Inhabers darstellt, kommt es nach dem Sinn der Regelung entscheidend auf die Identität des Löschungsantragstellers und Verletzungsbeklagten an. Es würde nur eine unvollkommene Ausgestaltung dieses Schutzgedankens bedeuten, wenn dem **ausschließlichen Lizenznehmer** des GebrM-Inhabers die Bindungswirkung nicht zugute käme, so dass der Gesetzeszweck es rechtfertigt, die Bindungswirkung auch zugunsten des ausschließlichen Lizenznehmers eintreten zu lassen (BGH, aaO). Die Bindungswirkung tritt auch im Rahmen des § 129 HGB zu Lasten eines Gesellschafters nach Abweisung des von der oHG angestrengten Löschungsverfahrens ein (BGH GRUR 1976, 30 – Lampenschirm). 17

3.3 Teillöschung

18 Unabhängig von der Regelung des § 19 Satz 3 wirken Teillöschung wie auch die Feststellung der teilweisen Unwirksamkeit für und gegen jedermann (BGH GRUR 1967, 351, 352 – Korrosionsschutzbinde; BGH GRUR 1968, 86, 91 – Ladegerät I). Soweit der Bestand des GebrM durch die Teillöschungsentscheidung bestätigt wurde, tritt die Bindungswirkung des § 19 Satz 3 ein, wenn das GebrM-Löschungsverfahren zwischen den Parteien des Verletzungsrechtsstreits stattgefunden hat. Sind bei Identität der Beteiligten/Parteien in der Teillöschungsentscheidung die Schutzansprüche neu gefasst, so hat der Verletzungsrichter für die Beurteilung des Gegenstands des GebrM und der Tragweite seiner Beschränkung in erster Linie von den neu gefassten Schutzansprüchen auszugehen (BGH GRUR 1977, 250, 251 – Kunststoffhohlprofil I). Ebenso sind die die Beschreibung ergänzenden bzw. ersetzenden Gründe der Entscheidung zwischen denselben Beteiligten auch im Verletzungsstreit für den Schutzumfang maßgebend (BGH GRUR 1972, 597, 599 – Schienenschalter II). Das Verletzungsgericht hat den Schutzumfang des Klagegebrauchsmusters auf der Grundlage dieser Entscheidung selbständig zu bestimmen. Im Verfahren zwischen denselben Beteiligten/Parteien tritt die Bindungswirkung des § 19 Satz 3 auch dann ein, wenn nach der Rechtskraft der Entscheidung im Löschungsverfahren eine weitere Entgegenhaltung bekannt wird (BGH GRUR 1972, 597, 599 – Schienenschalter II; zur Begründung vgl. Anm. 3.2). Dritte, die am Löschungsverfahren nicht beteiligt waren, können den Rechtsbestand des teilweise aufrecht erhaltenen GebrM erneut in Frage stellen; sie werden von der Bindungswirkung nicht erfasst.

4. Löschung nach rechtskräftigem Verletzungsurteil

19 War der Verletzungsklage stattgegeben worden, bevor die Löschung erfolgte, kann auf der Grundlage der Löschungsentscheidung **Restitutionsklage** nach § 580 Nr. 6 ZPO erhoben werden (BPatG GRUR 1980, 852/853 – rotationssymmetrische Behälter; kritisch *Busse/Keukenschrijver*, § 143 PatG, Rdn. 389; LG Düsseldorf, GRUR 1987, 628, 629 – Restitutionsklage, zur Nichtigkeit eines

Patents). Nach anderer Auffassung (*Benkard/Rogge,* § 15 GebrMG, Rdn. 32) soll – wohl primär – eine **Vollstreckungsabwehrklage** gemäß § 767 ZPO erhoben werden können. Aufgrund eines Verletzungsurteils geleistete Zahlungen können wegen Wegfalls des Rechtsgrunds der Zahlung gemäß § 812 BGB zurückgefordert werden (*Benkard/Rogge,* § 15 GebrMG, Rdn. 32). Ein Erstattungsanspruch hinsichtlich bezahlter Verfahrenskosten kommt nicht in Betracht; ebenso wenig ist ein dem Verurteilten entstandener Vollstreckungsschaden im Sinne des § 717 Abs. 2 ZPO auszugleichen.

§ 20 [Gebrauchsmusterzwangslizenz]

Die Vorschriften des Patentgesetzes über die Erteilung oder Zurücknahme einer Zwangslizenz oder wegen der Anpassung der durch Urteil festgesetzten Vergütung für eine Zwangslizenz (§ 24) und über das Verfahren wegen Erteilung einer Zwangslizenz (§§ 81 bis 99, 110 bis 122) gelten für eingetragene Gebrauchsmuster entsprechend.

Übersicht

	Rdn.
1. Allgemeines/Zweck der Vorschrift	1
2. Voraussetzungen für die Erteilung der Zwangslizenz	2–7
3. Zwangslizenzverfahren	8

Literatur (Auswahl): *Beier,* Ausschließlichkeit, gesetzliche Lizenzen und Zwangslizenzen im Patent- und Musterrecht, GRUR 1998, 185; *Brändel,* Das „Weiterbenutzungsrecht" (§ 28 Erstreckungsgesetz) – eine Zwangslizenz besonderer Art, GRUR 1993, 169; *Straus,* Bedeutung des TRIPS für das Patentrecht, GRUR Int. 1996, 179.

1. Allgemeines/Zweck der Vorschrift

Über die Verweisung in § 20 findet § 24 PatG Anwendung bei **1** der Erteilung einer Zwangslizenz an einer gebrauchsmustergeschützten Erfindung. § 20 ist durch das 2. PatGÄndG aufgrund der Neuregelung des § 24 PatG neu gefasst worden (vgl. Gesetzesbegründung PMZ 1998, 393, 408). Bereits die Zwangslizenzregelung in

§ 24 PatG hat in der Vergangenheit keine praktische Relevanz erfahren (Gesetzesbegründung, aaO, S. 399). Dies gilt erst recht für das Gebrauchsmusterrecht. Die Vorschriften über die Zwangslizenz sind dabei Komplementärregelungen zu den Vorschriften über die **Lizenzbereitschaftserklärung.** Bei letzterer bietet der Schutzrechtsinhaber jedermann die Benutzung der Erfindung an, während bei der Zwangslizenz der Schutzrechtsinhaber trotz Angebots einer angemessenen Vergütung nicht zur Lizenzerteilung bereit ist. Die Regelungen über die Zwangslizenz sollen ihre Bedeutung deshalb eher mittelbar in der Förderung der Lizenzbereitschaft haben (*Beier,* GRUR 1998, 185, 189). Materiell-rechtlich wird die Gebrauchsmusterlizenz durch Verweisung auf § 24 geregelt. In verfahrensrechtlicher Hinsicht erfolgt die Regelung durch Übernahme der Bestimmungen in §§ 81–99 PatG für das Verfahren I. Instanz vor dem BPatG und in §§ 110–122 PatG für die Berufungsverfahren vor dem BGH. Die Neuregelung der §§ 20 GebrMG, 24 PatG erfolgt vor dem Hintergrund, dass das Übereinkommen über handelsbezogene Aspekte der Rechte des Geistigen Eigentums (TRIPS-Übereinkommen) in den Art. 27 Abs. 1 Satz 2 und 31 bei der Erteilung von Zwangslizenzen an Patenten zu beachtende, auf sehr hohem Niveau angesiedelte Mindestverpflichtungen zum Schutz des Patentinhaber enthält (Gesetzesbegründung, PMZ 1998, 393, 398). Die Neuregelung der §§ 20 GebrMG, 24 PatG bedeutet daher auch eine textliche Annäherung an Art. 27 Abs. 1 Satz 2 und Art. 31 des TRIPS-Übereinkommens (vgl. zu diesem *Straus,* GRUR Int. 1996, 179, 199/200).

2. Voraussetzungen für die Erteilung der Zwangslizenz

2   Gemäß § 20 GebrMG i. V. m. § 24 Abs. 1 PatG darf die Zwangslizenz nur erteilt werden, wenn seitens des Lizenzsuchers ein Nachweis erbracht wird, dass er sich bei dem GebrM-Inhaber um eine vertragliche Lizenz zu angemessenen Bedingungen während eines angemessenen Zeitraums bemüht hat. Es handelt sich hierbei um eine Zulässigkeitsvoraussetzung der vor dem BPatG nach § 81 PatG zu erhebenden Klage. Hierbei ist ausreichend, dass der Lizenzsucher seine Bereitschaft zur angemessenen Vergütung grundsätzlich erklärt hat. Es kann nicht verlangt werden, dass er gerade oder annähernd die Summe nennt, die später vom BPatG für angemessen gehalten

wird. Die Angabe bestimmter Summen ist regelmäßig nur als Vorschlag anzusehen (BGH GRUR 1996, 190 – Polyferon). Weiter ist erforderlich, dass das öffentliche Interesse im Einzelfall die Erteilung der Zwangslizenz gebietet. Dieses Erfordernis ist ferner zu erfüllen, wenn auch die übrigen Voraussetzungen der Absätze 2 bis 5 vorliegen. Das „öffentliche Interesse" ist dabei ein von der Rechtsprechung auszufüllender unbestimmter Rechtsbegriff, der sich nicht in allgemein gültiger Weise umschreiben lässt. Zutreffend weist die Rechtsprechung dabei darauf hin, dass der Rechtsbegriff wie jede Generalklausel dem Wandel unterworfen ist und die Bewertung der jeweils gegeneinander abzuwägenden Belange des GebrM-Inhabers und der Allgemeinheit wechselnden Anschauungen unterliegt. Ein öffentliches Interesse kann nicht allein durch die Ausschließlichkeitsstellung des Rechtsschutzinhabers begründet werden, selbst wenn dieser auf dem Markt eine tatsächliche Monopolstellung einnimmt. Vielmehr müssen besondere Umstände hinzu kommen, welche die uneingeschränkte Anerkennung des Ausschließlichkeitsrechts und die Interessen des Schutzrechtsinhabers zurücktreten lassen, weil die Belange der Allgemeinheit die Ausübung des Schutzrechts durch den Lizenzsucher gebieten. Nur dann kann ein schwerwiegender Eingriff in das Recht des Schutzrechtsinhabers gegen dessen Willen in Form der Zwangslizenz gerechtfertigt sein (BGH GRUR 1996, 190, 192 – Polyferon). Von der missbräuchlichen Ausübung des Schutzrechts abgesehen, kommen vor allem technische, wirtschaftliche, sozialpolitische oder medizinische Gesichtspunkte in Betracht (BGH, aaO). Die **Beweislast** für das Vorliegen von Gründen für das öffentliche Interesse hat der Lizenzsucher (BGH GRUR 1996, 190, 194/195 – Polyferon).

§§ 20 GebrMG, 24 Abs. 2 PatG regeln die Zwangslizenz bei **abhängigen Erfindungen.** Bei einem Abhängigkeitsverhältnis zwischen zwei Gebrauchsmustern darf die Erteilung einer Zwangslizenz an dem älteren GebrM auch nach Bejahung des öffentlichen Interesses nur erfolgen, wenn die Erfindung des jüngeren GebrM einen wichtigen technischen Fortschritt von erheblicher wirtschaftlicher Bedeutung aufweist. Das öffentliche Interesse verlangt das Hinzutreten außerhalb des Interesses des jüngeren Schutzrechtsinhabers an einer wirtschaftlichen Verwertung seines Schutzrechts liegender Umstände. Hierunter können wirtschaftliche, sozialpolitische, arbeitsmarktpolitische oder gesundheitspolitische Gesichtspunkte zu verstehen sein. Der Inhaber des älteren GebrM hat einen Anspruch auf die Einräumung einer Gegenlizenz an der Erfindung, die dem jüngeren GebrM zugrunde liegt. Die Gegenlizenz ist zu angemessenen Bedingungen zu gewähren. §§ 20 GebrM, 24 Abs. 2 PatG sind entsprechend anzuwenden, wenn ein jüngeres Patent von einem älteren GebrM abhängig ist und umgekehrt (*Busse/Keukenschrijver*, § 20 GebrMG, Rdn. 2).

4   §§ 20 GebrMG, 24 Abs. 3 PatG enthalten eine **Sonderregelung** für Erfindungen auf dem Gebiet der Halbleitertechnologie. Eine Zwangslizenz an einer derartigen Erfindung kann nur dann erteilt werden, wenn sie im öffentlichen Interesse gerechtfertigt ist und die Erteilung der Zwangslizenz der Behebung einer in einem Verwaltungs- oder Gerichtsverfahren festgestellten kartellrechtswidrigen Praxis dient. Damit tritt eine Verschärfung der Voraussetzungen ein, unter denen eine Zwangslizenz an einer Erfindung auf diesem Gebiet erteilt werden darf.

5   Nach §§ 20 GebrMG, 24 Abs. 4 PatG dürfen Zwangslizenzen im öffentlichen Interesse erteilt werden, wenn der GebrM-Inhaber die Erfindung **im Inland nicht** oder nicht genügend **ausübt,** um eine ausreichende Versorgung des inländischen Marktes sicherzustellen. Jeder Import steht dabei der Erteilung einer Zwangslizenz entgegen.

6   §§ 20 GebrMG, 24 Abs. 5 PatG regeln die **Bedingungen** und **Auflagen,** unter denen eine Zwangslizenz erteilt werden darf. Diese setzt eine Eintragung des GebrM voraus. Sie kann auch eingeschränkt werden hinsichtlich Zeitraum oder räumlichem Geltungsbereich oder auch zum Beispiel auf einzelne Ansprüche beschränkt sein. Der Lizenzsucher erhält durch die Zwangslizenz die Stellung eines einfachen, nicht ausschließlichen Lizenznehmers. Die Zwangslizenz kann ferner nur unter der Bedingung erteilt werden, dass der Lizenznehmer dem Inhaber des Schutzrechts künftig eine Vergütung zu entrichten hat, deren Höhe durch das Gericht festgesetzt wird.

7   §§ 20 GebrMG, 24 Abs. 6 PatG regeln die Voraussetzungen, unter denen die rechtsgeschäftliche Übertragung der Zwangslizenz oder die Übertragung der Zwangslizenz im Wege der Gesamtrechtsnachfolge zulässig ist.

3. Zwangslizenzverfahren

8   I. Instanz ist (anders als beim Löschungsverfahren) das BPatG aufgrund der Anwendbarkeit der §§ 81 ff PatG. Das Verfahren beginnt mit der Erhebung einer Klage, so dass die verweigerte Lizenz durch Gestaltungsurteil gemäß § 84 PatG ersetzt wird. Die Klage richtet sich gegen den in der Rolle eingetragenen GebrM-Inhaber,

§ 81 Abs. 1 Satz 2 PatG. Eine Klage gegen den ausschließlichen Lizenznehmer ist unzulässig (BGH GRUR 1996, 190, 195 – Polyferon). Die Klage muss einen bestimmten Antrag enthalten, der auf die Erteilung einer einfachen Lizenz an dem zu bezeichnenden GebrM unter Benennung der vom Kläger als angemessen erachteten Lizenzgebühr einschließlich der Angabe der Gewährung der Sicherheitsleistung gerichtet und begründet ist. Daneben kann auch bei Vorliegen der dort genannten Voraussetzungen ein Antrag auf Benutzung der Erfindung durch **einstweilige Verfügung** gerichtet werden, § 85 PatG. Hierbei ist streitig, ob die allgemeinen zivilprozessualen Anforderungen an die Dringlichkeit auch für dieses Verfahren gelten. Hinsichtlich der Einzelheiten wird auf die Kommentierung bei *Busse/Keukenschrijver*, § 85 PatG verwiesen. Sowohl im Urteilsverfahren als auch im Verfahren der einstweiligen Verfügung führt die spätere Aufhebung oder Änderung der vorläufigen Gestattung zu Schadenersatzansprüchen, § 85 Abs. 5, Abs. 6 Satz 2. Hinsichtlich der Gebühren wird auf die Nr. 225 110 (Klage) und Nr. 225 120 (Berufung) des Geb.-Verzeichnisses zu § 1 PatGebG verwiesen.

§ 21 [Verweisungen auf das Patentgesetz]

(1) Die Vorschriften des Patentgesetzes über die Erstattung von Gutachten (§ 29 Abs. 1 und 2), über die Wiedereinsetzung in den vorigen Stand (§ 123), über die Wahrheitspflicht im Verfahren (§ 124), über die Amtssprache (§ 126), über Zustellungen (§ 127) und über die Rechtshilfe der Gerichte (§ 128) sind auch für Gebrauchsmustersachen anzuwenden.

(2) Die Vorschriften des Patentgesetzes über die Bewilligung von Verfahrenskostenhilfe (§§ 129 bis 138) sind in Gebrauchsmustersachen entsprechend anzuwenden, § 135 Abs. 3 mit der Maßgabe, daß dem nach § 133 beigeordneten Vertreter ein Beschwerderecht zusteht.

Übersicht

	Rdn.
1. Allgemeines/Zweck der Vorschrift	1
2. Verweisung nach § 21 Abs. 1	
2.1 Erstattung von Gutachten	2, 3
2.2 Wiedereinsetzung	4–13

	Rdn.
2.3 Wahrheitspflicht	14–16
2.4 Amts- und Gerichtssprache	17, 18
2.5 Zustellungen	19–34
2.6 Rechtshilfe	35
3. Verfahrenskostenhilfe	36
3.1 Eintragungsverfahren	37
3.2 Löschungs- und Zwangslizenzverfahren	38
3.3 Andere Verfahren	39–44

1. Allgemeines/Zweck der Vorschrift

1 § 21 ist eine von mehreren Vorschriften des GebrMG, in der die Regelungen des PatG für (entsprechend) anwendbar erklärt werden. Bereits aus dieser wenig strukturierten Verweisungssystematik (weitere Einzelverweisungen sind enthalten in §§ 6 I 2, II; 7 II 5; 9 I und II; 10 III 2, IV; 12 Nr. 3; 13 III; 16 S. 4; 17 III 4, IV 2; 18 III 2, IV 5, V 2; 20) wird (allerdings lediglich im Ergebnis zutreffend) allgemein abgeleitet, dass die Verweisung in § 21 keine abschließende Regelung darstellt. Vielmehr geht die Praxis von einem als allgemein anerkannt bezeichneten **Grundsatz** aus, dass **Lücken im GebrMG** aus dem **Patentrecht** zu **ergänzen** sind, weil das GebrMG den Stoff nur unvollständig regelt und das GebrM-Recht inhaltlich und gegenständlich dem Patentrecht ähnlich ist, dessen allgemeine Grundsätze auch zum GebrM gehen, soweit nicht dessen Besonderheiten entgegenstehen (BPatGE 15, 200, 203; BPatG GRUR 1978, 638 – Gebrauchsmuster-Verlängerungsgebühr; ebenso *Bühring*, § 21, Rdnr. 1; implizit auch BGH GRUR 1998, 650, 651 – Krankenhausmüllentsorgungsanlage). Dass diese Annahme eines „allgemein anerkannten Grundsatzes" sehr zweifelhaft ist, belegen hingegen andere Entscheidungen, in denen ein Rechtssatz des Inhalts, dass, von den Besonderheiten abgesehen, für Gebrauchsmuster das gleiche wie für Patente als zur Auslegung oder Anwendung der Gesetze maßgeblich anzusehen sei, nicht bestehe (BGH GRUR 1983, 243 – Drucksensor). Angesichts dieser tragenden Bewertungsunterschiede erscheint eine gesetzgeberische Klarstellung de lege ferenda erforderlich. Neben den Regelungen des PatG sind die Vorschriften der **ZPO** entsprechend anzuwenden, sofern nicht Besonderheiten des GebrMG oder des PatG entgegenstehen; für das Verfahren vor dem BPatG ist dies durch § 99 Abs. 1 PatG klar-

Verweisungen auf das Patentgesetz 2 § 21

gestellt. Entsprechendes gilt durch die mittelbare Verweisung gemäß § 18 Abs. 3 auch für das GebrMG. Im übrigen sind auch insoweit wiederum Einzelverweisungen im GebrMG enthalten, z. B. § 17 Abs. 4 Satz 2.

Ebenso lückenhaft sind im GebrMG die Vorschriften über das Verfahren in GebrM-Angelegenheiten. Soweit nicht Besonderheiten des GebrM-Rechts zu beachten sind, ist eine entsprechende Anwendung der Vorschriften des PatG geboten. Beispielhaft sind hier zu nennen die Vorschriften über die Aufforderung zur Beseitigung von Mängeln der Anmeldung innerhalb angemessener Frist (§ 45 I PatG), den Zwischenbescheid, dass eine Anmeldung nicht eintragungsfähig ist (§ 45 II PatG), die Gelegenheit zur Stellungnahme (§§ 42 II 1, 48 S. 2 PatG), die Zurückweisung der Anmeldung (§ 48 S. 1 PatG), die Anhörung (§ 46 PatG).

2. Verweisung nach § 21 Abs. 1

2.1 Erstattung von Gutachten

§ 21 enthält lediglich einen Verweis auf die Absätze 1 und 2 des § 29 PatG. Das DPMA ist danach verpflichtet, auf Ersuchen der Gerichte oder der Staatsanwaltschaften über Fragen, die Gebrauchsmuster betreffen, Gutachten abzugeben, wenn in dem Verfahren voneinander abweichende Gutachten mehrerer Sachverständiger vorliegen. Die Regelung hat in der Vergangenheit keine praktische Relevanz erreicht (*Busse/Schwendy,* § 29 PatG, Rdn. 1). Nutznießer dieser Regelung können vor allen Dingen Gerichte in Verletzungsprozessen und Staatsanwaltschaften in Ermittlungsverfahren sein. Die Fragen können technische oder gebrauchsmusterrechtliche Aspekte betreffen, z. B. Abgrenzung zum Stand der Technik, Neuheit, erfinderische Tätigkeit, Auslegung der Schutzrechte, hingegen keine Stellungnahme zum Schutzumfang, da dies nach den immanenten Prinzipien des Gewaltenteilungsprinzips nur dem Gericht im Falle von Verletzungsstreitigkeiten vorbehalten ist. Das Patentamt erteilt nur ein schriftliches Gutachten; es nimmt nicht die Stellung eines Sachverständigen im Sinne der §§ 402 ff ZPO ein.

Außerhalb seiner ihm durch das PatG/GebrMG zugewiesenen Aufgaben darf das DPMA ohne Genehmigung des Bundesministers der Justiz nicht tätig werden (§ 29 Abs. 2 PatG).

2

§ 21 3, 4 Verweisungen auf das Patentgesetz

3   § 21 GebrMG enthält keinen Verweis auf § 29 Abs. 3 PatG, der Auskünfte zum Stand der Technik regelt. Eines Verweises bedurfte es infolge der „VO über die Erteilung von Auskünften zum Stand der Technik" vom 25. 2. 1982 (BGBl I 313 = PMZ 1982, 117), geändert durch VO vom 16. 11. 1992 (BGBl I 1930 = PMZ 1992, 51) nicht. Damit erhält jedermann, der dies beantragt, ohne Gewähr für die Vollständigkeit, Auskünfte zum Stand der Technik. Kosten: §§ 1, 2 DPMAV, KostV, KostVerz. Nr. 101 420.

2.2 Wiedereinsetzung

4   Gemäß § 21 GebrMG i. V. m. § 123 PatG kann auf Antrag Wiedereinsetzung in den vorigen Stand gewährt werden, wenn ein Verfahrensbeteiligter schuldlos verhindert war, eine gegenüber dem DPMA oder dem BPatG zu wahrende Frist einzuhalten, deren Versäumung einen Rechtsnachteil mit sich bringt, vorausgesetzt, dass der Wiedereinsetzungsantrag innerhalb einer Frist von zwei Monaten nach Wegfall des Hindernisses gestellt oder mindestens die versäumte Handlung nachgeholt ist und seit Fristablauf nicht mehr als ein Jahr vergangen ist. Die Wiedereinsetzung bei der Versäumung von Fristen im Zivilrechtsstreit (und damit auch in GebrM-Streitsachen) richtet sich nicht nach § 123 PatG sondern nach den §§ 223 ff ZPO. Die Wiedereinsetzung bei Fristversäumnis in Verfahren vor der Schiedsstelle nach dem ArbEG ist in § 34 Abs. 4, 5 ArbEG geregelt. Insbesondere zum Patentrecht existiert hierzu eine weit verästelte Rechtsprechung (vgl. hierzu allgemein *Benkard/Schäfers* sowie *Busse/Keukenschrijver*, jeweils zu § 123 PatG). Folgende Grundsätze lassen sich zusammenfassen:

§ 123 PatG entspricht weitgehend den Regelungen der §§ 233 ff ZPO (mit Ausnahme einer längeren Frist) und stellt einen außerordentlichen Rechtsbehelf zur Verfügung, der im Erfolgsfall Rechtsnachteile beseitigt, die durch die Fristversäumnis eingetreten sind: Die versäumte und nachgeholte Handlung wird als rechtzeitig vorgenommen fingiert (BGH GRUR 1995, 333, 334 – Aluminium-Trihydroxid). § 123 Abs. 1–3 PatG enthält die tatbestandlichen Voraussetzungen für die Wiedereinsetzung; Abs. 4 erklärt die Wiedereinsetzung als unanfechtbar. Im Interesse der Rechtssicherheit räumen die Abs. 5–7 Dritten unter bestimmten Voraussetzungen ein Weiterbenutzungsrecht ein. Zur teilweisen Neuregelung des § 123 durch das 2. PatGÄndG vgl. Gesetzesbegründung PMZ 1998, 393, 407).

Verweisungen auf das Patentgesetz   5, 6 § 21

Tatbestandliche Voraussetzungen: Wiedereinsetzungsfähige Fristen im Sinne des § 123 Abs. 1 PatG sind nur solche, deren Versäumung nach gesetzlicher Vorschrift einen Rechtsnachteil zur Folge hat. Fristen sind abgegrenzte, mithin bestimmt bezeichnete oder jedenfalls bestimmbare Zeiträume. Nicht wiedereinsetzungsfähig sind hiervon zu unterscheidende Termine. In Betracht kommen deshalb gesetzliche Fristen. Behördliche oder richterliche Fristen im Verfahren vor dem DPMA oder BPatG werden zwar prinzipiell erfasst, allerdings werden sie in der Regel nicht zu unmittelbaren Rechtsnachteilen führen. Vereinbarte Fristen sind nach h. M. nicht wiedereinsetzungsfähig. Beispiele: Hat ein GebrM-Anmelder nicht gleichzeitig mit der Anmeldung die Erklärung abgegeben, dass der für ein früher nachgesuchtes Patent maßgebende Anmeldetag in Anspruch genommen wird (Abzweigung), kommt insoweit Wiedereinsetzung in den vorigen Stand mangels Versäumung einer Frist nicht in Betracht (BPatG GRUR 1991, 833, 834 – Betonpflasterstein mit Splitteinlage). Wiedereinsetzungsfähig sind Rechtsmittel- und Rechtsbehelfsfristen sowie die entsprechenden Begründungsfristen, Gebührenzahlungsfristen (soweit von ihnen die Zulässigkeit eines Rechtsmittels/Rechtsbehelfs abhängt), Zahlungsfristen, insbesondere Jahresgebühren, die Wiedereinsetzungsfrist selbst. Vom Anwendungsbereich des § 123 Abs. 1 Satz 1 PatG sind die in Satz 2 genannten Fristen (einschließlich der Fristen zur Zahlung der entsprechenden Gebühren) ausgeschlossen. Keine wiedereinsetzungsfähigen Fristen sind darüber hinaus anzunehmen bei der Neuheitsschonfrist, der Entnahmepriorität oder der Versäumung eines Anmeldetags.

Als **Rechtsnachteil** ist jeder Nachteil der Rechtslage anzusehen, 5 der ohne die Fristversäumung nicht eingetreten wäre. Dies ist allein danach zu bestimmen, ob die unmittelbare Folge der Säumnis, gemessen an dem von der Norm zugrunde gelegten regelmäßigen Verlauf der Dinge, im allgemeinen nachteilig ist; es kommt nicht darauf an, ob sich die Rechtsfolge aufgrund besonderer (rechtlicher oder wirtschaftlicher) Umstände oder Verfahrenslagen im konkreten Einzelfall als nachteilig oder vorteilhaft erweist (BGH GRUR 1999, 574, 575/576 – Mehrfachsteuersystem). Kostennachteile können genügen (BPatGE 1, 15, 20). Die **Verhinderung** im Sinne des § 123 Abs. 1 Satz 1 PatG setzt ein objektives Hindernis voraus, die Frist einzuhalten. Subjektive Momente sind unerheblich (z. B. Nichtveranlassung wegen erhoffter Einigung mit dem Gegner).

Die Frist muss **ohne Verschulden** versäumt worden sein, an- 6 dernfalls ist die Wiedereinsetzung ausgeschlossen. Verschulden ist

Vorsatz und Fahrlässigkeit, § 276 BGB. Nicht schuldhaft handelt, wer die übliche Sorgfalt anwendet. Maßgebend ist eine Obliegenheitsverletzung. Hierbei ist auf diejenigen Personen abzustellen, denen die Einhaltung der Frist zur Vermeidung von Rechtsnachteilen gegenüber dem DPMA oder dem BPatG obliegt. Einzubeziehen sind gesetzliche oder gewillkürte Vertreter (vgl. §§ 51 Abs. 2, 85 Abs. 2 ZPO). Das Verschulden Dritter, insbesondere von Büro- oder Hilfspersonen steht der Wiedereinsetzung nicht entgegen, sofern nicht ein Eigenverschulden anzunehmen ist. Dieses **Einstehen für Dritte** kann insbesondere bei **Organisationsmängeln** vorliegen. Dabei werden an die Sorgfaltspflichten eines Rechts- oder Patentanwalts hohe Anforderungen gestellt, zumal im Patent- und GebrM-Wesen der Einhaltung von Fristen besondere Bedeutung zukommt (Berechnung, Notierung, Überwachung, Verlängerung, Änderung etc.). Insbesondere kann eigenes Verschulden bei der Auswahl, Anleitung und Überwachung von Beauftragten, Vertretern, Hilfspersonen etc. gegeben sein. Organisationsverschulden ist eigenes Verschulden des Beteiligten oder Verfahrensbevollmächtigten. Dabei ist ein individueller Sorgfaltsmaßstab anzuwenden. Im Anwaltsbereich ist auf die objektiv erforderliche Sorgfalt abzustellen, die ein ordentlicher Anwalt/Patentanwalt aufzuwenden hat. Diesbezüglich besteht kein Unterschied zwischen Patent- oder Rechtsanwälten. Andere Personen unterliegen bei der Beurteilung des Sorgfaltsmaßstabes den bei ihnen vorauszusetzenden Fähigkeiten. Insbesondere dürfen Patent- oder Rechtsanwälte nur in eingeschränktem Maße Aufgaben auf Angestellte delegieren (z. B. keine Delegation von GebrM-Anmeldungen). Eine Erkrankung wird in der Regel nur bei unvorhergesehenem und plötzlichem Eintreten als unabwendbarer Zufall angesehen werden können. Von einem Anwalt wird nach Zustellung einer negativen Entscheidung regelmäßig gefordert sein, die Erfolgsaussichten eines Rechtsmittels zu prüfen, dem Mandanten die notwendigen Schritte für ein Rechtsmittel mitzuteilen, die Erörterung der Erfolgsaussichten und der Einlegung des Rechtsmittels sicherzustellen, so dass die bloße Weiterleitung der Entscheidung nebst amtlicher Rechtsmittelbelehrung lediglich zur Kenntnisnahme nicht ausreicht (BPatG Mitt. 1998, 34). Ein Patentanwalt, der mit der selbständigen Entrichtung von Jahresgebühren beauftragt ist, wird für die fristgerechte Zahlung der Gebühren (ggfs. nebst Zuschlag) Sorge tragen müssen, so dass die bloße Weiterleitung von Gebührennachrichten eine Sorgfaltspflichtverpflichtung darstellt. Etwas anderes gilt nur, wenn er nicht mit der Gebührenzahlung beauftragt ist. Schriftstücke sind dabei ferner so rechtzeitig zur

Post zu geben, dass mit ihrem Zugang innerhalb der Frist zu rechnen ist. Gegebenenfalls müssen diese per Telekopie vorab übermittelt werden. Zwar kann ein Irrtum über tatsächliche Umstände wie auch ein Rechtsirrtum den Schuldvorwurf ausschließen; ist der Irrtum jedoch vermeidbar, begründet dies einen Fahrlässigkeitsvorwurf, so dass die Wiedereinsetzung ausgeschlossen ist. Zugunsten der Verfahrensbeteiligten kann ein **Vertrauensschutz** dahingehend entstehen, dass Handlungen des DPMA eine Vermutung inhaltlicher Richtigkeit zukommt, es sei denn, dass die Unrichtigkeit ohne weiteres erkennbar ist (z. B. ist die Wiedereinsetzung bei einer falschen Eintragung des Anmeldetags durch das DPMA gerechtfertigt, vgl. BPatG Mitt. 1966, 220).

Eine Wiedereinsetzung kommt bei **fehlender Kausalität** nicht in Betracht, z. B. wenn mehrere Umstände zu der Fristversäumung beigetragen haben und auch nur ein verschuldeter Umstand nicht hinweggedacht werden kann, ohne dass die Fristversäumnis entfiele.

Bei der Wiedereinsetzung in den vorigen Stand ist ein besonderes **Verfahren** zu beachten. Antragsberechtigt ist derjenige, der die Frist gegenüber dem DPMA oder dem BPatG einzuhalten hatte (regelmäßig der in der Rolle eingetragene Anmelder oder GebrM-Inhaber). Die Antragsberechtigung ist infolgedessen mit dem (verletzten) Recht verknüpft. Zu den Antragsberechtigten gehört auch der Gesamtrechtsnachfolger (vgl. BPatG GRUR 1988, 906 zu einer Fallgestaltung des § 30 Abs. 3 PatG). Der durch widerrechtliche Entnahme Verletzte muss zunächst seinen Abtretungsanspruch durchsetzen, bevor er Anträge auf Wiedereinsetzung stellen kann (BPatGE 9, 196, 198). Wiedereinsetzung setzt ferner grundsätzlich einen **Antrag** voraus (§ 123 Abs. 2 Satz 1 PatG). Dieser ist entbehrlich mit der Folge, dass eine Wiedereinsetzung ohne Antrag von Amts wegen möglich ist, wenn die versäumte Handlung innerhalb der Wiedereinsetzungsfrist nachgeholt worden ist und sämtliche die Wiedereinsetzung rechtfertigenden Tatsachen aktenkundig sind (§ 123 Abs. 2 Satz 2, 3 PatG). Die **Frist** für den Antrag und die Nachholung der versäumten Handlung beläuft sich auf zwei Monate (§ 123 Abs. 2 PatG). Sie beginnt mit dem Wegfall des Hindernisses, insbesondere wenn der Verfahrensbeteiligte oder sein Vertreter erkannt hat, dass die fristgebundene Verfahrenshandlung versäumt ist oder er dies bei gebotener Sorgfalt hätte erkennen müssen. Diejenigen **Tatsachen** sind anzugeben, die die Wiedereinsetzung begründen. Die zwischen Beginn und Ende der versäumten Frist liegenden, insbesondere für die Frage des Nichtverschuldens der Fristversäumung relevanten Fakten sind innerhalb der 2-Monatsfrist umfassend darzulegen. Innerhalb der 2-Monatsfrist kann dabei der Vortrag ergänzt werden. Nach Ablauf der Frist muss neuer Sachvortrag unberücksichtigt bleiben, jedoch können unvollständige Angaben auch nach dieser Frist erläutert, ergänzt oder klargestellt werden. Die darzulegenden Tatsachen sind glaubhaft zu machen, so dass überwiegende Wahrscheinlichkeit genügt und kein Vollbeweis erbracht werden muss. Als Glaubhaftmachungsmittel kommen neben Unterlagen insbesondere eidesstattliche bzw. anwaltliche Versicherungen, Atteste, Gutachten etc. in Betracht. Insbesondere bedarf es der Darlegung, welche organisatorischen Maßnahmen getroffen worden sind, um Fristversäumnisse der eingetretenen Art zu vermeiden. Die Glaubhaftmachung kann innerhalb des weiteren Verfahrens, sogar noch in der Beschwerde, nicht jedoch mehr in der Rechtsbeschwerde erfolgen.

9 Innerhalb der Antragsfrist für die Wiedereinsetzung muss die versäumte Handlung **nachgeholt** werden. § 123 Abs. 3 Satz 4 PatG: **absolute Ausschlussfrist**. Ein Jahr nach Ablauf der versäumten Frist können die Wiedereinsetzung nicht mehr beantragt und die versäumte Handlung nicht mehr nachgeholt werden.

10 **Zuständig** ist diejenige Stelle, die über die nachgeholte Handlung zu beschließen hat (z. B. GebrM-Stelle, GebrM-Abteilung). Beim BPatG ist grundsätzlich der Senat in seiner vorgesehenen Besetzung zuständig. Zur Zuständigkeitsabgrenzung DPMA/BPatG lässt sich eine allgemein gültige Aussage nicht treffen. In der Regel ist diejenige Instanz zuständig, in der sich die Angelegenheit/das Verfahren zum Zeitpunkt der versäumten Handlung gerade befindet (vgl. BGH GRUR 1999, 574, 576: Zuständigkeit des BPatG für die Beurteilung der Rechtzeitigkeit der Gebührenzahlung nach § 39 Abs. 2, 3 PatG, wenn eine Anmeldung im Beschwerdeverfahren geteilt wird).

11 In der Regel ergeht die **Entscheidung** zusammen mit der Sachentscheidung. Ein dem Wiedereinsetzungsantrag stattgebender Beschluss muss nicht begründet werden. Bei Nichtvorliegen der Voraussetzungen der Wiedereinsetzung darf diese nicht gewährt werden. Der Antrag ist als unzulässig zurückzuweisen, wenn er nicht statthaft bzw. nicht zulässig ist. Liegen materiell-rechtlich die Voraussetzungen für die Wiedereinsetzung nicht vor, bedarf es der Zurückweisung als unbegründet. Die Gewährung der Wiedereinsetzung ist unanfechtbar, § 123 Abs. 5 PatG. Bei Versagung der Wiedereinsetzung durch das DPMA ist die **Beschwerde**, § 73 PatG, eröffnet. Wird ein Wiedereinsetzungsantrag im Beschwerdeverfahren durch das BPatG abgelehnt, so besteht keine Möglichkeit der Anfechtbarkeit mittels Rechtsbeschwerde.

Mit der Wiedereinsetzung **entfallen** die durch die Fristversäumung eingetretenen **Rechtsnachteile,** da die versäumte und nachgeholte Handlung als rechtzeitig vorgenommen fingiert wird (BGH GRUR 1995, 333, 334 – Aluminium-Trihydroxid). Mit der Wiedereinsetzung ist eine **Bindungswirkung** dahingehend verbunden, dass in einem späteren Verfahren das Vorliegen der Voraussetzungen nicht mehr überprüft werden kann. Die Folgen der Säumnis werden rückwirkend beseitigt (vgl. BGH GRUR 1993, 460, 464 – Wandabstreifer). 12

Gemäß § 21 Abs. 1 GebrMG i. V. m. § 123 Abs. 5, 6 PatG werden aus Billigkeitsgesichtspunkten **Weiterbenutzungsrechte** zugunsten gutgläubiger Dritter begründet, die z. B. auf das Erlöschen des Schutzrechts oder den Verfall der Anmeldung vertraut und daraufhin eigene Investitionen vorgenommen haben und deren redlich erworbener Besitzstand erhalten werden soll (BGH GRUR 1993, 460, 464 – Wandabstreifer). § 127 Abs. 7 PatG erweitert den Schutz auf den Fall des Wiederinkrafttretens des Prioritätsrechts. Wegen § 23 GebrMG dürfte sich die Problematik des Entstehens eines Weiterbenutzungsrechts gegenüber einem GebrM nur eingeschränkt stellen. Voraussetzung für das Entstehen des Weiterbenutzungsrechts ist das materielle Erlöschen des Schutzrechts oder der Anmeldung, wobei die bloße Löschung nicht ausreichend ist (BGH GRUR, aaO). Das Schutzrecht oder die Anmeldung müssen infolge der Wiedereinsetzung wieder in Kraft getreten sein. In der Zwischenzeit muss das Schutzrecht von einem Dritten in Benutzung genommen oder es müssen dazu die erforderlichen Veranstaltungen getroffen worden sein (hierzu kann auf die Erläuterungen des Entstehens eines Vorbenutzungsrechts zurückgegriffen werden). Eine Benutzung **vor** dem Zeitpunkt des Erlöschens und nachfolgende Weiterbenutzung begründen hingegen kein Weiterbenutzungsrecht (BGH GRUR 1993, 460, 462 – Wandabstreifer). Die Benutzung bzw. die erforderlichen Veranstaltungen dazu müssen im eigenen Interesse erfolgt sein. Handlungen leitender Betriebsangehöriger sind dem Geschäftsbetrieb zuzurechnen (BGH, aaO). Sie müssen ferner im Inland erfolgt sein. Ferner müssen die Handlungen **im guten Glauben** vorgenommen worden sein. Guter Glaube fehlt, wenn der Benutzer mit dem Wiederaufleben des Schutzrechts rechnet oder rechnen musste. Das Weiterbenutzungsrecht ist nur zusammen mit dem Betrieb übertragbar. 13

2.3 Wahrheitspflicht

14 Gemäß § 21 Abs. 1 GebrMG i. V. m. § 124 PatG haben die Beteiligten im Verfahren vor dem DPMA, dem BPatG und dem BGH ihre Erklärungen über tatsächliche Umstände vollständig und der Wahrheit gemäß abzugeben. § 124 PatG entspricht damit § 138 Abs. 1 ZPO. Die ungeachtet des Untersuchungsgrundsatzes geltende Wahrheitspflicht gilt dabei in allen Verfahren vor den genannten Instanzen. Im Verfahren vor dem BGH überlappt sich damit § 124 PatG mit § 138 ZPO, der im übrigen für alle gerichtlichen Verfahren gilt.

15 Verpflichtet sind die Beteiligten, also alle an den im GebrMG geregelten Verfahren Teilnehmenden, z. B. Antragsteller, Antragsgegner, Anmelder, GebrM-Inhaber, Nebenintervenient etc. Auch die jeweiligen Vertreter werden von dieser Vorschrift erfasst. Tatsächliche Umstände sind all diejenigen inneren und äußeren Vorgänge, die auf ihre Richtigkeit hin überprüft werden können; hierzu gehören auch Erfahrungssätze, Versuchsergebnisse, nicht aber Rechtsausführungen. Das Gebot zu wahrheitsgemäßem Vortrag erfordert, dass die Angaben dem subjektiven Wissen entsprechen, d. h. bewusst unwahre Behauptungen sind unzulässig. Dasselbe gilt für „ins Blaue hinein" aufgestellte Angaben. Diese Verpflichtungen treffen auch die Verfahrensbevollmächtigten. Hingegen ist es zulässig, Behauptungen aufzustellen, von denen der Vortragende nicht sicher ist, dass sie zutreffend sind. Zur Erfüllung der Wahrheitspflicht gehört auch, dass die Behauptungen **vollständig** sein müssen; dies bedingt, dass der gesamte (entscheidungserhebliche) Sachverhalt vorgetragen werden muss.

16 § 124 PatG enthält **keine Rechtsfolgen** im Falle eines Verstoßes. Die Vorschrift stellt sich damit als insgesamt wenig effektiv dar. Eine als unwahr erkannte Aussage ist bei der Entscheidung nicht zu berücksichtigen. Andererseits ist ein Beteiligter nicht gehindert, sein Vorbringen im Laufe des Verfahrens zu ändern, insbesondere zu präzisieren, zu ergänzen oder zu berichtigen. Eine Bindung in der Beschwerdeinstanz an erstinstanzliches Vorbringen tritt nicht ein (vgl. § 525 ZPO). Lediglich ein gerichtliches Geständnis nach § 288 ZPO entfaltet eine, durch § 290 ZPO beschränkte Bindungswirkung. Späterer Vortrag kann auch nicht wegen Verstoßes gegen die Wahrheitspflicht unbeachtet lassen, wenn ein solcher Verstoß ohne Erhebung und Würdigung der (angetretenen bzw. anzutretenden) Beweise nicht festgestellt werden kann. In derartigen Fällen ist eine

Modifizierung des Sachvortrags im Rahmen möglicher Beweiswürdigung zu berücksichtigen. Gegebenenfalls kommen auch Kostennachteile in Betracht (BPatG GRUR 1984, 803, 804 – Dosiereinrichtung). Eine solche Kostenlast soll aber z. b. nicht eintreten, wenn der Anmelder durch sein Bestreiten einer offenkundigen Vorbenutzung eine Beweisaufnahme notwendig gemacht hat, da es das grundsätzlich legitime Recht eines Anmelders sei, eine behauptete offenkundige Vorbenutzung bis zum Beweis des Gegenteils zu bestreiten (BPatG, aaO unter Hinweis auf § 138 Abs. 4 ZPO).

2.4 Amts- und Gerichtssprache

§ 21 Abs. 1 GebrMG i. V. m. § 126 Satz 1 PatG sieht aufgrund der Änderung durch das 2. PatGÄndG vor, dass die Verfahrenssprache vor dem DPMA nur insoweit Deutsch ist, als nicht in anderen Rechtsvorschriften andere Regelungen getroffen werden. Eine solche andere gesetzliche Regelung ist diejenige über die Einreichung fremdsprachiger Anmeldungsunterlagen. Das DPMA soll künftig auch nicht länger gehindert sein, fremdsprachige Dokumente und Unterlagen im Anwendungsbereich des GebrMG zu berücksichtigen; deshalb ist § 126 Satz 2 PatG a. F. ersatzlos gestrichen worden. Die Frage, unter welchen Voraussetzungen Eingaben und Schriftstücke in fremden Sprachen berücksichtigt werden, ist nunmehr in § 9 GebrMAnmV geregelt, der inhaltlich § 10 der Patentanmeldeverordnung entspricht, die ihrerseits redaktionelle Folgeänderungen der Neufassung der §§ 34 und 35 PatG zum Inhalt hat. Im Vergleich zur früheren Rechtslage ist damit eine großzügigere Anwendung, die zur Berücksichtigung fremdsprachiger Eingaben führen würde, angebracht. Die rein verfahrensrechtliche Bestimmung des § 126 PatG ließ auch in ihrer Auslegung durch die bisherige Praxis fremdsprachige Schriftstücke, die Beweiszwecken dienen können, zu. Diese können ohne Übersetzung verwertet werden (vgl. BGH GRUR 1998, 901, 902 – Polymermasse).

§ 126 Satz 2 PatG verweist auf die Anwendung der §§ 184–191 GVG. § 185 GVG bezieht sich auf die mündliche Verhandlung.

2.5 Zustellungen

Zustellung ist die in gesetzlicher Form ausgeführte und beurkundete Übergabe von Schriftstücken. Sie sichert den Nachweis von Zeit und Art der Übergabe. Der Zustellungszeitpunkt löst darüber hinaus verschiedene Rechtsfolgen aus, z. B. den Lauf von Fristen, die Fälligkeit von Gebühren etc. Sie ist abzugrenzen von der formlosen Übermittlung von Schriftstücken, für die keine Vermutung des Zugangs besteht. Gemäß § 21 Abs. 1 GebrMG i. V. m. § 127 Abs. 1 PatG wird der Grundsatz aufgestellt, dass Zustellungen im Verfahren vor dem DPMA und dem BPatG nach dem Verwaltungszustellungsgesetz (VwZG) erfolgen. Ergänzend sind die Allgemeinen Verwaltungsvorschriften zum VwZG, die Regelung der DPMAV sowie des PatG/GebrMG heranzuziehen. In zivilrechtlichen Streitigkeiten, mithin in GebrM-Streitsachen, gelten die Vorschriften der ZPO, ebenso für das Rechtsbeschwerdeverfahren gemäß § 106 PatG. Weder das VwZG noch § 127 PatG regeln die Notwendigkeit der Zustellung. Diese ergibt sich aus den materiell-rechtlichen Regelungen, z. B. §§ 4 IV 2; 5 II 1; 17 III 3; 23 II–IV. Dessen ungeachtet müssen eine Frist in Lauf setzende Bescheide, Handlungen des DPMA, des BPatG oder eines Dritten immer förmlich zugestellt werden; dies gilt also insbesondere bei anfechtbaren Entscheidungen des DPMA bzw. des BPatG (vgl. BGH GRUR 1993, 476, 477 – Zustellungswesen). Auch ein Schriftsatz, der eine Änderung des Löschungsantrags enthält, ist zuzustellen (BPatGE 25, 85; vgl. ferner die Spezifizierung der zuzustellenden Maßnahmen durch die Hausverfügung des Präsidenten des DPMA Nr. 10 vom 25. Oktober 1972: Bescheide mit Fristen, Ladungen der Beteiligten, Zeugen und Sachverständigen sowie Terminsaufhebungen oder Verlegungen). Gemäß § 18 Abs. 3 GebrMG i. V. m. § 73 Abs. 2 Satz 3 PatG sind im Verfahren vor dem **BPatG** die Beschwerde und alle Schriftsätze, die Sachanträge, die Erklärung der Zurücknahme der Beschwerde oder eines Antrags enthalten, den übrigen Beteiligten von Amts wegen zuzustellen; die übrigen Schriftsätze sind lediglich formlos mitzuteilen.

20 **Verfahren:** § 2 VwZG enthält die Grundregelung, dass die Zustellung in der Übergabe eines Schriftstücks in Urschrift, Ausfertigung oder beglaubigter Abschrift, ausnahmsweise durch Vorlage der Urschrift erfolgt. Ausfertigung und beglaubigte Abschrift müssen mit der Urschrift übereinstimmen. Die Art und Weise der Zustellung wird in den §§ 2 ff VwZG, modifiziert durch § 127 PatG, geregelt. Danach gibt es folgende **Zustellungsarten:**

21 – Zustellung mit Zustellungsurkunde, § 3 VwZG: Hierfür gelten die §§ 180 bis 186, 195 Abs. 2 ZPO. Bei unrichtigem Datum des Vermerks gemäß § 195 Abs. 2 Satz 2 ZPO ist die Zustellung zwar

nicht unwirksam, setzt aber die Beschwerdefrist nicht in Lauf (BPatG GRUR 1978, 533 – Zwischenstreit). Die Zustellungsurkunde besagt ferner nichts über den Inhalt des zuzustellenden Schriftstücks. Die ordnungsgemäße Zustellung einer bestimmten Sendung wird jedoch in der Regel als nachgewiesen gelten können. Gegenbeweis ist zulässig (BPatGE 21, 27).

– Zustellung mittels eingeschriebenem Brief, § 4 VwZG (Regelfall): Erfolgt keine Übergabe, wird die Zustellung erst mit der Abholung bewirkt. Keine Möglichkeit der Ersatzzustellung. Gemäß § 127 Abs. 1 Nr. 1 PatG gilt die Zustellung als bewirkt, wenn die Annahme der Zustellung durch eingeschriebenen Brief ohne gesetzlichen Grund durch den Zustellungsempfänger verweigert wird. Verweigerung durch Dritte reicht nicht aus. Als Zeitpunkt der Zustellung gilt der 3. Tag nach der tatsächlichen Aufgabe zur Post. Die 3-Tage-Frist wird nicht abgekürzt, wenn der Brief früher zugegangen ist. Nach h. M. handelt es sich um eine beschränkt widerlegbare Vermutung, die bei fehlendem Zugang oder später erfolgtem Zugang nicht gilt.

– Zustellung gegen Empfangsbekenntnis, § 5 VwZG: Es handelt sich hierbei um eine vereinfachte Zustellungsart, die nur anwendbar ist, wenn der Zustellungsempfänger eine bestimmte Qualifikation aufweist. Diese richtet sich insbesondere an Rechtsanwälte, Patentanwälte. Eine ausreichende Identifizierung des zugestellten Schriftstücks muss aufgrund des Empfangsbekenntnisses möglich sein (vgl. BGH GRUR 1972, 196, 197 – Dosiervorrichtung). Das Schriftstück wird übermittelt, als Nachweis der Zustellung genügt, dass das mit Datum und Unterschrift versehene Empfangsbekenntnis an das DPMA/BPatG zurückgesandt wird. Hierdurch wird ein Empfangswille bekundet. Wird das Empfangsbekenntnis nicht abgegeben, so liegt keine wirksame Zustellung vor. Gegebenenfalls ist auch gegenüber einem Anwalt die Zustellung mit Zustellungsurkunde nachzuholen. Nach BGH (GRUR 1972, 196 – Dosiervorrichtung) ist bei entgegenstehender ausdrücklicher Erklärung selbst dann nicht von einem Empfangsbekenntnis im Sinne des § 5 Abs. 2 VwZG auszugehen, wenn ein späteres schriftliches tatsächliches Zugeständnis über den Empfang des Dokuments erfolgt. Gegen die Richtigkeit des Empfangsbekenntnisses kann der Empfänger den Gegenbeweis antreten (BPatGE 23, 248, 249). Das Empfangsbekenntnis ist eine öffentliche Urkunde.

– Niederlegung im Abholfach, § 127 I Nr. 4 PatG: Dies spielt in der Praxis kaum noch eine Rolle.

Besondere Vorschriften

25 – Zustellung an Behörden, öffentlich-rechtliche Körperschaften und Anstalten, § 6 VwZG.
26 – Ort der Zustellung: § 10 VwZG.
27 – Ersatzzustellung: § 11 VwZG.
28 – Zustellung zur Nachtzeit sowie an Sonn- und Feiertagen: § 12 VwZG.
29 – Verweigerung der Annahme: § 13 VwZG.
30 – Auslandszustellung: § 14 VwZG: Ist ein Inlandsvertreter bestellt, muss an diesen zugestellt werden, so dass die Auslandszustellung nicht in Betracht kommt. Erleichterung der Auslandszustellung gemäß § 127 Abs. 1 Nr. 2 PatG mit Zustellung durch Aufgabe zur Post (vgl. §§ 175, 213 ZPO). Dies setzt jedoch eine Obliegenheitsverletzung (z. B. Nichtbestellung eines Inlandsvertreters) voraus, so dass die Zustellung verfahrenseinleitender Schriftstücke nach den allgemeinen Vorschriften zu erfolgen hat (BGH GRUR 1993, 476 – Zustellungswesen). Weitere Möglichkeiten der Auslandszustellung sind geregelt im „Europäischen Übereinkommen über die Zustellung von Schriftstücken in Verwaltungssachen im Ausland" vom 24. 11. 1977 (BGBl. 1981 I 535 = PMZ 1982, 256).
31 – Öffentliche Zustellung: § 15 VwZG; diese kommt nur bei allgemein unbekanntem Aufenthaltsort in Betracht, wenn also im Inland der Aufenthalt des Empfängers nicht zu ermitteln ist (BPatGE 15, 158, 159; BGH MDR 70, 100).
32 **Zustellungsadressat:** Dieser ist von der Person, der tatsächlich zugestellt wird, zu unterscheiden (vgl. 191 Nr. 3, 4 ZPO). Wer richtiger Zustellungsadressat ist, bestimmt sich nach der jeweiligen Verfahrenssituation (z. B. Beteiligter, Zeuge, Sachverständiger etc.). Liegt eine **Bevollmächtigung** vor, so ist an diesen zuzustellen; aufgrund der Änderung des § 127 PatG infolge des 2. PatGÄndG kommt es nicht mehr darauf an, ob die Vollmacht „zu den Akten", d. h. zu den konkreten Akten, gereicht worden ist. Die beim DPMA hinterlegte „allgemeine Vollmacht" genügt damit. Die Bevollmächtigung kann gemäß § 8 Abs. 1 VwZG auch stillschweigend erfolgen. Eine Zustellung an den Vertretenen ist unwirksam. Auch im Falle des Todes des Vollmachtgebers ist an den Vertreter zuzustellen. Dies gilt auch für den Fall der (angezeigten) Niederlegung des Mandats, solange ein Antrag auf Rolleneintragung eines neuen Inlandsvertreters noch nicht eingereicht ist, vgl. auch § 87 ZPO für gerichtliche Verfahren. Im Falle **fehlender Vertretung** ist Zustellungsadressat

die Person, für die das Schriftstück bestimmt ist. Bei Geschäftsunfähigkeit oder beschränkter Geschäftsfähigkeit ist dies der gesetzliche Vertreter. Bei juristischen Personen des Privatrechts ist Zustellungsadressat der Vorstand bzw. Geschäftsführer; bei Behörden, Körperschaften oder Stiftungen des öffentlichen Rechts ist der jeweilige Vorsteher Zustellungsadressat.

Die **Ersatzzustellung** ist die Aushändigung des Schriftstücks an eine andere Person als den Zustellungsadressaten. Sie ist nur in den Fällen des § 3 VwZG i. V. m. §§ 181 bis 185 ZPO zulässig: Zustellung an einen zur Familie gehörenden erwachsenen Hausgenossen oder an eine in der Familie dienende erwachsene Person, an den im selben Hause wohnenden Hauswirt oder Vermieter (§ 181 Abs. 1, 2 ZPO), durch Niederlegen (§ 182 ZPO), Zustellung an den/die Gewerbegehilfen/-gehilfin im Falle der Zustellung an einen Gewerbetreibenden, Rechtsanwalt (§ 183 Abs. 1, 2) und die in § 184 ZPO genannten Behörden, Gemeinden, Korporationen oder Vereinen mit einem sogenannten Geschäftslokal. 33

Zustellungsmängel und Heilung: Die Zustellung ist bei Fehlen einer gesetzlichen Voraussetzung unwirksam. Eine Heilung unter bestimmten Voraussetzungen ergibt sich aus § 9 Abs. 1 VwZG. Nach h. M. soll bei Zustellung an den falschen Adressaten eine Heilung in Betracht kommen (BPatG GRUR 1987, 812, 813/814 – Unterbevollmächtigter). Keine Heilung ist bei Zustellungen möglich, die Rechtsmittelfristen in Lauf setzen, da diese Fristen nicht ablaufen. Eine Heilung kommt auch nicht in Betracht, wenn die Zustellung gänzlich fehlt (vgl. BPatGE 3, 54). Von der Sonderregelung in § 127 Abs. 2 PatG abgesehen, gelten Zustellungsmängel gemäß § 9 VwZG als geheilt, wenn der Empfangsberechtigte das zuzustellende Schriftstück nachweislich erhalten hat. 34

2.6 Rechtshilfe

Gemäß § 21 Abs. 1 GebrMG i. V. m. § 128 PatG leisten sich die Behörden des Bundes und der Länder gegenseitig Rechts- und Amtshilfe (vgl. auch Art. 35 GG). Gemäß § 128 Abs. 2 PatG hat das BPatG im Verfahren vor dem DPMA Ordnungs- oder Zwangsmittel gegen Zeugen oder Sachverständige festzusetzen, die nicht erscheinen oder ihre Aussage oder deren Beeidigung verweigern; diese Mittel kann das DPMA ohne judikative Rechtsmacht nicht selbst festsetzen. Dasselbe gilt für die Anordnung der Vorführung. Notwendig ist ein Ersuchen des DPMA. 35

3. Verfahrenskostenhilfe

36 Aus Art. 3, 20 III, 19 IV GG wird das an den Staat gerichtete Gebot hergeleitet, die Situation von Bemittelten und Unbemittelten bei der Verwirklichung des Rechtsschutzes weitgehend anzugleichen; eine vollständige Gleichstellung ist jedoch verfassungsrechtlich nicht geboten. Dem tragen die §§ 129–138 PatG Rechnung, die über die Verweisung in § 21 Abs. 2 GebrMG anwendbar sind. Verfahrenskostenhilfe wird dabei nicht für sämtliche Verfahren vor dem DPMA oder BPatG gewährt; die Regelungen der §§ 129–138 PatG sind abschließend. In Gebrauchsmusterstreitsachen (§ 27) gelten die Bestimmungen über die Prozesskostenhilfe unmittelbar. § 129 Satz 2 PatG ist durch das 2. PatGÄndG geändert worden. Satz 2 a. F. regelte, dass Angehörige ausländischer Staaten (außerhalb der EU) Verfahrenskostenhilfe nur erhalten können, soweit Gegenseitigkeit verbürgt ist. Auf die Gegenseitigkeit kam es im Prozesskostenhilfeverfahren nach der ZPO schon bisher nicht an. Deshalb wurde § 129 Satz 2 PatG a. F. durch das 2. PatGÄndG in Anpassung an die ZPO gestrichen. Verfahrenskostenhilfe kann im Zusammenhang mit Gebrauchsmustern nur für das Eintragungs-, Löschungs- und Zwangslizenzverfahren in allen Instanzen gewährt werden, nicht hingegen für die anderen Verfahren, also zum Beispiel keine Verfahrenskostenhilfe für das Verfahrenskostenhilfeverfahren (BPatGE 28, 119) sowie das Beschwerdeverfahren gemäß § 135 Abs. 3 PatG (BPatG Mitt. 1979, 179). Hinsichtlich der Einzelheiten der Verfahrenskostenhilfe wird auf die Kommentierungen bei *Benkard/Schäfers, Busse/Baumgärtner*, jeweils §§ 129–138 PatG verwiesen. Die Grundsätze lassen sich wie folgt zusammenfassen:

3.1 Eintragungsverfahren, § 21 Abs. 2 GebrMG i. V. m. § 130 PatG:

37 Voraussetzungen der Bewilligung von Verfahrenskostenhilfe (VKH) sind ein schriftlicher Antrag, die Erklärung über persönliche und wirtschaftliche Verhältnisse nach § 136 PatG i. V. m. § 117 II ZPO. Der Anmelder muss der Antragsteller sein. Die Offenbarung muss so ausreichend sein, dass die Erfolgsaussicht überprüft werden kann. Dafür ist der Stand der Technik von Amts wegen zu ermitteln und zu berücksichtigen. Bei mehreren Anmeldern müssen bei jedem von ihnen in sachlicher und persönlicher Hinsicht die Voraussetzungen des Abs. 1 erfüllt sein. Der Erfinder ist anzugeben. Aufgrund § 130 Abs. 4 PatG bedarf es in diesem Fall einer Darlegung, dass auch der Erfinder die Verfahrenskosten nicht, nur zum Teil oder nur in Raten aufbringen kann. Die persönlichen und wirtschaftlichen Verhältnisse des Anmelders müssen nach § 114 ZPO ein Aufbringen der Verfahrenskosten nicht, nur zum Teil oder nur in Raten zulassen. Dabei geht das Gesetz von der Regel aus, dass ein Anmelder, dessen monatliches Nettoeinkommen einen bestimmten Betrag übersteigt, auf die Verfahrenskosten Ratenzahlungen zu leisten hat (vgl. Tabelle zu § 114 ZPO). Bei der Ermittlung des Nettoeinkommens sind alle Einkünfte in Geld oder Geldeswert festzustellen. § 115 Abs. 2 ZPO verlangt den Einsatz des Vermögens, soweit dies dem Antragsteller zumutbar ist. § 115 Abs. 3 ZPO wird durch § 130 Abs. 5 PatG abgeändert. Die beabsichtigte GebrM-Anmeldung darf nach § 130 Abs. 1 Satz 1 PatG i. V. m. § 114 Satz 1 ZPO nicht mutwillig erscheinen, d. h. eine verständige und vermögende Person, die keine VKH erhält, würde in gleicher Weise die Kosten einer Anmeldung, eines Antrags oder einer Beschwerde nicht scheuen. Die Wirkung der Bewilligung der Verfahrenskostenhilfe folgt aus § 130 Abs. 2 PatG. Für das Eintragungsverfahren befreit sie nur von der Zahlung der Gebühren in diesem Verfahrensabschnitt, nicht dagegen auch für ein nachfolgendes Beschwerdeverfahren. Insoweit muss vor dem BPatG ein neuer VKH-Antrag gestellt werden. Rechtsfolgen, die das PatG/GebrMG bei Nichtzahlung vorsieht, treten für die Gebühren des betreffenden Verfahrensabschnitts nicht ein. Waren die nachteiligen Rechtsfolgen bereits eingetreten, ist ein Antrag auf VKH ohne Aussicht auf Erfolg. Gegen den Anmelder werden gemäß § 130 Abs. 2 Satz 2 PatG i. V. m. § 122 I ZPO keine Verfahrenskosten geltend gemacht. Auch keine Geltendmachung von Anwaltsvergütungen nach § 130 Abs. 2 Satz 2 PatG i. V. m. § 122 Abs. 1 Nr. 1–3 ZPO. Zur Änderung der bewilligten VKH: § 120 Abs. 4 ZPO.

3.2 Verfahrenskostenhilfe im Löschungs- und Zwangslizenzverfahren, § 21 Abs. 2 GebrMG i. V. m. § 132 PatG:

Hier müssen Antragsteller und Nebenintervenient neben den allgemeinen Voraussetzungen ein eigenes schutzwürdiges Interesse glaubhaft machen, § 132 Abs. 2 PatG. Hinzu kommen muss ferner, dass das Löschungsverfahren ausreichende Aussicht auf Erfolg bietet und nicht mutwillig erscheint. Diese Voraussetzungen gelten auch für den im Löschungsverfahren beitretenden Dritten. Die Verfahrenskostenhilfe für den GebrM-Inhaber im Löschungsverfahren bemisst sich nach § 132 Abs. 1 Satz 2 PatG. Für die Rechtsverteidigung des GebrM-Inhabers ist nicht zu prüfen, ob sie hinreichende Aussicht auf Erfolg hat. Die Verfahrenskostenhilfe gilt nur für die Instanz, für die sie bewilligt worden ist (§ 136 Satz 1 PatG i. V. m. § 119 Satz 1 ZPO).

3.3 Andere Verfahren

39 – **Beiordnung eines Anwalts, § 21 Abs. 2 GebrMG i. V. m. § 133 PatG:** Voraussetzungen sind der Antrag eines Beteiligten, Bewilligung der Verfahrenskostenhilfe nach §§ 130, 132 PatG sowie die Erforderlichkeit der Vertretung zur sachdienlichen Erledigung des Verfahrens. Der Antragsteller muss persönlich in sachlicher oder rechtlicher Hinsicht überfordert sein. Ist das Eintragungsverfahren bereits soweit fortgeschritten, dass das noch Erforderliche vom Anmelder selbst vorgenommen werden kann, ist eine Beiordnung eines Anwalts nicht mehr erforderlich (*Bühring*, § 21, Rdn. 68). Im Falle der Erforderlichkeit kann die Beiordnung rückwirkend auf den Zeitpunkt eines formgerechten Antrags bewilligt werden. In einem zweiseitigen Verfahren, in dem der Gegner vertreten ist, kommt es auf die Erforderlichkeit der Vertretung nicht mehr an, § 132 Satz 1, 2. HS PatG (Grundsatz der Waffengleichheit). Es besteht freie Anwaltswahl. Die Bereitschaft zur Übernahme der Vertretung ist Voraussetzung für eine zulässige Wahl. Ist der ausgesuchte Vertreter nicht zur Übernahme des Mandats bereit und findet der Antragsteller keinen zur Vertretung bereiten Anwalt, so ist gemäß § 133 Satz 2 PatG i. V. m. § 121 Abs. 4 ZPO ein Vertreter beizuordnen. Es besteht die Verpflichtung zur Mandatsübernahme (§§ 48 Abs. 1 BRAO, 43 Abs. 1 PatAnwO). Zur Aufhebung aus wichtigem Grund: §§ 48 Abs. 2 BRAO, 43 Abs. 2 PatAnwO. Wichtige Gründe können die Störung des Vertrauensverhältnisses, Interessenkollision sein. Der beigeordnete Anwalt erhält im Verfahren vor DPMA/BPatG Gebühren und Auslagen nach dem Gesetz über die Erstattung von Gebühren des beigeordneten Vertreters in Patent-, GebrM- und Sortenschutzsachen (Tabu Nr. 486). Im Verletzungsverfahren erhält ein Rechtsanwalt Kosten nach § 123 BRAGO, ein Patent-

anwalt nach dem Gesetz über die Beiordnung von Patentanwälten bei Prozesskostenhilfe (Tabu Nr. 485).
- **Hemmung von Fristen, § 21 Abs. 2 GebrMG i. V. m. § 134 PatG:**
Wie soll der Antragsteller, über dessen Gesuch erst nach Ablauf 40 einer Gebührenfrist entschieden wird, gegen den Rechtsnachteil der mit der nicht fristgerechten Zahlung der Gebühr verbunden ist (z. B. § 73 III PatG) geschützt werden? Dies setzt die Einreichung eines Gesuchs und Bewilligung der VKH gemäß §§ 130 bis 132 bei der zuständigen Stelle voraus. Der Eingang des Gesuchs muss vor Fristablauf erfolgen. Der Lauf der bezogenen Frist wird gehemmt. Die Fristhemmung erstreckt sich bis zum Ablauf von einem Monat nach Zustellung des auf das Gesuch ergehenden Beschlusses.
- **Bewilligungsverfahren, § 21 Abs. 2 GebrMG i. V. m. § 135** 41 **PatG:** Diese Vorschrift regelt das Verfahren für die Bewilligung der VKH. Erforderlich ist die Einreichung des Gesuchs beim DPMA oder BPatG, je nach Anhängigkeit des Verfahrens in der Hauptsache, zum BGH im Rahmen des Rechtsbeschwerdeverfahrens. Für die Entscheidung ist grundsätzlich diejenige Stelle zuständig, die für das Verfahren selbst zuständig ist. Entscheidungen im Verfahren über die VKH können ohne mündliche Verhandlung ergehen (§ 136 PatG i. V. m. § 127 ZPO). Im zweiseitigen Verfahren muss dem Gegner rechtliches Gehör zur beabsichtigten Rechtsverfolgung gewährt werden (nicht zu den Angaben über die persönlichen und wirtschaftlichen Verhältnisse). Bei Bewilligung der VKH bedarf es keiner Begründung, da die Entscheidung unanfechtbar ist (§ 135 Abs. 3 PatG). Alle anderen Entscheidungen im Sinne des § 135 Abs. 3 PatG, die den Antragsteller oder Antragsgegner beschweren können, sind zu begründen. Rechtsmittel gegen DPMA-Beschlüsse nach §§ 130 ff PatG sind generell ausgeschlossen, § 135 Abs. 3 Satz 1 PatG. Mit einem Rechtsmittel angreifbar sind Beschlüsse des DPMA, mit denen die VKH oder die Beiordnung eines Vertreters verweigert wird. Hiergegen ist Beschwerde zulässig. Rechtsmittel gegen andere DPMA-Beschlüsse als denen nach §§ 130–133 Satz 1 PatG werden durch § 135 Abs. 3 Satz 1 PatG nicht ausgeschlossen. Rechtsmittel gegen BPatG-Beschlüsse sind nicht möglich, § 135 Abs. 3 Satz 1, 2. HS PatG.
- **Anwendungen von Bestimmungen der ZPO, § 21 Abs. 2** 42 **GebrMG i. V. m. § 136 PatG:** Vgl. hierzu *Busse/Baumgärtner,* § 136 PatG, Rdn. 1 ff.

43 – **Aufhebung der VKH, § 21 Abs. 2 GebrMG i. V. m. § 137 PatG:** Die Aufhebung kann gemäß §§ 136 PatG, 124 ZPO nach pflichtgemäßem Ermessen bei Vortäuschung der Bewilligungsvoraussetzungen, unrichtigen Angaben über persönliche oder wirtschaftliche Verhältnisse, Fehlen der persönlichen und wirtschaftlichen Verhältnisse, Zahlungsrückstand erfolgen (zu den einzelnen Voraussetzungen vgl. § 124 ZPO). Gemäß § 137 Satz 1 PatG kann die VKH aufgehoben werden, wenn sich die wirtschaftliche Situation des betroffenen Beteiligten in der dort geregelten Weise verändert hat. Die Einkünfte müssen im Zusammenhang mit der angemeldeten oder durch das GebrM geschützten Erfindung, hinsichtlich deren VKH gewährt worden ist, stehen, und zwar in Form von Veräußerung, Benutzung, Lizenzvergabe oder auch einer sonstigen wirtschaftlichen Verwertung. Diese Einkünfte müssen die maßgeblichen Verhältnisse entscheidend verändert haben. Zum Zwecke der Überprüfungsmöglichkeit muss der Beteiligte, dem VKH gewährt worden ist, jede wirtschaftliche Verwertung dieser Erfindung der betreffenden Stelle anzeigen.

44 – **Verfahrenkostenhilfe in Rechtsbeschwerdeverfahren, § 21 Abs. 2 GebrMG i. V. m § 138 PatG:** Jedem Beteiligten kann entsprechend §§ 114–116 ZPO VKH gewährt werden. Bei Zulassung der Rechtsbeschwerde ergibt sich eine ausreichende Erfolgsaussicht. Handelt es sich um eine nicht zugelassene Rechtsbeschwerde, ist deren Erfolgsaussicht durch den BGH schon im Verfahren über die Bewilligung der VKH zu prüfen. Einer Prüfung der Erfolgsaussicht bedarf es nach § 119 Satz 2 ZPO nicht, wenn der Gegner das Rechtsmittel eingelegt hat.

§ 22 [Übertragung und Lizenz]

(1) **Das Recht auf das Gebrauchsmuster, der Anspruch auf seine Eintragung und das durch die Eintragung begründete Recht gehen auf die Erben über. Sie können beschränkt oder unbeschränkt auf andere übertragen werden.**

(2) **Die Rechte nach Abs. 1 können ganz oder teilweise Gegenstand von ausschließlichen oder nicht ausschließlichen Lizenzen für den Geltungsbereich dieses Gesetzes oder einen Teil desselben sein. Soweit ein Lizenznehmer gegen eine Beschränkung seiner Lizenz nach Satz 1 verstößt, kann das durch die Eintragung begründete Recht gegen ihn geltend gemacht werden.**

Übertragung und Lizenz **§ 22**

(3) **Ein Rechtsübergang oder die Erteilung einer Lizenz berührt nicht Lizenzen, die Dritten vorher erteilt worden sind.**

Übersicht

	Rdn.
1. Allgemeines/Zweck der Vorschrift	1
2. Die übertragbaren Rechte, § 22 I	
2.1 Die Rechte nach § 22 I	2
2.2 Know-how	3
2.3 Rechte an zukünftigen Erfindungen	4
2.4 Rechtsübergang im Wege der Gesamtrechtsnachfolge	
2.4.1 Vererbung	5
2.4.2 Gesamtrechtsnachfolge bei juristischen Personen	6
2.5 Rechtsgeschäftliche Vollübertragung	
2.5.1 Verpflichtungs- und Verfügungsgeschäft	7
2.5.2 Form, kein gutgläubiger Erwerb	8, 9
2.5.3 Umfang der Übertragung	10
2.5.4 Rechtsverschaffungspflicht	11
2.5.5 Leistungsstörungen	12–18
2.5.6 Nichtangriffsverpflichtung	19
2.6 Beschränkte rechtsgeschäftliche Übertragung	
2.6.1 Teilübertragung, Treuhand	20
2.6.2 Nießbrauch, Pfandrecht	21
2.7 Zwangsvollstreckung, Insolvenz	22–25
3. Lizenz, § 22 II	
3.1 Allgemeines/Gegenstand einer Lizenz	26, 27
3.2 Umfang des eingeräumten Nutzungsrechts; Beschränkungen der Lizenz	28–35
3.3 Ausschließliche Lizenz	36
3.4 Einfache Lizenz	37, 38
3.5 Pflichten/Haftung des Lizenzgebers	39–42
3.6 Pflichten/Haftung des Lizenznehmers	43–47
3.7 Form des Lizenzvertrages	48
3.8 Beendigung des Lizenzvertrages	49–55
3.9 Verjährung	56
3.10 Sukzessionsschutz	57
3.11 Kartellrechtliche Aspekte	58–61

Literatur (Auswahl): *Kurz,* Rechtswahl, Wahl des Gerichtsstands und Schiedsgerichtsvereinbarungen in internationalen Technologie-Lizenzverträgen, Mitt. 1997, 345; *Jautz,* Probleme der Zwangsvollstreckung in Patentrechte und Patentlizenzrechte, Diss. Tübingen 1997; *Gaul/Bartenbach/Gennen,* Patentlizenz- und Know-how-Vertrag, 1997; *Groß,* Der Lizenzgeber im System der Produzenten- und Produkthaftung, CR 1990, 438; *ders.,* Die Lizenz in der Gen- und Biotechnik, Mitt. 1994, 256; *ders.,* Aktuelle Lizenzgebühren in Patentlizenz-, Know- und Computerprogrammlizenzverträgen, BB 1995, 885 und BB 1998, 1321; *Henn,* Patent- und Know-how-Lizenzvertrag 1992; *Körner,* Die Produzentenhaftung des Lizenzgebers bei der Lizenz über gewerbliche Schutzrechte und Know-how, NJW 1985, 3047; *Kraßer,* Wirkungen der Nichtigkeit von Patenten oder Marken auf Lizenzverträge, GRUR Int. 1990, 611; *Osterloh,* Ist die Benutzung einer Erfindung aufgrund eines wegen Verstoßes gegen kartellrechtliche Vorschriften nichtigen Lizenzvertrags eine Patentverletzung? GRUR 1985, 707; *Pagenberg/Geissler,* Lizenzverträge: Kommentierte Vertragsmuster, 1997; *Stumpf/Groß,* Der Lizenzvertrag 1997; *Pfaff/Nagel,* Internationale Rechtsgrundlagen für Lizenzverträge im gewerblichen Rechtsschutz, 1993; *Pfaff,* Der Lizenzvertrag, 1999.

1. Allgemeines/Zweck der Vorschrift

1 § 22 ist mit § 15 PatG fast wortgleich; anstelle der Formulierung „das Recht aus dem Patent" heißt es in § 22 Abs. 1 Satz 1 bzw. Abs. 2 Satz 2: „das durch die Eintragung begründete Recht". Beide Vorschriften stimmen inhaltlich überein, so dass die weitestgehend zum Patentrecht ergangene Rechtsprechung auch auf die gebrauchsmusterrechtliche Regelung mit der Maßgabe übertragen werden kann, dass die Besonderheiten des GebrM-Schutzes zu berücksichtigen sind.

2. Die übertragbaren Rechte, § 22 I

2.1 Die Rechte nach § 22 I

2 § 22 Abs. 1 erwähnt als übertragbare und damit verkehrsfähige Rechte das „Recht auf das Gebrauchsmuster", das schon vor der Anmeldung besteht, den „Anspruch auf seine Eintragung" und „das durch die Eintragung begründete Recht". Vgl. zu diesen Rechten § 13 Anm. 7. Die Übertragbarkeit der vor der Anmeldung an, aus

Übertragung und Lizenz 3 § 22

und im Zusammenhang mit der Erfindung entstandenen Rechte wird zum Beispiel nach dem Arbeitnehmererfinderrecht vorausgesetzt. Damit ist § 22 Abs. 1 Ausdruck der aus der Vertragsfreiheit fließenden Rechtsmacht, über Erfindungen Verträge unabhängig davon zu schließen, ob hierfür ein Schutzrecht bereits besteht, angemeldet oder eine Anmeldung überhaupt geplant ist. Nach bürgerlichem Recht sind solche Verträge grundsätzlich gültig, vorbehaltlich § 306 BGB (BGH GRUR 1969, 493, 494 – Silobehälter). Insbesondere ist es im Hinblick auf die ausdrückliche Regelung in § 22 Abs. 1 gleichgültig, ob der Anspruch auf Eintragung des GebrM als subjektiv öffentliches Recht oder als Recht mit privatrechtlichem Charakter einzustufen ist (*Mes*, § 15 PatG, Rdn. 2). Das Erfinderpersönlichkeitsrecht kann nicht auf Dritte übertragen werden.

2.2 Know-how

Gegenstand eines Veräußerungsvertrages können auch nicht geschützte Erfindungsleistungen, Fabrikationsverfahren, Konstruktionen sein. Bei Know-how handelt es sich um ungeschütztes, jedoch geheimes technisches Wissen. Dieses **Betriebsgeheimnis** besteht so lange, solange die diesbezüglichen Tatsachen des Geschäftsbetriebs nicht offenkundig sind (werden), so dass Mitbewerber Zugang zu diesem Wissen nur mit Schwierigkeiten haben (BGH GRUR 1980, 750 – Pankreaplex II). Mit **Offenkundigwerden** der geheimen Tatsache (z. B. durch Veröffentlichung einer entsprechenden GebrM- oder Patentanmeldung, vgl. BGH GRUR 1967, 670, 675 – Fleischbearbeitungsmaschine; BGH GRUR 1976, 140 Polyurethan) entfällt der Geheimnischarakter. Für das Bestehen eines geheimen Know-hows ist es unerheblich, dass diese Tatsache einem begrenzten Personenkreis bereits bekannt ist, wenn dennoch der Know-how-Inhaber ein berechtigtes wirtschaftliches Interesse an der Geheimhaltung hat und der Wille des Geschäftsinhabers vorliegt, dass die Tatsache geheim gehalten werden soll (BGH GRUR 1955, 424 – Möbelwachspaste; BGH GRUR 1961, 40 – Wurftaubenpresse). Dabei ist der Geheimnisbegriff nicht nur auf absolute Geheimnisse zu beziehen, sondern er erstreckt sich auch auf solche Tatsachen, die zwar nicht absolut geheim sind, die aber einem Dritten nicht ohne weiteres (d. h. ohne Mühen und Anstrengungen) zugänglich sind. Eine dem Geheimnisschutz entgegenstehende Offenkundigkeit liegt erst dann vor, wenn der Fachmann im einzelnen die genaue Beschaffenheit von Stoffen, Vorrichtungen etc. kennt (vgl. BGH GRUR

1980, 750 – Pankreaplex II). In der Regel wird Know-how zusammen mit darauf bezogenen Patent-/Gebrauchsmusterrechten veräußert; ein „isolierter" Know-how-Veräußerungsvertrag ist in der Praxis eher die Ausnahme.

2.3 Rechte an zukünftigen Erfindungen

4   Diese sind ebenfalls veräußerbar, vorausgesetzt, dass sie hinreichend **bestimmbar** sind. Dabei kann der Erfinder über eine künftige Erfindung bereits eine (dinglich wirkende) **Vorausverfügung** treffen, so dass der Rechtserwerb zugunsten des Erwerbers sogleich nach Vollendung der Erfindung ohne weiteren Übertragungsakt eintritt; derartige Abreden sollen ausdrücklich oder auch stillschweigend getroffen werden können. Statt einer Vorausverfügung kann ausdrücklich oder stillschweigend auch die **Verpflichtung** zur Übertragung künftiger Erfindungen begründet werden mit der Folge, dass nach Vollendung der Erfindung der Erwerber lediglich einen schuldrechtlichen Anspruch auf Übertragung hat (vgl. BGH GRUR 1955, 286, 289 – Schnellkopiergerät). Als Übertragung künftiger Erfindungen kann ggfs. auch eine Regelung in einem Lizenzvertrag angesehen werden, wonach die Lizenzvertragsparteien verpflichtet sind, alle Verbesserungen einer bestehenden Erfindung auszutauschen, da hierunter auch gebrauchsmusterfähige Erfindungen zu verstehen sind (vgl. BGH GRUR 1957, 485, 487 – Chenillemaschine; zur kartellrechtlichen Problematik vgl. Anm. 3.11).

2.4 Rechtsübergang im Wege der Gesamtrechtsnachfolge

2.4.1 Vererbung

5   Der Erbe tritt im Wege (gesetzlicher oder gewillkürter) Universalsukzession die unmittelbare Rechtsnachfolge des Erblassers an. Das GebrMG knüpft an diesen Übergang keine weiteren Voraussetzungen. Der Erbe ist auch ohne Eintragung in der GebrM-Rolle legitimiert. Das Erfinderpersönlichkeitsrecht geht im Wege der Erbfolge insoweit auf den Erben über, als dieser das ideelle Recht für den verstorbenen Erfinder (z. B. seine Nennung) geltend machen kann. International privatrechtlich stellt Art. 25 Abs. 1 EGBGB in Bezug auf die Rechtsnachfolge von Todes wegen auf das Recht desjenigen Staates ab, dem der Erblasser im Zeitpunkt seines Todes angehörte.

2.4.2 Gesamtrechtsnachfolge bei juristischen Personen

§ 22 Abs. 1 knüpft lediglich daran an, dass die mit der Erfindung 6
zusammenhängenden Rechte beschränkt oder unbeschränkt auf andere übertragen werden können. Über die Art und Weise der Übertragung und den Rechtsgrund gibt das GebrMG, ebenso wie das PatG keine Auskunft. Eine Gesamtrechtsnachfolge (Universalsukzession) bei inländischen juristischen Personen tritt z. B. im Wege der Umwandlung nach dem Umwandlungsgesetz, der Verschmelzung, der Vermögensübertragung, Einbringung ein.

2.5 Rechtsgeschäftliche Vollübertragung

2.5.1 Verpflichtungs- und Verfügungsgeschäft

Die Einzelrechtsnachfolge (Singularsukzession) tritt durch das 7
dingliche (abstrakte) Verfügungsgeschäft auf der Grundlage des ihm zugrunde liegenden Verpflichtungsgeschäfts (Kausalgeschäft) ein. Beide Rechtsgeschäfte bilden in der Regel eine Einheit, sind aber streng voneinander zu trennen. Das Verpflichtungsgeschäft kann insbesondere ein Kaufvertrag (Rechtskauf, § 433 BGB), Gesellschaftsvertrag (§ 705 BGB) sein. Mängel des Verpflichtungsgeschäfts berühren in der Regel nicht die Wirksamkeit des Verfügungsgeschäfts (a. A. OLG Düsseldorf für den Fall eines kartellrechtlichen Verstoßes: GRUR 1966, 521, 523 – Druckformzylinder). Das rechtsfehlerhafte Verpflichtungsgeschäft kann jedoch zu Ansprüchen auf Rückübertragung des GebrM aus ungerechtfertigter Bereicherung führen. Der dingliche Übertragungsvertrag erfolgt durch Abtretung nach §§ 413, 398 BGB. Ein Rolleneintrag ist für die Legitimation als Rechtsinhaber notwendig, nicht hingegen für den Rechtsübergang selbst. Fehlender Rolleneintrag ermöglicht keine Rechtsverteidigung aus eigenem Recht, z. B. im Löschungsverfahren, sowie keine aktive Geltendmachung eines Rechts.

2.5.2 Form, kein gutgläubiger Erwerb

Die Übertragung bedarf keiner besonderen Form, d. h. das 8
GebrM kann auch durch mündlichen Vertrag übertragen werden. Nach früherem Recht war ggfs. das (zwischenzeitlich aufgehobene) kartellrechtliche Schriftformerfordernis des § 34 GWB zu beachten. Zur Formfreiheit der Übertragung des GebrM vgl. auch BGH GRUR 1992, 692 – Magazinbildwerfer.

9 Ein gutgläubiger Erwerb vom Nichtberechtigten ist nicht möglich, ebenso wenig ein lastenfreier Erwerb eines belasteten GebrM. Gutgläubiger Erwerb wird auch nicht dadurch möglich, dass der Nichtberechtigte in der Rolle eingetragen ist (vgl. § 30 PatG; a. A. *Rogge,* GRUR 1985, 734, 739; wie hier, *Mes,* § 15 PatG, Rdnr. 20). Umgekehrt kann derjenige, der nicht eingetragen ist, aber materiell berechtigt ist, das GebrM übertragen.

2.5.3 Umfang der Übertragung

10 Der Umfang des Rechtsübergangs hängt vom Willen der Vertragsschließenden ab. Der Wille zu einer Vollrechtsübertragung muss sich aus der **Gesamtwürdigung** des Vertragsinhalts und der Umstände des Einzelfalls eindeutig ergeben. Hierbei sind insbesondere die wirtschaftlichen Gesichtspunkte zu berücksichtigen. Im Zweifelsfall will der Übertragende als Inhaber eines Ausschließlichkeitsrechts nicht mehr Befugnisse auf den Erwerber übertragen, als für den mit dem Vertrag verfolgten Zweck notwendig ist. Die vor allen Dingen zum Urheberrecht entwickelte sog. **Zweckübertragungstheorie** ist auch im Rahmen des § 22 Abs. 1 GebrMG anwendbar, da ein Schutzrechtsinhaber in der Regel von seinem Recht so wenig wie möglich aufgeben möchte (RG GRUR 1937, 1001, 1002/1003). Bestehen mithin Zweifel, ob z. B. ein Kaufvertrag oder ein Lizenzvertrag abgeschlossen sein sollte, ist bei dem darauf bezogenen Verfügungsgeschäft nur von der Einräumung eines Benutzungsrechts und nicht von einer Vollrechtsübertragung auszugehen. Ferner ist ggfs. im Zweifel eher von einer Einräumung von ideellen Bruchteilen (Bruchteilsgemeinschaft nach §§ 741 ff BGB) statt einer Vollrechtseinräumung auszugehen; andererseits steht der Annahme eines Kaufs nicht entgegen, wenn der Vertrag gesellschaftsähnliche Züge aufweist (vgl. BGH GRUR 1959, 125, 127 – Pansana). Werden z. B. lediglich die Rechte aus einer GebrM-Anmeldung übertragen, bedeutet dies im Zweifel nicht die Einräumung des Rechts zu entsprechenden Auslandsanmeldungen. Die Übertragung eines eingetragenen GebrM erfasst ohne ausdrückliche Vereinbarung im Zweifel nicht die bis zur Übertragung entstandenen Ansprüche auf Schadenersatz und Rechnungslegung; mangels abweichender Vereinbarung gehen entsprechend auch Nutzungen und Lasten (z. B. rückständige Lizenzansprüche) erst mit dem Zeitpunkt der Übertragung des Rechts über (vgl. § 446 I 2 BGB analog; vgl. BGH GRUR 1958, 288, 289 – Dia-Rähmchen I). Die Gestattung einer Benutzung beinhaltet im Zweifel nur einen Verzicht des GebrM-

Inhabers auf die Geltendmachung der Ansprüche aus dem GebrM insoweit.

2.5.4 Rechtsverschaffungspflicht

Der Inhalt der Rechtsbeschaffungspflicht ergibt sich aus der vertraglichen Vereinbarung (vgl. z. B. § 433 I 2 BGB für einen Kaufvertrag). Da es dem Erwerber in der Regel nicht um die bloße Verschaffung einer formalen Rechtsposition geht, wird im Zweifel mit vereinbart sein, dass der GebrM-Inhaber auch das entsprechende technische Wissen zur Ausübung des jeweiligen Schutzrechts verschafft; allerdings keine Verpflichtung zu „ergänzendem" Know-how ohne ausdrückliche Vereinbarung. Ferner muss das Recht im Falle seiner Übertragung territorial für das gesamte Gebiet der Bundesrepublik Deutschland verschafft werden, da eine territorial beschränkte Rechtseinräumung nicht zulässig ist (insoweit allenfalls: Gebietslizenz, § 22 Abs. 2). Die Rechtsverschaffungspflicht kann ferner unter aufschiebenden oder auflösenden Bedingungen stehen.

2.5.5 Leistungsstörungen

Der Kauf eines GebrM/einer GebrM-Anmeldung unterliegt der Besonderheit, dass es sich um ein in Bezug auf seine relativen Schutzvoraussetzungen ungeprüftes Immaterialgüterrecht handelt. Der Kauf ist deshalb – noch viel mehr als bei einem erteilten Patent – ein **gewagtes Geschäft.** Der Verkäufer des GebrM haftet deshalb nach § 437 BGB nur für dessen rechtlichen Bestand bei Vertragsabschluss, wenn nichts anderes vereinbart ist (vgl. BGH GRUR 1960, 44, 46 – Uhrgehäuse). Maßgebend ist der Zeitpunkt des Vertragsabschlusses, nicht der zukünftige Bestand (BGH GRUR 1982, 481 – Hartmetallkopfbohrer). Für die **Schutzfähigkeit** haftet der Verkäufer mangels anderweitiger Vereinbarung mithin nicht; insoweit kann prinzipiell auch nichts anderes gelten, wenn z. B. das GebrM eine Verfahrenserfindung beinhaltet, die unter Verstoß gegen § 2 Nr. 3 dennoch zur Eintragung geführt hat. Wird mithin das GebrM nachträglich gelöscht, haftet der Verkäufer mangels abweichender Abreden nicht. Dies bedingt auch, dass die Grundsätze des Wegfalls der Geschäftsgrundlage mit einer nachträglichen Anpassung des Vertrages nicht eingreifen; ebenso wenig Bereicherungsgrundsätze (vgl. BGH, aaO). Der Erwerber eines GebrM weiß, dass das von ihm erworbene Schutzrecht der Gefahr von Angriffen auf seinen Rechtsbestand ausgesetzt ist. Ihm ist ferner in der Regel geläufig, dass er unter Umständen sein Schutzrecht nicht in einem Verletzungsrechtsstreit durchsetzen kann. Die Anwendung des § 306 BGB oder der §§ 437, 440 BGB auf das Rechtsverhältnis zwischen den Parteien des Kaufvertrages würde dem Verkäufer das Wagnis für die Rechtsbeständigkeit des verkauften GebrM auferlegen und ihm den Anspruch auf die Gegenleistung absprechen, obwohl er im Regelfall bei wirtschaftlicher Betrachtungsweise seine Leistung erbracht hat. Diese besteht aber vor allen Dingen in der Verschaffung einer von den Mitbewerbern respektierten **tatsächlichen Vorzugsstellung,** die das eingetragene GebrM nach außen dokumentiert und absichert (vgl. BGH GRUR 1977, 107, 109 – Werbespiegel, zu einem lizenzierten GebrM). Etwas anderes soll gelten, wenn der Verkäufer es schuldhaft unterlässt, den Käufer auf Umstände hinzuweisen, von denen er sich nach Treu und Glauben sagen muss, dass sie zur Vereitelung des Vertragszwecks geeignet und für die Entschließung des Käufers wesentlich seien (LG Düsseldorf E 1997, 98 (LS) – Nähfaden: Zur Frage, inwieweit der Verkäufer eines Patents im Einzelfall über den Stand eines dem Käufer unbekannten Einspruchsverfahrens unterrichten muss). §§ 437, 440, 320, 327 begründen deshalb eine Haftung des Verkäufers für den Bestand des verkauften Rechts wie folgt:

13 – für die Ausführbarkeit der in dem Vertragsschutzrecht geschützten technischen Lehre (vgl. BGH GRUR 1960, 44, 45/46 – Uhrgehäuse; BGH GRUR 1965, 298, 301 – Reaktions-Messgerät);

14 – für die Freiheit von Ansprüchen aufgrund widerrechtlicher Entnahme (*Busse/Keukenschrijver,* § 15 PatG, Rdn. 22);

15 – für das Fehlen vorher erteilter Lizenzen (§ 22 Abs. 3); ebenso für das Fehlen einer Benutzungsanordnung, Zwangslizenz und Lizenzbereitschaft;

16 – für das Fehlen eines Vorbenutzungsrechts (BGH GRUR 1958, 231 – Rundstuhlwirkware) streitig;

17 – für die Freiheit des Rechtes von Rechten Dritter – kein abhängiges Schutzrecht, streitig; in den beiden letztgenannten Fällen soll nach vermittelnder Auffassung eine Haftung des Veräußerers nur bei Verschulden bestehen (entgegen §§ 437, 440 BGB: *Benkard/Ullmann,* § 15 PatG, Rdn. 21).

18 Eine Sachmängelhaftung kommt im Fall zugesicherter Eigenschaften gemäß § 463 BGB (Haftung auf Schadenersatz wegen Nichterfüllung) in Betracht (vgl. BGH GRUR 1970, 547, 548 – Kleinfilter). Keine Haftung für wirtschaftlichen Erfolg oder gewerbliche Verwertbarkeit (BGH GRUR 1978, 166 – Banddüngerstreuer, für Lizenzvertrag). Der Wagnischarakter steht einer Anfechtung

nach § 123 BGB nicht entgegen (BGH GRUR 1975, 598, 600 – Stapelvorrichtung, für Lizenzvertrag).

2.5.6 Nichtangriffsverpflichtung

Der Erhebung eines Löschungsverfahrens steht auch ohne vertragliche Nichtangriffsabrede der Grundsatz der unzulässigen Rechtsausübung entgegen, wenn zwischen den Parteien vertragliche Bindungen z. B. aus Kauf-, Lizenz- oder Gesellschaftsvertrag bestehen, die wegen ihrer individuellen Ausgestaltung, insbesondere wegen des Bestehens eines besonderen Vertrauensverhältnisses oder wegen gesellschaftsähnlicher Züge nach Inhalt, Sinn und Zweck der vertraglichen Beziehungen die Erhebung eines Löschungsverfahrens als Verstoß gegen Treu und Glauben erscheinen lassen; dies soll dem Verkäufer eines Schutzrechts und dem Gesellschafter, der ein Schutzrecht in die Gesellschaft eingebracht hat, schlechthin verwehrt sein (BGH GRUR 1989, 39, 40 – Flächenentlüftung, zu einer Nichtigkeitsklage). 19

2.6 Beschränkte rechtsgeschäftliche Übertragung

2.6.1 Teilübertragung, Treuhand

Die Übertragung eines territorial beschränkten GebrM ist unzulässig. Das GebrM kann in Bruchteilen veräußert werden (Bruchteilsgemeinschaft, §§ 741 ff BGB). Eine Übertragung in Form einer Sicherheitsabtretung kommt ebenfalls in Betracht, z. B. auf einen Treuhänder, der von einem Gericht bestimmt werden kann (Sequester). 20

2.6.2 Nießbrauch, Pfandrecht

Weitere Fälle der beschränkten rechtsgeschäftlichen Übertragung sind die Einräumung eines Nießbrauchs (§§ 1068, 1069 BGB) oder eines Pfandrechts (§§ 1273, 1274 BGB). Der Nießbrauch gewährt ein nicht übertragbares dingliches Recht auf die Nutzungen aus der Erfindung, der Anmeldung oder dem GebrM. Dem Nießbrauchberechtigten stehen die Abwehrrechte (§§ 24 ff) zu. Das Pfandrecht gewährt dem Pfandgläubiger das Recht, das verpfändete Recht im Fall der Pfandreife zu verwerten und sich aus dem Erlös zu befriedigen. Der Pfandgläubiger kann Eingriffe Dritter in die Erfindung oder das GebrM abwehren, § 1227 BGB i. V. m. § 24 GebrMG. 21

2.7 Zwangsvollstreckung, Insolvenz

22 Die GebrM-Anmeldung/das eingetragene GebrM unterliegen der Zwangsvollstreckung; die Rechte können gepfändet werden, §§ 857 Abs. 1, 2; 828 ff ZPO (vgl. BGH GRUR 1994, 602 – Rotationsbürstenwerkzeug). Zur Pfändung der Rechte vor ihrer Anmeldung (vgl. BGH GRUR 1955, 388 – Dücko; BGH GRUR 1971, 210, 213 – Wildbissverhinderung). Der Pfändungsbeschluss muss dem DPMA nicht zugestellt werden. Der Pfändungsgläubiger hat einen Auskunftsanspruch nach § 836 Abs. 3 ZPO. Das gepfändete Recht verbleibt beim Inhaber, ist jedoch mit einem Pfändungspfandrecht belastet, das dem Gläubiger kein Benutzungsrecht gewährt. Dieser tritt auch nicht in die Verfahrensstellung des Anmelders oder GebrM-Inhabers ein (vgl. BPatG GRUR 1966, 222). Das Pfändungspfandrecht an der GebrM-Anmeldung setzt sich an dem erteilten GebrM fort. Die Verwertung der gepfändeten Erfindung, Anmeldung oder des GebrM erfolgt nach §§ 857 Abs. 5, 844 ZPO.

23 Gemäß § 888 Abs. 1 ZPO ist ein Zwangsgeld- oder Zwangshaftverfahren zu betreiben, wenn die Zwangsvollstreckung der Übertragung des Rechts dient.

24 Im Wege der einstweiligen Verfügung kann bezüglich des betroffenen Schutzrechts oder der Schutzrechtsanmeldung die Sequestration und Verwaltung durch einen Sequester gerichtlich angeordnet werden (vgl. OLG Frankfurt, GRUR 1992, 565).

25 Die Rechte gemäß § 22 GebrMG fallen in die Insolvenzmasse (vgl. hierzu Einleitung vor § 4 Anm. 7).

3. Lizenz, § 22 II

3.1 Allgemeines, Gegenstand einer Lizenz

26 § 22 Abs. 2 und 3 regelt – genauso wie § 15 Abs. 2, 3 PatG – die Lizenz im Zusammenhang mit einem Gebrauchsmuster nur unvollständig. Es gelten – unter Berücksichtigung der Besonderheiten eines gebrauchsmusterrechtlichen Schutzes – dieselben Regeln wie beim Patent, die ihrerseits weitgehend aufgrund richterrechtlicher Fortschreibung entwickelt worden sind. Da das GebrM ein sog. nicht geprüftes Schutzrecht ist, empfiehlt sich, der Frage des Risikos für eine eventuell später festgestellte Rechtsunbeständigkeit besonderer Aufmerksamkeit und Regelung in einem GebrM-Lizenzvertrag zu widmen. Häufig betrifft ein Lizenzvertrag eine Benutzungsbefugnis aufgrund eines GebrM und eines korrespondierenden Patentschutzes, so dass den Besonderheiten beider Schutzrechte Rechnung zu tragen ist. Entsprechendes gilt, wenn es sich um gemischte Vertragstypen handelt, die auch eine Know-how-Lizenzierung mit umfassen. Ebenso gelten sämtliche kartellrechtlichen Grundsätze zum Patentlizenzvertrag prinzipiell auch für die Lizenzierung von Gebrauchsmustern.

Eine **Definition** der Lizenz enthält § 22 Abs. 2 nicht. Eine 27 Lizenz ist die entgeltliche oder unentgeltliche, durch den Schutzrechtsinhaber (Lizenzgeber) einem Dritten (Lizenznehmer) eingeräumte Benutzungsbefugnis. Der Umfang der Rechtseinräumung hängt von der vertraglichen Ausgestaltung zwischen den Parteien ab. Als möglicher Gegenstand einer Lizenzvereinbarung kommen die noch nicht angemeldete, geheime Erfindung (vgl. BGH GRUR 1980, 750, 751 – Pankreaplex II), die angemeldete Erfindung und das eingetragene GebrM in Betracht. Innerhalb dieses Rahmens sind zahlreiche, nachfolgend aufgeführte Variationen möglich. Die **Rechtsnatur** des Lizenzvertrages kann den bürgerlich-rechtlichen Vertragstypen nicht eindeutig abgrenzbar zugeordnet werden. Er enthält in der Regel Momente des Wagnis, stellt ein Dauerrechtsschuldverhältnis dar, weist häufig gesellschaftsähnliche Züge auf und regelt weitere Sachverhalte wie z. B. die Einräumung von Knowhow, Verteidigungspflichten etc. Deshalb wird der Lizenzvertrag von der herrschenden Meinung als **Vertrag sui generis** eingestuft; nach seinem Inhalt richtet sich, welche BGB-Vorschriften analog heranzuziehen sind.

3.2 Umfang des eingeräumten Nutzungsrechts; Beschränkungen der Lizenz

Aus § 22 Abs. 2 Satz 1 ergibt sich, dass die Lizenz zahlreichen 28 Modifikationen und Beschränkungen unterworfen sein kann. Die in § 22 Abs. 1 genannten Rechte können „ganz oder teilweise" Gegenstand von Lizenzen sein, z. B. sich bei einem Sachgebrauchsmuster nur auf einen bestimmten Anspruch erstrecken. Als Beschränkungen des Lizenznehmers erwähnt § 22 Abs. 2 Satz 1 beispielhaft die territoriale Begrenzung. Die nachfolgende, beispielhafte Einteilung der Lizenzverträge ist deshalb nur grundsätzlicher Art; zahlreiche Kombinationen untereinander sind denkbar:

29 − ausschließliche, einfache Lizenzen, die in § 22 Abs. 2 ausdrücklich genannt werden, betreffen die Art der Nutzungsrechtseinräumung (s. Anm. 3.3; 3.4);
30 − Herstellungs-, Vertriebs-, Gebrauchs-, Import- und Exportlizenzen betreffen Einschränkungen bei den Benutzungshandlungen;
31 − Betriebslizenzen betreffen Einschränkungen bezüglich des Lizenznehmers bzw. der Produktionsstätte;
32 − Quotenlizenzen betreffen mengenmäßige Beschränkungen;
33 − territorial beschränkte Lizenzen können z. B. nach Bundesländern oder sonstigen Beschränkungen eingeräumt werden;
34 − Mindestlizenzen, Stücklizenzen, Pauschallizenzen beziehen sich auf Regelungen nach der Art der Lizenzabrechnung.
35   Art und Inhalt der Lizenz bestimmen sich primär nach dem Lizenzvertrag und seiner Auslegung. Bei allen Lizenzverträgen ist der Grundsatz der **Zweckübertragungstheorie** zu beachten, der besagt, dass der Lizenzgeber im Zweifel nur so viele Rechte zu übertragen gedenkt, als der Lizenznehmer zur Ausübung des vertragsbedingten Zwecks benötigt, vgl. auch Anm. 2.5.3.

3.3 Ausschließliche Lizenz

36   Eine ausschließliche Lizenz gewährt dem Lizenznehmer je nach Vertragsinhalt ein gegen jedermann und damit auch gegen den GebrM-Inhaber wirkendes **alleiniges Benutzungs-** und **Verbietungsrecht.** Der GebrM-Inhaber hat − ohne entsprechende Vereinbarung − nur noch ein formales Recht ohne positives Benutzungsrecht: das negative Verbietungsrecht in Form eines Unterlassungsanspruchs kann er noch geltend machen; Schadenersatz- und Rechnungslegungsansprüche kann er nur bei eigenem berechtigten Interesse verfolgen. Soweit vertraglich nichts Abweichendes geregelt ist, hat der Lizenznehmer eine **eigenständige Aktivlegitimation** zur Geltendmachung sämtlicher Verbietungsrechte, soweit seine Rechte berührt werden (vgl. BGH GRUR 1995, 338, 340 − Kleiderbügel). Dasselbe gilt für die sog. Folgeansprüche, betreffend Schadenersatz, Auskunft, Rechnungslegung und Vernichtung. Er ist ohne gegenteilige Regelung befugt, weitere einfache Lizenzen (Unterlizenzen) zu vergeben (BGH GRUR 1953, 114, 118 − Reinigungsverfahren). Diese erlöschen mit der Hauptlizenz. Örtliche, sachliche oder zeitliche Beschränkungen sind möglich. Infolge dessen kommt der ausschließlichen Lizenz ein **(quasi) dinglicher Charakter** zu. Sie kann denknotwendigerweise nur einer Person/

einem Unternehmen zustehen; mehrere ausschließliche Lizenzen sind nur bei inhaltlicher, sachlicher oder örtlicher Abgrenzbarkeit denkbar. Die ausschließliche Lizenz wird nicht in der GebrM-Rolle vermerkt.

3.4 Einfache Lizenz

Die einfache Lizenz beinhaltet im Gegensatz zur ausschließlichen 37 Lizenz lediglich einen **schuldrechtlichen Anspruch** auf Benutzung der Erfindung **ohne Verbietungsbefugnis** gegenüber Dritten und – da sie personen- oder betriebsgebunden ist – ohne die Befugnis, Dritten Unterlizenzen zu erteilen (BGH GRUR 1974, 463, 464 – Anlagengeschäft). Bei einer einfachen Lizenz ist der Lizenzgeber weder gehindert, das lizenzierte Recht selbst zu nutzen, noch weitere Lizenzen daran zu erteilen (allenfalls schuldrechtliche Bindung); die Rechte aus dem GebrM stehen weiterhin dem GebrM-Inhaber zu. Lizenzgeber kann der GebrM-Inhaber, ein ausschließlicher Lizenznehmer, Treuhänder/Insolvenzverwalter sein. Allein dem Rechtsinhaber stehen Verbietungsrechte zu. Der GebrM-Inhaber/Lizenzgeber kann den Schaden des Lizenznehmers beim Dritten ersetzt verlangen (vgl. BGH GRUR 1974, 335 – Abstandhalterstopfen). Mithin erhält der Lizenznehmer auch kein Verfügungsrecht über die Lizenz, so dass er diese weder belasten noch veräußern darf.

Bei der sog. **„Negativlizenz"** liegt lediglich ein Verzicht des 38 GebrM-Inhabers vor, Verbietungs- und Ersatzansprüche geltend zu machen (BGH GRUR 1982, 411, 412 – Verankerungsteil). Da diese kein positives Benutzungsrecht begründet, handelt es sich nicht um eine eigentliche Lizenz im Sinne des § 22 Abs. 2.

3.5 Pflichten/Haftung des Lizenzgebers

Zu den **Pflichten** des Lizenzgebers gehört es, das lizenzierte 39 Recht zur Verfügung zu stellen, ggfs. zugehöriges Know-how zu vermitteln (RGZ 155, 306, 314). Er hat alles zu tun, damit der Lizenznehmer die Erfindung benutzen kann, und alles zu unterlassen, was das lizenzierte Schutzrecht beeinträchtigen könnte. Bei Lizenzierung einer noch nicht angemeldeten Erfindung muss der Lizenzgeber die Erfindung anmelden. Ist ein einzutragendes/eingetragenes GebrM lizenziert, muss der Lizenzgeber das Eintragungsverfahren betreiben und ein eingetragenes GebrM aufrecht erhalten, d. h.

insbesondere die Jahresgebühren zahlen und das GebrM gegen Löschungsanträge verteidigen (vgl. RGZ 155, 306, 314/315). Der Zweck einer **Meistbegünstigungsklausel,** dem begünstigten Lizenznehmer die Lizenz zu den gleichen Bedingungen einzuräumen, wie sie späteren Lizenznehmern gewährt wird, bedeutet eine konkludente Verpflichtung des Lizenzgebers, gegen fortgesetzte Verletzungshandlungen Dritter vorzugehen, da diese andernfalls unentgeltlich von der Erfindung profitieren würden. Bei Nichteinhaltung dieser Verpflichtung kann ein Bestehen auf Zahlung der Lizenzgebühr gegen Treu und Glauben verstoßen (vgl. BGH GRUR 1965, 591, 595 – Wellplatten). Von diesem Sonderfall abgesehen, ist eine Verpflichtung, gegen nichtberechtigte Dritte wegen Gebrauchsmusterverletzung gerichtlich vorzugehen, nicht anzunehmen. Des gleichen darf der Lizenzgeber bei einer einfachen Lizenz nicht ohne Zustimmung des Lizenznehmers auf das GebrM verzichten (andernfalls Schadenersatzpflicht).

40 Für die **Haftung** des Lizenzgebers gelten grundsätzlich die Anmerkungen zur Übertragung des GebrM. Die Praxis unterscheidet zwischen der Rechtsmängel- und der Sachmängel-Gewährleistung und den allgemeinen Vorschriften des BGB. Gerade das Aufeinandertreffen verschiedener Rechtskreise mit unterschiedlichen Gewährleistungs- bzw. Haftungsprinzipien sollte für eine klare Regelung der Gewährleistungen in Lizenzverträgen Anlass ein. Es ist hinreichend zu beachten, dass Lizenzverträge stets gewagte Geschäfte sind, die für beide Seiten Risiken beinhalten. Die Rspr. hat ungeachtet dessen für solche Verträge gewisse, nachfolgend wiedergegebene Mindestgewährleistungen entwickelt:

41 Ein Lizenzvertrag ist gemäß § 306 BGB nichtig mit entsprechender Haftung des Lizenzgebers gemäß § 307 BGB, wenn eine technische Lehre mit den der Technik zur Verfügung stehenden Mitteln (naturgesetzlich) nicht ausgeführt werden kann, so dass ein GebrM-Schutz objektiv nicht entstehen kann (vgl. BGH GRUR 1965, 298, 301 – Reaktions-Messgerät). Der Lizenzgeber haftet auf Schadenersatz wegen Nichterfüllung für zugesicherte Eigenschaften jeder Art (vgl. BGH GRUR 1970, 547, 548/549 – Kleinfilter: §§ 463, 538, 581 BGB analog), ansonsten für den Bestand des Rechtes bei Vertragsabschluß (BGH GRUR 1957, 595/596 – Verwandlungstisch), für die technische Ausführbarkeit und technische Brauchbarkeit zu dem vertraglich vorausgesetzten Zweck (Haftung nach den allgemeinen Vorschriften für anfängliches Unvermögen auf Schadenersatz wegen Nichterfüllung, selbst ohne spezielle Zusicherung: BGH GRUR 1979, 768, 769 – Mineralwolle). Keine Haftung

Übertragung und Lizenz 42, 43 § 22

jedoch für den wirtschaftlichen Erfolg (BGH GRUR 1978, 166, 167 – Banddüngerstreuer); ebenso nicht für die Fabrikationsreife (RG GRUR 1932, 865, 867). Bei nicht wirtschaftlich sinnvoller Verwertbarkeit besteht daher kein Ersatzanspruch gegen den Lizenzgeber, während der Lizenznehmer bei Unzumutbarkeit von einer Ausführungspflicht frei wird (vgl. BGH GRUR 1978, 166, 167 – Banddüngersteuer). Keine Haftung des Lizenzgebers für den zukünftigen Bestand des GebrM. Eine spätere Löschung des GebrM macht den Lizenzvertrag nicht rückwirkend unwirksam; er bleibt vielmehr bis zum rechtskräftigen Erlöschen des GebrM bestehen (BGH GRUR 1977, 107, 109 –Werbespiegel und Anm. 2.5.5).

Bei **Leistungsstörungen** kommt aufgrund der in Anm. 3.1 ge- 42 nannten Eigenschaften des Lizenzvertrages nur eine modifizierte Anwendung der §§ 320 ff BGB und der Vorschriften über die Rechts- und Sachmängelhaftung nach Kaufrecht bzw. Miete bzw. Pacht in Betracht. Anstelle des Rücktrittsrechts wird regelmäßig ein nur ex nunc wirkendes Kündigungsrecht angemessen sein (vgl. BGH GRUR 1959, 616 – Metallabsatz), ggfs. verbunden mit einem Recht auf Minderung der Lizenzgebühr bei Zumutbarkeit der Vertragsfortsetzung (vgl. BGH GRUR 1969, 677 – Rüben-Verladeeinrichtung). Die (rückwirkende) Löschung des lizenzierten GebrM lässt den Lizenzvertrag weiterhin bis zur Rechtskraft der Löschungsentscheidung bestehen, ggfs. kommt jedoch ein Recht der vorzeitigen Kündigung durch den Lizenznehmer bzw. ein Recht des Lizenznehmers, Minderung der Lizenzzahlungen zu verlangen, in Betracht, wenn Wettbewerber ein offenkundig unwirksames GebrM nicht respektieren (vgl. BGH GRUR 1969, 677 – Rüben-Verladeeinrichtung). Solange das GebrM formell besteht, ist der Lizenznehmer ungeachtet dieser Besonderheiten zur Lizenzzahlung verpflichtet, d. h. mit dem Einwand fehlender Schutzfähigkeit des lizenzierten GebrM wird er nicht gehört (BGH GRUR 1977, 107, 109 – Werbespiegel). Bei Teillöschung kommt Minderung der Lizenzgebühr nur in Betracht, wenn der Vertragszweck durch die Teillöschung eine Einbuße erfährt. Ein Erstattungsanspruch hinsichtlich gezahlter Lizenzgebühren besteht nicht (BGH GRUR 1977, 107, 109 – Werbespiegel; BGH GRUR 1983, 237 – Brückenlegepanzer I).

3.6 Pflichten/Haftung des Lizenznehmers

Eine **Hauptpflicht** des Lizenznehmers ist die **Zahlung der** 43 **Lizenzgebühren** (vgl. auch Anm. 3.5). Es gibt mehrere Möglichkeiten einer angemessenen Vergütung. In Betracht kommt zum Beispiel eine Pauschalgebühr, die nicht vom tatsächlichen Nutzungsumfang des Lizenznehmers abhängt (insbesondere in gesicherter Form einer Mindestlizenz). Denn gerade bei einem Know-how-Lizenzvertrag bietet sich eine derartige Regelung (jedenfalls aber eine Einstandszahlung) an, weil der Know-how-Geber wesentlich weniger hinsichtlich der laufenden Lizenzgebühren gesichert ist als dies bei einem eingetragenen Schutzrecht der Fall ist. Bei einer Stücklizenz (bzw. Umsatzlizenz) hat die Zahlung nur für Benutzungshandlungen zu erfolgen, die sich ohne den Lizenzvertrag als GebrM-Verletzungen darstellen. Ob bei einer Umsatzlizenz die nach dem Wortlaut des Lizenzvertrages mit Abschluss eines lizenzpflichtigen Vertrages entstandene Zahlungspflicht des Lizenznehmers wieder entfällt, wenn die Abnahme der Ware verweigert, das Geschäft rückgängig oder der Kaufpreis nicht gezahlt wird, ist eine Frage der Vertragsauslegung; bei fehlender Vereinbarung kann grundsätzlich nicht angenommen werden, dass der Lizenzgeber das Bonitätsrisiko in Bezug auf Dritte mittragen soll (vgl. BGH GRUR 1998, 561, 562/563 – Umsatzlizenz). Insbesondere bei mehrteiligen Vorrichtungen, von denen nur ein Teil unter das lizenzierte Schutzrecht fällt, bedarf die Festlegung der Bezugsgröße und der Lizenzhöhe besonderer Beachtung. Denn ein Einbeziehen nicht gebrmgeschützter Bestandteile in die Lizenzgebühren-Basis ist kartellrechtlich problematisch, wenn sie nicht nur der Vereinfachung der Abrechnungsmodalitäten dient, sondern den Lizenznehmer hinsichtlich der Nutzung schutzrechtsfreier Gegenstände einer Zahlungspflicht unterwerfen soll; in diesem Fall wäre die Vereinbarung nichtig, weil die Lizenzzahlungspflicht über den Inhalt des lizenzierten Schutzrechts hinausgeht (§§ 17 GWB n. F., 20 GWB a. F.; BGH GRUR 1975, 206 – Kunststoffschaumbahnen; BKA GRUR 1981, 919, 921 – Rigg für ein Segelbrett). In Betracht kommt ferner eine Abstaffelung der Lizenzgebühren, z. B. bei einem gemischten GebrM-/Know-how-Vertrag für den die GebrM betreffenden Teil bei Wegfall einzelner der lizenzierten Schutzrechte. Eine Verbesserung der Erfindung durch den Lizenznehmer befreit in der Regel nicht von der Zahlungspflicht (vgl. BGH GRUR 1967, 655, 659 – Altix). Die Lizenzzahlungspflicht besteht so lange, als das Schutzrecht formell in Kraft ist (BGH GRUR 1977, 107, 109 – Werbespiegel). Der Lizenznehmer kann auch dann zur Zahlung der Lizenzgebühren verpflichtet werden für den Fall, dass das Know-how offenkundig wird und dies nicht dem Lizenzgeber anzulasten ist.

Übertragung und Lizenz 44, 45 § 22

Eine **Ausübungspflicht** kann gesondert vereinbart werden. Andernfalls kann sie bei ausschließlicher Lizenz angenommen werden, sofern eine Stücklizenzabrede getroffen ist oder die Lizenzgebühr in sonstiger Weise vom Umsatz abhängt (vgl. BGH GRUR 1969, 560 – Frischhaltegefäß). Inhalt, Umfang und Fortbestand der Pflicht stehen jedoch unter dem Vorbehalt der Zumutbarkeit und sind vom Tatrichter unter Abwägung der Umstände des Einzelfalles zu bestimmen (BGH GRUR 2000, 138 – Knopflochnähmaschinen). Keine Ausübungspflicht bei Vereinbarung von Mindestlizenzgebühren oder einfacher Lizenz (ihre Vereinbarung ist bei ihr möglich, vgl. BGH GRUR 1980, 38 – Fullplastverfahren). Die Ausübungspflicht entfällt nur in Ausnahmefällen, wenn sich z. B. der Lizenzgegenstand als technisch (naturgesetzlich) nicht verwertbar erweist oder wenn sich herausstellt, dass wirtschaftliche Gründe die Herstellung und/oder den Vertrieb des Lizenzgegenstandes hindern. In diesem Fall macht sich der Lizenznehmer nicht schadenersatzpflichtig (vgl. BGH GRUR 1978, 166, 167 – Banddüngerstreuer). Bei all diesen Fallgestaltungen kommt es jedoch insgesamt auf die Umstände des Einzelfalls an.

Eine **Nichtangriffsverpflichtung** kann sich aufgrund besonderer Abrede ergeben. Auch eine konkludente Vereinbarung ist möglich (BGH GRUR 1957, 482 – Chenillefäden; BGH GRUR 1989, 39 – Flächenentlüftung; BGH GRUR 1990, 667 – Einbettungsmasse). Andernfalls schließt ein Lizenzvertrag einen Löschungsangriff nicht notwendig aus. Maßgebend sind die durch Auslegung zu ermittelnden Umstände des Einzelfalls. Hat der Lizenzvertrag gesellschaftsähnlichen Charakter, ist ein Löschungsangriff regelmäßig unzulässig (vgl. BGH GRUR 1957, 482 – Chenillefäden; BGH GRUR 1989, 39 – Flächenentlüftung). Unzulässig ist ein Angriff in der Regel auch bei Vereinbarung einer ausschließlichen Lizenz (vgl. BGH GRUR 1971, 243, 244/245 – Gewindeschneidvorrichtungen). Nach Wegfall des § 34 GWB a. F. besteht kein Schriftformerfordernis für eine solche Nichtangriffsverpflichtung mehr. Die Abrede ist nach nationalem Kartellrecht, § 17 II Nr. 3 GWB n. F., zulässig, wenn sie von dem Lizenznehmer in Bezug auf das lizenzierte Schutzrecht übernommen wird. Die Unwirksamkeit kann sich jedoch aus EU-rechtlichen Bestimmungen ergeben (vgl. BGH GRUR 1989, 39, 41 – Flächenentlüftung; EuGH GRUR Int. 1989, 56, 57 – Nichtangriffsklausel). Bei Gebrauchsmustern werden wegen ihres in der Regel territorial und marktmäßig begrenzten Wirkungskreises im Vergleich zu Patenten die Voraussetzungen für eine Zulässigkeit der Vereinbarung eher vorliegen. Denn Voraussetzung für die Nichtzulässigkeit ist die Spürbarkeit der Beeinträchtigung des zwischenstaatlichen Handels in der EU (BGH, aaO), die bei nur geringer Marktmacht der Beteiligten (vgl. BGH GRUR 1974, 40, 42 – Bremsrolle), bei nur geringem Umsatz (vgl. BGH GRUR 1974, 40, 42 – Bremsrolle) und bei einem sich im Falle einer kostenpflichtigen Lizenz auf ein technisch überholtes Verfahren beziehenden lizenzierten Schutzrecht (vgl. EuGH GRUR Int. 1989, 56 – Nichtangriffsklausel) fehlt. Zur Zulässigkeit einer Nichtangriffsklausel in einem Vergleich: BPatGE 36, 177, 181 f.

46 Die Pflicht zur **Rechnungslegung** durch den Lizenznehmer hat den Sinn, die Grundlage für eine ordnungsgemäße Abrechnung zu schaffen (BGH GRUR 1997, 610, 611 – Tinnitus-Masker). Der Lizenznehmer unterliegt dieser Verpflichtung auch ohne ausdrückliche Vereinbarung, wenn die Höhe der Lizenzgebühren vom Umfang der Ausübung abhängt. Auch im Falle der Unwirksamkeit des Lizenzvertrages kann der Lizenzgeber zur Berechnung des ihm zustehenden Anspruchs auf Zahlung einer angemessenen Lizenzgebühr nach § 242 BGB Auskunft über die erfolgte Nutzung verlangen und beanspruchen, dass der Lizenznehmer im einzelnen über die Verwertungshandlungen Rechnung legt; denn die aufgrund eines unwirksamen Vertrages erbrachten Leistungen sind nach Bereicherungsrecht zurückzugewähren, d. h. der Lizenzgeber kann grundsätzlich nach § 818 Abs. 2 Wertersatz für die aufgrund des unwirksamen Vertrages erbrachten Leistungen beanspruchen (vgl. BGH GRUR 1997, 781, 783 – sprengwirkungshemmende Bauteile). Hingegen hat der Lizenzgeber keinen Anspruch auf Einsicht in die Bücher, sondern kann lediglich die Abgabe einer eidesstattlichen Versicherung gemäß § 259 Abs. 2 BGB verlangen, falls begründete Zweifel an der Richtigkeit der gelegten Rechnung bestehen (vgl. BGH GRUR 1961, 466, 469 – Gewinderollkopf).

47 **Weitere Pflichten des Lizenznehmers** bedürfen regelmäßig einer ausdrücklichen Vereinbarung. Hierzu gehören z. B. die Verpflichtung zur Einräumung von Lizenzen an Verbesserungs- oder Anwendungserfindungen, zum Erfahrungsaustausch, zu Aufzeichnungen (Regelung von Mindeststandards, die der Lizenznehmer einzuhalten hat, damit sich der Lizenzgeber einen Überblick über lizenzierte Benutzungshandlungen verschaffen kann), die Einhaltung von Qualitätsvorgaben (Mindestqualitätsstandards), Informationspflichten über mögliche GebrM-Verletzer etc. Beispiele weiterer Verpflichtungen ergeben sich insbesondere aus der sog. schwarzen bzw. weißen Liste der Verordnung (EG) Nr. 240/96 der Kommission vom 31. Januar 1996 zur Anwendung von Art. 85 Abs. 3 des

Vertrages auf Gruppen von Technologietransfer-Vereinbarungen (GRUR Int. 1996, 642).

3.7 Formen des Lizenzvertrages

Eine besondere Form für Lizenzverträge ist grundsätzlich nicht erforderlich. Allein aus Beweisgründen empfiehlt sich jedoch dringend die schriftliche Abfassung. Nach Wegfall des § 34 GWB a. F. ergibt sich auch hieraus nicht mehr ein Schriftformerfordernis; diese Vorschrift hat zu einer umfangreichen Judikatur in Bezug auf die Wirksamkeit von Lizenzverträgen geführt (vgl. lediglich BGH GRUR 1997, 781 – sprengwirkungshemmende Bauteile; BGH GRUR 1998, 838 – Lizenz- und Beratungsvertrag; OLG Karlsruhe, Mitt. 1996, 251).

3.8 Beendigung des Lizenzvertrages

Die Beendigung des Lizenzvertrages tritt mit **Ablauf** der vereinbarten **Zeit** oder mit Ablauf der **Schutzdauer** ein. Über die Schutzfrist hinaus kann der Lizenzvertrag wegen Kartellrechtswidrigkeit nicht verlängert werden (BGH GRUR 1975, 206 – Kunststoffschaumbahnen). Die Zahlungsmodalität, z. B. durch Ratenzahlungen, kann so getroffen werden, dass sie auch noch zur Zahlungsverpflichtung des Lizenznehmers führt, wenn das GebrM abgelaufen ist (vgl. zur Zulässigkeit auch Art. 2 (1) Nr. 7 b der Technologietransfer-Gruppenfreistellungsverordnung); eine Verpflichtung des Lizenznehmers zur Zahlung von Lizenzgebühren kann deshalb über die Geltungsdauer des lizenzierten Schutzrechts anzunehmen sein, wenn dies allein zur Zahlungserleichterung geschieht. Sind nach Vertragsende noch Erzeugnisse vorhanden, dürfen diese im Rahmen der Lizenz, also gegen Zahlung der Lizenzgebühr, veräußert werden (vgl. BGH GRUR 1959, 528 – Autodachzelt). Bis zur rechtskräftigen **Löschung** des GebrM bleibt der Lizenzvertrag (auch über eine einfache Lizenz) wirksam (vgl. BGH GRUR 1977, 107, 109 – Werbespiegel; BGH GRUR 1983, 237 und 560 – Brückenlegepanzer I + II). Lizenzgebühren sind deshalb weiter zu zahlen, vgl. Anm. 3.5. Mit (rechtskräftiger) Löschung des GebrM ist der Eintritt der Leistungsfreiheit unter verschiedenen Gesichtspunkten denkbar (insoweit gibt es keine einheitliche Praxis): In Betracht kommt ein Kündigungsgrund (mit Wirkung für die Zukunft, vgl. RGZ 86, 46,

53) oder die Annahme der Regelungen über die nachträgliche Unmöglichkeit, §§ 323–325 BGB (bei beidseitig nicht zu vertretendem Unmöglichwerden Leistungsfreiheit gemäß §§ 275, 323 BGB, bei vom Lizenzgeber zu vertretendem Unmöglichwerden Rechtsfolgen des § 325 BGB, d. h. Schadenersatz wegen Nichterfüllung oder Geltendmachung der Rechte aus § 323 BGB nach Wahl des Lizenznehmers) oder Anwendung der Regeln des Wegfalls der Geschäftsgrundlage (vgl. hierzu BGH GRUR 1961, 466, 468 – Gewinderollkopf II). Dessen ungeachtet trifft den Lizenzgeber mangels anderweitiger Abreden grundsätzlich keine Haftung für den zukünftigen Bestand des Schutzrechts; nach Wegfall des Schutzrechts kann der Lizenzvertrag hinsichtlich eines ebenfalls lizenzierten, nicht offenkundig gewordenen Know-hows „weiterbestehen".

50   Als **Dauerschuldverhältnis** kann ein Lizenzvertrag (ohne Regelung der ordentlichen Kündigung) grundsätzlich nur **fristlos** aus wichtigem Grund **gekündigt** werden. Diese Möglichkeit ist eröffnet, wenn Tatsachen vorliegen, aufgrund derer dem kündigenden Teil unter Berücksichtigung aller Umstände des Einzelfalls und unter Abwägung der Interessen beider Vertragsteile die Fortsetzung des Vertrages bis zu dessen vereinbarter Beendigung nach Treu und Glauben nicht zugemutet werden kann (BGH GRUR 1997, 610/611 – Tinnitus-Masker). Eine derartige Kündigungsmöglichkeit kann sich bei Unzumutbarkeit der Fortsetzung der Zusammenarbeit, insbesondere bei gesellschaftsähnlichen Lizenzvertragsverhältnissen ergeben, § 723 Abs. 1 Satz 2 BGB analog (BGH GRUR 1959, 616, 618 – Metallabsatz). Gerade die Tatsache des Dauerschuldverhältnisses setzt voraus, dass es sich um wirklich schwerwiegende Vertragsverletzungen handelt, die in der Regel vor Ausspruch der Kündigung einer vorherigen Abmahnung bedürfen. Es bedarf auf jeden Fall einer vollumfänglichen Interessenabwägung. Die Grundsätze über die außerordentliche Kündigung gelten auch bei Lizenzverträgen, die keinen gesellschaftsrechtsähnlichen Charakter aufweisen, sinngemäß. Auch wenn für die **Frist** nicht auf den Rechtsgedanken des § 626 Abs. 2 BGB als bindende, zweiwöchige Ausschlussfrist abgestellt werden kann, erscheint es im Einzelfall fraglich, ob bei einem deutlich längeren Zuwarten die für die fristlose Kündigung notwendige Unzumutbarkeit anzunehmen ist. Aus Gründen der Rechtssicherheit sollte ein Zeitrahmen von maximal sechs Wochen ins Auge gefasst werden (ggfs. nach Ablauf einer fruchtlosen Abmahnung).

51   Eine **Teilkündigung** eines Vertrages über die Einräumung einer ausschließlichen Gebrauchsmusterlizenz kommt in der Regel selbst

dann nicht in Betracht, wenn sich der Vertrag in mehrere, voneinander unabhängige Sachverhaltskomplexe „teilen" lässt, da die Vertragsregelungen regelmäßig für sämtliche Anwendungsbereiche Geltung beanspruchen.

Zur **Anfechtung** eines Lizenzvertrages wegen arglistiger Täuschung durch unrichtige Angaben zur Schutzrechtslage (vgl. BGH GRUR 1998, 650, 651 – Krankenhausmüllentsorgungsanlage: Hinweis auf Patentschutz bei in Wahrheit lediglich vorliegender veröffentlichter Patentanmeldung und GebrM-Eintragung). Vgl. ferner zur vorzeitigen Kündigung bei Leistungsstörungen: Anm. 3.5. 52

Bei mehreren zu lizenzierenden Schutzrechten kann eine sog. **Längstlaufklausel** vereinbart werden, d. h. dass der Lizenzvertrag und die in ihm enthaltene Lizenzzahlungsverpflichtung erst nach Ende des längst laufenden Schutzrechts endet. 53

Nach **Beendigung** eines GebrM-/Know-how-Lizenzvertrages darf das (nicht offenkundig gewordene) **Know-how** ohne vertragliche Abrede nicht weiter benutzt werden, da es der Know-how-Nehmer andernfalls in der Hand hätte, z. B. durch Nichtzahlung der Lizenzgebühren eine außerordentliche Kündigung durch den Lizenzgeber „herbeizuführen", um dann das Know-how kostenlos weiter nutzen zu können. Dem steht nicht entgegen, dass der Lizenzgeber bei Wegfall des Lizenzvertrages hinsichtlich des Knowhows keinen gesetzlichen Unterlassungsanspruch (wie bei dem GebrM selbst) zur Verfügung hat. Dies muss jedenfalls dann gelten, wenn der Lizenzgeber für die Überlassung des Know-hows nicht durch eine eindeutig abgrenzbare, auf das Know-how bezogene Einstandszahlung bzw. Mindestgebühr entschädigt ist. 54

Trotz kartellrechtlich nach Beendigung anzunehmender Leistungsfreiheit der Parteien können sich **nachwirkende Treuepflichten** ergeben (vgl. BGH GRUR 1965, 135, 137 – Vanal), z. B. die Verpflichtung zur Herausgabe überlassener Unterlagen, überlassener Werkzeuge. 55

3.9 Verjährung

Ansprüche auf Lizenzgebühren verjähren in vier Jahren. Beginn der Verjährungsfrist: Ende des Jahres der Fälligkeit der Lizenzgebühren, §§ 197, 201 BGB. Die 4-jährige Frist gilt auch für den Anspruch aus einem Vorvertrag auf Begründung des Lizenzgebührenanspruchs (LG Düsseldorf E 1996, 92 – Stahlprofilträger III (LS)). Die Erfüllungsansprüche aus dem Lizenzvertragsverhältnis verjähren 56

§ 22 57, 58   Übertragung und Lizenz

in 30 Jahren ungeachtet der zeitlichen Obergrenze der Laufzeit des GebrM, da es einem Lizenznehmer erleichtert würde, die Lizenzzahlungspflicht zu umgehen (a. A. *Mes,* § 15 PatG, Rdn. 42).

3.10 Sukzessionsschutz, § 22 III

57   Durch das GebrMGÄndG 1986 erfolgte eine Anpassung des § 22 Abs. 3 an § 15 Abs. 3 PatG. Der Rechtsübergang (z. B. durch Veräußerung) oder die Erteilung einer Lizenz lässt eine vom Veräußerer/Lizenzgeber zuvor einem Dritten eingeräumte schuldrechtliche Lizenz unberührt. Dieser Sukzessionsschutz hat vor allen Dingen für die zuvor eingeräumte schuldrechtliche Lizenz Bedeutung, da die ausschließliche Lizenz nach allgemeiner Auffassung von jeher gegenüber dem Rechtsnachfolger/späteren Lizenznehmer des GebrM-Inhabers/Lizenzgebers wirkte. § 22 Abs. 3 garantiert mithin den Fortbestand des Benutzungsrechts des Lizenznehmers, wie es vom Lizenzgeber bewilligt wurde. Dessen ungeachtet kann auch eine Abrede gemäß § 399 BGB getroffen werden, die die Übertragung ausschließt; die gegen § 399 BGB verstoßende Abtretung ist infolge des vereinbarten Abtretungsausschlusses unwirksam. Der Sukzessionsschutz kann für die einfache Lizenz abbedungen werden; im Fall der ausschließlichen Lizenz wäre eine solche Abrede ohne Wirkung (*Mes,* § 15 PatG, Rdn. 44). Ein Verzicht auf das GebrM ist ohne Wirkung, wenn er die ausschließliche Lizenz beeinträchtigt; hingegen geht die schuldrechtliche Lizenz im Falle des Verzichts auf das GebrM mit unter (ggfs. Schadenersatzansprüche des Lizenznehmers).

3.11 Kartellrechtliche Aspekte

58   Ungeachtet der patentrechtlichen/gebrauchsmusterrechtlichen Zulässigkeit eines Lizenzvertrages bedarf es immer einer weiteren Abstimmung mit den Vorschriften der nationalen und europäischen Kartellrechtsordnung. Nationales und europäisches Kartellrecht überschneiden sich. Das Gesetz gegen Wettbewerbsbeschränkungen (GWB) i. d. F. der 6. GWB-Novelle mit Inkrafttreten am 1. 1. 1999 gilt für Wettbewerbsbeschränkungen, die sich auf die Bundesrepublik Deutschland auswirken. Die EU-rechtlichen Regelungen (Art. 85 a. F., 86 a. F., 81 n. F., 82 n. F. EG) setzen die Beeinträchtigung des innergemeinschaftlichen Handels voraus. Das nationale

Übertragung und Lizenz 59, 60 § 22

und das europäische Recht sind nebeneinander anwendbar. Hinsichtlich der Einzelheiten wird verwiesen auf die Kommentierung bei *Benkard/Ullmann,* § 15 PatG, Rdn. 146 ff, 164 ff; *Busse/Keukenschrijver,* § 15 PatG, Rdn. 143 ff). Im vorliegenden Rahmen können angesichts der Komplexität nur Stichworte herangezogen werden:

Zweck der Art. 81, 82 n. F. EG ist die Verwirklichung der Wirtschaftsordnung der Gemeinschaft (Art. 3 g EG: System unverfälschten Wettbewerbs). Die Regelungen dienen der Verwirklichung der „vier Grundfreiheiten", von denen für den gewerblichen Rechtsschutz insbesondere der freie Warenverkehr und freie Dienstleistungsverkehr von Bedeutung sind. Keine Ersetzung staatlicher Handelsschranken durch Vereinbarung/Verhaltensweisen privater Unternehmen. In Abgrenzung der Anwendbarkeit des EG-Kartellrechts zum nationalen Recht ist auf die Eignung, den Handel zwischen den Mitgliedstaaten zu beeinträchtigen, sowie auf die Spürbarkeit dieses Handels abzustellen. Es gilt der Grundsatz, dass EG-Kartellrecht und nationales Kartellrecht nebeneinander anwendbar sind (2-Schranken-Theorie). Im Konfliktfall Vorrang des Gemeinschaftsrechts: (A) Verbot nach EG-Kartellrecht setzt sich gegenüber nationaler Erlaubnis durch; (B) Freistellung nach Art. 81 Abs. 3 EG verdrängt nationales Verbot. 59

Art. 81 Abs. 1 EG (Kartellverbot) setzt Vereinbarungen/abgestimmte Verhaltensweisen zwischen Unternehmen voraus. Hinsichtlich der Wettbewerbsbeschränkung ist auf die aktuellen und potenziellen Wettbewerb sowie das „Bezwecken oder Bewirken" abzustellen. Eignung, den Handel zwischen den Mitgliedstaaten zu beeinträchtigen, muss gegeben sein, ebenso Spürbarkeit. Hinsichtlich der Spürbarkeit ist die Bagatellbekanntmachung der Kommission vom 9. 12. 1997 (ABl. EG C 372/13) zu beachten. Stichworte: Marktanteile der beteiligten Unternehmen: Weniger als 5% bei horizontalen Vereinbarungen, weniger als 10% bei vertikalen Vereinbarungen. In der Regel keine Anwendung auf kleine und mittlere Unternehmen (KMU), d. h. weniger als 250 Beschäftigte, weniger als 40 Mio. ECU Umsatz oder weniger als 27 Mio. ECU Jahresbilanz, weniger als 25% der Anteile werden von Nicht-KMU gehalten. Hinsichtlich der Freistellung ist auf Art. 81 Abs. 3 EG zu verweisen (Voraussetzungen, Arten der Freistellung: Einzelfreistellung, Gruppenfreistellungsverordnung). Wichtige Gruppenfreistellungsverordnungen: Alleinvertriebsvereinbarungen (VO 1983/83), Alleinbezugsvereinbarungen (VO 1984/83), Franchise-Vereinbarungen (VO 4087/88), Spezialisierungsvereinbarungen (VO 417/85), For- 60 schung und Entwicklung (VO 418/85), Technologietransfer (VO 240/96). Hinsichtlich letzterer: Anwendungsbereich, „weiße Klauseln", „schwarze Klauseln", „graue Klauseln", Missbrauchskontrolle.

61 Hinsichtlich des nationalen Kartellrechts ist insbesondere auf die §§ 1, 17, 18 GWB (jeweils in der Neufassung) zu achten. § 17 GWB n. F. betrifft nur Beschränkungen des Erwerbers oder Lizenznehmers in Individual- oder Austauschverträgen. Das Schriftformerfordernis des § 34 GWB a. F. ist entfallen. Für die kartellrechtliche Zulässigkeit des Lizenzvertrages ist eine Gesamtbetrachtung vorzunehmen (Einzelheiten bei *Busse/Keukenschrijver*, § 15 PatG, Rdn. 151 ff).

§ 23 [Schutzdauer, Verzicht]

(1) **Der Gebrauchsmusterschutz dauert drei Jahre, die mit dem Tag beginnen, der auf die Anmeldung folgt.**

(2) **Die Schutzdauer wird durch Zahlung einer Gebühr nach dem Tarif zunächst um drei Jahre, sodann um jeweils zwei Jahre bis auf höchstens zehn Jahre verlängert. Die Verlängerung wird in der Rolle vermerkt. Die Verlängerungsgebühr ist am letzten Tag des Monats fällig, in dem die vorangegangene Schutzfrist endet. Wird die Verlängerungsgebühr nicht bis zum Ablauf des letzten Tags des zweiten Monats nach Fälligkeit entrichtet, so muß der tarifgemäße Zuschlag entrichtet werden. Nach Ablauf der Frist gibt das Patentamt dem Eingetragenen Nachricht, daß eine Verlängerung der Schutzdauer nur eintritt, wenn die Gebühr mit dem Zuschlag innerhalb von vier Monaten nach Ablauf des Monats, in dem die Nachricht zugestellt worden ist, entrichtet wird. Wird das Gebrauchsmuster erst nach Beendigung der ersten oder einer folgenden Schutzfrist eingetragen, so muß der tarifmäßige Zuschlag entrichtet werden, wenn die Verlängerungsgebühr nicht innerhalb von vier Monaten nach Ablauf des Monats, in dem die Mitteilung über die Eintragung zugestellt worden ist, entrichtet wird; Satz 5 ist anzuwenden.**

(3) **Das Patentamt kann die Absendung der Nachricht auf Antrag des Eingetragenen hinausschieben, wenn er nachweist, daß ihm die Zahlung nach Lage seiner Mittel zur Zeit nicht zuzumuten ist. Es kann die Hinausschiebung davon abhängig machen, daß innerhalb bestimmten Fristen Teilzahlungen geleistet werden. Erfolgt eine Teilzahlung nicht fristgemäß, so be-**

nachrichtigt das Patentamt den Eingetragenen, daß eine Verlängerung der Schutzfrist nur eintritt, wenn der Restbetrag innerhalb eines Monats nach Zustellung gezahlt wird.

(4) Ist ein Antrag, die Absendung der Nachricht nicht hinauszuschieben, nicht gestellt worden, so können Gebühr und Zuschlag beim Nachweis, daß die Zahlung nicht zuzumuten ist, noch nach Zustellung der Nachricht gestundet werden, wenn dies innerhalb von 14 Tagen nach der Zustellung beantragt und die bisherige Säumnis genügend entschuldigt wird. Die Stundung kann auch unter Auferlegung von Teilzahlungen bewilligt werden. Wird ein gestundeter Betrag nicht rechtzeitig entrichtet, so wiederholt das Patentamt die Nachricht, wobei der gesamte Restbetrag eingefordert wird. Nach Zustellung der zweiten Nachricht ist eine weitere Stundung unzulässig.

(5) Die Nachricht, die auf Antrag hinausgeschoben worden ist (Abs. 3) oder die nach gewährter Stundung erneut zu ergehen hat (Abs. 4), muß spätestens ein Jahr nach Fälligkeit der Verlängerungsgebühr abgesandt werden. Geleistete Teilzahlungen werden nicht erstattet, wenn die Verlängerung der Schutzdauer wegen Nichtzahlung des Restbetrages unterbleibt.

(6) Das Gebrauchsmuster erlischt, soweit der als Inhaber Eingetragene durch schriftliche Erklärung an das Patentamt auf das Gebrauchsmuster verzichtet.

(7) Löschungen, die aus anderem Grunde als wegen Ablaufs der Schutzdauer vorgenommen werden, sind im Patentblatt in regelmäßig erscheinenden Übersichten bekannt zu machen.

Übersicht

	Rdn.
1. Allgemeines/Zweck der Vorschrift	1
2. Schutzdauer	2, 3
3. Verlängerung	
3.1 Dauer	4
3.2 Verlängerungsgebühr	5
3.3 Verfahren gemäß § 23 II	6–10
3.4 Zahlungsvergünstigungen gemäß § 23 III, IV	11–14
3.5 Nachholung der Nachricht gemäß § 23 V	15
3.6 Wiedereinsetzung	16
3.7 Rückzahlung	17

	Rdn.
4. Erlöschen des Gebrauchsmusters	18, 19
4.1 Verzicht, § 23 VI	20–22
4.2 Sonstige Erlöschensgründe	23–25
4.3 Bekanntmachungen von Löschungen, § 23 VII	26

1. Allgemeines/Zweck der Vorschrift

1   Mit ihr werden vor allem die Schutzdauer und damit im Ergebnis das Erlöschen des GebrM aufgrund Zeitablaufs geregelt. Des weiteren regelt sie die Verlängerung des GebrM einschließlich der Gebührenvoraussetzungen, den Vermerk der Verlängerung in der Rolle, das Erlöschen des GebrM und dessen Bekanntgabe. Die Regelung über die Zahlung der Verlängerungsgebühr stimmt damit weitgehend mit den Vorschriften über die Zahlung der Patentjahresgebühren gemäß § 17 PatG überein mit dem Unterschied, dass in § 23 GebrMG eine mehrjährige Verlängerungsperiode geregelt wird, die den Verwaltungsaufwand und damit die Kosten unter dem Ziel der Förderung des GebrM-Schutzes geringer hält. Durch das PrPG ist das durch das GebrMGÄndG 1986 auf acht Jahre verlängerte Schutzrechtssystem noch einmal auf maximal zehn Jahre verlängert worden (Art. 5 Nr. 7 PrPG; PMZ 1990, 161, 168). Hinsichtlich der Laufzeit einer nach dem 30. 6. 1990 eingereichten GebrM-Anmeldung, für die der Anmeldetag einer Patentanmeldung aus dem Zeitraum vom 1. 1. 1987 bis 30. 6. 1990 in Anspruch genommen wurde **(Abzweigung),** hat das BPatG dem Gesichtspunkt des für die Rechtssicherheit maßgebenden Vertrauensschutzes der Allgemeinheit Vorrang vor dem Wortlaut der Übergangsbestimmung des PrPG eingeräumt. Sinn und Zweck der in Art. 12 Nr. 3 PrPG enthaltenen Übergangsvorschrift gebieten es danach, diese nach ihrem Wortlaut schlechthin für nach dem 1. Juli 1990 „eingereichte" GebrM-Anmeldungen aufgestellte Regelung nicht auf solche Anmeldungen anzuwenden, die aus einer vor diesem Zeitpunkt eingereichten Patentanmeldung abgezweigt sind. Bei einer Abzweigungsanmeldung mit dem Anmeldetag vor dem Inkrafttreten der jeweiligen Gesetzesfassung bleibt es also bei der längst möglichen Schutzdauer des Rechts am Anmeldetag (BPatGE 37, 23 – Füllmaschine; vgl. auch Mitteilung des Präsidenten des DPMA Nr. 4/97 vom 8. April 1997, PMZ 1997, 177). Eine Verlängerung über acht Jahre hinaus war deshalb nicht möglich.

2. Schutzdauer

Die reguläre Schutzfrist (Laufzeit) des GebrM beträgt drei Jahre. Die in Abs. 1 gewählte Formulierung „der Gebrauchsmusterschutz dauert ..." ist ersichtlich unzutreffend, weil der Schutz erst mit der Eintragung des GebrM eintritt und hiermit keine Rückwirkung des Schutzes auf den Anmeldetag verbunden ist. Mithin beginnt nicht der Schutz, sondern die normale Laufzeit mit dem Tag nach dem Anmeldetag, vgl. auch § 11 Abs. 1. Hieraus folgt, dass infolge des unterschiedlichen Anmelde- und Eintragungstags die tatsächliche Dauer des Schutzes, also die „eigentliche" Schutzfrist, kürzer als drei Jahre ist. Nach dem eindeutigen Wortlaut kommt es für die Berechnung der Laufzeit nur auf den Anmeldetag, nicht auf den Prioritätstag an. Anmeldetag ist auch der Anmeldetag einer früheren Patentanmeldung im Sinne des § 5 Abs. 1 Satz 1, so dass sich bei der Abzweigung die Laufzeit vom Tag nach der Patentanmeldung an bestimmt (BPatG GRUR 1990, 435, 438). Die Berechnung der Laufzeit bemisst sich nach §§ 186 ff BGB; § 193 BGB ist nach h. M. nicht anwendbar, so dass die Laufzeit auch an Wochenenden bzw. Feiertagen ablaufen kann.

Die Eintragung des GebrM ist auch noch nach Beendigung der Laufzeit möglich (vgl. BGH GRUR 1967, 477 – UHF-Empfänger II), wobei jedoch kein Schutz für die vorherige Schutzfrist eintritt. Sofern die Verlängerungsgebühr nicht bezahlt wird, entsteht kein Verbietungsrecht gegenüber Dritten, sondern nur noch eine prioritätssichernde Wirkung (BPatG GRUR 1993, 113, 114 – Thermostat). Dieser Prioritätsschutz kann nicht „verlängert" werden (BPatGE 19, 136, 137).

3. Verlängerung

3.1 Dauer

Die Schutzfrist von drei Jahren kann um drei weitere Jahre und zusätzlich zweimal zwei Jahre auf insgesamt **zehn Jahre** verlängert werden, § 23 Abs. 2 Satz 1. Die Verlängerungsmöglichkeit steht im Belieben des GebrM-Inhabers. Die Verlängerungsperioden schließen sich jeweils unmittelbar an die vorangegangene an. Die Berechnung erfolgt mithin auch hinsichtlich der Verlängerungen dem auf die Anmeldung folgenden Tag. Eine Beitreibung der Verlängerungsgebühren erfolgt aufgrund der freien Entscheidung des GebrM-Inhabers über die Verlängerung nicht.

3.2 Verlängerungsgebühr

5   Die Höhe der Verlängerungsgebühr ergibt sich aus den Gebührentatbeständen 122 000 ff zum PatGebG. Die Verlängerungsgebühr für die erste (dreijährige) Verlängerung der Schutzdauer beträgt DM 405,00 (GebVerz. Nr. 122 101), die Verlängerungsgebühr für die zweite (zweijährige) Verlängerung der Schutzdauer beträgt DM 690,00 (GebVerz. 122 102), die Gebühr für die dritte (zweijährige) Verlängerung der Schutzdauer beträgt DM 1035,00 (GebVerz. 122 103). Die Verlängerung, die nur für eingetragene GebrM in Betracht kommt, wird durch Zahlung der Gebühr bewirkt, § 23 Abs. 2 Satz 1, so dass es keiner weiteren Maßnahme bedarf, insbesondere keines Antrags, vgl. § 23 Abs. 2 Satz 1. Für Anmeldungen bedarf es keiner Verlängerung. Die nicht rechtzeitige Zahlung der Verlängerungsgebühr bewirkt einen kostenmäßigen Nachteil, der durch die Notwendigkeit der Zahlung eines Zuschlags von 10% der Gebühren der Nummern des GebVerz. 122 101 bis 122 103 beträgt, § 23 Abs. 2 Satz 4 und 6; GebVerz. 122 200. Bei endgültiger Nichtzahlung tritt eine Verlängerung der Schutzdauer nicht ein. Die Verlängerung wird in der Rolle eingetragen, § 23 Abs. 2 Satz 2. Ferner wird die Verlängerung auf der Urkunde, § 8 DPMAV, vermerkt und im Patentblatt bekannt gegeben. Entfällt das GebrM rückwirkend, so entsteht kein Erstattungsanspruch; dies gilt auch für übrige Ereignisse, die nach Zahlung der fälligen Gebühr eintreten. Gebührenschuldner ist der im Fälligkeitszeitpunkt eingetragene GebrM-Inhaber (*Busse/Keukenschrijver,* § 23 GebrMG, Rdnr. 17). Die Verlängerungsperioden mit den sich daraus ergebenden Verlängerungsgebühren geben dem GebrM-Inhaber hinreichend Anlass darüber nachzudenken, ob sich die weitere Aufrechterhaltung des GebrM für ihn lohnt. Ist das GebrM erst nach Ablauf der jeweils längst möglichen Schutzfrist eingetragen worden, so wird eine Verlängerungsgebühr nicht fällig, so dass eine gezahlte Gebühr nicht verfallen kann, mithin zurückzuzahlen ist (BPatGE 20, 119). Bei Vorliegen eines nach § 119 BGB beachtlichen Irrtums soll die Gebührenzahlung anfechtbar sein (vgl. *Bühring,* § 23, Rdnr. 8).

3.3 Verfahren gemäß § 23 II

Die Zahlung der Verlängerungsgebühr muss bis zum Ablauf der 6
Zahlungsfrist, § 23 Abs. 2 Satz 4, oder (mit Zuschlag) bis zum
Ablauf der Nachholungsfrist vorgenommen werden. Die **Fälligkeit**
der Verlängerungsgebühr tritt am letzten Tag des Monats, in dem
die vorangegangene Schutzfrist endet, ein, Abs. 2 Satz 3. Die Höhe
der Gebühr bemisst sich nach dem bei Beendigung der ersten
Schutzdauer maßgebenden Tarif (BPatGE 21, 58). Wird die Verlängerungsgebühr nicht bis zum Ablauf des ersten Tages des zweiten
Monats nach Fälligkeit entrichtet, so ist ein Zuschlag gemäß § 23
Abs. 2 Satz 2 zu bezahlen. Die Verlängerung tritt also erst durch
Zahlung der Verlängerungsgebühr und des tariflichen Verspätungszuschlags ein. Die Zahlung innerhalb der 2-Monatsfrist begründet
folglich keine Verpflichtung zur Zahlung eines Zuschlags. Der Zuschlag berechnet sich auch dann nach der vollen Verlängerungsgebühr, wenn diese vor Fristablauf teilweise gezahlt war (BPatGE 13,
12, 14). Bei nicht vollständiger Zahlung der Verlängerungsgebühr
sowie des tarifmäßigen Zuschlags tritt eine Verlängerung nicht ein.

Der Wortlaut in Abs. 2 Satz 4 stellt klar, dass auch die 2-Monats- 7
frist am Monatsende abläuft.

Wird auch nach Ablauf der 2-monatigen Frist die Verlängerungs- 8
gebühr samt Zuschlag nicht gezahlt, benachrichtigt das DPMA den
Eingetragenen dahingehend, dass eine Verlängerung der Schutzdauer
nur eintritt, wenn die Gebühr mit dem Zuschlag innerhalb von vier
Monaten nach Ablauf des Monats, in dem die Nachricht zugestellt
worden ist, entrichtet wird, § 23 Abs. 2 Satz 5. Die Nachfrist wird
somit erst durch die ordnungsgemäße Benachrichtigung in Lauf
gesetzt. Diese Frist ist nicht verlängerbar (BPatGE 1, 13, 14). Diese
Fristenregelung ist für den GebrM-Inhaber unter Umständen ein
zweischneidiges Schwert: Einerseits eröffnet sie ihm einen Spielraum
in der Zahlungszeit; andererseits besteht in der Zeit ohne Zahlung
kein Schutz, so dass insbesondere **Zwischenrechte** entstehen können (vgl. Anm. 4). Die Nachricht gemäß Abs. 2 Satz 5 muss den
gesetzlichen Anforderungen entsprechen, dem GebrM-Inhaber oder
seinem Vertreter wirksam zugestellt sein und darf erst nach Ablauf
der Zahlungsfrist ergehen. Eine Unterschrift ist nicht erforderlich
(BGH GRUR 1971, 246 – Hopfenextrakt). Die Benachrichtigung
muss in zutreffender Weise (vgl. BPatGE 24, 47) die Nachfrist
angeben, einen Hinweis auf den drohenden Rechtsverlust enthalten
und Verlängerungsgebühr zuzüglich Zuschlag beziffern. Bei Unrich-

tigkeit dieser Angaben ist die Benachrichtigung unwirksam, so dass keine Rechtsfolgen ausgelöst werden (vgl. BPatGE 16, 198; 24, 47; BPatG GRUR 1993, 112). Werden Teilzahlungen nicht berücksichtigt, soll dies unschädlich sein (BPatGE 16, 4, 5). Anders hingegen bei Berücksichtigung nicht geleisteter Zahlen (BPatGE 16, 106).

9   Bei Eintragung des GebrM erst nach Beendigung der ersten oder einer folgenden Schutzfrist läuft eine unterschiedliche Frist, innerhalb derer die Zahlung ohne Tarifzuschlag bewirkt werden kann. Die Gebühr für die laufende Schutzfrist kann zuschlagsfrei innerhalb von vier Monaten nach Ablauf des Monats gezahlt werden, in dem die Mitteilung über die Eintragung zugestellt wurde, § 23 Abs. 2 Satz 6. In Abhängigkeit vom Eintragungszeitpunkt kann dabei eine Situation eintreten, wonach die zuschlagsfreie Zahlungsfrist für die erste Verlängerungsgebühr nach der für die zweite Verlängerungsgebühr enden kann (*Bühring*, § 23, Rdn. 15). Ferner muss das DPMA den eingetragenen Inhaber dahingehend informieren, dass bei Verstreichenlassen der 4-Monatsfrist eine Verlängerung der Schutzdauer nur eintritt, wenn die Gebühr mit dem Zuschlag entrichtet wird, § 23 Abs. 2 Satz 6 i. V. m. 5. Die 4-Monatsfrist gilt auch, wenn die Eintragung bereits vorher verfügt war (BPatGE 10, 253, 256). Des weiteren kann kein Junktim zwischen der Eintragung und der Zahlung einer Verlängerungsgebühr hergestellt werden (BPatGE 1, 185). Für das Fristende der 4-Monatsfrist nach Abs. 2 Satz 6 gilt § 193 BGB. Die Regelung des § 23 Abs. 2 Satz 6 ist auch auf abgezweigte GebrM anwendbar (BPatG PMZ 1995, 199 (LS)).

10 Zu den Folgen der Nichtzahlung: vgl. Anm. 4.2.

3.4 Zahlungsvergünstigungen gemäß § 23 III, IV

11 Durch Hinausschieben der Benachrichtigung, § 23 Abs. 3, sowie nachträgliche Stundung, § 23 Abs. 4, treten Zahlungsvergünstigungen ein (vgl. die entsprechenden Regelungen in § 17 Abs. 4, 5 PatG).

12 Voraussetzungen für das **Hinausschieben der Benachrichtigung** ist ein entsprechender Antrag des Eingetragenen sowie der Nachweis, dass die Zahlung nach Lage der Mittel des Eingetragenen zur Zeit, also nicht dauerhaft, nicht zuzumuten ist. Das DPMA kann die Hinausschiebung der Absendung der Nachricht von Teilzahlungen abhängig machen, die innerhalb bestimmter Fristen geleistet werden müssen. Erfolgt die Teilzahlung nicht fristgerecht, so gibt das

DPMA dem Eingetragenen Nachricht, dass eine Verlängerung der Schutzfrist nur eintritt, wenn der Restbetrag innerhalb eines Monats nach Zustellung gezahlt wird.

Ist die Nachricht gemäß § 23 Abs. 2, dass eine Verlängerung der Schutzdauer nur eintritt, wenn die Verlängerungsgebühr mit Zuschlag innerhalb einer bestimmten Frist gezahlt wird, versandt worden, weil ein Antrag, die Absendung der Nachricht hinauszuschieben, nicht gestellt worden ist, so räumt § 23 Abs. 4 die Möglichkeit der **Stundung** der Verlängerungsgebühr und des Zuschlages ein, wenn dies innerhalb von 14 Tagen nach der Zustellung beantragt und die bisherige Säumnis genügend entschuldigt wird. Die Stundung ist eine Art Wiedereinsetzung in die versäumte Antragsfrist des § 23 Abs. 3 (vgl. BPatGE 11, 21, 22), die die Wirkung der Nachricht nach § 23 Abs. 2 Satz 3 aufhebt, die später wiederholt werden muss. Voraussetzungen für die Stundung sind ein Antrag des Eingetragenen unter Beachtung der 14-tägigen Frist nach Zustellung der Nachricht, genügende Entschuldigung der bisherigen Säumnis und Nachweis, dass die Zahlung zur Zeit nicht zuzumuten ist (vgl. BPatGE 11, 21, 17, zu § 17 Abs. 5 PatG). An den Nachweis dieser Voraussetzungen sind strenge Anforderungen zu stellen; so kann die Mittellosigkeit per se keinen Grund dafür darstellen, weshalb die Antragstellung nach § 23 Abs. 3 versäumt wurde. Auch nach § 23 Abs. 4 kann die Stundung unter Auferlegung von Teilzahlungen durch das DPMA bewilligt werden. Wird ein gestundeter Betrag nach Fälligkeit nicht rechtzeitig entrichtet, so wiederholt das DPMA die Nachricht des § 23 Abs. 2 Satz 5 und fordert zur Zahlung des Restbetrages auf. Ab Zustellung dieser zweiten Nachricht ist eine weitere Stundung unzulässig, § 23 Abs. 4 Satz 4.

Die Wirkung der Stundung bewirkt lediglich den Nichteintritt des Fristablaufs und ermöglicht damit eine Verlängerung (*Benkard/Ullmann,* § 23 GebrMG, Rdn. 9); sie bedeutet jedoch keinen Zahlungsersatz (a. A. *Bühring,* § 23, Rdn. 26), da die Gebühren auch bei gewährter Stundung letztlich durch den Eingetragenen zu zahlen sind und auch beigetrieben werden können, wenn sie nicht stundungsgemäß nachgezahlt werden (BPatGE 16, 110).

3.5 Nachholung der Nachricht, § 23 V

Die hinausgeschobene Nachricht, § 23 Abs. 3, oder nach Stundung erneut ergehende Nachricht, § 23 Abs. 4, ist spätestens ein Jahr nach Fälligkeit abzusenden, § 23 Abs. 5. Geleistete Teilzahlungen werden nicht rückerstattet, wenn wegen Nichtzahlung des Restbetrages die Verlängerung der Schutzdauer des GebrM unterbleibt, § 23 Abs. 5 Satz 2.

3.6 Wiedereinsetzung

16 In die vorstehenden Fristen kann Wiedereinsetzung gemäß § 21 Abs. 1 i. V. m. § 123 PatG gewährt werden.

3.7 Rückzahlung

17 Gebühren, die vor Wegfall des GebrM entrichtet worden sind, deren Fälligkeit aber nachher erst eingetreten wäre, müssen analog § 19 Satz 2 PatG erstattet werden. Hierzu gehören Vorauszahlungen auf die Verlängerungsgebühr, die – mit der Anmeldung – möglich sind (vgl. BPatGE 21, 58); Rückzahlung analog 19 Satz 2 PatG; ansonsten kommt eine Erstattung grundsätzlich nicht in Betracht (BPatGE 19, 168). Fällig gewordene Gebühren sind nicht zu erstatten, da sie mit der Zahlung in der Regel verfallen (BPatGE 19, 51). Es ist deshalb gleichgültig, ob das GebrM oder die Anmeldung rückwirkend entfallen. Hingegen sind die Gebühren, die nach Wegfall des GebrM bzw. der Anmeldung gezahlt werden oder gezahlt werden, ohne dass ein Schutz entsteht, rückzuerstatten, § 812 BGB; ferner, wenn die Fälligkeit vor Wegfall des Rechts eingetreten war (vgl. BGH GRUR 1971, 563 – Dipolantenne II). Eine Gebührenrückzahlung kommt nicht in Betracht bei Zahlung und Fälligkeit vor Wegfall der Anmeldung oder des GebrM (BGH, aaO); bei Vorauszahlungen, wenn die Fälligkeit zwar möglich, jedoch ungewiss war (BPatGE 15, 22) bzw. aus Billigkeitsgründen (BPatGE 11, 200, 203).

4. Erlöschen des GebrM

18 Das GebrM-Recht unterscheidet zwischen dem Erlöschen mit rückwirkender Kraft von Anfang an **(ex tunc)** und Erlöschen nur für die Zukunft **(ex nunc)**. Da das GebrM ein sog. ungeprüftes Schutzrecht ist, entfällt das Schutzrecht (Gebrauchsmuster) nicht, falls in einem Löschungsverfahren die Löschung nach Sachprüfung beschlossen wird, da das „Schutzrecht" gerade nicht bestanden hat (vgl. zur Rückwirkung der Löschung BGH GRUR 1963, 519, 521 – Klebemax). Dementsprechend kann von der Löschung des Schutzrechts „GebrM" lediglich dann gesprochen werden, wenn die Löschung mangels Widerspruchs des GebrM-Inhaber auf den Löschungsantrag ohne Sachprüfung hin durch Beschluss erfolgt (vgl. lediglich BGH GRUR 1967, 351, 353 – Korrosionsschutzbinde) und ein Löschungsgrund nicht besteht (BGH GRUR 1963, 519, 521 – Klebemax), was aber gerade mangels Sachprüfung nicht mehr entschieden wird; vgl. auch § 17 Anm. 6.2.1.

Das GebrM erlischt **mit Ablauf** der ursprünglichen oder der weiteren Schutzdauer, wenn die Voraussetzungen der Verlängerung bis dahin nicht erfüllt sind, d. h. nicht erst mit Ablauf der Nachfrist (BPatG GRUR 1993, 112; BPatG GRUR 1993, 113 – Thermostat; BPatGE 22, 140, 141). Das bedeutet, dass das GebrM (bereits) mit Ablauf der vorangegangenen Schutzfrist erloschen ist. Zwar wirkt die Verlängerung auf das Ende der früheren Schutzdauer zurück, jedoch können Rechte aus dem GebrM für die Zeit nach deren Ablauf bei nachträglicher Verlängerung erst nach Eintritt der Verlängerung hergeleitet werden (BPatGE 22, 140, 141). Das bedeutet, dass in diesem Zeitraum **Weiterbenutzungsrechte** Dritter entstehen können. Mit Ablauf der Nachholungsfrist ist eine Verlängerung der Schutzfrist nicht mehr möglich.

4.1 Verzicht, § 23 VI

Das GebrM erlischt mit **ex nunc**-Wirkung, also für die Zukunft, wenn der als Inhaber Eingetragene hierauf verzichtet, § 23 Abs. 6 (BGH GRUR 1997, 213, 214 – Trennwand). Beim Verzicht handelt es sich um eine einseitige, empfangsbedürftige Willenserklärung, die auch als Gestaltungserklärung mit Verfügungscharakter angesehen wird (BPatGE 13, 15). Die Verzichtserklärung bedarf der Schriftform, § 126 BGB. Es besteht keine Rechtssicherheit darüber, ob eine Telekopieübermittlung ausreicht (verneinend *Mes,* § 23 GebrMG, Rdnr. 12). Aus diesem Grunde sollte jedenfalls eine Confirmation Copy nachfolgen. Aus seiner Natur folgt, dass der Verzicht weder bedingt noch befristet erklärt werden kann. Aus dem Wortlaut des § 23 Abs. 6 („soweit") folgt, dass ein **Teilverzicht** erklärt werden kann. Ein teilweiser Verzicht ist jedoch nur auf volle Ansprüche zulässig und damit nicht auf andere Teile der Unterlagen und eine möglicherweise ganz oder weitgehend nur dort zum Ausdruck kommende Lehre. Derartige Erklärungen sind auslegungsfähig und häufig auch auslegungsbedürftig (vgl. Anm. 5.3 zu Einl. vor § 4; dort auch zur Abgrenzung zur „Rücknahme").

21 Die Verzichtserklärung ist gegenüber dem DPMA abzugeben; eine Erklärung gegenüber dem BPatG (im Beschwerdeverfahren, vgl. BPatG GRUR 1988, 761) sowie gegenüber dem BGH (vgl. BGH GRUR 1962, 294, 295 – Hafendrehkran) genügt nicht.

22 Stellvertretung ist möglich; dies bedingt die Vorlage einer Vollmachtsurkunde gemäß § 174 BGB und erfordert, dass die Vollmacht auch zum Verzicht ermächtigt (BPatG Mitt. 1988, 29). Bei Nichtvorlage der Vollmachtsurkunde hat das DPMA die Verzichtserklärung des Vertreters unverzüglich zurückzuweisen (BPatGE 30, 130, 133). Die Verzichtserklärung verlangt zwar nicht die Wahl des Begriffs „Verzicht", muss jedoch den Willen des Erklärenden klar erkennbar machen, dass die Rechtswirkungen des GebrM also endgültig erlöschen sollen. Die Formulierung des „Verzichts" auf Ansprüche zusammen mit der Erklärung, dass Rechte insoweit nicht geltend gemacht werden, ist deshalb als Rücknahme eines Widerspruchs im Rahmen eines Löschungsverfahrens gewertet worden (BPatG GRUR 1988, 761). Liegt ein Verzicht auf einen Hauptanspruch vor, ist der gegen einen stehen gebliebenen vormaligen Unteranspruch geltend gemachte Löschungsgrund gemäß § 15 Abs. 1 Nr. 1 unabhängig davon zu prüfen, ob zugleich auch die Löschung des weggefallenen Hauptanspruchs beantragt worden war (BGH GRUR 1997, 213, 214 – Trennwand). Die **Wirkung** des Verzichts ist auf die Zukunft gerichtet (BGH GRUR 1997, 213, 214 – Trennwand). Die Verzichtserklärung wird mit Ihrem Zugang beim DPMA wirksam. Eine Anfechtung der Verzichtserklärung gemäß §§ 119 Abs. 1, 120 BGB ist möglich (BPatG Mitt. 1983, 173)

4.2 Sonstige Erlöschungsgründe

23 Neben dem Verzicht sind Erlöschensgründe:
24 – Löschung gemäß §§ 15–17 mit Wirkung von Anfang an bzw. Feststellung der Unwirksamkeit,
25 – mit Wirkung für die Zukunft der Ablauf einer ersten oder folgenden Schutzdauer, soweit keine Verlängerung eintritt.

Unterlassungsanspruch; Schadenersatzanspruch § 24

4.3 Bekanntmachung von Löschungen, § 23 VII

Löschungen, die aus einem anderen Grund als wegen Ablaufs der 26
Schutzdauer erfolgen, sind im Patentblatt in regelmäßig erscheinenden Übersichten bekannt zu machen, § 23 Abs. 7. Es handelt sich mithin um die Erlöschensgründe des Verzichts, § 23 Abs. 6, die Löschung im Löschungsverfahren sowie die Feststellung der Unwirksamkeit im Löschungsverfahren.

§ 24 [Unterlassungsanspruch; Schadenersatzanspruch]

(1) **Wer den Vorschriften der §§ 11 bis 14 zuwider ein Gebrauchsmuster benutzt, kann vom Verletzten auf Unterlassung in Anspruch genommen werden.**

(2) **Wer die Handlung vorsätzlich oder fahrlässig vornimmt, ist dem Verletzten zum Ersatz des daraus entstandenen Schadens verpflichtet. Fällt dem Verletzer nur leichte Fahrlässigkeit zur Last, so kann das Gericht statt des Schadenersatzes eine Entschädigung festsetzen, die in den Grenzen zwischen dem Schaden des Verletzten und dem Vorteil bleibt, der dem Verletzer erwachsen ist.**

Übersicht

	Rdn.
1. Allgemeines/Zweck der Vorschrift	1
2. Gebrauchsmusterverletzung	
2.1 Grundlagen	2
2.2 Die sachliche und räumliche Wirkung des Gebrauchsmusters	3
2.2.1 Die unmittelbaren Benutzungshandlungen	4
2.2.2 Die mittelbaren Benutzungshandlungen	5
2.3 Die Gebrauchsmusterkategorien und Wirkungen des GebrM	6
2.4 Der Schutzumfang von Gebrauchsmustern	7
2.4.1 Maßgeblichkeit des Gebrauchsmusteranspruchs	8
2.4.2 Identische Verletzung	9–16

535

§ 24 Unterlassungsanspruch; Schadensersatzanspruch

	Rdn.
2.4.3 Äquivalente Verletzungshandlung	17
2.4.4 Unterkombination	18
2.5 Beweisregeln	
2.5.1 Darlegungslast für Schutzfähigkeit	19
2.5.2 Beweislast	20–24
2.5.3 Keine Beweiserleichterung entsprechend § 139 Abs. 3 PatG	25
2.5.4 Besichtigungsanspruch nach § 809 BGB	26
2.5.5 Art. 43 Abs. 1 TRIPS	27
3. Einwendungen des Beklagten	
3.1 Zur Einrede der Löschung/Löschungsreife	28
3.2 Eigenes Benutzungsrecht	29
3.3 Einwand des freien Standes der Technik	30
3.4 Einwand der widerrechtlichen Entnahme	31
3.5 Einwand der unzulässigen Erweiterung	32
3.6 Einwand der Verwirkung	33
3.7 Die Ausnahmen des § 12 GebrMG	34
3.8 Einwand der Erschöpfung	35
3.9 Weitere Einwendungen	36
4. Parteien des Verletzungsrechtsstreits	
4.1 Kläger	37
4.2 Beklagter	38
5. Unterlassungsanspruch, § 24 I GebrMG	39–43
6. Der Schadenersatzanspruch, § 24 II GebrMG	
6.1 Verschulden: Besonderheiten im Gebrauchsmusterrecht	44–47
6.2 Unmittelbarer Schaden und entgangener Gewinn	48
6.3 Angemessene Lizenzgebühr	49–63
6.4 Herausgabe des Verletzergewinns	64
6.5 Marktverwirrungsschaden	65
7. Anspruch auf Auskunft und Rechnungslegung	66
8. Bereicherungsanspruch, §§ 812 ff BGB	67
9. Beseitigungs-/Vernichtungsanspruch, § 24 a GebrMG (Verweis)	68, 69
10. Weitere prozessuale Fragen	
10.1 Örtliche Zuständigkeit	70, 71
10.2 Urteil	72
10.3 Rechtsmittel	73, 74
10.4 Rechtsanwälte/Patentanwälte	75, 76

Unterlassungsanspruch; Schadenersatzanspruch §24

	Rdn.
10.5 Kosten (Anwaltsgebühren, Gerichtsgebühren, Auslagen)	77–83
10.6 Zwangsvollstreckung/Vorläufige Vollstreckbarkeit	84–87
11. Besonderheiten des einstweiligen Verfügungsverfahrens	
11.1 Voraussetzungen	88
11.1.1 Vorliegen eines Anspruchs	89, 90
11.1.2 Dringlichkeit	91
11.1.3 Abwägung	92, 93
11.2 Vollstreckung	94
11.3 Schadenersatz gemäß § 945 ZPO	95
12. Vorprozessuale Abmahnung	
12.1 Abgrenzung: Berechtigungsanfrage/Verwarnung	96, 97
12.2 Realakt, Vollmachtsurkunde	98
12.3 Zugang	99
12.4 Inhaltliche Anforderungen	100
12.5 Kosten der Verwarnung	101
12.6 Folgen einer unberechtigten Schutzrechtsverwarnung	102–106

Literatur (Auswahl): *Schramm,* Der Patentverletzungsprozess, 4. Aufl. 1999; *Ullmann,* Die Verletzung von Patent und Gebrauchsmuster nach neuem Recht, GRUR 1988, 333; *Winkler,* Die Gebrauchsmusterverletzung im Vergleich zur Patentverletzung, GRUR 1958, 205; *Zeller,* Die Einrede der Schutzunfähigkeit im Gebrauchsmusterverletzungsstreit, GRUR 1966, 421; *Rogge,* Einstweilige Verfügungen in Patent- und Gebrauchsmustersachen, Festschrift für Otto-Friedrich Frhr. von Gamm, 1990, 461 ff; *Meier-Beck,* Die einstweilige Verfügung wegen Verletzung von Patent- und Gebrauchsmusterrechten, GRUR 1988, 861; *Schultz-Süchting,* Einstweilige Verfügungen in Patent- und Gebrauchsmustersachen, GRUR 1988, 571; *Marshall,* Die einstweilige Verfügung in Patentstreitsachen, Festschrift R. Klaka, 1987, 99; *Nieder,* Anspruchsbegrenzung im Gebrauchsmusterverletzungsprozess, GRUR 1999, 222.

1. Allgemeines/Zweck der Vorschrift

Sie regelt die Ansprüche des GebrM-Inhabers bei widerrechtlicher Verletzung der ihm nach § 11 zustehenden Rechte. § 24 Abs. 1, 2 entspricht dabei § 139 Abs. 1, 2 PatG (zur Unanwendbarkeit von § 139 III PatG vgl. Anm. 2.5.2). Die sich aus der Tatsache der Nichtprüfung der sog. relativen Schutzvoraussetzungen ergebenden Besonderheiten des GebrM sind zu berücksichtigen; ansonsten können auf die zu § 139 PatG entwickelten Grundsätze herangezogen werden (zur Vergleichbarkeit des GebrM-Schutzes mit dem Patentschutz auch im Verletzungsverfahren, vgl. implizit BGH GRUR 1998, 650, 651 – Krankenhausmüllentsorgungsanlage). § 24 Abs. 1 regelt den aus der rechtswidrigen Benutzung des GebrM zugunsten des Verletzten gegen den Verletzer entstehenden Unterlassungsanspruch. § 24 Abs. 2 spricht dem Verletzten einen Schadenersatzanspruch bei schuldhafter Rechtsverletzung zu; insoweit sind die Besonderheiten des GebrM als bloßes Registerrecht zu berücksichtigen (vgl. Anm. 6.1). Im Falle leichter Fahrlässigkeit entsteht ein Anspruch auf Entschädigung. Ebenso wie § 139 PatG wird § 24 GebrMG durch Folgeregelungen ergänzt, nämlich durch § 24a (Anspruch auf Vernichtung), § 24b (Anspruch auf Auskunft über Herkunft und Vertriebsweg). Weitere, außerhalb des GebrMG sowie des PatG erwachsende Ansprüche betreffen die Störungsbeseitigung (§§ 823 Abs. 1, 1004 BGB), den Anspruch auf Rechnungslegung (vgl. § 24b Abs. 5 GebrMG, §§ 242, 677, 681 Satz 2, 666 BGB) sowie auf Bereicherungsausgleich (§§ 812 ff BGB).

2. Gebrauchsmusterverletzung

2.1 Grundlagen

2   Gebrauchsmusterverletzung im Sinne des § 24 ist die Benutzung einer gebrauchsmusterrechtlich geschützten Erfindung entgegen § 11 Abs. 1 Satz 2 und Abs. 2, die nicht durch die Regelungen der §§ 12, 13 oder durch die Zustimmung des Berechtigten gerechtfertigt ist.

2.2 Die sachliche und räumliche Wirkung des Gebrauchsmusters

3   § 11 Abs. 1 und Abs. 2 unterscheidet zwischen **unmittelbaren** und **mittelbaren** Benutzungshandlungen. Das GebrM entfaltet seine Wirkungen im **Inland.** Dies beruht auf dem Grundsatz der

Unterlassungsanspruch; Schadenersatzanspruch   4 § 24

Territorialität des GebrM-Rechts. Der **Inlandsbegriff** wird im übrigen teilweise **weit ausgelegt** (vgl. im einzelnen § 11 Anm. 3.8; 4.5). Da das GebrM bei Eintragung nur auf Vorliegen der sog. absoluten materiellen Schutzvoraussetzungen und nicht auf das Vorliegen der sog. materiellen relativen Schutzvoraussetzungen (Neuheit, erfinderischer Schritt) geprüft ist, setzt die GebrM-Verletzung nicht nur die Eintragung des GebrM, sondern auch die **Schutzfähigkeit** seines Gegenstands voraus (zur Darlegungs- und Beweislast vgl. Anm. 2.5.1). Das Verletzungsgericht muss deshalb auf entsprechenden „Einwand" (vgl. BGH GRUR 1997, 892, 893 – Leiterplattennutzen) die Frage der Neuheit, des erfinderischen Schritts sowie der materiellen Schutzvoraussetzungen nachprüfen (vgl. auch § 19 Anm. 1). Ist Personenidentität zwischen dem als Verletzer in Anspruch Genommenen und dem Antragsteller eines Löschungsverfahrens in Bezug auf das Klagegebrauchsmuster gegeben, ist das Ergebnis des Löschungsverfahrens vor dem DPMA/BPatG für den Verletzungsprozess zwischen den Parteien bindend, § 19 (Einzelheiten bei § 19 und Anm. dort).

2.2.1 Die unmittelbaren Benutzungshandlungen

Das dem Verbietungsrecht unterliegende **Herstellen** umfasst die   4 gesamte Tätigkeit der Schaffung einer Sache von Beginn bis zur Vollendung ohne Beschränkung auf den letzten Tätigkeitsakt. Einbau, Reparatur und Ausbesserung von geschützten Gegenständen können sich als „Herstellen" darstellen, wenn die Maßnahmen über übliche Pflege- und Reparaturarbeiten hinausgehen. Das **Anbieten** umfasst jegliche Offerten zum Erzielen der tatsächlichen Verfügungsgewalt. Das Tatbestandsmerkmal des **Inverkehrbringens** ist bei Einräumung jeglicher willentlichen Verfügungsmacht erfüllt. Der Export von im Inland hergestellten geschützten Erzeugnissen ist ein inländisches Inverkehrbringen. Das Merkmal des **Gebrauchens** ist jegliche Benutzung einer Sache oder eines Stoffs. Die dem Verbietungsrecht unterliegenden Merkmale des **Einführens** und **Besitzens** müssen zweckbestimmt sein und der Herstellung, dem Anbieten, Inverkehrbringen oder Gebrauchen dienen. Da das GebrM keinen Verfahrensschutz zulässt, erstrecken sich die unmittelbaren Benutzungshandlungen auch nicht auf Maßnahmen des Verfahrens oder auf die Verwendung eines bekannten Stoffs für einen anderen Stoff (vgl. Einzelheiten bei § 11, Anm. 3–3.9 sowie zum ausgeschlossenen Verfahrens- und Verwendungsschutz § 2 Anm. 2–2.4.

2.2.2 Die mittelbaren Benutzungshandlungen

5   Die mittelbare GebrM-Verletzung ist eine selbständige Benutzungsart. Der Tatbestand richtet sich gegen den Dritten, der andere, nicht zur Benutzung der Erfindung berechtigten Personen, durch Anbieten oder Liefern von Mitteln ermöglicht, die geschützte Erfindung auszuführen. Erfasst werden dabei insbesondere das nicht berechtigte Angebot bzw. die Lieferung von Mitteln, die sich auf ein **wesentliches Element** der Erfindung beziehen und damit nicht nur von untergeordneter Bedeutung sind. Der mittelbare Verletzer muss diese Umstände kennen bzw. es muss aufgrund der Umstände offensichtlich sein, dass die Mittel dazu geeignet und dazu bestimmt sind, für die Benutzung der Erfindung Verwendung zu finden. Von dem Verbotstatbestand werden nicht sog. neutrale Mittel, also allgemein im Handel erhältliche Erzeugnisse erfasst, selbst wenn sie sich auf ein wesentliches Element der Erfindung beziehen. Einzelheiten § 11, Anm. 4–4.8.

2.3 Die Gebrauchsmusterkategorien und Wirkungen des Gebrauchsmusters

6   Bei einem **Erzeugnisgebrauchsmuster** (Sach- oder Vorrichtungsgebrauchsmuster) erstreckt sich die Schutzwirkung auf jedes Erzeugnis mit den gleichen räumlich körperlichen Merkmalen, ohne Rücksicht auf Art oder Weg der Herstellung. Sie umfasst damit alle Funktionen, Wirkungen, Zwecke, Brauchbarkeiten und Vorteile der Vorrichtung. Zweckbestimmungen eines Konstruktionselements schränken den Schutz des GebrM deshalb ebenso wenig ein wie Funktionsangaben (vgl. lediglich BGH GRUR 1991, 436, 441/442 – Befestigungsvorrichtung II; Einzelheiten bei § 12a und Anm. dort).

2.4 Der Schutzumfang von Gebrauchsmustern

7   Aufgrund des GebrM ist ausschließlich der GebrM-Inhaber befugt, die geschützte technische Lehre zu benutzen. Der Schutzbereich der geschützten Erfindung ergibt sich aus § 12a. Er wird wesentlich durch den Inhalt der **Gebrauchsmusteransprüche** bestimmt. Beschreibung und Zeichnung sind zur Auslegung heranzuziehen. Das Gesetz sieht damit eine mittlere Lösung vor zwischen dem genauen Wortlaut und dem GebrM-Anspruch als bloße

Richtlinie für das, was sich nach dem Gesamtinhalt als erfinderische Idee, als sinnvolles Schutzbegehren ergibt. Die mittlere Lösung soll **angemessenen Schutz** mit **Rechtssicherheit** für Dritte verbinden.

2.4.1 Maßgeblichkeit des Gebrauchsmusteranspruchs

Für den Schutzbereich kommt den Gebrauchsmusteransprüchen **8** die maßgebliche und bestimmende Bedeutung zu; sie sind nicht nur Ausgangspunkt der Überlegungen. Dabei verlangt die Verletzung grundsätzlich eine identische oder gleichwirkende Verwirklichung aller Merkmale, gleichgültig, ob sie sich im sog. Oberbegriff oder im sog. kennzeichnenden Teil des Anspruchs befinden (vgl. BGH GRUR 1997, 454 – Kabeldurchführung und § 12a Anm. 3).

2.4.2 Identische Verletzung

Für die Beurteilung des Schutzbereichs maßgebend ist der sog. **9 Durchschnittsfachmann.** Dabei handelt es sich um einen mit durchschnittlichen Kenntnissen und Fähigkeiten ausgestatteten Fachmann, der sein Fachgebiet praktisch und theoretisch übersieht. Dieser ist maßgebend für die Ermittlung des Gegenstands eines GebrM, unter Zugrundelegung des im GebrM mitgeteilten Standes der Technik und des allgemeinen Fachwissens. Er ist ferner zuständig für die Ermittlung des Schutzbereichs, den er mit seinem Fachwissen und unter Berücksichtigung des gesamten Standes der Technik bestimmt (vgl. BGH GRUR 1999, 909 – Spannschraube; Einzelheiten bei § 12a Anm. 3). Die Auslegung der in den Ansprüchen umschriebenen Erfindung dient

– der Behebung etwaiger Unklarheiten; **10**
– der Klarstellung verwendeter technischer Begriffe; **11**
– der Klärung der Bedeutung und Tragweite der Erfindung; **12**
– der Einbeziehung etwaiger Abwandlungen der Erfindung; **13**
– der Erstreckung auf äquivalente Ausführungsformen. **14**

Die **Beschreibung** und **Zeichnungen** sind zwar bei der Aus- **15** legung heranzuziehen; aus ihnen kann sich aber kein Schutzumfang ergeben, der von dem abweichen würde, der sich aus dem Inhalt der GebrM-Ansprüche unter Berücksichtigung von Beschreibung und Zeichnungen ergibt (zur Auslegung „unterhalb" des Wortlauts des Anspruchs vgl. BGH, aaO). Dieser Grundsatz kann insbesondere bei dem aus dem Bereich des EPÜ abgeleiteten, dort häufig angewandten „peripheral drafting" problematisch werden, bei dem die Schutzansprüche als Grundlage des Schutzbereichs also sehr weit

16 Den **Eintragungsakten** kommt im Hinblick auf die sog. relativen Schutzvoraussetzungen, die nicht geprüft werden, keinerlei Bedeutung zu. Ob dies in Bezug auf das Vorliegen der sog. absoluten materiellen Schutzvoraussetzungen ohne weiteres entsprechend beurteilt werden kann, erscheint fraglich (vgl. hierzu § 12 a, Anm. 3.5 und allgemein zur Berücksichtigung beschränkender Erklärungen bei der Bestimmung des Schutzbereichs eines Patents: *Rogge,* Mitt. 1998, 201). **Beschränkungen** und **Verzichte,** die sich aus den Eintragungsakten ergeben, sind zu berücksichtigen. Der **Stand der Technik** ist für die Bestimmung des Schutzbereichs zum einen wesentlich, weil durch die GebrM-Eintragung der Allgemeinheit nicht nachträglich etwas entzogen werden kann, was bereits Allgemeingut ist. Zum anderen kann sich der GebrM-Inhaber zur Auslegung des Inhalts der GebrM-Ansprüche hierauf berufen, insbesondere wenn sich aus einem Vergleich hiermit zu seinen Gunsten ein über den Wortlaut der GebrM-Ansprüche hinausgehender Schutzbereich ergibt. Die **Entscheidungsgründe** einer Löschungsentscheidung ersetzen und ergänzen die Beschreibung, wenn der Wortlaut des Anspruchs durch eine teilweise Löschung geändert worden ist und die Beschreibung nicht dementsprechend angepasst wurde. Im übrigen binden die Entscheidungsgründe den Verletzungsrichter nicht, sondern dienen ihm lediglich als Auslegungshilfe (Einzelheiten § 12 a, Anm. 3).

2.4.2 Äquivalente Verletzungshandlungen

17 Die Lehre der Äquivalenz dehnt den Schutzbereich eines GebrM auf solche Benutzungshandlungen aus, die zwar im Anspruch nicht genannt sind, die aber von dem Sinn und Zweck der Erfindung durch Verwendung **gleichwirkender** Mittel Gebrauch machen. Dem GebrM-Inhaber soll der **gebührende Schutz** gegen Versuche seiner Mitbewerber, die Erfindung durch zu gering abweichende Mittel nachzuahmen, gewährt werden. Hier ist freilich das zum Schutz Dritter verstärkt von der Rechtsprechung herangezogene Gebot der **Rechtssicherheit** mit zu berücksichtigen. Beide Prinzipien stehen gleichberechtigt nebeneinander (vgl. im einzelnen – auch zur Frage der abhängigen Erfindung – § 12 a, Anm. 4.2, 4.5).

2.4.3 Unterkombination

Nicht geklärt ist die Frage, ob Unterkombinationen Schutz genießen können. Hierunter versteht man die Fallgestaltung, dass bei der angegriffenen Verletzungsform einzelne Merkmale des Patents/ GebrM vollständig fehlen. Die Rspr. hat bis jetzt lediglich klargestellt, dass ein Schutz einer Unterkombination jedenfalls dann nicht in Betracht kommt, wenn ein wesentliches und bestimmendes Merkmal nicht verwirklicht ist (vgl. BGH GRUR 1992, 40, 41/42 – Beheizbarer Atemluftschlauch).

2.5 Beweisregeln

2.5.1 Darlegungslast für Schutzfähigkeit

Das GebrM ist nur auf das ungeschriebene Prüfungskriterium der Technizität und das Vorliegen der formalen Voraussetzungen des § 4 geprüft. Infolge dessen ist der „Einwand" zulässig, dass das Klagegebrauchsmuster nicht schutzfähig sei (vgl. BGH GRUR 1997, 892, 893 – Leiterplattennutzen). Ob es sich hierbei um eine „Einrede" oder „Einwendung" im rechtstechnischen Sinn handeln soll, ist offen. Nach einer in der Literatur vertretenen Meinung (*Busse/Keukenschrijver*, § 24 GebrMG, Rdnr. 3) handelt es sich hierbei um zivilprozessuales Bestreiten, da in der Geltendmachung der Rechte aus dem GebrM regelmäßig konkludent die Behauptung der Schutzfähigkeit liegen wird, die der Verletzer zu bestreiten hat. Da im Eintragungsverfahren keine Prüfung auf Neuheit und erfinderischen Schritt erfolgt, ist diese „deshalb ohnehin im Verletzungsprozess nachzuholen" (BGH GRUR 1969, 184, 185 – Lotterielos). Weil es als nicht vertretbar angesehen wird, die Prüfungsbefugnis der ordentlichen Gerichte im Verletzungsprozess auf diejenigen Schutzvoraussetzungen einzuschränken, die Eintragungsverfahren nicht geprüft werden (also die sog. relativen materiellen Schutzvoraussetzungen), wird die Prüfungsbefugnis des Verletzungsrichters als umfassend angesehen (BGH, aaO). Mit der Notwendigkeit und Möglichkeit zur Überprüfung der materiellen Schutzrechtsvoraussetzungen durch das Verletzungsgericht ist aber nicht notwendigerweise eine Aussage darüber getroffen, wen die **Darlegungslast** hierzu trifft. Diese trifft den Verletzer. Denn die Schutzfähigkeit eines Gebrauchsmusters ist aufgrund seiner Eintragung zunächst zu vermuten, was sich aus dem Regel-Ausnahme-Verhältnis der §§ 11, 13 ergibt (§ 11 Anm. 5.1 m. w. Einzelheiten; § 19 Anm. 1; ebenso, *Rogge*, FS für von Gamm, 1990, 461, 464; *Meier-Beck,* GRUR 1988, 861, 864, beide für das einstweilige Verfügungsverfahren; zum Hauptsacheverfahren ergeben sich aber insoweit keine Unterschiede).

2.5.2 Beweislast

20 Die **Beweislast** für die Verletzung seines GebrM durch den Beklagten trifft den **Kläger,** ebenso – jedenfalls im Grundsatz – die Beweislast für die sonstigen anspruchsbegründenden Tatsachen, wie z. B. die Wiederholungsgefahr beim Unterlassungsanspruch, das Verschulden beim Schadenersatzanspruch. Legt der Kläger substantiiert den Verletzungstatbestand dar, kann sich der Beklagte nicht mehr mit einfachem Bestreiten begnügen (vgl. § 138 Abs. 4 ZPO). Vielmehr ist er zu substantiierter Entgegenhaltung verpflichtet. Im Regelfall wird sich der Beklagte auch nicht mit dem Hinweis dieser Substantiierungspflicht entziehen können, dass es sich um ein Betriebsgeheimnis handle. Denn lässt der Verletzungsgegenstand z. B. die Art seiner Herstellung oder aber seinen Aufbau (eventuell auch unter teilweiser Beschädigung des Gegenstands) erkennen, liegt kein Betriebsgeheimnis vor.

21 Der **Beklagte** hat zu beweisen: Ausschluss der Rechtswidrigkeit, z. B. durch Lizenzvertrag, Weiter- oder Vorbenutzungsrecht, eigenes Benutzungsrecht, freier Stand der Technik (vgl. z. B. BGH GRUR 1997, 454, 456 – Kabeldurchführung), Verzicht, Verwirkung, Verjährung, Erschöpfung des GebrM-Rechts, Beseitigung der Wiederholungsgefahr. Nach h. M. trifft den Verletzer auch die (materielle) Beweislast für die mangelnde Schutzfähigkeit; dieser Auffassung ist zuzustimmen, insbesondere wenn berücksichtigt wird, dass z. B. ein entsprechender Einwand des Beklagten dahin geht, dass eine, die Schutzfähigkeit ausschließende offenkundige Vorbenutzung (bei ihm oder einem Dritten) stattgefunden habe. Nach anderer Auffassung, die faktisch nahezu immer zu gleichen Ergebnissen kommen dürfte, treffe den Verletzer zwar nicht die materielle Beweislast, jedoch die Folgen der Nichtfeststellung schutzhindernden Materials (*Busse/Keukenschrijver,* § 24 GebrMG, Rdnr. 4). Schon die Erteilung eines parallelen (europäischen oder deutschen) Patents, erst recht aber eine bestätigende Entscheidung im Einspruchs- oder Nichtigkeitsverfahren, ist dabei als gewichtige sachverständige Stellungnahme für das Bestehen der Schutzfähigkeit zu werten (vgl. BGH GRUR 1998, 895, 896 – Regenbecken).

22 Die Zuziehung eines **Sachverständigen** auf Antrag oder von Amts wegen steht im pflichtgemäßen Ermessen des Gerichts. Es darf sich in Fällen, die keine besonderen technischen Schwierigkeiten bieten, selbst die nötige Sachkunde zutrauen, da die spezialisierten Gerichte an die Beurteilung technischer Sachverhalte gewöhnt sind; aus dem Urteil muss sich jedoch entnehmen lassen, weshalb das Verletzungsgericht sich in der Lage sah, den Verletzungstatbestand selbst, d. h. ohne Hinzuziehung eines Sachverständigen, beurteilen zu können. Bei sich widersprechenden Gutachten kann gegebenenfalls ein Obergutachten eingeholt werden. Das Gericht ist an das Gutachten des Sachverständigen nicht gebunden. Auch in technischen Fragen kann es von Gutachten abweichen und nach dem Grundsatz der freien Beweiswürdigung verfahren.

Die **Einnahme eines Augenscheins,** wozu auch die Anstellung von Versuchen gehört, kann auf Antrag einer Partei oder von Amts wegen angeordnet werden.

Trotz des Grundsatzes, dass insbesondere der Kläger die für ihn günstigen Tatsachen zu beweisen hat, sprechen gewisse **Vermutungen** für ihn bzw. treten gewisse Beweiserleichterungen ein. Wenn eine GebrM-Verletzungshandlung stattgefunden hat, so besteht die Vermutung des Vorliegens der für den Unterlassungsanspruch vorausgesetzten sog. **Wiederholungsgefahr.** Diese kann von dem Beklagten grundsätzlich vorprozessual nur durch Abgabe einer **strafbewehrten Unterlassungserklärung** ausgeräumt werden. Was den Eintritt und die Höhe des Schadens anbelangt, so bestehen Beweiserleichterungen gemäß § 287 **ZPO,** wonach das Gericht den Eintritt und die Höhe eines Schadens nach pflichtgemäßem Ermessen schätzen kann. Um den Schaden jedoch schätzen zu können, muss der Kläger dem Gericht konkrete und ausreichende Fakten für die Ermittlung des Schadens an die Hand geben. Geschieht dies nicht, ist der geltend gemachte Schadenersatzanspruch (Betragsverfahren) abzuweisen.

2.5.3 Keine Beweiserleichterung entsprechend § 139 Abs. 3 PatG

Diese Vorschrift enthält eine Beweislastumkehr, wenn ein Herstellungsverfahren, das zu einem neuen Erzeugnis führt, Gegenstand des Patents ist. Da das GebrMG dem Schutz von Verfahren nicht zugänglich ist, scheidet die Beweiserleichterung für das GebrM-Verletzungsverfahren aus.

2.5.4 Besichtigungsanspruch nach § 809 BGB

Dem GebrM-Inhaber steht unter Umständen ein besonderer Anspruch dahin zu, dass der Besitzer ihm die Sache zur Besichtigung vorlegt und die Besichtigung gestattet, wenn er sich vergewissern möchte, ob eine Person eine GebrM-Verletzung begangen hat. Er muss jedoch dazu einen erheblichen Grad an Wahrscheinlichkeit für die Anwendung der geschützten Lehre durch den Verletzer dargetan haben. Macht der potenzielle Verletzter ein Geheimhaltungsinteresse glaubhaft, so ist der Anspruch darauf beschränkt, dass ein Sachkundiger die Feststellungen zu treffen hat. Der Besichtigungsanspruch ist in einem gesonderten Verfahren geltend zu machen und hat sich in der Praxis nicht durchsetzen können (vgl. BGH GRUR 1985, 512 – Druckbalken).

2.5.5 Art. 43 Abs. 1 TRIPS

27 Eine Beweiserleichterung zugunsten des Klägers kann sich aus Art. 43 Abs. 1 TRIPS ergeben (zur Streitfrage der unmittelbaren Anwendbarkeit des TRIPS: *Schäfers,* GRUR Int. 1996, 763, 768, 774/775). Bei Ausschöpfung der einer Partei zur Verfügung stehenden Beweismittel kann das Verletzungsgericht im Falle der Beweisnot anordnen, dass von der Partei bezeichnete rechtserhebliche Beweismittel, die sich in der Verfügungsgewalt der gegnerischen Partei befinden, von dieser vorgelegt werden, Art. 43 Abs. 1 TRIPS. Dies sind nicht nur Urkunden im Sinne der §§ 415 ff ZPO, sondern alle rechtserheblichen Zustände, wie z. B. Erzeugnisse, Vorrichtungen oder Vorrichtungsteile (*Mes,* § 139 PatG, Rdnr. 65). Gegebenenfalls kommt eine Inaugenscheinnahme, Besichtigung in Betracht, wenn ein „Vorlegen" der Sache nicht möglich ist. Entsprechend Art. 43 Abs. 2 besteht nach dem deutschen Zivilprozessrecht im Falle der Beweisvereitelung die Möglichkeit der freien Beweiswürdigung bzw. der Beweislastumkehr. Der Beklagte kann nicht mit der Behauptung eines Betriebsgeheimnisses den Vorlageanspruch zu Fall bringen; in diesem Fall sind vielmehr Bedingungen zu schaffen, die den Schutz vertraulicher Information gewährleisten (z. B. Besichtigung durch einen gerichtlichen Sachverständigen). Das TRIPS-Übereinkommen ist auch auf gebrauchsmusterrechtliche Sachverhalte anwendbar, da der dort verwendete Begriff „Patente" damit das Regelungssystem technischer Schutzrechte zusammenfassen wollte; andernfalls würden auch im Ergebnis nicht gerechtfertigte unterschiedliche Auswirkungen entstehen.

3. Einwendungen des Beklagten

3.1 Zur Einrede der Löschung/Löschungsreife

Der Benutzer eines GebrM kann im Verletzungsstreit im Gegensatz zum Patentverletzer jederzeit geltend machen, dass das GebrM nicht schutzfähig sei. Das GebrM ist nur auf Technizität und die formalen Voraussetzungen des § 4 GebrMG geprüft. Das Verletzungsgericht muss mithin Neuheit, erfinderischen Schritt sowie die übrigen materiellen Schutzvoraussetzungen überprüfen (BGH GRUR 1969, 184/185 – Lotterielos; vgl. im einzelnen Anm. 2.5.1, 2.5.2). Daneben oder statt dessen kann der potenzielle Verletzer auch ein Löschungsverfahren gemäß §§ 15 ff in die Wege leiten. Ist der Löschungsantrag definitiv zurückgewiesen, so kann sich der Löschungsantragsteller/Beklagte im Verletzungsrechtsstreit nicht mehr auf die mangelnde Schutzfähigkeit berufen, § 19 Satz 3 (vgl. § 19 und Anm. dort). Ist das GebrM rückwirkend durch Löschung, Feststellung der Unwirksamkeit oder Nichtwiderspruch auf einen Löschungsantrag aufgrund eines gegenüber jedermann wirkenden Löschungsgrunds weggefallen, haben Ansprüche gegen den „Verletzer" von Anfang nicht bestanden (vgl. BGH GRUR 1963, 494 – Rückstrahlerdreieck; dies ist kein Fall der Erledigung der Hauptsache).

3.2 Eigenes Benutzungsrecht

Der Benutzer eines fremden Rechts kann geltend machen, er handle nicht rechtswidrig, vielmehr aufgrund seines **Benutzungsrechts** am eigenen älteren Recht (§ 14), eines Vorbenutzungsrechts (§ 13 Abs. 3 GebrMGi. V. m. § 12 PatG) oder eines Weiterbenutzungsrechts nach § 21 GebrMG i. V. m. § 123 Abs. 5 PatG bzw. nach §§ 9, 26, 27, 28 ErstrG. Der Benutzer kann sich ferner auf eine Einwilligung des GebrM-Inhabers z. B. in einem Lizenzvertrag berufen.

3.3 Einwand des freien Standes der Technik

Dieser Einwand beruht darauf, dass nicht in den Schutzumfang eines GebrM fallen kann, was vorbekannt ist. Jedoch wird dieser Einwand nicht zugelassen, wenn die angegriffene Ausführungsform sämtliche Merkmale des zugrunde gelegten Anspruchs des Klagegebrauchsmusters identisch verwirklicht (BGH GRUR 1997, 454, 456 – Kabeldurchführung; vgl. jedoch § 12a Anm. 4.3). Der Einwand, die Verletzungsform ergebe sich ohne erfinderische Leistung aus dem Stand der Technik bzw. stehe dem Stand der Technik näher als dem Klagepatent, ist jedoch gegenüber einer im Verletzungsprozess beanspruchten äquivalenten, angegriffenen Ausführungsform (einschließlich der Unterkombination) zugelassen. Die als äquivalente Benutzung angegriffene Ausführungsform stelle mit Rücksicht auf den Stand der Technik keine Erfindung und deshalb auch keine GebrM-Verletzung dar (sog. Formsteineinwand: vgl. BGH GRUR 1997, 454, 457 – Kabeldurchführung; vgl. ferner § 12a Anm. 4.3; § 11 Anm. 5.10; § 19 Anm. 3.2).

3.4 Einwand der widerrechtlichen Entnahme

31   Auch der Einwand der widerrechtlichen Entnahme ist zulässig. Der aus einem GebrM in Anspruch Genommene kann also der Klage entgegenhalten, der GebrM-Inhaber habe ihm die im GebrM geschützte Erfindung widerrechtlich entnommen (*Busse/Keukenschrijver*, § 8 GebrMG, Rdn. 22). Dieser Einwand scheitert auch nicht daran, dass dem durch die widerrechtliche Entnahme Verletzten parallel auch ein Löschungsverfahren und weitere Rechtsbehelfe zur Verfügung stehen. Einzelheiten: § 13 Anm. 3.

3.5 Einwand der unzulässigen Erweiterung

32   Der Einwand, der Gegenstand des GebrM sei unzulässig erweitert, weise also insbesondere eine weitere Anspruchsfassung auf, als sie vom Offenbarungsgehalt der Anmeldung gedeckt wäre, ist im GebrM-Verletzungsprozess zulässig. Einzelheiten: § 11 Anm. 5.12.

3.6 Einwand der Verwirkung

33   Die **verspätete** Geltendmachung der Rechte aus dem GebrM gegen einen GebrM-Verletzer kann im Einzelfall zu einer Verwirkung der Ansprüche des Berechtigten führen. Neben dem im Einzelfall zu bestimmenden Zeitablauf (2 bis 3 Jahre reichen regelmäßig nicht) muss noch das weitere Merkmal hinzu kommen, dass die verspätete Geltendmachung von Ansprüche infolge besonderer Um-

stände gegen **Treu und Glauben** verstößt. Der GebrM-Verletzer muss aus dem Verhalten des GebrM-Inhabers entnehmen können, dass dieser keine Ansprüche mehr geltend macht und er muss sich auch **gutgläubig** darauf eingerichtet haben, dass er nicht mehr mit Ansprüchen des Berechtigten zu rechnen brauchte. Bösgläubigkeit des Verletzers kann deshalb keine Verwirkung eintreten lassen. Des weiteren muss regelmäßig ein **wertvoller Besitzstand** bei dem gutgläubigen Verletzer eingetreten sein. Angesichts der ohnehin nur kurzen Schutzdauer des GebrM im Vergleich zum Patent ist bei der Zulassung dieses Einwandes allgemein Zurückhaltung geboten. Einzelheiten: § 11 Anm. 5.13.

3.7 Die Ausnahmen des § 12 GebrMG

Die Vorschrift des § 12 GebrMG regelt bestimmte, von der Wirkung 34 des GebrM ausgenommene Benutzungshandlungen. Hierzu zählen Handlungen im privaten Bereich zu nicht gewerblichen Zwecken, wobei beide Voraussetzungen erfüllt sein müssen. Auch die Herstellung zu **Versuchszwecken** wird von diesem Ausnahmetatbestand erfasst. Die Herstellung darf sich dabei aber nur auf den **Gegenstand des GebrM** beziehen (z. B. Überprüfung der Ausführbarkeit, Verwendbarkeit, Weiterentwicklung der Erfindung), nicht aber auf Versuche mit der Erfindung selbst (z. B. Erzielung einer bestimmten Wirkung einer Vorrichtung). Einzelheiten bei § 12 Anm. 3).

3.8 Einwand der Erschöpfung

Der Grundsatz der Erschöpfung des GebrM-Rechts besagt, dass 35 der Rechtsinhaber durch eigene Benutzungshandlungen (oder Handlungen Dritter mit seiner Zustimmung) das ihm vom Gesetz eingeräumte ausschließliche Verwertungsrecht ausgenutzt und damit verbraucht hat, so dass bestimmte weitere Verwertungshandlungen nicht mehr vom Schutzrecht erfasst werden. Dieser Einwand ist auch im Verletzungsprozess zulässig (Einzelheiten bei § 11 Anm. 5.4).

3.9 Weitere Einwendungen

Weitere Einwendungen sind z. B. eine staatliche Benutzungs- 36 anordnung, die Einräumung einer Zwangslizenz, die Einwendungen der Beschränkung des Klagegebrauchsmusters, der unmittelbaren

Einzelzubereitung von Arzneimitteln in Apotheken aufgrund ärztlicher Handlungen, des Gebrauchs an Bord von Schiffen, bei Luft- und Landfahrzeugen und der Verwendung der Erfindung in der internationalen Zivilluftfahrt, des Verzichts des GebrM-Inhabers, der Löschung (Einzelheiten bei § 11 Anm. 5–5.14).

4. Parteien des Verletzungsrechtsstreits

4.1 Kläger

37 Die Regelung des § 24 spricht die dort genannten Ansprüche dem **Verletzten** zu. Das ist in der Regel der GebrM-Inhaber. Der **GebrM-Inhaber** bedarf für seine Legitimation einer Eintragung in die GebrM-Rolle, Einzelheiten: § 8 Anm. 2.5.3; 4.1. Andererseits legitimiert die Rolle den tatsächlich Eingetragenen (widerlegbare Vermutung der Rechtsinhaberschaft). Bei mehreren Inhabern kann jeder klagen. Klagebefugt ist auch der **ausschließliche Lizenznehmer,** der aufgrund seines Benutzungsrechts sämtliche Ansprüche geltend machen kann, vgl. § 22 Anm. 3.3. Daneben kann der GebrM-Inhaber nur dann gegen den Verletzer eigene Ansprüche geltend machen, wenn er durch die Verletzung selbst noch betroffen ist (z. B. weil sich mittelbar auch seine Lizenzeinnahmen reduzieren). Der **einfache Lizenznehmer** kann aus eigenem Recht keine Ansprüche geltend machen; er bedarf insoweit einer besonderen Ermächtigung durch den Lizenzgeber (gewillkürte Prozessstandschaft).

4.2 Beklagter

38 Beklagter ist derjenige, der die GebrM-Verletzung begeht oder zumindest an der Verletzungshandlung teilgenommen hat, also der Alleintäter, der Mittäter, der Gehilfe, der mittelbare GebrM-Verletzer. Darüber hinaus können zumindest in leitender Stellung befindliche Angestellte passivlegitimiert sein. Mehrere Verletzer haften – in Bezug auf Schadenersatzansprüche – gesamtschuldnerisch füreinander. Juristische Personen (z. B. Aktiengesellschaft, GmbH) haften für ihre gesetzlichen Vertreter und leitenden Angestellten; der Vorstand, der Geschäftsführer haften selbst, soweit sie persönlich an der Verletzung der von Ihnen vertretenen juristischen Personen beteiligt waren oder sie wenigstens kannten und nichts zu ihrer Verhinderung taten.

Die Haftung des Geschäftsführers/Vorstands für gebrm-verletzende Handlungen der von ihm vertretenen Gesellschaft knüpft dabei nicht ohne weiteres an die formale Geschäftsführerstellung an, sondern an den von dem Geschäftsführer/Vorstand wahrzunehmenden Verantwortungsbereich, in dem der gesetzliche Vertreter für die Beachtung absoluter Rechte Dritter Sorge tragen muss.

5. Unterlassungsanspruch, § 24 I

Der Unterlassungsanspruch dient der Abwehr künftiger Eingriffe in das GebrM. Eine GebrM-Verletzung braucht dabei noch nicht wirklich begangen zu sein; es genügt, dass Tatsachen vorliegen, die die Besorgnis künftiger Verletzungshandlungen rechtfertigen (**Begehungsgefahr**). Jedoch darf diese Verletzungshandlung nicht nur abstrakt drohen, sondern muss sich bereits konkret abzeichnen. Zum Beispiel durch eine Vorbereitungshandlung oder eine sog. Berührmung einer Berechtigung. Hat bereits eine Verletzungshandlung stattgefunden, so droht die Besorgnis, dass sie wiederholt werden kann (**Wiederholungsgefahr**). Die einmalige Verletzung genügt. Hinsichtlich der Wiederholungsgefahr ist gegebenenfalls nach den einzelnen Verletzungshandlungen zu differenzieren: So kann ein in der Vergangenheit bereits erfolgtes, unerlaubtes Inverkehrbringen die Gefahr begründen, dass diese Gegenstände auch gebraucht oder zu diesen Zwecken eingeführt werden. Allein durch in der Vergangenheit erfolgte gebrm-verletzende Vertriebshandlungen wird jedoch nicht notwendigerweise die Gefahr begründet, dass zukünftig auch verletzende Herstellungshandlungen getroffen werden. Die bloße Aufgabe der Verletzung allein beseitigt die Wiederholungsgefahr nicht; dies kann regelmäßig nur durch eine bedingungslose **Unterlassungsverpflichtung mit Vertragsstrafeversprechen** ausgeräumt werden. Im Prozess kann die Wiederholungsgefahr darüber hinaus durch Anerkenntnis des Unterlassungsantrages ausgeräumt werden. Wird die Wiederholungsgefahr während des Prozesses beseitigt, so wird der Kläger den Rechtsstreit insoweit für in der Hauptsache erledigt erklären müssen, da andernfalls der Unterlassungsantrag unabhängig davon, ob bei Klageerhebung eine Wiederholungsgefahr gegeben war oder nicht, abzuweisen ist.

Der Unterlassungsanspruch ist **verschuldensunabhängig**. Die Rechtswidrigkeit der Benutzungshandlung muss für den Unterlassungsanspruch gegeben sein. Die Tatbestandsmäßigkeit der GebrM-

Benutzung indiziert die Rechtswidrigkeit, es sei denn, es liegt einer der unter Anm. 3.1–3.9 erwähnten Rechtfertigungsgründe vor. Das Vorliegen von Wiederholungs- oder Erstbegehungsgefahr ist Tatfrage. Die tatbestandlichen Voraussetzungen müssen in der letzten mündlichen Tatsachenverhandlung gegeben sein. Eine Überprüfung des Vorliegens von Erstbegehungs- bzw. Wiederholungsgefahr in der Revisionsinstanz ist nur dahingehend möglich, ob das Tatsachengericht die richtigen rechtlichen Gesichtspunkte angewandt und keine wesentlichen Tatumstände außer acht gelassen hat.

41   Der **Klageantrag** muss die **Verletzungsform** genau bezeichnen. Dabei ist auch das Bestimmtheitserfordernis gemäß § 253 ZPO zu beachten. Bei den Verletzungsgerichten ist keine einheitliche Praxis hinsichtlich der Antragsformulierung und Verbotstenorierung festzustellen. So ist streitig, ob es genügt, wenn der Klageantrag bei identischer Verletzung entsprechend dem Anspruch des Schutzrechts abgefasst ist (verneinend LG München Mitt. 1999, 466, 469 ff, jedenfalls für die Fallgestaltung, dass zwischen den Parteien der Sinngehalt der im Klageantrag verwendeten Begriffe oder Bezeichnungen streitig ist, so dass Inhalt und Umfang des begehrten bzw. erkannten Verbots nicht eindeutig feststünden und es für den Beklagten, wenn der Sinngehalt und die Bedeutung der betreffenden Begriffe oder Bezeichnungen dahingestellt blieben, eine nicht erträgliche Unsicherheit bedeutete, wenn er zur Unterlassung von Handlungen verurteilt würde, die nicht konkret umschrieben sind, um deren Definition die Parteien streiten). Bei nicht identischer (äquivalenter) Benutzung muss der Antrag an die konkrete Verletzungsform angepasst werden, str.

42   Ein dem Klageantrag stattgebendes Urteil enthält regelmäßig auch eine **Ordnungsmittelandrohung** nach § 890 Abs. 2 ZPO. Dies bedeutet: Falls gegen das Urteil verstoßen wird, droht die Verpflichtung zur Zahlung eines Ordnungsgeldes bis zu DM 500 000,00, ersatzweise Ordnungshaft bis zu sechs Monaten für jeden Einzelfall der Zuwiderhandlung. Dieses Ordnungsgeld wird auf besonderen Antrag des Klägers in einem besonderen Verfahren vor demselben Gericht bei Verstoß gegen das Urteil geltend gemacht.

43   Der **Tenor** des Urteils ist nicht nur auf seinen unmittelbaren Wortlaut beschränkt; für seine **Auslegung** sind auch die Entscheidungsgründe des Urteils heranzuziehen. Der Urteilstenor erfasst auch **Abweichungen,** die den Kern der im Urteil genannten Verletzungsform unberührt lassen. Wie weit der Verbotsumfang eines Urteils genau geht, ist immer eine Frage des Einzelfalls. Abweichungen, die im Äquivalenzbereich liegen, dürften im Zweifel aber wohl nicht mehr von dem Verbotsumfang umfasst werden, so dass dann eine neue Klage gegen diese neue Ausführungsform erforderlich wäre; andernfalls könnte eine nicht zu überbrückende Kollision mit dem von der Rechtsprechung zugelassenen sog. Formsteineinwand auftreten.

6. Der Schadenersatzanspruch, § 24 II

6.1 Verschulden: Besonderheiten im Gebrauchsmusterrecht

Im GebrM-Recht ergeben sich aus der Tatsache des GebrM als ungeprüftem Recht Besonderheiten im Vergleich zur Rechtslage beim Patent, was das dem Schadenersatzanspruch zugrunde liegende Verschulden anbelangt (jedoch werden viele dieser Fragen durch den anerkannten, verschuldensunabhängigen Bereicherungsausgleich im Ergebnis nicht mehr relevant, vgl. hierzu Anm. 8). **Vorsätzliches** Handeln umfasst die wissentliche und willentliche GebrM-Verletzung. **Fahrlässigkeit** liegt vor, wer in dem Verkehr die erforderliche Sorgfalt aus außer acht lässt, § 276 Abs. 1 Satz 2 BGB. Bei einem auf seine Schutzfähigkeit nicht geprüften eingetragenen GebrM kann ein Verschulden im Sinne einer Fahrlässigkeit nur angenommen werden, wenn der Benutzer mit dessen Schutzfähigkeit gerechnet hat oder rechnen musste (BGH GRUR 1977, 250, 252 – Kunststoffhohlprofil I), auf seiten des Benutzers ist ein Verschulden zu verneinen, wenn er begründete Bedenken gegen die Schutzfähigkeit des GebrM in seiner eingetragenen Fassung erheben konnte. Die Bedenken gegen die Schutzfähigkeit des GebrM können sich dabei aus dem Stand der Technik ergeben (BGH, aaO). Der Ausschluss der Fahrlässigkeit setzt aber in der Regel voraus, dass der Benutzer sachkundigen Rat von auf dem Gebiet des gewerblichen Rechtsschutzes erfahrenen Rechtsanwälten oder Patentanwälten eingeholt hat; ferner muss der Benutzer seine Zweifel über die Rechtsbeständigkeit des Klagegebrauchsmusters in verfahrensrechtlich geeigneter Form (Löschungsverfahren oder im Verletzungsprozess) vorgetragen haben (BGH aaO, S. 252/253). Gegebenenfalls kann auch eine Entscheidung in einem Löschungsverfahren, an dem der Benutzer nicht beteiligt war, das Verschulden ausschließen (*Benkard/Rogge,* § 24 GebrMG, Rdn. 8; OLG Düsseldorf Mitt. 1962, 178).

§ 24 45, 46   Unterlassungsanspruch; Schadenersatzanspruch

45   Im Falle lediglich leichter Fahrlässigkeit kann das Gericht statt des Schadenersatzes eine **Entschädigung** festsetzen, die in den Grenzen zwischen dem Schaden des Verletzten und dem Vorteil bleibt, der dem Verletzer erwachsen ist, § 24 Abs. 2 Satz 2. Beantragt der Kläger, die Schadenersatzverpflichtung des Beklagten dem Grunde nach festzustellen, muss auch in diesem Verfahren die Verschuldensform des Verletzers aufgrund dieser möglichen Haftungsbegrenzung festgestellt werden. Ist dies nicht erfolgt, so muss dies in einem möglichen Streit über die Höhe der Schadenersatzverpflichtung nachgeholt werden. Die Feststellung des Verschuldens sowie des Verschuldensgrades ist im wesentlichen Tatfrage und in der Revisionsinstanz nur daraufhin nachprüfbar, ob das Berufungsgericht den Rechtsbegriff des Verschuldens erkannt hat oder ob es bei der Feststellung des Verschuldens oder des Verschuldensgrades gegen Rechtsvorschriften oder Denkgesetze verstoßen oder allgemeine Grundsätze der Lebenserfahrung unberücksichtigt gelassen hat. Sind die maßgeblichen Fakten geklärt, kann der BGH die Verschuldensfrage selbst entscheiden (BGH, aaO). Es sind alle Umstände des Einzelfalls zu berücksichtigen. Dabei sind die Anforderungen an die Sorgfalt für einen Hersteller oder einen Importeur strenger als für einen Benutzer, z. B. ein Warenhaus. Irrtümer über den Schutzbereich eines GebrM schließen die Fahrlässigkeit regelmäßig nicht aus. Erkennt der GebrM-Inhaber jedoch selbst nicht, dass die Verletzungsform von den Merkmalen seines Schutzrechts Gebrauch macht, kann dies indiziell gegen Verschulden sprechen (BGH GRUR 1966, 553, 557 – Bratpfanne). Im übrigen gelten dieselben Grundsätze wie im Patentrecht.

46   Prozessual erweist es sich als vorteilhaft, die Verpflichtung des GebrM-Verletzers zu Schadenersatz (ggfs. zur Entschädigung) lediglich dem Grunde nach feststellen zu lassen. Die an sich denkbare Stufenklage gemäß § 254 ZPO (1. Stufe: Rechnungslegung; 2. Stufe: Schadenersatz/Entschädigung nach Maßgabe der Rechnungslegung) ist weniger geeignet, weil der Rechtsstreit zunächst auf der 1. Stufe durch die Instanzen geführt werden muss, bevor eine Entscheidung auf der 2. Stufe ergehen kann. Voraussetzung der Begründetheit der Feststellungsklage ist, dass ein **Schadeneintritt wahrscheinlich** ist. Es braucht nicht festgestellt zu werden, ob und welcher Schaden entstanden ist oder entstehen wird. Vielmehr ist ausreichend, wenn nach der Lebenserfahrung der Eintritt eines Schadens in der Zukunft mit einiger Sicherheit zu erwarten ist. Der Nachweis, dass der Beklagte zumindest eine rechtswidrige Verletzungshandlung schuldhaft begangen ist, reicht deshalb grundsätzlich aus. Damit erscheint eine konkrete Schadensberechnung nach der Lizenzanalogie möglich (BGH GRUR 1996, 109, 116 – Klinische Versuche I). Darüber hinaus ist z. B. ein Schadenseintritt infolge einer Umsatzeinbuße im Einzelfall denkbar. Es kommt auch eine **gesamtschuldnerische** Haftung gemäß § 840 Abs. 1 BGB in Betracht, z. B. zwischen der Gesellschaft und dem von ihr vertretenen, für die Beachtung absoluter Rechte zuständigen Geschäftsführer.

Der Verletzer hat dem Rechtsinhaber den durch Verletzungshandlung entstandenen Schaden zu erstatten. Hierbei kommen **drei Berechnungsarten** in Betracht, die dem Berechtigten zur Wahl stehen. Er kann bis zur endgültigen Feststellung des Schadens auf einem der drei Wege von der einen zur anderen Berechnungsart übergehen.

6.2 Unmittelbarer Schaden und entgangener Gewinn

Es ist der Zustand herzustellen, der bestünde, wenn das GebrM nicht verletzt worden wäre. Dazu gehört der Ersatz des entgangenen Gewinns. Der Unterschied in der Vermögenslage vor und nach der GebrM-Verletzung ist auszugleichen. Die Klage muss die berechtigte Erwartung des Gewinns so substantiieren, dass eine freie Schadenschätzung nach § 287 ZPO möglich ist. Der Rechtsinhaber muss eine auf das konkrete Produkt bezogene Gewinnkalkulation vorlegen. Die Kausalität zwischen Rechtsverletzung und entgangenem Gewinn muss nachgewiesen werden (vgl. BGH GRUR 1980, 841, 842/843 – Tolbutamid). Häufig scheitert diese Berechnungsart an der mangelnden Bereitschaft zur Vorlage der eigenen Preiskalkulation des Verletzten und/oder an dem mangelnden Nachweis eines konkreten Ursachenzusammenhangs zwischen Umsatzeinbuße und GebrM-Verletzung.

6.3 Angemessene Lizenzgebühr

Gewohnheitsrechtlich wird dem Verletzten ein Anspruch auf eine **angemessene Lizenzgebühr** zugesprochen. Der Grund hierfür liegt in der Erwägung, dass der Verletzer sich so behandeln lassen müsse, als habe er rechtmäßig gehandelt, also als ob er einen Lizenzvertrag abgeschlossen hätte **(Lizenzanalogie).** Der Verletzer hat das zu bezahlen, was vernünftige Parteien vereinbart hätten, wenn sie die künftige Entwicklung und den Umfang der Verletzungshandlung vorausgesehen hätten (BGH GRUR 1990, 1008, 1009 – Lizenzanalogie; BGH GRUR 1995, 578 – Steuereinrichtung II). Ein Verletzerzuschlag zu der angemessenen Lizenz wird nicht gewährt.

50   Schwierigkeiten bereitet immer die Feststellung der angemessenen Lizenzgebühr bei **zusammengesetzten Anlagen und Vorrichtungen,** besonders Maschinen, von denen nur ein Teil gebrauchsmusterrechtlich geschützt ist. Maßgeblich ist hier in erster Linie die Verkehrsüblichkeit und Zweckmäßigkeit. Ebenso wichtig ist die Bedeutung des Einzelteils im Verhältnis zur Gesamtvorrichtung. Danach kann sich die Lizenzgebühr durchaus auch nach der Gesamtvorrichtung berechnen. Der Lizenzsatz ist niedriger, wenn der Wert der Gesamtvorrichtung, und höher, wenn das Einzelteil zugrunde gelegt wird. Für die Errechnung der sachgerechten Bezugsgröße ist bedeutsam, ob die Gesamtvorrichtung üblicherweise als Ganzes geliefert wird und ob sie durch den geschützten Teil insgesamt eine Wertsteigerung erfährt. Generelle Regeln lassen sich nicht aufstellen (vgl. im einzelnen BGH GRUR 1995, 578 – Steuereinrichtung II).

51   Der Ausgangspunkt der Lizenzanalogie ist – nicht nur bei zusammengesetzten Vorrichtungen – ein hypothetischer, so dass sich die Höhe der im Einzelfall angemessenen Lizenz in der Regel nicht genau errechnen lässt. Das Gericht muss vielmehr nach einer wertenden Entscheidung unter Berücksichtigung aller Umstände des Einzelfalls gemäß § 287 Abs. 1 ZPO nach freier Überzeugung die Höhe bestimmen. Die zuzusprechende Lizenzgebühr muss sich am objektiven Wert der angemaßten Benutzungsberechtigung ausrichten. Es kommt deshalb nicht darauf an, was eine der beiden Parteien tatsächlich hätte durchsetzen können, wenn es zu Verhandlungen gekommen wäre. Wertbestimmende Faktoren sind deshalb:

52   – die wirtschaftliche Bedeutung des Klagegebrauchsmusters, insbesondere eine etwaige Monopolstellung des Schutzrechtinhabers (vgl. BGH GRUR 1967, 655, 659 – Altix; BGH GRUR 1962, 401, 303 – Kreuzbodenventilsäcke III);

53   – der Schutzumfang des Klagegebrauchsmusters, insbesondere die Möglichkeit technisch und/oder wirtschaftlich vernünftige Alternativen (BGH GRUR 1993, 897, 898/899 – Mogul-Anlage – lizenzerhöhend wie auch –mindernd), die Mitbenutzung weiterer Schutzrechte (vgl. BGH GRUR 1995, 578 – Steuereinrichtung II);

54   – Lizenzsätze, die für das GebrM erzielt worden sind;

55   – branchenübliche Lizenzsätze.

Im Vergleich zu Patenten ist bei Gebrauchsmustern keine 56
Herabstufung vorzunehmen (zur Vergleichbarkeit des GebrM-
Schutzes mit Patentschutz vgl. BGH GRUR 1998, 650, 651 –
Krankenhausmüllentsorgungsanlage). Beispiele aus der Rechtsprechung:
– 2% Lizenzanalogie bei einer Pizza-Schachtel (LG Düsseldorf E 57
1996, 41/42;
– 5% für ein Winkelprofil zum Abschließen eines Belages aus kera- 58
mischen Platten, LG Düsseldorf E 1996, 69 (LS);
– 4% bis 10% für sog. Sondervorrichtungsbau (z. B. Craft-Spulkopf): 59
LG Düsseldorf E 1997, 75, 79;
– 5% bis 10% bei Spezialvorrichtungen (Sonderkonstruktionen): 60
OLG Düsseldorf, Mitt. 1998, 27, 29;
– 27,5% für Steine aus Feuerfestmaterial: LG Düsseldorf E 1997, 61
104, 106/107.

Neben der Lizenzanalogie kommt der Ersatz eines **Marktver-** 62
wirrungsschadens nicht in Betracht (LG Düsseldorf E 1997, 104,
105/106 – Feuerfestmaterial). Nehmen GebrM-Inhaber und ausschließlicher Lizenznehmer den Verletzer auf nach den Grundsätzen
der Lizenzanalogie ermittelnden Schadenersatz in Anspruch, können sie die angemessene und übliche Lizenzgebühr nur einmal
beanspruchen (Mitgläubigerschaft, § 432 BGB; LG Düsseldorf,
aaO).

Darüber hinaus ist eine **angemessene Verzinsung** seitens des 63
Verletzers zu bezahlen; denn Lizenzvertragsparteien hätten bei Abschluss eines Lizenzvertrages Fälligkeitstermine mit der Folge einer
über die Verzugsregelung hinausgehenden Zinspflicht vereinbart, so
dass sich der Verletzer so behandeln lassen muss, als habe er einer
Fälligkeitsabrede zugestimmt: OLG München, 6 U 6950/92: 4%
über dem jeweiligen Bundesbank-Diskontsatz; OLG Düsseldorf,
Mitt. 1998, 27, 33: 3,5% über dem jeweiligen Bundesbank-Diskontsatz.

6.4 Herausgabe des Verletzergewinns

Des weiteren erkennt die Rechtsprechung einen Anspruch auf 64
Herausgabe des Verletzergewinns an. Es sei billig, dass der Verletzer
den durch die Verletzung erlangten Gewinn nicht behalten darf. Der
Gewinn muss dabei gerade durch die Verletzung (kausal) erzielt sein.
Gewinn ist der Überschuss des Erlöses über die Kosten. Unerheblich
ist, ob auch der Verletzte in der Lage gewesen wäre, diesen Gewinn

zu erzielen. Der Verkehr hat hier vielfache Möglichkeiten, den Gewinn so gering wie möglich darzustellen; der (durch die GebrM-Verletzung) erzielte Gewinn ist häufig nicht allein auf die GebrM-Verletzung selbst zurückzuführen, sondern beruht auf anderen Umständen wie Marketing, Vertriebsanstrengungen, Werbeaufwand. Deshalb wird auch diese Schadensberechnungsart in der Praxis nur selten gewählt.

6.5 Marktverwirrungsschaden

65 Unabhängig von den vorerwähnten Berechnungsarten (mit Ausnahme der Lizenzanalogie) ist ein weiterer Schaden zu ersetzen, der durch eine nicht verkehrsübliche, marktverwirrende und den Ruf des GebrM beeinträchtigende Benutzung entstanden ist. Auch hier zeigt sich in der Praxis, dass diese Schadensposition nur sehr schwer durchzusetzen ist.

7. Anspruch auf Auskunft und Rechnungslegung

66 Da der Schadenersatzanspruch regelmäßig bei Erhebung der Klage nicht berechnet werden kann, wird zunächst regelmäßig die **Feststellung der Schadenersatzverpflichtung** des Verletzers begehrt, verbunden mit einem Anspruch auf Auskunft und Rechnungslegung. Die Rechtsprechung gewährt diesen Rechnungslegungsanspruch unter dem Gesichtspunkt einer Verpflichtung des Verletzers aus Treu und Glauben regelmäßig, damit dieser einem ihm etwa zustehenden Schadenersatzanspruch überhaupt durchsetzen kann. Der Rechnungslegungsanspruch setzt eine schuldhafte GebrM-Verletzung voraus. Er umfasst die Gestehungskosten, die für die Ermittlung des erzielten Gewinns maßgebend sind. Des weiteren sind Angaben über die Namen und Anschriften der gewerblichen Abnehmer, Zeitpunkt, Menge und Preise der einzelnen Lieferungen, die Namen der Lieferanten, die Vertriebskosten, über die Herkunft und den Vertriebsweg des benutzten Erzeugnisses, der Vorbesitzer des Erzeugnisses sowie über die Menge der hergestellten, ausgelieferten, erhaltenen oder bestellten Erzeugnisse zu machen (vgl. auch § 24 b und Anm. dort). Ggfs. kommt ein sog. Wirtschaftsprüfervorbehalt in Betracht (vgl. § 24 b und Anm. dort).

8. Bereicherungsanspruch, §§ 812 ff BGB

Die Rechtsprechung gewährt des weiteren in Ergänzung des 67
Schadenersatzanspruchs einen selbständigen Bereicherungsanspruch, der insbesondere deshalb von Relevanz ist, weil er erst in 30 Jahren verjährt, wohingegen die Schadenersatzansprüche in drei Jahren ab Kenntnis der ersten Verletzungshandlung verjähren; dieser Bereicherungsanspruch führt ebenfalls zur Zahlung einer angemessenen Lizenzgebühr. Die Bemessung des Wertersatzes (§ 818 Abs. 2 BGB) erfolgt dabei nach den vorerwähnten Grundsätzen zur Schadensliquidation nach der Methode der **Lizenzanalogie**. Zu beachten ist, dass dieser Bereicherungsanspruch im Gegensatz zum Schadenersatzanspruch **kein Verschulden** voraussetzt (vgl. insgesamt zum Bereicherungsanspruch BGH GRUR 1977, 249, 253 ff – Kunststoffhohlprofil I; BGH GRUR 1982, 301 – Kunststoffhohlprofil II; BGH GRUR 1990, 997, 1002 – Ethofumesat; BGH GRUR 1992, 599, 600 – Teleskopzylinder). Geschuldet sind ferner die „aufgelaufenen Zinsen" (vgl. BGH GRUR 1982, 301 – Kunststoffhohlprofil II).

9. Beseitigungs-/Vernichtungsanspruch, § 24 a (Verweis)

Die Vorschrift des § 24 a gibt dem Verletzten einen eigenständi- 68
gen zivilrechtlichen Anspruch, der über den allgemeinen Beseitigungsanspruch aus § 1004 BGB hinausgeht und ergänzend neben die **zoll-** und **strafrechtlichen** Möglichkeiten der **Beschlagnahme** und **Einziehung** tritt. Der Verletzte kann bei Vorliegen eines Unterlassungsanspruchs, der kein Verschulden voraussetzt, das im Besitz oder Eigentum des Verletzers befindliche Erzeugnis vernichten lassen, es sei denn, dass der durch die Rechtsverletzung verursachte Zustand des Erzeugnisses auf andere Weise beseitigt werden kann und die Vernichtung für den Verletzer oder Eigentümer im Einzelfall unverhältnismäßig ist (§ 24 a und Anm. dort).

Der vor Einführung von § 24 a anerkannte allgemeine Beseiti- 69
gungsanspruch (§ 1004 BGB) wurde restriktiv ausgelegt. So wurde gesagt, dass dem Kläger für die Erhebung eines Beseitigungsanspruchs **neben** der Erhebung des Unterlassungsanspruchs meistens das Rechtsschutzbedürfnis fehlen dürfte.

10. Weitere prozessuale Fragen

10.1 Örtliche Zuständigkeit

70 **Örtlich** zuständig für Klagen wegen GebrM-Verletzung ist nach Wahl des Klägers das Gericht, bei dem der Beklagte seinen Wohnsitz oder das gewerbliche Unternehmen seinen Sitz hat. Für Klagen gegen Personen, die im Inland keinen Wohnsitz haben, gilt der besondere Gerichtsstand des Vermögens, zu dem der Ort des Büros des Inlandsvertreters gehört. Von besonderer Bedeutung in der Praxis ist dabei der Gerichtsstand der unerlaubten Handlung (GebrM-Verletzung), der nicht zuletzt durch Testanfragen begründet werden kann (im Zeitalter des Internets erscheint auch dieses „Forum-Shopping" nicht mehr notwendig). Wird beispielsweise eine GebrM-Verletzung durch Zusendung von Prospekten begangen, so ist der Gerichtsstand sowohl am Absendeort als auch am Bestimmungsort begründet. Wird eine GebrM-Verletzungshandlung durch Inserate in Zeitschriften begangen, so ist der Gerichtsstand der unerlaubten Handlung überall dort gegangen, wo diese Druckschriften im regelmäßigen Geschäftsbetrieb durch den Zeitungsverlag verbreitet werden. Damit hat es der Kläger häufig weitgehend in der Hand, einen Gerichtsstand zu begründen.

71 **Sachlich zuständig** sind gemäß § 27 für alle GebrM-Streitsachen die Zivilkammern der Landgerichte, ohne Rücksicht auf den Streitwert. Einzelheiten: § 27 und Anm. dort.

10.2 Urteil

72 Das Urteil hat im Falle einer stattgebenden Klage die Handlungen zu untersagen, die stattgefunden haben, oder die drohen. Die Verletzungsform ist deshalb nach ihren technischen Merkmalen zu kennzeichnen. Die Begründung des Urteils muss die für die richterliche Überzeugung maßgebenden Gründe ausreichend darlegen, so dass das Urteil der Überprüfung in einem Rechtsmittelverfahren zugänglich ist. Regelmäßig folgen dabei die Entscheidungsgründe einem „klassischen Aufbau", bei dem zunächst der Schutzbereich/Schutzumfang des Klagegebrauchsmusters anhand von Aufgabe (technischem Problem) und Lösung des unter Schutz gestellten Gegenstands gegenüber dem Stand der Technik ermittelt wird. Dann wird der geschützte Gegenstand der Erfindung mit der angegriffenen Ausführungsform nach Aufgabe und Lösung in einer Art Checkliste verglichen. Das Ergebnis kann sein, dass eine identische oder inhaltsgleiche Verwirklichung der geschützten Erfindung oder keine Benutzung vorliegt. Das Gericht ist dabei gemäß § 286 ZPO zu einer umfassenden Abwägung des gesamten Streitstoffs verpflichtet (BGH GRUR 1997, 454 – Kabeldurchführung). Mithin darf es auch ein Sachverständigengutachten nicht ohne weiteres übernehmen, sondern muss dieses sorgfältig und kritisch würdigen. Hierzu gehört auch, ob der Sachverständige die zur Beantwortung der Beweisfragen notwendige Sachkunde besitzt. Gemäß § 286 Abs. 1 Satz 2 ZPO muss das Gericht ferner die für seine Überzeugungsbildung tragenden Gesichtspunkte in der Begründung des Urteils nachvollziehbar darlegen und sich mit solchen Umständen und Beweismitteln auseinandersetzen, die zu einer anderen als der getroffenen Beurteilung führen können; liegen einander widersprechende Gutachten oder Privatgutachten vor, muss sich das Gericht deshalb auch mit ihnen befassen und im Urteil zumindest die leitenden Erwägungen darlegen, warum es ihnen nicht folgt (BGH GRUR 1998, 366, 368 – Ladewagen).

10.3 Rechtsmittel

Gegen das erstinstanzliche Urteil findet die **Berufung** zum Oberlandesgericht statt. Die nicht verlängerbare Berufungsfrist beträgt einen Monat ab Zustellung der Entscheidungsgründe des Ersturteils. Hieran schließt sich eine weitere einmonatige Frist für die Begründung der Berufung an, die häufig jedoch vom Gericht mindestens einmal verlängert werden kann. Das Oberlandesgericht überprüft die erstinstanzliche Entscheidung sowohl auf Sach- als auch Rechtsfragen hin. Es kann insbesondere weitere Sachaufklärung betreiben.

Die **Revision** zum BGH gegen ein Berufungsurteil ist zulässig, wenn der Beschwerdewert entweder über DM 60 000,00 (dieser hat nicht notwendigerweise etwas mit dem sog. Gegenstandswert zu tun) oder das OLG ein Revision bei einem darunter liegenden Beschwerdewert zugelassen hat und wenn der Bundesgerichtshof die Annahme der Revision nicht ablehnt (wegen fehlender grundsätzlicher Bedeutung und fehlender Aussicht auf Erfolg). Die Revisionsannahme darf nicht abgelehnt werden, wenn die Sache grundsätzliche Bedeutung hat. Bei fehlender grundsätzlicher Bedeutung wird deshalb eine Ablehnung regelmäßig nur mit der Begründung erfolgen können, dass nach pflichtgemäßer Prüfung keine Aussicht auf

§ 24 75–77   Unterlassungsanspruch; Schadenersatzanspruch

Erfolg besteht. Die Überprüfung durch den Bundesgerichtshof in III. Instanz ist grundsätzlich auf Rechtsfragen beschränkt. Das Gericht kann also nicht bei Zweifelsfragen den technischen Sachverhalt selbst aufklären; insoweit wird es regelmäßig die Angelegenheit an die II. Instanz zurückverweisen.

10.4 Rechtsanwälte/Patentanwälte

75   In GebrM-Verletzungsstreitigkeiten sind ebenso wie in Löschungsangelegenheiten regelmäßig auf dem Patentrecht/Gebrauchsmusterrecht spezialisierte Rechtsanwälte sowie Patentanwälte tätig. Patentanwälte dürfen allein keine Verletzungsstreitigkeiten führen, da sie bei den Zivilgerichten nicht zugelassen und auch keine volljuristische Ausbildung haben. Sie unterstützen aber in Verletzungsstreitigkeiten den zugelassenen spezialisierten Rechtsanwalt, insbesondere bei technischen Fragen. Dabei findet in einigen Bundesländern kein Wechsel der Rechtsanwaltszulassung von der I. zur II. Instanz statt (z. B. in Bayern), hingegen z. B. in Verfahren vor dem Landgericht Düsseldorf/OLG Düsseldorf; mit Wirkung zum 1.1.2002 jedoch Wechsel der Singularzulassung zum OLG. Immer findet jedoch ein Wechsel der Rechtsanwälte in der III. Instanz statt, da dort eine spezielle Zulassung geregelt ist.

76   Bei einem parallelen Löschungsverfahren ist es häufig üblich geworden, dass jeder Patentanwalt durch den im Verletzungsverfahren tätigen Rechtsanwalt unterstützt wird, weil auch im Löschungsverfahren häufig rein rechtliche, insbesondere verfahrensrechtliche Aspekte (Haftungsrisiko) zu berücksichtigen sind. Gerade die verfahrensrechtlichen Aspekte dürfen in ihrer Bedeutung nicht unterschätzt werden. Das hat dazu geführt, dass auch in unabhängig von Verletzungsklagen erhobenen Löschungsverfahren immer häufiger Rechtsanwälte auf seiten eines Patentanwalts mitwirken. Im Löschungsverfahren gibt es nur zwei Tatsacheninstanzen und darüber hinaus die Rechtsbeschwerdeinstanz zum BGH.

10.5 Kosten (Anwaltsgebühren, Gerichtsgebühren, Auslagen)

77   Jedes gerichtliche Urteil enthält als Nebenentscheidung auch einen Ausspruch über die Kostentragungspflicht. Es gilt danach der Grundsatz, dass die unterliegende Partei, also entweder Kläger oder

Beklagter, alle erstattungsfähigen Kosten zu tragen hat. Hat keine der Parteien voll obsiegt, so nimmt das Gericht eine Kostenteilung entsprechend dem Anteil des Gewinnens und Verlierens vor.

Zu den **erstattungsfähigen Kosten** gehören insbesondere die Gerichtsgebühren (es fallen vor dem angerufenen Verletzungsgericht drei Gerichtsgebühren in I. Instanz und 4,5 Gerichtsgebühren in II. Instanz an). Des weiteren gehören dazu im Verletzungsverfahren die Rechtsanwaltkosten der gewinnenden Partei. Pro Instanz fallen dabei im Grundsatz folgende Gebühren an:

Der Rechtsanwalt bekommt eine erste Gebühr für die Bearbeitung der Prozessangelegenheit, eine weitere Gebühr erhält er für die Teilnahme an der mündlichen Verhandlung. Für den Fall, dass eine Beweisaufnahme stattfindet (z. B. Zeugeneinvernahme, Einholung eines Gutachtens, Inaugenscheinnahme) fällt eine weitere Gebühr an. Eine vierte Gebühr kann schließlich anfallen, wenn etwa nach einer erfolgten Beweisaufnahme ein Vergleich zwischen den Parteien geschlossen wird. Im Falle der Mitwirkung eines Patentanwalts hat die unterliegende Partei die Gebühren nur bis zur Höhe einer vollen Gebühr nach § 11 der BRAGO und außerdem die notwendigen Auslagen des Patentanwalts zu erstatten (vgl. § 27 Abs. 5 und Anm. dort). Im Verhältnis zum Mandanten entstehen auch auf seiten des Patentanwalts die Gebühren nach Maßgabe der vorstehenden Auflistung.

Sowohl im Falle eines ausländischen wie auch eines inländischen Mandanten gehören zu den erstattungsfähigen Gebühren nicht die Mehrwertsteuer. Zu den erstattungsfähigen Kosten gehören regelmäßig auch Reisekosten, Übersetzungskosten. Problematisch sind die Erstattungsfähigkeit der Kosten eines Privatgutachtens oder Recherchekosten (zu letzteren vgl. § 27 Abs. 5 und Anm. dort). Dies hängt von den Umständen des Einzelfalls ab. Darüber hinaus gibt es weitere Verästelungen des Kostensystems.

Die **Höhe** der Gebühren wird nach dem sog. **Gegenstandswert (Streitwert)** errechnet auf der Grundlage der BRAGO. Der Streitwert wird nach pflichtgemäßem Ermessen vom Gericht festgesetzt. Dies geschieht durch Schätzung, wobei das Gericht an Parteiangaben nicht gebunden ist, diesen jedoch häufig folgt. Zu bewerten ist das – fiktive – Interesse des Klägers an der Unterlassung durch den Beklagten, die Rechnungslegung und die Höhe des Schadenersatzes (die beiden letzten Positionen machen ca. ein Drittel dieses Gesamtinteresses aus). Dabei sind zu berücksichtigen: Umsatz des Verletzten mit gebrm-verletzenden Gegenständen, Umfang der Verletzungshandlungen, Schädigung des Klägers durch die Art und Weise der Verletzung sowie Restlaufzeit des Klagegebrauchsmusters. Der Zeitpunkt der Wertberechnung ist der Beginn der jeweiligen Instanz, also Klageeinreichung oder Einlegung von Berufung oder Revision.

82 Die Kostenauferlegung erfolgt insgesamt nach §§ 91 ff ZPO. Die Kostenfestsetzung nach §§ 103 ff ZPO. Insoweit gelten die allgemeinen Grundregeln. Mehrere Unterlassungsschuldner haften für die Kosten gesamtschuldnerisch.

83 Intern kann zwischen den Rechtsanwälten und den Patentanwälten und dem Mandanten auch von den Regelungen der Bundesrechtsanwaltsgebührenordnung abgewichen und ein besonderes Honorar, insbesondere ein Zeithonorar, vereinbart werden. Dies wird häufig vereinbart, wenn der betreffende Rechtsstreit technisch und/ oder rechtlich schwierig ist. Auch in diesem Fall richtet sich aber die Erstattungsfähigkeit gegenüber dem Gegner nur nach den festzusetzenden Gebühren entsprechend der Bundesrechtsanwaltsgebührenordnung.

10.6 Zwangsvollstreckung/Vorläufige Vollstreckbarkeit:

84 Die Zwangsvollstreckung findet aus **Endurteilen,** die formal rechtskräftig oder für **vorläufig vollstreckbar** erklärt sind, ferner aus **einstweiligen Verfügungen,** statt.

85 Die **vorläufige Vollstreckbarkeit** kann eine Sicherheitsleistung des Gläubigers (der gewinnenden Partei) erforderlich machen; dies ist regelmäßig bei Urteilen I. Instanz der Fall, § 709 Satz 1 ZPO. Die Höhe der Sicherheitsleistung bemisst sich nach einem etwaigen Schadenersatzanspruch des Schuldners, der diesem nach Wegfall der vorläufigen Vollstreckbarkeit durch die Vollstreckung des Urteils entstanden sein könnte. Auf Antrag des Schuldners hat das Gericht diesem zu gestatten, die Vollstreckung durch Sicherheitsleistung oder Hinterlegung einer selbstschuldnerischen Bankbürgschaft abzuwenden, wenn die Vollstreckung dem Schuldner einen nicht zu ersetzenden Nachteil bringen würde (z. B. Betriebseinstellung, Existenzverlust, Gefährdung von Arbeitsplätzen). Der Antrag muss vor Schluss der mündlichen Verhandlung gestellt werden. Die tatsächlichen Voraussetzungen müssen glaubhaft (vgl. § 294 ZPO) gemacht werden. Gemäß § 719 Abs. 2 ZPO erfolgt eine Einstellung der Zwangsvollstreckung regelmäßig dann nicht, wenn der Schuldner versäumt hat, im Berufungsrechtszug einen Vollstreckungsschutzantrag gemäß § 712 ZPO zu stellen. Ohnehin ist dem Antrag nicht zu entsprechen, wenn ein überwiegendes Interesse des Gläubigers entgegensteht. Das bejaht die Rechtsprechung regelmäßig zutreffend wegen des zeitlich begrenzten Anspruchs aus dem Patent/Gebrauchsmuster. In diesem Fall wird das Gericht dann seinerseits dem Gläubiger die Leistung einer Sicherheit auferlegen.

Die in § 708 ZPO genannten Urteile, insbesondere diejenigen 86 der Oberlandesgerichte, sind ohne Sicherheitsleistung für vorläufig vollstreckbar zu erklären, vgl. aber § 711 ZPO.

Die Vollstreckung eines Unterlassungsgebots erfolgt dadurch, dass 87 auf Antrag des Gläubigers das Prozessgericht I. Instanz gegen den Schuldner wegen begangener Zuwiderhandlungen Ordnungsgeld oder Ordnungshaft verhängt, § 890 ZPO. Die Vollstreckung des Anspruchs auf Rechnungslegung erfolgt durch Zwangsgeld oder Zwangshaft nach den Regeln des § 888 ZPO. Sie wird durchgeführt, wenn der Schuldner überhaupt nicht oder formell nicht ordnungsgemäß Rechnung legt. Es empfiehlt sich bei Unvollständigkeit der Rechnungslegung, zunächst einen Anspruch auf Ergänzung geltend zu machen. Wegen inhaltlicher Unrichtigkeit oder Unvollständigkeit der Rechnungslegung ist der Gläubiger auf das Druckmittel der eidesstattlichen Versicherung angewiesen, § 261 BGB.

11. Besonderheiten des einstweiligen Verfügungsverfahrens

11.1 Voraussetzungen

Der Erlass einer einstweiligen Verfügung wegen GebrM-Verlet- 88 zung setzt voraus, dass die begehrte Regelung zur Abwendung wesentlicher Nachteile für den Antragsteller nötig erscheint, § 940 ZPO. Da es sich bei dem GebrM um ein ungeprüftes Schutzrecht handelt, ist grundsätzlich Zurückhaltung mit dem Erlass einstweiliger Verfügungen geboten. Aufgrund eines GebrM-Schutzes sind deshalb nur ausnahmsweise **Beschlussverfügungen** zu erlassen; aber auch in Verfahren mit mündlicher Verhandlung werden **Urteilsverfügungen** eher die Ausnahme sein (vgl. jedoch LG München I, Az. 7 O 4930/00: Beschlussverfügung bei identischer Verletzung eines Gebrauchsmusters, dessen Schutzfähigkeit durch eine Recherche gemäß § 7 und einen bevorstehenden Erteilungsbeschluss eines europäischen Patents zur selben technischen Lehre glaubhaft gemacht werden konnte, rechtskräftig). Bei glaubhaft gemachtem Verletzungstatbestand und keinen durchgreifenden Zweifeln an der vermuteten Rechtsbeständigkeit des Schutzrechts, §§ 11, 13 GebrMG, müssen die Interessen des Verletzten Vorrang haben, da es für ihn bereits einen erheblichen Nachteil darstellt, wenn er bis zum Ablauf eines rechtskräftigen Hauptsacherechtsstreits sein zeitlich befristetes (und im Vergleich zum Patent ohnehin kürzeres) Ausschließlichkeitsrecht nicht durchsetzen kann. Die mit der einstweiligen Verfügung verbundenen Folgen für den Verletzer sind hingegen nichts anderes als die ohnehin gesetzlich geregelten Rechtsfolgen eines verbotswidrigen Tuns. Ungeachtet, ob das TRIPS-Übereinkommen unmittelbar anwendbares Verfahrensrecht ist oder in nationales Recht zu transformieren ist, ergibt sich aus Art. 50 TRIPS, der die Befugnis zu einstweiligen Maßnahmen vorsieht, eine inhaltliche Stärkung des Schutzrechtsinhabers. Art. 41 Abs. 1 TRIPS stellt auf das „Eilverfahren zur Verhinderung von Verletzungshandlungen" ab. Die Bundesrepublik Deutschland hat am 30. August 1994 dem TRIPS-Übereinkommen mit dem „Gesetz zu dem Übereinkommen vom 15. April 1994 zur Errichtung der Welthandelsorganisation und zur Änderung anderer Gesetze" zugestimmt (BGBl. 1994, 1438, 1994 II, 1730). Diese Grundentscheidung ist bei der Anwendung der §§ 935, 940 ZPO auch bei der Geltendmachung gebrauchsmusterrechtlicher Unterlassungsansprüche im Wege des einstweiligen Verfügungsverfahrens zu berücksichtigen. Hieraus ergeben sich folgende Grundsätze: Gemäß §§ 936, 920 ZPO setzt der Erlass einer einstweiligen Verfügung – auch in Gebrauchsmusterangelegenheiten – nicht nur voraus, dass der Antragsteller einen **Verfügungsanspruch** und einen **Verfügungsgrund** darlegt, sondern auch, dass er beides **glaubhaft** macht, § 920 Abs. 2 ZPO (zum Begriff „glaubhaft": BPatG GRUR 1978, 359; OLG Frankfurt, GRUR 1980, 180). An diesen allgemeinen zivilprozessualen Vorschriften ist durch das GebrMG – ebenso wie durch das PatG – nichts geändert worden.

11.1.1 Vorliegen eines Anspruchs

In Betracht kommt nur der Erlass einer einstweiligen Verfügung auf **Unterlassung;** einstweilige Verfügungen auf Leistung von Schadenersatz oder Entschädigung, Bereicherungsausgleich oder auf Rechnungslegung (vgl. aber § 24 b Abs. 3) kommen nicht in Betracht. Ebenfalls nicht Beseitigungs-/Vernichtungsansprüche. Reine Sicherungsmaßnahmen (Sequestrationen) sind allerdings möglich.

Der Anspruch setzt das Bestehen eines GebrM voraus, dessen Rechtsbeständigkeit – soweit möglich – dargelegt werden muss, insbesondere durch Vorlage eines Rechercheergebnisses gemäß § 7 GebrMG. Das Fehlen der Schutzvoraussetzungen und damit den Nichteintritt der gesetzlichen Wirkungen der Eintragung hat jedoch der Antragsgegner darzulegen und glaubhaft zu machen (vgl. *Rogge,* FS von Gamm 1990, 461, 464; *Meier-Beck,* GRUR 1988, 861, 864). GebrM, die erfolgreich ein Löschungsverfahren überstanden haben, können diese Voraussetzungen natürlich eher erfüllen als GebrM, die eine derartige weitere Überprüfung nicht erfahren haben.

Des weiteren bedarf es einer Glaubhaftmachung des Verletzungstatbestandes, die eine Beurteilung des Schutzbereichs, des Standes der Technik, der Verletzungsform im summarischen Verfahren voraussetzt. Die Verletzung muss folglich ausreichend wahrscheinlich sein. Die Einholung eines – gerichtlichen – Sachverständigengutachtens kommt regelmäßig nicht in Betracht. Bei nicht identischen Verletzungen kann diese Glaubhaftmachung je nach technischem Gebiet unter Umständen schwierig sein. Bei äquivalenten Verletzungsformen muss sich die Äquivalenz auch für das Gericht deutlich ergeben.

11.1.2 Dringlichkeit

Eilmaßnahmen auf Unterlassung einer GebrM-Verletzung dürfen nur bei besonderer Dringlichkeit erlassen werden. Im GebrMG besteht keine dem § 25 UWG entsprechende Vorschrift, die den Verletzten im Verfahren auf Erlass einer einstweiligen Verfügung von der Darlegung und Glaubhaftmachung eines Verfügungsgrundes, also von der Darlegung und Glaubhaftmachung der Erfordernisse der §§ 935, 940 ZPO entbindet. Nach überwiegender Auffassung sind GebrM-Sachen (ebenso wie Patentsachen) keinen Wettbewerbssachen vergleichbar, auf die die Vorschrift des § 25 UWG anwendbar wäre, selbst wenn Verletzter und Verletzer Wettbewerber sind (vgl. OLG Düsseldorf, Mitt. 1980, 117; *Benkard/Rogge,* § 139, Rdn. 153; a. A. OLG Karlsruhe, GRUR 1979, 700; LG Düsseldorf, GRUR 1980, 989). Nach h. M. hat also der Antragsteller auch in GebrM-Verletzungssachen stets das Vorliegen der Voraussetzungen der §§ 935, 940 ZPO im einzelnen darzutun und glaubhaft zu machen. Er muss in zeitlicher Hinsicht die die Dringlichkeit ergebenden Tatsachen darlegen und glaubhaft machen. Ein Vorgehen im Eilverfahren scheidet deshalb von vornherein aus, wenn der Antragsteller durch Zuwarten mit der Rechtsverfolgung zu erkennen gegeben hat, dass die Sache ihm selbst nicht dringlich ist. Insoweit ist die obergerichtliche Rechtspraxis zur Eilbedürftigkeit bei einstweiligen Verfügungsmaßnahmen zu beachten, die (leider) nicht einheitlich ist (vgl. z. B. die Praxis der Münchner Gerichte, die aus einem Zuwarten von mehr als einem Monat seit Kenntnis aller relevanten Tatsachen bis zur Einreichung des Antrags auf Erlass einer einstweiligen Verfügung mangelnde Dringlichkeit ableitet; andere Oberlandesgerichte lassen insoweit geringfügig längere Fristen zu). In jedem Fall ist dem Antragsteller aber genügend Zeit zur Prüfung der Sach- und Rechtslage und zur Beschaffung der notwendigen Glaubhaftmachungsmittel zu lassen; keine gesicherte Rechtspraxis existiert zu der Frage, ob die Dringlichkeit noch gewahrt ist, wenn der GebrM-Inhaber/Antragsteller vor Einreichung des Antrags auf Erlass einer einstweiligen Verfügung das Ergebnis einer Gebrauchsmusterrecherche gemäß § 7 abwartet, obwohl an sich die übrigen Voraussetzungen für die Antragstellung vorliegen. Da sich der GebrM-Inhaber/Antragsteller damit unter anderem vor möglichen Schadenersatzansprüchen gemäß § 945 ZPO bzw. §§ 1 UWG, 823 BGB absichern können muss, sollte die Durchführung einer GebrM-Recherche dem Erfüllen der Voraussetzungen der Dringlichkeit nicht entgegenstehen; jedoch wird der Antragsteller gehalten sein, alle Schritte in die Wege zu leiten, damit die Recherche beschleunigt durchgeführt wird. Der Verfügungsgrund ergibt sich noch nicht ohne weiteres daraus, dass Schutzrechtsverletzungen gegenwärtig vorgenommen werden oder in naher Zukunft drohen und eine schutzrechtsverletzende Tätigkeit bis zum Erlass eines Urteils in der Hauptsache nicht anders wirksam unterbunden werden kann (*Benkard/Rogge,* aaO). Vielmehr ist der Begriff der „Dringlichkeit" nicht nur unter rein zeitlichen Aspekten zu verstehen; er stellt gleichzeitig die materielle Rechtfertigung des vorläufigen Unterlassungsgebots aus den dem Rechtsinhaber ohne das gerichtliche Eingreifen drohenden Nachteilen dar (OLG Düsseldorf GRUR 1983, 79, 80 – AHF-Konzentrat). Die Prüfung dieser Nachteile hat die Interessen des Antragsgegners zu berücksichtigen, die gegen diejenigen des Antragstellers abgewogen werden müssen (OLG Düsseldorf Mitt. 1980, 117).

11.1.3 Abwägung

92 Im Rahmen der Prüfung der beiden vorerwähnten Voraussetzungen nimmt das Gericht auch eine Abwägung dahingehend vor, ob der Erlass einer einstweiligen Verfügung unter Abwendung wesentli-

cher Nachteile nötig erscheint. Unter Berücksichtigung der in Anm. 11.1 genannten Grundsätze sind das Interesse an der Realisierung des zeitlich begrenzten Unterlassungsanspruchs (z. B. Eintritt eines sonst der Höhe nach schwer nachweisbaren Schadens) und die Schwere des Eingriffs für den Verletzten (Existenzbedrohung, Produktionseinstellung, Gefährdung von Arbeitsplätzen) gegeneinander abzuwägen. Ob es eine Rolle spielt, dass der Antragsteller selbst nur Lizenzen an dem Schutzrecht vergibt und dieser Umstand eher dafür spricht, keine einstweilige Verfügung zu erlassen, erscheint zweifelhaft, da auch die einstweilige Verfügung nur der Durchsetzung eines gesetzlichen Unterlassungsanspruchs dient, der auch in einem Hauptsacheverfahren nicht unterschiedlich danach beurteilt werden kann, ob der GebrM-Inhaber nach seinem Schutzrecht z. B. selbst produziert oder nur Lizenzen hieran erteilt. Schwierige tatsächliche (nicht jedoch rechtliche) Fragen, die sich gerade in GebrM-Verletzungsstreitigkeiten stellen können, werden sich teilweise in der Kürze des Eilverfahrens nicht mit der gebotenen Sorgfalt beantworten lassen. Gelingt es dem Antragsgegner, einen Sachverhalt darzulegen und glaubhaft zu machen, der durchgreifende Zweifel am Bestand des GebrM begründet, so wird das Gericht im Zweifel dazu neigen, den Antrag zurückzuweisen. Solche Zweifel sind beispielsweise gegeben, wenn ein ordentliches Klageverfahren im Hinblick auf ein anhängiges Löschungsverfahren ausgesetzt würde (vgl. OLG Düsseldorf Mitt. 1996, 87 – zu einer einstweiligen Verfügung in einer Patentstreitsache unter Hinweis auf § 148 ZPO). Eine Aussetzung selbst kommt im einstweiligen Verfügungsverfahren nicht in Betracht.

Die Komplexität, die häufig in GebrM-Verletzungsstreitigkeiten anzutreffen ist, führt auch regelmäßig dazu, dass die Gerichte eine einstweilige Verfügung nicht ohne vorherige mündliche Verhandlung erlassen; letzteres kommt praktisch nur bei einfach gelagerten und klaren Fallgestaltungen in Betracht.

11.2 Vollstreckung

Die Vollziehung (Vollstreckung) einer erlassenen einstweiligen Verfügung hat innerhalb eines Monats seit Verkündung oder Zustellung zu erfolgen. Danach ist eine Vollziehung unzulässig. Aufbrauchsfristen für den Gegner kommen im Eilverfahren nicht in Betracht. Die Vollziehung erfolgt durch Zustellung der einstweiligen Verfügung an den Antragsgegner bzw. dessen Rechtsanwalt.

11.3 Schadenersatz gemäß § 945 ZPO

95 Der Antragsteller hat – ohne dass es auf sein Verschulden ankäme – Schadenersatz zu leisten, wenn die einstweilige Verfügung im Widerspruchsverfahren oder wegen fehlender Vollziehung aufgehoben wurde. Die ungerechtfertigte Anordnung muss von Anfang an, also zur Zeit des Erlasses der einstweiligen Verfügung vorgelegen haben. Diese Voraussetzung liegt beispielsweise dann vor, wenn das GebrM rückwirkend gelöscht wird. Der Antragsteller hat dem Antragsgegner auch solche Aufwendungen zu ersetzen, die erforderlich waren, um die Schadensfolgen der zu Unrecht erlassenen einstweiligen Verfügung abzuwenden oder zu mindern. Hierunter können auch Kosten für Werbemaßnahmen fallen.

12. Vorprozessuale Abmahnung

12.1 Abgrenzung Berechtigungsanfrage/Verwarnung

96 Bei einer auf ein GebrM als ungeprüftes Schutzrecht gestützten **Verwarnung** muss von dem Verwarner ein höheres Maß an Nachprüfung bezüglich dessen Rechtsbeständigkeit verlangt werden, als bei einem Vorgehen aus geprüften Schutzrechten (BGH GRUR 1997, 741, 742 – Chinaherde). Um das damit verbundene Risiko für einen unberechtigt Verwarnenden vor Inanspruchnahme unter dem rechtlichen Gesichtspunkt des § 823 Abs. 1 BGB wegen eines rechtswidrigen Eingriffs in den eingerichteten und ausgeübten Gewerbebetrieb zu reduzieren (vgl. hierzu Anm. 12.6), kann der potenzielle Verletzer zunächst mittels einer sog. **Berechtigungsanfrage** auf das Bestehen eines GebrM hingewiesen und aufgefordert werden, sich zu erklären, welche Rechtfertigungsgründe er für sich in Anspruch nimmt, das betreffende GebrM des Schutzrechtsinhabers nicht beachten zu müssen. Mit einer derartigen Berechtigungsanfrage wird kein relevanter Druck auf die Entschließungsfreiheit des Benutzers der technischen Lehre ausgeübt, so dass diese nicht als Eingriff in den eingerichteten und ausgeübten Gewerbebetrieb angesehen werden kann. Stehen dem in Anspruch Genommenen keine hinreichenden Rechtfertigungsgründe zu, kann sich an diese Berechtigungsanfrage eine „klassische" Abmahnung anschließen (selbstverständlich können beide Maßnah-

men auch in einem einzigen Schreiben miteinander verbunden werden). Bei all diesen Maßnahmen ist jedoch grundsätzlich im Hinblick auf die Möglichkeit eines Eingriffs in den eingerichteten und ausgeübten Gewerbebetrieb im Sinne des § 823 Abs. 1 BGB Vorsicht geboten.

Die Abmahnung ist die Aufforderung des GebrM-Inhabers gegenüber dem Benutzer, eine angebliche GebrM-Verletzung zu unterlassen. Mit ihr wird ein ernsthaftes und endgültiges Unterlassungsbegehren zum Ausdruck gebracht. Inhaltlich stellt die Abmahnung (Verwarnung) in Verbindung mit der darin geltend gemachten Unterlassungsverpflichtung regelmäßig ein Angebot zum Abschluss eines Unterlassungsvertrages dar. Sie ist Prozessvorbereitungsmaßnahme, indem der Abgemahnte gehalten ist, auf die Abmahnung zu antworten (vgl. BGH GRUR 1990, 542 – Aufklärungspflicht des Unterwerfungsschuldners; BGH GRUR 1990, 381 – Antwortpflicht des Abgemahnten, jeweils zum UWG). Darüber hinaus hat der Aktivlegitimierte ohne vorherige Verwarnung im Falle eines sofortigen Anerkenntnisses (gleichgestellt ist die Abgabe einer Unterlassungsverpflichtungserklärung) durch den Beklagten gemäß § 93 ZPO die Kosten des Rechtsstreits zu tragen. Ferner trägt die Verwarnung auch ein Moment der Fremdgeschäftsführung, indem sie im mutmaßlichen Interesse des GebrM-Verletzers liegt (vgl. BGH GRUR 1995, 424, 425 – Abnehmerverwarnung).

12.2 Realakt, Vollmachtsurkunde

Abmahnung und Schutzrechtshinweis werden als Realakte angesehen, so dass § 174 BGB nicht anwendbar ist und eine Vollmachtsurkunde nicht beigefügt sein muss (vgl. KG GRUR 1988, 79; a. A. OLG Nürnberg, GRUR 1991, 387).

12.3 Zugang

Der Schuldner trägt das Zugangsrisiko der Abmahnung. Wird die Abmahnung per Einschreiben/Rückschein abgesandt, besteht keine Abwartepflicht im Hinblick auf den Eingang des Rückscheins (vgl. OLG Köln, WRP 1984, 230). Die Übersendung per Telefax genügt regelmäßig, um den Zugang beim Empfänger zu belegen (OLG Düsseldorf, GRUR 1990, 310).

12.4 Inhaltliche Anforderungen

100 Die Abmahnung muss im Hinblick auf Sachverhaltsdarstellung und rechtliche Bewertung so ausführlich gestaltet werden, dass diese auch dem nicht juristisch Ausgebildeten verständlich ist. Sie muss ferner ein eindeutiges Unterlassungsbegehren gegen den potenziellen Verletzer enthalten. Weiterhin muss sie die Androhung gerichtlicher Schritte für den Fall enthalten, dass der Verletzer der Aufforderung zur Abgabe der Unterlassungserklärung nicht nachkommt. Ist die tatsächliche Grundlage falsch angegeben, muss die Verwarnung grundsätzlich auch dann als rechtswidrig angesehen werden, wenn sie berechtigterweise auf eine andere Grundlage hätte gestellt werden können. Wird die Beifügung von Belegen angekündigt, kann der Verletzer die Vervollständigung abwarten, muss den GebrM-Inhaber jedoch auf die Unvollständigkeit unverzüglich hinweisen.

12.5 Kosten der Verwarnung

101 Bei nicht vorliegendem Auftrag zur Klageerhebung bemisst sich die Höhe der zu erstattenden Anwaltskosten nach § 118 Abs. 1 Nr. 1 BRAGO. Regelmäßig angemessen wird eine mittlere Gebühr von 7, 5/10 sein. Liegt Klageauftrag vor, so ist gemäß § 32 BRAGO eine Gebühr von 5/10 in Ansatz zu bringen. Schließt sich an die Abmahnung ein gerichtlicher Rechtsstreit an, so ist die Gebühr für die Abmahnung auf die Prozessgebühr anzurechnen, § 118 Abs. 2 BRAGO.

12.6 Folgen einer unberechtigten Schutzrechtsverwarnung

102 Eine Verwarnung aufgrund eines GebrM beinhaltet immanente Risiken. Eine ungerechtfertigte Verwarnung verstößt gegen §§ 1, 3 UWG und/oder stellt einen Eingriff in den eingerichteten und ausgeübten Gewerbebetrieb dar und verpflichtet gemäß § 823 Abs. 1 BGB, sofern Verschulden gegeben ist, zu Schadenersatz (vgl. BGH GRUR 1995, 424, 425 – Abnehmerverwarnung). Die ungerechtfertigte Schutzrechtsverwarnung stellt dabei nicht nur einen rechtswidrigen Eingriff in den eingerichteten und ausgeübten Gewerbebetrieb des Verwarnten, sondern auch dessen Zulieferers dar, da zum geschützten Gegenstand dieses Gewerbebetriebs auch dessen Kundenstamm gehört. Die Abmahnung gegen Abnehmer des Lieferanten wegen einer Schutzrechtsverletzung stellt einen unmittelbaren Eingriff in den Kundenstamm eines Herstellerunternehmens dar, weil sie die Gefahr beinhaltet, dass diese die Geschäftsbeziehungen mit dem Hersteller bezüglich der beanstandeten Gegenstände aufgeben (OLG Nürnberg GRUR 1996, 48).

Eine Verwarnung kann unberechtigt sein, wenn sie zu pauschal und unsubstantiiert, irreführend oder sonst sachlich unrichtig ist (OLG Düsseldorf Mitt. 1996, 60, 61). Die Übersendung eines nicht rechtskräftigen Verletzungsurteils führt zur Nichtberechtigung der Verwarnung, wenn bei dieser der Eindruck entsteht, das Urteil sei rechtskräftig (BGH GRUR 1995, 424 – Abnehmerverwarnung). Ferner ist eine unzulässige Verwarnung anzunehmen, wenn sie sachlich unbegründet ist, weil also das geltend gemachte GebrM nicht rechtsbeständig und/oder der Verletzungstatbestand nicht gegeben ist.

Bei einem GebrM als ungeprüftem Schutzrecht wird zusätzlich ein höheres Maß an Nachprüfung verlangt als bei einem Vorgehen aus einem geprüften Schutzrecht (BGH GRUR 1997, 741, 742 – Chinaherde). Dem liegt die Überlegung zugrunde, dass der Inhaber eines Gewerbebetriebs wegen der einschneidenden Wirkungen, die eine Verwarnung für ihn regelmäßig zur Folge hat, erheblichen wirtschaftlichen Risiken für den Bestand seines Unternehmens ausgesetzt sein kann (vgl. weiter BGH, aaO). Ein bei der Feststellung des Schadenersatzanspruchs zu berücksichtigendes Mitverschulden ist anzunehmen, wenn der in Anspruch Genommene sich der Verwarnung nicht nur voreilig beugt, sondern auch, wenn er den Vertrieb nicht unverzüglich wieder aufnimmt, sobald die Widerrechtlichkeit der Verwarnung erkennbar ist. Bezüglich der Höhe des Schadenersatzanspruches ist der Schaden gemäß § 287 ZPO zu schätzen. Zwar sind an die Darlegung der Mindestvoraussetzungen für eine Schätzung keine hohen Anforderungen zu stellen; dies entbindet ein Gericht jedoch nicht, über bestrittene Ausgangs- bzw. Anknüpfungstatsachen ggfs. nach §§ 287 ZPO, 252 BGB Beweis zu erheben (vgl. hierzu im einzelnen BGH GRUR 1997, 741, 742–744 – Chinaherde). Ferner kommen Unterlassungs- und Bereicherungsansprüche in Betracht (Verschulden nicht notwendig). Zur Verpflichtung des Schutzrechtsinhabers, eine unberechtigt ausgesprochene Verwarnung zu widerrufen: BGH GRUR 1995, 424, 426 – Abnehmerverwarnung. 3-jährige Verjährung gemäß § 852 Abs. 1 BGB: (vgl. BGH GRUR 1978, 492 – Fahrradgepäckträger II) zwh. wg. § 21 UWG (6 Monate); vgl. hierzu § 24 c, Anm. 2.

§ 24 a — Zivilrechtlicher Vernichtungsanspruch

105 Ist das GebrM gelöscht worden und macht der Abgemahnte Schadenersatzansprüche wegen unberechtigter Verwarnung (Eingriff in den eingerichteten und ausgeübten Gewerbebetrieb) geltend, muss er darlegen und beweisen, dass der GebrM-Inhaber in Kenntnis oder jedenfalls in verschuldeter Unkenntnis der im Löschungsverfahren entgegengehaltenen Druckschriften abgemahnt hat. Kann er den Beweis hinsichtlich der Entgegenhaltungen, auf die die Löschung gestützt war, nicht führen, wohl aber wegen weiterer Entgegenhaltungen, die dem GebrM entgegengestanden hätten, hat das ordentliche Gericht zu prüfen, ob diese Entgegenhaltungen des GebrM ebenfalls zu Fall gebracht hätten (BGH GRUR 1965, 231, 234 – Zierfalten).

106 Zu den Schadensersatzpositionen gehören auch der Ersatz von Rechtsanwalts- und Patentanwaltsgebühren, die durch die unberechtigte Schutzrechtsverwarnung verursacht worden sind, denn die Einschaltung eines Rechtsanwalts und aufgrund des betroffenen Rechts auch eines Patentanwalts stellt regelmäßig eine angemessene Reaktion des Verwarnten dar, der sich rechtlich informieren muss, um sich sachgerecht verhalten zu können. Die Einschaltung eines Rechtsanwalts und eines Patentanwalts ist aus der Sicht des Verwarnten regelmäßig erforderlich und zweckmäßig, da sie auch der Abwehr größerer Schäden dient, so dass es auch nicht an der sachlichen Berechtigung fehlt, dem Schädiger diese Schadensfolge zuzurechnen. Zur eigenständigen Geltendmachung dieser Kosten und zur Möglichkeit, diese Kosten statt dessen im Kostenfestsetzungsverfahren (mit) geltend zu machen: OLG Braunschweig, 2 U 138/96 vom 20. März 1997.

§ 24 a [Zivilrechtlicher Vernichtungsanspruch]

(1) **Der Verletzte kann in den Fällen des § 24 verlangen, daß das im Besitz oder Eigentum des Verletzers befindliche Erzeugnis, das Gegenstand des Gebrauchsmusters ist, vernichtet wird, es sei denn, daß der durch die Rechtsverletzung verursachte Zustand des Erzeugnisses auf andere Weise beseitigt werden kann und die Vernichtung für den Verletzer oder Eigentümer im Einzelfall unverhältnismäßig ist.**

(2) **Die Bestimmungen des Absatzes sind entsprechend auf die im Eigentum des Verletzers stehende, ausschließlich oder nahezu ausschließlich zur widerrechtlichen Herstellung eines Erzeugnisses benutzte und bestimmte Vorrichtung anzuwenden.**

Zivilrechtlicher Vernichtungsanspruch § 24 a

Übersicht

	Rdn.
1. Allgemeines/Zweck der Vorschrift	1–3
2. Anspruchsvoraussetzungen	
2.1 Aktiv- und Passivlegitimation	4
2.2 Gebrauchsmusterverletzung	5
2.3 Erzeugnis	6
2.4 Vorrichtungen zur gebrauchsmusterverletzenden Herstellung	7
2.5 Besitz oder Eigentum an den zu vernichtenden Gegenständen	8–11
3. Anspruchsinhalt	
3.1 Recht auf Vernichtung	12–14
3.2 Begriff der Vernichtung	15
3.3 Urteilstenor, Kosten der Vernichtung, Sicherung des Vernichtungsanspruchs	16
4. Schranken des Vernichtungsanspruchs	
4.1 Ausnahmeregelung des § 24 a I, 2. HS	17
4.2 Abwendungsbefugnis, Aufbrauchsfrist, Umstellungsfrist	18

Literatur (Auswahl): *Cremer*, Die Bekämpfung der Produktpiraterie in der Praxis, Mitt. 1992, 153; *Ensthaler*, Produktpirateriegesetz, GRUR 1992, 273, *Retzer*, Einige Überlegungen zum Vernichtungsanspruch bei Nachahmung von Waren oder Leistungen, FS H. Piper, 1996, 421.

1. Allgemeines/Zweck der Vorschrift

§ 24 a ist durch das PrPG neu eingeführt worden und entspricht **1** § 140 a Abs. 1 Satz 1 und Abs. 2 PatG. Wegen des fehlenden Verfahrensschutzes im GebrM-Recht fehlt eine Regelung entsprechend § 140 a Abs. 1 Satz 2 PatG. Für das GebrM-Recht können damit prinzipiell die zu § 140 a PatG geltenden Grundsätze herangezogen werden, soweit sie sich nicht auf einen Verfahrensschutz beziehen. § 24 a regelt den **zivilrechtlichen Vernichtungsanspruch** des Inhabers eines GebrM. Bereits vor dem PrPG billigte der BGH für den Fall von Patentverletzungen einen Beseitigungsanspruch zur Abwehr fortdauernder Verletzungs- oder Störungszustände nach §§ 249 bzw. 1004 BGB zu (BGH GRUR 1990, 997, 1001 – Ethofumesat). Dieser **allgemeine Beseitigungsanspruch** wird durch § 24 a

§ 24a 2, 3 Zivilrechtlicher Vernichtungsanspruch

(§ 140a PatG) ergänzt, so dass beide Regelungskomplexe grundsätzlich nebeneinander bestehen können; jedoch wird das Rechtsschutzbedürfnis für die Geltendmachung des allgemeinen Beseitigungsanspruchs (zu dessen Voraussetzungen *Busse/Keukenschrijver*, § 140a PatG, Rdn. 5 ff) regelmäßig fehlen, wenn Ansprüche gemäß §§ 24a GebrMG, 140a PatG geltend gemacht werden können (*Busse/Keukenschrijver*, aaO, Rdn. 10).

2   Nach § 24a kann der Kläger die Vernichtung des im Besitz oder Eigentum des Beklagten befindlichen Erzeugnisses, das Gegenstand des GebrM ist, verlangen. Diese Vorschrift, die vornehmlich gegen Raubkopien unter Verletzung von Urheber- und Markenrechten geschaffen wurde (*Busse/Keukenschrijver*, § 140a, Rdn. 3), erlaubt mithin Maßnahmen zur Beseitigung andauernder Störungen, wobei sich die Maßnahmen im Rahmen dessen halten müssen, was nach Treu und Glauben erforderlich und zumutbar ist. Auch das TRIPS bestimmt in seinem Art. 46 Satz 1, dass als Maßnahme zur Bekämpfung von Verletzungen von Rechten an geistigem Eigentum die Vernichtung oder Zerstörung angeordnet können werden muss, sofern dies nicht den verfassungsrechtlichen Erfordernissen zuwider läuft. In Art. 46 Satz 2 wird weiter bestimmt, das über Material und Werkzeuge, die vorwiegend zur Herstellung rechtsverletzender Waren verwendet werden, ohne Entschädigung außerhalb der Handelswege verfügt wird. Die Regelungen des TRIPS-Abkommens sind auch bei der Auslegung des § 24a GebrMG bzw. § 140a PatG zu berücksichtigen.

3   Aus dem Begründungsentwurf zum PrPG (PMZ 1990, 173, 182) folgt, dass der Vernichtungsanspruch sicherstellen soll, dass nicht nur die schutzrechtsverletzende Maßnahme durch eine Veränderung der Ware beseitigt und die Ware bei Gefahr der Wiederherstellung des ursprünglichen, schutzrechtsverletzenden Zustands auf anderem Wege erneut in den Verkehr gebracht wird, sondern dass die schutzrechtsverletzenden Waren endgültig aus dem Marktkreislauf genommen werden. Die **Vernichtung** der gebrm-verletzenden Produkte ist damit der **Regelfall** (vgl. auch BGH GRUR 1997, 899, 900 – Vernichtungsanspruch, zum entsprechenden § 18 Abs. 1 MarkenG). Deshalb kommt dem Vernichtungsanspruch in erster Linie eine **Sicherungsfunktion** zugunsten des Schutzrechtsinhabers zu, um das Inverkehrbringen der rechtsverletzenden Produkte endgültig zu verhindern. Daneben kommt dem Anspruch **Präventivfunktion** zu, allgemein vor einer GebrM-Verletzung abzuschrecken. Der Gesetzgeber hat sich bewusst mit der Vernichtung als Regelmaßnahme für eine einschneidende Maßnahme entschieden, die in vielen Fällen

mehr als das lediglich zur unmittelbaren Folgenbeseitigung Nötige zulässt. Daneben erkennt er eine gewisse **Sanktionsfunktion** an, da die Vernichtung gleichzeitig eine Sanktion für das in der GebrM-Verletzung liegende Unrecht darstellt (vgl. auch BGH GRUR 1997, 899, 900/901 – Vernichtungsanspruch). In der Literatur wird die **Rechtsnatur** des Vernichtungsanspruchs unterschiedlich eingeordnet; teilweise wird im Hinblick auf seine Nähe zum allgemeinen Beseitigungsanspruch gemäß § 249 BGB bzw. 1004 BGB angenommen, es handle sich um einen **Störungsbeseitigungsanspruch**, teilweise wird ihm der Charakter eines Anspruchs **sui generis** beigemessen. Bei der Regelung des § 24a handelt es sich um eine zulässige Inhaltsbestimmung des Eigentums, die dem ebenfalls durch Art. 14 GG geschützten geistigen Eigentum des Verletzten Rechnung trägt (BGH GRUR 1995, 338, 341 – Kleiderbügel; BGH GRUR 1997, 899, 900/901 – Vernichtungsanspruch).

2. Anspruchsvoraussetzungen

2.1 Aktiv- und Passivlegitimation

Der Vernichtungsanspruch steht dem Inhaber des GebrM zu (Aktivlegitimation). Passivlegitimiert ist der Verletzer als Besitzer oder Eigentümer der widerrechtlich hergestellten Gegenstände oder der Verletzer als Eigentümer der Vorrichtungen zur gebrauchsmusterverletzenden Herstellung gemäß § 24a Abs. 2. Verletzer ist derjenige, der eine Gebrauchsmusterverletzungshandlung begeht. Die mittelbare Gebrauchsmusterverletzung, § 11 Abs. 2, führt nicht zu einem Vernichtungsanspruch (vgl. aber § 24a Abs. 2). Gegen den privaten Endabnehmer kommt der Vernichtungsanspruch nicht in Betracht.

2.2 Gebrauchsmusterverletzung

Grundlegende Voraussetzung für den gebrauchsmusterrechtlichen Vernichtungsanspruch nach § 24a Abs. 1 ist das **Vorliegen einer Gebrauchsmusterverletzung** im Sinne der §§ 24, 11. Ausreichend ist die **objektive Rechtswidrigkeit** der GebrM-Verletzung; der Vernichtungsanspruch verlangt mithin kein Verschulden (vgl. BegrE, PMZ 1990, 173, 182).

2.3 Erzeugnis

6 Im Hinblick auf den durch das GebrMG nicht gewährleisteten Schutz von Verfahrenserfindungen setzt der Anspruch voraus, dass der Verletzer Eigentümer oder Besitzer eines gebrauchsmusterverletzenden **Erzeugnisses** ist. Erzeugnis im Sinne des § 24 a ist nur ein solches, das Gegenstand des GebrM selbst ist. Der Wortlaut des § 24 a Abs. 1 unterscheidet nicht danach, ob der Gegenstand des Gebrauchsmusters Bestandteil einer zusammengesetzten Vorrichtung ist, ob und inwieweit dieser Bestandteil separierbar ist etc. Wenn der Gegenstand des GebrM mit weiteren Bestandteilen körperlich verbunden ist, dann bezieht sich der Vernichtungsanspruch eben auf die gesamte Vorrichtung; Unbilligkeiten können insoweit über die Schranken des Vernichtungsanspruchs ausreichend geregelt werden (vgl. Anm. 4).

2.4 Vorrichtungen zur gebrauchsmusterverletzenden Herstellung

7 Gemäß § 24 a Abs. 2 unterliegen der Vernichtung auch solche **Vorrichtungen,** die ausschließlich oder nahezu ausschließlich **zur widerrechtlichen Herstellung eines Erzeugnisses benutzt** werden oder hierzu **bestimmt** sind, und die im **Eigentum** des Verletzers stehen. In der Erstreckung des Vernichtungsanspruchs auf derartige Produktionsmittel kommt gerade der sichernde sowie der generalpräventive Aspekt der Gesamtregelung zum Ausdruck. Die Herstellung wesentlicher Einzelteile, die dem Endprodukt dienen, reicht aus, da die Herstellung eines gebrauchsmusterrechtlich geschützten Erzeugnisses bereits mit der Herstellung wesentlicher oder dazu dienender Teile beginnt (vgl. BGH GRUR 1995, 338, 341 – Kleiderbügel: betreffend Spritzformen zur Herstellung von Tragteilen und Tragstangen angegriffener Mehrfach-Kleiderbügel). Die Zweckbestimmung zur rechtswidrigen Benutzung des Gebrauchsmusters kann sich aufgrund der tatsächlichen Benutzungslage in der Vergangenheit sowie aus der Zweckbestimmung für die Zukunft ergeben. Wenn sich die Zweckbestimmung des Produktionsmittels in der Vergangenheit ausschließlich oder nahezu ausschließlich auf die gebrauchsmusterrechtliche Herstellung ausrichtete, kommt es für das Bestehen des Vernichtungsanspruchs auf eine mögliche geänderte Zweckbestimmung für die Zukunft nicht an. Auch „neutrale"

Produktionsmittel können aufgrund ihrer objektiven Zweckbestimmung dem Vernichtungsanspruch unterliegen, wenn sich aus den konkreten Umständen des Einzelfalls ergibt, dass sie der ausschließlichen oder nahezu ausschließlichen Herstellung eines gebrauchsmusterverletzenden Erzeugnisses dienen bzw. dienten. Handelt es sich etwa um speziell nach Kundenvorgaben gefertigte Produktionsmittel, denen insbesondere Konstruktionsvorgaben zur Herstellung der betreffenden Erzeugnisse zugrunde lagen, wird sich der Verletzer in der Regel nicht darauf berufen können, dass diese Produktionsmittel auch für andere Zwecke nutzbar seien.

2.5 Besitz oder Eigentum an den zu vernichtenden Gegenständen

Besitz im Sinne dieser Vorschrift ist sowohl der **unmittelbare Besitz** (tatsächliche Gewalt über die Sache, § 854 Abs. 1 BGB) als auch der **mittelbare Besitz** (vermittelte Sachherrschaft über die Sache, § 868 BGB). Da sich das Erzeugnis im Besitz **oder** Eigentum des Verletzers befinden muss, kommt es auf das Eigentum nicht an, wenn der Verletzer im Besitz des Erzeugnisses ist bzw. umgekehrt. Die Ausübung der tatsächlichen Verfügungsgewalt des **Besitzdieners** (für den Besitzer, die keinen Besitz im Sinne des § 854 Abs. 1 BGB begründet, § 855) ist ausreichend. Besitzer im Sinne dieser Vorschrift ist oft derjenige, dessen Ware zwar sichergestellt, sequestriert, verwahrt oder beschlagnahmt ist (z. B. im Rahmen einer Maßnahme nach § 25 a GebrMG). In diesem Fall vermittelt der Dritte (z. B. die Zollbehörde) Besitz für den von der Beschlagnahme Betroffenen (vgl. BegrE PrPG, PMZ 1990, 173, 187).

Unter **Eigentum** sind alle Arten dieses Rechtsverhältnisses im Sine des § 903 BGB zu verstehen (z. B. Alleineigentum, Miteigentum, Gesamthandeigentum, Vorbehaltseigentum, Sicherungseigentum, Treuhandeigentum).

Erzeugnisse, die sich also im Besitz oder Eigentum z. B. eines Endverbrauchers befinden, werden infolge dessen von dem Vernichtungsanspruch nicht mehr erfasst. Dagegen erstreckt sich der Vernichtungsanspruch auf alle **Handelsstufen.**

Das Gesetz gibt keine Auskunft darüber, wann die tatbestandlichen Voraussetzungen vorliegen müssen, ob also im Zeitpunkt der letzten mündlichen Verhandlung oder während des Vollstreckungsverfahrens. Im Hinblick auf den angestrebten effektiven Rechtsschutz wird letzteres zu befürworten sein (Heranziehung des Rechtsgedankens der §§ 275, 283 BGB: Ist die Unmöglichkeit streitig, kann der Schuldner ohne Beweiserhebung über die Unmöglichkeit zur Leistung verurteilt werden, sofern feststeht, dass er die etwaige Unmöglichkeit zu vertreten hat. Der Gläubiger kann sich dann aufgrund des Urteils und eines Vollstreckungsversuches davon überzeugen, ob die Erfüllung nicht doch möglich ist. Liegt Unmöglichkeit vor, kann er gemäß § 283 vorgehen).

3. Anspruchsinhalt

3.1 Recht auf Vernichtung

12 Der Anspruch geht auf Vernichtung der widerrechtlich hergestellten Erzeugnisse, § 24 a Abs. 1, sowie auf Vernichtung der zur widerrechtlichen Herstellung eines Erzeugnisses benutzten oder bestimmten Vorrichtung, § 24 a Abs. 2. Die Vernichtung ist die Regel, d. h. nur ausnahmsweise sollen andere Maßnahmen in Betracht kommen (BGH GRUR 1997, 899, 900 – Vernichtungsanspruch, zu § 18 MarkenG).

13 Über die Art und Weise der Vernichtung sowie den Nachweis der Durchführung der Vernichtung enthält § 24 a GebrM (ebenso wie § 140 a PatG) keine Regelung. Hierbei ist der Normzweck der Vorschrift, nämlich die endgültige Vernichtung der widerrechtlich hergestellten Erzeugnisse und damit die Gewährleistung, dass diese Ware nicht erneut in den Marktkreislauf gerät, zu berücksichtigen. Der Verletzer (Produktpirat) übernimmt unerlaubt technisches Wissen, das sich ein Unternehmen in langjähriger und mühevoller Arbeit und unter Einsatz erheblicher finanzieller Mittel erworben hat, um es für seine Produkte zu nutzen. Der Gewährung eines effektiven Rechtsschutzes dient unter anderem § 24 a. Dem Verletzten muss deshalb ein Wahlrecht über die Art und Weise der Vernichtung eingeräumt werden. Damit steht dem Verletzten mindestens ein Anspruch auf Vornahme der Vernichtung zu, so dass der Verletzer zur Durchführung der Vernichtung verpflichtet ist (bei Klage: Leistungsklage, und zwar auf Vernichtung, nicht lediglich auf Duldung der Vernichtung; Vollstreckung nach § 887 ZPO, da die Vernichtung in der Regel eine vertretbare Handlung ist). Das Vollstreckungsgericht hat im Fall eines Disputs zwischen den Parteien über die Ausführung der Vernichtung zu entscheiden.

Umstritten ist, ob dem Verletzten auch ein **Anspruch auf Herausgabe** gewährt werden kann (verneinend *Busse/Keukenschrijver*, § 140 a PatG, Rdn. 20). Auch wenn es nach der Terminologie des BGH nicht unbedenklich sein mag, eine solche Herausgabe generell als dem Vernichtungsanspruch immanent anzusehen (BGH GRUR 1997, 899, 902 – Vernichtungsanspruch), wird man dies im Regelfall bejahen müssen; insoweit findet eine Verlagerung hinsichtlich der Durchführung der Vernichtung auf das Vollstreckungsverfahren statt: Vollstreckungsherausgabeurteil nach § 883 ZPO. Der Klageantrag muss in diesem Fall auch auf die Erteilung der Einwilligung in die Vernichtung der sichergestellten oder beschlagnahmten Gegenstände gerichtet sein. Ob die Herausgabe an den Verletzten selbst zu erfolgen hat, ist ebenfalls umstritten. Der BGH hat jedenfalls die Herausgabe an den Verletzten in einem Fall für zulässig erachtet, bei der die Ware durch den Gerichtsvollzieher beschlagnahmt und bei einem Dritten eingelagert war; es sei für den Kläger unzumutbar, die Ware wiederum an die Beklagte herauszugeben und damit das Risiko einzugehen, dass die Ware erneut in den Marktkreislauf gerate (BGH GRUR 1997, 899, 902 – Vernichtungsanspruch, zu § 18 MarkenG). Dieser Auffassung wird man auch für § 24 a GebrMG zustimmen können. Am zweckmäßigsten wird es in der Regel sein, die Herausgabe an den Gerichtsvollzieher zum Zwecke der Vernichtung durch diesen zu beantragen, da der Gerichtsvollzieher insoweit die „neutralste" Person ist, ein Wiedereinfließenlassen in den Marktkreislauf ausgeschlossen ist, ebenso die Verwertung durch den Verletzten.

3.2 Begriff der Vernichtung

Hierunter ist die **Zerstörung** der Sache in ihrer Substanz zu verstehen, im Unterschied zur Unbrauchbarmachung (z. B. in Form der Unschädlichmachung, bei der der Materialwert erhalten bleibt). Die Art und Weise der Vernichtung hängt von dem betreffenden Erzeugnis ab.

3.3 Urteilstenor, Kosten der Vernichtung, Sicherung des Vernichtungsanspruchs

Der Urteilstenor hängt von den verschiedenen Antragsvarianten ab (vgl. Anm. 3.1). Die Kosten der Vernichtung sind vom Verletzer zu tragen (BGH GRUR 1997, 899, 902 – Vernichtungsanspruch);

dies gilt auch, soweit man dem Verletzten selbst ein Recht zur Vornahme der Vernichtung einräumt. Nur die zur Vernichtung erforderlichen Kosten werden erfasst. Die Kosten der Vernichtung sind Vollstreckungskosten, §§ 788, 91 ZPO bzw. 887, 788 ZPO. Das Gebot der Rücksichtnahme ist zu beachten. Im Wege der einstweiligen Verfügung kann bei Vorliegen der übrigen Voraussetzungen eine **Sequestration** oder eine Verwahrung zur Sicherung der Durchsetzung des Vernichtungsanspruchs erlassen werden. Die Durchführung der Vernichtung selbst kann in der Regel nicht im Wege der einstweiligen Verfügung angeordnet werden, da dies die Hauptsache definitiv vorwegnähme (vgl. OLG Hamburg WRP 1997, 106 – Gucci, zum Markenrecht).

4. Schranken des Vernichtungsanspruchs

4.1 Ausnahmeregelung des § 24 a I, 2. HS

17   Dieser Ausnahmetatbestand ist an zwei kumulative Voraussetzungen geknüpft, nämlich das Vorliegen einer anderen Beseitigungsmöglichkeit und der Unverhältnismäßigkeit der Vernichtung. Die Frage der Unverhältnismäßigkeit ist unter Berücksichtigung aller Umstände des Einzelfalls zu beantworten; der Gesetzgeber hat im Hinblick auf die Vielzahl der denkbaren Fallgestaltungen auf eine Nennung von Beispielen verzichtet. Sinn und Zweck der Regelung erfordern unter Einbeziehung der generalpräventiven Erwägungen eine umfassende Abwägung des Vernichtungsinteresses des Verletzten und des Erhaltungsinteresses des Verletzten. Kriterien sind unter anderem Schuldlosigkeit oder Grad der Schuld des Verletzers, die Schwere des Eingriffs, der Umfang des bei der Vernichtung für den Verletzter entstehenden Schadens im Vergleich zu dem durch die Verletzung eingetretenen wirtschaftlichen Schaden des Rechtsinhabers (BGH GRUR 1997, 899, 901 – Vernichtungsanspruch). Als Ausnahmevorschrift ist diese eng auszulegen. Gleichwohl erhalten die Gerichte die erforderliche Flexibilität für den Einzelfall. Sie können z. B. berücksichtigen, ob der Beklagte Hersteller der Pirateriewaren ist oder lediglich ein Vertriebsunternehmen. Das weitere kumulative Erfordernis der **anderweitigen Beseitigungsmöglichkeit** setzt voraus, dass der die Rechtsverletzung verursachende Zustand auf andere Weise als durch die Vernichtung beseitigt werden kann. Entsprechendes gilt

auch für Abs. 2. Voraussetzung ist auf jeden Fall, dass der rechtsverletzende Zustand des Gegenstands vollständig beseitigt wird. Denkbar sind z. B. der Umbau der gebrauchsmusterverletzenden Vorrichtung; die Beseitigung des gebrauchsmusterverletzenden Teils aus einer Gesamtvorrichtung etc. Bei dem Klageantrag sollte ein entsprechender Hilfsantrag von vornherein ins Auge gefasst werden. Unter keinen Umständen ist die Verbringung ins Ausland ausreichend (*Busse/Keukenschrijver,* § 140a PatG, Rdn. 12), da damit gerade die Gefahr des Wiedereintretens in den Marktkreislauf gegeben ist.

4.2 Abwendungsbefugnis, Aufbrauchsfrist, Umstellungsfrist

Das Gesetz sieht keine Abwendungsbefugnis insbesondere des schuldlosen Verletzers vor (Abwendung der Durchsetzung eines Vernichtungsanspruchs durch Zahlung einer Entschädigung in Geld). Ob man insoweit an eine analoge Anwendung des § 242 BGB denken kann, ist offen. Eine Abwendungsbefugnis ohne Zustimmung des Schutzrechtsinhabers erscheint aber mit dem Grundgedanken des durch das PrPG eingeführten § 24a nicht in Einklang zu stehen. Einer Gewährung einer Aufbrauchsfrist oder Umstellungsfrist in GebrM-Streitsachen ist höchstrichterlich noch nicht entschieden worden. In markenrechtlichen und wettbewerbsrechtlichen Streitigkeiten wird eine solche zur Milderung der wettbewerbsrechtlichen oder zeichenrechtlichen Unterlassungsansprüche unter bestimmten Umständen eingeräumt. Die Gewährung einer Aufbrauchsfrist im Rahmen eines Unterlassungsanspruchs würde zugleich den Vernichtungsanspruch für den Zeitraum dieser Frist inhaltlich begrenzen. Regelmäßig kommt eine Aufbrauchsfrist nicht in Betracht, da sie eine Perpetuierung des rechtswidrigen Zustandes bedeutet. 18

§ 24b [Auskunft über Herkunft und Vertriebsweg]

(1) **Wer den Vorschriften der §§ 11 bis 14 zuwider ein Gebrauchsmuster benutzt, kann vom Verletzten auf unverzügliche Auskunft über die Herkunft und den Vertriebsweg des benutzten Erzeugnisses in Anspruch genommen werden, es sei denn, daß dies im Einzelfall unverhältnismäßig ist.**

§ 24 b Auskunft über Herkunft und Vertriebsweg

(2) **Der nach Absatz 1 zur Auskunft Verpflichtete hat Angaben zu machen über Namen und Anschrift des Herstellers, des Lieferanten und anderer Vorbesitzer des Erzeugnisses, des gewerblichen Abnehmers oder Auftraggebers sowie über die Menge der hergestellten, ausgelieferten, erhaltenen oder bestellten Erzeugnisse.**

(3) **In Fällen offensichtlicher Rechtsverletzung kann die Verpflichtung zur Erteilung der Auskunft im Wege der einstweiligen Verfügung nach den Vorschriften der Zivilprozeßordnung angeordnet werden.**

(4) **Die Auskunft darf in einem Strafverfahren oder in einem Verfahren nach dem Gesetz über Ordnungswidrigkeiten wegen einer vor der Erteilung der Auskunft begangenen Tat gegen den zur Auskunft Verpflichteten oder gegen einen in § 52 Abs. 1 der Strafprozeßordnung bezeichneten Angehörigen nur mit Zustimmung des zur Auskunft Verpflichteten verwertet werden.**

(5) **Weitergehende Ansprüche auf Auskunft bleiben unberührt.**

Übersicht

	Rdn.
1. Allgemeines/Zweck der Vorschrift	1–3
2. Allgemeiner Auskunfts- und Rechnungslegungsanspruch	
2.1 Anwendungsbereich	4, 5
2.2 Aktiv- und Passivlegitimation	6
2.3 Voraussetzungen	7
2.4 Umfang des Rechnungslegungsanspruchs	8–15
2.5 Umfang des Auskunftsanspruchs	16
2.6 Versicherung an Eides Statt	17
2.7 Gerichtliche Durchsetzung, Vollstreckung	18
3. Auskunft über Herkunft und Vertriebsweg (Drittauskunft)	
3.1 Anwendungsbereich	19
3.2 Aktiv- und Passivlegitimation	20
3.3 Voraussetzungen	21–23
3.4 Umfang der Auskunft	24
3.4.1 Herkunft	25
3.4.2 Vertriebsweg	26
3.4.3 Menge	27, 28
3.4.4 Zeit	29

	Rdn.
3.5 Versicherung an Eides Statt	30
3.6 Gerichtliche Durchsetzung, Vollstreckung ..	31, 32
3.7 § 24 b IV.	33

Literatur (Auswahl): *Banzhaf,* Der Auskunftsanspruch im gewerblichen Rechtsschutz und Urheberrecht, Dissertation 1989; *Eichmann,* Die Durchsetzung des Anspruchs auf Drittauskunft, GRUR 1990, 575; *Götting,* Die Entwicklung neuer Methoden der Beweisbeschaffung von Schutzrechtsverletzungen – Die Anton-Piller-Order – Ein Modell für das deutsche Recht?, GRUR Int. 1988, 729; *U. Krieger,* Durchsetzung gewerblicher Schutzrechte in Deutschland und die TRIPS-Standards, GRUR Int. 1997, 421.

1. Allgemeines/Zweck der Vorschrift

§ 24 b ist durch das PrPG neu eingeführt worden und entspricht § 140 b PatG, so dass die patentrechtlichen Grundsätze uneingeschränkt auch hierauf anzuwenden sind. Weder das allgemeine Zivilrecht noch das PatG sowie das GebrMG kennen einen **allgemeinen** Auskunftsanspruch oder eine darauf beruhende allgemeine Auskunftsklage. Ein Auskunftsanspruch eines Berechtigten gegenüber einem (vertraglich bzw. gesetzlich) Verpflichteten besteht nicht schon allein aus dem Grunde, weil jener ein Interesse an der Information durch den Verpflichteten hat. Denn die Gewährung einer Auskunftspflicht bei begründetem Verdacht wäre gleichbedeutend mit einer dem deutschen Recht fremden Ausforschung des Verpflichteten. Ein allgemeiner Auskunfts- und Rechnungslegungsanspruch kann sich aber aus Vertrag oder nach den allgemeinen zivilrechtlichen Grundsätzen, insbesondere nach § 242 BGB oder in erweiternder Auslegung nach § 259 BGB ergeben. Insbesondere wurde auf der Basis von Treu und Glauben ein unter bestimmten Voraussetzungen bestehender Anspruch auf Auskunft und Rechnungslegung entwickelt, der heute gewohnheitsrechtlich anerkannt ist, und insbesondere in Angelegenheiten des gewerblichen Rechtsschutzes große Bedeutung erlangt hat. In Fällen, in denen ein Recht auf Auskunft gegenüber dem Verpflichteten die Rechtsverfolgung in hohem Maße erleichtert, zum Teil erst ermöglicht, hat der Berechtigte nach Treu und Glauben einen Anspruch auf Auskunft bei Rechtsverhältnissen, die ihrem Wesen nach den Berechtigten über Bestehen und Umfang seines Rechts entschuldbar im Ungewissen lassen, bei denen der Verpflichtete aber unschwer Auskunft erteilen kann. Dieser Auskunftsanspruch besteht insbesondere zur Durchsetzung eines Hauptanspruchs gegen den Auskunftsverpflichteten, z. B. eines Schadenersatz-, Beseitigungs- oder Bereicherungsanspruchs.

2 Mit § 24 b GebrMG bzw. § 140 PatG wurde ein **selbständiger und verschuldensunabhängiger Auskunftsanspruch** geschaffen. Anspruchsgegenstand ist die unverzügliche Auskunft über die Herkunft und den Vertriebsweg der gebrauchsmusterrechtsverletzenden Erzeugnisse. Der Anspruch dient damit insbesondere dazu, auch die Hintermänner zu ermitteln. In der Gesetzesbegründung (PMZ 1990, 183 ff) heißt es dementsprechend, dass gerade der eigenständige, verschuldensunabhängige Auskunftsanspruch zur Aufklärung der Quellen und Vertriebswege der schutzrechtsverletzenden Waren notwendig sei, da sich der konkret belangte Verletzer häufig erfolgreich auf guten Glauben berufen werde und es dann nicht möglich sei, Hersteller und Großhändler in Erfahrung zu bringen; weiter sei der allgemeine Auskunftsanspruch regelmäßig nicht durch einstweilige Verfügung und damit nicht schnell und wirkungsvoll durchsetzbar.

3 Der gebrauchsmusterrechtliche Anspruch auf Drittauskunft nach § 24 b Abs. 1 ist ausgeschlossen, wenn die Verpflichtung zur Auskunftserteilung im Einzelfall unverhältnismäßig ist. Der Umfang des Auskunftsanspruchs ist in § 24 b Abs. 2 festgeschrieben. Ist die Rechtsverletzung offensichtlich, kann der Auskunftsanspruch im Wege der einstweiligen Verfügung durchgesetzt werden, § 24 b Abs. 3. Abs. 4 regelt die Verwertbarkeit einer zivilrechtlichen Auskunft in einem Strafverfahren. Aus Abs. 5 ergibt sich, dass weitergehende Ansprüche auf Auskunft unberührt bleiben; hierzu gehört der eingangs erwähnte allgemeine Auskunfts- und Rechnungslegungsanspruch.

2. Allgemeiner Auskunfts- und Rechnungslegungsanspruch

2.1 Anwendungsbereich

4 Dieser dient der Prüfung, ob und in welcher Höhe dem Verletzten Ansprüche gegen den Verletzer zustehen. Dieser ist als vorbereitender Hilfsanspruch gewohnheitsrechtlich anerkannt (vgl. BGH GRUR 1984, 728, 729 – Dampffrisierstab II) und bemisst die Auskunft und Rechnungslegung nach § 259 BGB. Er dient ebenfalls als Grundlage für den Bereicherungsanspruch (vgl. BGH GRUR

1990, 997, 1002 – Ethufumesat) und setzt das Bestehen eines Ersatzanspruches voraus (vgl. BGH GRUR 1997, 116 – Prospekthalter).

Der Einwand der Unmöglichkeit schließt die Verurteilung des in Anspruch Genommenen zur Auskunftserteilung und Rechnungslegung dann nicht aus, wenn der Schuldner eine etwa gegebene Unmöglichkeit zu vertreten hätte (vgl. §§ 275, 283 BGB).

2.2 Aktiv- und Passivlegitimation

Aktivlegitimiert ist der GebrM-Inhaber, der ausschließliche Lizenznehmer, soweit dessen Nutzungsrecht berührt ist (vgl. BGH GRUR 1995, 338 – Kleiderbügel; BGH GRUR 1996, 109, 111 – Klinische Versuche I). Ferner der Prozessstandschafter, wenn das Auskunftsverlangen von der Ermächtigung gedeckt ist und ein eigenes Interesse besteht. Passivlegitimiert ist der GebrM-Verletzer (Einzelheiten unter § 24 Anm. 4.2).

2.3 Voraussetzungen

Fehlt es an dem Nachweis einer Schutzrechtsverletzung, ist der in Anspruch Genommene nicht verpflichtet, dem GebrM-Inhaber Auskunft darüber zu geben, ob die tatsächlichen Voraussetzungen für eine Verletzung vorliegen. Die Entstehung eines Schadens muss ferner wahrscheinlich sein. Die Auskunfts- und Rechnungslegungsansprüche kommen zur Ermittlung von Schadenersatz- oder Entschädigungsansprüchen einschließlich der Ermittlung eines Marktverwirrungsschadens oder zur Vorbereitung eines Beseitigungsanspruchs in Betracht (vgl. BGH GRUR 1996, 78, 79 – Umgehungsprogramm).

2.4 Umfang des Rechnungslegungsanspruchs

Zusätzlich zu den in § 24b Abs. 1, 2 geschuldeten Auskünften kann der GebrM-Inhaber vom GebrM-Verletzer alle weiteren Angaben einfordern, die es jenem ermöglichen, seinen dem Grunde nach bestehenden Schadenersatzanspruch ziffernmäßig nach Maßgabe einer der ihm zur Verfügung stehenden Berechnungsarten der Höhe nach zu bestimmen. Die Rechnungslegung geht dabei inhaltlich über die Erteilung einer Auskunft hinaus und enthält neben der auch mit der Auskunft verbundenen Unterrichtung die weitergehende, genauere Information durch die Vorlage einer geordneten Aufstellung der Einnahmen und Ausgaben; wenn Rechnung gelegt ist, kann daher insoweit keine Auskunft mehr verlangt werden (BGH GRUR 1985, 472 – Thermotransformator). Der Verletzte muss dabei sämtliche Angaben nachprüfen können. Er kann alle zur Schadensberechnung und nach jeder der Berechnungsarten und zur Nachprüfung der Richtigkeit der Rechnung erforderlichen Angaben einfordern. Er hat insbesondere zu folgenden Positionen Angaben zu machen:

9 – Mitteilung des durch die GebrM-Verletzung erzielten Umsatzes;
10 – Mitteilung über den erzielten Gewinn (vgl. LG Düsseldorf E 1998, 25, 27 – Formpresse);
11 – Mitteilung der Gestehungs- und Vertriebskosten unter Aufschlüsselung nach den einzelnen Kostenfaktoren zur Kontrolle der Angaben zu den erteilten Gewinnen (LG Düsseldorf E 1998, 25, 27 – Formpresse); die Gestehungskosten sind bei einem Hersteller so darzulegen, dass zumindest in den Grundzügen deutlich wird, welches Material und welche Arbeitszeit zu welchen Kosten wofür aufgewandt worden sind (LG Düsseldorf E 1997, 122 – Kostenfaktoren); die Angaben der Gestehungskosten umfassen in der Regel mindestens Art, Menge, Einstandspreis des Materials, Sach- und Lohnkosten;
12 – Mitteilung aller Gegenstände, die die gebrauchsmusterrechtlich geschützten Erzeugnisse enthalten;
13 – namentliche Nennung von Lieferanten oder Abnehmern.

14 Soweit nur ein **Bereicherungsanspruch** in Betracht kommt, der lediglich im Wege der Lizenzanalogie abzugelten ist, können keine Angaben über die konkreten Herstellungs- und Vertriebskosten verlangt werden.

15 Der Anspruch besteht ohne **zeitliche** Grenze hinsichtlich seines Beginns, jedoch nicht über das Erlöschen des GebrM hinaus. Der Anspruch reicht mithin bis zur Veröffentlichung der Eintragung des GebrM zurück, allerdings sollte auch beim GebrM-Schutz eine einmonatige Schonfrist ab der Veröffentlichung gelten, innerhalb derer der Verletzer die Rechtslage überprüfen kann (vgl. BGH GRUR 1986, 803 – Formstein).

2.5 Umfang des Auskunftsanspruchs

16 Die Auskunft erfordert in Form der Mitteilung eine geordnete Zusammenstellung. Eine eindeutige Abgrenzung zu dem Rech-

nungslegungsanspruch erfolgt häufig in der Praxis nicht, so dass Überschneidungen zwischen beiden Arten der Information gegeben sind. Angaben über die Umsätze (Menge und Verkaufspreise) des Verletzers und/oder die Art und den Umfang der Werbung, insbesondere Auflagenhöhe, Kosten der Werbemittel, fallen hierunter genauso wie Mitteilungen von Angeboten, aufgeschlüsselt nach Angebotsmengen, -zeiten und -preisen unter Einschluss von Typenbezeichnungen sowie der Namen und Anschriften der Angebotsempfänger, schließlich Mitteilungen der Namen und Anschriften der nicht gewerblichen Abnehmer. Für die Namen und Anschriften der Angebotsempfänger und der nicht gewerblichen Abnehmer kann ein Wirtschaftsprüfervorbehalt bei bestehendem Wettbewerbsverhältnis in Anspruch genommen werden. Die Auskunft kann auch in Schriftsätzen in einem Rechtsstreit erfolgen; hier ist die Möglichkeit der Erledigung des Rechtsstreits in der Hauptsache zu berücksichtigen. Bei Fehlen genauer Unterlagen können Angaben der maßgeblichen Tatsachen und Schätzung auf dieser Grundlage verlangt werden (BGH GRUR 1984, 728 – Dampffrisierstab II). Auskunft kann auch eine negative Erklärung sein. Durch die Regelung des § 24 b ist die Auskunftspflicht des Verletzers stark verschärft worden, so dass der Wirtschaftsprüfervorbehalt kaum noch praktische Bedeutung hat (BGH GRUR 1995, 338 ff – Kleiderbügel). Dies gilt auch im Zusammenspiel mit dem allgemeinen Auskunfts- und Rechnungslegungsanspruch. Im Anwendungsbereich des § 24 b kommt der Wirtschaftsprüfervorbehalt ebenso wenig in Betracht wie bei einer Auskunft, die dazu dient und notwendig ist, den Unterlassungsanspruch gegenüber weiteren Verletzern durchzusetzen (OLG Düsseldorf GRUR 1993, 903, 907).

2.6 Versicherung an Eides Statt

Ist die Rechnungslegung falsch oder hat sich der Beklagte schon vorher widersprüchlich verhalten, kann der auf § 259 BGB gestützte Antrag gestellt werden, den Beklagten zur Abgabe der Versicherung an Eides Statt zu verurteilen, dass die vorgenommene Rechnungslegung nach besten Wissen und Gewissen so vollständig erteilt wurde, als er dazu imstande war (vgl. *Busse/Keukenschrijver*, § 140 b PatG, Rdn. 71). Eine erneute Auskunftserteilung kann nicht verlangt werden. Der Kläger muss den Nachweis erbringen, dass Grund zu der Annahme besteht, dass die in der Rechnungslegung enthaltenen Angaben nicht mit der erforderlichen Sorgfalt getätigt wurden, wobei eine hohe Wahrscheinlichkeit falscher Angaben genügt (vgl. BGH GRUR 1963, 79 – Metallspritzverfahren II).

2.7 Gerichtliche Durchsetzung, Vollstreckung

18 Die Geltendmachung des Auskunfts- und Rechnungslegungsanspruchs erfolgt in der Regel mit der Klage auf Unterlassung und Feststellung der Schadenersatzverpflichtung. Die Vollstreckung erfolgt nach § 888 ZPO durch Zwangsgeld und Zwangshaft.

3. Auskunft über Herkunft und Vertriebsweg (Drittauskunft)

3.1 Anwendungsbereich

19 Die Grundlage dieses Anspruchs wird ebenfalls letztlich in § 242 BGB erblickt. Er erstreckt sich auf den in § 24 b genannten Anwendungsbereich. Darüber hinaus wird er auch bei Verletzung des sog. ergänzenden wettbewerbsrechtlichen Leistungsschutzes zugesprochen (vgl. BGH GRUR 1994, 630, 632 – Cartier-Armreif).

3.2 Aktiv- und Passivlegitimation

20 Berechtigter des Anspruchs ist der GebrM-Inhaber oder sein Rechtsnachfolger. Aktivlegitimiert ist ferner der ausschließliche Lizenznehmer; auch im Wege der Prozessführungsbefugnis kann der Anspruch geltend gemacht werden (vgl. § 24 Anm. 4.2). Passivlegitimierter ist der GebrM-Verletzer, ebenso der Lieferant von Mitteln nach § 11 Abs. 2 (vgl. BGH GRUR 1995, 338, 340 – Kleiderbügel). Auch die gesetzlichen Vertreter fallen unter die Verpflichtung (OLG Düsseldorf GRUR 1993, 818, 820).

3.3 Voraussetzungen

21 Die sog. Drittauskunft erstreckt sich auf Benutzungshandlungen des § 11 Abs. 1, 2. Lediglich die objektive, verschuldensunabhängige Rechtswidrigkeit der Handlungen ist gefordert.

Die Auskunft ist **unverzüglich** zu erteilen, d. h. ohne schuldhaftes Zögern, § 121 Abs. 1 BGB. Auch hierdurch kommt zum Ausdruck, dass die Stellung des Verletzten gestärkt und die Geltendmachung von Ersatzansprüchen erleichtert werden soll. 22

Der **Grundsatz der Verhältnismäßigkeit** stellt eine Schranke des Anspruchs auf Drittauskunft dar. Die Auskunftsverpflichtung entfällt jedoch nur insoweit, als sie unverhältnismäßig ist. Die Darlegungs- und Beweislast für die Unverhältnismäßigkeit des Auskunftsverlangens obliegt dem Verletzer. Es ist eine umfassende Interessenabwägung vorzunehmen, bei der das Informationsinteresse des Verletzten einerseits und das Geheimhaltungsinteresse des Verletzers andererseits gegeneinander abzuwägen sind. Der GebrM-Inhaber hat ein Interesse an der Ermittlung weiterer Verletzer und der Verfolgung weiterer GebrM-Verletzungen. Dem steht das Interesse des Verletzers an der Geheimhaltung seiner Bezugs- und Absatzwege und seiner internen Unternehmensdaten gegenüber. Bei dieser Interessenabwägung ist von dem grundsätzlichen Vorrang auszugehen, den der Gesetzgeber dem Interesse an einer Aufdeckung und Verfolgung der rechtsverletzenden Handlungen eingeräumt hat. Dementsprechend wurde das Interesse des Verletzten geringer bewertet, wenn das Verhalten des Verletzers deutlich macht, dass der Verletzte andernfalls vor weiteren Schutzrechtsverletzungen nicht sicher ist und es sich nicht um eine einzelne Schutzrechtsverletzung handelt (OLG Düsseldorf GRUR 1993, 818, 820). Im Einzelfall könnte eine Unverhältnismäßigkeit zu bejahen sein, wenn das berechtigte Interesse des Verletzten gering ist, weil weitere Verletzungen nicht mehr zu besorgen und Ersatzansprüche bereits ausgeglichen sind (BGH GRUR 1995, 338, 342 – Kleiderbügel). Im Vergleich zur Beurteilung der Unverhältnismäßigkeit bei dem Vernichtungsanspruch gemäß § 24 a wird man angesichts der unterschiedlichen Rechtsfolgen davon ausgehen müssen, dass strengere Anforderungen an die Unverhältnismäßigkeit der Auskunft zu stellen sind. 23

3.4 Umfang der Auskunft

Gemäß Abs. 1 sind Angaben über die Herkunft und den Vertriebsweg und gemäß Abs. 2 Angaben über Namen und Anschrift der Vorbesitzer und Absatz in schriftlicher Form vorzunehmen. Ein Anspruch auf Einsicht in die Bücher besteht nicht. Ein Wirtschaftsprüfervorbehalt kommt bei § 24 b grundsätzlich nicht in Betracht (BGH GRUR 1995, 338, 341 – Kleiderbügel). 24

3.4.1 Herkunft

25 Insoweit sind Informationen über Namen und Anschriften des Herstellers, des Lieferanten und anderer Vorbesitzer der Erzeugnisse vollständig anzugeben. Eingeschlossen sind auch Angaben zu den Personen und Unternehmen, die wesentliche Elemente zur Herstellung des gebrm-verletzenden Produkts im Sinne des § 11 Abs. 2 beigesteuert haben (BGH GRUR 1995, 338, 340 – Kleiderbügel). Hersteller ist der Erzeuger, auch in Lohnfertigung. Lieferant ist in der Regel der Veräußerer, unabhängig von der rechtlichen Einordnung des Veräußerungsgeschäfts. Als Vorbesitzer sind auch Spediteure, Frachtführer, Lagerhalter oder mittelbare Besitzer anzusehen.

3.4.2 Vertriebsweg

26 Um den Vertriebsweg nachzuvollziehen, sind Namen und Anschriften der gewerblichen Abnehmer oder Auftraggeber, jedoch nicht privater Personen anzugeben. Letztverbraucher scheiden aus, gleichgültig, ob sie Gewerbetreibende oder Freiberufler sind. Angebotsempfänger sind ebenfalls nicht mitzuteilen.

3.4.3 Menge

27 Die Angaben über die Menge umfassen die hergestellten, ausgelieferten, erhaltenen oder bestellen Erzeugnisse. Diese Angaben sind den einzelnen Herstellern, Lieferanten, Vorbesitzern, Abnehmern oder Auftraggebern zuzuordnen.

28 Die Auskunft erstreckt sich nicht auf Preise, Kosten und sonstige Herstellungs- und Lieferdaten. Diese Angaben können nur im Rahmen des allgemeinen Auskunfts- und Rechnungslegungsanspruchs verlangt werden.

3.4.4 Zeit

29 § 24 b regelt nicht, über welchen Zeitraum die Auskunft zu erteilen ist. Eine zeitliche Begrenzung des Anspruchs auf Drittauskunft nach § 24 b dahingehend, dass diese erst von der ersten Verletzungshandlung an besteht (so *Busse/Keukenschrijver*, § 140 b PatG, Rdn. 17), ist abzulehnen, da diese Einschränkung nicht mit der eigenständigen Rechtsnatur des Auskunftsanspruchs nach § 24 b in Einklang steht; darüber hinaus würde der Anspruch auf Drittauskunft zudem bei einer derartigen zeitlichen Restriktion entwertet (wie hier: *Mes,* § 140 b PatG, Rdn. 10), so dass keine zeitliche

Grenze hinsichtlich seines Beginns anzunehmen ist, mithin die Verpflichtung bis zur Veröffentlichung der Eintragung des GebrM unter Beachtung einer einmonatigen Überlegungsfrist zurückreicht (vgl. Anm. 2.4).

3.5 Versicherung an Eides Statt

Ob auch die auf § 24 b GebrM basierenden Auskünfte u. U. an Eides Statt zu versichern sind, ist offen, da § 259 BGB letzten Endes eine akzessorische Rechnungslegung zum Inhalt hat, die an Zahlungsansprüche anknüpft. Da die Übergänge zwischen § 24 b GebrMG und dem allgemeinen Rechnungslegungsanspruch jedoch fließend sind und jeweils als Grundlage für geltend gemachte Zahlungsansprüche dienen, ist der Auffassung zu folgen, die eine eidesstattliche Versicherung für zulässig erachtet (zum Meinungsstand: *Busse/Keukenschrijver*, § 140 b, Rdn. 26). 30

3.6 Gerichtliche Durchsetzung, Vollstreckung

Die gerichtliche Durchsetzung erfolgt grundsätzlich im Klageweg, wobei sie in der Regel mit der Klage auf Unterlassung, Schadenersatz und allgemeine Auskunft bzw. Rechnungslegung verbunden wird. Die Verpflichtung zur Erteilung der Drittauskunft kann im Wege der **einstweiligen Verfügung** nach Abs. 3 gemäß den Vorschriften der §§ 935 ff ZPO angeordnet werden. Dies setzt voraus, dass die Rechtsverletzung offensichtlich, d. h. so eindeutig ist, dass eine Fehlentscheidung oder eine andere Beurteilung im Rahmen des richterlichen Ermessens kaum möglich ist (vgl. OLG Düsseldorf GRUR 1993, 818, 820). Im Hinblick darauf, dass das GebrM ein ungeprüftes Schutzrecht ist, sind hier zwar strenge, aber keine überspannten Anforderungen geboten. Gerade bei Erzeugnissen, die vom Markt schnell und umfangreich, ggfs. nur für eine relativ kurze Zeit, aufgenommen werden, kann – bei Vorliegen der übrigen Voraussetzungen – eine Handhabung geboten sein, die dem generellen Interesse der durch das PrPG eingefügten Vorschriften Rechnung trägt. 31

Regelmäßig handelt es sich bei der Auskunftserteilung um eine unvertretbare Handlung, weil nur der Auskunftsverpflichtete selbst die erforderliche Kenntnis hat, so dass die Zwangsvollstreckung nach § 888 ZPO erfolgt, d. h. durch Anordnung von Zwangsgeld oder 32

§ 24 c Verjährung

Zwangshaft. Nach der Gesetzesbegründung zum PrPG soll eine Ersatzvornahme gemäß § 887 ZPO (betreffend eine vertretbare Handlung) möglich sein, wenn die Auskunft in Form eines Auszugs aus Karteien oder sonstigen Buchführungsunterlagen auch durch einen Dritten erteilt werden kann, z. B. durch einen Sachverständigen (PMZ 1990, 173, 185, 186). Die Abgrenzung zwischen vertretbarer und unvertretbarer Handlung kann zu erheblichen Schwierigkeiten führen.

3.7 § 24 b IV

33 Diese Regelung enthält ein strafrechtliches oder ordnungswidrigkeitsrechtliches Verwertungsverbot der erteilten Auskunft. Diese darf weder in einem Strafverfahren noch in einem Ordnungswidrigkeitsverfahren wegen einer vor der Auskunftserteilung begangenen Tat oder gegen den Auskunftsverpflichteten noch gegen einen Angehörigen verwertet werden, es sei denn, dass der Auskunftsverpflichtete der Verwertung zustimmt. Das Verwertungsverbot ist aus verfassungsrechtlichen Gründen postuliert worden.

§ 24 c [Verjährung]

Die Ansprüche wegen Verletzung des Schutzrechts verjähren in drei Jahren von dem Zeitpunkt an, in dem der Berechtigte von der Verletzung und der Person des Verpflichteten Kenntnis erlangt, ohne Rücksicht auf diese Kenntnis in 30 Jahren von der Verletzung an. § 852 Abs. 2 des Bürgerlichen Gesetzbuchs ist entsprechend anzuwenden. Hat der Verpflichtete durch die Verletzung auf Kosten des Berechtigten etwas erlangt, so ist er auch nach Vollendung der Verjährung zur Herausgabe nach den Vorschriften über die Herausgabe einer ungerechtfertigten Bereicherung verpflichtet.

Übersicht

	Rdn.
1. Allgemeines/Zweck der Vorschrift	1
2. Konkurrierende Verjährungsfristen	2
3. Geltungsbereich des § 24 c	3, 4
4. Einzelfälle	5–21
5. Beginn der Verjährung	22, 23

Verjährung 1, 2 § 24 c

	Rdn.
6. Hemmung der Verjährung	24
7. Unterbrechung der Verjährung	25
8. Restschadenersatzanspruch, § 24 Satz 3	26

1. Allgemeines/Zweck der Vorschrift

§ 24 c entspricht § 141 PatG. Die zur patentrechtlichen Verjäh- 1
rungsregelung ergangene Praxis beansprucht mithin vollinhaltlich
Geltung auch für das GebrM-Recht. § 24 c regelt die zivilrechtliche
Verjährung gebrauchsmusterrechtlicher Ansprüche. Nach Satz 1 beträgt die Verjährungsfrist drei Jahre vom Zeitpunkt der Kenntniserlangung des Berechtigten und von der Verletzung des GebrM-
Rechts und der Person des Verletzers an. Ohne Rücksicht auf diese
Kenntnis beläuft sich die Verjährungsfrist auf 30 Jahre von der Verletzung des GebrM-Rechts an. Nach Satz 2 ist die Vorschrift des § 852
Abs. 2 BGB über die Hemmung der Verjährung bei schwebenden
Verhandlungen zwischen dem Berechtigten und dem Verpflichteten
entsprechend anzuwenden. Satz 3 enthält eine § 852 Abs. 3 entsprechende Rechtsfolgenverweisung auf das Bereicherungsrecht und lässt
insoweit den gebrauchsmusterrechtlichen Ersatzanspruch trotz Vollendung der Verjährung bestehen. Die Verjährung ist nicht von Amts
wegen, vielmehr nur auf Einrede beachtlich, § 222 Abs. 1 BGB. Die
Verjährung kann durch Rechtsgeschäft weder ausgeschlossen noch
erschwert werden; eine Erleichterung ist jedoch zulässig, § 225 (z. B.
Vereinbarung der Abkürzung der Verjährungsfrist). Die Verjährung
hindert die Aufrechnung nicht, § 390 BGB.

2. Konkurrierende Verjährungsfristen

Verjährungsfristen dienen allgemein der Sicherheit des Verkehrs 2
und dem Rechtsfrieden. Ansprüche aus dem PatG bzw. GebrMG
sowie Ansprüche des Wettbewerbsrechts und des Deliktrechts verjähren grundsätzlich selbständig nach den für sie geltenden Verjährungsfristen. Eine Abweichung von diesem Grundsatz wird angenommen, wenn eine bestimmte Verjährungsregelung ihrem Sinn
und Zweck nach als abschließende Vorschrift anzusehen ist. Virulent
ist diese Problematik bei der Anspruchskonkurrenz zwischen An-

sprüchen gemäß § 21 UWG (kurze, d. h. 6-monatige Verjährung) und § 852 BGB geworden. Die Problematik wird deutlich bei Ansprüchen, die auf eine unberechtigte Abmahnung gestützt sind, wobei die unberechtigte Abmahnung zum einen einen Eingriff in den eingerichteten und ausgeübten Gewerbebetrieb gemäß § 823 Abs. 1 BGB sein und zum anderen eine unzulässige Wettbewerbshandlung gemäß §§ 1, 3 UWG darstellen kann. Die Anwendung der kurzen Verjährungsfrist des § 21 UWG hängt dabei von der rechtlichen Einordnung des Anspruchs ab. Bei Vorliegen wettbewerbsrechtlicher Ansprüche greift damit grundsätzlich die kurze Verjährungsfrist des § 21 UWG als Spezialregelung durch; dies gilt nach gefestigter Rechtsprechung auch bei gleichzeitiger Verletzung eines Schutzgesetzes im Sinne des § 823 Abs. 1 BGB (vgl. BGH GRUR 1962, 310, 314 – Gründerbildnis; BGH GRUR 1999, 751, 754 – Güllepumpen). Hierzu gehört aber gerade die Verletzung des Rechts am eingerichteten und ausgeübten Gewerbebetrieb. Deshalb erscheint die Praxis, wonach Ansprüche wegen Patentverrufs und unberechtigter Verwarnung nach § 852 BGB in drei Jahren verjähren sollen (vgl. BGH GRUR 1978, 492 – Fahrradgepäckträger; *Benkard/Rogge,* § 141 PatG, Rdn. 3) zweifelhaft (wie hier *Busse/ Keukenschrijver,* § 141 PatG, Rdn. 22). Wenn hingegen die Verletzung eines Gebrauchsmusters zugleich einen Verstoß gegen das UWG darstellt, verjähren die gebrauchsmusterrechtlichen Ansprüche nach § 24 c GebrMG in drei Jahren und nicht nach § 21 Abs. 1 UWG in sechs Monaten.

3. Geltungsbereich des § 24 c

3   § 24 c gilt für alle „Ansprüche wegen Verletzung des Schutzrechts". Bereits hieraus folgt, dass nicht hierunter fallende Ansprüche einem anderem Verjährungssystem unterworfen sein können, auch soweit sie im Zusammenhang mit einem Gebrauchsmuster oder einem Gebrauchsmusterschutz stehen. Im Vergleich zu § 852 BGB ist § 24 c umfassender, als er seinem Wortlaut nach nicht auf Schadenersatzansprüche beschränkt ist, sondern sämtliche (zivilrechtlichen) Ansprüche (vgl. zur Definition des Anspruchs: § 194 BGB) aus einer Gebrauchsmusterverletzung erfasst. Strafrechtliche, öffentlich-rechtliche Ansprüche fallen nicht unter § 24 c.

4   Die **Beweislast** für die tatsächlichen Voraussetzungen der Verjährung einschließlich der Darlegung des Zeitpunkts, in dem der Be-

rechtigte von der Verletzung seines Rechts und der Person des Verpflichteten Kenntnis erlangt hat, trägt der in Anspruch Genommene. Beweispflichtig für die tatsächlichen Voraussetzungen der Hemmung sowie der Unterbrechung (vgl. hierzu Anm. 6, 7) ist derjenige, der sich hierauf beruft.

4. Einzelfälle

Von der 3-jährigen Verjährungsfrist des § 24 c werden folgende Ansprüche erfasst:
– Unterlassungs- und Beseitigungsanspruch, § 24, § 24 a; dies gilt für den Unterlassungsanspruch trotz fortbestehender Wiederholungsgefahr; mit neuer Begehung beginnt ein neuer Unterlassungsanspruch;
– Anspruch auf Drittauskunft nach § 24 b;
– prozessrechtlich begründete Schadenersatzansprüche aufgrund des GebrM (z. B. § 20 GebrMG i. V. m. § 85 Abs. 5 PatG) und außerhalb des GebrMG, z. B. §§ 717, 945 ZPO unterliegen der 3-jährigen Verjährung, jedoch aufgrund § 852 BGB und nicht aufgrund § 24 c);
– Schadenersatz aus § 24 Abs. 2;
– Schadenersatzanspruch des GebrM-Inhabers, wenn konkrete Verletzungshandlungen nur für einen verjährten Zeitraum nachgewiesen sind, mit der Folge, dass der Anspruch auf Herausgabe des durch die Verletzung Erlangten nach den Vorschriften über die Herausgabe einer ungerechtfertigten Bereicherung beschränkt ist (LG Düsseldorf E 1997, 5 – Lichtbogen-Schweißbrenner).

Folgende Ansprüche unterliegen nicht der Regelung des § 24 c:
– Die aus einem Schadenersatzanspruch nach § 24 Abs. 2 eingeklagte Forderung verjährt in 30 Jahren, § 218 BGB;
– Ansprüche aus und im Zusammenhang mit einer Unterlassungserklärung (vgl. zur kurzen Verjährung des § 21 UWG insoweit: BGH GRUR 1995, 678, 680 – Kurze Verjährungsfrist);
– Vertragsstrafeansprüche: 30-jährige Verjährungsfrist (BGH GRUR 1995, 678, 680 – Kurze Verjährungsfrist);
– der allgemeine Auskunfts- und Rechnungslegungsanspruch: er folgt der Verjährung des Anspruchs, den er vorbereiten soll;
– ursprünglicher Bereicherungsanspruch: 30 Jahre, §§ 195, 198 BGB;

17 — Ansprüche aus Lizenzverträgen: in der Regel Verjährung nach 30 Jahren (vgl. z. B. BGH GRUR 1979, 800, 802/803 – Mehrzweckfrachter);
18 — zu regelmäßig wiederkehrenden Terminen fällig werdende Lizenzansprüche verjähren nach § 197 BGB in vier Jahren (vgl. BGH GRUR 1993, 469, 470 – Mauerrohrdurchführungen);
19 — Entschädigungs- und Vergütungsansprüche aufgrund einer Zwangslizenz, Lizenzbereitschaft, Benutzungsanordnung, Geheimhaltungsanordnung: 30 Jahre;
20 — Abtretungsanspruch nach § 13 Abs. 3 GebrMG i. V. m. § 8 PatG: 30-jährige Verjährung;
21 — Gebührenansprüche des Rechtsanwalts und Patentanwalts: 2 Jahre, § 196 Abs. 1 BGB.

5. Beginn der Verjährung

22   Der Beginn der Verjährung für die **3-jährige** und für die **30-jährige** Verjährung ist **unterschiedlich** geregelt. Die 30-jährige Verjährungsfrist beginnt unabhängig von der Kenntnis der Rechtsverletzung und der Person des Verletzers vom Zeitpunkt der Verletzung an zu laufen. Dies gilt auch, wenn der Schaden erst später eingetreten oder erkennbar geworden ist.

23   § 24 c stellt für die 3-Jahresfrist auf den Zeitpunkt der **Kenntnis** von **Verletzung** und **Verletzer** ab. Der Beginn des Laufes der Verjährungsfrist ist eine Beweisfrage. Kenntnis bedeutet, dass der Berechtigte aufgrund der ihm bekannten Tatsachen eine Klage mit einigermaßen sicherer Aussicht auf Erfolg erheben kann (vgl. BGH GRUR 1974, 99, 100 – Brünova). Verdacht oder fahrlässige Unkenntnis (kennen müssen) stehen der positiven Kenntnis nicht gleich und genügen mithin nicht. Der Verletzte muss sich das Wissen der von ihm mit der Erledigung bestimmter Angelegenheiten betrauter Dritter analog § 166 Abs. 1 BGB anrechnen lassen (wenn er nicht informiert wurde). Stellen die jeweiligen Verletzungshandlungen separate, vergangenheitsbezogene Handlungen dar, die jeweils für sich eine wirtschaftliche Bedeutung haben, ist für den Beginn der jeweiligen Verjährungsfrist an den Zeitpunkt der einzelnen Handlung anzuknüpfen (BGH GRUR 1999, 751–754 – Güllepumpen), ggfs. beginnt also die Verjährungsfrist täglich neu zu laufen (BGH GRUR 1978, 492, 495 – Fahrradgepäckträger II). Bei fortgesetzten Handlungen läuft die Verjährungsfrist für jede einzelne Verletzung.

Bei einer einheitlichen Dauerhandlung beginnt hingegen die Verjährung erst mit Beendigung des letzten Teilaktes der Verletzungshandlung. Bei mehreren Berechtigten kommt es auf die Kenntnis jedes einzelnen an. Bei Verjährung eines Beseitigungsanspruchs muss die Kenntnis des fortlaufenden Störungszustands und bei Verjährung des Schadenersatzanspruchs die Kenntnis des Schadenseintritts – aber nicht des Schadensumfangs – hinzu kommen.

6. Hemmung der Verjährung

Aufgrund der Verweisungsnorm des § 24 c Satz 2 besteht nach § 852 Abs. 2 BGB für die Verjährung der Hemmungsgrund der **schwebenden Verhandlungen**. Bei Hemmung der Verjährung, § 205 BGB, wird der entsprechende Zeitraum nicht in die Verjährungsfrist eingerechnet. Nach Beseitigung des Hemmungsgrundes läuft die Frist weiter; die bis zur Hemmung abgelaufene Frist wird mitgerechnet. Der Begriff der Verhandlung ist weit auszulegen, so dass jeder Meinungsaustausch darunter fällt, wenn der Verletzte annehmen konnte, der Verletzer werde irgendeiner Regelung zustimmen. Hiervon kann nicht gesprochen werden, wenn der Verletzer von vornherein z. B. jede Ersatzpflicht (erkennbar) ablehnt. Die Hemmung endet mit dem Abbruch der Verhandlungen oder mit einem Schweigen über den Zeitpunkt hinaus, in dem nach Treu und Glauben eine Antwort hätte erwartet werden können. Bei Aufnahme abgebrochener Verhandlungen kann eine erneute Verjährungshemmung hinsichtlich der noch nicht abgelaufenen Verjährungsfrist eintreten. Ungeachtet dieser Fragen bleiben die Grundsätze über die unzulässige Rechtsausübung anwendbar, § 242 BGB. Die Verjährungshemmung der schwebenden Verhandlungen gilt nicht nur für den ausdrücklich genannten Schadenersatzanspruch sondern für alle sich aus der GebrM-Verletzung ergebenden Ansprüche (vgl. *Benkard/Rogge*, § 141 PatG, Rdn. 5).

7. Unterbrechung der Verjährung

Im Gegensatz zur Hemmung bewirkt die Unterbrechung der Verjährung, dass die bis zur Unterbrechung verstrichene Zeit nicht in Betracht kommt, § 217 BGB. Nach Beendigung der Unterbrechung beginnt die Verjährungsfrist neu zu laufen. Die Unterbrechungsgründe sind in den §§ 208 bis 216 BGB geregelt. Eine Unterbrechung der Verjährung kann durch Abschlags- oder Zinszahlung oder Anerkenntnis erfolgen, im übrigen dadurch, dass auf Leistung oder Feststellung des Anspruchs geklagt oder gemäß § 209 Abs. 2 BGB vorgegangen wird. Erfolgt die Zustellung einer Klage demnächst, so tritt die Unterbrechung schon mit der Einreichung der Klage für die geltend gemachten Ansprüche ein, § 270 Abs. 3 ZPO. Eine Feststellungs- oder Stufenklage, §§ 256, 254 ZPO, unterbricht für den Gesamtanspruch. Ein einstweiliges Verfügungsverfahren führt nicht zur Unterbrechung (BGH GRUR 1979, 121), diese tritt erst durch Vornahme einer Vollstreckungshandlung nach § 209 Abs. 2 Nr. 5 BGB ein (hierunter fällt nicht die an den Schuldner bewirkte Zustellung einer eine Ordnungsmittelandrohung enthaltenen einstweiligen Verfügung, da dies lediglich eine Vollziehung der Verfügung im Sinne des § 929 Abs. 2 ZPO, aber noch kein Vollstreckungsakt ist).

8. Restschadenersatzanspruch, § 24 Satz 3

26 Trotz der Einrede der Verjährung, die dem Beklagten nach § 222 BGB ein Leistungsverweigerungsrecht einräumt, soll derjenige, der durch die GebrM-Verletzung etwas auf Kosten des Berechtigten erlangt hat, nach § 24 c Satz 3 auch nach Vollendung der Verjährung zur Herausgabe des Erlangten nach den Vorschriften über die Herausgabe einer ungerechtfertigten Bereicherung verpflichtet sein. Die Vorschrift verfolgt damit das Ziel, einen etwaigen Vermögensvorteil des Verletzten aufgrund der GebrM-Verletzung diesem nicht zu belassen, vgl. auch § 852 Abs. 3 BGB. § 24 c Satz 3 beinhaltet eine **Rechtsfolgenverweisung** auf das Bereicherungsrecht und nicht etwa einen selbständigen Bereicherungsanspruch im Sinne der §§ 812 ff BGB (Rechtsgrundverweisung), so dass es sich um einen Anspruch aus unerlaubter Handlung handelt, der jedoch in Höhe der Bereicherung nicht verjährt ist (BGH GRUR 1999, 751, 755 – Güllepumpen). Die Anspruchsvoraussetzungen bestimmen sich folglich nach den gebrauchsmusterrechtlichen Anspruchsgrundlagen der §§ 11, 24. Für den Anspruch aus § 24 c Satz 3 wird weiterhin Verschulden verlangt; der Beklagte haftet nur nach Bereicherungsrecht, so dass er sich unter Umständen auf den Wegfall der Bereicherung nach §§ 818, 819 BGB berufen kann. Es ist rechtlich unerheb-

Strafbestimmung § 25

lich, ob der Vermögensvorteil des Verletzers unmittelbar vom Verletzten erlangt oder ob dies über einen Dritten erfolgt, wie etwa Lizenzgebühren durch einen Lizenznehmer (vgl. BGH GRUR 1978, 492 – Fahrradgepäckträger). Neben dem Anspruch nach § 24c Satz 3 ist ein Anspruch nach § 812 Abs. 1 BGB nicht ausgeschlossen (BGH GRUR 1977, 250 – Kunststoffhohlprofil).

§ 25 [Strafbestimmung; strafrechtliche Einziehung; Veröffentlichungsbefugnis]

(1) Mit Freiheitsstrafe bis zu drei Jahren oder mit Geldstrafe wird bestraft, wer ohne die erforderliche Zustimmung des Inhabers des Gebrauchsmusters
1. ein Erzeugnis, das Gegenstand des Gebrauchsmusters ist (§ 11 Abs. 1 Satz 2), herstellt, anbietet, in Verkehr bringt, gebraucht oder zu einem der genannten Zwecke entweder einführt oder besitzt oder
2. das Recht aus einem Patent entgegen § 14 ausübt.

(2) Handelt der Täter gewerbsmäßig, so ist die Strafe Freiheitsstrafe bis zu fünf Jahren oder Geldstrafe.

(3) Der Versuch ist strafbar.

(4) In den Fällen des Absatzes 1 wird die Tat nur auf Antrag verfolgt, es sei denn, daß die Strafverfolgungsbehörde wegen des besonderen öffentlichen Interesses an der Strafverfolgung ein Einschreiten von Amts wegen für geboten hält.

(5) Gegenstände, auf die sich die Straftat bezieht, können eingezogen werden. § 74a des Strafgesetzbuches ist anzuwenden. Soweit den in § 24a bezeichneten Ansprüchen im Verfahren nach den Vorschriften der Strafprozeßordnung über die Entschädigung des Verletzten (§§ 403 bis 406c) stattgegeben wird, sind die Vorschriften über die Einziehung nicht anzuwenden.

(6) Wird auf Strafe erkannt, so ist, wenn der Verletzte es beantragt und ein berechtigtes Interesse daran dartut, anzuordnen, daß die Verurteilung öffentlich bekannt gemacht wird. Die Art der Bekanntmachung ist im Urteil zu bestimmen.

Übersicht

	Rdn.
1. Allgemeines/Zweck der Vorschrift	1
2. Grundtatbestände	
2.1 Besonderheiten im Vergleich zu § 142 PatG	2, 3
2.2 Strafbarkeit nach § 25 I Nr. 1	4
2.3 Strafbarkeit nach § 25 I Nr. 2	5
2.4 Handeln im geschäftlichen Verkehr	6
2.5 Widerrechtlichkeit	7, 8
2.6 Vorsatz	9, 10
3. Strafverschärfung bei Gewerbsmäßigkeit, § 25 II	11
4. Strafbarkeit des Versuchs, § 25 III	12
5. Strafantragserfordernis, § 25 IV	13
6. Einziehung, § 25 V	14
7. Urteilsbekanntmachung, § 25 VI.	15

Literatur (Auswahl): *Braun,* Produktpiraterie, CR 1994, 726; *U. Krieger,* Durchsetzung gewerblicher Schutzrechte in Deutschland und die TRIPS-Standards, GRUR Int. 1997, 421; *Kröger/Bausch,* Produktpiraterie im Patentwesen, GRUR 1997, 321; *Lührs,* Verfolgungsmöglichkeiten im Fall der „Produktpiraterie" unter besonderer Beachtung der Einziehungs- und Gewinnabschöpfungsmöglichkeiten (bei Ton-, Bild- und Computerprogrammträgern), GRUR 1994, 264; *Sieber,* Computerkriminalität und Informationsstrafrecht, CR 1995, 100; *von Gravenreuth,* Strafverfahren wegen Verletzung von Patenten, Gebrauchsmustern, Warenzeichen oder Urheberrechten, GRUR 1983, 349; *ders.* Das Plagiat in strafrechtlicher Sicht, 1986.

1. Allgemeines/Zweck der Vorschrift

1 Mit dem PrPG vom 7. März 1990 (BGBl I 422) wurde der Strafrahmen einer Schutzrechtsverletzung einheitlich für alle gewerblichen Schutzrechte und das Urheberrecht erweitert und verschärft. Durch das PrPG wurde insbesondere eine bis zu diesem Zeitpunkt nicht bestehende Strafbarkeit des Versuchs eingeführt, der Strafrahmen erhöht und der Straftatbestand des qualifizierten Falls des gewerbsmäßigen Handelns aufgenommen. Die Straftatbestände werden weitgehend durch Bezugnahme auf die entsprechenden zivilrechtlichen Verbotstatbestände des § 11 Abs. 1 Satz 2 und § 14 geregelt, was die Vereinfachung der Anwendung der Straftatbestände durch die Strafverfolgungsbehörde und Strafgerichte und Übersichtlichkeit bewirkt. Regelungsgegenstand des § 25 ist die strafbare GebrM-Verletzung. § 25 Abs. 1 enthält den strafrechtlichen Grundtatbestand einer einfachen Gebrauchsmusterverletzung; Abs. 2 einen Qualifikationstatbestand der gewerbsmäßigen GebrM-Verletzung. Nach Abs. 3 ist der Versuch einer GebrM-Verletzung strafbar. Abs. 4 regelt das Strafantragserfordernis bei einfachen GebrM-Verletzungen. Abs. 5 enthält die Bestimmungen über die strafrechtliche Einziehung von Gegenständen. Die Voraussetzungen einer strafprozessualen Urteilsveröffentlichung regelt Abs. 6.

2. Grundtatbestände

2.1 Besonderheiten im Vergleich zu § 142 PatG

§ 25 stimmt sachlich mit der Regelung in § 142 PatG weitgehend überein. Besonderheiten ergeben sich jedoch unter anderem daraus, dass es sich bei dem GebrM um ein sog. ungeprüftes Schutzrecht handelt. Für das Vorliegen des Vorsatzes ist dementsprechend zu fordern, dass sich die Kenntnis bzw. die billigende Inkaufnahme bei bedingtem Vorsatz darauf erstrecken muss, dass das Gebrauchsmuster rechtsbeständig ist (vgl. BGH GRUR 1977, 250, 252 – Kunststoffhohlprofil I, zum zivilrechtlichen Schadenersatzanspruch). Der Rechtsbestand des GebrM ist deshalb auch bei Nichtbestreiten durch den Angeklagten von Amts wegen durch das Strafgericht zu überprüfen.

§ 25 Abs. 1 Nr. 2 regelt den besonderen Straftatbestand der an sich erlaubten Ausübung eines Rechts aus einem Patent entgegen § 14.

2.2 Strafbarkeit nach § 25 I Nr. 1

Der objektive Tatbestand setzt die Verletzung des Gegenstands des Gebrauchsmusters durch Herstellung, Anbieten, Inverkehrbringen, Gebrauchen oder Einführen oder Besitzen zu einem der genannten Zwecke voraus. Insoweit kann auf die Anmerkungen zu § 11 verwiesen werden. Auch wenn § 25 nicht auf § 12 a verweist, ist – ebenso wie bei § 142 PatG – gesichert, dass hierunter alle Handlungen fallen, die den Schutzbereich des GebrM verletzen, tatbestandsmäßig im Sinne des § 25 sind. Der Tatbestand der mittelbaren GebrM-Verletzung ist in § 25 nicht einbezogen, da die Vorschriften über Anstiftung, Beihilfe und Mittäterschaft des StGB i. V. m. den strafrechtlich relevanten, unmittelbaren Verletzungstatbeständen ausreichen. Das ex nunc wirkende Erlöschen des GebrM hebt die Strafbarkeit nicht auf; dies ist jedoch bei der ex tunc wirkenden Löschung anzunehmen. Ob das Vorliegen der Voraussetzungen der §§ 12, 13 einen Rechtfertigungsgrund darstellt oder bereits tatbestandausschließend wirkt, ist offen. Die Beantwortung dieser Frage hat Auswirkungen auf die strafrechtliche Beurteilung des Irrtums.

2.3 Strafbarkeit nach § 25 I Nr. 2

5   Danach ist Tathandlung die Ausübung der Rechte aus einem später angemeldeten Patent ohne Erlaubnis des GebrM-Inhabers. Der Täter muss infolge dessen wissen, dass ein älteres GebrM der Ausübung des jüngeren Rechts entgegensteht. Des weiteren muss er wissen bzw. billigend in Kauf nehmen, dass das GebrM rechtsbeständig ist.

2.4 Handeln im geschäftlichen Verkehr

6   Auch die Straftatbestände des § 25 setzen ein widerrechtliches Handeln im geschäftlichen Verkehr voraus. Eine Benutzung der technischen Lehre des GebrM zum privaten Gebrauch genügt nicht.

2.5 Widerrechtlichkeit

7   Die Widerrechtlichkeit ist Tatbestandsmerkmal. Erfolgt die Benutzungshandlung mit Zustimmung des GebrM-Inhabers, entfällt sie. Dies ergibt sich bereits aus dem Wortlaut des § 25 Abs. 1: „ohne die erforderliche Zustimmung". Widerrechtlichkeit entfällt, wenn dem zivilrechtlichen Anspruch des GebrM-Inhabers eine der gesetzlichen Schutzschranken (z. B. Verjährung) entgegensteht, oder wenn die Widerrechtlichkeit aus anderen Gründen nicht gegeben ist, insbesondere die Benutzung wegen Erschöpfung erlaubt ist.

8   Greift der Beschuldigte/Angeklagte das GebrM im Wege der Löschung an, so ist bereits die Tatbestandsmäßigkeit zu prüfen. Das

Strafbestimmung 9–11 § 25

Verfahren ist ggfs. nach den strafprozessualen Vorschriften bis zur Klärung der Schutzbeständigkeit auszusetzen.

2.6 Vorsatz

Die Verletzungshandlung muss mit Vorsatz begangen werden. **9** Eine besondere Absicht ist grundsätzlich nicht erforderlich. Bedingter Vorsatz genügt. Der Vorsatz muss sich auf alle objektiven Tatumstände der GebrM-Verletzung beziehen. Eine Schädigungsabsicht oder das Bewusstsein der Schadenszufügung ist mangels tatbestandlicher Erfassung nicht erforderlich. Es reicht aus, wenn der Täter den als möglich erkannten rechtswidrigen Erfolg billigend in Kauf nimmt.

Ein Rechtsirrtum schließt den Vorsatz nicht immer aus, so dass **10** die falsche Beurteilung des Schutzumfangs den Täter nicht entlastet. Unerheblich ist auch die Unkenntnis des gebrauchsmusterrechtlichen Straftatbestandes. Ein beachtlicher Tatbestandsirrtum mit der Folge des Strafbarkeitsausschlusses nach § 16 StGB kann dagegen vorliegen, wenn der Irrtum sich auf bestimmte Tatumstände bezieht. Die Abgrenzung zwischen Tatbestandsirrtum und Verbotsirrtum kann im Einzelfall Schwierigkeiten bereiten.

3. Strafverschärfung bei Gewerbsmäßigkeit, § 25 II

§ 25 II enthält den Qualifikationstatbestand einer gewerbsmäßi- **11** gen GebrM-Verletzung. Dieses Merkmal wurde durch das PrPG zur Stärkung des Schutzes des geistigen Eigentums und zur Bekämpfung der Produktpiraterie eingeführt. Gewerbsmäßig handelt derjenige, der sich durch wiederholte Begehung einer Straftat aus deren Vorteilen eine fortlaufende Einnahmequelle von einigem Umfang und einiger Dauer verschafft. Dieses Tatbestandsmerkmal soll vor allem den Wiederholungstäter erfassen, wobei jedoch die erste in Wiederholungsabsicht begangene Tat zur Erfüllung des Tatbestandes ausreicht. Das Tatbestandsmerkmal der Gewerbsmäßigkeit ist von dem Begriff des gewerblichen Handelns bzw. des Handels im geschäftlichen Verkehr zu unterscheiden. Wegen der regelmäßig eintretenden großen Schäden für die Volkswirtschaft erfolgt die Strafverfolgung bei gewerbsmäßiger Kennzeichenverletzung stets von Amts wegen

(Offizialdelikt), also in Abweichung von dem sonst nötigen Strafantrag, § 25 Abs. 4.

4. Strafbarkeit des Versuchs, § 25 III

12 § 25 Abs. 3 enthält eine gesetzliche Bestimmung der Versuchsstrafbarkeit. Die Regelung wurde durch das PrPG eingeführt. Sie dient dem Zweck einer effektiven Bekämpfung von Schutzrechtsverletzungen. Erfasst werden soll insbesondere der Fall, dass Einzelteile eines Erzeugnisses, die als solche nicht durch das GebrM geschützt sind, bis zuletzt getrennt gehalten und erst kurz vor dem Verkauf oder Vertrieb zu einer schutzrechtsverletzenden Vorrichtung zusammengesetzt werden. Von der Regelung werden sowohl der Grundtatbestand wie auch die Strafverschärfung erfasst.

5. Strafantragserfordernis, § 25 IV

13 Der Grundtatbestand der einfachen GebrM-Verletzung im Sinne des § 25 Abs. 1 hat einen Strafantrag zur Prozessvoraussetzung; die Grundtatbestände sind damit Antragsdelikte, § 77 ff StGB, soweit nicht ausnahmsweise das besondere öffentliche Interesse an der Strafverfolgung bejaht wird. Dann erfolgt die Strafverfolgung auch von Amts wegen. Vorsorglich sollte immer ein Strafantrag innerhalb der 3-Monatsfrist ab Kenntniserlangung gestellt werden, § 77 b StGB. Einfache GebrM-Verletzungen nach Abs. 1 sind Privatklagedelikte, § 374 Abs. 1 Nr. 8 StPO; die Staatsanwaltschaft erhebt die öffentliche Klage nur bei öffentlichem Interesse, § 376 StPO.

6. Einziehung, § 25 V

14 Die strafrechtliche Einziehung von rechtswidrig hergestellten Waren zur Vernichtung ist möglich. § 74 a StGB wird für anwendbar erklärt, der die Einziehung von nicht im Eigentum des Täters stehenden Gegenständen erleichtert. Der Verletzte hat die Möglichkeit, den zivilrechtlichen Vernichtungsanspruch nach § 24 a im sog.

Adhäsionsverfahren, §§ 403–406 StPO, im Rahmen des Strafprozesses geltend zu machen.

7. Urteilsbekanntmachung, § 25 VI

Diese Vorschrift regelt die Befugnis zur strafprozessualen Urteilsveröffentlichung. Das Gericht muss bei einer Verurteilung wegen einer GebrM-Verletzung die öffentliche Bekanntmachung des Urteils anordnen, wenn der Verletzte dies beantragt und ein berechtigtes Interesse an der Urteilsveröffentlichung darlegt. Die Urteilsbekanntmachung ist sowohl Nebenstrafe als auch private Genugtuung. Das berechtigte Interesse erfordert eine Abwägung der Interessen des Geschädigten und des Verurteilten. Das Interesse des Verletzten kann insbesondere an einer Beseitigung der eingetretenen Marktverwirrung und der sonstigen Fortwirkungen der GebrM-Verletzung liegen. Eine unnötige Herabsetzung des Verurteilten in der Öffentlichkeit muss vermieden werden. Aus diesem Grunde wird die Veröffentlichung des Urteilstenors (nicht der Gründe) regelmäßig ausreichend sein. Das Gericht bestimmt im Urteil Umfang und Art der Bekanntmachung. Die Anordnung der Urteilsveröffentlichung wird durch die Vollstreckungsbehörden vollstreckt. Eine Vollziehung nach § 463 c Abs. 2 StPO erfolgt nur, wenn der Antragsteller oder ein an seiner Stelle Antragsberechtigter innerhalb eines Monats nach Zustellung der rechtskräftigen Entscheidung dies verlangt. Die Kosten der Veröffentlichung sind Vollstreckungskosten.

§ 25 a [Beschlagnahme durch die Zollbehörde]

(1) **Ein Erzeugnis, das ein nach diesem Gesetz geschütztes Gebrauchsmuster verletzt, unterliegt auf Antrag und gegen Sicherheitsleistung des Rechtsinhabers bei seiner Einfuhr oder der Ausfuhr der Beschlagnahme durch die Zollbehörde, sofern die Rechtsverletzung offensichtlich ist. Dies gilt für den Verkehr mit anderen Mitgliedsstaaten der Europäischen Union sowie mit den anderen Vertragsstaaten des Abkommens über den Europäischen Wirtschaftsraum nur, soweit Kontrollen durch die Zollbehörden stattfinden.**

§ 25 a   Beschlagnahme durch die Zollbehörde

(2) Ordnet die Zollbehörde die Beschlagnahme an, so unterrichtet sie unverzüglich den Verfügungberechtigten sowie den Antragsteller. Dem Antragsteller sind Herkunft, Menge und Lagerort des Erzeugnisses sowie Name und Anschrift des Verfügungsberechtigten mitzuteilen; das Brief- und Postgeheimnis (Art. 10 des Grundgesetzes) wird insoweit eingeschränkt. Dem Antragsteller wird Gelegenheit gegeben, das Erzeugnis zu besichtigen, soweit hierdurch nicht in Geschäfts- oder Betriebsgeheimnisse eingegriffen wird.

(3) Wird der Beschlagnahme nicht spätestens nach Ablauf von zwei Wochen nach Zustellung der Mitteilung nach Absatz 2 Satz 1 widersprochen, so ordnet die Zollbehörde die Einziehung des beschlagnahmten Erzeugnisses an.

(4) Widerspricht der Verfügungsberechtigte der Beschlagnahme, so unterrichtet die Zollbehörde hiervon unverzüglich den Antragsteller. Dieser hat gegenüber der Zollbehörde unverzüglich zu erklären, ob er den Antrag nach Absatz 1 in Bezug auf das beschlagnahmte Erzeugnis aufrecht erhält.

1. Nimmt der Antragsteller den Antrag zurück, hebt die Zollbehörde die Beschlagnahme unverzüglich auf.
2. Hält der Antragsteller den Antrag aufrecht und legt er eine vollziehbare gerichtliche Entscheidung vor, die die Verwahrung des beschlagnahmten Erzeugnisses oder eine Verfügungbeschränkung anordnet, trifft die Zollbehörde die erforderlichen Maßnahmen.

Liegen die Fälle der Nummern 1 oder 2 nicht vor, hebt die Zollbehörde die Beschlagnahme nach Ablauf von zwei Wochen nach Zustellung der Mitteilung an den Antragsteller nach Satz 1 auf; weist der Antragsteller nach, daß die gerichtliche Entscheidung nach Nr. 2 beantragt, ihm aber noch nicht zugegangen ist, wird die Beschlagnahme für längstens zwei weitere Wochen aufrecht erhalten.

(5) Erweist sich die Beschlagnahme als von Anfang an ungerechtfertigt und hat der Antragsteller den Antrag nach Absatz 1 in bezug auf das beschlagnahmte Erzeugnis aufrecht erhalten oder sich nicht unverzüglich erklärt (Absatz 4 Satz 2), so ist er verpflichtet, den dem Verfügungberechtigten durch die Beschlagnahme entstandenen Schaden zu ersetzen.

(6) Der Antrag nach Absatz 1 ist bei der Oberfinanzdirektion zu stellen und hat Wirkung für zwei Jahre, sofern keine kürzere

Beschlagnahme durch die Zollbehörde § 25 a

Geltungsdauer beantragt wird; er kann wiederholt werden. Für die mit dem Antrag verbundenen Amtshandlungen werden vom Antragsteller Kosten nach Maßgabe des § 178 der Abgabenordnung erhoben.

(7) Die Beschlagnahme und die Einziehung können mit den Rechtsmitteln angefochten werden, die im Bußgeldverfahren nach dem Gesetz über Ordnungswidrigkeiten gegen die Beschlagnahme und Einziehung zulässig sind. Im Rechtsmittelverfahren ist der Antragsteller zu hören. Gegen die Entscheidung des Amtsgerichts ist die sofortige Beschwerde zulässig; über sie entscheidet das Oberlandesgericht.

Übersicht

	Rdn.
1. Allgemeines/Zweck der Vorschrift	1
2. Voraussetzungen der Grenzbeschlagnahme, § 25 a I, II	
2.1 Antrag	2
2.2 Offensichtliche Rechtsverletzung	3
2.3 Import, Export	4
2.4 Sicherheitsleistung	5
2.5 Gegenstand der Grenzbeschlagnahme	6
2.6 Benachrichtigung von der Beschlagnahme	7
2.7 Auskunftsrecht	8
2.8 Besichtigungsrecht	9
3. Verfahren nach erfolgter Beschlagnahme, § 25 a III, IV	10
3.1 Einziehung	11
3.2 Widerspruch	12
4. Rechtsmittel, § 25 a VII	13
5. Schadenersatz bei ungerechtfertigter Beschlagnahme, § 25 a V	14

Literatur (Auswahl): *Ahrens,* Die europarechtlichen Möglichkeiten der Beschlagnahme von Produktpirateriewaren an der Grenze und unter Berücksichtigung des TRIPS-Abkommens, RIW 1996, 727; *ders.,* Die gesetzlichen Grundlagen der Grenzbeschlagnahme von Produktpiraterieware nach dem deutschen nationalen Recht, BB 1997, 902; *Scheja,* Bekämpfung der grenzüberschreitenden Produktpiraterie durch die Zollbehörden, CR 1995, 719; *Schöner,* Die Bekämpfung der Produktpiraterie durch die Zollbehörden, Mitt. 1992, 180.

§ 25 a 1, 2 Beschlagnahme durch die Zollbehörde

1. Allgemeines/Zweck der Vorschrift

1 § 25 a ist ebenso wie die inhaltsgleiche Bestimmung des § 142 a PatG durch das PrPG vom 7. 3. 1990 eingefügt worden. Die Vorschrift hat in letzter Zeit zunehmend Bedeutung gewonnen. Auch wenn sie ursprünglich eher auf die Bekämpfung der Markenpiraterie zugeschnitten war, gewinnt sie mehr und mehr auch Bedeutung für die technischen Schutzrechte, einschließlich der Gebrauchsmuster (Informationsheft Zoll „Gewerblicher Rechtsschutz" der „Zentralstelle gewerblicher Rechtsschutz der Oberfinanzdirektion Nürnberg, Zoll- und Verbrauchssteuerabteilung, Außenstelle München, 1999, S. 22). § 25 a enthält Vorschriften zur sog. Grenzbeschlagnahme, wobei die Abs. 1–4, 6, 7 das Verfahren in Bezug auf die Beschlagnahme widerrechtlich hergestellter Waren durch die Zollbehörden regeln, während Abs. 5 einen Schadenersatzanspruch bei ungerechtfertigter Grenzbeschlagnahme normiert. Von den Regelungen in §§ 25 a GebrMG, 142 a PatG zu unterscheiden ist die **Verordnung (EG) Nr. 3295/94** vom 22. 12. 1994 (ABl EG L341/8 = PMZ 1995, 211 = GRUR Int. 1995, 483). Die Beschlagnahme nach dieser Verordnung bezieht sich ausschließlich auf Waren, die aus Drittländern in den zollrechtlich freien Verkehr der EU eingeführt oder ausgeführt werden. Eine Grenzbeschlagnahme nach §§ 25 a GebrMG, 142 a PatG betrifft hingegen Einfuhren an den Binnengrenzen aus anderen Mitgliedsstaaten der EU. Patent- und Gebrauchsmusterverletzungen werden durch die VO nicht erfasst (*Busse/Keukenschrijver*, § 142 a PatG, Rdn. 22). Im Rahmen des Art. 3 VO EG Nr. 3295/94 ist für das Gebiet der Bundesrepublik Deutschland die Oberfinanzdirektion Nürnberg, Zoll- und Verbrauchssteuerabteilung, Zentralstelle gewerblicher Rechtsschutz – Außenstelle München –, Sophienstraße 6, 80 333 München, Tel. 089–599 500, zur Entgegennahme des Antrags befugt.

2. Voraussetzungen der Grenzbeschlagnahme, § 25 a I, II

2.1 Antrag

2 Das Grenzbeschlagnahmeverfahren wird durch einen (formlosen) Antrag eingeleitet. Der Antrag gilt für zwei Jahre, sofern keine

kürzere Laufzeit beantragt wurde, § 25 a Abs. 6. Antragsberechtigt ist der Rechtsinhaber, § 25 a Abs. 1 Satz 1. Dies ist der durch die GebrM-Verletzung unmittelbar Betroffene, also der GebrM-Inhaber oder der ausschließliche Lizenznehmer.

2.2 Offensichtliche Rechtsverletzung

Eine offensichtliche Rechtsverletzung liegt vor, wenn die GebrM-Verletzung bereits begangen wurde oder bevorsteht. Die Beantwortung der GebrM-Verletzung richtet sich nach materiellem Recht (vgl. §§ 11, 12 a und Anm. dort). Der Begriff der Offensichtlichkeit dient dazu sicherzustellen, dass die einen erheblichen Eingriff in den Warenverkehr bedeutende Beschlagnahme von Waren bei unklarer Rechtslage unterbleibt. Eine offensichtliche Rechtsverletzung liegt vor, wenn eine Fehlentscheidung oder eine andere Beurteilung mit der Folge einer ungerechtfertigten Belastung des durch die Beschlagnahme Betroffenen kaum möglich ist, was einen klaren Verletzungstatbestand und ferner einen hohen Grad der Wahrscheinlichkeit der Bestandskraft des GebrM voraussetzt. Einen Nachweis durch Glaubhaftmachungsmittel verlangt § 25 a seinem Wortlaut nach nicht. Nach den allgemeinen Kriterien der Darlegungs- und Beweislast könnte ein GebrM-Inhaber auch faktisch zum Beispiel den Bestand des zugrunde liegenden GebrM nicht glaubhaft machen, da er einen negativen Sachverhalt, d. h. das Nichtvorliegen eines relevanten entgegenstehenden Standes der Technik (z. B. durch eine offenkundige Vorbenutzung) kaum jemals nachweisen könnte. Die Tatbestandsvoraussetzung der offensichtlichen Rechtsverletzung stellt ferner klar, dass die Vorschriften über die Grenzbeschlagnahme nicht dazu verwendet werden können, etwaige vertragswidrige Absatzwege von rechtmäßig hergestellten und in den Verkehr gebrachten Waren, d. h. Originalwaren, zu unterbinden. Die Vorschriften geben deshalb keine Handhabe, die Einfuhr, Ausfuhr oder den Reimport von Waren zu verhindern, die vom deutschen Schutzrechtsinhaber selbst oder mit seinem Einverständnis (z. B. durch ein zu seinem Konzernbereich gehörendes Unternehmen im Ausland oder durch einen Lizenznehmer) hergestellt und in den Verkehr gebracht worden sind. Das gilt auch dann, wenn Originalwaren vom Hersteller nicht an die vom GebrM-Inhaber bestimmten Abnehmer, sondern auch an andere Abnehmer geliefert und unter Umgehung festgelegter Vertriebswege eingeführt oder ausgeführt werden.

2.3 Import/Export

4 Nach § 25 a Abs. 1 werden widerrechtlich hergestellte Waren bei ihrer **Einfuhr** oder **Ausfuhr** von der Grenzbeschlagnahme erfasst. § 25 a Abs. 1 erfasst danach **nicht** die **Durchfuhr** von Waren, da der Gesetzgeber bei Vorliegen eines reinen Transits von einer fehlenden Rechtsverletzung im Inland ausgegangen ist (zwh.). Abs. 1 soll verhindern, dass schutzrechtsverletzende Waren gewerblich in den Verkehr gebracht werden und erfasst auch Waren, die im Wege des Versandhandels von Privatpersonen aus dem Ausland bezogen werden. Nicht erfasst wird der sog. „kleine" Reiseverkehr oder eine Geschenksendung für den privaten Gebrauch, sofern nicht im Hinblick auf Art und Menge der Waren, der Person der Beteiligten oder aufgrund sonstiger Umstände Anlass für die Annahme besteht, dass die Waren in den gewerblichen Verkehr gebracht werden („Ameisenverkehr").

2.4 Sicherheitsleistung

5 Die Maßnahme des Grenzbeschlags erfolgt nur gegen Sicherheitsleistung, § 25 a Abs. 1. Diese dient der Absicherung für voraussichtlich entstehende Auslagen sowie für einen durch den Antrag etwa entstehenden Schaden. Die Höhe der Sicherheitsleistung steht im pflichtgemäßen Ermessen der Behörde; der Betrag kann auch erst nach erfolgter Beschlagnahme durch die Zollbehörden bezahlt werden. Die Vorschriften über die Leistung von Sicherheiten im Besteuerungsverfahren gelten entsprechend. Ferner wird für den mit der Annahme und Bearbeitung eines Antrags auf Grenzbeschlagnahme verbundenen Verwaltungsaufwand eine **Gebühr** nach § 12 Abs. 1 ZollkostenVO (Gebühr im Rahmen von DM 50,00 bis DM 500,00) unter Berücksichtigung der Umstände des Einzelfalls erhoben.

2.5 Gegenstand der Grenzbeschlagnahme

6 Nach dem Wortlaut des § 25 a Abs. 1 unterliegt der Grenzbeschlagnahme ein „Erzeugnis, das ein nach diesem Gesetz geschütztes Gebrauchsmuster verletzt". Die Grenzbeschlagnahme dient dem Zweck, einem Eingriff in das Ausschließlichkeitsrecht des GebrM-Inhabers wirksam zu begegnen. Probleme können auftreten, wenn sich das gebrauchsmusterverletzende Erzeugnis in einer **Gesamtvorrichtung,** die ein- oder ausgeführt wird, befindet. In diesen Fällen wird unter Berücksichtigung aller Umstände des Einzelfalls eine Beurteilung nach Verkehrsüblichkeit und Zweckmäßigkeit vorzunehmen sein. Ist das geschützte Teil z. B. nicht ohne weiteres separierbar, oder erfährt das Ganze durch den geschützten Teil insgesamt eine Wertsteigerung, wird sich die Grenzbeschlagnahme auf die Gesamtvorrichtung erstrecken können (müssen). Spiegelbildlich wird dasselbe bei wesentlichen Bestandteilen gelten, die im Rahmen des § 11 Abs. 2 eine GebrM-Verletzung darstellen.

2.6 Benachrichtigung von der Beschlagnahme

Der Verfügungsberechtigte ist von der Beschlagnahme unverzüglich zu unterrichten, § 25a Abs. 2. Mit der Benachrichtigung ist dieser darauf hinzuweisen, dass die beschlagnahmten Waren eingezogen werden, wenn der Beschlagnahme nicht innerhalb der 2-wöchigen Widerspruchsfrist widersprochen wird, § 25a Abs. 3. Ebenso wird der Antragsteller von der Beschlagnahme unterrichtet, § 25a Abs. 2 Satz 1. Die Benachrichtigung des Antragstellers versetzt diesen in die Lage zu prüfen, ob die Erlangung einer gerichtlichen Entscheidung erfolgversprechend ist. Kommt er zu dem Ergebnis, dass die Beschlagnahme nicht gerechtfertigt ist, muss er unverzüglich auf eine Freigabe der Waren hinwirken, um sich nicht einem Schadenersatzanspruch auszusetzen, §§ 823, 826 BGB, 1 UWG.

2.7 Auskunftsrecht

Der Antragsteller ist gemäß § 25a Abs. 2 Satz 2 über Name und Anschrift des Verfügungsberechtigten (Importeur, Exporteur) sowie über die Herkunft, Menge und Lagerort zu unterrichten; diese Angaben ermöglichen dem Antragsteller, gegen den Verfügungsberechtigten gerichtlich vorzugehen. Die Einschränkung des Brief- und Postgeheimnisses im Sinne des Art 10 GG ist ausdrücklich gesetzlich geregelt.

2.8 Besichtigungsrecht

Der Antragsteller erhält Gelegenheit, die Ware zu besichtigen, soweit hierdurch nicht in Geschäfts- oder Betriebsgeheimnisse ein-

§ 25 a 10, 11 Beschlagnahme durch die Zollbehörde

gegriffen wird, § 25 a Abs. 2 Satz 3. Zum Zwecke der Vereinfachung kann die Zollbehörde dem Antragsteller auch ein Muster übersenden.

3. Verfahren nach erfolgter Beschlagnahme, § 25 a III, IV

10 Die Zollstellen achten bei der Zollbehandlung von in Betracht kommenden Sendungen darauf, ob diese schutzrechtsverletzende Waren enthalten. Sie gehen dabei Hinweisen des Antragstellers auf bestimmte Einfuhren oder Ausfuhren nach und nehmen erforderlichenfalls eine gezielte Beschau der betreffenden Sendungen vor. Stellt die Zollstelle fest, dass ein- oder ausgehende Waren einem vorliegenden Antrag auf Grenzbeschlagnahme unterfallen, so ordnet sie ihre Beschlagnahme an. Die Beschlagnahme wird dabei durch einen mit Rechtsmittelbelehrung versehenen Verwaltungsakt der Zollbehörde ausgesprochen. Er nimmt die Waren auf Kosten des Antragstellers in Verwahrung; ferner kann sie die Waren auch einem anderen (z. B. Lagerunternehmen) in Verwahrung geben oder sie dem Verfügungsberechtigten (z. B. Importeur, Exporteur, Spediteur) unter Auferlegung eines Verfügungsverbots überlassen.

3.1 Einziehung

11 Widerspricht der Verfügungsberechtigte nicht innerhalb von zwei Wochen nach Zustellung der Benachrichtigung über die Beschlagnahme, so ordnet die Zollbehörde ohne weiteres die **Einziehung** der beschlagnahmten Waren an, § 25 a Abs. 3. Die Einziehungsverfügung ist mit einer Rechtsmittelbelehrung versehen und wird dem Verfügungsberechtigten zugestellt. Von der Einziehungsverfügung wird abgesehen, wenn sich der Antragsteller mit einer Freigabe der Waren einverstanden erklärt. Mit Einziehung der beschlagnahmten Waren durch die Zollbehörden ist das zollrechtliche Beschlagnahmeverfahren abgeschlossen. In der Regel werden die Waren von der Zollbehörde vernichtet, um sicherzustellen, dass diese nicht mehr in den Verkehrskreislauf gelangen. Rechtsmittel: vgl. Anm. 4.

Beschlagnahme durch die Zollbehörde 12, 13 § 25 a

3.2 Widerspruch

Widerspricht der Verfügungsberechtigte innerhalb der 2-wöchi- 12
gen Frist der Beschlagnahme, teilt die Zollbehörde dies dem Antragsteller unverzüglich mit, § 25 a Abs. 4. Dieser hat ihr gegenüber unverzüglich zu erklären, ob er seinen Antrag aufrecht erhält. Nimmt er den Antrag zurück, wird die Beschlagnahme unverzüglich aufgehoben. Hält er seinen Antrag aufrecht, so hat er innerhalb von zwei Wochen nach Zustellung der Mitteilung nach § 25 a Abs. 4 Satz 1 entweder eine vollziehbare gerichtliche Entscheidung vorzulegen, die die Verwahrung der beschlagnahmten Waren oder eine Verfügungsbeschränkung anordnet oder nachzuweisen, dass eine solche Entscheidung beantragt, aber ihm noch nicht zugegangen ist. In diesem Fall ist die vollziehbare gerichtliche Entscheidung spätestens nach weiteren zwei Wochen der Zollstelle vorzulegen. Sobald eine entsprechende gerichtliche Entscheidung vorliegt, veranlasst die Zollstelle die danach erforderlichen Maßnahmen. Andernfalls wird die Grenzbeschlagnahme aufgehoben. Eine vollziehbare gerichtliche Entscheidung kann eine einstweilige Verfügung sein, in der die Sequestration oder Verwahrung durch den Gerichtsvollzieher oder ein Verfügungsverbot angeordnet wird, § 938 Abs. 2 ZPO. Jedoch kommt auch die Einleitung eines strafrechtlichen Ermittlungsverfahrens in Betracht, bei dem die widerrechtlich hergestellte Ware nach den §§ 94 ff StPO als Beweismittel und zum Zwecke späterer Einziehung sichergestellt werden kann. Zur Verwertung: vgl. Anm. 3.

4. Rechtsmittel, § 25 a VII

§ 25 a Abs. 7 regelt die Rechtsmittel des von der Beschlagnahme- 13
anordnung und/oder der Einziehungsverfügung Betroffenen. In der Praxis findet jedoch zwischen den Parteien die eigentliche Auseinandersetzung in einem zivilgerichtlichen Verletzungsprozess statt. Gegen die Beschlagnahmeverfügung kann der durch die Beschlagnahme Betroffene nach § 25 a Abs. 7 GebrMG i. V. m. § 62 OWiG gerichtliche Entscheidung beim nach § 68 OWiG zuständigen Amtsgericht (unbefristet) beantragen. Gegen die Einziehungsverfügung kann nach § 25 a Abs. 7 GebrMG i. V. m. §§ 87, 67 Abs. 1 Satz 2 OWiG Einspruch innerhalb von zwei Wochen eingelegt werden. Gegen ablehnende Entscheidungen ist die sofortige Be-

§ 26 Teilstreitwert

schwerde nach § 25 a Abs. 7 GebrMG i. V. m. §§ 46 OWiG, 311 Abs. 2 StPO innerhalb einer Woche zum OLG möglich. Der Antragsteller ist zwar in dem Verfahren anzuhören, § 25 a Abs. 7 Satz 2, jedoch nicht am Verfahren direkt zu beteiligen.

5. Schadenersatz bei ungerechtfertigter Beschlagnahme, § 25 a V

14   Es handelt sich um eine Regelung in Anlehnung an § 945 ZPO. Den Antragsteller trifft die Verpflichtung zum Schadenersatz bei von Anfang an ungerechtfertigter Beschlagnahme, wenn der Antragsteller den Beschlagnahmeantrag nach Erhalt der Benachrichtigung über den Widerspruch des Verfügungsberechtigten gegen die Beschlagnahme aufrecht erhalten hat oder wenn er sich gegenüber der Zollbehörde nicht unverzüglich (vgl. § 121 BGB) darüber erklärt hat, ob er den Beschlagnahmeantrag in Bezug auf die beschlagnahmten Waren aufrecht erhält und dadurch die Freigabe der Waren hinausgezögert worden ist. Die Schadenersatzverpflichtung des Antragstellers tritt nicht ein, wenn er unverzüglich nach der Unterrichtung über die erfolgte Beschlagnahme oder den Widerspruch den Beschlagnahmeantrag zurückgenommen hat und damit die sofortige Aufhebung der Beschlagnahme bewirkt wird (vgl. Gesetzesbegr. PMZ 1990, 173, 187). Die Schadenersatzregelung nach § 25 a Abs. 5 lässt andere Schadenersatzanspruchsnormen, z. B. §§ 823, 826 BGB unberührt.

§ 26 [Teilstreitwert]

(1) **Macht in bürgerlichen Rechtsstreitigkeiten, in denen durch Klage ein Anspruch aus einem der in diesem Gesetz geregelten Rechtsverhältnisse geltend gemacht wird, eine Partei glaubhaft, daß die Belastung mit den Prozeßkosten nach dem vollen Streitwert ihre wirtschaftliche Lage erheblich gefährden würde, so kann das Gericht auf ihren Antrag anordnen, daß die Verpflichtung dieser Partei zur Zahlung von Gerichtskosten sich nach einem ihrer Wirtschaftslage angepaßten Teil des Streitwerts bemißt. Die Anordnung hat zur Folge, daß die begünstigte Partei die Gebühren ihres Rechtsanwalts ebenfalls nur nach diesem Teil des Streitwerts zu entrichten hat. Soweit ihr Kosten des Rechts-**

streits auferlegt werden oder soweit sie diese übernimmt, hat sie die von dem Gegner entrichteten Gerichtsgebühren und die Gebühren seines Rechtsanwalts nur nach dem Teil des Streitwerts zu erstatten. Soweit die außergerichtlichen Gebühren dem Gegner auferlegt oder von ihm übernommen werden, kann der Rechtsanwalt der begünstigten Partei seine Gebühren von dem Gegner nach dem für diesen geltenden Streitwert beitreiben.

(2) Der Antrag nach Absatz 1 kann vor der Geschäftsstelle des Gerichts zur Niederschrift erklärt werden. Er ist vor der Verhandlung zur Hauptsache anzubringen. Danach ist er nur zulässig, wenn der angenommene oder festgesetzte Streitwert später durch das Gericht heraufgesetzt wird. Vor der Entscheidung über den Antrag ist der Gegner zu hören.

Übersicht

	Rdn.
1. Allgemeines/Zweck der Vorschrift	1
2. Formelle Voraussetzungen	2–4
3. Sachliche Voraussetzungen	5, 6
4. Entscheidung	7–9
5. Wirkung der Streitwertherabsetzung	10–13
6. Rechtsbehelf	14

1. Allgemeines/Zweck der Vorschrift

§ 26 entspricht § 144 PatG. Ebenso wie Patentstreitigkeiten sind auch Gebrauchsmusterstreitigkeiten häufig mit hohen Kosten verbunden. Die Vorschrift bezweckt damit den Schutz des **wirtschaftlich Schwächeren** vor dem Kostenrisiko eines GebrM-Streites mit hohem Streitwert. Der wirtschaftlich Schwächere muss nicht „arm" im Sinne des Prozesskostenhilfeverfahrens sein. Er soll mit Hilfe dieser Regelung in die Lage versetzt werden, sein Recht gegenüber einem wirtschaftlich Stärkeren in ausreichender Weise geltend machen zu können. Die Regelung ist verfassungsmäßig (OLG Düsseldorf Mitt. 1985, 213, 214).

2. Formelle Voraussetzungen

2   In formeller Hinsicht setzt die Vorschrift einen auf Herabsetzung des Streitwerts gerichteten Antrag voraus, der auch vor der Geschäftsstelle des Gerichts zur Niederschrift erklärt werden kann. Auch im Anwaltsprozess unterliegt er nicht dem Anwaltszwang, § 78 Abs. 3 ZPO. Da die Anordnung der Streitwertbegünstigung nur für die jeweilige Instanz ergeht, ist in **jeder Instanz** ein gesonderter Antrag zu stellen (vgl. *Benkard/Rogge*, § 144 PatG, Rdn. 9). Der Antrag ist vor der Verhandlung zur Hauptsache zu stellen, d. h. vor den eigentlichen Sachanträgen in der mündlichen Verhandlung, § 137 ZPO. Wird der Streitwert erstmalig nach Erledigung der Hauptsache festgesetzt, so ist der Antrag dann in angemessener Frist zu stellen und war nicht schon vor der Stellung der Sachanträge einzureichen (vgl. BGH GRUR 1965, 562). Ansonsten sind für die Zulässigkeit des Antrags nach Stellung der Sachanträge die Voraussetzungen des Abs. 2 Satz 3 zu beachten. „Angenommener" Streitwert ist auch der nach GKG zunächst vorläufig festgesetzte Streitwert. § 26 Abs. 2 Satz 2 gilt für ein einstweiliges Verfügungsverfahren entsprechend; es ist ausreichend, wenn der Antrag bis zur Verhandlung über den Widerspruch gestellt wird, da zuvor keine Veranlassung einer Streitwertbegünstigung anzunehmen ist. Auch bei Nichteinlegung eines Widerspruchs nach einer Beschlussverfügung kann der Antragsgegner einen Antrag auf Streitwertbegünstigung stellen (vgl. OLG Hamburg WRP 1985, 281).

3   Antragsberechtigt ist jede in den Rechtsstreit involvierte Person, z. B. auch ein Nebenintervenient, juristische Personen.

4   Nach Abs. 2 Satz 4 ist vor der Entscheidung über den Antrag eine Anhörung des Gegners erforderlich; darüber hinaus sind auch sonstige betroffene Verfahrensbeteiligte zu hören, zu denen z. B. auch der Anwalt gehört (*Benkard/Rogge*, § 144 PatG, Rdn. 10).

3. Sachliche Voraussetzungen

5   Die Anordnung der Streitwertbegünstigung setzt voraus, dass es sich um eine Klage handelt, durch die ein Anspruch aus einem im GebrMG geregelten Rechtsverhältnis geltend gemacht wird. Es muss sich demnach um eine **GebrM-Streitsache** im Sinne des § 27 han-

deln (vgl. hierzu § 27 und Anm. dort). Der Begriff der GebrM-Streitsache ist weit auszulegen. Eine solche liegt vor, wenn ein im GebrMG geregeltes Rechtsverhältnis betroffen ist, auch wenn der Klageanspruch auf Vorschriften außerhalb des GebrMG gestützt ist. Die GebrM-Streitsache muss durch eine Klage geltend gemacht werden, wozu auch eine Widerklage gehört. Diese bestimmt im wesentlichen den **Streitgegenstand;** auf die Einwendungen des Beklagten oder Widerbeklagten kommt es nicht an (*Benkard/Rogge,* Rdn. 3 zu § 143 PatG). Da es sich beim GebrM-Löschungsverfahren nicht um eine „**bürgerliche Rechtsstreitigkeit**" noch um eine „Klage" handelt, ist § 26 Abs. 1 Satz 2 hierauf nicht anwendbar. Nach dem Sinn und Zweck ist § 26 Abs. 1 auf einstweilige Verfügungsverfahren entsprechend anzuwenden; ebenso auf Rechtsbeschwerdeverfahren, auch soweit sie GebrM-Löschungsangelegenheiten betreffen (Analogie über § 18 Abs. 5 Satz 2 GebrMG i. V. m. § 102 Abs. 2 Satz 3 PatG). In Beschwerde-Löschungsverfahren können Fälle dieser Art über die dort mögliche Billigkeitsentscheidung gelöst werden.

Das Gericht muss als weitere sachliche Voraussetzung prüfen, ob 6 die von einer Partei aus dem vollen Streitwert zu tragenden Kosten ihre wirtschaftliche Lage **erheblich gefährden.** Die beantragende Partei hat diese erhebliche Gefährdung ihrer wirtschaftlichen Lage **glaubhaft** zu machen, § 294 ZPO. Die schlechte finanzielle Lage der beantragenden Partei im allgemeinen rechtfertigt noch keine Streitwertbegünstigung (KG WRP 1984, 20, zum UWG), da diese Situation auch durch Aufnahme eines wirtschaftlich tragbaren Kredits überwunden werden kann. Ob eine Gefährdung der wirtschaftlichen Lage der Partei vorliegt, bemisst sich auf der Grundlage des normalen Streitwerts und der sich daraus ergebenden gerichtlichen und außergerichtlichen Kosten, Gebühren und Auslagen. Die Voraussetzungen der Prozesskostenhilfe, also die persönlichen und wirtschaftlichen Verhältnisse bzw. die Erfolgsaussicht des Rechtsstreits sind nicht zu prüfen, da § 26 gerade dann eingreifen soll, wenn die Voraussetzungen für die Gewährung einer Prozesskostenhilfe nicht vorliegen; beide Rechtsinstitute schließen sich mithin nicht aus. Um die Verhinderung der Erschleichung einer Kostenbegünstigung sicherzustellen, muss sich die Glaubhaftmachung (wozu regelmäßig die Vorlage nachprüfbarer schriftlicher Unterlagen erforderlich sein dürfte) nach Anordnung des Gerichts auch darauf erstrecken, dass die von der Partei zu tragenden Kosten des Rechtsstreits weder unmittelbar noch mittelbar von einem Dritten übernommen werden (der Rechtsgedanke des § 23 b UWG ist insoweit trotz Nichterwähnung in § 26 GebrMG zu übertragen).

4. Entscheidung

7 Die Entscheidung des Gerichts über die Festsetzung eines Teilstreitwerts ergeht nach pflichtgemäßem Ermessen durch Beschluss. Das Gericht hat dabei einen strengen Maßstab anzulegen und kann bei einer missbräuchlichen Prozessführung eine Herabsetzung des Streitwerts ablehnen. Von einem Rechtsmissbrauch kann in der Regel ausgegangen werden, wenn bereits ein Antrag auf Prozesskostenhilfe wegen Aussichtslosigkeit der Rechtsverfolgung abgelehnt worden ist (*Benkard/Rogge,* § 144 PatG, Rdn. 7) oder wenn sonst Tatsachen vorliegen, aus denen sich ergibt, dass der Antragsteller den Rechtsstreit z. B. wegen Aussichtslosigkeit der Rechtsverfolgung, aber auch zur Wahrnehmung von Vergleichschancen faktisch nicht fortzuführen beabsichtigt. Eine solche Situation kann auch anzunehmen sein, wenn der Antragsteller bei eindeutiger Rechtslage auf eine Abmahnung nicht reagiert und dadurch gerade die Kostensituation verursacht hat (vgl. OLG Hamburg, WRP 1985, 281). Ein klassischer Fall eines Missbrauchs wäre etwa anzunehmen, wenn eine wirtschaftlich schwache Partei als Strohmann vorgeschoben wird, um aufgrund der Streitwertherabsetzung einen zweifelhaften Anspruch gerichtlich durchzusetzen. Diese Fragen können sich insgesamt nur nach Lage des Einzelfalls beurteilen lassen.

8 Die Entscheidung des Gerichts muss in einem angemessenen Verhältnis zu dem vollen Streitwert stehen, da auch die Bedeutung der Gebrauchsmusterstreitigkeit im Auge behalten werden muss und den Parteien nach wie vor das Kostenbewusstsein vor Augen gehalten werden muss. Beispiele: OLG Koblenz, GRUR 1984, 746, 747 – Streitwertbegünstigung; *Teplitzky,* GRUR 1989, 461, 470.

9 Der Beschluss auf Anordnung einer Streitwertbegünstigung muss Angaben dazu enthalten, dass entweder der Kläger oder der Beklagte zur Zahlung der Gerichtskosten nach einem bestimmten Teilstreitwert verpflichtet ist.

5. Wirkung der Streitwertherabsetzung

10 Zu unterscheiden ist zwischen den Wirkungen für den Begünstigten und für den Gegner. Der **Begünstigte** hat die Gerichtsgebühren, die Gebühren seines Rechtsanwalts/Patentanwalts und im

Falle des Unterliegens die Gebühren des gegnerischen Rechtsanwalts/Patentanwalts nur nach dem Teilstreitwert zu zahlen. Keine Ermäßigung für Zeugen- und Sachverständigengebühren, da diese streitwertunabhängig sind. Gewinnt der Begünstigte den Rechtsstreit, kann sein Anwalt seine Gebühren nach dem vollen Streitwert vom Gegner ersetzt verlangen.

Unterliegt der **Gegner,** hat er sämtliche Kosten nach dem vollen Streitwert zu tragen. Im Falle des Gewinnens hat er als Kläger die Gerichtsgebühren aus der Differenz von vollem und Teilstreitwert zu zahlen (OLG Düsseldorf Mitt. 1985, 213). Der Erstattungsanspruch gegen den Begünstigten bemisst sich aber nur nach dem Teilstreitwert, während er den überschießenden Differenzbetrag für seinen Anwalt selbst zu tragen hat.

Im Ergebnis hat infolgedessen der Begünstigte im Falle des Obsiegens keine Kosten zu tragen, während der Gegner als Kläger auch bei einem Gewinnen des Rechtsstreits einen Teil der Kosten selbst zu tragen hat.

Das Gericht kann bis zum Abschluss der Instanz seine, die Anordnung der Streitwertvergünstigung beschließende Entscheidung ändern, wenn sich die wirtschaftlichen Verhältnisse des Antragstellers entscheidend bessern (OLG Düsseldorf Mitt. 1973, 178). Spiegelbildlich wird bei nachhaltiger Verschlechterung der wirtschaftlichen Lage einer Partei während einer Instanz eine, ggfs. nochmalige Antragstellung zulässig sein.

6. Rechtsbehelf

Gegen den Beschluss des Gerichts ist die einfache Beschwerde gemäß § 25 Abs. 3 GKG statthaft. Frist: sechs Monate nach Eintritt der Rechtskraft in der Hauptsache oder anderweitige Erledigung des Verfahrens (keine Anwendbarkeit von § 577 ZPO; a. A. aber OLG Düsseldorf Mitt. 1973, 177: zwei Wochen). Beschwerdebefugt ist der durch den Beschluss Beschwerte, d. h. der beschwerte Antragsteller, dessen Gegner, Rechtsanwalt und Patentanwalt der begünstigten Partei (§ 9 Abs. 2 BRAGO) sowie die Staatskasse.

§ 27 [Gebrauchsmusterstreitsachen]

(1) Für alle Klage, durch die ein Anspruch aus einem der in diesem Gesetz geregelten Rechtsverhältnisse geltend gemacht wird (Gebrauchsmusterstreitsachen), sind die Zivilkammern der Landgerichte ohne Rücksicht auf den Streitwert ausschließlich zuständig.

(2) Die Landesregierungen werden ermächtigt, durch Rechtsverordnung die Gebrauchsmusterstreitsachen für die Bezirke mehrerer Landgerichte einem von ihnen zuzuweisen, sofern dies der sachlichen Förderung der Verfahren dient. Die Landesregierungen können diese Ermächtigungen auf die Landesjustizverwaltungen übertragen.

(3) Die Parteien können sich vor dem Gericht für Gebrauchsmusterstreitsachen auch durch Rechtsanwälte vertreten lassen, die bei dem Gericht zugelassen sind, vor das die Klage ohne die Regelung nach Absatz 2 gehören würde. Das Entsprechende gilt für die Vertretung vor dem Berufungsgericht.

(4) Die Mehrkosten, die einer Partei dadurch erwachsen, daß sie sich nach Absatz 3 durch einen nicht beim Prozeßgericht zugelassenen Rechtsanwalt vertreten läßt, sind nicht zu erstatten.

(5) Von den Kosten, die durch die Mitwirkung eines Patentanwalts in einer Gebrauchsmusterstreitsache entstehen, sind die Gebühren bis zur Höhe einer vollen Gebühr nach § 11 der Bundesgebührenordnung für Rechtsanwälte und außerdem die notwendigen Auslagen des Patentanwalts zu erstatten.

Abs. 3 in der in Baden-Württemberg, Bayern, Berlin, Bremen, Hamburg, Hessen, Niedersachsen, Nordrhein-Westfalen, Rheinland-Pfalz, Saarland und Schleswig-Holstein ab 1. 1. 2000, in den übrigen Bundesländern ab 1. 1. 2005 geltenden Fassung:

(3) Wird gegen eine Entscheidung des Gerichts für Gebrauchsmusterstreitsachen Berufung eingelegt, so können sich die Parteien vor dem Berufungsgericht auch von Rechtsanwälten vertreten lassen, die bei dem Oberlandesgericht zugelassen sind, vor das die Berufung ohne eine Zuweisung nach Abs. 2 gehören würde.

Übersicht

	Rdn.
1. Allgemeines/Zweck der Vorschrift	1
2. Sachliche Zuständigkeit (Gebrauchsmusterstreitsache)	2–32
3. Konzentrationsermächtigung	33–51
4. Örtliche Zuständigkeit, internationale Zuständigkeit	52, 53
5. Postulationsfähigkeit	54
6. Kosten	
6.1 Mehrkosten	55
6.2 Kosten eines mitwirkenden Patentanwalts	56–61
6.3 Kosten im übrigen.	62

Literatur (Auswahl): *Asendorf,* Wettbewerbs- und Patentstreitsachen vor Arbeitsgerichten, GRUR 1990, 229; *Klaka,* Probleme bei Unterlassungsklagen in Patent- und Warenzeichenprozessen, Mitt. 1969, 41; *Neuhaus,* Das Übereinkommen über die gerichtliche Zuständigkeit und die Vollstreckung gerichtlicher Entscheidungen in Zivil- und Handelssachen vom 27. 9. 1968 (EuGVÜ) und das Luganer Abkommen vom 16. 9. 1988 (LugÜ), soweit hiervon Streitigkeiten des gewerblichen Rechtsschutzes betroffen sind, Mitt. 1996, 257; *Schramm,* Der Patentverletzungsprozess, 1999; *Ahrens,* Unterlassungsschuldnerschaft beim Wechsel des Unternehmensinhabers – zur materiell-rechtlichen und prozessrechtlichen Kontinuität des Unterlassungsanspruchs, GRUR 1996, 518; *Maxeiner,* Der Sachverständige in Patentrechtsstreitigkeiten in den USA und in Deutschland, GRUR Int. 1991, 85; *Meier-Beck,* Probleme des Sachantrags im Patentverletzungsprozess, GRUR 1998, 276; *Melullis,* Zur Unterlassungsvollstreckung aus erledigten Titeln, GRUR 1993, 241; *Neuhaus,* Der Sachverständige im deutschen Patentverletzungsprozess, GRUR Int. 1987, 483.

1. Allgemeines/Zweck der Vorschrift

§ 27 entspricht § 143 PatG. In der Gesetzesbegründung zum GebrMGÄndG 1986 wird zu der neu aufgenommenen Regelung des § 27 darauf hingewiesen, dass die Bearbeitung von GebrM-Streitsachen in aller Regel dieselben technischen und rechtlichen Kenntnisse erfordert, wie dies bei Patentverletzungsprozessen der Fall ist. Die Entscheidung sei häufig von der Vorfrage der Schutzfähigkeit und Rechtsbeständigkeit des GebrM abhängig, dabei könne nicht, wie in Patentstreitsachen, auf die Vorgänge eines Erteilungsverfahrens zurückgegriffen werden, so dass sich die Probleme des Schutzumfangs und der Abgrenzung gegenüber dem Stand der Technik schwierig gestalten können. Daher erforderten die Verfahren in GebrM-Streitsachen mindestens ebenso wie die in Patentstreitsachen einen mit speziellem technischen und rechtlichen Wissen ausgestatteten Richter. Zudem sei eine Vereinheitlichung von Patent- und GebrM-Recht geboten. Mit derselben Begründung sei auch eine Konzentration dieser Angelegenheiten auf einige wenige Gerichte zu erstreben (PMZ 1986, 320, 329).

2. Sachliche Zuständigkeit (Gebrauchsmusterstreitsache)

2   GebrM-Streitsachen sind alle Klagen, durch die ein Anspruch aus einem im **GebrMG** geregelten Rechtsverhältnis geltend gemacht wird. Der Begriff GebrM-Streitsache ist – wie der Begriff Patentstreitsache – weit auszulegen (vgl. BGH GRUR 1953, 114 – Heizflächenreinigung; *Benkard/Rogge*, § 143 PatG, Rdn. 1). Insoweit können sowohl für den Begriff der Patentstreitsache als auch der Gebrauchsmusterstreitsache dieselben Grundsätze herangezogen werden. Gebrauchsmusterstreitsache ist danach jede Klage, mit der ein Anspruch auf oder aus einer Erfindung geltend gemacht wird, unabhängig davon, ob ein Schutzrecht vorliegt oder nicht (zurückhaltend *Busse/Keukenschrijver*, § 143 PatG, Rdn. 43). Für die Charakterisierung als „GebrM-Streitsache" kommt es auf den **Sachvortrag des Klägers** oder Widerklägers, nicht auf die Einwendungen des Beklagten oder die Begründetheit der Klage an (vgl. *Benkard/Rogge*, § 143 PatG, Rdn. 3). Es ist ausreichend, wenn die gebrmrechtliche Vorschrift zu den klagebegründenden Tatsachen in keiner sinnfernen Beziehung steht (vgl. OLG Düsseldorf, Mitt. 1987, 36). Für die Annahme einer GebrM-Streitigkeit ist es unerheblich, ob das in der Sache ergehende Urteil sich auf einen Anspruch aus dem GebrMG stützt. Lässt der Vortrag der Klage oder Widerklage die Qualifikation als GebrM-Streitsache zu, ist es unerheblich, ob in der Klage ausdrücklich auf Vorschriften des GebrMG rekurriert wird, ebenso wie umgekehrt eine rein formale Bezugnahme auf Vorschriften des Gesetzes nicht ausreicht, wenn der der Klage zugrunde liegende Lebenssachverhalt keinen diesbezüglichen Anknüpfungspunkt erkennen lässt. Die Qualifikation einer GebrM-Streitsache bestimmen die Prozessparteien, nicht das Gericht. Für die Einord-

nung einer GebrM-Streitsache ist es ferner unerheblich, ob die geltend gemachten Ansprüche vertragsrechtlicher oder gesetzlicher Natur sind. Es genügt, dass eine Bestimmung des GebrMG **mitverletzt** ist.

Eine **Gebrauchsmusterstreitsache** ist in folgenden Fällen zu bejahen: 3

– Klage auf Unterlassung, Auskunftserteilung, Rechnungslegung, Schadenersatz, Schadenersatzfeststellung, Vernichtung, §§ 24, 24 a, 24 b; 4
– Klage auf Besichtigung/Vorlegung, § 809 BGB; 5
– Verfahren über den Erlass einer einstweiligen Verfügung sowie über den Erlass von Arresten zur Sicherung eines Anspruchs; 6
– Vollstreckungsverfahren, sofern die Maßnahme dem Prozessgericht des ersten Rechtszugs obliegt (nicht im Fall der Zuständigkeit des Vollstreckungsgerichts: ausschließliche Zuständigkeit des Amtsgerichts, §§ 802, 828 Abs. 2 ZPO); 7
– Zwangsvollstreckung einer Auskunft und Rechnungslegung; 8
– Vollstreckungsgegenklage gegen Verurteilungen wegen GebrM-Verletzung (vgl. OLG Düsseldorf, GRUR 1985, 220); 9
– Schadenersatzprozess nach § 945 ZPO; 10
– Schadenersatzprozess nach § 30; 11
– Auskunftsklage nach § 30; 12
– Klage wegen Gebrauchsmusterberühmung; 13
– Klage aufgrund unberechtigter Verwarnung; 14
– Klagen im Zusammenhang mit der Feststellung des Schutzumfangs eines GebrM; 15
– Klagen im Zusammenhang mit der Abhängigkeit eines GebrM; 16
– Klagen im Zusammenhang mit Vorbenutzungs- und Weiterbenutzungsrechten; 17
– Klagen im Zusammenhang mit der Übertragung, Umschreibung des GebrM; 18
– Klagen im Zusammenhang mit GebrM-Lizenzverträgen, z. B. zum Bestand, Umfang oder Erfüllung eines Lizenzvertrages; 19
– Klagen im Zusammenhang mit der Rückgewähr eines GebrM aufgrund § 7 AnfechtungsG; 20
– Klagen auf Rückzahlung des Schadenersatzes nach Löschung des GebrM; 21
– Restitutions- bzw. Vollstreckungsgegenklage nach Löschung des GebrM; 22
– Klagen aus und im Zusammenhang mit einem Betriebsgeheimnis gemäß § 17 UWG, wenn damit gleichzeitig Ansprüche aus dem GebrMG einbezogen sind; sind im Fall des Streits über ein Be- 23

triebsgeheimnis Arbeitnehmer involviert, so kann sich hieraus die Zuständigkeit des Zivilgerichts gemäß §§ 24, 39 Abs. 1 ArbEG (also keine Zuständigkeit des Arbeitsgerichts) ergeben; Auswirkungen können zum Beispiel wegen des Auseinanderfallens der GebrM-Streitkammer und der Patentstreitkammer in Rheinland-Pfalz verbunden sein;

24 – Klagen auf Feststellung der (Mit-)Erfindereigenschaft;
25 – Entschädigungsklagen bei staatlicher Benutzungsanordnung, Geheimhaltungsanordnung;
26 – Klagen aufgrund nicht vermögensrechtlicher Streitigkeiten, z. B. Verletzung des Erfindungspersönlichkeitsrechts (LG Nürnberg-Fürth, GRUR 1968, 252);
27 – Erstattung der Gebühren eines Rechtsanwalts/Patentanwalts außerhalb der Kostenfestsetzung (OLG Karlsruhe GRUR 1997, 359; *Mes*, § 143 PatG, Rdn. 2; a. A. OLG Frankfurt, Mitt. 1978, 98, 100; *Busse/Keukenschrijver*, § 143 PatG, Rdn. 57);
28 – Ansprüche aus der Nichterfüllung eines Vertragsstrafeversprechens, geleistet zur Beseitigung der Wiederholungsgefahr für einen geltend gemachten GebrM-rechtlichen Unterlassungsanspruch;
29 Eine **GebrM-Streitigkeit** ist in folgenden Fällen zu **verneinen:**
30 – Klagen, die (lediglich) einen sklavischen Nachbau oder ähnliche Komplexe betreffen (*Benkard/Rogge*, § 143 PatG, Rdn. 5);
31 – Klagen im Zusammenhang mit reinen Know-how-Lizenzverträgen (d. h. ohne gebrauchsmusterrechtliche Aspekte oder Aspekte gemäß §§ 24, 39 Abs. 1 ArbEG);
32 – Kostenfestsetzungsverfahren im Anschluss an eine gebrauchsmusterrechtliche Streitigkeit.

3. Konzentrationsermächtigung

33 Nach § 27 Abs. 1 besteht eine **ausschließliche** Zuständigkeit der Landgerichte für GebrM-Streitigkeiten, ohne Rücksicht auf den Streitwert. Die Zuständigkeit eines **Schiedsgerichts** wird von § 27 Abs. 1 nicht berührt. Die ausschließliche Zuständigkeit nach § 27 kann in **Konkurrenz** mit anderen ausschließlichen sachlichen Zuständigkeiten nach dem PatG, UrhG, MarkenG, GWB stehen. Beim Zusammentreffen von Patent- und GebrM-Streitigkeiten soll die Zuständigkeit der Patentstreitkammer vorgehen (*Benkard/Rogge*, § 143 PatG, Rdn. 6). Dasselbe soll für Rechtsstreitigkeiten über ein GebrM gelten, dessen Inhalt eine Arbeitnehmererfindung ist, § 39

Abs. 1 1 ArbEG, der auf § 143 PatG verweist (*Bühring,* § 27, Rdn. 7). Auswirkungen hat diese Differenzierung zur Zeit lediglich in Rheinland-Pfalz (zuständig für GebrM-Streitigkeiten ist dort das LG Frankenthal, für Patentstreitigkeiten aufgrund Staatsvertrages das LG Frankfurt). Man wird in diesem Zusammenhang auf den Sachzusammenhang abstellen müssen, der die Zuständigkeit des einen oder des anderen Gerichts begründen kann (ebenso *Busse/Keukenschrijver,* § 27 GebrMG, Rdn. 7). Tritt die Zuständigkeit in Konkurrenz zur Zuständigkeit aufgrund des GWB, so geht letztere vor (BGH GRUR 1968, 218, 219). § 27 Abs. 1 enthält keine Regelung der funktionellen Zuständigkeit.

Aufgrund der Ausübung der Konzentrationsermächtigung durch die Landesregierungen besteht eine Sonderzuständigkeit **bestimmter Landgerichte**. Es handelt sich hierbei um eine ausschließliche, sachliche Zuständigkeit. Andere Landgerichte sind daneben nicht zuständig. Verfahrensrechtliche Folgerungen: Verweisung nach § 281 ZPO an das zuständige Gericht; Hinweispflicht gemäß § 139 Abs. 2 ZPO des angerufenen, unzuständigen Gerichts. Bei Nichtverweisungsantrag des Klägers: Zurückweisung der Klage als unzulässig. Die Zuständigkeit des angerufenen, unzuständigen Gerichts kann weder durch rügelose Einlassung zur Hauptsache noch durch eine Gerichtsstandsvereinbarung begründet werden, § 40 Abs. 2 ZPO. Zur Rüge der Unzuständigkeit in der Berufungs- bzw. Revisionsinstanz: §§ 529 Abs. 2, 549 Abs. 2 ZPO.

Bei folgenden Zivilgerichten wurde aufgrund der Konzentrationsermächtigung nach § 27 Abs. 2 eine ausschließliche Zuständigkeit begründet (vgl. die Hinweise zu den jeweiligen Ermächtigungsverordnungen in PMZ 1999, 270):
– Baden-Württemberg: LG Mannheim VO vom 20. 11. 1998, GBl. BW 1998, S. 680)
– Bayern: LG München I für den OLG-Bezirk München, LG Nürnberg-Fürth für die OLG-Bezirke Bamberg und Nürnberg (VO vom 2. 2. 1998, GVBl. BY 1988, S. 6, geändert zuletzt durch die VO vom 10. 12. 1996, GVBl. BY 1996, S. 558);
– Berlin: LG Berlin (Gesetz vom 20. 11. 1995, GVBl. BLN 1996, S. 105);
– Brandenburg: LG Berlin (VO vom 3. 11. 1993, GVBl. BR 1993, S. 689; Gesetz vom 15. 12. 1995, GVBl. BR 1995, S. 298, Staatsvertrag vom 20. 11. 1995 mit Berlin, GVBl. BR 1995, S. 288).
– Bremen: LG Hamburg (Gesetz vom 18. 5. 1993 sowie Staatsvertrag vom 17. 11. 1992 mit Hamburg, Mecklenburg-Vorpommern und Schleswig-Holstein, GBl. BR 1993, S. 154);

§ 27 41–52 Gebrauchsmusterstreitsachen

41 – Hamburg: LG Hamburg (Gesetz vom 2. 3. 1993, Staatsvertrag vom 3. 11. 1992 mit Bremen, Mecklenburg-Vorpommern und Schleswig-Holstein, jeweils GVBl. HH 1993, S. 33);
42 – Hessen: LG Frankfurt-M (VO vom 27. 8. 1987, GVBl. HE 1987 I, S. 163);
43 – Mecklenburg-Vorpommern: LG Hamburg (Staatsvertrag vom 17. 11. 1992 mit Bremen, Hamburg, Schleswig-Holstein und Gesetz vom 6. 11. 1993, jeweils GVOBl. M-V 1993, S. 919);
44 – Niedersachsen: LG Braunschweig (VO vom 18. 3. 1988, GVBl., S. 39, zuletzt geändert durch die VO vom 22. 1. 1998, GVBl. NS 1998, S. 66);
45 – Nordrhein-Westfalen: LG Düsseldorf (VO vom 13. 1. 1998, GV NW, S. 106);
46 – Rheinland-Pfalz: LG Frankenthal (VO vom 15. 12. 1982, GVBl. RPF, S. 460 i. d. F. der VO vom 13. 4. 1987, GVBl. S. 134);
47 – Saarland: LG Saarbrücken (als einziges LG);
48 – Sachsen: LG Leipzig (VO vom 14. 7. 1994, SGVBl. 1994, S. 313, zuletzt geändert durch die VO vom 4. 12. 1998, SGBVl. 1998, S. 669);
49 – Sachsen-Anhalt: LG Magdeburg (VO vom 1. 9. 1992, GVBl. LSA 1992, S. 684 i. d. F. der VO vom 5. 12. 1995, GVBl. LSA 1995, S. 360 sowie der VO vom 21. 4. 1997, GVBl. LSA 1997, S. 500);
50 – Schleswig-Holstein: LG Hamburg (Gesetz vom 27. 9. 1993 sowie Staatsvertrag vom 17. 11. 1992 mit Bremen, Hamburg und Mecklenburg-Vorpommern, jeweils GVBl. SH 1993, S. 497, zuletzt geändert durch die VO vom 19. 4. 1999, GVBl. SH 1999, S. 99);
51 – Thüringen: LG Erfurt (VO vom 12. 8. 1993, GF VO vom 1. 12. 1995, GVBl. TH 1995, S. 404).

4. Örtliche Zuständigkeit/Internationale Zuständigkeit

52 Die **örtliche Zuständigkeit** richtet sich nach den §§ 12 ff ZPO. In der Regel ist Gerichtsstand der Wohnsitz oder Sitz des Beklagten und bei Klagen gegen Personen ohne inländischen Wohnsitz der Gerichtsstand des Vermögens, § 23 ZPO, der nach § 28 Satz 3 durch den Ort des Büros des Inlandsvertreters und letztlich durch den Sitz des DPMA bestimmt wird. Daneben kommt – in der Praxis weitgehend – der Gerichtsstand der unerlaubten Handlung, § 32 ZPO in Betracht. Es kann dieser Gerichtsstand vor jeder Gebrauchs-

musterstreitkammer begründet werden, in deren Bezirk eine unerlaubte Handlung im Zusammenhang mit dem Schutzrecht begangen wurde. Die Begründung dieses Gerichtsstands durch Teilhandlungen, Testkäufe, Testanfragen etc. genügt. Sie ist verschuldensunabhängig. Da alle rechtlichen Gesichtspunkte eines einheitlichen Lebenssachverhalts zu berücksichtigen sind, ist das aufgrund § 32 ZPO angerufene Gericht auch zuständig für die Überprüfung vertraglicher Ansprüche. Richtet sich die Klage gegen eine Mehrheit von Tätern, so ist das gemäß § 32 ZPO angerufene Gericht auch im Hinblick auf § 36 ZPO zuständig.

Für die **internationale Zuständigkeit** enthält § 27 – ebenso wie § 143 PatG – keine Regelung. Die Frage, ob ein deutsches oder ein ausländisches Gericht zuständig ist, muss in jeder Lage des Verfahrens von Amts wegen geprüft werden. Die internationale Zuständigkeit deutscher Gerichte folgt dabei prinzipiell den Regeln der ZPO über die örtliche Zuständigkeit (vgl. BGH NJW 1991, 3092, 3093). Bei europäischen Bezügen ist das EuGVÜ bzw. LugÜ zu beachten (vgl. hierzu lediglich *Busse/Keukenschrijver*, § 143 PatG, Rdn. 9 ff). Bei GebrM-Streitigkeiten, die ein rein nationales Schutzrecht betreffen, stellt sich die Problematik der internationalen Zuständigkeit in geringerem Umfang, als dies bei Patenten, die häufig Auslandsbezug aufweisen, der Fall ist.

5. Postulationsfähigkeit

§ 27 Abs. 3 setzt eine erweiterte Vertretungsmöglichkeit aufgrund der Konzentrationsermächtigung nach Abs. 1 voraus. Diese Zuständigkeitsregelung ist faktisch durch die Neuregelung des Gesetzes zur Neuordnung des Berufsrechts der Rechtsanwälte und Patentanwälte vom 2. September 1994 (BGBl. I, S. 2278) aufgehoben worden, da § 78 ZPO n. F. eine Vertretung der Rechtsanwälte, die bei einem Amtsgericht oder Landgericht zugelassen sind, vor allen Landgerichten in der Bundesrepublik Deutschland ermöglicht. Nach § 27 Abs. 3 Satz 2 gilt die entsprechende Regelung für die Vertretung vor dem Berufungsgericht für die Rechtsanwälte bei anderen Oberlandesgerichten, für deren Bezirk das nach § 27 Abs. 2 bestimmte Landgericht für GebrM-Streitsachen ebenfalls zuständig ist. Die Regelung für die Vertretung vor dem Berufungsgericht bleibt von der Neuordnung des Berufsrechts der Rechtsanwälte und Patentanwälte unberührt.

6. Kosten

6.1 Mehrkosten

55 Mehrkosten eines sog. Außenbezirksanwalts sind nach Abs. 4 nicht erstattungsfähig. Diese Regelung bedarf im Hinblick auf die Neuordnung des Berufsrechts der Rechtsanwälte und der Patentanwälte einer Überprüfung. Als nicht erstattungsfähige Mehrkosten wurden bisher z. B. Reisekosten zum Prozessgericht angesehen. Diese Regel galt im Hinblick auf § 91 ZPO jedoch nicht ausnahmslos: Mehrkosten könnten danach insoweit erstattungsfähig sein, als sie die Gebühr eines notwendigerweise hinzuzuziehenden Verkehrsanwalts oder die Kosten notwendiger Informationsfahrten einer Partei zu dem beim Prozessgericht zugelassenen Anwalt nicht überstiegen.

6.2 Kosten eines mitwirkenden Patentanwalts

56 § 27 Abs. 5 regelt die Erstattungsfähigkeit der durch die Mitwirkung eines Patentanwalts in einer GebrM-Sache entstehenden Kosten (vgl. auch §§ 3, 4 PatAnwO). Für die Mitwirkung in einer GebrM-Sache ist jeweils pro Instanz **eine** Gebühr nach § 11 BRAGO samt notwendigen Auslagen im Kostenfestsetzungsverfahren erstattungsfähig. Eine Nachprüfung der **Notwendigkeit** der Mitwirkung des Patentanwalts erfolgt nicht. Die Kostenregelung gilt für jede GebrM-Streitsache und betrifft sowohl das Erkenntnis- als auch das Vollstreckungsverfahren (vgl. OLG Düsseldorf GRUR 1983, 512). Die Mitwirkung eines Patentanwalts in einer GebrM-Streitsache bedarf der Glaubhaftmachung. Dazu reicht es in der Regel aus, dass zu Beginn des Streits die Mitwirkung des Patentanwalts angezeigt und im Kostenfestsetzungsverfahren dessen Rechnung vorgelegt wird (OLG München Mitt. 1997, 167, 168).

57 Wird der Rechtsstreit im wesentlichen auf eine **andere Rechtsgrundlage** gestützt (z. B. UWG), so tritt der Anspruch auf Kostenerstattung auch dann ein, wenn die Angelegenheit auch unter gebrm-rechtlichen Gesichtspunkten zu prüfen ist (vgl. OLG Köln Mitt. 1980, 138; OLG Frankfurt Mitt. 1992, 188, jeweils zum Patentrecht). Betrifft der Rechtsstreit keine gebrm-rechtliche Angelegenheit, kommt eine Kostenerstattung dennoch in Betracht, wenn die Entscheidung des Rechtsstreits nicht zuletzt von der Beurteilung solcher Fragen abhängt, deren Bearbeitung zu den besonderen Aufgaben eines Patentanwalts gehört, §§ 3, 4 PatAnwO (OLG Frankfurt Mitt. 1975, 140; KG GRUR 1968, 454 – jeweils zum Patentrecht; OLG Düsseldorf Mitt. 1992, 43; OLG Frankfurt Mitt. 1991, 173, jeweils zum Wettbewerbsrecht). Auch insoweit ist die Begrenzung der Kostenerstattung nach § 27 Abs. 5 zu beachten (vgl. OLG Frankfurt Mitt. 1988, 37).

Mitwirkung eines Patentanwalts im Sinne des § 27 Abs. 5 ist **58** jede im Rahmen eines Prozessauftrags liegende Tätigkeit, die für die Förderung der Gebrauchsmusterstreitsache ursächlich ist (vgl. OLG Düsseldorf Mitt. 1984, 99). In welchem Verfahrensabschnitt diese Mitwirkung und deren Art ist, ist unerheblich (OLG Düsseldorf GRUR 1956, 193). Auch die beratende Tätigkeit in einer vorprozessualen Besprechung dieser Gebrauchsmusterstreitsache kann ausreichend sein.

Bei der Kostenerstattung ist folgendes zu beachten: **59**

– **Gebühren:** Diese sind bis zur Höhe einer vollen Gebühr eines **60** Rechtsanwalts nach § 11 BRAGO zu erstatten; die Erstattungsfähigkeit der Gebühr tritt unabhängig von der Notwendigkeit der Mitwirkung ein. Der Patentanwalt kann ferner den Erhöhungsbetrag nach § 6 Abs. 1 Satz 2 BRAGO bei Vertretung mehrerer Parteien beanspruchen (vgl. OLG Düsseldorf GRUR 1979, 191). Über die erstattungsfähigen Gebühren hinaus kann der Patentanwalt intern zu seinem Mandanten alle ihm gesetzlich oder kraft wirksamer Honorarvereinbarung zustehenden Gebühren verlangen.

– **Auslagen:** Keine gesonderten Gebühren über die erstattungsfähige **61** Mindest-/Höchstgebühr hinaus können für die Durchführung eines **Akteneinsichtsverfahrens** verlangt werden (OLG Frankfurt GRUR 1979, 76). Bei **Recherchekosten** ist von der Erstattungsfähigkeit auszugehen, soweit sie in unmittelbarem Zusammenhang mit dem späteren Verfahren entstanden sind (z. B. durch eine vorangegangene Schutzrechtsverwarnung); im Hinblick auf die erhebliche wirtschaftliche Bedeutung einer drohenden GebrM-Verletzungsklage kann es einem Verwarnten kostenrechtlich grundsätzlich nicht verwehrt werden, seine Verteidigungsmöglichkeiten frühzeitig umfassend zu prüfen, so dass insoweit ein großzügiger Maßstab anzulegen ist; die Höhe der entstandenen Kosten muss sich freilich im Rahmen dessen halten, was die Partei aus ihrer Sicht bei verständiger Würdigung der Umstände für erforderlich halten durfte; zur Geringhaltung der Kosten kann es sogar erforderlich sein, Recherchen Schritt für Schritt jeweils aufbauend aus den zuvor erlangten Erkenntnissen durchzuführen (vgl. OLG Frankfurt GRUR 1996, 967/968 – Recherchekosten). Entsprechendes muss auch für Recherchekosten gelten, die der Grundlage der Beurteilung der Erfolgsaussichten einer GebrM-Verletzungsklage dienen. Auch der mit der Recherchetätigkeit verbundene **Zeitaufwand** ist erstattungsfähig. Diese Kosten sind nicht durch § 27 Abs. 5 abgegolten, die nur die mit der Verfahrensgebühr verbundenen typischen Leistungen des Patentanwalts erfassen (z. B. Sichtung, Ordnung und Auswertung von Material zum Stand der Technik), nicht aber darüber hinausgehende Leistungen (nämlich Beschaffung dieses Materials); die Kosten einer vom Patentanwalt in Auftrag gegebenen Fremdrecherche wären als notwendige Auslagen ohnehin erstattungsfähig; die Höhe der zu erstattenden Gebühren für die Eigenrecherchen wird in Anlehnung an die Sätze des ZSEG bestimmt (1996: DM 70,00 pro Stunde; vgl. hierzu insgesamt OLG Frankfurt; aaO). Die Kosten für **Druckschriften** und **Rollenauszüge** sind als notwendige Auslagen erstattungsfähig (OLG Frankfurt, aaO). **Reisekosten** zum Verhandlungstermin sind erstattungsfähig (Zugfahrt: 1. Klasse, unabhängig von der Vorsteuerabzugsberechtigung einschließlich der darin enthaltenen Umsatzsteuer; OLG Frankfurt, aaO, sowie GRUR 1998, 1034 – Reisekosten des Patentanwalts). Keine Einschränkung danach, ob auch ein Patentanwalt am Sitz des Prozessgerichts hätte ausgewählt werden können. Auch Reisekosten zu einem vorprozessualen Gesprächstermin können erstattungsfähig sein (OLG München NJW 1964, 1730, 1731). Die Kostenerstattung ist unabhängig davon, ob der Patentanwalt im **Erkenntnisverfahren** oder im **Vollstreckungsverfahren** mitwirkt (OLG Düsseldorf GRUR 1983, 512). Im Fall sog. **Doppelqualifizierung** (ein Rechtsanwalt ist gleichzeitig als Patentanwalt zugelassen) entsteht angesichts des klaren Wortlauts des § 27 Abs. 5, der die Mitwirkung einer anderen Person voraussetzt, keine zusätzliche erstattungsfähige Gebühr (a. A. BPatG GRUR 1991, 205 – Anwaltliche Doppelqualifikation zum Patentnichtigkeitsverfahren). Gehört der mitwirkende Patentanwalt derselben Sozietät wie der Rechtsanwalt an, so bleibt es bei der zusätzlichen Erstattungsfähigkeit, wenn die Mitwirkung des Patentanwalts hinreichend glaubhaft gemacht ist; andernfalls u. U. § 263 StGB. § 27 Abs. 5 ist auch auf die Mitwirkung eines **ausländischen Patentanwalts** anzuwenden, jedenfalls soweit er aus einem Mitgliedsstaat der EU oder des EWR kommt (vgl. OLG Düsseldorf GRUR 1988, 761, 762 – Irischer Patentanwalt).

6.3 Kosten im übrigen

Die Erstattungsfähigkeit der übrigen Kosten, soweit sie nicht 62
unter § 27 Abs. 5 fallen, beurteilt sich nach den allgemeinen Grundsätzen der §§ 91 ff ZPO.

§ 28 [Inlandsvertreter]

Wer im Inland weder Wohnsitz noch Niederlassung hat, kann an einem in diesem Gesetz geregelten Verfahren vor dem Patentamt oder dem Patentgericht nur teilnehmen und die Rechte aus einem Gebrauchsmuster nur geltend machen, wenn er im Inland einen Patentanwalt oder einen Rechtsanwalt als Vertreter bestellt hat. Der eingetragene Vertreter ist in Rechtsstreitigkeiten, die das Gebrauchsmuster betreffen, zur Vertretung befugt; er kann auch Strafanträge stellen. Der Ort, wo der Vertreter seinen Geschäftsraum hat, gilt im Sinne des § 23 der Zivilprozeßordnung als der Ort, wo sich der Vermögensgegenstand befindet; fehlt ein Geschäftsraum, so ist der Ort maßgebend, wo der Vertreter seinen Wohnsitz, und in Ermangelung eines solchen der Ort, wo das Patentamt seinen Sitz hat.

Übersicht

	Rdn.
1. Allgemeines/Zweck der Vorschrift	1
2. Notwendigkeit der Bestellung eines Inlandsvertreters	2, 3
3. Zur Vertretung zugelassene Personen	4, 5
4. Fehlen oder Wegfall des Inlandsvertreters	6
5. Vertretungsmacht	7, 8
6. Gerichtsstand	9

1. Allgemeines/Zweck der Vorschrift

§ 28 ist § 25 PatG nachgebildet. Beide Vorschriften dienen der 1
Erleichterung des Rechtsverkehrs inländischer Behörden und Verfahrensbeteiligter mit dem im Ausland wohnenden Schutzrechts-

inhaber. Ferner dient die Vorschrift der Schaffung eines inländischen Gerichtsstandes (vgl. BGH GRUR 1972, 536, 537 – akustische Wand). Aus der Vorschrift ergibt sich mittelbar die Notwendigkeit einer Vertretungspflicht für Auswärtige (nicht Ausländer). Zu weiteren Einzelheiten: Einleitung zu § 4, Anm. 5.5.

2. Notwendigkeit der Bestellung eines Inlandsvertreters

2 Voraussetzung ist, dass der Betreffende weder einen Wohnsitz (bei natürlichen Personen) noch eine Niederlassung (bei juristischen Personen) hat. Der Vertreterzwang besteht unabhängig von der Staatsangehörigkeit. Zum Fehlen eines Wohnsitzes: §§ 7 ff BGB, bei juristischen Personen, oHG und KG, § 24 BGB; zum Begriff der Niederlassung: § 21 ZPO. Eine Zweigniederlassung genügt. Nicht ausreichend ist eine bloße Betriebsstelle (BPatG Mitt. 1982, 77) oder ein unselbständiges Verkaufsbüro. Eine rechtlich selbständige Handelsgesellschaft mit Sitz in der Bundesrepublik Deutschland kann auch dann nicht als Niederlassung einer ausländischen Gesellschaft angesehen werden, wenn beide Gesellschaften demselben ausländischen Konzern angehören.

3 Der Vertreterzwang besteht für alle **patentamtlichen** und **patentgerichtlichen Verfahren;** dabei ist es unerheblich, ob der auswärtige Verfahrensbeteiligte Antragsteller oder Antragsgegner ist. In Verfahren vor den ordentlichen Gerichten folgt der Vertreterzwang bereits aus § 78 ZPO. Im Hinblick auf den Zweck des § 28 ist eine weite Auslegung geboten, d. h. es werden alle Verfahren erfasst, für die das DPMA bzw. das BPatG zuständig sind (z. B. Anmeldung, Löschungsantrag, Akteneinsicht, Umschreibung, Wiedereinsetzung, Stundung, Beschwerde etc.). Es muss sich um ein **Verfahren** handeln, d. h. reine Tathandlungen wie die bloße Entrichtung von Gebühren, die Nennung von Stand der Technik erfordert keine Vertreterbestellung. Für rein materiell-rechtliche Rechtshandlungen, z. B. Veräußerung, Verpfändung, Lizenzerteilung etc. bedarf es keines Inlandsvertreters. Dasselbe gilt auch für die (außergerichtliche) Geltendmachung von Rechten aus und im Zusammenhang mit dem GebrM.

3. Zur Vertretung zugelassene Personen

Zugelassene Personen sind Rechtsanwälte und Patentanwälte (beschränkt auch Patentassessoren nach § 155 Abs. 2 PatAnwO). Die Rechtsanwälte und Patentanwälte müssen in der Bundesrepublik Deutschland zugelassen sein und dort ihre Kanzlei haben. Nicht zugelassen sind Rechtsanwälte und Patentanwälte, die sich gemäß § 206 BRAO bzw. 154a PatAnwO lediglich in der Bundesrepublik Deutschland niedergelassen haben, da sich ihre Befugnis zur Rechtsbesorgung nur auf das ausländische und internationale Recht erstreckt.

Die Postulationsfähigkeit des Vertretenen bleibt neben dem Inlandsvertreter (vgl. BGH GRUR 1969, 437, 438 – Inlandsvertreter; BGH GRUR 1972, 536, 537 – akustische Wand). Er kann neben dem bestellten Vertreter alle Verfahrenshandlungen vornehmen, und zwar selbst oder durch einen anderen Bevollmächtigten (BGH GRUR 1969, 437, 438 – Inlandsvertreter), selbst wenn dieser nicht zu den nach § 28 zugelassenen Personen gehört. Jedoch muss der Vertretene die Erklärungen seines Inlandsvertreters gegen sich gelten lassen (BPatGE 4, 160, 161); diese können nur aus den in der Person des Inlandsvertreters liegenden Gründen angefochten werden (BPatGE 12, 128). Keine Unterbrechung des Verfahrens durch den Tod des Vertretenen.

4. Fehlen oder Wegfall des Inlandsvertreters

Die Bestellung des Inlandsvertreters ist eine Verfahrensvoraussetzung für den sachlichen Fortgang des Verfahrens. Die ohne Vertreterbestellung vorgenommenen Handlungen sind zwar nicht unwirksam, jedoch mit einem verfahrensrechtlichen Mangel behaftet. Die Bestellung kann bis zum Erlass einer Sachentscheidung nachgeholt werden. Kommt der Auswärtige der Aufforderung, einen Inlandsvertreter zu bestellen, nicht nach, ist die entsprechende Verfahrenshandlung als unzulässig zurückzuweisen (vgl. BPatGE 17, 11, 13; BGH GRUR 1969, 437, 438 – Inlandsvertreter). Richtet sich hingegen die Beschwerde dagegen, dass das DPMA wegen des Fehlens eines Inlandsvertreters eine Anmeldung zurückgewiesen hat, dann ist die Beschwerde zwar zulässig, aber unbegründet, wenn der Beschwerdeführer eines Inlandsvertreters bedarf und diesen Mangel auch im Beschwerdeverfahren nicht beseitigt (BPatGE 15, 204, 206).

Der Wegfall des Inlandsvertreters, z. B. durch Tod, führt nicht zu einer Unterbrechung des Verfahrens gemäß § 244 ZPO; jedoch muss der Auswärtige einen neuen Inlandsvertreter bestellen, damit ein sachlicher Fortgang des Verfahrens möglich ist (BGH GRUR 1969, 437, 438 – Inlandsvertreter).

5. Vertretungsmacht

7   Der Inlandsvertreter ist kein gesetzlicher Vertreter, sondern Bevollmächtigter mit in § 28 Satz 2 umschriebenem Umfang der Vertretungsmacht: Der eingetragene Vertreter ist in Rechtsstreitigkeiten, die das GebrM betreffen, zur Vertretung befugt; er kann auch Strafanträge stellen. Eine Beschränkung der Vollmacht unter diesen gesetzlichen Mindestumfang macht sie wirkungslos, so dass keine ordnungsgemäße Bestellung eines Inlandsvertreters vorliegt. In diesem Fall gelten dieselben Grundsätze wie zum Fehlen des Inlandsvertreters. Hingegen kann die Vollmacht im Innenverhältnis beschränkt werden. Es reicht aus, eine „Vollmacht gemäß § 28 GebrMG" zu erteilen. Die Bestellung des Inlandsvertreters ist dem DPMA durch Vorlage einer Vollmachtsurkunde nur noch nachzuweisen, wenn dazu ein besonderer Anlass besteht, insbesondere wenn ein anderer Verfahrensbeteiligter das Fehlen der Urkunde rügt, § 18 Abs. 3 DPMAV; im Hinblick auf die Inkonsistenz zu § 4 Abs. 2 Nr. 2 der AnmVO sollte jedoch nach wie vor eine Vollmachtsurkunde vorgelegt werden. Eine fehlende Vollmachtsurkunde ist ggfs. Zurückweisungsgrund, § 18 Abs. 1 DPMAV. Im Verfahren vor dem BPatG ist stets Einzelvollmacht erforderlich, § 97 Abs. 2 PatG. Eine Erteilung von Untervollmachten ist zulässig.

8   Die Vollmacht erlischt nach den allgemeinen Grundsätzen, § 168 BGB. Ferner durch Tod des Inlandsvertreters; damit auch die Untervollmacht z. B. eines Patentanwalts-Sozius (sie gilt nur insoweit als fortbestehend, als Geschäfte zu besorgen sind, mit deren Aufschub Gefahr im Verzug verbunden ist). Ferner erlischt die Vollmacht durch rechtskräftige Erledigung der Anmeldung oder Erlöschen des GebrM und (bereits) mit der Anzeige der Niederlegung des Mandats, d. h. nicht erst mit der Bestellung eines anderen Inlandsvertreters (§ 87 I ZPO soll insoweit unanwendbar sein; BPatGE 17, 11, 13). Bis zur Eintragung der angezeigten Niederlegung in der Rolle bleibt der Inlandsvertreter jedoch berechtigt und verpflichtet, d. h. nur ihm und nicht dem Vertretenen ist zuzustellen (BPatGE 28, 219).

6. Gerichtsstand, § 28 Satz 3

Gemäß § 23 ZPO ist für Klagen wegen vermögensrechtlicher Ansprüche gegen Auswärtige der Gerichtsstand des Vermögens oder Streitgegenstands gegeben; als dieser Ort gilt nach § 28 Satz 3 der Ort des Büros des Inlandsvertreters oder in Ermangelung eines solchen der Wohnsitz des Inlandsvertreters und in weiterer Ermangelung eines solchen der Sitz des DPMA.

§ 29 [Verordnungsermächtigung]

(1) **Der Bundesminister der Justiz regelt die Einrichtung und den Geschäftsgang des Patentamts und bestimmt durch Rechtsverordnung die Form des Verfahrens, soweit nicht durch das Gesetz Bestimmungen darüber getroffen sind.**

(2) **Der Bundesminister der Justiz wird ermächtigt, durch Rechtsverordnung zur Deckung der durch eine Inanspruchnahme des Patentamts entstehenden Kosten, soweit nicht durch Gesetz Bestimmungen darüber getroffen sind, die Erhebung von Verwaltungskosten anzuordnen, insbesondere**
1. **zu bestimmen, daß Gebühren für Bescheinigungen, Beglaubigungen, Akteneinsicht und Auskünfte sowie Auslagen erhoben werden;**
2. **Bestimmungen über die Kostenschuldner, die Fälligkeit von Kosten, die Kostenvorschußpflicht, Kostenbefreiungen, die Verjährung und das Kostenfestsetzungsverfahren zu treffen.**

Die Regelung stimmt mit § 28 PatG überein.

1. Ermächtigung nach § 29 Abs. 1: Einrichtung und Geschäftsgang des Patentamts, Form des Verfahrens, soweit nicht durch Gesetz anderes bestimmt ist

Diese Regelung ist Ermächtigungsgrundlage für die Verordnung über das Deutsche Patent- und Markenamt vom 5. September 1998 (DPAV; jetzt: DPMAV, BGBl. I 997 = PMZ 1968, 278, zuletzt geändert durch VO vom 30. 11. 1998, BGBl. I 1324 = PMZ 1999, 2).

2. § 29 Abs. 2: Erhebung von Verwaltungskosten (Gebühren und Auslagen)

2 Absatz 2 ist die Ermächtigungsgrundlage für die Verordnung über Verwaltungskosten beim Deutschen Patent- und Markenamt (DPMAVwKostV) vom 15. 10. 1991 (BGBl. I 2013 = PMZ 1991, 363), zuletzt geändert durch VO vom 13. 11. 1998 (BGBl. I 3426 = PMZ 1999, 1), die die gesetzlichen Kostenvorschriften des GebrMG und des PatGebG ergänzt.

3. Weitere Verordnungsermächtigungen

3 – § 4 Abs. 4: Ermächtigungsgrundlage für die Gebrauchsmusteranmeldeverordnung (vgl. § 4 und Anm. dort);
4 – § 3 PatGebG ist Ermächtigungsgrundlage für die Verordnung über die Zahlung der Gebühren des Deutschen Patentamts und des Bundespatentgerichts (PatGebZV);
5 – § 27 Abs. 5 PatG ist Ermächtigungsgrundlage für die Verordnung über die Wahrnehmung einzelner der Gebrauchsmusterstelle obliegender Geschäfte (WahrnV).

§ 30 [Auskunftsanspruch]

Wer Gegenstände oder ihre Verpackung mit einer Bezeichnung versieht, die geeignet ist, den Eindruck zu erwecken, daß die Gegenstände als Gebrauchsmuster nach diesem Gesetz geschützt seien, oder wer in öffentlichen Anzeigen, auf Aushängeschildern, auf Empfehlungskarten oder in ähnlichen Kundgebungen eine Bezeichnung solcher Art verwendet, ist verpflichtet, jedem, der ein berechtigtes Interesse an der Kenntnis der Rechtslage hat, auf Verlangen Auskunft darüber zu geben, auf welches Gebrauchsmuster sich die Verwendung der Bezeichnung stützt.

Auskunftsanspruch 1 § 30

Übersicht

	Rdn.
1. Allgemeines/Zweck der Vorschrift	1
2. Tatbestandliche Voraussetzungen für den Auskunftsanspruch	
2.1 Gebrauchsmusterberühmung	2, 3
2.2 Art der Verwendung	4
2.3 Auskunftsberechtigter und -verpflichteter ..	5, 6
2.4 Umfang der Auskunftspflicht	7
2.5 Auskunftsklage	8
3. Zur Zulässigkeit der Gebrauchsmusterberühmung	
3.1 Grundsätze	9
3.2 Umfang des Gebrauchsmusterschutzes	10
3.3 Einzelfälle	11–25
3.4 Rechtsfolgen unrechtmäßiger Berührung	26

Literatur (Auswahl): *Bogler,* Werbung mit Hinweisen auf zukünftigen oder bestehenden Patentschutz, DB 1992, 413; *Graf Lambsdorff/Skora,* Die Werbung mit Schutzrechtshinweisen, 1977; *Graf Lambsdorff/Hamm,* Zur wettbewerbsrechtlichen Zulässigkeit von Patent-Hinweisen, GRUR 1985, 244; *von Grafenreuth,* Geschichtliche Entwicklung und aktuelle Probleme zum Auskunftsanspruch nach einer Schutzrechtsberührung, Mitt. 1985, 207.

1. Allgemeines/Zweck der Vorschrift

§ 30 entspricht § 146 PatG mit dem Unterschied, dass die Tathandlung keine Patent-, sondern eine GebrM-Berühmung ist. Die Werbung mit einem technischen Schutzrecht hat doppelte Wirkung: Gegenüber den Werbeadressaten tritt die anpreisende, werbende Wirkung hervor (vgl. BGH GRUR 1966, 92 – Bleistiftabsätze); Mitbewerbern gegenüber bedeutet sie einen Warnhinweis (BGH GRUR 1985, 520, 521 – Konterhauben-Schrumpfsystem). § 30 GebrMG bezweckt – ebenso wie § 146 PatG –, möglichem Missbrauch entgegenzutreten. Berechtigten Interessenten wird deshalb ein inhaltlich beschränkter Auskunftsanspruch darüber zugebilligt, auf welches GebrM sich die Ankündigung des Berühmenden erstreckt. Damit dient die Vorschrift der Vorbereitung einer wettbewerblichen Auseinandersetzung (vgl. BGH GRUR 1954, 391 –

§ 30 2, 3   Auskunftsanspruch

Prallmühle). Ob die in der Ankündigung liegende GebrM-Berühmung rechtmäßig ist, beantwortet sich nicht nach § 30 GebrMG, sondern insbesondere nach den §§ 1, 3, 4, 14 UWG, 823 I, 826 BGB (vgl. hierzu Anm. 3). § 30 wird auf öffentliche Geschmacksmusterberühmungen analog angewendet (OLG Düsseldorf GRUR 1976, 34 – Becherhalter).

2. Tatbestandliche Voraussetzungen für den Auskunftsanspruch

2.1 Gebrauchsmusterberühmung

2 Voraussetzung ist eine GebrM-Berührung, d. h. eine Kundgabe, die auf den Schutz eines GebrM „nach diesem Gesetz" hinweist. Damit fallen Hinweise auf das Bestehen ausländischer Gebrauchsmuster aus dem Anwendungsbereich dieser Vorschrift, vorausgesetzt, dass dies deutlich gemacht wird, so dass ein Irrtum über den Rechtscharakter des in Bezug genommenen Schutzrechts ausgeschlossen ist. Der Hinweis auf das Bestehen eines „Schutzes" macht ferner deutlich, dass keine Berührung im Sinne des § 30 vorliegt, wenn lediglich ein Hinweis auf eine GebrM-Anmeldung erfolgt (und damit keine weitergehenden Fehlvorstellungen in Bezug auf den Schutz gegeben sind; ein Hinweis auf eine bloße GebrM-Anmeldung ist jedoch für sich genommen bereits wettbewerbswidrig, vgl. Anm. 3). Die Vorschrift setzt mithin das Hervorrufen des Eindrucks eines bestehenden GebrM-Schutzes voraus; bei Kundgaben, die zwar nicht einen existierenden GebrM-Schutz suggerieren, aber eine damit vergleichbare Wirkung hervorrufen, kommt nur eine analoge Anwendung von § 30 in Betracht (zu denken ist z. B. an einen Hinweis auf die kurzfristig bevorstehende Eintragung der zum GebrM-Schutz angemeldeten Erfindung).

3 Die GebrM-Berührung kann in verschiedenen Formen zum Ausdruck kommen, wie z. B. in den Bezeichnungen sowie Abkürzungen: „Gebrauchsmuster", „Musterschutz", „DBGM", „DGM", „GM", „Ges.Gesch. DEGM" ... bzw. „nach DEGM ... geschützt" etc. Weitere Ausdrucksformen und zu deren Zulässigkeit: vgl. Anm. 3.

2.2 Art der Verwendung

§ 30 stellt auf zwei Arten der GebrM-Berührung ab, nämlich **4**
das Versehen von Gegenständen oder ihre Verpackung mit einer
Bezeichnung, die geeignet ist, den Eindruck zu erwecken, dass die
Gegenstände als Gebrauchsmuster geschützt sind, und zum anderen
die Verwendung einer solchen Bezeichnung in öffentlichen Anzeigen, auf Aushängeschildern, auf Empfehlungskarten oder in ähnlichen Kundgebungen. Auf die Art der „Bezeichnung" kommt es
dabei nicht an. Es kann sich hierbei um Worte, Abkürzungen aber
auch um Symbole wie z. B. die Verwendung mit Rundstempeln
oder dergleichen und deren Kombinationen miteinander handeln.
Die öffentlichen Kundgebungen sind nur beispielhaft aufgezählt.
Die Art der Verwendung kann schriftlich oder mündlich sein. Die
Kundgabe muss sich von vornherein an einen größeren, nicht von
vornherein bestimmten Personenkreis richten müssen (vgl. BGH
GRUR 1951, 314 – Motorblock: Schreiben an vier vermutliche
Verletzer nicht ausreichend). Deshalb wurde die Kundgabe im Zusammenhang mit der Lieferung einer Zusatzeinrichtung zu einer
Maschine ausschließlich an Kunden des Herstellers als nicht darunter
fallend angesehen (OLG Karlsruhe GRUR 1984, 106, 107). Bei
einer nur mündlichen Bekanntgabe an einen einzelnen Kunden/Interessenten fehlt es an dieser Voraussetzung (BGH GRUR 1954, 391
– Prallmühle; OLG Karlsruhe, aaO). Aus diesem Grunde wird man
auch das Versehen der Ware mit dem Vermerk als noch nicht ausreichend ansehen müssen, solange die Ware noch nicht vertrieben
wird.

2.3 Auskunftsberechtigter und -verpflichteter

Aktivlegitimation besteht zugunsten jeder Person, die ein **be-** **5**
rechtigtes Interesse an der Kenntnis der Rechtslage hat. Dies sind
unmittelbare oder mittelbare (d. h. insbesondere auf verschiedenen
Vertriebsstufen) tätige Wettbewerber. Aktivlegitimiert sind auch Verbände im Sinne des § 13 UWG (*Busse/Keukenschrijver*, § 146 PatG,
Rdn. 14). Ein privates oder wissenschaftliches Interesse reicht hingegen nicht.

Passivlegitimiert ist derjenige, der sich des GebrM-Schutzes be- **6**
rühmt, also wer den Hinweis anbringt oder in den öffentlichen
Ankündigungen verwendet. Der Händler, der lediglich die mit dem

Vermerk versehene Ware weitervertreibt, ist nicht auskunftsverpflichtet, es sei denn, dass er die Handlungen selbst vorgenommen hat oder an ihnen mitgewirkt hat. Ein Lizenznehmer ist auskunftspflichtig. Keine Auskunftspflicht besteht, wenn das in Bezug genommene Gebrauchsmuster in eindeutig zuzuordnender Weise erwähnt ist, da dann bereits Erfüllung des Auskunftsanspruches anzunehmen ist.

2.4 Umfang der Auskunftspflicht

7   Der Auskunftsanspruch ist inhaltlich beschränkt. Zu nennen ist (sind) lediglich das (die) GebrM, auf das (die) sich die Berührung bezieht. Es ist Aufgabe des Berührenden, dieses (diese) zu bestimmen (BGH GRUR 1954, 391 – Prallmühle; OLG Karlsruhe GRUR 1984, 106, 107). Der Inhalt des Anspruchs geht nicht auch auf diejenigen Schutzrechte, auf die sich der Berührende mit seiner Berührung stützen könnte. Der Anspruch ist ferner nicht auf Überlassung eines Druckexemplars des entsprechenden GebrM gerichtet; ebenso nicht auf vollständige Angabe aller Schutzrechte, die für den Gegenstand der Berührung relevant sind. Ggfs. ist eine Ergänzung vorzunehmen, was insbesondere im anschließenden Wettbewerbsprozess mit Kostennachteilen verbunden ist. Eine Verpflichtung zur Einsicht in die Akten besteht ebenfalls nicht. Ferner besteht keine Verpflichtung auf Auskunft über den Schutzbereich des GebrM sowie auf Mitteilung von GebrM-Anmeldungen.

2.5 Auskunftsklage

8   Die gerichtliche Geltendmachung des Auskunftsanspruchs ist in der Regel eine GebrM-Streitigkeit, obwohl die Grundlage von Ansprüchen aufgrund unberechtigter GebrM-Berührung meist nur wettbewerbsrechtliche oder allgemein zivilrechtliche Bestimmungen sind (vgl. *Schramm,* S, 286 sowie § 27 Anm. 2).

3. Zur Zulässigkeit der Gebrauchsmusterberühmung:

3.1 Grundsätze

Genauso wie die Werbung mit Patentschutz ist auch die Werbung 9 auf bestehenden Gebrauchsmusterschutz grundsätzlich zulässig, sofern die Ankündigung nicht aufgrund sonstiger Umstände gegen insbesondere wettbewerbsrechtliche Vorschriften verstößt. Die Zulässigkeit der Werbung kann dabei insbesondere von der Art der bezeichneten Ware oder den angesprochenen Verkehrskreisen abhängen. Dabei ist auch bei einer Werbung gegenüber dem allgemeinen Verkehr nicht (mehr) auf den Eindruck des flüchtigen Betrachters abzustellen, sondern auf den verständigen, durchschnittlich informierten sowie aufmerksamen Durchschnittsverbraucher abzustellen. Auch insoweit darf aber nicht außer acht gelassen werden, dass diesem die tatsächlichen und rechtlichen Umstände des GebrM-Schutzes, des Unterschiedes zum Patentschutz etc. im einzelnen nicht bekannt sein werden. Nach OLG Düsseldorf (GRUR 1984, 883 – Irreführende Gebrauchsmusterberühmung) soll dem allgemeinen Verkehr bekannt sein, dass das GebrM eine leichter zu erlangende, weniger weit reichende Art von Schutzrecht ist als ein Patent, auch wenn ihm die Einzelheiten der Erlangung beider Schutzrechtsarten nicht bekannt seien; das Vertrauen des Verkehrs in den Bestand eines Gebrauchsmusters sei deshalb geringer; er werde folglich in der Behauptung, dass ein von ihm erworbenes Produkt als Gebrauchsmuster „gesetzlich geschützt" sei, nicht den Hinweis auf eine unzweifelhaft technische Vorzugsstellung sehen wie bei einem Hinweis auf einen Patentschutz (zwh.). Ungeachtet dessen ist auch nach dieser (weiten) Auffassung eine Verpflichtung des Werbenden anzunehmen, sich sorgfältig z. B. durch eine Recherche oder durch Beratung eines Patentanwalts zu vergewissern, dass ein GebrM-Schutz wahrscheinlich ist, da der Verkehr jedenfalls auf eine gewisse Verlässlichkeit der behaupteten technischen Vorzugsstellung auch bei einem GebrM vertraut (OLG Düsseldorf, aaO).

3.2 Umfang des Gebrauchsmusterschutzes

Bezieht sich die GebrM-Berühmung auf eine Gesamtvorrich- 10 tung, besteht hingegen jedoch GebrM-Schutz nur für einen Teil dieser Vorrichtung, so ist diese Werbung zulässig, wenn der gebrM-rechtlich geschützte Teil dem Ganzen das eigentliche Gepräge und den eigentlichen Verkehrswert verleiht (OLG Karlsruhe GRUR 1980, 118). Die Werbeaussage ist jedoch unrichtig und irreführend, wenn der Gegenstand als Ganzer als gebrauchsmusterrechtlich geschützt bezeichnet wird, während in Wirklichkeit nur ein untergeordneter Teil geschützt ist (OLG Düsseldorf GRUR 1984, 883, 884 – Irreführende Gebrauchsmusterberühmung). Die Werbung darf jedoch auf die tatsächlich bestehenden Schutzbereich des GebrM hinweisen, der vom Wortlaut der GebrM-Ansprüche abweichen kann (vgl. BGH GRUR 1985, 520 – Konterhauben-Schrumpfsystem). Mit einem rein formal bestehenden Schutz darf nicht geworben werden, wenn für das in Bezug genommene GebrM offenkundig kein Schutz besteht (z. B. infolge des vorbekannten Standes der Technik).

3.3 Einzelfälle

11 Da immer auf die Umstände des Einzelfalls abzustellen ist, die durchaus dazu führen können, dass eine an sich zulässige und zutreffende Aussage in ihrem Gesamtkontext irreführend wird, können die nachfolgenden Beispielsfälle nur Anhaltspunkte für die definitive rechtliche Wertung im Einzelfall sein; auf jeden Fall sind sie mit den zuvor dargestellten Grundsätzen in Einklang zu bringen, was mindestens ein eingetragenes GebrM voraussetzt.

Zulässige Angaben

12 – „Gebrauchsmuster";
13 – gebräuchliche Abkürzungen wie zum Beispiel „DBGM" (Deutsches Bundesgebrauchsmuster) oder „DGBM" (Deutsches Gebrauchsmuster);
14 – „gesetzlich geschützt" **mit** eindeutigem Hinweis, dass es sich um ein Gebrauchsmuster handelt, dessen materielle Schutzvoraussetzungen vorliegen, da andernfalls der unzutreffende Eindruck eines (geprüften) Patentschutzes hervorgerufen wird (a. A. *Benkard/Ullmann*, § 146 PatG, Rdn. 17, der zwar anscheinend eine nach wie vor bestehende Irreführung annimmt, jedoch die Relevanz der Irreführung verneint);
15 – „alleiniges Herstellungsrecht" (*Baumbach/Hefermehl*, § 3 UWG, Rdnr. 174; zwh. jedenfalls dann unzulässig, wenn das Schutzrecht offenkundig schutzunfähig ist);

Auskunftsanspruch 16–26 § 30

– „Nachahmung verboten" (*Baumbach/Hefermehl*, aaO; zwh. jeden- 16
falls dann unzulässig, wenn das in Bezug genommene GebrM
offenkundig nicht schutzbeständig ist).

Unzulässige Angaben

– „Ges. gesch. DEGM . . ." oder „nach DEGM . . . geschützt", 17
wenn für das in Bezug genommene GebrM offenkundig kein
Schutz besteht (OLG Düsseldorf GRUR 1984, 883);
– Hinweis auf eine GebrM-Anmeldung (LG Düsseldorf E 1998, 97, 18
98 – Chiphalter), insbesondere unter Verwendung von Abkürzungen wie z. B. „DGBM a" oder „DBGM angem.", da in diesen
Fällen auch noch der die Anmeldungseigenschaft andeutende Zusatz in der Regel übersehen wird und dann der zusätzliche irreführende Eindruck auf ein bestehendes Gebrauchsmuster entsteht
(*Bühring*, § 30, Rdn. 9);
– „patentrechtlich geschützt", da Patentrecht und GebrM-Recht 19
zwar in vielfacher Hinsicht verwandt, dennoch erhebliche Unterschiede aufweisen und die Angabe dahin verstanden wird, dass der
beworbene Gegenstand unter Patentschutz stehe (OLG München
Mitt. 1998, 479, 480);
– „patentamtlich geschützt", da erhebliche Teile der angesprochenen 20
Verkehrskreise den Hinweis auf einen „patentamtlichen" Schutz
als die Behauptung des Schutzes durch ein Patent verstehen werden (OLG München Mitt. 1998, 479, 480);
– „GM", da in Verkehrskreisen diese Abkürzung (die auch für ein 21
Geschmacksmuster stehen könnte) unbekannt ist und damit von
vornherein Fehlvorstellungen über die Art des Schutzes eintreten;
– „im Inland geschützt", da der Eindruck eines Patentschutzes ent- 22
stehen kann *(Benkard/Ullmann*, § 146 PatG, Rdn. 17);
– „patentiert" *(Benkard/Ullmann*, § 146 PatG, Rdn. 17); 23
– „gesetzlich geschützt" (ohne erläuternde Hinweise), da der Ver- 24
kehr diesen Hinweis nur auf Patente, nicht auf GebrM beziehen
wird (OLG Düsseldorf GRUR 1978, 437);
– Hinweis auf – mangels Eintragung noch nicht bestehendes – 25
GebrM, selbst wenn die Eintragung wenige Tage später erfolgt
(LG Düsseldorf E 1998, 97, 98 – Chiphalter)

3.4 Rechtsfolgen unrechtmäßiger Berühmung

Eine nach den o. a. Kriterien unzulässige GebrM-Berühmung 26
löst Ansprüche nach den §§ 1, 3, 13 UWG, 242, 823, 826, 1004

BGB aus. Unterlassungsansprüche können dabei vor allen Dingen aus § 3 UWG entstehen, wenn die Werbung ernsthaft geeignet ist, eine Irreführung nicht unbeachtlicher Verkehrskreise über Art und Inhalt des gesetzlichen Schutzes zu täuschen. Darüber hinaus liegt häufig ein Verstoß gegen § 1 UWG vor, da derjenige, der mit unzutreffenden Hinweisen auf GebrM-Schutz wirbt, sich einen ungerechtfertigten Vorteil gegenüber demjenigen Wettbewerber verschafft, der nur in korrekter Weise wirbt; eine damit verbundene Behinderung von Mitbewerbern ist als sittenwidrig nach § 1 UWG anzusehen. Bei Eintritt eines Schadens besteht darüber hinaus eine Schadenersatzpflicht. Hier ist dabei davon auszugehen, dass ein Schutzrechtshinweis geeignet ist, den beworbenen Gegenstand, für den der Werbende ein Monopolrecht in Anspruch nimmt, aufzuwerten und besonderes Interesse des potenziellen Abnehmers an diesem Produkt zu wecken, was notwendigerweise zu Lasten der Konkurrenten geht (LG Düsseldorf E 1998, 97, 98 – Chiphalter). Damit kann mit einem Unterlassungsantrag in der Regel auch die Feststellung der Schadenersatzpflicht gemäß § 256 ZPO begehrt werden. Außerdem ist der Werbende zur Auskunft gemäß § 242 BGB verpflichtet, damit der Kläger in die Lage versetzt wird, den ihm zustehenden Schadenersatzanspruch beziffern zu können. Zu dem Schadenersatzanspruch gehört auch der Ersatz der Rechtsanwaltskosten (und bei Mitwirkung eines Patentanwalts auch der Patentanwaltskosten gemäß § 27 Abs. 5), der dem Kläger dadurch entstanden ist, dass er durch die unzulässige Werbung einen Anwaltsvertreter mit einer Anfrage nach § 30 GebrMG beauftragen musste.

Anhang

1. Patentgesetz 1981 647
2. Gebrauchsmusteranmeldeverordnung 702
3. Verordnung über die Wahrnehmung einzelner den Prüfungsstellen, der Gebrauchsmusterstelle, den Markenstellen und den Abteilungen des Patentamts obliegender Geschäfte (Wahrnehmungsverordnung) 709
4. Patentgebührengesetz 717
5. Verordnung über die Zahlung der Gebühren des Deutschen Patent- und Markenamts und des Bundespatentgerichts 726
6. Verordnung über die Verwaltungskosten beim Deutschen Patent- und Markenamt 728

1. Patentgesetz 1981

In der Fassung der Bekanntmachung vom 16. Dezember 1980

BGBl. III/FNA 420-1

(BGBl. 1981 I S. 1, geändert durch Gesetz v. 15. 8. 1986, BGBl. I S. 1446, Gesetz v. 9. 12. 1986, BGBl. I S.2326, Gesetz v. 7.3. 1990, BGBl. I S.422, Gesetz v. 20. 12. 1991, BGBl. II S. 1354, Gesetz v. 27. 3. 1992, BGBl. I S. 727, Gesetz v. 23. 3. 1993, BGBl. I S. 366, Gesetz v. 2. 9. 1994, BGBl. I S. 2278, Gesetz v. 25. 10. 1994, BGBl. I S. 3082, Gesetz v. 28. 10. 1996, BGBl. I S. 1546, Gesetz v. 16. 7. 1998, BGBl. I S. 1827, Gesetz v. 6. 8. 1998, BGBl. I S. 2030, Gesetz v. 17. 12. 1999, BGBl. I S. 2448, Gesetz v. 22. 12. 1999,BGBl. I S. 2598)

Erster Abschnitt. Das Patent

§ 1. [Voraussetzungen der Erteilung] (1) Patente werden für Erfindungen erteilt, die neu sind, auf einer erfinderischen Tätigkeit beruhen und gewerblich anwendbar sind.

(2) Als Erfindungen im Sinne des Absatzes 1 werden insbesondere nicht angesehen:
1. Entdeckungen sowie wissenschaftliche Theorien und mathematische Methoden;
2. ästhetische Formschöpfungen;

3. Pläne, Regeln und Verfahren für gedankliche Tätigkeiten, für Spiele oder für geschäftliche Tätigkeiten sowie Programme für Datenverarbeitungsanlagen;
4. die Wiedergabe von Informationen.

(3) Absatz 2 steht der Patentfähigkeit nur insoweit entgegen, als für die genannten Gegenstände oder Tätigkeiten als solche Schutz begehrt wird.

§ 2. [Keine Erteilung] Patente werden nicht erteilt für

1. Erfindungen, deren Veröffentlichung oder Verwertung gegen die öffentliche Ordnung oder die guten Sitten verstoßen würde; ein solcher Verstoß kann nicht allein aus der Tatsache hergeleitet werden, daß die Verwertung der Erfindung durch Gesetz oder Verwaltungsvorschrift verboten ist. Satz 1 schließt die Erteilung eines Patents für eine unter § 50 Abs. 1 fallende Erfindung nicht aus;
2. Pflanzensorten oder Tierarten sowie für im wesentlichen biologische Verfahren zur Züchtung von Pflanzen oder Tieren. Diese Vorschrift ist nicht anzuwenden auf mikrobiologische Verfahren und auf die mit Hilfe dieser Verfahren gewonnenen Erzeugnisse.

§ 3. [Begriff der Neuheit] (1) Eine Erfindung gilt als neu, wenn sie nicht zum Stand der Technik gehört. Der Stand der Technik umfaßt alle Kenntnisse, die vor dem für den Zeitrang der Anmeldung maßgeblichen Tag durch schriftliche oder mündliche Beschreibung, durch Benutzung oder in sonstiger Weise der Öffentlichkeit zugänglich gemacht worden sind.

(2) Als Stand der Technik gilt auch der Inhalt folgender Patentanmeldungen mit älterem Zeitrang, die erst an oder nach dem für den Zeitrang der jüngeren Anmeldung maßgeblichen Tag der Öffentlichkeit zugänglich gemacht worden sind:
1. der nationalen Anmeldungen in der beim Deutschen Patentamt ursprünglich eingereichten Fassung;
2. der europäischen Anmeldungen in der bei der zuständigen Behörde ursprünglich eingereichten Fassung, wenn mit der Anmeldung für die Bundesrepublik Deutschland Schutz begehrt wird und die Benennungsgebühr für die Bundesrepublik Deutschland nach Artikel 79 Abs. 2 des Europäischen Patentübereinkommens gezahlt ist, es sei denn, daß die europäische Patentanmeldung aus einer internationalen Anmeldung hervorgegangen ist und die in Artikel 158 Abs. 2 des Europäischen Patentübereinkommens genannten Voraussetzungen nicht erfüllt sind;
3. der internationalen Anmeldungen nach dem Patentzusammenarbeitsvertrag in der beim Anmeldeamt ursprünglich eingereichten Fassung, wenn für die Anmeldung das Deutsche Patentamt Bestimmungsamt ist.

Beruht der ältere Zeitrang einer Anmeldung auf der Inanspruchnahme der Priorität einer Voranmeldung, so ist Satz 1 nur insoweit anzuwenden, als die danach maßgebliche Fassung nicht über die Fassung der Voranmeldung hinausgeht. Patentanmeldungen nach Satz 1 Nr. 1, für die eine Anordnung nach § 50 Abs. 1 oder 4 [des Patentgesetzes] erlassen worden ist, gelten vom Ablauf des achtzehnten Monats nach ihrer Einreichung an als der Öffentlichkeit zugänglich gemacht.

(3) Gehören Stoffe oder Stoffgemische zum Stand der Technik, so wird ihre Patentfähigkeit durch die Absätze 1 und 2 nicht ausgeschlossen, sofern sie zur Anwendung in einem der in § 5 Abs. 2 genannten Verfahren bestimmt sind und ihre Anwendung zu einem dieser Verfahren nicht zum Stand der Technik gehört.

(4) Für die Anwendung der Absätze 1 und 2 bleibt eine Offenbarung der Erfindung außer Betracht, wenn sie nicht früher als sechs Monate vor Einreichung der Anmeldung erfolgt ist und unmittelbar oder mittelbar zurückgeht
1. auf einen offensichtlichen Mißbrauch zum Nachteil des Anmelders oder seines Rechtsvorgängers oder
2. auf die Tatsache, daß der Anmelder oder sein Rechtsvorgänger die Erfindung auf amtlichen oder amtlich anerkannten Ausstellungen im Sinne des am 22. November 1928 in Paris unterzeichneten Abkommens über internationale Ausstellungen zur Schau gestellt hat.

Satz 1 Nr. 2 ist nur anzuwenden, wenn der Anmelder bei Einreichung der Anmeldung angibt, daß die Erfindung tatsächlich zur Schau gestellt worden ist und er innerhalb von vier Monaten nach der Einreichung hierüber eine Bescheinigung einreicht. Die in Satz 1 Nr. 2 bezeichneten Ausstellungen werden vom Bundesminister der Justiz im Bundesgesetzblatt bekanntgemacht.

§ 4. [Erfindung auf Grund erfinderischer Tätigkeit] Eine Erfindung gilt als auf einer erfinderischen Tätigkeit beruhend, wenn sie sich für den Fachmann nicht in naheliegender Weise aus dem Stand der Technik ergibt. Gehören zum Stand der Technik auch Unterlagen im Sinne des § 3 Abs. 2, so werden diese bei der Beurteilung der erfinderischen Tätigkeit nicht in Betracht gezogen.

§ 5. [Gewerblich anwendbare Erfindung] (1) Eine Erfindung gilt als gewerblich anwendbar, wenn ihr Gegenstand auf irgendeinem gewerblichen Gebiet einschließlich der Landwirtschaft hergestellt oder benutzt werden kann.

(2) Verfahren zur chirurgischen oder therapeutischen Behandlung des menschlichen oder tierischen Körpers und Diagnostizierverfahren, die am menschlichen oder tierischen Körper vorgenommen werden, gelten nicht als gewerblich anwendbare Erfindungen im Sinne des Absatzes 1. Dies gilt nicht für Erzeugnisse, insbesondere Stoffe oder Stoffgemische, zur Anwendung in einem der vorstehend genannten Verfahren.

§ 6. [Recht des Erfinders] Das Recht auf das Patent hat der Erfinder oder sein Rechtsnachfolger. Haben mehrere gemeinsam eine Erfindung gemacht, so steht ihnen das Recht auf das Patent gemeinschaftlich zu. Haben mehrere die Erfindung unabhängig voneinander gemacht, so steht das Recht dem zu, der die Erfindung zuerst beim Patentamt angemeldet hat.

§ 7. [Recht des Anmelders; älteres Recht] (1) Damit die sachliche Prüfung der Patentanmeldung durch die Feststellung des Erfinders nicht verzögert wird, gilt im Verfahren vor dem Patentamt der Anmelder als berechtigt, die Erteilung des Patents zu verlangen.

(2) Wird ein Patent auf Grund eines auf widerrechtliche Entnahme (§ 21 Abs. 1 Nr. 3) gestützten Einspruchs widerrufen oder führt der Einspruch zum Verzicht auf das Patent, so kann der Einsprechende innerhalb eines Monats nach der amtlichen Mitteilung hierüber die Erfindung selbst anmelden und die Priorität des früheren Patents in Anspruch nehmen.

§ 8. [Patentvindikation] Der Berechtigte, dessen Erfindung von einem Nichtberechtigten angemeldet ist, oder der durch widerrechtliche Entnahme Verletzte kann vom Patentsucher verlangen, daß ihm der Anspruch auf Erteilung des Patents abgetreten wird. Hat die Anmeldung bereits zum Patent geführt, so kann er vom Patentinhaber die Übertragung des Patents verlangen. Der Anspruch kann vorbehaltlich der Sätze 4 und 5 nur innerhalb einer Frist von zwei Jahren nach der Veröffentlichung der Erteilung des Patents (§ 58 Abs. 1) durch Klage geltend gemacht werden. Hat der Verletzte Einspruch wegen widerrechtlicher Entnahme (§ 21 Abs. 1 Nr. 3) erhoben, so kann er die Klage noch innerhalb eines Jahres nach rechtskräftigem Abschluß des Einspruchsverfahrens erheben. Die Sätze 3 und 4 sind nicht anzuwenden, wenn der Patentinhaber beim Erwerb des Patents nicht in gutem Glauben war.

§ 9. [Wirkung des Patents] Das Patent hat die Wirkung, daß allein der Patentinhaber befugt ist, die patentierte Erfindung zu benutzen. Jedem Dritten ist es verboten, ohne seine Zustimmung
1. ein Erzeugnis, das Gegenstand des Patents ist, herzustellen, anzubieten, in Verkehr zu bringen oder zu gebrauchen oder zu den genannten Zwecken entweder einzuführen oder zu besitzen;
2. ein Verfahren, das Gegenstand des Patents ist, anzuwenden oder, wenn der Dritte weiß oder es auf Grund der Umstände offensichtlich ist, daß die Anwendung des Verfahrens ohne Zustimmung des Patentinhabers verboten ist, zur Anwendung im Geltungsbereich dieses Gesetzes anzubieten;
3. das durch ein Verfahren, das Gegenstand des Patents ist, unmittelbar hergestellte Erzeugnis anzubieten, in Verkehr zu bringen oder zu gebrauchen oder zu den genannten Zwecken entweder einzuführen oder zu besitzen.

§ 10. [Verbotene Verwendung von Mitteln zur Benutzung der Erfindung] (1) Das Patent hat ferner die Wirkung, daß es jedem Dritten verboten ist, ohne Zustimmung des Patentinhabers im Geltungsbereich dieses Gesetzes anderen als zur Benutzung der patentierten Erfindung berechtigten Personen Mittel, die sich auf ein wesentliches Element der Erfindung beziehen, zur Benutzung der Erfindung im Geltungsbereich dieses Gesetzes anzubieten oder zu liefern, wenn der Dritte weiß oder es auf Grund der Umstände offensichtlich ist, daß diese Mittel dazu geeignet und bestimmt sind, für die Benutzung der Erfindung verwendet zu werden.

(2) Absatz 1 ist nicht anzuwenden, wenn es sich bei den Mitteln um allgemein im Handel erhältliche Erzeugnisse handelt, es sei denn, daß der Dritte den Belieferten bewußt veranlaßt, in einer nach § 9 Satz 2 verbotenen Weise zu handeln.

(3) Personen, die die in § 11 Nr. 1 bis 3 genannten Handlungen vornehmen, gelten im Sinne des Absatzes 1 nicht als Personen, die zur Benutzung der Erfindung berechtigt sind.

§ 11. [Erlaubte Handlungen] Die Wirkung des Patents erstreckt sich nicht auf
1. Handlungen, die im privaten Bereich zu nicht gewerblichen Zwecken vorgenommen werden;
2. Handlungen zu Versuchszwecken, die sich auf den Gegenstand der patentierten Erfindung beziehen;
3. die unmittelbare Einzelzubereitung von Arzneimitteln in Apotheken auf Grund ärztlicher Verordnung sowie auf Handlungen, welche die auf diese Weise zubereiteten Arzneimittel betreffen;
4. den an Bord von Schiffen eines anderen Mitgliedstaates der Pariser Verbandsübereinkunft zum Schutz des gewerblichen Eigentums stattfindenden Gebrauch des Gegenstands der patentierten Erfindung im Schiffskörper, in den Maschinen, im Takelwerk, an den Geräten und sonstigem Zubehör, wenn die Schiffe vorübergehend oder zufällig in die Gewässer gelangen, auf die sich der Geltungsbereich dieses Gesetzes erstreckt, vorausgesetzt, daß dieser Gegenstand dort ausschließlich für die Bedürfnisse des Schiffes verwendet wird;
5. den Gebrauch des Gegenstandes der patentierten Erfindung in der Bauausführung oder für den Betrieb der Luft- oder Landfahrzeuge eines anderen Mitgliedstaates der Pariser Verbandsübereinkunft zum Schutz des gewerblichen Eigentums oder des Zubehörs solcher Fahrzeuge, wenn diese vorübergehend oder zufällig in den Geltungsbereich dieses Gesetzes gelangen;
6. die in Artikel 27 des Abkommens vom 7. Dezember 1944 über die internationale Zivilluftfahrt (BGBl. 1956 II S. 411) vorgesehenen Handlungen, wenn diese Handlungen ein Luftfahrzeug eines anderen Staates betreffen, auf den dieser Artikel anzuwenden ist.

§ 12. [Beschränkung der Wirkung gegenüber Benutzer] (1) Die Wirkung des Patents tritt gegen den nicht ein, der zur Zeit der Anmeldung bereits im Inland die Erfindung in Benutzung genommen oder die dazu erforderlichen Veranstaltungen getroffen hatte. Dieser ist befugt, die Erfindung für die Bedürfnisse seines eigenen Betriebs in eigenen oder fremden Werkstätten auszunutzen. Die Befugnis kann nur zusammen mit dem Betrieb vererbt oder veräußert werden. Hat der Anmelder oder sein Rechtsvorgänger

Anh 1 PatG Patentgesetz 1981

die Erfindung vor der Anmeldung anderen mitgeteilt und sich dabei seine Rechte für den Fall der Patenterteilung vorbehalten, so kann sich der, welcher die Erfindung infolge der Mitteilung erfahren hat, nicht auf Maßnahmen nach Satz 1 berufen, die er innerhalb von sechs Monaten nach der Mitteilung getroffen hat.

(2) Steht dem Patentinhaber ein Prioritätsrecht zu, so ist an Stelle der in Absatz 1 bezeichneten Anmeldung die frühere Anmeldung maßgebend. Dies gilt jedoch nicht für Angehörige eines ausländischen Staates, der hierin keine Gegenseitigkeit verbürgt, soweit sie die Priorität einer ausländischen Anmeldung in Anspruch nehmen.

§ 13. [Beschränkung der Wirkung für öffentliche Wohlfahrt und Staatssicherheit] (1) Die Wirkung des Patents tritt insoweit nicht ein, als die Bundesregierung anordnet, daß die Erfindung im Interesse der öffentlichen Wohlfahrt benutzt werden soll. Sie erstreckt sich ferner nicht auf eine Benutzung der Erfindung, die im Interesse der Sicherheit des Bundes von der zuständigen obersten Bundesbehörde oder in deren Auftrag von einer nachgeordneten Stelle angeordnet wird.

(2) Für die Anfechtung einer Anordnung nach Absatz 1 ist das Bundesverwaltungsgericht zuständig, wenn sie von der Bundesregierung oder der zuständigen obersten Bundesbehörde getroffen ist.

(3) Der Patentinhaber hat in den Fällen des Absatzes 1 gegen den Bund Anspruch auf angemessene Vergütung. Wegen deren Höhe steht im Streitfall der Rechtsweg vor den ordentlichen Gerichten offen. Eine Anordnung der Bundesregierung nach Absatz 1 Satz 1 ist dem in der Rolle (§ 30 Abs. 1) als Patentinhaber Eingetragenen vor Benutzung der Erfindung mitzuteilen. Erlangt die oberste Bundesbehörde, von der eine Anordnung oder ein Auftrag nach Absatz 1 Satz 2 ausgeht, Kenntnis von der Entstehung eines Vergütungsanspruchs nach Satz 1, so hat sie dem als Patentinhaber Eingetragenen davon Mitteilung zu machen.

§ 14. [Schutzbereich] Der Schutzbereich des Patents und der Patentanmeldung wird durch den Inhalt der Patentansprüche bestimmt. Die Beschreibung und die Zeichnungen sind jedoch zur Auslegung der Patentansprüche heranzuziehen.

§ 15. [Übertragbarkeit des Rechts; Lizenzen] (1) Das Recht auf das Patent, der Anspruch auf Erteilung des Patents und das Recht aus dem Patent gehen auf die Erben über. Sie können beschränkt oder unbeschränkt auf andere übertragen werden.

(2) Die Rechte nach Absatz 1 können ganz oder teilweise Gegenstand von ausschließlichen oder nicht ausschließlichen Lizenzen für den Geltungsbereich dieses Gesetzes oder einen Teil desselben sein. Soweit ein Lizenznehmer gegen eine Beschränkung seiner Lizenz nach Satz 1 verstößt, kann das Recht aus dem Patent gegen ihn geltend gemacht werden.

Patentgesetz 1981

(3) Ein Rechtsübergang oder die Erteilung einer Lizenz berührt nicht Lizenzen, die Dritten vorher erteilt worden sind.

§ 16. [Schutzdauer] (1) Das Patent dauert zwanzig Jahre, die mit dem Tag beginnen, der auf die Anmeldung der Erfindung folgt. Bezweckt eine Erfindung die Verbesserung oder weitere Ausbildung einer anderen, dem Anmelder durch ein Patent geschützten Erfindung, so kann er bis zum Ablauf von achtzehn Monaten nach dem Tag der Einreichung der Anmeldung oder, sofern für die Anmeldung ein früherer Zeitpunkt als maßgebend in Anspruch genommen wird, nach diesem Zeitpunkt die Erteilung eines Zusatzpatents beantragen, das mit dem Patent für die ältere Erfindung endet.

(2) Fällt das Hauptpatent durch Widerruf, durch Erklärung der Nichtigkeit oder durch Verzicht fort, so wird das Zusatzpatent zu einem selbständigen Patent; seine Dauer bestimmt sich nach dem Anfangstag des Hauptpatents. Von mehreren Zusatzpatenten wird nur das erste selbständig; die übrigen gelten als dessen Zusatzpatente.

§ 16a. [Ergänzende Schutzzertifikate] (1) Für das Patent kann nach Maßgabe von Verordnungen der Europäischen Wirtschaftsgemeinschaft über die Schaffung von ergänzenden Schutzzertifikaten, auf die im Bundesgesetzblatt hinzuweisen ist, ein ergänzender Schutz beantragt werden, der sich an den Ablauf des Patents nach § 16 Abs. 1 unmittelbar anschließt. Für den ergänzenden Schutz sind Jahresgebühren nach dem Tarif zu zahlen.

(2) Soweit das Recht der Europäischen Gemeinschaften nichts anderes bestimmt, gelten die Vorschriften des Patentgesetzes über die Berechtigung des Anmelders (§§ 6 bis 8), über die Wirkungen des Patents und die Ausnahmen davon (§§ 9 bis 12), über die Benutzungsanordnung, die Zwangslizenz und deren Zurücknahme (§§ 13, 24), über den Schutzbereich (§ 14), über Lizenzen und deren Eintragung (§§ 15, 30), über Gebühren (§ 17 Abs. 2 bis 6, §§ 18 und 19), über das Erlöschen des Patents (§ 20), über die Nichtigkeit (§ 22), über die Lizenzbereitschaft (§ 23), über den Inlandsvertreter (§ 25), über das Patentgericht und das Verfahren vor dem Patentgericht (§§ 65 bis 99), über das Verfahren vor dem Bundesgerichtshof (§§ 100 bis 122), über die Wiedereinsetzung (§ 123), über die Wahrheitspflicht (§ 124), über die Amtssprache, die Zustellungen und die Rechtshilfe (§§ 126 bis 128), über die Rechtsverletzungen (§§ 139 bis 141 und § 142a), über die Klagenkonzentration und über die Patentberühmung (§§ 145 und 146) für den ergänzenden Schutz entsprechend.

(3) Lizenzen und Erklärungen nach § 23 des Patentgesetzes, die für ein Patent wirksam sind, gelten auch für den ergänzenden Schutz.

§ 17. [Gebühren] (1) Für jede Anmeldung und jedes Patent ist für das dritte und jedes folgende Jahr, gerechnet vom Anmeldetag an, eine Jahresgebühr nach dem Tarif zu entrichten.

(2) Für ein Zusatzpatent (§ 16 Abs. 1 Satz 2) sind Jahresgebühren nicht zu entrichten. Wird das Zusatzpatent zu einem selbständigen Patent, so wird es gebührenpflichtig; Fälligkeitstag und Jahresbetrag richten sich nach dem Anfangstag des bisherigen Hauptpatents. Für die Anmeldung eines Zusatzpatents sind Satz 1 und Satz 2 Halbsatz 1 entsprechend anzuwenden mit der Maßgabe, daß in den Fällen, in denen die Anmeldung eines Zusatzpatents als Anmeldung eines selbständigen Patents gilt, die Jahresgebühren wie für eine von Anfang an selbständige Anmeldung zu entrichten sind.

(3) Die Jahresgebühren sind jeweils für das kommende Jahr am letzten Tag des Monats fällig, der durch seine Benennung dem Monat entspricht, in den der Anmeldetag fällt. Wird die Gebühr nicht bis zum Ablauf des letzten Tages des zweiten Monats nach Fälligkeit entrichtet, so muß der tarifmäßige Zuschlag entrichtet werden. Nach Ablauf der Frist gibt das Patentamt dem Anmelder oder Patentinhaber Nachricht, daß die Anmeldung als zurückgenommen gilt (§ 58 Abs. 3) oder das Patent erlischt (§ 20 Abs. 1), wenn die Gebühr mit dem Zuschlag nicht innerhalb von vier Monaten nach Ablauf des Monats, in dem die Nachricht zugestellt worden ist, entrichtet wird.

(4) Das Patentamt kann die Absendung der Nachricht auf Antrag des Anmelders oder Patentinhabers hinausschieben, wenn er nachweist, daß ihm die Zahlung nach Lage seiner Mittel zur Zeit nicht zuzumuten ist. Es kann die Hinausschiebung davon abhängig machen, daß innerhalb bestimmter Fristen Teilzahlungen geleistet werden. Erfolgt eine Teilzahlung nicht fristgemäß, so benachrichtigt das Patentamt den Anmelder oder Patentinhaber, daß die Anmeldung als zurückgenommen gilt oder das Patent erlischt, wenn der Restbetrag nicht innerhalb eines Monats nach Zustellung gezahlt wird.

(5) Ist ein Antrag, die Absendung der Nachricht hinauszuschieben, nicht gestellt worden, so können Gebühr und Zuschlag beim Nachweis, daß die Zahlung nicht zuzumuten ist, noch nach Zustellung der Nachricht gestundet werden, wenn dies innerhalb von vierzehn Tagen nach der Zustellung beantragt und die bisherige Säumnis genügend entschuldigt wird. Die Stundung kann auch unter Auferlegung von Teilzahlungen bewilligt werden. Wird ein gestundeter Betrag nicht rechtzeitig entrichtet, so wiederholt das Patentamt die Nachricht, wobei der gesamte Restbetrag eingefordert wird. Nach Zustellung der zweiten Nachricht ist eine weitere Stundung unzulässig.

(6) Die Nachricht, die auf Antrag hinausgeschoben worden ist (Absatz 4) oder die nach gewährter Stundung erneut zu ergehen hat (Absatz 5), muß spätestens zwei Jahre nach Fälligkeit der Gebühr abgesandt werden. Geleistete Teilzahlungen werden nicht erstattet, wenn wegen Nichtzahlung des Restbetrags die Anmeldung als zurückgenommen gilt (§ 58 Abs. 3) oder das Patent erlischt (§ 20 Abs. 1).

§ 18. [Stundung oder Erlaß der Gebühren; Erstattung von Kosten] (1) Wenn der Anmelder oder Patentinhaber nachweist, daß ihm die Zahlung nach Lage seiner Mittel zur Zeit nicht zuzumuten ist, werden ihm auf Antrag die Gebühren für die Erteilung und für das dritte bis zwölfte Jahr bis zum

Patentgesetz 1981 **PatG Anh 1**

Beginn des dreizehnten gestundet und, wenn die Anmeldung zurückgenommen wird oder das Patent innerhalb der ersten dreizehn Jahre erlischt, erlassen. Der Patentanmelder oder Patentinhaber hat eine Veränderung der für die Stundung maßgebenden persönlichen und wirtschaftlichen Voraussetzungen unverzüglich dem Patentamt anzuzeigen.

(2) Ist ein Patent erteilt oder nach einem Einspruch aufrechterhalten worden, so kann zugunsten eines Anmelders, der nachweist, daß ihm die Zahlung der Kosten für Zeichnungen, bildliche Darstellungen, Modelle, Probestücke und Gutachten, deren Beibringung im Erteilungsverfahren oder im Einspruchsverfahren notwendig war, nach Lage seiner Mittel zur Zeit nicht zuzumuten ist, angeordnet werden, daß ihm die angemessenen Kosten als Auslagen zu erstatten sind. Das Erstattungsgesuch muß innerhalb von sechs Monaten nach Erteilung des Patents beim Patentamt eingereicht werden; wird Einspruch erhoben, so ist es innerhalb von sechs Monaten nach Aufrechterhaltung des Patents einzureichen. Die Erstattung ist in der Rolle (§ 30 Abs. 1) zu vermerken. Wenn es später nach den Umständen gerechtfertigt erscheint, soll das Patentamt anordnen, daß der gezahlte Betrag ganz oder teilweise zurückzuerstatten ist. Die Rückzahlungen werden als Zuschlag zu den Jahresgebühren festgesetzt und als Teil der Jahresgebühren behandelt.

§ 19. [Zahlung der Jahresgebühren] Die Jahresgebühren können vor Eintritt der Fälligkeit entrichtet werden. Die nicht fällig gewordenen Gebühren sind zurückzuzahlen, wenn feststeht, daß sie nicht mehr fällig werden können.

§ 20. [Erlöschen des Patents] (1) Das Patent erlischt, wenn
1. der Patentinhaber darauf durch schriftliche Erklärung an das Patentamt verzichtet,
2. die in § 37 Abs. 1 vorgeschriebenen Erklärungen nicht rechtzeitig nach Zustellung der amtlichen Nachricht (§ 37 Abs. 2) abgegeben werden oder
3. die Jahresgebühr mit dem Zuschlag nicht rechtzeitig nach Zustellung der amtlichen Nachricht (§ 17 Abs. 3) entrichtet wird.

(2) Über die Rechtzeitigkeit der Abgabe der nach § 37 Abs. 1 vorgeschriebenen Erklärungen sowie über die Rechtzeitigkeit der Zahlung entscheidet nur das Patentamt; die §§ 73 und 100 bleiben unberührt.

§ 21. [Widerruf des Patents] (1) Das Patent wird widerrufen (§ 61), wenn sich ergibt, daß
1. der Gegenstand des Patents nach den §§ 1 bis 5 nicht patentfähig ist,
2. das Patent die Erfindung nicht so deutlich und vollständig offenbart, daß ein Fachmann sie ausführen kann,
3. der wesentliche Inhalt des Patents den Beschreibungen, Zeichnungen, Modellen, Gerätschaften oder Einrichtungen eines anderen oder einem von diesem angewendeten Verfahren ohne dessen Einwilligung entnommen worden ist (widerrechtliche Entnahme),

Anh 1 PatG Patentgesetz 1981

4. der Gegenstand des Patents über den Inhalt der Anmeldung in der Fassung hinausgeht, in der sie bei der für die Einreichung der Anmeldung zuständigen Behörde ursprünglich eingereicht worden ist; das gleiche gilt, wenn das Patent auf einer Teilanmeldung oder einer nach § 7 Abs. 2 eingereichten neuen Anmeldung beruht und der Gegenstand des Patents über den Inhalt der früheren Anmeldung in der Fassung hinausgeht, in der sie bei der für die Einreichung der früheren Anmeldung zuständigen Behörde ursprünglich eingereicht worden ist.

(2) Betreffen die Widerrufsgründe nur einen Teil des Patents, so wird es mit einer entsprechenden Beschränkung aufrechterhalten. Die Beschränkung kann in Form einer Änderung der Patentansprüche, der Beschreibung oder der Zeichnungen vorgenommen werden.

(3) Mit dem Widerruf gelten die Wirkungen des Patents und der Anmeldung als von Anfang an nicht eingetreten. Bei beschränkter Aufrechterhaltung ist diese Bestimmung entsprechend anzuwenden; soweit in diesem Falle das Patent nur wegen einer Teilung (§ 60) nicht aufrechterhalten wird, bleibt die Wirkung der Anmeldung unberührt.

§ 22. [Nichtigerklärung] (1) Das Patent wird auf Antrag (§ 81) für nichtig erklärt, wenn sich ergibt, daß einer der in § 21 Abs. 1 aufgezählten Gründe vorliegt oder der Schutzbereich des Patents erweitert worden ist.

(2) § 21 Abs. 2 und 3 Satz 1 und 2 Halbsatz 1 ist entsprechend anzuwenden.

§ 23. [Lizenzbereitschaft] (1) Erklärt sich der Patentsucher oder der in der Rolle (§ 30 Abs. 1) als Patentinhaber Eingetragene dem Patentamt gegenüber schriftlich bereit, jedermann die Benutzung der Erfindung gegen angemessene Vergütung zu gestatten, so ermäßigen sich die für das Patent nach Eingang der Erklärung fällig werdende Jahresgebühren auf die Hälfte des im Tarif bestimmten Betrages. Die Wirkung der Erklärung, die für ein Hauptpatent abgegeben wird, erstreckt sich auf sämtliche Zusatzpatente. Die Erklärung ist in die Patentrolle einzutragen und im Patentblatt zu veröffentlichen.

(2) Die Erklärung ist unzulässig, solange in der Patentrolle ein Vermerk über die Einräumung einer ausschließlichen Lizenz (§ 30 Abs. 4) eingetragen ist oder ein Antrag auf Eintragung eines solchen Vermerks dem Patentamt vorliegt.

(3) Wer nach Eintragung der Erklärung die Erfindung benutzen will, hat seine Absicht dem Patentinhaber anzuzeigen. Die Anzeige gilt als bewirkt, wenn sie durch Aufgabe eines eingeschriebenen Briefes an den in der Rolle als Patentinhaber Eingetragenen oder seinen eingetragenen Vertreter abgesandt worden ist. In der Anzeige ist anzugeben, wie die Erfindung benutzt werden soll. Nach der Anzeige ist der Anzeigende zur Benutzung in der von ihm angegebenen Weise berechtigt. Er ist verpflichtet, dem Patentinhaber nach Ablauf jedes Kalendervierteljahres Auskunft über die erfolgte Benut-

zung zu geben und die Vergütung dafür zu entrichten. Kommt er dieser Verpflichtung nicht in gehöriger Zeit nach, so kann der als Patentinhaber Eingetragene ihm hierzu eine angemessene Nachfrist setzen und nach fruchtlosem Ablauf die Weiterbenutzung der Erfindung untersagen.

(4) Die Vergütung wird auf schriftlichen Antrag eines Beteiligten durch die Patentabteilung festgesetzt. Für das Verfahren sind die §§ 46, 47 und 62 entsprechend anzuwenden. Mit dem Antrag, der gegen mehrere Beteiligte gerichtet werden kann, ist eine Gebühr nach dem Tarif zu zahlen; wird sie nicht gezahlt, so gilt der Antrag als nicht gestellt. Das Patentamt kann bei der Festsetzung der Vergütung anordnen, daß die Gebühr ganz oder teilweise von den Antragsgegnern zu erstatten ist. Einem Patentinhaber kann die Gebühr bis zum Ablauf von sechs Monaten nach Abschluß des Verfahrens gestundet werden, wenn er nachweist, daß ihm die Zahlung nach Lage seiner Mittel zur Zeit nicht zuzumuten ist. Wird sie auch dann nicht gezahlt, so kann angeordnet werden, daß die Antragsgegner die Vergütung für die Benutzung der Erfindung so lange für Rechnung des Patentinhabers an das Patentamt zu zahlen haben, bis die Gebührenschuld beglichen ist.

(5) Nach Ablauf eines Jahres seit der letzten Festsetzung kann jeder davon Betroffene ihre Änderung beantragen, wenn inzwischen Umstände eingetreten oder bekanntgeworden sind, welche die festgesetzte Vergütung offenbar unangemessen erscheinen lassen. Mit dem Antrag ist eine Gebühr nach dem Tarif zu entrichten. Im übrigen gilt Absatz 4 Satz 1 bis 4 entsprechend.

(6) Wird die Erklärung für eine Anmeldung abgegeben, so sind die Bestimmungen der Absätze 1 bis 5 entsprechend anzuwenden.

(7) Die Erklärung kann jederzeit gegenüber dem Patentamt schriftlich zurückgenommen werden, solange dem Patentinhaber noch nicht die Absicht angezeigt worden ist, die Erfindung zu benutzen. Die Zurücknahme wird mit ihrer Einreichung wirksam. Der Betrag, um den sich die Jahresgebühren ermäßigt haben, ist innerhalb eines Monats nach der Zurücknahme der Erklärung zu entrichten. § 17 Abs. 3 Satz 2 und 3 ist entsprechend anzuwenden mit der Maßgabe, daß an die Stelle der Fälligkeit der Ablauf der Monatsfrist des Satzes 3 tritt.

§ 24. [**Zwangslizenz**] (1) Die nicht ausschließliche Befugnis zur gewerblichen Benutzung einer Erfindung wird durch das Patentgericht im Einzelfall nach Maßgabe der nachfolgenden Vorschriften erteilt (Zwangslizenz), sofern
1. der Lizenzsucher sich innerhalb eines angemessenen Zeitraumes erfolglos bemüht hat, vom Patentinhaber die Zustimmung zu erhalten, die Erfindung zu angemessenen geschäftsüblichen Bedingungen zu benutzen, und
2. das öffentliche Interesse die Erteilung einer Zwangslizenz gebietet.

(2) Kann der Lizenzsucher eine ihm durch Patent mit jüngerem Zeitrang geschützte Erfindung nicht verwerten, ohne das Patent mit älterem Zeitrang zu verletzen, so hat er im Rahmen des Absatzes 1 gegenüber dem Inhaber des Patents mit dem älteren Zeitrang Anspruch auf Einräumung einer Zwangslizenz, sofern seine eigene Erfindung im Vergleich mit derjenigen des

Patents mit dem älteren Zeitrang einen wichtigen technischen Fortschritt von erheblicher wirtschaftlicher Bedeutung aufweist. Der Patentinhaber kann verlangen, daß ihm der Lizenzsucher eine Gegenlizenz zu angemessenen Bedingungen für die Benutzung der patentierten Erfindung mit dem jüngeren Zeitrang einräumt.

(3) Für eine patentierte Erfindung auf dem Gebiet der Halbleitertechnologie darf eine Zwangslizenz im Rahmen des Absatzes 1 nur erteilt werden, wenn dies zur Behebung einer in einem Gerichts- oder Verwaltungsverfahren festgestellten wettbewerbswidrigen Praxis des Patentinhabers erforderlich ist.

(4) Übt der Patentinhaber die patentierte Erfindung nicht oder nicht überwiegend im Inland aus, so können Zwangslizenzen im Rahmen des Absatzes 1 erteilt werden, um eine ausreichende Versorgung des Inlandsmarktes mit dem patentierten Erzeugnis sicherzustellen. Die Einfuhr steht insoweit der Ausübung des Patents im Inland gleich.

(5) Die Erteilung einer Zwangslizenz an einem Patent ist erst nach dessen Erteilung zulässig. Sie kann eingeschränkt erteilt und von Bedingungen abhängig gemacht werden. Umfang und Dauer der Benutzung sind auf den Zweck zu begrenzen, für den sie gestattet worden ist. Der Patentinhaber hat gegen den Inhaber der Zwangslizenz Anspruch auf eine Vergütung, die nach den Umständen des Falles angemessen ist und den wirtschaftlichen Wert der Zwangslizenz in Betracht zieht. Tritt bei den künftig fällig werdenden wiederkehrenden Vergütungsleistungen eine wesentliche Veränderung derjenigen Verhältnisse ein, die für die Bestimmung der Höhe der Vergütung maßgebend waren, so ist jeder Beteiligte berechtigt, eine entsprechende Anpassung zu verlangen. Sind die Umstände, die der Erteilung der Zwangslizenz zugrunde lagen, entfallen und ist ihr Wiedereintritt unwahrscheinlich, so kann der Patentinhaber die Rücknahme der Zwangslizenz verlangen.

(6) Die Zwangslizenz an einem Patent kann nur zusammen mit dem Betrieb übertragen werden, der mit der Auswertung der Erfindung befaßt ist. Die Zwangslizenz an einer Erfindung, die Gegenstand eines Patents mit älterem Zeitrang ist, kann nur zusammen mit dem Patent mit jüngerem Zeitrang übertragen werden.

§ 25. [Inlandsvertreter] Wer im Inland weder Wohnsitz noch Niederlassung hat, kann an einem in diesem Gesetz geregelten Verfahren vor dem Patentamt oder dem Patentgericht nur teilnehmen und die Rechte aus einem Patent nur geltend machen, wenn er im Inland einen Patentanwalt oder einen Rechtsanwalt als Vertreter bestellt hat. Dieser ist im Verfahren vor dem Patentamt und dem Patentgericht und in bürgerlichen Rechtsstreitigkeiten, die das Patent betreffen, zur Vertretung befugt; er kann auch Strafanträge stellen. Der Ort, wo der Vertreter seinen Geschäftsraum hat, gilt im Sinne des § 23 der Zivilprozeßordnung als der Ort, wo sich der Vermögensgegenstand befindet; fehlt ein Geschäftsraum, so ist der Ort maßgebend, wo der Vertreter seinen Wohnsitz, und in Ermangelung eines solchen der Ort, wo das Patentamt seinen Sitz hat.

Patentgesetz 1981   **PatG Anh 1**

Zweiter Abschnitt. Patentamt

§ 26. [Besetzung] (1) Das Patentamt besteht aus einem Präsidenten und weiteren Mitgliedern. Sie müssen die Befähigung zum Richteramt nach dem Deutschen Richtergesetz besitzen (rechtskundige Mitglieder) oder in einem Zweig der Technik sachverständig sein (technische Mitglieder). Die Mitglieder werden auf Lebenszeit berufen.

(2) Als technisches Mitglied soll in der Regel nur angestellt werden, wer im Inland an einer Universität, einer technischen oder landwirtschaftlichen Hochschule oder einer Bergakademie in einem technischen oder naturwissenschaftlichen Fach eine staatliche oder akademische Abschlußprüfung bestanden hat, danach mindestens fünf Jahre im Bereich der Naturwissenschaften oder Technik beruflich tätig war und im Besitz der erforderlichen Rechtskenntnisse ist. Abschlußprüfungen in einem anderen Mitgliedstaat der Europäischen Union oder in einem anderen Vertragsstaat des Abkommens über den Europäischen Wirtschaftsraum stehen der inländischen Abschlußprüfung nach Maßgabe des Rechts der Europäischen Gemeinschaften gleich.

(3) Wenn ein voraussichtlich zeitlich begrenztes Bedürfnis besteht, kann der Präsident des Patentamts Personen, welche die für die Mitglieder geforderte Vorbildung haben (Absatz 1 und 2), mit den Verrichtungen eines Mitglieds des Patentamts beauftragen (Hilfsmitglieder). Der Auftrag kann auf eine bestimmte Zeit oder für die Dauer des Bedürfnisses erteilt werden und ist so lange nicht widerruflich. Im übrigen gelten die Vorschriften über Mitglieder auch für die Hilfsmitglieder.

§ 27. [Prüfungsstellen; Patentabteilungen] (1) Im Patentamt werden gebildet
1. Prüfungsstellen für die Bearbeitung der Patentanmeldungen und für die Erteilung von Auskünften zum Stand der Technik (§ 29 Abs. 3)
2. Patentabteilungen für alle Angelegenheiten, die die erteilten Patente betreffen, für die Festsetzung der Vergütung (§ 23 Abs. 4 und 6) und für die Bewilligung der Verfahrenskostenhilfe im Verfahren vor dem Patentamt. Innerhalb ihres Geschäftskreises obliegt jeder Patentabteilung auch die Abgabe von Gutachten (§ 29 Abs. 1 und 2)

(2) Die Obliegenheiten der Prüfungsstelle nimmt ein technisches Mitglied der Patentabteilung (Prüfer) wahr.

(3) Die Patentabteilung ist bei Mitwirkung von mindestens drei Mitgliedern beschlußfähig, unter denen sich, soweit die Abteilung im Einspruchsverfahren tätig wird, zwei technische Mitglieder befinden müssen. Bietet die Sache besondere rechtliche Schwierigkeiten und gehört keiner der Mitwirkenden zu den rechtskundigen Mitgliedern, so soll bei der Beschlußfassung ein der Patentabteilung angehörendes rechtskundiges Mitglied hinzutreten. Ein Beschluß, durch den ein Antrag auf Zuziehung eines rechtskundigen Mitglieds abgelehnt wird, ist selbständig nicht anfechtbar.

659

(4) Der Vorsitzende der Patentabteilung kann alle Angelegenheiten der Patentabteilung mit Ausnahme der Beschlußfassung über die Aufrechterhaltung, den Widerruf oder die Beschränkung des Patents sowie über die Festsetzung der Vergütung (§ 23 Abs. 4) und die Bewilligung der Verfahrenskostenhilfe allein bearbeiten oder diese Aufgaben einem technischen Mitglied der Abteilung übertragen; dies gilt nicht für eine Anhörung.

(5) Das Bundesministerium der Justiz wird ermächtigt, durch Rechtsverordnung Beamte des gehobenen und des mittleren Dienstes sowie vergleichbare Angestellte mit der Wahrnehmung von Geschäften zu betrauen, die den Prüfungsstellen oder Patentabteilungen obliegen und die ihrer Art nach keine besonderen technischen oder rechtlichen Schwierigkeiten bieten; ausgeschlossen davon sind jedoch die Erteilung des Patents und die Zurückweisung der Anmeldung aus Gründen, denen der Anmelder widersprochen hat. Das Bundesministerium der Justiz kann diese Ermächtigung durch Rechtsverordnung auf den Präsidenten des Patentamts übertragen.

(6) Für die Ausschließung und Ablehnung der Prüfer und der übrigen Mitglieder der Patentabteilungen gelten die §§ 41 bis 44, 45 Abs. 2 Satz 2, §§ 47 bis 49 der Zivilprozeßordnung über Ausschließung und Ablehnung der Gerichtspersonen sinngemäß. Das gleiche gilt für die Beamten des gehobenen und des mittleren Dienstes und Angestellten, soweit sie nach Absatz 5 mit der Wahrnehmung einzelner den Prüfungsstellen oder Patentabteilungen obliegender Geschäfte betraut worden sind. Über das Ablehnungsgesuch entscheidet, soweit es einer Entscheidung bedarf, die Patentabteilung.

(7) Zu den Beratungen in den Patentabteilungen können Sachverständige, die nicht Mitglieder sind, zugezogen werden; sie dürfen an den Abstimmungen nicht teilnehmen.

§ 28. [Rechtsverordnungen] (1) Der Bundesminister der Justiz regelt die Einrichtung und den Geschäftsgang des Patentamts und bestimmt durch Rechtsverordnung die Form des Verfahrens, soweit nicht durch Gesetz Bestimmungen darüber getroffen sind.

(2) Der Bundesminister der Justiz wird ermächtigt, durch Rechtsverordnung zur Deckung der durch eine Inanspruchnahme des Patentamts entstehenden Kosten, soweit nicht durch Gesetz Bestimmungen darüber getroffen sind, die Erhebung von Verwaltungskosten anzuordnen, insbesondere
1. zu bestimmen, daß Gebühren für Bescheinigungen, Beglaubigungen, Akteneinsicht und Auskünfte sowie Auslagen erhoben werden,
2. Bestimmungen über den Kostenschuldner, die Fälligkeit von Kosten, die Kostenvorschußpflicht, Kostenbefreiungen, die Verjährung und das Kostenfestsetzungsverfahren zu treffen.

§ 29. [Gutachten; Auskünfte zum Stand der Technik] (1) Das Patentamt ist verpflichtet, auf Ersuchen der Gerichte oder der Staatsanwaltschaften über Fragen, die Patente betreffen, Gutachten abzugeben, wenn in dem

Patentgesetz 1981 PatG Anh 1

Verfahren voneinander abweichende Gutachten mehrerer Sachverständiger vorliegen.

(2) Im übrigen ist das Patentamt nicht befugt, ohne Genehmigung des Bundesministers der Justiz außerhalb seines gesetzlichen Geschäftskreises Beschlüsse zu fassen oder Gutachten abzugeben.

(3) Der Bundesminister der Justiz wird ermächtigt, zur Nutzbarmachung der Dokumentation des Patentamts für die Öffentlichkeit durch Rechtsverordnung ohne Zustimmung des Bundesrates zu bestimmen, daß das Patentamt ohne Gewähr für Vollständigkeit Auskünfte zum Stand der Technik erteilt. Dabei kann er insbesondere die Voraussetzungen, die Art und den Umfang der Auskunftserteilung sowie die Gebiete der Technik bestimmen, für die eine Auskunft erteilt werden kann. Der Bundesminister der Justiz kann diese Ermächtigung durch Rechtsverordnung ohne Zustimmung des Bundesrates auf den Präsidenten des Patentamts übertragen.

§ 30. [Patentrolle] (1) Das Patentamt führt eine Rolle, die die Bezeichnung der Patentanmeldungen, in deren Akten jedermann Einsicht gewährt wird, und der erteilten Patente und ergänzender Schutzzertifikate (§ 16 a) sowie Namen und Wohnort der Anmelder oder Patentinhaber und ihrer etwa bestellten Vertreter (§ 25), wobei die Eintragung eines Vertreters genügt, angibt. Auch sind darin Anfang, Teilung, Ablauf, Erlöschen, Anordnung der Beschränkung, Widerruf, Erklärung der Nichtigkeit der Patente und ergänzender Schutzzertifikate (§ 16 a) sowie die Erhebung eines Einspruchs und einer Nichtigkeitsklage zu vermerken.

(2) Der Präsident des Patentamts kann bestimmen, daß weitere Angaben in die Rolle eingetragen werden.

(3) Das Patentamt vermerkt in der Rolle eine Änderung in der Person, im Namen oder im Wohnort des Anmelders oder Patentinhabers und seines Vertreters, wenn sie ihm nachgewiesen wird. Mit dem Antrag auf Eintragung der Änderung in der Person des Anmelders oder Patentinhabers ist eine Gebühr nach dem Tarif zu entrichten; wird sie nicht entrichtet, so gilt der Antrag als nicht gestellt. Solange die Änderung nicht eingetragen ist, bleibt der frühere Anmelder, Patentinhaber oder Vertreter nach Maßgabe dieses Gesetzes berechtigt und verpflichtet.

(4) Das Patentamt trägt auf Antrag des Patentinhabers oder des Lizenznehmers die Erteilung einer ausschließlichen Lizenz in die Rolle ein, wenn ihm die Zustimmung des anderen Teils nachgewiesen wird. Der Antrag nach Satz 1 ist unzulässig, solange eine Lizenzbereitschaft (§ 23 Abs. 1) erklärt ist. Die Eintragung wird auf Antrag des Patentinhabers oder des Lizenznehmers gelöscht. Der Löschungsantrag des Patentinhabers bedarf des Nachweises der Zustimmung des bei der Eintragung benannten Lizenznehmers oder seines Rechtsnachfolgers.

(5) Mit dem Antrag nach Absatz 4 Satz 1 oder 3 ist eine Gebühr nach dem Tarif zu zahlen; wird sie nicht gezahlt, so gilt der Antrag als nicht gestellt.

Anh 1 PatG

§ **31.** [**Akteneinsicht**] (1) Das Patentamt gewährt jedermann auf Antrag Einsicht in die Akten sowie in die zu den Akten gehörenden Modelle und Probestücke, wenn und soweit ein berechtigtes Interesse glaubhaft gemacht wird. Jedoch steht die Einsicht in die Rolle und die Akten von Patenten einschließlich der Akten von Beschränkungsverfahren (§ 64) jedermann frei; das gleiche gilt für die Einsicht in die Akten von abgetrennten Teilen eines Patents (§ 60).

(2) In die Akten von Patentanmeldungen steht die Einsicht jedermann frei,
1. wenn der Anmelder sich gegenüber dem Patentamt mit der Akteneinsicht einverstanden erklärt und den Erfinder benannt hat oder
2. wenn seit dem Anmeldetag (§ 35 Abs. 2) oder, sofern für die Anmeldung ein früherer Zeitpunkt als maßgebend in Anspruch genommen wird, seit diesem Zeitpunkt achtzehn Monate verstrichen sind

und ein Hinweis nach § 32 Abs. 5 veröffentlicht worden ist.

(3) Soweit die Einsicht in die Akten jedermann freisteht, steht die Einsicht auch in die zu den Akten gehörenden Modelle und Probestücke jedermann frei.

(4) In die Benennung des Erfinders (§ 37 Abs. 1) wird, wenn der vom Anmelder angegebene Erfinder es beantragt, Einsicht nur nach Absatz 1 Satz 1 gewährt; § 63 Abs. 1 Satz 4 und 5 ist entsprechend anzuwenden.

(5) In die Akten von Patentanmeldungen und Patenten, für die gemäß § 50 jede Veröffentlichung unterbleibt, kann das Patentamt nur nach Anhörung der zuständigen obersten Bundesbehörde Einsicht gewähren, wenn und soweit ein besonderes schutzwürdiges Interesse des Antragstellers die Gewährung der Einsicht geboten erscheinen läßt und hierdurch die Gefahr eines schweren Nachteils für die äußere Sicherheit der Bundesrepublik Deutschland nicht zu erwarten ist. Wird in einem Verfahren eine Patentanmeldung oder ein Patent nach § 3 Abs. 2 Satz 3 als Stand der Technik entgegengehalten, so ist auf den diese Entgegenhaltung betreffenden Teil der Akten Satz 1 entsprechend anzuwenden.

§ **32.** [**Offenlegungsschrift; Patentschrift; Patentblatt**] (1) Das Patentamt veröffentlicht
1. die Offenlegungsschriften,
2. die Patentschriften und
3. das Patentblatt.

(2) Die Offenlegungsschrift enthält die nach § 31 Abs. 2 jedermann zur Einsicht freistehenden Unterlagen der Anmeldung und die Zusammenfassung (§ 36) in der ursprünglich eingereichten oder vom Patentamt zur Veröffentlichung zugelassenen geänderten Form. Die Offenlegungsschrift wird nicht veröffentlicht, wenn die Patentschrift bereits veröffentlicht worden ist.

(3) Die Patentschrift enthält die Patentansprüche, die Beschreibung und die Zeichnungen, auf Grund deren das Patent erteilt worden ist. Außerdem sind in der Patentschrift die Druckschriften anzugeben, die das Patentamt für

Patentgesetz 1981

die Beurteilung der Patentfähigkeit der angemeldeten Erfindung in Betracht gezogen hat (§ 43 Abs. 1). Ist die Zusammenfassung (§ 36) noch nicht veröffentlicht worden, so ist sie in die Patentschrift aufzunehmen.

(4) Die Offenlegungs oder Patentschrift wird unter den Voraussetzungen des § 31 Abs. 2 auch dann veröffentlicht, wenn die Anmeldung zurückgenommen oder zurückgewiesen wird oder als zurückgenommen gilt oder das Patent erlischt, nachdem die technischen Vorbereitungen für die Veröffentlichung abgeschlossen waren.

(5) Das Patentblatt enthält regelmäßig erscheinende Übersichten über die Eintragungen in die Rolle, soweit sie nicht nur den regelmäßigen Ablauf der Patente oder die Eintragung und Löschung ausschließlicher Lizenzen betreffen, und Hinweise auf die Möglichkeit der Einsicht in die Akten von Patentanmeldungen einschließlich der Akten von abgetrennten Teilen eines Patents (§ 60).

§ 33. [Entschädigung für angemeldete Erfindungen] (1) Von der Veröffentlichung des Hinweises gemäß § 32 Abs. 5 an kann der Anmelder von demjenigen, der den Gegenstand der Anmeldung benutzt hat, obwohl er wußte oder wissen mußte, daß die von ihm benutzte Erfindung Gegenstand der Anmeldung war, eine nach den Umständen angemessene Entschädigung verlangen; weitergehende Ansprüche sind ausgeschlossen.

(2) Der Anspruch besteht nicht, wenn der Gegenstand der Anmeldung offensichtlich nicht patentfähig ist.

(3) § 141 ist entsprechend anzuwenden mit der Maßgabe, daß der Anspruch nicht vor dem Ablauf eines Jahres nach Erteilung des Patents verjährt.

Dritter Abschnitt. Verfahren vor dem Patentamt

§ 34. [Anmeldung einer Erfindung] (1) Eine Erfindung ist zur Erteilung eines Patents beim Patentamt anzumelden.

(2) Die Anmeldung kann auch über ein Patentinformationszentrum eingereicht werden, wenn diese Stelle durch Bekanntmachung des Bundesministeriums der Justiz im Bundesgesetzblatt dazu bestimmt ist, Patentanmeldungen entgegenzunehmen. Eine Anmeldung, die ein Staatsgeheimnis (§ 93 Strafgesetzbuch) enthalten kann, darf bei einem Patentinformationszentrum nicht eingereicht werden.

(3) Die Anmeldung muß enthalten:
1. den Namen des Anmelders;
2. einen Antrag auf Erteilung des Patents, in dem die Erfindung kurz und genau bezeichnet ist;
3. einen oder mehrere Patentansprüche, in denen angegeben ist, was als patentfähig unter Schutz gestellt werden soll;
4. eine Beschreibung der Erfindung;

Anh 1 PatG Patentgesetz 1981

5. die Zeichnungen, auf die sich die Patentansprüche oder die Beschreibung beziehen.

(4) Die Erfindung ist in der Anmeldung so deutlich und vollständig zu offenbaren, daß ein Fachmann sie ausführen kann.

(5) Die Anmeldung darf nur eine einzige Erfindung enthalten oder eine Gruppe von Erfindungen, die untereinander in der Weise verbunden sind, daß sie eine einzige allgemeine erfinderische Idee verwirklichen.

(6) Mit der Anmeldung ist eine Gebühr nach dem Tarif zu zahlen. Unterbleibt die Zahlung, so gibt das Patentamt dem Anmelder Nachricht, daß die Anmeldung als zurückgenommen gilt, wenn die Gebühr nicht bis zum Ablauf eines Monats nach Zustellung der Nachricht entrichtet wird.

(7) Das Bundesministerium der Justiz wird ermächtigt, durch Rechtsverordnung Bestimmungen über die Form und die sonstigen Erfordernisse der Anmeldung zu erlassen. Es kann diese Ermächtigung durch Rechtsverordnung auf den Präsidenten des Patentamts übertragen.

(8) Auf Verlangen des Patentamts hat der Anmelder den Stand der Technik nach seinem besten Wissen vollständig und wahrheitsgemäß anzugeben und in die Beschreibung (Absatz 3) aufzunehmen.

(9) Das Bundesministerium der Justiz wird ermächtigt, durch Rechtsverordnung Bestimmungen über die Hinterlegung von biologischem Material, den Zugang hierzu einschließlich des zum Zugang berechtigten Personenkreises und die erneute Hinterlegung von biologischem Material zu erlassen, sofern die Erfindung die Verwendung biologischen Materials beinhaltet oder sie solches Material betrifft, das der Öffentlichkeit nicht zugänglich ist und das in der Anmeldung nicht so beschrieben werden kann, daß ein Fachmann die Erfindung danach ausführen kann (Absatz 4). Es kann diese Ermächtigung durch Rechtsverordnung auf den Präsidenten des Patentamts übertragen.

§ 35. [Übersetzung; Anmeldetag] (1) Ist die Anmeldung ganz oder teilweise nicht in deutscher Sprache abgefaßt, so hat der Anmelder eine deutsche Übersetzung innerhalb einer Frist von drei Monaten nach Einreichung der Anmeldung nachzureichen. Enthält die Anmeldung eine Bezugnahme auf Zeichnungen und sind der Anmeldung keine Zeichnungen beigefügt, so fordert das Patentamt den Anmelder auf, innerhalb einer Frist von einem Monat nach Zustellung der Aufforderung entweder die Zeichnungen nachzureichen oder zu erklären, daß jede Bezugnahme auf die Zeichnungen als nicht erfolgt gelten soll.

(2) Der Anmeldetag der Patentanmeldung ist der Tag, an dem die Unterlagen nach § 34 Abs. 3 Nr. 1 und 2 und, soweit sie jedenfalls Angaben enthalten, die dem Anschein nach als Beschreibung anzusehen sind, nach § 34 Abs. 3 Nr. 4
1. beim Patentamt
2. oder, wenn diese Stelle durch Bekanntmachung des Bundesministeriums der Justiz im Bundesgesetzblatt dazu bestimmt ist, bei einem Patentinformationszentrum

Patentgesetz 1981

eingegangen sind. Sind die Unterlagen nicht in deutscher Sprache abgefaßt, so gilt dies nur, wenn die deutsche Übersetzung innerhalb der Frist nach Absatz 1 Satz 1 beim Patentamt eingegangen ist; anderenfalls gilt die Anmeldung als nicht erfolgt. Reicht der Anmelder auf eine Aufforderung nach Absatz 1 Satz 2 die fehlenden Zeichnungen nach, so wird der Tag des Eingangs der Zeichnungen beim Patentamt Anmeldetag; anderenfalls gilt jede Bezugnahme auf die Zeichnungen als nicht erfolgt.

§ 36. [Anmeldungsunterlagen] (1) Der Anmeldung ist eine Zusammenfassung beizufügen, die noch bis zum Ablauf von fünfzehn Monaten nach dem Anmeldetag oder, sofern für die Anmeldung ein früherer Zeitpunkt als maßgebend in Anspruch genommen wird, bis zum Ablauf von fünfzehn Monaten nach diesem Zeitpunkt nachgereicht werden kann.

(2) Die Zusammenfassung dient ausschließlich der technischen Unterrichtung. Sie muß enthalten:
1. die Bezeichnung der Erfindung;
2. eine Kurzfassung der in der Anmeldung enthaltenen Offenbarung, die das technische Gebiet der Erfindung angeben und so gefaßt sein soll, daß sie ein klares Verständnis des technischen Problems, seiner Lösung und der hauptsächlichen Verwendungsmöglichkeit der Erfindung erlaubt;
3. eine in der Kurzfassung erwähnte Zeichnung; sind mehrere Zeichnungen erwähnt, so ist die Zeichnung beizufügen, die die Erfindung nach Auffassung des Anmelders am deutlichsten kennzeichnet.

§ 37. [Benennung des Erfinders] (1) Der Anmelder hat innerhalb von fünfzehn Monaten nach dem Anmeldetag oder, sofern für die Anmeldung ein früherer Zeitpunkt als maßgebend in Anspruch genommen wird, innerhalb von fünfzehn Monaten nach diesem Zeitpunkt den oder die Erfinder zu benennen und zu versichern, daß weitere Personen seines Wissens an der Erfindung nicht beteiligt sind. Ist der Anmelder nicht oder nicht allein der Erfinder, so hat er auch anzugeben, wie das Recht auf das Patent an ihn gelangt ist. Die Richtigkeit der Angaben wird vom Patentamt nicht geprüft.

(2) Macht der Anmelder glaubhaft, daß er durch außergewöhnliche Umstände verhindert ist, die in Absatz 1 vorgeschriebenen Erklärungen rechtzeitig abzugeben, so hat ihm das Patentamt eine angemessene Fristverlängerung zu gewähren. Die Frist soll nicht über den Erlaß des Beschlusses über die Erteilung des Patents hinaus verlängert werden. Bestehen zu diesem Zeitpunkt die Hinderungsgründe noch fort, so hat das Patentamt die Frist erneut zu verlängern. Sechs Monate vor Ablauf der Frist gibt das Patentamt dem Patentinhaber Nachricht, daß das Patent erlischt, wenn er die vorgeschriebenen Erklärungen nicht innerhalb von sechs Monaten nach Zustellung der Nachricht abgibt.

§ 38. [Änderung der Anmeldung] Bis zum Beschluß über die Erteilung des Patents sind Änderungen der in der Anmeldung enthaltenen Angaben, die den Gegenstand der Anmeldung nicht erweitern, zulässig, bis zum Eingang des Prüfungsantrags (§ 44) jedoch nur, soweit es sich um die Berichtigung offensichtlicher Unrichtigkeiten, um die Beseitigung der von der Prüfungsstelle bezeichneten Mängel oder um Änderungen des Patentanspruchs handelt. Aus Änderungen, die den Gegenstand der Anmeldung erweitern, können Rechte nicht hergeleitet werden.

§ 39. [Teilung der Anmeldung] (1) Der Anmelder kann die Anmeldung jederzeit teilen. Die Teilung ist schriftlich zu erklären. Wird die Teilung nach Stellung des Prüfungsantrags (§ 44) erklärt, so gilt der abgetrennte Teil als Anmeldung, für die ein Prüfungsantrag gestellt worden ist. Für jede Teilanmeldung bleiben der Zeitpunkt der ursprünglichen Anmeldung und eine dafür in Anspruch genommene Priorität erhalten.

(2) Für die abgetrennte Anmeldung sind für die Zeit bis zur Teilung die gleichen Gebühren zu entrichten, die für die ursprüngliche Anmeldung zu entrichten waren. Dies gilt nicht für die Gebühr nach § 43, wenn die Teilung vor der Stellung des Prüfungsantrags (§ 44) erklärt worden ist, es sei denn, daß auch für die abgetrennte Anmeldung ein Antrag nach § 43 gestellt wird.

(3) Werden für die abgetrennte Anmeldung die nach den §§ 34 bis 36 erforderlichen Anmeldungsunterlagen nicht innerhalb von drei Monaten nach Eingang der Teilungserklärung eingereicht oder werden die Gebühren für die abgetrennte Anmeldung nicht innerhalb dieser Frist entrichtet, so gilt die Teilungserklärung als nicht abgegeben.

§ 40. [Prioritätsrecht des Anmelders] (1) Dem Anmelder steht innerhalb einer Frist von zwölf Monaten nach dem Anmeldetag einer beim Patentamt eingereichten früheren Patent- oder Gebrauchsmusteranmeldung für die Anmeldung derselben Erfindung zum Patent ein Prioritätsrecht zu, es sei denn, daß für die frühere Anmeldung schon eine inländische oder ausländische Priorität in Anspruch genommen worden ist.

(2) Für die Anmeldung kann die Priorität mehrerer beim Patentamt eingereichter Patent- oder Gebrauchsmusteranmeldungen in Anspruch genommen werden.

(3) Die Priorität kann nur für solche Merkmale der Anmeldung in Anspruch genommen werden, die in der Gesamtheit der Anmeldungsunterlagen der früheren Anmeldung deutlich offenbart sind.

(4) Die Priorität kann nur innerhalb von zwei Monaten nach dem Anmeldetag der späteren Anmeldung in Anspruch genommen werden; die Prioritätserklärung gilt erst als abgegeben, wenn das Aktenzeichen der früheren Anmeldung angegeben worden ist.

(5) Ist die frühere Anmeldung noch beim Patentamt anhängig, so gilt sie mit der Abgabe der Prioritätserklärung nach Absatz 4 als zurückgenommen. Dies gilt nicht, wenn die frühere Anmeldung ein Gebrauchsmuster betrifft.

Patentgesetz 1981 **PatG Anh 1**

(6) Wird die Einsicht in die Akte einer späteren Anmeldung beantragt (§ 31), die die Priorität einer früheren Patent- und Gebrauchsmusteranmeldung in Anspruch nimmt, so nimmt das Patentamt eine Abschrift der früheren Patent- oder Gebrauchsmusteranmeldung zu den Akten der späteren Anmeldung.

§ 41. [Prioritätserklärung] (1) Wer nach einem Staatsvertrag die Priorität einer früheren ausländischen Anmeldung derselben Erfindung in Anspruch nimmt, hat vor Ablauf des 16. Monats nach dem Prioritätstag Zeit, Land und Aktenzeichen der früheren Anmeldung anzugeben und eine Abschrift der früheren Anmeldung einzureichen, soweit dies nicht bereits geschehen ist. Innerhalb der Frist können die Angaben geändert werden. Werden die Angaben nicht rechtzeitig gemacht, so wird der Prioritätsanspruch für die Anmeldung verwirkt.

(2) Ist die frühere ausländische Anmeldung in einem Staat eingereicht worden, mit dem kein Staatsvertrag über die Anerkennung der Priorität besteht, so kann der Anmelder ein dem Prioritätsrecht nach der Pariser Verbandsübereinkunft entsprechendes Prioritätsrecht in Anspruch nehmen, soweit nach einer Bekanntmachung des Bundesministeriums der Justiz im Bundesgesetzblatt der andere Staat aufgrund einer ersten Anmeldung beim Patentamt ein Prioritätsrecht gewährt, das nach Voraussetzungen und Inhalt dem Prioritätsrecht nach der Pariser Verbandsübereinkunft vergleichbar ist; Absatz 1 ist anzuwenden.

§ 42. [Mängel der Anmeldung] (1) Genügt die Anmeldung den Anforderungen der §§ 34, 36, 37 und 38 offensichtlich nicht, so fordert die Prüfungsstelle den Anmelder auf, die Mängel innerhalb einer bestimmten Frist zu beseitigen. Entspricht die Anmeldung nicht den Bestimmungen über die Form und über die sonstigen Erfordernisse der Anmeldung (§ 34 Abs. 7), so kann die Prüfungsstelle bis zum Beginn des Prüfungsverfahrens (§ 44) von der Beanstandung dieser Mängel absehen.

(2) Ist offensichtlich, daß der Gegenstand der Anmeldung
1. seinem Wesen nach keine Erfindung ist,
2. nicht gewerblich anwendbar ist,
3. nach § 2 von der Patenterteilung ausgeschlossen ist oder
4. im Falle des § 16 Abs. 1 Satz 2 eine Verbesserung oder weitere Ausbildung der anderen Erfindung nicht bezweckt,
so benachrichtigt die Prüfungsstelle den Anmelder hiervon unter Angabe der Gründe und fordert ihn auf, sich innerhalb einer bestimmten Frist zu äußern. Das gleiche gilt, wenn im Falle des § 16 Abs. 1 Satz 2 die Zusatzanmeldung nicht innerhalb der vorgesehenen Frist eingereicht worden ist.

(3) Die Prüfungsstelle weist die Anmeldung zurück, wenn die nach Absatz 1 gerügten Mängel nicht beseitigt werden oder wenn die Anmeldung aufrechterhalten wird, obgleich eine patentfähige Erfindung offensichtlich nicht vorliegt (Absatz 2 Nr. 1 bis 3) oder die Voraussetzungen des § 16 Abs. 1 Satz 2 offensichtlich nicht gegeben sind (Absatz 2 Satz 1 Nr. 4,

Satz 2). Soll die Zurückweisung auf Umstände gegründet werden, die dem Patentsucher noch nicht mitgeteilt waren, so ist ihm vorher Gelegenheit zu geben, sich dazu innerhalb einer bestimmten Frist zu äußern.

§ 43. [Antrag auf Ermittlung von öffentlichen Druckschriften] (1) Das Patentamt ermittelt auf Antrag die öffentlichen Druckschriften, die für die Beurteilung der Patentfähigkeit der angemeldeten Erfindung in Betracht zu ziehen sind. Soweit die Ermittlung dieser Druckschriften einer zwischenstaatlichen Einrichtung vollständig oder für bestimmte Sachgebiete der Technik ganz oder teilweise übertragen worden ist (Absatz 8 Nr. 1), kann beantragt werden, die Ermittlung in der Weise durchführen zu lassen, daß der Anmelder das Ermittlungsergebnis auch für eine europäische Anmeldung verwenden kann.

(2) Der Antrag kann von dem Patentsucher und jedem Dritten, der jedoch hierdurch nicht an dem Verfahren beteiligt wird, gestellt werden. Er ist schriftlich einzureichen. § 25 ist entsprechend anzuwenden. Mit dem Antrag ist eine Gebühr nach dem Tarif zu zahlen; wird sie nicht gezahlt, so gilt der Antrag als nicht gestellt. Wird der Antrag für die Anmeldung eines Zusatzpatents (§ 16 Abs. 1 Satz 2) gestellt, so fordert das Patentamt den Patentsucher auf, bis zum Ablauf eines Monats nach Zustellung der Aufforderung für die Anmeldung des Hauptpatents einen Antrag nach Absatz 1 zu stellen; wird der Antrag nicht gestellt, so gilt die Anmeldung des Zusatzpatents als Anmeldung eines selbständigen Patents.

(3) Der Eingang des Antrags wird im Patentblatt veröffentlicht, jedoch nicht vor der Veröffentlichung des Hinweises gemäß § 32 Abs. 5. Hat ein Dritter den Antrag gestellt, so wird der Eingang des Antrags außerdem dem Patentsucher mitgeteilt. Jedermann ist berechtigt, dem Patentamt Druckschriften anzugeben, die der Erteilung eines Patents entgegenstehen könnten.

(4) Der Antrag gilt als nicht gestellt, wenn bereits ein Antrag nach § 44 gestellt worden ist. In diesem Fall teilt das Patentamt dem Antragsteller mit, zu welchem Zeitpunkt der Antrag nach § 44 eingegangen ist. Die für den Antrag entrichtete Gebühr wird zurückgezahlt.

(5) Ist ein Antrag nach Absatz 1 eingegangen, so gelten spätere Anträge als nicht gestellt. Absatz 4 Satz 2 und 3 ist entsprechend anzuwenden.

(6) Erweist sich ein von einem Dritten gestellter Antrag nach der Mitteilung an den Patentsucher (Absatz 3 Satz 2) als unwirksam, so teilt das Patentamt dies außer dem Dritten auch dem Patentsucher mit.

(7) Das Patentamt teilt die nach Absatz 1 ermittelten Druckschriften dem Anmelder und, wenn der Antrag von einem Dritten gestellt worden ist, diesem und dem Anmelder ohne Gewähr für Vollständigkeit mit und veröffentlicht im Patentblatt, daß diese Mitteilung ergangen ist. Sind die Druckschriften von einer zwischenstaatlichen Einrichtung ermittelt worden und hat der Anmelder dies beantragt (Absatz 1 Satz 2), so wird dies in der Mitteilung angegeben.

Patentgesetz 1981   **PatG Anh 1**

(8) Der Bundesminister der Justiz wird ermächtigt, zur beschleunigten Erledigung der Patenterteilungsverfahren durch Rechtsverordnung zu bestimmen, daß
1. die Ermittlung der in Absatz 1 bezeichneten Druckschriften einer anderen Stelle des Patentamts als der Prüfungsstelle (§ 27 Abs. 1), einer anderen staatlichen oder einer zwischenstaatlichen Einrichtung vollständig oder für bestimmte Sachgebiete der Technik oder für bestimmte Sprachen übertragen wird, soweit diese Einrichtung für die Ermittlung der in Betracht zu ziehenden Druckschriften geeignet erscheint;
2. das Patentamt ausländischen oder zwischenstaatlichen Behörden Auskünfte aus Akten von Patentanmeldungen zur gegenseitigen Unterrichtung über das Ergebnis von Prüfungsverfahren und von Ermittlungen zum Stand der Technik erteilt, soweit es sich um Anmeldungen von Erfindungen handelt, für die auch bei diesen ausländischen oder zwischenstaatlichen Behörden die Erteilung eines Patents beantragt worden ist;
3. die Prüfung der Patentanmeldungen nach § 42 sowie die Kontrolle der Gebühren und Fristen ganz oder teilweise anderen Stellen des Patentamts als den Prüfungsstellen oder Patentabteilungen (§ 27 Abs. 1) übertragen wird.

§ 44. [Prüfungsantrag] (1) Das Patentamt prüft auf Antrag, ob die Anmeldung den Anforderungen der §§ 34, 37 und 38 genügt und ob der Gegenstand der Anmeldung nach den §§ 1 bis 5 patentfähig ist.

(2) Der Antrag kann von dem Patentsucher und jedem Dritten, der jedoch hierdurch nicht an dem Prüfungsverfahren beteiligt wird, bis zum Ablauf von sieben Jahren nach Einreichung der Anmeldung gestellt werden.

(3) Mit dem Antrag ist eine Gebühr nach dem Tarif zu zahlen; wird sie nicht gezahlt, so gilt der Antrag als nicht gestellt.

(4) Ist bereits ein Antrag nach § 43 gestellt worden, so beginnt das Prüfungsverfahren erst nach Erledigung des Antrags nach § 43. Im übrigen ist § 43 Abs. 2 Satz 2, 3 und 5, Abs. 3, 5 und 6 entsprechend anzuwenden. Im Falle der Unwirksamkeit des von einem Dritten gestellten Antrags kann der Patentsucher noch bis zum Ablauf von drei Monaten nach Zustellung der Mitteilung, sofern diese Frist später als die in Absatz 2 bezeichnete Frist abläuft, selbst einen Antrag stellen. Stellt er den Antrag nicht, wird im Patentblatt unter Hinweis auf die Veröffentlichung des von dem Dritten gestellten Antrags veröffentlicht, daß dieser Antrag unwirksam ist.

(5) Das Prüfungsverfahren wird auch dann fortgesetzt, wenn der Antrag auf Prüfung zurückgenommen wird. Im Falle des Absatzes 4 Satz 3 wird das Verfahren in dem Zustand fortgesetzt, in dem es sich im Zeitpunkt des Eingangs des vom Patentsucher gestellten Antrags auf Prüfung befindet.

§ 45. [Beseitigung von Mängeln] (1) Genügt die Anmeldung den Anforderungen der §§ 34, 37 und 38 nicht oder sind die Anforderungen des § 36 offensichtlich nicht erfüllt, so fordert die Prüfungsstelle den Anmelder auf, die Mängel innerhalb einer bestimmten Frist zu beseitigen. Satz 1 gilt nicht für Mängel, die sich auf die Zusammenfassung beziehen, wenn die Zusammenfassung bereits veröffentlicht worden ist.

(2) Kommt die Prüfungsstelle zu dem Ergebnis, daß eine nach den §§ 1 bis 5 patentfähige Erfindung nicht vorliegt, so benachrichtigt sie den Patentsucher hiervon unter Angabe der Gründe und fordert ihn auf, sich innerhalb einer bestimmten Frist zu äußern.

§ 46. [Anhörungen und Vernehmungen] (1) Die Prüfungsstelle kann jederzeit die Beteiligten laden und anhören, Zeugen, Sachverständige und Beteiligte eidlich oder uneidlich vernehmen sowie andere zur Aufklärung der Sache erforderliche Ermittlungen anstellen. Bis zum Beschluß über die Erteilung ist der Anmelder auf Antrag zu hören, wenn es sachdienlich ist. Der Antrag ist schriftlich einzureichen. Wird der Antrag nicht in der vorgeschriebenen Form eingereicht oder erachtet die Prüfungsstelle die Anhörung nicht als sachdienlich, so weist sie den Antrag zurück. Der Beschluß, durch den der Antrag zurückgewiesen wird, ist selbständig nicht anfechtbar.

(2) Über die Anhörungen und Vernehmungen ist eine Niederschrift zu fertigen, die den wesentlichen Gang der Verhandlung wiedergeben und die rechtserheblichen Erklärungen der Beteiligten enthalten soll. Die §§ 160 a, 162 und 163 der Zivilprozeßordnung sind entsprechend anzuwenden. Die Beteiligten erhalten eine Abschrift der Niederschrift.

§ 47. [Form der Beschlüsse der Prüfungsstelle] (1) Die Beschlüsse der Prüfungsstelle sind zu begründen, schriftlich auszufertigen und den Beteiligten von Amts wegen zuzustellen. Am Ende einer Anhörung können sie auch verkündet werden; Satz 1 bleibt unberührt. Einer Begründung bedarf es nicht, wenn am Verfahren nur der Anmelder beteiligt ist und seinem Antrag stattgegeben wird.

(2) Der schriftlichen Ausfertigung ist eine Erklärung beizufügen, durch welche die Beteiligten über die Beschwerde, die gegen den Beschluß gegeben ist, über die Stelle, bei der die Beschwerde einzulegen ist, über die Beschwerdefrist und, sofern eine Beschwerdegebühr zu entrichten ist, über die Beschwerdegebühr belehrt werden. Die Frist für die Beschwerde (§ 73 Abs. 2) beginnt nur zu laufen, wenn die Beteiligten schriftlich belehrt worden sind. Ist die Belehrung unterblieben oder unrichtig erteilt, so ist die Einlegung der Beschwerde nur innerhalb eines Jahres seit Zustellung des Beschlusses zulässig, außer wenn eine schriftliche Belehrung dahin erfolgt ist, daß eine Beschwerde nicht gegeben sei; § 123 ist entsprechend anzuwenden.

§ 48. [Zurückweisung der Anmeldung] Die Prüfungsstelle weist die Anmeldung zurück, wenn die nach § 45 Abs. 1 gerügten Mängel nicht beseitigt werden oder wenn die Prüfung ergibt, daß eine nach den §§ 1 bis 5 patentfähige Erfindung nicht vorliegt. § 42 Abs. 3 Satz 2 ist anzuwenden.

Patentgesetz 1981

PatG Anh 1

§ 49. [Beschluß der Erteilung des Patents] (1) Genügt die Anmeldung den Anforderungen der §§ 34, 37 und 38, sind nach § 45 Abs. 1 gerügte Mängel der Zusammenfassung beseitigt und ist der Gegenstand der Anmeldung nach den §§ 1 bis 5 patentfähig, so beschließt die Prüfungsstelle die Erteilung des Patents.

(2) Der Erteilungsbeschluß wird auf Antrag des Anmelders bis zum Ablauf einer Frist von fünfzehn Monaten ausgesetzt, die mit dem Tag der Einreichung der Anmeldung beim Patentamt oder, falls für die Anmeldung ein früherer Zeitpunkt als maßgebend in Anspruch genommen wird, mit diesem Zeitpunkt beginnt.

§ 49 a. [Ergänzender Schutz] (1) Beantragt der als Patentinhaber Eingetragene einen ergänzenden Schutz, so prüft die Patentabteilung, ob die Anmeldung der entsprechenden Verordnung des Rates der Europäischen Wirtschaftsgemeinschaft sowie den Absätzen 3 und 4 und dem § 16a entspricht.

(2) Genügt die Anmeldung diesen Voraussetzungen, so erteilt die Patentabteilung das ergänzende Schutzzertifikat für die Dauer seiner Laufzeit. Andernfalls fordert sie den Anmelder auf, etwaige Mängel innerhalb einer von ihr festzusetzenden, mindestens zwei Monate betragenden Frist zu beheben. Werden die Mängel nicht behoben, so weist sie die Anmeldung durch Beschluß zurück.

(3) § 34 Abs. 7 ist anwendbar. Die §§ 46 und 47 sind auf das Verfahren vor der Patentabteilung anzuwenden.

(4) Mit der Anmeldung ist eine Gebühr nach dem Tarif zu entrichten. Unterbleibt die Zahlung, so gibt das Patentamt dem Anmelder Nachricht, daß die Anmeldung als zurückgenommen gilt, wenn die Gebühr nicht bis zum Ablauf eines Monats nach Zustellung der Nachricht entrichtet wird.

§ 50 [Geheimpatente] (1) Wird ein Patent für eine Erfindung nachgesucht, die ein Staatsgeheimnis (§ 93 des Strafgesetzbuches) ist, so ordnet die Prüfungsstelle von Amts wegen an, daß jede Veröffentlichung unterbleibt. Die zuständige oberste Bundesbehörde ist vor der Anordnung zu hören. Sie kann den Erlaß einer Anordnung beantragen.

(2) Die Prüfungsstelle hebt von Amts wegen oder auf Antrag der zuständigen obersten Bundesbehörde, des Anmelders oder des Patentinhabers eine Anordnung nach Absatz 1 auf, wenn deren Voraussetzungen entfallen sind. Die Prüfungsstelle prüft in jährlichen Abständen, ob die Voraussetzungen der Anordnung nach Absatz 1 fortbestehen. Vor der Aufhebung einer Anordnung nach Absatz 1 ist die zuständige oberste Bundesbehörde zu hören.

(3) Die Prüfungsstelle gibt den Beteiligten Nachricht, wenn gegen einen Beschluß der Prüfungsstelle, durch den ein Antrag auf Erlaß einer Anordnung nach Absatz 1 zurückgewiesen oder eine Anordnung nach Absatz 1 aufgehoben worden ist, innerhalb der Beschwerdefrist (§ 73 Abs. 2) keine Beschwerde eingegangen ist.

(4) Die Absätze 1 bis 3 sind auf eine Erfindung entsprechend anzuwenden, die von einem fremden Staat aus Verteidigungsgründen geheimgehalten und der Bundesregierung mit deren Zustimmung unter der Auflage anvertraut wird, die Geheimhaltung zu wahren.

§ 51. [Akteneinsicht] Das Patentamt hat der zuständigen obersten Bundesbehörde zur Prüfung der Frage, ob jede Veröffentlichung gemäß § 50 Abs. 1 zu unterbleiben hat oder ob eine gemäß § 50 Abs. 1 ergangene Anordnung aufzuheben ist, Einsicht in die Akten zu gewähren.

§ 52. [Anmeldung außerhalb der Bundesrepublik] (1) Eine Patentanmeldung, die ein Staatsgeheimnis (§ 93 des Strafgesetzbuches) enthält, darf außerhalb des Geltungsbereichs dieses Gesetzes nur eingereicht werden, wenn die zuständige oberste Bundesbehörde hierzu die schriftliche Genehmigung erteilt. Die Genehmigung kann unter Auflagen erteilt werden.

(2) Mit Freiheitsstrafe bis zu fünf Jahren oder mit Geldstrafe wird bestraft, wer
1. entgegen Absatz 1 Satz 1 eine Patentanmeldung einreicht oder
2. einer Auflage nach Absatz 1 Satz 2 zuwiderhandelt.

§ 53. [Keine Anordnung über Geheimhaltung] (1) Wird dem Anmelder innerhalb von vier Monaten seit der Anmeldung der Erfindung beim Patentamt keine Anordnung nach § 50 Abs. 1 zugestellt, so können der Anmelder und jeder andere, der von der Erfindung Kenntnis hat, sofern sie im Zweifel darüber sind, ob die Geheimhaltung der Erfindung erforderlich ist (§ 93 des Strafgesetzbuches), davon ausgehen, daß die Erfindung nicht der Geheimhaltung bedarf.

(2) Kann die Prüfung, ob jede Veröffentlichung gemäß § 50 Abs. 1 zu unterbleiben hat, nicht innerhalb der in Absatz 1 genannten Frist abgeschlossen werden, so kann das Patentamt diese Frist durch eine Mitteilung, die dem Anmelder innerhalb der in Absatz 1 genannten Frist zuzustellen ist, um höchstens zwei Monate verlängern.

§ 54. [Erteilung eines Geheimpatents] Ist auf eine Anmeldung, für die eine Anordnung nach § 50 Abs. 1 ergangen ist, ein Patent erteilt worden, so ist das Patent in eine besondere Rolle einzutragen. Auf die Einsicht in die besondere Rolle ist § 31 Abs. 5 Satz 1 entsprechend anzuwenden.

§ 55. [EntschädigungfürUnterlassung der Verwertung] (1) Ein Anmelder, Patentinhaber oder sein Rechtsnachfolger, der die Verwertung einer nach den §§ 1 bis 5 patentfähigen Erfindung für friedliche Zwecke mit Rücksicht auf eine Anordnung nach § 50 Abs. 1 unterläßt, hat wegen des ihm hierdurch entstehenden Vermögensschadens einen Anspruch auf Entschädigung gegen den Bund, wenn und soweit ihm nicht zugemutet werden kann, den Schaden selbst zu tragen. Bei Beurteilung der Zumutbarkeit sind insbesondere die wirtschaftliche Lage des Geschädigten, die Höhe seiner für die Erfindung oder für den Erwerb der Rechte an der Erfindung gemachten Aufwendungen, der bei Entstehung der Aufwendungen für ihn erkennbare Grad der Wahrscheinlichkeit einer Geheimhaltungsbedürftigkeit der Erfindung sowie der Nutzen zu berücksichtigen, der dem Geschädigten aus einer sonstigen Verwertung der Erfindung zufließt. Der Anspruch kann erst nach der Erteilung des Patents geltend gemacht werden. Die Entschädigung kann nur jeweils nachträglich und für Zeitabschnitte, die nicht kürzer als ein Jahr sind, verlangt werden.

(2) Der Anspruch ist bei der zuständigen obersten Bundesbehörde geltend zu machen. Der Rechtsweg vor den ordentlichen Gerichten steht offen.

(3) Eine Entschädigung gemäß Absatz 1 wird nur gewährt, wenn die erste Anmeldung der Erfindung beim Patentamt eingereicht und die Erfindung nicht schon vor dem Erlaß einer Anordnung nach § 50 Abs. 1 von einem fremden Staat aus Verteidigungsgründen geheimgehalten worden ist.

§ 56 [Bestimmung der zuständigen obersten Bundesbehörde]

Die Bundesregierung wird ermächtigt, die zuständige oberste Bundesbehörde im Sinne des § 31 Abs. 5 und der §§ 50 bis 55 und 74 Abs. 2 durch Rechtsverordnung zu bestimmen.

§ 57 [Erteilungsgebühr]

(1) Für die Erteilung des Patents ist eine Erteilungsgebühr nach dem Tarif zu entrichten. Die Gebühr ist mit Zustellung des Erteilungsbeschlusses fällig. Wird sie nicht innerhalb von zwei Monaten nach Fälligkeit entrichtet, so muß der tarifmäßige Zuschlag entrichtet werden. Nach Ablauf der Frist gibt das Patentamt dem Patentinhaber Nachricht, daß das Patent als nicht erteilt und die Anmeldung als zurückgenommen gilt, wenn die Gebühr mit dem Zuschlag nicht innerhalb eines Monats nach Zustellung der Nachricht entrichtet wird.

(2) Wird die Gebühr mit dem Zuschlag nicht rechtzeitig nach Zustellung der amtlichen Nachricht entrichtet, so gilt das Patent als nicht erteilt und die Anmeldung als zurückgenommen.

§ 58 [Veröffentlichung der Patenterteilung]

(1) Die Erteilung des Patents wird im Patentblatt veröffentlicht. Gleichzeitig wird die Patentschrift veröffentlicht. Mit der Veröffentlichung im Patentblatt treten die gesetzlichen Wirkungen des Patents ein.

(2) Wird die Anmeldung nach der Veröffentlichung des Hinweises auf die Möglichkeit der Einsicht in die Akten (§ 32 Abs. 5) zurückgenommen oder zurückgewiesen oder gilt sie als zurückgenommen, so gilt die Wirkung nach § 33 Abs. 1 als nicht eingetreten.

(3) Wird bis zum Ablauf der in § 44 Abs. 2 bezeichneten Frist ein Antrag auf Prüfung nicht gestellt oder wird eine für die Anmeldung zu entrichtende Jahresgebühr nicht rechtzeitig entrichtet (§ 17), so gilt die Anmeldung als zurückgenommen.

§ 59. [Einspruch] (1) Innerhalb von drei Monaten nach der Veröffentlichung der Erteilung kann jeder, im Falle der widerrechtlichen Entnahme nur der Verletzte, gegen das Patent Einspruch erheben. Der Einspruch ist schriftlich zu erklären und zu begründen. Er kann nur auf die Behauptung gestützt werden, daß einer der in § 21 genannten Widerrufsgründe vorliege. Die Tatsachen, die den Einspruch rechtfertigen, sind im einzelnen anzugeben. Die Angaben müssen, soweit sie nicht schon in der Einspruchsschrift enthalten sind, bis zum Ablauf der Einspruchsfrist schriftlich nachgereicht werden.

(2) Ist gegen ein Patent Einspruch erhoben worden, so kann jeder Dritte, der nachweist, daß gegen ihn Klage wegen Verletzung des Patents erhoben worden ist, nach Ablauf der Einspruchsfrist dem Einspruchsverfahren als Einsprechender beitreten, wenn er den Beitritt innerhalb von drei Monaten nach dem Tag erklärt, an dem die Verletzungsklage erhoben worden ist. Das gleiche gilt für jeden Dritten, der nachweist, daß er nach einer Aufforderung des Patentinhabers, eine angebliche Patentverletzung zu unterlassen, gegen diesen Klage auf Feststellung erhoben hat, daß er das Patent nicht verletze. Der Beitritt ist schriftlich zu erklären und bis zum Ablauf der in Satz 1 genannten Frist zu begründen. Absatz 1 Satz 3 bis 5 ist entsprechend anzuwenden.

(3) § 43 Abs. 3 Satz 3 und die §§ 46 und 47 sind im Einspruchsverfahren entsprechend anzuwenden.

§ 60. [Teilung des Patents] (1) Der Patentinhaber kann das Patent bis zur Beendigung des Einspruchsverfahrens teilen. Wird die Teilung erklärt, so gilt der abgetrennte Teil als Anmeldung, für die ein Prüfungsantrag (§ 44) gestellt worden ist. § 39 Abs. 1 Satz 2 und 4, Abs. 2 und 3 ist entsprechend anzuwenden. Für den abgetrennten Teil gelten die Wirkungen des Patents als von Anfang an nicht eingetreten.

(2) Die Teilung des Patents wird im Patentblatt veröffentlicht.

§ 61. [Aufrechterhaltung oder Widerruf des Patents] (1) Die Patentabteilung entscheidet durch Beschluß, ob und in welchem Umfang das Patent aufrechterhalten oder widerrufen wird. Das Verfahren wird von Amts wegen ohne den Einsprechenden fortgesetzt, wenn der Einspruch zurückgenommen wird.

(2) Wird das Patent widerrufen oder nur beschränkt aufrechterhalten, so wird dies im Patentblatt veröffentlicht.

(3) Wird das Patent beschränkt aufrechterhalten, so ist die Patentschrift entsprechend zu ändern. Die Änderung der Patentschrift ist zu veröffentlichen.

§ 62. [Kosten des Einspruchsverfahrens] (1) In dem Beschluß über den Einspruch kann die Patentabteilung nach billigem Ermessen bestimmen, inwieweit einem Beteiligten die durch eine Anhörung oder eine Beweisauf-

Patentgesetz 1981 PatG Anh 1

nahme verursachten Kosten zur Last fallen. Die Bestimmung kann auch getroffen werden, wenn ganz oder teilweise der Einspruch zurückgenommen oder auf das Patent verzichtet wird.

(2) Zu den Kosten gehören außer den Auslagen des Patentamts auch die den Beteiligten erwachsenen Kosten, soweit sie zur zweckentsprechenden Wahrung der Ansprüche und Rechte notwendig waren. Der Betrag der zu erstattenden Kosten wird auf Antrag durch das Patentamt festgesetzt. Die Vorschriften der Zivilprozeßordnung über das Kostenfestsetzungsverfahren und die Zwangsvollstreckung aus Kostenfestsetzungsbeschlüssen sind entsprechend anzuwenden. An die Stelle der Erinnerung tritt die Beschwerde gegen den Kostenfestsetzungsbeschluß; § 73 ist mit der Maßgabe anzuwenden, daß die Beschwerde innerhalb von zwei Wochen einzulegen ist. Die vollstreckbare Ausfertigung wird vom Urkundsbeamten der Geschäftsstelle des Patentgerichts erteilt.

§ 63. [Nennung des Erfinders] (1) Auf der Offenlegungsschrift (§ 32 Abs. 2), auf der Patentschrift (§ 32 Abs. 3) sowie in der Veröffentlichung der Erteilung des Patents (§ 58 Abs. 1) ist der Erfinder zu nennen, sofern er bereits benannt worden ist. Die Nennung ist in der Rolle (§ 30 Abs. 1) zu vermerken. Sie unterbleibt, wenn der vom Anmelder angegebene Erfinder es beantragt. Der Antrag kann jederzeit widerrufen werden; im Falle des Widerrufs wird die Nennung nachträglich vorgenommen. Ein Verzicht des Erfinders auf Nennung ist ohne rechtliche Wirksamkeit.

(2) Ist die Person des Erfinders unrichtig oder im Falle des Absatzes 1 Satz 3 überhaupt nicht angegeben, so sind der Patentsucher oder Patentinhaber sowie der zu Unrecht Benannte dem Erfinder verpflichtet, dem Patentamt gegenüber die Zustimmung dazu zu erklären, daß die in Absatz 1 Satz 1 und 2 vorgesehene Nennung berichtigt oder nachgeholt wird. Die Zustimmung ist unwiderruflich. Durch die Erhebung einer Klage auf Erklärung der Zustimmung wird das Verfahren zur Erteilung des Patents nicht aufgehalten.

(3) Auf amtlichen Druckschriften, die bereits veröffentlicht sind, wird die nachträgliche Nennung des Erfinders (Absatz 1 Satz 4, Absatz 2) oder die Berichtigung (Absatz 2) nicht vorgenommen.

(4) Der Bundesminister der Justiz wird ermächtigt, durch Rechtsverordnung Bestimmungen zur Ausführung der vorstehenden Vorschriften zu erlassen. Er kann diese Ermächtigung durch Rechtsverordnung auf den Präsidenten des Patentamts übertragen.

§ 64. [Beschränkung des Patents] (1) Das Patent kann auf Antrag des Patentinhabers durch Änderung der Patentansprüche mit rückwirkender Kraft beschränkt werden.

(2) Der Antrag ist schriftlich einzureichen und zu begründen. Mit dem Antrag ist eine Gebühr nach dem Tarif zu zahlen; wird sie nicht gezahlt, so gilt der Antrag als nicht gestellt.

675

(3) Über den Antrag entscheidet die Patentabteilung. § 44 Abs. 1 und die §§ 45 bis 48 sind entsprechend anzuwenden. In dem Beschluß, durch den dem Antrag stattgegeben wird, ist die Patentschrift der Beschränkung anzupassen. Die Änderung der Patentschrift ist zu veröffentlichen.

Vierter Abschnitt. Patentgericht

§ 65. [Errichtung; Zuständigkeit; Besetzung] (1) Für die Entscheidungen über Beschwerden gegen Beschlüsse der Prüfungsstellen oder Patentabteilungen des Patentamts sowie über Klagen auf Erklärung der Nichtigkeit von Patenten und in Zwangslizenzverfahren (§§ 81, 85) wird das Patentgericht als selbständiges und unabhängiges Bundesgericht errichtet. Es hat seinen Sitz am Sitz des Patentamts. Es führt die Bezeichnung „Bundespatentgericht".

(2) Das Patentgericht besteht aus einem Präsidenten, den Vorsitzenden Richtern und weiteren Richtern. Sie müssen die Befähigung zum Richteramt nach dem Deutschen Richtergesetz besitzen (rechtskundige Mitglieder) oder in einem Zweig der Technik sachverständig sein (technische Mitglieder). Für die technischen Mitglieder gilt § 26 Abs. 2 entsprechend mit der Maßgabe, daß sie eine staatliche oder akademische Abschlußprüfung bestanden haben müssen.

(3) Die Richter werden vom Bundespräsidenten auf Lebenszeit ernannt, soweit nicht in § 71 Abweichendes bestimmt ist.

(4) Der Präsident des Patentgerichts übt die Dienstaufsicht über die Richter, Beamte, Angestellten und Arbeiter aus.

§ 66. [Beschwerdesenate; Nichtigkeitssenate] (1) Im Patentgericht werden gebildet
1. Senate für die Entscheidung über Beschwerden (Beschwerdesenate);
2. Senate für die Entscheidung über Klagen auf Erklärung der Nichtigkeit von Patenten und in Zwangslizenzverfahren (Nichtigkeitssenate).

(2) Die Zahl der Senate bestimmt der Bundesminister der Justiz.

§ 67. [Besetzung der Senate] (1) Der Beschwerdesenat entscheidet in den Fällen des § 23 Abs. 4 und des § 50 Abs. 1 und 2 in der Besetzung mit einem rechtskundigen Mitglied als Vorsitzendem und zwei technischen Mitgliedern, in den Fällen des § 73 Abs. 3 und der §§ 130, 131 und 133 in der Besetzung mit einem technischen Mitglied als Vorsitzendem, zwei weiteren technischen Mitgliedern und einem rechtskundigen Mitglied, in den Fällen des § 31 Abs. 5 in der Besetzung mit einem rechtskundigen Mitglied als Vorsitzendem, einem weiteren rechtskundigen Mitglied und einem technischen Mitglied, im übrigen in der Besetzung mit drei rechtskundigen Mitgliedern.

(2) Der Nichtigkeitssenat entscheidet in den Fällen der §§ 84 und 85 Abs. 3 in der Besetzung mit einem rechtskundigen Mitglied als Vorsitzen-

dem, einem weiteren rechtskundigen Mitglied und drei technischen Mitgliedern, im übrigen in der Besetzung mit drei Richtern, unter denen sich ein rechtskundiges Mitglied befinden muß.

§ 68 [Geschäftsverteilung; Präsidium; Vertreter des Präsidenten]
Für das Patentgericht gelten die Vorschriften des Zweiten Titels des Gerichtsverfassungsgesetzes nach folgender Maßgabe entsprechend:
1. In den Fällen, in denen auf Grund des Wahlergebnisses ein rechtskundiger Richter dem Präsidium nicht angehören würde, gilt der rechtskundige Richter als gewählt, der von den rechtskundigen Mitgliedern die höchste Stimmenzahl erreicht hat.
2. Über die Wahlanfechtung (§ 21b Abs. 6 des Gerichtsverfassungsgesetzes) entscheidet ein Senat des Patentgerichts in der Besetzung mit drei rechtskundigen Richtern.
3. Den ständigen Vertreter des Präsidenten ernennt der Bundesminister der Justiz.

§ 69. [Öffentlichkeit der Verhandlungen; Sitzungspolizei]
(1) Die Verhandlung vor den Beschwerdesenaten ist öffentlich, sofern ein Hinweis auf die Möglichkeit der Akteneinsicht nach § 32 Abs. 5 oder die Patentschrift nach § 58 Abs. 1 veröffentlicht worden ist. Die §§ 172 bis 175 des Gerichtsverfassungsgesetzes sind entsprechend anzuwenden mit der Maßgabe, daß
1. die Öffentlichkeit für die Verhandlung auf Antrag eines Beteiligten auch dann ausgeschlossen werden kann, wenn sie eine Gefährdung schutzwürdiger Interessen des Antragstellers besorgen läßt,
2. die Öffentlichkeit für die Verkündung der Beschlüsse bis zur Veröffentlichung eines Hinweises auf die Möglichkeit der Akteneinsicht nach § 32 Abs. 5 oder bis zur Veröffentlichung der Patentschrift nach § 58 Abs. 1 ausgeschlossen ist.

(2) Die Verhandlung vor den Nichtigkeitssenaten einschließlich der Verkündung der Entscheidungen ist öffentlich. Absatz 1 Satz 2 Nr. 1 gilt entsprechend.

(3) Die Aufrechterhaltung der Ordnung in den Sitzungen der Senate obliegt dem Vorsitzenden. Die §§ 177 bis 180, 182 und 183 des Gerichtsverfassungsgesetzes über die Sitzungspolizei gelten entsprechend.

§ 70. [Beratung und Abstimmung]
(1) Für die Beschlußfassung in den Senaten bedarf es der Beratung und Abstimmung. Hierbei darf nur die gesetzlich bestimmte Anzahl der Mitglieder der Senate mitwirken. Bei der Beratung und Abstimmung dürfen außer den zur Entscheidung berufenen Mitgliedern der Senate nur die beim Patentgericht zur Ausbildung beschäftigten Personen zugegen sein, soweit der Vorsitzende deren Anwesenheit gestattet.

(2) Die Senate entscheiden nach Stimmenmehrheit; bei Stimmengleichheit gibt die Stimme des Vorsitzenden den Ausschlag.

(3) Die Mitglieder der Senate stimmen nach dem Dienstalter, bei gleichem Dienstalter nach dem Lebensalter; der Jüngere stimmt vor dem Älteren. Wenn ein Berichterstatter ernannt ist, so stimmt er zuerst. Zuletzt stimmt der Vorsitzende.

§ 71. [Richter kraft Auftrags] (1) Beim Patentgericht können Richter kraft Auftrags verwendet werden. § 65 Abs. 2 Satz 3 ist anzuwenden.

(2) Richter kraft Auftrags und abgeordnete Richter können nicht den Vorsitz führen.

§ 72. [Geschäftsstelle] Beim Patentgericht wird eine Geschäftsstelle eingerichtet, die mit der erforderlichen Anzahl von Urkundsbeamten besetzt wird. Die Einrichtung der Geschäftsstelle bestimmt der Bundesminister der Justiz.

Fünfter Abschnitt. Verfahren vor dem Patentgericht

1. Beschwerdeverfahren

§ 73 . [Zulässigkeit; Form; Frist; Gebühren] (1) Gegen die Beschlüsse der Prüfungsstellen und Patentabteilungen findet die Beschwerde statt.

(2) Die Beschwerde ist innerhalb eines Monats nach Zustellung schriftlich beim Patentamt einzulegen. Der Beschwerde und allen Schriftsätzen sollen Abschriften für die übrigen Beteiligten beigefügt werden. Die Beschwerde und alle Schriftsätze, die Sachanträge oder die Erklärung der Zurücknahme der Beschwerde oder eines Antrags enthalten, sind den übrigen Beteiligten von Amts wegen zuzustellen; andere Schriftsätze sind ihnen formlos mitzuteilen, sofern nicht die Zustellung angeordnet wird.

(3) Richtet sich die Beschwerde gegen einen Beschluß, durch den die Anmeldung zurückgewiesen oder über die Aufrechterhaltung, den Widerruf oder die Beschränkung des Patents entschieden wird, so ist innerhalb der Beschwerdefrist eine Gebühr nach dem Tarif zu entrichten; wird sie nicht entrichtet, so gilt die Beschwerde als nicht erhoben.

(4) Erachtet die Stelle, deren Beschluß angefochten wird, die Beschwerde für begründet, so hat sie ihr abzuhelfen. Sie kann anordnen, daß die Beschwerdegebühr zurückgezahlt wird. Wird der Beschwerde nicht abgeholfen, so ist sie vor Ablauf von einem Monat ohne sachliche Stellungnahme dem Patentgericht vorzulegen.

(5) Steht dem Beschwerdeführer ein anderer an dem Verfahren Beteiligter gegenüber, so gilt die Vorschrift des Absatzes 4 Satz 1 nicht.

§ 74. [Beschwerdeberechtigte] (1) Die Beschwerde steht den am Verfahren vor dem Patentamt Beteiligten zu.

Patentgesetz 1981

(2) In den Fällen des § 31 Abs. 5 und des § 50 Abs. 1 und 2 steht die Beschwerde auch der zuständigen obersten Bundesbehörde zu.

§ 75. [Aufschiebende Wirkung] (1) Die Beschwerde hat aufschiebende Wirkung.

(2) Die Beschwerde hat jedoch keine aufschiebende Wirkung, wenn sie sich gegen einen Beschluß der Prüfungsstelle richtet, durch den eine Anordnung nach § 50 Abs. 1 erlassen worden ist.

§ 76. [Befugnisse des Präsidenten des Patentamts] Der Präsident des Patentamts kann, wenn er dies zur Wahrung des öffentlichen Interesses als angemessen erachtet, im Beschwerdeverfahren dem Patentgericht gegenüber schriftliche Erklärungen abgeben, den Terminen beiwohnen und in ihnen Ausführungen machen. Schriftliche Erklärungen des Präsidenten des Patentamts sind den Beteiligten von dem Patentgericht mitzuteilen.

§ 77. [Beitritt des Präsidenten des Patentamts] Das Patentgericht kann, wenn es dies wegen einer Rechtsfrage von grundsätzlicher Bedeutung als angemessen erachtet, dem Präsidenten des Patentamts anheimgeben, dem Beschwerdeverfahren beizutreten. Mit dem Eingang der Beitrittserklärung erlangt der Präsident des Patentamts die Stellung eines Beteiligten.

§ 78. [Mündliche Verhandlung] Eine mündliche Verhandlung findet statt, wenn
1. einer der Beteiligten sie beantragt,
2. vor dem Patentgericht Beweis erhoben wird (§ 88 Abs. 1) oder
3. das Patentgericht sie für sachdienlich erachtet.

§ 79. [Beschwerdeentscheidung] (1) Über die Beschwerde wird durch Beschluß entschieden.

(2) Ist die Beschwerde nicht statthaft oder nicht in der gesetzlichen Form und Frist eingelegt, so wird sie als unzulässig verworfen. Der Beschluß kann ohne mündliche Verhandlung ergehen.

(3) Das Patentgericht kann die angefochtene Entscheidung aufheben, ohne in der Sache selbst zu entscheiden, wenn
1. das Patentamt noch nicht in der Sache selbst entschieden hat,
2. das Verfahren vor dem Patentamt an einem wesentlichen Mangel leidet,
3. neue Tatsachen oder Beweismittel bekannt werden, die für die Entscheidung wesentlich sind.

Das Patentamt hat die rechtliche Beurteilung, die der Aufhebung zugrunde liegt, auch seiner Entscheidung zugrunde zu legen.

§ 80. [Kostenentscheidung] (1) Sind an dem Verfahren mehrere Personen beteiligt, so kann das Patentgericht bestimmen, daß die Kosten des Verfahrens einem Beteiligten ganz oder teilweise zur Last fallen, wenn dies der Billigkeit entspricht. Es kann insbesondere auch bestimmen, daß die den Beteiligten erwachsenen Kosten, soweit sie zur zweckentsprechenden Wahrung der Ansprüche und Rechte notwendig waren, von einem Beteiligten ganz oder teilweise zu erstatten sind.

(2) Dem Präsidenten des Patentamts können Kosten nur auferlegt werden, wenn er nach seinem Beitritt in dem Verfahren Anträge gestellt hat.

(3) Das Patentgericht kann anordnen, daß die Beschwerdegebühr (§ 73 Abs. 3) zurückgezahlt wird.

(4) Die Absätze 1 bis 3 sind auch anzuwenden, wenn ganz oder teilweise die Beschwerde, die Anmeldung oder der Einspruch zurückgenommen oder auf das Patent verzichtet wird.

(5) Im übrigen gelten die Vorschriften der Zivilprozeßordnung über das Kostenfestsetzungsverfahren und die Zwangsvollstreckung aus Kostenfestsetzungsbeschlüssen entsprechend.

2. Nichtigkeits und Zwangslizenzverfahren

§ 81. [Klage] (1) Das Verfahren wegen Erklärung der Nichtigkeit des Patents oder des ergänzenden Schutzzertifikats oder wegen Erteilung oder Rücknahme der Zwangslizenz oder wegen der Anpassung der durch Urteil festgesetzten Vergütung für eine Zwangslizenz wird durch Klage eingeleitet. Die Klage ist gegen den in der Rolle als Patentinhaber Eingetragenen oder gegen den Inhaber der Zwangslizenz zu richten. Die Klage gegen das ergänzende Schutzzertifikat kann mit der Klage gegen das zugrundeliegende Patent verbunden werden und auch darauf gestützt werden, daß ein Nichtigkeitsgrund (§ 22) gegen das zugrundeliegende Patent vorliegt.

(2) Klage auf Erklärung der Nichtigkeit des Patents kann nicht erhoben werden, solange ein Einspruch noch erhoben werden kann oder ein Einspruchsverfahren anhängig ist.

(3) Im Falle der widerrechtlichen Entnahme ist nur der Verletzte zur Erhebung der Klage berechtigt.

(4) Die Klage ist beim Patentgericht schriftlich zu erheben. Der Klage und allen Schriftsätzen sollen Abschriften für die Gegenpartei beigefügt werden. Die Klage und alle Schriftsätze sind der Gegenpartei von Amts wegen zuzustellen.

(5) Die Klage muß den Kläger, den Beklagten und den Streitgegenstand bezeichnen und soll einen bestimmten Antrag enthalten. Die zur Begründung dienenden Tatsachen und Beweismittel sind anzugeben. Entspricht die Klage diesen Anforderungen nicht in vollem Umfang, so hat der Vorsitzende den Kläger zu der erforderlichen Ergänzung innerhalb einer bestimmten Frist aufzufordern.

(6) Mit der Klage ist eine Gebühr nach dem Tarif zu zahlen; wird sie nicht gezahlt, so gilt die Klage als nicht erhoben.

Patentgesetz 1981 **PatG Anh 1**

(7) Kläger, die ihren gewöhnlichen Aufenthalt nicht in einem Mitgliedstaat der Europäischen Union oder einem Vertragsstaat des Abkommens über den Europäischen Wirtschaftsraum haben, leisten auf Verlangen des Beklagten wegen der Kosten des Verfahrens Sicherheit; § 110 Abs. 2 Nr. 1 bis 3 der Zivilprozeßordnung gilt entsprechend. Das Patentgericht setzt die Höhe der Sicherheit nach billigem Ermessen fest und bestimmt eine Frist, innerhalb welcher sie zu leisten ist. Wird die Frist versäumt, so gilt die Klage als zurückgenommen.

§ 82. [Zustellung der Klage; Erklärungsfrist] (1) Das Patentgericht stellt dem Beklagten die Klage zu und fordert ihn auf, sich darüber innerhalb eines Monats zu erklären.

(2) Erklärt sich der Beklagte nicht rechtzeitig, so kann ohne mündliche Verhandlung sofort nach der Klage entschieden und dabei jede vom Kläger behauptete Tatsache für erwiesen angenommen werden.

§ 83. [Widerspruch] (1) Widerspricht der Beklagte rechtzeitig, so teilt das Patentgericht den Widerspruch dem Kläger mit.

(2) Das Patentgericht entscheidet auf Grund mündlicher Verhandlung. Mit Zustimmung der Parteien kann ohne mündliche Verhandlung entschieden werden.

§ 84. [Urteil;Kostenentscheidung] (1) Über die Klage wird durch Urteil entschieden. Über die Zulässigkeit der Klage kann durch Zwischenurteil vorab entschieden werden.

(2) In dem Urteil ist auch über die Kosten des Verfahrens zu entscheiden. Die Vorschriften der Zivilprozeßordnung über die Prozeßkosten sind entsprechend anzuwenden, soweit nicht die Billigkeit eine andere Entscheidung erfordert; die Vorschriften der Zivilprozeßordnung über das Kostenfestsetzungsverfahren und die Zwangsvollstrekkung aus Kostenfestsetzungsbeschlüssen sind entsprechend anzuwenden. § 99 Abs. 2 bleibt unberührt.

§ 85. [Verfahren wegen Erteilung der Zwangslizenz] (1) In dem Verfahren wegen Erteilung der Zwangslizenz kann dem Kläger auf seinen Antrag die Benutzung der Erfindung durch einstweilige Verfügung gestattet werden, wenn er glaubhaft macht, daß die Voraussetzungen des § 24 Abs. 1 bis 5 vorliegen und daß die alsbaldige Erteilung der Erlaubnis im öffentlichen Interesse dringend geboten ist.

(2) Mit dem Antrag ist eine Gebühr nach dem Tarif zu zahlen; wird sie nicht gezahlt, so gilt der Antrag als nicht gestellt. Der Erlaß der einstweiligen Verfügung kann davon abhängig gemacht werden, daß der Antragsteller wegen der dem Antragsgegner drohenden Nachteile Sicherheit leistet.

(3) Das Patentgericht entscheidet auf Grund mündlicher Verhandlung. Die Bestimmungen des § 83 Abs. 2 Satz 2 und des § 84 gelten entsprechend.

Anh 1 PatG   Patentgesetz 1981

(4) Mit der Zurücknahme oder der Zurückweisung der Klage auf Erteilung der Zwangslizenz (§ 81) endet die Wirkung der einstweiligen Verfügung; ihre Kostenentscheidung kann geändert werden, wenn eine Partei innerhalb eines Monats nach der Zurücknahme oder nach Eintritt der Rechtskraft der Zurückweisung die Änderung beantragt.

(5) Erweist sich die Anordnung der einstweiligen Verfügung als von Anfang an ungerechtfertigt, so ist der Antragsteller verpflichtet, dem Antragsgegner den Schaden zu ersetzen, der ihm aus der Durchführung der einstweiligen Verfügung entstanden ist.

(6) Das Urteil, durch das die Zwangslizenz zugesprochen wird, kann auf Antrag gegen oder ohne Sicherheitsleistung für vorläufig vollstreckbar erklärt werden, wenn dies im öffentlichen Interesse liegt. Wird das Urteil aufgehoben oder geändert, so ist der Antragsteller zum Ersatz des Schadens verpflichtet, der dem Antragsgegner durch die Vollstreckung entstanden ist.

3. Gemeinsame Verfahrensvorschriften

§ 86. [Ausschließung und Ablehnung von Gerichtspersonen] (1) Für die Ausschließung und Ablehnung der Gerichtspersonen gelten die §§ 41 bis 44, 47 bis 49 der Zivilprozeßordnung entsprechend.

(2) Von der Ausübung des Amtes als Richter ist auch ausgeschlossen
1. im Beschwerdeverfahren, wer bei dem vorausgegangenen Verfahren vor dem Patentamt mitgewirkt hat;
2. im Verfahren über die Erklärung der Nichtigkeit des Patents, wer bei dem Verfahren vor dem Patentamt oder dem Patentgericht über die Erteilung des Patents oder den Einspruch mitgewirkt hat.

(3) Über die Ablehnung eines Richters entscheidet der Senat, dem der Abgelehnte angehört. Wird der Senat durch das Ausscheiden des abgelehnten Mitglieds beschlußunfähig, so entscheidet ein Beschwerdesenat des Patentgerichts in der Besetzung mit drei rechtskundigen Mitgliedern.

(4) Über die Ablehnung eines Urkundsbeamten entscheidet der Senat, in dessen Geschäftsbereich die Sache fällt.

§ 87. [Offizialmaxime; Vorbereitung der Verhandlung] (1) Das Patentgericht erforscht den Sachverhalt von Amts wegen. Es ist an das Vorbringen und die Beweisanträge der Beteiligten nicht gebunden.

(2) Der Vorsitzende oder ein von ihm zu bestimmendes Mitglied hat schon vor der mündlichen Verhandlung oder, wenn eine solche nicht stattfindet, vor der Entscheidung des Patentgerichts alle Anordnungen zu treffen, die notwendig sind, um die Sache möglichst in einer mündlichen Verhandlung oder in einer Sitzung zu erledigen. Im übrigen gilt § 273 Abs. 2, 3 Satz 1 und Abs. 4 Satz 1 der Zivilprozeßordnung entsprechend.

§ 88. [Beweiserhebung] (1) Das Patentgericht erhebt Beweis in der mündlichen Verhandlung. Es kann insbesondere Augenschein einnehmen, Zeugen, Sachverständige und Beteiligte vernehmen und Urkunden heranziehen.

(2) Das Patentgericht kann in geeigneten Fällen schon vor der mündlichen Verhandlung durch eines seiner Mitglieder als beauftragten Richter Beweis erheben lassen oder unter Bezeichnung der einzelnen Beweisfragen ein anderes Gericht um die Beweisaufnahme ersuchen.

(3) Die Beteiligten werden von allen Beweisterminen benachrichtigt und können der Beweisaufnahme beiwohnen. Sie können an Zeugen und Sachverständige sachdienliche Fragen richten. Wird eine Frage beanstandet, so entscheidet das Patentgericht.

§ 89. [Ladungen] (1) Sobald der Termin zur mündlichen Verhandlung bestimmt ist, sind die Beteiligten mit einer Ladungsfrist von mindestens zwei Wochen zu laden. In dringenden Fällen kann der Vorsitzende die Frist abkürzen.

(2) Bei der Ladung ist darauf hinzuweisen, daß beim Ausbleiben eines Beteiligten auch ohne ihn verhandelt und entschieden werden kann.

§ 90 [Gang der Verhandlung] (1) Der Vorsitzende eröffnet und leitet die mündliche Verhandlung.

(2) Nach Aufruf der Sache trägt der Vorsitzende oder der Berichterstatter den wesentlichen Inhalt der Akten vor.

(3) Hierauf erhalten die Beteiligten das Wort, um ihre Anträge zu stellen und zu begründen.

§ 91. [Richterliche Fragepflicht] (1) Der Vorsitzende hat die Sache mit den Beteiligten tatsächlich und rechtlich zu erörtern.

(2) Der Vorsitzende hat jedem Mitglied des Senats auf Verlangen zu gestatten, Fragen zu stellen. Wird eine Frage beanstandet, so entscheidet der Senat.

(3) Nach Erörterung der Sache erklärt der Vorsitzende die mündliche Verhandlung für geschlossen. Der Senat kann die Wiedereröffnung beschließen.

§ 92. [Verhandlungsniederschrift] (1) Zur mündlichen Verhandlung und zu jeder Beweisaufnahme wird ein Urkundsbeamter der Geschäftsstelle als Schriftführer zugezogen. Wird auf Anordnung des Vorsitzenden von der Zuziehung des Schriftführers abgesehen, dann besorgt ein Richter die Niederschrift.

(2) Über die mündliche Verhandlung und jede Beweisaufnahme ist eine Niederschrift aufzunehmen. Die §§ 160 bis 165 der Zivilprozeßordnung sind entsprechend anzuwenden.

§ 93. [Freie Beweiswürdigung; erkennende Richter] (1) Das Patentgericht entscheidet nach seiner freien, aus dem Gesamtergebnis des Verfahrens gewonnenen Überzeugung. In der Entscheidung sind die Gründe anzugeben, die für die richterliche Überzeugung leitend gewesen sind.

(2) Die Entscheidung darf nur auf Tatsachen und Beweisergebnisse gestützt werden, zu denen die Beteiligten sich äußern konnten.

(3) Ist eine mündliche Verhandlung vorhergegangen, so kann ein Richter, der bei der letzten mündlichen Verhandlung nicht zugegen war, bei der Beschlußfassung nur mitwirken, wenn die Beteiligten zustimmen.

§ 94. [Verkündung; Zustellung; Begründung] (1) Die Endentscheidungen des Patentgerichts werden, wenn eine mündliche Verhandlung stattgefunden hat, in dem Termin, in dem die mündliche Verhandlung geschlossen wird, oder in einem sofort anzuberaumenden Termin verkündet. Dieser soll nur dann über drei Wochen hinaus angesetzt werden, wenn wichtige Gründe, insbesondere der Umfang oder die Schwierigkeit der Sache, dies erfordern. Die Endentscheidungen sind den Beteiligten von Amts wegen zuzustellen. Statt der Verkündung ist die Zustellung der Endentscheidung zulässig. Entscheidet das Patentgericht ohne mündliche Verhandlung, so wird die Verkündung durch Zustellung an die Beteiligten ersetzt.

(2) Die Entscheidungen des Patentgerichts, durch die ein Antrag zurückgewiesen oder über ein Rechtsmittel entschieden wird, sind zu begründen.

§ 95. [Berichtigung der Entscheidung] (1) Schreibfehler, Rechenfehler und ähnliche offenbare Unrichtigkeiten in der Entscheidung sind jederzeit vom Patentgericht zu berichtigen.

(2) Über die Berichtigung kann ohne vorgängige mündliche Verhandlung entschieden werden. Der Berichtigungsbeschluß wird auf der Entscheidung und den Ausfertigungen vermerkt.

§ 96. [Antrag auf Berichtigung] (1) Enthält der Tatbestand der Entscheidung andere Unrichtigkeiten oder Unklarheiten, so kann die Berichtigung innerhalb von zwei Wochen nach Zustellung der Entscheidung beantragt werden.

(2) Das Patentgericht entscheidet ohne Beweisaufnahme durch Beschluß. Hierbei wirken nur die Richter mit, die bei der Entscheidung, deren Berichtigung beantragt ist, mitgewirkt haben. Der Berichtigungsbeschluß wird auf der Entscheidung und den Ausfertigungen vermerkt.

§ 97. [Vertretung] (1) Vor dem Patentgericht kann sich ein Beteiligter in jeder Lage des Verfahrens durch einen Bevollmächtigten vertreten lassen. Durch Beschluß kann angeordnet werden, daß ein Bevollmächtigter bestellt werden muß. § 25 bleibt unberührt.

Patentgesetz 1981 **PatG Anh 1**

(2) Die Vollmacht ist schriftlich zu den Gerichtsakten einzureichen. Sie kann nachgereicht werden; hierfür kann das Patentgericht eine Frist bestimmen.

(3) Der Mangel der Vollmacht kann in jeder Lage des Verfahrens geltend gemacht werden. Das Patentgericht hat den Mangel der Vollmacht von Amts wegen zu berücksichtigen, wenn nicht als Bevollmächtigter ein Rechtsanwalt oder ein Patentanwalt auftritt.

§ 98. [Auslagen] Im Verfahren vor dem Patentgericht gilt für die Auslagen das Gerichtskostengesetz entsprechend.

§ 99. [Entsprechende Anwendung des GVG und der ZPO] (1) Soweit dieses Gesetz keine Bestimmungen über das Verfahren vor dem Patentgericht enthält, sind das Gerichtsverfassungsgesetz und die Zivilprozeßordnung entsprechend anzuwenden, wenn die Besonderheiten des Verfahrens vor dem Patentgericht dies nicht ausschließen.

(2) Eine Anfechtung der Entscheidungen des Patentgerichts findet nur statt, soweit dieses Gesetz sie zuläßt.

(3) Für die Gewährung der Akteneinsicht an dritte Personen ist § 31 entsprechend anzuwenden. Über den Antrag entscheidet das Patentgericht. Die Einsicht in die Akten von Verfahren wegen Erklärung der Nichtigkeit des Patents wird nicht gewährt, wenn und soweit der Patentinhaber ein entgegenstehendes schutzwürdiges Interesse dartut.

(4) § 227 Abs. 3 Satz 1 der Zivilprozeßordnung ist nicht anzuwenden.

Sechster Abschnitt. Verfahren vor dem Bundesgerichtshof

1. Rechtsbeschwerdeverfahren

§ 100. [Zulassung der Rechtsbeschwerde] (1) Gegen die Beschlüsse der Beschwerdesenate des Patentgerichts, durch die über eine Beschwerde nach § 73 entschieden wird, findet die Rechtsbeschwerde an den Bundesgerichtshof statt, wenn der Beschwerdesenat die Rechtsbeschwerde in dem Beschluß zugelassen hat.

(2) Die Rechtsbeschwerde ist zuzulassen, wenn
1. eine Rechtsfrage von grundsätzlicher Bedeutung zu entscheiden ist oder
2. die Fortbildung des Rechts oder die Sicherung einer einheitlichen Rechtsprechung eine Entscheidung des Bundesgerichtshofs erfordert.

(3) Einer Zulassung zur Einlegung der Rechtsbeschwerde gegen Beschlüsse der Beschwerdesenate des Patentgerichts bedarf es nicht, wenn einer der folgenden Mängel des Verfahrens vorliegt und gerügt wird:
1. wenn das beschließende Gericht nicht vorschriftsmäßig besetzt war,

2. wenn bei dem Beschluß ein Richter mitgewirkt hat, der von der Ausübung des Richteramtes kraft Gesetzes ausgeschlossen oder wegen Besorgnis der Befangenheit mit Erfolg abgelehnt war,
3. wenn einem Beteiligten das rechtliche Gehör versagt war,
4. wenn ein Beteiligter im Verfahren nicht nach Vorschrift des Gesetzes vertreten war, sofern er nicht der Führung des Verfahrens ausdrücklich oder stillschweigend zugestimmt hat,
5. wenn der Beschluß auf Grund einer mündlichen Verhandlung ergangen ist, bei der die Vorschriften über die Öffentlichkeit des Verfahrens verletzt worden sind, oder
6. wenn der Beschluß nicht mit Gründen versehen ist.

§ 101. [Beschwerdeberechtigt; Beschwerdegründe] (1) Die Rechtsbeschwerde steht den am Beschwerdeverfahren Beteiligten zu.

(2) Die Rechtsbeschwerde kann nur darauf gestützt werden, daß der Beschluß auf einer Verletzung des Gesetzes beruht. Die §§ 550 und 551 Nr. 1 bis 3 und 5 bis 7 der Zivilprozeßordnung gelten entsprechend.

§ 102. [Frist; Form; Gebühren; Begründung] (1) Die Rechtsbeschwerde ist innerhalb eines Monats nach Zustellung des Beschlusses beim Bundesgerichtshof schriftlich einzulegen.

(2) In dem Rechtsbeschwerdeverfahren vor dem Bundesgerichtshof gelten die Bestimmungen des § 144 über die Streitwertfestsetzung entsprechend.

(3) Die Rechtsbeschwerde ist zu begründen. Die Frist für die Begründung beträgt einen Monat; sie beginnt mit der Einlegung der Rechtsbeschwerde und kann auf Antrag von dem Vorsitzenden verlängert werden.

(4) Die Begründung der Rechtsbeschwerde muß enthalten
1. die Erklärung, inwieweit der Beschluß angefochten und seine Abänderung oder Aufhebung beantragt wird;
2. die Bezeichnung der verletzten Rechtsnorm;
3. insoweit die Rechtsbeschwerde darauf gestützt wird, daß das Gesetz in bezug auf das Verfahren verletzt sei, die Bezeichnung der Tatsachen, die den Mangel ergeben.

(5) Vor dem Bundesgerichtshof müssen sich die Beteiligten durch einen beim Bundesgerichtshof zugelassenen Rechtsanwalt als Bevollmächtigten vertreten lassen. Auf Antrag eines Beteiligten ist seinem Patentanwalt das Wort zu gestatten. § 157 Abs. 1 und 2 der Zivilprozeßordnung ist insoweit nicht anzuwenden. § 143 Abs. 5 gilt entsprechend.

§ 103. [Aufschiebende Wirkung] Die Rechtsbeschwerde hat aufschiebende Wirkung. § 75 Abs. 2 gilt entsprechend.

§ 104. [Prüfung der Zulässigkeit] Der Bundesgerichtshof hat von Amts wegen zu prüfen, ob die Rechtsbeschwerde an sich statthaft und ob sie in der gesetzlichen Form und Frist eingelegt und begründet ist. Mangelt es an einem dieser Erfordernisse, so ist die Rechtsbeschwerde als unzulässig zu verwerfen.

§ 105. [Mehrere Beteiligte] (1) Sind an dem Verfahren über die Rechtsbeschwerde mehrere Personen beteiligt, so sind die Beschwerdeschrift und die Beschwerdebegründung den anderen Beteiligten mit der Aufforderung zuzustellen, etwaige Erklärungen innerhalb einer bestimmten Frist nach Zustellung beim Bundesgerichtshof schriftlich einzureichen. Mit der Zustellung der Beschwerdeschrift ist der Zeitpunkt mitzuteilen, in dem die Rechtsbeschwerde eingelegt ist. Die erforderliche Zahl von beglaubigten Abschriften soll der Beschwerdeführer mit der Beschwerdeschrift oder der Beschwerdebegründung einreichen.

(2) Ist der Präsident des Patentamts nicht am Verfahren über die Rechtsbeschwerde beteiligt, so ist § 76 entsprechend anzuwenden.

§ 106. [Anzuwendende Vorschriften] (1) Im Verfahren über die Rechtsbeschwerde gelten die Vorschriften der Zivilprozeßordnung über Ausschließung und Ablehnung der Gerichtspersonen, über Prozeßbevollmächtigte und Beistände, über Zustellungen von Amts wegen, über Ladungen, Termine und Fristen und über Wiedereinsetzung in den vorigen Stand entsprechend. Im Falle der Wiedereinsetzung in den vorigen Stand gilt § 123 Abs. 5 bis 7 entsprechend.

(2) Für die Öffentlichkeit des Verfahrens gilt § 69 Abs. 1 entsprechend.

§ 107. [Entscheidung durch Beschluß] (1) Die Entscheidung über die Rechtsbeschwerde ergeht durch Beschluß; sie kann ohne mündliche Verhandlung getroffen werden.

(2) Der Bundesgerichtshof ist bei seiner Entscheidung an die in dem angefochtenen Beschluß getroffenen tatsächlichen Feststellungen gebunden, außer wenn in bezug auf diese Feststellungen zulässige und begründete Rechtsbeschwerdegründe vorgebracht sind.

(3) Die Entscheidung ist zu begründen und den Beteiligten von Amts wegen zuzustellen.

§ 108. [Zurückverweisung an das Patentgericht] (1) Im Falle der Aufhebung des angefochtenen Beschlusses ist die Sache zur anderweiten Verhandlung und Entscheidung an das Patentgericht zurückzuverweisen.

(2) Das Patentgericht hat die rechtliche Beurteilung, die der Aufhebung zugrunde gelegt ist, auch seiner Entscheidung zugrunde zu legen.

§ 109. [Kostenentscheidung] (1) Sind an dem Verfahren über die Rechtsbeschwerde mehrere Personen beteiligt, so kann der Bundesgerichtshof bestimmen, daß die Kosten, die zur zweckentsprechenden Erledigung der Angelegenheit notwendig waren, von einem Beteiligten ganz oder teilweise zu erstatten sind, wenn dies der Billigkeit entspricht. Wird die Rechtsbeschwerde zurückgewiesen oder als unzulässig verworfen, so sind die durch die Rechtsbeschwerde veranlaßten Kosten dem Beschwerdeführer aufzuerlegen. Hat ein Beteiligter durch grobes Verschulden Kosten veranlaßt, so sind ihm diese aufzuerlegen.

(2) Dem Präsidenten des Patentamts können Kosten nur auferlegt werden, wenn er die Rechtsbeschwerde eingelegt oder in dem Verfahren Anträge gestellt hat.

(3) Im übrigen gelten die Vorschriften der Zivilprozeßordnung über das Kostenfestsetzungsverfahren und die Zwangsvollstreckung aus Kostenfestsetzungsbeschlüssen entsprechend.

2. Berufungsverfahren

§ 110. [Zulässigkeit] (1) Gegen die Urteile der Nichtigkeitssenate des Patentgerichts (§ 84) findet die Berufung an den Bundesgerichtshof statt.

(2) Die Berufung wird durch Einreichung der Berufungsschrift beim Bundesgerichtshof eingelegt.

(3) Die Berufungsfrist beträgt einen Monat. Sie beginnt mit der Zustellung des in vollständiger Form abgefaßten Urteils, spätestens aber mit dem Ablauf von fünf Monaten nach der Verkündung.

(4) Die Berufungsschrift muß enthalten:
1. die Bezeichnung des Urteils, gegen das die Berufung gerichtet wird;
2. die Erklärung, daß gegen dieses Urteil Berufung eingelegt werde.

(5) Mit der Berufungsschrift soll eine Ausfertigung oder beglaubigte Abschrift des angefochtenen Urteils vorgelegt werden.

(6) Beschlüsse der Nichtigkeitssenate sind nur zusammen mit ihren Urteilen (§ 84) anfechtbar; § 71 Abs. 3 der Zivilprozeßordnung ist nicht anzuwenden.

§ 111. [Begründung] (1) Der Berufungskläger muß die Berufung begründen.

(2) Die Berufungsbegründung ist, sofern sie nicht bereits in der Berufungsschrift enthalten ist, in einem Schriftsatz beim Bundesgerichtshof einzureichen. Die Frist für die Berufungsbegründung beträgt einen Monat; sie beginnt mit der Einlegung der Berufung. Die Frist kann auf Antrag von dem Vorsitzenden verlängert werden, wenn nach seiner freien Überzeugung das Verfahren durch die Verlängerung nicht verzögert wird oder wenn der Berufungskläger erhebliche Gründe darlegt.

(3) Die Berufungsbegründung muß enthalten:
1. die Erklärung, inwieweit das Urteil angefochten wird und welche Abänderungen des Urteils beantragt werden (Berufungsanträge);

Patentgesetz 1981

2. die bestimmte Bezeichnung der im einzelnen anzuführenden Gründe der Anfechtung (Berufungsgründe) sowie die neuen Tatsachen, Beweismittel und Beweiseinreden, die die Partei zur Rechtfertigung ihrer Berufung anzuführen hat.

(4) Vor dem Bundesgerichtshof müssen sich die Parteien durch einen Rechtsanwalt oder einen Patentanwalt als Bevollmächtigten vertreten lassen. Dem Bevollmächtigten ist es gestattet, mit einem technischen Beistand zu erscheinen.

§ 112. [Zustellung; Erwiderung] (1) Die Berufungsschrift und die Berufungsbegründung sind dem Berufungsbeklagten zuzustellen. Mit der Zustellung der Berufungsschrift ist der Zeitpunkt mitzuteilen, in dem die Berufung eingelegt ist. Die erforderliche Zahl von beglaubigten Abschriften soll der Berufungskläger mit der Berufungsschrift oder der Berufungsbegründung einreichen.

(2) Der Senat oder der Vorsitzende kann dem Berufungsbeklagten eine Frist zur schriftlichen Berufungserwiderung und dem Berufungskläger eine Frist zur schriftlichen Stellungnahme auf die Berufungserwiderung setzen.

§ 113. [Verwerfung] (1) Der Bundesgerichtshof hat von Amts wegen zu prüfen, ob die Berufung an sich statthaft und ob sie in der gesetzlichen Form und Frist eingelegt und begründet ist. Mangelt es an einem dieser Erfordernisse, so ist die Berufung als unzulässig zu verwerfen.

(2) Die Entscheidung kann ohne mündliche Verhandlung durch Beschluß ergehen.

§ 114. [Termin zur mündlichen Verhandlung] Wird die Berufung nicht durch Beschluß als unzulässig verworfen, so ist der Termin zur mündlichen Verhandlung zu bestimmen und den Parteien bekanntzumachen.

§ 115. [Beweiserhebung] (1) Der Bundesgerichtshof trifft nach freiem Ermessen die zur Aufklärung der Sache erforderlichen Verfügungen. Er ist an das Vorbringen und die Beweisanträge der Parteien nicht gebunden.

(2) Beweise können auch durch Vermittlung des Patentgerichts erhoben werden.

§ 116. [Mündliche Verhandlung; Ladungsfrist] (1) Das Urteil des Bundesgerichtshofs ergeht auf Grund mündlicher Verhandlung. § 69 Abs. 2 gilt entsprechend.

(2) Die Ladungsfrist beträgt mindestens zwei Wochen.

(3) Von der mündlichen Verhandlung kann abgesehen werden, wenn
1. die Parteien zustimmen,
2. eine Partei des Rechtsmittels für verlustig erklärt werden soll oder
3. nur über die Kosten entschieden werden soll.

Anh 1 PatG Patentgesetz 1981

§ 117. [Neue Tatsachen und Beweismittel] (1) Die Geltendmachung neuer Tatsachen und Beweismittel im Termin ist nur insoweit zulässig, als sie durch das Vorbringen des Berufungsbeklagten in der Erklärungsschrift veranlaßt wird.

(2) Der Bundesgerichtshof kann auch Tatsachen und Beweise berücksichtigen, mit denen die Parteien ausgeschlossen sind.

(3) Auf eine noch erforderliche Beweisaufnahme ist § 115 anzuwenden.

(4) Soll das Urteil auf Umstände gegründet werden, die von den Parteien nicht erörtert worden sind, so sind diese zu veranlassen, sich dazu zu äußern.

§ 118. [Beweisfiktion; Urteil auf Grund der Akten] (1) Von einer Partei behauptete Tatsachen, über welche die Gegenpartei sich nicht erklärt hat, können für erwiesen angenommen werden.

(2) Erscheint in dem Termin keine der Parteien, so ergeht das Urteil auf Grund der Akten.

§ 119. [Verhandlungsniederschrift] (1) In dem Termin ist eine Niederschrift aufzunehmen, die den Gang der Verhandlung im allgemeinen angibt.

(2) Die Niederschrift ist von dem Vorsitzenden und dem Urkundsbeamten der Geschäftsstelle zu unterschreiben.

§ 120. [Verkündung des Urteils] (1) Das Urteil wird in dem Termin, in dem die Verhandlung geschlossen wird, oder in einem sofort anzuberaumenden Termin verkündet.

(2) Wird die Verkündung der Entscheidungsgründe für angemessen erachtet, so erfolgt sie durch Verlesung der Gründe oder durch mündliche Mitteilung des wesentlichen Inhalts.

(3) Das Urteil wird von Amts wegen zugestellt.

§ 121. [Streitwert; Kosten] (1) In dem Verfahren vor dem Bundesgerichtshof gelten die Bestimmungen des § 144 über die Streitwertfestsetzung entsprechend.

(2) In dem Urteil ist auch über die Kosten des Verfahrens zu entscheiden. Die Vorschriften der Zivilprozeßordnung über die Prozeßkosten (§§ 91 bis 101) sind entsprechend anzuwenden, soweit nicht die Billigkeit eine andere Entscheidung erfordert; die Vorschriften der Zivilprozeßordnung über das Kostenfestsetzungsverfahren (§§ 103 bis 107) und die Zwangsvollstreckung aus Kostenfestsetzungsbeschlüssen (§§ 724 bis 802) sind entsprechend anzuwenden.

3. Beschwerdeverfahren

§ 122. (1) Gegen die Urteile der Nichtigkeitssenate des Patentgerichts über den Erlaß einstweiliger Verfügungen im Verfahren wegen Erteilung einer

Patentgesetz 1981 **PatG Anh 1**

Zwangslizenz (§ 85) findet die Beschwerde an den Bundesgerichtshof statt. § 110 Abs. 6 gilt entsprechend.

(2) Die Beschwerde ist innerhalb eines Monats schriftlich beim Bundesgerichtshof einzulegen.

(3) Die Beschwerdefrist beginnt mit der Zustellung des in vollständiger Form abgefaßten Urteils, spätestens aber mit dem Ablauf von fünf Monaten nach der Verkündung.

(4) Für das Verfahren vor dem Bundesgerichtshof gelten § 74 Abs. 1, §§ 84; 110 bis 121 entsprechend.

Siebenter Abschnitt. Gemeinsame Vorschriften

§ 123. **[Wiedereinsetzung in den vorigen Stand]** (1) Wer ohne Verschulden verhindert war, dem Patentamt oder dem Patentgericht gegenüber eine Frist einzuhalten, deren Versäumung nach gesetzlicher Vorschrift einen Rechtsnachteil zur Folge hat, ist auf Antrag wieder in den vorigen Stand einzusetzen. Dies gilt nicht für die Frist zur Erhebung des Einspruchs (§ 59 Abs. 1), für die Frist, die dem Einsprechenden zur Einlegung der Beschwerde gegen die Aufrechterhaltung des Patents zusteht (§ 73 Abs. 2), und für die Frist zur Einreichung von Anmeldungen, für die eine Priorität nach § 7 Abs. 2 und § 40 in Anspruch genommen werden kann.

(2) Die Wiedereinsetzung muß innerhalb von zwei Monaten nach Wegfall des Hindernisses schriftlich beantragt werden. Der Antrag muß die Angabe der die Wiedereinsetzung begründenden Tatsachen enthalten; diese sind bei der Antragstellung oder im Verfahren über den Antrag glaubhaft zu machen. Innerhalb der Antragsfrist ist die versäumte Handlung nachzuholen; ist dies geschehen, so kann Wiedereinsetzung auch ohne Antrag gewährt werden. Ein Jahr nach Ablauf der versäumten Frist kann die Wiedereinsetzung nicht mehr beantragt und die versäumte Handlung nicht mehr nachgeholt werden.

(3) Über den Antrag beschließt die Stelle, die über die nachgeholte Handlung zu beschließen hat.

(4) Die Wiedereinsetzung ist unanfechtbar.

(5) Wer im Inland in gutem Glauben den Gegenstand eines Patents, das infolge der Wiedereinsetzung wieder in Kraft tritt, in der Zeit zwischen dem Erlöschen und dem Wiederinkrafttreten des Patents in Benutzung genommen oder in dieser Zeit die dazu erforderlichen Veranstaltungen getroffen hat, ist befugt, den Gegenstand des Patents für die Bedürfnisse seines eigenen Betriebs in eigenen oder fremden Werkstätten weiterzubenutzen. Diese Befugnis kann nur zusammen mit dem Betrieb vererbt oder veräußert werden.

(6) Absatz 5 ist entsprechend anzuwenden, wenn die Wirkung nach § 33 Abs. 1 infolge der Wiedereinsetzung wieder in Kraft tritt.

Anh 1 PatG Patentgesetz 1981

(7) Ein Recht nach Absatz 5 steht auch demjenigen zu, der im Inland in gutem Glauben den Gegenstand einer Anmeldung, die infolge der Wiedereinsetzung die Priorität einer früheren ausländischen Anmeldung in Anspruch nimmt (§ 41), in der Zeit zwischen dem Ablauf der Frist von zwölf Monaten und dem Wiederinkrafttreten des Prioritätsrechts in Benutzung genommen oder in dieser Zeit die dazu erforderlichen Veranstaltungen getroffen hat.

§ 124. [Wahrheitspflicht] Im Verfahren vor dem Patentamt, dem Patentgericht und dem Bundesgerichtshof haben die Beteiligten ihre Erklärungen über tatsächliche Umstände vollständig und der Wahrheit gemäß abzugeben.

§ 125. [Anforderung von Unterlagen] (1) Wird der Einspruch oder die Klage auf Erklärung der Nichtigkeit des Patents auf die Behauptung gestützt, daß der Gegenstand des Patents nach § 3 nicht patentfähig sei, so kann das Patentamt oder das Patentgericht verlangen, daß Urschriften, Ablichtungen oder beglaubigte Abschriften der im Einspruch oder in der Klage erwähnten Druckschriften, die im Patentamt und im Patentgericht nicht vorhanden sind, in je einem Stück für das Patentamt oder das Patentgericht und für die am Verfahren Beteiligten eingereicht werden.

(2) Von Druckschriften in fremder Sprache sind auf Verlangen des Patentamts oder des Patentgerichts einfache oder beglaubigte Übersetzungen beizubringen.

§ 126. [Amtssprache] Die Sprache vor dem Patentamt und dem Patentgericht ist deutsch, sofern nichts anderes bestimmt ist. Im übrigen finden die Vorschriften des Gerichtsverfassungsgesetzes über die Gerichtssprache Anwendung.

§ 127. [Anwendung des Verwaltungszustellungsgesetzes]

(1) Für Zustellungen im Verfahren vor dem Patentamt und dem Patentgericht gelten die Vorschriften des Verwaltungszustellungsgesetzes mit folgenden Maßgaben:
1. Wird die Annahme der Zustellung durch eingeschriebenen Brief ohne gesetzlichen Grund verweigert, so gilt die Zustellung gleichwohl als bewirkt.
2. Zustellungen an Empfänger, die sich im Ausland aufhalten, können auch durch Aufgabe zur Post nach den §§ 175, 213 der Zivilprozeßordnung bewirkt werden.
3. Für Zustellungen an Erlaubnisscheininhaber (§ 177 der Patentanwaltsordnung) ist § 5 Abs. 2 des Verwaltungszustellungsgesetzes entsprechend anzuwenden.
4. An Empfänger, denen beim Patentamt oder beim Patentgericht ein Abholfach eingerichtet worden ist, kann auch dadurch zugestellt werden, daß das Schriftstück im Abholfach des Empfängers niedergelegt wird. Über die

Niederlegung ist eine schriftliche Mitteilung zu den Akten zu geben. Auf dem Schriftstück ist zu vermerken, wann es niedergelegt worden ist. Die Zustellung gilt als am dritten Tag nach der Niederlegung im Abholfach bewirkt.

(2) § 9 Abs. 1 des Verwaltungszustellungsgesetzes ist nicht anzuwenden, wenn mit der Zustellung die Frist für die Einlegung der Beschwerde (§ 73 Abs. 2, § 122 Abs. 3) oder der Rechtsbeschwerde (§ 102 Abs. 1) oder für die Einlegung der Berufung (§ 110 Abs. 3) beginnt.

§ 128. [Rechtshilfe] (1) Die Gerichte sind verpflichtet, dem Patentamt und dem Patentgericht Rechtshilfe zu leisten.

(2) Im Verfahren vor dem Patentamt setzt das Patentgericht Ordnungs- oder Zwangsmittel gegen Zeugen oder Sachverständige, die nicht erscheinen oder ihre Aussage oder deren Beeidigung verweigern, auf Ersuchen des Patentamts fest. Ebenso ist die Vorführung eines nicht erschienenen Zeugen anzuordnen.

(3) Über das Ersuchen nach Absatz 2 entscheidet ein Beschwerdesenat des Patentgerichts in der Besetzung mit drei rechtskundigen Mitgliedern. Die Entscheidung ergeht durch Beschluß.

Achter Abschnitt. Verfahrenskostenhilfe

§ 129. [Verfahrenskostenhilfe] Im Verfahren vor dem Patentamt, dem Patentgericht und dem Bundesgerichtshof erhält ein Beteiligter Verfahrenskostenhilfe nach Maßgabe der Vorschriften der §§ 130 bis 138.

§ 130. [Patenterteilungsverfahren] (1) Im Verfahren zur Erteilung des Patents erhält der Anmelder auf Antrag unter entsprechender Anwendung der §§ 114 bis 116 der Zivilprozeßordnung Verfahrenskostenhilfe, wenn hinreichende Aussicht auf Erteilung des Patents besteht. Die Zahlungen sind an die Bundeskasse zu leisten.

(2) Die Bewilligung der Verfahrenskostenhilfe bewirkt, daß bei den Gebühren, die Gegenstand der Verfahrenskostenhilfe sind, die für den Fall der Nichtzahlung vorgesehenen Rechtsfolgen nicht eintreten. Im übrigen ist § 122 Abs. 1 der Zivilprozeßordnung entsprechend anzuwenden.

(3) Beantragen mehrere gemeinsam das Patent, so erhalten sie die Verfahrenskostenhilfe nur, wenn alle Anmelder die Voraussetzungen des Absatzes 1 erfüllen.

(4) Ist der Anmelder nicht der Erfinder oder dessen Gesamtrechtsnachfolger, so erhält er die Verfahrenskostenhilfe nur, wenn auch der Erfinder die Voraussetzungen des Absatzes 1 erfüllt.

(5) Auf Antrag können so viele Jahresgebühren an Stelle einer gewährten oder nach § 18 Abs. 1 zu gewährenden Stundung in die Verfahrenskostenhilfe einbezogen werden, wie erforderlich ist, um die einer Bewilligung der

Verfahrenskostenhilfe nach § 115 Abs. 3 der Zivilprozeßordnung entgegenstehende Beschränkung auszuschließen. Die gezahlten Raten sind erst dann auf die Jahresgebühren zu verrechnen, wenn die Kosten des Patenterteilungsverfahrens einschließlich etwa entstandener Kosten für einen beigeordneten Vertreter durch die Ratenzahlungen gedeckt sind. Soweit die Jahresgebühren durch die gezahlten Raten als entrichtet angesehen werden können, ist § 19 entsprechend anzuwenden. Satz 1 ist auf die Einbeziehung der Gebühren nach § 23 Abs. 4 Satz 3 und Abs. 5 Satz 2 in die Verfahrenskostenhilfe entsprechend anzuwenden.

(6) Die Absätze 1 bis 3 sind in den Fällen der §§ 43 und 44 auf den antragstellenden Dritten entsprechend anzuwenden, wenn dieser ein eigenes schutzwürdiges Interesse glaubhaft macht.

§ 131. [Patentbeschränkungsverfahren] Im Verfahren zur Beschränkung des Patents (§ 64) sind die Bestimmungen des § 130 Abs. 1, 2 und 5 entsprechend anzuwenden.

§ 132. [Einspruchsverfahren] (1) Im Einspruchsverfahren (§§ 59 bis 62) erhält der Patentinhaber auf Antrag unter entsprechender Anwendung der §§ 114 bis 116 der Zivilprozeßordnung und des § 130 Abs. 1 Satz 2 und Abs. 2, 4 und 5 Verfahrenskostenhilfe. Hierbei ist nicht zu prüfen, ob die Rechtsverteidigung hinreichende Aussicht auf Erfolg bietet.

(2) Absatz 1 Satz 1 ist auf den Einsprechenden und den gemäß § 59 Abs. 2 beitretenden Dritten sowie auf die Beteiligten im Verfahren wegen Erklärung der Nichtigkeit des Patents oder in Zwangslizenzverfahren (§§ 81, 85) entsprechend anzuwenden, wenn der Antragsteller ein eigenes schutzwürdiges Interesse glaubhaft macht.

§ 133. [Beiordnung eines Patentanwalts oder Rechtsanwalts] Einem Beteiligten, dem die Verfahrenskostenhilfe nach den Vorschriften der §§ 130 bis 132 bewilligt worden ist, wird auf Antrag ein zur Übernahme der Vertretung bereiter Patentanwalt oder Rechtsanwalt seiner Wahl oder auf ausdrückliches Verlangen ein Erlaubnisscheininhaber beigeordnet, wenn die Vertretung zur sachdienlichen Erledigung des Verfahrens erforderlich erscheint oder ein Beteiligter mit entgegengesetzten Interessen durch einen Patentanwalt, einen Rechtsanwalt oder einen Erlaubnisscheininhaber vertreten ist. § 121 Abs. 3 und 4 der Zivilprozeßordnung ist entsprechend anzuwenden.

§ 134. [Hemmung von Gebührenfristen] Wird das Gesuch um Bewilligung der Verfahrenskostenhilfe nach den §§ 130 bis 132 vor Ablauf einer für die Zahlung einer Gebühr vorgeschriebenen Frist eingereicht, so wird der Lauf dieser Frist bis zum Ablauf von einem Monat nach Zustellung des auf das Gesuch ergehenden Beschlusses gehemmt.

Patentgesetz 1981 **PatG Anh 1**

(2) Die Bestimmungen des Absatzes 1 sind entsprechend auf die im Eigentum des Verletzers stehende, ausschließlich oder nahezu ausschließlich zur widerrechtlichen Herstellung eines Erzeugnisses benutzte oder bestimmte Vorrichtung anzuwenden.

§ 140 b. [Auskunftsanspruch gegen Benutzer] (1) Wer entgegen den §§ 9 bis 13 eine patentierte Erfindung benutzt, kann vom Verletzten auf unverzügliche Auskunft über die Herkunft und den Vertriebsweg des benutzten Erzeugnisses in Anspruch genommen werden, es sei denn, daß dies im Einzelfall unverhältnismäßig ist.

(2) Der nach Absatz 1 zur Auskunft Verpflichtete hat Angaben zu machen über Namen und Anschrift des Herstellers, des Lieferanten und anderer Vorbesitzer des Erzeugnisses, des gewerblichen Abnehmers oder Auftraggebers sowie über die Menge der hergestellten, ausgelieferten, erhaltenen oder bestellten Erzeugnisse.

(3) In Fällen offensichtlicher Rechtsverletzung kann die Verpflichtung zur Erteilung der Auskunft im Wege der einstweiligen Verfügung nach den Vorschriften der Zivilprozeßordnung angeordnet werden.

(4) Die Auskunft darf in einem Strafverfahren oder in einem Verfahren nach dem Gesetz über Ordnungswidrigkeiten wegen einer vor der Erteilung der Auskunft begangenen Tat gegen den zur Auskunft Verpflichteten oder gegen einen in § 52 Abs. 1 der Strafprozeßordnung bezeichneten Angehörigen nur mit Zustimmung des zur Auskunft Verpflichteten verwertet werden.

(5) Weitergehende Ansprüche auf Auskunft bleiben unberührt.

§ 141. [Verjährung] Die Ansprüche wegen Verletzung des Patentrechts verjähren in drei Jahren von dem Zeitpunkt an, in dem der Berechtigte von der Verletzung und der Person des Verpflichteten Kenntnis erlangt, ohne Rücksicht auf diese Kenntnis in dreißig Jahren von der Verletzung an. § 852 Abs. 2 des Bürgerlichen Gesetzbuchs ist entsprechend anzuwenden. Hat der Verpflichtete durch die Verletzung auf Kosten des Berechtigten etwas erlangt, so ist er auch nach Vollendung der Verjährung zur Herausgabe nach den Vorschriften über die Herausgabe einer ungerechtfertigten Bereicherung verpflichtet.

§ 142 [Strafvorschriften] (1) Mit Freiheitsstrafe bis zu drei Jahren oder mit Geldstrafe wird bestraft, wer ohne die erforderliche Zustimmung des Patentinhabers oder des Inhabers eines ergänzenden Schutzzertifikats (§§ 16a, 49a)
1. ein Erzeugnis, das Gegenstand des Patents oder des ergänzenden Schutzzertifikats ist (§ 9 Satz 2 Nr. 1), herstellt oder anbietet, in Verkehr bringt, gebraucht oder zu einem der genannten Zwecke entweder einführt oder besitzt oder

2. ein Verfahren, das Gegenstand des Patents oder des ergänzenden Schutzzertifikats ist (§ 9 Satz 2 Nr. 2), anwendet oder zur Anwendung im Geltungsbereich dieses Gesetzes anbietet.

Satz 1 Nr. 1 ist auch anzuwenden, wenn es sich um ein Erzeugnis handelt, das durch ein Verfahren, das Gegenstand des Patents ist, unmittelbar hergestellt worden ist (§ 9 Satz 2 Nr. 3).

(2) Handelt der Täter gewerbsmäßig, so ist die Strafe Freiheitsstrafe bis zu fünf Jahren oder Geldstrafe.

(3) Der Versuch ist strafbar.

(4) In den Fällen des Absatzes 1 wird die Tat nur auf Antrag verfolgt, es sei denn, daß die Strafverfolgungsbehörde wegen des besonderen öffentlichen Interesses an der Strafverfolgung ein Einschreiten von Amts wegen für geboten hält.

(5) Gegenstände, auf die sich die Straftat bezieht, können eingezogen werden. § 74a des Strafgesetzbuches ist anzuwenden. Soweit den in § 140a bezeichneten Ansprüchen im Verfahren nach den Vorschriften der Strafprozeßordnung über die Entschädigung des Verletzten (§§ 403 bis 406c) stattgegeben wird, sind die Vorschriften über die Einziehung nicht anzuwenden.

(6) Wird auf Strafe erkannt, so ist, wenn der Verletzte es beantragt und ein berechtigtes Interesse daran dartut, anzuordnen, daß die Verurteilung auf Verlangen öffentlich bekanntgemacht wird. Die Art der Bekanntmachung ist im Urteil zu bestimmen.

§ 142 a. [Beschlagnahme durch die Zollbehörde] (1) Ein Erzeugnis, das ein nach diesem Gesetz geschütztes Patent verletzt, unterliegt auf Antrag und gegen Sicherheitsleistung des Rechtsinhabers bei seiner Einfuhr oder Ausfuhr der Beschlagnahme durch die Zollbehörde, sofern die Rechtsverletzung offensichtlich ist. Dies gilt für den Verkehr mit anderen Mitgliedstaaten der Europäischen Union sowie mit den anderen Vertragsstaaten des Abkommens über den Europäischen Wirtschaftsraum nur, soweit Kontrollen durch die Zollbehörden stattfinden.

(2) Ordnet die Zollbehörde die Beschlagnahme an, so unterrichtet sie unverzüglich den Verfügungsberechtigten sowie den Antragsteller. Dem Antragsteller sind Herkunft, Menge und Lagerort des Erzeugnisses sowie Name und Anschrift des Verfügungsberechtigten mitzuteilen; das Brief und Postgeheimnis (Artikel 10 des Grundgesetzes) wird insoweit eingeschränkt. Dem Antragsteller wird Gelegenheit gegeben, das Erzeugnis zu besichtigen, soweit hierdurch nicht in Geschäfts- oder Betriebsgeheimnisse eingegriffen wird.

(3) Wird der Beschlagnahme nicht spätestens nach Ablauf von zwei Wochen nach Zustellung der Mitteilung nach Absatz 2 Satz 1 widersprochen, so ordnet die Zollbehörde die Einziehung des beschlagnahmten Erzeugnisses an.

(4) Widerspricht der Verfügungsberechtigte der Beschlagnahme, so unterrichtet die Zollbehörde hiervon unverzüglich den Antragsteller. Dieser hat

Patentgesetz 1981 **PatG Anh 1**

gegenüber der Zollbehörde unverzüglich zu erklären, ob er den Antrag nach Absatz 1 in bezug auf das beschlagnahmte Erzeugnis aufrechterhält.

1. Nimmt der Antragsteller den Antrag zurück, hebt die Zollbehörde die Beschlagnahme unverzüglich auf.
2. Hält der Antragsteller den Antrag aufrecht und legt er eine vollziehbare gerichtliche Entscheidung vor, die die Verwahrung des beschlagnahmten Erzeugnisses oder eine Verfügungsbeschränkung anordnet, trifft die Zollbehörde die erforderlichen Maßnahmen.

Liegen die Fälle der Nummern 1 oder 2 nicht vor, hebt die Zollbehörde die Beschlagnahme nach Ablauf von zwei Wochen nach Zustellung der Mitteilung an den Antragsteller nach Satz 1 auf; weist der Antragsteller nach, daß die gerichtliche Entscheidung nach Nummer 2 beantragt, ihm aber noch nicht zugegangen ist, wird die Beschlagnahme für längstens zwei weitere Wochen aufrechterhalten.

(5) Erweist sich die Beschlagnahme als von Anfang an ungerechtfertigt und hat der Antragsteller den Antrag nach Absatz 1 in bezug auf das beschlagnahmte Erzeugnis aufrechterhalten oder sich nicht unverzüglich erklärt (Absatz 4 Satz 2), so ist er verpflichtet, den dem Verfügungsberechtigten durch die Beschlagnahme entstandenen Schaden zu ersetzen.

(6) Der Antrag nach Absatz 1 ist bei der Oberfinanzdirektion zu stellen und hat Wirkung für zwei Jahre, sofern keine kürzere Geltungsdauer beantragt wird; er kann wiederholt werden. Für die mit dem Antrag verbundenen Amtshandlungen werden vom Antragsteller Kosten nach Maßgabe des § 178 der Abgabenordnung erhoben.

(7) Die Beschlagnahme und die Einziehung können mit den Rechtsmitteln angefochten werden, die im Bußgeldverfahren nach dem Gesetz über Ordnungswidrigkeiten gegen die Beschlagnahme und Einziehung zulässig sind. Im Rechtsmittelverfahren ist der Antragsteller zu hören. Gegen die Entscheidung des Amtsgerichts ist die sofortige Beschwerde zulässig; über sie entscheidet das Oberlandesgericht.

Zehnter Abschnitt. Verfahren in Patentstreitsachen

§ 143. [Gerichte für Patentstreitsachen] (1) Für alle Klagen, durch die ein Anspruch aus einem der in diesem Gesetz geregelten Rechtsverhältnisse geltend gemacht wird (Patentstreitsachen), sind die Zivilkammern der Landgerichte ohne Rücksicht auf den Streitwert ausschließlich zuständig.

(2) Die Landesregierungen werden ermächtigt, durch Rechtsverordnung die Patentstreitsachen für die Bezirke mehrerer Landgerichte einem von ihnen zuzuweisen. Die Landesregierungen können diese Ermächtigungen auf die Landesjustizverwaltungen übertragen.

(3) Wird gegen eine Entscheidung des Gerichts für Patentstreitsachen Berufung eingelegt, so können sich die Parteien vor dem Berufungsgericht

auch von Rechtsanwälten vertreten lassen, die bei dem Oberlandesgericht zugelassen sind, vor das die Berufung ohne eine Regelung nach Absatz 2 gehören würde.

(4) Die Mehrkosten, die einer Partei dadurch erwachsen, daß sie sich nach Absatz 3 durch einen nicht beim Prozeßgericht zugelassenen Rechtsanwalt vertreten läßt, sind nicht zu erstatten.

(5) Von den Kosten, die durch die Mitwirkung eines Patentanwalts in dem Rechtsstreit entstehen, sind die Gebühren bis zur Höhe einer vollen Gebühr nach § 11 der Bundesgebührenordnung für Rechtsanwälte und außerdem die notwendigen Auslagen des Patentanwalts zu erstatten.

§ 144. [Herabsetzung des Streitwerts] (1) Macht in einer Patentstreitsache eine Partei glaubhaft, daß die Belastung mit den Prozeßkosten nach dem vollen Streitwert ihre wirtschaftliche Lage erheblich gefährden würde, so kann das Gericht auf ihren Antrag anordnen, daß die Verpflichtung dieser Partei zur Zahlung von Gerichtskosten sich nach einem ihrer Wirtschaftslage angepaßten Teil des Streitwerts bemißt. Die Anordnung hat zur Folge, daß die begünstigte Partei die Gebühren ihres Rechtsanwalts ebenfalls nur nach diesem Teil des Streitwerts zu entrichten hat. Soweit ihr Kosten des Rechtsstreits auferlegt werden oder soweit sie diese übernimmt, hat sie die von dem Gegner entrichteten Gerichtsgebühren und die Gebühren seines Rechtsanwalts nur nach dem Teil des Streitwerts zu erstatten. Soweit die außergerichtlichen Kosten dem Gegner auferlegt oder von ihm übernommen werden, kann der Rechtsanwalt der begünstigten Partei seine Gebühren von dem Gegner nach dem für diesen geltenden Streitwert beitreiben.

(2) Der Antrag nach Absatz 1 kann vor der Geschäftsstelle des Gerichts zur Niederschrift erklärt werden. Er ist vor der Verhandlung zur Hauptsache anzubringen. Danach ist er nur zulässig, wenn der angenommene oder festgesetzte Streitwert später durch das Gericht heraufgesetzt wird. Vor der Entscheidung über den Antrag ist der Gegner zu hören.

§ 145. [Weitere Klage wegen eines anderen Patents] Wer eine Klage nach § 139 erhoben hat, kann gegen den Beklagten wegen derselben oder einer gleichartigen Handlung auf Grund eines anderen Patents nur dann eine weitere Klage erheben, wenn er ohne sein Verschulden nicht in der Lage war, auch dieses Patent in dem früheren Rechtsstreit geltend machen.

Elfter Abschnitt. Patentberühmung

§ 146. Wer Gegenstände oder ihre Verpackung mit einer Bezeichnung versieht, die geeignet ist, den Eindruck zu erwecken, daß die Gegenstände durch ein Patent oder eine Patentanmeldung nach diesem Gesetz geschützt seien, oder wer in öffentlichen Anzeigen, auf Aushängeschildern, auf Empfehlungskarten oder in ähnlichen Kundgebungen eine Bezeichnung solcher Art verwendet, ist verpflichtet, jedem, der ein berechtigtes Interesse an der Kenntnis der Rechtslage hat, auf Verlangen Auskunft darüber zu geben, auf welches Patent oder auf welche Patentanmeldung sich die Verwendung der Bezeichnung stützt.

2. Verordnung über die Anmeldung von Gebrauchsmustern (Gebrauchsmusteranmeldeverordnung – GbmAnmV)

Vom 12. November 1986

(BGBl. I S. 1739), geändert durch VOv. 4. 5. 1990 (BGBl. I S. 858),VO v. 12. 6. 1992 (BGBl. I S. 1051), VO v. 21. 10. 1992 (BGBl. I S. 1801), VO v. 10. 6. 1996 (BGBl. I S. 846), VO v. 27. 6. 1997 (BGBl. I S. 1597), Gesetz v. 16. 7. 1998 (BGBl. I S. 1827)

BGBl. III/FNA 421-1-3

Auf Grund des § 4 Abs. 3 des Gebrauchsmustergesetzes in der Fassung der Bekanntmachung vom 28. August 1986 (BGBl. I S. 1455) in Verbindung mit § 20 der Verordnung über das Deutsche Patentamt vom 5. September 1968 (BGBl. I S. 997) wird verordnet:

§ 1. Anwendungsbereich. Für die Anmeldung einer Erfindung zur Eintragung als Gebrauchsmuster gelten ergänzend zu den Bestimmungen des Gebrauchsmustergesetzes die nachfolgenden Vorschriften.

§ 2. Anmeldung. (1) Erfindungen, für die der Schutz als Gebrauchsmuster verlangt wird (§ 1 Abs. 1 des Gebrauchsmustergesetzes), sind beim Patentamt schriftlich anzumelden.

(2) Für jede Erfindung ist eine gesonderte Anmeldung erforderlich (§ 4 Abs. 1 Satz 2 des Gebrauchsmustergesetzes).

(3) Die Anmeldung besteht aus den folgenden Anmeldungsunterlagen (§ 4 Abs. 3 Nr. 1 bis 5 des Gebrauchsmustergesetzes):
1. dem Namen des Anmelders,
2. dem Antrag,
3. einem oder mehreren Schutzansprüchen,
4. der Beschreibung,
5. den Zeichnungen, auf die sich die Schutzansprüche oder die Beschreibung beziehen.

§ 3. Allgemeine Erfordernisse der Anmeldungsunterlagen. (1) Die Schutzansprüche, die Beschreibung und die Zeichnungen sind auf gesonderten Blättern und in zwei Stücken einzureichen.

(2) Die Anmeldungsunterlagen müssen deutlich erkennen lassen, zu welcher Anmeldung sie gehören. Ist das amtliche Aktenzeichen mitgeteilt worden, so ist es auf allen später eingereichten Eingaben anzugeben.

(3) Die Anmeldungsunterlagen dürfen keine Mitteilungen enthalten, die andere Anmeldungen betreffen.

(4) Die Unterlagen müssen folgende Voraussetzungen erfüllen:

Gebrauchsmusteranmeldeverordnung **GbmAnmV Anh 2**

1. Als Blattgröße ist nur das Format DIN A 4 zu verwenden. Die Blätter sind im Hochformat und nur einseitig und mit 11/2-Zeilenabstand zu beschriften. Für die Zeichnungen können die Blätter auch im Querformat verwendet werden, wenn es sachdienlich ist.
2. Als Mindestränder sind auf den Blättern des Antrags, der Schutzansprüche und der Beschreibung folgende Flächen unbeschriftet zu lassen:

Oberer Rand	2,5 cm,
linker Seitenrand	2,5 cm,
rechter Seitenrand	2 cm,
unterer Rand	2 cm.

Die Mindestränder können den Namen, die Firma oder die sonstige Bezeichnung des Anmelders und das Aktenzeichen der Anmeldung enthalten.
3. Es sind ausschließlich Schreibmaschinenschrift, Druckverfahren oder andere technische Verfahren zu verwenden. Symbole, die auf der Tastatur der Maschine nicht vorhanden sind, können handschriftlich eingefügt werden.
4. Das feste, nicht durchscheinende Schreibpapier darf nicht gefaltet oder gefalzt werden und muß frei von Knicken, Rissen, Änderungen, Radierungen und dergleichen sein.
5. Es sind schwarze, saubere, scharf konturierte Schriftzeichen und Zeichnungsstriche mit ausreichendem Kontrast, und zwar gleichmäßig für die gesamten Unterlagen, zu verwenden. Die Buchstaben der verwendeten Schrift müssen deutlich voneinander getrennt sein und dürfen sich nicht berühren.

§ 4. Antrag. (1) Der Antrag auf Eintragung des Gebrauchsmusters (§ 4 Abs. 3 Nr. 2 des Gebrauchsmustergesetzes) soll auf dem vom Patentamt vorgeschriebenen Vordruck eingereicht werden.

(2) Der Antrag muß enthalten:
1. den Vor- und Zunamen, die Firma oder die sonstige Bezeichnung des Anmelders, die Anschrift (Straße, Hausnummer, Postleitzahl, Ort) des Wohnsitzes oder Sitzes des Geschäftsbetriebes. Bei ausländischen Orten sind auch Staat und Bezirk anzugeben; ausländische Ortsnamen sind zu unterstreichen. Es muß klar ersichtlich sein, ob das Gebrauchsmuster für eine oder mehrere Personen oder Gesellschaften, für den Anmelder unter seiner Firma oder unter seinem bürgerlichen Namen beantragt wird. Firmen sind so zu bezeichnen, wie sie im Handelsregister (Spalte 2 a) eingetragen sind. Spätere Änderungen des Namens, der Firma oder sonstigen Bezeichnung und der Anschrift sind dem Patentamt unverzüglich mitzuteilen; bei Änderungen des Namens, der Firma oder der sonstigen Bezeichnung sind schriftliche Nachweise beizufügen;
2. falls ein Vertreter bestellt worden ist, auch dessen Namen mit Anschrift. Die Vollmachtsurkunde ist beizufügen. Auf eine beim Patentamt hinterlegte Vollmacht ist unter Angabe der Hinterlegungsnummer hinzuweisen;
3. falls mehrere Personen ohne einen gemeinsamen Vertreter anmelden oder mehrere Vertreter mit verschiedener Anschrift bestellt sind, die Angabe,

wer als Zustellungsbevollmächtigter zum Empfang amtlicher Schriftstücke befugt ist; diese Erklärung muß von allen Anmeldern oder Vertretern unterzeichnet sein;
4. die Unterschrift der Anmelder oder eines Vertreters;
5. eine kurze und genaue technische Bezeichnung des Gegenstandes des Gebrauchsmusters (keine Marken- oder sonstige Phantasiebezeichnung);
6. die Erklärung, daß für die Erfindung die Eintragung eines Gebrauchsmusters beantragt wird;
7. falls die Anmeldung eine Teilung (§ 4 Abs. 7 des Gebrauchsmustergesetzes) oder eine Ausscheidung aus einer Gebrauchsmusteranmeldung betrifft, die Angabe des Aktenzeichens und des Anmeldetags der Stammanmeldung;
8. falls der Anmelder für dieselbe Erfindung mit Wirkung für die Bundesrepublik Deutschland bereits früher ein Patent beantragt hat und dessen Anmeldetag in Anspruch nehmen will, eine entsprechende Erklärung, die mit der Gebrauchsmusteranmeldung abgegeben werden muß (§ 5 Abs. 1 des Gebrauchsmustergesetzes – Abzweigung).

§ 5. Schutzansprüche. (1) In den Schutzansprüchen kann das, was als gebrauchsmusterfähig unter Schutz gestellt werden soll (§ 4 Abs. 3 Nr. 3 des Gebrauchsmustergesetzes), einteilig oder nach Oberbegriff und kennzeichnendem Teil geteilt (zweiteilig) gefaßt sein. In beiden Fällen kann die Fassung nach Merkmalen gegliedert sein.

(2) Wird die zweiteilige Anspruchsfassung gewählt, sind in den Oberbegriff die Merkmale der Erfindung aufzunehmen, von denen die Erfindung als Stand der Technik ausgeht; in den kennzeichnenden Teil sind die Merkmale der Erfindung aufzunehmen, für die in Verbindung mit den Merkmalen des Oberbegriffs Schutz begehrt wird. Der kennzeichnende Teil ist mit den Worten ‚dadurch gekennzeichnet, daß' oder ‚gekennzeichnet durch' oder einer sinngemäßen Wendung einzuleiten.

(3) Werden Schutzansprüche nach Merkmalen oder Merkmalsgruppen gegliedert, so ist die Gliederung dadurch äußerlich hervorzuheben, daß jedes Merkmal oder jede Merkmalsgruppe mit einer neuen Zeile beginnt. Den Merkmalen oder Merkmalsgruppen sind deutlich vom Text abzusetzende Gliederungszeichen voranzustellen.

(4) Im ersten Schutzanspruch (Hauptanspruch) sind die wesentlichen Merkmale der Erfindung anzugeben.

(5) Eine Anmeldung kann mehrere unabhängige Schutzansprüche (Nebenansprüche) enthalten, soweit der Grundsatz der Einheitlichkeit gewahrt ist (§ 4 Abs. 1 Satz 2 des Gebrauchsmustergesetzes). Absatz 4 ist entsprechend anzuwenden. Nebenansprüche können eine Bezugnahme auf mindestens einen der vorangehenden Schutzansprüche enthalten.

(6) Zu jedem Haupt- bzw. Nebenanspruch können ein oder mehrere Schutzansprüche (Unteransprüche) aufgestellt werden, die sich auf besondere Ausführungsarten der Erfindung beziehen. Unteransprüche müssen eine Be-

zugnahme auf mindestens einen der vorangehenden Schutzansprüche enthalten. Sie sind soweit wie möglich und auf die zweckmäßigste Weise zusammenzufassen.

(7) Werden mehrere Schutzansprüche aufgestellt, so sind sie fortlaufend mit arabischen Ziffern zu numerieren.

(8) Die Schutzansprüche dürfen, wenn dies nicht unbedingt erforderlich ist, im Hinblick auf die technischen Merkmale der Erfindung keine Bezugnahmen auf die Beschreibung oder die Zeichnungen enthalten, z. B. ‚wie beschrieben in Teil ... der Beschreibung' oder ‚wie in Abbildung ... der Zeichnung dargestellt'.

(9) Enthält die Anmeldung Zeichnungen, so sollen die in den Schutzansprüchen angegebenen Merkmale mit ihren Bezugszeichen versehen sein, wenn dies das Verständnis des Schutzanspruchs erleichtert.

§ 6 Beschreibung. (1) Am Anfang der Beschreibung (§ 4 Abs. 3 Nr. 4 des Gebrauchsmustergesetzes) ist als Titel die im Antrag angegebene Bezeichnung des Gegenstandes des Gebrauchsmusters (§ 4 Abs. 2 Nr. 5) anzugeben.

(2) In der Beschreibung sind ferner anzugeben:
1. das technische Gebiet, zu dem die Erfindung gehört, soweit es sich nicht aus den Schutzansprüchen oder den Angaben zum Stand der Technik ergibt;
2. der dem Anmelder bekannte Stand der Technik, der für das Verständnis der Erfindung und deren Schutzfähigkeit in Betracht kommen kann, unter Angabe der dem Anmelder bekannten Fundstellen;
3. das der Erfindung zugrundeliegende Problem, sofern es sich nicht aus der angegebenen Lösung oder den zu Nummer 6 gemachten Angaben ergibt, insbesondere dann, wenn es zum Verständnis der Erfindung oder für ihre nähere inhaltliche Bestimmung unentbehrlich ist;
4. die Erfindung, für die in den Schutzansprüchen Schutz begehrt wird;
5. in welcher Weise die Erfindung gewerblich anwendbar ist, wenn es sich aus der Beschreibung oder der Art der Erfindung nicht offensichtlich ergibt;
6. gegebenenfalls vorteilhafte Wirkungen der Erfindung unter Bezugnahme auf den in der Anmeldung genannten Stand der Technik;
7. wenigstens ein Weg zum Ausführen der beanspruchten Erfindung im einzelnen, gegebenenfalls erläutert durch Beispiele und anhand der Zeichnungen unter Verwendung der entsprechenden Bezugszeichen.

(3) In die Beschreibung sind keine Markennamen, Phantasiebezeichnungen oder solche Angaben aufzunehmen, die zum Erläutern der Erfindung offensichtlich nicht notwendig sind. Wiederholungen von Schutzansprüchen oder Anspruchsteilen können durch Bezugnahme auf diese ersetzt werden.

§ 7 Zeichnungen. (1) Die Zeichnungen sind auf Blättern mit folgenden Mindesträndern auszuführen:

Anh 2 GbmAnmV   Gebrauchsmusteranmeldeverordnung

Oberer Rand 2,5 cm,
linker Seitenrand 2,5 cm,
rechter Seitenrand 1,5 cm,
unterer Rand 1 cm,
Die für die Abbildungen benutzte Fläche darf 26,2 cm 17 cm nicht überschreiten.

(2) Ein Zeichnungsblatt kann mehrere Zeichnungen (Figuren) enthalten. Sie sollen ohne Platzverschwendung, aber eindeutig voneinander getrennt und möglichst in Hochformat angeordnet und mit arabischen Ziffern fortlaufend numeriert werden. Den Stand der Technik betreffende Zeichnungen, die dem Verständnis der Erfindung dienen, sind zulässig; sie müssen jedoch deutlich mit dem Vermerk ‚Stand der Technik' gekennzeichnet sein.

(3) Zur Darstellung der Erfindung können neben Ansichten und Schnittzeichnungen auch perspektivische Ansichten oder Explosionsdarstellungen verwendet werden. Querschnitte sind durch Schraffierungen kenntlich zu machen, die die Erkennbarkeit der Bezugszeichen und Führungslinien nicht beeinträchtigen dürfen.

(4) Die Linien der Zeichnungen sollen nicht freihändig, sondern mit Zeichengeräten gezogen werden. Die für die Zeichnungen verwendeten Ziffern und Buchstaben müssen mindestens 0,32 cm hoch sein. Für die Beschriftung der Zeichnungen sind lateinische und, soweit in der Technik üblich, andere Buchstaben zu verwenden.

(5) Die Zeichnungen sollen mit Bezugszeichen versehen werden, die in der Beschreibung und/oder in den Schutzansprüchen erläutert worden sind. Gleiche Teile müssen in allen Abbildungen gleiche Bezugszeichen erhalten, die mit den Bezugszeichen in der Beschreibung und den Schutzansprüchen übereinstimmen müssen.

(6) Die Zeichnungen dürfen keine Erläuterungen enthalten; ausgenommen sind kurze unentbehrliche Angaben wie „Wasser", „Dampf", „offen", „zu", „Schnitt nach A–B" sowie in elektrischen Schaltplänen und Blockschaltbildern kurze Stichworte, die für das Verständnis notwendig sind.

§ 8. Abzweigung. (1) Hat der Anmelder mit Wirkung für die Bundesrepublik Deutschland für dieselbe Erfindung bereits früher ein Patent nachgesucht, so kann er mit der Gebrauchsmusteranmeldung die Erklärung abgeben, daß der für die Patentanmeldung maßgebende Anmeldetag in Anspruch genommen wird. Ein für die Patentanmeldung beanspruchtes Prioritätsrecht bleibt für die Gebrauchsmusteranmeldung erhalten. Das Recht nach Satz 1 kann bis zum Ablauf von zwei Monaten nach dem Ende des Monats, in dem die Patentanmeldung erledigt oder ein etwaiges Einspruchsverfahren abgeschlossen ist, jedoch längstens bis zum Ablauf des zehnten Jahres nach dem Anmeldetag der Patentanmeldung ausgeübt werden (§ 5 Abs. 1 des Gebrauchsmustergesetzes). Die Inanspruchnahme des Anmeldetages der früheren Patentanmeldung ist nur möglich, wenn die Patentanmeldung nach dem 31. Dezember 1986 eingereicht worden ist (Artikel 4 Nr. 2 des Gesetzes zur Änderung des Gebrauchsmustergesetzes vom 15. August 1986 – BGBl. I S. 1446).

Gebrauchsmusteranmeldeverordnung **GbmAnmV Anh 2**

(2) Auch wenn der Anmelder den Anmeldetag einer Patentanmeldung in Anspruch nimmt (§ 5 Abs. 1 des Gebrauchsmustergesetzes), die nicht in deutscher Sprache verfaßt ist, sind die Anmeldungsunterlagen (§ 2 Abs. 3) in deutscher Sprache einzureichen.

(3) Der Abschrift der fremdsprachigen Patentanmeldung (§ 5 Abs. 2 des Gebrauchsmustergesetzes) ist eine deutsche Übersetzung beizufügen, es sei denn, die Anmeldungsunterlagen stellen bereits die Übersetzung der fremdsprachigen Patentanmeldung dar. § 9 Abs. 1 bis 3 bleibt unberührt.

§ 9. Übersetzungen. (1) Übersetzungen von Schriftstücken, die zu den Unterlagen der Anmeldung zählen, müssen von einem Rechtsanwalt oder Patentanwalt beglaubigt oder von einem öffentlich bestellten Übersetzer angefertigt sein. Die Unterschrift des Übersetzers ist öffentlich beglaubigen zu lassen (§ 129 des Bürgerlichen Gesetzbuchs), ebenso die Tatsache, daß der Übersetzer für derartige Zwecke öffentlich bestellt ist.

(2) Werden Schriftstücke, die nicht zu den Unterlagen der Anmeldung zählen, nicht in englischer, französischer, italienischer oder spanischer Sprache eingereicht, so ist innerhalb eines Monats nach Eingang des Schriftstücks eine von einem Rechtsanwalt oder Patentanwalt beglaubigte oder von einem öffentlich bestellten Übersetzer angefertigte Übersetzung einzureichen. Wird die Übersetzung nicht innerhalb dieser Frist eingereicht, so gilt das Schriftstück als zum Zeitpunkt des Eingangs der Übersetzung zugegangen.

(3) Werden Schriftstücke, die nicht zu den Unterlagen der Anmeldung zählen, in englischer, französischer, italienischer oder spanischer Sprache eingereicht, so kann das Patentamt verlangen, daß innerhalb einer von ihm bestimmten Frist eine von einem Rechtsanwalt oder Patentanwalt beglaubigte oder von einem öffentlich bestellten Übersetzer angefertigte Übersetzung einzureichen ist. Wird die Übersetzung nicht innerhalb dieser Frist eingereicht, so gilt das Schriftstück als zum Zeitpunkt des Eingangs der Übersetzung zugegangen.

(4) Ist die Prioritätsbelegen, die gemäß der revidierten Pariser Verbandsübereinkunft zum Schutze des gewerblichen Eigentums vorgelegt werden, oder Abschriften von früheren Anmeldungen (§ 6 Abs. 2 des Gebrauchsmustergesetzes, § 41 Abs. 1 Satz 1 des Patentgesetzes) eine deutsche Übersetzung erforderlich, ist diese auf Anforderung des Patentamts einzureichen.

§ 10. Übergangsregelung. Für Gebrauchsmusteranmeldungen, die vor Inkrafttreten von Änderungen dieser Verordnung eingereicht worden sind, gelten die Vorschriften dieser Verordnung in ihrer bis dahin geltenden Fassung.

§ 11. Inkrafttreten; abgelöste Vorschrift; Übergangsvorschrift. Diese Verordnung tritt am 1. Januar 1987 in Kraft. Gleichzeitig treten die Anmeldebestimmungen für Gebrauchsmuster vom 30. Juli 1968 (BGBl. I S. 1008),

Anh 2 GbmAnmV Gebrauchsmusteranmeldeverordnung

geändert durch die Verordnung vom 22. Dezember 1976 (BGBl. 1977 I S. 218), außer Kraft. Für die bis zum 31. Dezember 1986 eingegangenen Anmeldungen verbleibt es bei den bisher geltenden Vorschriften.

3. Verordnung über die Wahrnehmung einzelner den Prüfungsstellen, der Gebrauchsmusterstelle, den Markenstellen und den Abteilungen des Patentamts obliegender Geschäfte (Wahrnehmungsverordnung – WahrnV)

Vom 14. Dezember 1994

(BGBl. I S. 3812)

Auf Grund des § 27 Abs. 5 des Patentgesetzes in der Fassung der Bekanntmachung vom 16. Dezember 1980 (BGBl. 1981 I S. 1), der zuletzt durch Artikel 1 des Gesetzes vom 2. März 1993 (BGBl. I S. 366) geändert worden ist, des § 10 Abs. 2 des Gebrauchsmustergesetzes in der Fassung der Bekanntmachung vom 28. August 1986 (BGBl. I S. 1455), der zuletzt durch Artikel 3 des Gesetzes vom 23. März 1993 (BGBl. I S. 366) geändert worden ist, des § 4 Abs. 4 des Halbleiterschutzgesetzes vom 22. Oktober 1987 (BGBl. I S. 2294), des § 12 a Abs. 1 des Geschmacksmustergesetzes in der im Bundesgesetzblatt Teil III, Gliederungsnummer 442-1, veröffentlichten bereinigten Fassung, der durch das Gesetz vom 18. Dezember 1986 (BGBl. I S. 2501) eingefügt und durch Artikel 4 des Gesetzes vom 23. März 1993 (BGBl. I S. 366) geändert worden ist, des Artikels 2 Abs. 2 Satz 1 des Schriftzeichengesetzes vom 6. Juli 1981 (BGBl. 1981 II S. 382) sowie des § 65 Abs. 1 Nr. 11 und 12 des Markengesetzes vom 25. Oktober 1994 (BGBl. I S. 3082), jeweils in Verbindung mit § 20 der Verordnung über das Deutsche Patentamt vom 5. September 1968 (BGBl. I S. 997), der zuletzt durch Verordnung vom 15. November 1994 (BGBl. I S. 3462) geändert worden ist, verordnet der Präsident des Deutschen Patentamts:

§ 1. Prüfungsstellen für Patente und Patentabteilungen. (1) Mit der Wahrnehmung folgender Geschäfte der Prüfungsstellen und Patentabteilungen werden auch Beamte des gehobenen Dienstes und vergleichbare Angestellte betraut:

1. Entscheidung über Anträge auf
   a) Hinausschiebung des Absendens der Nachricht nach § 17 Abs. 4 oder Stundung der Gebühr und des Zuschlags nach § 17 Abs. 5 des Patentgesetzes,
   b) Stundung oder Erlaß von Erteilungs- und Jahresgebühren nach § 18 Abs. 1 des Patentgesetzes,
   c) Erstattung von Auslagen gemäß § 18 Abs. 2 des Patentgesetzes,
   d) Stundung der Gebühr nach § 23 Abs. 4 Satz 5 des Patentgesetzes, sofern dem Antrag entsprochen wird oder der zuständige Prüfer (§ 27 Abs. 2 und 4 des Patentgesetzes) der Entscheidung zugestimmt hat;

2. Entscheidung über Anträge auf Rückzahlung von nicht fällig gewordenen Gebühren nach § 19 des Patentgesetzes;
3. Feststellung, daß das Patent wegen nicht rechtzeitig erfolgter Abgabe der Erfinderbenennung oder wegen nicht rechtzeitiger Zahlung der Jahresgebühr mit dem Zuschlag erloschen ist;
4. Bearbeitung von Lizenzbereitschaftserklärungen und ihrer Rücknahme mit Ausnahme der Festsetzung oder Änderung der angemessenen Vergütung;
5. Entscheidung über Anträge auf
   a) Änderung einer Rolleneintragung, die die Person, den Namen oder Wohnort des Anmelders oder Patentinhabers oder des Vertreters betrifft,
   b) Eintragung oder Löschung eines Rollenvermerks über die Einräumung eines Rechts zur ausschließlichen Benutzung der Erfindung;
6. Bearbeitung von Verfahren der Akteneinsicht
   a) in vollem Umfang, soweit die Einsicht in die Akten jedermann freisteht oder der Anmelder dem Antrag zugestimmt hat,
   b) hinsichtlich formeller Erfordernisse, soweit die Einsicht in die Akten oder die Erfinderbenennung nur bei Glaubhaftmachung eines berechtigten Interesses gewährt wird;
7. formelle Bearbeitung von Patentanmeldungen, insbesondere
   a) Aufforderung zur Beseitigung formeller Mängel und zur Einreichung der Erfinderbenennung,
   b) Zurückweisung der Anmeldung, wenn der Anmelder auf eine Aufforderung nach Buchstabe a die Mängel nicht beseitigt hat, es sei denn aus Gründen, denen der Anmelder widersprochen hat;
   c) Aufforderung, die für die Inanspruchnahme einer Priorität erforderlichen Angaben zu machen und entsprechende Unterlagen einzureichen,
   d) Feststellung, daß die Anmeldung wegen Nichtzahlung der Anmeldegebühr, einer Jahresgebühr mit Zuschlag oder der Erteilungsgebühr, wegen nicht fristgerechter Stellung des Prüfungsantrags oder wegen Inanspruchnahme einer inländischen Priorität als zurückgenommen gilt,
   e) Feststellung, daß die Prioritätserklärung als nicht abgegeben gilt oder der Prioritätsanspruch verwirkt ist,
   f) Feststellung, daß die Teilungserklärung als nicht abgegeben gilt;
8. formelle Bearbeitung von Recherchen- und Prüfungsanträgen, einschließlich der Feststellung, daß der Antrag wegen Nichtzahlung der Gebühr oder wegen eines früher eingegangenen Antrags als nicht gestellt gilt;
9. formelle Bearbeitung des Einspruchsverfahrens;
10. formelle Bearbeitung des Beschränkungsverfahrens, einschließlich der Feststellung, daß der Antrag auf Beschränkung des Patents wegen Nichtzahlung der Gebühr als nicht gestellt gilt;
11. Bearbeitung internationaler Anmeldungen, soweit das Patentamt als Anmeldeamt nach dem Patentzusammenarbeitsvertrag tätig wird, einschließlich der Feststellung, daß die internationale Anmeldung als

zurückgenommen gilt, mit Ausnahme der Entscheidung über Anträge auf Wiedereinsetzung.

(2) Mit der Wahrnehmung folgender Geschäfte der Prüfungsstellen und Patentabteilungen werden auch Beamte des mittleren Dienstes und vergleichbare Angestellte betraut:
1. Gewährung der Akteneinsicht, einschließlich der Erteilung von Auskünften über den Akteninhalt und von Abschriften und Auszügen aus den Akten, soweit die Einsicht in die Akten jedermann freisteht oder der Anmelder dem Antrag zugestimmt hat;
2. Aufforderung, Mängel der Patentanmeldung zu beseitigen, soweit die Mängel nur formeller Art und ohne weitere technische oder rechtliche Beurteilung feststellbar sind, sowie Aufforderung, die Zusammenfassung, die Erfinderbenennung und die für geteilte oder ausgeschiedene Anmeldungen erforderlichen Anmeldungsunterlagen einzureichen;
3. Aufforderung, die für die Inanspruchnahme einer inländischen oder ausländischen Priorität erforderlichen Angaben zu machen und entsprechende Unterlagen einzureichen;
4. Aufforderung, einen Recherchen- oder Prüfungsantrag auch für die Anmeldung eines Hauptpatents zu stellen;
5. Bearbeitung von Anträgen auf Aussetzung des Erteilungsbeschlusses;
6. formelle Bearbeitung der Akten im Einspruchsverfahren, einschließlich der Aufforderung, formelle Mängel bei der Einreichung von Schriftsätzen zu beseitigen, soweit diese ohne weitere technische oder rechtliche Beurteilung feststellbar sind.

(3) Absatz 1 Nr. 1 bis 7 sowie Absatz 2 Nr. 1 und 2 sind in Verfahren über ergänzende Schutzzertifikate und Anmeldungen von ergänzenden Schutzzertifikaten entsprechend anzuwenden.

§ 2. Gebrauchsmusterstelle und Gebrauchsmusterabteilungen.
(1) Mit der Wahrnehmung folgender Geschäfte der Gebrauchsmusterstelle und der Gebrauchsmusterabteilungen werden auch Beamte des gehobenen Dienstes und vergleichbare Angestellte betraut:
1. Bearbeitung von Gebrauchsmusteranmeldungen, insbesondere
   a) Aufforderung zur Beseitigung sachlicher und formeller Mängel;
   b) Aufforderung, die für die Inanspruchnahme einer Priorität oder des Anmeldetages einer Patentanmeldung erforderlichen Angaben zu machen und entsprechende Unterlagen einzureichen,
   c) Feststellung, daß die Erklärung der Inanspruchnahme des Anmeldetages einer Patentanmeldung oder die Prioritätserklärung als nicht abgegeben gilt oder daß der Prioritätsanspruch verwirkt ist,
   d) Feststellung, daß die Anmeldung wegen Nichtzahlung der Anmeldegebühr oder wegen Inanspruchnahme einer inländischen Priorität als zurückgenommen gilt,
   e) Gewährung von Anhörungen,
   f) Zurückweisung der Anmeldung aus formellen Gründen, denen der Anmelder nicht widersprochen hat,

g) Zurückweisung der Anmeldung aus sachlichen Gründen, denen der Anmelder nicht widersprochen hat, sofern der Leiter der Gebrauchsmusterstelle der Zurückweisung zugestimmt hat,
h) Verfügung der Eintragung des Gebrauchsmusters;
2. Formelle Bearbeitung von Recherchenanträgen einschließlich der Feststellung, daß der Antrag wegen Nichtzahlung der Gebühr als nicht gestellt gilt;
3. Entscheidung über Anträge auf Änderung einer Rolleneintragung, die die Person des Anmelders oder Inhabers des Gebrauchsmusters oder seines Vertreters betrifft;
4. Bearbeitung von Verfahren der Akteneinsicht
a) in vollem Umfang, soweit die Einsicht jedermann freisteht oder der Anmelder dem Antrag zugestimmt hat,
b) hinsichtlich formeller Erfordernisse, soweit die Einsicht in die Akten nur bei Glaubhaftmachung eines berechtigten Interesses gewährt wird;
5. formelle Bearbeitung des Löschungsverfahrens, insbesondere
a) Aufforderung, formelle Mängel des Löschungsantrags oder des Antrags auf Feststellung der Unwirksamkeit des Gebrauchsmusters zu beseitigen sowie im Feststellungsverfahren das besondere Rechtsschutzinteresse nachzuweisen,
b) Feststellung, daß der Löschungsantrag wegen Nichtzahlung der Gebühr als nicht gestellt gilt,
c) Festsetzung der Höhe der Sicherheitsleistung,
d) Löschung, wenn der Inhaber des Gebrauchsmusters dem Löschungsantrag nicht widersprochen, den Widerspruch zurückgenommen oder in die Löschung eingewilligt hat;
6. Entscheidung über Anträge auf
a) Hinausschiebung des Absendens der Nachricht nach § 23 Abs. 3 des Gebrauchsmustergesetzes,
b) Stundung von Verlängerungsgebühren nach § 23 Abs. 4 des Gebrauchsmustergesetzes,
sofern dem Antrag entsprochen wird oder der Leiter der Gebrauchsmusterstelle der Ablehnung des Antrags zugestimmt hat.

(2) Mit der Wahrnehmung folgender Geschäfte der Gebrauchsmusterstelle und der Gebrauchsmusterabteilungen werden auch Beamte des mittleren Dienstes und vergleichbare Angestellte betraut:
1. Aufforderung, Mängel der Gebrauchsmusteranmeldung zu beseitigen, soweit die Mängel nur formeller Art und ohne weitere technische oder rechtliche Beurteilung feststellbar sind;
2. Aufforderung, im Falle der Inanspruchnahme einer Priorität oder des Anmeldetages einer Patentanmeldung die erforderlichen Angaben zu machen und entsprechende Unterlagen einzureichen;
3. formelle Bearbeitung von Recherchenanträgen einschließlich der Feststellung, daß der Antrag wegen Nichtzahlung der Gebühr als nicht gestellt gilt;
4. Bearbeitung von Anträgen auf Aussetzung der Eintragung des Gebrauchsmusters;

5. Gewährung von Akteneinsicht, einschließlich der Erteilung von Auskünften über den Akteninhalt und von Abschriften und Auszügen aus den Akten, soweit die Einsicht jedermann freisteht oder der Anmelder dem Antrag zugestimmt hat;
6. formelle Bearbeitung der Akten im Löschungsverfahren, einschließlich der Aufforderung, formelle Mängel bei der Einreichung von Schriftsätzen zu beseitigen, soweit diese ohne weitere technische oder rechtliche Beurteilung feststellbar sind.

§ 3. Topographiestelle und Topographieabteilung. Auf die Wahrnehmung der Geschäfte der Topographiestelle und der Topographieabteilung durch Beamte des gehobenen und mittleren Dienstes sowie vergleichbare Angestellte ist § 2 entsprechend anzuwenden.

§ 4. Musterregister. (1) Mit der Wahrnehmung der Geschäfte des Musterregisters werden auch Beamte des gehobenen Dienstes und vergleichbare Angestellte betraut.

(2) Dies gilt nicht
1. für Geschäfte, die nach § 12a Abs. 1 Satz 2 Nr. 1 bis 5 des Geschmacksmustergesetzes dem rechtskundigen Mitglied (§ 10 Abs. 1 Satz 1 des Geschmacksmustergesetzes) vorbehalten sind;
2. für die Entscheidung über Anträge auf Hinausschiebung des Absendens der Nachricht nach § 9 Abs. 4 oder auf Stundung der Verlängerungsgebühr und des Zuschlags nach § 9 Abs. 5 des Geschmacksmustergesetzes, sofern dem Antrag nicht entsprochen wird oder das rechtskundige Mitglied der Ablehnung des Antrags nicht zugestimmt hat.

(3) Für die Bearbeitung von Anträgen auf Wiedereinsetzung in den vorigen Stand und auf Verfahrenskostenhilfe gilt § 7 Abs. 1 und 2.

§ 5. Markenabteilungen. (1) Mit der Wahrnehmung folgender Aufgaben der Markenabteilungen werden auch Beamte des gehobenen Dienstes und vergleichbare Angestellte betraut:
1. Bearbeitung von Anträgen auf Eintragung des Übergangs des durch die Eintragung der Marke begründeten Rechts in das Register;
2. Bearbeitung von Anträgen auf Eintragung einer Verpfändung, eines sonstigen dinglichen Rechts, von Maßnahmen der Zwangsvollstreckung oder eines Konkursverfahrens in das Register, soweit das durch die Eintragung begründete Recht betroffen ist;
3. Bearbeitung von Anträgen auf Berichtigung von Eintragungen im Register oder von Veröffentlichungen;
4. Bearbeitung von Anträgen auf Eintragung von Änderungen des Namens oder der Anschrift des Inhabers der Marke oder anderer Personen in das Register;
5. Bearbeitung von Erklärungen auf Teilung einer eingetragenen Marke, einschließlich der Feststellung des Verzichts auf die abgetrennte Eintragung;

6. Bearbeitung von Verfahren der Verlängerung der Schutzdauer, einschließlich der Löschung, wenn nach Ablauf der Schutzdauer die Verlängerung der Schutzdauer unterblieben ist;
7. formelle Bearbeitung von Löschungsverfahren, einschließlich der Feststellung, daß der Löschungsantrag wegen fehlender Zahlung der Antragsgebühr als nicht gestellt gilt;
8. Bearbeitung von Anträgen auf internationale Registrierung von Marken;
9. Bearbeitung von Verfahren, die international registrierte Marken betreffen, insbesondere von
   a) Anträgen auf nachträgliche territoriale Schutzerstreckung von international registrierten Marken inländischer Inhaber,
   b) Anträgen auf Ersatz der nationalen Eintragung durch die internationale Registrierung;
   c) Anträgen auf Löschung von international registrierten Marken wegen Wegfalls des Schutzes der Basismarke,
   d) Anträgen auf Eintragung von Änderungen bei international registrierten Marken inländischer Inhaber;
10. Bearbeitung von international registrierten Marken, deren Schutz auf das Gebiet der Bundesrepublik Deutschland erstreckt worden ist;
11. Bearbeitung von Anträgen auf Eintragung einer geographischen Angabe oder Ursprungsbezeichnung und von Einsprüchen nach der Verordnung (EWG) Nr. 2081/92, mit Ausnahme der in diesen Verfahren zu treffenden Entscheidungen, jedoch einschließlich der Feststellung, daß der Einspruch wegen fehlender Zahlung der Einspruchsgebühr als nicht eingegangen gilt, sowie der Weiterleitung von Anträgen und Einsprüchen an das Bundesministerium der Justiz;
12. Bearbeitung von Verfahren der Akteneinsicht;
13. formelle Bearbeitung von Anträgen auf Wiedereinsetzung in den vorigen Stand.

(2) Mit der Wahrnehmung folgender Aufgaben der Markenabteilungen werden auch Beamte des mittleren Dienstes und vergleichbare Angestellte betraut:
1. Aufforderung, formelle Mängel von Erklärungen auf Teilung einer eingetragenen Marke zu beseitigen;
2. formelle Bearbeitung der Akten in Löschungsverfahren, einschließlich der Aufforderung, formelle Mängel bei der Einreichung von Schriftsätzen zu beseitigen;
3. Gewährung von Einsicht in die Akten eingetragener Marken, einschließlich der Erteilung von Auskünften über den Akteninhalt und von Abschriften und Auszügen aus den Akten;
4. Sachbearbeitung bei Übertragungen von international registrierten Marken.

§ 6. Markenstellen. Mit der Wahrnehmung folgender Aufgaben der Markenstellen werden auch Beamte des mittleren Dienstes oder vergleichbare Angestellte betraut:

1. Aufforderung, formelle Mängel von Anmeldungen oder von Erklärungen auf Teilung angemeldeter Marken zu beseitigen;
2. Gewährung von Einsicht in die Akten von Anmeldungen von Marken einschließlich der Erteilung von Auskünften über den Akteninhalt und von Abschriften und Auszügen aus den Akten, soweit der Anmelder dem Antrag zugestimmt hat;
3. Aufforderung, die für die Inanspruchnahme einer Priorität erforderlichen Angaben zu machen und entsprechende Unterlagen einzureichen;
4. Aufforderung, die für die Berufung auf eine im Ursprungsland eingetragene Marke erforderlichen Angaben zu machen und entsprechende Unterlagen einzureichen.

§ 7. Gemeinsame Vorschriften. (1) Zusätzlich zu den in den §§ 1 bis 4 aufgeführten Geschäften werden Beamte des gehobenen Dienstes und vergleichbare Angestellte mit der Wahrnehmung folgender Geschäfte betraut:
1. formelle Bearbeitung von Anträgen auf Wiedereinsetzung in den vorigen Stand;
2. formelle Bearbeitung von Anträgen auf Verfahrenskostenhilfe, insbesondere
   a) Zurückweisung des Antrags auf Verfahrenskostenhilfe, einschließlich des Antrags auf Beiordnung eines Vertreters, wenn der Antragsteller trotz Aufforderung keine oder eine offensichtlich unvollständige Erklärung über seine persönlichen und wirtschaftlichen Verhältnisse mit unzureichenden Belegen eingereicht hat oder einem sonstigen Auflagenbescheid nicht nachgekommen ist;
   b) Bestimmung des Zeitpunkts für die Einstellung und die Wiederaufnahme der Zahlung bei bewilligter Verfahrenskostenhilfe;
   c) Festsetzung der Kosten des beigeordneten Vertreters.

(2) Zusätzlich zu den in den §§ 1 bis 6 aufgeführten Geschäften werden Beamte des gehobenen Dienstes und vergleichbare Angestellte mit der Wahrnehmung folgender Geschäfte betraut:
1. Erlaß von Kostenfestsetzungsbeschlüssen;
2. Entscheidung über Einwendungen gegen den Kostenansatz oder gegen Maßnahmen nach den §§ 7 und 8 der Verordnung über Verwaltungskosten beim Deutschen Patentamt (§ 10 Abs. 2 der Verordnung über Verwaltungskosten beim Deutschen Patentamt);
3. Entscheidung nach § 9 der Verordnung über Verwaltungskosten beim Deutschen Patentamt (§ 10 Abs. 3 der Verordnung über Verwaltungskosten beim Deutschen Patentamt);
4. Bewilligung von Vorschüssen und Berechnung der Entschädigung für Zeugen und Sachverständige sowie Bewilligung von Reisekostenentschädigung für mittellose Beteiligte.

§ 8. Aufhebung der Verordnung vom 22. Mai 1970. Die Wahrnehmungsverordnung vom 22. Mai 1970 (BGBl. I S. 663), geändert durch

Artikel 1 der Verordnung vom 3. Juni 1993 (BGBl. I S. 814), wird aufgehoben.

§ 9. Inkrafttreten. Diese Verordnung tritt am 1. Januar 1995 in Kraft.

4. Gesetz über die Gebühren des Patentamts und des Patentgerichts (Patentgebührengesetz – PatGebG)

Vom 18. August 1976

(BGBl. I S. 2188)

(BGBl. III 424–4–5)

Geändert durch G. vom 29. 1. 1979 (BGBl. I S. 125), G. vom 11. 12. 1985 (BGBl. I S. 2170), G. vom 15. 8. 1986 (BGBl. I S. 1446), G. vom 18. 12. 1986 (BGBl. I S. 2501), G. vom 22. 10. 1987 (BGBl. I S. 2294), G. vom 7. 3. 1990 (BGBl. I S. 422), G. vom 20. 12. 1991 (BGBl. II S. 1354), G. vom 23. 4. 1992 (BGBl. I S.938), G. vom 23. 3. 1993 (BGBl. I S. 366), G. vom 25. 7. 1994 (BGBl. I S. 1739, ber. in BGBl. 1994 I S. 2263), G. vom 25. 10. 1994 (BGBl. I S. 3082), G. vom 19. 7. 1996 (BGBl. I S. 1014), G. vom 16. 7. 1998 (BGBl. I S. 1827), G. v. 22. 12. 1999 (BGBl. I S. 2534)

Der Bundestag hat das folgende Gesetz beschlossen:

§ 1. Gebührenverzeichnis. Die Gebühren des Deutschen Patentamts und des Bundespatentgerichts bestimmen sich, soweit sie nicht anderweitig gesetzlich festgesetzt sind, nach dem anliegenden Gebührenverzeichnis.

§ 2. (aufgehoben)

§ 3. Ermächtigung. Das Bundesministerium der Justiz wird ermächtigt, durch Rechtsverordnung für die Gebühren des Patentamts und des Patentgerichts Bestimmungen darüber zu erlassen, welche Zahlungsformen der Barzahlung gleichgestellt werden.

§ 4. Anwendung der bisherigen Gebührensätze. (1) Geänderte Gebührensätze sind von dem Tage an anzuwenden, an dem sie in Kraft treten.

(2) Auch nach dem Inkrafttreten eines geänderten Gebührensatzes bleiben die vor diesem Zeitpunkt geltenden Gebührensätze anzuwenden,
1. wenn der für die Entrichtung einer Gebühr durch Gesetz festgelegte Zeitpunkt vor dem Inkrafttreten des geänderten Gebührensatzes liegt oder,
2. wenn für die Entrichtung einer Gebühr durch Gesetz eine Zahlungsfrist festgelegt ist und das für den Beginn der Frist maßgebliche Ereignis vor dem Inkrafttreten des geänderten Gebührensatzes liegt.

(3) Bei Prüfungsanträgen nach § 44 des Patentgesetzes und Rechercheanträgen nach § 43 des Patentgesetzes bleiben die bisherigen Gebührensätze nur anzuwenden, wenn der Antrag und die Gebührenzahlung bis zum Inkrafttreten eines geänderten Gebührensatzes eingegangen sind.

Anh 4 PatGebG Gebührengesetz

§ 5. Vorauszahlung. Sind Jahresgebühren gemäß § 16 a Abs. 1 Satz 2 und § 17 des Patentgesetzes und Gebühren für die Verlängerung der Schutzdauer gemäß § 23 Abs. 2 des Gebrauchsmustergesetzes und § 9 Abs. 2 des Warenzeichengesetzes, die nach dem 1. August 1994 fällig werden, vor dem 25. Juli 1994 vorausgezahlt worden, so gilt die Gebührenschuld als mit dieser Zahlung getilgt.

§ 6. Nach bisherigen Sätzen gezahlte Gebühren. (1) [1] Wird eine innerhalb von drei Monaten nach dem Inkrafttreten eines geänderten Gebührensatzes fällig werdende Gebühr, die mit einem Antrag oder Rechtsmittel zu entrichten ist, nach den bisherigen Gebührensätzen rechtzeitig entrichtet, so kann der Unterschiedsbetrag bis zum Ablauf einer vom Patentamt oder Patentgericht zu setzenden Frist von einem Monat nach Zustellung nachgezahlt werden. [2] Wird der Unterschiedsbetrag innerhalb der gesetzten Frist nachgezahlt, so gilt die Gebühr als rechtzeitig entrichtet.

(2) [1] Wird eine innerhalb von drei Monaten nach dem Inkrafttreten eines geänderten Gebührensatzes fällig werdende Erteilungsgebühr, Jahresgebühr oder Gebühr für die Verlängerung der Schutzdauer eines Gebrauchsmusters oder einer Marke nach den bisherigen Gebührensätzen rechtzeitig entrichtet, so ergeht die nach § 17 Abs. 3 und § 57 des Patentgesetzes, § 23 Abs. 2 des Gebrauchsmustergesetzes und § 47 Abs. 3 des Markengesetzes vorgesehene Nachricht nur für den Unterschiedsbetrag. [2] Ein Zuschlag für die Verspätung der Zahlung wird nicht erhoben.

§ 7. Ausnahmevorschriften für die neuen Bundesländer. (1) Für natürliche und juristische Personen sowie Personenhandelsgesellschaften, die ihren Wohnsitz oder Sitz oder ihre Hauptniederlassung im Zeitpunkt der Fälligkeit einer Gebühr in dem in Artikel 3 des Einigungsvertrages genannten Gebiet haben, bleiben die vor dem 1. Oktober 1994 geltenden Gebührensätze bis zum 1. Januar 1998 anwendbar. In den Fällen der Nummern 131 100 bis 136 200 (Abschnitt A., Unterabschnitt III.) der Anlage zu § 1 (Gebührenverzeichnis) treten die in der Zusatzspalte aufgeführten Gebühren an die Stelle der bisherigen Gebührensätze im Sinne des Satzes 1.

(2) Auf Verlangen sind die Voraussetzungen des Absatzes 1 glaubhaft zu machen. Geschieht dies nicht, ist der Differenzbetrag nachzuzahlen. Bei Handlungen, deren Wirksamkeit von der Zahlung einer Gebühr abhängig ist, läßt eine Nachzahlungspflicht nach Satz 2 die Wirksamkeit unberührt.

(3) Sind Jahresgebühren gemäß § 17 des Patentgesetzes und Gebühren für die Verlängerung der Schutzdauer gemäß § 23 des Gebrauchsmustergesetzes und § 47 Abs. 3 des Markengesetzes vorausgezahlt worden, verbleibt es bei einem nachträglichen Wechsel des Wohnsitzes oder Sitzes oder der Hauptniederlassung bei den vorausgezahlten Gebühren.

§ 8. Inkrafttreten. Dieses Gesetz tritt am 1. November 1976 in Kraft.

Gebührengesetz **PatGebG Anh 4**

Anlage zu § 1

Gebührenverzeichnis

Nummer	Gebührentatbestand	Gebühr in Deutsche Mark
	A. Gebühren des Patentamts	
	I. Patentsachen	
	1. Erteilungsverfahren	
111 100	Für die Anmeldung (§ 34 Abs. 6 PatG)	100
111 201	Für den Antrag auf Ermittlung der in Betracht zu ziehenden Druckschriften (§ 43 Abs. 2 PatG), wenn ein Antrag nach § 43 Abs. 1 Satz 1 PatG gestellt worden ist	300
	Für den Antrag auf Prüfung der Anmeldung (§ 44 Abs. 3 PatG),	
111 301	wenn ein Antrag nach § 43 PatG bereits gestellt worden ist	290
111 302	wenn ein Antrag nach § 43 PatG nicht gestellt worden ist	460
111 500	Für die Erteilung des Patents (§ 57 PatG)	175
111 600	Für die Anmeldung eines ergänzenden Schutzzertifikats (§ 49 a Abs. 4 PatG)	575
	2. Verwaltung eines Patents oder einer Anmeldung	
	Patentjahresgebühr	
112 103	für das 3. Patentjahr (§ 17 Abs. 1 PatG)	115
112 104	für das 4. Patentjahr (§ 17 Abs. 1 PatG)	115
112 105	für das 5. Patentjahr (§ 17 Abs. 1 PatG)	175
112 106	für das 6. Patentjahr (§ 17 Abs. 1 PatG)	260
112 107	für das 7. Patentjahr (§ 17 Abs. 1 PatG)	345
112 108	für das 8. Patentjahr (§ 17 Abs. 1 PatG)	460
112 109	für das 9. Patentjahr (§ 17 Abs. 1 PatG)	575
112 110	für das 10. Patentjahr (§ 17 Abs. 1 PatG)	690
112 111	für das 11. Patentjahr (§ 17 Abs. 1 PatG)	920
112 112	für das 12. Patentjahr (§ 17 Abs. 1 PatG)	1210
112 113	für das 13. Patentjahr (§ 17 Abs. 1 PatG)	1495
112 114	für das 14. Patentjahr (§ 17 Abs. 1 PatG)	1785
112 115	für das 15. Patentjahr (§ 17 Abs. 1 PatG)	2070
112 116	für das 16. Patentjahr (§ 17 Abs. 1 PatG)	2415
112 117	für das 17. Patentjahr (§ 17 Abs. 1 PatG)	2760
112 118	für das 18. Patentjahr (§ 17 Abs. 1 PatG)	3105
112 119	für das 19. Patentjahr (§ 17 Abs. 1 PatG)	3450
112 120	für das 20. Patentjahr (§ 17 Abs. 1 PatG)	3795
112 121	für das 1. Jahr des ergänzenden Schutzes (§ 16 a PatG)	5175
122 122	für das 2. Jahr des ergänzenden Schutzes (§ 16 a PatG)	5750

Anh 4 PatGebG — Gebührengesetz

Nummer	Gebührentatbestand	Gebühr in Deutsche Mark
112 123	für das 3. Jahr des ergänzenden Schutzes (§ 16 a PatG)	6440
112 124	für das 4. Jahr des ergänzenden Schutzes (§ 16 a PatG)	7130
112 125	für das 5. Jahr des ergänzenden Schutzes (§ 16 a PatG)	8050
112 200	Zuschlag für die Verspätung der Zahlung einer Gebühr der Nummern 111 500 und 112 103 bis 112 125 (§ 57 Abs. 1 Satz 3, § 17 Abs. 3 Satz 2, auch in Verbindung mit § 16 a Abs. 1 Satz 2 PatG)	10% der Gebühren
	3. Sonstige Anträge	
113 100	Für den Antrag auf Festsetzung der angemessenen Vergütung für die Benutzung der Erfindung (§ 23 Abs. 4 PatG)	115
113 200	Für den Antrag auf Änderung der festgesetzten Vergütung für die Benutzung der Erfindung (§ 23 Abs. 5 PatG)	230
113 300	Für den Antrag auf Eintragung einer Änderung in der Person des Anmelders oder Patentinhabers (§ 30 Abs. 3 PatG)	70
113 400	Für den Antrag auf Eintragung der Einräumung eines Rechts zur ausschließlichen Benutzung der Erfindung oder auf Löschung dieser Eintragung (§ 30 Abs. 5 PatG)	45
113 500	Für den Antrag auf Beschränkung des Patents (§ 64 Abs. 2 PatG)	230
113 800	Für die Veröffentlichung von Übersetzungen oder berichtigten Übersetzungen der Patentansprüche Europäischer Patentanmeldungen (Artikel II § 2 Abs. 1 Satz 2 des Gesetzes über internationale Patentübereinkommen)	115
113 815	Für die Veröffentlichung von Übersetzungen oder berichtigten Übersetzungen der Patentansprüche Europäischer Patentanmeldungen, in denen die Vertragsstaaten der Vereinbarung über Gemeinschaftspatente benannt sind (Artikel 4 Abs. 2 Satz 2 des Zweiten Gesetzes über das Gemeinschaftspatent)	115
113 820	Für die Veröffentlichung von Übersetzungen oder berichtigten Übersetzungen europäischer Patentschriften (Artikel II § 3 Abs. 1, Abs. 4 Satz 3 des Gesetzes über internationale Patentübereinkommen)	290
113 900	Für die Behandlung der internationalen Anmeldung beim Deutschen Patent- und Markenamt als Anmeldeamt (Artikel III § 1 Abs. 3 des Gesetzes über internationale Patentübereinkommen)	175
	4. Anträge im Zusammenhang mit der Erstreckung gewerblichen Schutzrechte	
114 100	Für die Veröffentlichung von Übersetzungen oder berichtigten Übersetzungen von erstreckten Patenten (§ 8 Abs. 1 und 3 ErstrG)	290

Gebührengesetz **PatGebG Anh 4**

Nummer	Gebührentatbestand	Gebühr in Deutsche Mark
114 200	Für den Antrag auf Ermittlung der in Betracht zu ziehenden Druckschriften für ein erstrecktes Patent (§ 11 ErstrG)	230
	II. Gebrauchsmustersachen	
	1. Erteilungsverfahren	
121 100	Für die Anmeldung (§ 4 Abs. 5 GebrMG)	60
121 200	Für den Antrag auf Ermittlung der in Betracht zu ziehenden Druckschriften (§ 7 Abs. 2 GebrMG)	520
	2. Aufrechterhaltung eines Gebrauchsmusters Verlängerungsgebühr	
122 101	für die erste Verlängerung der Schutzdauer (§ 23 Abs. 2 GebrMG)	405
122 102	für die zweite Verlängerung der Schutzdauer (§ 23 Abs. 2 GebrMG)	690
122 103	für die dritte Verlängerung der Schutzdauer (§ 23 Abs. 2 GebrMG)	1035
122 200	Zuschlag für die Verspätung der Zahlung einer Gebühr der Nummern 122 101 bis 122 103 (§ 23 Abs. 2 Satz 4 und 6 GebrMG)	10% der Gebühren
	3. Sonstige Anträge	
123 300	Für den Antrag auf Eintragung einer Änderung in der Person des Rechtsinhabers (§ 8 Abs. 4 GebrMG)	70
123 600	Für den Antrag auf Löschung (§ 16 GebrMG)	345
	III. Marken; geographische Angaben und Ursprungsbezeichnungen	
	1. Eintragungsverfahren	
131 100	Anmeldegebühr bei Marken einschließlich der Klassengebühr bis zu drei Klassen (§ 32 Abs. 4 MarkenG)	575
131 150	Klasengebühr bei Anmeldung einer Marke für jede Klasse ab der vierten Klasse (§ 32 Abs. 4 MarkenG)	175
131 200	Anmeldegebühr bei Kollektivmarken einschließlich der Klassengebühr bis zu drei Klassen (§ 97 Abs. 2, § 32 Abs. 4 MarkenG)	1725
131 250	Klassengebühr bei Anmeldung einer Kollektivmarke für jede Klasse ab der vierten Klasse (§ 97 Abs. 2, § 32 Abs. 4 MarkenG)	290
131 300	Zuschlag für die verspätete Zahlung einer Gebühr der Nummern 131 100 bis 131 250 (§ 36 Abs. 3 MarkenG)	115
131 400	Für die Erhebung des Widerspruchs (§ 42 Abs. 3 MarkenG)	230
131 600	Für den Antrag auf beschleunigte Prüfung (§ 38 Abs. 2 MarkenG)	485
131 700	Für den Antrag auf Teilung oder Teilübertragung einer Anmeldung (§ 40 Abs. 2, §§ 31, 27 Abs. 4 MarkenG)	575

Anh 4 PatGebG

Gebührengesetz

Nummer	Gebührentatbestand	Gebühr in Deutsche Mark
	2. Verlängerung der Schutzdauer	
132 100	Verlängerungsgebühr bei Marken einschließlich der Klassengebühr bis zu drei Klassen (§ 47 Abs. 3 MarkenG)	1150
132 150	Klassengebühr bei Verlängerung der Schutzdauer einer Marke für jede Klasse ab der vierten Klasse (§ 47 Abs. 3 MarkenG)	520
132 200	Verlängerungsgebühr bei Kollektivmarken einschließlich der Klassengebühr bis zu drei Klassen (§ 97 Abs. 2, § 47 Abs. 3 MarkenG)	3450
132 250	Klassengebühr bei Verlängerung der Schutzdauer einer Kollektivmarke für jede Klasse ab der vierten Klasse (§ 97 Abs. 2, § 47 Abs. 3 MarkenG)	520
132 300	Zuschlag für die verspätete Zahlung einer Gebühr der Nummern 132 100 bis 132 250 (§ 36 Abs. 3 MarkenG)	10% der Gebühren
	3. Sonstige Anträge	
133 400	Für den Antrag auf Teilung oder Teilübertragung einer Eintragung (§ 46 Abs. 3, § 27 Abs. 4 MarkenG)	690
133 600	Für den Antrag auf Löschung (§ 54 Abs. 2 MarkenG)	690
	4. Internationale Registrierung	
134 100	Nationale Gebühr für den Antrag auf internationale Registrierung nach dem Madrider Markenabkommen (§ 109 Abs. 1 MarkenG) oder	345
134 200	Nationale Gebühr für den Antrag auf internationale Registrierung nach dem Protokoll zum Madrider Markenabkommen (§ 121 Abs. 1 MarkenG)	345
134 300	Gemeinsame nationale Gebühr für den Antrag auf internationale Registrierung sowohl nach dem Madrider Markenabkommen als auch nach dem Protokoll zum Madrider Markenabkommen (§ 121 Abs. 2 MarkenG)	345
134 400	Nationale Gebühr für den Antrag auf nachträgliche Schutzerstreckung nach dem Madrider Markenabkommen (§ 111 Abs. 1 MarkenG)	230
134 500	Nationale Gebühr für den Antrag auf nachträgliche Schutzerstreckung nach dem Protokoll zum Madrider Markenabkommen (§ 123 Abs. 1 Satz 2 MarkenG)	230
134 600	Gemeinsame nationale Gebühr für den Antrag auf nachträgliche Schutzerstreckung sowohl nach dem Madrider Markenabkommen als auch nach dem Protokoll zum Madrider Markenabkommen (§ 123 Abs. 2 Satz 2 MarkenG)	230
	5. Umwandlung einer international registrierten Marke oder einer Gemeinschaftsmarke	
135 100	Für den Antrag auf Umwandlung einer Marke einschließlich der Klassengebühr bis zu drei Klassen	

Gebührengesetz — PatGebG Anh 4

Nummer	Gebührentatbestand	Gebühr in Deutsche Mark
	(§ 125 Abs. 2, § 125 d Abs. 1, § 32 Abs. 4 MarkenG)	575
135 150	Klassengebühr bei Umwandlung einer Marke für jede Klasse ab der vierten Klasse (§ 125 Abs. 2, § 125 d Abs. 1, § 32 Abs. 4 MarkenG)	175
135 200	Für den Antrag auf Umwandlung einer Kollektivmarke einschließlich der Klassengebühr bis zu drei Klassen (§ 125 Abs. 2, § 125 d Abs. 1, § 97 Abs. 2, § 32 Abs. 4 MarkenG)	1725
135 250	Klassengebühr bei Umwandlung einer Kollektivmarke für jede Klasse ab der vierten Klasse (§ 125 Abs. 2, § 125 d Abs. 1, § 97 Abs. 2, § 32 Abs. 4 MarkenG)	290
135 300	Zuschlag für die verspätete Zahlung einer Gebühr der Nummern 135 100 bis 135 250 (§ 125 Abs. 2, § 125 d Abs. 1, § 36 Abs. 3 MarkenG)	115
	6. Geographische Angaben und Ursprungsbezeichnungen	
136 100	Für den Antrag auf Eintragung einer geographischen Angabe oder Ursprungsbezeichnung (§ 130 Abs. 2 MarkenG)	1725
136 200	Für den Einspruch gegen die Eintragung einer geographischen Angabe oder Ursprungsbezeichnung (§ 132 Abs. 2 MarkenG)	230
	IV. Musterregistersachen	
	1. Anmeldeverfahren	
	Anmeldegebühr (§ 8 c GeschmMG)	
141 110	(1) bei Anmeldung eines Musters oder Modells für die Schutzdauer nach § 9 Abs. 1 GeschmMG	115
141 120	(2) bei Sammelanmeldung (§ 7 Abs. 9 GeschmMG) für die Schutzdauer nach § 9 Abs. 1 GeschmMG für jedes Muster oder Modell,	11,50
141 121	mindestens jedoch	115
	(3) bei Aufschiebung der Bekanntmachung einer Abbildung der Darstellung des Musters oder Modells	
141 131	– bei Anmeldung eines Musters oder Modells	45
141 132	– bei Sammelanmeldung für jedes Muster oder Modell,	4,50
141 133	– mindestens jedoch	45
141 134	– zusätzlich zu den Gebühren der Nummern 141 131 bis 141 133 für den Antrag auf Aufschiebung (§ 8 c Abs. 1 Satz 2 GeschmMG)	17
141 140	(4) bei Darstellung durch das Erzeugnis selbst oder eines Teils davon (§ 7 Abs. 6 GeschmMG) zusätzlich zu den Gebühren der Nummern 141 110 bis 141 134	460
	Für die Erstreckung des Schutzes bei Aufschiebung der Bildbekanntmachung (§ 8 b Abs. 2 GeschmMG)	
	(1) bei Zahlung innerhalb der ersten zwölf Monate der Aufschiebungsfrist	

Anh 4 PatGebG

Gebührengesetz

Nummer	Gebührentatbestand	Gebühr in Deutsche Mark
141 211	– für ein angemeldetes Einzelmuster	115
141 212	– für jedes Muster einer Sammelanmeldung, für das der Schutz nach § 8 b Abs. 2 GeschmMG erstreckt werden soll,	11,50
141 213	– mindestens jedoch	115
141 220	(2) Zuschlag zu den Gebühren der Nummern 141 211 bis 141 213 bei Zahlung nach den ersten zwölf Monaten der Aufschiebungsfrist (§ 8 b Abs. 2 GeschmMG)	20% der Gebühren
	2. Verlängerung der Schutzdauer (§ 9 Abs. 2 und 3 GeschmMG)	
	Für die Verlängerung der Schutzdauer um fünf Jahre für jedes Muster oder Modell, auch in einer Sammelanmeldung (§ 7 Abs. 9 GeschmMG),	
142 110	vom 6. bis 10. Schutzjahr	175
142 120	vom 11. bis 15. Schutzjahr	230
142 130	vom 16. bis 20. Schutzjahr	345
142 140	vom 21. bis 25. Schutzjahr (Artikel 2 Abs. 1 Nr. 4 des Schriftzeichengesetzes)	575
142 150	Für die Verlängerung der Schutzdauer eines Modells, das durch das Erzeugnis selbst oder einen Teil davon dargestellt wird (§ 7 Abs. 6 GeschmMG), zusätzlich zu den Gebühren der Nummern 142 110 bis 142 130 jeweils	460
142 200	Zuschlag zu den Gebühren der Nummern 142 110 bis 142 150 für die verspätete Zahlung der Verlängerungsgebühren (§ 9 Abs. 3 Satz 2 GeschmMG) je Muster oder Modell	10% der Gebühren
	3. Sonstige Gebühren	
143 100	Für den Antrag auf Eintragung einer Änderung in der Person des Anmelders oder Inhabers des Musters oder Modells	70
	V. Topographieschutzsachen	
	1. Anmeldeverfahren	
151 100	Anmeldegebühr (§ 3 Abs. 5 HalblSchG)	575
	2. Sonstige Anträge	
153 300	Für den Antrag auf Eintragung einer Änderung in der Person des Rechtsinhabers (§ 4 Abs. 2 HalblSchG in der Verbindung mit § 8 Abs. 4 GebrMG)	70
153 600	Für den Antrag auf Löschung (§ 8 Abs. 4 HalblSchG)	345
	B. Gebühren des Patentgerichts	
	I. Patentsachen	
	1. Beschwerdeverfahren	
214 100	Für die Einlegung der Beschwerde (§ 73 Abs. 3 PatG)	345

Gebührengesetz **PatGebG Anh 4**

Nummer	Gebührentatbestand	Gebühr in Deutsche Mark
	2. Nichtigkeits- und Zwangslizenzverfahren	
215 110	Für die Klage auf Erklärung der Nichtigkeit oder auf Erteilung oder Zurücknahme einer Zwangslizenz oder wegen der Anpassung der durch Urteil festgesetzten Vergütung für eine Zwangslizenz (§ 81 Abs. 6 PatG)	865
215 210	Für den Antrag auf Erlass einer einstweiligen Verfügung (§ 85 Abs. 2 PatG)	690
	II. Gebrauchsmustersachen	
	1. Beschwerdeverfahren	
	Für die Einlegung der Beschwerde (§ 18 Abs. 2 GebrMG)	
224 110	gegen den Beschluss der Gebrauchsmusterstelle	345
224 120	gegen den Beschluss der Gebrauchsmusterabteilung	600
	2. Zwangslizenzverfahren	
225 110	Für die Klage auf Erteilung oder Zurücknahme einer Zwangslizenz oder wegen der Anpassung der durch Urteil festgesetzten Vergütung für eine Zwangslizenz (§ 20 GebrMG in Verbindung mit § 81 Abs. 6 PatG)	600
225 210	Für den Antrag auf Erlass einer einstweiligen Verfügung (§ 20 GebrMG in Verbindung mit § 85 Abs. 2 PatG)	470
	III. Marken; geographische Angaben und Ursprungsbezeichnungen	
234 100	Für die Einlegung der Beschwerde außer dem Fall der Nummer 234 600 (§ 66 Abs. 5 MarkenG)	345
234 600	Beschwerdegebühr in Löschungssachen (§ 66 Abs. 5, §§ 53 und 54 MarkenG)	600
	IV. Musterregistersachen	
	Für die Einlegung der Beschwerde (§ 10a GeschmMG)	
244 110	gegen die Entscheidung des Patentamts, die ein einzelnes Muster oder Modell betrifft	345
244 120	gegen die Entscheidung des Patentamts, die eine Sammelanmeldung (§ 7 Abs. 9 GeschmMG) betrifft	600
	V. Topographieschutzsachen	
	Für die Einlegung der Beschwerde	
254 110	gegen den Beschluss der Topographiestelle (§ 4 Abs. 4 Satz 3 HalblSchG in Verbindung mit § 18 Abs. 2 GebrMG)	345
254 120	gegen den Beschluss der Topographieabteilung (§ 4 Abs. 4 Satz 3 HalblSchG in Verbindung mit § 18 Abs. 2 GebrMG)	600
	VI. Sortenschutzsachen	
264 100	Für die Einlegung der Beschwerde gegen Beschlüsse der Widerspruchsausschüsse beim Bundessortenamt (§ 34 Abs. 2 des Sortenschutzgesetzes)	345

5. Verordnung über die Zahlung der Gebühren des Deutschen Patent- und Markenamts und des Bundespatentgerichts (PatGebZV)

Vom 15. Oktober 1991

(BGBl. I S. 2012), geändert durch VO v. 17. 3. 1994 (BGBl. I S. 612), VO v. 14. 9. 1998 (BGBl. I S. 2875)

Auf Grund des § 3 Abs. 1 des Gesetzes über die Gebühren des Patentamts und des Patentgerichts vom 18. August 1976 (BGBl. I S. 2188) verordnet der Bundesminister der Justiz:

§ 1. Gebühren des Patentamts und des Patentgerichts können außer durch Barzahlung entrichtet werden
1. durch Übergabe oder Übersendung
   a) von Gebührenmarken,
   b) von Schecks, die auf ein Kreditinstitut im Geltungsbereich dieser Verordnung gezogen und nicht mit Indossament versehen sind,
   c) eines Auftrags zur Abbuchung von einem Konto bei einem Kreditinstitut, das nach einer Bekanntmachung des Präsidenten des Deutschen Patent- und Markenamts ermächtigt ist, solche Konten zu führen;
2. durch Überweisung;
3. durch Einzahlung auf ein Konto der Zahlstelle des Deutschen Patent- und Markenamts.

§ 2. Die Gebühren sind, soweit nicht Gebührenmarken verwendet werden, an die Zahlstelle des Deutschen Patent- und Markenamts zu entrichten.

§ 3. Als Einzahlungstag gilt
1. bei Übergabe oder Übersendung von Gebührenmarken der Tag des Eingangs;
2. bei Übergabe oder Übersendung von Schecks oder Abbuchungsaufträgen (§ 1 Nr. 1 Buchstabe b und c) der Tag des Eingangs beim Deutschen Patentamt oder Bundespatentgericht, sofern die Einlösung bei Vorlage erfolgt;
3. bei Einzahlung auf ein Konto (§ 1 Nr. 3) der Tag der Einzahlung;
4. im übrigen der Tag, an dem der Betrag bei der Zahlstelle des Deutschen Patent- und Markenamts eingeht oder deren Konto gutgeschrieben wird.

§ 4. Diese Verordnung tritt am Tage nach der Verkündung in Kraft. Gleichzeitig tritt die Verordnung über die Zahlung der Gebühren des Deutschen Patentamts und des Bundespatentgerichts vom 5. September 1968 (BGBl. I

S. 1000), geändert durch die Verordnung vom 7. Dezember 1989 (BGBl. I S. 2167), außer Kraft.

6. Verordnung über Verwaltungskosten beim Deutschen Patent- und Markenamt (DPMAVw KostV)

Vom 15. Oktober 1991

(BGBl. I S. 2013), geändert durch Verordnung vom 1. 4. 1993 (BGBl. I S. 490), Verordnung vom 12. 9. 1994 (BGBl. I S. 2400), Verordnung vom 1. 2. 1995 (BGBl. I S. 144), Verordnung vom 19. 11. 1995 (BGBl. I S. 1526), Verordnung vom 13. 11. 1998 (BGBl. I S. 3426)

§ 1. Geltungsbereich. Für Amtshandlungen des Patentamts in Patentsachen, Gebrauchsmustersachen, Topographieschutzsachen, Markensachen, Schriftzeichensachen, Geschmacksmustersachen und Urheberrechtssachen werden Kosten (Gebühren und Auslagen), über die nicht anderweitig durch Gesetz oder auf Grund gesetzlicher Ermächtigungen Bestimmungen getroffen sind, nur nach den Vorschriften dieser Verordnung erhoben.

§ 2. Kosten. (1) Die Kosten bestimmen sich nach dem anliegenden Kostenverzeichnis.

(2) Soweit sich aus dem Ersten Teil des Kostenverzeichnisses (Gebührenverzeichnis) nichts anderes ergibt, werden neben den Gebühren Auslagen nach dem Zweiten Teil des Kostenverzeichnisses (Auslagenverzeichnis) nicht besonders erhoben. Auslagen für Telekommunikationsdienstleistungen (Nummer 102 410) werden in jedem Fall erhoben. Auslagen sind auch dann zu erheben, wenn eine Gebühr für die Amtshandlung nicht vorgesehen ist.

§ 3. Mindestbetrag einer Gebühr, Aufrundung. Der Mindestbetrag einer Gebühr ist 20 Deutsche Mark. Pfennigbeträge sind auf volle zehn Deutsche Pfennig aufzurunden.

§ 4. Kostenbefreiung. (1) Von der Zahlung der Kosten sind befreit
1. die Bundesrepublik Deutschland und die bundesunmittelbaren juristischen Personen des öffentlichen Rechts, deren Ausgaben ganz oder teilweise auf Grund gesetzlicher Verpflichtung aus dem Haushalt des Bundes getragen werden;
2. die Länder und die juristischen Personen des öffentlichen Rechts, die nach den Haushaltsplänen eines Landes für Rechnung eines Landes verwaltet werden;
3. die Gemeinden und Gemeindeverbände, soweit die Amtshandlungen nicht ihre wirtschaftlichen Unternehmen betreffen;
4. die Weltorganisation für geistiges Eigentum nach Maßgabe von Verwaltungsvereinbarungen des Bundesministeriums der Justiz im Rahmen der internationalen Zusammenarbeit auf dem Gebiet des gewerblichen Rechtsschutzes.

Verwaltungskosten **KostV Anh 6**

(2) Die Befreiung tritt nicht ein, soweit die in Absatz 1 Nr. 1 bis 3 Genannten berechtigt sind, die Kosten Dritten aufzuerlegen.

(3) Kostenfreiheit nach Absatz 1 besteht nicht für Sondervermögen und Bundesbetriebe im Sinne des Artikels 110 Abs. 1 des Grundgesetzes, für gleichartige Einrichtungen der Länder sowie für öffentlich-rechtliche Unternehmen, an denen der Bund oder ein Land beteiligt ist.

(4) Für die Leistung von Amtshilfe wird eine Gebühr nicht erhoben. Auslagen sind von der ersuchenden Behörde auf Anforderung zu erstatten, wenn sie fünfzig Deutsche Mark übersteigen. Die Absätze 2 und 3 sind entsprechend anzuwenden.

§ 5. Kostenschuldner. (1) Zur Zahlung der Kosten ist verpflichtet,
1. wer die Amtshandlung veranlaßt oder zu wessen Gunsten sie vorgenommen wird;
2. wem durch Entscheidung des Patentamts oder des Patentgerichts die Kosten auferlegt sind;
3. wer die Kosten durch eine gegenüber dem Patentamt abgegebene oder dem Patentamt mitgeteilte Erklärung übernommen hat;
4. wer für die Kostenschuld eines anderen kraft Gesetzes haftet.

(2) Mehrere Kostenschuldner haften als Gesamtschuldner.

§ 6. Fälligkeit. (1) Gebühren werden mit der Beendigung der gebührenpflichtigen Amtshandlung, Auslagen sofort nach ihrer Entstehung fällig.

(2) Die Pauschalgebühr Nummer 101 500 wird erstmals mit der Einstellung der Benutzerkennung, im übrigen mit dem Beginn eines jeden Kalenderjahres fällig. Gebühren für zusätzliche Abfragen werden mit der Pauschalgebühr für das nächste Kalenderjahr fällig.

§ 7. Vorauszahlung, Rücknahme von Anträgen. (1) Das Patentamt kann die Zahlung eines Kostenvorschusses verlangen. Es kann die Vornahme der Amtshandlung von der Zahlung oder Sicherstellung des Vorschusses abhängig machen. Bei Verrichtungen von Amts wegen kann ein Vorschuß nur zur Deckung der Auslagen erhoben werden.

(2) Wird ein Antrag zurückgenommen, bevor die beantragte Amtshandlung vorgenommen wurde, so wird, soweit nichts anderes bestimmt ist, ein Viertel der für die Vornahme bestimmten Gebühr erhoben.

(3) Das Patentamt kann bei Rücknahme eines Antrags von der Erhebung von Kosten absehen, wenn der Antrag auf unverschuldeter Unkenntnis der tatsächlichen und rechtlichen Verhältnisse beruht.

§ 8. Zurückbehaltungsrecht. Bescheinigungen, Ausfertigungen und Abschriften sowie vom Antragsteller anläßlich der Amtshandlung eingereichte Unterlagen können zurückbehalten werden, bis die in der Angelegenheit erwachsenen Kosten bezahlt sind. Von der Zurückbehaltung ist abzusehen,

1. wenn der Eingang der Kosten mit Sicherheit zu erwarten ist,
2. wenn glaubhaft gemacht wird, daß die Verzögerung der Herausgabe einem Beteiligten einen nicht oder nur schwer zu ersetzenden Schaden bringen würde, und nicht anzunehmen ist, daß sich der Schuldner seiner Pflicht zur Zahlung der Kosten entziehen wird oder
3. wenn es sich um Unterlagen eines Dritten handelt, demgegenüber die Zurückbehaltung eine unbillige Härte wäre.

§ 9 Unrichtige Sachbehandlung, Kostenermäßigung. (1) Kosten, die bei richtiger Behandlung der Sache nicht entstanden wären, werden nicht erhoben. Das gleiche gilt für Auslagen, die durch eine von Amts wegen veranlaßte Verlegung eines Termins oder Vertagung einer Verhandlung entstanden sind.

(2) Das Patentamt kann ausnahmsweise, wenn dies mit Rücksicht auf die wirtschaftlichen Verhältnisse des Zahlungspflichtigen oder sonst aus Billigkeitsgründen geboten erscheint, Ratenzahlung oder Stundung der Kosten gewähren, die Kosten unter die Sätze des Kostenverzeichnisses ermäßigen oder von der Erhebung der Kosten absehen.

(3) Das Patentamt kann vom Ansatz von Kosten ganz oder teilweise absehen, wenn Ausfertigungen, Abschriften, Beglaubigungen oder Bescheinigungen für Zwecke verlangt werden, deren Verfolgung überwiegend im öffentlichen Interesse liegt, oder wenn Abschriften amtlicher Bekanntmachungen anderen Tageszeitungen oder Zeitschriften als den amtlichen Bekanntmachungsblättern auf Antrag zum unentgeltlichen Abdruck überlassen werden.

§ 10 Kostenansatz, gerichtliche Entscheidung. (1) Die Kosten werden beim Patentamt angesetzt, auch wenn sie bei einem ersuchten Gericht oder einer ersuchten Behörde entstanden sind.

(2) Über Einwendungen gegen den Kostenansatz oder gegen Maßnahmen nach den §§ 7 und 8 entscheidet die Stelle des Patentamts, die für die Angelegenheit zuständig ist, in der die Kosten erwachsen sind. Das Patentamt kann seine Entscheidung von Amts wegen ändern.

(3) Die in Absatz 2 bezeichnete Stelle trifft auch die Entscheidungen nach § 9. Die Anordnung nach § 9 Abs. 1, daß Kosten nicht erhoben werden, kann in Patent-, Gebrauchsmuster-, Topographieschutz-, Marken-, Schriftzeichen- und Geschmacksmustersachen auch im Aufsichtsweg erlassen werden, solange nicht das Patentgericht entschieden hat.

(4) In Urheberrechtssachen kann der Kostenschuldner gegen eine Entscheidung des Patentamts nach Absatz 2 innerhalb einer Frist von zwei Wochen nach Zustellung gerichtliche Entscheidung beantragen. Der Antrag ist beim Patentamt einzureichen; dieses kann dem Antrag abhelfen. Über den Antrag entscheidet das nach § 138 Abs. 2 Satz 2 des Urheberrechtsgesetzes zuständige Gericht.

Verwaltungskosten **KostV Anh 6**

§ 11 Kostenzahlung. Für die Zahlung der Kosten sind die Vorschriften der Verordnung über die Zahlung der Gebühren des Deutschen Patentamts und des Bundespatentgerichts entsprechend anzuwenden.

§ 12 Verjährung. Für die Verjährung der Kostenforderungen und der Ansprüche auf Rückzahlung zuviel gezahlter Kosten gilt § 17 der Kostenordnung entsprechend.

§ 13 Anwendbarkeit der bisherigen Vorschriften. Bei Amtshandlungen, die vor Inkrafttreten dieser Verordnung beantragt worden sind, bestimmen sich die Kosten weiterhin nach den bisherigen Vorschriften.

Anlage zu § 2 Abs. 1

Kostenverzeichnis

Nummer	Gebührentatbestand	Gebührenbetrag in Deutscher Mark
	A. Gebühren	
	I. Register- und Rollenauszüge	
101 000	Erteilung von beglaubigten Register- oder Rollenauszügen	40
101 010	Erteilung von unbeglaubigten Register- oder Rollenauszügen	20
	II. Beglaubigungen	
101 050	Beglaubigung von Abschriften	
	für jede angefangene Seite	1
	mindestens	20
	Für die Beglaubigung von Abschriften der vom Patentamt erlassenen Entscheidungen und Bescheide werden Gebühren nicht erhoben.	
	Auslagen werden zusätzlich erhoben.	
	III. Bescheinigungen	
101 100	Erteilung eines Prioritätsbelegs, einer Auslandsbescheinigung oder Heimatbescheinigung	35
	Auslagen werden zusätzlich erhoben.	
101 120	Erteilung einer sonstigen Bescheinigung oder schriftlichen Auskunft	30
	Auslagen werden zusätzlich erhoben.	
101 130	Erteilung einer Schmuckurkunde mit angehefteten Unterlagen	40
	Die Erteilung von Patenturkunden (§ 5a DPAV), Gebrauchsmusterurkunden (§ 8 DPAV),	

Anh 6 KostV

Verwaltungskosten

Nummer	Gebührentatbestand	Gebührenbetrag in Deutscher Mark
	Topographieurkunden (§ 8b DPAV), Markenurkunden (§ 11 DPAV) und Geschmacksmuster- und Schriftzeichenurkunden (§ 11b DPAV) ist gebührenfrei.	
	IV. Akteneinsicht	
101 200	Verfahren über Anträge auf Einsicht in Akten, soweit der Antrag nicht betrifft – solche Akten, deren Einsicht jedermann freisteht, – die Akten der eigenen Anmeldung oder des eigenen Schutzrechts.	50
101 210	Verfahren über Anträge auf Erteilung von Abschriften aus Akten, soweit der Antrag nicht betrifft – solche Akten, deren Einsicht jedermann freisteht, – die Akten der eigenen Anmeldung oder des eigenen Schutzrechts oder der Antrag im Anschluß an ein Akteneinsichtsverfahren gestellt wird, für das die Gebühr nach Nummer 101 200 entrichtet worden ist. Auslagen werden zusätzlich erhoben.	50
	V. Auskünfte	
101 400	Mitteilung der öffentlichen Druckschriften, die das Patentamt in Verfahren nach § 43 oder § 44 des Patentgesetzes oder nach § 7 des Gebrauchsmustergesetzes ermittelt hat. Die Mitteilungen gemäß § 43 Abs. 7 des Patentgesetzes und § 7 Abs. 2 Satz 4 des Gebrauchsmustergesetzes sind gebührenfrei.	20
101 410	Erteilung einer schriftlichen Auskunft aus dem Namensverzeichnis zum Musterregister	30
101 420	Erteilung einer Auskunft zum Stand der Technik gemäß § 29 Abs. 3 des Patentgesetzes	850
	VI. Elektronische Rollenauskunft	
101 500	Abfragen gespeicherter Patent-, Gebrauchsmuster-, Marken- und Geschmacksmusterdaten pro Kalenderjahr für bis zu 60 Abfragen,	150
	für jede weitere Abfrage innerhalb eines Kalenderjahres	4
	Abfragen in den Patentinformationszentren sind gebührenfrei.	
	VII. Rücknahme	
101 600	Antragsrücknahme, bevor die beantragte Amtshandlung vorgenommen wurde (§ 7 Abs. 2)	1/4 des Betrages der für die Vornahme bestimmten Gebühr, mindestens 20

Verwaltungskosten **KostV Anh 6**

Nummer	Gebührentatbestand	Gebührenbetrag in Deutscher Mark
	B. Auslagen	
	I. Auslagen für die Erteilung je einer Abschrift der Druckschriften,	
102 010	a) die gemäß § 43 des Patentgesetzes oder § 7 des Gebrauchsmustergesetzes ermittelt wurden, an	
	– den Patentanmelder,	
	– den Gebrauchsmusteranmelder oder -inhaber oder	
	– den antragstellenden Dritten,	30 DM
102 020	b) die im Prüfungsverfahren entgegengehalten oder im Einspruchsverfahren hinzugezogen worden sind, an	
	– den Patentinhaber,	
	– den Patentanmelder oder	
	– den antragstellenden Dritten,	20 DM
	sofern der Antrag auf Erteilung der Abschriften in dem jeweiligen Verfahren gestellt worden ist.	
	II. Schreibauslagen	
102 100	Die Schreibauslagen betragen für jede Seite unabhängig von der Art der Herstellung in derselben Angelegenheit	
	a) für die ersten 50 Seiten,	1 DM
	b) für jede weitere Seite.	0,30 DM
	1. Schreibauslagen werden erhoben für	
	a) Ausfertigungen und Abschriften, die auf Antrag erteilt, angefertigt oder als Telefax übermittelt werden,	
	b) Abschriften, die angefertigt worden sind, weil die Beteiligten es unterlassen haben, einem von Amts wegen zuzustellenden Schriftstück die erforderliche Zahl von Abschriften beizufügen,	
	c) Abschriften, die für die Akten angefertigt werden, weil die vorgelegten Schriftstücke zurückgefordert werden,	
	d) Ausfertigungen und Abschriften, die angefertigt werden, weil Schriftstücke, die mehrere Anmeldungen oder Schutzrechte betreffen, nicht in der erforderlichen Zahl eingereicht wurden,	
	e) Ausfertigungen und Abschriften, deren Kosten nach § 4 Abs. 4 zu erstatten sind.	
	2. Frei von Schreibauslagen sind für jeden Beteiligten	

Anh 6 KostV Verwaltungskosten

Nummer	Gebührentatbestand	Gebührenbetrag in Deutscher Mark
	a) eine vollständige Ausfertigung oder Abschrift der Entscheidungen und Bescheide des Patentamts,	
	b) eine weitere vollständige Ausfertigung oder Abschrift bei Vertretung durch einen Bevollmächtigten,	
	c) eine Abschrift jeder Niederschrift über eine Sitzung.	
	III. Auslagen für Fotos, graphische Darstellungen	
	1. Schwarzweißfotografien	
	a) bei Anfertigung durch das Patentamt:	
102 200	Aufnahme eines Modells oder Anfertigung eines Filmnegativs	10 DM
102 210	Auslagen für das Filmnegativ	2 DM
102 220	Auslagen für jeden Abzug	2 DM
102 230	b) bei Anfertigung durch Dritte im Auftrag des Patentamts	in voller Höhe
	2. Farbige Fotografien	
102 250	Anfertigung durch Dritte im Auftrag des Patentamts	in voller Höhe
	3. Graphische Darstellungen	
102 280	Anfertigung durch Dritte im Auftrag des Patentamts	in voller Höhe
	IV. Öffentliche Bekanntmachungen, Druckkosten,	
102 300	Kosten für die öffentliche Bekanntmachung gemäß § 36a des Patentgesetzes in der Fassung vom 2. Januar 1968	
	pro Zeile,	5 DM
	mindestens	50 DM
102 310	Kosten für die öffentliche Bekanntmachung in Geschmacksmustersachen	in voller Höhe
102 320	Kosten für die öffentliche Bekanntmachung in Urheberrechtssachen	in voller Höhe
	Kosten für zusätzliche Bekanntmachungen im Patentblatt, im Markenblatt oder im Geschmacksmusterblatt, soweit sie durch den Anmelder veranlaßt sind:	
102 330	a) in Geschmacksmusterverfahren	in voller Höhe
102 340	b) in allen übrigen Verfahren	
	pro Zeile,	5 DM
	mindestens	50 DM
102 350	Kosten für den Neudruck oder die Änderung einer Offenlegungsschrift, oder Patentschrift, soweit sie durch den Anmelder veranlaßt sind:	
	pro Zeile,	5 DM
	mindestens	50 DM

Verwaltungskosten **KostV Anh 6**

Nummer	Gebührentatbestand	Gebührenbetrag in Deutscher Mark
	V. Sonstige Auslagen	
	Als Auslagen werden ferner erhoben	
102 410	Entgelte für Telekommunikationsdienstleistungen außer für den Telefondienst	in voller Höhe
102 420	die nach dem Gesetz über die Entschädigung von Zeugen und Sachverständigen zu zahlenden Beträge; erhält ein Sachverständiger auf Grund des § 1 Abs. 3 des Gesetzes über die Entschädigung von Zeugen und Sachverständigen keine Entschädigung, so ist der Betrag zu erheben, der ohne diese Vorschrift nach dem Gesetz über die Entschädigung von Zeugen und Sachverständigen zu zahlen wäre; sind die Aufwendungen durch mehrere Geschäfte veranlaßt, die sich auf verschiedene Verfahren beziehen, so werden die Aufwendungen auf die mehreren Geschäfte unter Berücksichtigung der auf die einzelnen Geschäfte verwendeten Zeit angemessen verteilt;	in voller Höhe
102 430	die bei Geschäften außerhalb des Patentamts den Bediensteten auf Grund gesetzlicher Vorschriften gewährten Vergütungen (Reisekostenvergütung, Auslagenersatz) und die Kosten für die Bereitstellung von Räumen; sind die Aufwendungen durch mehrere Geschäfte veranlaßt, die sich auf verschiedene Angelegenheiten beziehen, so werden die Aufwendungen auf die mehreren Geschäfte unter Berücksichtigung der Entfernungen und der auf die einzelnen Geschäfte verwendeten Zeit angemessen verteilt;	in voller Höhe
102 440	die Kosten einer Beförderung von Personen sowie Beträge, die mittellosen Personen für die Reise zum Ort einer Verhandlung, Vernehmung oder Untersuchung und für die Rückreise gewährt werden;	in voller Höhe
102 450	die Kosten der Beförderung von Tieren und Sachen, mit Ausnahme der hierbei erwachsenden Postgebühren, der Verwahrung von Sachen sowie der Verwahrung und Fütterung von Tieren;	in voller Höhe
102 460	die Beträge, die anderen inländischen Behörden, öffentlichen Einrichtungen oder Beamten als Ersatz für Auslagen der in den Nummern 102 410 bis 102 450 bezeichneten Art zustehen, und zwar auch dann, wenn aus Gründen der Gegenseitigkeit, der Verwaltungsvereinfachung und dergleichen keine Zahlungen zu leisten sind; diese Beträge sind duch die Höchstsätze für die bezeichneten Auslagen begrenzt;	in voller Höhe
102 470	Beträge, die ausländischen Behörden, Einrichtungen oder Personen im Ausland zustehen, sowie Kosten des Rechtshilfeverkehrs mit dem	

Anh 6 KostV Verwaltungskosten

Nummer	Gebührentatbestand	Gebührenbetrag in Deutscher Mark
	Ausland, und zwar auch dann, wenn aus Gründen der Gegenseitigkeit, der Verwaltungsvereinfachung und dergleichen keine Zahlungen zu leisten sind.	in voller Höhe

Sachverzeichnis

Fette Zahlen bedeuten Paragraphen; magere Zahlen bedeuten Randnummern.

Abhängigkeit 11 8; **12 a** 21
– älteres Recht **14** 10, 16
Abhilfe 18 21
Abmahnung 24 96 ff
– Berechtigungsanfrage **24** 96
– inhaltliche Anforderungen **24** 100
– Kosten **24** 101, 106
– Realakt **24** 98
– unberechtigte Abmahnung **24** 102 ff
– Vollmachtsurkunde **24** 98
– Zugang **24** 99
Abzweigung 5 4 ff; **14** 19; **Vorbem.** 28 ff
– Ausscheidungsanmeldung **5** 10
– fremdsprachige Patentanmeldung **4 a** 5
– Gebühr **5** 29
– Neuheitsschonfrist **3** 86
– Verfahren **5** 23 ff
– Voraussetzungen **5** 4 ff
– Weg zum Gebrauchsmuster **Einl v. § 4** 11
– widerrechtliche Entnahme **5** 13
– Wirkung **5** 30, 31
Älteres Recht 14 4 ff
– Doppelschutz **14** 2; **15** 48
– Einwand **11** 55; **13** 8; **15** 48
– jüngeres Patent **14** 10 ff
– Löschungsanspruch **13** 8
– prior claims approach **15** 50
– prioritätsgleiches Recht **14** 19
– Prioritätsprinzip **14** 4
– Strafbarkeit **25** 5
– Vorbenutzungsrecht **14** 14
Äquivalenz
– abhängige Erfindung **12 a** 21

– Einrede des Standes der Technik **12 a** 19
– und Neuheit **3** 65
– Teilschutz **12 a** 22; **24** 18
– und Verletzung **12 a** 18; **24** 17
– verschlechterte Ausführungsform **12 a** 20
Ästhetische Formschöpfungen 1 46
Akteneinsicht 8 82 ff; **9** 11
Allgemeines Fachwissen 1 147; 153; **3** 66; **4** 51
– Schutzumfang **12 a** 10
Amts- und Gerichtssprache 21 17, 18
– fremdsprachige Anmeldungen **4 a** 2 ff
Anbieten s. Benutzung
Anlagen 1 35
Anmeldeerfordernisse 4 6 ff
– Antrag **4** 15
– Beschreibung **4** 30 ff
– Bezeichnung **4** 17
– Einheitlichkeit **4** 36 ff
– Einreichungsort **4** 14
– Erklärung zur Teilung, Ausscheidung, Abzweigung **4** 18
– fremdsprachige Unterlagen **4 a** 2 ff
– Gebühr **4** 40 ff
– Schutzanspruch **4** 19 ff
– Zeichnung **4** 35 ff
Anmeldergrundsatz 13 38, 42
Anmeldetag 4 6 ff; **4 a** 9 ff
Anmeldung
– absolute materielle Voraussetzungen **Einl. v. § 4** 2 ff

Sachverzeichnis

Fette Zahlen bedeuten Paragraphen

- Änderungen **4** 57 ff
- Anfechtbarkeit **Einl. v. § 4** 23
- Anhörung **Einl. v. § 4** 18
- formelle Voraussetzungen **Einl. v. § 4** 2
- internationale (PCT-)Anmeldung **Einl. v. § 4** 12; 4 46; **8** 19
- Mängelbescheid **Einl. v. § 4** 17
- Offenbarung **4** 48 ff
- Rechtsnatur **Einl. v. § 4** 22
- Rücknahme **Einl. v. § 4** 18
- Schriftlichkeit des Verfahrens **Einl. v. § 4** 33, 34
- Teilung **4** 75 ff
- Verfahrensbeteiligte **Einl. v. § 4** 28
- Verfahrensprinzipien **Einl. v. § 4** 31 ff
- Zurückweisung **Einl. v. § 4** 17, 18; **4 a** 15, 16; **8** 32 ff

Anordnung 1 35, 70, 118

Anspruchskategorien 4 21 ff; **12 a** 7
- Hauptanspruch **4** 22
- Nebenanspruch **4** 23
- Unteranspruch **4** 24

Arzneimittel 1 125 ff
- Einzelzubereitung **12** 8, 9

Aufgabe s. technisches Problem

Ausführbarkeit 1 20 ff
- Brauchbarkeit **1** 29
- Löschungsgrund **15** 33
- Offenbarung **4** 54

Auskunftsanspruch 24 66; **24 b** 4 ff, 19 ff
- Aktivlegitimation **24 b** 6
- allgemeiner Auskunftsanspruch **24 b** 1, 4 ff
- Ausforschung **24 b** 1
- Beschlagnahme **25 a** 8
- eidesstattliche Versicherung **24 b** 17, 30
- einstweilige Verfügung **24 b** 31
- Gebrauchsmusterberühmung s. dort
- gerichtliche Durchsetzung **24 b** 18, 31, 32

- Herkunft und Vertriebsweg **24 b** 19 ff
- Passivlegitimation **24 b** 6
- Rechnungslegung s. dort
- Umfang **24 b** 16 ff, 24 ff
- Verhältnismäßigkeit (Drittauskunft) **24 b** 23
- Verwertungsverbot **24 b** 33
- Voraussetzungen **24 b** 7 ff
- Wirtschaftsprüfervorbehalt **24 b** 16

Ausscheidungsanmeldung 4 79 ff
- Abzweigung **5** 10
- und Einheitlichkeit **4** 39
- Gebühr **4** 42

Aussetzung
- Bindungswirkung des Löschungsverfahrens für Verletzungsrechtsstreit **19** 13 ff
- des Eintragungsverfahrens **8** 7
- und einstweiliges Verfügungsverfahren **19** 4
- fakultative **19** 7
- des Löschungsverfahrens **17** 21; **19** 2
- Rechtsbehelf **19** 9 ff
- Verfahren **19** 9 ff
- des Verletzungsrechtsstreits **19** 2 ff
- zwingende **19** 8

Ausstellungsschutz 3 90, 91
Auswahlerfindung 1 167
- Neuheit **3** 81, 82

Bedienungsanleitungen 1 48
Belohnung 1 3; **3** 2; **24** 7
Benutzung 11 9 ff
- allgemein im Handel erhältliche Erzeugnisse **11** 36
- Anbieten **11** 17, 31; **24** 4
- Auslegung des Schutzanspruchs **24** 9 ff
- Besitzen **11** 21; **24** 4
- Einführen **11** 20M **24** 4
- Einwendungen **11** 387 ff s. auch dort
- Gebrauchen **11** 19; **24** 4

738

magere Zahlen bedeuten Randnummern **Sachverzeichnis**

- Herstellen **11** 14 ff; **24** 4
- Inverkehrbringen **11** 18; **24** 4
- Maßgeblichkeit des Schutzanspruchs **11** 9 ff; **24** 8
- mittelbare **11** 27 ff; **24** 5
- Normadressat **11** 29
- Täter, Teilnehmer **11** 29, 56
- territorialer Schutzbereich **11** 22 ff, 32
- unmittelbare **11** 9 ff; **24** 4
- verbotene Benutzung **11** 9 ff
- s. auch Verletzungsform
- Vorbereitungshandlungen **11** 10
- wesentliches Element **11** 15, 16, 30; **24** 5

Benutzungsanordnung
- staatliche **13** 33

Benutzungsrecht 11 2 ff
- Abhängigkeit **11** 8
- älteres Recht **14** 13, 17
- Gegenstand des Gebrauchsmusters **11** 3
- Inhaber **11** 4, 5
- Pfändung **11** 4
- Rechtsverschaffungspflicht **11** 5
- Verbietungsrecht **11** 2

Bereicherungsansprüche 24 67
- Zinsen **24** 67
- Lizenzanalogie **24** 67
- nach Löschung **17** 52

Beschlagnahme
- Antrag **25 a** 2
- Auskunftsrecht **25 a** 8
- Benachrichtigung **25 a** 7
- Besichtigungsrecht **25 a** 9
- Durchfuhr **25 a** 5
- EG-VO Nr. 3295/94 **25 a** 1
- Einziehung **25 a** 11
- Gegenstand **25 a** 6
- Import/Export **25 a** 4
- offensichtliche Rechtsverletzung **25 a** 3
- Rechtsmittel **25 a** 13
- Schadenersatz **25 a** 14
- Sicherheitsleistung **25 a** 5
- Verfahren nach Beschlagnahme **25 a** 10 ff

- Voraussetzungen **25 a** 2 ff
- Widerspruch **25 a** 12

Beschränkung
- Schutzanspruch **12 a** 13; **24** 16

Beschreibung 4 30 ff; **12 a** 11; **24** 15

Beschwerde 18 2 ff
- Abhilfe **18** 21
- Ausschlussbeschwerde **18** 20, 40
- Beschwerdeberechtigung **18** 14, 15
- gegen Beschlüsse **18** 3 ff
- inhaltliche Anforderungen **18** 19
- Wirkung **18** 26
- Zulässigkeit **18** 2
- Zurücknahme **18** 39

Beschwerdeberechtigung 18 14, 15
- Beschwer **18** 14
- Beschwerdeberechtigter **18** 15

Beschwerdeverfahren 18 16 ff, 27 ff
- Beschwerdesenate **18** 28 ff
- Beweisaufnahme **18** 35
- Einlegung, Form, Frist **18** 16 ff
- Entscheidung **18** 40
- Kosten, Kostenfestsetzung **18** 45 ff
- mündliche Verhandlung **18** 34
- Offizialmaxime **18** 32
- Rechtsmittel **18** 52
- Rückzahlung der Beschwerdegebühr **18** 48
- Zurückverweisung **18** 43

Beseitigungsanspruch s. Vernichtungsanspruch

Besichtigungsanspruch 24 26
- Beschlagnahme **25 a** 9

Besitzen s. Benutzung

Beweis
- Beweiserleichterung **11** 33; **24** 27
- Darlegungslast **3** 58; **11** 39
- materielle Beweislast **16** 18
- Offizialmaxime **3** 58; **16** 8
- Schutzfähigkeit **3** 58; **11** 39
- Verjährung **24 c** 4
- Vertraulichkeit **3** 58
- Vindikation **13** 45
- Vorbenutzung **13** 27

Sachverzeichnis

Fette Zahlen bedeuten Paragraphen

Beweiserleichterung 11 33; **24** 27
Bindungswirkung s. Aussetzung und Schutzvoraussetzungen
Biotechnologierichtlinie 2 13
– biologisches Material **2** 13
– biotechnologische Erfindungen und der Mensch **2** 17
– mikrobiologisches Verfahren **2** 13
– Pflanze **2** 13
– Pflanzensorte **2** 13
– Tiere **2** 13
Biotechnologische Erfindung 1 52 ff; 137
Brauchbarkeit s. technische Brauchbarkeit

Chemische Stoffe 1 52, 125 ff
– Neuheit3 62, 78
Computer- und computerprogrammbezogene Erfindungen 1 56 ff
– Algorithmus **1** 63, 69
– Computerprogramme als solche **1** 57
– ergänzender Leistungsschutz **1** 56
– Kerntheorie **1** 65 ff
– Organisationsregeln **1** 69
– Software **1** 61 ff
– Urheberrecht **1** 56

Disclaimer 4 29; **15** 58; **17** 44
Dispositionsmaxime Einl. v. § 4 32; **Einl. v. § 15** 5; **16** 11, 13; **17** 30; **18** 32
Durchschnittsfachmann 1 150 ff; **3** 21
– Fachkenntnisse, Fertigkeiten **4** 54
– Schutzanspruch **12 a** 3; **24** 9
– Verletzungsrechtsstreit **24** 9

Einheitlichkeit 1 34; **4** 36 ff
Einstweilige Verfügung 24 88 ff
– Abwägung **24** 92
– Beschlussverfügung **24** 88
– Darlegungs- und Beweislast für Schutzfähigkeit **11** 39; **24** 88, 89
– Dringlichkeit **24** 91

– Drittauskunft **24 b** 31
– keine Aussetzung **19** 4
– Recherche **7** 3; **24** 88, 89
– Schadenersatz nach § 945 ZPO **24** 95
– Unterlassungsanspruch **24** 88
– Urteilsverfügung **24** 88
– Vollstreckung **24** 94
Eintragung 8 9 ff
– Beschluss **8** 13
– Eintragungsverfügung **4** 57 ff; **8** 13 ff
– Gegenstand **8** 12
– Haupt- u. Hilfsantrag **9** 10
– Legitimationswirkung **8** 20 ff
– Rechtscharakter **8** 13
– Umschreibung **8** 20
– Wirkung **Einl. v. § 4** 20; **8** 12; **11** 2 ff
– Zurückweisung der Anmeldung **8** 32 ff
Einwendungen 11 38 ff; **24** 28 ff
– älteres Recht **11** 55; **13** 8; **24** 29
– behördliche Benutzungsanordnung **11** 48
– eigenes Benutzungsrecht **24** 29
– Erlöschen des Gebrauchsmusters **11** 40; **24** 28
– Erschöpfung des Gebrauchsmusterrechts **11** 42 ff; **24** 35
– fehlender Rechtsbestand (Löschungsreife) **11** 39; **24** 28
– freier Stand der Technik **11** 50; **12 a** 19; **19** 14; **24** 30
– gegen Verbietungsrecht **11** 38 ff; **24** 28 ff
– Inanspruchnahme **11** 49
– unzulässige Erweiterung **11** 52; **12 a** 13; **24** 32
– unzulässige Rechtsausübung **11** 54
– Versuchszwecke **24** 34
– Verwirkung **11** 53; **24** 33
– Vorbenutzungsrecht **11** 46; **13** 20 ff; **24** 29
– Weiterbenutzungsrecht **11** 47; **24** 29

magere Zahlen bedeuten Randnummern **Sachverzeichnis**

- weitere Rechtfertigungsgründe **12** 13; **24** 36
- widerrechtliche Entnahme **11** 51; **13** 9 ff; **24** 31
- Zustimmung des GebrM-Inhabers **11** 40

Einziehung s. Beschlagnahme, Vernichtungsanspruch

Entdeckung 1 42, 43

Entschädigung s. Schadenersatzanspruch

Erfinder 13 39
- Miterfinder **13** 39
- Erfinderpersönlichkeitsrecht **13** 37

Erfinderischer Schritt 1 141 ff
- allgemeines Fachwissen **1** 147
- Anforderungen **1** 156 ff
- Beweisanzeichen **1** 160 ff
- could-would-Test **1** 159
- Darlegungs- und Beweislast **1** 142
- Durchschnittsfachmann **1** 150 ff
- Einzelfälle **1** 160 ff
- Massenartikel **1** 188
- mosaiksteinförmige Betrachtung **1** 146
- Neuheitsschonfrist **1** 145; **3** 84
- Routine **1** 197
- Stand der Technik **1** 145
- unbestimmter Rechtsbegriff **1** 142
- Verhältnis zur Neuheit **3** 15 ff
- Vermutung **1** 142

Erfinderrecht 13 35 ff
- Anmeldergrundsatz **13** 38, 42
- Anspruch auf Eintragung **13** 38
- Erfinder **13** 39
- Erfinderpersönlichkeitsrecht **13** 37
- Miterfinder **13** 39
- Recht auf das Gebrauchsmuster **13** 37
- Recht aus dem Gebrauchsmuster **13** 30
- Vermögensrecht **13** 37
- Vindikation **13** 43

Erfindung 1 4 ff
- Anforderungen **1** 4, 5
- Ausführbarkeit **1** 20 ff
- ausgeschlossene Erfindungen **1** 41 ff
- Beispiele schützbarer Erfindungen **1** 32 ff
- biotechnologische Erfindung **1** 28
- Brauchbarkeit **1** 29
- computerbezogene **1** 56 ff
- fertige Erfindung **1** 18
- gentechnologische **2** 7
- Kombinationserfindung **12** 39, 40
- Mikroorganismus **1** 27 ff
- Offenbarung **1** 26
- soziale Nützlichkeit **1** 30
- Technikbegriff **1** 4 ff
- technischer Fortschritt **1** 31
- Verfahrenserfindung **1** 37
- Wiederholbarkeit **1** 20 ff
- Zufallserfindung **1** 5

Erlöschen
- Erlöschensgründe **11** 40; **23** 23 ff
- des Gebrauchsmusters **23** 18, 19

Erschöpfung s. Einwendungen

Erzeugnis 1 115 ff, 126; **2** 14
- Erzeugnisschutz **11** 12
- Verletzung **24** 6

Europäische Entwicklung Vorbem. 32 ff

Fachmann s. Durchschnittsfachmann

Fertige Erfindung 1 18 f; **4** 56
- Versuche **1** 19
- Vorbenutzungsrecht **13** 21

Flächenmuster 1 48

Gebrauchen s. Benutzung

Gebrauchsanweisungen 1 48

Gebrauchsmuster
- Anmeldeverfahren **Einl. v. § 4** 15 ff
- Anmeldeverordnung **Einl. v. § 4** 15; **4** 5
- Eintragungsrichtlinien **Einl. v. § 4** 15

741

Sachverzeichnis

Fette Zahlen bedeuten Paragraphen

- europäische Entwicklung **Vorbem.** 32 ff
- flankierender Schutz zum Patent **Vorbem.** 27 ff
- und Patent **Einl. v. § 4** 14
- Rechercherichtlinien **Einl. v. § 4** 15
- Recht auf das **Einl. v. § 4** 13
- wirtschaftliche Bedeutung **Vorbem.** 27 ff

Gebrauchsmusterabteilung s. Zuständigkeit

Gebrauchsmusteranspruch s. Schutzanspruch

Gebrauchsmusterberührung 30 1 ff

- Aktivlegitimation **30** 5
- Arten der Berührung **30** 3, 12 ff
- Auskunftsanspruch **30** 2 ff
- Auskunftsklage **30** 8
- Passivlegitimation **30** 6
- Rechtsfolgen unrechtmäßiger Berührung **30** 26
- Umfang der Auskunftspflicht **30** 7
- Zulässigkeit der Berührung **30** 9 ff

Gebrauchsmusterkategorie 2 32 ff

Gebrauchsmusterrecht
- Entwicklung, Rechtsquellen **Vorbem.** 1 ff
- Europäische Entwicklung **Vorbem.** 32 ff
- Immaterialgüterrecht **Vorbem.** 15 ff

Gebrauchsmusterrolle 8 18, 35 ff
- Änderungen der Rolle **8** 54 ff
- Berichtigung **8** 73 ff
- Rolleneinsicht **8** 82 ff
- Umschreibung **8** 54 ff

Gebrauchsmusterschrift 8 36

Gebrauchsmusterschutz
- Wege zum **Einl. v. § 4** 9 ff

Gebrauchsmusterstelle s. Zuständigkeit

Gebrauchsmusterstreitsache 27 1 ff

- Gebrauchsmusterverletzung s. dort
- Konzentrationsermächtigung **27** 33 ff
- Kosten **27** 55 ff
- örtliche Zuständigkeit **27** 52
- Postulationsfähigkeit **27** 54
- sachliche Zuständigkeit **27** 2 ff
- Vorliegen einer GebrM-Streitsache **27** 3 ff
- Vortrag des Klägers **27** 2

Gebrauchsmusterverletzung s. auch Benutzung
- Auskunftsanspruch s. dort
- Begehungsgefahr **24** 39
- Besichtigungsanspruch **24** 26
- Beweisregeln **24** 19 ff
- Darlegungslast für Schutzfähigkeit **24** 19
- Gebrauchsmusterkategorie und Wirkung **24** 6
- Herausgabeanspruch **24 a** 14
- Rechnungslegungsanspruch s. dort
- Sachverständigengutachten **24** 22
- Schadenersatzanspruch s. dort
- Schutzumfang s. dort
- TRIPS **24** 27
- Unterlassungsanspruch s. dort
- Vernichtungsanspruch s. dort
- Wiederholungsgefahr **24** 24, 39

Gebühren
- Abzweigung **5** 29
- Akteneinsicht **8** 95
- Anmeldegebühr **4** 40 ff
- Beschwerdegebühr **18** 22 ff, 45 ff
- Löschungsantrag **16** 20, 21
- Löschungsverfahren **17** 66 ff
- Recherche **7** 6
- Rechtsbeschwerde **18** 56
- Rückzahlung **23** 17
- Teilstreitwert **26** 2 ff
- Teilung **4** 86
- Umschreibung **8** 70
- Verlängerungsgebühr **23** 5
- Zivilrechtsstreit **24** 77 ff; **27** 55 ff

Gedankliche Tätigkeiten 1 48

magere Zahlen bedeuten Randnummern **Sachverzeichnis**

Gegenstand
- der Anmeldung 4 58 ff; **15** 54
- des Gebrauchsmusters **11** 3, 28; **12 a** 5; **15** 54; **17** 37
- der Sachprüfung im Löschungsverfahren **17** 33 ff

Geheimgebrauchsmuster 9 2 ff
Gentechnik 2 10
Genussmittel 1 37
Gesamtrechtsnachfolge 22 5, 6
Geschäftliche Tätigkeiten 1 47, 50
Gewerbliche Anwendbarkeit 3 92 ff
Grenzbeschlagnahme s. Beschlagnahme
Grundgesetz
- Gebrauchsmusterrecht und **Vorbem.** 10 ff

Gutachten
- Erstattung von **21** 2, 3

Gute Sitten 2 4, 6

Haftung s. Leistungsstörungen, Lizenzgeber, Lizenznehmer, Übertragung
- gesamtschuldnerische **24** 46

Halbfabrikat 1 38
Hardware 1 72
Herstellen s. Benutzung
Herstellungsverfahren 1 133
Hinterlegung
- biologisches Material **4** 87 ff

Immaterialgüterrecht
- Gebrauchsmusterrecht und **Vorbem.** 15 ff
- Geschmacksmusterrecht, Verhältnis zum **Vorbem.** 17
- Halbleiterschutzrecht, Verhältnis zum **Vorbem.** 18, 19
- Markenrecht, Verhältnis zum **Vorbem.** 20
- Patentrecht, Verhältnis zum **Vorbem.** 16, 27 ff
- Wettbewerbsrecht, Verhältnis zum **Vorbem.** 21 ff

Informationen 1 51, 58
- Wiedergabe **1** 51

Insolvenz Einl. v. § 4 39, 40; **17** 22; **22** 25
Inverkehrbringen s. Benutzung

Kartellrecht
- Gebrauchsmusterrecht und **Vorbem.** 14

Klage s. Gebrauchsmusterverletzung, Verletzungsrechtsstreit
- Auskunftsklage **30** 8

Know-how 22 3, 54
Kombinationserfindung 1 39, 40
- Neuheit, erfinderischer Schritt **1** 39, 185

Kosten
- Abmahnung **24** 101, 106
- ausländischer Anwalt **17** 73; **27** 61
- Beschwerdeverfahren **18** 46 ff
- Doppelvertretungskosten **17** 72
- Gegenstandswert **17** 74; **24** 81
- Löschungsverfahren **17** 66 ff
- Patentanwalt **17** 68 ff; **24** 77 ff; **27** 56 ff
- Rechtsanwalt **17** 71; **24** 77 ff; **27** 55
- sonstige Auslagen, Gebühren **17** 75 ff; **24** 80; **27** 59 ff
- Verletzungsrechtsstreit **24** 77 ff; **27** 55 ff
- Vernichtung **24 a** 16

Kostenentscheidung
- Beschwerdeverfahren **18** 45 ff
- Erledigung der Hauptsache **17** 65
- Rücknahme des Löschungs- bzw. Feststellungsantrages **17** 64
- sofortiges Anerkenntnis **17** 59 ff

Kostenerstattung 17 98; **24** 78 ff
Kostenfestsetzung 17 66, 67; **18** 51

Land- und Luftfahrzeuge 12 11
Layout 1 71
Legierung 3 80
Legitimationswirkung 8 20 ff

743

Sachverzeichnis

Fette Zahlen bedeuten Paragraphen

- Änderung nach Rechtshängigkeit **8** 30
- Umschreibung **8** 54 ff

Leistungsstörungen
- Lizenz **22** 40 ff
- Übertragung **22** 12 ff

Lizenz 22 26 ff
- Arten **22** 29 ff
- ausschließliche **22** 29, 36 ff
- Beendigung des Lizenzvertrages **22** 49
- Beschränkungen **22** 28 ff
- einfache **22** 29, 37
- Gegenstand **22** 16
- kartellrechtliche Aspekte **22** 58 ff
- Längstlaufklausel **22** 53
- Leistungsstörungen **22** 39 ff, 42 ff
- Löschung des GebrM **17** 52; **22** 49
- Meistbegünstigungsklausel **22** 39
- Negativlizenz **22** 38
- Rechtsnatur **22** 27, 36, 37
- Sukzessionsschutz **22** 57
- Umfang des Nutzungsrechts **22** 28 ff
- Verjährung **22** 56
- Zweckübertragungstheorie **22** 35

Lizenzbereitschaftserklärung 20 1

Lizenzgeber
- Haftung **22** 40
- Leistungsstörung **22** 42
- Pflichten **22** 39

Lizenzinteresseerklärung 8 96

Lizenznehmer
- Aktivlegitimation **22** 36; **24** 37
- Ausübungspflicht **22** 44
- Haftung **22** 43 ff
- Nichtangriffsverpflichtung **22** 45
- Partei des Verletzungsrechtsstreit **24** 37
- Pflichten **22** 43 ff
- Rechnungslegung **22** 46

Löschung 17 42 ff
- Aussetzung des Verletzungsrechtsstreits **19** 2 ff
- Bekanntmachung **23** 26
- Bindungswirkung für Verletzungsstreit **19** 13 ff
- Feststellung der Unwirksamkeit **17** 42
- nach rechtskräftigem Verletzungsurteil **19** 19
- Teillöschung **17** 43 ff
- Wirkung **17** 51, 52
- Zurückweisung des Antrags **17** 53

Löschungsanspruch 13 3 ff
- älteres Recht **13** 8; **15** 48 ff
- Bindung an den Löschungsgrund **15** 35; **16** 10
- Gegenstand **Einl. v. § 15** 7
- kein Löschungsanspruch **15** 23 ff
- mangelnde Ausführbarkeit **15** 33
- mangelnde Schutzfähigkeit **13** 6; **15** 38 ff
- unzulässige Erweiterung **13** 7; **15** 34, 52 ff
- Verletzungsrechtsstreit **13** 6, 8

Löschungsgrund s. Löschungsanspruch

Löschungsverfahren Einl. v. § 15 4 ff; **15** 3 ff; **16** 4 ff; **17** 2 ff
- Abgrenzung zum Einspruchsverfahren **Einl. v. § 15** 8, 9
- Abgrenzung zum Nichtigkeitsverfahren **Einl. v. § 15** 10, 11
- Abgrenzung zum Verletzungsverfahren **Einl. v. § 15** 12, 13
- Antragsänderung, Erweiterung **16** 26, 27; **17** 4
- Antragsbefugnis **15** 2, 15 ff
- Antragsbindung **15** 35; **16** 10
- Antragserfordernis **16** 5 ff
- Antragsgegner **15** 10 ff; **16** 22; **17** 77
- Antragsrücknahme **16** 13; **17** 64
- Antragsteller **15** 3 ff; **16** 22; **17** 27
- Auslandssicherheitsleistung **16** 53
- Ausschluss des Widerspruchsrechts **17** 12
- außeramtliche Löschungsaufforderung **16** 3
- Begriff und Wesen **Einl. v. § 15** 4 ff

744

magere Zahlen bedeuten Randnummern **Sachverzeichnis**

- Beweisaufnahme **17** 25, 26
- Einreichung neu gefasster Schutzansprüche **17 11 ff**
- Entscheidung **15** 63; **16** 29; **17** 38
- Erledigung der Hauptsache **17** 65
- Feststellung der Unwirksamkeit **15** 66
- Gegenstand der Prüfung **17** 33 ff
- Inhalt des Antrags **16** 15, 16
- kein Widerspruch **17** 18
- Klarstellung **17** 54
- Kostenentscheidung **17** 56 ff
- Kostenerstattung **17** 18 98
- Löschungsantrag **16** 28 ff
- Mitteilung des Löschungsantrags **17** 2, 3
- mündliche Verhandlung **17** 23, 24
- Nebenintervention **15** 13, 14
- Nichtangriffsverpflichtung **15** 20
- Rechtsmittel **17** 55
- Rechtsschutzbedürfnis **16** 24, 31 ff
- Rücknahme des Widerspruchs **17** 10 ff
- Sachprüfung **17** 29 ff
- sofortiges Anerkenntnis **17** 59 ff
- Teilwiderspruch **17** 15 ff
- Verfahren nach Widerspruch **17** 19 ff
- Widerspruch **17** 9

Lösung 1 17; **4** 32

Markierung 1 48
Mathematische Methoden 1 45
Mikrobiologische Erfindung 2 19 ff
Mikroorganismus 1 22 f; **2** 19 ff
- Arten **2** 19 ff
- Hinterlegung **2** 23
Mittelbarer Verfahrensschutz 2 9, 25
Mittelgebrauchsmuster 1 124
- Mittelanspruch **1** 126, 131

Nahrungsmittel 1 37
Naturstoff 1 43
- erfinderischer Schritt **1** 194
- Neuheit **3** 79

Neuheit s. auch Stand der Technik **1** 136 ff; **3** 2 ff
- Äquivalenzüberlegungen **3** 63 ff
- allgemeines Fachwissen **3** 66
- Chemieerfindung **3** 62
- Einzelvergleich **3** 61 ff
- Entgegenhaltungen **3** 29 ff
- Erfindungskategorien **3** 77 ff
- Fiktion **3** 14
- Nacharbeitbarkeit **3** 74
- Offenbarungsgehalt **3** 68 ff
- Öffentlichkeit zugänglich **3** 13, 21 ff
- relativer Neuheitsbegriff **3** 13
- Schonfrist **3** 83 ff
- Selbstkollision **3** 22; **6** 38
- Unterschiede zum patentrechtlichen Neuheitsbegriff **3** 3 ff
- Verhältnis zum erfinderischen Schritt **3** 15 ff
Neuheitsschonfrist 1 145; **3** 83 ff
- Abzweigungsanmeldung **3** 86
- kein Prioritätsrecht **3** 85
Nichtangriffsverpflichtung 15 20; **22** 19, 45

Öffentliche Ordnung 2 45
Offenbarung 1 26
- Anmeldung **4** 48 ff
- Ausführbarkeit **4** 54 ff
- Halbfabrikat **1** 38
- Neuheit **3** 68 ff
- Schutzumfang **12 a** 10
- Versuche **4** 54
Offizialmaxime Einl. v. § 4 32; **Einl. v. § 15** 4; **16** 17, 18; **17** 30; **18** 32
- Beweislast **3** 58

Partei
- des Verletzungsrechtsstreits **24** 37, 38
- Vertreter **24** 75, 76; **27** 54
Parteifähigkeit Einl. v. § 4 25, 27; **16** 23
Patent
- jüngeres Patent **14** 4 ff

Sachverzeichnis

Fette Zahlen bedeuten Paragraphen

Patentamt
- Zuständigkeit Einl. v. § 4 1 ff

Patentanwalt 24 75, 76; **27** 56 ff; **28** 4, 5

Patentblatt 8 53

Patentgesetz
- Hinweise auf, s. jeweilige Kommentierung zum GebrMG
- Verweisungen auf **21** 2 ff

Patentinformationszentrum 4 14

Pfändung 11 4

Pflanze 2 13, 14

Pflanzensorte 2 13, 14

Pharmazeutische Stoffe 1 52, 125 ff

Postulationsfähigkeit 16 23

Prioritätserklärung 5 16, 17, 33, 34
- Umdeutung in Abzweigungserklärung **5** 16

Prioritätsrecht 6 8 ff, 21 ff
- äußere (ausländische) Priorität **6** 21 ff
- Ausstellungspriorität **3** 91; **6** 14
- Entnahmepriorität **6** 14
- fremdsprachige Anmeldeunterlagen **4 a** 5
- Geschmacksmusteranmeldung **6** 14
- innere Priorität **6** 8 ff
- keine Kettenpriorität **6** 12 ff, 32
- Prioritätsintervall **6** 19
- Prüfungskompetenz **6** 36, 37
- Voraussetzungen **6** 8 ff, 22 ff
- Wirkungen **6** 18 ff, 38

Privater Bereich
- Begriff **12** 2 ff

Privater Luftverkehr 12 12

Product-by-process 1 37, 134; **2** 13, 23; **4** 33; **11** 12
- biologische Erzeugnisse **4** 33
- product-by-product **1** 134

Prozessfähigkeit Einl. v. § **4** 26, 27; **16** 23

Recherche
- Antrag **7** 4
- Bericht **7** 8, 9
- Frist **7** 5
- Gebühr **7** 6
- Verletzungsrechtsstreit **7** 1, 3

Rechnungslegungsanspruch 24 66; **24 b** 4 ff
- Aktivlegitimation **24 b** 6
- allgemeiner Rechnungslegungsanspruch **24 b** 4 ff
- Auskunftsanspruch s. dort
- eidesstattliche Versicherung **24 b** 17
- gerichtliche Durchsetzung **24 b** 18
- Passivlegitimation **24 b** 6
- Umfang **24 b** 8 ff
- Voraussetzungen **24 b** 7 ff

Rechtliches Gehör Einl. v. § **4** 35

Rechtliches Interesse s. Rechtsschutzbedürfnis

Rechtsanwalt 24 75, 76; **28** 4, 5

Rechtsbeschwerde 18 52, 53 ff
- Anschlussrechtsbeschwerde **18** 54
- Statthaftigkeit **18** 54
- Umfang der Überprüfung **18** 58

Rechtshilfe 21 35

Rechtsschutzbedürfnis Einl. v. § **4** 31;
- Akteneinsicht **8** 88 ff
- Löschungsverfahren **16** 24, 31 ff

Rechtssicherheit
- Gebot der **4** 64; **4 a** 14; **12 a** 4, 9; **24** 7, 17

Rechtsverschaffungspflicht 11 5; **22** 11

Restitutionsklage 17 52; **19** 19

Sachgebrauchsmuster 1 116
- Neuheit **3** 77

Schadenersatzanspruch
- Berechnungsarten **24** 47 ff
- Beschlagnahme **25 a** 14
- entgangener Gewinn **24** 48
- Entschädigung **24** 45
- Feststellung der Schadenersatzverpflichtung **24** 46, 66

magere Zahlen bedeuten Randnummern **Sachverzeichnis**

- Gebrauchsmusterverletzung **24** 24, 44 ff
- gesamtschuldnerische Haftung **24** 46
- Lizenzanalogie (angemessene Lizenzgebühr) **24** 49 ff
- Marktverwirrungsschaden **24** 62, 65
- nach Löschung **17** 52
- Schadenseintritt **24** 46
- Schätzung des Schadens **24** 24
- Verletzergewinn (Herausgabe) **24** 64
- Verschulden **24** 44
- Verzinsung **24** 63

Schaltung 1 36, 70, 118

Schiffe
- Benutzungshandlungen auf **12** 10

Schutzanspruch 4 19 ff; **12 a** 8 ff
- s. auch Anspruchskategorien
- angemessener Schutz **12 a** 4; **24** 7
- Bedeutung **12 a** 8 ff
- Beschränkung **12 a** 13
- Beschreibung **12 a** 11; **24** 15
- Disclaimer **4** 29, **15** 58; **17** 44
- Einheitlichkeit **4** 37
- Einreichung neu gefasster Schutzansprüche **17** 11 ff
- Erteilungsakte **12 a** 12
- Fachwissen **12 a** 10; **24** 9
- formale Gestaltung **4** 26; **12 a** 7
- Inhalt **12 a** 6
- kennzeichnender Teil **4** 26
- Löschungsanspruch **Einl. v. § 15** 7; **15** 46, 50
- Oberbegriff **4** 26
- Offenbarungsgehalt **12 a** 9, 10
- Sinngehalt **12 a** 9, 17
- Stand der Technik **12 a** 12
- s. auch Verletzungsform
- Verzicht **12 a** 13
- Wortsinn **12 a** 9, **24** 9 ff
- Zeichnung **12 a** 11; **24** 15

Schutzbereich s. Schutzumfang

Schutzdauer 23 2 ff
- Abzweigung **5** 31; **23** 1

- Erlöschung des Gebrauchsmusters **23** 18, 19
- Rückzahlung der Verlängerungsgebühr **23** 17
- Verfahren der Verlängerung **23** 6 ff
- Verlängerung **23** 4
- Verlängerungsgebühr **23** 5
- Verzicht **23** 20 ff
- Zwischenrecht **23** 8, 19

Schutzfähigkeit
- Beweis s. dort
- mangelnde **13** 6; **15** 38 ff
- Prüfung im Verletzungsstreit (s. auch unter Schutzvoraussetzungen **24** 3, 19
- Vermutung der **11** 39; **24** 88

Schutzumfang 4 20; **11** 3, 26; **12 a** 3 ff; **24** 7 ff
- abhängige Erfindung **12 a** 21
- äquivalente Verletzung **12 a** 18
- Auslegung des Schutzanspruches **24** 9 ff
- Beschränkung s. dort
- Beschreibung s. dort
- Eintragungsakte **24** 16
- Maßgeblichkeit des Schutzanspruches **24** 8
- Rechtssicherheit s. dort
- verbesserte und verschlechterte Ausführungsform **12 a** 20
- Verletzungsrechtsstreit **24** 7
- Verzicht s. dort
- wortsinngemäße Benutzung **12 c** 17
- Zeichnung s. dort

Schutzvoraussetzungen s. auch Neuheit, erfinderischer Schritt, gewerbliche Anwendbarkeit
- Prüfung der formellen und materiellen Schutzvoraussetzungen **Einl. v. § 4** Ziff. 17; **4** 11 ff; **8** 4 ff; **13** 6; **19** 1, 2; **24** 1, 3

Skala 1 48

Software 1 61 ff

Sortenschutz 2 15

747

Sachverzeichnis

Fette Zahlen bedeuten Paragraphen

Soziale Nützlichkeit 1 30
Spiele 1 47, 49
Stand der Technik 1 145; 3 12 ff
- Darlegungs- und Beweisfragen 3 58, 59
- Erkennen und Verstehen der technischen Lehre 3 24 ff, 39 ff
- Geheimhaltungsverpflichtung 3 41 ff
- kein fiktiver Stand der Technik 3 60
- maßgeblicher Zeitpunkt 3 18, 19
- mündliche Beschreibung 3 32, 33
- Offenbarungsgehalt 3 68 ff
- „offenkundige" Vorbenutzung 3 34 ff
- Öffentlichkeit 3 21
- Prüfungskompetenz des Verletzungsgerichts 3 19
- schriftliche Beschreibung 3 29 ff
- Schutzanspruch 12 a 12, 14
- whole-contents-approach 3 69
- widerrechtliche Entnahme 13 10
- Zugänglichmachung 3 22 ff, 39 ff

Stoffgebrauchsmuster 1 119 ff
- erfinderischer Schritt 1 122
- Neuheit 1 121

Stoffschutz 1 127 ff
- absoluter Stoffschutz 1 127
- sinnfällige Herrichtung 1 128
- zweckgebundener Stoffschutz 1 126, 128

Strafbarkeit, Gebrauchsmusterverletzung 25 1 ff
- älteres Recht 25 5
- Einziehung 25 14
- objektiver Tatbestand 25 4 ff, 11
- Strafantrag 25 13
- subjektiver Tatbestand 25 9
- Urteilsbekanntmachung 25 15
- Versuch 25 12

Technikbegriff 1 4 ff
- Abgrenzung zur menschlichen Verstandestätigkeit 1 7
- Anspruch 1 11
- Computerprogramm 1 59 f

Technische Lehre 1 4 ff
- Irrtum 1 23
- taugliche, untaugliche Mittel 1 22

Technische Brauchbarkeit 1 29
- Ausführbarkeit 1 29; 4 55

Technischer Fortschritt 1 31
Technisches Problem 1 13 ff; 4 32
Teillöschung 15 64; 17 43 ff; 19 18
- Inhalt des Antrags 16 11
- Schutzanspruch 12 a 13
- unzulässige Erweiterung 15 58
- Wirkung 17 51

Teilschutz 12 a 22
Teilstreitwert 26 1 ff
- Entscheidung 26 7 ff
- formelle Voraussetzungen 26 2 ff
- Rechtsbehelf 26 14
- sachliche Voraussetzungen 26 5, 6
- Wirkung 26 10 ff

Teilung
- Anmeldung 4 82 ff
- Ausscheidungsanmeldung 4 79 ff
- Gebühr 4 42, 86

Territorialer Schutzbereich 11 22 ff, 32; 24 3
Tierart 2 16
Tiere 2 13, 16

Übertragung 22 2 ff
- Anspruch auf Eintrag 22 2
- beschränkte Übertragung 22 20
- des Gebrauchsmusters 22 2
- Insolvenz 22 25
- Know-how 22 3
- Nichtangriffsverpflichtung 22 19
- Nießbrauch, Pfandrecht 22 21
  Rechtsverschaffungspflicht 22 11
- Sukzessionsschutz 22 57
- Vollübertragung 22 7 ff
- von Todes wegen 22 5, 6
- zukünftige Erfindung 22 4
- Zweckübertragungstheorie 22 10

Umschreibung 8 48, 54 ff
Unbewegliche Sache 1 32
Unterlassungsanspruch 24 39

magere Zahlen bedeuten Randnummern **Sachverzeichnis**

- Aufbrauchsfrist **24 a** 18
- Begehungsgefahr **24** 39
- einstweilige Verfügung **24** 89
- Klageantrag **24** 41
- Ordnungsmittelantrag (Klage) **24** 42
- Unterlassungserklärung **24** 24, 39
- Urteil **24** 43
- verschuldensunabhängig **24** 40
- Widerholungsgefahr **24** 24, 39

Unterlassungserklärung
- Beseitigung der Wiederholungsgefahr **24** 24, 39
- strafbewehrte **24** 24, 39

Unzulässige Erweiterung 4 58 ff; **5** 10; **12 a** 13
- Löschungsanspruch **13** 7; **15** 52 ff

Urteil 24 72
- Berufung **214** 73
- einstweilige Verfügung **24** 88
- Revision **24** 74

Verbietungsrecht 11 2 ff
- Benutzungsrecht **11** 2 ff
- s. auch Benutzung
- älteres Recht **14** 13

Vererbung 22 5

Verfahren 1 135
- Arbeitsverfahren **2** 27
- Ausschluss von Verfahrenserfindungen **2** 14, 25
- Herstellungsverfahren **2** 26; **4** 33
- Verwendungserfindung **2** 28 ff

Verfahrenskostenhilfe 21 36 ff

Verjährung 24 c 2 ff
- Beginn **24 c** 22, 23
- Beweislast **24 c** 4
- Einzelfälle **24 c** 5 ff
- Geltungsbereich des § 24 c **24 c** 3
- Hemmung **24 c** 24
- konkurrierende Verjährungsfristen **24 c** 2
- Lizenz **22** 56
- Restschadenersatzanspruch **24 c** 26
- Unterbrechung **24 c** 25

Verlängerung s. Schutzdauer

Verletzungsform 12 a 16 ff
- äquivalente **12 a** 18; **24** 17
- Sinngehalt **12 a** 17, 18
- Teilschutz **12 a** 22; **24** 18
- unabhängige Erfindung **12 a** 21
- Unterkombination **24** 18
- verbesserte und verschlechterte Ausführungsform **12 a** 20
- wortsinngemäße **12 a** 17; **24** 9 ff

Verletzungsrechtsstreit 17 14
- Aussetzung und Schutzvoraussetzungen s. dort
- einstweilige Verfügung s. dort
- Gebrauchsmusterverletzung s. dort

Vernichtungsanspruch 24 68; **24 a** 4 ff
- Abwendungsbefugnis **24 a** 18
- allgemeiner Beseitigungsanspruch **24 a** 1
- Aufbrauchsfrist **24 a** 18
- Begriff der Vernichtung **24 a** 15
- Besitz **24 a** 8
- Eigentum **24 a** 9
- Herausgabe **24 a** 14
- Kosten der Vernichtung **24 a** 16
- mittelbare Verletzung **24 a** 4
- Recht auf Vernichtung **24 a** 12, 13
- Rechtsnatur **214 a** 3
- Schranken **24 a** 17
- Sequestration **24 a** 16
- Umstellungsfrist **24 a** 18
- Urteilstenor **24 a** 16
- Voraussetzungen **24 a** 4 ff
- Vorrichtungen zur Herstellung **24 a** 7
- zollrechtliche/strafrechtliche Beschlagnahme/Einziehung **24** 68; **25** 14; **25 a** 1 ff

Verordnungsermächtigung 29 1 ff

Versuche 1 19
- Ausführbarkeit/Wiederholbarkeit **1** 21; **4** 54
- erfinderischer Schritt **1** 201
- fertige Erfindung **1** 19

Sachverzeichnis

Fette Zahlen bedeuten Paragraphen

- Handlungen zu Versuchszwecken **12** 5 ff
- klinische **12** 6, 7
- Offenbarung **4** 54
- Stand der Technik **3** 53
- Vorbenutzungsrecht **13** 21

Vertretung 28 1 ff
- im Anmeldeverfahren **Einl. v. § 4** 29, 30
- Fehlen oder Wegfall **28** 6
- Gerichtsstand **28** 9
- Inlandsvertreter **28** 2 ff
- Notwendigkeit **28** 2, 3
- Postulationsfähigkeit **27** 54
- im Verletzungsverfahren **24** 75, 76
- Vertretungsmacht **28** 7

Verwarnung s. Abmahnung
Verwendung 1 126
- sinnfällige Herrichtung **1** 128
- Verwendungsangaben in Erzeugnisgebrauchsmustern **2** 31
- Verwendungsanspruch **1** 131, 132
- Verwendungserfindung **2** 28 ff

Verzicht 4 69, 81; **23** 20 ff
- Bekanntmachung der Löschung **23** 26
- Einheitlichkeit **4** 39
- auf Hauptanspruch **16** 12
- Löschungsverfahren **17** 12
- Schutzanspruch **12 a** 13; **24** 16
- Teilverzicht **23** 20
- Verzichtserklärung **23** 20 ff
- Wirkung **23** 22

Vindikation s. auch widerrechtliche Entnahme **13** 43 ff
Vollstreckungsabwehrklage 17 52, 98; **19** 19
Vorbenutzungsrecht 13 20 ff
- Erfindungsbesitz **13** 20, 21
- fertige Erfindung **13** 21
- Insolvenz **13** 30
- jüngeres Patent **14** 14
- mittelbarer Benutzer **13** 21
- Übertragung **13** 30
- Umfang **13** 28, 29
- Versuche **13** 21

- Voraussetzungen **13** 21 ff
- Weiterbenutzungsrecht **13** 31, 32
- Zwangsvollstreckung **13** 30

Vorlage
- der Sache/Unterlagen (Beweiserleichterung) **24** 27

Vorrichtungsgebrauchsmuster 1 117

Wahrheitspflicht 21 14 ff
Weiterbenutzungsrecht s. auch Vorbenutzungsrecht
- Zwischenrecht **23** 8, 19

Wettbewerbsrecht
- ergänzender Leistungsschutz **Vorbem.** 21 ff

Widerrechtliche Entnahme 13 9 ff
- Abzweigung **5** 13
- Einrede **11** 51; **13** 9 ff; **24** 31
- Entnahmepriorität **5** 14
- Löschungsanspruch **13** 17
- Rechtsfolgen **13** 14 ff
- relatives Schutzhindernis **13** 9
- Stand der Technik **13** 10
- Vindikationsklage **13** 16, 43 ff
- Voraussetzungen **13** 10 ff

Widerspruch s. Löschungsverfahren

Wiedereinsetzung 4 45, 57; **4 a** 4; **21** 4 ff; **23** 16
Wiederholbarkeit 1 25; **2** 12
- belebte Natur **1** 25
- Erzeugniserfindung **1** 25

Wiederholungsgefahr 24 24, 39
- Beseitigung **24** 24

Wissenschaftliche Theorien 1 44

Zeichnungen 4 35, 50; **24** 15
- Anmeldeunterlage **4 a** 6 ff
- Schutzanspruch **12 a** 11

Zivilprozessordnung
- analoge Anwendbarkeit **Einl. v. § 15** 6; **17** 56 ff

Züchtungsverfahren 2 18
Zusammengehörige Gegenstände 1 34

magere Zahlen bedeuten Randnummern **Sachverzeichnis**

Zuständigkeit
- Ausschließung und Ablehnung **10** 8, 9
- Beamte **8** 8
- DPMA **Einl. v. § 4** 1; **16** 4
- Gebrauchsmusterabteilung **10** 6, 7; **16** 4
- Gebrauchsmusterstelle **7** 7; **8** 8; **10**
- örtliche (Verletzungsgericht) **24** 70; **27** 52
- sachliche (Verletzungsgericht) **24** 71; **27** 2 ff
- Wahrnehmungsverordnung **10** 10 ff

Zustellung 8 34; **21** 19 ff
- Arten **21** 21 ff
- besondere Vorschriften **21** 25 ff
- Mängel und Heilung **21** 34

Zwangslizenz
- Lizenzbereitschaftserklärung **20** 1
- Verfahren **20** 8
- Voraussetzungen **20** 2 ff

Zwangsvollstreckung 17 98; **18** 51; **22** 22 ff; **24** 84 ff, 94; **24 b** 18, 31, 32

Zweckgebundener Stoffschutz 1 126, 128

Zweite medizinische Indikation 1 128, 129, 132

Zwischenprodukt s. Halbfabrikat

Zwischenrecht
- Entstehung eines **23** 8, 19